Wörterbuch der Religionen

herausgegeben von

Christoph Auffarth,
Hans G. Kippenberg
und Axel Michaels

ALFRED KRÖNER VERLAG STUTTGART

Wörterbuch der Religionen
Herausgegeben von Christoph Auffarth,
Hans G. Kippenberg und Axel Michaels
Stuttgart: Kröner, 2006
ISBN 3-520-14001-2
ISBN 978-3520-14001-2

Redaktion: Alexandra Grieser
unter Mitarbeit von Johanna Buß

Satz: pagina GmbH, Tübingen
Druck und Einband: Fr. Pustet, Regensburg

Inhalt

Vorwort

Das neue *Wörterbuch der Religionen* des Kröner Verlags will unter den einbändigen, handlichen Lexika und Nachschlagewerken zur Religion bzw. zu den Religionen das religionswissenschaftliche Referenzwerk sein: Auf dem aktuellen Stand der Religionswissenschaft, dem bisher nur die großen Handbücher und vielbändigen Lexika zu entsprechen vermochten, bietet es knapp zusammengefasste, zuverlässige Information aus erster Hand.
Das Wörterbuch tritt an die Stelle und übernimmt den Titel des erstmals 1952 als Band 125 in der Reihe ›Kröners Taschenausgabe‹ erschienenen *Wörterbuchs der Religionen* von Alfred Bertholet. Der Schweizer Bertholet (1868–1951) war protestantischer Theologe, als Alttestamentler zugleich mit der religionsgeschichtlichen Ausbildung der Theologen betraut. Professor war er im liberalen Basel, dann in Göttingen (in Berührung mit der religionsgeschichtlichen Schule), schließlich in Berlin. Er vermochte gerade gegen die Deutsche Theologie im nationalsozialistisch beherrschten Nachbarland an der liberalen Tradition der protestantischen Theologie festzuhalten. Als das noch vor dem Zweiten Weltkrieg konzipierte und verfasste Buch 1952 postum erschien, zeigte es sich als ein für seine Zeit weitherziges, durchweg gut informiertes Wörterbuch. Ein Einzelner hatte es mit seiner außerordentlich reichen Kenntnis einer Vielzahl von Religionen und Kulturen, dazu seiner großen Erfahrung als Herausgeber der (für ihre Offenheit gegenüber anderen Religionen gerühmten) zweiten Auflage des protestantischen fünfbändigen Lexikons *Die Religion in Geschichte und Gegenwart* geschrieben, und es blieb auch im Wesentlichen sein Buch, nachdem Kurt Goldammer und seine Mitarbeiter die Herausgabe übernommen hatten.
Nach zwei Generationen ist heute ein grundsätzlich neues Lexikon nötig. Dafür sind im Wesentlichen zwei tiefgreifende Veränderungen in der Religionswissenschaft – als Reaktion auf die veränderte Stellung von Religion in der Kultur – maßgeblich, die die Zielsetzung dieses Wörterbuches bestimmen:
(1) An der Wende vom 20. zum 21. Jahrhundert versteht sich Religionswissenschaft als Kulturwissenschaft. Seit dem Ersten Weltkrieg, mit dem grundlegende Konsense der abendländisch-christlichen Tradition zerbrachen, ließ sich Religion nicht mehr mit Geschichte und Tradition begründen. In der ›Krise des Historismus‹ entstanden stattdessen Begründungsfiguren wie ›Erlebnis‹, ›Erfahrung‹, ›grundlegend Menschliches‹ (homo religiosus). Religion sollte unabhängig von historischen und kulturellen Bedingungen ein Gegenstand sui generis (für sich) sein: sie wurde Gegenstand der Religionsphänomenologie. Erst als die Universitäten sich Ende der 1960er Jahre erneuerten, konstituierte sich die Religionswissenschaft als Fach neu und suchte Anschluss an die Kultur- und die Sozialwissenschaften. Das vermeintlich neutrale, jeder konkreten Religion und historischen Situation vorgängige religiöse Erleben, dem sich die Religionsphänomenologie gewidmet hatte, erwies sich als Konstrukt unreflektierter christlicher Sicht und Wertung oder aber religionskritischer Polemik. Mit der kulturwissenschaftlichen Neuorientierung stellt sich der Religionswissenschaft die Aufgabe, ihre Grundbegriffe zu prüfen, deren Geschichte und implizit christlich wertende oder religionskritisch polemisierende Bedeutungskomponenten zu klären und auf diese Weise eine beschreibende Wissenschaftssprache freizulegen. Begriffe haben nur dann einen heuristischen Wert, wenn sie Alternativen und Abweichungen vom Idealtypus zulassen, beschreibend sind und nicht andere Konzepte beschneiden und durchkreuzen. Ein Blick auf den Artikel ›Christentum‹ mag dies verdeutlichen. Bereits die Verwendung des Singulars verstellt die Sicht auf die vielfältigen historischen Varianten, die sich nicht auf eine einheitliche Grundgestalt zurückführen lassen. Der geläufige Gegensatz zwischen Christentum und heidnischer Antike führt ebenso in die Irre, weil Christentum zunächst eine Variante antiker Religionen ist. Aber auch die Beschreibung der Epochen und lokalen Ausprägungen der Christentümer bedarf einer neuen Begrifflichkeit, die den angrenzenden Kultur- und Sozialwissenschaften entlehnt ist. Ein erstes Resultat der Bemühungen um eine religionswissenschaftliche Begriffssprache ist das *Handbuch religionswissenschaftlicher Grundbegriffe* (hg. von

H. Cancik, B. Gladigow, M. Laubscher und K.-H. Kohl, 5 Bände, 1988–2001). Diese Arbeit wird hier fortgesetzt, zusammengefasst und, wo nötig, revidiert. Die Bereitstellung einer religionswissenschaftlichen Begriffssprache für die Studierenden der Religionswissenschaft und zum Gebrauch in den benachbarten Kultur- und Sozialwissenschaften gehört zu den zentralen Anliegen dieses Wörterbuchs.

(2) Die moderne Religionswissenschaft erhebt wie die moderne Ethnologie den Anspruch, sich mit anderen Kulturen und ihren Religionen auf Augenhöhe zu befassen und auseinanderzusetzen. Die anderen Kulturen sind nicht länger Forschungsgegenstände, die aus distanzierter Ferne betrachtet werden, sondern wissenschaftliche Erkenntnis über die Religionen anderer Kulturen ist im Umgang und in der Auseinandersetzung mit ›native speakers‹ (muttersprachlichen Sprechern) zu gewinnen, die in den jeweiligen Religionen aufgewachsen sind. Um diesem Anspruch nachzukommen, sind in diesem Wörterbuch sowohl die vielfältigen Traditionen gewissenhaft aufgenommen, als auch die Selbstbezeichnungen wichtiger Konzepte in der jeweiligen Sprache benannt und beschrieben worden: Das Prinzip der Eigensprachlichkeit achtet die Verschiedenheit der Kulturen und will sie nicht mehr einem europäischen Begriffssystem unterwerfen. Formal bringt dieses Prinzip mit sich, dass die Vielzahl der geläufigen Umschriften auf die Form umzustellen ist, in der man sie in der Forschung findet (z.B. Dschihad, Jihad unter dem Stichwort ǧihād); die Varianten sind im Register aufgeschlüsselt; fremdsprachige Begriffe sind in dem vorliegenden Wörterbuch in der Regel klein und nicht-kursiv geschrieben.

Trotz dieser grundlegenden Veränderungen in der Religionswissenschaft seit dem ersten Erscheinen des *Wörterbuchs der Religionen* 1952 bleibt das Programm der religionsgeschichtlichen Schule bedeutsam, in dessen Geist Alfred Bertholet das Werk verfasst hat: Im Kontext der Religionsgeschichte wird das eigene Credo herausgefordert, sich zu verantworten.

Mit rund 2600 Stichwörtern bietet das neue Wörterbuch historisch konkrete Sachinformationen in ihrer dem gegenwärtigen religionswissenschaftlichen Diskussionsstand entsprechenden systematischen Perspektivierung. Es orientiert über die Formen und Erscheinungen des Religiösen – in Gesellschaft und Wirtschaft, im privaten Verhalten, im Umgang mit dem Tod, in der Erwartung von Heil und Gefährdung, in der Erfahrung des Göttlichen, in der Strukturierung von Raum und Zeit, in religiösen Gruppierungen, Kulten und Festen, in Theologie, Dogma und Kritik, in religiösen Symbolen und Mythen. Es stellt die Schlüssel für die Religionswissenschaft bereit: die Begriffe, systematischen Gebiete, Theorien und Methoden. Der zeitliche Rahmen reicht von den Anfängen menschlicher Kultur bis in die Gegenwart, den geographischen Horizont bilden alle fünf Kontinente.

Was dieses Wörterbuch nicht sein will und nicht sein kann, ist ein Reallexikon der einzelnen religiösen Traditionen; es will keine Darstellung von Religionen bieten, die auf ›das Wesentliche‹ reduziert immer doch nur eine bestimmte Theologie oder eine bestimmte Schule zu ungunsten anderer hervorheben würde. Stattdessen soll in einem religionswissenschaftlichen Handlexikon die Vielzahl der Traditionen innerhalb ›einer‹ Religion deutlich werden. Durch eine sorgfältige Vernetzung der entsprechenden Artikel erschließen sich die Zusammenhänge. Auf ausführliche biographische Artikel wurde verzichtet, weil sie leicht anderswo zu finden sind und sehr viel Platz in Anspruch nehmen. Nur Religionsstifter und eine Auswahl an religionswissenschaftlich bedeutenden Forschern und Denkern sind sehr knapp dargestellt und in ihrer bis heute anhaltenden Bedeutung gewürdigt.

Dieses Wörterbuch wurde zu großen Teilen von vier, fünf Autoren geschrieben; dass das Mitarbeiterverzeichnis schließlich dennoch 70 Namen umfasst, ist angesichts der Differenzierung der Religionen, des Prinzips der Eigensprachlichkeit und komplex gewordener Diskussionsstände nötig geworden. Es ist das Verdienst von Alexandra Grieser, dass sie die Stichwortliste in die endgültige Form gebracht, die Lücken gezeigt und dafür Bearbeiter gefunden hat, die Texte redigiert und mit den Autoren um Formulierungen gerungen, gemahnt und gelobt hat. Die Herausgeber sind ihr für diese wichtige wissenschaftliche Leistung sehr zu Dank verpflichtet. Neben Alexandra Grieser hat sich Johanna Buß um die redaktionelle Koordinierung der Heidelberger Autoren verdient gemacht.

Die Erarbeitung des Wörterbuchs wurde vom Alfred Kröner Verlag initiiert und begleitet. Während der zehnjährigen Entstehungszeit waren daran zu Anfang die Lektoren Dr. Ulrich Nolte und Dr. Peter Donié, über den gesamten Zeitraum als stets präsente und zuverlässige Ansprechpartnerin Frau Leonie Tafelmaier und in der Phase der Drucklegung Frau Susanne Fischer als aufmerksame und kompetente Außenlektorin und Herr Dr. Bernhard Gersbach als Hersteller beteiligt. Die Fäden hielt die Verlegerin, Frau Dr. Imma Klemm, in der Hand. Allen, die zum Gelingen des Werkes beigetragen haben – den Autorinnen und Autoren, den beiden Redakteurinnen und den Mitarbeitern des Kröner Verlags – sei an dieser Stelle herzlich gedankt.
Wir bedauern es, dass Fritz Stolz das Lexikon nicht mehr gesehen hat. Seiner Tatkraft und seinen Ideen zur Professionalisierung und Eigenständigkeit des Faches Religionswissenschaft verdanken wir und verdankt dieses Wörterbuch viel.

Die Herausgeber

Christoph Auffarth, Bremen
Hans Gerhard Kippenberg, Bremen/Erfurt
Axel Michaels, Heidelberg

Verzeichnis der Mitarbeiterinnen und Mitarbeiter

Prof. Dr. Gregor Ahn, Heidelberg	GA
Prof. Dr. Dr. Christoph Auffarth, Bremen	CA
Dr. Manfred Bauschulte, Spenge	MB
PD Dr. Bärbel Beinhauer-Köhler, Zürich	BB
Dr. Johannes Beltz, Zürich	JBE
PD Dr. habil. Peter J. Bräunlein, Marburg	PJB
Dr. des. Johanna Buß, Heidelberg	JBU
Prof. Dr. Max Deeg, Cardiff	MD
Dipl.-Rel.-Wiss. Christa Dommel, Bremen	CD
Dr. Stefan Ecks, Edinburgh	SE
Dr. des. Dorothee Elm von der Osten, Freiburg	DE
Frederik Elwert, Bremen	FE
Dr. Christoph Emmrich, Toronto	CE
Prof. Dr. Christian F. Feest, Wien	CFF
Dr. Harald Fischer-Tiné, Berlin	HFT
Dr. Hans-Ludwig Frese, Bremen	HLF
Prof. Dr. Martin Gaenszle, Heidelberg	MG
PD Dr. Iris Gareis, Frankfurt a. M.	IG
Dr. Jörg Gengnagel, Heidelberg	JG
Dr. Alexandra Grieser, München	AG
Prof. Dr. Niels Gutschow, Abtsteinach	NG
Dr. Tilman Hannemann, Bremen	TH
Dr. Hans-Michael Haußig, Potsdam	HMH
PD Dr. Edmund Hermsen, Heidelberg	EH
Kirsten Holzapfel, Tübingen	KH
Prof. Dr. Monika Horstmann, Heidelberg	MHO
Prof. Dr. Dr. Manfred Hutter, Graz	MH
Nicole Janowski, Mainz	NJ
Dr. Ansgar Jödicke, Fribourg	AJ
Prof. Dr. Hans G. Kippenberg, Bremen	HGK
PD Dr. Hubert Knoblauch, Berlin	HK
Dr. Anne Koch, München	AK
Prof. Dr. Klaus Peter Koepping, Heidelberg	KPK
Prof. Dr. Karénina Kollmar-Paulenz, Bern	KKP
Prof. Dr. Volkhard Krech, Bochum	VK
Prof. Dr. Hermann Kreuzmann, Berlin	HKR
Dr. Oliver Krüger, Princeton, USA	OK
Prof. Dr. Bernhard Lang, Paderborn und St Andrews, Schottland	BL
Dr. Thomas Lehmann, Heidelberg	TL
Dr. Joest Leopold, Bremen	JL
Dr. Dr. Frieder Ludwig, St Paul, USA	FL
Prof. Dr. Bernhard Maier, Tübingen	BM
Prof. Dr. Vasilios N. Makrides, Erfurt	VM
PD Dr. Aditya Malik, Christ Church, Neuseeland	MAL
Dr. Christian Meyer, Mainz	CM
Prof. Dr. Axel Michaels, Heidelberg	AM
Dr. Jürgen Mohn, München	JM

Hubert Mohr, Bremen	HM
PD Dr. Sebastian Murken, Trier	SM
Dipl.-Rel.-Wiss. Dipl.-Soz. Alexander-Kenneth Nagel, Bremen	AKN
Prof. Dr. Werner Nell, Halle/Saale	WN
Prof. Dr. Thomas Oberlies, Göttingen	TO
Prof. Dr. Martin Ohst, Wuppertal	MO
PD Dr. Inken Prohl, Berlin	IP
Prof. Dr. Dr. h. c. Michael Pye, Marburg und Kyoto	MP
Dipl.-Theol. Kerstin Radde, Heidelberg	KR
Dr. Ursula Rao, Halle/Saale	UR
Prof. Dr. Wolfgang Riedel, Mainz	WR
Prof. Dr. Jörg Rüpke, Erfurt	JR
Prof. Dr. Jens Schlieter, Bern	JS
Dr. Ulrike Schlott, Berlin	US
Prof. Dr. Hermann Schulz, Axstedt	HS
Prof. Dr. Reinhard Schulze, Bern	RS
Karl-Heinz Steinmetz, München	KHS
Prof. Dr. Fritz Stolz †	FS
Dr. habil. Kocku von Stuckrad, Amsterdam	KVS
Prof. Dr. Siegfried Vierzig, Oldenburg	SV
Prof. Dr. Annette Wilke, Münster/Westf.	AW
Prof. Dr. Hartmut Zinser, Berlin	HZ

Mitarbeitersiglen

AG	Dr. Alexandra Grieser, München
AJ	Dr. Ansgar Jödicke, Fribourg
AK	Dr. Anne Koch, München
AKN	Dipl.-Rel.-Wiss. Dipl.-Soz. Alexander-Kenneth Nagel, Bremen
AM	Prof. Dr. Axel Michaels, Heidelberg
AW	Prof. Dr. Annette Wilke, Münster/Westf.
BB	PD Dr. Bärbel Beinhauer-Köhler, Zürich
BL	Prof. Dr. Bernhard Lang, Paderborn und St Andrews, Schottland
BM	Prof. Dr. Bernhard Maier, Tübingen
CA	Prof. Dr. Dr. Christoph Auffarth, Bremen
CD	Dipl.-Rel.-Wiss. Christa Dommel, Bremen
CE	Dr. Christoph Emmrich, Toronto
CFF	Prof. Dr. Christian F. Feest, Wien
CM	Dr. Christian Meyer, Mainz
DE	Dr. des. Dorothee Elm von der Osten, Freiburg
EH	PD Dr. Edmund Hermsen, Heidelberg
FE	Frederik Elwert, Bremen
FL	Dr. Dr. Frieder Ludwig, St Paul, USA
FS	Prof. Dr. Fritz Stolz †
GA	Prof. Dr. Gregor Ahn, Heidelberg
HFT	Dr. Harald Fischer-Tiné, Berlin
HGK	Prof. Dr. Hans G. Kippenberg, Bremen
HK	PD Dr. Hubert Knoblauch, Berlin
HKR	Prof. Dr. Hermann Kreuzmann, Berlin
HLF	Dr. Hans-Ludwig Frese, Bremen
HM	Hubert Mohr, Bremen
HMH	Dr. Hans-Michael Haußig, Potsdam
HS	Prof. Dr. Hermann Schulz, Axstedt
HZ	Prof. Dr. Hartmut Zinser, Berlin
IG	PD Dr. Iris Gareis, Frankfurt a. M.
IP	PD Dr. Inken Prohl, Berlin
JBE	Dr. Johannes Beltz, Zürich
JBU	Dr. des. Johanna Buß, Heidelberg
JG	Dr. Jörg Gengnagel, Heidelberg
JL	Dr. Joest Leopold, Bremen
JM	Dr. Jürgen Mohn, München
JR	Prof. Dr. Jörg Rüpke, Erfurt
JS	Prof. Dr. Jens Schlieter, Bern
KH	Kirsten Holzapfel, Tübingen
KHS	Karl-Heinz Steinmetz, München
KKP	Prof. Dr. Karénina Kollmar-Paulenz, Bern
KPK	Prof. Dr. Klaus Peter Koepping, Heidelberg
KR	Dipl.-Theol. Kerstin Radde, Heidelberg
KVS	Dr. habil. Kocku von Stuckrad, Amsterdam
MAL	PD Dr. Aditya Malik, Christ Church, Neuseeland
MB	Dr. Manfred Bauschulte, Spenge
MD	Prof. Dr. Max Deeg, Cardiff

MG	Prof. Dr. Martin Gaenszle, Heidelberg
MH	Prof. Dr. Dr. Manfred Hutter, Graz
MHO	Prof. Dr. Monika Horstmann, Heidelberg
MO	Prof. Dr. Martin Ohst, Wuppertal
MP	Prof. Dr. Dr. h. c. Michael Pye, Marburg und Kyoto
NG	Prof. Dr. Niels Gutschow, Abtsteinach
NJ	Nicole Janowski, Mainz
OK	Dr. Oliver Krüger, Princeton, USA
PJB	PD Dr. habil. Peter J. Bräunlein, Marburg
Red.	Die Redaktion
RS	Prof. Dr. Reinhard Schulze, Bern
SE	Dr. Stefan Ecks, Edinburgh
SM	PD Dr. Sebastian Murken, Trier
SV	Prof. Dr. Siegfried Vierzig, Oldenburg
TH	Dr. Tilman Hannemann, Bremen
TL	Dr. Thomas Lehmann, Heidelberg
TO	Prof. Dr. Thomas Oberlies, Göttingen
UR	Dr. Ursula Rao, Halle/Saale
US	Dr. Ulrike Schlott, Berlin
VK	Prof. Dr. Volkhard Krech, Bochum
VM	Prof. Dr. Vasilios N. Makrides, Erfurt
WN	Prof. Dr. Werner Nell, Halle/Saale
WR	Prof. Dr. Wolfgang Riedel, Mainz

Abkürzungen

ANF	Arkiv för nordisk Filologi
Anm.	Anmerkung
ANRW	Aufstieg und Niedergang der Römischen Welt. I. Republik, II. Kaiserzeit, III. Spätantike, hg. von W. Haase/H. Temporini, Berlin 1972ff.
Abh.	Abhandlung
Abt.	Abteilung
Apg	Apostelgeschichte des Lukas
Apk	Apokalypse des Johannes/Offenbarung
Art.	Artikel
ARW	Archiv für Religionswissenschaft
AsPh	Archiv für slawische Philologie
AT	Altes Testament
atl.	alttestamentlich
Aufl.	Auflage
Bd./Bde.	Band/Bände
bes.	besonders
Bh.	Beiheft
bT	Babylonischer Talmud
buddh.	buddhistisch
bzw.	beziehungsweise
ca.	circa
CC	Corpus Christianorum, series Latina/series Graeca, 1953ff.
CCM	Corpus Christianorum (Continuatio Medievalis)
chin.	chinesisch
christl.	christlich
Chron	Chronik
CSEL	Corpus Scriptorum Ecclesiasticorum Latinorum, hg. von der Akademie der Wissenschaften in Wien, 1866ff.
Dan	Daniel
DDD	Dictionary of Deities and Demons in the Bible, hg. von K. van der Toorn, Leiden 1995, ^{2}1999
DH	Encheiridion symbolorum definitionum et declarationum de rebus fidei et morum/Kompendium der Glaubensbekenntnisse und kirchlichen Lehrentscheidungen (mit dem Paragraphen der Textstelle), hg. von H. Denzinger/P. Hünermann, Freiburg ^{37}1991
Diss.	Dissertation
d.h.	das heißt
DNP	Der neue Pauly, hg. von H. Cancik/M. Landfester/H. Schneider, 15 (in 18) Bde., Stuttgart 1996–2003
dt.	deutsch
Dtn	Deuteronomium (5. Buch Mose)
EA	Erstausgabe (erste selbständige Veröffentlichung)
ebd.	ebenda
ED	Erstdruck (unselbständige Veröffentlichung in Zeitschrift oder Sammelband)
EI^{2}	The Encyclopaedia of Islam, New Edition, hg. von J.H. Kramers/H.A.R. Gibb/E. Lévi-Provençal, 12 Bde., Leiden 1960–2004
eigentl.	eigentlich

Einf.	Einführung
eingel.	eingeleitet
Einl.	Einleitung
EJ	Encyclopaedia Judaica, hg. von Cecil Roth u.a., 16 Bde., Jerusalem 1971
engl.	englisch
entst.	entstanden
Eph	Paulus an die Epheser
ER	The Encyclopedia of Religion, hg. von M. Eliade, 16 Bde., New York 1987 (NA, hg. von J. Lindsay, 14 Bde., Detroit 2005)
ERE	Encyclopaedia of Religion and Ethics, hg. von J. Hastings, 13 Bde., Edinburgh 1908–26
erg.	ergänzt
Erg. Bd.	Ergänzungsband
Erg. H.	Ergänzungsheft
erkl.	erklärt
erw.	erweitert
Esr	Esra
Est	Ester
evang.	evangelisch
Ex	Exodus (2. Buch Mose)
Ez	Ezechiel/Hesekiel
f.	folgende (Seite)
Faks.	Faksimile
FBW	Fundberichte aus Baden-Württemberg
fem.	feminin
FMSt	Frühmittelalterliche Studien
franz.	französisch
Frg./Frgg.	Fragment/Fragmente
FS	Festschrift
GA	Gesamtausgabe
Gal	Paulus an die Galater
GARS	Max Weber, Gesammelte Aufsätze zur Religionssoziologie
geb.	geboren
Gen	Genesis (1. Buch Mose)
gest.	gestorben
GG	Grundgesetz für die Bundesrepublik Deutschland vom 23. 5. 1949
GGB	Geschichtliche Grundbegriffe. Historisches Lexikon zur politisch-sozialen Sprache in Deutschland, hg. von O. Brunner/W. Conze/R. Koselleck, Stuttgart 1972–97
griech.	griechisch
GRM	Germanisch-romanische Monatsschrift, 1909 ff.
GS	Gesammelte Schriften
GW	Gesammelte Werke
Hab	Habakuk
Hag	Haggai
Hb.	Handbuch
hebr.	hebräisch
Hebr	An die Hebräer
hg./Hg.	herausgegeben/Herausgeber
hinduist.	hinduistisch
hist.	historisch
hist.-krit.	historisch-kritisch

hl.	heilig
Hld	Hohes Lied
Hos	Hosea
HRG	Handbuch der Religionsgeschichte, hg. von J. P. Asmussen, 3 Bde., Göttingen 1971–75
HrwG	Handbuch religionswissenschaftlicher Grundbegriffe, hg. von H. Cancik/B. Gladigow/K.-H. Kohl/M. Laubscher, 5 Bde., Stuttgart 1988–2001
HWDA	Handwörterbuch des deutschen Aberglaubens, hg. von H. Bächtold-Stäubli, 10 Bde., 1927–42, ND Berlin 1987–2000
HWPh	Historisches Wörterbuch der Philosophie, hg. von J. Ritter/K. Gründer, 12 Bde., Basel (Darmstadt) 1971–2004
insbes.	insbesondere
in Vorb.	in Vorbereitung
islam.	islamisch
Isv.	Isvestija otdlenija russkogo jazyka i Slovesnosti Akademija Nauk
Jak	Brief des Jakobus
Jb.	Jahrbuch
Jer	Jeremia
Jes	Jesaja
JGO	Jahrbücher für Geschichte Osteuropas, NF, 1953 ff.
Jh./Jh.s/Jh.e	Jahrhundert/Jahrhunderts/Jahrhunderte
Joh	Johannes-Evangelium
1–3 Joh	Briefe des Johannes
Jon	Jona
Jos	Josua
JSHRZ	Jüdische Schriften aus hellenistisch-römischer Zeit, hg. von W. G. Kümmel, 6 Bde., Gütersloh 1973–2005; Supplemente 2005 ff.
jT	Palästinischer (Jerusalemer) Talmud
Jt.	Jahrtausend
Jud	Brief des Judas
jüd.	jüdisch
Kap.	Kapitel
kath.	katholisch
KGA	Kritische Gesamtausgabe
Klgl	Klagelieder
KLNM	Kulturhistorisk Leksikon for nordisk Medeltid (Middelalder fra vikingetid til reformationstid)/Kulturhistoriskt Lexikon foer Nordisk Medeltid, hg. J. Granlund/I. Ingvar, 22 Bde., 1956–1978, Kopenhagen ^{2}1980–82
Kön	Könige
Koh	Kohelet/Prediger
Kol	Paulus an die Kolosser
Komm.	Kommentar
Kor	Paulus an die Korinther
korrig.	korrigiert
krit.	kritisch
KSA	Kritische Studienausgabe
LÄ	Lexikon der Ägyptologie, hg. von W. Helck, 6 Bde., Wiesbaden 1975–1984; Register 1992
lat.	lateinisch
LCI	Lexikon der christlichen Ikonographie, hg. von E. Kirschbaum/W. Braunfels, 8 Bde., Freiburg i. Br. 1968–76, ND 1990

Lev	Leviticus (3. Buch Mose)
LexMA	Lexikon des Mittelalters, hg. von R.-H. Bautier/R. Auty/N. Angermann, 9 Bde., München/Zürich 1980–1998
LGM	R. Simek, Lexikon der germanischen Mythologie, Stuttgart 1984, ^{2}1995
LIMC	Lexicon Iconographicum Mythologiae Classicae, hg. von J. Boardman u.a., 10 Bde. mit je Text- und Tafelband, Zürich 1981–99
Lit.	Literatur
Lk	Lukas-Evangelium
Makk	Makkabäer
Mal	Maleachi
mask.	maskulin
MGH	Monumenta Germaniae historica, 1826ff.
Mi	Micha
Mio.	Million/en
Mk	Markus-Evangelium
MLR	Metzler Lexikon Religion, hg. von C. Auffarth/J. Bernard/H. Mohr, 4 Bde., Stuttgart 1999–2002 (amerikanische Ausgabe: Brill Dictionary of Religion, hg. von K. von Stuckrad, Leiden/Boston 2006)
MoM	Maal og Minne
MPG/MPL	Patrologiae cursus completus, hg. von J. P. Migne, series Graeca, 167 Bde., 1857–1866; mit Registerbänden/series Latina, 217 Bde., 1844–55; mit 4 Registerbänden, 1862–64, und Supplementbänden 1958ff.
Mt	Matthäus-Evangelium
MWS	Max Weber Studienausgabe
NA	Neuausgabe
Nah	Nahum
n. Chr.	nach Christi Geburt
ND	Nachdruck
Neh	Nehemia
neutr.	neutrum
NF	Neue Folge
NGG	Nachrichten der Gesellschaft der Wissenschaften in Göttingen
NoB	Namn och Bygd
Nr.	Nummer
N.S.	Nova Series
NT	Neues Testament
ntl.	neutestamentlich
Num	Numeri (4. Buch Mose)
Ob	Obadja
o.J.	ohne Jahresangabe
o.O.	ohne Ortsangabe
PBB	Beiträge zur Geschichte der deutschen Sprache und Literatur
Petr	Briefe des Petrus
Phil	Paulus an die Philipper
Phlm	Paulus an Philemon
Plur.	Plural
Ps	Psalm
Ps.-	Pseudo-
Pseud.	Pseudonym
RAC	Reallexikon für Antike und Christentum, hg. von F.J. Dölger/Th. Klauser u.a., ca. 40 Bde., Stuttgart 1950ff.

RAE	Revue archéologique de l'Est et du Centre-Est
RE	Paulys Real-Encyclopädie der classischen Altertumswissenschaft, hg. von G. Wissowa u.a., 83 Bde.; mit Registerbänden, Stuttgart 1893–1980
religionsgesch.	religionsgeschichtlich
religionswiss.	religionswissenschaftlich
rev.	revidiert
RGA	Reallexikon der germanischen Altertumskunde, begründet von J. Hoops, hg. von H. Beck, ca. 32 Bde., Berlin ²1973–2007; bislang (2006) 48 Ergänzungsbände
RGG	Die Religion in Geschichte und Gegenwart
RGG¹	1. Aufl., hg. von F. M. Schiele, Tübingen 1909–13
RGG²	2. Aufl., hg. von H. Gunkel/L. Zscharnack, Tübingen 1927–31
RGG³	3. Aufl., hg. von K. Galling, 5 Bde. und Registerbd., Tübingen 1957–62
RGG⁴	4. Aufl., hg. von H. D. Betz/D. Browning/B. Janowski/E. Jüngel, 8 Bde., Tübingen 1999–2005
Ri	Richter
Röm	Paulus an die Römer
röm.	römisch
röm.-kath.	römisch-katholisch
s.	siehe
S.	Seite
Sach	Sacharja
Sam	Samuel
sanskr.	Sanskrit
Sing.	Singular
s. o.	siehe oben
sog.	so genannt
Spr	Sprüche
SS	Sämtliche Schriften
SSS	Słownik starożytności słowiańskic, hg. von W. Kowalenko/G. Labuda, 8 Bde., Wrocław 1962ff.
s. u.	siehe unten
Suppl.	Supplement
s. v.	sub verbo (unter dem Stichwort)
SW	Sämtliche Werke
theol(og).	theologisch
Thess	Briefe des Paulus an die Thessalonicher
ThWNT	Theologisches Wörterbuch zum Neuen Testament, begr. von G. Kittel, hg. von G. Friedrich, 10 Bde., Stuttgart 1933–77
Tim	Briefe des Paulus an Timotheus
Tit	Brief an Titus
Tl./Tle.	Teil/Teile
TRE	Theologische Realenzyklopädie, hg. von G. Krause/G. Müller, 36 Bde., Berlin 1976–2004
TUAT	Texte aus der Umwelt des Alten Testaments, hg. von O. Kaiser, 3 Bde., Gütersloh 1982–2004; NF 2005ff.
u.	und
u. a.	und andere/unter anderem
u. d. T.	unter dem Titel
Ü.	Übersetzung
übers./Übers.	übersetzt/Übersetzer
unveränd.	unverändert

unvollst.	unvollständig
u.ö.	und öfter
usw.	und so weiter
u.U.	unter Umständen
v.a.	vor allem
v.Chr.	vor Christi Geburt
veränd.	verändert
verb.	verbessert
verm.	vermehrt
vgl.	vergleiche
vollst.	vollständig
Vorw.	Vorwort
W.	Werk(e)
Wb.	Wörterbuch
z.B.	zum Beispiel
Zeph	Zephanja
ZfdA	Zeitschrift für deutsches Altertum, 1841ff.
ZfO	Zeitschrift für Ostforschung, 1952ff.
Zs.	Zeitschrift
z.T.	zum Teil
zugl.	zugleich

A

Aaron, Bruder des → Mose (Ex 4,14ff.), gilt als Begründer des levit. Priestertums (Ex 28; vgl. Hebr 5,4ff.). → Altes Testament, → Apokryphen. KVS

Aaroniden, die jüd. Priesterschaft, die sich insgesamt von → Aaron herleitet. Obwohl die Priester der Abstammung nach eine geschlossene Gruppe darstellten und ihre Stammbäume genau kontrollierten, bildeten sie in der Zeit des Zweiten Tempels keine einheitliche Gruppierung. So erhoben die → Zadokiden und deren »aristokrat.« Spitze, die → Oniaden, einen Führungsanspruch. Nach 175 v. Chr. kam es zu Abspaltungen, und Priester schlossen sich anderen, auch nichtaaronid. Gruppierungen an. Der Konflikt um das Hohepriesteramt entbrannte in makkabäischer Zeit vollends; klarer Beleg dafür ist die Geschichte der Besiedlung von → Qumran. → Altes Testament, → Apokryphen. KVS

Aaronitischer Segen, dreiteiliger, rhythmisch aufgebauter Segensspruch, der bis heute im jüd. und christl. Kult verwendet wird, vgl. Num 6,22–27. → Altes Testament, → Apokryphen. KVS

ʿAbduh, Muḥammad (1849–1905), muslim. Gelehrter aus Ägypten, Theologe, Jurist und Journalist. Er gründete 1884 zusammen mit Ǧamāl ad-Dīn al-Afġānī (gest. 1897) in Paris einen islam. reformorientierten Zirkel (→ iṣlāḥ), der zum Ausgangspunkt für eine neue islam. Gelehrtenkultur (→ Salafīya) wurde. ʿA. kritisierte schon früh den Traditionalismus in der etablierten Wissenskultur (→ taqlīd) und forderte die Neubegründung eines rationalist. Diskurses über Religion und Islam im Bes., wobei er sich einerseits stark an den herrschenden Positivismus anlehnte, andererseits aber auch versuchte, unter Nutzung älterer Texttraditionen der islam. Theologie (→ kalām) eine zeitgenöss. islam. → Hermeneutik zu entwickeln. Koran und → Sunna sollten den einzigen hermeneut. Hintergrund für eine rationalist. Auslegung von Religion und Welt bilden, wobei der Islam im Sinne eines → dīn (= Religion) objektiviert als zeitlose → soziale Tatsache zu verstehen sei (dogmat. Schrift *risālat at-tawḥīd* (»Die Sendung des (oder das Sendschreiben über das) Einheitsbekenntnis«, 1897). ʿA.s Bemühungen zielten auf eine Integration des Islam in die zeitgenöss. Wissensdiskurse (auch Naturwissenschaften), auf die Legitimierung der → Moderne durch den Islam, auf die Reform des islam. Ausbildungswesens und auf eine Aufwertung des Islam als Teil der polit. Öffentlichkeit. Zusammen mit Muḥammad → Rašīd Riḍā publizierte er ab 1898 in Kairo die Zeitschrift al-Manār, die zum Sprachrohr der Salafīya-Bewegung wurde. RS

Lit.: A. Hourani, Arabic Thought in the Liberal Age, 1962, [2]1982. – Ders., Mohammed ʿA. ou les voies contemporaines du réformisme musulman, in: Les Africains 10 (1978), 37–71.

Abendmahl, protestant. Begriff für das zentrale christl. Ritual in der → Messe, die → Eucharistie. → Opfer. CA

Aberglaube, umstrittener, (vor-)urteilsbeladener Begriff, der (ähnlich wie → Magie) nicht sinnvoll von → Glaube unterschieden werden kann. Im Allgemeinen bezeichnet A. vermeintlich rückständige oder überholte, vornehmlich volks- bzw. alltagsreligiöse Glaubensformen. → Alltag. AM

Abhidhamma-Pitaka (von pāli a.-piṭaka, sanskr. abhidharma-piṭaka = Korb der → Scholastik), dritter und jüngster Teil des buddh. Dreikorbs (→ Tripitaka). Auf scholast. Weise wird darin die Lehre des Buddhismus systematisiert. Philosoph. und psycholog. Fragestellungen wie die ausführliche Ausarbeitung der buddh. Lehre von den »Elementen« (→ dharmas) stehen im Mittelpunkt. → Buddh. Literatur, → Pāli-Kanon. AM

Lit.: Nyanatiloka Mahathera, A Guide through the A.-P., 1938, [4]1983. – Nyanaponika, A.-P. Studies, 1949. – H. V. Guenther, Philosophy and Psychology in the A.-P., 1976.

Abhinavagupta (Ende 10./Anfang 11. Jh. n. Chr.), Philosoph und Ästhetiker des → kashmir. Shivaismus, Schüler des Utpāladeva. A. stellt in dem der Pratyabhijñā-Literatur zugerechneten Werk *Paramārthasāra* (zwischen 930 und 1015 n. Chr.) mit seiner Lehre der Ausstrahlung (ābhāsavāda) von Selbst und Höchstem Gott (maheshvara) eine Verbindung von → Vedānta und kashmir. Shivaismus (Yoga-Advaita) her und wird von Vishnuiten und Shivaiten gleichermaßen beansprucht. Wichtige Werke sind das ritualist.-philosoph. *Tantraloka*, das Kommentarwerk *Dhvanyāloka-Locana* über expressive Kraft (dhvani), Geschmack (rasa) und den Kunstkenner (sahridaya) sowie religiöse und didakt. Dichtungen. CE

Lit.: R. Gnoli (Hg.), Luce delle Sacre Scritture. Tantraloka di A., 1980. – V. Raghavan, A. and his Works, 1980. – J. Hanneder (Hg.), A.'s Philosophy of Revelation. An Edition and Annotated Translation of Mālinīślokavārttikā, 1998.

Abhisheka (von sanskr. abhiṣeka = Waschung), Salbung und Weihe einer Gottheit oder eines Königs, im → Vajrayāna-Buddhismus auch Teil der → Initiation. → Ritual. AM

Abot de Rabbi Nathan (aram. ʾAbōt de Rabbi Natan), in mehreren Fassungen erhaltener außerkanon. Traktat der → Mischna-Ordnung Neziqin, der wie der Traktat Abot nur haggad. Material (→ Haggada) enthält und als von ihm abhängig betrachtet wird. Einige A. d. R. N.-Traditionen führen bis ins 4. Jh. zurück. KVS

Abraham, biblischer Patriarch, dessen Geschichte in Gen 12–25 erzählt wird. Verschiedene traditionelle Erzählungen werden dort zu einer Legende vom Hirten A. zusammengewoben, der als »Freund Gottes« (Jes 41,8) zum Ahnherrn Israels wird. Wichtiger als die Frage nach seiner histor. Lebenszeit bzw. seiner Historizität überhaupt in Hebron ist die enorme Bedeutung A.s für die jüd., christl. und muslim. Identität. In zwischentestamentlicher Zeit wird er als urzeitlicher Weiser verehrt, der → Zarathustra, die Babylonier oder Ägypter Wissenschaft, → Magie und → Astrologie gelehrt habe. Auch in frühchristl. Quellen erscheint A. als Prototyp des rechten Glaubens (Röm 4; Gal 3,6–14). Im Koran macht Allah ihn zu einem »Imam für die Menschheit« (Sure 2/118), der weder Jude noch Christ, sondern »lauteren Glaubens« war (Sure 3/60, → Ḥanīf). → Altes Testament, → Apokryphen. KVS

Lit.: A. Alt, Der Gott der Väter, 1929. – S. Sandmel, Philo's Place in Judaism: A Study of Conceptions of Abraham in Jewish Literature, 1971.

Abraham-Apokalypse. In der um 100 n. Chr. entstandenen A.-A. wird erzählt, wie → Abraham mit der Hilfe des Engels Jaoel auf einer Opfertaube in den siebten Himmel reist, um die Zukunft seines Volkes bis zum Endgericht zu erfahren (Kap. 9–32). Die Kap. 1–8 wenden sich gegen eine kultische Verehrung von Bildern. → Himmelsreise/Jenseitsreise, → Text. KVS

Lit.: G. N. Bonwetsch, Die Apokalypse Abrahams, 1897.

Abraham ibn Daud (ben David) (ca. 1110–81), spanisch-jüd. Gelehrter. Ihm werden vier Werke zugeschrieben, von denen jedoch nur zwei erhalten sind: *Ha-ʾᵆmūnā ha-ramā* (»Der erhöhte Glaube«) versucht aus philosoph. Sicht eine Antwort auf die Frage, wie die Allmacht Gottes mit der menschlichen Freiheit vereinbar ist. *Sefær ha-Qabbalā* (»Buch der Tradition«) ist ein histor. Werk, das die jüd. Geschichte in Anlehnung an das Danielbuch in vier Epochen einteilt. Ziel von A.s Wirken war eine Synthese zwischen erwachendem Rationalismus und religiös-apologet. Traditionalismus. KVS

W.: G. D. Cohen, A Critical Edition with a Translation and Notes of The Book of Tradition (Sefer ha-Qabbala) by A. i. D., 1967.

Lit.: T. A. M. Fontaine, In Defense of Judaism: A. i. D. Sources and Structures of ha-Emuna ha-Ramah, 1990.

Absolutheit (von lat. absolutus = abgelöst, in sich abgeschlossen), Konzeption des Prinzips der Wirklichkeit u. a. in der platon.-neuplaton., aufklärer. und idealist. Philosophie, aber auch in der semiot. Prozessphilosophie von C. S. → Peirce. Die Ausgestaltungen des Konzepts schwanken zwischen der Interpretation von A. (a) als scharfer (z. B. begründender) Trennung vom Relativen, Bezogenen und (b) als Prinzip der Wirklichkeit, das alles Relative in sich einschließt – bei → Hegel sogar seine relative Selbstnegation am »spekulativen Karfreitag«. Mit diesem Symbol wird der Kreuzestod Jesu von Nazareth begrifflich gedeutet. → Religionsphilosophie. Red

Absolution (von lat. absolutio = Loslösung, Freisetzung; griech. lýsis), im Christentum hoheitlicher Akt der Entbindung von → Sünden oder → Strafen. Nach christl. Verständnis hat die Verkündigung Christi richterlichen Charakter, weil sie die Teilhabe am Reich Gottes an Bedingungen knüpft. Daher eignet auch der Kirche in ihrer Verkündigung eine richterliche Kompetenz zum »Binden und Lösen«, indem das, was auf Erden gelöst wird, auch im Himmel gelöst sein soll (Mt 16,19). In der sakramentalen A., die den Kern des Bußsakraments (→ Beichte) darstellt, wird von Sünden absolviert. In der kanon. A. wird eine als Tatfolge eingetretene oder durch ein Rechtsverfahren verhängte Strafe aufgehoben. In manchen christl. Konfessionen ist die A. in der Form eines → Sakraments ungebräuchlich oder wird abgelehnt. KHS

Lit.: L. Hödl, Die scholast. Literatur u. die Theologie der Schlüsselgewalt, 1960. – R. Stringl, Straftat u. Strafe, in: Hb. des kath. Kirchenrechts, 1983, ^{2}1999, 929–41.

Abstinenz (von lat. abstinentia = Enthaltsamkeit), »Enthaltung« von bestimmten Speisen, Getränken und Genussmitteln, bes. berauschenden Getränken (vgl. z. B. die Alkohol-A. im Islam); zur religiösen A. gehören auch die Einhaltung von Monodiäten und das Fasten. → Askese. AM

Abtreibung, unmittelbar intendierte Entfernung eines noch nicht lebensfähigen Fötus aus dem Mutterleib. In vielen Kulturen und Religionen gilt die A. als problemat., weil nach religiöser Ansicht das Elternpaar nicht eigenmächtig das → Leben eines Menschen hervorbringt und darüber verfügen kann, sondern es als Geschenk empfängt (→ Gabe). Diese Haltung wird aktuell von den ethischen Problemen um Embryonenforschung und neue Fertilisationstechniken herausgefordert. In manchen Rechtstraditionen kollidiert die A. durch einen Dritten mit dem Verfügungsrecht des Familienoberhaupts über Frau und Fötus. Die religiösen oder rechtlichen Konsequenzen differieren je nach Kultur und Epoche beträchtlich, sie reichen von schweigender Duldung bis zur Sanktion. Im Judentum, Islam und bes. im Christentum fasst man die A. als schwer schuldhafte Tötung ungeborenen Lebens auf. Die christl. Kirchen sind sich in ihrer grundsätzlichen Ablehnung der A. einig, sozialethische oder polit. Folgerungen werden jedoch kontrovers diskutiert. Eindeutig ist das geltende Recht der röm.-kath. Kirche: Die abtreibende Mutter und die die A. durchführenden Personen ziehen sich die Tatstrafe der Exkommunikation zu. In manchen modernen feminist. Religionsentwürfen gehört die Vorstellung eines archaischen »weiblichen → Wissens« um A.-Techniken zur Konstruktion einer selbstbestimmten und doch »naturnahen« Frauenreligiosität. KHS

Lit.: R. Jütte (Hg.), Geschichte der A. Von der Antike bis zur Gegenwart, 1993. – G. Jerouschek, Lebensschutz u. Lebensbeginn. Die Geschichte des A.-Verbots, 2000, ^{2}2002. – G. Damschen/D. Schönecker, Der moral. Status menschlicher Embryonen, 2002. – D. Schiff, Abortion in Judaism, 2002. – J. E. Brockopp (Hg.), Islamic Ethics of Life: Abortion, War, and Euthanasia, 2003.

Abulafia, Abraham ben Samuel (1240–92), spanischer Kabbalist und zentrale Gestalt der sog. »prophet.« oder »ekstat.« → Kabbala, die gewöhnlich von der »theosoph.« Kabbala des parallel zu A.s Wirken entstandenen → Sohar unterschieden wird. KVS

Abwehrzauber, Praxis zum Schutz gegen Schäden, die durch übernatürliche Kräfte (z. B. böser Blick, → Hexerei) verursacht werden. A. treten in zahllosen Formen auf, z. B. als Geste, verbale Formel, komplexes Ritual oder als Objekt (→ Amulett). Ein A. kann sich appellativ an den Verursacher des Schadens wenden, den Schaden direkt abwehren oder um den Beistand freundlicher Mächte bitten. Viele alltägliche A. sind Rituale ohne explizierbare Bedeutung (z. B. »toi, toi, toi«). → Apotropäisch, → Magie. SE

Lit.: R. Kriss/H. Kriss-Heinrich, Volksglaube im Bereich des Islam, Bd. 2: Amulette, Zauberformeln und Beschwörungen, 1962.

Ach (von altägypt. Jachu abgeleitet; = Lichtglanz, Lichtgeist, Strahlkraft; zeitweise auch Geist, Gespenst oder geistige Fähigkeit, Können; im Zusammenhang mit Göttern auch »Zauberkraft«), zentrale anthropolog. Vorstellung in der → altägypt. Religion. A. wird mit dem Zeichen des Schopfibis geschrieben, hat also wie der → Ba Anteil an der himmlischen Vogelnatur. In bildlichen Darstellungen weist er hingegen Mumiengestalt auf, die die göttliche Lebensform im Jenseits zum Ausdruck bringt. Steht die eigene Wesenform A. Göttern und dem Pharao bereits zu Lebzeiten zur Verfügung, kann der gewöhnliche Mensch erst nach seinem → Tod zu einem A. werden. Zu den ältesten ägypt. Vorstellungen vom Toten- und Jenseitsreich gehört der Wunsch, im Gefolge des Sonnengottes → Re täglich erneut weiterzuleben. Dazu musste der Ba zunächst das Totengericht bestehen und sich mit seinem → Ka erfolgreich wiedervereinigen. Dadurch konnte der Verstorbene zu einem A., zu einem für alle Ewigkeit dauernden und unvergänglichen »Verklärten«, werden. Die A. als selige Verstorbene werden von den im Totengericht endgültig Vernichteten unterschieden. Wie der Ba kann der A. in die Welt der Lebenden zurückkehren; er gilt insbes. als Wächter des → Grabes und bedroht die Grabräuber. So wird auf mehreren Ostraka ein Totengeist, der einem Priester erscheint, um die Wiederherstellung seines verfallenen Grabes zu erwirken, »verehrungswürdiger A.« genannt. EH

Lit.: G. Englund, Akh – une notion religieuse dans l'Égypte pharaonique, 1978.

Āchārya (von sanskr. ācārya = Lehrer, Meister), (Ehren-)Titel in indischen Religionen. Im Hinduismus meist Titel für den Lehrer des → Veda, aber auch für andere spirituelle oder philosoph. Lehrer. Der Titel wird nicht selten an den persönlichen Namen angehängt (z. B. Shankaraāchārya, → Shankara). → Herrschaft. AM

Lit.: A. Michaels (Hg.), The Pandit, 2001.

Achtgliedriger Weg (sanskr. aṣṭāṅgamārga, pāli aṭṭhaṅgikamagga), im → Buddhismus der zur → Erlösung vom Leiden (→ duhkha) führende achtfache Weg. Er umfasst: rechte Erkenntnis, Gesinnung, Rede, Tat, Lebenserwerb, Anstrengung, Achtsamkeit und Sammlung (→ samādhi). Der a. W., Inhalt der → Vierten Edlen Wahrheit, gilt auch als »Mittlerer Weg« (→ Madhyamaka) zwischen den Extremen von → Askese und Genusssucht. → Heil, → Seele, → Shīla. AM

Lit.: H. Eimer, Skizzen des Erlösungsweges in buddh. Begriffsreihen, 1976.

Achtzehn-Gebet (hebr. Šᵉmonǣ ʿæsrē; Achtzehnbittengebet; auch hebr. ʿamīdā = das Stehende), das dreimal täglich im Stehen zu sprechende jüd. Pflichtgebet. Es bestand in Palästina aus 18, seit einer Teilung der 14. Bitte in Babylonien aber aus 19 Benediktionen. Die einzelnen Bestandteile sind älter und reichen bis in die Zeit der → Mischna (2. Jh.) zurück. Abfolge und Inhalt waren durchaus wandelbar; bes. die viel diskutierte zwölfte Benediktion, die von Christen im Mittelalter als Verfluchung ihres Glaubens aufgefasst wurde, konnte der jeweiligen Situation angepasst werden und richtete sich zumeist hauptsächlich gegen abweichende jüd. Gruppen (Mīnīm; → Bann). → Kult, → Schma. KVS

Lit.: K. Kohler, The Origin and Composition of the Eighteen Benedictions, in: Hebrew Union College Annual 1 (1924), 387–425.

Ackerbau/Ackerbaukulturen. I. Allgemein. (1) Der Übergang von einer aneignenden zur produzierenden Wirtschaftsform stellt einen der folgenreichsten Einschnitte der Menschheitsgeschichte dar. Der Anbau von Nutzpflanzen (Körner-, Hülsenfrüchte, Knollengewächse) erfordert eine sesshafte Lebensweise, die die wildbeuter. Wirtschaftsweise der → Jäger- und Sammlerkulturen weitgehend ablöst. Dieser tiefgreifende Wandel, der in der sog. Jungsteinzeit (→ Neolith. Religion) erfolgte, wurde mit dem Begriff »neolith. Revolution« charakterisiert. Notwendig wurden neue Technologien (z. B. Bewässerung) und eine dem Agrarzyklus folgende Zeitrechnung (→ Kalender) ebenso wie Arbeitsteilung und veränderte Siedlungsformen. Archäolog. fassbar wird der allmähliche Übergang, der auch die Domestikation von → Tieren einschließt (→ Hirtenkulturen, → Nomaden), vor etwa 10.000–12.000 Jahren. (2) Wollte man ehemals eine beschränkte Anzahl von Domestikations-Zentren erkennen, so sind es heute ökolog. Großräume (Biome), die mit der frühen Kultivierung von Nahrungspflanzen verbunden werden: der Nahe Osten und Afrika (Roggen, Hafer, Weizen), Mittel- und Südamerika (Mais, Süßkartoffel, Maniok, Kürbis, Bohnen), China und Südostasien (Reis, Yams, Hirse, Sojabohnen). (3) Intensiver A. ist Voraussetzung für die Entstehung der frühen Städte und Staaten zwischen 5000–1800 v. Chr. im Nahen Osten, Ägypten, China und Indien. (4) Wirtschaftsethnolog. wird unterschieden zwischen Feld- bzw. Pflanzbau unter Einsatz des Hack- bzw. Grabstocks und dem intensiven Feldbau bzw. A., der durch die Verwendung des Pfluges gekennzeichnet ist. Der Pflanzbau ist älter und wird bis heute von tribalen Gesellschaften der tropischen Klimazonen betrieben (Wanderfeldbau). Der A. ist v. a. typisch für frühe Hochkulturen, und so etablierte sich aus evolutionist. Sicht die Unterscheidung von Pflanzerkulturen als »niederen Bodenbauern« und A.-Kulturen als »höheren Bodenbauern«. Doch handelt es sich dabei weniger um Abfolgen von Kulturstufen als um Anpassungen an unterschiedliche geograph. und klimat. Bedingungen. II. Religionshistor. Perspektiven. Auch religionsgesch. ist die Entwicklung des Bodenbaus folgenreich. (1) (a) Die intensive Zuwendung der Menschen zu Anbaupflanzen und die existentielle Abhängigkeit von diesen führten zu entsprechenden Glaubensvorstellungen, magischen und rituellen Praktiken. Pflanzen gelten mitunter als beseelt (Reisseele), und weit verbreitet ist die Vorstellung eines, häufig weiblich gedachten, »supernatural owner of nature« (Hultkrantz 1961). Hierbei handelt es sich um eine Übertragung der jäger. Tierherren-Vorstellung (→ Sedna) auf den agrar. Bereich. (b) Agrar. Riten begleiten Aussaat und Ernte. Bei der ersten Saat sind es häufig → Opfer, bei denen Blut von Tieren (oder, etwa im alten Mexiko, möglicherweise von Menschen) vergossen wird, um das Wachstum zu befördern. Häufig wird auch ein Teil der Ernte geopfert, um den kommenden Wachstumszyklus zu sichern. Beispielhaft hat → Malinowski die Gartenbau-Magie der Trobriander in Melanesien beschrieben. (2) (a) In der religionsgesch. Forschung kam es schon früh zu Versuchen, ein ursprüngliches bäuerliches Weltbild zu rekonstruieren (→ Mannhardt, → Vegetationskult). (b) Die Ethnologen A. E. → Jensen und H. Straube (1923–84) rekonstruierten ein eigenes »agrar. Weltbild« der »niederen« Bodenbauern, das als das ursprüngliche, weil ältere Weltbild beschrieben wird. Im Mittelpunkt stehe die Erkenntnis, dass alles Lebendige vom Gesetz des »Stirb und Werde« beherrscht sei. Es konnte gezeigt werden, dass das Mythologem von der Entstehung der Knollenpflanzen aus dem Körper eines von Menschen getöteten und zerstückelten göttlichen Wesens tatsächlich weit verbreitet ist (→ Dema-Gottheiten, → Hainuwele). Dem gegenüber steht das gleichfalls weit verbreitete sog. Prometheus-Motiv, wonach die erste Körnerfrucht den Göttern aus himmlischen Sphären entwendet und den Menschen übereignet wurde. (3) M. → Eliade leitet aus der Erfahrung landwirtschaftlicher Zeitzyklen die Idee der zirkularen → Zeit und des kosmischen Zyklus ab (→ Kreislauf). Geburt, Tod und Wiedergeburt (→ Reinkarnation) wiederholten sich zyklisch. Toten- und Fruchtbarkeitskulte seien religionsgesch. relevante Folgen der neolith. Revolution, genauso wie die durch die bäuerliche Sesshaftigkeit bedingten neuen religiösen Wertungen des → Raumes. Die kosmolog. Symbolik des Hauses ebenso wie die klassifizierende Dichotomie Himmel – Erde sind demnach »biokosmolog. Konzeptionen«, die sich den Innovationen durch die Entdeckung des Ackerbaus verdanken. (4) Für J. Cauvin (2000) ist die eigentliche neolith. Revolution eine geistige »Revolution der Symbole«, die in der »Erfindung« der Götter liegt und ein hierarch. perfektes → Jenseits den Unbilden eines Diesseits gegenüberstellt. → Göttervorstellungen, → Kosmos, → Mythos, → Natur, → Wirtschaft.

PJB

Lit.: G. Childe, Man Makes Himself, 1936. – A. E. Jensen, Das religiöse Weltbild einer frühen Kultur, 1948. – A. Hultkrantz (Hg.), The Supernatural Owners of Nature, 1961. – M. Eliade, Geschichte der religiösen Ideen, Bd. 1, 1978. – B. Malinowski, Korallengärten u. ihre Magie, 1981. – J. R. Harlan, The Living Fields: Our Agricultural Heritage, 1995. – T. D. Price/A. B. Gebauer (Hg.), Last Hunters – First Farmers. New Perspectives on the Prehistoric Transition to Agriculture, 1995. – J. Cauvin, The Birth of the Gods and the Origins of Agriculture, 2000. – M. Münzel, Pflanzer, in: B. Streck (Hg.), Wb. der Ethnologie, 2000, 189–92. – P. Bellwood, First Farmers: the Origins of Agricultural Societies, 2005.

ʿĀda (auch ʿurf, arab.-islam. = Gewohnheit), die lokal oder regional übliche Verfahrensweise einer Gemeinschaft in Rechtsdingen, die nicht in Bezug zur religiösen Praxis gesetzt werden. ʿĀ. ist als »Gewohnheitsrecht« daher oft komplementär zur → šarīʿa, mit der es einerseits in manchen Belangen konkurriert, für die es andererseits aber auch eine Quelle darstellt. Für gewöhnlich wird ʿā. als nicht durch Gott gesetzte Gewohnheit definiert. RS

Adam, für Juden, Christen und Muslime der Stammvater der Menschheit, dessen Geschichte in Gen 1–5 erzählt wird. Er wurde »aus Erde« (hebr. ʾadāmā) geschaffen. Während jüd. Deutung in A. den Prototyp für → Israel sieht (Midrasch Genesis Rabba 19,9–12), dessen Sünde in der Lästerung Gottes bestand und dessen Vertreibung aus dem → Paradies durch Israels torahgemäßes Verhalten dereinst aufgehoben werden kann, konstruiert christl. Theologie schon früh einen unaufhebbaren Sündenfall A.s und → Evas. Nach Paulus kann nur die Gnade Jesu vom Tod, der durch A. in die Welt gekommen ist, erretten (Röm 5,12–21). Gnostische Theologie (→ Gnosis) überhöhte die A.-Geschichte in allegor.-theosoph. Weise und sah in A. die Seele verkörpert, welche auf der Suche nach Erkenntnis und Bewusstheit ist. KVS

Lit.: E. Pagels, A., Eva und die Schlange. Die Theologie der Sünde, 1991. – G. Oberhänsli-Widmer, Biblische Figuren in der rabbin. Literatur, 1998. – K. E. Kvam u. a. (Hg.), Eve and A.: Jewish, Christian, and Muslim Readings on Genesis and Gender, 1999.

Adambücher, legendäre Weitererzählungen des biblischen Stoffes, sowohl im jüd. Milieu ab dem 1. Jh. n. Chr. als auch bei dem syrischen Christen Ephräm. → Adam. KVS

Aḏān, arab.-islam. Gebetsruf, → Muʾaḏḏin. RS

Adaptation (von lat. adaptare = anpassen), kommunikations- und systemtheoret. Begriff, der in der evolutionstheoret. Biologie, aber übertragen auch in Soziologie und Psychologie gebraucht wird. Dabei wird angenommen, dass lebende, soziale und psychische unterscheidbare Systeme in ihren Umwelten nicht beliebig strukturiert, sondern wesentlich durch Anreize aus den Umwelten mitbedingt sind. Diese Tatsache wird als Reaktion auf einen Anpassungsdruck interpretiert. Schon die antike Rhetorik hatte betont, dass kommunikativen Erfolg nur erlange, wer sich an die Horizonte (Interpretationswelten) der Rezipienten anpassen könne. → Kontakt. Red

Adhvaryu (sanskr.), altind. Priester, Opferverrichter, arbeitet mit dem Yajurveda, dem Veda der Opfersprüche. → Funktionär, → Vedische Literatur. AM

Ādibuddha (sanskr. = anfangsloser Buddha, Ursprungsbuddha), buddh. Personifizierung des Ursprungs des gesamten Universums sowie im Tantrismus des Prinzips der Buddhaschaft (bes. im → Kālachakra). Der Ā. wird häufig als dunkelblauer Buddha mit Donnerkeil (vajra) und Glocke oder in Vereinigung mit der weiblichen Verkörperung der Absoluten Weisheit (→ prajnā) visualisiert. → Buddha. AM

Lit.: K. L. Hazra, The Ā., 1986.

Ādigranth (neu-indoar. = Anfängliches Buch), Hl. Schrift der Sikhs (→ Sikhismus), Erstredaktion 1603/04 auf der Grundlage früherer Materialkompilationen. Der Ā. enthält die Werke der Gurus vor dem 10. Guru, anderer → bhakti- und eines Sufi-Heiligen (→ Sufismus). Die seither approbierte Schlussfassung wurde 1705 vom 10. Guru veranlasst. Nach diesem ging die Amtsautorität auf den Ā. über, der wie eine göttliche Person verehrt wird. Neben diesem Kanon bestehen andere Traditionen weiter. MHO

Lit.: G. Singh Talib, Ā., 4 Bde., 1984/90.

Ādityas (sanskr. = Söhne der Aditi), acht bzw. zwölf Sonnengötter, die Söhne von Aditi (sanskr. = die Unendliche) und Kashyapa. → Vedisches Pantheon. MAL

Adivasi (von sanskr. ādivāsin = Ureinwohner; im offiziellen Sprachgebrauch scheduled tribes = registrierte Stämme), zusammenfassender Begriff für verschiedene indigene indische Volksgruppen (7,5 % der indischen Bevölkerung), die räumlich und kulturell an der Peripherie der indoar.-brahman. Kultur angesiedelt sind (z. B. Santal, Munda, Oraon in Bihar, Khasi, Naga im Nordosten, Gond in Zentralindien, Tulu im Südwesten). Gesellschaftsstrukturen und Tabugesetze weichen von den brahman. stark ab. Kultisch verehrt werden Erd-, Himmels- und Clangottheiten in Form anikon. Steine (bīr bābā), die zunehmend mit den Göttern des hinduist. Pantheons identifiziert werden. → Lokale Religionen. CE

Lit.: C. von Fürer-Haimendorf, Tribes of India. The Struggle for Survival, 1982. – R. Hörig, Selbst die Götter haben sie uns genommen, 1990. – C. Mallebrein/ G. Völger (Hg.), Die anderen Götter. Volks- u. Stammesbronzen aus Indien, 1993.

Adonaj (hebr. ʾadōnāj = mein Herr), jüd. Gottesbezeichnung, die schon in der Hebr. Bibel belegt ist (Gen 18,3; Esr 10,3). Da man den Gottesnamen selbst nicht aussprechen durfte, verwendete man beim Vortragen des Bibeltextes anstelle des Tetragramms (→ JHWH) die Form A. Diese Praxis hat sich nicht nur in der Liturgie bis heute erhalten. → Altes Testament, → Apokryphen. KVS

Adoniskult, Feier von Tod und Aufleben des → Adonis. Am besten seit dem 2. Jh. v. Chr. in Byblos bezeugt, war der A. in hellenist. Zeit weit verbreitet. Im → Mythos verliebt sich Adonis in Aphrodite, wird von einem Eber getötet, darf aber für ein Drittel des Jahres die Unterwelt verlassen. Im A. mag es Anklänge an Klagefeiern um → Dumuzi geben, auch Teile des → Baalszyklus lassen sich phänomenolog. damit verbinden. Im Ritual symbolisieren sog. Adonisgärten mit schnell wachsenden und verdorrenden Pflanzen Leben und Vergehen des Helden. MH

Lit.: S. Ribichini (Hg.), Adonis, 1984. – M. Detienne, Les jardins d'Adonis, 1972, ²1989. – T. N. D. Mettinger, The Riddle of Resurrection, 2001, 113–54.

Advaita (sanskr. = Zweitlosigkeit), Bezeichnung für monist. Richtungen der → indischen Philosophie. → Vedānta. JG

Advent (von lat. adventus = Ankunft). Das Ritual der »Ankunft« eines Herrschers wurde in der Antike seit dem Hellenismus und bes. in Spätantike und Mittelalter gefeiert, in Analogie zur → Parusie eines Gottes. Die vier Sonntage der Vorbereitung (Fastenzeit) auf die Erscheinung

Christi (Epiphanie, Weihnachten) heißen im christl. Kalender A. und bilden den Beginn des Kirchenjahres. → Epiphanie. CA

Lit.: A. T. Hack, Das Empfangszeremoniell bei mittelalterlichen Papst-Kaiser-Treffen, 1999.

Ägyptische Lebenslehren, gehören zusammen mit den königlichen Unterweisungen zur altägypt. Weisheitsliteratur. Die L. waren während der gesamten Pharaonenzeit beliebt und richteten sich nach einer literar. Rahmenfiktion stets von einem Vater an den Sohn (= Schüler). Behandelt wird die Verwirklichung der → Maat (Wahrheit, Gerechtigkeit und Weltordnung) im persönlichen Leben. In kasuist. Form werden in den einzelnen Sprüchen (Maximen) der Ä. L. typische Lebenssituationen behandelt, und es werden Anweisungen gegeben, wie man sich darin zu verhalten habe. Manchmal folgt am Schluss ein Bezug auf die Maat oder den Willen der Götter. Tenor und Begründungen der Ä. L. waren zeitabhängig und weichen stark voneinander ab. Die Lehren des Ani und des Amenemope, die beide zur Zeit des Neuen Reiches (1550–1069 v. Chr.) verfasst wurden, weisen Ähnlichkeiten zum biblischen Buch der Sprüche auf. → Altägypt. Religion. EH

Ü.: TUAT Bd. 3,1: Weisheitstexte II, 1991.
Lit.: D. Römheld, Wege der Weisheit. Die Lehren Amenemopes und Proverbien 22,17–24,22, 1989. – B. U. Schipper, Die Lehre des Amenemope und Proverbien 22,17–24,22, in: Zs. für die Alttestamentliche Wissenschaft 117, 2005, 53–72.

Ägyptische Religion → Altägypt. Religion.

Ägyptisches Kuhbuch, Mythos von der Vernichtung des Menschengeschlechts, liegt als Bild-Text-Komposition in königlichen Grabanlagen in Ägypten seit Tutanchamun, dem ersten Pharao nach → Echnaton, vor. Der Mythos stellt vermutlich eine Reaktion auf die Amarnazeit dar. Im ersten Teil wird die Rebellion der Menschen gegen den alt gewordenen Sonnengott → Re geschildert, der gleichermaßen über Götter und Menschen, die den Wechsel von Tag und Nacht sowie den Tod noch nicht kennen, herrscht. Als Reaktion auf die Rebellion befiehlt Re die Vernichtung des Menschengeschlechts (durch die Göttin Hathor, deren Tötungsrausch nur durch eine List beendet werden kann). Im zweiten Teil des Mythos belässt Re zwar einen Teil der Menschheit am Leben, zieht sich aber auf dem Rücken der Himmelskuh in den Himmel zurück und richtet von dort aus die Unterwelt ein, die jetzt für die Toten benötigt wird. Die Bedeutung des aitiolog. Mythos als königlicher Totentext erweist sich in der exponierten Stellung des Pharao, der als »Sohn« und Nachfolger des Re bei seinem Tod zum Himmel entrückt wird wie Re auf dem Rücken der Himmelskuh. Im Bildteil des Mythos wird der derzeitige Weltzustand anschaulich wiedergegeben: Das Bild der Himmelskuh dominiert die Szene. Der Körper der Kuh symbolisiert den Himmel mit Sternen und der Barke des Re, die Kuhbeine sind die vier Himmelsstützen, die von Göttern stabilisiert werden. Der Luftgott Schu hält gleichzeitig den Himmel oben. Im Mythos von der Himmelskuh wird die Trennung von Göttern und Menschen erklärt, aber auch, wie der Tod in die Welt gekommen ist. Als Totentext soll das K. die Trennung wieder aufheben, so dass der Pharao »bis ans Ende der Zeit« im himmlischen Jenseits und damit der Gegenwart der Götter weiterleben kann. → Altägypt. Religion. EH

Lit.: E. Hornung, Der ägypt. Mythos von der Himmelskuh, 1982, [3]1997.

African American Churches, überwiegend christl., selten islam. und jüd. religiöse Gemeinschaften in den USA mit v. a. afroamerikan. Mitgliedern. (1) → Afroamerikan. Religionen selbst haben sich in den vorrangig durch ein protestant. Christentum geprägten USA nicht herausbilden können, doch führte der Einfluss afrikan. Glaubenstraditionen zu eigenständigen Deutungen etablierter Vorbilder. Hierzu gehören mehrere Richtungen der → Baptisten und Methodisten oder Pfingstkirchen (→ Pfingstler). A. A. Ch. entstanden im Zuge der »Erweckungsbewegungen« (zweite Hälfte des 18. Jh.s), deren Missionare spirituelle Erneuerung u. a. mithilfe von Ekstasetechniken (→ Ekstase) predigten. Im 19. Jh. wurden von schwarzen Gläubigen erste »Negro Churches« gegründet, die Verwandtschaften in einigen afrikan. und christl. Glaubensinhalten erkannten. Ihre Gottesdienste sind charakterisiert durch Singen, Klatschen, antiphones Beten, enthusiast. Predigten mit Zwischenrufen, wenn die Gläubigen in den Pfingstgemeinden den → Hl. Geist verkörpern, und → Glossolalie im Zustand der → Trance. (2) Zentral für die A. A. Ch. wurde eine Auslegung der christl. Botschaft aus Sicht der erlittenen Unterdrückung und ihre als Befreiung gedeutete → Eschatologie. Meist aus Protestbewegungen hervorgegangen sind diejenigen A. A. Ch., in denen die schwarze → Identität betont und messian. Vorstellungen mit der Forderung nach kultureller Unabhängigkeit und polit. Selbstbestimmung gekoppelt werden (z. B. die »Black Muslims«). Seit dem Zweiten Weltkrieg finden sich sog. Black Spiritual Churches, in denen sich protestant. Gottesdienstformen, spiritist. Inhalte, kath. Heiligenverehrung sowie importierte Praktiken aus → Vodou und → Santería verbinden, z. B. die Universal Hagar Spiritual Association oder die Anhängerschaft des Black Hawk, die einen indian. Mittlergeist anruft. → Maria Lionza, → Spiritismus, → Spiritual Baptists, → Umbanda. NJ

Lit.: E. F. Frazier, The Negro in the United States, 1957. – C. Lincoln/L. Mamiya, The Black Church in African American Experience, 1990. – T. Fulop/A. Raboteau (Hg.), African-American Religion. Interpretive Essays in History and Culture, 1997.

Afrikanische Prophetische Bewegungen/Unabhängige Kirchen, gegründet durch von einem Berufungserlebnis getragene charismat. Führungspersönlichkeiten wie I. Shembe (ab 1911 in Südafrika), W. W. Harris (ab 1913 in Liberia), G. S. Braide (ab 1915 in Nigeria), J. Chilembwe (ab 1915 in Malawi) oder S. Kimbangu (ab 1921 im Kongo/Zaïre), die aufgrund ihrer Heilungsgebete, → Visionen und geistlichen Unterweisungen von zahlreichen Menschen als → Propheten anerkannt wurden. Die Bewegungen breiteten sich sehr schnell aus; in Afrika gehören heute mindestens 10 % aller Christen diesen Kirchen an. Zu den größten Organisationen zählen die → Aladura-Kirchen in Nigeria und die Kimbanguistenkirche in der Demokratischen Republik Kongo (früher: Zaïre). Zu den häufig anzutreffenden Phänomenen in den prophet. Kirchen zählen der Glaube an »Zwischenwesen« (zwischen Gott und den Menschen) wie → Engel und Geister, die hilfreich oder bedrohlich sein können, und die öffentliche Zerstörung früherer Kultgegenstände. Diese Charakteristika können im Zusammenhang mit den traditionalen → afrikan. Religionen interpretiert werden, in denen es auch Erneuerungsbewegungen gab, sie können aber auch vor dem Hintergrund der Übersetzung und Neuinterpretation der biblischen Botschaft bzw. der christl. → Mission verstanden werden. Einige unabhängige Kirchen sind von Prophetinnen gegründet worden; Frauen spielen im Gemeindeleben und in der Gottesdienstgestaltung oft eine zentrale Rolle. FL

Lit.: N. I. Ndiokwere, Prophecy and Revolution, 1981. – K. Fields, Revival and Rebellion in Colonial Central Africa, 1985. – T. O. Ranger, Religious Movements and Politics in Sub-Saharan Africa, in: African Studies Review 29 (1986), 1–69. – F. Ludwig, A. P. B., in: W. Wagner (Hg.), Kolonien und Missionen, 1994, 294–308. – D. A. Shank, Prophet Harris, 1994. – I. Hexham/C. G. Oosthuizen, The Story of Isaiah Shembe, 3 Bde., 1996–2001. – Y. Peel, Prophetic Movements. Overview, in: J. Middleton u. a. (Hg.), Encyclopedia of Africa South of the Sahara, Bd. 3, 1997, 510–15. – A. Anderson, African Reformation, 2001. – R. R. Edgar/H. Sapire, African Apocalypse. The Story of Nontetha Nkwenkwe, A Twentieth-Century South African Prophet, 2001.

Afrikanische Religionen, traditionale. I. Quellen. (1) Zeugnisse über A. R. liegen sowohl in der bildenden Kunst (wie etwa in den Felsmalereien in Südafrika) wie auch in mündlichen Überlieferungen vor. Da die erhaltenen Darstellungen jedoch schwer zu entschlüsseln sind (z. B. nigerian. Terrakottafiguren der Nok-Kultur ca. 500 v. Chr. – 200 n. Chr., religiöser Bezug lediglich vermutet) und da auch die oral tradierten Mythen der Deutung bedürfen, ist ein erheblicher Interpretationsspielraum gegeben. (2) Aufgrund der bis zum 20. Jh. fehlenden schriftlichen Selbstzeugnisse liegen als schriftliche Quellen v. a. Berichte von europ. Reisenden, Missionaren, Kolonisatoren etc. vor. Die Wahrnehmung war daher von vornherein durch eine westliche, oft extrem reduktionist. Fremdterminologie geprägt (→ Eurozentrismus). Da der Diskurs über den Nutzen dieses Erbes auch unter afrikan. Wissenschaftlern geführt wird, soll der folgende Überblick im Zusammenhang mit der Forschungsgeschichte erfolgen.

II. Geschichte und Forschung. (1) In den Reiseberichten des 16. und 17. Jh.s finden sich neben abfälligen Bemerkungen über die »Götzen-« oder gar »Teufelsverehrung« auch um Sachlichkeit bemühte Beschreibungen. Wie sehr die Einschätzungen durch polit. und wirtschaftliche Interessen bedingt waren, zeigte D. Chidester am Beispiel der Wahrnehmung der »Hottentotten« (Khoikhoi), die zunächst (1610–54) als »religionslos«, dann (1654–85) als »Mondverehrer«, darauf (1685–1700) wieder als »religionslos« und schließlich (ab 1700) vorübergehend als »Kinder Abrahams« eingestuft wurden. (2) Zu einer negativen Wertung kam es durch den Einfluss der → Aufklärung. Afrikan. Lebenswelten wurden als Gegenpol zu dem Bestreben, die Menschen mittels der Vernunft aus ihrer »selbstverschuldeten Unmündigkeit« zu befreien, gesehen. So bezeichnete I. → Kant die Religionen Afrikas als Abirrungen und als »läppisch« (*Beobachtungen über das Gefühl des Schönen und Erhabenen*, 1764), da sie auf bloße Gegenstände (→ Fetisch) fixiert seien und das Vernunftinstrument Sprache für Flüche und Beschwörungen missbrauchten (→ Magie). Dieses Bild wurde durch die christl. Anti-Sklaverei-Bewegung verstärkt, in deren Rahmen es zu einer Analogisierung des Mazedoniers aus der Apostelgeschichte (Apg 16,9: »Komm herüber und hilf uns«) mit den auf Beistand wartenden Afrikanern kam. (3) (a) In der ersten Hälfte des 19. Jh.s war das Drei-Stufen-Modell der Religionen von A. → Comte einflussreich. Die A. R., subsumiert unter »Fetischismus«, nahmen dabei die unterste Stufe ein, auf die → Polytheismus und → Monotheismus folgten. (b) Ein ähnliches Konzept des → Evolutionismus vertrat E. B. → Tyler. Er bezeichnete die afrikan. Glaubensvorstellungen als → Animismus, da sie auf der Annahme basierten, alle Lebewesen und die Natur selbst seien beseelt. Dieser Glaube habe seinen Ursprung in Traumerfahrungen der »primitiven« Menschen (→ Traum). (4) (a) Dagegen führte W. → Schmidts Beschäftigung mit den Pygmäenvölkern zu der These eines → »Urmonotheismus«. Aus anderer Perspektive wandte sich auch E. E. → Evans-Pritchard gegen den Evolutionsgedanken: In *Witchcraft, Oracles and Magic among the Azande* (1937) ging es um den Nachweis, dass das Denken der Zande (südlicher Sudan) der gleichen universalen Logik verpflichtet sei wie das der aufgeklärten Menschen der → Moderne. (b) Nach ihm setzte sich erst V. W. → Turner wieder mit rituellen Handlungen und Erfahrungen als symbol. Schlüssel zum Verständnis der ganzen Gesellschaft auseinander (am Beispiel der Ndembu, Sambia). (5) In der ersten Phase nach dem Zweiten Weltkrieg standen Synthesen der »A. R.« im Vordergrund. Im französischsprachigen Raum übte P. Tempels' Buch »Bantu-Philosophie« nachhaltigen Einfluss aus, das eine dynam., auf den Begriff der »Lebenskraft« gestützte Ontologie der Bantus vermittelte (→ Jamaa). Die englischsprachige Forschung wurde durch den in Ibadan (Nigeria) unterrichtenden G. Parrinder (geb. 1910) geprägt, dessen Konzept von afrikan. Theologen und Religionswissenschaftlern wie B. Idowu, J. Mbiti, V. Mulago und L. Magesa weiterentwickelt wurde. All diese Untersuchungen stellen die gemeinsamen Merkmale, die »common Africanness« (Idowu) der »African Traditional Religion« (Parrinder) heraus. (6) (a) Dabei wurde »die A. R.« als Pyramide mit einem Schöpfergott an der Spitze und einer großen Zahl von übermenschlichen Wesen wie Göttern und Naturgeistern darunter dargestellt. In dieser »Zwischenwelt« kommt auch den Ahnen eine wichtige Rolle zu, deren Verehrung für viele afrikan. Völker zentral ist (→ Ahnenverehrung). (b) Ausgehend von der engen Verflechtung von Religion und Kultur in Afrika, die nur im sozialen Gesamtkontext verstanden werden kann, betont diese Forschungsrichtung die Verbindung von religiöser und ethnischer Gemeinschaft (→ Ethnische Religionen). Ihre Bedeutung kommt in den Riten des Jahres- und → Lebenszyklus (Geburt, Initiation, Hochzeit, Tod) zum Ausdruck. Die Riten sind oft mit Opferhandlungen verbunden (→ Opfer); insbes. in → Hirtenkulturen werden etwa Tiere zum Schutz vor Geistern dargebracht. (c) Die Lösung aktueller Probleme übernehmen häufig Visionäre, Seher und Propheten (→ Funktionäre). Sie sind entweder als Geistbesessene, durch Traumdeutungen oder auch durch die Beherrschung bestimmter Techniken (wie im Fall der Yoruba Ifa-Wahrsager; → Divination) in der Lage, Botschaften aus der nicht sichtbaren Zwischenwelt zu übermitteln. Die Weissagungen bauen auf der Vorstellung auf, dass zwischen verschiedenen Ereignissen verborgene Beziehungen existieren, die von einem dafür ausgebildeten Experten aufgedeckt und gedeutet werden können. (d) Weitere Gemeinsamkeiten wurden über Mythen hergestellt: Verbreitet sei etwa die Geschichte, dass der Schöpfergott früher auf oder nahe der Erde gewohnt, sich aufgrund menschlichen Fehlverhaltens aber zurückgezogen habe. Auch die Vorstellung von der Entwicklung der Welt (→ Kosmogonie) aus einem »kosmischen Ei« findet sich bei vielen Völkern des subsaharischen Afrika. (7) An dieser harmonisierenden Synthese der A. R. wurde Kritik vorgebracht, zuerst von O. p'Bitek (die A. R. würden im Sinne des Christentums uminterpretiert) und von D. I. Nwoga (am Beispiel der Igbos: Bedeutungsverschiebungen des Gottesverständnisses durch die missionar. Übersetzungen z. B. der Worte Chuku und Chineke). Unter Aufgriff dieser Kritik wies R. Shaw (1990) auf die statische Konnotation des Begriffs »traditional« hin. A. Hastings (2001) stellte die Frage, ob die A. R. – als integraler Bestandteil afrikan. Lebens und afrikan. Gesellschaft – wirklich im Singular beschrieben werden könnten. Afrikan. Gesellschaften unterschieden sich enorm in ihren Strukturen, und niemand würde auf die Idee kommen, die polit. Ordnungen etwa der Nuer und der Baganda zusammenzufassen. (8) Neuere Studien formulieren einen Neuansatz und beschreiben Anpassungs- und Änderungsprozesse in den A. R. Schoffeleers etwa rekonstruierte die Geschichte des Mbona-Kultes in Malawi unter Heranziehung mündlicher Überlieferungen und europ. schriftlicher Quellen und stellte die Einflussnahme verschiedener Gruppierungen und die Manipulation des Kultes durch diese dar. Ranger sprach später sogar von einer »Erfindung der Tradition«, modifizierte die These jedoch wieder. Insgesamt entwickelten sich somit sehr unterschiedliche Herangehensweisen: Während Parrinder, Idowu und Mbiti in den A. R. Formen der Gottesoffenbarung erkennen (→ Religionsphänomenologie), werden diese in der von Ranger, Kimambo u. a. vertretenen Forschungsrichtung eher als »Systeme zur Erklärung und Kontrolle von unmittelbaren Erfahrungen« begriffen, in denen es v. a. um die Lösung von Problemen des diesseitigen Lebens wie Krankheiten, Dürreperioden und anderen Unglücksfällen geht. (9) Jedenfalls ist einer Harmonisierung oder Vereinnahmung durch christl. Fremdterminologie entgegenzutreten. Die Forschungsgeschichte hat die großen Differenzen zwischen religiösen Systemen des Kontinents Afrika aufgezeigt und zudem darauf hingewiesen, dass sie sich in einem Prozess des Wandels befinden – z. B. fördern Modernisierungsprozesse durchaus traditionale Kulte. Der Begriff »traditional« lässt sich heute wieder verwenden, da in den letzten zwei Dekaden eine kritische Reflexion stattgefunden hat und damit die afrikan. traditionalen Religionen von den anderen Religionen in Afrika terminolog. unterscheidbar sind. FL

Lit.: W. Schmidt, Der Ursprung der Gottesidee, 12 Bde., 1912–55. – G. Parrinder, African Traditional Religion, 1954, [3]1974. – E. E. Evans-Pritchard, Nuer Religion, 1956. – P. Tempels, Bantu-Philosophie, 1956. – E. Damann, Die Religionen Afrikas, 1963. – J. S. Mbiti, African Religions and Philosophy, 1969. – O. p'Bitek, African Religions in Western Scholarship, 1971. – T. O. Ranger/I. N. Kimambo, The Historical Study of African Religion, 1972. – E. B. Idowu, African Traditional Religion, 1973. – V. Mulago Gwa Cikala, La religion traditionelle des Bantu et leur vision du monde, 1973, [2]1980. – B. C. Ray, African Religions: Symbol, Ritual and Community, 1976. – T. O. Ranger, The Invention of Tradition in Colonial Africa, in: E. Hobsbawm/T. O. Ranger, The Invention of Tradition, 1983, 211–62. – E. T. Lawson, Religions of Africa, 1984. – D. I. Nwoga, The Supreme God as Stranger in Igbo Religious Thought, 1984. – D. Westerlund, African Religion in African Scholarship, 1985. – N. Q. King, African Cosmos, 1986. – B. C. Ray, African Religions. An Overview, in: ER, Bd. 1, 1987, 60–69. – R. Shaw, The Invention of »African Traditional Religion«, in: Religion 20 (1990), 339–53. – J. K. Olupona (Hg.), African Traditional Religions in Contemporary Society, 1991. – J. M. Schoffeleers, River of Blood, 1992. – D. Chidester, Religions of South Africa, 1992. – T. O. Ranger, The Invention of Tradition Revisited: The Case of Colonial Africa, in: T. O. Ranger/O. Vaughan, Legitimacy and the State in Twentieth-Century Africa, 1993, 62–111. – D. Chidester, Savage Systems, 1996. – J. Platvoet/J. Cox u. a. (Hg.), The Study of Religions in Africa. Past, Present and Prospects, 1996. – J. D. Y. Peel, Prophetic Movements. Overview, in: J. Middleton u. a. (Hg.), Encyclopedia of Africa South of the Sahara, Bd. 3, 1997, 510–15. – F. Ludwig/A. Adogame, European Traditions in the Study of Religion in Africa, 2004.

Afrikanisches Christentum. I. Geschichte. (1) In altkirchlichen Zeiten zählte das nördliche Afrika zu den Zentren der christl. Welt. Südlich von Ägypten breitete sich das Christentum im 4. und 5. Jh. nach Nubien und Aksum (später Äthiopien) aus. Hier blieb der Einfluss der Kirche auch nach der muslim. Expansion im 7. Jh. bestehen. (2) Mit der Bulle *Romanus Pontifex* (1455) übertrug Papst Nikolaus V. (1447–55) der portugies. Krone die Länder Afrikas samt Patronat über die Kirchen. Anders als in Lateinamerika kam es jedoch zu keinem flächendeckenden → Kolonialismus. Kath. Missionsorden konnten (abgesehen von wenigen Stützpunkten an der Küste) nur dort erfolgreich arbeiten, wo afrikan. Herrscher ein Interesse an derartigen Unternehmungen hatten, so im Königreich Kongo und im Kleinkönigreich Warri (im Gebiet des heutigen Nigeria). Im Kongo bekehrte sich der Manikongo Nzinga Memba/Dom Afonso 1506 zum → Katholizismus; einer seiner Söhne wurde 1521 zum Bischof ernannt. Es entwickelte sich ein indigenes kath. Christentum, das bis zum 18. Jh. fortbestand und die erste afrikan. christl. Prophetin, Kimba Vita, hervorbrachte. (3) Nach wenig erfolgreichen protestant. missionar. Ansätzen (→ Protestantismus) kam es zu einem groß angelegten Neuaufbruch im 19. Jh. In einigen der neu gegründeten Missionsgesellschaften übernahmen afrikan. Christen eine führende Rolle. So war die 1851 gegründete Niger-Mission der anglikan. Church Missionary Society ausschließlich Afrikanern anvertraut, die als ehemalige Sklaven (oder deren Kinder) von den Briten befreit und in der Kronkolonie Sierra Leone im christl. Glauben unterwiesen worden waren. Der bekannteste war S. A. Crowther (1864 zum Bischof geweiht). Allerdings wurde dieser Ansatz um 1880–90 mit dem Beginn des flächendeckenden europ. Kolonialismus in Afrika abgebrochen. (4) Während der christl. Glaube im 19. Jh. überwiegend von gesellschaftlichen Außenseitern angenommen wurde, kam es in den ersten Dekaden des 20. Jh.s zu »Massenbekehrungen«. Ein Faktor dafür ist in den veränderten polit. und wirtschaftlichen Bedingungen zu sehen, ein anderer in der Entstehung unabhängiger Kirchen, insbes. der »prophet.-heilenden Gemeinschaften«: Von einem Berufungserlebnis getragene charismat. Führungspersönlichkeiten (→ Afrikan. Prophetische Bewegungen) wurden aufgrund ihrer Heilungsgebete, Visionen und geistlichen Unterweisungen von zahlreichen Menschen als → Propheten anerkannt. (5) Daneben setzten die europ. Kirchen ihre Missionstätigkeit fort; nach dem Ersten Weltkrieg intensivierten sie ihre Anstrengungen insbes. im Bereich des Schul- und Ausbildungswesens sowie der Gesundheitsfürsorge. Aus den Missionsschulen gingen zahlreiche Politiker (wie N. Azikiwe, K. Kaunda, J. Kenyatta, J. Nyerere) hervor, die ihre Länder in die Unabhängigkeit führten. In den Nationalbewegungen wurde jedoch auch scharfe Kritik an den Missionskirchen, insbes. an ihrer Verbindung mit dem Kolonialismus laut, und in den 50er und 60er Jahren gab es Prognosen, die den Kirchen in Afrika keine Zukunft vorhersagten. (6) Im Gegensatz zu diesen Erwartungen gewann das Christentum in Afrika v. a. seit den 1980er Jahren weiter an Einfluss (1900: knapp 10 Mio.; 2002 etwa 360 Mio. Mitglieder). Unabhängige afrikan. Kirchen wie die Zion Christian Church in Südafrika, die Kimbanguistenkirche in Kongo/Zaïre und die → Aladura-Kirchen Nigerias verzeichnen mittlerweile jeweils mehrere Mio. Mitglieder; sie missionieren auch in Europa. Ebenso kommt den Pfingstkirchen (→ Pfingstler) eine zentrale Rolle im Prozess der Ausbreitung des Christentums in Afrika zu.

II. Gegenwart. (1) Es ist unübersehbar, dass »charismat.« Glaubensformen an Einfluss gewinnen. Auch in den früheren Missionskirchen wird heute während der Gottesdienstfeiern getanzt; Gebete und auch Predigten werden frei formuliert, und der Glaube an das »Wirken des Heiligen Geistes« kommt in Heilungsgebeten zum Ausdruck. (2) In der Forschung ist diese »neue Dimension« des a.Ch. sehr unterschiedlich bewertet worden. (a) In einigen Darstellungen wird der »konservative« Charakter herausgestellt; so diagnostizierte M. Schoffeleers eine »quietist. Tendenz« (belegt mit dem Ostertreffen der Zion Christian Church 1985, zu dem der südafrikan. Präsident P. W. Botha eingeladen war; die drei Mio. versammelten Mitglieder waren die größte schwarzafrikan. Audienz, zu der ein Apartheidspolitiker jemals sprach). P. Jenkins bezeichnete das Christentum in Afrika sogar als »gegenreformator.«, weil es als Argument gegen die liberale Theologie des Westens benutzt werde. (b) Andere betonen dagegen den emanzipator. Charakter, der etwa in der starken Beteiligung der Mitglieder am Gottesdienstgeschehen und der großen Verschiedenheit dieser Kirchen zum Ausdruck kommt. O. Kalu betrachtet die neuen Kirchen als Antwort auf weiße kulturelle Dominanz, C. B. Thetele stellt fest, dass diese Kirchen Hoffnung und Vision für die Zukunft geben und damit auf die Gesellschaft einwirken. K. Bediako erkennt im gegenwärtigen a.Ch. die »Erneuerung einer nichtwestlichen Religion«. → Afrikanische Religionen, traditionale. FL

Lit.: O. U. Kalu, The History of Christianity in West Africa, 1960. – J. F. A. Ajayi, Christian Missions in Nigeria 1840–1891, 1965. – A. Hastings, A History of African Christianity 1950–1975, 1979. – C. B. Thetele, Women in South Africa: The »WAICC«, in: K. Appiah-Kubi/S. Torres (Hg.), African Theology en Route, 1979, 150–54. – J. Thornton, Early Kongo-Portuguese Relations: A New Interpretation, in: History in Africa 8 (1981), 183–204. – G. Krüger, Zwischen Gott und Staat, 1989. – L. Sanneh, Translating the Message, 1989. – M. Schoffeleers, Ritual Healing and Political Acquiescence: The Case of the Zionist Churches in Southern Africa, in: Africa 60 (10, 1991), 1–25. – F. Ludwig, Kirche im kolonialen Kontext, 1992. – L. Sanneh, Encountering the West, 1993. – A. Hastings, The Church in Africa 1450–1930, 1994. – K. Bediako, Christianity in Africa, 1995. – F. Ludwig, Das Modell Tanzania, 1995. – E. Isichei, A History of Christianity in Africa, 1995. – P. Gifford (Hg.), The Christian Churches and the Democratisation of Africa, 1995. – R. Elphick/R. Davenport (Hg.), Christianity in South Africa, 1997. – P. Gifford, African Christianity. Its Public Role, 1998. – O. U. Kalu, The Third Response: Pentecostalism and the Reconstruction of Christian Experience in Africa, 1970–1995, in: Journal of African Christian Thought, 1:2 (1998), 3–16. – B. Sundkler/C. Steed, A History of the Church in Africa, 2000. – P. Jenkins, The Next Christendom, 2002.

Afroamerikanische Religionen, religiöse Traditionen, die durch den prägenden Einfluss → afrikan. Religionen auf dem amerikan. Kontinent entstanden sind.

I. Historische Entwicklung. (1) Afrikan. Vorstellungen gelangten v. a. durch die transatlant. verschleppten Sklaven (zwischen 9 und 15 Mio. vom 16. bis Mitte des 19. Jh.s), aber auch durch Einwanderer und Arbeitsmigranten nach Amerika. Durch Trennung der Sklaven von ihren ethnischen Gruppen in den Einschiffungshäfen und in den Ankunftsgebieten standen die a. R. selten in direkter Kontinuität zu afrikan. Religionen, sondern waren interethn. synkretisierte Neureligionen. Etwa 90 % der Sklaven wurden nach Brasilien und auf die karib. Inseln verbracht, wo sich die stabilsten a. R. herausbildeten. Bei ihrer Ankunft wurden die Sklaven in der Regel christl. getauft und es wurde ihnen die Ausübung der traditionellen Religionen verboten, die auf den Plantagen und in den Minen daher nur im Geheimen fortbestanden. (2) In kath. Gebieten fanden durch die Zwangstaufe und den Alltag in der Sklavengesellschaft christl. Elemente (z. B. Heiligenverehrung) Eingang in a. R. Die langfristige Beschäftigung mit dem Christentum hatte hier die Bildung stabiler und gut organisierter a. R. zur Folge. Nur in den Wehrdörfern entflohener Sklaven konnten afrikan. Religionen offen ausgeübt und tradiert werden. (3) In den britischen Kolonien und den USA wurden Elemente a. R. von protestant. Konfessionen absorbiert. Diese Entwicklung führte im 19. und 20. Jh. zur Entstehung revitalist. polit.-religiöser Bewegungen. (4) Bis heute verbreiten sich a. R. in Gebieten (z. B. USA, Chile, Argentinien, Uruguay, Europa) mit Zuwanderung aus Regionen mit einem hohen afroamerikan. Bevölkerungsanteil. Steter Austausch auch zwischen diesen Regionen führt zur gegenseitigen Beeinflussung der einzelnen a. R. und zu neuen Synkretisierungen, z. B. mit dem → Hinduismus auf Trinidad, dem → Spiritismus in Brasilien und Venezuela oder mit → indian. Religionen in Lateinamerika.

II. Unterschiedliche Traditionen. Die enorme Variationsbreite der a. R. erklärt sich z. T. durch die unterschiedlichen Perioden ihrer Entstehung und spiegelt so die Geschichte des Sklavenhandels wider. (1) Vom 16.–18. Jh. wurden v. a. Traditionen von der westafrikan. Küste (z. B. Fanti-Ashanti, Twi, Akan, Agni, Mina, Ewe, Fon, Ejagham) sowie dem Gebiet der Bantu nach Amerika gebracht, die sich nur wenig mit christl. Anschauungen vermengten. Sie finden sich noch heute v. a. in jenen Gebieten, die nur zu Beginn Sklaven importierten (Mexiko, Panama, Honduras, Nicaragua, Kolumbien, Peru, Ecuador), oder dort, wo relativ früh autonome Wehrdörfer entflohener Sklaven entstanden (Surinam, Guyana, Franz.-Guyana, Jamaika; histor. auch auf Kuba und in Brasilien nachzuweisen). Hierzu zählen magisch-religiöse Praktiken wie → Obeah auf Jamaika, im übrigen anglokarib. Raum und in Surinam, die mittlerweile histor. Makumba in Brasilien und Boni in Franz.-Guyana. Sie sind im Alltag verankert, wenig organisiert und kodifiziert und umfassen Schutz-, Fruchtbarkeits- u. a. Beeinflussungsmagie. Ferner entstanden in Gemeinden organisierte Ahnenkulte (z. B. Kumina und Convince in Jamaika, Big Drum auf Grenada und Carriacou, Black Carib in Belize und die histor. Cabula und Calundu in Brasilien; → Ahnenverehrung). Eine eigene Tradition entstand mit den → African American Churches in den USA. (2) Im 19. Jh. kam es v. a. in den urbanen Zentren der kath. geprägten Regionen Lateinamerikas zu einer verstärkten Einbindung von christl. Elementen sowie von Naturgottvorstellungen und Verkörperungspraktiken südlicher Bantugruppen und der westafrikan. Mina, Ewe, Fon, Igbo und bes. Yoruba in die bereits interethn. synkretisierten Ahnenreligionen (→ Ethnische Religionen). Bis heute bewahren diese neuen Religionen durch Besuche sowie zurückgekehrte ehemalige Sklaven (u. a. nach Liberia, Sierra Leone oder Nigeria) einen ständigen Bezug nach Afrika. Seit Mitte des 20. Jh.s ist der kath. Einfluss wieder rückläufig und die »Afrikanität« steht im Vordergrund. Diese a. R. umfassen → Vodou (Haiti), → Shango (Trinidad, Grenada, Venezuela)/ Xangô (Brasilien), Kele (Sta. Lucia), → Santería (Kuba), Batuque, Tambor de Minas, Pará, → Candomblé und Winti (Surinam). (3) Die dritte Phase v. a. im 20. Jh. zeichnet sich aus durch (a) doktrinäre Konsolidierung der neu geschaf-

fenen Religionen; (b) Entstehung revitalist. und polit.-religiöser Bewegungen in der anglo-protestant. Karibik, wo sich Afroamerikaner und nun auch Europäischstämmige mit dem Ziel der Erkämpfung von Rechts- und Chancengleichheit in a. R. organisierten; dazu zählen der bereits im 18. Jh. entstandene Myalismus, Pukkumina, Revival Zion und → Rastafari auf Jamaika, → Spiritual Baptists, Streams of Power auf Trinidad und St. Vincent sowie Dreads auf Dominica; (c) Integration des → Spiritismus (Kardecismus) in bestehende religiöse Traditionen zwecks Rationalisierung und Verwissenschaftlichung von Geisterglauben und Verkörperungspraxis, somit Popularisierung des anfangs nur in der Oberschicht verbreiteten Spiritismus; spiritist. geprägte a. R., in denen Kontakt und Kommunikation mit Verstorbenen im Zentrum stehen, existieren auf Puerto Rico, Trinidad, in den USA und Kuba sowie in Venezuela (→ Maria Lionza) und Brasilien (→ Umbanda). (d) Alle drei Entwicklungen beförderten die angestrebte soziale Aufwertung der afroamerikan. Bevölkerung und der a. R., die sich bis heute fortsetzt. (4) Der Islam wurde zunächst von muslim. Sklaven (Hausa, Fulbe, Mandingo, Wolof) nach Amerika gebracht, die sich der Christianisierung und damit auch einer Synkretisierung widersetzten und polit. Widerstand organisierten, der in Brasilien im Verlauf des 19. Jh.s zu Aufständen führte. Deren Niederschlagung verdrängte den Islam weitgehend aus dem Bestand transafrikan. Religionen; Überreste gingen in Kuba in der Santería, in Brasilien im Candomblé auf. Im 20. Jh. erlebte der Islam v. a. in den USA eine Renaissance als religiös motivierte polit. Widerstandsbewegung.
III. Forschungsperspektiven. Frühe Afroamerikanisten verstanden die a. R. als adaptive und zugleich rebellische und subversive Formen der Auseinandersetzung mit sich verändernden polit.-kulturellen Bedingungen und damit als religiös-polit. Ausdruck marginalisierter Bevölkerungsschichten. In neuerer Zeit verändert sich mit dem Phänomen auch die wissenschaftliche Perspektive: Viele a. R. gelten mittlerweile als Religionen der Mittelklasse, denen viele Mitglieder wegen Krankheit, Misserfolg o. ä. beitreten, während andere sich von deren Ästhetik, Weltanschauung oder Gemeinschaftlichkeit anziehen lassen. In den a. R. werden inzwischen sowohl marginale als auch gesellschaftlich zentrale Werte propagiert. Diese Einwände gegen die klassischen Deutungen gelten für viele der a. R., da mit der ökonom. und polit. Aufwertung der afroamerikan. Bevölkerung das Motiv des kulturellen Ausdrucks der Marginalisierung langsam verschwindet und neue Motive in den Vordergrund treten. CM

Lit.: A. Ramos, As culturas negras no novo mundo, 1937. – R. Bastide, Les religions africaines au Brésil: vers une sociologie des interpénétrations de civilisations, 1960. – Ders., Les Amériques noires: les civilisations africaines dans le nouveau monde, 1967. – G. Simpson, Religious Cults of the Caribbean: Trinidad, Jamaica and Haiti, 1970, ³1980. – M. Kilson/R. Rotberg (Hg.), The African Diaspora: Interpretive Essays, 1976. – G. Simpson, Black Religions in the New World, 1978. – R. F. Thompson, Flash of the Spirit. African and Afro-American Art and Philosophy, 1984. – A. Pollack-Eltz, Trommel und Trance. Die afroamerikan. Religionen, 1995. – T. Fulop/A. Raboteau (Hg.), African-American Religion. Interpretive Essays in History and Culture, 1997. – M. Barnet, Afrokubanische Kulte: die Regla de Ocha, die Regla de Palo Monte, 2000. – S. Glazier, Encyclopedia of African and African-American Religions, 2001. – M. Fernández Olmos, Creole Religions of the Caribbean: an Introduction from Vodou and Santería to Obeah and Espiritismo, 2003. – A. Reuter, Voodoo und andere afro-amerikanische Religionen, 2003.

Āgama (sanskr. = Überlieferung). (a) Im Buddhismus die Sammlung von kanon. Lehrtexten in Sanskrit, die den → Nikāyas des → Pāli-Kanons entsprechen (→ Buddh. Literatur); (b) im Hinduismus Bezeichnung für hl. Schriften, teilweise ident. mit → Tantra (→ Hinduist. Literatur). → Indische Philosophie, → Text. AM

Lit.: T. Goudriaan, Hindu Tantric and Śākta Literature, 1981.

Agape (griech. = → Liebe, unterschieden von Eros = sexuelle Liebe). Als A. wird eine aus 1 Kor 11,21ff. abgeleitete Feier eines gemeinsamen Mahls der Gemeinde im Anschluss an die → Eucharistie bezeichnet. Die → Baptisten, Methodisten und Herrnhuter erneuerten die urchristl. Tradition. CA

Aggression, Fachausdruck der Ethologie und der Psychologie zur Kennzeichnung einer biolog. notwendigen Strategie des Überlebens im → Kontakt mit der Umwelt. Im humanen Bereich wird A. kulturell bearbeitet: Im Prozess der → Sozialisation wird sie mehr oder weniger der individuellen und sozialen Kontrolle unterworfen, im religiösen Symbolsystem wird sie interpretiert. Während asoziale A. als »böse« gilt und mit sozialen wie religiösen → Sanktionen bedroht wird, wird die kulturell und religiös anerkannte A. gezielt eingesetzt. Sie dient zunächst zur Abgrenzung nach außen und zur Ausgrenzung »fremder« Mächte im Inneren, damit also zur Sicherung von → Identität. Daraus resultieren z. B. ein religiöses Verständnis von Krieg und die entsprechende rituelle Kriegführung oder die kanalisierte Freisetzung von A. bei der Verfolgung von Hexen oder Häresien (→ Inquisition). Eine Strategie zur Bewältigung interner A. findet sich im ritualisierten Wettkampf, welcher Streit und A. in Rangordnung transformiert; diese Funktion ist mittlerweile von der Religion an den Sport übergegangen. Eine besondere Form der Regulierung von A. gegenüber Tieren, welche zur Ernährung getötet werden müssen, stellen Jagd- und Opferriten dar. Elemente der A. finden vielfach Verwendung in religiösen Symbolsystemen (aggressive Gottheiten, Waffen als Zeichen religiöser Würde usw.). Die Religionsgeschichte zeigt aber auch Tendenzen zur A.-Verminderung; → »Friede« gilt in zahlreichen Religionen und insbes. in den modernen interreligiösen Bemühungen (→ interreligiöser Dialog) als globales religiöses Ziel. FS

Lit.: W. Burkert, Homo necans, 1972. – R. Girard, Das Hl. und die Gewalt, 1987. – H. Küng, Projekt Weltethos, 1990.

Aghorī, hinduist.-shivait. Sekte, vermutlich im 17. Jh. von Kina Rām begründet, deren schwarz gekleidete, aschebeschmierte Mitglieder extreme asket. Praktiken betreiben. → Askese. AM

Lit.: J. Parry, Death in Benares, 1994.

Agni (sanskr. = → Feuer, Opferfeuer, vgl. lat. ignis), (a) vedischer Feuergott, (b) das Feuer des altind. Opferrituals, bes. das Feuer auf den drei Altären Gārhapatya, Āhavanīya und Dakshina. AM

Lit.: F. Staal, A. – The Vedic Ritual of the Fire Altar, 1983.

Agnichayana (von sanskr. agnicayana = Feuer[altar]-Schichtung), altind. Ritual der Schichtung eines Feueraltars in Vogelform mit 10.800 Backsteinen. → Opfer, → Ritual. AM

Lit.: F. Staal, Agni – The Vedic Ritual of the Fire Altar, 1983.

Agnihotra (sanskr. = Feuerguss[opfer]), morgendliches und abendliches Milchopfer an → Agni, Vorläufer der sandhyā (hinduist. Morgen- und Abendandacht). → Opfer, → Ritual. AM

Lit.: P.-E. Dumont, L'A., 1939.

Agnostizismus (von griech. ágnōstos = unbekannt). Der Begriff stammt wohl von T. H. Huxley (1825–95). Ein Agnostiker vertritt die Ansicht, dass man über Göttliches, »Übernatürliches«, Transzendentes usw. wenig Genaues wissen könne. So sagte schon der Sophist Protagoras im 5. Jh. v. Chr., dass er über die Götter, ob sie und wie sie seien, nichts Genaues wisse, zumal das eigene Leben nicht sehr lange dauere (Diels/Kranz 80 B 4). → Skeptizismus. Red

Lit.: H. Diels/W. Kranz (Hg.), Die Fragmente der Vorsokratiker, 1903, [6]1951ff.

Agnus Dei (lat. = Lamm Gottes; griech. amnòs toũ theoũ). (1) Titel für Jesus Christus in der ntl. Theologie (Joh 1,29; Apk 5,6; 12,11; 14,1). Das Geschick Jesu wird auf dem Hintergrund der atl. Theologie des → Passah-Lamms gedeutet. (2) Ein im 7. Jh. eingeführter Gesang während des Brotbrechens beim Abendmahl (→ Eucharistie): »Agnus Dei, miserere nobis, dona nobis pacem« (= Lamm Gottes, erbarme dich unser, schenke uns Frieden). (3) Ein vom Papst geweihtes, aus der röm. Osterkerze gefertigtes Wachsmedaillon mit einer Abbildung des Osterlamms, das als Quasi-Reliquie auf Kirchenaltären begegnet. KHS

Agṓn, griech. Bezeichnung für athlet. Wettkämpfe und musische Wettspiele, mindestens seit dem 8. Jh. v. Chr. im Rahmen von Ritualfesten, zunächst v. a. Bestattungsfeiern, nachweisbar; ihr histor. Wandel zu rein weltlichen Unterhaltungsformen kann bis zu den röm. Zirkusspektakeln der späten Kaiserzeit verfolgt werden. Seit 570 v. Chr. wurden in Griechenland diese Wettkämpfe mit großzügiger privater finanzieller Unterstützung auf wenige Zentren von kultischer Bedeutung konzentriert, wie von Pindar (522/518 – nach 446) besungen. Zu diesen vier Zentren Olympia, Pythia, Isthmia und Nemea (mit den Kulten von Zeus, Apollon und Poseidon) wurden in regelmäßigen, aufeinander abgestimmten Abständen Einladungen an alle griech. Stadtstaaten ausgesandt; während der

Zeit der Wettkämpfe galt ein allgemeiner Gottesfriede (griech. ekecheiría). In Rom entsprachen diesem Brauch die Ludi zu Ehren von Göttern oder Kaisern, entweder in Erinnerung an kritische Punkte des polit. Lebens nach augur. oder seher. Rat (z. B. die Ludi Apollinaris) oder als Erinnerung an den Bau eines Tempels für eine Gottheit (z. B. die Ludi Florales zu Ehren der Flora). J. Burckhardt hatte die gesamte griech. Kultur, einschließlich der polit. »Arena«, als agonal charakterisiert. In der modernen Religionsethnologie entwickelte nach J. Huizinga (1872–1945) v. a. R. Caillois (1913–78) eine Theorie des Spiels, in der das Agonale eine von vier Formen des Ludischen darstellt, neben den Formen des Aleator. (= Zufälligen), des Mimet. (= Theater und Maske) sowie der Ilinx (= Ekstase). P. Veyne (*1930) verweist im Anschluss an M. → Webers Luxusbegriff auf die soziolog. Bedeutung des Mäzenatentums/Euergetismus, das als Verbrauch und Verschwendung von Privatmitteln zum Gemeinwohl ein Herrschaftsinstrument in Form von Schenkung wie von Konkurrenz war. → Potlach. KPK

Lit.: J. Burckhardt, Griech. Kulturgeschichte, 4 Bde., 1898–1902. – M. Weber, Wirtschaft u. Gesellschaft [1921/22], MWS 22/1–5, 1985. – P. Veyne, Brot u. Spiele, 1988 (franz. 1976).

Agra, Mogul-Hauptstadt in Nordindien mit dem 1653 fertiggestellten Taj Mahal, einem Mausoleum für Arjumand Banu Begum, genannt Mumtaz Mahal, die Frau Kaiser Shah Jahans (1628–58). → Architektur. AM

Lit.: R. Nath, A. and its Monuments, 1997.

Agrarische Riten entwickelten sich in der Folge der »neolith. Revolution« in → Ackerbaukulturen. Sie begleiten Aussaat und Ernte und sollen das Wachstum gewährleisten. Angesprochen und günstig gestimmt werden Erd-, Himmels- und Wettergottheiten, mitunter auch Ahnen, die für das Gedeihen der Nutzpflanzen verantwortlich sind. → Göttervorstellungen, → Vegetationskult. PJB

Ahasver, als »der ewige Jude« fester Bestandteil vorwiegend antijüd. Legendenbildung, 1602 n. Chr. zum ersten Mal genannt. A. soll als Schuhmacher in Jerusalem das »Kreuzige ihn!« über Jesus gerufen und ihn auf dem Weg nach Golgota vom Ausruhen abgehalten haben. Jesus habe ihn darauf verflucht: »Ich werde ruhen, du aber sollst gehen, bis ich wiederkomme.« Indem A. als Sinnbild des auf immer wandernden und in die → Diaspora verstreuten jüd. Volkes konstruiert wurde, diente sein Mythos der Legitimierung christl. Polemik gegen die Juden, bis hin zu offenem → Antisemitismus. KVS

Lit.: T. Kapstein, A. in der Weltpoesie, 1906. – A. Schmidt, Das Volksbuch vom Ewigen Juden, 1927. – M. Körte/R. Stockhammer (Hg.), A.s Spur. Dichtungen u. Dokumente vom »Ewigen Juden«, 1995.

'Ahd (synonym mīṯāq, arab. = Bindung, Vertrag), in der islam. Tradition Bezeichnung für den im Sinne eines öffentlichen Vertrages Gottes Gebote einschließenden dauerhaften Bund Gottes mit den Menschen oder einen speziellen Bund mit einem Menschen (z. B. Ibrāhīm/→ Abraham); die (richtige) religiöse Einstellung der Menschen, die sich auch in der Anerkennung des Gesandten beweist. RS

Ahimsā (von sanskr. ahiṃsā = Nicht-Gewalt, Gewaltlosigkeit). Das in beinahe allen indischen Religionen, bes. im → Buddhismus und → Jainismus, verbreitete Gebot zur »Nichtverletzung (von Lebewesen)« entwickelte sich auf der Grundlage einer altind. Tieropferkritik und von Reinkarnationsvorstellungen etwa ab der Mitte des 1. Jt.s v. Chr. Im Buddhismus propagierte Kaiser → Ashoka (ca. 268–236/232 v. Chr.) die a. auch polit. Im Buddhismus und Jainismus gehört die a. zu den höchsten Geboten sittlichen Verhaltens. Sie stellte zunächst ein Ideal asket. Lebensführung dar (→ Askese), verbreitete sich aber zunehmend zu einer allgemeinen Tugend der oberen Stände (→ varna). Die a. verbietet vornehmlich die Tötung von → Tieren, bes. des Rindes, zum eigenen Verzehr (mit der Folge eines verbreiteten Vegetarismus). Bei Mahatma → Gāndhī (1869–1948) wird a. zu einem Gebot der (friedens-)polit. Gewaltlosigkeit und religiösen Liebe zu allen Lebewesen ausgeweitet. → Gewalt. AM

Lit.: L. Alsdorf, Beiträge zur Geschichte von Vegetarismus und Rinderverehrung in Indien, 1962. – H.-P. Schmidt, »The Origins of A.«, in: Mélanges d'Indianisme à la mémoire de L. Rénou, 1968, 625–55. – C. Chappel, Non-Violence to Animals, Earth and Self in Asian Traditions, 1993. – J. E. M. Houben/K. R. Van Kooij, Violence Denied. Violence, Non-Violence and the Rationalization of Violence in South Asian Cultural History, 1999.

Āḫira (arab. = die Äußerste), einer der metaphor. islam. Begriffe für das → Jenseits. Ā. findet sich häufig im Koran und wird gewöhnlich als »letzter, äußerster Ort« dem Diesseits als dem »nächsten Ort« (→ dunyā) gegenübergestellt. Charakter und Ausgestaltung des Jenseits waren oft diskutierte Themen der islam. Theologie (→ kalām). Für den Muʿtaziliten Abū l-Huḏayl (gest. ca. 840/41, → Muʿtazila) war das Jenseits ein »Ort der Vergeltung« in dem Sinne, dass es »die Fortdauer des Anspruches auf Gegenwert« als Belohnung und Bestrafung darstelle; unmündige Kinder und Menschen, die Gott nicht notwendig erkennen könnten, hätten – nach ʿAbdalqāhir al-Baġdādī (gest. nach 1037) – weder mit Bestrafung zu rechnen, noch dürften sie eine Belohnung erwarten. RS

Ahl aḏ-ḏimma → ḏimma.

Ahl al-ḥadīṯ (arab. = die Leute der Überlieferung /des → ḥadīṯ), Sammelbezeichnung für islam. Gelehrte v. a. des 8.–11. Jh.s, die sich strikt gegen eine autonome Rechtsfindung im Bereich des → fiqh und gegen jene dogmat. Richtungen wandten, die für einen »Freien → Willen« (→ Qadarīya, → Muʿtazila), für eine Gleichbehandlung von Glauben und Islam (→ Murǧiʾa, → Ašʿarīya) oder von Vernunft und Offenbarungstext (Teile der Muʿtazila) warben. Die A.a.-ḥ. sahen allein in dem v. a. im → ḥadīṯ tradierten religiösen Wissen (→ ʿilm) die legitime Grundlage für einen dogmat. Diskurs. Mit der persischen Form ahl-e ḥadiṯ bezeichnen sich auch die Mitstreiter einer um 1840/50 in Nordindien von islam. Gelehrten gegründeten islam. Reformbewegung (→ iṣlāḥ), die das Ideal der alten A.a.-ḥ. (u. a. durch eine Rezeption der → Wahhābīya) zu erneuern versuchen. RS

Lit.: J. van Ess, Zwischen Ḥadīṯ und Theologie, 1973.

Ahl al-kitāb (arab.-islam. = Schriftbesitzer), aus dem Koran abgeleitete Bezeichnung zunächst für Juden, Christen und Sabier (Koran 2/62; 5/69; 22/17: wohl gnostische Gruppen, die auf irgendeine Weise mit judäo-christl. Täufergemeinden zusammenhingen; → Mandäer), dann aber auch »Sabier von Ḥarrān« (Anhänger eines gnostischen Sternenkults) und Zoroastrier (→ Zoroastrismus), in Indien schließlich auch für hinduist. Traditionen. Der Begriff verweist eher auf das dogmat. islam. Konzept von nichtislam. Minderheiten, während Ahl aḏ-ḏimma (→ ḏimma) vorrangig die jurist. Stellung dieser Religionsgemeinschaften innerhalb eines islam. Herrschaftsbereichs bezeichnet. Die dogmatische Bewertung der A.a.-k. im Koran ist nicht einheitlich: zum einen wird ihnen als Teil der Glaubensgemeinschaft das → Heil versprochen, zum anderen werden sie aufgrund einer im Koran vermuteten Relativierung des absoluten → Monotheismus (Anthropomorphismus im Judentum, Trinitätslehre im Christentum) verurteilt. Die → Hl. Schriften der A.a.-k. selbst wurden entweder als solche akzeptiert, wobei sie mittels einer spezif. Exegese islam. gedeutet wurden, oder als Ergebnis menschlicher Fälschungen bewertet. RS

Lit.: M. Arkoun, The Notion of Revelation: From A.a.-k. to the Societies of the Book, in: Die Welt des Islams 28 (1988), 62–89.

Aḥmadīya, Name einer islam. messian. Gruppe (→ Messianismus), die auf Ġulām Aḥmad (ca. 1835–1908) aus Qâdiyān, Provinz Panjab (heute Pakistan) zurückgeht. Er hatte in seiner Schrift *barāhin-e aḥmadiya* (»Aḥmad. Beweise«, 1880–84) behauptet, er sei der für den Beginn des 14. Jh.s islam. Zeitrechnung (begann am 12.11.1882) versprochene Künder (→ Mahdī). Später (1891/1904) identifizierte er sich auch mit dem Messias, mit einem → Avatāra des → Krishna und mit einer Wiedererscheinung des Propheten → Muḥammad. Er forderte die Begrenzung des → ǧihād auf missionar. Tätigkeiten und verkündete im Unterschied zur islam. Tradition, der Prophet ʿĪsā (Jesus) sei dem Tod am Kreuz entkommen und als Künder des Evangeliums in Indien in Śrīnagar im Alter von 120 Jahren gestorben. Offiziell forderte er die Huldigung am 4.3.1889 und trat ab 1891 öffentlich als Messias und Mahdī auf. Nach dem Tod seines Nachfolgers Nūr ad-Dīn 1914 spaltete sich die Bewegung in eine konservative Gruppe, welche die Prophetie Ġulām Aḥmads propagiert (ǧamāʿat-e Aḥmadīya), und eine reformist. Richtung mit Zentrum in Lahore, die Ġulām Aḥmad als einen der period. auftretenden »Erneuerer« (muǧaddid) ansieht und eine intensive Mission betreibt (Aḥmadīya anjumān išāʿat-e Islām). In der islam. Öffentlichkeit werden beide Tendenzen gesamthaft als Qādiyānīya bezeichnet und als »häret.« oder »nichtislam.« bewertet, da Ġulām Aḥmad das islam. Dogma vom »Siegel des Prophetentums« (→ Muḥammad) verletzt habe. RS

Lit.: H.A. Walter, The Ahmadiya Movement, 1918, [2]1991. – S. Lavan, The Ahmadiyya Movement, 1974.

Ahnenverehrung. I. Allgemein. (Devotionale) Zuwendung, die verstorbenen Verwandten der vorhergehenden Generationen (→ Verwandtschaft), mitunter auch mythischen Vorfahren dargebracht wird. Sie besteht meist in der regelmäßigen Opferung von → Gaben oder in weiteren rituellen Handlungen (→ Ritual) und einer besonderen inneren Haltung gegenüber diesen Vorfahren, welche in vielen Kulturen als Hüter der Familie oder des Stammes und als Wächter über Tradition und Recht fungieren. Den verstorbenen Ahnen wird ein maßgeblicher Einfluss auf das Leben der Nachkommen zugeschrieben, so dass sie durch die A. nicht nur rituell versorgt, sondern auch ihrer Nachkommenschaft gegenüber wohlwollend gestimmt werden sollen. Der Begriff der A. ist nicht eindeutig abzugrenzen von dem des → Totenkults, der im engeren Sinn die rituellen Handlungen (einschließlich der Bestattung) bezeichnet, die für und an einem Verstorbenen vollzogen werden. Die A. richtet sich auch an die Verstorbenen früherer Generationen, und der Erhalt der sozialen Bindungen zwischen Lebenden und Toten steht im Mittelpunkt. A. ist also nicht nur als religiöses, sondern v.a. auch als soziales Phänomen zu verstehen. Ihre vielfältigen Formen sind mitunter nicht deutlich unterscheidbar von denen der Götterverehrung; sie reichen von einer einfachen Spende bis zu aufwendigen Ahnen- oder Totenfesten wie in Indien oder Südamerika.

II. Wissenschaftsgeschichte. Aufgrund der wichtigen Stellung, die A. in vielen schriftlosen Kulturen einnimmt, nahm H. Spencer Ende des 19. Jh.s in Verbindung mit einem evolutionist. Religionsverständnis an, bei der A. handle es sich um die früheste Stufe und den Ursprung menschlicher Religiosität bzw. von Religion überhaupt (→ Entwicklung). Diese Ansicht ist – abgesehen von dem nicht aufrechtzuerhaltenden evolutionist. Schema – v.a. deswegen zurückzuweisen, weil die A. nicht als eigene (frühe) Religionsform verstanden werden kann, sondern immer nur Teil eines religiösen Systems ist.

III. Histor. und lokale Ausformungen. (1) Die Pflicht zur Versorgung der Ahnen obliegt meist dem ältesten Sohn, weshalb es in vielen Kulturen (z.B. China, Japan, Indien) als bes. wichtig gilt, mindestens einen Sohn zu haben, der die Versorgung der Ahnen dadurch garantiert, dass er die Rituale selbst ausführt und seinerseits eine Familie gründet und Söhne zeugt. Die A. wird hier innerhalb der Familie vollzogen, sie kann aber dann auch für einen größeren Familienverbund, einen Stamm oder sogar ein Königreich von Bedeutung sein, wenn es sich um die Ahnen eines Königs oder Häuptlings handelt: Die Ahnen verleihen die Herrschermacht, und der Häuptling fungiert als Mittler zwischen Ahnen und Volk oder Stamm. Darüber hinaus hat die A. eine gemeinschafts- und identitätsstiftende Funktion (→ Erinnerung), die vielfach das soziale Leben reguliert, z.B. in Form von Heiratsverboten innerhalb desselben, sich auf einen (mythischen) Vorfahren zurückführenden Clans. (2) Nicht alle Verstorbenen werden als Ahnen angesehen. Voraussetzung dafür ist (a) ein bestimmter gesellschaftlicher Status zu Lebzeiten als Familienvater oder -mutter sowie ein gewisses Lebensalter; (b) die rituelle Bestattung: Menschen, die eines gewaltsamen oder verfrühten Todes gestorben sind, oder nicht bestattete Tote gelten nicht als vollwertige Ahnen, sondern drohen im Gegenteil ihre Nachkommen mit Unheil und Spuk zu verfolgen, bis sie entweder richtig bestattet oder in einem gesonderten Ritual befriedet worden sind. In manchen Kulturen, z.B. in Indien, kann ein Verstorbener nur als Ahn verehrt werden, wenn er (c) vorher rituell in diesen Status überführt worden ist. Diese Eingliederung in die Ahnenwelt kann einhergehen mit der Sekundärbestattung der körperlichen Überreste des Toten (→ Körper), etwa der Knochen, oder einer symbol. Eingliederung eines Körpersubstituts im Ritual, das dann auch den Abschluss der Trauerzeit nach dem Todesfall markiert (vgl. R. Hertz). Mit der Überführung in diesen Status gehen oft Vorstellungen über das → Jenseits einher, die den Toten in einer Ahnenwelt positionieren, aus der heraus er über das Schicksal seiner Familie wacht. Der Status als Ahn setzt aber nicht zwangsläufig eine (gesteigerte) jenseitige Daseinsform voraus. So wurden in der → Röm. Religion die verstorbenen Eltern als Götter (di parentes) verehrt, unabhängig von ihrer geminderten Schattenexistenz im Jenseits. Die Ahnen können auch als unter den Lebenden anwesend gedacht sein oder körperhaft in Form von Knochen oder Schädeln, die z.B. in Afrika im Wohnbereich der Lebenden aufbewahrt oder bestattet werden, gegenwärtig sein (→ afrikan. Religionen). Häufig begegnet in schriftlosen Kulturen auch die Vorstellung, dass die Ahnen in ihrer eigenen Familie als Enkel wiedergeboren werden. (3) Die Grenzen zwischen Totengeistern und Ahnen sind mitunter fließend; auch die Ahnen können zur Bedrohung für die Lebenden werden, wenn sie nicht regelmäßig rituell versorgt werden. Der Status als individuell erinnerter Ahn endet für den Toten zumeist nach wenigen Generationen. Entweder wird er danach vergessen oder er ist nur noch in der kollektiven Verehrung aller Ahnen präsent. Die Trennlinie zwischen Ahn und → Gott ist ebenfalls nicht immer scharf zu ziehen: Ein Verstorbener kann über Generationen hinweg zu einem Lokalgott aufsteigen oder durch einen sog. »Schlimmen Tod« (verfrüht oder gewaltsam), einen Heldentod oder religiösen Selbstmord sofort als Gottheit und nicht eigentl. als Ahn verehrt werden; er wird dann als bes. mächtiger Toter angesehen, zu dessen Beschwichtigung es eines speziellen → Kultes bedarf. JBU

Lit.: R. Hertz, Contribution à une étude sur la représentation collective de la mort, in: L'année sociologique 10 (1907), 48–137. – W.F. Otto, Die Manen, 1923, [4]1981. – W. H. Newell, Ancestors, 1976. – S. Blackburn, Death and Deification. Folk Cults in Hinduism, in: History of Religions 1984, 255–74. – M. Bergunder, Wiedergeburt der Ahnen. Eine religionsethnograph. und religionsphänomenolog. Untersuchung zur Reinkarnationsvorstellung, 1994.

Ahreman, mittel- und neupers. Namensform für → Angra Mainyu. MH

Ahura Mazda, ranghöchster Gott im → Zoroastrismus. Charakterist. sind seine Weisheit (mazda) und sein Bezug zur Wahrheit/Weltordnung (aša), durch die er den Kosmos erhält. Bereits in den → Gāthās klingt seine Schöpfertätigkeit an. Dualist. steht ihm → Angra Mainyu gegenüber. Mit zunehmender Vergeistigung des Zoroastrismus wird er seit dem 4. Jh. v. Chr. durch das Sakralfeuer repräsentiert (→ Feuerkult). In frühislam. Zeit wird A. M. schließlich zur monotheist. Gottheit, der die → Ameša Spentas als Eigenschaften zugeordnet werden. MH

Lit.: H. Humbach, The Gāthās of Zarathushtra, Bd. 1, 1991, 12–23. – J. Kellens, Zoroastre et l'Avesta ancien, 1991, 27–40. – A. de Jong, Traditions of the Magi, 1997, 251–63.

Aion (griech. = Zeit, Ewigkeit), griech.-hellenist. Gott der → Ewigkeit, bes. in Alexandria verehrt. → Zeit. JR

Lit.: G. Zuntz, A. im Römerreich, 1991. – G. Zuntz, A., 1992.

Aitiologie (von griech. aítion = Ursache), wissenschaftlicher Terminus für die im Mythos vorgenommene Zurückführung eines Phänomens auf seinen Ursprung. Aitiologische Erzählungen haben die Aufgabe, vorwissenschaftliche Welterklärungen für natürliche oder histor. Verhaltensweisen oder Institutionen zu stiften, indem sie diese auf das Handeln bestimmter Protagonisten (Götter, Helden oder Heilsbringer) oder auf Ereignisse in einer Urzeit zurückführen, etwa: Warum werden Tiere im Opfer geschlachtet; warum unterscheiden sich Mann und Frau; warum wurde die Stadt an dieser Stelle gegründet? → Mythos. JM

Ajanta, Höhlen in Indien (Maharashtra) mit buddh. Wandmalereien ab dem 1. Jh. v. Chr. AM

Lit.: S. L. Winter, A., 1977.

Ājīvikas, heterodoxe asket. Reformbewegung in Indien, die einen → Determinismus vertritt; begründet von Makkhali Gosāla, Zeitgenosse → Buddhas und Jinas (Mahāvīra, → Jainismus). → Indische Philosophie. JG

Lit.: A.L. Basham, History and Doctrines of the Ā., 1951.

Ākhāṛā (neu-indoar.), Trainingsplatz für Ringer und Kampfsportler; Niederlassung von Abteilungen militanter Mönchsorden. → Askese. MHO

Akiba, bedeutender rabbin. Gelehrter, der von 110–35 n. Chr. maßgeblich dazu beitrug, ältere Traditionsstücke der → Mischna zu redigieren. Eventuell schuf er auch eine »eigene Mischna«, die später von Rabbi → Jehuda ha-Nasi ausgewertet wurde (textlich nicht belegbar). A. kam während des zweiten jüd. Aufstands gegen Rom ums Leben. Dass er → Bar Kochba als Messias betrachtete, schmälerte seinen außerordentlichen Ruhm innerhalb der rabbin. Tradition. KVS

Akītu-Fest, sumer. Hauptfest im Herbst, in der Mitte des 3. Jt.s v. Chr. zunächst in Ur gefeiert. Im babylon. Kult wird es zum Neujahrsfest im Frühjahr, das → Marduks Herrschaft über die Götter u. a. mit der Rezitation des → Enūma eliš feiert, den babylon. König rituell zum Hohenpriester Marduks bestimmt und die einzelnen Götter kultzentralist. an die Hauptstadt → Babylon binden soll. Das assyr. A. propagiert das Königtum → Aššurs und hebt die religiös legitimierte Souveränität des assyr. Herrschers hervor. Eine Besonderheit sind dabei die umfangreichen tākultu-Zeremonien, d. h. die Götterspeisung. → Fest, → Mesopotam. Religionen. MH

Lit.: K. F. Müller, Das assyr. Ritual, 1937. – J. A. Black, Taking Bel by the Hand, in: Religion 11 (1981), 39–59. – M. E. Cohen, The Cultic Calendars of the Ancient Near East, 1993, 400–53. – B. Pongratz-Leisten, Ina Šulmi Irub, 1994.

Akkulturation, der Wandel, im engeren Sinn die Anpassung kultureller Systeme bei längerfristigem → Kontakt mit anderen Kulturen. Vielfach werden → Werte und kulturelle Muster der dominanten → Kultur übernommen; z. T. entstehen durch Vermischung auch Formen von → Synkretismus. Bei massiven Eingriffen in bestehende Kulturen können Widerstandsbewegungen (→ Protest) entstehen; insbes. als Folge des → Kolonialismus sind solche Phänomene in Form von religiösen → Krisenkulten beschrieben worden.

Der zu Anfang des 20. Jh.s in der Ethnologie definierte Begriff (→ Religionsethnologie) wurde heftig kritisiert, weil er eine imperialist. → Ideologie widerspiegle und die eurozentr. Hegemonie verschleiere. Ungeachtet expliziter oder impliziter Wertungen ist jedoch die Frage nach den Folgen von Kulturkontakt sinnvoll. Auch bei asymmetr. Machtverhältnissen (→ Hierarchie) führt A. nicht immer zu einer Preisgabe der eigenen kulturellen → Identität. Umbildungen des religiösen Symbolsystems sind in der allgemeinen → Religionsgeschichte vielfach belegt und werden je nach Geschwindigkeit und Dynamik ganz unterschiedlich erlebt. So wären bei der Erforschung von A.-Vorgängen nicht nur die Eroberung Amerikas durch die Spanier und die Vorgänge in den Kolonien des → Imperialismus, sondern zu Vergleichszwecken auch die Kulturkontakte im Hellenismus, im mittelalterlichen Spanien, im islam. Indien und z. B. bei der Ausbreitung des Buddhismus zu untersuchen. → Enkulturation, → Inkulturation, → Kulturwissenschaft. AJ

Lit.: A. Ervin, Review of the Acculturation Approach in Anthropology with Special Reference to Recent Change in Native Alaska, in: Anthropological Research 36.1 (1980), 49–70.

Akshobhya (von sanskr. akṣobhya = der Unerschütterliche), einer der fünf Meditations-Buddhas (→ Dhyānibuddha, → Tathāgata) des → Mahāyāna- und → Vajrayāna-Buddhismus. → Buddha. AM

Aladura-Kirchen (Yoruba aladura = → Gebet), afrikan. Kirchen, im Westen Nigerias seit den 1920er Jahren verbreitet. Als Gebetsgemeinschaften entstanden, verzeichnen die größten dieser Kirchen wie die Cherubim und Seraphim, die Church of the Lord (Aladura), die Christ Apostolic Church und die Celestial Church of Christ heute jeweils mehrere Mio. Mitglieder und sind gut organisiert. In ihren charismat. Handlungen berufen sie sich auf biblische Vorbilder; so wird der Glaube an Krankenheilungen durch Gebete mit Mk 1,32–34; 5,11–13 und mit Apg 4,30; 8,7 begründet, bei Visionen wird u. a. auf Röm 12,6; 1 Kor 12,28; 14,39 und Eph 4,11 verwiesen. Andererseits kann der Gebrauch spiritueller Macht im Kampf gegen böse Kräfte auch vor dem Hintergrund der traditionalen Kultur gesehen werden. → Afrikanische Religionen, → Christentum in Afrika. FL

Lit.: H. W. Turner, African Independent Church, 1967. – J. D. Y. Peel, Aladura, 1969. – A. J. Omoyajowo, Cherubim and Seraphim, 1982. – A. Adogame, Celestial Church of Christ, 1999. – http://www.aladura.de. – http://www.celestialchurch.com.

ʿAlawīya, arab. Name für verschiedene genealog. und/oder spirituell auf den 4. islam. Kalifen → ʿAlī b. Abī Ṭālib bezogene islam. Gemeinschaften. Die bekannteste ist die seit 1666 in Marokko herrschende Dynastie gleichen Namens. Zu den spirituellen Gemeinschaften zählen (1) die heute v. a. in Syrien verbreitete, so seit der Mitte des 20. Jh.s bezeichnete ʿA. und (2) die türkischen → Aleviten. (1) Die syrische ʿA. ist eine → gnostisch-schiit. Gemeinschaft, die aus der Tradition der schiit. → Ismāʿīlīya stammt (Selbstbezeichnung Muʾminūn = Gläubige; seit dem 11. Jh. als Fremdbezeichnung auch Nuṣayrīya genannt). In den Gründungsmythen wird die ʿA. auf Ibn Nuṣayr an-Namīrī, einen Würdenträger aus Baṣra, zurückgeführt, der sich um 859/60 als spirituelle

Pforte (→ Bāb) des von ihm vergöttlichten 10. schiit. Imāms ʿAlī b. Hādī (gest. 868) ausgegeben haben soll. Einer der ersten greifbaren spirituellen Nachfahren Ibn Nuṣayrs ist der 957 oder 968 in Aleppo verstorbene Ḥusayn b. Ḥamdān al-Ḫaṣībī. Die Lehre der ʿA. gründet auf einer Umkehrung der ismāʿīlit. Emanationslehre: ʿAlī wird als »Sinn des unaussprechlichen Göttlichen« (maʿnā) den beiden → Hypostasen Gottes, → Muḥammad als »prophet. Stimme Gottes« (ism = Name oder ḥiǧāb = → Schleier) und → Salmān al-Fārisī als inspiriertem Vermittler (Bāb), übergeordnet. In einem Siebenerzyklus manifestierte sich Gott in einer solchen Trias, so dass die ʿA. eine siebenfache Personifizierung der drei Institutionen maʿnā – ism – bāb annimmt. Der jeweiligen Hypostase Gottes als Bāb ist eine weitere Reihe von fünf »Beauftragten der Welteninteressen« (aytām) untergeordnet. Menschen, welche die Identität des maʿnā anerkennen, werden von der → Metempsychose befreit werden und als »Stern« die sieben Himmel durchqueren mit dem Ziel, das göttliche Licht zu schauen. In der ursprünglichen Religion der ʿA. stand den Frauen kein Heilsweg offen, da sie als Geschöpfe der Sünden des → Teufels angesehen wurden. Der Kult war so allein Angelegenheit der Männer. In den Frauengemeinschaften der ʿA. hatten sich bis in die jüngere Vergangenheit zahlreiche Formen der Naturverehrung erhalten. Die ʿA. begehen muslim. wie christl. Feiertage, Initiationsfeste und eine Art »Messe«, in der die Manifestation ʿAlīs im Wein gefeiert wird. Heute werden in Syrien die ʿA. offiziell als Muslime angesehen. Entsprechend haben theolog. Aussagen über die »Seelenlosigkeit« der Frauen heute kaum noch eine Bedeutung in der sozialen Praxis. RS

Lit.: H. Halm, Die islam. Gnosis, 1982. – M. Matti, Extremist Shiites: The Ghulat Sects, 1988.

Albigenser (nach der südfranz. Stadt Albi), v. a. in der franz. Literatur gebräuchliche Bezeichnung für die → Katharer. CA

Alchemie, Sammelbegriff für diverse Traditionen, die sich seit der Antike mit dem Aufbau der natürlichen Welt, den Metallen, Pflanzen etc. beschäftigen. Die Trennung zwischen (religiös-spiritueller) A. und (naturwissenschaftlicher) Chemie ist künstlich und entstand erst in der Neuzeit.

I. Begriff und Geschichte. Der Begriff wird meist von ägypt. chema (= das Schwarzerdige) und dem arab. Artikel al hergeleitet, alternativ von griech. chymós/chymeía (= Fluss, Vermischung). Wissenschaftliche Ansichten über das Wesen der A. sind so zahlreich wie alchemist. Schulen. Als gesichert kann gelten, dass die Wurzeln der A. im hellenist. Ägypten liegen, von wo aus sich das magisch-philosoph. Wissen über die → Schriftreligionen verbreitete und dann zum festen Bestandteil europ. Kultur wurde. Parallel dazu entfaltete sich die A. auch im Nahen Osten, in China und Indien.

II. Charakteristik. Grundlegend ist häufig die Annahme, dass alle sichtbare Materie, dass Mineralien, Pflanzen, Tiere, Planeten oder Menschen Erscheinungsweisen einer einzigen, grundlegenden und essentiellen Substanz sind. Nach Auffassung vieler Alchemisten machen drei Qualitäten, die auch »philosoph. Prinzipien« genannt werden, die individuellen Eigenschaften jeder materiellen Erscheinung aus: Sal (Salz), Sulfur (Schwefel) und Merkur (Quecksilber). Damit sind jedoch nicht die gleichnamigen chemischen Stoffe gemeint, sondern immaterielle Gestaltungsprinzipien, deren Mischungsverhältnisse den spezif. Charakter jeder sichtbaren Erscheinung bestimmen.

III. Religiöse Bedeutung. (1) Wie die frühneuzeitliche Wissenschaft insgesamt ist die A. am besten als Naturphilosophie anzusprechen, die gleichwohl in eine religiöse Praxis mündet, indem die Suche nach dem Geheimnis des »Buches der Natur« mit der Entschlüsselung der Geheimnisse Gottes einhergeht. Die v. a. von C. G. → Jung inspirierte psycholog. Deutung der A., nach der es dem Alchemisten um eine innere Transformation der Seele geht, findet im histor. Material keinen Rückhalt. (2) Die westliche A. wurde wesentlich durch jüd. Frauen und Männer inspiriert, angefangen mit Maria der Jüdin und ihrem Schüler Zosimus (um 300 n. Chr.) über die → Kabbala bis hin zu Jakob Emden (1697–1776) und Gelehrten des 19. Jh.s. Im Islam wurde die A. seit jeher intensiv praktiziert. Berühmt ist Jabir ibn Chajjan aus Konfa am Euphrat (gest. um 815 n. Chr.), der 3000 Werke verfasst haben soll (Jabir ibn Chajjan ist nicht identisch mit dem lateinischen »Geber« des 13. Jh.s). Von Avicenna (Ibn Sīnā, 980–1037 n. Chr.) waren ebenfalls alchemist. Schriften im Umlauf, die jedoch nicht erhalten sind. Schließlich verdankt auch das Christentum der A. nachhaltige Impulse, und sowohl in der → Medizin (Paracelsus, 1493–1541), die hier Spagyrik genannt wird, als auch in → Mystik und Magie (→ Freimaurer, → Rosenkreuzer) wirkte christl. Semantik nach der → Renaissance auf die Geschichte der A. ein. → Esoterik. KVS

Lit.: M. P. E. Berthelot/C. E. Ruelle, Collection des anciens alchimistes grecs, 1888. – L. Thorndike, A History of Magic and Experimental Science, 8 Bde., 1923–58. – C. G. Jung, Psychologie und A., 1944. – H. Biedermann, Materia Prima, 1973. – M. Eliade, Schmiede und Alchemisten, 1980. – C. Meinel (Hg.), Die A. in der europ. Kultur- und Wissenschaftsgeschichte, 1986. – Z. R. W. M. von Martels (Hg.), Alchemy Revisited, 1990. – R. Patai, The Jewish Alchemists. A History and Source Book, 1994. – H.-W. Schütt, Auf der Suche nach dem Stein der Weisen. Die Geschichte der A., 2000. – L. M. Principe/W. R. Newman, Some Problems with the Historiography of Alchemy, in: W. R. Newman/A. Grafton (Hg.), Secrets of Nature. Astrology and Alchemy in Early Modern Europe, 2001, 385–431. – Versch. Autoren, Art. »Alchemy«, in: W. J. Hanegraaff u. a. (Hg.), Dictionary of Gnosis and Western Esotericism, 2005, 12–58.

Aleviten. I. Begriff. Name verschiedener heterodoxer islam. Gemeinden in Anatolien, die sich auf den mystischen, zwölferschiit. Orden der Ṣafawiden (→ šīʿa) beziehen und die quasi-ethnisch mit türkischen, kurdischen und Zaza-Gemeinschaften verbunden sind. Als Eigenbezeichnung ist der Name A. seit dem 16. Jh. ebenso greifbar wie die ursprüngliche Fremdbezeichnung Kızılbaş. Diese galten als turkmen. Anhänger des Ṣafawiden-Ordens, die nach dem Frieden von Amasya zwischen dem Osman. und dem Ṣafawid. Reich (Persien) 1555 den Kontakt zum Ursprungsorden verloren hatten und in deren Milieu verschiedene lokale heterodoxe schiit. Traditionen aufgingen.

II. Geschichte. Die konfessionelle Grenzziehung zwischen dem Osman. und dem Ṣafawid. Reich im frühen 16. Jh. isolierte die A. von ihrem »geistigen Orden«, an dessen Stelle bei vielen A.-Gemeinden eine Verbindung mit dem → Bektaşi-Orden trat. Seit dem 16. Jh. sind die meisten A.-Gemeinden, deren Mitgliedschaft nur durch Geburt zu erwerben ist, über eine »hl. Genealogie« (ocak) mit dem Ordenszweig der Bektaşi verbunden, dessen Führer sich genealog. auf den Heiligen Haci Bektaş (13. Jh.) bezogen sehen.

III. Charakteristik. Als ethnische Religionsgemeinschaft, die Einheitlichkeit v. a. über die Differenz zu Sunniten (→ Sunna) und Schiiten (→ šīʿa) vermittelt, sind die A. seit dem 17. Jh. fassbar. In allen A.-Gemeinden wird → ʿAlī b. Abī Ṭālib, ebenso wie anfangs der Begründer der ṣafawid. Dynastie, Šāh Ismāʿīl (gest. 1524), als Inkarnation der göttlichen Wahrheit angesehen. Gott selbst, → Muḥammad und ʿAlī werden damit zu einer untrennbaren Einheit zusammengefasst. Auch wenn sich die A. nominell meist auf den »ǧaʿfarit. Weg« (nach Ǧaʿfar b. Ṣādiq, dem sechsten schiit. Imam und »Begründer« der schiit. Rechtstradition, → maḏhab) beziehen, weichen sie in der religiösen Praxis erheblich von sunnit. wie schiit. Orthopraxie ab. Die religiös-ethischen Lehren beruhen auf einer Hermeneutik des »Inneren Sinns« der Religion (bāṭin) und zielen v. a. auf Solidarität innerhalb der jeweiligen A.-Gemeinschaft. Die klassischen islam. Grundpflichten (→ arkān ad-dīn) werden bis auf das Glaubensbekenntnis (→ šahāda) nicht anerkannt (→ ṣalāt, → zakāt, → ṣawm) bzw. nicht als verbindlich angesehen (Pilgerfahrt nach Mekka, → ḥaǧǧ), sondern durch eigene religiöse Zeremonien ersetzt (z. B. das von »Priestern« (dede) geleitete nächtliche Amt ayni-i cem, das zwölftägige Fasten im Monat Muḥarram sowie die (freiwillige) Pilgerreise nach Kerbela). Moscheen fehlen ebenso wie zentrale Lehrautoritäten. Von Bedeutung sind v. a. lokale Praktiken und Traditionen der ethnischen Gemeinschaften. Die mystischen Traditionen (→ taṣawwuf) finden sich z. T. in Tanzoffizien (semah) und in der Lesung mystischer (türkischer) Dichtung wieder. In jüngster Zeit betonten viele A. die Ethnizität der Gemeinschaft, die auf einem pluralen Netzwerk gleichrangiger alevit. Organisationen beruhe. RS

Lit.: K. Kehl-Bodorgi, Die Kizilbash/A., 1988. – K. Vorhoff, Zwischen Glaube, Nation und neuer Gemeinschaft: Alevit. Identität in der Türkei der Gegenwart, 1995. – T. Olsson u. a. (Hg.), Alevi Identity, 1998.

ʿAlī b. Abī Ṭālib (ca. 597/601–61), Vetter und Schwiegersohn des Propheten → Muḥammad und vierter der sog. »rechtgeleiteten Kalifen« (al → ḫulafāʾ ar-rāšidūn). Ihm wurde nach der Ermordung des dritten Kalifen ʿUṯmān am 24.6.656 in Medina gehuldigt. Bald verlegte er das Machtzentrum des islam. Kalifats nach Südirak (Baṣra, Kūfa). Aufgrund der Anschuldigung, ʿA. sei in die Ermordung des Kalifen ʿUṯmān verstrickt gewesen, verweigerten ihm die »Syrer« unter dem Umayyaden Muʿāwiya sowie die mekkan. Elite die Gefolgschaft. Letztere besiegte ʿA.s ergebene Stämme und Parteigänger (šīʿat ʿAlī, → šīʿa) in der sog. Kamelschlacht am 4.12.656. Die mehrmonatigen Auseinandersetzungen zwischen den »Syrern« und den Anhängern ʿA.s endeten 657 in einer Pattsituation. Die in einem Schiedsgericht geforderte Absetzung ʿA.s konnte im Südirak nicht durchgesetzt werden. 661 wurde ʿA. von einer Gruppe von → Ḫāriǧiten in Kūfa ermordet. Nach seinem Tod wurde er zum Ausgangspunkt einer auf die Prophetenfamilie bezogenen islam. Genealogie, mit der ein spezif. esoter. Wissen verknüpft wurde. Diese Zuordnung legitimierte die Rangerhöhung ʿA.s in der Schia als »Gottesfreund« (walī Allāh), einige Gruppen nahmen sogar eine Verkörperung (ḥulūl) des Göttlichen in der Person ʿA.s an (z. B. → ʿAlawīya in Syrien). RS

Lit.: E. L. Petersen, ʿAlī and Muʿāwiya in Early Islamic Tradition, 1964.

Allāh, arab. Bezeichnung des Einen Gottes, die sowohl von muslim. wie auch von christl. Gemeinschaften benutzt wird. Die Etymologie des Wortes verweist auf eine altsemit. Gottesbezeichnung, die vielleicht auf der Wurzel ʾlh gründet, so dass A. verstanden werden könnte als Der Gott (= al-ʾilāh) oder als Übernahme eines aramäischen Gottesbegriffs (alāhā). In vorislam. Zeit war A. wohl ein kultloser Schöpfergott; mit der islam. Offenbarung wurde ihm die → Kaʿba in Mekka als Kultstätte (wieder) zugewiesen, nachdem diese von anderen Gottheiten »gereinigt« worden war. In der islam. Offenbarung wird A. als der absolut Eine Gott gesehen, der nur über die »schönen Namen« erfasst werden kann (z. B. Koran 7/179, 17/110). Eine personale oder anthropomorphe Deutung A.s wird von der Mehrheit der islam. Gelehrten strikt abgelehnt. Der Eine und in sich Eine A. ist allmächtig und barmherzig (→ raḥma), Schöpfer, Richter und Vergelter, der sich durch seine Zeichen (→ āya) in der Welt den Menschen zeigt; diese können sie durch seine den Propheten anvertraute Offenbarung, letztmalig und endgültig in dem → Muḥammad offenbarten → Koran, verstehen und deuten. Die Absolutheit der Einsheit Gottes wird im ersten Teil des islam. Glaubensbekenntnisses (lā ilāha illā llāh, »es gibt keinen Gott außer A.«) bekräftigt und zum Mittelpunkt der islam. Dogmatik überhaupt (→ tawḥīd). A. ist damit eins, existent, ewig, von der Schöpfung grundsätzlich verschieden und in seinem Wollen vollkommen frei. Die den Gläubigen versprochene Möglichkeit, ihn im → Jenseits zu schauen, hat in der islam. Polemik wegen des impliziten Anthropomorphismusverdachts zu prinzipiellen Diskussionen geführt (→ kalām), die aber durch den Verweis auf die Unbeantwortbarkeit dieser Frage (→ bilā kayf) im 10. Jh. mehrheitlich abgebrochen wurden. RS

Lit.: A. S. Tritton, Muslim Theology, 1948. – T. Izutsu, God and Man in the Koran, 1964, ²1980. – E. L. Ormsby, Theodicy in Islamic Thought: The Dispute over al-Ghazali's »best of all possible worlds«, 1984. – D. Gimaret, Les noms divins en Islam, 1988.

Allegorie/Allegorische Auslegung (von griech. allēgoreīn = etwas Anderes sagen). Die A. als poet.-rhetor. Mittel findet sich zum ersten Mal in der hellenist. Antike. Als im Hellenismus griech. Literatur und Mythologie exportiert wurde, konnte der buchstäbliche Sinn in den fremden Kulturen nicht immer verstanden bzw. verständlich gemacht werden. Die allegor. Interpretation kam auf: »Der Satz sagt etwas anderes als was da steht.« Hinter dem Buchstabensinn stehe ein tieferer Sinn, den nur der → Exeget erklären kann. Im ägypt.-hellenist. Alexandria entwickelten die Exegeten die Methoden der a. A., zunächst an Homer und Hesiod, und wendeten sie dann auch auf die → Hl. Schriften an (→ Philo für die → Hebr. Bibel; Clemens, ca. 140/150–220 n. Chr., für die christl. Bibelerklärung). Zum theolog. Verfahren wurde die a. A. in der Spätantike im Anschluss an die Briefe des Apostels Paulus und dessen erstmalige Lehre von den »zwei Testamenten«; Paulus erkannte in den atl. Erzählungen Präfigurationen der Erlösung – exemplar. die allegor. Gestalt von Adam als »Typus des Kommenden« (adam forma futuri, Röm 5,14). Die christl. Theologie bediente sich der Mittel einer semant. Übertragung (→ Semantik), um den Einfluss heidnischer Mythen abzuwehren und ihn gleichzeitig zu kanalisieren. So legte Origenes (185–253/4) über die Buchstaben der Bibel einen Schriftsinn (→ Hermeneutik), der die histor., moral. und mystischen Bedeutungen des Glaubens umfasste. Im 20. Jh. erkannten A. → Warburg und W. → Benjamin in den A. emblemat., d. h. verborgene schriftbildliche Zeugnisse für das Fortleben überwundener religiöser Traditionen und Vorstellungen und betonten, dass die A. antiken Göttern in ihrer erstorbenen

Dinghaftigkeit entsprachen und sie so überlebten. MB

Lit.: H. de Lubac, Exégèse médiévale, 4 Bde., 1959–1963. – C. Schäublin, Untersuchungen zu Herkunft und Methode der antiochenischen Exegese, 1974. – H. Cancik-Lindemaier: Art. »A.«, in: HrwG, Bd. 1, 1988, 424–32. – J. Pépin, Art. »Hermeutik«, in: RAC 14, 1988, 722–71.

Allianz, eine Form des → Kontakts, u. a. die Aktionsgemeinschaft religiöser Gruppierungen bei ähnlicher Interessenlage. Spezifisch wird damit die zur protestant. Erweckungsbewegung zählende evang. Allianz (seit 1846) bezeichnet. FS

Alltag/Alltagsreligion. I. Das Verhältnis zwischen Religion und A. (1) A. ist der soziale Ort, wo Religion entsteht, existiert und zerfällt, indem Glaubenssysteme kommunikativ und interaktiv von ihren Trägern gelebt, erneuert, bestätigt und verändert werden. Der A. insgesamt, und somit auch der religiöse, ist untrennbar mit → Arbeit, Lebensweise und elementaren Lebens- und Umweltbedingungen menschlicher Gesellschaften verbunden. Klimat. und geolog. Verhältnisse, Subsistenzformen, Arbeitsorganisation, materielle Kultur und soziale Praktiken schaffen Rahmenbedingungen, die alltagsreligiöse Handlungsmuster und Glaubensmodelle beeinflussen und die selbst wiederum durch religiöse Vorgaben strukturiert werden (Gebetszeiten; Nahrungsvorschriften; Gemeindeformen). A. ist somit ein Grundbereich jeglicher Religionsausübung und darf nicht einem bestimmten gesellschaftlichen Segment (etwa der sog. Volkskultur) zugeordnet werden. (2) Der religiöse A. besteht dementsprechend (a) aus normativen Vorgaben und Verhaltensroutinen, die religiöse Gemeinschaften für ihre Mitglieder festlegen, etwa Gebetsriten oder den Besuch von Sabbatfeier oder Sonntagsgottesdienst (top-down processing); (b) aus den (sub-)kulturellen und individuellen Eigenformen und Eigensinnigkeiten, die die praktische Lebensführung des einzelnen Gläubigen und seiner sozialen Gruppe in der lokalen Lebenswelt hervorbringt und die wiederum Teil der Mentalität der (über-)lokalen Gemeinschaft werden können (bottom-up processing). Regelhaftigkeit (im Zeitmanagement, Verhaltenskodex etc.) unterstützt das Bemühen, elementare Bedürfnisse wie Nahrung, Wohnung, Sicherheit, Reproduktion, Kindererziehung zu befriedigen. Religiöse Vorschriften und Praktiken korrespondieren dabei insbes. mit den profanen Strukturen der Arbeitswelt, indem sie beispielsweise das Verhältnis von Arbeit und Freizeit durch Ruhe- und Festtage regulieren. (3) Daher kann »A.« als (soziales und religiöses) Spannungs- und Prozessfeld begriffen werden: (a) zwischen normativen Vorgaben (religiösen Gesetzen, Dogmen, Liturgien) und der jeweils spezif. Lebenswirklichkeit; (b) zwischen verschiedenen offiziellen und inoffiziellen Formen religiöser Praxis, z. B. zwischen Religion und → Magie (Priester vs. Geistheiler; Doppelidentitäten bei kolonialist. Überformung, z. B. bei den → Maya); (c) zwischen »großen« und »kleinen Traditionen« (S. N. Eisenstadt 1991), translokalen (regionalen, nationalen, globalen) religiösen Institutionen (dem Vatikan; dem Patriarchat; der muslim. Rechtsschule) und dem Lokalen; (d) zwischen Religiösem und Profanem: Brauchtum und religiöse Liturgie, Glaubenssysteme und Ideologien unterschiedlicher Herkunft werden integriert, amalgamiert oder abgespalten, Innovationen müssen mit den bestehenden Traditionen abgeglichen werden. (4) Ein enger Begriff von »A.« ist hierbei gegen einen weiteren abzugrenzen. (a) Der enge stellt die täglichen Arbeits- und Lebensroutinen der Menschen zur elementaren Bedürfnisdeckung in den Mittelpunkt (»Routinewirklichkeit«, Jeggle) und setzt lebensprakt. »Normalität« wie den Tagesablauf oder Familienbeziehungen gegen das »Außeralltägliche« (M. Weber [1864–1920]), etwa → Feste und Feiern oder Auftritte religiöser Spezialisten (Prediger; Schamanen, → Funktionär). (b) Der weite Begriff dagegen bezieht auch »Außeralltägliches« wie (Jahres-)Feste und Lebenszyklusriten mit ein und bezeichnet die gesamte Lebensweise »vor Ort«, die »Kulturwirklichkeit« oder, wie die → Wissenssoziologie formuliert, das »fraglos Gegebene«, Herkömmliche, die »Lebenswelt«. Insofern wird A.-Religion mit gelebter oder traditionaler Religion (→ Tradition), theolog. mit dem »Sitz im Leben« von Glaubenssystemen gleichgesetzt und integrativ als Teil der lokalen, sozialen und kulturellen Praktiken, Mentalitäten, Ästhetiken und Wissensvorräte (Sitte, Brauchtum oder »common sense«) gefasst.

II. A.-Religion – Charakteristik. (1) Formen. A.-Religion ist vorwiegend handlungszentriert und performativ, also rituell und nicht spekulativ

– es geht um Religionsausübung. Ihr bevorzugtes Medium ist die mündliche → Kommunikation in Form von Gebeten, Predigten, Unterweisungen. In komplexeren Gesellschaften hat sich als wichtiges Strukturierungsmerkmal von A. die Dualität von privater und öffentlicher Sphäre herausgebildet. (a) Vorwiegend privat ausgerichtet sind z. B. individuelle Frömmigkeit wie die Erfüllung religiöser Normen, Verhaltensanweisungen und Riten (Gebete; Verehrungsriten wie Puja; soziale, z. B. karitative Handlungen), aber auch die private Ausgestaltung des Glaubens in Ästhetik (Bildschmuck) und Weltanschauung (private Mythologien und »Spekulationen«), außerdem Rituale im Familienkreis (z. B. Sabbat) oder Gentil- bzw. Clan-Kulte (Rom: Lares; Gentilgötter). (b) Öffentliche Facetten sind v. a. die (meist wöchentlichen) Gemeinschaftsfeiern (Sabbat; Sonntag; Freitagsgebet) sowie die Festkultur (mytholog. und agrarzykl. Jahrzeitenfeste; Heiligenfeste; Prozessionen; zivilreligiöse Feiern). Am Schnittpunkt beider Sphären liegen die Riten des → Lebenszyklus (Geburt, Begräbnis, → Initiation). (2) → Medien. Die sinnliche Erfahrung der Umwelt, die → Wahrnehmung der Lebenswirklichkeit liegt der sinnhaften Konstruktion des religiösen A. als »Lebenswelt« (A. Schütz [1899–1959]) zugrunde. Daher spielt die Mündlichkeit als Medium des direkten Informationsaustauschs, von Mimesis und Lernprozessen eine entscheidende Rolle. Das religiöse → Handeln in A.-Situationen privilegiert die Face-to-face-Kommunikation durch Gespräch, Predigt, Lernen und Belehrung, geistliche Beratung, aber auch bei gegenseitiger Kontrolle, Stereotypisierung und Vorurteilsbildung gegenüber der »out-group«. (3) Ort. Trotz der zunehmenden Möglichkeit, religiöse Bedürfnisse medial zu organisieren, ist religiöser A. zuallererst lokal bestimmt: In Haus und Wohnung sind Gebetsnischen, Opferplätze oder ein Herrgottswinkel für das Heilige reserviert, die Gemeinde besitzt ihren Versammlungsbau, das Dorf seine(n) Tempel, das Stadtviertel sein Heiligengrab (→ Kultort, → Wallfahrt, → Lokale Religion). Durch Rollenpluralismus der religiösen Akteure im A. kann sich institutionalisierte Religion mit Formen der → Zivilreligion (nationale Festkultur) und mit dem lokalen Wissen samt seiner Prestigeökonomie und seinen Machtverhältnissen vermengen.

III. A. als Forschungsfeld. (1) Der Begriff »A.« wurde theoret. in die wissenschaftliche Diskussion eingeführt durch: (a) die phänomenolog. Schule Husserls (1859–1938), insbes. durch A. Schütz und die sich daran anschließende Wissenssoziologie; (b) die moderne Volkskultur-Forschung, insbes. die Tübinger Schule von H. Bausinger (geb. 1926), und die sich daraus entwickelnde → »Kulturwissenschaft«; (c) die marxist. inspirierten britischen »cultural studies« (R. Williams; 1921–88); (d) die geschichtswissenschaftlichen Strömungen der »A.-Geschichte«, »Histor. Anthropologie« und »Mikro-Geschichte« (C. Ginzburg [geb. 1939]; → Annales-Schule; H. Medick). (2) Religiöser A. wurde in religionsgesch. Werken bisher oft unter »ferner liefen« behandelt, was zum einen auf die variantenreiche, pragmat. ausgerichtete Qualität tatsächlicher Religionsausübung zurückzuführen ist, die sich gegenüber einer theolog. Normierung und religionssystemat. Darstellung oft sperrte. Zum anderen gibt es für vergangene Zeiten häufig ein erhebliches Quellenproblem, wenn weder Selbst- (Autobiographien; Tagebücher) noch Fremdzeugnisse (Reiseberichte; Akten) in hinreichendem Maß vorhanden sind. Mit den modernen Medien, zumal den (audio-) visuellen, stehen erstmals in der Wissenschaftsgeschichte technische Möglichkeiten zur Verfügung, um den A. religiöser Gemeinschaften und einzelner Gläubiger in großem Umfang und globaler Reichweite zu dokumentieren. Gleichzeitig ist jedoch eine zunehmende Auflösung des »kollektiven Erfahrungshorizonts« (Jeggle), der für die bisherige A.-Kultur kennzeichnend war, und eine → Privatisierung von Religion infolge von Modernisierungsprozessen zu verzeichnen. Zugleich wird A. zunehmend durch, mit und über Medien konstituiert und strukturiert. Was dies für das künftige Bild der A.-Religion und von Religion(en) überhaupt bedeutet, wird sich erst noch erweisen.

HM

Lit.: A. Schütz/T. Luckmann, Strukturen der Lebenswelt, 2 Bde., 1975–84. – U. Jeggle, A., in: H. Bausinger u. a., Grundzüge der Volkskunde, 1978, 81–126. – S. N. Eisenstadt, Die Konstruktion nationaler Identitäten in vergleichender Perspektive, in: B. Gießen (Hg.), Nationale u. kulturelle Identität, 1991, 21–38. – H. Medick, Weben u. Überleben in Laichingen, 1996, ^{2}1997. – D. Salvo u. a., Home Altars of Mexico, 1997. – M. Kaplan (Hg.), Geschichte des jüd. A. in Deutschland vom 17. Jh. bis 1945, 2003.

Almosen/Almosengabe (von griech. eleēmosýnē = Mitleid), freiwillige, verdienstvolle → Gaben an Bedürftige. A. sind oft Voraussetzung für die Verwirklichung eines asket. Ideals (→ Askese), da der Mönch nicht ohne solche Gaben leben kann. Die A.-Schale (bei shivait. Asketen mitunter aus einem Totenkopf hergestellt) ist für die Asketen oft Gegenstand ritueller Verehrung. Das Frühjudentum lehrt, dass A. Sünden tilgen und vom Tode erretten (Jesus Sirach 33 u. a.). Im Islam gehört das A.-Geben (→ zakāt) zu den Fünf Säulen des moral. Lebens (→ arkān ad-dīn). AM

Alopen, persischer Missionar der → Assyr. Kirche des Ostens in China. Die Missionstätigkeit wurde durch den Tang-Kaiser Tai-tsung (626–49) erlaubt (chin.-syrische Stele von Sianfu), wodurch sich die Kirche in China ausbreitete, bis sie während der Ming-Dynastie (1368–1644) durch Verfolgungen unterging. MH

Lit.: I. Gillman/H.-J. Klimkeit, Christians in Asia before 1500, 1999, 265–305.

Alphabet (von Alpha und Beta, den ersten beiden Buchstaben des griech. A.), die festgelegte Reihenfolge von Silben, Phonemen oder Buchstaben einer → Sprache bzw. Schrift, denen in ihrer Gesamtheit oder ihrem numerolog. Anteil oft religiöse Macht zugeschrieben wird. Daraus erklärt sich u. a. der Buchstabenzauber bei Krankenheilungen oder Weissagungen sowie die Verwendung hl. Silben und ihrer Zeichen in Ritualen. → mantra, → Name, → Text. AM

Lit.: F. Dornseiff, Das A. in Mystik und Magie, 1922, ²1925. – H. Jensen, Geschichte der Schrift, 1925, ²1958. – G. Pfohl (Hg.) Das A., 1968. – J. Naveh, Early History of the A., 1982. – A. Robinson, The Story of Writing: Alphabets, Hieroglyphs, and Pictograms, 1995 (dt. 1996). – K. Bertau, Schrift – Macht – Heiligkeit in den Literaturen des jüd.-christl.-muslimischen Mittelalters, 2005.

Altägyptische Religion. I. Allgemein. Die schon in der Antike für ihr hohes Alter bewunderte a. R. erstreckt sich über einen Zeitraum von etwa 3500 Jahren. Die bis heute gültige Einteilung der Geschichte Altägyptens in 30 Dynastien durch den ägypt. Priester → Manetho (3. Jh. v. Chr.) wird mit der Aufgliederung in das Alte (AR, 2707–2170 v. Chr.), Mittlere (MR, 2119–1793 v. Chr.) und Neue Reich (NR, 1550–1070 v. Chr.) mit drei Zwischenzeiten und der Spätzeit weiter verfeinert. Inzwischen werden noch eine 0. Dynastie von etwa 150 Jahren und die 2. Perserherrschaft als eine 31. Dynastie mitgezählt. Der Beginn der dynast. Zeit um 3000 v. Chr. geht einher mit der Entwicklung und dem Gebrauch der Hieroglyphenschrift, die bis in das 4. Jh. n. Chr. verwendet wurde. Erst die Entzifferung der → Hieroglyphen (1822) durch Champollion ermöglichte die moderne Ägyptologie.

II. Charakteristik. Trotz großer histor. Dynamik während der gewaltigen Zeitdauer der a. R. lassen sich einige konstante Grundzüge synchron behandeln, unterstützt durch eine Grundhaltung der a. R., alles einmal Geschaffene immer weiter zu tradieren. (1) Von Anfang bis Ende ihrer Geschichte – auch in der Amarnazeit unter → Echnaton – bleibt die a. R. eine polytheist. Religion. Als ihr Zentralbegriff kann → Maat, auf kosmolog. Ebene mit »Ordnung«, in gesellschaftlicher Hinsicht als »Gerechtigkeit« oder »Wahrheit« zu übersetzen, angesehen werden. Die das Diesseits und das Jenseits umfassende »geordnete« Welt steht im Gegensatz zum ständig bedrohlichen chaot. Nichtsein. Um die Weltordnung (Maat) aufrechtzuerhalten und den Fortbestand des Universums zu sichern, bedarf es des beständigen Götterkultes und einer Lebensführung in Übereinstimmung mit der Maat. Dass diese lehrbar ist, zeigen die → ägypt. Lebenslehren aus allen Phasen der a. R. Weiter korrespondiert Maat mit allen anderen Bereichen der a. R. wie sakralem Königtum, Tempelkult, Götterglauben, persönlicher Frömmigkeit, Mythologie, Kosmogonie und Weltbild, religiöser Anthropologie, Totenkult und Jenseitsvorstellungen. (2) Das sakrale Königtum Ägyptens basiert auf der Überzeugung, dass der Pharao die Maat bringt und Isfet (»Unrecht, Unordnung, Unvernunft«) vertreibt. Als Vermittler zwischen Göttern und Menschen ist der → Pharao alleiniger Träger des Kults. Bei der Inthronisation erweitert sich der Name des Königs zu einer mehrfachen Titulatur: An erster Stelle steht der Horusname, der bis in die vordynast. Zeit zurückreicht. Er charakterisiert den Pharao als irdische Erscheinung des falkengestaltigen Himmelsgottes Horus. Der Pharao ist zwar ein Mensch, aber sein Amt ist göttlich. Der Mythos von der göttlichen Abkunft des Königs ist seit dem AR überliefert (»Geburt des Gottkönigs«). Seit der 4. Dynastie trägt der Pharao den Titel »Sohn des Re«; das Königtum ist im Wesentlichen solar ausgerichtet: Im MR wird der Pharao als »Sonnenkönig« bezeichnet, im NR besteht eine völlige Identität des verstorbenen Königs mit der → Sonne. Gleichzeitig wird seit den → Pyramidentexten der Pharao zum → Osiris N. N. Da nach ägypt. Auffassung alles Lebendige der Regeneration bedarf, ist das wichtigste Königsfest das → Sedfest, das als Erneuerungsfest nach 30 Regierungsjahren gefeiert wird. Die Thronfolge ging generell vom Vater auf den Sohn über, aber die rein männliche Institution war flexibel genug, weibliche Pharaonen zu akzeptieren. Als bekanntestes Beispiel ist Hatschepsut in der 18. Dynastie zu nennen.

III. Kult und Kultorte. (1) Da allein der König mit den Göttern kultisch verkehren kann, wird jede Opferhandlung im Tempel von ihm oder in seinem Namen durchgeführt. Weitere Aufgaben des Pharaos waren die Tätigkeit als Kriegs- und Bauherr. Jeder Tempel ist gleichermaßen Denkmal für den König, der ihn errichten ließ, wie für die Gottheit, für die er erbaut wurde. Der ägypt. Tempel war in der Regel ein monumentaler Steinbau, Wohngebäude bestanden dagegen aus Lehmziegeln. Nicht nur als Götterwohnungen, sondern auch als Wirtschaftsbetriebe mit Einkünften aus Ländereien und Minen waren die Tempel von großer Bedeutung (→ Religionsökonomie). Im NR wurde die endgültige Form des Axialtempels festgelegt: auf das Eingangstor, gesäumt von einem doppeltürmigen Pylon, folgen ein offener Tempelhof, Säulensaal, Opfertischsaal, Barkenraum und Naos. Der Tempelbezirk, eingegrenzt von Magazinen, Wirtschaftsgebäuden sowie Priester- und Handwerkerwohnungen, war von einer hohen Umfassungsmauer umgeben. V. a. der spätägypt. Tempel wird als Abbild des Kosmos verstanden. (2) Kultobjekte sind die Götterstatuen im Naos, die nach dem → Mundöffnungsritual Opfergaben empfangen können. Die wahre Gestalt der Götter ist »verborgen«, sie können aber vorübergehend ihren Götterbildern einwohnen und damit Form annehmen. Der Alltagskult umfasst Bekleidungs- und Speiseriten. Nach dem Opferumlauf vor den Kultbildern werden die Speisegaben von den Priestern verzehrt. Die eigentliche Grundlage des Kults bildet das Darbringen von Symbolen der Maat oder des → Horusauges als Zeichen einer stets gefährdeten, aber immer wieder neu hergestellten Ordnung und Vollständigkeit des Lebens und der Welt.

IV. Götter. (1) Die schon in der Antike als befremdlich empfundenen → tiergestaltigen Götter gelten als charakterist. für die a. R. Neben der gültigen Formel »Mensch + Tier = Gott« treten Götter sowohl in reiner Tiergestalt (Horus als Falke, Hathor als Kuh, Amun als Widder, Sobek als Krokodil) als auch in anthropomorpher Form auf. Bei der weit verbreiteten Mischgestalt von Menschenleib und Tierkopf charakterisiert das entsprechende → Tier Wesen und Funktion des Gottes. Die Tierwelt mit ihren den Menschen überlegenen Fähigkeiten und Möglichkeiten wird benutzt, um die gleichermaßen die Menschenwelt transzendierende Sphäre des Göttlichen zu veranschaulichen. In der Spätzeit erfährt der Tierkult mit der Annahme der Verkörperung von Göttern in ganzen Tiergattungen eine gewaltige Ausdehnung. (2) Das ägypt. Pantheon ist grundsätzlich unbegrenzt. Bestimmte Gottheiten, oft in (familiären) Gruppierungen miteinander verbunden, wurden fast zu allen Zeiten und an jedem Ort Ägyptens verehrt. An erster Stelle ist der Sonnengott → Re zu nennen, aber auch der Totengott → Osiris gewinnt seit dem MR überragende Bedeutung. Mit der Erde sind Geb und Tatenen verbunden, mit dem Himmel Nut, aber auch Hathor und → Isis. Als antagonist. Paar verkörpern Horus und Seth die Gegensätze der Welt. Als einflussreicher Gott der Schreibkunst, Verwaltung und Weisheit gilt → Thot, der in der klassischen Antike als Hermes Trismegistos weite Verbreitung fand (→ Hermetik). Ptah und Chnum treten bes. als kosmogon. Götter hervor. Eine herausragende Stellung gewinnt seit dem MR Amun als »König der Götter«, der im NR zum großen Gegenspieler des von → Echnaton besonders verehrten Aton wird. Amun wird auch zum Gott der »persönlichen Frömmigkeit«, der für die individuellen Nöte und Sorgen der Menschen zuständig ist. V. a. der zwergengestaltige Bes ist Schutz- und Zufluchtsgott des Volkes.

V. Mythos. (1) Mythen im Sinn erzählter Göttergeschichten sind in Ägypten eher selten oder erst relativ spät aufgezeichnet worden. Überaus zahlreich sind dagegen die in religiösen Texten enthaltenen Deutungen, Anrufungen und Verklärungen unterschiedlichster Vorgänge als Zusammenspiel handelnder Götter im Rahmen festgelegter Rollen und Konstellationen. Auch der Tempelkult wird als Interaktion zwischen Göttern inszeniert. Von grundsätzlicher Bedeutung für die a.R. sind Mythen wie »Der Streit zwischen → Horus und Seth«, der → Osirismythos, »Die Vernichtung des Menschengeschlechts« (→ Ägypt. Kuhbuch) oder »Die Geburt des Gottkönigs« (→ Pharao). (2) Eine große Rolle spielen die kosmogon. Mythen: Das Leben nimmt seinen Anfang aus dem kosmischen Urgewässer Nun (= Nichtsein) durch die Handlung eines kosmogon. Gottes wie Re, Atum, Amun oder Ptah oder durch die Erscheinung des Urhügels. Die Ägypter betonten die Entstehung der Vielfalt aus der Einheit (z.B. das Epitheton des Amun im NR: »der Eine, der sich zu Millionen machte«). Das Weltbild der a.R. spiegelt insgesamt die Geographie Ägyptens wider, v.a. die jährliche Nilüberschwemmung, die als sich wiederholende Weltentstehung gedeutet wird. Die ägypt. Kosmologie umfasst in räumlicher Dimension Himmel, Erde und Jenseits bzw. Unterwelt. Der Himmel mit Sonne und Sternen wird von vier Himmelsstützen getragen und hochgehoben durch den Luftgott Schu; er kann aber auch durch den Leib der Himmelsgöttin Nut gebildet werden. Das Urgewässer Nun fließt um die Erde, trägt aber auch die Erde selbst und bildet im Himmel oder in der Unterwelt den Wasserweg der Sonnenbarke. Am Horizont, als Himmelstor gedacht, befindet sich der Übergang von der diesseitigen zur jenseitigen Welt.

VI. Jenseitsvorstellungen. Die größten Anstrengungen in der a.R. galten dem Leben nach dem Tod: »Du stirbst, damit du lebst«. Anders als im Leib-Seele-Dualismus besteht ein Individuum nach ägypt. Anthropologie neben seinem Körper aus → Ka, → Ba, Herz, Leib, Schatten und Namen, deren Einheit im Tod zerfällt und die neu zusammengefügt werden müssen. Das Vorbild für diesen Vorgang liefert der Osirismythos. Der → Totenkult garantiert das materielle Fortleben und richtet sich mit seinen Opfergaben an den Ka des Toten; die Mumifizierung dient der Erhaltung des Körpers. Mit dem Ba verfügt der Verstorbene über die Fähigkeit der freien Bewegung, als → Ach wird er nach dem Tod zu einem unvergänglichen Lichtwesen. Totenkult, Totentexte, Grabanlage und -ausstattung sowie die Mumifizierung kamen zunächst nur den Pharaonen zugute, wurden aber in einem langen Prozess »demokratisiert«. Auf diesem Weg entstand aus den königlichen Pyramidentexten des AR das im NR weit verbreitete altägypt. → Totenbuch für alle, die es sich finanziell leisten konnten. Neben der Hoffnung, im fruchtbaren Jenseits zu einem Osiris N.N. zu werden, was im NR erst nach bestandenem Totengericht, bei dem das Herz des Toten gegen die Maat aufgewogen wurde, erreicht werden konnte, bestand das andere Jenseitsziel in der Teilnahme am immerwährenden, täglich neuen Sonnenzyklus: »Ich will leben nach dem Sterben, so wie Re lebt Tag für Tag«. Nicht zuletzt im Totenglauben und den Jenseitsvorstellungen zeigt sich der Charakter der a.R. als einer Religion der Metamorphosen. EH

Lit.: J. Assmann, Ägypten. Theologie u. Frömmigkeit einer frühen Hochkultur, 1984, [2]1991. – K. Koch, Geschichte der ägypt. Religion, 1993. – S. Quirke, A.R., 1996.

Altar (von lat. altaria = »Erhöhtes«), ein hl. Platz zur Darreichung von Opfergaben (→ Opfer, → Gabe), die in der Regel Göttern zugedacht sind. Die Gestalt eines A. reicht von einfachen, unbehauenen Steinen über tischförmige Bauten – etwa bei Räucheropfern: vgl. den Räucher-A. im Tempel Salomos (1 Kön 7,48ff.) – bis zu großen, gemauerten oder geschichteten Bauwerken (z.B. beim vedischen → agnichayana). Meist hat der A. die Form eines Tisches (z.B. die mensa im röm. Kult), von dem der oder die Götter die Gaben nehmen, die Kultteilnehmer eine Opferspeise einnehmen (z.B. beim Abendmahl; → Eucharistie) oder auf dem die Priester Kultgegenstände bereitstellen. Je nach Darreichung wird die Opfergabe vernichtet (verbrannt, getötet, weggeschüttet) oder liegen gelassen; danach richtet sich oft die Bezeichnung der Kultstätte: Brand-A., Opferherd, Opfertisch. Mitunter wird die Gabe auch in den A. eingebaut, so dass er zu einem Grab-A. wird, etwa der christl. Hoch-A. mit Reliquien oder der als Vogel geschichtete → Agni-A. Oft bildet der A. den Mittelpunkt des Kultbaus, weshalb er meist architekton. erhöht oder herausgehoben wird. Nicht selten ist er auch ein Ort der Gerichtsbarkeit. → Kultort/Kultbau. AM

Lit.: A. Hartel, Altäre und Kanzeln, 1910. – J. Braun, Der christl. A., 2 Bde., 1924. – K. Galling, Der A. in den Kulturen des alten Orients, 1925. – C. G. Yavis, Greek A., 1949. – R. Hägg (Hg.), Early Greek Cult Practices, 1988. – Thesaurus Cultuum et Rituum Antiquorum, Bd. 4, 2006.

Alter, zeitliches Maß, das die physiolog. Entwicklung des Menschen periodisiert. Einzelne

Phasen des → Lebenszyklus werden häufig durch Übergangsriten (→ rites de passage) und Zugehörigkeit zu → A.-Klassen markiert. Die Bewertung der A.-Stufen ist kulturabhängig. In vielen Gesellschaften verfügen alte Männer über besonderen Einfluss (Gerontokratie), zu alten Frauen (und deren A.-Organisationen) liegen vergleichsweise wenig Forschungen vor. Hohes A., → Adoleszenz und Übergänge sind gut erforscht, hingegen kaum das mittlere A. PJB

Lit.: J. Sokolovsky, Cultural Context of Aging, 1989. – G. Elwert u. a. (Hg.), Im Lauf der Zeit, 1990. – L. Cohen, Old Age: Cultural and Critical Perspectives, in: Annual Review of Anthropology 23 (1994), 137–58. – H. Hazan, Old Age, 1994.

Alter Ego (lat. = anderes Ich; das andere Ich, der Seelenverwandte, seinesgleichen), in der → Religionsethnologie der Doppelgänger des Menschen (→ Ka) in Pflanzen- oder Tiergestalt (Außenseele). Zwischen dem Menschen und seinem A. E. besteht eine schicksalsmäßige Verbindung (→ Seele). Das den Körper im Schlaf und → Traum verlassende A. E. diente E. B. → Tylor zur Begründung des → Animismus. In der → Psychoanalyse entsprechen das Verdrängte oder das »irrationale« Unbewusste (Es), die aber das Verhalten entscheidend determinieren, dem A. E. als dem Anderen des kognitiv-rationalen Bewusstseins (Ichs). Der Schatten als das persönliche Unbewusste des Menschen bildet in der analyt. Psychologie C. G. → Jungs die dunkle Seite des Menschen, aber auch Anima/Animus können als A. E. fungieren. → Alterität, → Identität. EH

Alterität (von lat. alteritas = Andersheit). I. Allgemein. Konzeption postmoderner Philosophie, die v. a. von zwei Grundüberzeugungen der Moderne abweicht: (a) von der Idee der unmittelbaren Selbstvertrautheit des Subjekts (seit Descartes, 1596–1650); (b) von der Auffassung → Hegels, dass Selbstwissen auf eine Ganzheit (absoluter Geist) zu beziehen sei. Postmodern wird Subjektivität vielmehr über A. gewonnen: einen anderen Menschen oder das ganz Andere. Damit wird die Metaphysik des Subjekts in der stark religiös geprägten Begriffstradition von Person, Identität, fremd – eigen obsolet. Bes. radikal ist A. in E. Lévinas' »Phänomenologie des Anderen« gedacht: Statt auf die Idee des »Ich denke« ist das Selbst auf die Idee des unendlichen, darin ganz anderen Gottes zu beziehen. Das Ich ist »Gastfreundschaft für den anderen«, der undefinierbar ist. So wird eine Ethik des radikal verantwortlichen Handelns als angemessener Umgang mit der Differenz abgeleitet. In Auseinandersetzung mit der → Psychoanalyse wird Bezug genommen auf das ältere Motiv des → Alter Ego als Doppelgänger oder Schatten-Ich (J. Lacan, 1901–81) und auf die »verdrängten« Dimensionen der Kultur: das Unheimliche, Monströse, Irrationale und das verdrängte »Andere der Vernunft«.

II. Aufnahme in den Kulturwissenschaften. (1) Die Systemtheorie spricht statt von A. von einem Unvertrauten außerhalb der vertrauten Lebenswelt. Diese gliedert sich wiederum in Vertrautes und Unvertrautes, wobei Letzteres von dem systemäußerlichen Unvertrauten zu unterscheiden ist (N. → Luhmann). Mittel, den Schrecken der A. zu mindern, sind u. a.: (a) sie symbol. zu repräsentieren und damit in das Vertraute einzugliedern; (b) Abweichungen wiederholbar zu machen (→ Kult, → Ritual). Diese in der Vormoderne von der Religion übernommene Funktion kann sie von dem Zeitpunkt an, da sie Teilmenge des Systems Lebenswelt geworden ist, nicht mehr für den gesamten Lebenszusammenhang wahrnehmen. (2) In der ethnolog. Selbstreflexion wurden z. B. Orientalismus und Primitivismus als Diskurse des »Othering« (von engl. other = der andere, othering [Kunstwort] = zu anderem machen) erkannt, in denen Andersheit über Abgrenzung gebildet wird; sie sind zu befragen, inwiefern sie nicht im Dienste einer Selbstbildkonstruktion stehen (Lösungsversuche für dieses Problem bilden die narrative und die dialog. Ethnologie). (3) Vorläufer des in die A. mündenden Fremdheitsdenkens sind in → Humes Skepsis gegenüber der Vernunft als Sitz identitärer Erkenntnissicherung ebenso zu finden wie in der Hegel-Marx'schen Tradition der → Entfremdung und in der modernen → Hermeneutik, insofern sie das Verstehen des Anderen/→ Fremden problematisiert und dessen Ort in ein Dazwischen verlegt. (4) A. gehört zur Reflexionsebene der Religionswissenschaft, da diese zum einen mit fremden Religionen umgeht, zum anderen ihr Gegenstand – religiöse Deutungen – häufig mit Größen des »ganz Anderen« (→ hl., → göttlich) operiert und paradigmat. Modelle des Umgangs mit »dem Anderen/dem Fremden« produziert, und zwar in so gegensätzlicher Weise wie dem

Respekt vor der Differenz oder ihrer Aufhebung, der Heilsinklusion oder Exklusion vom Heil. Eine Berücksichtigung der A. bewirkt methodische Vorsicht: die Einsicht, dass A. zwar gedeutet, doch selten gebändigt werden kann, oder sogar die Enthaltung von einer Deutung (Y. Nakamura). AK

Lit.: E. Lévinas, Totalité et infini, 1969. – J. Derrida, Die Schift und die Differenz, 1972. – E. Berg/M. Fuchs (Hg.), Phänomenologie der Differenz, in: Dies., Kultur, soziale Praxis, Text, 1993, 11–108. – Y. Nakamura, Xenologie, 2000.

Altersklasse. In vielen tribalen Gesellschaften ist – neben → Verwandtschaft und → Geschlecht – die A. eine zentrale gemeinschaftsbildende Kategorie. Biolog. Altern wird kulturell strukturiert und gestaltet den jeweiligen → Lebenszyklus von Mann und Frau. Das ethnograph. Material zeigt die deutlichere Ausprägung von männlichen A., die über die Institution des Männerbundes herrschaftstragende und/oder militär. Funktionen einnehmen können (→ Herrschaft). Der Eintritt in eine A. wird durch eigene Rituale (→ Initiation) markiert. Bes. ausgeprägt sind A. in den nordamerikan. Kriegergesellschaften und bei den ostafrikan. Hirtenvölkern. Verhängnisvoll war die Ideologisierung der Thesen von H. Schurtz (1863–1903), der nachweisen wollte, dass Männer ihrem Gemeinschaftstrieb (und Frauen einem Familientrieb) folgen und dass die A.-Männerbund-Idee eng mit sexueller Freizügigkeit, Initiationsritual und Krieg verbunden ist. → Alter, → Gender. PJB

Lit.: H. Schurtz, A. u. Männerbünde, 1902. – G. Völger u. a. (Hg.), Männerbande – Männerbünde, 2 Bde., 1990. – B. Streck, Alter, in: Ders. (Hg.), Wb. der Ethnologie, 2000, 19–23. – U. Brunotte, Zwischen Eros und Krieg. Männerbund und Ritual in der Moderne, 2004.

Altes Testament, christl. Bezeichnung für den hebr.-aramäischen → Kanon der → Bibel. Der Ausdruck impliziert, dass die jüd. Bibel durch das sog. NT und »Gottes Neuen Bund« mit den Christen ihre Heilsbedeutung verloren hat. Der Begriff »AT« enthielt deshalb stets christl. polem.-apologet. Konnotationen gegenüber Juden, weshalb man außerhalb der christl. Theologie zu neutralen Bezeichnungen wie »Hebr. Bibel« oder »Tanach« überging. → Torah. KVS

Ālvār (tamil. = einer, der eingetaucht ist [in die Versenkung in Gott]), Bezeichnung für die tamil. vishnuit. Dichterheiligen des 7.–10. Jh.s, bekannt für ihre bes. emotionale → bhakti. Der berühmteste der insgesamt 12 Ā. ist Nammālvār (9. Jh.), Verfasser des *Tiruvāymoli* (»Wort des heiligen Mundes«). Die devotionalen Hymnen der Ā., im 11. Jh. unter dem Titel *Nālāyirattivyappirapantam* (»Die viertausend göttl. Kompositionen«) kanonisiert, werden heute bei Tempelfesten gesungen. TL

Lit.: V. Dehejia, Slaves of the Lord. The Path of the Tamil Saints, 1988.

Amaterasu (vollständige Respektform des Namens: Amaterasu-ō-mikami = große, verehrte himmelbeleuchtende Gottheit), die japan. Sonnengöttin, die am Ise-Schrein (Ise-Jingū) verehrt wird. Nach dem Mythos wurde A. aus dem linken Auge der Gottheit (kami) Izanagi hervorgebracht, der gemeinsam mit seiner Schwester Izanami im Zuge der Entdeckung ihrer Sexualität das Land und das Volk Japans erzeugte. Von A. selbst, die für Sonnenschein und Reisernte verantwortlich ist, sollen die mythischen bzw. legendären Ahnen des kaiserlichen Hauses in Japan abstammen. Ihr Enkel Ninigi habe das Land vereint, während ihr Großenkel Jimmu als erster Kaiser im Gedächtnis gehalten wird. Obwohl die Beziehungen zwischen Kaiser und Volk verfassungsrechtlich gesehen nicht mehr auf Mythologie gegründet sind, werden die Assoziationen mit A. durch das kaiserliche Haus und mit Unterstützung der führenden Shintō-Institutionen mittels verschiedener nichtstaatlicher Rituale aufrechterhalten. → Göttin, → Japan. Religion, → Mythos. MP

Ambedkar, Bhimrao Ramji (1891–1956), Politiker, Sozialreformer, erster Justizminister des unabhängigen Indien. Selbst aus einer sog. unberührbaren → Kaste stammend, kämpfte A. für deren rechtliche Gleichstellung und soziale Emanzipation. Als Protest gegen das vom → Hinduismus sanktionierte Kastensystem trat er 1956 zum → Buddhismus über, den er radikal neu interpretierte. Millionen von Unberührbaren folgten in Nord- und Westindien seinem Beispiel. A. gilt als Gründer der → Dalit-Bewegung. → Neobuddhismus. JBE

W.: The Buddha and His Dhamma, 1957. – Writings and Speeches, 16 Bde., 1979–98.

Lit.: E. Zelliot, From Untouchable to Dalit, Essays on the A. Movement, 1992. – J. Beltz, Mahar, Buddhist and Dalit, Religious Conversion and Socio-Political Emancipation, 2005.

Amenophis IV. → Echnaton.

Amerika. Der Name A. (nach dem Geographen Amerigo Vespucci) wurde dem Doppelkontinent von den europ. Entdeckern zugewiesen, nachdem sich seine Nichtidentität mit Indien herausgestellt hatte. Gleichwohl werden die Einwohner Indios bzw. Indianer genannt. Die Religionen A. sind behandelt unter den Stichworten → afroamerikan. Religionen, → Azteken, → Indian. Religionen, → Maya. Neben den indigenen Religionen – und sich z. T. mit ihnen vermischend – wanderten ein oder missionierten als Herrschaftsreligion christl., afroamerikan., islam. und ostasiat. Religionen, die bes. in den USA eine eigene identitätsstiftende Rolle einnehmen (→ Zivilreligion). CA

Ameša Spentas (avest. = die heilvollen Unsterblichen), übernatürliche Wesen, seit jungavest. Zeit in einer Siebenergruppe (mit → Ahura Mazda) oder als Sechsergruppe systematisiert: Vohu Manah (Gutes Denken), Aša Vahišta (Beste Wahrheit), Xšathra Vairya (zu wählende Herrschaft), Armaiti (Rechtgesinntheit), Haurvatat (Ganzheit), Ameretat (Unsterblichkeit). Die mittelpers. Tradition ordnet ihnen die einzelnen Schöpfungswerke zu. → Zoroastrismus. MH

Lit.: J. Narten, Die A. S. im Avesta, 1982.

Am ha-arets (hebr. ʿam ha-ʾāræṣ = Einwohner des Landes), seit biblischer Zeit vorwiegend auf die Bevölkerung → Israels bezogen. Später wurde A.h.-a. zu einer Bezeichnung für die Landbevölkerung, die bestimmte religiöse Vorschriften nicht einhält bzw. rabbin. ungebildet ist. KVS

Amida, japan. Name für einen mythischen → Buddha, dessen Kult von Indien ausging (→ Amitābha) und über China (Amituo) nach Japan (auch Vietnam, Korea) gelangte. Der A. Buddha thront im »Reinen Lande« (→ Jōdo-Schule) des himmlischen Westens und empfängt dort alle, die in vollem Vertrauen auf sein rettendes Gelübde (→ hongan) dorthin wieder geboren werden. Er ist die Hauptverehrungsfigur des A.-Buddhismus, unter dem verschiedene buddh. Lehrrichtungen in Ostasien zusammengefasst werden. → Shin-Buddhismus. MP

Amischen/amish-people. Die A. sind eine Gruppe der aus Europa nach Nordamerika ausgewanderten Christen, die ihr Leben streng nach der Bibel ausrichten wollen. Strikter als die Reformation, wurden sie von ihr als »Wiedertäufer« verfolgt. Unter J. Ammann (1644 – vor 1730) trennten sie sich 1693 von den Schweizer Brüdern. In Kanada/USA zählen sie zu den Baptisten. Die A. lehnen viele Veränderungen der Moderne ab, leben aber gleichwohl von ihr. CA

Lit.: J. Weber, Die A., 1996.

Amitābha (sanskr. = unermessliches Licht), einer der fünf Meditations-Buddhas (→ Dhyānibuddha, → Tathāgata) des → Mahāyāna- und → Vajrayāna-Buddhismus. → Buddha. AM

Amoghasiddhi (sanskr. = fehlerlose Vollendung), einer der fünf Meditations-Buddhas (→ Dhyānibuddha, → Tathāgata) des → Mahāyāna- und → Vajrayāna-Buddhismus. → Buddha. AM

Amor → Eros.

Amoräer (von hebr. ʾāmar = sagen, kommentieren), nach rabbin.-talmud. Tradition jene Gruppe jüd. Gelehrter, die im Anschluss an die → Tannaiten die erarbeitete Lehre kommentierten. Sie wirkten vom frühen 3. Jh. bis etwa 500 n. Chr., sind histor. jedoch nicht als distinkte Gruppe zu verifizieren. → Rabbiner/Rabbi, → Talmud. KVS

Amos, jüd. Prophet aus Thekoa in Juda, der unter König Jerobeam II. (784–48 v. Chr.) in Israel wirkte. Das Buch A., als eines der zwölf »kleinen Prophetenbücher« Bestandteil der Hebr. Bibel, ist der wichtigste Zeuge für die wachsenden sozialen Gegensätze unter Jerobeam. → Altes Testament, → Apokryphen. KVS

Amritsar, Stadt im Panjab (Indien), Heiligtum der Sikhs (→ Sikhismus) mit »Goldenem Tempel« (Harimandir, ab 1588/89) und Akāl Takht (= Thron des Ewigen; nach 1606). MHO

Amt (lat. officium, ministerium, munus, beneficium).

I. Allgemeines zum Begriff. Der Begriff hat im kirchenrechtlichen, theolog., soziolog. und religionswiss. Gebrauch je verschiedene Konnotationen. Im Kirchenrecht bezeichnet A. verschiedene leitende, bürokrat., kultische und seelsorgerliche Funktionen (z.B. geistliches A., Predigt-, Lehr-, Pfarr-A.). Im soziolog. Sinn meint A. generell die verselbständigte Legitimation einer → Rolle oder eines → Charismas, um → Autorität dauerhaft zu verbürgen. Als solche ist es ein organisator. Grunderfordernis und eine Bedingung rationaler Handlungsfähigkeit in allen gesellschaftlichen Bereichen (→ Rationalisierung), auch in der Religion.

II. Theoret. Perspektiven. Das Verständnis von A. ist für die Organisation vieler Religionen zentral. (1) Die für die Religionsforschung bis heute folgenreichste Interpretation des A.-Begriffs stammt von R. Sohm (1841–1917), evang. Kirchenrechtler, der ihn in einen Gegensatz zum Begriff → Charisma brachte. Die Anwendung dieser Gegenüberstellung auf die Kirchengeschichte kulminiert in der Aussage: »Das Kirchenrecht steht mit dem Wesen der Kirche in Widerspruch.« (Kirchenrecht, Bd. 1, 700). A. v. Harnack (1851–1930) war dagegen der Meinung, dass es in der Urkirche mit A. und Charisma zwei einander widerstreitende Organisationsprinzipien gegeben habe. (2) Auf der Basis der Unterscheidung zwischen Charisma und A. lässt sich sowohl der Institutionalisierungsprozess einzelner Religionen rekonstruieren als auch eine Typologie religiösen Handelns und religiöser Autorität entwerfen. Beides hat M. → Weber im Anschluss an die Sohm'sche Unterscheidung exemplar. und richtungsweisend getan. Folgende Aspekte gehören zu dieser Perspektive: (a) So gut wie überall werden Kult und Lehre amtsförmig tradiert (etwa in den Funktionen des Priester-, Lehr- und Propheten-A.). (b) Das A. stattet mit Vollmacht aus: Der Träger des Priester-A. ist zur Ausübung von formalisierten kultischen Handlungen legitimiert, das Lehramt dient der Tradierung und Interpretation der »rechten Lehre«, das Propheten-A. berechtigt zu Weissagungen, denen »von A. wegen« Glauben geschenkt wird. Das amtliche Element ist im Priestertum am stärksten ausgeprägt, wogegen nicht jede Prophetie oder religiöse Lehre ein A. voraussetzt.

III. Der christl. A.-Begriff. Der A.-Begriff wurde innerhalb des Christentums entwickelt und reflektiert; die einzelnen histor. Phasen des christl. A. sind daher bes. aufschlussreich:

(1) Im NT ist nicht vom A., sondern vom Dienst (griech. diakonía) die Rede, eine einheitliche Lehre vom »A.« gab es nicht. Die Jesusbewegung kannte keine arbeitsteiligen Funktionen. Vielmehr unterstellte Jesus den Jüngerkreis dem Grundprinzip des Dienens, und die Nachfolger waren mit Jesus in einer eschatolog. Dienstgemeinschaft verbunden. Die Jerusalemer Urgemeinde kannte ein Leitungsgremium, zunächst in (eher noch symbol.) Gestalt des Zwölferkreises unter der Führung des Petrus, dann unter den → Aposteln. Schließlich übernahm der Herrenbruder Jakobus die Gemeindeleitung ganz, und die Gruppe der Ältesten (presbýteroi) trat in Erscheinung; die Institution des Ältestenrates war aus dem zeitgenöss. Judentum bekannt. In den Gemeinden Antiochiens und im syrisch-paläst in. Raum hatte die Leitung ihren Ursprung in der charismat. Wandermission. Apostel, Propheten und Lehrer waren nicht an einen Ort gebunden, ließen sich aber z.T. in bestimmten Orten nieder und leiteten die dort entstehenden Gemeinden. Deshalb blieb hier das prophet.-charismat. Element auch in der gemeindlichen Ordnung bewahrt. (2) Mit dem Auftreten von Paulus trat eine Wende in der Entwicklung der kirchlichen Dienste ein. Hinter der auffallend häufigen Bezeichnung seines Apostolats als diakonía wird die christolog. Dimension sichtbar (→ Christologie): Weil Christus, indem er sich für andere hingab, selbst Diener war, muss auch der von ihm Beauftragte seine Tätigkeit als Dienst an anderen verstehen und auf → Macht und Recht verzichten. Der Dienst ist ferner am Evangelium ausgerichtet: Es stellt nicht nur einen Komplex tradierbarer Lehrinhalte dar, sondern v.a. das Heilshandeln Gottes, in dem sich Vergangenheit, Gegenwart und Zukunft verbinden. Innerhalb dieses Heilshandelns versteht Paulus seine → Berufung als Anteilhabe an der Geschichte Gottes in Jesus Christus. Im Apostolat kommen A. und Evangelium zusammen. Die ekklesiolog. Aspekte entwickelte Paulus in der Auseinandersetzung mit den enthusiast. Strömungen in seinen Gemeinden, v.a. gegenüber den korinth. »Überaposteln«. In dieser Front konturierte Paulus das Bild vom »Leib Christi«, dessen Glieder einander je nach Befähigung dienen. Die Dienste werden nicht in eine → Hierarchie gebracht, so dass kein A. die Kirche ausschließlich konstituiert und trägt. (3) Schon früh wurde der kirchliche A.-Träger, insbes. der → Bischof, als Repräsentant Christi in der Kirche interpretiert (vgl. etwa die Briefe des Bischofs Ignatius, gest. ca. 117), und zwar unter

dem Einfluss zum Christentum konvertierter Juristen (Tertullian, um 160 – nach 220; Cyprian, ca. 200–258; Ambrosius, um 400 u. a.), die das röm. A.-Recht auf kirchliche Strukturen übertrugen. Die ordinierten A.-Träger bilden den Stand der herrschenden und lehrenden Kirche (Kleriker), alle nicht Ordinierten den Stand der gehorchenden Kirche (Laien). (4) Gegen die Heilsbedeutsamkeit des A. wandte sich der Protest der → Reformation. Die Notwendigkeit des kirchlichen A. wird zwar anerkannt, die heilsmittler. Bedeutung seines menschlichen Trägers jedoch abgelehnt. Nach bis heute gültiger röm.-kath. Auffassung dagegen können sowohl der wahre Glaube der Kirche als auch das individuelle Heil nur durch das A. – insbes. des Papstes – garantiert werden. VK

Lit.: R. Sohm, Kirchenrecht, Bd. 1, 1892. – J. Wach, Religionssoziologie, 1951. – G. Rau/H. R. Reuter u. a., Das Recht der Kirche, 3 Bde., 1994–97.

Amulett (von lat. amuletum, bei Plinius = Abwehrmittel), Gegenstand, der als kraftgeladen gilt und zum Zweck des Schutzes, der Erlangung von Glück und Gesundheit oder der Beschwörung höherer Mächte zumeist am Körper getragen wird. Das Anfertigen von A. ist wie die → Magie fester Bestandteil vieler Religionen und ist zu allen Zeiten belegbar. Oft steht der Inhalt des Zaubers in einer direkten Verbindung mit der jeweiligen Art der Anfertigung, sowohl was das Material (Haar, Knochen, Ton, Gold, Blei, Münzen, Zähne etc.) als auch was Symbolik (→ Sonne, → Mond, Planeten, Gottheiten, Sigillen) oder → Text (Anrufung der entsprechenden Gottheit, Gebet, Dank) angeht. In der → Antike gehörte das Schreiben von A. zu den Aufgaben der Magier, → Priester und → Ärzte, wenngleich die Wirksamkeit der A. mitunter bestritten wurde. In Teilen des offiziellen Christentums versuchte man vergeblich, das A. aus der religiösen Praxis zu verdrängen. Dagegen bemühte sich das rabbin. Judentum, die Frage der → Mischna zu klären, wann ein A. als »bewährt« gilt und ob man es auch am Sabbat tragen dürfe (bT Schabbat 61a). Bes. das muslim. Mittelalter brachte eine reiche Praxis des A.-Schreibens hervor. Vom A. nur unscharf zu unterscheiden sind der → Talisman sowie andere Formen magischer Praxis, etwa die in der Antike weit verbreiteten Beschwörungsschalen. KVS

Lit.: E. A. W. Budge, Amulets and Talismans, 1961. – C. u. L. Hansemann/L. Kriss-Rettenbeck, A. und Talisman, 1966. – J. Naveh/S. Shaked, Amulets and Magic Bowls. Aramaic Incantations of Late Antiquity, 1985, [3]1998. – J. Naveh/S. Shaked, Magic Spells and Formulae. Aramaic Incantations of Late Antiquity, 1993. – R. Kotansky, Art. »Amulets«, in: W. J. Hanegraaff u. a. (Hg.), Dictionary of Gnosis and Western Esotericism, 2005, 60–71.

Anachorese (von griech. anachōreín = sich zurückziehen), asket. Rückzug, Einsiedlertum; die Person wird als Anachoret bezeichnet. → Askese, → Mönch/Mönchtum. AM

Anāgārika (pāli = Hausloser), buddh. Laienasket ohne formelle Ordination. AM

Anahita, mit Wasser und der → Venus verbundene zoroastr. → Göttin, bes. verehrt in achämenid. und sasanid. Zeit. → Zoroastrismus. MH

Anamnese (von griech. anámnēsis = Wieder-Erinnerung), bei → Platon (*Menon* 80a–82a; 86b) die Wiederholung eines vorgeburtlichen → Wissens der Seele von den Ideen mithilfe sokrat. Maieutik. Im Christentum die Erinnerung an Tod und Auferstehung Jesu Christi durch die → Eucharistie. → Gedächtnis. CE

Lit.: L. Oenig-Hanhoff, Zur Wirkungsgeschichte der platon. Anamnesislehre, in: E.-W. Böckenförde (Hg.), Collegium philosophicum. FS für J. Ritter, 1965, 240–71.

Ānanda (sanskr., pāli = Wonne). (a) Haupt-Schüler und Cousin des histor. → Buddha, der sich bei ihm für die Gründung eines Nonnenordens eingesetzt und am ersten Konzil in Rājagriha alle Lehrreden des Buddha (→ Sutta-Pitaka) aus der Erinnerung rezitiert haben soll; im → Zen gilt Ā. als erster Patriarch; (b) im → Vedānta einer der drei Bestandteile (sac-cit-ā. = Sein, Denken, Wonne) des höchsten Wesens; (c) Titel der → Dashanāmī-Asketen (→ Vivekānanda). AM

Lit.: A. Bareau, Les Disciples, in: R. de Verval (Hg.), Présence du Bouddhisme, 1987, 245–66.

Ānanda Mārg (hindī = Weg der Wonne/Freude), 1955 gegründete neohinduist. Sekte, die Fragmente der tantrischen Tradition mit vulgärmarxist. polit. Vorstellungen verbindet. Wegen krimineller Praktiken (u. a. Morde an abtrünnigen Sektenmitgliedern) in Indien zeitweise verboten. → Neohinduismus. HFT

Lit.: S. Fuchs, Godmen on the Warpath, 1992, 174–82.

Anarchie (von griech. anarchía = Herrschaftslosigkeit). Aus den Erfahrungen der europ. Geschichte erscheint A. als Aufhebung jeder Ordnung, allenfalls als Utopie einer Minderheit, die den Marxismus nicht in einer totalitären Herrschaft nach Art Stalins wiederfand. Ethnologen im Dienst der engl. Imperialadministration entdeckten in Afrika polit. Systeme, die → Herrschaft ablehnten, ohne in Blutrache und → Chaos zu versinken. Die Entdeckung segmentärer Gesellschaften zeigte, dass dort parallel nichtzentralisierte Herrschaftsverhältnisse bestehen können (wie die Hausherrschaft oder die Herrschaft nach spezif. Funktionen, etwa die von Priestern). Das Modell der Vielköpfigkeit (Polykephalie) hat dennoch klare Regeln, bes. gegenüber den Schwächeren, wie Fremden, Witwen und Waisen (regulierte A.). Es bietet gute Erklärungen für das vorkönigliche Israel und Griechenland ebenso wie für das Mittelalter. Eine dauerhafte Zentralherrschaft entsteht, wenn über Generationen Kriege zu führen sind. CA

Lit.: E. E. Evans-Pritchard/M. Fortes, African Political Systems, 1940. – C. Sigrist, Regulierte A., 1967. – F. Crüsemann, Widerstand gegen das Königtum, 1978. – C. Auffarth, Der drohende Untergang, 1991. – C. Sigrist/R. Neu, Die Entstehung des Königtums, 1997.

Anathema (griech. = Weihgeschenk). Das »Weihgeschenk« wird durch die Weihung vom menschlichen Gebrauch ausgeschlossen. So konnte sich A. zum christl. Begriff für den Ausschluss aus der → Gemeinde entwickeln. → Exkommunikation. MB

Anātman/anattā (sanskr., pāli = Nicht-Selbst). Die zentrale buddh. Lehre vom »Nicht-Selbst« besagt, dass kein Wesen ein beständiges, unveränderliches Selbst besitzt. Was der Mensch fälschlicherweise für sein Selbst hält, ist eine Anhäufung von fünf körperlichen und geistigen Daseinserscheinungen (→ dharma, skandha): Körper, Empfindung, Wahrnehmung, Geistesformation und Bewusstsein. Diese können aber als vergängliche Phänomene nicht den dauerhaften Kern eines Menschen bilden. Neben der Vergänglichkeit (anitya) und Leidhaftigkeit (duhkha) ist a. eines der drei Daseinsmerkmale. Im → Theravāda-Buddhismus sind nur Persönlichkeiten ohne Selbst, im → Mahāyāna-Buddhismus alle bedingt entstandenen Erscheinungsformen ohne Selbst und dadurch leer (→ shūnyatā). → ātman, → Buddhismus, → Seele. AM

Lit.: J. Pérez-Remón, Self and Non-Self in Early Buddhism, 1980. – S. Collins, Selfless Person. Imagery and Thought in Theravāda Buddhism, 1982.

Androgyn (von griech. andrógynos = mannweiblich), Symbol für die Aufhebung geschlechtlicher Gegensätze bzw. für die Entstehung von Zweigeschlechtlichkeit aus ursprünglicher Einheit. → Gender, → Kosmologie, → Sexualität. SE

Anfang. Der A. und die Entwicklung der Welt (→ Kosmogonie, → Schöpfung), des Menschen (→ Anthropogonie) oder der Götterwelt (→ Theogonie) sind herausragende Themen religiöser Symbolsysteme. Sie werden zunächst narrativ (→ Mythos) oder spekulativ in der Interpretation der jeweiligen religiösen Tradition vermittelt bzw. medialisiert. Im A. werden die grundlegenden Ordnungsstrukturen der Welt gestiftet und zu einer geordneten Weltstruktur ausformuliert. Diese dient der Orientierung in der Zeit und im Raum sowie der Einteilung und Hierarchisierung von sozialen Gruppen (→ Deutungsmuster). Wie in der biblischen Tradition kann am A. das Handeln Gottes in Einheit mit einem schöpfer. Sprechakt stehen, durch den eine differenzierte Welt entsteht. Den ordnenden A.-Handlungen gehen undifferenzierte Zustände (→ Chaos) voraus. In der Kosmogonie des babylon. Epos → Enūma eliš kommt es zum Ordnung stiftenden Kampf des Stadtgottes Marduk gegen die die Mächte des Abgrundes (apsû) symbolisierende Göttin Tiamat. Zumeist werden die Ereignisse des A. in Ritualen und Festen symbol. wiederholt und erinnert. JM

Lit.: C. Auffarth, Der drohende Untergang, 1991.

Angelus Silesius (lat. = Schlesischer Engel), eigentl. Johannes Scheffler (1624–77). »Angelus« nannte sich der Protestant Scheffler seit seiner Konversion zum Katholizismus 1653. Uneinheitliches Werk: Neben barock-schwärmer. Jesuslyrik und über 55 gegenreformator. Schriften härtester Polemik steht sein *Cherubin. Wandersmann*, der zum bedeutendsten mystischen Schrifttum des 17. Jh.s gezählt wird. → Mystik. AW

W.: A. S. Sämtliche poetische Werke u. Auswahl aus seinen Streitschriften, mit einem Lebensbilde (hg. von G.

Ellinger), 2 Bde., 1924. – Der Cherubin. Wandersmann, krit. Ausgabe (hg. von L. Gnädinger), 1984.
Lit.: L. Gnädinger, Die spekulative Mystik im Cherubin. Wandersmann des Johannes A., 1966.

Angkor Wat, 1112–52 n. Chr. erbauter Tempelkomplex, südlich von Angkor Thom (Kambodscha), der Hauptstadt des Khmer-Reiches, gelegen. Ursprünglich dem Gott → Shiva geweiht, wurde A. W. später ein buddh. Heiligtum. A. W. ist das wichtigste Zeugnis der Khmer-Kunst und neben → Borobodur das größte Bauwerk in → Südostasien. Nach der Zerstörung des Khmer-Reiches (14. Jh.) verfiel A. W. und wurde erst im 19. Jh. durch H. Mouhot (1826–61) wiederentdeckt. PJB

Lit.: L. Finot u. a. (Hg.), Le Temple d'Angkor Vat, 7 Bde., 1924–32. – C. F. Higham, The Civilization of Angkor, 2001.

Angra Mainyu, der böse Geist als Widersacher → Ahura Mazdas. Seit der jungavest. Periode ist er Anführer eines systemat. Anti-Pantheons des → Zoroastrismus. Ihm werden negative Schöpfungswerke, Krankheiten und Leid zugeschrieben. MH

Angst (abgeleitet von griech. anchónē = Erdrosseln, A.; lat. angor = Beklemmung, A.), eine oft heftige Empfindungs- und Verhaltensänderung (Schweißausbruch, Pulssteigerung etc.), die durch einen eingetretenen oder erwarteten Schmerz, Verlust oder eine Strafe ausgelöst wird. A. wird oft als religiöse Grunderfahrung oder – wie schon in der Antike – als Wurzel der Religionen betrachtet. Der lat. Begriff religio bedeutet »Scheu« oder »A.« vor Gott bzw. den Göttern. So hat R. → Otto eine eigentümliche »Kontrastharmonie« zwischen Schaudern und Grauen beschrieben, die den Menschen gegenüber dem → Numinosen befallen. Religionen versprechen oft Furchtlosigkeit bzw. A.-Freiheit (vgl. Joh 16,33), aber sie machen auch A., etwa indem sie die A. vor den Göttern (»Fürchte den Herrn!«) schüren oder mit → Strafen, Hölle, Satan, Weltgericht bzw. Weltuntergang drohen. S. → Freud setzte angstneurot. Zwangshandlungen und Ritualisierungen des → Alltags in Beziehung zu religiösem Verhalten. Ob aber Rituale A. lindern oder selbst Ausdruck von A. sind, ist nach wie vor umstritten. Die Häufigkeit von A. in einer Kultur ist wohl unabhängig vom Religionstyp. → Gefühle, → Wahrnehmung. AM

Lit.: O. Pfister, Das Christentum und die A., 1944. – H. von Stietencron (Hg.), A. und Gewalt, 1979. – H. von Stietencron (Hg.), A. und Religion, 1991. – A. Michaels, »Religion und der neurobiolog. Primat von A.«, in: F. Stolz (Hg.), Homo naturaliter religiosus?, 1997, 89–135.

Anguttara-Nikāya (von pāli aṅguttara-n. = Angereihte Sammlung), vierte Sammlung von Lehrtexten des Buddha im → Sutta-Pitaka des → Pāli-Kanons in elf Abschnitten. Die einzelnen Lehrtexte sind in numer. aufsteigender Reihenfolge entsprechend der Anzahl der in ihnen behandelten Lehrbegriffe angeordnet. → Buddh. Literatur. AM

Lit.: Nyanatiloka (Übers.), Die Lehrreden des Buddha aus der Angereihten Sammlung, 1969.

Anima → Seele.

Animatismus. Die Theorie des A. unterstellt sog. Primitiven die Vorstellung, alle Dinge seien belebt – dynam. –, ohne dass sich diese Wahrnehmung in der Idee einer Seele konkretisiert. Sie wurde formuliert von R. R. Marett (1866–1943), der 1909 damit eine dem → Animismus vorausgehende Weltinterpretation beschreiben wollte und sie folglich Präanimismus oder A. nannte. Diese vermeintlich erste Stufe einer Religion wurde auch als → Dynamismus (A. v. → Gennep, 1909) bezeichnet, um den unpersönlichen Charakter der die Dinge belebenden → Mächte zum Ausdruck zu bringen. Einzuordnen sind diese Theorien in die evolutionstheoret. Debatten der Wende vom 19. zum 20. Jh. um den Ursprung und die elementaren Formen der Religion. → Evolution, → Religionsethnologie. IP

Lit.: R. R. Marett, The Threshold of Religion, 1909. – A. v. Gennep, Les rites de passage, 1909.

Animismus (von lat. anima = Seele). Die Theorie des A. wurde 1871 geprägt von dem Briten E. B. → Tylor, der »den Primitiven« die Meinung zuschrieb, dass nicht nur die Menschen, sondern auch Tiere und Erscheinungen der Natur mit einer → Seele ausgestattet seien. Dieses Denken sei der Ursprung der Religion, die Tylor als Glauben an geistige Wesen definiert. Seine Theorie ist, wie Kritiker hervorhoben, spekulativ, spiegelt das mechanist. und positivist. Denken ihrer Entstehungszeit und kann durch histor. und anthropolog. Forschung in der behaupteten Universalität nicht bestätigt werden. Trotz der Kritik wird der Begriff weiterhin verwendet, wobei A. bisweilen als beschreibende Kategorie im Sinne einer Religion gebraucht wird. → Religionsethnologie. IP

Lit.: E.B. Tylor, Primitive Culture, 1871 (dt. 1873). – K.-H. Kohl, E.B. Tylor, in: A. Michaels (Hg.), Klassiker der Religionswissenschaft, 1997, 41–60, 364–66. – H.G. Kippenberg, Die Entdeckung der Religionsgeschichte, 1997, 80–99. – K.-H. Kohl, Die Macht der Dinge. Geschichte und Theorie sakraler Objekte, 2003.

Annales-Schule (von franz. École des Annales), für religionswiss. Fragestellungen wichtige franz. Historikerschule, die ihren Namen der 1929 von M. → Bloch und L. → Febvre gegründeten Zeitschrift *Annales d'histoire économique et sociale* verdankt. (1) Bloch und Febvre verliehen der modernen Geschichtswissenschaft durch Einbeziehung von Methoden aus der → Anthropologie, Geographie, Linguistik und Ökonomie (→ Religionsökonomie) eine breit angelegte sozialwissenschaftliche Grundlage. Der Mensch unter seinen geschichtlichen und kulturellen Bedingungen, bestimmt von kollektiven Bewusstseinslagen und nicht zuletzt von klimat. Veränderungen, bildet den Gegenstand der »sciences de l'homme« der A.-Sch. (2) Auf die Gründer folgten bis heute drei weitere Generationen von Historikern, die das Forschungsfeld der Schule erweiterten: (a) Die von F. → Braudel repräsentierte Generation betrieb eine quantifizierende Methode der Untersuchung und trieb die universitäre Institutionalisierung in Frankreich voran. (b) Die Generation von G. Duby (1919–96) und J. Le Goff (geb. 1923) nahm Disziplinen wie die Ethnologie und → Psychoanalyse zu Hilfe. (c) Jüngere Forscher wenden sich verstärkt der Mentalitätsgeschichte (R. Chartier, P. Nora u.a.) und der Anthropologie der Antike (J.-P. Vernant, M. Detienne u.a.) zu. Bereits die Gründer hatten sich mit dem Thema Religion befasst: Bloch beschrieb den Glauben an das Wunder bei der Königskrönung; Febvre stellte dem Atheisten Rabelais den Gläubigen Luther gegenüber. Die dritte Generation erforschte unter dem Blickwinkel der Mentalitätsgeschichte den Perspektivenwechsel von theolog. Glaubenssystemen zu religiösen Formen des → Alltags: Die Untersuchungen von M. Vovelle zur barocken Frömmigkeit, E. Le Roy Ladurie zum Ketzerdorf Montaillou, J. Le Goff zum Fegefeuer und zum Heiligen Ludwig, J.-C. Schmitt zur Wiederkehr der Toten und M. Ozouf zu den Festen der Franz. Revolution sind Muster dieser Forschungsmethode. → Geschichtsschreibung. MB

Lit.: P. Burke, Offene Geschichte, 1991. – O.G. Oexle, Was deutsche Mediävisten an der franz. Mittelalterforschung interessieren muß, in: M. Borgolte (Hg.), Mittelalterforschung nach der Wende, 1995, 89–128. – P. Schöttler, Nachwort, in: M. Bloch, Aus der Werkstatt des Historikers, 2000, 319–81.

Anomie, von É. → Durkheim verwendeter Begriff, der die Auflösung des Zusammenhalts von → Gesellschaften beschreibt, in denen durch die Urbanisierung und Industrialisierung religiöse und soziale Bindungen verloren gehen. Diese seien durch rationale → Ordnungen zu ersetzen, etwa die Solidarität der Berufsgenossenschaften. Der Begriff wurde an der Beobachtung der Zunahme von Selbstmorden erarbeitet (*Le Suicide*, 1897). In der → Wissenssoziologie wird A. als Gegenbegriff zur sinnstiftenden Funktion von Religion verwendet. → Dynamik. CA

Anrufung. Die A. einer Gottheit geschieht durch formalisierte Rede (→ Kommunikation), z.B. Aussprechen des → Namens. → Gebet. AJ

An Shigao (2./3. Jh. n. Chr.), parthischer Adliger und frühester histor. nachweisbarer Übersetzer buddh. Sutras in China. MD

Lit.: A. Forte, The Hostage An Shigao and his Offspring, 1995.

Anthropogonie (von griech. anthrōpogonía = Entstehung der Menschen). Im Rahmen narrativer und spekulativer Aussagen über die Entstehung einer geordneten Welt (→ Kosmogonie) meint A. den zeitlichen und logischen Ort der Entstehung des Menschen. Hierbei werden Aussagen über die Konstitution des Menschen (→ Anthropologie) z.B. als Ebenbild Gottes auf die Weise seiner Herkunft (Schöpfungsakt, kosmisches Drama, evolutionäre Entwicklung) zurückgeführt. Der erste Mensch ist konstitutiv für die → Identität der sozialen Gruppe, die sich auf ihn zurückführt. → Mythos. JM

Lit.: H. Baumann, Schöpfung und Urzeit des Menschen im Mythos der afrikan. Völker, 1936. – R. Albertz, Weltschöpfung und Menschenschöpfung, 1974. – J. Ebach, Art. »A./Kosmogonie«, in: HrwG 1, 1988, 476–91. – M. Luginbühl, Menschenschöpfungsmythen, 1992.

Anthropologie (von griech. ánthrōpos = Mensch und lógos = Wort, Lehrsatz; Lehre vom Menschen), Bezeichnung für mythische, religiöse und weltanschauliche Menschenbilder. Im wissenschaftlichen Sinn meint A. die Erforschung von Lebensbedingungen und Ausdrucksformen des → Menschen: Die biolog. A. umfasst die Entwicklung des Menschen aus dem Tierreich, die physiolog. A. die körperlichen Unterschiede der Rassen; die philosoph. A. deutet den Menschen aus der Spannung zwischen einem defizitären Naturwesen und einem geschichtlich gewordenen sowie sich selbst gestaltenden Wesen; die Sozial- oder Kultur-A. erforscht die ethnischen Besonderheiten menschlicher Existenz. → Religionsanthropologie. VK

Lit.: C. Wulf (Hg.), Hb. Histor. A., 1997.

Anthropomorphismus (von griech. ánthrōpos = → Mensch, morphḗ = Form), bezeichnet in Abgrenzung zur theriomorphen (tiergestaltigen) und mischgestaltigen Ikonographie die Vorstellung von der Menschengestaltigkeit der physischen Erscheinung von Gottheiten, aber auch ihrer Empfindungen (Anthropopathismus) und Handlungsmuster. Die griech. Philosophie des 6./5. Jh.s v. Chr. fokussierte ihre Kritik am Götterbild der homer. Epen u. a. auf den A.-Vorwurf – ein Muster, das von der → Religionskritik der Aufklärung übernommen wurde. → Gottesvorstellungen. GA

Anthropophagie (von griech. ánthrōpos = Mensch, phageĩn = essen), Menschenfresserei, rituelles Verzehren von Menschenfleisch. → Kannibalismus, → Opfer. AM

Anthropos (griech. = → Mensch), in gnostischen Konzeptionen entwickelte Auffassung vom Menschen als dreigliedrigem Wesen aus → Körper, → Seele und → Geist (bzw. Lichtfunke, »Ich« und »Selbst«). Diese dritte Schicht im Menschen ist seine Partizipation an der transzendenten Welt, seiner Herkunft. Er entstammt der göttlichen Welt, sein Urbild ist der göttliche »Mensch«, der »Urmensch«. Dieser kam durch einen Unfall in die körperlich-seelische Welt, aus der ihn die gnostische Offenbarung wieder befreien kann. → Gnosis. Red

Lit.: C. Colpe, Die religionsgesch. Schule, 1961. – C. Colpe, Art. »ὁ ϑiòς τοῦ ανϑρώπου«, in: ThWNT 8, 1969, 403–81.

Anthroposophie (von griech. ánthrōpos = Mensch und sophía = Weisheit; Weisheit vom Menschen), eine von R. Steiner (1861–1925) gegründete Bewegung. Im → Welt- und Menschenbild der A. finden sich Elemente des dt. → Idealismus, der Weltanschauung Goethes, okkulter Lehren und E. Haeckels (1834–1919) → Monismus. Erkenntnis und Wahrnehmung »der geistigen Welt« werden u. a. durch Meditationen erzielt. Ihren Ausdruck findet die A. heute in der Waldorfpädagogik, in der → »Christengemeinschaft« sowie in spezif. Formen der Lebensgestaltung und der Medizin. → Theosophie. SM

Lit.: R. Steiner, Gesamtausgabe, 1962ff. – J. Badewien, Die A. Rudolf Steiners, 1994.

Antijudaismus, allgemeine Bezeichnung für Judenfeindschaft, oft synonym gebraucht mit → Antisemitismus, im Unterschied zu jenem aber stärker auf die religiösen Fragen abhebend. Der A. ist fester Bestandteil christl.-theolog. Identität von der Antike bis heute und war daher auch mittelbar prägend für religionswiss. Theoriebildung. Im NT finden sich neben der Betonung der Rolle → Israels als Gottesvolk (Joh 4,22) auch Aussagen über die Verdammung der Juden (Mt 27,25; Joh 8,44 u. ö.); Mt 23 wurde zum Referenzpunkt späteren christl. Judenhasses. Das Motiv der »Verstocktheit« und des »bösen Charakters« der Juden gesellte sich schon früh zu jenem des »Gottesmordes«. Die Existenzberechtigung der Juden bestehe allein darin, die Wahrheit des Christentums zu erweisen, die »Knechtschaft« zu bezeugen (→ Knecht Gottes) und am Ende der Zeiten vom zurückkehrenden Christus gerichtet zu werden. Christl. sanktioniert war auch der mittelalterliche Vorwurf der Hostienschändung und des Ritualmordes. Dass das Judentum eine »alte und im Gesetz erstarrte« Religion sei, die durch die »neue« christl. Religion »reformiert« werden musste (→ Bund), war noch im 20. Jh. gängige wissenschaftliche These. KVS

Lit.: H. Schreckenberg, Die christl. Adversus Iudaeos-Texte und ihr literar. und hist. Umfeld, Bd. 1–3, 1982–88. – R. Krämer-Badoni, Judenmord, Frauenmord, Hl. Kirche, 1988. – U. Kusche, Die unterlegene Religion. Das Judentum im Urteil dt. Alttestamentler, 1991. – W. Altgeld, Katholizismus, Protestantismus, Judentum. Über religiös begründete Gegensätze u. nationalreligiöse Ideen in der Geschichte des dt. Nationalismus, 1992. – O. Blaschke, Katholizismus und Antisemitismus im dt. Kaiserreich, 1997. – J. Young Gregg, Devils, Women, and Jews. Reflections of the Other in Medieval Sermon Stories, 1997. – R. Kampling (Hg.), »Nun stehet aber diese Sache im Evangelium«. Zur Frage nach den Anfängen des christl. A., 1999.

Antike. I. Antike Religionen: Begriffsdefinition. (1) Als antike Religionen werden jene bezeichnet, die die Menschen in den antiken Stadtstaaten lebten. Darunter ist eine Vielzahl von konkreten Kulten mit ihren Ritualen und Mythen in der Einheit einer polit. Gemeinde zu verstehen. Sie kennen andere Stadtreligionen, ahmen sie nach oder setzen sich von ihnen ab, aber die Instanz eines → Kanons ist unbekannt. Das Christentum ist zunächst eine antike Religion. (2) »Die antike Religion« ist hingegen als Gegenbegriff zu den monotheist. Religionen aufgekommen und ist als solcher kein Beschreibungsbegriff, sondern eine polem. Konstruktion. Mit der Polemik der Reformationszeit stellten Humanisten und Reformatoren die A. als utop. Idealgestalt und Vorbild für die Gegenwart gegen die geschichtlich gewachsene Tradition des westlichen Christentums (Katholiken), die nun als finsteres Mittelalter kritisiert wurde. Zugleich wiederholten sie antike Vorwürfe gegen das Heidentum. Im 19./20. Jh. wurde der Begriff A. verwendet als Kritik gegen die in den Kirchen institutionalisierte Religion (→ Paganismus, → Neopaganismus).

II. Umfang und Abgrenzungen von A. (1) Definition: A. kann drei Bereiche umfassen: (a) die »klassische« A. der Stadtstaaten des Mittelmeerraums seit Entstehung der spezif. Öffentlichkeit der griech. und röm. Stadt/Polis im 8. Jh. v. Chr. bis zum Niedergang dieser Sozialform im 5./6. Jh. n. Chr.; im vorliegenden Artikel wird diese Abgrenzung verwendet; (b) die A. mit Einschluss der Reiche des Vorderen Orients, die in diesem Wörterbuch in eigenen Artikeln behandelt sind (→ Altägypt. Religion, → Hethit. Religion, → Mesopotam. Religion); (c) ein universalgeschichtlicher Begriff umfasst auch die Kulturen am Indus, in China und Altamerika; Themen sind dann v. a. die Stadtentstehung (im Vorderen Orient im Rahmen der »neolith. Revolution«, dem Übergang zu Ackerbau und Sesshaftwerdung, G. Childe, 1951) und der Schub von Rationalisierung und Ethisierung der Rel. durch das Konzept der Transzendenz in der »Achsenzeit« (K. Jaspers 1949: im 6./5. Jh. v. Chr.). (2) A. und Christentum: Mit der Polemik des Paulus gegen Naturreligion der Heiden und Gesetzesreligion der Juden in Röm 1–3 ist ein Modell vorgegeben, das lange prägend blieb: Christl. Theologen sahen im Christentum eine neue Qualität von Religion. Im dt. Idealismus und in der Tradition → Nietzsches dagegen erschien das Christentum als Import der fremden, unmännlichen »Sklavenmoral« einer oriental. Erlösungsreligion, dem die heldische A. als Gegenbild vorzuziehen sei. Mit der Vorgabe, dass das Christentum etwas ganz Einzigartiges und Neues sei, wird seine Verwurzelung in der antiken Kultur geleugnet. Die griech. Sprache und Denkweise (Hellenisierung) wird dann als Dekadenz verstanden; mit der röm. Amts- und Rechtsstruktur habe sich der »Frühkatholizismus« vom idealen Urchristentum abgewandt. Diese Modelle werden dem histor. Beschreibbaren nicht gerecht. Die antiken Christentümer bildeten sich in ihrem jeweiligen lokalen Kontext einer Stadt und benutzten die gemeinsame religiöse Sprache, um gehört und verstanden zu werden. Ein Programm, Christentum in der A., nicht gegen die A. zu erforschen, ist noch kaum erarbeitet. (3) »Religion« als philosoph. Konzept und Religionskritik: Christl. Kritik an der Religion der Nichtchristen entspricht weitgehend der Kritik, die deren Reformer und Philosophen auch innerreligiös aussprechen: Kritik an Mythen, Bilderkult und Ritualismus. Ethisierung, Ent-Ritualisierung und Spiritualisierung sind Konzepte einer philosoph. Religion. Das Christentum hat etwa seit dem Jahr 200 bes. → Platons Utopie einer Religion aufgegriffen, die es in der Realität griech. Städte nie gab. Die Spiritualisierung eröffnete der Religion einen anderen Bereich, wodurch Konflikte auf pragmatischem Gebiet (Speisegebote, Mischehen) verringert wurden – denn Religion war in einer antiken Stadt unvermeidbar: a. R. war überall und jederzeit präsent und verknüpft mit jeder Handlung.

III. Griech. Religionen (archaische und klassische Epoche, 8.–4. Jh. v. Chr.). Öffentlichkeit und Autonomie der griech. Stadtstaaten sind die Voraussetzungen für die jeweiligen lokalen Religionen. Die sozialen Gruppen der Gemeinde feiern ihre Feste, finanzieren sie, gestalten sie; die Gruppe repräsentiert sich durch »ihren« Gott: die Männer durch Apollon, als Bürger durch Zeus, Seefahrer durch Athene und Poseidon, männliche Jugendliche durch Apollon und Athene, Mädchen durch Artemis, Frauen durch Demeter, Hera, die Geburtsgöttin Eileithyia und die stürmische Aphrodite. Dionysos vertritt drei soziale Gruppen: die Männer, die der Wein vereint, Frauen, die über die Stränge schlagen, und die Stadt im Theater; die Familie ist selten Subjekt der Feste. Innerhalb des Ganzen der Polis ordnen sich die Götter einander zu, sind an verschiedenen Orten der Stadt präsent. Aber das Ganze ist begrenzt; eine Polisreligion umfasst (mehr oder weniger) »zwölf« Götter, der dreizehnte muss erst förmlich aufgenommen werden. Die jährlichen Feste feiern nicht die Naturzyklen, sondern die Aufnahme neuer Mitglieder in die soziale Gruppe durch Tanz, Aufführungen, Bräuche wie bestimmte Speisen und eine Fleischmahlzeit, die als Opfer einem Gott gewidmet, aber gemeinsam verzehrt wird. Die Heiligtümer bilden sich um den zentralen Altar, mit Speiseräumen, Schatzhäusern, Sportanlagen und Theaterplätzen; Tempel sind keine Versammlungshäuser oder Kulträume, sondern Haus eines Gottes, in dem ein Götterbild seine Anwesenheit anzeigt. Anders als die relativ stabilen Rituale werden die Mythen immer neu erzählt und erst im Hellenismus in eine Mythologie zusammengefasst, die die lokalen Mythen vernetzt und literalisiert.

IV. Röm. Religion (bis zu den Reformen Caesars und Augustus', 8.–1. Jh. v. Chr.). Die Religion der Stadt Rom (→ Röm. Religion) besteht aus drei Komplexen: (a) Die offizielle polit. Religion führt vor allen staatlichen Handlungen einen religiösen Ritus aus, um mit dem Einverständnis der Götter zu handeln. Polit. Exekutive und Priester sind identisch, das religiöse → Wissen (Vogelschau, Auguren; Interpretation der Eingeweide der Opfertiere) liegt aber in den Händen etrusk. Spezialisten. (b) Für die persönliche Religion siedeln sich – das Zentrum der Stadt ausgespart – privat organisierte, aber staatlich kontrollierte Kulte nach »griech. Ritus« an, die von den Menschen in den Läufen und Krisen des Lebens aufgesucht werden. Die fremden Kulte, darunter auch die »oriental.«, kommen schon früh nach Rom und werden teils röm. Vorstellungen angepasst und röm. benannt (interpretatio Romana), teils sind sie gerade wegen ihrer Fremdheit attraktiv. (c) Hauskulte sind für die polit. Elite (Senatorenfamilien) Ausweis ihrer adligen Abstammung, die bes. in Trauerprozessionen öffentlich dargestellt wird. Unterhalb der Eliten bieten Kulte im Haus den Raum für vereinsmäßig organisierte Gemeinden (→ Mysterien). Diese geraten leicht in den Verdacht, gegen bürgerliche Moral und polit. Ordnung zu verstoßen (Mord, Sex, Verschwörungen im Bacchanalien-Skandal 186 v. Chr.; Mithras; Christen). In der späten Republik hat sich die polit. Religion als Hindernis für Entscheidungsprozesse erwiesen. Mit Caesar und Varro beginnt ein Reformprozess, den v. a. Augustus durchsetzt: Rituale werden jetzt theolog. als sinnvoll und notwendig ausgezeichnet.

V. Universalisierung in Hellenismus und Reichsreligion (3. Jh. v. Chr. – 6. Jh. n. Chr.). Mit den weltumspannenden Kriegszügen Alexanders des Großen verstärkt sich ein Prozess der Migration von Religionen. Es entsteht eine kulturelle Struktur mit Dominanz griech. religiöser Bilder und Vorstellungen. Über die lokale Religion hinaus, für die nur Einheimische die Kompetenz besitzen, werden griech. Kulte auch an anderen Orten ausgeübt, und das Bild dient zur gemeinsamen Vorstellung, wie Gott aussieht und handelt, wie die Welt als Ganze von den Göttern regiert wird und analog dazu die Weltherrscher in ihrem Sinne herrschen. Im Gegenzug kommen »fremde« Kulte aus den beherrschten Provinzen in andere Teile des Reichs. Herrscher identifizieren sich mit Göttern, wie Alexander mit dem ägypt. Ammon, gräzisiert als Zeus Ammon. Die ersten Transporteure sind Soldaten, dann Kaufleute und Migranten. Die polit. Funktion von Reichsreligion – die Sicherung der Loyalität der Untertanen über das Medium von Bildern der Roma oder der Kaiser – ist demgegenüber sekundär. Magie als private Krisenreligion, deren Spezialisten eigens aufgesucht werden müssen, ist im Osten meist akzeptiert, im Westen des Reiches gehen die Römer repressiv dagegen vor.

CA

Lit.: M. P. Nilsson, Griech. Feste, 1906. – Ders., Geschichte der griech. Religion, 2 Bde., 1941–51, [3]1967–76. – S. Weinstock, Divus Julius, 1971. – W. Burkert, Griech. Religion, 1977. – H. G. Kippenberg (Hg.), Seminar: Die Entstehung der antiken Klassengesellschaft, 1977. – R. Parker, Miasma. Pollution and Purification in Early Greek Religion, 1983. – S. Eisenstadt (Hg.), Kulturen der Achsenzeit, 5 Bde., 1987, 1992. – N. Marinatos/R. Hägg (Hg.), Greek Sanctuaries, 1993. – H. Cancik, Nietzsches A., 1995. – F. Graf, Gottesnähe u. Schadenszauber. Die Magie, 1996. – R. Parker, Athenian Religion, 1996. – H. Cancik/J. Rüpke (Hg.), Röm. Reichsreligion, 1997. – C. Auffarth, Art. »Feste«, in: DNP 4, 1998, 486–93. – M. Beard/J. North u. a., Religions of Rome, 2 Bde., 1998. – S. Price, Religions of the Ancient Greeks, 1999. – C. Auffarth, Art. »Antike«, in: MLR 1, 1999, 63–70; MLR 4, 2002, 73–89. – J. Rüpke, Röm. Religion, 2001.
Lexika: RE. – DNP. – DDD.

Zs.: Archiv für Religionswissenschaft 1, 1898–37, 1942. – Kernos 1, 1988ff. – Archiv für Religionsgeschichte 1, 1999ff.

Antisemitismus. I. Dimensionen des Begriffs. A. ist ein diffuser Begriff für jede Form von Judenfeindschaft, die sich bald religiös, bald polit., wirtschaftlich oder »rassisch« zu legitimieren versucht. Er begegnet erstmals 1879 als positiv gebrauchter Kampfbegriff im dt. Kaiserreich und wurde bald synonym zu »Judenhass« oder → »Antijudaismus« verwendet. Der A. wurde nun explizit mit den zeitgenössischen Rassetheorien verbunden (»Semitismus« als Eigenschaft einer erfundenen jüd. → »Rasse«), so dass man nicht die Religion der Juden ablehnte oder ihren vermeintlichen gesellschaftlichen Einfluss, sondern ihr »Wesen«. Dieses »Wesen« konnten Juden auch durch → Konversion nicht ablegen. Spätestens seit der Dreyfusaffäre war klar, dass A. zugleich die Ablehnung von Liberalismus, Internationalismus, Sozialismus und Intellektualismus, von Demokratie und Zivilisation mit sich bringen konnte, die alle dem jüd. »Wesen« zugeschrieben wurden. Im Nationalsozialismus (→ Faschismus) wurden diese Tendenzen aufgenommen und in einem expliziten Programm zur Ermordung der europ. Juden fortgeschrieben. Jener »eliminator.« A. ist einerseits singulär und (auch in seiner systemat. Durchführung) in der Geschichte ohne Beispiel, andererseits rechtfertigt seine Anknüpfung an europ. Vorbilder die Einordnung in den allgemeinen Begriff »A.«.

II. Geschichte. Schon die Antike kennt einen religiös und polit. motivierten A., der sich in Polemiken gegen jüd. Glaubens- und Lebensformen artikuliert. Doch erst nach Konstantin (ca. 280–337) kam es zu einer dauerhaften, grundsätzlichen und christl. ideologisierten Judenfeindschaft, die auch polit.-wirtschaftlich wirksam wurde. Die christl. Eroberung Spaniens und die Vertreibung der dortigen Juden 1492 n. Chr. verschärfte den A. beträchtlich. Den Juden blieb nur die Wahl zwischen Zwangstaufe, Ausweisung und Tod. Die Diskussion um die sog. → Marranen nahm die Beschimpfung »Judensau« auf und führte erstmalig eine rassische Komponente in den A. ein (Nachweis der Blutreinheit für Beamte und Kleriker), freilich noch ohne eliminator. Impetus. M. Luther (1483–1546) trug mit seinem A. weiter zur Eskalation bei, und seine Forderung, man solle die Synagogen und jüd. Schulen in Brand stecken, diente noch den Verantwortlichen der sog. »Reichskristallnacht« (Pogromnacht) zur Legitimation. Im Zuge der Aufklärung und der rechtlichen Gleichstellung der Juden kam es nur vordergründig zu einer Erleichterung ihrer Situation, da die gesellschaftliche Unauffälligkeit der Juden von ihren Gegnern als umso geschicktere »Tarnung« ihres »Wesens« uminterpretiert wurde. Dieser Teufelskreis prägt bis heute die antisemit. Vorurteile der jüd. »Weltverschwörung« und der Schimäre des »reichen Juden« – Vorstellungen, die in der realen Vernichtung der europ. Juden gipfelten. Begriffe wie »Antizionismus« oder »Antiimperialismus« transportieren oft denselben gedanklichen Hintergrund einer hyster. Judenfeindschaft wie der Begriff A. → Judentum. KVS

Lit.: J. P. Sartre, Betrachtungen zur Judenfrage, 1948. – H. Arendt, Elemente und Ursprünge totaler Herrschaft 1, A., 1958. – N. Cohn, Die Protokolle der Weisen von Zion. Der Mythos von der jüd. Weltverschwörung, 1969. – L. Poliakov, Geschichte des A., 5 Bde. 1977–83. – B. Martin/E. Schulin (Hg.), Die Juden als Minderheit in der Geschichte, 1981. – A. Finkielkraut, Der eingebildete Jude, 1982. – H. Greive, Geschichte des modernen A. in Deutschland, 1983. – J. Katz, Vom Vorurteil bis zur Vernichtung. Der A. 1700–1933, 1989. – G. Brakelmann (Hg.), A.: von religiöser Judenfeindschaft zur Rassenideologie, 1989. – S. Volkov, Jüd. Leben und A. im 19. und 20. Jahrhundert, 1990. – W. Benz (Hg.), A. in Deutschland. Zur Aktualität eines Vorurteils, 1995. – K. Hödl, Die Pathologisierung des jüd. Körpers. A., Geschlecht u. Medizin im Fin de Siècle, 1997. – L. Rensmann, Kritische Theorie über den. A. Studie zu Struktur, Erklärungspotential u. Aktualität, 1997. – M. Perry/F. M. Schweitzer, Antisemitism: Myth and Hate from Antiquity to the Present, 2002.

Aphrodite, griech. → Göttin der → Sexualität, nicht der Ehe. Als Stadtgöttin hat sie weit mehr Funktionen, etwa in Korinth. Sie ist der Aštarte des Orients verwandt und ist – im Gegensatz zu fast allen anderen Göttern – erst nach dem Ende der myken. Kultur (um 1200 v. Chr.) in Griechenland zu finden. Im Mythos ist sie die »Schaumgeborene«, letztes Kind des Kronos, damit Schwester des Zeus, verheiratet mit dem behinderten Schmied Hephaistos. Röm. → Venus. CA

Lit.: W. Burkert, Griech. Religion, 1977, 238–43. – V. Pirenne-Delforge, L'A. grècque, 1994.

Apokalypse (von griech. apokálypsis = Enthüllung). (1) A. ist nach Collins »eine Gattung von Offenbarungsliteratur mit einem erzählenden

Rahmen, in dem die Offenbarung durch ein übermenschliches Wesen einem menschlichen Empfänger vermittelt wird. Hierbei wird eine transzendente Realität eröffnet, die sowohl zeitlich (insoweit sie eschatologische Rettung) als auch räumlich ist (insoweit sie die jenseitige Welt betrifft).« Eingebettet wird die → Eschatologie in Geschichtsüberblicke (→ Geschichtsschreibung), die in futurischer Form die Ereignisse von der fiktiven Kompositionszeit über die (kontrollierbare) Gegenwart bis zur jeweils unmittelbar bevorstehenden Endzeit schildern, meist in Form einprägsamer Schemata (z. B. Vier-Reiche-Lehre). In Hinblick auf den bevorstehenden radikalen Umschwung (→ Chiliasmus) ist eindringliche ethische Ermahnung üblich. Durch den in der ersten Person erzählenden biblischen Seher ist Pseudonymität vorgegeben und Schriftlichkeit notwendig: Nur als Buch konnte die Ich-Erzählung für die oft enorme Zeitspanne bis zu ihrer »Enthüllung« konserviert werden (→ Schriftreligionen, → Tradition). (2) Histor. lassen sich solche Texte im nachexil. Judentum, zumal seit dem 2. Jh. v. Chr. fassen (→ Henoch); im später als christl. betrachteten Bereich ist die sog. »Offenbarung des Johannes« die älteste selbständige A.; hier begegnet auch erstmals der Begriff apokálypsis als titelgebende Inhaltsangabe (Apk 1,1). Von hier aus hat sich der Begriff zur Selbstbezeichnung für die bis ins 3. Jh. hinein zahlreich produzierten christl., aber auch griech.-jüd. A. entwickelt. Die Umstände und Gründe der Entstehung und das Primärpublikum der meisten A. sind unbekannt; es handelt sich eher um gruppeninterne als um Propagandaschriften – diese Rolle nehmen eher die in Hexametern, also gehobener literar. Form abgefassten Sibyllinen (→ Sibyllen) wahr. JR

Lit.: K. Koch/J. M. Schmidt (Hg.), Apokalyptik, 1982. – A. Y. Collins, Early Christian Apocalyptic Literature, in: ANRW II.25,6, 1988, 4665–711. – W. Schneemelcher (Hg.), Ntl. A. in dt. Übers., 2 Bde., [6]1990–97. – A. Blasius/B. U. Schipper (Hg.), Apokalyptik und Ägypten, 2002.

Apokalyptik (von griech. apokálypsis = Enthüllung). Im Unterschied zur literar. Form der verschlüsselten und als Buch oder Brief versiegelten Gottesoffenbarung (→ Apokalypse, → Divination) betont der Begriff A. mehr die soziale Bewegung, die oft als Träger dieser literar. Gattung zu erschließen und mit → Messianismus, → Nativismus u. a. verwandt ist. CA

Apokatastasis (griech. = Rückkehr zur selben Position). Das astrolog. Konzept der rhythmischen Wiederholung einer bestimmten Planeten- und/oder Fixsternkonstellation (→ Astrologie) führt zur Definition größtmöglicher Zeiteinheiten (»großes Jahr«, mit Werten zwischen 2484 [Aristarch von Samos, ca. 310–230 v. Chr.] und knapp 4 Mio. Jahren [Diogenes von Babylon, 2. Jh. v. Chr.]). Die hellenist. Stoiker (→ Stoizismus) verbanden dieses Konzept mit dem → Rhythmus der period. Welterneuerung (→ Ewige Wiederkehr). Die Identität der so entstehenden Welten war eine verbreitete Annahme, aber auch ohne Weltenbrand konnte A. (lat. renovatio) als Bezeichnung für die period. Erneuerung kosmischer und sozialer (moral.) Ordnung verwendet werden, etwa in gnostischen und christl. Texten für eine Wiederherstellung der durch Materie verunreinigten Seelen: Rettung. Die christl. dogmat. Diskussion verknüpft den Begriff A. mit dem Problem des Origenes (ca. 185–253/4 n. Chr.), ob am Ende der Zeiten (→ Eschatologie) alle gerettet werden. Die origenist. Zustimmung wird mehrfach verurteilt, aber auch bekräftigt, etwa als »Allversöhnung«. Die komplizierte Begriffsgeschichte spricht gegen eine Verwendung von A. als Allgemeinbegriff auch für andere Religionen; der Begriff »großes Jahr« lässt dagegen eine differenzierte Beschreibung der Kontexte und Folgeprobleme im Umgang mit kosmolog. Großrhythmen in unterschiedlichen Religionen zu. JR

Lit.: B. L. van der Waerden, Das große Jahr und die ewige Wiederkehr, in: Hermes 80 (1952), 129–57. – E. Staehelin, Die Wiederbringung aller Dinge, 1960. – J. Mansfeld, Providence and the Destruction of the Universe in Early Stoic Thought, in: M. J. Vermaseren (Hg.), Studies in Hellenistic Religions, 1979, 129–88.

Apokryphen (von griech. apókryphos = verborgen). Mit der Ausbildung eines → Kanons Hl. Schriften ist immer auch die Ausscheidung von Schriften verbunden: solche, die nicht aufgenommen wurden, die nachkanon. Schriften, nehmen anerkannte Autoritäten als ihre Verfasser in Anspruch (Pseudepigrapha). Diese Schriften werden als A. bezeichnet. Der hebr., der kath. und der protestant. Kanon sind nicht identisch; die in den kath. Kanon aufgenommenen A. werden in der kath. Bibelwissenschaft als deuterokanon. bezeichnet. Die außerkanonischen Schriften der Hebr. Bibel, bes. apokalyptische Schriften (wie Henoch), nur griechisch überlieferte (wie Makkabäer) und die christl. neuen Schriften (wie die Kindheitsevangelien, Apostelakten, Apokalyptisches) haben in der Europ. Religionsgeschichte eine enorme Bedeutung entwickelt. CA

Lit.: Evangelia apocrypha, hg. von C. Tischendorf 1866, [2]1876. – Corpus Christianorum, Series Apocryphorum, 1983ff. – J. Bremmer (Hg.), Studies on the Acts of the Apostles, 8 Bde., 1996–2005. – JSHRZ, 6 Bde., Neue Folge in Vorb. – Kommentarreihe, hg. von H. Lichtenberger in Vorb. – Ntl. Apokryphen in dt. Übers. (hg. von W. Schneemelcher, [6]1990/1997; NA von C. Markschies in Vorb.).

Apollinisch. Abgeleitet von → Apollon als dem Gott der klaren Weisheit und Voraussicht, steht der Begriff für die Rationalität und damit komplementär zum Dionysischen, dem Ekstat.-Wahnsinnigen. F. → Nietzsche prägte diesen Gegensatz in seiner Schrift *Die Geburt der Tragödie aus dem Geist der Musik*, 1872. CA

Lit.: B. von Reibnitz, Ein Komm. zu Nietzsches Geburt der Tragödie, 1992, 54–89.

Apollon, griech. Gott der jungen Männer. Sein Name ist abgeleitet von der apélla, der polit. Vollversammlung der Männer, kann also erst mit der Entstehung der Polis im 8. Jh. v. Chr. entstanden sein. Seine Schwester ist Artemis, die für die jungen Frauen vor der Heirat die gleichen Aufgaben erfüllt. Als Gott von Delphi verfügt A. über die Fähigkeit zum → Orakel, zur Dichtung und zur Heilung. CA

Lit.: W. Burkert, Griech. Religion, 1977, 225–33.

Apologetik (von griech. apología = Rechtfertigung, Verteidigung), Denk- und Argumentationshaltung, die – wie die → Polemik – auf die christl. Theologie der Spätantike und die Verteidigung des christl. Glaubens gegen die Heiden zurückgeht. Eine vorchristl. A. in der → Philosophie hatte von Heraklit (544/1–484/1 v. Chr.) über Sokrates (ca. 469–399 v. Chr.) bis zur Stoa Argumente gegen die Volksreligion geliefert, seit dem 2. nachchristl. Jh. setzte die christl. A. (Aristeides; Justin, gest. 163/7? u. a.) mit der vehementen Bekämpfung des Heidentums (→ Paganismus), von »Vielgötterei« und Bilderdienst ein. Höhepunkte der A. bilden Origenes' (185–253/4) Schrift »Gegen Celsus« (ca. 248 n. Chr.) und Augustinus' *De civitate Dei* (»Über den Gottesstaat«) nach der Eroberung der »ewigen« Stadt Rom (410 n. Chr.). MB

Apopompé (griech. = Wegschicken), Schadensabwendung durch »Wegschicken« von Tieren oder Menschen, die Sünde oder Schaden wegtragen sollen. Als A. wird der → Sündenbock aus Lev 16 in der griech. Übersetzung der Hebr. Bibel bezeichnet. Götter, die Übel abwenden sollen, werden als apotrópaioi theoí angerufen. → Abwehrzauber, → Ritual. CA

Lit.: R. Schlesier, Art. »Apotropäisch«, in: HrwG 2, 1990, 38–45.

Apostasie (von griech. apóstasis = Abfall, Verrat), bes. im christl. Sprachgebrauch verwendeter Begriff für die Tatsache, dass sich Gemeindemitglieder nach der → Konversion wieder ihrer alten Religion zuwenden. Im Islam steht der Abfall (arab. ridda) von der Religion unter schwerer Strafe (Sure 3/86–91). → Kontakt. CA

Apostel (von griech. apóstolos = bevollmächtigter Gesandter), im Wortgebrauch des → NT die von Jesus erwählten und ausgesandten → Jünger, welche die Botschaft und das Heilshandeln Christi authent. weitertragen. Kriterium ist ihre Augenzeugenschaft. Der Begriff bezeichnet damit mehr als der Ausdruck »die Zwölf«, d. h. mehr als den Zwölferkreis, den Jesus in Analogie zu den 12 Stämmen → Israels um sich gesammelt hat. Sowohl die Verkündigung und der Heilsdienst der Kirche wie auch das kirchliche → Amt wurzeln nach christl. Selbstverständnis in den apostol. Fundamenten, welche normativen Charakter haben. Das apostol. Glaubensbekenntnis (griech. Sýmbolon, lat. Credo; → Bekenntnis) ist eine Zusammenstellung, in der die Kerngehalte der apostol. Glaubensüberlieferung auf einen knappen Nenner gebracht werden. KHS

Lit.: H. von Campenhausen, Der urchristl. A.-Begriff, in: StTh 1 (1947), 96–130. – Y. Congar, Die apostol. Kirche, in: J. Feiner/M. Löhrer (Hg.), Mysterium Salutis, Grundriß heilsgeschichtlicher Dogmatik, Bd. 3/1, 1970, 534–98.

Apotheose (von griech. apothéōsis = Vergöttlichung), ein Ritual, in dem aus Menschen, insbes. Herrschern, Götter werden, etwa bei der Bestattung. → Herrschaft, → Herrscherkult. CA

Apotropäisch (von griech. apotrópaios = Unheil abwendend), Funktion von Ritualen und Personifikationen, die Unglück »abwenden« sollen, ähnlich der → Apopompḗ. Das Wort wurde bes. in der Religionswissenschaft der Jh.-Wende (19./20. Jh.) wichtig genommen. → Abwehrzauber. CA

Appar → Dēvāram.

Apsaras (sanskr. = im Wasser bewegend), in der → vedischen Religion und im → Hinduismus weibliche → Zwischenwesen, oft als Nymphen bezeichnet. → Hinduist. Pantheon. AM

Apsû, im babylon. Epos → Enūma eliš urzeitlicher Gott und Gatte der → Tiamat. Kosmolog. ist A. der Süßwasserozean, den Ea zu seiner Wohnung macht, nachdem er ihn besiegt hat. Unter dem A. wird die Unterwelt lokalisiert. → Mesopotam. Religionen. MH

ʿAqīda (arab. = Gebundenheit), in der islam. Tradition Bezeichnung für: (1) → Glauben überhaupt, (2) Glaubensdogma (des Islam im Sinne einer → Orthodoxie oder allgemein eines jeden Glaubenssystems) und (3) Texte, welche die Darlegung der Glaubenslehre zum Ziel haben. Solche Texte wurden seit dem 8. Jh. verfasst; eine der frühen Zusammenstellungen bietet das dem Juristen Abū Ḥanīfa (ca. 699–767) zugeschriebene Buch *al-fiqh al-akbar*, »Das größere Verstehen«). Gemeinhin werden fünf Glaubensgebote genannt (Glauben an Gott, die Engel, die Propheten, an die Offenbarung und das Jüngste Gericht) und etwa 24 islam. dogmat. Bereiche angeführt, die gewöhnlich Aussagen zu Gott (→ Allāh), zum → Koran, zur Willensfreiheit des Menschen (→ Qadarīya), zum Jüngsten Gericht (yawm al-qiyāma) und zum → Jenseits (→ āḫira), zu den → Propheten, zu den »besten« der Prophetengenossen, zur inneren Glaubenshaltung und zum Unglauben enthalten. Als ritueller Text wirkt dabei allein das Glaubensbekenntnis (→ šahāda). In jüngerer Zeit wurde ʿa. als komplementärer Begriff zu → šarīʿa im Sinne einer Dichotomie von Dogmatik und Praxis aufgefasst. RS

Lit.: A. Wensinck, The Muslim Creed, 1932. – L. Gardet/G. Anawati, Introduction à la théologie musulmane, 1948. – T. Nagel, Geschichte der islam. Theologie, 1994.

Aramäer, seit dem 13. Jh. v. Chr. in Nordmesopotamien und am mittleren Euphrat bekannte Ethnie. Zu Beginn des 1. Jt.s v. Chr. entstehen die ersten A.-Staaten in Syrien (Samʾal, Damaskus, Hamat), in der Folge beeinflussen A.-Gruppen auch die neuassyr. und neubabylon. Kultur (→ Assyr. Prophetien). Den höchsten Rang unter den Göttern der A. hat → Hadad inne, spezif. aramäisch ist ein Schutzgott der jeweiligen Dynastie (z. B. Rakib-El in Samʾal). Die Bedeutung des Mondgottes von Harran mag die nomad. Ursprünge der A. widerspiegeln (→ Martu). In den nördlichen aramäischen Staaten überlappen sich aramäische und luwische religiöse Vorstellungen (→ Luwisch-lykische Religionen), fassbar etwa in der zentralen Göttin, die teils als → Kubaba, teils als Ištar-Šaušga oder als »Herrin des Landes« bezeichnet wird, aber auch im (königlichen) Totenkult, wenn der Verstorbene mit den Göttern gemeinsam Speise- und Trankopfer erhält. Das Phänomen der Prophetie (bezeugt seit der → Mari-Prophetie) war bei den A. bekannt, auch Orakelpraxis (→ Divination) wurde geübt. MH

Lit.: M. Hutter, Das Ineinanderfließen von luwischen u. aramäischen religiösen Vorstellungen in Nordsyrien, in: P. W. Haider u. a. (Hg.), Religionsgeschichte Syriens, 1996, 116–22. – H. Niehr, Religionen in Israels Umwelt, 1998, 148–69. – D. Bonatz, Das syro-hethit. Grabdenkmal, 2000.

Āraṇyaka (von sanskr. āraṇyaka = zur Wildnis gehörig), Texte der → vedischen Literatur zum Sinn des Opfers und zum Aufbau des → Kosmos. AM

Lit.: J. F. Sprockhoff, Ā. und Vānaprastha in der vedischen Literatur, in: Wiener Zs. für die Kunde Südasiens 25 (1981), 19–90 u. 28 (1984), 5–43.

Āratī/Ārtī (sanskr. = Nachlassen [der Nacht?]), Verehrung (→ pūjā) einer hinduist. Gottheit in der Dämmerung mit Kampferlicht oder Öllampen. → Ritual, → Tag und Nacht. AM

Arbeit, menschliche Tätigkeit, die auf die Herstellung von Produktions- und Konsumptionsmitteln gerichtet ist. Die Beziehung zwischen A. und Religion lässt sich auf zweierlei Weise charakterisieren. (1) Religion als A. ist in der Regel geistige A., körperliche A. gilt dagegen teilweise als rituell unrein (Brahmanen). Diese religiöse Disqualifizierung körperlicher A. kann theolog. gestützt sein durch eine Vorstellung von A. als → Strafe im Gegensatz zu einem paradies. Urzustand (Gen 2f.). Religion als A. setzt bereits eine differenzierte gesellschaftliche A.-Teilung voraus (→ Differenzierung), um die erforderlichen Ressourcen bereitzustellen. Insoweit begründet sie auch die Trennung von Laien- und Expertenreligiosität: den religiösen Laien stehen Spezialisten gegenüber, welche kraft ihres → Wissens (Deutungsmonopol) oder anderer Qualitäten wie kultischer → Reinheit (Handlungsmonopol) für die Ausübung von Religion unentbehrlich sind. (2) A. als Religion. In religiösen Traditionen wie dem Protestantismus, bes. dem Calvinismus, die diese Trennung durchbrechen, kann alltägliche A. ihrerseits zum Bestandteil religiöser Weltbilder und zum zentralen Orientierungspunkt religiöser Lebensführung werden. So ging M. → Weber davon aus, dass ein religiös vermitteltes A.-Ethos Voraussetzung für die Herausbildung des modernen → Kapitalismus und mithin für die Sonderentwicklung des Abendlandes sei. Dem steht eine materialist. Konzeption gegenüber, nach der Religion lediglich die Funktion hat, Konflikte zwischen den sozialen Trägergruppen von Lohn-A. (Proletariat) und Kapital (Bourgeoisie) zu vermeiden (→ Marxismus). AKN

Lit.: K. Marx, Das Kapital, 1867, NA 1992. – M. Weber, Die protestant. Ethik u. der Geist des Kapitalismus, 1904/05, NA 2002 (hg. J. Weiss).

Archäologie (von griech. archaiología = Altertumskunde). Aus der A. als Ursachenforschung im Geschichtswerk des Thukydides (um 400 v. Chr.) wurde im 18. Jh. zunächst eine Frühgeschichte der Kunstgeschichte. Mit den Ausgrabungen des 19. Jh.s wandte sich das Selbstverständnis des Faches auch den unklass.-dunklen Seiten der Antike zu. Bes. dort, wo literar. Quellen fehlen, ist die Rekonstruktion von Ritualen aus den Überresten schwierig, aber unverzichtbar. → Geschichte. CA

Lit.: R. Hägg/N. Marinatos (Hg.), Greek Sanctuaries, 1993. – C. Zintzen, Von Pompeji nach Troja, 1998.
Zs.: Antike Welt. – Kernos.

Archaisch (von griech. archaĩos = alt). (a) Kunsthistor. Epochen- und Stilbegriff für die griech. Kunst des 7. und 6. Jh.s v. Chr., die in der Spätantike immer wieder kopiert wurde. (b) Ende des 19. Jh.s wurde die Bezeichnung a. in der Philosophie (F. → Nietzsche) und Literatur (R. M. Rilke, 1875–1926) zum Synonym für die ursprungsmächtige Frühzeit, die als Gegenbild zur → Moderne figurierte. Das A. weckte die Sehnsucht nach den Ursprüngen und verleitete zu einem Ursprungsdenken im Geist einer Anti-Moderne (→ Moderne). (c) Die → Psychoanalyse S. → Freuds behandelte die a. Erbschaft vorgeschichtlicher Vorgänge als aktuellen Gegenstand der → Religionswissenschaft (z. B. Vatermord, Ödipus-Mythologem, Moses-Geschichte). Der → Archetypenlehre in der → Tiefenpsychologie C. G. → Jungs folgend setzte M. → Eliades Religionsforschung historisierende Akzente auf eine ungebrochene Wiederkehr a. Ursprünge. In der Nachfolge Freuds versucht die Religionsphilosophie von K. Heinrich der Verführung des A., der Mächte des Ursprungs und ihrer Genealogien durch den aufklärer. Geist der Partizipation zu begegnen. → Geschichtsschreibung, → Mythos. MB

Lit.: K. Heinrich, Parmenides u. Jona, 1966, ³1992. – K. Heinrich, Dahlemer Vorlesungen, 5 Bde., seit 1981. – G. Most, Die Archäologie der Archaik, in: Antike und Abendland 35 (1989), 1–23. – H. Cancik, Nietzsches Antike, 1995, 35–49, 70–74.

Archetypen. In der Komplexen oder Analytischen Psychologie C. G. → Jungs sind A. die ererbten, strukturellen Komponenten des kollektiven Unbewussten im Gegensatz zu den Komplexen als Inhalten des persönlichen Unbewussten. A. sind Ausdruck kumulierter Erfahrung phylogenet. älterer Generationen. Sie transzendieren → Raum und → Zeit, sind somit übergeschichtlich und im Numinosen (→ Heilige, das) begründet. Sie konkretisieren sich in soziokulturell bedingten Formen wie → Träumen, → Symbolen, im → Mythos, Märchen und in Visionen. Wichtigste A. sind Anima, Animus, Selbst, Magna Mater, Alter Weiser und Göttliches Kind, die verschiedene Aspekte der Psyche repräsentieren. A. stehen oft im Dienst des Individuationsprozesses. SM

Lit.: C. G. Jung, Über die A. des kollektiven Unbewußten, 1935.

Architektur, religiöse. Gebäude oder Bauten, deren primäre Funktion in der Kommunikation des Kultes besteht. Grundsätzlich ist zu unterscheiden zwischen (1) dem → Hl. Ort, der ein sakrales Mal architektonisch hervorhebt und schützt. Dazu gehört bes. das Haus Gottes, das dem Gottesbild einen sicheren Schutz gegen die Witterung und einen Altar für die Übereignung von Gaben bietet (→ Kultort); (2) Gebäuden ohne ein sakrales Mal, in denen sich die Gemeinde versammelt. Beide Formen werden verstanden als Orte, an denen die Präsenz Gottes (des Heiligen; des Wortes Gottes) imaginiert und rituell aufgeführt werden kann. Das eigentliche Sakralgebäude, das prominent und mit wertvollem Material gebaut wird, ist in der Regel eingebunden in einen Komplex von Funktionsräumen. → Klöster sind Muster menschlicher Wohnungen im Ensemble mit rel. A. → Altar, → Tempel. NG

Lit.: C. Humphrey/P. Vitebsky, Sakrale Architektur, 2002 (engl. 1997). – B. L. Molyneaux, Heilige Plätze, magische Orte, 2002 (engl. 1995).

Arete → Tugend.

Arhat (sanskr.; pāli arahat, ursprünglich = Ehrwürdiger), Bezeichnung für den → Buddha u. a. Menschen, die die Ursachen der Wiedergeburt ausgetilgt haben; später auch Bezeichnung für → »Heilige«, die die Erleuchtung im Gegensatz zu einem Buddha nicht selbst, sondern mithilfe der bereits von einem Buddha dargelegten Lehre gefunden haben. → Askese. AM

Lit.: I. B. Horner, The Early Buddhist Theory of Man Perfected, 1934. – N. Katz, Buddhist Images of Human Perfection: The A. of the Sutta-Piṭaka Compared with the Bodhisattva and the Mahāsiddha, 1982.

Arianer. Im Streit, wie das Verhältnis von Gott und Mensch in Christus zu bestimmen sei, widersetzte sich der alexandrinische Theologe Arius auf dem Konzil von Nikaia 325 dem kaiserlichen Machtspruch, beide seien »wesensgleich« und nicht nur ähnlich. Gerade die Christen außerhalb des röm. Reiches (so die christianisierten Germanen) hielten sich an die verurteilte Position, die Arius als Führer der Opposition vertreten hatte: Christus sei dem Gott-Vater untergeordnet und wesentlich Mensch (→ Christologie). CA

Lit.: A. M. Ritter, Art. »A.«, in: TRE 3, 1978, 692–719.

Arier (von sanskr. ārya = die Edlen, Ehrenhaften), Selbstbezeichnung für vermutlich von Nordwesten nach Indien und Iran eingewanderte Stämme, die wegen einer Sprachverwandtschaft mit Griechen, Römern, Slawen, Germanen, Kelten u. a. unter der Bezeichnung → »Indogermanen« zusammengefasst werden; vgl. z. B. sanskr. deva (= Gott) mit iran. daeva, griech. theós, lat. deus, litauisch devas, altnord. tivar. Der Begriff ārya beinhaltet schon im → Rigveda eher eine kulturelle und linguist. als rassische Abgrenzung. Die Religion der A. kann nur indirekt aus den → Veden und dem → Avesta rekonstruiert werden. AM

Lit.: L. von Schröder, Arische Religion, Bd. 1–2, 1914, [2]1923. – P. Thieme, Der Fremdling im Rigveda, 1938. – M. Mayrhofer, Die Indo-A. im alten Vorderasien, 1966. – A. Scherer (Hg.), Die Urheimat der Indogermanen, 1968. – G. Erdosy (Hg.), The Indo-Aryans of Ancient South Asia, 1995. – M. Witzel, Das alte Indien, 2003.

Aristoteles (384–322 v. Chr.), griech. Philosoph, Naturkundler und Sprachtheoretiker. A. bestimmt die Wissenschaft vom Göttlichen, das ewig, unbeweglich und abgetrennt von der Materie ist, als das höchste → Wissen. Der Ursprung (griech. = archḗ), der »unbewegte Beweger« und das sich selbst denkende Denken wird → Gott genannt. So kann der Mensch, indem er denkt, Gott näher kommen. Die spätantike Kritik rückt A. in die Nähe von Epikurs (341–270 v. Chr.) → Theologie eines weltabgeschnittenen Gottes. Der frühe Islam rezipiert in neuplaton. Überarbeitung (→ Platonismus) seine Theologie. Im Christentum wird sie ab dem 13. Jh. zur Grundlage der → Scholastik. AK

W.: Opera (hg. von I. Bekker), 5 Bde., 1831–79. – Opera (hg. von W. D. Ross u. a.), 12 Bde., 1908–52. – W. in dt. Ü. [und Kommentare] (hg. von E. Grumach/H. Flashar) 20 Bde., 1956ff.
Lit.: H. Flashar, Die Philosophie der Antike, Bd. 3, 1983, [2]2004. – O. Höffe (Hg.), Aristoteles-Lexikon, 2005.

Arjuna (sanskr. = weiß), Held des → Mahābhārata, der von → Krishna in der → Bhagavadgītā unterwiesen wird. → Hinduist. Pantheon. AM

Arkān ad-dīn (von arab. rukn, Plur. = Pfeiler, Säule und dīn = Religion). Der metaphor. Begriff arkān bezeichnet seit dem 7./8. Jh. die Glaubensbezeugung und vier weitere orthoprakt. Pflichten eines Muslims oder einer Muslima. Er wurde erstmals in der Prophetentradition (→ ḥadīṯ) verwendet, im Anschluss an einzelne Nennungen im Koran (z. B. Muslim, ṣaḥīḥ, īmān, n° 19). Zu den fünf »Säulen« zählen (in unterschiedlicher Reihung) 1. die Bezeugung des Glaubens in Form der → šahāda, 2. das Gebet (→ ṣalāt), 3. das Almosengeben (→ zakāt), 4. das Fasten (→ ṣawm) und 5. die Pilgerfahrt nach Mekka (→ ḥaǧǧ). In der Schia (→ šīʿa) wurde als sechste »Säule« das Bekenntnis zu den Imamen (→ Imām), in der Lehre der → Ḫāriǧiten die Pflicht zum → ǧihād aufgenommen. Die Pflichten gelten als äußeres Merkmal der Islamität eines Menschen, ohne dabei die Glaubenswirklichkeit zu bezeichnen. Als Gemeinschaft stiftende Symbole wurden die »Säulen« (außer der ersten, die im Mittelpunkt der islam. Dogmatik steht) von muslim. Juristen ausführlich gewürdigt, um darzulegen, wie die entsprechende Orthopraxie gestaltet sein müsse, um sie als legale Handlung und damit als Ausweis der jurist. Islamität eines Menschen bewerten zu können. Islam. Rechtsbücher führten daher normalerweise einführend gesonderte Abschnitte über diese Pflichten an und fügten meist noch als zusätzliche »Säule« die »rituelle Reinheit« (→ ṭahāra) hinzu. RS

Lit.: A. T. Khoury, Der Koran, 2005, 225–50

Arkandiziplin (von lat. disciplina arcani = Geheimwissen), in der Aufklärungszeit Bezeichnung für das → Wissen über die christl. Sakramente, das die Kleriker allein bewahren und nicht den Laien mitteilen können. Bereits als die ersten Sakramente eingerichtet wurden, erklärt Paulus (1 Kor 11,17–27; Röm 6,2–5), dass die christl. Gemeinde ihr Geheimnis (→ Mysterien) exklusiv bewahrt. Damit konstituiert das Geheimnis die Gemeinde als Gruppe im Unterschied von den Nichtwissenden und damit vom Heilsweg Abgeschnittenen, ähnlich wie die antiken Mysteriengemeinden das pflegten. Vorbild sind die mathemat. Kenntnisse in der Schule des Pythagoras und des → Platon, die nur der »innere« (esoter.) Kreis der Schüler im Unterschied zum »äußeren« (exoter.) Anhängerkreis beherrschte. → Geheimnis, → Theosophie. CA

Lit.: C. Jakob, A., Allegorese, Mystagogie, 1990. – H. G. Kippenberg/G. G. Stroumsa (Hg.), Secrecy and Concealment, 1995.

Armageddon (auch Harmageddon, hebr. = Berg von Megiddo), Sammlungsort zur endzeitlichen Schlacht der Könige gegen Gott (nach Apk 16, 16). Das in der Johannesoffenbarung ganz untergeordnete Motiv hat in jüngeren Weltuntergangsszenarien prominente Bedeutung erlangt. JR

Armenien, seit Mitte des 1. Jt.s v. Chr. unter kulturellem Einfluss Irans, so dass eine lokale Ausprägung des → Zoroastrismus im vorchristl. A. weit verbreitet war. Die offizielle Annahme des Christentums unter Tiridates III. (301) bedeutet eine religions- und kulturpolit. Entscheidung gegen Iran und für den syrisch-griech. Raum. Trotz des erstmaligen Verbots des Zoroastrismus auf der Synode von Aštišat (365) lebt dieser, in den Untergrund gedrängt, weiter. Die in armen. Texten bis ins 17. Jh. genannten arewordik' (= Kinder der Sonne) scheinen Armenier gewesen zu sein, die die nichtchristl. Religion ihrer Vorfahren weiter pflegten. MH

Lit.: J. R. Russell, Zoroastrianism in Armenia, 1987. – J. R. Russell, Pre-Christian Armenian Religion, in: ANRW II 18/4, 1990, 2679–92.

Armut. Während die meisten Religionen durchaus Reichtum und gesellschaftliche Stellung ihrer Anhänger befürworten, steht die Idealisierung von A. programmatisch dagegen. A. kann einen besonderen Stand innerhalb der Trägerschaft hervorheben (→ Mönchtum), sie kann individuell oder für eine Institution (wie das Kloster) gewählt werden oder die sich religiös definierende Teilgesellschaft als Ganze betreffen. Bestimmte Situationen, etwa die Pilgerfahrt, können eine zeitlich begrenzte A. erfordern. Mit dem Verzicht auf Reichtum und gesellschaftliche Anerkennung verbindet sich das Selbstverständnis einer Gegengesellschaft, für die andere Werte wichtig sind als für die übrige Gesellschaft (→ Communitas; V. → Turner). A. kann als Ausdruck der Lösung oder gar → Erlösung von der Welt gezeigt werden. Sobald eine Gesellschaft als Ganze dieses Ideal leben will, entsteht aber das Problem der ökonomischen Sicherung, die A. dann wieder reduzieren muss auf eine Minderheit (oder als Erinnerung an die ideale Anfangszeit). Im »Armutsstreit« ist dieser Konflikt im 13. Jh. in Europa paradigmatisch geführt und mit der Institution der Bettelorden (→ Franziskaner, Dominikaner) in einer ständisch eingepassten »reichen« Kirche gelöst worden. CA

Artapanus, einer der ersten jüd. Historiker, aus Ägypten stammend und der Priestertradition nahe stehend, der im 2. Jh. v. Chr. eine Geschichte der Juden verfasste, in der er den Nachweis zu erbringen suchte, dass alle Errungenschaften der ägypt. Kultur (Technik, Philosophie, Tierkult [!], Astrologie etc.) von den Juden herstammten, bes. von → Mose und → Abraham. KVS

Ārya Samāj (hindī = Gesellschaft der Edlen), 1875 von → Dayānand Sarasvatī gegründete neohinduist. Bewegung, die in Nordindien großen Einfluss ausübte. Ziel des Ā. S. war es, den Hinduismus umfassend zu reformieren, indem man den → Veda zur alleinigen Textbasis machte. → Neohinduismus. HFT

Lit.: K. W. Jones, The A. S. in British India 1875–1947, in: R. D. Baird (Hg.), Religion in Modern India, 1981, ²1989, 27–54. – J. E. Llewellyn, The A. S. as a Fundamentalist Movement, 1993.

Arzt (von griech. archiatrós = Chefarzt), Begriff für einen hierarch. hoch stehenden Heiler. In manchen Religionen wird eine Gottheit als A. verehrt (z. B. Asklepios im griech.-röm. Kult) bzw. der Ursprung ärztlichen Wissens auf göttliche Offenbarung zurückgeführt (z. B. die chin. Medizin auf Shennong). In jüd., christl. und islam. Vorstellung gilt Gott als oberster Heiler (z. B. Ex 15,26). → Medizin. SE

Āsana (sanskr. = Sitz, Thron). (a) Göttersitz in Hinduismus und Buddhismus; (b) Körperhaltung im → Yoga. → Körper. AM

Asanga (von sanskr. Asaṅga, 4. Jh. n. Chr.), indisch-buddh. Philosoph, einer der Begründer des → Yogāchāra. AM

Lit.: É. Lamotte, La somme du grand véhicule d'A., 1938/39. – V. Zotz, Geschichte der buddh. Philosophie, 1996.

Ašʿarīya, bedeutende auf den islam. Dogmatiker Abū al-Ḥasan al-Ašʿarī (ca. 873/74–935/36) zurückgeführte (arab.-)islam. dogmat. Lehrtradition (→ kalām), die im Sinne eines Okkasionalismus jede andere Ursächlichkeit als die Gottes ablehnt. Al-Ašʿarī grenzte sich von den muʿtazilit. Lehrmeinungen (→ Muʿtazila) in folgenden Punkten deutlich ab: Gott habe wesensmäßige Eigenschaften, die aber als nichtkörperliche Realitäten zu verstehen seien; der → Koran sei als Gottes Rede tatsächlich ewig und unerschaffen; die Gläubigen würden im Jenseits Gott schauen können, auch wenn darüber nichts auszusagen sein werde (→ bilā kayf); Menschen könnten sich die von Gott geschaffenen Handlungsmöglichkeiten aneignen, diese durch Grenzüberschreitungen aber zum Bösen nutzen; Sünder blieben Gläubige, auch wenn sie in der Hölle bestraft würden; die islam. → Eschatologie verweise auf nicht allegor. deutbare Realitäten. Die method. Rede über die Religion (kalām) wurde von al-Ašʿarī damit zur Verteidigung einer → Orthodoxie eingesetzt. Ursprünglich gehörte die A. als Lehrtradition in den Kontext der muʿtazilit. Dogmatik. Im 11. Jh. wurde das von al-Ašʿarī geprägte method. Schweigen zu Fragen der Anthropomorphie Gottes (→ Allāh) zugunsten einer neuen Allegorese aufgegeben. Im 14. und 15. Jh. wurde die A. durch Gelehrte wie al-Īǧī (gest. 1355) und al-Ǧurǧānī (gest. 1413) zu einer Lehrtradition erweitert, welche die Orthodoxie al-Ašʿarīs in einen größeren logisch-philosoph. Kontext stellte. RS

Lit.: R. McCarthy, The Theology of al-Ashʿari, 1953. – G. Makdisi, Ashʿarī and the Ashʿarites in Islamic Religious History, in: Studia Islamica 17 (1962), 37–80; 18 (1963), 19–39. – U. Rudolph, Ratio und Überlieferung in der Erkenntnislehre al-Ašʿarī's und al-Māturīdī's, in: Zs. der Dt. Morgenländ. Gesellschaft 142 (1992), 72–89. – D. Perler/U. Rudolph, Occasionalismus. Theorien der Kausalität im arab.-islam. Denken, 2000.

Asarjagebet (und Lobgesang der drei Männer im Feuerofen), außerkanon. Zusätze zum griech. → Danielbuch (zu 3,23). → Gebet. KVS

Asasel, der Wüstendämon, zu dem am jüd. → Jom Kippur der vom Hohepriester mit den Sünden Israels beladene Sündenopferbock hinausgeschickt wird (Lev 16,8–11). A. kann auch als »Bock Gottes« übersetzt werden. In der jüd. und später in der ganzen westlichen → Magie kommt diesem Geist eine bes. Rolle zu (→ Sündenbock). → Altes Testament, → Apokryphen. KVS

Ásatrú (isländ. = Glaube an die → Asen), neuheidn. Bewegung (→ Neopaganismus), die in den 1970er Jahren populär wurde und sich um eine Erneuerung der vorchristl. nordgerman. Religion bemüht. → Germanische Religion. BM

Aschera (Ašerā), Göttin im Alten Syrien und Palästina (v. a. Ugarit). In der Königszeit wurde A. in Israel als Baum oder Pfahl dargestellt und in Höhenheiligtümern verehrt; nach der Kultzentralisierung des Josia waren die A.-Heiligtümer Gegenstand theologischer Polemik und wurden schließlich zerstört (→ Astarte). CA

Lit.: C. Frevel, A. u. der Ausschließlichkeitsanspruch YHWHs, 1995.

Aschkenasim, Bezeichnung für die zentral- und osteurop. Juden, v. a. jene, die dem dt. (»rechtsrhein.«) Kulturraum entstammen. Der Name geht zurück auf das in der Völkertafel (Gen 10,3) genannte Aschkenas, was dort eine (von Palästina aus gesehen) nördliche Landschaft bezeichnet. Im Mittelalter bildeten sich die beiden Zweige des → Judentums, A. und → Sephardim, als religiös und kulturell unterschiedliche Gruppen heraus. Schon früh hatten sich Juden im Rheinland angesiedelt (Zentren: Speyer, Worms, Mainz, Köln). Obwohl durch die Pogrome der Kreuzzüge nach 1096 n. Chr. und die anschließenden Verfolgungen immer wieder gefährdet, konnte das aschkenas. Judentum seinen Einfluss gegenüber den span. bzw. portugies. Sephardim halten, bes. nachdem Spanien 1492 n. Chr. seine Juden vertrieben hatte. Vom 11.–13. Jh. entwickelte sich parallel zur → Kabbala die spekulative Frömmigkeit des aschkenas. → Chassidismus, der bald mit der Kabbala zu verschmelzen begann und zum beherrschenden religiösen Zweig des neuzeitlichen Judentums aufstieg. Bis zur Ermordung der europ. Juden machten die A. etwa 80 % des Judentums insgesamt aus, mit eigener religiöser Identität und Sprache (Jiddisch = Verbindung aus Mittelhochdeutsch und Hebr. sowie slawischen Elementen). Am Aufbau des Staates Israel waren die A. maßgeblich beteiligt. → Gemeinde. KVS

Lit.: S. W. Baron, Social and Religious History of the Jews, 1937ff., Bd. 16. – H. Zimmels, Ashkenazim und Sephardim, 1958. – M. A. Shulvass, Jewish Culture in Eastern Europe, 1975. – H. H. Ben-Sasson (Hg.), Geschichte des Jüd. Volkes, Bd. 2, 1979. – K. E. Grözinger/J. Dan (Hg.), Mysticism, Magic, and Kabbalah in Ashkenazi Judaism, 1995.

Asen (Grundform ans- bislang unklar, mögliche Verbindung mit german. ans- = Balken, Pfahl [Pfahlgötter] oder altind. → asura- [zu ásu] = Lebenskraft), in der altnord. Mythologie die Angehörigen der größeren german. Götterfamilie, die sich durch ihre Funktionen als Götter des Krieges und der Herrschaft von den als → Wanen bezeichneten Fruchtbarkeitsgöttern unterscheiden (→ German. Religion). In der eddischen Mythologie (→ Edda) wird der Begriff A. auch für die Götter allgemein verwendet, wahrscheinlich wegen der Verschmelzung der beiden Familien nach Beendigung des sog. Wanenkrieges. Dieser wird in der älteren Forschung als Abbild eines realen Krieges im Zuge der Besiedlung Alteuropas durch die Indoeuropäer im 2. Jt. v. Chr. gedeutet, von → Dumézil dagegen als Widerspiegelung eines sozialen Konflikts zwischen dem krieger. Fürstengefolge und dem Bauerntum in der indoeurop. Gesellschaft. Zu den A. zählen die bedeutendsten nordischen Götter wie → Odin, → Thor, → Týr, → Balder, → Loki oder → Höðr, zu den Asinnen → Frigg, Iðunn u. a. → Gottesvorstellungen, → Indogermanen, → Mythos. US

Lit.: G. Dumézil, Tarpeia, 1947. – H. Kuhn, Art. »A.«, in: RGA 1, ²1973, 457–58. – O. Gschwantler, Art. »A.«, in: LexMA 1, 1980, 1104–06.

Ashoka Maurya (sanskr. Aśoka M., pāli Asoka Moriya), dritter Herrscher der Mauryas, der ca. 268–236 oder 232 v. Chr. ein nordind. Großreich beherrschte. Nach der Tradition nahm A. 261, nachdem er Kalinga (Orissa) blutig erobert hatte, Abstand von weiteren Feldzügen und regierte sein Reich nicht mehr mit Gewalt, sondern mit Tugend (→ dharma). Seine zahlreichen Fels- und Säulenedikte sind buddh. beeinflusst: Gewaltlosigkeit (→ ahimsā), Freigebigkeit, öffentliche Wohlfahrt, Verzicht auf Tieropfer und eine weitgehend vegetar. Ernährung stellt A. darin als seine Ideale dar. Unklar ist, ob er mit dem Buddhismus nur sympathisierte oder sogar buddh. Laie wurde. Er soll sich in Streitigkeiten innerhalb des buddh. Ordens eingemischt und so sein Auseinanderbrechen verhindert haben. Des Weiteren schickte er Gesandte in angrenzende Länder, um zur Verbreitung des Buddhismus beizutragen. Gemäß der Tradition der Theravādins (→ Theravāda) war A. der Initiator des dritten buddh. Konzils in Pātaliputra ca. 250 v. Chr. AM

Lit.: E. Hultzsch, Inscriptions of A., 1925. – R. Thapar, A. and the Decline of the Mauryas, 1961. – U. Schneider, Die großen Felsenedikte Aśokas, 1978. – J. S. Strong, The Legend of King A., 1983.

Āshram(a) (von sanskr. āśrama = Einsiedelei, Lebensstufe). (a) Stätte für Meditationen, Asketenherberge, Kloster (→ Kultort/Kultbau); (b) Bezeichnung für vier hinduist. Lebensstufen: brahmachārin (Schüler), grihastha (Hausvater), vanaprastha (Waldsiedler) und Asket (→ samnyāsa). AM

Lit.: zu (b): P. Olivelle, The Ā. System, 1993.

Ashtamangala (von sanskr. aṣṭamaṅgala = acht Glückszeichen), acht glückverheißende kultische Gegenstände und Symbole, im → Buddhismus auch Kostbarkeiten genannt, z. B.: Schirm, zwei Fische, Muschelhorn, Lotosblüte, Wasserkrug, Fahne, Knoten und Rad. AM

Ashvaghosha → Buddhacharita.

Ashvins (von sanskr. āśvin = Pferdebesitzer), ursprünglich pferdegestaltige, den antiken Dioskuren verwandte Zwillingsgötter der altind. Mythologie. → Hinduist. Pantheon. AM

Asidäer (Hasidäer, von aramäisch-griech. asidaîoi/hebr. ḥasīdīm = Fromme), jüd. Gruppierung, die sich im Makkabäeraufstand dem Mattatias angeschlossen hatte (1 Makk 2,42). Die A. spielten in der Forschung zur jüd. Geschichte eine beträchtliche Rolle: Man nahm an, dass sie sich um 150 v. Chr. in → Pharisäer und → Essener aufspalteten. Das Wenige, was tatsächlich zu erheben ist, deutet darauf hin, dass die A. einer konservativ-religiösen jüd. Strömung der Makkabäerzeit angehörten, mit Verbindungen zur Oberschicht und zu den »Schriftgelehrten«. Zumindest ein Teil von ihnen kämpfte auf Seiten der → Makkabäer, zog sich aber bald wieder zurück, nachdem wesentliche Ziele erreicht schienen. KVS

Lit.: M. Hengel, Judentum und Hellenismus, 1969, [3]1988. – G. Stemberger, Pharisäer, Sadduzäer, Essener, 1991, 91–98.

Askese (von griech. áskēsis = Übung), ein oft, aber nicht immer religiös motivierter dauerhafter Verzicht auf ein angenehmes Leben; eine bewusste und planvolle Form der Selbstverleugnung durch die Kontrolle von → Körper, Sprache und Gedanken, u. a. ausgedrückt durch ein Leben in Keuschheit (→ Zölibat), → Armut und Abgeschiedenheit, durch → Gelübde und Kasteiungen, → Fasten, → Schweigen oder Pilgerschaft. Asketen organisieren sich oft in → Sekten- oder Ordensgemeinschaften (→ Mönch/Mönchtum).

I. Verbreitung und Herkunft. Während → Zoroastrismus, das klassische Griechenland (→ Antike), die → röm. Religion und der → Konfuzianismus, weitgehend auch → Judentum und → Islam einer lebenslangen, selbstquälerischen A. eher ablehnend gegenüberstehen, blicken → Buddhismus, → Jainismus, → Hinduismus und das kath. → Christentum auf eine lange Geschichte der Entsagung zurück. Indien gilt schon seit der Antike als das klassische Land der Büßer und »nackten Weisen« (Gymnosophisten), wie die Griechen die Asketen nannten (→ Yoga, → samnyāsa). Vermutlich entwickelte sich eine asket. Lebensweise in Indien im 6. Jh. v. Chr. in der Begegnung zwischen einwandernden »arischen« Stämmen und der indigenen Bevölkerung – die altind. Zeit (bis etwa 800 v. Chr.) kannte keine Asketen – sowie auf dem Boden einer beginnenden Überschuss-Wirtschaft. Die frühen asket. Bewegungen – darunter der histor. Buddha Shākyamuni mit seinen Anhängern oder Mahāvīra, der Begründer des Jainismus, einer extrem asket. Religion – waren gegen die → Brahmanen und deren Opferritualismus, damit also auch gegen den → Veda und das Hausfeuer gerichtet. Gleichwohl bildet für die hinduist. Asketen das Feuer den Mittelpunkt des Sektenlebens: sanskr. → tapas bedeutet »Hitze« und »Askese«.

II. Charakteristik. (1) Wenn das Leben der normalen Menschen Sterblichkeit und → Leid bedeutet, dann, so wird in asket. Kreisen argumentiert, muss ein anomales Leben → Unsterblichkeit und Leidlosigkeit bringen. Folgerichtig sehen sich Asketen oft in Opposition zu den gewöhnlichen Sterblichen: Ihren Körper, an dem sich die Zeichen von Alter, Gebrechlichkeit und Tod am deutlichsten manifestieren, halten sie für eine Hülle, die sie ignorieren, indem sie sich bisweilen grausam kasteien. Es gibt glaubhafte Berichte über Asketen, die sich lebendig begraben ließen, die nackt im eisigen Himalaya auf Wanderschaft waren oder die wie der christl.-syrische Asket Simeon (390–459) dreißig Jahre unbeweglich auf einer neun Meter hohen Säule verharten. (2) Weitere Oppositionen: Normale Menschen benötigen Nachkommen, Asketen leben keusch, sie sind »Eunuchen bzw. Ehelose um des Himmelsreiches willen« (Mt 19,12). Normale Menschen essen Mahlzeiten, Asketen fasten oder ernähren sich in Monodiäten, z. B. nur von Milch. Als »toter, unsterblicher« Mensch braucht der Asket eigentlich keine Nahrung, und tatsächlich hungern sich Jaina-Mönche mitunter zu Tode. Normale Menschen arbeiten, Asketen betteln. Normale Menschen haben eine feste Bleibe, das »Zuhause« der Asketen ist die ewige Wanderschaft. Normale Menschen haben eine Frisur, Asketen scheren ihr Kopfhaar oder schneiden es nicht ab. Normale Menschen tragen Kleidung, Asketen nur einen Lendenschurz oder Lumpen oder sind nackt bzw. »luftgekleidet«, wie man in Indien auch sagt. (3) Aufgrund der Opposition zwischen dem leidvollen asket. Weg und dem angestrebten Ziel der Freiheit von den Leiden des Daseins ist vielfach von Paradoxien oder Ambivalenzen der A. die Rede. Aber nur in der Mytho-Logik ist das Verschmelzen von Gegensätzen möglich. Ein Gott wie → Shiva kann der Gott der A. und zugleich glühender Liebhaber seiner Gefährtin Parvati sein. In der Alltagswelt verstrickt sich einer, der

Mensch und Gott sein will – Max → Weber nannte den asket. Anspruch auf Unsterblichkeit Selbstvergottung –, in Widersprüche: »Weil Götter unsterblich sind, ist es anomal, wenn ein Gott (eine Göttin) sich sexuell fortpflanzt. Weil Menschen sterblich sind, ist es anomal, wenn ein Mann (eine Frau) sich nicht sexuell fortpflanzt. Folglich ist es für einen Gottmenschen anomal, wenn er sich sexuell fortpflanzt, und es ist ebenso anomal, wenn er sich nicht sexuell fortpflanzt« (E. Leach). Wegen solcher Widersprüche steht die A. oft als zu äußerliche Form von Religiosität in der Kritik. (4) Die Motive für ein Asketenleben sind vielfältig. Oft ist eine persönliche oder soziale Krise der Anlass, ebenso wichtig sind aber auch spirituelle Gründe: die Suche nach → Erlösung und Befreiung, der Wunsch nach Nähe zu einem Gott oder das Bestreben, das oft asket. Leben eines Religionsstifters nachzuleben (z. B. in der imitatio Jesu). Der Einfluss eines charismat. Führers (→ Guru) oder die Geborgenheit in einer Sektengemeinschaft sind ebenfalls nicht zu unterschätzen. (5) A. ist vielfach magisch (→ Magie) oder selbstbezogen: der Asket will nicht ein besserer, sondern ein mächtigerer, befreiter, erlöster Mensch werden. Ethische Formen der A. wie im Buddhismus, → Protestantismus oder → Neohinduismus stellen hingegen pflichtgemäße Tatausführungen, die Arbeit oder den Dienst am Nächsten in den Vordergrund. Die Spannung zwischen selbstbezogener und ethischer A. drückt sich in den gegensätzlichen Idealen von Anachorese (Einsiedelei) und Koinobitentum (→ Mönchtum) aus. In indischer A. wird das Ideal des individuellen Rückzugs höher bewertet, während im Christentum religiöses Leben eher als Gemeinschaftsleben erwartet wird.

III. Säkulare A. Der Religionssoziologe Max Weber arbeitete eine säkularisierte Form von A. heraus, indem er im Vergleich des Protestantismus mit anderen Weltreligionen zwischen innerweltlicher und außerweltlicher A. unterschied. Im puritan. Protestantismus Calvins (1509–64) sei Arbeit zum Zweck des Lebens geworden; die Kritik am kath. Mönchswesen habe zum Verständnis von Arbeitsunlust als Sünde, Betteln als Versagen und Armut als Krankheit geführt. Die Arbeitsethik zum Ruhme Gottes (in maiorem Dei gloriam) hält Werte wie Ordnung, Gewissenhaftigkeit, Nützlichkeit und Rationalität hoch. Nicht aber, so M. Weber, durften die Früchte der Arbeit ohne weiteres genossen werden: Was erwirtschaft wurde, musste wieder investiert werden. Aus dieser Verbindung von protestant. Arbeitsamkeit und asket. Sparsamkeit sei der → Kapitalismus entstanden. AM

Lit.: M. Weber, GARS, Bde. 1–2, 1922, darin bes.: Die protestant. Ethik u. der Geist des Kapitalismus, Die protestant. Sekten u. der Geist des Kapitalismus, Einl. in die Wirtschaftsethik der Weltreligionen sowie Hinduismus und Buddhismus, in: MWGA/MWS I. 18–20. – L. Dumont, World Renunciation in Indian Religions, in: Contributions to Indian Sociology 4 (1960), 33–62. – E. Leach, Kultur und Kommunikation, 1978. – P. Brown, Die Keuschheit der Engel. Sexuelle Entsagung, A. u. Körperlichkeit im frühen Christentum, 1988. – P. Olivelle, Saṃnyāsa-Upaniṣads. Hindu Scriptures on Asceticism and Renunciation, 1992. – J. Bronkhorst, The Two Sources of Indian Asceticism, 1993. – A. Michaels, Die Kunst des einfachen Lebens. Eine Kulturgeschichte der A., 2004.

Assassinen (von arab. ḥaššāšīyūn = Haschischverzehrer), polem. Begriff, der in der Kreuzzugszeit auf eine um 1090 entstandene Gruppe der → Ismāʿīlīya angewandt wurde. RS

Aššur, Nationalgott der Assyrer, dessen theolog. Bedeutung eng mit der polit. Expansion des assyr. Reiches zusammenhängt; im 2. Jt. v. Chr. werden vermehrt Eigenschaften Enlils auf ihn übertragen, dennoch findet er anders als → Marduk kaum Eingang in die Volksfrömmigkeit. MH

Lit.: W. G. Lambert, The God A., in: Iraq 45 (1983), 82–86. – S. A. Holloway, A. is King! A. is King!, 2002.

Assyrische Kirche des Ostens. I. Begriff. Die Bezeichnung für die ostsyr. Kirche in Iran und → Zentralasien bis nach China stammt aus dem 19. Jh. und war zunächst eine Fremdbezeichnung anglikan. Missionare in Nordwestiran, um den Ausdruck Nestorian. Kirche zu vermeiden, der sachlich unpräzise und negativ konnotiert war. Die von den Gläubigen der A. K. aufgegriffene Bezeichnung hat in den letzten Jahrzehnten identitäts- und kulturstiftende Funktion gewonnen, z. T. mit histor. falschem Rückbezug auf die Assyrer in Nordmesopotamien (1. Jt. v. Chr.).

II. Geschichte. Das syrische Christentum gelangt über Edessa und Nisibis Mitte des 2. Jh.s nach Persien; Anfang des 3. Jh.s sind nach der Chronik von Arbela über 20 Bischöfe in Persien bezeugt. Kriegszüge der Sasaniden bringen um 260 griech. Christen aus Antiochien und Kleinasien nach Persien, unter Šabuhr II. (309–79) kommt es Mitte des 4. Jh.s zu Christenverfolgungen. Daraufhin verselbständigen sich die ostsyr. Christen gegenüber Byzanz, auch bewirkt durch die Verurteilung des Nestorios auf dem Konzil von Ephesos (431). Auf zwei ostsyr. Synoden 484 und 486 wird offiziell das nestorian. Glaubensbekenntnis angenommen, was zugleich die endgültige Trennung vom Patriarchat von Antiochien bedeutet. Der Metropolit von Seleukia-Ktesiphon wird als Katholikos zum Oberhaupt der gesamten A. K. In der polit. schwierigen Zeit zu Beginn des 7. Jh.s ist → Babai der Große bestimmend für die strukturelle und theolog. Entwicklung der A. K. Es beginnt eine Missionstätigkeit über Ostiran (Samarkand, Marw) und die nördliche Seidenstraße bis China (→ Alopen). Zur Zeit der frühen Islamisierung Irans kann sich die A. K. gut entfalten, seit der 2. Hälfte des 8. Jh.s gewinnen Christen Einfluss am Hof der ʿAbbāsiden in Bagdad (→ Timotheos). Die Vermittlung griech.-antiker Bildung durch assyr. Christen an arab. Gelehrte ist Grundlage dafür, dass antikes Erbe über das muslim. Spanien im Mittelalter wieder nach Europa gelangt. Seit dem 8. Jh. ist die A. K. organisator. auch in Zentralasien fassbar, Sogdier werden wichtige Träger der weiteren Verbreitung bis ins Tarim-Becken und der Schaffung von → Iran.-christl. Literatur. Um 1000 nehmen Turkstämme dieses Christentum an, gegen Ende des 13. Jh.s setzt jedoch der Niedergang ein: Unter Timur Lenk (1360–1405) verschwindet die Kirche bis auf geringe Reste, v. a. im kurdischen Bergland. Gegenwärtig existieren kleine Gemeinden der A. K. sowie von → Chaldäischen Christen im Nordirak, Iran, Syrien, Indien sowie zunehmend in der Diaspora in Amerika und Europa. MH

Lit.: A. R. Vine, The Nestorian Churches, 1937. – R. E. Waterfield, Christians in Persia, 1973. – S. Gerö, Barsauma of Nisibis and Persian Christianity in the Fifth Century, 1981. – M.-L. Chaumont, La christianisation de l'empire iranien, 1988. – S. H. Moffett, A History of Christianity in Asia, Bd. 1, 1992. – G. L. Semenov, Studien zur sogdischen Kultur an der Seidenstraße, 1996, 57–68. – M. Hutter, Shirin, Nestorianer u. Monophysiten, in: R. Lavenant (Hg.), Symposium Syriacum VII, 1998, 373–86. – I. Gillman/H.-J. Klimkeit, Christians in Asia before 1500, 1999. – W. Baum/D. W. Winkler, Die Apostol. Kirche des Ostens, 2000. – W. Klein (Hg.), Syrische Kirchenväter, 2004.

Assyrische Prophetien, Offenbarungen (häufig von der Stadtgöttin Ištar von Arbela) mit Heils- und Beistandsverheißungen an den assyr. König (8.–7. Jh. v. Chr.), meist als Antwort auf Orakelanfragen (→ Divination). → Mesopotam. Religionen. MH

Lit.: S. Parpola, Assyrian Prophecies, 1997.

Astarte, → Göttin im Alten Syrien. Sie bildet das Modell für die griech. → Aphrodite, daher auch die sakrale Prostitution. Die Beziehung zur babylon. → Ištar und zur → Aschera sind nicht geklärt. CA

Astralkult. Die Verehrung von Gestirnsmächten durch religiösen Ritus ist als Sonderzweig der → Astrologie anzusprechen. A. ist in vielen Kulturen zu belegen, v. a. die Huldigung an → Sonne und → Mond ist religionsgesch. von Bedeutung. In Mesopotamien weit verbreitet, von → Platon (*Timaios* 41c–d und *Nomoi* 821b–d) ausdrücklich verlangt und in der röm. Kaiserzeit mit der Solarisierung des Staatskultes vertreten, ist dem A. eine wichtige Rolle in der antiken Religionsgeschichte zuzuschreiben. Im monotheist. Kontext entstand eine breite Opposition gegen den A., v. a. die biblischen Propheten wendeten sich dagegen. Doch unter Verzicht auf die Gleichsetzung der Gestirne mit den Göttern war auch eine jüd.-christl. Astralpraxis möglich, v. a. in der → Magie und im → Manichäismus. → Kult. KVS

Lit.: F. X. Kugler, Sternkunde und Sterndienst in Babel, 1907–24. – H. Greßmann, Die hellenist. Gestirnreligion, 1925. – W. Gundel, Sternglaube, Sternreligion und Sternorakel, 1933.

Astralreligion, histor. ungenaue Bezeichnung für ein theosoph.-philosoph. Konzept der → Antike, das oriental. und hellenist. Mythen und Kulte mit den Gestirnen verband. Eine A. mit geschlossener Lehre und Institution hat es nie gegeben. → Astralkult, → Astrologie. KVS

Astrologie (griech. astrología = Sternkunde), Lehre vom Zusammenhang zwischen Tierkreis (Zodiak), den Bewegungen der Gestirne bzw. Planeten und der irdischen Sphäre.

I. Allgemein. Die A. fragt nur teilweise nach dem kausalen Einfluss der Astralebene auf die Welt. Meist liegt ihr vielmehr ein Entsprechungsdenken zugrunde, nach dem die Gestirne Kräfte symbolisieren, die gleichzeitig auf anderen Ebenen der Wirklichkeit anzutreffen sind

(»Wie oben, so unten«, → Mikro-/Makrokosmos). In den Bewegungen von → Sonne, → Mond und Planeten zeigt sich eine immer wechselnde Dynamik von Kräften, deren Entsprechungen die A. untersucht. Deshalb kann die A. auch als »gedeutete Zeit« betrachtet werden. Das Horoskop als wichtigstes Werkzeug ist dabei die Momentaufnahme eines bestimmten Zeitpunkts (Geburt, Vertragsabschluss etc.), dessen Eigenschaften von der A. beschrieben werden. Spezialisierte Zweige der A. thematisieren unterschiedliche Korrespondenzen: die Entsprechungen zwischen Astralebene und Ländern, Völkern, Städten (Mundan-A.), die Korrespondenzen auf individueller Ebene (Geburtshoroskopie, Genethlialogie), auf körperlicher und medizin. Ebene (Melothesie) und die Bestimmung günstiger Zeitpunkte für polit. oder wirtschaftliche Unternehmungen (Katarchen-A.).
II. Geschichte. (1) Histor. nahm die A. ihren Ausgang im Mesopotamien des 3. Jt.s v. Chr., wo sie als ausgesprochene Priesterdisziplin im 2. Jt. v. Chr. erste große astrolog. Kompendien hervorbrachte (die Keilschrifttafeln MUL.APIN und *Enūma Anu Enlil*). Der Zodiak als feste Bezugsgröße mit zwölf gleich großen, nun von den Sternbildern unabhängigen Sternzeichen wurde nach 500 v. Chr. eingeführt. In der Folgezeit verband sich die mesopotam. mit der griech. A. und brachte jene »klassische« westliche Sternkunde hervor, die im Werk *Tetrabiblos* von Klaudios Ptolemaios (2. Jh. n. Chr.) ihre antike Vollendung fand. (2) Die A. wurde durchgängig auch in Judentum, Christentum und Islam gepflegt, doch bemühte man sich dort, sie von → Astralkult und determinist. Konzepten zu trennen. Durch muslim. Gelehrte (darunter Abū Maʿshār, 787–886, und Ali ben Ragel, ca. 1016–62) wurde die A. in der europ. → Renaissance neu belebt, und ihre enge Verbindung zu → Hermetik und → Alchemie machte sie zu einer Kerndisziplin esoter. Denkens. Unter den neuzeitlichen Astrologen sind bes. G. Cardano (1501–76) und J. Kepler (1571–1630) zu erwähnen. (3) Während die A. in den meisten europ. Ländern zwischen 1600 und 1800 in eine Krise geriet, wurde sie in England durchgehend gepflegt und gelangte von dort um 1900 zurück auf den Kontinent. Im 20. Jh. kam es unter dem Einfluss der Lehre C. G. → Jungs zur Entwicklung einer psycholog. A. (4) In → Buddhismus und → Hinduismus gehörte die A. seit jeher zum Kernbestand religiöser Theorie und Praxis und entwickelte sich zu einer hochkomplexen Wissenschaft, die als wichtige Beraterin in Politik und Wirtschaft auftritt (→ Feng shui). In Lateinamerika entwickelten v. a. die → Maya ein eigenes System der A., das bis heute praktiziert wird. KVS

Lit.: A. Bouché-Leclercq, L'Astrologie Grecque, 1899. – F. Boll, Sternglaube und Sterndeutung. Die Geschichte u. das Wesen der A., 1918, [6]1974. – W. u. H. G. Gundel, Astrologumena. Die astrolog. Literatur in der Antike u. ihre Geschichte, 1966. – W. Knappich, Geschichte der A., 1967, [2]1988. – T. Barton, Ancient Astrology, 1994. – J. H. Holden, A History of Horoscopic Astrology. From the Babylonian Period to the Modern Age, 1996. – K. von Stuckrad, Geschichte der A. Von den Anfängen bis zur Gegenwart, 2003.

Asura (sanskr. = Dämon), im Rigveda (→ Vedische Literatur) noch eine Bezeichnung für Götter, im klassischen Hinduismus für heftig bekämpfte Götterfeinde. → Gottesvorstellungen, → Zwischenwesen. AM

ʿĀšūrāʾ (wohl von hebr. ʿāśōr = zehnter [Tag]), islam. Name für den freiwilligen Fastentag am 10. Muḥarram, dem ersten Monat des islam. Jahres. ʿĀ. entsprach einerseits dem entsprechenden jüd. Sühnetag, andererseits passte er sich in vorislam. Traditionen über die bes. kultische Bedeutung der ersten zehn Tage des Mondjahres (→ Kalender) ein. In der islam. Theologie wurde ʿĀ. als Merkmal der abrahamit. Gemeinschaftsidee angesehen. ʿĀ. wird als Vorläufer des Fastens im Monat → Ramaḍān aufgefasst (Koran 2/183, 185), das im zweiten Jahr der → hiǧra (d. h. Februar/März 624) verbindlich wurde. In der schiit. Tradition (→ šīʿa) wird ʿĀ. als Teil der Muḥarram-Feierlichkeiten als ein Gedenktag an den 10. Muḥarram des Jahres 61 hiǧra gedeutet, an dem im Rahmen von Prozessionen (taʿziya) und öffentlichen Gebeten an die Ermordung von → Ḥusayn b. ʿAlī im Oktober 680 in Kerbela (Irak) erinnert und Buße für die angebliche Indifferenz der damaligen schiit. Gemeinden angesichts der Ermordung bekundet wird. RS

Lit.: M. M. Ayoub, Redemptive Suffering in Islam, 1978.

Asyl (von griech. ásylon = Freistätte). (1) Das A.-Recht bietet die Möglichkeit, gegen das gesetzte Recht einen Schutz vor legaler Verfolgung zu finden, indem ein Mächtiger dafür sorgt, dass ein Freiraum gewährt wird, um die Legitimität der

Verfolgung zu prüfen. Nach den Erfahrungen des Zweiten Weltkriegs bemühten sich die Vereinten Nationen 1948 darum, dass nicht nur Staaten solch einen Freiraum gewähren oder auch verweigern können, sondern dass jeder Mensch das Recht besitzt, A. fordern zu können. In dieser Form wurde zunächst in das Grundgesetz der Bundesrepublik Deutschland (Art. 16,1) geschrieben: »Polit. Verfolgte genießen A.-Recht.« In der dt. Rechtssprechung wurde in den 1970er Jahren die Auslegung, was als polit. Verfolgung zu gelten habe, sehr weit gefasst, während seit den 80er Jahren durch Ausführungsbestimmungen und das Schengener Abkommen der national begrenzte Freiraum Teil des europ. Bezirks der Bemühung um Ausgrenzung von Migration wurde. (2) Die Institution des A. stellt eine Ausnahme des Anspruchs des Staates dar, seine Gesetzesordnung überall und gegen jeden verbindlich durchzusetzen. Das Kirchen-A. (in den USA: sanctuary) beruft sich auf die antike Einrichtung, Tempel und Kirchen als Zufluchtsorte dem Zugriff von Verfolgern zu entziehen. Diese Herleitung von kirchlicher Immunität, die im Corpus Iuris Canonici von 1917 noch erhoben wurde (CIC 1179 – nicht mehr in der Revision von 1983), widerspricht der Rechtsordnung des modernen Staates. In der Antike wurde die Zahl der Freistätten durch zwischenstaatliche Verträge strikt begrenzt. In vorstaatlichen Ordnungen stellt das A. einen Schutz vor ungerechtfertigter Verfolgung dar: Wenn Geschädigte sich in Selbsthilfe Schadenersatz holen (griech. sylãn), gewährt die Flucht in den Schutz von Mächtigen und insbes. in das Haus Gottes einen Freiraum, weil alles, was im Heiligtum dem Gott gehört, nicht als Schadenersatz weggenommen werden darf (ásylon). Die Asylanten stellen sich – oft lebenslang – unter den Schutz der Gottheit. Weil vorstaatlichen Ordnungen die Möglichkeit fehlte, das Recht auf Schutz durchzusetzen, kursierten dort Erzählungen, wie Gott die Verfolger bestraft. Das darf nicht in dem Sinne missverstanden werden, dass A. ursprünglich ein sakral-magisches Recht gewesen sei. Vielmehr formuliert es in der Sprache der Zeit ein → Menschenrecht. → Fremde/Fremder. CA

Lit.: O. Kimminich, Komm. zum Bonner Grundgesetz GG 16,2, 1983. – C. Auffarth, Protecting Strangers, in: Numen 39 (1992), 193–216. – M. Dreher, Das antike A., 2003.

Atem (etymolog. verwandt mit sanskr. → ātman) gilt in vielen Religionen als Lebenskraft und -prinzip, da mit dem letzten A.-Zug das Leben entweicht (chi, → Pneuma, → prāna). Der A. gilt oft als Zeichen göttlicher Präsenz. A.-Gymnastik und -Kontrolle (→ Yoga) dienen u. a. der spirituellen Konzentration bzw. Vergegenwärtigung (von Gott) und der → Meditation. Mitunter werden auch Wind und A. identifiziert oder zueinander in Beziehung gesetzt. AM

Lit.: F. Rüsche, Das Seelenpneuma, 1933.

Atharvaveda, altind. Textsammlung von Zaubersprüchen u. a. → Vedische Literatur. AM

Atheismus (von griech. á-theos = ohne Gott), Ansicht, es gebe keinen Gott oder keine Götter. Diese Haltung kann sich (a) gegen eine personhafte Vorstellung von Gott richten (→ Theismus), die zu menschlich (anthropomorph) gedacht ist. Dieser A. ist nicht notwendig areligiös, wie etwa → buddh. oder jainist. (→ Jainismus) Konzeptionen beweisen. Daneben steht (b) ein prinzipieller A., der sich seit der → Aufklärung und v. a. im Materialismus des 19. Jh.s ausbildete. Im Sinne einer argumentativen Negation der spekulativen → Theologie wird die Begründung eines Glaubens an Gott oder der Verehrung eines Gottes in Zweifel gezogen. So sprächen etwa die wissenschaftlich erfassbaren Zustände in Gesellschaft und Natur gegen die Existenz eines Gottes (z. B. aufgrund der Ansichten Darwins, 1809–82; → Evolution). Bedeutendste Vertreter dieser Kritik sind → Feuerbach, → Marx, → Nietzsche und → Freud. Aus der Perspektive von Anthropologie, Gesellschaftstheorie, Moralgenealogie und Psychoanalyse zeigt sich Gottesverehrung als ablösbar: Wer das menschliche Wesen als Liebe begreife, die Dialektik der Gesellschaft verstehe, selbst Werte schaffe oder sich den mit dem »Es« verbundenen Lebenskonflikten stelle, benötige keinen »Gott«. Red

Lit.: C. Auffarth, Aufnahme u. Zurückweisung »neuer Götter«, in: W. Eder (Hg.), Die athen. Demokratie im 4. Jh. v. Chr., 1995, 337–65. – C. Auffarth, Art. »A.«, in: DNP 2, 1997, 159f. – W. Schröder, Ursprünge des A. Untersuchungen zur Metaphysik- u. Religionskritik des 17. u. 18. Jh.s, 1998.

Athene, griech. Göttin Athens, die aber auch an vielen anderen Orten verehrt wurde. Sie repräsentiert die Stadt mit den neu aufgenommenen

Bürgern, deren Leidenschaft zum Reiten zu Pferd, die Kunst der Schifffahrt, aber auch die häusliche Arbeit, das Weben und Spinnen der jungen Frauen. Mytholog. ist sie die aus dem Kopf des Vaters – ohne eine der vielen Geliebten – entbundene Tochter des → Zeus, also Personifikation göttlicher Klugheit (griech. mētis).
CA

Lit.: F. Graf, Art. »A.«, DNP 2, 1997, 160–67.

Atīsha (982–1054 n. Chr.), indisch-buddh. Gelehrter, der für die Wiederbelebung des Buddhismus in Tibet von zentraler Bedeutung war. → tibet. Buddhismus. AM

Lit.: H. Eimer, Berichte über das Leben des A. (Dīpaṁkaraśrijñāna), 1977.

Ātman (sanskr., Reflexivpronomen = selbst, und mask. Nomen = das Selbst, → Seele, wahres Ich, etymolog. verwandt mit dt. → Atem), indischer Begriff für verschiedene Seelen- und Subjektvorstellungen: ā. bezeichnet u. a. die Hauchseele (vgl. griech. → Pneuma), ein Seelenmännchen, die (teils transmigrierende) Individualseele (→ jīva), die unsterbliche Geistigkeit im sterblichen Körper oder Geist und Bewusstsein (→ manas, → vijnāna). (1) In den frühen → Upanishaden (ca. 8.–6. Jh. v. Chr.) wurde die Lehre von der Gleichheit der Einzelseele mit der eigenschaftslosen Weltseele bzw. dem Absolutum (→ brahman) aufgestellt, berühmt geworden in der Formel → tat tvam asi (= das bist du). Diese Lehre wurde bes. in der → Advaita-Vedānta-Philosophie zu einem umfassenden Nicht-Dualismus entwickelt. (2) Die → indische Philosophie hat verschiedene ā.-Vorstellungen diskutiert: Danach ist der ā. eine nahezu stoffliche Substanz (dravya), die von ihren Eigenschaften (guna) unterschieden wird (→ Nyāya-Vaisheshika-System). Der ā. kann als rein geistig und als Individualseele (jīvātman) als ident. mit der höchsten Seele (paramātman) angesehen werden (Advaita-Vedānta), oder jīvātman gilt als eine Eigenschaft des paramātman (Vishishtādvaita, Qualifizierter Nicht-Dualismus); im Dvaita (→ Dualismus) haben beide je eigene Merkmale. In bestimmten theist. Richtungen des Hinduismus (→ bhakti) ist der ā. wesensgleich mit Gott (→ īshvara). Im Hīnayāna-Buddhismus wird eine Existenz des ā. ausdrücklich geleugnet (sog. anātman-Lehre, → anātman). Wahrnehmbar ist der unsterbliche, mitunter auch als freudvoll geltende ā. u. a. im traumlosen Tiefschlaf sowie mit den Methoden der gedanklichen Erkenntnis, spirituellen Praxis oder devotionalen Hingabe.
AM

Lit.: E. Frauwallner, Geschichte der indischen Philosophie, 2 Bde., 1953/56. – P. Hacker, Die Idee der Person im Denken von Vedānta-Philosophen, in: Studia Missionalia 13 (1963), 30–52. – L. Schmithausen, Ich und Erlösung im Buddhismus, in: Zs. für Missions- u. Religionswissenschaft 53 (1969), 157–70.

Atramḫasīs-Mythos (von akkad. atram ḫasīs = übergroß an Klugheit), altbabylon. Dichtung: Die Auseinandersetzung zwischen zwei Göttergruppen führt zur Erschaffung der Menschen, deren übergroße Vermehrung durch Plagen und schließlich die → Sintflut von Enlil gestoppt wird, wobei Ea die völlige Vernichtung der Menschheit verhindert; am Ende steht eine neu geordnete Welt. Das Thema der Menschenschöpfung wird im → Enūma eliš weiterverarbeitet, die Sintfluterzählung im → Gilgameš-epos. → Mythos. MH

Lit.: W. G. Lambert/A. R. Millard, Atrahasīs, 1969. – W. von Soden, Der altbabylon. A., in: TUAT 3/4, 1994, 612–45.

Audition (von lat. auditio = das Hören), ein »Hören« mit dem »inneren« Ohr von Lauten, Klängen, Worten, Sätzen, welche die übliche Wahrnehmung übersteigen und als Botschaften einer höheren Macht aufgefasst werden; die A. erscheint in denselben religiösen Kontexten wie → Visionen und hat dieselbe Funktion einer »beweiskräftigen« Bestätigung von Sender, Empfänger und Botschaft: in der Bibel steht häufig eine A. am Anfang der prophet. Sendung. Der arab. → Koran gilt als unveränderlich und autoritativ, weil ihn Muḥammad auf dem Wege der Verbalinspiration empfangen haben soll; in hinduist. lokalen Tempellegenden erscheint die Gottheit und tut ihren Willen kund, an diesem Ort verehrt zu werden. In fernöstlichen Religionen stehen A. zudem im Zusammenhang individueller Spiritualität und bestimmter Heilstechniken (Verselbständigung des Gebets und Empfinden, dass »es betet«, durch ständige Wiederholung einer Formel, ihre Korrelation mit Atem und Herzschlag); der → Yoga hat eine ganze Wissenschaft vom (Ur-)Klang (nādavidyā) und diesbezüglichen Techniken (u. a. Schließen der Ohrmuscheln, um innere Klänge zu hören) entwickelt. → Meditation, → Mystik, → Wahrnehmung. AW

Lit.: H. Mohr, Art. »Vision/A.«, in: MLR 3, 2000, 570–77.

Auditor (lat. = Hörer), Bezeichnung für einen manichäischen Laien im Unterschied zum → Electus. → Manichäismus. MH

Auferstehung (griech. anástasis, lat. resurrectio). Im Unterschied zu anderen Vorstellungen über das Ende des Lebens und die postmortale Existenz wird im Christentum und im Islam ein Leben nach dem → Tod für alle vorgestellt, in welchem dem Verstorbenen eine wesenhafte Identität verbleibt und er über eine Leiblichkeit verfügt. Da der Leib aber verwest, ist umstritten, wie die Körperlichkeit vorzustellen sei. (1) Modell ist die A. Jesu, die aber schon von Paulus (1 Kor 15, bes. 20–22) mit zwei verschiedenen Metaphern beschrieben wird: Gott »weckt Christus auf« (griech. egeíro), oder die Toten sind wie ein Weizenkorn, das, in die Erde gelegt, neu keimt und Frucht bringt. Die Evangelien schwanken zwischen der Darstellung des menschlichen Körpers, in dessen Wunden der ungläubige Thomas seine Hände legen soll (Joh 20,24–29; vgl. Lk 24,36–41), oder einem nichtmateriellen A.-Leib (später »feinstofflich« genannt, d. h. nicht aus den vier Elementen bestehend), wie Maria ihn erfährt, als sie den Auferstandenen nicht umarmen darf: Joh 20,11–18. (2) Im Judentum ist A. in der Hebr. Bibel noch nicht denkbar; die Toten verschwinden in der Unterwelt (→ Scheol). Nur das einmalige Wunder, bei dem der Prophet Ezechiel in Gottes Auftrag das Heer Israels »wieder ins Leben ruft« (Ez 37), kann als eine Sonder-A. verstanden werden. Dabei erschafft Gott die Menschen neu, analog zur Menschenschöpfung durch das Wort in Gen 1,26. Ez 37 ist wiederum das Vorbild für die christl. Vorstellung der universellen leiblichen A. am Ende der Zeiten in der Apokalypse (Apk 20,5f., 11–15). Zur Zeit Jesu und des entstehenden Christentums war im Judentum bei den → Sadduzäern noch die alte Vorstellung vom Verschwinden der Toten lebendig (Mk 12,18–27), während die → Pharisäer das neue Modell der A. propagierten. Im Judentum ist neben dem apokalypt. Motiv, das das universelle Ende hervorhebt (→ Eschatologie), ein anderes zu erkennen: das der Belohnung, die Gott den Kämpfern für seine Religion zuteil werden lässt. Die → Märtyrer werden von Gott direkt in den Himmel aufgenommen. Zuerst ist diese Vorstellung bei den Makkabäern beschrieben (2 Makk 7), sie stammt aber kaum aus jüd. Traditionen, sondern übernimmt eher die griech. Ehrung der für die Stadt gefallenen Helden, die auf diese Weise vergöttlicht wurden. Beide Modelle lassen sich auch im Islam wiederfinden (→ Šahīd). (3) Die Verwischung der Leiblichkeit der A. zugunsten der Vorstellung von einem Kern des Menschen, der den Tod des Leibes überdauere (→ Seele), kommt auf mit dem Wunsch, die christl. Religion in Begriffen der Kultur der antiken Eliten ausdrücken zu können – zum ersten Mal in Tertullians Schrift *De anima* (um 200). Die → Unsterblichkeit der Seele (eine Eigenschaft, die Gott allein zukomme) bleibt im Christentum immer problemat. Um sich von dieser Sicht abzusetzen, entwickelte die evang. Dialekt. Theologie die Theorie vom Ganztod, aus dem Gott allein nach seinem Urteil Menschen neu erschaffen könne. Dennoch ist die Unsterblichkeit der Seele eher das Normalmodell in der Europ. Religionsgeschichte geblieben. → Reinkarnation. CA

Lit.: G. Stemberger, Der Leib der A. Studien zur Anthropologie des palästin. Judentums im ntl. Zeitalter, 1972. – H. Sonnemans, Seele. Unsterblichkeit – A. Zur griech. u. christl. Anthropologie u. Eschatologie, 1984. – C. Auffarth, Der drohende Untergang, 1991, 78–118. – E. Hornung, A. u. Unsterblichkeit, 1993. – C. Auffarth, Irdische Wege u. himmlischer Lohn, 2002, bes. 141–44. – J. Bremmer, The Rise and the Fall of the Afterlife, 2002.

Aufklärung (engl. = enlightenment, franz. = philosophie des lumières).

I. A. als Epoche. (1) Der Begriff bezeichnet zunächst den Zeitraum des 18. und 19. Jh.s, in dem »die Lebensgestaltung aus der Kraft des Gedankens« (E. → Cassirer) im Zentrum polit., literar., philosoph. und theolog. Debatten stand. Diese von der Vernunft geleitete universale Lebensgestaltung zielte auf die Selbstbestimmung der Individuen, die Demokratisierung der Gesellschaft und die Überwindung ungeprüfter Anschauungen und Normen. Sie nahm ihren Ausgang bei der Kritik am dogmatischen Christentum (→ Religionskritik). Die drei Grundpfeiler der A. waren: (a) die Kritik an allen Formen religiös geleiteter und theolog. fundierter Autorität; (b) die Entwicklung eines von naturwissenschaftlichen Erkenntnissen geleiteten Weltbildes; und (c) die Bestrebungen zur polit.

Beteiligung der Bürger im Staat. Das aufklärer. Verständnis von theoret. und praktischer Vernunft bildete ein verbindendes Prinzip der Harmonie, das nach Maßgabe des freien Handelns auf einem grenzenlosen Markt darauf vertraute, dass sich alle Kräfte zum Guten regeln ließen. (2) (a) Dieses verbindende Vernunftprinzip ging zurück auf das Konzept einer »prästabilisierten Harmonie« von G. W. → Leibniz, der darunter jedoch noch eine von Gott hervorgerufene harmon. Übereinstimmung von Leib und → Seele verstanden hatte. (b) Ein exemplar. Projekt der A. in Frankreich ist die große Enzyklopädie von Diderot (1713–84) und D'Alembert (1717–83). Sie erfasste in 35 Bänden (1751–84), an denen ca. 200 Mitarbeiter beteiligt waren, das → Wissen der Zeit aus Handwerk und Medizin, Politik und Mathematik, Archäologie und Zoologie. Ihr Bestreben war es, die Gesamtheit des Wissens zum praktischen Nutzen aller Menschen darzustellen. (c) Repräsentativ für die dt. A. ist das philosoph. Werk von I. → Kant mit den drei »Kritiken« (*Kritik der reinen Vernunft*, 1781; *Kritik der praktischen Vernunft*, 1788; *Kritik der Urteilskraft*, 1790) im Zentrum. Kants Definition der A. als »Ausgang des Menschen aus seiner selbstverschuldeten Unmündigkeit« war religionsgesch. ebenso einflussreich wie sein Gottesbegriff: Bei dem Begriff Gott handle es sich um eine transzendentale Idee, die jede mögliche Erfahrung übersteige und deshalb grundsätzlich nicht bewiesen werden könne. Jedoch sei sie deshalb nicht überflüssig. Die praktische Vernunft könne auch eine Anerkennung von nicht beweisbaren Behauptungen verlangen: dass Gott existiert, dass die Seele unsterblich ist und dass wir im Blick auf unser Handeln frei sind. Diese unbeweisbaren Postulate erfüllten notwendige regulative Funktionen im sozialen Leben. (d) Einer der wegweisenden Vertreter der dt. A. war G. E. → Lessing, in dessen Werken der Gedanke der → Toleranz und die Zusammenführung von Geschichte und Religion (*Die Erziehung des Menschengeschlechts*, 1779) in einem aufgeklärten Christentum im Mittelpunkt standen. (e) Wichtiger Vertreter der A. war auch M. → Mendelssohn. Er wies als einer der Ersten nachdrücklich auf einen »Missbrauch der A.« hin: »Missbrauch der Aufklärung schwächt das moral. Gefühl, führt zu Hartsinn, Egoismus, Irreligion und Anarchie«. (3) (a) Schwer erschüttert wurde das aufgeklärte Europa durch das Erdbeben des Jahres 1755 in Lissabon, bei dem ca. 30.000 Menschen starben. Auf die Nachricht von der unfassbaren Zerstörung und dem unvorstellbaren Leid reagierten die Aufklärer von Kant bis → Voltaire auf sehr unterschiedliche Weise. Ein allgemeiner Grundtenor ist jedoch festzustellen: Alle Autoren wiesen kategor. jede religiöse Deutung der Katastrophe als Strafgericht ab. Gleichzeitig machte dieses Ereignis, ebenso wie die Franz. Revolution nach 1789, die Aporien der A. deutlich. Die Lebensgestaltung einer Zivilisation, die ihre Macht in prosperierender Absicht nur auf den menschlichen Verstand gründete, stieß stets dort an ihre Grenzen, wo sie erkennen musste, dass es auch eine nicht von Menschen geleitete und geschaffene → Natur gab und menschliche Vernunftgesetze nicht für alles und jedes gültig waren. So bildete ein Krisenbewusstsein nicht nur eine Folge der A., sondern war ihrem Prozess ständig immanent. (b) Als radikaler Kritiker der A. kann der Marquis de Sade (1740–1814) gelten, dessen Werke unter abenteuerlichen Umständen in langen Jahren der Haft entstanden. Sade entwarf phantasmagor. Gegenbilder zur A., in denen er das Individuum als ein von seinen Bedürfnissen und Leidenschaften zerrissenes Wesen zeigte, unfähig, sich in den Dienst der Gemeinschaft zu stellen, und unfähig, seinen selbstgewählten Vernunftidealen zu folgen. Die extensive Darstellung sexueller Exzesse und Grausamkeiten (z. B. in »120 Tage von Sodom«) ist bestimmt durch die Frage nach dem sündigen und schwachen, dem unfähigen und bedürftigen Menschen, der wider alle vernunftbestimmten Maximen handelt. Mit dem Gestus der »A. über die A.« widerlegt de Sade Grundlagen christl. Moral und die z. B. von J. J. → Rousseau vertretene Annahme, Mensch und Schöpfung seien im Grunde gut.

II. A. als Prozess. Die Grenzen der A. aufzuzeigen und ihre Widersprüche nachzuzeichnen, ist ein wichtiges Kennzeichen der Selbstreflexion in der nachaufklärer. Philosophie von A. → Schopenhauer über F. → Nietzsche bis hin zu Horkheimer/Adorno und ihrer bis heute folgenreichen *Dialektik der Aufklärung* (1944). (1) M. → Horkheimer und T. W. Adorno (1903–69), die Gründer der »Frankfurter Schule«, sahen in einer von der Vernunft geleiteten A. vor dem Hintergrund des 20. Jh.s mit seinen Weltkriegen und der Vernichtungspolitik des Nationalsozialismus retrospektiv einen Versuch des Bürger-

tums, an die Macht zu kommen, um im Namen von Freiheit und Selbstbestimmung ungehemmte wirtschaftliche Kräfte entfesseln zu können. Sie folgerten daraus einen Umschlag der A. in ihr Gegenteil, in die Barbarei. Am homer. → Mythos des Odysseus skizzierten sie die Verstrickung des Heros in die Bande einer rücksichtslos ausgelebten bürgerlichen Individualität und deren schuldhafte Folgen. Die Folgen eines solchen Umschlagens von A. in Barbarei analysierten Horkheimer/Adorno am Beispiel des → Antisemitismus und der Kulturindustrie. (2) Der Prozess der A. ist unabgeschlossen, weil er einerseits die Vorstellungen von Freiheit, Selbstbestimmung und Toleranz weiterhin zur Geltung bringt, andererseits aber den Folgen von Naturzerstörung und globaler Fehlentwicklung gegenübersteht. Vor diesem Hintergrund spielt die Religionswissenschaft eine bes. Rolle. Sie kann dazu verhelfen, »die Topographie der unbewältigten Ambivalenzen« (K. Heinrich) im Prozess der A. zu erfassen und darzustellen, und kann in die Lage versetzen, in den der A. immanenten Erlösungs- und Heilsaspekten nicht bloße Indizien für eine schuldhafte Verstrickung zu erkennen, sondern diese auch in einem Prozess des Ringens um Freiheit und menschliche Heilserwartungen ständig neu zu akzentuieren. Enttäuschungen und Niederlagen in diesem Prozess können dargestellt und neu gewichtet werden. (3) Die → Pluralisierung der modernen Welt führt zu starken Spannungen, die für einige Theoretiker nur mit der Konstruktion eines → Polytheismus erfassbar scheinen. Von einem krisenhaft verlaufenden Prozess der A. sind alle Aspekte des menschlichen Lebens berührt, von der Zeugung im Reagenzglas bis hin zu der elementaren Frage der Euthanasie. Der mit Krieg und Vernichtung verbundenen Drohung einer universalen Selbstzerstörung lässt sich nur mit den Mitteln einer A. begegnen, die ihre eigenen Ursprünge erkennt, kritisch reflektiert und spannungsvolle analyt. Einsichten entwickelt.
MB

Lit.: E. Cassirer, Philosophie der A., 1932. – M. Horkheimer/T. W. Adorno, Dialektik der A., 1949. – O. Marquard, Lob des Polytheismus. Über Monomythie und Polymythie, in: Ders. (Hg.), Abschied vom Prinzipiellen, 1981, 91–116. – H. Lübbe, Religion nach der A., 1986. – A. Beutel, Lichtenberg und die Religion, 1996. – J. Assmann, Moses der Ägypter. Entzifferung einer Gedächtnisspur, 1998. – U. Löffler, Lissabons Fall – Europas Schrecken, 1999. – K. Berghahn, Grenzen der Toleranz. Juden und Christen im Zeitalter der A., 2000, [2]2001. – J. I. Israel, Radical Enlightenment: Spinoza, 2001.

Augenblicksgötter, ein von H. → Usener (1834–1905) im Rahmen von inzwischen überholten evolutionist. Modellen (→ Entwicklung) aus der griech.-röm. Mythologie abgeleiteter Begriff; als engl. momentary gods neuerdings Selbstbezeichnung neopaganer Gruppen im Internet.
GA

Auguren, in der röm. Religion Spezialisten, die aus Zeichen, v. a. dem Flug der Vögel (lat. aues, daher auspicium = [Beobachtung der] Vorzeichen; Bedeutung von augurium unklar), dem Blitz und dem Picken der hl. Hühner, den Willen der Götter lesen können (→ Divination). Ihr Kennzeichen ist ein Krummstab (lat. lituus). Auspizien wurden eingeholt vor jeder polit. Beratung, vor Einweihungen von Tempeln, der Einführung von Amtsträgern und vor Feldzügen (inauguratio). Ungünstige Auspizien konnten die geplante Handlung nur um einen Tag aufschieben, nicht verhindern. Das »Lächeln der A.« ist sprichwörtlich für religiöse Funktionäre, die das Ritual manipulieren und dabei auf den Glauben der Nichtwissenden rechnen können (Cicero, *De divinatione* 2,51). → Kommunikation.
CA

Lit.: G. Wissowa, Religion u. Kultus der Römer, 1902, [2]1912, 523–34. – B. Gladigow, Konkrete Angst u. offene Furcht. Am Beispiel des Prodigienwesens in Rom, in: H. von Stietencron (Hg.), Angst u. Gewalt. Ihre Präsenz u. ihre Bewältigung in den Religionen, 1979, 61–77. – D. Briquel, Art. »Augures«, DNP 2, 1997, 279–81.

Aum Shinrikyō, eine relativ kleine → neue Religion Japans, die durch die kriminellen Handlungen der Führungsgruppe, z. B. das Saringas-Attentat in der U-Bahn in Tokyo (1995) und verschiedene Morde, bes. Aufmerksamkeit auf sich zog. Die Religion wurde 1984 durch Shōkō Asahara gegründet und verband Meditationspraktiken mit Endzeitvorstellungen, die fatale Konsequenzen hatten. MP

Aurobindo, Srī → Srī Aurobindo.

Ausschluss. Rigorose religiöse → Gemeinschaften mit strikter Ethik entwickeln Verfahren des A. Mitglieder, die sich nicht an die Regeln halten, dürfen nicht mehr am Leben der Gemeinschaft teilnehmen (Exkommunikation) und werden neben anderen Strafen (bis hin zum – oft nur symbol. – Todesurteil) vom Heil ausgeschlossen; Beispiele aus dem christl. Bereich sind anáthema (nach Gal 1,9) und das kath. Interdiktum. In der Autorisierung menschlicher Urteile als gültig für jenseitige Strafe beruft sich die Kirche auf die Schlüsselgewalt, die Christus dem Petrus als »erstem Papst« übertragen habe (Mt 16, 19). → Fluch, → Gemeinde. CA

Australien. (1) Der austral. Kontinent wurde vor ca. 60.000 Jahren von Menschen erreicht, als A., Papua-Neuguinea und Tasmanien in einem als Sahul bezeichneten Kontinentalsockel verbunden waren. Vermutet werden zwei Bevölkerungswellen, deren ältere von der tasman. Urbevölkerung repräsentiert wird. Als ab 1788 der Zustrom europ. Siedler einsetzte, dürfte die Bevölkerung ca. 300.000 Menschen umfasst haben. Rekonstruiert wurden 550 sprachlich und kulturell unterschiedliche Gruppen. Die Ökonomie der weit verstreut lebenden Horden entsprach weitgehend → Jäger- und Sammlerkulturen. Das Ökosystem Wüste machte hohe Mobilität und kleine Gemeinschafen überlebensnotwendig. Die einfache materielle Kultur (Speerschleuder, Steinwerkzeuge) steht in Kontrast zu einem überaus komplexen System von → Verwandtschaft (Heirats-, → Altersklassen) und zur vielfältigen geistig-religiösen Welt der »Aborigines«. (2) In Mythen wird von den Wanderungen und Heldentaten der Vorfahren berichtet (→ Mythos). Jene → Kulturheroen der sog. Traumzeit (alcheringa) bewegten sich zwischen Himmel und Erde und konnten sich in Tiere und Pflanzen verwandeln. Sie machten die Welt bewohnbar. Ihre Spuren und die Orte ihres Wirkens überziehen das ganze Land. An solchen hl. Orten wurden Mythen rituell dargestellt; das Abschreiten der Traumzeitwege aktualisierte immer aufs Neue den Kontakt zu den Vorfahren. Mythisches → Wissen wurde über langdauernde und häufig blutige Initiationsrituale (v. a. der Jungen) vermittelt. Typisch sind Geschlechtertrennung und Geheimhaltung im rituellen Bereich. Bekannt war → Schamanismus, gefürchtet der Todeszauber. In der Religionsforschung wurde der Totemismus (→ Totem) der Aborigines frühzeitig (und fälschlich) mit der → Urreligion identifiziert. (3) Die Kolonisierung A. durch Europäer hatte für die indigene Bevölkerung verheerende Auswirkungen. Arbeitslosigkeit, Kindersterblichkeit und Alkoholismus zeigen ebenso wie geringe Lebenserwartung und mangelnde Schulbildung, dass die Ureinwohner bis heute eine diskriminierte Randgruppe darstellen. PJB

Lit.: H. Nevermann u. a. (Hg.), Die Religionen der Südsee u. A., 1968. – H. Morphy, The Resurrection of the Hydra. Twenty-five Years of Research of Aboriginal Religion, in: R. M. Berndt/R. Tonkinson (Hg.), Social Anthropology and Australian Aboriginal Studies. A Contemporary Overview, 1988, 241–266. – T. Swain, Aboriginal Religions in Australia: A Bibliographical Survey, 1991. – T. Swain, Australia, in: T. Swain/ G. Trompf, The Religions of Oceania, 1995, 19–120. – L. Hiatt, Arguments about Aborigines: Australia and the Evolution of Social Anthropology, 1996.

Autogenes Training, Bezeichnung für eine populär gewordene Entspannungstechnik, die auf das Yoga bzw. buddh. Meditationspraktiken (→ Meditation) zurückgeht. Es wurde v. a. über die → Theosophie und J. H. Schultz, den »Erfinder« des A. T., vermittelt. HK

Autonomie (von griech. autónomos = nach eigenem Gesetz lebend, autonomía = Unabhängigkeit). Der Begriff bezeichnet die selbstbestimmte und selbstverantwortete Lebensführung, frei von fremdbestimmenden heteronomen Kräften (Gott als Gesetzgeber, religiöse Vorgaben, gesellschaftliche Herrschaftsansprüche u. a.), und ist damit Grundlage einiger Konzeptionen von → Religionskritik. Bes. → Kant hat die Problemkonstellation dieser zentralen Vorstellung der → Aufklärung kritisch reflektiert. Er entwickelte eine komplexe Auffassung von A.: Aufklärer. autonome Strömungen, einschließlich der Franz. Revolution, seien gefährdet durch den Entwurf eines neuen »Dogmatismus« – etwa im unerbittlichen Durchsetzen polit. grundsätzlich »richtiger« Überzeugungen durch »terreur«. Die rigide Etablierung von A. erzeugt neue → Heteronomie – eine Pointe, die auf eigene Weise später M. → Horkheimer und T. W. Adorno (1903–69) in ihrer *Dialektik der Aufklärung* (1941) angesichts des kapitalist. Konsumismus und des Nationalsozialismus ausführten. Dies gelte auch für den sowjet. und chin. Kommunismus. Für »Dogmatismus« gibt es keine guten Gründe. Denn nach Kant ist die (selbst-)kritische Vernunft zu schwach, um eindeutige Konzeptionen hervorzubringen. Auch Kants kategor. Imperativ (»Handle so, dass die Maxime deiner Handlung zugleich Maxime einer allgemeinen Gesetzgebung sein kann«) verlässt diese fragile Vernunft- und A.-Struktur nicht. Abschlussprobleme muss die Vernunft imaginativ-schwebend chiffrieren, wie z. B. die Postulate (und nicht Erkenntnisse) von Freiheit, Unsterblichkeit der Seele und Gottes zeigen. »A.« ist mithin ein anspruchvolles Ziel und fortwährende Aufgabe in ständiger Selbstgefährdung. Red

Lit.: I. Kant, Grundlegung zur Metaphysik der Sitten, 1785. – F. W. Graf, Theonomie, 2 Bde., 1987.

Autorität (von lat. auctoritas = Ansehen), Bezeichnung für sozial anerkannten Einfluss einer Person oder einer sozialen Instanz. A.-Formen lassen sich typolog. v. a. in Bezug auf die Basis des A.-Anspruchs und des ihm entsprechenden Legitimationsverständnisses sowie auf den Grad des Einverständnisses der ihr Unterworfenen unterscheiden. Religiöse A. können z. B. kultische Handlungen, magische Formeln, Texte oder Personen besitzen. Sie kann durch ein persönliches oder Amtscharisma (→ Charisma) oder durch → Divination, → Offenbarung und → Tradition legitimiert sein. → Legitimation. VK

Avadāna (sanskr.; pāli apadāna = Legende, edle Tat). (a) Buddh. Textgattung: ethisch belehrende Erzählungen, die über Ereignisse und verdienstvolle Taten in vorangegangenen Existenzen buddh. Heiliger (→ arhat) berichten; (b) Sammlung solcher Geschichten im → Khuddaka-Nikāya des → Pāli-Kanons. → Buddh. Literatur. AM

Avalokiteshvara (sanskr. avalokiteśvara, tibet. spyan ras gzigs [gesprochen: chen re si]), wichtigster und populärster → Bodhisattva des mahāyānist. und lamaist. Pantheons und Verkörperung des Mitleids (sanskr. → karunā), dargestellt mit 1000 Armen und elf Gesichtern. In seiner schrecklichen Form wird A. als Mahākāla und Hayagrīva verehrt. Er gilt als Beschützer Tibets. Inkarnationen sind Padmasambhava, der erste tibet. König Srong brtsan sGam po, der → Dalai Lama sowie der → Karmapa. In China wird A. als Kuan-yin und in Japan als Kan-non in weiblicher Form verehrt. → Tibet. Buddhismus. CE

Lit.: M.-T. de Mallmann, Introduction à l'étude d'A., 1948. – L. Chandra, The Thousand-Armed A., 1988. – J. C. Holt, The Buddha in the Crown. A. in the Buddhist Traditions of Sri Lanka, 1991.

Avatamsakasūtra (von sanskr. avataṁsakasūtra, chin. Hua-yen ching, jap. Kegon-ky). Das für den → Mahāyāna, bes. den chin. und japan. Buddhismus, bedeutende »Blütenkranzsutra« existiert im Sanskrit nur noch in Fragmenten. Laut A. haben alle Wesen eine Buddha-Natur, die mithilfe von → Bodhisattvas (Erleuchtungswesen) entwickelt werden kann. → Buddh. Literatur. AM

Ü.: T. Cleary (Übers.), The Flower Ornaments Scripture, 1984.
Lit.: J. Takakusu, The Essentials of Buddhist Philosophy, 1947, ^{3}1956.

Avatāra (sanskr. = Herabstieg), Erscheinungsform eines hinduist. Gottes, bes. → Vishnus. → Epiphanie, → Gott. AM

Lit.: G. Parrinder, A. and Incarnation, 1970.

Averroes → Doppelte Wahrheit.

Avesta, aus dem Mittelpers. stammender Fachbegriff für das älteste religiöse Schrifttum des → Zoroastrismus, das in zwei Sprachstufen (alt-, jungavest.) vorliegt. Lange Zeit nur mündlich in Verbindung mit der Ritualausübung überliefert, wird die Verschriftlichung im 4. Jh. n. Chr. fassbar, wofür die avest. Schrift erfunden wurde; die älteste erhaltene Handschrift stammt von 1288. (1) Der Prozess der Schriftwerdung und Entwicklung des A. als »kanon.« Buch (→ Kanon) ist wesentlich geprägt von der Abwehrhaltung der Zoroastrier gegen den erstarkenden Islam in Iran (ab Ende 1. Jt. n. Chr.); so wird der Zoroastrismus zur Buchreligion. Westliche Forscher und Gläubige sehen in der Folge das A. als literar. Quelle für die Lehrinhalte der Religion, wodurch der ursprüngliche Sitz im Leben der avest. Texte als Ritualtexte zurücktritt. Dieses Verständnis wurde durch A. H. Anquetil Duperron (1731–1805), der die Texte erstmals nach Europa brachte, gefördert. Obwohl er sich des Ritualcharakters der Texte bewusst war, wurden die Schriften in der europ. Forschung zur Grundlage einer A.-Rezeption als »hl.« Buch (→ Hl. Schrift). (2) Die bis heute grundlegende Edition stammt von K. F. Geldner; die wichtigsten Teile sind die in altavest. Sprache verfassten → Gāthās und der Yasna Haptaŋhāiti, die heute innerhalb des A. in den jungavest. Abschnitt des sog. Yasna (= Opfer) eingebettet sind. Auch alle anderen Textgruppen liegen in jungavest. Sprache vor. Als wichtigste sind zu nennen: → Vidēvdāt (Vendidād), Yašt (Hymnen an → Yazatas), Visperat (Sammlung von Opferhymnen). Die mittelpers. Tradition spricht von insgesamt 21 Nask (= Büchern) als angeblich ursprünglichem Bestand des A.; Yasna, Vidēvdāt und Visperat bilden die sog. »Große Liturgie«. MH

Lit.: K. F. Geldner, A., 1885–96. – F. Wolff, A.: Die hl. Bücher der Parsen, 1910. – K. Hoffmann/J. Narten, Der Sasanid. Archetypus, 1989. – M. Stausberg, The Invention of a Canon, in: A. van der Kooij/K. van der Toorn (Hg.), Canonization and Decanonization, 1998, 257–77. – M. Hutter, Hl. Schriften des Zoroastrismus, in: U. Tworuschka (Hg.), Hl. Schriften, 2000, 131–43.

Avicebron (Salomo Ibn Gabirol, 1021/22 – ca. 58), jüd. Dichter und Philosoph, geb. in Malaga, wirkte in Spanien. Er schuf neben religiöser Dichtung (→ Pijût) mystisch geprägte Werke mit deutlichem Einfluss neuplaton. Philosophie (→ Platonismus). Mit seinem Hauptwerk *Mᶜkōr ḥajjīm* (hebr. = Quell des Lebens) beeinflusste er die Scholastik. Sein Ziel bestand in der intuitiven Erfassung des Göttlichen durch → Ekstase. KVS

Lit.: J. Guttmann, Die Philosophie des Salomon ibn Gabirol, 1889, ND 1979. – E. Bertola, Salomon ibn Gabirol, 1953.

Avicenna (lat. Name von arab. Abu-Ali Ibn-Sīnā, 980–1037), islam. Universalgelehrter, wirkte nach dem Studium von Philosophie und Medizin im mittelasiat. Buchara als Arzt, bis er an der Universität von Isfahan (Persien) lehren konnte. Den Großteil seiner ca. 160 Schriften (auch zu Philosophie, Kosmologie, Astrologie; → Esoterik) bildet ein medizin. Kanon. Als Philosoph entwickelte er die aristotel. Kategorie der Potentialität zu einer intelligiblen Vorstellung weiter, die fähig ist, die materielle Welt zu gestalten. Er gilt als früher »Aufklärer des Islam«. A.s Lehre und die aristotel. Wissenschaft gelangten über die Übersetzerschule in Toledo (Ende 12. Jh.) nach Westeuropa und wurden zur Grundlage der → Scholastik, dann aber 1276 als ketzerisch verboten. → Aufklärung. MB

Lit.: N. Gordon, Der Medicus, 1986. – K. Flasch, Aufklärung im Mittelalter?, 1989. – G. Strohmaier, A. 1999. – M. Muthreich, Theoretische Grundlagen im Gottesbegriff bei A., 2000.

Avidyā (sanskr.; pāli avijjā = Nichtwissen, Ignoranz, Verblendung), in indischen Religionen, vornehmlich in → Buddhismus und → Hinduismus, zur Wiedergeburt (→ Reinkarnation) führende, täuschende (→ māyā) und leidvolle Wurzel allen Unheils. A. muss in Wissen (vidyā) umgewandelt werden, wenn → Erlösung erlangt werden soll. Im Buddhismus ist a. in erster Linie das Nichtwissen der → Vier Edlen Wahrheiten, das u. a. Lebensdurst (→ trishna), falsche Anschauungen und Verblendung, letztlich die Verstrickung in den Weltenlauf (→ samsāra) zur Folge hat. Im Hinduismus bedeutet a. u. a. Nichtkenntnis der sittlichen und moral. Vorschriften (→ dharma), Nichterkennen des eigenen Wesenskerns (→ ātman), die irrtümliche Wahrnehmung der Vielheit anstelle der Einheit (→ Advaita-Vedānta) oder die Trennung der Individualseele vom absoluten → brahman bzw. Gott (dvaita). → Indische Philosophie, → Wissen. AM

Axis mundi (lat. = Achse der Welt), ein v. a. von M. → Eliade gebrauchter religionswiss. Begriff, der Vorstellungen der Zentrierung und vertikalen Integration des kosmolog. → Raumes bezeichnet. Hierzu gehören Vorstellungen der Weltensäule (oft homolog mit dem zentralen Hauspfosten), des Weltenbaumes (insbes. im Schamanismus) oder der hl. → Berge (z. B. der Berg → Meru). Wichtig dabei ist die Verbindung der verschiedenen Ebenen (z. B. Himmel, Erde, Unterwelt), zwischen denen dann im Ritual ein Übergang bzw. eine Kommunikation, möglich ist. → Omphalos. MG

Āya, bedeutet im → Koran allgemein → Offenbarung, und zwar im Sinne eines »die Gewohnheit durchbrechenden« Zeichens zur Bestätigung der Wahrhaftigkeit von Gottes Wort oder eines → Propheten. Wie die Offenbarungsbegriffe Qurʾān und → sūra wurde auch ā. bald textlich verstanden und als ein Gliederungsbegriff des Korans (»Vers«) gedeutet. RS

Ayodhyā, eine von sieben klassischen hl. Stätten des Hinduismus, angeblicher Geburtsort → Rāmas. A. wurde wiederholt zum Schauplatz heftiger und gewaltsamer Konflikte zwischen Hindus und Muslimen, da der Mogul-Kaiser Babur 1528 eine Moschee bauen ließ, die seit dem 19. Jh. als ursprünglicher Rāma-Tempel beansprucht und 1992 von militanten Hindus zerstört wurde. AM

Lit.: H. Bakker, A., 1986.

Āyurveda (sanskr. = das Wissen vom [langen] Leben), traditionelles, ganzheitliches Medizinsystem in Indien, bei dem sich Pflanzenheilkunde und Vorschriften zu einer religiös-sittlichen Lebensführung (→ dharma) mischen. AM

Lit.: J. Filliozat, The Classical Doctrine of Indian Medicine, 1964. – B. Heyn, Die sanfte Kraft der indischen Naturheilkunde: A. – die Wissenschaft vom langen Leben, 1983. – D. Wujastyk, The Roots of A., 1998.

Azteken (Eigenbezeichnung = Mexica), nahuatlsprachige Bevölkerung des Hochtals von Mexiko, die sich vor der Eroberung durch die Spanier im Jahr 1521 polit. verbunden und ein Eroberungsreich errichtet hatte.

I. Mythen. (1) Nach Auffassung der A. waren Menschen und Götter gleichermaßen einer kosmischen Ordnung unterworfen (→ Kosmologie), einem dynam. und instabilen System, das in die Zerstörung der Welt münden würde. Der gegenwärtigen Welt waren bereits vier Zeitalter, sog. »Sonnen«, vorausgegangen, die jeweils in Kataklysmen (→ Sintflut) endeten. Die A. lebten somit in der fünften und letzten »Sonne«, die den Namen olin (= Bewegung) trug und durch ein Erdbeben untergehen würde. (2) Die Entstehung der fünften Welt beruhte einer mythischen Tradition zufolge auf einem Selbstopfer der Götter (→ Opfer). Zwei von ihnen wurden auserkoren, sich im Feuer zu opfern und dann als → Sonne und → Mond an den Himmel zu treten. Um sie in Bewegung zu setzen, mussten sich auch die übrigen Götter opfern. Die A. interpretierten das göttliche Selbstopfer als Vorbild für die zahlreichen → Menschenopfer, die für den Fortbestand der fünften »Sonne« Voraussetzung waren.

II. Götter. (1) Das → Pantheon der A. umfasste eine große Anzahl von Göttergestalten, die in verschiedenen Aspekten auftraten, ihren Charakter änderten und in andere Gottheiten übergehen konnten. Diese verwirrende Vielfalt war z. T. Folge von Eroberungen oder der Integration lokaler Unterschiede. Die Götter wurden bildlich in anthropomorpher Gestalt dargestellt, galten jedoch als numinose Kräfte, die sich auch in Form von → Tieren, Naturerscheinungen oder Dingen manifestieren konnten und alle Bereiche der Welt durchdrangen. (2) Als erste Schöpferkraft tritt der androgyne Gott Ometeotl (= Zweigott) auf, in seinen männlichen Aspekten mit Feuer und Sonne assoziiert, in den weiblichen Aspekten mit → Erde und Fruchtbarkeit. Aus deren Verbindung entsprangen Tezcatlipoca, Quetzalcoatl, Xiuhtecuhtli und Tlaloc, die das Schöpfungswerk weiterführten. Der bes. vielgestaltige Tezcatlipoca (= rauchender Spiegel) nahm als allgegenwärtiger und allwissender Gott der Vorsehung eine herausragende Stellung ein. Seine große schöpfer. Kraft war allerdings auch mit Nacht, Krieg und Schadenzauber verbunden. Xiuhtecuhtli (= Türkis [= Jahr]-Herr) repräsentierte das Feuer und die → Zeit. Quetzalcoatl brachte den Menschen Weisheit und Erfindungen, Nahrungsmittel und als Windgott Ehecatl auch den für die Fruchtbarkeit unerlässlichen Regen. Als eigentlicher Regengott genoss Tlaloc große Verehrung. In Tenochtitlan stand sein Tempel neben dem des Stammesgottes Huitzilopochtli, der die A. aus ihrer mythischen und namengebenden Urheimat Aztlan (= Silberreiherland) nach Tenochtitlan geleitet hatte. Männliche und weibliche Gottheiten waren für verschiedene Aspekte der Fruchtbarkeit zuständig, etwa für das Gedeihen bestimmter Pflanzen oder die menschliche → Sexualität.

III. Riten. (1) Den Göttern wurde in zahlreichen kalendar. Ritualen kultische Verehrung zuteil (→ Kalender). Grundlage waren das 260-tägige tonalpohualli (= Zählung der Tage, die mit der Kombination von 13 Zahlen und 20 Zeichen bezeichnet wurden) und das Sonnenjahr xihuitl (18 mal 20 Tage plus fünf unheilvolle nemontemi), in dem das tonalpohualli fortlaufend gezählt wurde. (2) Die an Tempeln durchgeführten Rituale waren sorgfältig inszeniert und wurden von mit dem Adel verbundenen Priesterschaften (teopixque) geleitet. Ihnen oblag die Verkörperung der Gottheiten und die Zuständigkeit für die zu Menschenopfern ausersehenen kriegsgefangenen Sklaven. Diese genossen das Jahr hindurch bevorzugte Behandlung, da ihr Tod das mythische Selbstopfer der Götter repräsentierte. Das Menschenopfer konnte auf verschiedenste Art (Aufschneiden der Brust, Tötung durch Pfeile, zeremonieller Zweikampf) durchgeführt werden. Das noch schlagende Herz des Geopferten wurde den Gottheiten in einem Zeremonialgefäß zur Speise dargeboten, seine geschundene Haut z. T. von den Priestern übergezogen und sein Schädel auf einem Gerüst aufbewahrt. Weit verbreitet waren auch Formen des Selbstopfers, bei denen z. B. Ohrläppchen u. a. Körperteile mit Agavenstacheln durchbohrt wurden. (3) Neben den kalendar. Ritualen spielten Übergangsriten des → Lebenszyklus und der Kriegsführung sowie das häusliche Ritual eine wichtige Rolle. Andererseits bildete der Kalender die Grundlage einer der wichtigsten Formen der Divination durch religiöse Spezialisten. IG

Lit.: M. Léon-Portilla, Aztec Thought and Culture, 1963. – H.B. Nicholson, Religion in Pre-Hispanic Central Mexico, in: Handbook of Middle American Indians 10 (1971), 395–446. – H.J. Prem, Die Azteken. Geschichte – Kultur – Religion, 1996, ^{2}1999. – M. Miller/K. Taube, The Gods and Symbols of Ancient Mexico and the Maya, 1997.

B

Ba, zentrale anthropolog. Vorstellung der → altägypt. Religion. Zumeist wird für die Schreibung des Wortes ein Vogelzeichen (Storch) verwendet, seit dem Neuen Reich erhält der B.-Vogel einen Menschenkopf, oft auch Menschenarme. Die Vogelnatur kennzeichnet den B. – bes. nach dem Tod – als frei bewegliches, aktives Element des Menschen. Im Unterschied zum → Ka, der während des Erdenlebens ständig mit dem Menschen verbunden bleibt, ist die Zusammengehörigkeit von Körper und B. lockerer. Der B., der im Innern des Menschen lokalisiert wird, weist Züge von → Person/Persönlichkeit und → Bewusstsein auf. Im »Gespräch eines Lebensmüden mit seinem B.« (Papyrus Berlin 3024) aus der Ersten Zwischenzeit (2134–1991 v. Chr.) tritt er der Selbstmordabsicht seines Eigners entgegen und fordert ihn zum Genuss des Lebens auf. Oft wird B. fälschlicherweise mit → Seele übersetzt, aber er hat wie der Ka materielle Bedürfnisse. Die Ägypter selbst verwendeten nach der Christianisierung das griech. Lehnwort psychḗ für »Seele«. Zum Weiterleben im → Jenseits muss sich der mumifizierte Körper allnächtlich mit dem B. vereinigen. Dieser kann sich im Gegensatz zur Mumie nicht nur im Jenseits, sondern auch im Diesseits frei bewegen. So wurden die Zugvögel mit den B. identifiziert. Weiter besitzt der B. die Fähigkeit der Verwandlung in andere Gestalten. Als B. können sich auch Gottheiten in physischer Gestalt, beispielsweise als Tiere, im Diesseits manifestieren; der memphit. Apis-Stier galt als B. des Ptah. Durch die Vereinigung von B. und Ka nach dem Tod kann der Mensch zu einem → Ach werden. EH

Lit.: E. Wolf-Brinkmann, Versuch einer Deutung des Begriffes »b.« anhand der Überlieferung der Frühzeit und des Alten Reiches, 1968. – W. Barta, Das Gespräch eines Mannes mit seinem B., 1969.

Baal, als Titel »Herr« für eine zentrale Gottheit in Syrien seit dem 23. Jh. v. Chr. bezeugt, als Gottesname erstmals Mitte des 2. Jt.s v. Chr. In → Ugarit fungiert B. als Wettergott (→ Hadad), gilt als Geber der Fruchtbarkeit und ist mit dem Totenkult verbunden. In den meisten Städten der → Phönikier steht ein lokaler B. an der Spitze der Götterhierarchie; das Nebeneinander bzw. die Auseinandersetzung zwischen verschiedenen lokalen B. und → El bzw. → Jahwe prägt auch die Religion → Israels in den ersten Jh.en des 1. Jt.s. MH

Lit.: W. Herrmann, Art. »B.«, in: DDD, ^{2}1999, 132–39. – D. Schwemer, Die Wettergottgestalten Mesopotamiens und Nordsyriens im Zeitalter der Keilschriftkulturen, 2001, 502–72.

Baal schem tôb (hebr. baʿal šem ṭōb = Herr des guten Namens; eigentl. Israel ben Eliezer, ca. 1700–60), Begründer des → Chassidismus. Sein Leben und Wirken in Podolien ist nur bruchstückhaft rekonstruierbar, wesentliche Teile seiner Biographie bleiben legendär. Er war ein erfolgreicher Baal schem, d.h. ein charismat. Wanderprediger und Amuletteschreiber. KVS

Lit.: M. Buber, Die Legende des Baal Schem, 1908. – S. Birnbaum, Leben und Wirken des Baalschem, 1920. – A.J. Heschel, The Circle of the Baal Shem Tov, 1985.

Baalszyklus, mytholog. Überlieferung aus → Ugarit, die um die Mitte des 2. Jt.s v. Chr. die Vorrangstellung → Baals im Pantheon der Stadt propagiert. Baal übernimmt Eigenschaften des Wettergottes → Hadad, zeigt aber auch einen Bezug zur in der Sommerhitze schwindenden Vegetation, wenn er vom Unterweltsgott Mot zeitweilig besiegt wird. Letzteres ist eine dem → Adoniskult vergleichbare Thematik. MH

Lit.: M. Dietrich/O. Loretz, Der Baal-Zyklus KTU 1.1–1.6, in: TUAT 3/6, 1997, 1091–198.

Bāb (arab. = Pforte), ursprünglich ein frühschiit. Terminus für den einem → Imam am nächsten stehenden Schüler, der v. a. in der Ismāʿīlīya zur Bezeichnung des führenden Kopfes der Missionsbewegung im 9. und 10. Jh., in der syrischen → ʿAlawīya hingegen zum Begriff für den zyklisch auftretenden »inspirierten Vermittler« wurde. Als B. bezeichneten die → Bābīs den Gründer der Gemeinschaft, Sayyid ʿAlī Muḥammad Šīrāzī (1819–50). RS

Bābā (hindī = Vater), Bezeichnung für hinduist. Asketen. → Askese. AM

Babai der Große (550–628), führende Persönlichkeit der persischen Christen während des Sedisvakanz (= Zeit ohne Bischof) des Katholikats in Seleukia-Ktesiphon. B.s theolog. Schriften sind grundlegend für die Entwicklung der → Christologie der → Assyr. Kirche des Ostens. MH

Lit.: L. Abramowski, Die Christologie B.s d. Gr., in: Orientalia Christiana Analecta 197 (1974), 219–45.

Babel-Bibel-Streit. In Vorträgen im Beisein des dt. Kaisers Wilhelm II. behauptete der Assyriologe F. Delitzsch 1902, 1903 und 1905 – aufgrund der wenigen damals entzifferten Keilschrifttafeln –, dass alle christl. Aussagen über Schöpfung, Sintflut und Weltende nicht aus dem Judentum stammten, sondern die Christen sie aus (heidnischen) Mythen aus Babel übernommen hätten. Selbst die Vorstellung von Tod und Auferstehung Christi sei ein babylon. Mythos (Panbabylonismus). Die breite öffentliche Aufmerksamkeit, bis hin zu Musicals, zeigt, wie hier ein Kerndilemma von → Historismus und Religion in der Moderne diskutiert wurde: Welche Bedeutung hatten hl. Erzählung, Glauben im Bezug zum modernen Leben? Während Delitzsch Religion überhaupt ablehnte und das antisemitisch auf das Judentum projizierte (*Die große Täuschung*, 1920), wurde andererseits die → Religionsgesch. Schule dafür kritisiert, dass sie die Werte des Christentums relativiere und zersetze. Dem stellte sich entgegen eine dogmat. Dialektik des »ganz Anderen« (Gottes), des Heiligen bzw. der »Einmaligkeit« und des Geschichtstranszendierenden des Christentums (existentiales »Christusgeschehen«). CA

Lit.: K. Johanning, Der Bibel-Babel-Streit, 1988.

Bābī, Anhänger des Persers Sayyid ʿAlī Muḥammad Šīrāzī (1819–50), der sich selbst zunächst als »Tor« (→ Bāb) zur esoter. Wahrheit des zwölften schiit. Imāms (→ šīʿa), dann als der erwartete → Mahdī und schließlich als Mittelpunkt (nuqṭa) einer erneuten göttlichen Offenbarung ausrief. Die Lehre des Bāb verbindet (v. a. in seinem Werk *bayān*) esoter., messian. und stark rationalist.-kritische Perspektiven. Der Bāb fand zunächst Anhänger in der antimonist., rationalist. Gelehrtenbewegung Šayḫīya (gegründet von Šayḫ Aḥmad Aḥsāʾī, 1753–1828). Nach anfänglicher öffentlicher Akzeptanz gerieten die B. nach 1848 zunehmend in Opposition zum schiit. Gelehrtentum und dann auch zum persischen Staat, der die B. im Zusammenhang mit militanten Unruhen zwischen Anhängern und Gegnern als »Aufständische« verfolgen und den Bāb 1850 hinrichten ließ. Die Anhänger des Bāb traten später der → Bahāʾī bei oder formierten sich als Anhänger von Ṣobḥ-e Azali (1830/31–1912, Halbbruder von Bahāʾullāh, daher Azali Bābā) und in Konkurrenz zu den Bahāʾī neu. RS

Lit.: C. Huart, La religion de Bab, 1899. – A. D. M. Nicolas, Seyyèd Ali Mohammed dit le Bab, 1905. – D. MacEoin, Sources for Early Bābī-Doctrine and History, 1992.

Babylon, seit Hammurapi (18. Jh. v. Chr.) Hauptstadt des babylon. Reiches. Versuche einer religiös-mytholog. Begründung der Vorrangstellung gegenüber anderen Kultzentren der → Mesopotam. Religionen (Uruk, Nippur, Borsippa) sind u. a. die volksetymolog. Namensdeutung als »Tor Gottes« (akkad. bāb īlim) oder die Überhöhung der Stadt im → Enūma eliš. Die Bautätigkeit (Prozessionsstraße, »Hängende Gärten der Semiramis«, Etemenanki) unter Nebukadnezar II. (605–562 v. Chr.) begründet B.s Symbolcharakter für die Nachwelt. In den biblischen Traditionen wird dies negativ umgewertet: Der »Turmbau (→ Ziqqurat) zu Babel« (Gen 11) ist Ausdruck widergöttlicher Hybris, die »Hure B.« ist Deckname für Rom (Apk 14,8; 17,1ff.); Origenes (3. Jh. n. Chr.) sieht B. als »Stadt des Teufels«. MH

Lit.: J. Renger (Hg.), B. Focus mesopotam. Geschichte, 1999.

Babylonisch-assyrische Religion → Mesopotam. Religionen.

Babylonische Gefangenschaft, die mit der Zerstörung des ersten Jerusalemer Tempels durch Nebukadnezar 587/86 v. Chr. beginnende Exilierung der oberen Schichten Judas (2 Kön 24), die erst mit dem Kyros-Edikt 538 v. Chr. (Esr 1) endete. Für das spätere jüd. Geschichtsbewusstsein galt die B. G. dennoch als ein das ganze Volk betreffendes Unheil, ähnlich der »ägypt. Knechtschaft«. → Kontakt. KVS

Bachja ibn Pakuda, jüd. Philosoph des 11. Jh.s. Er wirkte in Saragossa und war, wie → Avicebron, vom Neuplatonismus (→ Platonismus) beeinflusst. Hinzu trat bei B. eine starke Prägung durch die islam. Mystik. Seine wichtigste Schrift sind die erbaulichen *Ḥōbōt ha-lᶜbābōt* (hebr. = Herzenspflichten). KVS

Bachofen, Johann Jakob (1815–87), schweizer. Rechtshistoriker. Nachhaltige Wirkung erzielte v. a. sein Werk *Das Mutterrecht* (1861), das die Naturgegebenheit des → Patriarchats infrage stellte. B. ging davon aus, dass eine nichtrationale mutterrechtliche Ordnung (→ Matriarchat) der abstrakten vaterrechtlichen vorangegangen sei (→ Entwicklung) und im Patriarchat, wenn auch unterdrückt, fortbestehe. Kritik erregte die schwache Absicherung seiner Behauptungen. FE

W.: GW (hg. von K. Meuli), 10 Bde., 1943–67. – Mutterrecht und Urreligion (hg. von H. G. Kippenberg), 1984 [Auswahlausgabe].
Lit.: F. Graf (Hg.), Klassische Altertumswissenschaft und neue Wege der Kulturwissenschaft, 1992.

Bādarāyana (Bādarāyaṇa, vor 100 n. Chr.?), gilt als Verfasser der → Brahmasūtras, des Hauptwerks des → Vedānta. → Indische Philosophie. JG

Baeck, Leo (1873–1956), Rabbiner, Dozent und jüd. Religionspolitiker im Deutschland der Weimarer Zeit, bedeutender Theologe des liberalen → Judentums, führende Persönlichkeit des dt. Judentums im Nationalsozialismus; Hauptwerk: *Das Wesen des Judentums* (1905). Nach ihm wurde das L.-B.-Institut zur Erforschung des dt.-sprachigen Judentums in New York benannt. KVS

Lit.: A. H. Friedlander, L. B. Leben u. Lehre, 1973. – R. Koerrenz, Das Judentum als Lerngemeinschaft. Die Konzeption einer pädagog. Religion bei L. B., 1992.

Bahā'ī, eine Neureligion in Nachfolge der → Bābī. Die B. berufen sich auf eine »Zwillingsoffenbarung« des Bāb im Jahr 1844 und ihres Propheten Bahā'u'llāh (1817–82) 1863. Anfangs eine messian. Bewegung der iran. → Zwölferschia, lösten sie sich später offiziell vom Islam und gelten dort als Apostaten (→ Apostasie). Aus Phasen des Exils und der Verfolgung führten die beiden leiblichen Nachkommen Bahā'u'llāhs ᶜAbdu'l-Bahā (1844–1921) und der »Hüter« Shoghi Effendi (1897–1957) die Gemeinschaft zu einer Weltreligion, die mit der Verbreitung im Westen zahlreiche dortige Ideen rezipierte.
Das heilsgeschichtliche Konzept gründet auf zyklischen Offenbarungen z. B. durch → Zarathustra, → Jesus und → Muḥammad. Als göttliche Manifestationen vermitteln diese Offenbarer zwischen dem transzendent und monotheist. gedachten Gott und der Menschheit, was zur deren stetiger Vervollkommnung führt. Leitideen sind heute die Einheit Gottes, die Einheit der Offenbarer sowie die rassische, religiöse und geschlechtliche Einheit der Menschheit.
So ziehen die B. zu den Werken ihrer Offenbarer, wie Bahā'u'llāhs *Kitāb al-aqdas* (»Das heiligste Buch«), die Schriften der Vorläuferreligionen hinzu. Auch das Gemeinschaftsleben fußt auf den oben genannten Werten: Ihre Organe, die lokalen und nationalen »Geistigen Räte« und das internationale »Haus der Gerechtigkeit« in Haifa, sind demokrat. gewählt. Darüber hinaus pflegt man die Laienfrömmigkeit. In der Symbolik der B. spielt die Zahl 19 eine herausragende Rolle, so im 1844 beginnenden → Kalender mit 19 Monaten von 19 Tagen. Bewusst weitgehend unritualisierter Gottesdienst erfolgt jeweils am Neunzehntagefest. Weitere Festtage beziehen sich auf die »Zwillingsoffenbarer«. BB

Lit.: P. Smith, The Babi and Baha'i Religions. From Messianic Shiᶜism to a World Religion, 1987. – M. Hutter, Die Bahā'ī. Geschichte u. Lehre einer nachislam. Weltreligion, 1994.

Baihua-she (chin. = Weiße-Lotos-Sozietät), Sammel(selbst)bezeichnung für chin. volksreligiöse Gruppen mit synkretist. Lehren, die – v. a. eschatolog.-messianist. ausgerichtet (→ Milefo) – Träger von Volksaufständen waren und vom chin. Staat unterdrückt und verfolgt wurden. MD

Lit.: D. Overmyer, Folk Buddhist Religion, 1976. – B. J. Ter Haar, The White Lotus Teachings in Chinese History, 1992.

Bairāgi (von sanskr. vairāgya = Losgelöstsein, Entsagung), Bezeichnung für einen hinduist. »Entsager«, meist ein Mitglied eines der vier großen vishnuit. Mönchsorden; jemand der gegenüber weltlichen Anbindungen gleichgültig ist. → Askese, → Hinduismus. MAL

Baitylos (griech. Wiedergabe von westsemit. bēt'-ēl = Gotteshaus), steinerne Stele als Wohnsitz oder Repräsentanz einer Gottheit. Als Kultobjekt sind B. in den → Syrischen Religionen seit der Bronzezeit gut verankert, phänomenolog. vergleichbar sind die huwasi-Steine in der → Hethit. Religion und die Mazzeben (→ Mazzeba) im AT. Im 1. Jt. v. Chr. bekommen B. bei

→ Phönikiern und Nabatäern vermehrt die Funktion von Grabstelen. MH

Lit.: M. Hutter, Kultstelen u. B., in: B. Janowski u. a. (Hg.), Religionsgesch. Beziehungen zwischen Kleinasien, Nordsyrien u. dem AT, 1993, 87–108.

Bajaderen (von portugies. bailadeira = Tänzerin, vgl. dt. »Ball«) → devadāsī. AM

Bakchen (griech. bákchai), die Frauen, die als »Verrückte«, → Mänaden, im Dionysoskult ekstat. handeln. *B.* ist auch der Titel einer Tragödie des Euripides 404 (?) v. Chr. CA

Balder (altengl., althochdt.; altnord. Baldr; Etymologie unklar), ein Gott der → german. Religion. In der altnord. Literatur gilt B. als Sohn → Odins und der → Frigg und als der Beste aller → Asen. Der Mythos von seinem Tod erzählt, wie der an sich unverwundbare B. auf Veranlassung des → Loki von seinem blinden Bruder → Hǫðr mit einem Mistelzweig getötet wird. Der in Grundzügen bereits auf einseitig geprägten Schmucksteinen der Völkerwanderungszeit (Brakteaten) dargestellte Mythos ist verschieden gedeutet worden. Denkbar scheint die Zuordnung zum offensichtlich schamanist. Kontext der Odinsüberlieferung (→ Schamanismus). Die einmalige Erwähnung von B.s Wiedererstehung nach den → Ragnarök ist vermutlich christl. Einfluss zuzuschreiben. US

Lit.: J. de Vries, Der Mythos von B.s Tod, in: ANF 70 (1955), 1–59. – S. Gutenbrunner, B.s Wiederkehr, in: GRM 37 (1956), 62–72. – G. Dumézil, Hotherus et Balderus, in: PBB 83 (1961/62), 259–70. – K. Hauck, Goldbrakteaten aus Sievern, 1970. – K. Schier, Art. »B.«, in: RGA 2, [2]1976, 2–7. – R. Volz, Art. »B.«, in: LexMA 1, 1980, 1362–64. – D. Mosher, The Story of Baldr's Death, in: Scandinavian Studies 55 (1983), 305–15.

Bann (hebr. ḥæræam, griech. anáthema), ein Ritual des → Ausschlusses vom Gottesdienst oder eine ausschließliche Zueignung an Gott. Im »Synagogen-B.« (hebr. birkat hammīnīm, wörtl. = Segen über die Ketzer) werden die Ketzer vom Gottesdienst ausgeschlossen. Zu gewissen Zeiten wurde dieser im Rahmen eines Gebets gesprochene Bann evtl. auch auf die Christen bezogen. CA

Baptisten, weltweit verbreitete christl. Religionsgemeinschaft, die die (Erwachsenen-)→ Taufe als bewusstes Bekenntnis zu Christus versteht; es bestehen histor. Verbindungen zu den »Wiedertäufern« (Ana-B.) der Reformationsbewegung des 16. Jh.s um Zwingli (1484–1531), Münzer (1489–1525) und Matthys (ca. 1500–34) und deren religiösen Prinzipien wie strenger Bibelorientierung, Laienpredigt, Trennung von Kirche und Staat, Autonomie der Gemeinden. Die Erwachsenentaufe der B. als Initiationsritual (→ rites de passage) geht zurück auf eine jüd. Tradition, die mit der Taufe Jesu durch Johannes den Täufer (vgl. Mt 28,19) ins NT übernommen wurde: das Untertauchen symbolisiert den Tod der → Sünde, das Auftauchen das neue Leben in Christus. WR

Lit.: J. E. Tull, Shapers of Baptist Thought, 1972.

Baraita (von aramäisch bārajtā' = draußen; matnitā' bārajtā' = die »draußen befindliche« Lehre), Bezeichnung für alle tannait. Lehren und Aussprüche außerhalb der → Mischna. KVS

Baraka (arab.-islam. = 1. eine von Gott ausgehende übertragbare Kraft, ähnlich → salām und → raḥma, 2. eine Danksagung und Lobpreisung Gottes durch den Menschen, als tabāraka verbalisiert). Ursprünglich bezeichnete b. vielleicht die »Segnung mit Nachkommen, Fruchtbarkeit«. Im Koran wird der Begriff stets im Plural verwendet (barakāt) oder verbalisiert. Die b. Gottes ist u. a. auf Landschaften, Städte, Wasser, einen Olivenbaum, die → Ka'ba und Menschen (v. a. Propheten) bezogen. Der Koran ist in diesem Sinne gesamthaft mit b. ausgestattet. Nach mystischen Traditionen kann b. von einem Menschen auf den anderen übertragen werden, wodurch eine »Segnungskette« (silsila) entsteht. In außertheolog. Kontexten kann b. auch toten Heiligen, ihren Gräbern und »hl. Gegenständen« anhaften und durch Berührung (zur »Fruchtbarmachung«) übertragen werden. RS

Bardo thödol (von tibet. bar-do-thos-grol = Befreiung [durch] Hören [im] Zwischenzustand), ein von Rig-'dzin Karma-gling-pa (14. Jh.) in einem umfangreichen Textkorpus »entdeckter« → terma. Während des 49 Tage währenden Zwischenzustands (tibet. bar-do) zwischen Tod und neuer Geburt wird mithilfe des von → Lamas gelesenen Textes das Bewusstsein des Verstorbenen durch die drei nachtodlichen bardo geführt. Der erste bardo ermöglicht die Erlangung der Buddhaschaft, der zweite bardo führt zu einer Wiedergeburt in den buddhakshetra, der dritte bardo zu einer Wiedergeburt in einem der sechs Daseinsbereiche. → Reinkarnation, → Tod. KKP

Lit.: F. Fremantle/C. Trungpa (Ü.), Das Totenbuch der Tibeter, 1975.

Bar Kochba (hebr./aramäisch bar kōkbāʾ = Sternensohn, eigentl. Simeon ben Koseba), Anführer des zweiten jüd. Aufstands gegen Rom 132–35 n. Chr. Den Ehrentitel B. K. erhielt Simeon vermutlich noch während des Krieges, auf Münzen erscheint dagegen der Titel »Fürst Israels«. Der Name B. K. trägt messian. und astrolog. Konnotationen, die sich auf Num 24,17 zurückführen lassen. Ob B. K. als Messias auftrat (→ Messianismus), ist umstritten, scheint aber doch durch zeitgenöss. Quellen belegbar zu sein. Explizit wird Rabbi → Akiba eine messian. Deutung des Aufstandes nachgesagt (jT Taanit 4,8), und Eusebius (vor 265–339/40) berichtet, B. K. sei als »Leuchte« verehrt worden, die den Bedrängten vom Himmel herabgestiegen sei (*Historia Ecclesiastica* 4,6,2). Für die jüd. Geschichte war der B. K.-Aufstand von prägender Bedeutung. KVS

Lit.: Y. Yadin, Bar Kokhba, 1971. – P. Schäfer, Der B. K.-Aufstand. Studien zum zweiten jüd. Krieg gegen Rom, 1981. – P. Schäfer (Hg.), The Bar Kokhba War Reconsidered, 2003.

Bar/Bat Mizwah (hebr. bar/bat miṣwā = Sohn/Tochter des Gebots), feierliche jüd. → Initiation in die religiöse Mündigkeit, bei Jungen mit 13 Jahren. Ein Junge gilt jetzt als einer der zehn Männer, deren Anwesenheit Voraussetzung für die Durchführung eines öffentlichen Gottesdienstes ist, er muss → Tefillin anlegen und wird zur Torahlesung aufgerufen. Ein Mädchen ist mit zwölf Jahren religiös mündig. → Sozialisation. KVS

Barth, Karl (1889–1968), Schweizer Theologe. Den Schock des Ersten Weltkriegs beantwortete B. mit der Analyse, die u. a. vom (Marburger) Neukantianismus beeinflusste protestant. »liberale« Theologie habe versagt und eine bürgerlich-adaptive, in irreführender Weise fortschrittsgläubige Kulturtheologie ausgebildet. Dieser stellte B. eine Dialekt. Theologie entgegen, die menschliches Handeln und Kultur der scharfen Kritik Gottes als des ganz Anderen unterwirft. Dabei kritisiert B. auch die Religion als menschliches Versagen vor Gottes Andersheit. Diese Position revidierte er seit 1928 fortwährend und baute allmählich ein Denken in Analogien (Entsprechungen) auf, in dem auch »Religion« einen Ort finden kann. Kirchengestaltende Bedeutung kam B. insbes. im Kontext des Nationalsozialismus zu (Barmer Bekenntnis der »Bekennenden Kirche«, 1934). Rezeption und allmähliche Kritik erfolgten nahezu weltweit. Red

W.: Römerbrief, 1918, ²1921. – Die kirchliche Dogmatik, 1932–1970. – GA (hg. von H. Stoevesandt/H.-A. Drewes), 1971ff.
Lit.: E. Brunner, Der Mythos u. das Wort, 1924, ²1928. – E. Busch, K. B. Lebenslauf, 1975, ⁵1993.

Baruchschriften, verschiedene außerkanon. Texte jüd.-christl. Provenienz, die sich an den Namen Baruchs, des Schreibers und Biographen Jeremias, anschließen. (1) Das griech. Baruchbuch enthält u. a. ein Bußgebet der Verbannten im Stil von Dan 9, Dichtungen mit Aufforderung zur Rückkehr zur Weisheit, Klage- und Trostlieder; es entstand frühestens in der 2. Hälfte des 1. Jh.s v. Chr. (2) Die syrische Baruchapokalypse, Seitenstück zu 4 Esra (→ Esrabücher), stammt aus dem frühen 2. Jh. n. Chr. (3) Die griech. Baruchapokalypse mit vorwiegend kosmolog. Inhalt enthält einen poet. Bericht über die → Himmelsreise Baruchs, mit zahlreichen Übernahmen griech. Vorstellungen. → Altes Testament, → Apokryphen. KVS

Ü.: (3): JSHRZ 5/1 (46), 1974. – (1): JSHRZ 3/2 (25), 1975. – (2): JSHRZ 5/2 (50), 1976.
Lit.: G. B. Sayler, Have the Prophecies Failed?, 1984. – J. Schreiner, Baruch, 1986.

Barzaḫ (koran. Begriff für »Limbus, Schranke, Scheide«, Koran 23/102, 55/20 und 25/53). In der islam. Theologie bezeichnet b. meist den Trennraum zwischen → Paradies und → Hölle, in der islam. → Eschatologie wie auch bei einigen ṣūfīs (→ taṣawwuf) eine räumliche Trennung zwischen physikal. und geistiger Welt. RS

Basava (auch: Basavaṇṇa, 1106–67), Gründer der antiritualist. und egalitären shivait. Lingāyat- bzw. Vīrashaiva-Sekte. JG

Lit.: A. K. Ramanujan, Speaking of Śiva, 1973.

Basmala, arab. Kurzbezeichnung für die jede Sure des Korans (bis auf Sure 9) eröffnende Formel bi-smi llāhi r-raḥmāni r-raḥīm (= »im Namen Gottes, des barmherzigen Erbarmers«, → raḥma). Diese Formel wird ausgesprochen, um Handlungen, Texte und Darlegungen zu eröffnen, wodurch diese im Islam kontextualisiert werden. Die Frage, ob die b. Teil des offenbarten Korans ist, war unter Theologen und Exegeten umstritten. RS

Bāṭinīya (von koran.-arab. bāṭin = verborgen, z. B. Koran 57/3), islam. Gruppenbezeichnung, die auf Gott oder auf menschliche Handlungen (z. B. Sünde, Koran 6/120) verweist und komplementär zu ẓāhir, »(deutlich) erkennbar«, steht. In der islam. Orthodoxie werden damit seit dem 8. Jh. all jene islam. (und auch nichtislam., meist manichäischen) Gruppen bezeichnet, die auf ein »inneres Wissen« des religiösen Textes verweisen und dieses seinem »offenen Wissen« überordnen. In der islam. Doxographie verweist der Begriff B. v. a. auf ismāʿīlit. Gruppen (→ Ismāʿīlīya) und heterodoxe schiit. Gruppen (z. B. → Aleviten). RS

Bat Qôl (hebr. bat qōl = Tochter der Stimme), eine Form göttlicher Inspiration, die nach dem offiziellen Ende der Prophetien im antiken Judentum florierte (vgl. bT Joma 9b). → Epiphanie, → Kommunikation. KVS

Bauern → Ackerbau/Ackerbaukulturen.

Bāul (Bengali = verrückt), bengal.-vishnuit. Gemeinschaft, den älteren erot.-mystischen Sahajiyās verwandt, jedoch auch anderen, v. a. islam. Einflüssen unterlegen. Ihr → Tantra impliziert sozial-antinom., esoter., sexuelle und skatolog. Praktiken. Bei den B. handelt es sich um Peripatetiker, deren Liedtradition in der modernen Bengali-Literatur stark rezipiert wurde (v. a. R. → Tagore). MHO

Lit.: E. C. Dimock, Jr., The Place of the Hidden Moon, 1966. – C. Capwell, The Music of the B. of Bengal, 1986.

Baum. Hl. B. bilden in zahlreichen Religionen Objekte der Verehrung, des Kultes und der Symbolbildung. So wird der B. zu Orakelzwecken aufgesucht (z. B. 2 Sam 5,24f.) oder gilt als Ort der Offenbarung, wenn in seinem Rauschen Stimmen von Gottheiten oder (Ahnen-) Geistern gehört werden. → Buddha wird unter dem → Bodhi-B. (→ Bodh-Gaya) erleuchtet; viele Religionen kennen den Lebens- und Welten-B., vgl. die german. Yggdrasill. → Natur. AM

Lit.: R. E. Schultes/A. Hofmann, Die Pflanzen der Götter, 1980. – J. Brosse, Mythologie des arbres, 1989 (dt. 1990). – G. J. Baudy, Art. »B.«, in: HrwG 2, 1990, 109–16.

Baur, Ferdinand Christian (1792–1860), protestant. Theologe, bes. Neutestamentler und Kirchenhistoriker, aber auch Religionsphilosoph. B. vertrat eine »konsequent histor. Theologie«, die zur Vermeidung des »Todes der Geschichte« dezidiert philosoph. reflektiert sein wollte (im Kontext → Schleiermachers, → Schellings und bes. → Hegels). Berühmt ist B.s dialekt. Konstruktion des »Urchristentums« als frühkath. Synthese aus der These Judenchristentum (Petrus) und der Antithese Heidenchristentum (Paulus). Red

W.: Die christl. Gnosis, 1835. – Die christl. Lehre von der Dreieinigkeit, 1841/1843. – Das Christentum und die christl. Kirche, 5 Bde., 1853–62. – Paulus, ein Beitrag zur kritischen Geschichte des Urchristentums, 1854.
Lit.: U. Köpf (Hg.), Hist.-krit. Geschichtsbetrachtung, 1994.

Beamter, Inhaber eines → Amtes. B. werden in der Regel entweder aufgrund sozialer oder fachlicher Eignung rekrutiert und sind Träger von Hoheitsgewalt. Besoldung und Professionalisierung (Ausbildung), verbunden mit einer autorisierenden und zensierenden Institution bedeuten eine grundlegende Veränderung des Selbstverständnisses des Beamtentums (Bildung einer sozialen Gruppe; schwindende Bindung an die übrige Gesellschaft). → Funktionär. AKN

Bedürfnisse, religiöse. Der Ausdruck B. ist in diesem Zusammenhang irreführend, stellt er Religion doch auf die gleiche Ebene wie Hunger, Durst, Sex etc. Im Zuge der Entwicklung weiterer B. neben diesen biolog. gegebenen schuf der Mensch differenzierte Interessengebiete wie Kunst, Literatur und Wissenschaften. Einer der dabei entstandenen Bereiche wird Religion genannt. Nachdem Menschen gelernt haben, bestimmte B. als religiöse zu interpretieren, nehmen sie nun an, es gäbe diese. So lassen sich in jeder Religion B. identifizieren, die jedoch verschieden sind. Die Vielfalt der B., die Anhänger einer Religion wie Religionswissenschaftler in den einzelnen Religionen auszumachen glauben, zeigt, dass B. ein Konstrukt sind, mit dem Religion zu einer unhistor. »anthropolog. Konstante« gemacht werden soll. → Religionspsychologie, → Sui generis. IP

Lit.: F. Stolz (Hg.), Homo naturaliter religiosus?, 1996. – W. Burkert, Creation of the Sacred, 1996 (dt. Religionen des Altertums, 1998).

Beelzebub, Name des christl. → Teufels, im NT wiederholt als »Oberster Teufel« genannt (Mk 3,22; vgl. Mt 10,25; 12,24.27; Lk 11,15.18.19), allerdings in der Schreibweise Beelzeboúl. Die Herleitung des Namens ist schwierig. 2 Kön 1,2f. nennt einen baʿal zᵉbūb, was die Septuaginta mit »Fliegenbaal« übersetzt (von hebr. zᵉbūb), als Stadtgott von Ekron, zu dessen Orakel König Ahasja Boten wegen eines Heilungszaubers sandte. Wie daraus das ntl. Haupt der Dämonen werden konnte, ist unverständlich; auch die Herleitung von hebr. baʿal zebūl (= Mistbaal) kann nicht befriedigen, zumal der Name Beelzebul unabhängig vom NT kaum belegt ist. Denkbar ist eine Herleitung von hebr. zᵉbul (= Wohnung) im Sinne von Wohnung Gottes; talmud. ist die Verbindung mit »Opferstelle« und »Tempel« belegt (bT Rosch ha-Schana 17a; jT Berakhot 9,13). B. wäre dann der »Herr des Tempels« oder auch »Herr des Himmels«, was wiederum zum Namen des vierten Himmels der rabbin. Kosmologie, zᵉbūl, passt. Nach mittelalterlichen arab. Berichten ist Beelzebul der König der → Ǧinne, der stirbt und beklagt wird. Bar Bahlul nennt B. den ʾelāha ʾazīza we-rabba (= starken und großen Gott). Nebenformen von B. sind Beelzebuth, Beelzebuc, Beesebuci etc., die v. a. in magischen Texten eine Rolle spielen. Die Verbindung des B. mit den Fliegen hat christlicherseits große Nachwirkung gehabt: Bernhard v. Clairvaux (um 1090–1153) soll einmal eine Wolke von Fliegen exorziert haben, die beim Klang seiner Worte tot zu Boden gefallen seien. 1583 diagnostizierten Jesuiten in Wien bei einem Mädchen die Besessenheit durch Fliegendämonen, für deren Übermittlung ihre Großmutter angeklagt und lebendig verbrannt wurde. → Altes Testament, → Apokryphen, → Satan, → Teufel, → Zwischenwesen. KVS

Lit.: W. Bousset, Der Antichrist in der Überlieferung des Judentums, des NT und der alten Kirche, 1895, ND 1983. – T. Zachariae, Kleine Schriften, 1900.

Befreiungstheologie. Im postkolonialen Südamerika (→ Kolonialismus) bildete sich nach dem Zweiten → Vatikanischen Konzil eine → Theologie heraus, die gegenüber rein spirituellen bzw. jenseitigen Auffassungen von der Erlösung durch Christus hervorhebt, dass das göttliche Erlösungshandeln sich ganzheitlich und konkret in → Schöpfung, Geschichte und eschatolog. Vollendung (→ Eschatologie) zeige. Die Aufgabe der Theologie bestehe darin, dieses göttliche Befreiungshandeln (v. a. für die Ausgebeuteten) und die Teilnahme des Menschen an diesem Befreiungsprozess in histor. Perspektive zu reflektieren. Dazu sei ein Dreischritt nötig: (a) zeigen, dass Glaube aktive Teilnahme am Befreiungshandeln Gottes ist; (b) die Praxis im Lichte des → Evangeliums kritisch reflektieren; (c) auf die Veränderung der empir. Wirklichkeit im Sinne des göttlichen Befreiungshandelns zielen. Zum Konflikt zwischen dem päpstlichen Lehramt und kath. Befreiungstheologen kam es bes. über die Frage, inwieweit Begriffe und Instrumente der marxist. Gesellschafts- und Geschichtsanalyse in der B. verwendet werden könnten. Die aktive Umsetzung der B. durch revolutionäre Aktion und Aktionsgemeinschaft mit Marxisten bzw. Sozialisten wurde durch kath. Priester propagiert (L. Boff, geb. 1938; Dom Helder Câmara, 1909–99, E. Cardenal, geb. 1925 u. a.). Die lateinamerikan. B. initiierte viele B. in Afrika und Asien. In Europa wurde die B. in der polit. Theologie aufgegriffen (z. B. D. Sölle, 1929–2003; J. Moltmann, geb. 1926). D. Sölle verstand B. als Aktualisierung von Religion, die für die Frauenbewegung als Vorbild dienen könne (→ Feminist. Theologie). KHS, Red

Lit.: G. Gutiérrez, Teologia de la liberación, 1971. – R. Fornet-Betancourt (Hg.), B., Kritischer Rückblick u. Perspektiven für die Zukunft, 1996.

Beginen, mittelalterliche Laienbewegung von Frauen, die sich allein oder in einer Gruppe ohne bindendes Gelübde in Armut und Keuschheit einem kontemplativen Leben und einer intensiven persönlichen Frömmigkeit widmeten (→ Frauenmystik). Entstanden um 1200 im brabant.-niederländ. Raum, breitete sich die Bewegung bis in die Schweiz aus. Beginenhäuser und -höfe gehörten im 13./14. Jh. zu jedem Stadtbild. Durch ihre Organisationsform kirchlichen Kontrollmaßnahmen entzogen, standen B. und ihre männlichen Pendants, die Begarden, als »Freigeister« unter Häresieverdacht (1311/12 kirchliche Verurteilung; 14./15. Jh. Verfolgungen). Viele B. traten daraufhin in Klöster ein und suchten Anschluss an den Dominikanerorden; das Wechselspiel von dominikan. Seelsorge und Spiritualität der betreuten Frauen befruchtete die → Mystik. In Holland und Belgien haben sich Reste der Bewegung bis heute erhalten. →

Margarete Porete, → Mechthild von Magdeburg. AW

Lit.: M. Wehrli-Johns/C. Opitz (Hg.), Fromme Frauen oder Ketzerinnen? Leben und Verfolgung der B. im Mittelalter, 1998.

Behdin (mittelpers. = gute Religion), Eigenbezeichnung der Zoroastrier. → Zoroastrismus. MH

Behemoth (hebr. b^{e}hēmōt), bei Hiob 40,15–24 als Nilpferd beschrieben, mit der Zeit zum mythischen Drachentier der Apokalyptik geworden, das zusammen mit → Leviathan in der Endzeit getötet wird. → Altes Testament, → Apokryphen. KVS

Behramshah Naoroji Shroff (1858–1927), Begründer der zoroastr. Gemeinschaft des → Ilm-e Kšnum. MH

Beichte (lat. confessio peccatorum = Bekenntnis der Sünden), dt. Begriff für das → Sakrament der → Buße, bei dem ein Christ seine → Sünden in der Haltung der Reue bekennt und mit Gott und den Menschen wieder versöhnt wird. Nach christl. Verständnis ist die Kirche der Ort, an dem Gott → Heil stiften will, und daher auch ein Ort für die Wiederversöhnung des Sünders. Das altkirchliche Bußverfahren bis zum 5. Jh. fand öffentlich in der Gemeinde statt: Sündenbekenntnis, liturg. Gemeindeausschluss, Ableistung einer Genugtuung, → Absolution und Wiederaufnahme durch einen → Priester. Ab dem 6. Jh. konnte sich die von iro-schottischen Wandermissionaren praktizierte Privat-B. durchsetzen: geheimes Sündenbekenntnis, geheime Tarifbuße und persönliche Absolution durch einen Priester. Im Mittelalter wurde die Privat-B. zum Mittelpunkt einer breiten Bußfrömmigkeit. M. Luther (→ Reformation) kritisierte die mittelalterliche B.-Theologie: Die Wiederversöhnung mit Gott werde ungerechtfertigt mit einem »erfundenen« Sakrament verknüpft. Nach Luther geschieht die Rechtfertigung durch → Gnade und Glaube allein, indem sich der Sünder unter das Wort Gottes stellt und es im Glauben annimmt; ein Sündenbekenntnis sei durchaus notwendig, eine sakramentale Absolution durch einen Priester aber weder nötig noch möglich. Seit dem Zweiten → Vatikan. Konzil versucht die röm.-kath. Kirche, die Verwurzelung der B. in der Gemeinschaftsdimension der Kirche wieder stärker in den Vordergrund zu rücken, und auf dem Hintergrund der altkirchlichen Praxis konnten auch ökumen. Annäherungen erzielt werden. KHS

Lit.: E. Feifel (Hg.), Buße, Bußsakrament, Bußpraxis, 1975. – A. Hahn, Selbstthematisierung u. Selbstzeugnis. Bekenntnis u. Geständnis, 1987. – J. Delumeau, L'aveu et le pardon. Les difficultés de la confession; XIIIe-XVIIIe siècle, 1990. – M. Ohst, Pflicht-B.: Untersuchungen zum Bußwesen im Hohen u. Späten Mittelalter, 1995. – G. Petzl, Die Beichtinschriften im röm. Kleinasien u. der Fromme u. Gerechte Gott, 1998.

Beichttexte, im → Manichäismus Formulare, die von Gläubigen (→ Auditor; → Electus) im Kult verwendet werden (→ Bema; → Montagsfest). Das Sündenbekenntnis (parthisch x^{u}āstwānīft = Beichte) bildet einen Schwerpunkt der Glaubensausübung; die B. berühren alle Bereiche manichäischen Lebens, der Theologie und der Ethik. Bislang sind B. nur in Sprachen des östlichen Manichäismus bekannt (sogdisch, parthisch, uigur., chin.). Umstritten ist, ob die B. eventuell von buddh. oder (syrisch)-christl. Vorbildern beeinflusst sind. MH

Lit.: J. P. Asmussen, X^{u}āstvānīft, 1965. – W. B. Henning, Ein manichäisches Bet- u. Beichtbuch, in: Ders., Selected Papers, 1977, 417–557. – H.-J. Klimkeit, Manichäische u. buddh. Beichtformeln aus Turfan, in: Zs. für Religion und Geistesgeschichte 29 (1977), 193–228. – C. Weber, Buddh. Beichten in Indien und bei den Uiguren, 1999, 123–52.

Bekehrung, dt. Übersetzung des biblischen Begriffs der Umkehr, zunächst der Heimkehr der Juden, die damit ihre Fehler abgebüßt haben, aus dem Exil in Babel, dann der ethischen Läuterung (griech. metánoia). Im Pietismus ist B. der Akt der bewussten Annahme des Glaubens im Erwachsenenalter (Konfirmation), auch als → Wiedergeburt (amerikan. reborn) im Sinne von Joh 3,3. Im speziellen Sinn kann damit auch ein Glaubenswechsel (→ Konversion) gemeint sein. → Kontakt, → Sozialisation. CA

Bekenntnis (griech. homología, martyría; lat. professio, confessio), das Öffentlichmachen religiös relevanter Sachverhalte, Haltungen und Überzeugungen. Die Typologie ist reich: Das Schuld-B. ist Kundgabe von Verfehlungen und → Sünden. Das Glaubens-B. dient der Proklamation der Zugehörigkeit zu einer Religionsgemeinschaft, Lehre oder einem Kult. Es reicht vom Aussprechen einer Affirmationsformel (als Teil des Kults oder → Gebets) über demonstrative Handlungen (Kampf gegen Ungläubige, keine Teilnahme an Fremdkulten oder Heirat von Fremden usw.) bis hin zur Lebenshingabe im Blutzeugnis (→ Martyrium). Im nachexil. Judentum, im Christentum, Islam (→ šahāda) und Buddhismus wird dem B. ein hoher Stellenwert zugemessen. Bes. Bedeutung gewinnt der christl. B.-Begriff in den Kontroversen der → Reformationszeit: Das B. wird ausführlich und systemat. schriftlich niederlegt (z.B. *Confessio Augustana* = Augsburger Beichte, 1530) und für den Unterricht in Frage und Antwort entfaltet (Katechismus). KHS

Lit.: B. Lohse, Epochen der Dogmengeschichte, 1963.

Bekleidung → Kleidung, → Körper.

Bektaşi, islam. mystischer Orden, der auf den aus Zentralasien stammenden Mystiker Ḥāǧǧī Bektāš (Haci Bektaş, 13. Jh.) zurückgeführt wird. Die ursprünglich zwölferschiit. Tradition des Ordens wurde im Laufe der konfessionellen Abgrenzung zwischen dem sunnit. Osmanischen und dem schiit. Ṣafawidischen Reich (Persien) zugunsten einer heterodoxen mystischen Lehre aufgegeben. Im 16. Jh. spaltete sich der Orden in eine genealog. auf Ḥāǧǧī Bektāš zurückgeführte Ordensgemeinschaft und eine freie Assoziation von durch ein Gelübde gebundenen Mystikern. Die erstere verband sich aufgrund der heterodoxen rituellen Praxis mit verschiedenen anderen, sog. alevit. Gemeinden (→ Aleviten), während letztere v.a. in den urbanen Zentren (u.a. über die Janitscharen) einen Mittelpunkt der religiösen Kultur bildete. Die B.-Klöster wurden 1826 offiziell aufgehoben, die B.-Kultur aber konnte sich bis in die Gegenwart behaupten. RS

Lit.: J. Birge, The Bektashi Order of Dervishes, 1937, ^{2}1982. – A. Popovic/G. Veinstein (Hg.), Bektachiyya, 1993.

Belial/Beliar, Name des → Satans in 2 Kor 6,15 (von hebr. bᵉlijaʿal = Nichtsnutz), häufig belegt in den außerkanon. Texten der Antike und in der späteren → Magie. → Beelzebub, → Teufel, → Zwischenwesen. KVS

Bellah, Robert N. (geb. 1927), Soziologe, Schüler von T. → Parsons, Professor für Soziologie, insbes. Religionssoziologie, und Regionalstudien in Harvard und Berkeley. B. hat großen Einfluss auf die amerikan. Religionssoziologie ausgeübt und u.a. 1967 den modernen Begriff → Zivilreligion geprägt. HK

Bema (von griech. bē̄ma = Stufe, Rednerbühne).
(1) In der → Mischna die dem Griech. entlehnte Bezeichnung für den erhöhten Platz für den Redner in der Synagoge; (2) in oriental. Kirchen der Altarraum. KVS
(3) Bezeichnung für (a) das wichtigste Fest im → Manichäismus und (b) den Thron → Manis als optischem Mittelpunkt des Festes. Für das Fest charakterist. sind Sündenbekenntnis und -vergebung (→ Beichttexte), Läuterung des göttlichen Lichtes aus der Materie und Memoria von Manis Tod. Es beendet die Fastenzeit und markiert den Beginn des neuen kultischen Jahres. Koptische, iran. und chin. Hymnen aus Anlass des Festes sind erhalten. MH

Lit.: C. Reck, Mitteliran. manichäische Montags- u. Bēmahymnen, 1992. – E. Renhart, Das syrische B., 1995, 161–75. – G. Wurst, Das B.-Fest der ägypt. Manichäer, 1995. – G. Wurst, Die B.-Psalmen, 1996.

Benares (andere Namen: Vārānasī, Kāshī), indische Stadt am Ganges, hl. Wallfahrtsort für Hindus, vermutlich im 6. Jh. v. Chr. gegründet. Die Stadt ist Sitz → Shivas, der bes. im zentralen Vishvanātha-Tempel verehrt wird, Stätte der Sanskrit-Gelehrsamkeit, Treffpunkt zahlreicher Sekten und Ort des geweihten Todes am Manikarnika-Ghat. Bei den Pilgern beliebt sind Prozessionen um verschiedene Stadtbezirke sowie ein Bad an einem der zahlreichen Badeplätze (→ ghāt). In Ramnagar, auf der B. gegenüberliegenden Seite des Ganges, wird vor dem Palast des Mahārāja von B. alljährlich die Rām(a)līlā, eine Aufführung des → Rāmāyana-Epos, inszeniert. AM

Lit.: D.L. Eck, B., 1983 (engl., dt. 1989). – N. Gutschow/A. Michaels, B., 1993. – J. Gengnagel, Art. »B.«, in: MLR 1 (1999), 132–36.

Benjamin (hebr. Binjāmīn = Sohn der rechten [Seite]), einer der zwölf Söhne des Patriarchen → Jakob und Name des sich auf ihn zurückführenden israelit. Stammes. → Altes Testament, → Apokryphen, → Josef. KVS

Lit.: K. D. Schunck, B. Untersuchungen zur Entstehung u. Geschichte eines israelit. Stammes, 1963.

Benjamin, Walter (1892–1940), freier Schriftsteller, ab 1933 im Pariser Exil; Verfasser von literaturkrit. Essays (zur Romantik, Goethes *Wahlverwandtschaften*, barockem Trauerspiel und Lyrik im spätkapitalist. Zeitalter). Seine Analysen der modernen Krise, welche die Signaturen des »Kapitalismus als Religion« umreißen, kulminieren im *Passagen-Werk* (postum erschienen 1982). In B.s Denken verbinden sich Motive des jüd. → Messianismus und des dialekt. → Materialismus zu einer modernen Geschichtsphilosophie, in der der Begriff der → Erlösung eine zentrale und kritische Rolle spielt. MB

Lit.: M. Lutz-Bachmann, Kritische Theorie und Religion, 1997. – C. Lienkamp, Messianische Ursprungsdialektik, 1998. – H. M. Dober, Die Moderne wahrnehmen. Über Religion im Werk W. B.s, 2002.

Ben Koseba, Simeon → Bar Kochba.

Berge werden häufig als → hl. Orte verehrt. Sie sind Heimstätte von Göttern (oder selbst Götter) wie auch Sinnbilder von Höhe, Dauerhaftigkeit, Reinheit (insbes. in Assoziation mit → Quellen und Seen). Als Orte, die in den Himmel ragen, bilden sie im kosmolog. → Raum eine Schnittstelle zwischen Alltagswelt und Oberwelt, zwischen Diesseits und Jenseits. Einige B. gelten als Mittelpunkt der Welt, als → axis mundi (z. B. der Berg → Meru). Vielfach sind B. Ziel von → Wallfahrten. → Grenze. MG

Berger, Peter L. (geb. 1929), in Wien geborener amerikan. Philosoph und Soziologe. Auf der Grundlage der phänomenolog. Analysen von A. Schütz entwickelte B. – zusammen mit T. → Luckmann – eine einflussreiche → Wissenssoziologie, die er in vielen Arbeiten auf die Analyse der gegenwärtigen Religion anwandte. HK

W.: The Sacred Canopy, 1969 (dt. Zur Dialektik von Religion und Gesellschaft, 1973). – Rumor of Angels, 1969 (dt. Auf den Spuren der Engel, 1969). – The heretical imperative, 1979 (dt. Der Zwang zur Häresie, 1980).

Bergpredigt, zentrale Lehre und Lebens-Ordnung des frühen Christentums, als Predigt Jesu komponiert in Mt 5–7, sie enthält u. a. die Seligpreisungen und das Vaterunser. Es handelt sich dabei um eine Radikalisierung der → Torah für die innerjüd. Reformbewegung. Die Regeln sind an eine religiöse Elite gerichtet – die Wanderradikalen der Jesus-Bewegung (→ Jünger) – und sind nicht als Ersatz für die weiterhin allgemein gültige Torah zu verstehen. In der späteren Rezeption im Christentum wird diskutiert, ob die B. als Regel für alle oder für eine Elite gelte oder ob sie schlechthin unerfüllbar sei und damit das Sünder-Sein noch verschärfe. CA

Lit.: P. Lapide, Die B., Utopie oder Programm, 1982. – G. Strecker, B., 1984. – H. D. Betz, The Sermon on the Mount, 1995.

Bernhard von Clairvaux (1090–1153), Gründer und Abt von Clairvaux, durch den der Zisterzienserorden weite Verbreitung fand. Seine Predigten zum → Hohen Lied inspirierten maßgeblich – v. a. über zusammenfassende ps.-bernhard. Schriften – die → Braut- und → Passionsmystik. B. nahm auch polit. Einfluss, u. a. predigte er den zweiten Kreuzzug. → Mystik. AW

W.: SW, lat./dt. (hg. von G. B. Winkler u. a.), 10 Bde., 1990–99. – P. Dinzelbacher, B. v. C., 1998.

Lit.: E. Gilson, La théologie mystique de Saint Bernard, 1934, [4]1980 (dt. 1936). – J. Leclercq, Bernard de Clairvaux, 1989 (dt. 1991).

Berserker (von altnord. berserkr, Plur. berserkir; ber- = Bär, serkr = Hemd), in der altnord. Literatur german. Krieger, die sich im Kampf durch ihre »Berserkerwut« auszeichneten. Sie galten als unverwundbar und trugen, worauf ihr Name hinweist, Fellverkleidungen. Ihr Ursprung ist in alten kultisch-ekstat. Maskenkriegerbünden zu suchen, die mit → Odin als Gott der → Ekstase verbunden waren. US

Lit.: O. Höfler, Kultische Geheimbünde der Germanen, 1934. – K. v. See, B., in: Zs. für dt. Wortforschung NF 2 (1961), 129–35. – O. Höfler, Art. »B.«, in: RGA 1, [2]1973, 298–304. – G. Kreutzer, Art. »B.«, in: LexMA 1, 1980, 2019–20.

Beruf. Im soziolog. Sinn meint B. einen Komplex von Leistungen, die ein Einzelner mit einer gewissen Regelmäßigkeit in einer Arbeitsorganisation überwiegend zum Zweck des Erwerbs erbringt. Das Wort B. hat in seinem Ursprung durch den Zusammenhang mit → Berufung eine religiöse Färbung. M. Luther (1483–1546) und die *Confessio Augustana* gebrauchen es auch für weltliche Tätigkeiten, allerdings eher im Sinne von sozialen → Rollen. Die religiöse Konnotation ist im heutigen Sprachgebrauch (weitgehend) verschwunden, und der Begriff wird tendenziell selbst zum Relikt. → Arbeit. VK

Lit.: K. Holl, Die Geschichte des Wortes B., in: Ders., Gesammelte Aufsätze zur Kirchengeschichte, Bd. 3, 1928, 189–219.

Berufung. Im NT wird der Anschluss an die christl. Gemeinde generell als B. (griech. klḗsis) bezeichnet. In den paulin. Briefen meint B. darüber hinaus ein Heraustreten aus der Welt der Gottesferne zum Glauben an den auferstandenen Herrn. Die Gemeinde (griech. ekklēsía) ist

die Gemeinschaft der »Herausgerufenen«. In der Scholastik wird der lat. Begriff vocatio, der in der Vulgata für klēsis steht, für den Eintritt in den geistlichen Stand reserviert.
Über den christl. Sprachgebrauch hinaus lässt sich B. auch generell auf diejenigen religionsgesch. Phänomene beziehen, in denen es um die von einem Gott oder Göttern veranlasste Beauftragung eines Menschen zu einem bestimmten Handeln geht. Beispielsweise erhalten die → Propheten der Hebr. Bibel, → Zarathustra, → Muḥammad, Joseph Smith und S. M. Moon eine göttliche B. als Motivations- und Legitimationsgrundlage ihres Wirkens. VK

Besant, Annie (1847–1933), zunächst Freidenkerin, trat nach ihrer Scheidung von einem anglikan. Geistlichen 1889 der Theosoph. Gesellschaft bei und wurde Nachfolgerin der Madame → Blavatsky als Vorsitzende der Gesellschaft. B. war wesentlich daran beteiligt, die Inthronisation des zukünftigen »Weltenlehrers« Jiddu → Krishnamurti vorzubereiten. In Indien war sie auch polit. tätig, so 1918 als Präsidentin des Nationalkongresses. → Theosophie. KVS

W.: Annie B.: An Autobiography, 1893.
Lit.: T. Besterman, Mrs. A. B., a Modern Prophet, 1934. – A. Taylor, A. B. A Biography, 1992.

Beschneidung, rituelle Entfernung der Vorhaut des Penis, einerseits praktiziert als männliche → Initiation, andererseits als Zeichen der Zugehörigkeit zu einer religiösen Gemeinschaft. Im Judentum gilt, dass die Beschneidung (hebr. b^erīt mīlā = → Bund der B.), die von Abraham verlangt wurde, als Zeichen des Bundes Gottes mit Israel bei allen Jungen am achten Tag nach ihrer Geburt durchgeführt wird, bei Proselyten nach der Konversion. Es werden Segnungen erteilt und der hebr. Name wird verliehen, bevor ein Festmahl das Ritual beendet. Auch die Muslime führen die B. durch (arab. ḫitān, auch ṭahūr = Reinigung), die bei Jungen meist zwischen dem zweiten und siebten Lebensjahr stattfindet (heute tendenziell früher). Das Fest wird begleitet von Reinigungsriten.
In manchen muslim. Ländern, v. a. in Südägypten, Sudan, Somalia, Äthiopien und Westafrika, findet eine analoge Zeremonie bei Mädchen statt, deren Wurzeln oft auf vorislam. Traditionen zurückgehen. Dabei wird die Klitoris, seltener auch das Labium entfernt (die WHO rechnet für das Jahr 1982 mit 80 Mio. beschnittenen Frauen in Afrika). Die B. von Mädchen wird auch in vielen Religionen Lateinamerikas, Australiens, Ozeaniens etc. praktiziert, inzwischen auch in vielen Ländern Westeuropas (nach Schätzungen werden heute allein in Großbritannien jährlich etwa 2000 bis 3000 Mädchen beschnitten). Dieser Eingriff führt nicht nur zur starken Beeinträchtigung des sexuellen Empfindens, sondern anders als bei Jungen auch häufig zu Krankheit und Tod, weshalb derartige Praktiken auch im Islam umstritten sind und weltweit zunehmend bekämpft werden. → Sozialisation. KVS

Lit.: B. Krawietz, Die Hurma. Schariatrechtlicher Schutz vor Eingriffen in die körperliche Unversehrtheit nach arabischen Fatwas des 20. Jahrhunderts, 1991. – U. Spuler-Stegemann, Mädchen-B., in: G. M. Klinkhammer u. a. (Hg.), Kritik an Religionen, 1997, 207–19. – A. Blaschke, B. Zeugnisse der Bibel u. verwandter Texte, 1998. – D. L. Gollaher, Circumcision: A History of the World's Most Controversial Surgery, 2000. – G. C. Denniston u. a. (Hg.), Flesh and Blood: Perspectives on the Problem of Circumcision in Contemporary Society, 2004.

Beschwörung, Anrufung einer Macht, einer Person mit Namen, eines namenlosen Machtträgers oder von Toten (→ Nekromantie) mit einer Formel, die unbedingt fehlerfrei ausgesprochen werden muss. In der spätantiken westlichen Religion und dem mittelalterlichen Christentum war die B. als → Magie verpönt (Zauberspruch, lat. incantatio). CA

Lit.: K. Preisendanz, Papyri Magici Graeci, 1928. – A. Önnerfors, Antike Zaubersprüche, 1991. – H. D. Betz, Greek Magical Papyri (Ü), 1997.

Besessenheit (engl./franz. possession), die kulturell geprägte Vorstellung, dass eine Person von einem Geist (einem Totengeist, einem Ahnen, einer Gottheit) in Besitz genommen wird, so dass dieser für ihr Handeln verantwortlich ist (→ Ekstase). So kann der Geist durch den Körper der besessenen Person sprechen und weissagen (→ Charisma). Die B. kann spontan (unkontrolliert) oder bewusst herbeigeführt (kontrolliert) und Teil eines Kultes sein (→ Schamanismus). → Ahnenverehrung, → Exorzismus. MG

Lit.: E. Bourguignon, Possession, 1976.

Bestattungsriten → Ahnenverehrung, → Grab, → Leiche, → Tod.

Bethel (hebr. bēt-ʾēl = Gotteshaus), heute Betîn, 17 km nördlich von Jerusalem, eine Hauptkultstätte Israels, an der JHWH in einem Stierbild verehrt wurde (1 Kön 12,32), bis → Josia den Kult offiziell beendete (2 Kön 23,15–18); die Legende führt die Gründung B. teils auf → Abraham (Gen 12,8), teils auf → Jakob (Gen 28, 19) zurück. Schon die Nennung des Stierkultes zeigt indes, dass es sich bei B. um ein älteres Heiligtum mit einem hl. Stein (Mazzebe) als Kultobjekt handelt, eventuell mit JHWH als Stier- → El. Bei Phönikiern, Griechen (→ baítylos oder baitýlion) und Römern (baetulus) ist der Name als Bezeichnung für einen hl. Stein geläufig. → Kommunikation. KVS

Bewegung, religiöse, religiöse Gemeinschaft außerhalb der etablierten religiösen → Institutionen. Der Begriff ersetzt die wertenden Bezeichnungen Kult und → Sekte. Eine B. ist ein Zusammenschluss von Personen, der durch eine starke kollektive Identität nach innen und Abgrenzung nach außen gekennzeichnet ist. Sozialstrukturell handelt es sich um ein allenfalls schwach institutionalisiertes Netzwerk informeller Beziehungen zwischen Individuen oder → Gruppen. Eine r. B. bietet entweder religiöse oder philosoph. Weltanschauungen, oder aber sie stellt bestimmte Mittel zur Erlangung von Heilszielen in Aussicht. Sie sucht auf der Grundlage eines idealen → Weltbildes, sozialen und kulturellen Wandel herbeizuführen. R. B. begründen eigene sozialmoral. → Milieus und verbindliche Lebensstile. Die damit einhergehende umfassende Prägung der Lebensführung stößt in der sozialen Umwelt der Mitglieder oft auf Ablehnung, bis hin zur Gründung von Gegen-B. (sog. Anti-Cult-Movements). Aufmerksamkeit erhalten v. a. sog. → »Neue R. B.«. Nach dem Zweiten Weltkrieg entstanden, zeichnen sie sich zumeist durch eine Verschmelzung unterschiedlicher religiöser Traditionen aus. Als Träger individualisierter Religiosität sprechen sie insbes. die Mittelschicht an. Am Ende einer B. steht entweder ihre Institutionalisierung oder aber eine quietist. Verlagerung ihrer Heilsziele in der Zeit. AKN

Lit.: H. Knoblauch, Religionssoziologie, 1999. – V. Krech, Religionssoziologie, 1999.

Bewusstsein, das Ineinander von Sach-, Akt- und Selbst-B., das → Kognition ermöglicht. Mit der Neuzeit (R. Descartes, 1596–1650) wird das B. zum Bezugspunkt jedweder Erkenntnis. Vorher war das → Gewissen (Sokrates, ca. 470–399 v. Chr.) Ort der → Freiheit von der Welt, das im christl. Denken als B. des → Willens Gottes entfaltet wurde, bis → Kant in ihm das Sittengesetz ohne göttliche Autorität – und ohne Willkür – entdeckte; nun enthält das B. als Prinzipienwissen alle Erkenntnisgrundlagen. Seit → Nietzsche steht das B. nicht mehr im Dienste der Wahrheitsfindung, sondern des umwertenden Lebenswillens. Auch → Freud erforschte den un- und vorbewussten Inhalt und Aktivitätsgrund des B. Die → Wissenssoziologie weist den Einfluss sozialer Faktoren (→ Sozialisation, Lernen, Institutionen, Sprache etc.) auf die B.-Formen des → Menschen nach. Für E. Husserl (1859–1938) ist B. die Gerichtetheit auf eine vorgefundene Welt, mit der das transzendentale B. über vier kogitative Typen verwoben ist. In der Religionswissenschaft sind veränderte B.-Zustände thematisiert worden (→ Meditation).

Im → Buddhismus ist B. Wandel ohne Subsistenz, ohne etwas, an dem Wandel sich vollzieht, und drückt daher keine vorgängige Struktur aus. B. ist daher ein Kontinuum, abhängig vom vorgängigen B.-Moment, zusammengesetzt aus einzelnen Momenten und vergänglich. In der am weitesten ausgearbeiteten B.-Lehre des idealist. → Yogāchāra führt das Wissen um diese Beschaffenheit des B. zu der Auffassung, dass im nichtdualist. Erfahren der Leerheit alle B.-Verunreinigungen (Unwissenheit, Neid etc.) erlöschen. Die kurze Empfindungswahrnehmung (vijnāna) wird vom synthetisierenden Verstand (manas) durch Ich- und Gegenstands-B. verunreinigt. Der Verstand ist Ausgangspunkt verantwortl. Wirkens, das das Speicher-B. (chitta) prägt. Motor der B.-Theorien ist die axiomat. Spannung von Nicht-Selbst-Lehre (anātman) und dem freien Willen eines individuierten B., das sich von seiner Leidbehaftetheit zu lösen sucht (→ Heil/Leid). Der frühe Buddhismus spricht den bei jeder Einsicht beteiligten Faktoren augenblickliche Realität zu; im Mahāyāna existieren auch sie nicht (sunya). Neben der funktionalen Gliederung des B. gibt es Vermögen, die sich für bestimmte Aktivitäten und Objektbereiche aktualisieren, z. B. Überzeugtheit, Konzentration, heilsame Faktoren. Traum-, Nahtod- und meditatives B. werden ausführlich im → tibet. Buddhismus beschrieben. → Mensch, → Wahrnehmung. AK

Lit.: T. Metzinger (Hg.), B.: Beiträge aus der Gegenwartsphilosophie, 1995. – U. Meixner / A. Newen

(Hg.), Seele, Denken, B. Zur Geschichte der Philosophie des Geistes, 2003.

Bhagavadgītā (sanskr. = Gesang des Erhabenen), ein ursprünglich selbständiges Stück des → Mahābhārata; einer der meistgelesenen und -kommentierten religiös-philosoph. Texte Indiens, der seinem Wortlaut nach nicht vor dem 5. Jh. n. Chr. verfasst wurde, dessen Inhalte aber bis in die letzten vorchristl. Jh.e hinein reichen. Im Mittelpunkt des Werkes steht der Gott → Krishna, der in menschlicher Gestalt als Wagenlenker den Helden Arjuna zum Kampf auffordert, ihn mit überwiegend theist. Sprüchen unterweist und sich als höchster Gott offenbart. Die B. ist beeinflusst von verschiedenen religiösen und philosoph. Strömungen, überwiegend aber der → bhakti-Frömmigkeit und einer bes. → karma-Ethik verpflichtet, nach der jeder seine standesgemäße Pflicht zu vollbringen hat, um Erlösung oder göttliche Gnade zu erlangen. Die B. ist der erste indische Text, der 1823 von A. W. von Schlegel (1767–1845) ins Dt. übersetzt wurde. In Indien wurde er wiederholt kommentiert, etwa von → Shankara, → Ramanuja oder → Chaitanya. AM

Ü.: R. Garbe, 1905, ²1921. – S. Radhakrishnan/S. Lienhardt, o. J. (ca. 1960). – P. Schreiner, 1991. – K. Mylius, 1980, ²1997.
Studien: A. Malinar, Rājavidyā, 1997.

Bhagavan (von sanskr. bhagavat = der Erhabene), indische Bezeichnung für Götter (bes. → Vishnu und → Krishna) und Heilslehrer (→ Buddha, → Bhagvan Shree Rajneesh). → Gott. AM

Bhagvan Shri Rajneesh (Rajneesh Chandra Mohan, 1931–90), Gründer einer spirituellen → Bewegung, die von Poona (Indien) ausgehend v. a. im Westen Anhänger fand. Nachdem B. eigenen Angaben zufolge am 21.3.1953 Erleuchtung erlangt hatte, entfremdete er sich zusehends von seinen Kollegen am Rajpur Sanskrit College und der Universität Jabalpur, wo er als Professor für Philosophie tätig war. 1974 zog Rajneesh, von seinen Anhängern Bhagvan (= der Erhabene/Göttliche), später Osho (ursprünglich Ehrentitel für → Bodhidharma) genannt, nach Poona. Nach Konflikten mit den indischen Steuerbehörden lebte B. 1981–85 in Oregon/USA, wo seine Anhänger Rajneeshpuram, die »Stadt der neuen Menschen«, errichteten. Aufgrund interner Spannungen zog B. 1986 nach Poona zurück. In der Folgezeit verzichteten seine Anhänger darauf, die orangefarbene Kleidung der Sannyāsin und das Emblem des Meisters zu tragen, was die Differenzierung der Bewegung im Westen weiter unterstützte. Das Zentrum in Poona heißt Osho Community International und organisiert Lehre, Publikationen und Veranstaltungen. Der Tod Oshos führte nicht zu einer Krise der Gemeinschaft, sondern im Gegenteil zu einem weltweiten Aufblühen. In der Osho Community ist der Meister nach wie vor in Form von regelmäßigen Unterweisungen mittels Videoaufnahmen auf Großleinwand präsent. Die Lehre Oshos ist eine kreative Synthese hinduist., indisch-tantrist. und westlich-mystischer (auch psychotherapeut.) Traditionen. Durch mitunter provokative Infragestellung überkommener Wertvorstellungen wollen die Unterweisungen zu Freiheit und Wahrheit führen. Einen Kern bildet dabei die → Meditation, die von Osho mit ekstat. Elementen verbunden wurde (»Dynam. Meditation«). KVS

Lit.: J. Vasant, Der Erwachte. Leben u. Werk von B. Sh. R., 1983. – Y. Karow, Bhagwan-Bewegung, Vereinigungskirche. Religions- u. Selbstverständnis der Sannyasins u. der Munis, 1990. – J. Süss, Bhagwans Erbe. Die Osho-Bewegung heute, 1996. – J. M. Fox, Osho Rajneesh, 2002.

Bhairava (sanskr. = der Schreckliche), eine furchterregende Form des Gottes → Shiva. → Hinduist. Pantheon. MAL

H. v. Stietencron, Bh., in: Zeitschr. d. dt. Morgenländ. Gesellschaft, Suppl. I, 1969, 863–71.

Bhajana, in der → bhakti auf Teilhaftigkeit an Gott gerichtete Verehrungspraxis und gleichzeitig Ausweis dieser Teilhaftigkeit selbst. Charakterist. ist der religiöse Gesang der Gemeinde (→ satsanga), oft in Nachtwachen. Bh. bewirkte die reiche Ausbildung religiöser Dichtung, Musik, aber auch darstellender Kunst. → Kīrtana, → Mystik. MHO

Lit.: M. Singer (Hg.), Krishna. Myths, Rites and Attitudes, 1966, 90–172.

Bhakti (sanskr. = Teilhabe, Hingabe), Gnadenreligion und teilweise mystische Frömmigkeitspraxis gegenseitig teilhaftiger Beziehung zwischen Gläubigem und Gott, in den einzelnen Richtungen unterschiedlich gefasst. Eine gestalthafte Gottesauffassung (saguna, z. B. → Krishna-bh.) steht neben einer gestaltlosen (nirguna, z. B. der → Sants) sowie der Verbindung

beider (→ Vārkarī-Panth; → Rāma-bh., → Tulsīdās); in beiden letzteren ist eine ausgeprägte Namen-Gottes-Verehrung üblich. In der religiösen Praxis hat der → Guru eine starke Bedeutung. Bh. hat sich u.a. mit dem Ästhetik-Konzept von den Stimmungen (bhāva, rasa) verbunden und gelangt dadurch zu psycholog. subtilen Modi der Gott-Mensch-Beziehung; diese und die Erlösungslehre werden in den reichen bh.-Theologien unterschiedlich systematisiert (monist., dualist. usw.). Ausweis der Gnade ist die Teilhaftigkeitserfahrung, daher besteht → Erlösung (→ Hinduismus, → moksha) in der bh. selbst.
Bh. ist zunächst in Sanskr.-Texten (Nārāyanīya, → Bhagavadgītā), dann volkssprachlich v. a. zwischen dem 4. und 9. Jh. in Südindien (Shiva-bh.: Nāyanārs; Vishnu-bh.: Ālvārs, Bhāgavatapurāna), ab dem 13. Jh. in Westindien, ab dem 14. Jh. in Nordindien belegt und formte seit dem Mittelalter die Literatur Indiens. Bh. ist teilweise den → Nāths (→ Sant) und dem → Tantra verpflichtet. → Mystik. MHO

Lit.: J. L. Brockington, The Sacred Thread, 1989, Kap. 7/8. – F. Hardy, Viraha-Bhakti. The Early History of Krsna Devotion in South India, 2001.

Bhavachakra (sanskr. = Rad des Werdens), buddh. Ausdruck für den → Kreislauf der Existenz (→ samsāra), im → tibet. Buddhismus oft in → mandalas dargestellt: Die Welten der Götter, Antigötter, Menschen, Tiere, Geister und Höllenbewohner sind die sechs Bereiche weltlichen Daseins, die alle der Leidhaftigkeit und dem Tod unterworfen sind. Deshalb hält Yama, der Gott des Todes, das Rad. Im Zentrum befinden sich drei Tiere, die die Ursachen der Verstrickung der Wesen in den samsāra sysmbolisieren: ein Hahn (Gier), eine Schlange (Hass) und ein Schwein (Verblendung). Am Rand des Rades ist meist der zwölfgliedrige Konditionalnexus (→ pratītyasamutpāda) abgebildet, der aufzeigt, wie es zur Verstrickung kommt. AM

Lit.: M. Brauen, Das Mandala: der hl. Kreis im tantrischen Buddhismus, 1992.

Bhikkhu/Bhikkhunī (pāli; sanskr. bhikṣu/bhikṣuṇī = Bettelmönch/Bettelnonne), vollordiniertes Mitglied eines buddh. Ordens (→ sangha). → Askese. AM

Bhīma (sanskr. = der Furchterregende), körperlich stärkster der fünf → Pāndavas (Helden des → Mahābhārata), Sohn von Kunti und Vāyu. → Hinduist. Pantheon. MAL

Bhūmī (sanskr. = (Erd-)Boden, Stufe), im Buddhismus verschiedene Stufen auf dem Weg zur Erlösung bzw. Vollkommenheit. Bes. populär sind die zehn bh.-Stufen, die ein → Bodhisattva bis zur Erlangung der Buddhaschaft durchlaufen muss. AM

Lit.: H. Dayal, The Bodhisattva Doctrine in Buddhist Sanskrit Literature, 1932, ^{2}1975.

Bhūta (sanskr. = Geist, Dämon). (a) Oft kollektiv verehrte Geister, teilweise auch Totengeister (→ preta); (b) in Südindien auch hinduist. Lokalgottheiten. → Gottesvorstellungen, → Zwischenwesen. AM

Bibel. I. Jüd. Die Hl. Schrift der Juden besteht aus drei Teilen: 1. Tōrā (hebr. = Weisung; → Torah), also den fünf Büchern Mose (→ Pentateuch); 2. N^{e}bī'īm (hebr. = Propheten), bestehend aus den sog. vier »großen« und zwölf »kleinen« Prophetenbüchern und den Büchern Ri und Kön; 3. K^{e}tūbīm (hebr. = Schriften), also den sog. Hagiographen, deren Bedeutung lange Zeit unterschiedlich gewichtet wurde; zu ihnen zählen Psalmen, Chron, Dan, Esr, Neh sowie die sog. fünf M^{e}gillōt (hebr. = [Kleine] Schriftrollen) Hld, Rut, Klgl, Koh und Est, die durch ihre Verwendung an bestimmten Fest- und Fastentagen in der synagogalen Lesung eine Sonderrolle spielen. Aus dieser Dreiteilung des Stoffs ergibt sich die übliche jüd., aus den Anfangsbuchstaben gebildete Bezeichnung des Textkorpus als Tanach (oder TN"K). Hinsichtlich der Offenbarungsqualität der einzelnen Teile des TN"K ergeben sich erhebliche Unterschiede zur christl. Tradition, da jüd. Theologie schon früh, d. h. in vorchristlicher Zeit, nicht die Propheten, sondern allein den Pentateuch als verbindliche (schriftliche, siehe aber → mündliche Torah) Sinai-Offenbarung betrachtete. Die Propheten folgten mit Abstand in der Heiligkeitsabstufung, während den »sonstigen Schriften« wenig Offenbarungsqualität zugeschrieben wurde. In nachexil. Zeit bildete nur der Pentateuch, vielleicht unter Hinzunahme weiterer priesterlicher Texte wie der → Tempelrolle von Qumran, die verbindliche Grundlage für Kult und Theologie. Eine Kanonisierung von Texten ist zunächst nicht festzustellen, lediglich die Inhalte galten als unantastbar. KVS

II. Christl. Die Sammlung → hl. Schriften (griech. tà biblía, neutr. plur.) zu dem → Kanon der einen B. (erst mittelalterlich griech. hē biblía) zog sich über einen langen Zeitraum (bis ins 3. Jh.) hin. In dieser Zeit wurden weitere hl. Schriften veröffentlicht, oft unter dem Namen eines autoritativen, aber längst verstorbenen Autors (→ Pseudepigraphie; Apokryphen). Ein Dauerproblem stellten die Bücher der Hebr. B. dar. Nachdem ihre Verwerfung durch → Markion nicht akzeptiert worden war, entwickelte sich eine Methode, sie anders als im wörtlichen/ursprünglichen Sinn zu deuten (→ Allegorie). Zwischen Stillstand und aktueller Adaption des Christentums wurde die B. zum normativen Grundgesetz, aus dessen Vielstimmigkeit eine Eindeutigkeit in Form der → Theologie (Kanon im Kanon) destilliert wird. Eine kultische Verehrung des B.-Buches hat sich im Christentum nicht entwickelt. Dagegen ist die B. in Abschnitte (Perikopen) aufgeteilt, so dass über das Kirchenjahr verteilt jeweils Evangelium, Epistel, Lesung und Psalm die Gottesdienste strukturieren. → Altes Testament, → Apokryphen, → Kanon, → Text. CA

Jüd. Übersetzungen: L. Zunz, Die 24 Bücher der Hl. Schrift, EA 1837, Neuauflage 1980 u. ö. – M. Buber/F. Rosenzweig, Die Schrift, EA 1925–37, Bd. 1: Die fünf Bücher der Weisung, [12]1997; Bd. 2: Die Bücher der Geschichte, [10]1997; Bd. 3: Die Bücher der Kündung, [10]1997; Bd. 4: Die Schriftwerke, [8]1997.
Christl. Einführungen: O. Eissfeldt, Einl. in das AT, 1934, [3]1964. – E. Würthwein, Der Text des AT, 1953, [5]1988. – O. Kaiser, Einl. in das AT. Eine Einf. in ihre Ergebnisse u. Probleme, 1969, [5]1984. – W. H. Schmidt, Einf. in das AT, 1979, [5]1995. – R. Rendtorff, Das AT. Eine Einf., 1983, [6]2001. – F. J. Greve, Einf. in das AT, 1988.
Forschungsgeschichte: H.-J. Kraus, Geschichte der historisch-kritischen Erforschung des AT, 1956, [2]1982.

Bidʿa (arab. = Neuerung), islam. Begriff, der in Opposition zu → Sunna steht. In Koran 46/9 wird der Prophet → Muḥammad dadurch charakterisiert, dass er keine b. gegenüber den Gesandten Gottes darstelle. B. dient als Klassifikationsmerkmal für dogmat. Aussagen, orthoprakt. Handlungen und Gewohnheiten; Klassifikationskriterien sind seit dem 8. Jh. (→ Šāfiʿīya) die »dogmat. Grundlagen« (→ uṣūl al-fiqh). Entsprechend sind bestimmte b. (z. B. die Jurisprudenz selbst oder gewisse Gebete) für eine Mindestzahl von Muslimen »geboten«, andere »empfohlen« (wie die Stiftung von Schulen), wieder andere »erlaubt«, »verwerflich« oder schließlich »verboten«. B. begründet nach den meisten islam. Theologen keinen Unglauben (→ kufr), sondern entspringt einer »Verwirrung« durch Unkenntnis der richtigen theolog. oder jurist. Bewertung. Diese unterscheidet sich in den islam. Rechtstraditionen erheblich. Die Gelehrten der → Ḥanbalīya verstanden b. als prinzipielle Antinomie zur Sunna, andere Rechtstraditionen hingegen integrierten b. als mögliche Institution, die Sunna zu erweitern. RS

Lit.: I. Goldziher, Muhammedan. Studien, Bd. 2, 1890.

Bījamantra (sanskr. = Keimmantra), tantrisches → mantra mit der Keimsilbe, die für die Wirksamkeit wesentlich ist (= bīja). JG

Bilā kayf (arab. = ohne wie), in der islam. Theologie Bezeichnung für die Unmöglichkeit, Gott mit der Kategorie »wie« zu erfassen. Nach al-Ašʿarī (gest. 935/36, → Ašʿarīya) sind alle anthropomorphen Zuordnungen Gottes und Beziehungen zu ihm (das Sitzen auf dem Thron oder die Möglichkeit der Menschen, ihn im Jenseits zu schauen) als Beantwortung der Frage nach dem »wie« unzulässig, da Gott »kein Wie-Wesen ist« (Ibn ʿAbbād, *ibāna*, 14). RS

Bild. Die visuelle Darstellung von fassbaren Dingen und Lebewesen unterliegt je nach ihrer Kultur Konventionen und Verboten, erst recht die Darstellung von Unsichtbarem, des Kosmos, der jenseitigen Welt, der Götter. Das religiöse B. stellt den Fokus gemeinschaftlicher symbol. Handlung (→ Ritual) mit einer Gottheit dar, wie Gebet, Gaben, Opfer. Das B. markiert die Präsenz des unsichtbaren Partners der religiösen → Kommunikation, auch über die konkrete Aktion hinaus. Erst mit der Ausdifferenzierung eines autonomen Bereichs der → »Kunst« mit ihren Institutionen in der Moderne, wie Museum und Theater, schwindet die Verbindlichkeit der B.-Sprache. (1) Formen. Präsenzmarker können Steine, Bäume, Tiere, Quellen, Höhlen sein. Sie sind nicht Gegenstand der Verehrung, auch wenn an ihnen der Kult vollzogen wird, sondern zeigen die Anwesenheit der Gottheit an. Wie die anikon. Zeichen, so kann auch ein B. Gott vertreten: als B. an der Wand, → Ikone und bes. Statue, um die man herumgehen kann. Religiöse B. sind eher sorgfältig gearbeitet und auf Dauerhaftigkeit angelegt, aber auch → Maske und → Kleidung am Pfahl je zum Kult drapiert können Gott darstellen. Meist sind sie von wertvollem Material, aber auch die Zahl von billigen

B., in der Vervielfältigung, kann von der Menge der Verehrer auf die Beliebtheit und Bedeutung der Gottheit schließen lassen. Für die → Wahrnehmung sind Position und Größe bedeutsam (→ Religionsästhetik). Die Betrachter werden zur atemberaubenden, beklemmenden oder erhabenen Haltung gebracht durch niedrige Eingänge oder Dunkelheit, weil sie die entsprechende Haltung der Verbeugung oder des Emporsehens erzeugen, Treppen bringen sie in Wallung oder Dämmer lässt den Atem stocken. Auch das Gegenteil, die am Körper als Amulett getragene winzige Statuette, gehört zu den Möglichkeiten, übersteigt aber die lokale Fixierung. Die Verehrer müssen sich nicht mehr zum Ort der Präsenz hinbewegen, sondern das winzige Götter-B. begleitet jede ihrer Bewegungen. In der Regel aber erhält das B. sein Haus; Tempel sind nicht Versammlungsräume für die Kultgemeinschaft, sondern geschützter Raum für das B. und die Schätze Gottes. Prozessionen bringen das B. in Berührung mit seiner Stadt. (2) B. und Epiphanie. Wenn man mit einem leblosen B. kommuniziert, muss seine Lebendigkeit plausibel werden durch eine mythische Realität. Gott wirkt seine Wunder zwar nicht alltäglich, aber es gibt frühere verbürgte Taten Gottes, die den alltäglichen Kult rechtfertigen. Zum Kultort mit dem Kultfokus B. gehört der aitiolog. Mythos, der den Kult durch eine Erzählung begründet: Gott war hier sichtbar (Epiphanie) und deshalb feiern »wir« ihn an diesem Tag an diesem Ort. Wer eine Bewegung der Statue bemerkt, ist glühender in der Verehrung. Wenn das B. nicht eingreift, ist Gott beleidigt, braucht also mehr Verehrung. Auch lässt sich das B. anklagen, bestrafen, verhüllen, fesseln, die Augen ausstechen. Doch das zerstörte Kult-B. ist nicht der Tod des Gottes, Gott und B. sind nicht ident. Die Herstellung und die Pflege des B. wird professionellen Spezialisten übertragen, die eher Distanz zwischen Gott und Verehrer herstellen. (3) Abbild und Repräsentation. Wie das Verhältnis von B. und Gottheit zu verstehen ist, hängt von der kommunkativen Situation ab. Kultische Handlung neigt eher dazu, das Küssen, das Waschen und Ölen, das Nähren und Bekleiden am B. als Dienst an Gott selbst anzusehen. Gott muss dann mit seinem Namen herbeigerufen werden. Reflexive Praxis lässt Gott eher nicht greifbar sein. Um die Andersartigkeit Gottes im Vergleich zum Menschen anschaulich zu machen (→ Anthropomorphismus), können im B. Schnelligkeit durch Flügel, Kraft durch Stierhörner, Macht durch Blitze oder Waffen, Weisheit durch Bücher oder Ehre durch einen Nimbus gezeigt werden. Meist werden aber die Begleiter mit diesen Attributen dargestellt, deren Gott selbst nicht bedarf; er verfügt souverän darüber. Alternative der Darstellung ist die Reduktion auf das Zeichen: die Hand, das Auge, der leere Thron, der Schriftzug des Namens. (4) B.-Magie. B. gelten als wirkmächtig und müssen daher gegebenenfalls in ihrer Wirkung durch Gewalt gehindert werden, durch B.-Sturm. (5) → B.-Verbot. Religionen, die Wort und Schrift als ihr Zentrum ansehen, lehnen B. oft ab. Aber die religiöse Pragmatik holt sie doch wieder in den Kult. Geradezu reziprok zu der nicht erlaubten und also nicht kanonisierten visuellen Sprache entfesselte und prägte bes. das Alte Israel eine Fülle von Sprachbildern, so in den Psalmen. CA

Lit.: H. Bredekamp, Kunst als Medium sozialer Konflikte, 1975. – D. van der Plas, Imago Dei, 1987.
Islam: M. Ipsiroğlu, Das B. im Islam, 1971. – R. Paret, Schriften zum Islam, 1981, 213–27. – D. van Reenen, The B.-Verbot, in: Der Islam 67 (1990), 27–77.
Jüd.-christl.: H. Belting, B. u. Kult, 1990. – M. Barash, Das Gottes-B., 1998 (engl. Icon, 1992). – K. Parry, Depicting the World, 1996. – A. Berlejung, Die Theologie der Kult-B., 1998. – B. Gladigow, Art. »B., B.-Kult«, in: RGG[4], Bd. 2, 1999, 1560–65. – P. Jezler, B.-Sturm, 2000.

Bildersturm → Ikonoklasmus.

Bilderverbot, nach Ex 20,4 und Dtn 4,15–18 das Verbot, → Gott, Menschen oder Tiere bildlich darzustellen (auch Jes 40,18). Die Wirkungsgeschichte in den abrahamit. Religionen ist beträchtlich. Zu unterscheiden ist dabei zwischen der Anfertigung eines Bildes und dessen Verehrung – eine Differenzierung, die theolog. stets neu ausgehandelt wurde. Im Judentum lässt sich neben ikonoklast. Tendenzen (→ Ikone) auch die Haltung finden, dass nur der kultische Gebrauch von Bildern verboten ist, nicht aber die Anfertigung zur Ausschmückung (vgl. Mischna Aboda Zara III). So finden sich in zahlreichen spätantiken Synagogen explizite Darstellungen von Menschen, astralen Motiven etc. Das Christentum griff theoret. das B. auf (v. a. Paulus, s. Apg 17,29; 19,26; Röm 1,22f.; vgl. auch den Bilderstreit in Byzanz 726–87 und 814–42 sowie Karlstadt 1522), unterhöhlte es aber durch

Jesus-, Marien- und Heiligendarstellungen so stark, dass Christen von Juden und Muslimen als Götzenanbeter betrachtet werden konnten. Am konsequentesten setzte der Islam das B. um (Sure 6/74; 21/53–67; 59/24 [Gott allein ist Bildner]), wenn auch nur im sakralen Kontext. Durch das B. wurde die Konzentration auf Schrift und Text weiter gefördert, und islam. Kalligrafie und Ornamentik müssen vor diesem Hintergrund gesehen werden. KVS

Lit.: K. Schwarzlose, Der Bilderstreit, 1890. – J. Gutmann (Hg.), Make no Graven Images. Studies in Art and the Hebrew Bible, 1970. – H.-J. Klimkeit (Hg.), Götterbild in Kunst u. Schrift, 1984. – C. Dohmen, Das Bilderverbot. Seine Entstehung u. Entwicklung im AT, 1985. – S. Schroer, In Israel gab es Bilder. Nachrichten von darstellender Kunst im AT, 1987. – M.J. Rainer (Hg.), B., 1997. – A. Besançon, The Forbidden Image: An Intellectual History of Iconoclasm, 2000.

Bilokation (von lat. bi- = zwei- und locus = Ort; an zwei Orten gleichzeitig sein), eine Befähigung, die von Visionären und Ekstatikern berichtet wird, bes. von Schamanen. Der anwesende Körper gilt meist als leblos, während sich die Exkursionsseele weit weg auf der Reise befindet (→ Ekstase, → Schamanismus). → Charisma. CA

Bischof (von griech. epískopos = Aufseher), → Amt in christl. Kirchen, das der Vergegenwärtigung der Heilszusage durch einen geweihten Amtsträger in der Gemeinde dient, der spezif. Aufgaben in Kult, Lehre und Gemeindelleitung hat (→ Funktionär). Um 100 n. Chr. erscheint der B. an der Spitze der kirchlichen Ämterhierarchie. Durch theolog. Reflexion (Ignatius von Antiochien [gest. nach 110], Tertullian [um 160–nach 220], Cyprian von Karthago [um 200/210–258]) und sozialen Druck während der Christenverfolgungen gewann das B.-Amt Konturen als monarch. Episkopat, d.h. als einende oberste Leitungsfunktion einer Teilkirche, welche der B. unter Mitwirkung von → Priestern und Diakonen ausübt. Unter Konstantin I. (gest. 337) erhielt der B. den Rang eines Reichsbeamten, eine Amtstracht und Insignien, die sich z.T. bis heute erhalten haben (Stab, Ring, Brustkreuz, Thron). KHS

Lit.: E. Dassmann, Entstehung u. theol. Begründung der kirchlichen Ämter, in: Internationale Kath. Zs. 22 (1993), 350–62.

Blavatsky, Helena Petrovna (»HPB«, 1831–91), spiritist. → Medium, Esoterikerin, Mitbegründerin der Theosoph. Gesellschaft (→ Theosophie), geboren in der Ukraine. Ab 1849 begibt sie sich auf Reisen, und 1851 kommt es zum ersten Kontakt mit ihrem »Meister«, der ihre Geschicke in der Folgezeit begleitet. B. wird in der spiritist. Szene der USA (→ Spiritismus) und Europas bekannt, tritt aber als außergewöhnliches Medium erst nach Begegnung mit H. Steel Olcott (1832–1907) und der Gründung der Theosoph. Gesellschaft 1875 hervor. 1877 erscheint ihr Werk *Isis Unveiled* (»Entschleierte Isis«), dessen erste Auflage von 1000 Stück in zehn Tagen verkauft ist. 1884 wird B. ihr Hauptwerk »gechannelt« (→ Channeling): *The Secret Doctrine* (»Geheimlehre«), das zu einem Gründungsdokument der → Esoterik des 20. Jh.s wurde. KVS

Lit.: V. S. A. Solovyoff, A Modern Priest of Isis, 1895. – M. Meade, Madame B. The Woman behind the Myth, 1980. – S. Cranston, H. P. B. Leben u. Werk der H. B., Begründerin der Theosophie, 1995. – N. Goodrick-Clarke (Hg.), H. B., 2004.

Bloch, Marc (1886–1944), franz. Sozialhistoriker, Begründer der »École des Annales« (→ Annales-Schule). Aufgewachsen in einem jüd. Elternhaus, wurde er überzeugter Republikaner. Sein Werk über »Die wundertätigen Könige« (*Les rois thaumaturges*, 1924, dt. 1998) versucht herauszuarbeiten, dass die wunderbaren Heilungen von Kranken bei der Königskrönung nicht als Priestertrug (→ Religionskritik) zu verstehen seien, sondern als gemeinsamer Glaube von König, Priester und Volk: eine zivile Religion Frankreichs schon im Mittelalter (→ Zivilreligion). MB

Lit.: U. Raulff, Ein Historiker des 20. Jh.s: M. B., 1995.

Bodh-Gaya, buddh. Pilgerort bei Gayā in Bihar/Nordindien. In Uruvelā/B.-G. soll → Buddha in der Vollmondnacht im Monat Vesākha (April/Mai) unter einem Apfelfeigenbaum (ficus religiosa, danach auch Bodhibaum genannt) die vollkommene Erleuchtung (→ bodhi) erlangt haben. → Baum, → Raum. AM

Lit.: J. Leoskho (Hg.), B. – The City of Enlightenment, 1988.

Bodhi (sanskr., pāli = Erwachen), im Buddhismus die vollkommene Einsicht oder Erleuchtung, die nicht auf verstandesmäßigem Wege, sondern nur durch Innewerden der grundlegenden buddh. Wahrheiten erreicht wird (→ Vier Edle Wahrheiten). Durch b. werden die drei Grundübel Gier, Hass und Verblendung sowie das Nichtwissen ausgelöscht, und der Erwachte (→ Buddha) wird zum Lebenderlösten, der nach seinem Tode nicht wiedergeboren wird, sondern ins → nirvāna eingeht. Der histor. Buddha erlebte seine b. in → Bodh-Gaya. → Erlösung, → Heil. AM

Bodhi-Baum (von sanskr. bodhi = Erwachen; singhales. bo, daher auch Bo-Baum; Pippalbaum, lat. ficus religiosa), Baum, unter dem nach buddh. Überlieferung Gautama Siddhārtha die Erleuchtung erlangte und der in → Bodh-Gaya verehrt wird. Ableger finden sich in Sri Lanka und Thailand sowie als Neupflanzung in Bodh-Gaya. → Buddha. CE

Lit.: H. S. S. Nissanka (Hg.), Mahabodhi Tree in Anuradhapura, Sri Lanka, 1996.

Bodhidharma (sanskr.; chin. Ta-mo, japan. Daruma). Der erste chin. Patriarch des Chan- bzw. → Zen-Buddhismus (28. Patriarch der indischen Linie), dessen Historizität nicht gesichert ist, soll der Tradition nach den wahren Buddhageist 526 n. Chr. von Indien nach China gebracht haben. Seine Lehren basieren auf dem → Lankāvatāra-sūtra, doch wandte er sich gegen reinen Intellektualismus und praktizierte ausgiebig Meditation. AM

Lit.: R. Pine (Hg.), B. Lehre des Zen, 1990.

Bodhisattva (sanskr. = Erleuchtungswesen). (a) Im → Hīnayāna-Buddhismus Wesen, die später zu einem → Buddha werden, indem sie – im Unterschied zu den → arhats – die Erleuchtung aus eigener Kraft, ohne Anleitung durch andere erreichen. Gautama Buddha meditierte vor seiner letzten Wiedergeburt auf der Erde, bei der er zum Buddha wurde, als B. im → Tushīta-Himmel. (b) Im → Mahāyāna-Buddhismus wird der B. anstelle des arhats zum Heilsideal (→ Heil). Er erstrebt nicht nur die eigene Befreiung vom Leiden, sondern aus Mitleid (→ karunā) die Erlösung aller Wesen. Deshalb will er nicht sofort, nachdem er die zehn Vervollkommnungen des B.-Weges (dasha-bhūmi) praktiziert und die höchste Weisheit (→ prajnā) erreicht hat, ins endgültige → nirvāna eingehen, sondern verpflichtet sich, erst dann endgültig zu verlöschen, wenn alle Wesen befreit sind. In der Zwischenzeit hilft er anderen Wesen sowohl bei alltäglichen Problemen als auch dabei, selbst den B.-Weg zu gehen. Die populärsten transzendenten B. sind → Avalokiteshvara, → Manjushrī und Samantabhadra. AM

Lit.: H. Dayal, The B. Doctrine in Buddhist Sanskrit Literature, 1932, ²1975.

Bodhnāth-Stūpa, buddh. Heiligtum bei Kathmandu in → Nepal. → Stūpa. AM

Böse, das, zusammenfassender Begriff für den Gegensatz dessen, was als normativ »gut« oder lebensförderlich gilt. Gelegentlich ist auch von »dem B.« als Bezeichnung einer personifizierten Größe (→ Satan; → Böse, der) die Rede, mit oder ohne hilfreiche Geister (z. B. → Dämonen). Bei → Platon bzw. vielen seiner Rezipienten wird das B. als Fehlen des Guten aufgrund von Nichtwissen verstanden. Andere Konzeptionen (z. B. → Apokalyptik, → Gnosis, → Zoroastrismus, → Manichäismus, → Dualismus) verstehen das B. als eine eigene, Gott entgegenarbeitende göttliche Macht oder gar als Gegengott. Die Erklärung, wie Unglück und Bosheit in die Welt kommen (→ Theodizee), erzeugt mit der Konzentration auf das B. oder gar seiner Personifikation in dem B. einen Gegner (→ Teufel). Statt sein Leben mit der Bosheit zu leben, kann man sie auch vernichten: Man kann das B. mit Radikalität zu bekämpfen versuchen oder muss es dem eschatolog. Endkampf Gottes überlassen (→ Eschatologie). Red

Lit.: G. W. Leibniz, Theodicee, 1710. – O. Marquard, Art. »malum«, in: HWPh 5, 1980, 652–706. – G. Rottenwöhrer, Unde malum?, 1986. – W. Schmidt-Biggemann, Das B., 1993. – W. v. Rahden/W. Schuller (Hg.), Die Renaissance des B., 1993. – J. Laube (Hg.), Das B. in den Weltreligionen, 2003. – E. Herms, Das B., in: C. Auffarth/L. Stuckenbruck (Hg.), The Fall of the Angels, 2004, 236–60.

Böse, der, Vorstellung einer personifizierten, übernatürlichen Macht, die das physische Wohlergehen (z. B. altoriental. Dämonen), das Leben (z. B. griech. Thanatos) oder die postmortale Existenz (z. B. christl. → Teufel) von religiösen Menschen bedroht. Als Gegenspieler eines Gottes in dualist. Szenarien kann der B. eine Gefährdung der rechten Weltordnung darstellen (z. B. avest. → Angra Mainyu bzw. mittelpers. Ahreman im Zoroastrismus). Die negative ethische Bewertung einer solchen göttlichen Gegenmacht lässt sich jedoch nicht verallgemeinern (z. B. indische asuras, die die Weltordnung der vedischen Götter bedrohen, die Macht dazu aber durch ethisches Verhalten, Askese, erlangen). → Böse, das. GA

Bogomilen, vom bulgar. Priester Bogomil (= Freund Gottes) hergeleitete religiöse Gemeinschaft (erste Hälfte 10. Jh.), die in Opposition zu Ritus und Struktur der byzantin. Kirche steht. Ihre Blütezeit erlebte sie bis ins 12. Jh., letzte Ausläufer reichen ins 17. Jh. Wegen ihres von den → Paulikianern beeinflussten dualist. Welt- und Gottesbildes (→ Dualismus) sowie ihrer asket. Lebensführung wurden die B. von der byzantin. Kirche zu Unrecht als Anhänger des → Manichäismus betrachtet und verfolgt. MH

Lit.: S. Runciman, Häresie u. Christentum. Der mittelalterliche Manichäismus, 1988. – J. Ries, Manichéens, Pauliciens, Bogomiles, Cathares, in: C. Elsas u. a. (Hg.), Tradition u. Translation, 1994, 154–64.

Bombay Parsi Panchayat, im 18. Jh. gegründete Verwaltungsinstanz, die Gemeindebelange, Wohlfahrtswesen und religiöse Infrastruktur der → Parsen prägt und sie gelegentlich auch polit. repräsentiert. → FEZANA, → WZO. MH

Lit.: S. P. Davar, The History of the Parsi Punchayet of Bombay, 1949. – S. F. Desai, History of the Bombay Parsi Punchayet 1860–1960, 1977.

Bon (Wortbedeutung unklar, vielleicht soviel wie »beschwören, Beschwörer« oder von tibet. b.-pa = murmeln, murmelnd rezitieren), tibet. Bezeichnung für eine im 10. und 11. Jh. systematisierte Religion, die aus dem nicht näher lokalisierbaren Land Zhang-zhung nach Tibet eingeführt wurde. (1) Der Terminus B. wird in Tibet in Abgrenzung zum Begriff chos (sanskr. → dharma = Buddhismus) benutzt. Die B.-po (= Anhänger des B.) behaupten, dass ihre Religion schon vor der Ausbreitung des Buddhismus in Tibet praktiziert wurde. Im Selbstverständnis der B.-po stellt B. eine für die gesamte Menschheit gültige religiöse Tradition dar, die früher in vielen Teilen der Welt bekannt war. Daher wird B. auch g'yung-drung-bon (= ewiges B.) genannt. (2) Die B.-Religion weist hinsichtlich ihrer Lehren, ihres Ritualwesens und ihrer mönchischen Organisation zahlreiche Ähnlichkeiten mit dem → tibet. Buddhismus auf. Daher wird B. in der wissenschaftlichen Forschung oft nicht als eigene Religion, sondern als unorthodoxe Form des Buddhismus angesehen. Dies entspricht nicht der Innenperspektive der Tibeter: B. wird in Tibet als eigenständige Religion betrachtet und vertritt hinsichtlich der Legitimierung von religiöser Autorität sowie in Bezug auf Herrschafts- und Geschichtsbilder eigene, vom tibet. Buddhismus divergierende Konzepte. Ebenso wenig darf die B.-Religion mit der autochthonen Religion Tibets (tibet. mi-chos = Religion der Menschen, im Gegensatz zu lha-chos = Religion der Götter, womit zuerst B. und später der Buddhismus gemeint waren) gleichgesetzt werden. (3) Sowohl B. als auch Buddhismus sind im Laufe der tibet. Religionsgeschichte tiefgreifend von der autochthonen Religion beeinflusst worden. Der Begründer des B. ist Shenrab mibo (gShen-rab-mi-bo) oder auch Tönpa Shenrab (sTon-pa gShen-rab = Lehrer Shenrab), der ein »vollkommen Erleuchteter«, ein → »Buddha«, ist. Seine Biographie ist nicht der des Buddha nachgebildet: Shenrab mibo herrschte die größte Zeit seines Lebens als Fürst über das halb mythische Land sTag-gzig und entfaltete eine rege Reisetätigkeit zur Propagierung der B.-Lehre und zur Durchführung zahlreicher Rituale. In seiner Biographie finden sich Elemente sowohl aus dem Legendenzyklus um → Padmasambhava als auch um den Epenhelden Gesar. (4) Die B.-po haben eine umfangreiche Literatur hervorgebracht, die ihre Legitimation als autoritatives Wort (bka') von Shenrab mibo ableitet. Der B.-Kanon enthält vier Abteilungen, die in Anlehnung an die tibet.-buddh. Terminologie mdo (sanskr. sūtra), 'Bum (Prajnāpāramitā), rgyud (Tantra) und mdzod (= Schatzhaus) genannt werden, ihre Legitimation aber aus ihrer Entstehung in Zhang-zhung ableiten. Ein genaues Datum für den Abschluss des Kanonisierungsprozesses ist noch nicht ermittelt, da das B.-Schrifttum noch kaum erforscht ist. Der → Kanon scheint jedoch keine Texte zu enthalten, die nach 1386 verfasst wurden. Die einzige B.-Kanjur-Edition umfasst ca. 190 Bände. Neben dem → Kanjur besitzt B. eine → terma-Tradition. Im späten 11. Jh. begannen erste Klostergründungen. Das berühmteste B.-Kloster vor 1959 war Menri (sMan-ri) in Westtibet. Im indischen Exil hat sich um das B.-Kloster in Dolanji eine aktive Gemeinde gebildet. KKP

Lit.: D. L. Snellgrove, The Nine Ways of B., 1967. – P. Kvaerne, The B. Religion of Tibet, 1995.

Bon → o-bon.

Borobodur (Bedeutung unklar), große buddh. Tempelanlage aus dem 9. Jh. in Mitteljava (Indonesien). Der terrassenförmige Bautenkomplex besteht aus 72 kleinen → stūpas, die um einen großen zentralen stūpa angeordnet sind. Die

Anlage stellt ein dreidimensionales → mandala dar, dessen Ebenen den zehnstufigen → Bodhisattva-Weg repräsentieren. → Kultort/Kultbau. AM

Lit.: P. Mus, B., 1935. – L. Gomez/H. W. Woodward, B. – History and Significance of a Buddhist Monument, 1981.

Bousset, Wilhelm (1856–1920), dt. Theologe der wilhelmin. Ära, der die religionsgesch. Lesart der Bibel und des Urchristentums vorangetrieben hat (→ Religionsgesch. Schule). B. verfasste wissenschaftliche Arbeiten zum Urchristentum und seiner geistesgeschichtlichen Umwelt (*Jesus*; *Hauptprobleme der Gnosis*; *Kyrios Christos*; *Die Religion des Judentums im ntl. Zeitalter*) und förderte und verbreitete als Herausgeber und Initiator verschiedener Schriftreihen Einsichten der → Religionswissenschaft bei kirchlichen Amtsträgern und Laien. KHS

Lit.: A. Verheule, B. Leben u. Werk, 1973. – K. Lehmkühler, Kultus u. Theologie: Dogmatik u. Exegese in der religionsgesch. Schule, 1996. – G. Schöllgen, Die Anfänge der Professionalisierung des Klerus u. das kirchliche Amt in der syrischen Didaskalie, 1998.

Boxeraufstand, chin. antichristl. und antiwestliche Bewegung der Qing-Zeit (1644–1912), die zu einem militär. Eingreifen der westlichen Mächte in China und dem Diktat von Entschädigungen (1901) führte. Die Boxer – chin. Yihe-chuan = »Faust(kämpfer) für Recht und Einheit« – standen in der Tradition der revolutionär-volksreligiösen Weiße-Lotos-Gruppierungen (Bailian-hui, → Baihua-she), hatten im Gegensatz zu diesen jedoch kein utopist. Programm. MD

Lit.: C. C. Tan, The Boxer Catastrophe, 1955. – K. Knackstedt, »Geheimbund«?: Yi He Ch'üan, 2001.

Brahmā (von sanskr. brahman, mask.). (a) Hinduist. Hochgott, Schöpfergott, meist mit vier bis fünf Köpfen und einer Flechtenkrone dargestellt; (b) Vergöttlichung des → brahman. → Gott, → Hinduist. Pantheon. AM

Lit.: G. M. Bailey, The Mythology of B., 1983.

Brahmachārin (von sanskr. brahmacārin = Wandler des → brahman). (a) Brahmanenschüler, die erste von vier klassischen Lebensstufen (brahmachārya, → āshram) des Hinduismus; (b) zölibatär lebender Asket. AM

Brahman (sanskr., neutr.), ursprünglich hl. Spruch oder hl. Wort, später auch die der Wahrheit des Spruches innewohnende Kraft, das Absolutum, die Weltseele, das höchste Bewusstsein. Im → Advaita-Vedānta-System gilt die Erkenntnis der Identität von b. und → ātman (Individualselbst) als erlösend. → Gott. AM

Lit.: P. Thieme, »b.«, in: Zs. der dt. morgenländ. Gesellschaft 102 (1952), 91–129. – E. Frauwallner, Geschichte der indischen Philosophie, 1953/56.

Brāhmanas (von sanskr. brāhmaṇa), opferexeget. Texte der alten Inder. → Vedische Literatur. AM

Brahmane (von sanskr. brāhmaṇa, anglisiert auch Brahmin), Angehöriger des hinduist. Priester- und Gelehrtenstandes. → Funktionär, → Hinduist. Gesellschaft. AM

Lit.: J. Heesterman, Brahmin, Ritual and Renouncer, in: Wiener Zs. für die Kunde Süd- und Ostasiens 8 (1964), 1–31. – C. Fuller, Servants of the Goddess: The Priests of a South Indian Temple, 1984.

Brahmanismus, veralteter Ausdruck für die vorhinduist. indische Religion, die auf den Lehren des → Veda, bes. der → Upanishaden, und der → Brahmanen fußt. → Vedische Religion. AM

Brahmasūtra (auch: Vedāntasūtra, vor 100 n. Chr.), in konzisen Merksätzen abgefasstes, vielfach kommentiertes Hauptwerk des → Vedānta; als Verfasser gilt → Bādarāyana. → Indische Philosophie. JG

Lit.: P. Deussen, Die Sūtra des Vedānta oder die Śārīraka-Mīmāṃsā des Bādarāyaṇa nebst dem vollständigen Komm. des Śaṃkara, 1887.

Brāhmo Samāj (Brahman-Gesellschaft), 1828 von → Ram Mohan Roy gegründete neohinduist. Reformbewegung, die im 19. Jh. großen Einfluss auf die bengal. Intelligenzija ausübte. → Neohinduismus. HFT

Lit.: D. Kopf, The B. S. and the Shaping of the Modern Indian Mind, 1979.

Braudel, Fernand (1902–85), franz. Historiker aus der zweiten Generation der → Annales-Schule, hervorgetreten v. a. mit histor. Studien über das Mittelmeer und kulturtheoret. Werken, die versuchten, die inneren Räume von Kultur und ihre Dauer zu erfassen. Religion gehörte für ihn weder zu den unveränderlichen Strukturen noch zu den Ereignissen an der Oberfläche der Geschichte, sondern zu den Prozessen von langer Dauer (»longue durée«). Er arbeitete in Algerien und Brasilien und war geprägt durch die Erfahrung der Kriegsgefangenschaft in Deutschland im Zweiten Weltkrieg. MB

Brautmystik, im engeren Sinne christl., durch das → Hohe Lied inspirierte personale Spiritualität, die das Verhältnis des Menschen zu Gott mit der Symbolik der geschlechtlichen → Liebe vorstellt; in einem typolog. Sinn auch affektiv-ekstat. Ausdrucksformen der Sehnsucht nach dem göttlichen Geliebten und erot.-sinnlicher Gottesliebe in anderen religiösen Traditionen. → Mystik. AW

Lit.: K. Ruh, Geschichte der abendländ. Mystik, Bd. 2, 1993.

Brautpreis, Waren oder → Geld, welche bei der Heirat von Seiten der → Verwandtschaft des Bräutigams an jene der Braut gegeben werden. Die → Gabe stärkt die Verbindung der Verwandtschaftsgruppen, stabilisiert die → Ehe und/oder fungiert als Entschädigung für den Verlust eines Gruppenmitglieds. Keinesfalls handelt es sich bei der B.-Gabe (oder bei → Mitgift) um eine Form des Brautkaufs. In neueren Studien werden Frauen weniger als Objekte des Heiratstausches gesehen denn als aktive, strateg. handelnde, gewinn- und verlustabwägende Subjekte. → Religionsökonomie, → Sozialisation. PJB

Lit.: J. Goody/S. J. Tambiah, Bridewealth and Dowry in Africa and Eurasia, 1973. – G. Völger/K. v. Welck (Hg.), Die Braut. Geliebt, verkauft, getauscht, geraubt. Zur Rolle der Frau im Kulturvergleich, 2 Bde., 1985. – R. A. Marksbury, The Business of Marriage. Transformations in Oceanic Matrimony, 1993.

Brelich, Angelo (1913–77), italien. Religionswissenschaftler ungar. Herkunft, seit 1958 Professor in Rom als Nachfolger von R. → Pettazzoni. Seine Forschungsthemen waren bes. der → Polytheismus und die Initiation (*Paides e partenoi*, 1968), sein Material vorwiegend aus der griech. Antike im ethnolog. Vergleich. Er versuchte, die Religionswissenschaft aus der theolog. Begrifflichkeit zu lösen, auch im Bruch mit seinem Lehrer K. → Kerényi. Lesenswerte Autobiographie *Storia delle religioni, perche?* 1979. → Antike. CA

Lit.: G. Dörr/H. Mohr, Die »Schule von Rom«, in: C. Auffarth/J. Rüpke (Hg.), Epitomè tês oikuménes, FS H. Cancik, 2003, 263–84.

Brihadāranyaka-Upanishad → Upanishaden.

Brihaspati (von sanskr. Bṛhaspati = Herr des Gebets), im → Veda ein Priester bzw. → Guru der Götter, im → Hinduismus u. a. ein Planetengott (Jupiter). → Vedisches Pantheon. AM

Lit.: H.-P. Schmidt, B. und Indra, 1968.

Brunner, Emil (1889–1966), Schweizer protestant. Theologe und Religionsphilosoph, zunächst Gefährte K. → Barths in der Dialekt. Theologie, dann stärker an anthropolog. Fragen orientiert. Beeinflusst durch F. Ebner (1882–1931) und M. → Buber entwickelte er eine Theologie, die nach »Anknüpfungspunkten« der christl. Botschaft in der menschlichen Existenz fragte. Sie hat durchaus kirchenkrit., ethische (»religiöser Sozialismus«), aber auch ökumen. Aspekte. Red

W.: Die Mystik und das Wort, 1924, [2]1928. – Der Mensch im Widerspruch, 1937.

Bruno, Giordano (1548–1600), Philosoph und Dichter, bis zur Flucht vor der → Inquisition 1576 Dominikanermönch in Neapel. Seine Flucht- und Wanderjahre führten ihn von Neapel nach Oxford, Paris und Helmstedt. B. vertrat eine hermet. Naturphilosophie (→ Hermetik), die Gedächtniskunst, Kosmologie und Mathematik umfasste. Als Anhänger des kopernikan. Weltbildes verdächtigt, wurde er von der Inquisition verhaftet und am 17. Februar 1600 auf dem Campo de'Fiori in Rom verbrannt. MB

W.: Opere italiane (hg. von N. Ordine), 2002ff., dt.-it. 2003ff. (hg. von N. Ordine).
Lit.: N. Ordine, G. B. und die Philosophie des Esels, 1999. – F. A. Yates, G. B. and the Hermetic Tradition, 2002.

Buber, Martin (1878–1965), bedeutender jüd. Religions- und Sozialphilosoph, Professor in Frankfurt a. M. und Jerusalem. B. war für den → Zionismus und die Besinnung des modernen Judentums auf Bibel und → Chassidismus gleichermaßen tätig, wirkte als Bibelübersetzer und Exeget sowie als Verfasser zahlreicher philosophischer Werke. Er hatte großen Einfluss auf den Geist des werdenden Staates Israel und beeinflusste auch viele christl. Theologen. B. suchte vom Prinzip der »Dialogik« aus, grundlegende Merkmale des Judentums aufzuzeigen und in eine allgemeine Philosophie einzubinden, was ihn eng an Rosenzweig band. KVS

Lit.: S. Ben-Chorin, Zwiesprache mit M. B. Erinnerungen an einen großen Zeitgenossen, 1978. – C. Götzinger, M. B. u. die chassid. Mystik, 1994. – J. Israel, M. B. Dialogphilosophie in Theorie u. Praxis, 1995. – G. Wehr, M. B. Leben, Werk, Wirkung, 1996. – P. Vermes, B., 1998.

Buchreligion, Bezeichnung für Religionen, die sich in Lehre und Praxis auf einen als Buch bezeichneten → Kanon – und damit eine Auswahl – hl. Schriften gründen. → Schriftreligionen. IP

Buddha (sanskr., pāli = der Erwachte).

I. Allgemein. Bezeichnung für alle, die die Erleuchtung (→ bodhi) erlangt haben, indem sie durch eigene Anstrengung die → Vier Edlen Wahrheiten erkannt, Einsicht in ihre vergangenen Existenzformen genommen und dadurch verschiedene übernatürliche Fähigkeiten erlangt haben. Als Lebenderlöster gehört ein B. nicht mehr dem Weltenkreislauf (→ samsāra) an und gelangt am Ende seines Lebens zum endgültigen Verlöschen (→ parinirvāna). Als »Für-sich-Erwachter« (→ pratyekabuddha) behält er sein Wissen für sich, als »Völlig-Erwachter« (→ samyaksambuddha) gibt er sein Wissen weiter.

II. Der histor. B. (1) Ein solcher »Völlig-Erwachter« war auch der histor. B., dessen eigentlicher Name Siddhārtha Gautama (pāli Gotama) ist. Andere Namen sind → Shākyamuni oder → Tathāgata. Nach traditioneller Datierung der Theravāda-Buddhisten soll der B. 623–543 v. Chr. gelebt haben; 544/3 gilt in der Zeitrechnung der Theravāda-Länder als Jahr 1. Nach neueren Untersuchungen ist die Lebenszeit des histor. Buddha vermutlich später anzusetzen (→ Buddhismus). (2) Geboren wurde der histor. B. laut Inschriften und Pāli-Kanon in den Vorgebirgen des Himalaya, nahe dem Ort → Lumbinī, als Sohn des Shuddhodana, des Hauptes der Shākya-Republik. In B.-Legenden (→ Buddh. Literatur) wird Folgendes berichtet: Seine Mutter Māyā starb eine Woche nach seiner Geburt. Er wuchs in Luxus in Kapilavastu auf, heiratete mit 16 seine gleichaltrige Cousine Yashodharā und wurde mit 29 Jahren Vater eines Sohnes, → Rāhula. In vier Ausfahrten aus dem behüteten Palast wurde der zukünftige B. mit der Vergänglichkeit in Form von Alter, Krankheit und Tod konfrontiert. Auf der Suche nach Erlösung zog er in die Hauslosigkeit, konnte jedoch in strenger → Askese ebensowenig wie im Luxus Erlösung finden. Deshalb wählte er einen mittleren Weg zwischen diesen Extremen und erlangte im Alter von 35 Jahren in Uruvelā/→ Bodh-Gaya in tiefer Meditation seine Erleuchtung. Im Gazellenhain von Isipatana bei Benares hielt er vor fünf Asketen seine erste Predigt, den »Lehrtext über das Andrehen des Rades« (→ dharmachakra), in dem er die Vier Edlen Wahrheiten verkündete. In den folgenden 45 Jahren zog er predigend durch Nordindien. In dieser Zeit wuchs der Orden (→ sangha) stark an, gefördert durch wichtige Könige, u. a. Bimbisāra von Magadha, der Laienbekenner wurde; auch ein Nonnenorden entstand. Mit 80 Jahren ging der B. in → Kushinagara ins völlige Verlöschen (→ nirvāna) ein, ohne einen Nachfolger zu bestimmen. Nur die buddh. Lehre (→ dharma) sollte als Richtschnur dienen. B.s sterbliche Überreste sollen unter verschiedene Völkerschaften verteilt worden sein; über ihnen wurden die ersten → stūpas erbaut.

III. Weitere Traditionen. Nach der Überlieferung des → Theravāda-Buddhismus trat schon vor Siddhārta eine Vielzahl anderer B., darunter Vipassi, Sikhī und Kassapa, auf. In der Zukunft sollen weitere B. folgen, der nächste wird Metteyya/→ Maitreya, »der Liebende«, sein. Im → Mahāyāna-Buddhismus entwickelte sich eine neue Buddhologie, in der verschiedene Wirklichkeiten B.s (→ trikāya) und eine Vielzahl transzendenter oder Meditations-B. (→ Dhyānibuddha) wie → Amitābha, → Akshobhya oder → Vairochana unterschieden werden. Im Hinduismus gilt B. als 9. Erscheinungsform (→ avatāra) → Vishnus. → Gott, → Hagiographie. AM

Lit.: H. Oldenberg, B., 1881. – H.-W. Schumann, Der histor. B., 1982. – H. Bechert, Die Lebenszeit des B. – das älteste feststehende Datum der indischen Geschichte?, 1986. – H.-J. Klimkeit, Der B., 1990. – H. Bechert (Hg.), The Dating of the Historical B., 1991. – H.-J. Klimkeit, Die Heilsgestalten des Buddhismus, in: H. Bechert u. a., Der Buddhismus 1, 2000, 215–79.

Buddhacharita (sanskr. = Lebenswandel des → Buddha), kunstvolle Sanskrit-Dichtung über Buddhas Leben, verfasst von Ashvaghosha, vermutlich 2. Jh. n. Chr. → Buddh. Literatur, → Hagiographie. AM

Ü.: R. Schmidt, Buddhas Leben, 1923. – E. H. Johnston, B. (engl.), 1935/36.

Buddhaghosa (pāli = Stimme → Buddhas), Theravāda-Buddhist aus dem 4./5. Jh. n. Chr., der wohl ursprünglich aus einer indischen Brahmanenfamilie stammte und später im Mahāvihāra-

Kloster auf Sri Lanka die wichtigsten Werke des → Pāli-Kanons kommentierte. Bedeutend ist seine systemat. Darstellung der → Theravāda-Lehren im → Visuddhimagga (pāli = Weg der Reinheit). Die Autorschaft an manchen der ihm zugeschriebenen Kommentare ist allerdings umstritten. AM

Ü.: Bh. Nānamoli (Übers.), B. – The Path of Purification, 1956, ²1997.
Lit.: B. C. Law, The Life and Works of B., 1923.

Buddhi (sanskr. = Erkenntnis, Erkenntnisorgan), zentraler Begriff der indischen Epistemologie; im → Sāmkhya Innenorgan (= antahkarana) neben → manas und Ich-Bewusstsein (= ahamkāra). JG

Buddhismus, die zweitälteste (nach dem → Judentum) und viertgrößte Weltreligion, zu der ca. 6 % der Weltbevölkerung zählen. Der B. ist in über 80 Ländern, v. a. in Japan, Thailand, Sri Lanka, Vietnam, Birma, Kambodscha und Tibet verbreitet; in Thailand und Bhutan ist er Staatsreligion. (Im Folgenden wird überwiegend der indische B. behandelt, zu den anderen Formen s. → Chin. Religionen, → Japan. Religionen, → Korean. Religionen, → tibet. Buddhismus.)
I. Charakteristik. Zu den Grundlehren zählen das Streben nach Weltüberwindung und Selbst-Losigkeit, die nichtpessimist. These vom Leben als Leid, die Ablehnung der Sinneserfahrungen, Ethik, Kontemplation und Weisheit als drei Säulen der Lehre, eine Verbindung von Psychologie und Pragmatismus: Erkenntnis muss praxiswirksam und heilsfördernd sein. Aus dem → Mönchtum als der grundlegenden buddh. Lebensform entwickelte sich eine Spannung zwischen monast. (»eigentlicher«) und laikaler (»uneigentlicher«) Buddhaschaft und zwischen dem B. als atheist. Erlösungslehre und als Religion mit »Gottes«- bzw. → Bodhisattva-Glauben, Buddha-, Reliquien- und Heiligenverehrung sowie Priestertum. Formal ist der Übertritt zum B. durch das dreimalige Aussprechen einer Zufluchtsformel (→ triratna) mit dem Bekenntnis zu Buddha, Lehre (→ dharma) und Gemeinde (→ sangha) zu vollziehen.
II. Der Buddha. Im Zentrum des B. steht der histor. → Buddha (andere Namen: Siddhārtha Gautama, Tathāgata, Shākyamuni), dessen Lebenszeit nach der traditionellen Theravāda-Chronologie auf 623–543 v. Chr. angesetzt wird. Diese auf ceylones. Chroniken beruhende Datierung wurde in der Forschung anhand von griech. Quellen korrigiert, wonach der Eingang des Buddha ins → nirvāna erst um 483 v. Chr. erfolgte (»korrigierte längere Chronologie«). Neuere Studien haben aber ergeben, dass auch dieses Datum unsicher ist und der histor. Buddha vermutlich mehr als 100 Jahre später gelebt hat. Zu den Besonderheiten seines charismat. Wirkens gehören der Gebrauch der Volkssprache, ein einfaches Wanderleben, die Ablehnung von Opferritual, Priestern und Schriftgelehrten (→ Brahmanen) sowie die Bildung einer Jüngerschaft. Zu den Einzelheiten seines Lebenslaufs s. → Buddha.
III. Die Lehre. (1) Die Grundlehre (dharma) beinhaltet zunächst → Vier Edle Wahrheiten: 1. Alles ist Leid (→ duhkha), 2. Leid entsteht aus Gier (wegen Wiedergeburt), 3. durch die Aufhebung der Gier wird das Leid aufgehoben, 4. der → Achtgliedrige Weg führt zur Aufhebung des Leidens. (2) Dieser Achtgliedrige Weg ist zugleich der Mittlere Weg, der über drei Stufen – Weisheit (→ prajnā; Glieder 1–2), Zucht (→ shīla; Glieder 3–6) und Meditation (→ samādhi, → dhyāna; Glieder 7–8) – zur Erlösung (→ bodhi) führt. Die acht Glieder sind: 1. rechte Ansicht (samyagdrishti), 2. rechter Entschluss bzw. rechtes Denken (samyaksamkalpa), 3. rechte Rede (samyagvāc), 4. rechtes Verhalten bzw. Handeln (samyakkarmānta), 5. rechtes Leben (samyagjīva), 6. rechte Anstrengung bzw. Streben (samyagvyāyāma), 7. rechte Bewusstheit bzw. Wachsamkeit (samyaksmriti), 8. rechte Sammlung bzw. Meditation (samyaksamādhi). (3) Der zentrale Begriff des Leides beruht auf drei Merkmalen alles Existierenden: alles ist leidvoll (daher erlösungsbedürftig), vergänglich und nicht das Selbst. Da Zeitlichkeit Leidhaftigkeit bedeutet, gibt es kein Ewiges, weder Gott (Absolutes) noch Selbst (→ anātman). Die »Persönlichkeit« besteht aus fünf Gruppen (skandha) von Daseinsfaktoren (dharma), die vergänglich (also leidvoll) sind und sich immer neu (als Selbst) formieren (die Position richtet sich gegen die → Upanishaden): 1. körperliche Form, sichtbarer Leib (rūpa), 2. (Sinnes-)Empfindungen, Gefühle (vedanā), 3. Wahrnehmung, Bewusstsein (samjnā, pāli sannā), 4. psychische Gestaltungen, Willensakte, auch Wünsche, die zum → karma führen (samskāra, pāli sankhāra), 5. Erkennen, geistiges Bewusstsein, Intellekt (vijnāna, pāli vinnana). Die skandhas sind leer, ohne Selbst

und unbeständig – daher leidvoll. Sie machen das aus, was man einen Menschen nennt (Konstituenten der → Person). (4) Wiedergeburt erfolgt durch die Daseinsgier (→ trishna, pāli tanhā, wörtlich = Durst), durch das karma-Gesetz und den Kausalnexus bzw. das Entstehen von allem Existierenden in Abhängigkeit (→ pratītyasamutpāda). Einen Ausweg aus dem Kreislauf der Wiedergeburten bildet der Mittlere Weg, der zum nirvāna (wörtlich = Erlöschen, Verwehen) führt. Das nirvāna wird als ein Zustand von Seligkeit, Erlösung und völliger Selbstvernichtung mit dem Erlöschen von Daseinsfaktoren, Gier und Hass sowie der Aufhebung von Dualität beschrieben. Das probate Mittel, das nirvāna zu erreichen, bilden verschiedene Meditationen, die Konzentrations-, Versenkungs- und Loslösungsübungen sowie teilweise okkulte, nicht allgemein anerkannte Techniken umfassen, die zur Einsicht (→ vipassanā), Beruhigung (samatha) oder zu übernatürlichen Fähigkeiten (→ siddhi) führen.

IV. Die Gemeinde. Das Mönchtum (→ sangha) beruht auf Armut und Enthaltsamkeit, keiner oder einer geringen Gehorsamsbindung, demokrat. Ordensstrukturen, Freiwilligkeit (ein Austritt aus dem Orden ist jederzeit möglich), Autonomie und geringer Hierarchisierung (nur Abtsanciennität). Der Beitritt zum Orden wird meist stufenweise vollzogen, es gibt also Novizen und Vollmönche. Bei den Mönchs- und Heiligentypen wird unterschieden zwischen (a) dem → arhat (»Heiligen«), der Erleuchtung durch Unterweisung erlangt und nicht wiedergeboren wird, (b) dem → samyaksambuddha (»vollständig Erwachten« = Buddha), der erlösende Erkenntnis aufgrund eigener Anstrengungen erlangt, (c) dem → pratyekabuddha (»Fürsich-Erwachten«), der anderen die Erlösung nicht mitteilt, und (d) dem → Bodhisattva (»Erleuchtungswesen« = zukünftigen Buddha), der auf das nirvāna verzichtet, um anderen auf dem Erleuchtungsweg zu helfen. Die Mönche sind auf Spenden angewiesen, was zur Entwicklung von Organisationen und Klöstern führte. Die Ordensregeln sind weitgehend im → Vinaya-Pitaka festgelegt und enthalten u. a. vier Verbote, deren Verletzung zum Ausschluss führt: 1. Geschlechtsverkehr, 2. Diebstahl, 3. Mord und 4. Anmaßung, Prahlerei. Konstitutiv für die Ordensbildung sind regelmäßig abgehaltene Beichtfeiern (→ uposatha) an Voll- und Neumond vor versammelten Mönchen und Nonnen sowie Privatbeichten. Die Einrichtung eines Nonnenordens durch den Buddha selbst ist umstritten, kann aber nicht grundsätzlich ausgeschlossen werden.

V. Die Ethik. Der B. beruht auf Mitleid (→ karunā), Liebe und Freiheitsliebe, Gleichmut und Wohltätigkeit. Im Vordergrund steht die Vermeidung von Gier, Hass und Verblendung. Fünf Gebote sind verbindlich: 1. Nichtverletzung (→ ahimsā), 2. kein Diebstahl (→ dāna), 3. kein unkeuscher Lebenswandel (brahmachārya), 4. keine Lügen (satya), 5. keine berauschenden Getränke. Die buddh. Ethik basiert nicht auf einem gesinnungseth. Sündenbegriff, weil jede Tat der Erlösung hinderlich ist: Nicht vom → »Bösen« wird Befreiung gesucht, sondern vom Vergänglichen. Daher ist auch die gute Tat im Grunde erlösungsfeindlich.

VI. Geschichtliche Entwicklung. Dem indisch geprägten B. kommt es nach wie vor mehr auf eine Haltung an als auf Inhalte, wie schon der Buddha zu kontroversen oder dogmat. Fragen schwieg. Insgesamt versteht sich der B. als Weg (mārga, yāna, → dao) und konzentriert sich auf das Subjekt und die Gegenwart. Die histor. Ausbreitung des indischen B. erfolgte in verschiedenen Wellen (→ sangha, → yāna), die erhebliche Veränderungen mit sich brachten. Es lassen sich folgende Entwicklungen festhalten: (a) vom Menschen Gautama zum »Gott« Buddha: Deifizierung Buddhas als Übermensch (→ Bodhisattva), geistiges Prinzip (→ dharma) oder »Gott« (→ Tathāgata, → Ādibuddha) sowie Interpretation seiner Person nach Prinzipien der Präexistenz und Scheinleiblichkeit (→ trikāya); (b) vom indischen B. zum Welt-B.: Aufgrund des von Buddha an die Mönche ergangenen Predigtgebots und der Volkssprachlichkeit der Predigten entwickelte der B. einen Universalismus und eine Mission, die ihn bes. nach Ostasien trug. (c) von der Selbstsuche zum sangha: Während im frühen B. die asket. Selbstbefreiung des einzelnen Mönches im Vordergrund stand, bildeten sich zunehmend gemeindliche Gruppierungen heraus: es entstanden buddh. »Kirchen«, Institutionalisierungen, Klöstergemeinschaften, polit. Organisationen, Weltverbände etc.; (d) von der Meditation zum Ritual: Im frühen B. gab es zwar eine ausgeprägte Meditationspraxis, aber kaum einen Kult, in späteren Richtungen entwickelten sich u. a. ein Reliquienkult

(→ stūpa), Legenden, die Verehrung des Bodhi-Baums (→ Bodh-Gaya), Bilderverehrungen (→ mandala) und vielfältige Rituale.

VII. Historische Ausbreitung. Shākyamuni bzw. Gautama Siddhārta (→ Buddha) lebte vermutlich zwischen 563–483, eventuell auch später. Der Überlieferung nach soll 483 v. Chr. das 1. Konzil, ca. hundert Jahre später das 2. Konzil in Vaishāli stattgefunden haben. Etwa 350 v. Chr. trennte sich die Gemeinde in Sthaviras (→ Theravāda) und → Mahasāmghikas (später Mahāyāna). → Ashoka, der große Förderer des Buddhismus, lebte 268–236/2. Um 247 erfolgte das 3. Konzil in Pataliputra (dem heutigen Patna). Im 3. Jh. v. Chr. gelangte der B. nach Sri Lanka. Im 1. Jh. v. Chr. ist die Niederschrift des Pāli-Kanons der Theravādins anzusetzen. Ab dem 1. nachchristl. Jh. beginnt die Ausbreitung nach China (Blütezeit: 6.–9. Jh.), um 300 nach Vietnam, Kambodscha und Indonesien, im 5. Jh. nach Burma, ab 522 nach Japan, im 7. Jh. nach Tibet, im 8. Jh. in Indonesien, ab dem 10. Jh. nach Korea. Im 12. Jh. florierten die Zen-Schulen in Japan. 1782 fand in Thailand, 1871 in Burma ein Konzil statt. 1891 wurde die einflussreiche → Mahābodhi-Gesellschaft gegründet. 1954–56, aus Anlass des 2500. Geburtstags von Gautama Buddha, fand erneut ein Konzil in Rangun statt. AM

Lit.: E. Conze, Der B., 1953, [8]1986. – E. Lamotte, Histoire du Bouddhisme indien: des origines à l'ère Śaka, 1958 (engl. 1988). – W. Rahula, Was der Buddha lehrt, 1963. – A. Bareau, Der indische B., in: Ders. u. a. (Hg.), Die Religionen Indiens 3: B., Jinismus, Primitivvölker, 1964. – H. Schumann, B., [2]1978. – H. Bechert/R. Gombrich (Hg.), Der B., 1989. – E. Conze, Buddhist Thought in India. (dt. Buddh. Denken), 1990. – H. Bechert u. a., Der B. 1, 2000. – H. Schmidt-Glintzer, Der B., 2005.

Buddhistische Literatur, ein Korpus von kanon., pseudo-kanon. und nachkanon. Schriften, die in der Tradition → Buddha Shākyamunis stehen oder sich auf ihn berufen (→ Kanon).

I. Allgemein. Die kanon. Literatur umfasst das → Tripitaka (»Dreikorb«) und ist in vier bzw. fünf Formen erhalten: (a) → Pāli-Kanon (pāli Tipiṭaka = »Dreikorb«) für Theravādins, (b) Chin. Kanon (Sants' ang = Tipitaka) für ostasiat. Buddhisten, (c) tibet. Kanon (→ Kanjur) und (d) Reste des Sanskrit-Kanons in Zentralasien; (e) teilweise (z. B. in Nepal) gelten die neun Mahāyānasūtras ebenfalls als kanon. Zu den wichtigsten Werken der Literatur des indischen → Buddhismus zählen die Folgenden (für die Literatur des tibet., chin. und japan. Buddhismus vgl. die jeweiligen Lemmata).

II. Kanon. Literatur. Der Tripitaka enthält drei »Körbe«: (a) den für die Ordenszucht wichtigen → Vinaya-Pitaka (»Korb der Disziplin«) mit Vorschriften für das Verhalten der Mönche (Suttavibhanga mit Pātimokkha), für die Aufnahme von Mönchen sowie Legenden (khandakās mit Mahāvagga und Cullavagga) und Lehren und Regeln in Frage-und-Antwort-Stil (Parivārapātha); (b) den für die Lehre maßgeblichen → Sutta-Pitaka (»Korb der Sūtras«) mit fünf Sammlungen: → Dīgha-Nikāya (»Sammlung der [34] langen Reden [sutta]«), → Majjhima-Nikāya (»Sammlung der mittleren Reden«: 152 schlichte Reden und Dialoge, mit die ältesten Texte), → Samyutta-Nikāya (»Sammlung der vereinten Reden«: 56 Gruppen von Lehrreden), → Anguttara-Nikāya (»Sammlung der nach aufsteigender Zahlenfolge geordneten Reden«: über 2300 suttas, angeordnet nach den Zahlen der Begriffsreihen) und → Khuddaka-Nikāya (»Sammlung der [15] Stücke«), darunter → Dhammapada (423 Verse), → Udāna (»Ausrufung«: Prosaerzählungen mit abschließenden Verssprüchen des Buddha), Itivuttaka (»So ist gesagt worden«: 112 kurze Stücke mit abschließenden Verssprüchen des Buddha), Theragāthā und Therīgāthā (107 bzw. 73 Gedichte und Lieder der »Ältesten«, d. h. bes. verdienter Mönche bzw. Nonnen), → Jātaka (574 Vorgeburtsgeschichten, Fabeln, Märchen, Legenden) und Buddhavamsa (»Geschichte des Buddha«: Verserzählungen über 24 vorausgegangene Buddhas); (c) den für die Dogmatik zentralen → Abhidhamma-Pitaka (»Korb der Scholastik«) mit Texten zur Psychologie und Ethik (Dhammasanganī, Puggalapannatti, Yamaka), »ketzerischen« Lehrmeinungen (Kathāvatthu) oder Erkenntnislehre (Vibhanga) und Kausalität (Mahāpakarana).

III. Pseudokanon. Literatur. Diese umfasst hauptsächlich die mahāyānist. und vajrayānist. Literatur: (a) Die → Mahāyānasūtras setzen sich aus neun autoritativen Texten zusammen: Saddharmapundarīka (»Lotos des guten Gesetzes«): Verherrlichung Buddhas als »Gott«, Buddha-Kult; Kārandavyūha: Legende vom Urbuddha; Sukhāvatīvyūha (»Ausführliche Beschreibung des gesegneten Landes«): Verherrlichung des Amitābha und Paradieses; Gandavyūha: Verherrlichung → Manjushrīs; → Lankāvatāra- oder Saddharmalankāvātārasūtra: Bericht über Buddhas Besuch bei Rāvana (König von Lanka); Samādhirāja (»König der Meditationen«); Suvarnaprabhāsa; Rāshtrapālasutra und → Prajnāpāramitā (»Vollkommenheit der Weisheit«); (b) die Vajrayāna-Literatur umfasst → Tantras und Kriyātantras, darunter das Guhyasamājatantra, eulogische Texte (Māhātmyas) wie das Svayambhūpurāna, Hymnen (Stotras) und Sammlungen von Zauberformeln (Dhāranī).

IV. Nichtkanon. Literatur. Die übrige buddh. Literatur teilt sich auf in (a) nichtkanon. Pāliliteratur mit Kommentaren (Atthakathā), einem Kompendium der buddh. Lehre von Buddhaghosha (→ Visuddhimagga = »Weg der Reinheit«), dem → Milindapanha (»Fragen des Milinda = Menandros«) und Chroniken (→ Dīpavamsa, → Mahāvamsa u. a.); (b) nichtkanon. Sanskritliteratur, darunter hagiograph. Literatur wie das → Mahāvastu (»Die große Sache«), der → Lalitavistara (»Ausführliche Darstellung des Spiels [Buddhas]«) und das → Buddhacharita des → Ashvaghosha, außerdem Dichtungen (z. B. Jātakamāla des Āryasūra: 34 ausgewählte Stücke aus den → Jātakas, → Avadāna: Bodhisattva-Geschichten), philosoph. Literatur (z. B. Abhidharmakosha des → Vasubandhu, Nyāyapravesha des → Dignāga, Yogachārabhūmishāra des → Asanga, Madhyamikakārikās des → Nāgārjuna, Nyāyabindhu des → Dharmakīrti sowie Shikshāsammuchchaya und eventuell Bodhicharyāvatāra des Šhantideva) und Lexikographie (z. B. Mahāvyutpatti). → Hl. Schriften, → Text. AM

Lit.: M. Winternitz, Geschichte der indischen Lit., 1905–22, Bd. 2., 1920. – H. Hecker, Der Pālikanon: Ein Wegweiser durch Aufbau und dt. Übers. der hl. Schriften, 1965. – K. R. Norman, Pāli Literature, 1983. – G. Grönbold, Der buddh. Kanon: Eine Bibliographie, 1984. – D. Lingwood, Das Buddha-Wort. Das Schatzhaus der hl. Schriften. Eine Einf. in die buddh. Lit., 1992. – V. Zotz, Geschichte der buddh. Philosophie, 1996. – T. Oberlies, Hl. Schriften des Buddhismus, in: U. Tworuschka (Hg.), Hl. Schriften, 2000, 167–96.

Bürgerliche Religion, Bezeichnung für Formen und Funktionen religiöser Orientierung und Praxis in Zusammenhängen der bürgerlichen Gesellschaft. Zunächst hatte M. → Weber (*Wirtschaft und Gesellschaft*, 1922) mit dem Begriff die Merkmale der spezif. Religiosität bürgerlicher Schichten in unterschiedlichen Zeiten, Kulturen und sozialen Zuordnungen herausgehoben: Diesseits- und Leistungsorientierung, rationale Ethik als Korrelat der bestehenden Arbeitsordnung und ihres Tugendkanons, v. a. aber eine rationale ethische Gemeindereligiosität. Dabei hat b. R. wie die sie tragenden Schichten ein heterogenes Erscheinungsbild, in dem sich v. a. bei den unteren bürgerlichen Schichten Volkskultur, Sektenreligiosität und Aberglauben mischen. In sozialgeschichtlicher Perspektive können die immanenten Wert- und Verhaltensmuster (Tugendkanon, Arbeitsethik, Höflichkeit) des Bürgertums selbst als »b. R.« angesprochen werden, sie stabilisieren und werten die bürgerliche Ordnung auf. Der Aspekt einer durch die bürgerliche Gesellschaft getragenen zivilen Werteordnung (»civil religion«), einer an Stelle religiöser Sinnsetzungen getretenen gesellschaftlichen Sinnstiftung und -orientierung auf der Basis quasi-religiöser Muster, den bereits Jean-Jacques Rousseau bedachte, wird in der Gegenwart – von Nordamerika ausgehend – als Möglichkeit diskutiert, für schwache bzw. schwindende Bindungs- und Orientierungskräfte der modernen Gesellschaft ein Gegengewicht zu finden (z. B. im Kommunitarismus). → Zivilreligion. WN

Lit.: H. Lübbe, Religion nach der Aufklärung, 1986, [3]2004. – H. Kleger/A. Müller (Hg.), Religion des Bürgers. Zivilreligion in Amerika und Europa, 1986. – L. Hölscher, Die Religion des Bürgers. Bürgerliche Frömmigkeit u. protestant. Kirche im 19. Jh., in: Histor. Zs. 250 (1990), 595–630. – H. Münkler (Hg.), Bürgerreligion u. Bürgertugend, 1996. – L. Hölscher, Datenatlas zur religiösen Geographie im protestant. Deutschland: von der Mitte des 19. Jh.s bis zum Zweiten Weltkrieg, 4 Bde., 2001. – R. Schieder (Hg.), Religionspolitik und Zivilreligion, 2001. – L. Hölscher, Geschichte der protestant. Frömmigkeit in Deutschland, 2005.

Buḫārī, Abū ʿAbdallāh Muḥammad b. Ismāʿīl al- (810–70), islam. Gelehrter und Traditionswissenschaftler iran. Herkunft. Seine nach jurist. Kategorien geordnete, strengen Kriterien unterworfene und v. a. in der Rezension des ʿAlī b. Muḥammad al-Yunīnī (gest. 1303) bekannte Sammlung von Prophetentraditionen (*al-ǧāmiʿ aṣ-ṣaḥīḥ*, »Gesamtheit des Authentischen«) gilt als eine der sechs verlässlichen Sammlungen des → ḥadīṯ. RS

Bultmann, Rudolf (1884–1976), mit Karl → Barth führender Vertreter der Dialekt. Theologie, die ihm religionsgesch. Studien erlaubte; diese seien aber von der existentialen Betroffenheit des Christen unterschieden. Die hl. Schriften seien in dem antiken Weltbild befangen, das Wunder, anthropomorphe Götter etc. kenne; für die modernen Christen müssten sie entmythologisiert werden. Vorarbeit dazu war die formgeschichtliche Methode: Die Gemeinden der verschiedenen Evangelien hätten Worte Jesu gebildet, die nur nach dessen Tod denkbar sind; der histor. Jude Jesus sei »auferstanden« in die Predigt (Kerygma) vom überzeitlichen Christus (*Geschichte der synopt. Tradition*, 1921). Das Johannesevangelium biete die existentiale Herausforderung der Krisis, die nicht mehr mytholog. das Gericht am Jüngsten Tag benötige. CA

W.: R. B., Das Evangelium des Johannes, 1941. – R. B., Theologie des NT, 1948–53. – R. B., Das Urchristentum im Rahmen der antiken Religionen, 1949.
Lit.: K. Müller, Die religionsgesch. Arbeit am NT, 1983.

Bund (hebr. b^{e}rīt; griech. diathḗkē), durch freie Wahl geschaffene Gemeinschaft im Gegensatz zur »naturgegebenen«. Der B. dient der Identitätsstiftung sozialer Gruppen durch Abgrenzung von der Umwelt; der Eintritt in ihn ist häufig rituell abgesichert (→ Initiation), ebenso wie die Zugehörigkeit durch gemeinsames Handeln und die Einhaltung von Gruppenregeln fortwährend bestätigt wird. Der Prototyp des religiösen B. ist jener, den Gott mit Israel geschlossen hat und der den Erwählungsgedanken des Judentums begründet (Ex 24,8; → Beschneidung als Zeichen des B.: Gen 17,9–14). Nach christl. Verständnis ist jener B. in Jesus aufgehoben und ersetzt worden durch den »neuen Bund« Gottes mit den Christen (Mt 26,28; Hebr 9,15–18), was immer wieder zur Aktivierung eines christl. → Antijudaismus führte. KVS

Busk (von Creek poskita = → Fasten), vier- oder achttägige Grünmaiszeremonie der Creek und Seminole im Südosten der USA, zugleich Feier der jährlichen Welterneuerung. Bei dem im Juli oder August abgehaltenen B. wurden alle Vergehen des vergangenen Jahrs vergeben, der Zeremonialplatz gesäubert, neues Feuer gebohrt und alter Hausrat gegen neuen ausgetauscht. Zur rituellen Vorbereitung und während der Zeremonie erfolgte eine spirituelle Läuterung der Teilnehmer durch Fasten und den Genuss des zum Erbrechen führenden »Schwarzen Tranks«. → Indian. Religionen. CFF

Lit.: J. R. Swanton, Creek Religion and Medicine, 1928, ND 2000. – C. Hudson (Hg.), Black Drink. A Native American Tea, 1979.

Buße (griech. metánoia; lat. poenitentia; vgl. hebr. t^{e}šūbā = Umkehr), in vielen Religionen bezeugte Haltung bei gestörten Beziehungen zwischen Menschen und Numina oder nach Übertretung einer Sollensordnung. Durch »Umkehr« soll ein neues Verhältnis gewonnen und die negativen Folgen gemindert werden. Die Haltung der B. manifestiert sich in Reue, einer inneren Neuorientierung, Selbstanklage, Selbstbestrafung, willentlicher Annahme von auferlegten → Strafen, asket. Übungen (→ Askese), Reinigungs- und Entsühnungsriten (→ Reinheit), Kompensationsleistungen, → Gaben usw. Im röm.-kath. Christentum existiert ein → Sakrament der B. (→ Beichte, → Absolution). Die Anwendung des Begriffs auf nichtchristl. Religionen ist aufgrund seiner christl. Konnotationen problematisch. KHS

Lit.: K. Rahner, Frühe Bußgeschichte in Einzeluntersuchungen (Ders., Schriften zur Theologie, Bd. 11) 1973. – M. Sievernich/K. Seif (Hg.), Schuld u. Umkehr in den Weltreligionen, 1983.

Byakkō Shinkōkai (japan. = Gesellschaft der wahren Freunde des weißen Lichts), gegründet unter diesem Namen 1954 in Japan durch »Meister Goi« (Masahisa Goi, 1916–80), der 1949 eine Erleuchtung über seine eigene Identität mit Gott erfahren hatte. Seit 1982 leitet seine Nachfolgerin und Adoptivtochter Masami Saionji, die als »Masami, unsere Lehrerin« bekannt ist, die Gemeinschaft. Die Anhängerzahl betrug am Ende des 20. Jh.s fast eine halbe Million. Zentrale Praxis ist ein Weltfriedensgebet, bei dem eine große Weltkarte und die Flaggen der Nationen der Erde eine wichtige Rolle spielen. Weltweit werden Pfähle aufgestellt, die in verschiedenen Sprachen die Formel »Friede sei der Menschheit in aller Welt« tragen. MP

C

Candomblé, afrobrasilian. Religion, in der sich west- und zentralafrikan. Traditionen (Yoruba, Ewe, Fon, verschiedene Bantu-Gruppen) mit Elementen der Heiligenverehrung des Volkskatholizismus verbinden; bes. verbreitet in Bahia (Nordostbrasilien), findet sich aber auch in anderen Landesteilen. Die ältesten C.-Tempel wurden um ca. 1830 gegründet. (1) Zur Zeit der

Sklaverei verschmolzen Orixá- (→ Orichas) mit kath. Heiligenverehrung und z. T. C.-Feste mit kath. Feiertagen. Unter den afrikan. Glaubensvorstellungen (→ afrikan. Religionen) wurden die der Yoruba für den C. entscheidend, die sich interethn. zu den Hauptvarianten (a) C. Jeje-Nagô (mit Ewe- und Fon-Elementen) und (b) C. Angola (mit Bantu-Elementen) verbanden. Die Bezeichnungen gründen auf dem Konzept der Nações (Nationen), nach dem die Yoruba-Traditionen als Nação Ketu, Nagô oder Ijexá, die Ewe- und Fon-Traditionen als Jeje (Jeje-Fon und Jeje-Marrin) benannt werden. (a) Im C. Jeje-Nagô werden Orichas verehrt, bei öffentlichen Festen (xiré) in der Trance verkörpert und mit Tier- und Speiseopfern bedacht. Blutopfer dienen u. a. zur Erneuerung der Lebenskraft axê. (b) Im C. Angola verehrt man überdies die Bantu-Gottheiten Inquices. (2) Der C. hat eine stark hierarch. Ämterstruktur mit Familiencharakter (→ Amt). Die aufwendige → Initiation beinhaltet nach Jahren gestaffelte Grade und längere Seklusionszeiten. Meist werden die Inhalte des C. mündlich überliefert, Priester studieren jedoch zunehmend auch wissenschaftliche Literatur. Varianten des C. kommen in Südbrasilien vor, wo der C. Jeje-Nagô mit lokalen Eigenheiten als Batuque praktiziert wird. Im C.-de-Caboclo, einer Variante des C. Angola, werden auch »Indianergeister« (Caboclos) angerufen. In einer dem C. ähnlichen Religion in São Luís do Maranhão werden unter dem Namen Tambor de Minas deifizierte Ahnen der dahomeian. Königsfamilie verehrt. → Afroamerikan. Religionen. NJ

Lit.: R. Bastide, Le C. de Bahia. Rite Nagô, 1958. – G. Binon-Cossard, Contribution à l'étude des C. au Brésil. Le C. Angola, 2 Bde., 1970. – V. Gonçalves da Silva, C. e Umbanda. Caminhos da devoção brasileira, 1994. – M. Omari-Tunkara, Manipulating the Sacred: Yoruba Art, Ritual, and Resistance in Brazilian Candomble, 2002. – P. Johnson, Secrets, Gossip, and Gods: the Transformation of Brazilian Candomblé, 2002.

Caodaismus (vietnames. wörtlich = hohe Plattform). Begründet durch den Vietnamesen Ngo Van Chieu (1878–1932), ist der C. eine extrem synkretist.-eklekt. Religion, die auch explizit den Anspruch erhebt, dass alle großen religiösen »Offenbarungen« in den Offenbarungen der eigenen höchsten Gottheit Caodai zu finden sind. Kult und → Pantheon sind diesem Programm entsprechend vielfältig und komplex. Das Weltbild des C. ist → zyklisch-eschatolog. MD

Lit.: L. Bezacier, Die Religionen Viet-nams, in: A. Höfer u. a. (Hg.), Die Religionen Südostasiens, 1975, 349–56. – J. S. Werner, The Cao Dai, 1978.

Cargokult (von pidgin-engl. cargo = Frachtgut, Schiffs-, Flugzeugladung), zusammenfassende Bezeichnung für eine Reihe von Heilserwartungsbewegungen, die sich in der melanes. Inselwelt, speziell auf Neuguinea, seit dem 19. Jh. bis heute entwickelten. Ausgelöst wurden sie durch die Konfrontation der einheim. Kultur mit dem europ. → Kolonialismus. Das plötzliche Vorhandensein großer Mengen von industriell gefertigten fremden Waren (u. a. Stahläxte, Dosennahrung, Waffen, aber auch → Geld), die in Schiffs- und Flugzeugladungen – Cargo – ins Land kamen und in den Besitz der Weißen übergingen, regte Spekulationen auf Seiten der einheim. Bevölkerung an: In Unkenntnis kapitalist.-industrieller Produktionsprozesse wurde vermutet, dass Macht und Reichtum der Kolonisatoren auf schwer ergründlichen magischen Ursachen beruhen (→ Magie). C. kreisen um die Vorstellung, sich mithilfe von Ahnen und Geistern selbst Cargo anzueignen und die Weißen zu enteignen. Die Begründer von C. – männliche oder weibliche Propheten oder Führer – verhießen die baldige Lieferung der begehrten Güter, oft auch den Weltuntergang oder das Ende weißer Herrschaft. Die Anhänger wurden aufgefordert, spezielle Riten durchzuführen, die Arbeit einzustellen bzw. nur für die Bewegung zu arbeiten, Vorratshäuser, Landebrücken und Landebahnen zu bauen. Die häufig geäußerte Kritik an der weißen Herrschaft führte bisweilen zur Verfolgung der Anführer und zur Unterdrückung der Bewegung. C. wurden als Vorläufer nationalist. Bewegungen und Organisationsformen gedeutet, vorwiegend jedoch vor dem Hintergrund jüd.-christl. Heilsthematik, zumal der Einfluss des Christentums in vielen C. offensichtlich ist (→ Chiliasmus, → Messianismus, → Nativismus). Der Ethnologe H. Whitehouse, der selbst für einen Abgesandten der Ahnen gehalten wurde, beschreibt neuerdings die Dynamik und das Innovationspotential eines C. auf Neubritannien »von innen«. Es mehrt sich die Kritik an dem Begriff C., da dieser einerseits allzu heterogene Phänomene zusammenbringe und andererseits von Repräsentanten des Kolonialismus eingeführt worden war, um antiwestliche, fortschrittshemmende Bewegungen zu kennzeichnen. PJB

Lit.: W. E. Mühlmann, Chiliasmus u. Nativismus. Studien zur Psychologie, Soziologie u. histor. Kasuistik der Umsturzbewegungen, 1961. – F. Steinbauer, Melanes. C., 1971. – P. Worsley, Die Posaune wird erschallen, 1973. – B. Luchesi, C., in: HrwG, Bd. 2, 1990, 190–92. – L. Lindstrom, Cargo Cult. Strange Stories of Desire from Melanesia and Beyond, 1993. – H. Whitehouse, Inside the Cult. Religious Innovation and Transmission in Papua New Guinea, 1995. – M. Kaplan, Neither Cargo nor Cult. Ritual Politics and the Colonial Imagination in Fiji, 1995. – H. Jebens (Hg.), Cargo, Cult, and Culture Critique, 2004.

Cassirer, Ernst (1874–1945), Philosoph und Kulturhistoriker, lehrte 1919–33 in Hamburg, seit 1934 in New York. C. gehörte der sog. Marburger Schule an und erforschte die Geschichte der philosoph. Probleme. Neben die Welt der reinen Erkenntnisse des wissenschaftlichen Denkens stellte er die des sprachlichen, des mystisch-religiösen Denkens und der künstler. Anschauung. Er verteidigte Einsteins Relativitätstheorie und sah in ihr ein Beispiel für die in der Wissenschafts- und Philosophiegeschichte erkennbare Entwicklung vom gegenständlichen zum funktional-relationalen (unanschaulichen) Denken. KVS

Lit.: A. Graeser, E. C., 1994. – H. Paetzold, E. C. Von Marburg nach New York. Eine philosoph. Biographie, 1995. – O. Schwemmer, E. C., ein Philosoph der europ. Moderne, 1997.

Cella → Kultort/Kultbauten, → Tempel.

Cernunnos (Etymologie unklar), keltischer Gott, dessen Name und Bild auf einem Monument aus der Zeit des röm. Kaisers Tiberius (14–37 n. Chr.) überliefert sind. Dargestellt wird C. als bärtiger Mann mit Ohren und Geweih eines Hirsches. Der Name C. dient häufig zur Bezeichnung von Gottheiten, die mit ähnlichen ikonograph. Merkmalen dargestellt sind. Bekanntestes Beispiel ist die Darstellung eines Gottes mit Hirschgeweih auf dem Kessel von Gundestrup. Hirsche waren wichtige Kulttiere in der → keltischen Religion. US

Chaitanya (1486–1533), bengal. → Vaishnava der Krishna-→ bhakti und nach ihm benannte Glaubensgemeinschaft (1) in Braj (Nordindien), wo die »Sechs → Gosvāmīs« die Ch.-Theologie ausbildeten; (2) in Bengalen mit einem heterodoxen und einem orthodoxen Zweig um Nityānand bzw. Advaitāchārya. Die Ch.-Lehre vertritt eine Theologie des achintyabhedābheda, »des undenkbaren Unterschieds und Nicht-Unterschieds« zwischen Krishna (Gott) und den Seelen. MHO

Lit.: S. K. De, Early History of the Vaishnava Faith and Movement, 1942. – E. C. Dimock, Jr., Doctrine and Practice among the Vaishnavas of Bengal, in: M. Singer (Hg.), Krishna. Myths, Rites and Attitudes, 1966, 41–63.

Chaitya (von sanskr. caitya), buddh. Kultbau. → stūpa. AM

Chakra (sanskr. cakra = Rad, Kreis), längs des Rückgrats gelegene Zentren des feinstofflichen Körpers, durch Kanäle (nāḍī) verbunden und visualisiert durch ihre jeweiligen Gottheiten. Ziel in Meditation und → Ritual des esoter. Hinduismus und Buddhismus ist der aufwärtsgerichtete »Energiefluss« (→ kundalinī) entlang der ch.; die Anzahl variiert je nach Kosmologie, Theologie und Liturgie der Systeme. JG

Lit.: A. Avalon, The Serpent Power. Being the Shatchakra-Nirūpaṇa and Pādukā-Pañchakā, 1919, [11]1978.

Chakravartin (sanskr. = der das Rad in Bewegung setzt), nach altind. Vorstellung Bezeichnung für den idealen Weltenherrscher. Begriff und Idee wurden vom → Buddhismus übernommen: Das »Rad« wird mit dem → dharma identifiziert, nach dessen ethischen und religiösen Prinzipien der ch. seine Herrschaft ausrichten soll. Der → Buddha gilt als ch. PJB

Lit.: K. V. Soundara Rajan, The Ch. Concept and the Chakra (wheel), in: Journal of Oriental Research, 1962, 85–90.

Chaldäische Christen, Bezeichnung für die seit dem 16. Jh. mit der röm.-kath. Kirche unierten Gläubigen der → Assyr. Kirche des Ostens. MH

Chāmundā (von sanskr. Cāmuṇḍā), Erscheinungsform der hinduist. Göttin → Durgā. → Hinduist. Pantheon. AM

Chāndogya-Upanishad → Upanishaden.

Chandragupta Maurya (322–298 v. Chr.), Begründer und König eines nordind. Großreiches, Förderer des → Buddhismus. AM

Chandrakīrti (6. Jh. n. Chr.), südind. buddh. Kommentator und Logiker der Prāsangika-Schule innerhalb des → Madhyamaka. Verfasser des bedeutendsten Kommentars zur *Mūlamadhyamakakārikā* des Nāgārjuna. CE

Lit.: C. Rizzi, Candrakīrti, 1988. – T. J. F. Tillemans, Materials for the Study of Āryadeva, Dharmapāla and Candrakīrti, 1990.

Channeling, seit den 1970er Jahren zunehmend in der sog. → New-Age-Szene Nordamerikas und Europas sich etablierender Begriff für Phänomene, die eine Kommunikation zwischen Menschen und transzendenten Wesenheiten betreffen. Speziell begabte oder ausgebildete Personen dienen als »Kanal« (engl. channel) für Botschaften, die aus den Sinnen nicht zugänglichen Bereichen der Wirklichkeit in die »normale Wirklichkeit« strömen. Die religiöse (oder auch psycholog.) Praxis soll damit Informationen gewinnen, die der Entwicklung der individuellen Persönlichkeit, aber auch der ganzen Menschheit zugute kommen sollen. Zu den wichtigsten Wegbereitern des Ch. im 20. Jh. zählen E. Cayce (1877–1945), J. Roberts (1929–84, channelte den »Energiepersönlichkeitskern« Seth), H. Schucman (1909–81, *A Course in Miracles*, mit breiter Rezeptionsbewegung), D. Spangler (geb. 1945), J. Z. Knight (geb. 1946, channelte eine Entität namens »Ramtha«), S. Maclaine (geb. 1934) und V. Hasselmann (geb. 1946), die von ihrer »Quelle« als »außerkörperlicher Instanz« spricht, die aus 1164 miteinander verschmolzenen Einzelseelen bestehe.

Manche Wissenschaftler werfen die Frage auf, ob sich mit dem neutralen objektsprachlichen Begriff Ch. nicht eine Reihe von Phänomenen »inspirierter Rede« systemat. zusammenfassen ließe, die bislang mit theolog. konnotierten Begriffen wie Offenbarung, Inspiration oder Prophetie bezeichnet werden. Spricht man in diesem Sinne von Ch., so sieht man keine religionswiss. relevanten Unterschiede mehr zwischen dem Anspruch der Evangelien des christl. Kanons oder des Korans, direkte göttliche Rede zu sein, und den gechannelten Botschaften eines »aufgestiegenen Meisters« oder eines »Seth«. KVS

Lit.: J. Klimo, Ch. Investigations on Receiving Information from Paranormal Sources, 1987. – A. Hasting, With the Tongues of Men and Angels. A Study of Ch., 1991. – M. F. Brown, The Ch. Zone. American Spirituality in an Anxious Age, 1997. – K. P. Johnson, Edgar Cayce in Context. The Readings, Truth and Fiction, 1998. – J. G. Melton, Finding Enlightenment. Ramtha's School of Ancient Wisdom, 1998.

Chanukka (hebr. ḥ^anukkā = Einweihung), jüd. Lichterfest, beginnend am 25. Kislew (Dezember), zur Erinnerung an die Neuweihung des Jerusalemer Tempels durch Judas Makkabäus 165/64 v. Chr. (1 Makk 4,51ff.; 2 Makk 10,1–8). Schon Flavius Josephus berichtet über die achttägige Feier (*Antiquitates Judaicae* 12,7). Nach talmud. Überlieferung fanden die jüd. Befreier für den siebenarmigen Leuchter (→ Menorah) im Tempel nur noch ein kleines Krüglein mit Öl, das mit dem Siegel des Hohenpriesters versehen war. Durch ein Wunder reichte dieses Öl nicht nur einen, sondern acht Tage (bT Schabbat 21b). Daran erinnert der Brauch, an jedem Tag des Ch.-Festes ein weiteres Licht des achtarmigen Leuchters zu entzünden. Das neunte Licht, der »Diener« (jiddisch Schammes), dient dem Anzünden der anderen. → Zeit. KVS

Chanzong (chin. = Versenkung; sanskr. → dhyāna; japan. → Zen), »Meditations«-Schule des chin. Buddhismus. (1) Der Tradition nach wurde das Ch. vom legendären indischen Patriarchen Bodhidharma (chin. Puti-damo) – nach der Chan-Tradition dem 28. nach dem ersten Patriarchen → Mahākāshyapa, einem der Hauptschüler des → Buddha – in China begründet. Das Ch. spaltete sich in der Tang-Zeit (618–906) in eine nördliche und eine südliche Schule; diese unterschieden sich in der Art, wie Erleuchtung erlangt wurde: graduell (chin. jianwu) oder plötzlich (dunwu). (2) Zwar gab es schon vor dem histor. Erscheinen des Ch. in China Ch.-Meister (chan-shi) unter buddh. Klerikern, doch legte man erst im eigentlichen Ch. den Schwerpunkt religiöser Praxis auf die → Meditation als Mittel zur Erleuchtung (chin. wu, japan. satori). Chan war durchaus formalisiert und institutionalisiert, insofern es sich in Lehre und Ritus auf eine Anzahl von → Mahāyāna-Texten bezog (Shūramgama-Sūtra, → Lankāvatārasūtra) und auf monast. strenge Disziplin hielt. Dagegen wurde in der Ch.-Historiographie und der Gongan- (japan. Kōan-)Literatur (entstanden v. a. 960–1279, Song-Zeit) häufig das Bild von extravaganten, antidogmat., antiritualist. und ikonoklast. Ch.-Patriarchen und -Meistern gezeichnet, das von der westlichen Ch.-Rezeption im Wesentlichen übernommen wurde und erst nach und nach revidiert wird. (3) Bis heute nimmt die Ch.-Tradition im chin. Buddhismus neben den »Reinen-Land«-Vorstellungen (→ Jingtu-zong) und -Praktiken einen breiten Raum ein, wenn auch nicht in einer so exponierten und sich in gewisser Hinsicht exklusivist. gebenden Form wie im bekannteren (modernen) japan. Zen. → Chin. Religionen. MD

Lit.: H. Dumoulin, Geschichte des Zen, Bd. 1, 1985. – B. Faure, The Rhetoric of Immediacy. A Cultural Critique of Chan/Zen Buddhism, 1991. – B. Faure, The Will to Orthodoxy. A Critical Genealogy of Northern Chan Buddhism, 1997.

Chaos (griech. = weiter Raum, Schlund). Setzen religiöse Symbolsysteme eine narrative oder spekulative Ordnung, die es ermöglicht, sich in der so konstituierten Welt zu orientieren (→ Deutungsmuster), dann müssen sie die Herkunft aus ihrem Gegenteil als Überwindung ausgrenzen. Das auf diese Weise Ausgegrenzte wird als Ch., als undifferenzierte, bedrohliche Macht symbolisiert, das durch verschiedene Protagonisten repräsentiert werden kann. Viele Mythen sind durch einen Antagonismus zwischen den Mächten des Ch. und des → Kosmos, des Bösen und des Guten gekennzeichnet. Eine Extremform dieses kosmischen Gegensatzes findet sich in dualist. Religionen (→ Dualismus). Dagegen steht ein positiver Begriff von Ch., der die Kreativität des Ungeordneten periodisch verlangt und z. B. in Neujahrsfesten inszeniert wird. → Gegenwelt, → Mythos. JM

Lit.: C. Auffarth, Art. »Ch.«, in: HrwG 2, 1990, 193–95.

Charisma (griech. = Geschenk, Gnadengabe, Wohltat). (1) Eine bes. religionsgesch. Relevanz erhielt der Begriff in der Verwendung durch Paulus: dort bezeichnet Ch. v. a. Fähigkeiten, die sich göttlicher Gnade verdanken. Zu ihnen gehören z. B. prophet. Rede, diakon. Dienst, Lehre, Ermahnung, Gemeindevorstand, Barmherzigkeit, Zungenreden und Heilung (vgl. die sog. Ch.-Tafeln in Röm 12,6ff. und 1 Kor 12,6ff.). In den nachpaulin. Schriften des NT findet sich Ch. nur an drei Stellen: 1 Petr 4,10ff.; 1 Tim 4,14; 2 Tim 1,6. Während der erste Text der paulin. Konzeption folgt, setzen die beiden Belege aus den Pastoralbriefen die Ordination des Gemeindeleiters voraus, dessen → Amt und das damit verbundene Ch. durch die Handauflegung verliehen wird. (2) Der Kirchenrechtler R. Sohm (1841–1917) verschaffte dem Begriff in der Gegenüberstellung zum Amt eine neue Aufmerksamkeit und Bedeutung. Auf der Basis der Unterscheidung zwischen institutionell verfasster sichtbarer und der auf dem Geistprinzip basierenden unsichtbaren Kirche (lat. ecclesia visibilis und invisibilis) sowie der Gegenüberstellung von Ch. und Amt vertrat er die Ansicht, dass es in der Urkirche ursprünglich keine rechtlichen, sondern nur pneumat. Strukturen gegeben habe (→ Pneuma). Die Pastoralbriefe hätten demnach die auch von anderen geteilte ursprüngliche paulin. Auffassung verfälscht. (3) An diese Unterscheidung zwischen Ch. und Amt knüpfte M. → Weber an, jedoch zunächst im Zusammenhang von polit. Legitimations- und Herrschaftsfragen. In seiner Herrschaftssoziologie definiert er Ch. als eine »außeralltäglich [...] geltende Qualität einer Persönlichkeit [...], um derentwillen sie als mit übernatürlichen oder übermenschlichen oder mindestens spezif. außeralltäglichen, nicht jedem anderen zugänglichen Kräften oder Eigenschaften [begabt] oder als gottgesandt oder als vorbildlich und deshalb als ›Führer‹ gewertet wird« (*Wirtschaft und Gesellschaft*, 140). Indem die genuine Form des Ch. im status nascendi »außeralltäglich« ist, grenzt sich die charismat. → Herrschaft gegen die anderen beiden Typen legitimer Herrschaft, nämlich traditionale und legal-rationale Herrschaft, ab. Erst mit der Institutionalisierung des Ch. kommt es zu seiner »Veralltäglichung«. Eine besondere Form neben dem »persönlichen Ch.« stellt das »Amts-Ch.« dar, in dem eine persönliche Qualität auf die Institution des Amtes übergegangen ist. (4) Der durch Weber populär gewordene Begriff Ch. ist in die Religionswissenschaft übernommen worden. Für R. → Otto beispielsweise gehört »zum typischen Heiligen [...] als Rand seiner Gestalt das Ch., die charismatische Art und Begabung« (*Reich Gottes*, 267). Die Verwendungsweise des Begriffs ist allerdings bei Otto nicht klar definiert. So spricht er etwa vom »charismat. Milieu« oder vom »pneumat. Ch.« (ebd., 269). In einer formalisierten und inhaltsleeren Verwendung ist der Begriff Ch. auch in andere religionswiss. Arbeiten eingegangen. F. → Heiler spricht von »charismat. Prophetie«, »charismat. Rede«, »charismat. Beschwörertum« und »charismat. Begabungen« (*Erscheinungsweisen und Wesen der Religion*, 282, 237–238, 315, 413). K. Goldammer zufolge teilen kultische Weiheriten Kraft, Ch. und Segen mit (vgl. *Die Formenwelt des Religiösen*, 348). Elia und die Baalpriester seien Charismatiker gewesen (ebd., 364), und alles Schamanentum sei charismat. (ebd., 243). Zwei Ausnahmen innerhalb der religionswiss. Adaption des Ch.-Begriffs stellen die Religionssoziologien von J. → Wach und G. Mensching (1901–78) dar. Beide verhandeln als

Ch. bezeichnete Phänomene im Zusammenhang von Legitimations- und Herrschaftsfragen. (5) In Anbetracht der überwiegend formalisierten und inhaltsleeren Verwendungsweise von Ch. in religionswiss. Arbeiten erscheint es ratsam, den Begriff nur im Kontext von Legitimations- und Herrschaftsfragen zu verwenden, wie es bei Weber und im Anschluss an ihn bei Wach und Mensching der Fall ist. Die Unterscheidung zwischen Ch. und Amt sowie diejenige zwischen persönlichem Ch. und Amts-Ch. ermöglicht es, die Institutionalisierungsprozesse einzelner Religionen zu rekonstruieren, auch wenn sich Äquivalente der Begriffe in der jeweiligen religiösen Semantik nicht finden. Z. B. kann so dem Verhältnis von Herrschaft und Heil im alten Israel, im antiken und rabbin. Judentum, im mittelalterlichen Christentum sowie in der islam. Religionsgeschichte nachgegangen werden. VK

Lit.: R. Sohm, Kirchenrecht, Bd. 1, 1892. – A. von Harnack, Entstehung und Entwicklung der Kirchenverfassung und des Kirchenrechts in den zwei ersten Jh.en, 1910. – M. Weber, Wirtschaft und Gesellschaft, 1922, ^{5}1976. – R. Otto, Reich Gottes und Menschensohn, 1934, ^{3}1954. – G. Mensching, Soziologie der Religion, 1947, ^{2}1968. – J. Wach, Religionssoziologie, 1951. – K. Goldammer, Die Formenwelt des Religiösen, 1960. – F. Heiler, Erscheinungsweisen und Wesen der Religion, 1961. – M. Ebertz, Das Ch. des Gekreuzigten, 1987.

Chassîdê Aschkenas (hebr. ḥ^{a}sīdē ʾašk^{e}naz = die Frommen aus Aschkenas), Frömmigkeitsrichtung der jüd. → Mystik, die sich am Ende des 12. Jh.s n. Chr. v. a. im Rheinland entwickelte. Entgegen früheren Annahmen, es habe sich um eine sozial-religiöse Volksbewegung und weltflüchtige Reaktion auf die Kreuzzugsverfolgungen gehandelt, ist die neuere Forschung hinsichtlich des Einflusses der »Bewegung« skeptisch. Im Mittelpunkt stehen die Kalonymus-Familie und die in ihr tradierten arkanen Lehren, die erst nach 1217, dem Tod des Jehuda b. Samuel hä-Chasid, eine gewisse Verbreitung erfuhren. Für eine Popularisierung sorgte v. a. Eleazar b. Jehudah von Worms (gest. 1230). Ob der legendäre *Sefær Ḥ^{a}sīdīm* tatsächlich dem Jehuda hä-Chasid zugeschrieben werden kann, ist fraglich. Kennzeichnend für die Lehren der Ch. A. ist eine kontemplative und zugleich praktisch bestimmte Frömmigkeit, die mit ihrer Vorliebe für esoter. Bibelinterpretation und Fragen nach der Vermittlung zwischen transzendenter Gottheit und Welt leicht Eingang in die spätere → Kabbala finden konnte. KVS

Lit.: G. Scholem, Die jüd. Mystik in ihren Hauptströmungen, 1980, 87–127. – I. G. Marcus, Piety and Society, 1981. – J. Dan, Jewish Mysticism and Jewish Ethics, 1986, 49–82.

Chassidismus (von hebr. ḥāsīd = der Fromme), von Israel b. Eliezer, dem → Baal schem tôb, gegründete mystische Bewegung des osteurop. Judentums mit großem Einfluss bis heute. Bes. in ländlichen Gebieten, wo die scharfe rabbin. Reaktion auf die Enttäuschung der sabbatian. Bewegung um 1666 (→ Sabbatai Zwi) nicht verfing, kam es am Ende des 17. Jh.s zu einem Aufblühen mystisch-magischer Traditionen um jene charismat. Persönlichkeiten der baalê schem, die in der Bevölkerung einen enormen Rückhalt besaßen. Der frühe Ch. leitete seine Lehrinhalte und Frömmigkeitsideale v. a. aus der Erbauungsliteratur ab, wie sie von den → Chassîdê Aschkenas überliefert war, unter Hinzunahme der (v. a. sabbatian.) popularisierten lurian. → Kabbala. Messian. Elemente und eine starke Beziehung zum Hl. Land prägen die Lehre des Ch. Auf der praktischen Ebene kreist das Gemeindeleben um den charismat. Zaddik bzw. den »Rebben«, der seine Legitimität von seiner Abstammung aus einer chassid. Familiendynastie herleitet. Der Ch. brachte eine reiche liturg., erbauliche und poet. Literatur hervor, wobei die ekstat. Elemente des Gebetes (→ Musik und → Tanz) zu seinem Kennzeichen wurden. Letzteres führte zu erbitterten Reaktionen »orthodoxer« Rabbinen, die überhaupt im Ch. einen versteckten Sabbatianismus sahen. Nach der Schoa lebte das chassid. Judentum in den USA fort, ebenso seine bedeutendste Abspaltung, der Lubawitscher Ch., der sich auf Shneûr Zalman aus Ljady/Lubawitsch (1745–1813) zurückführt, um dessen Nachfolger ein beachtlicher Personenkult betrieben wird. KVS

Lit.: S. Dubnow, Geschichte des Ch., 2 Bde., 1931/32. – G. Scholem, Die jüd. Mystik in ihren Hauptströmungen, 1957, 256–385. – M. Buber, Werke, Bd. 3, 1963. – S. Sharot, Messianism, Mysticism, and Magic, 1982. – J. Dan/J. Milch, The Teachings of Hasidism, 1983. – H. M. Rabinowicz, Hasidism, 1988. – J. G. Weiss, Studies in East European Jewish Mysticism and Hasidism, 1997. – M. Idel, Messianic Mystics, 1998.

Chatterjee, Bankimchandra (auch Bankimchandra Chattopādhyāy, 1838–94), indischer Literat und Philosoph, der u. a. mit seiner Bengali-

Übersetzung der → Bhagavadgītā wichtige Impulse für spätere neohinduist. Denker und Organisationen lieferte. → Neohinduismus. HFT

W.: H. Harder (Übers.), B. C. Shrīmadbhagavadgītā (Diss.), 1997.
Lit.: U. King, True and Perfect Religion: B. C.s Reinterpretation of Hinduism, in: Religion 7 (1977), 127–48.

Chattopadhya, Gadadhar → Ramakrishna Paramahamsa.

Chattopādhyāy, Bankimchandra → Chatterjee, Bankimchandra.

Chenresi → Avalokiteshvara.

Cheruben/Cherubim → Kerubim.

Chidambaram, hinduist. Pilgerort mit Shiva-Tempel in Südindien. AM

Chiliasmus (von griech. chília = tausend), im engeren Sinne Bezeichnung für Vorstellungen (in Anknüpfung an Apk 20) von einem 1000-jährigen Reich am Ende der Geschichte, das entweder bereits mit Christi Geburt eingetreten ist (Postmillenaristen) oder mit dem Zweiten Kommen Christi zum Gericht noch aussteht (→ prämillenaristisch). Das Wort dient, häufiger noch in der lat. Fassung (→ Millenarismus), zur Bezeichnung sozialer Bewegungen, die Endzeitvorstellungen als Gegenentwürfe für die unmittelbare Zukunft propagieren und zu realisieren versuchen (→ Gegenwelt; → Messianismus). Der bevorstehende radikale Umschwung kann dazu dienen, → Gewalt zu legitimieren. Für eine religionswiss. Verwendung auch im nichtchristl. Bereich (etwa für → Cargo-Kulte) ist der handlungsleitende Charakter der Endzeitvorstellungen zentral, doch ist dabei zu beachten, dass (etwa für die → Apokalyptik) vielfach keine zugehörige soziale Bewegung plausibel gemacht werden kann, Ch. also auch literarisierte Intellektuellenreligion darstellen kann (etwa J. von Fiore, ca. 1135–1202 im Unterschied zu seinen Rezipienten). → Eschatologie sollte nicht als Synonym zu Ch./Millenarismus verwendet werden; hingegen ist es wichtig festzuhalten, dass ausgebaute Vorstellungen von einer kollektiven Eschatologie typischerweise chiliast. Züge tragen. Für die Untersuchung des Ch. ist der Umgang mit dem Problem kognitiver Dissonanz nach dem Scheitern oder der Enttäuschung nicht minder wichtig als die Vorbereitungsphase; die erstaunliche Persistenz der Bewegungen wird etwa über die Annahme heimlicher oder außerweltlicher Umschwünge herbeigeführt. JR

Lit.: W. E. Mühlmann, Ch. und Nativismus, 1961. – N. Cohn, Das neue irdische Paradies: Revolutionärer Millenarismus u. mystischer Anarchismus im mittelalterlichen Europa, 1961. – M. Haeusler, Das Ende der Geschichte in der mittelalterlichen Weltchronistik, 1980. – G. W. Trompf, Cargo Cults and Millenarian Movements, 1990. – D. Thompson, Das Ende der Zeiten, 1997 (engl. 1996). – W. J. Hanegraaff, New Age Religion and Western Culture, 1996. – S. T. Lee, Religion and Social Formation in Korea. Minjung and Millenarianism, 1996. – Journal of Millenial Studies 1, 1998.

Chinesische Religionen. I. Überblick. (1) Archäolog. sind die ältesten religiösen Vorstellungen für die archaischen Periode (Shang, 1766–1123 v. Chr.) nachweisbar: religiöse Praktiken durch schaman. Magier (wu) und → Divinationen mittels Orakelknochen oder Schildkrötenpanzern. Jüngere schriftliche Quellen (z. B. die Klassiker → Liji, Chunqiu, Shiji, philosoph. Schriften der Periode der »Kämpfenden Reiche«, ca. 5.–2. Jh. v. Chr.) belegen den Glauben an einen göttlichen Herrscher im Himmel (shangdi). (2) In der Zhou-Periode (1122–247 v. Chr.) werden neben dem Himmelskult Ansätze der → Ahnenverehrung und lokaler (animist.) Kulte greifbar; auch Divinationspraktiken mittels Sprüngen in erhitzten Knochen und Schildkrötenpanzern, die die frühesten chin. Schriftzeichen aufweisen, sowie Seelen- und Geistervorstellungen sind belegt. (3) Durch Expansion und → Kontakt mit Fremdvölkern kam es neben dem Rückgriff auf konfuzian. Konzepte für die offizielle Religion schon ab der späten Han-Dynastie (25–220 n. Chr.) zu einem religiösen Pluralismus, der neben dem Daoismus die Fremdreligion Buddhismus und dann v. a. in der Tang-Zeit (618–906) auch den → Manichäismus, → Zoroastrismus, das nestorian. Christentum (Nestorianerstele von Xi'an-fu), das Judentum und den Islam – zur Zeit der Mongolenherrschaft (Yuan-Dynastie, 1260–1367) ebenfalls den → tibet. Buddhismus (Lamaismus) – nach China brachte. (4) Aber auch → Buddhismus und Daoismus beeinflussen sich gegenseitig und gelangen dann in den synkretist. Volksreligionen zur Entfaltung. Diese Religionen existieren neben dem alten Staatskult, in dessen Mittelpunkt der Himmel (→ tian) und der Kaiser stehen, der über das »Mandat des Himmels« (tianming) als »Sohn des Himmels« (tianzi) legitimiert wird.

II. Konfuzianismus. Der offizielle Kult findet schon früh seine philosoph.-ideolog. Stütze im → Konfuzianismus, dessen erste Blütezeit die Han-Zeit (206 v. Chr. – 220 n. Chr.) war und der dann durch die Staatsbeamten ab der Song-Dynastie (960–1279) zum sog. Neokonfuzianismus umgeformt wurde.

III. Daoismus. Als autochthone chin. Religion gilt der → Daoismus, der in seiner ästhet. und philosoph. Form (chin. daojia) den offiziellen Staatskult und Konfuzianismus der Beamtenschaft komplementierte, aber in seiner kultisch-rituellen Form auch die Religiosität des Volkes prägte und selbst wiederum Elemente der Lokalkulte aufnahm.

IV. Buddhismus. Die erste auf chin. Boden histor. nachweisbare Fremdreligion ist der Buddhismus. Er gelangte über → Zentralasien (und → Südostasien) und später über den Seeweg via Südchina (Kanton) ab Ende des 1. Jh.s n. Chr. nach China und entfaltete sich dort in verschiedenen, z. T. indischen (→ Madhyamaka, → Yogāchāra, vinaya, → Tantra/Tantrismus), z. T. aber auch indigenen Schulen (→ Tiantai, → Jingtu-zong, → Chanzong, → Huayan). Ab der Tang-Dynastie wird der Buddhismus durch staatliche Verfolgungen stark zurückgedrängt (v. a. 842–45 durch Kaiser Wuzong), ebenso durch den erstarkenden Neokonfuzianismus. Er behält jedoch in der Folgezeit einen gewissen Einfluss auf das religiöse Leben in China: (a) in Form des in der Yuan-Zeit eingeführten tibet. Buddhismus; (b) durch die typische chin. Mischform von Chanzong und Amidismus (→ Jingtu-zong); und (c) durch die synkretist. religiösen Strömungen, die mehr oder weniger starke buddh. Elemente aufweisen.

V. Synkretist. (Volks-)Religionen. Sie dürften relativ früh in der Geschichte Chinas entstanden sein, sind aber histor. schwer zu erfassen, am deutlichsten noch in den großen religiösen Volksaufständen Ende des 2. Jh.s n. Chr. (Gelbe Turbane; Taiping u. a.). Ein Kennzeichen der modernen volksreligiösen Gruppen – v. a. in Taiwan und auslands-chin. Gemeinschaften in Asien – sind exorzist. und schamanist. Aktivitäten, die dem abwehrenden oder nutzbringenden Verkehr mit Geistern dienen sollen.

VI. Gegenwart. Da sowohl in der Volksrepublik (VR) China als auch in Taiwan offiziell Religionsfreiheit besteht, sind in der Gegenwart alle genannten Religionen – einschließlich verschiedener christl. Kirchen – zu finden, die aber in der VR über ein »Büro für Religiöse Angelegenheiten« und unter staatlichen Dachverbänden (Chin. Buddh. Vereinigung, Chin. Daoist. Vereinigung) kontrolliert werden. Die weitere Entwicklung der religiösen Landschaft in der VR und in Taiwan bleibt angesichts der zahlreichen Erneuerungsbewegungen sowohl traditioneller chin. Religionen (Buddhismus, Daoismus) als auch der christl. Kirchen abzuwarten. MD

Lit.: Überblick: W. Eichhorn, Die Religionen Chinas, 1973. – W. Eichhorn, Die alte chin. Religion und das Staatskultwesen, 1976. – D. MacInnis, Religion im heutigen China – Politik und Praxis, 1993. – D. L. Overmyer u. a., Chinese Religions – The State of the Field, Part I: Early Religious Traditions: The Neolithic Period through the Han Dynasty (ca. 4000 B. C. E. to 220 C. E.), in: Journal of Asian Studies 54,1 (1995), 124–60. – D. L. Overmyer, Chinese Religions – The State of the Field, Part II: Taoism, Confucianism, Buddhism, Islam and Popular Religion, in: Journal of Asian Studies 54,2 (1995), 314–95. – D. Sommer (Hg.), Chinese Religion. An Anthology of Sources, 1995. – D. S. Lopez, Religions of China in Practice, 1996. – R. Malek, Das Tao des Himmels – Die religiösen Traditionen Chinas, 1996.
Konfuzianismus: s. → Konfuzianismus.
Daoismus: s. → Daoismus.
Chin. Buddhismus: K. Chen, Buddhism in China, 1964. – H. H. Welch, The Practice of Chinese Buddhism 1900–1950, 1967. – H. H. Welch, The Buddhist Revival in China, 1968. – H. H. Welch, Buddhism under Mao, 1972.
Volksreligionen: S. Feuchtwang, The Imperial Metaphor: Popular Religion in China, 1992. – H. Seiwert, Popular Religious Movements and Heterodox Sects in Chinese History, 2003.

Chörten (von tibet. mchod rten, wörtlich = Behälter (rten) für Darreichungen (mchod); sanskr. chaitya oder → stūpa [sakraler Hügel]), im tibet. Kulturraum ursprünglich eine Begräbnisstätte lokaler Heiliger, gegebenenfalls auch Fürsten, später Kenotaph unabhängig vom Begräbnisort; erst mit der Einführung des Buddhismus nach Tibet Gedenkstätte der buddh. Lehre. CE

Lit.: B. Olschak/G. T. Wangyal, Mystik und Kunst Alttibets, 1972. – L. S. Dagyab, Tibetan Religious Art, 1977. – M. Henss, Tibet. Die Kulturdenkmäler, 1981.

Christengemeinschaft, durch die → Anthroposophie beeinflusste Gemeinschaft, die von dem Berliner Pfarrer F. Rittelmeyer (1872–1938) begründet wurde. Sie versucht, die biblische Botschaft anthroposoph. zu verstehen, und betrachtet Christus als »Hohen Sonnengeist«, der aus dem rein Geistigen ins Stoffliche eingedrungen sei. Die Ch. ist in Lenkerbezirke unter Erzoberlenkern, Oberlenkern sowie Lenkern eingeteilt und umfasst etwa 35.000 Mitglieder in 21 Ländern. HK

Lit.: K. Bannach, Anthroposophie und Christentum, 1998.

Christentum. I. Vielfalt der Ch. Das Ch. als eine Einheit und Identität zu behaupten, ist eine theolog. Utopie. Religionswiss. kann man nur den Plural verwenden. Anders als etwa im Hinduismus sind es weniger fremde Herren von außen, die eine Einheit konstruierten, vielmehr ist die Idee der Einheit und Gleichheit aller Ch. repräsentiert und personifiziert in der Gestalt des Christus. Die Bibel, eine → Christologie, ausgeprägte Professionalisierung eines hierarch. Klerus und die Organisationsform der → Kirche sind typische, aber nicht notwendige Elemente der christl. Religionen. Als idealtypisches Modell erscheint das röm.-kath. westliche Ch., aber dieses baute sich erst durch seinen Konflikt mit der Moderne zur Ideologie auf. Neben den drei großen, sich schon früh eigenständig entwickelnden Richtungen des → orthodoxen Ch. (Ostkirchen), des Katholizismus und der reformierten Kirchen besteht eine Vielzahl von anderen christl. Kirchen und Gemeinschaften.

II. Medien der Ausbreitung/Relokalisierung. (1) Während das Ch. in seinem Ursprungsgebiet untergegangen ist bzw. reimportiert wurde (Palästina, Syrien, Kleinasien), hat sich die christl. Religion als sehr anpassungsfähig erwiesen, aber eben auch als stark veränderbar in der jeweiligen kulturellen Umwelt. Die Ausbreitung erfolgte durch (a) Migration, (b) staatliche Verordnung als Herrschaftsreligion, (c) → Mission, meist im Verbund mit (aber nicht nur im Dienste) wirtschaftlicher und militär. Eroberung durch professionelle Missionare oder missionierende Orden, systemat. erst durch die Jesuiten in Amerika und China, später (um 1800) durch → prämillenarist. protestant. Missions-Gesellschaften, schließlich durch den Wirtschaftsimperialismus über die ganze Welt. (2) In der Hoch-Zeit der protestant. Mission wurde deren Modell auf die Mission der Urkirche zurückübertragen, als sei mit dem Taufbefehl Jesu (»Gehet hin in alle Welt!« Mt 28,19) schon das Programm für die systemat. die Welt umfassende Sendungsmission gegeben und mit Paulus' Missionsreisen auch begonnen worden. Unter den Medien ragt hervor (a) die Predigt, die mit der Kritik an der Wirkungslosigkeit der alten die Überlegenheit, ja Notwendigkeit der neuen Religion behauptet. In der protestant. Mission des 19. Jh.s kommt hinzu (b) die Bibel, die in die jeweilige Volkssprache übersetzt und – zusammen mit der Möglichkeit zum Erwerb von Bildung – den einheim. Christen übergeben wird. Die Missionare müssen Sprache, Denkweise, Institutionen ihrer Missions»kinder« erlernen, sie schließlich aber auch in die »erwachsene« Eigenständigkeit freigeben (→ Afrikan. Christentum). Die protestant. Mission des 19. Jh.s verband mit der Missionierung (c) die europ. Sendungsideen des bürgerlichen Ch., wie den religiösen Sinn der Arbeit, den Gehorsam, die rassische Ungleichheit und das Verbot von Heilungsritualen (→ »Magie«) zugunsten der allopath. Medizin. Mission in diesem Sinne ist nicht notwendiger Bestandteil des Ch.; es gibt viele Epochen der Ch.-Geschichte ohne Mission. Die moderne Missionsgeschichte ist wesentlich eine Sendung europ. Religion als Herrschaftsreligion. Eine Vereinnahmung aller Einwohner auf dem Wege eines Verwaltungsakts – wie in der Antike seit Konstantin im 4./5. Jh. – vermieden die Kolonialherren jedoch, weil mit der Annahme des Ch. die Einräumung von Menschenrechten verbunden ist. Die Afrikanisierung des Ch. als postkoloniale Religion ist ein typisches Beispiel für die Aneignung/Anverwandlung und Relokalisierung des Ch. wie zuvor in der → Europ. Religionsgeschichte; → Universalisierung.

III. Epochen und lokale Religion. (1) Das antike Ch. fügt sich ein in die kultische und religiöse »Sprache« der Epoche. Als jüd. Reformbewegung in Judäa mit eher kritischer Einstellung gegenüber der (röm.) Herrschaft entstanden, passt es sich in der Diaspora als Minderheit ein. Während im Gottesdienst die Gleichheit aller betont wird, bleibt außerhalb des Kults das antike Sozialsystem der Klassen und Geschlechter (inkl. Sklaverei) unangetastet. Da Religion unter den städtischen Lebensbedingungen unvermeidbar ist, entwickeln sich Regeln der Teilnahme (wie die Aussagen zum »Götzenopferfleisch« 1 Kor 10,14–32), vergleichbar der flexiblen jüd. → Halacha in der Diaspora. Von der röm. Herrschaft früh der Verschwörung bezichtigt, wurden Christen örtlich und zeitlich begrenzt zum Tod verurteilt, erst unter Diokletian (um 300) kam es aber zu einer systemat. Christenverfolgung. Sozial ist die Gemeinde der Kern und autonom: eine Gemeinschaft der Frommen mit ethisch-religiösen Normen, organisiert als Verein mit einem Eintrittsritual (Taufe), jedoch geringen Lebensführungsgeboten im Unterschied zu manchen rigorosen Formen des Judentums (→ Halacha; Kaschrut). Die Abgrenzung zum Judentum (→ Antijudaismus) wird zum zentralen Problem der Lehre. Die Gemeinden sind lokal organisiert; ein Netz von Gemeinden entwickelt sich durch erzwungene Migration, finanzielle Unterstützung und wandernde Charisma-Träger. Eine eigene, allmählich professionalisierte Priesterschaft mit überörtlicher Kontrollgewalt (Monepiskopat; monarch. Bischof) entwickelt sich erst im 3. Jh., unterschiedlich in den drei großen Regionen Asia, Occidens und dem lat. sprechenden Africa. Seit Konstantin (312–337) wird die Kirche zu einer Reichskirche (ecclesia catholica) und gegen die regionalen Kirchen in das Herrschaftsgefüge des Imperiums eingegliedert. Als röm. Reichsreligion wird das Ch. völlig verändert (Rechtsform, Priesterelite, staatliche Aufgaben der Friedenswahrung). Gegenüber dem Leitbild der ursprünglichen Reform-Gemeinschaft der Heiligen mit Gemeinschaftsbesitz, das Heil zu leben, entwickelt sich ein neues Ideal: die Vorstellung, dass das Heil von außergewöhnlichen göttlichen Menschen (theĩos anḗr) geschaffen und von den gewöhnlichen Menschen »geholt« wird. Nach der Verfolgungszeit im 4. Jh. entwickelt sich eine neue religiöse Elite: das Mönchtum. Die Christen, die jetzt massenweise in den Städten wohnen, bringen den sich freiwillig marternden Asketen den Lebensunterhalt und holen sich das Heil.

(2) Im Osten bleibt das Ch. auch im Mittelalter dem Modell der Herrschaftskirche nahe, und der Unterschied zum lat. Ch. vertieft sich. Den Anspruch des Papsttums auf die beherrschende Stellung über den anderen Patriarchaten lehnen die Ostkirchen (→ Orthodoxes Ch.) ab. Die gegenseitige Verurteilung 1054 als Schismatiker (von griech. → schísma = Spaltung) bleibt bis in die Gegenwart bestehen. Im lat. Ch. wird der Unterschied zwischen den Laien und den Heilsproduzenten zur Kluft; Heilsgaranten neben den Mönchen sind die → Heiligen. Hier entsteht unterhalb der Ebene des Monotheismus ein sekundärer Polytheismus auf lokaler Ebene. Durch Patronatsverhältnisse sorgen die (toten) Heiligen für die Laien, werden insbes. im Jüngsten Gericht für sie eintreten und erhalten dafür erhebliche Anteile am Mehrwert in Form von Stiftungen und Gaben oder werden auch in negativer → Reziprozität bestraft. Ökonomie und Heilsökonomie sind zueinander komplementär. Zwischen die Heilsträger und die Heilsempfänger schiebt sich als Vermittler eine eigene Gruppe von Funktionären, der → Klerus. Viele von ihnen sind nicht der hl. Gemeinschaft der Mönche zugeordnet, behaupten aber, dass sie notwendig seien für die alltäglichen Heilsmittel wie Sündenvergebung und für die sieben Sakramente Taufe, Firmung, Hochzeit, Letzte Ölung, Beichte und Abendmahl sowie Ordination. Solange der Klerus aus dem Ort kommt bzw. die kirchliche mit der weltlichen Elite durch Verwandtschaft verbunden ist, bleibt eine Verbindlichkeit trotz der Differenz zwischen Laien und Klerus. Während aber im 11. Jh. die Päpstliche Revolution (libertas ecclesiae = Autonomie der Kirche, Gregor VII.) Laien und Klerus weiter entfremdet, ziehen viele Laien im 12. Jh. dem passiven Empfangen der Heilsmittel von den Klerikern die aktive Nachahmung des Lebens Jesu und seiner Jünger vor (vita apostolica). Einige der Gruppen werden zu Feinden des Ch. und zu Ketzern erklärt (→ Katharer; Waldenser; → Inquisition), andere unter päpstliche Aufsicht gestellt, wie die Franziskaner. Im Spätmittelalter, verstärkt durch die Pestepidemien um 1350, wendet sich die Angst vor dem Verlust des Heils gegen die »Feinde« des Ch., gegen Juden, Leprakranke, Hexen.

(3) Zeitalter der Konfessionalisierung und Aufklärung. Die → Reformation findet als theolog. Prinzip die normative Zentrierung auf die Bibel, die in übersetzter Form die Laien kompetent macht zur Ausübung der Religion. Sie werden aber weder durch die Sakramente noch durch hl. Leben des Heils versichert, sondern das Heil sei allein Gottes Gnade überlassen und kann von den Christen nicht selbst erworben werden, auch nicht durch Mittler wie die Heiligen, sondern allein durch Christus. Die kath. Gegenbewegung führt zu einem scharfem Gegensatz zwischen den Konfessionen: Auf der einen Seite steht der barocke Katholizismus mit seiner Marienfrömmigkeit, Sakramentalität und dem Neubau der Kirchen und Klöster; auf der anderen Seite betont der Protestantismus, wiederum in mehrere Konfessionen geteilt (Lutheraner; Reformierte; Calvinisten; Anglikan. Kirche; Täufer), die Bildung, beseitigt das Klosterwesen und säkularisiert den Klosterbesitz. In Verbindung mit den jeweiligen Regierungen

bekriegen sich die Konfessionen, v.a. im Dreißigjährigen Krieg 1618–48. An dessen Ende stehen die Vereinbarungen des Westfäl. Friedens, die die Konfliktzonen und Probleme regulieren und die Religionsgeographie Europas bis zur konfessionellen Mischung durch die Flüchtlingsströme aus den Weltkriegen des 20. Jh.s festlegen. Daneben bildet sich ein neuer Begriff von Religion heraus, der nicht die Absolutheit, sondern die Relativität der Konfessionen spiegelt. Religion soll die bestehende Regierung stabilisieren; sie bildet aber ethische Prinzipien, die die bestehenden Herrschaften gleichzeitig infrage stellen. Die Differenz zwischen Religion als → Tradition und Theologie als Norm wird immer schärfer.

(4) Säkularisierung und Romantik. Die Suche nach einer vernunftgemäßen, den Sinn der republikan. Ordnung stabilisierenden Religion intensiviert sich in der Franz. Revolution 1789–1815. Viele Weltgeistliche (abbés) gehören zu den treibenden Kräften der Revolution. Die traditionelle Religion dagegen wird in ihren Fundamenten dadurch infrage gestellt, dass die Revolutionäre ihre wirtschaftlichen Grundlagen, den Kirchenbesitz, dem Staat unterstellen. Diese → Säkularisation wird von den Verlierern, der kath. Kirche, als Angriff auf die Religion selbst gewertet, als → Säkularisierung. Aber auch kath. Monarchien verstaatlichten den Kirchenbesitz; denn die Schatzbildung und das Verbot des Verkaufs verhinderten bis dahin die wirtschaftliche Entwicklung. Mit der so ermöglichten Industriellen Revolution verändern andere Faktoren die traditionelle Religion: Binnenmigration/Urbanisierung, Entstehung neuer Sozialschichten und sozialer Differenzen, Aufhebung des Kirchzwangs. Konkurrierende Sinnstifter wie Kunst, Bildung, Geschichte, Naturwissenschaft oder Nationalismus emanzipieren sich von der Kontrolle der traditionellen Religion, bilden teils ihre eigene Interpretation des Ch. aus, teils profitieren sie von der Kritik an den Kirchen. Umgekehrt organisieren sich die Kirchen als Institutionen mit eigenen Interessen im Staatsmonopol.

IV. Gemeinschaftsformen. Zwei Idealtypen stehen sich im Ch. gegenüber: (a) die hl. Gemeinschaft, die sich nach ethischen Normen ihre Lebensführung festlegt; (b) die hierarch. Bischofskirche, die die Priester kraft Tradition (»Weitergabe«) autorisiert zum Austeilen der heilsnotwendigen und -wirksamen Sakramente. Diese bildet eine flächendeckende Organisation mit je einem Vertreter für ein Amt und Unteramt für jede Region/Subregion, das Bistum mit den Pfarreien (Lehnwort von lat./griech. parochia/paroikía = Siedlungseinheit). Vorbild ist das Imperium Romanum mit seinen Diözesen (Verwaltungseinheiten). Die Bischofskirche bildet zwar eine organisator. Einheit scheinbar mit einem Monarchen an der Spitze, histor. aber sind Konzilien, später das Kardinalskollegium, das den Papst hervorbringt, sowie das schriftlich festgelegte Recht Vorläufer staatlicher Kontrollorgane. Diese flächendeckende Organisation versteht sich als die einzige und allumfassende → Kirche. Andere Gemeinschaften werden als illegitim und als → Sekten auch inhaltlich als partikularist. betrachtet. Anders dagegen verstehen die reformierten Kirchen die einzelne Gemeinde je als Kirche (so v.a. in den USA), Mitglied wird man nicht durch Geburt an einem Ort, sondern durch einen willentlichen Akt. Alle Gläubigen sind einander Priester, jeder kann ein → Amt ausüben, der theolog. Spezialist steht neben dem, der ein ökonom. oder ein heilendes Amt versieht. Eine eigene Form stellt das → Mönchtum dar: die lebenslange rigorose Lebensform des ausschließlich religiösen Lebens.

V. Glauben und religiöses Leben. Auch hier sind die Differenzen zwischen den Ch. oft erheblicher als die Unterschiede zu den anderen religiösen Traditionen in der gleichen lokalen Religion. Als christl. Gemeinsamkeiten werden geltend gemacht: (a) Die Bibel als hl. Schrift. Hier steht aber das Schriftprinzip der Reformation gegen die Lesung der Bibel in einer fremden liturg. Sprache, etwa dem Lat. (b) In der namengebenden Christologie sind zwei sehr unterschiedliche Typen religiösen Verhaltens zu erkennen: Jesus als Vorbild im Leben für eine hl. Gemeinschaft auch im → Alltag oder Christus als Erlöser, dessen Heil im Sterben zu erlangen entscheidend ist. (c) Die Betonung des Glaubens im Protestantismus individualisiert das Ch., während es vielfach noch die Rolle einer Staatsreligion spielt. Das Glaubensbekenntnis ist eher eine Minimalformel, die die Zugehörigkeit als Sprechakt bekräftigt, denn ein Bekenntnis des Glaubens. Die Verschiedenheit und Pluralität kann hier nur angedeutet werden; eine beschreibende Religionswissenschaft muss aber die Differenzen gegenüber der Utopie der Einheit deutlich machen. CA

Lit.: A. Harnack, Mission u. Ausbreitung des Ch. in den ersten vier Jh.en, 1904, ^{4}1924. – A. Deissmann, Licht vom Osten, 1908, ^{4}1923. – H. J. Klauck, Herrenmahl u. hellenist. Kult, 1982. – R. Stark/R. Finke, The Churching of America, 1992. – K. Nowak, Geschichte des Ch. in Deutschland: Religion, Politik u. Gesellschaft vom Ende der Aufklärung bis zur Mitte des 20. Jh.s, 1995. – H. J. Klauck, Die religiöse Umwelt des Urchristentums, 2 Bde., 1995, 1996. – P. Brown, Divergent Christianities, 1995 (dt. Die Entstehung des christl. Europa, 1996). – W.-D. Hauschild, Lehrbuch der Kirchen- u. Dogmengeschichte, 2 Bde., 1995–99. – R. Stark, Der Aufstieg des Ch., 1997 (engl. 1996). – C. Markschies, Zwischen den Welten wandern, 1997. – K. von Greyerz, Religion u. Kultur: Europa 1500–1800, 2000. – D. Chidester, Christianity. A Global Perspective, 2003.

Christian Science → Christliche Wissenschaft.

Christliche Wissenschaft (First Church of Christ, Scientist; Christian Science), Ende des 19. Jh.s von der Amerikanerin Mary Baker Eddy (1821–1910) begründete Kirche, die v. a. auf einer christl. Deutung und Ausübung der Heilpraxis basiert. Die Ch. W. gliedert sich insgesamt in etwa 3000 Zweigkirchen, die jeweils aus mindestens 16 Mitgliedern und einem Ausüber (Heiler) bestehen. Im dt.-sprachigen Raum sind es etwa 140 Ausüber und etwa 130 Zweigkirchen. HK

Christologie. Den Schock, dass → Jesus hingerichtet wurde, bevor das von ihm gepredigte Reformprojekt einer Brüderlichkeitsethik vollendet war (Messias bereitet das → Gottesreich vor), beantworteten seine Mitarbeiter teils durch Fortsetzung der Reform (Gruppenmessianismus; → Jünger), teils aber durch die Ch. Demnach sind nicht Predigt und Taten des jüd. Reformers bedeutsam, sondern von seinem Tod und seiner → Auferstehung her wird sein Leben rekonstruiert als das eines von Gott beauftragten → Sohnes Gottes. Aus dem Titel christós als griech. Übersetzung des hebr. → Messias (mašī^{a}ḥ = Gesalbter) wird ein Eigenname. Die Evangelien erzählen Ereignisse, an denen die Gottheit Jesu schon zu Lebzeiten erkennbar geworden sei: Taufe (Mk 1), Verklärung (Mk 9,2–10 »Metamorphose«), schließlich sogar die göttliche Zeugung und Geburt (Lk 1–2) und die Existenz des Christus als Wort/Logos Gottes vor der Schöpfung, der sich zum Menschen erniedrigt, um durch die Kreuzigung wieder zum himmlischen König erhöht zu werden (Joh 1; → Inkarnation, Präexistenz). Hier trennen sich Denkmöglichkeiten des Judentums und des Christentums. Das Paradox, dass ein Mensch gleich Gott sein könne, wird in komplizierten Konstruktionen – gegen die Alternativen, dass Jesus von Gott adoptiert wurde oder dass Gott nur scheinbar menschliche Gestalt annahm (Doketismus) – aus der antiken Philosophie, bes. dem Neuplatonismus, formuliert: DH 125f.; 300–03. Die biblische Erzählung vom Leiden steht im krassen Gegensatz zum philosoph. Grundsatz, dass ein Gott nicht leiden könne (apátheia). Aus der (jüd.) Reformbewegung ist eine passive → Erlösungsreligion geworden, das → Christentum. CA

Lit.: F. Hahn, Christolog. Hoheitstitel, 1963, ^{5}1995. – Art. »Ch.«, TRE 16, 1987, 670–772; 17, 1988, 1–84. – G. Theißen, Die Religion der ersten Christen, 2000.

Christus → Christologie, → Jesus von Nazareth, → Messias.

Chthonisch (von griech. chthṓn = Erde), antiker Begriff für Kultformen, die an Erdgruben vollzogen werden, oft, aber nicht ausschließlich für Tote und Götter der Unterwelt. Der Gegensatz zum olymp. Kult auf dem erhöhten Altar ist nicht so scharf, wie ihn die Religionswissenschaft im Gefolge der → Animismus-Theorie sehen wollte. CA

Lit.: R. Schlesier, Kulte, Mythen u. Gelehrte, 1994, 21–32. – S. Scullion, Olympian and Chthonian, in: Classical Antiquity 13 (1994), 75–119; Zs. für Papyrologie und Epigraphik 132 (2000), 163–71. – R. Hägg/B. Alroth (Hg.), Greek Sacrificial Ritual, Olympian and Chthonian, 2005.

Cinvat-Brücke, im → Zoroastrismus Ort der Prüfung im Jenseitsgericht. → Daēnā leitet über sie die Rechtschaffenen ins Paradies. Die Anhänger der → Druj dagegen stürzen von der C.-B., weil sie sich vor ihnen verengt, in die Hölle. Das Bild wurde im Islam und (selten) im Christentum übernommen. MH

Civil Religion → Zivilreligion.

Commitment, engl. Begriff für »verpflichtende Bindung«. VK

Communitas (lat. Gemeinschaft, Gemeinsinn), von V. → Turner in seiner Ritualtheorie verwendeter Begriff, der sich auf die soziale und gesellschafts- bzw. gemeinschaftsverbindende Komponente und Funktion von → Ritualen bezieht. → Gemeinschaften, religiöse. AM

Lit.: P. J. Bräunlein, V. W. Turner, in: A. Michaels (Hg.), Klassiker der Religionswissenschaft, 1997, 324–42, 405–09.

Comte, Auguste (1798–1857), franz. Privatgelehrter und Schriftsteller (Philosophie, Mathematik, Technik). Für C. waren religiöse Glaubensvorstellungen nur Annäherungen an die soziolog. Wahrheit. Die Religion ist in C.s *Cours de philosophie positive* ein überholtes Stadium der geistigen Evolution der Menschheit. Drei Stadien müsse der menschliche Geist durchlaufen: (a) Er erklärt sich die Erscheinungen, indem er sie Wesen oder Kräften zuschreibt, die den Menschen selbst vergleichbar sind (»theolog.« Phase, »Kindheit«); (b) er beruft sich auf abstrakte Wesenheiten wie die Natur (»metaphys.«, »abstrakte« Phase, noch religiös bestimmt, aber verfeinerte Theologie); (c) er beschränkt sich auf die Beobachtung der Erscheinungen und ihrer Beziehungen. Mit der Erkenntnis der Grundlagen ihrer Natur – »penser, aimer, agir« (denken, lieben, handeln) – betritt die Menschheit schließlich das dritte, positive Stadium. Diese Gedanken finden Ausdruck in der Verkündigung einer »Religion de l'Humanité« (Religion der Menschheit) 1847, deren Anhänger C. fast wie einen Hl. verehren. HK

W.: Cours des philosophie positive, 6 Bde., 1830–42. – Catéchisme positiviste, 1852.

Connubium → Konnubium.

Constant de Rebecque, Benjamin (1767–1830), Mitglied in Napoleons Tribunat. Nach seiner Enthebung (1802) verfasste er als Privatgelehrter die freiheitstheoret. Schrift *De L'Esprit de Conquête et de l'Usurpation* (1813), den Roman *Adolphe* und das fünfbändige religionsgesch. Werk *De la Religion* (1824–34). MB

Conversos → Marranen.

Corpus Hermeticum → Hermetik.

Creationism → Kreationismus.

Creuzer, Georg Friedrich (1771–1858), dt. Religionswissenschaftler, ein Kopf der Romantik; seit 1804 Professor in Heidelberg. Seine *Symbolik und Mythologie der alten Völker, bes. der Griechen* (6 Bde.) ^{2}1836–43 ist ein Programmbuch des → Paganismus. CA

Lit.: R. Schlesier, Kulte, Mythen u. Gelehrte, 1994.

Cuna → Kuna.

D

Dämon/Dämonismus (von griech. daímōn, lat. daemon), bei → Platon zunächst Wesen »zwischen einem Gott und einem Sterblichen«, dann religiöse Metapher für den transzendenten Seelenanteil, der dem Menschen vom Göttlichen als »Schutzgeist« verliehen worden sei. An der negativ-dualist. Umwertung hatte v. a. die Apologetik der Kirchenväter seit Tertullian (um 160 – nach 220) Anteil. In der → Europ. Religionsgeschichte ist eine Dämonologie, die individuelle Schicksalsschläge als Eingriffe von bösen D. interpretiert, über das Mittelalter (z. B. H. Bosch, ca. 1450–1516) hinaus im Volksglauben lebendig geblieben und von Neureligiösen Bewegungen z. T. auch in radikaler Umkehrung (z. B. → Satanismus) rezipiert worden. → Zwischenwesen. GA

Daēnā (avest. = rechte Anschauung), allgemeiner Begriff für → Religion im → Zoroastrismus. Die individuelle D. leitet als Gewissen (»Seele«, → Urvan) den Menschen zur Wahl des Guten und führt ihn entsprechend seiner Lebensweise in Gestalt einer Jungfrau der guten Taten über die → Cinvat-Brücke ins Paradies. Es gibt eine Weiterentwicklung dieser Vorstellung im Islam. MH

Lit.: F.-T. Lankarany, D. im Avesta, 1985. – W. Sundermann, Die Jungfrau der guten Taten, in: P. Gignoux (Hg.), Recurrent Patterns in Iranian Religions, 1992, 159–73.

Dagan, nordsyr., mit dem Gewitterregen verbundener Gott, seit der Mitte des 3. Jt.s v. Chr. überregional verehrt. Eine gewisse Konkurrenz zu → Hadad führt zur sekundären Akzentuierung des D. als Fruchtbarkeits- und Getreidegott; als solchen kennt ihn das AT als Hauptgott der Philister. MH

Lit.: G. Pettinato/H. Waetzold, D. in Ebla u. Mesopotamien nach den Texten aus dem 3. Jt., in: Orientalia 54 (1985), 234–56. – I. Singer, Towards the Image of Dagon the God of the Philistines, in: Syria 69 (1992), 431–50. – D. E. Fleming, Baal and D. in Ancient Syria, in: Zs. für Assyriologie 83 (1993), 88–98. – B. L. Crowell, The Development of D., in: Journal of Ancient Near Eastern Religions 1 (2001), 32–83.

Dahlke, Paul (1865–1928), dt. Arzt, Homöopath und Publizist; gründete 1924 in Berlin-Frohnau das Buddh. Haus. → Neobuddhismus. JBE

Lit.: H. Hecker, Lebensbilder dt. Buddhisten, 2 Bde., 1990–92.

Dakhma (avest. daxma), unpräzise als »Turm des Schweigens« bezeichnet. Der Typ des runden und hohen, nach oben hin offenen Bauwerks ist in frühislam. Zeit aufgekommen und dient der typischen zoroastr. Bestattungsform der Leichenaussetzung (→ Zoroastrismus). Die Praxis stammt bereits aus frühzoroastr. Zeit; daneben gab es zunächst auch die Bestattung in Felsgräbern oder die sekundäre Beisetzung der Knochen. Seit spätsasanid. Zeit (6./7. Jh.) wird die Aussetzung zur einzig zulässigen Form, um die Verunreinigung der hl. Elemente Wasser, Erde und Feuer durch die Leiche (→ Nasu) zu vermeiden (→ Unreinheit). Die seit islam. Zeit bezeugten d. verhindern die Leichenschändung. Die → Parsen haben diese Praxis auch nach Indien transferiert, wo sie bis heute gepflegt wird, während die Iranis Ende der 1960er Jahre zur Erdbestattung übergegangen sind – eine Praxis, die auch in der Diaspora (neben Krematorien) gepflegt wird. MH

Lit.: L. Trümpelmann, Zwischen Persepolis u. Firuzabad, 1992. – M. Hutter, Leichenaussetzung u. Erdbestattung, in: H. G. Kippenberg/B. Luchesi (Hg.), Lokale Religionsgeschichte, 1995, 73–83.

Dakshinā (von sanskr. dakṣiṇā = rechts, Süden), → Gabe für hinduist. Priester. AM

Dalai Lama (von mongol. dalai = Meer und tibet. bla-ma [→ Lama] = Meeres-Lama), im Jahre 1578 vom Altan Khan der Tümed-Mongolen verliehener Ehrentitel an den 3. → Gyäwa Rinpoche (rGyal-ba-rin-po-che) bSod-nams-rgyamtsho (1543–88), das geistliche Oberhaupt der → Gelugpa. Entgegen der gängigen Annahme, der Titel bedeute »Lama, dessen Weisheit so groß wie das Meer ist«, ist der Ehrentitel dalai wohl auf den alten, schon im 13. Jh. auf den Siegeln mongol. Khane belegten Titel dalai-yin qan (= Meeres-Khan), zurückzuführen. Zur Zeit seiner Verleihung ein reiner Ehrentitel ohne polit. Implikationen, war er im ausgehenden 16. und 17. Jh. einem Wandlungs- und Entwicklungsprozess unterworfen, der erst unter dem 5. D. L. abgeschlossen wurde. Erst diesem gelang es mithilfe mongol. Truppen, sich nicht nur die religiöse, sondern auch die polit. Vormachtstellung in Tibet zu sichern. Das Amt des D. L. als geistlicher und weltlicher Herrscher stellt daher eine Entwicklung des 17. Jh.s dar. Die religiöse und polit. Autorität des D. L. wird von allen religiösen Traditionen Tibets anerkannt. In Tibet ist anstelle des Titels D. L. die Ehrenbezeichnung Gyäwa Rinpoche gebräuchlich. Der D. L. gilt nicht nur als → tulku seines Vorgängers, sondern auch als Emanation des → Bodhisattvas → Avalokiteshvara. KKP

Lit.: G. Schulemann, Geschichte der D. L., 1958.

Dalit (marāthī = unterdrückt), aus den 20er und 30er Jahren des 20. Jh.s stammende militante Selbstbezeichnung der sog. unberührbaren Kasten in Indien (→ Ambedkar). Unter diesem Sammelbegriff werden heute verschiedene Protestbewegungen gegen Kastensystem, Ausbeutung und Unterdrückung zusammengefasst, v. a. die in den 60er Jahren entstandene D.-Literatur, die 1972 gegründete militante D.-Panther-Bewegung und die seit den 80er Jahren verkündete christl. D.-Theologie. → Neobuddhismus. JBE

Lit.: A. Dangle (Hg.), Poisoned Bread, Translations from Modern Marathi D. Literature, 1992. – Evang. Missionswerk in Deutschland (Hg.), Gerechtigkeit für die Unberührbaren, Beiträge zur indischen D.-Theologie, 1995. – G. Omvedt, D. Visions, 1995.

Dāna (sanskr. = → Gabe, Geschenk), rituelle Gaben an → Brahmanen, bes. Geld und Früchte, aber auch Land oder Kühe. AM

Dandī (von sanskr. daṇḍin = Stockträger), Gruppe shivait. Asketen. → Askese, → Dashanāmī. AM

Danielbuch, apokalypt. Buch des hebr.-aramäischen Kanons, dessen Verfasser sich als Zeitgenosse Nebukadnezars (604–562 v. Chr.) ausgibt, in Wahrheit jedoch unter dem Eindruck der → Makkabäeraufstände und der allgemeinen Erwartung eines Zeitenumschwungs schreibt. Um 164 v. Chr. abgeschlossen, stellt das D. das jüngste Werk der Hebr. Bibel dar. In → Qumran existierten sieben Exemplare des Buches, dessen Wirkungsgeschichte beachtlich ist. V. a. die Einteilung der Geschichte in vier (durchaus verschieden zugeordnete) Weltreiche wurde für die jüd. Heilsgeschichte, aber auch die christl. Interpretation zu einem zentralen Topos. → Altes Testament, → Apokryphen, → Tradition. KVS

Lit.: J. J. Collins, Daniel with an Introduction to Apocalyptic Literature, 1984. – K. Koch, Gesammelte Aufsätze, Bd. 2, 1995.

Dao (chin. wörtlich = Pfad, Weg), Schlüsselbegriff der → chin. Religionen. Im → Konfuzianismus bezeichnet d. v. a. die dem Kosmos inhärente (zivilisator.) Gesetzmäßigkeit, nach der der Mensch korrekt handeln soll, um Kultur zu schaffen und zu bewahren. Im → Daoismus wird d. als das hinter allen phänomenalen Erscheinungen stehende und wirkende natürliche (ziran), nicht vom Menschen geschaffene und gesteuerte »Prinzip«, als der Ursprung allen Seins gefasst und ist einer der Kernbegriffe der → Mystik. Im chin. Buddhismus wiederum wurde d. bisweilen mit der Lehre (sanskr. → dharma), dem praktisch-ethischen Weg (sanskr. mārga, → Achtgliedriger Weg) oder der Erleuchtung (→ bodhi) gleichgesetzt. MD

Lit.: M. Granet, Das chin. Denken. Inhalt – Form – Charakter, 1985, 227–56. – A. Hsia (Hg.), Tao, Rezeption in Ost u. West, 1994.

Daode-jing (chin. = »Klassiker des Weges und der Wirkkraft«). Das D. ist – neben dem → Zhuangzi – der klassische Text des → Daoismus; es wird dem → Laozi zugeschrieben und wurde wohl um 300 v. Chr. kompiliert. Die antithet. und parallelist. komponierten Sinnsprüche des D. befassen sich mit daoist.-philosoph. Themen (→ dao), aber auch mit solchen des richtigen Verhaltens (de auch = Tugend), die die Frage nach dem rechten Verhalten eines Herrschers (→ wuwei) zu beantworten suchen, aber in der Folge auch in zahlreichen Kommentaren mystische Interpretationen erfuhren. → Chin. Religionen. MD

Lit.: H.-G. Möller (Hg.), Lao-tse, Tao Te King, 1995 (Ü). – L. Kohn/M. LaFargue (Hg.), Lao-tzu and the Tao-te-ching, 1998.

Daoismus. Auf → Laozi zurückgeführte »inoffizielle Hochreligion Chinas« (Seidel), die sich – inhaltlich und histor. – in zwei große Strömungen einteilen lässt, die nicht immer stringent voneinander zu trennen sind: (a) der philosoph.-individualist. D. (daojia) der klassischen Zeit, der mit Laozi und → Zhuangzi verbunden ist und auch durch die gebildete Oberschicht gepflegt wurde; (b) der »religiös-rituelle« D., der um den Kult des Himmelsmeisters (tianshi) ein großes → Pantheon daoist. Gottheiten, oftmals vergöttlichter Persönlichkeiten, schafft. Dieser Aufteilung entsprechen ungefähr – wiederum mit Überschneidungen – die Schulen des monast.-spirituellen, buddh. beeinflussten Quanzhen-D. (»Vollkommene Wahrheit«, ab ca. 1160) und des rituell-kultischen Zhengyi-D. (»Wahre Einheit«), deren Priesterwürde (dao-shi) vererbbar ist; die z. T. umfangreichen Riten (Verehrungskulte, → Divination, Exorzismus) werden von Priestern durchgeführt. Die individuell-religiösen Hauptthemen des D. sind Praktiken zur Lebensverlängerung bis hin zum Ideal der → Unsterblichkeit, → Mystik und → Meditation um das → dao. → Chin. Religionen. MD

Lit.: A. Seidel/H. H. Welch (Hg.), Facets of Taoism, 1979. – M. Kaltenmark, Lao-tzu und der Taoismus, 1981. – J. E. C. Blofeld, Der Taoismus oder die Suche nach Unsterblichkeit, 1986, [5]1995. – J. Lagerwey, Taoist Ritual in Chinese Society and History, 1987. – A. Seidel, Taoismus, die inoffizielle Hochreligion Chinas, 1990. – J. Lagerwey, Der Kontinent der Geister. China im Spiegel des Taoismus – Eine Reise nach Innen, 1991. – K. Dean, Taoist Ritual and Popular Cults of Southeast China, 1993. – I. Robinet, Geschichte des Taoismus, 1995. – J. F. Pas/M. K. Leung, Historical Dictionary of Taoism, 1998. – L. Kohn (Hg.), Daoism Handbook, 2000.

Dār (al-ḥarb/al-islām/aṣ-ṣulḥ), arab. Bezeichnungen im islam. Recht für den jurist. Status eines Territoriums. (1) D. al-ḥarb (arab. = Gebiet des Krieges) bezeichnete das Territorium, das sich einer vertraglichen Regelung mit islam. Herrschaften widersetzte oder dessen Herrscher sich weigerten, der islam. Gemeinschaft beizutreten. Dieser jurist. Status erlaubte muslim. Herrschern, militär. Gewalt anzuwenden, solange diese im Interesse der islam. Gemeinde ausgeübt wurde (→ ǧihād). (2) Als d. aṣ-ṣulḥ (arab. = Gebiet der Waffenruhe) wurden jene Territorien bezeichnet, die sich vertraglich einer islam. Herrschaft angeschlossen hatten, ohne ihr beizutreten. (3) Unter d. al-islām (arab. = Gebiet des Islam) wurden all die Territorien zusammengefasst, deren Herrschaften sich als Mitglieder der islam. → umma verstanden und in denen islam. Recht praktiziert wurde. Da aber durch Krieg auch »islam. Territorien« nichtislam. Herrschaft unterstellt wurden, reduzierten einige prominente islam. Juristen die Bedingung für die Zuordnung zur d. al-islām auf die Einhaltung wenigstens eines Teils des islam. Rechts. In neuerer und neuester Zeit wurde einerseits häufig nur noch ideolog. zwischen d. al-ḥarb und d. al-islām geschieden, wobei das Territorium der d. al-islām oft auf den Machtbereich einer sich als Vertreterin des »wahren Islam« verstehenden Gruppe (z. B. → Wahhābīya) beschränkt und der jurist. Gehalt des Konzepts aufgegeben wurde. Andererseits wurde das Konzept d. aṣ-ṣulḥ im Sinne eines neueren islam. Völkerrechts aufgewertet. Einige führende Vertreter muslim. Minderheitengemeinschaften in Europa definierten in jüngster Zeit den rechtlichen Status dieser islam. Minderheiten mit dem neuen Begriff d. aš-šahāda (= Territorium der Glaubensbezeugung). RS

Lit.: M. Khadduri, War and Peace in the Law of Islam, 1955.

Darshana (von sanskr. darśana = Anblick). (a) Gegenseitiges Anblicken von Gläubigem und Gottheit im hinduist. Gottesdienst (→ pūjā), (b) ein philosoph. System (→ indische Philosophie), (c) im → Buddhismus eine auf Vernunft gegründete Einsicht oder die meditative Vision eines → Bodhisattvas. → Gottesdienst. AM

Lit.: D. Eck, D.: Seeing the Divine Image in India, 1981, [2]1985.

Daruma, japan. Kurzname für eine häufige figürliche Darstellung des → Bodhidharma, des Gründers des Chan (→ Chanzong)-Buddhismus in China (japan. → Zen-Buddhismus). Sehr verbreitet und beliebt sind die rundlichen, überwiegend rot gestrichenen D.-Puppen aus Pappe, die insbes. zu Neujahr verkauft werden. Indem man an ein ganz bestimmtes Vorhaben denkt, malt man selbst das eine Auge der Puppe ein, und nachdem der ersehnte Erfolg (z. B. eine gewonnene Wahl) eingetreten ist, malt man feierlich das zweite Auge ein. Meist werden die D. zu Jahresende an die Schreine und Tempel zurückgebracht, um dort feierlich verbrannt und damit korrekt entsorgt zu werden. MP

Darwīš (persisch = Bettler, arab. auch faqīr, maghreb.-arab. (i)ḫwān = Armer), Bezeichnung sowohl für einen einzelnen islam. Mendikanten (Bettler) im Umfeld mystischer Kulturen (→ taṣawwuf) als auch für den Angehörigen einer islam. mystischen Bruderschaft (→ ṭarīqa). RS

Dashanāmī (sanskr. daśanāmī = zehn Namen), Name des wichtigsten shivait. Mönchsordens. Mitglieder nennen den Philosophen und Heiligen → Shankara als Ordensgründer. Der Orden ist in zehn Hauptzweige sowie in shastradhāri (Träger von hl. → Wissen) und astradhāri (Träger von Waffen) unterteilt. Der militante Zweig (nāga) spielte im späten Mittelalter eine bedeutende Rolle für die polit., ökonom. und religiösen Entwicklung Nordindiens. → Askese. MAL

Lit.: J. D. Sarkar, The D., o. J.

Dastur, höchster gegenwärtiger Priestertitel (→ magi) im → Zoroastrismus, auch als Ehrenbezeichnung verwendet; bei → Parsen zugleich Titel des Hauptpriesters eines Ataš Bahrām (→ Feuertempel). MH

Datta, N. → Vivekānanda.

David (1. Hälfte des 10. Jh.s v. Chr.; biblische Berichte in 1 Sam 16 – 2 Kön 2), Sohn des Isai aus Bethlehem in Juda, tritt zunächst als Harfenspieler und Waffenträger König Sauls auf. Nach dem plötzlichen Tod Sauls wird er König von Juda und dann auch von Israel. Er erobert Jerusalem und macht es als Residenzstadt zum polit. und durch Überführung der Bundeslade auch zum religiösen Zentrum des Reiches, dessen Grenzen er durch Kriege beständig erweitert. Die Tradition berichtet außer von seinen Erfolgen auch von Ausschweifung, Grausamkeit und Hinterlist des Königs. D. gilt als der Schöpfer einer riesigen Zahl von Liedern und Psalmen, und die Funde aus → Qumran belegen, dass diese im Rahmen von Tempelkult und Liturgie schon früh eine große Rolle spielten. In der jüd. → Tradition wurde D. zum Inbegriff des torahgetreuen Königtums, was auch messian. Implikationen trug (david.-königlicher neben aaronid.-priesterlichem Messias). Christen sahen in Jesus den »Davidssohn« (Lk 2,4; Mt 21,9; 22, 42ff.). → Altes Testament, → Apokryphen. KVS

Lit.: T. Veijola, D. Gesammelte Studien zu den D.-Überlieferungen des AT, 1990. – S. A. Nitsche, König D., Gestalt im Umbruch, 1994.

Dawla (arab. = ursprünglich Wende vom Schlechten zum Guten, Glück, metaphor.: Amtsdauer). Im Kontext der islam. Geschichte verwies d. auf eine schiit. inspirierte eschatolog. »Wende« (→ šīʿa), deren Propagierung 747/50 zum Sturz der umayyad. Herrschaft und zur Errichtung des ʿabbāsid. Kalifats führte. Fortan bezeichnete d. zunächst die ʿabbāsid. Dynastie, dann allgemein eine Dynastie oder organisierte Herrschaft überhaupt. Mit der Ausbildung von

Territorialstaaten in der frühen Neuzeit wurde die Bezeichnung d. auf die Herrschaftsordnung in einem Land übertragen und diente so auch zur Bezeichnung von »Staat«. Ein »islam. Staat« (d. islāmīya) wurde somit begrifflich erst in der Neuzeit konzeptualisiert, während noch im Mittelalter mit denselben Wörtern eine »islam. Herrschaft« bezeichnet wurde. In der osman. Herrschaftstradition wurde d. oft in einen Zusammenhang mit → dīn (arab. = Religion) gebracht, die beide zu bewahren Aufgabe der osman. Herrscher war. Erst im 19. Jh. wurde der Islam von einigen islam. Richtungen polit. mit einer Gleichsetzung von dīn und d. charakterisiert (»Islam ist Religion und Staat«). RS

Lit.: T. Nagel, Staat und Glaubensgemeinschaft im Islam, Bde. 1–3, 1981.

Dayānand Sarasvatī (auch Mūl Shankar, 1824–83), Gründer der neohinduist. Reformorganisation → Ārya Samāj. Bereits im Laufe seiner traditionell-shivait. Ausbildung kamen dem Brahmanensohn aus Gujarāt Zweifel am Ritualismus seiner Religion. Nach jahrelangem Leben als Wandermönch entwickelte er in den 1860er Jahren seine Theorie vom Niedergang der Hindugesellschaft. Dieser sei durch den im Epos → Mahābhārata beschriebenen Bruderkrieg ausgelöst worden. Um wieder an das vermeintlich »goldene« vedische Zeitalter anzuknüpfen, propagierte er die Rückkehr zum → Veda als alleiniger Textgrundlage und die Reinigung von allen vermeintlichen Korruptionserscheinungen wie Bilderdienst, Wallfahrts- und Kastenwesen. Zur Durchsetzung seiner Vorstellung gründete D. S. 1875 den an christl.-missionar. Organisationsmustern orientierten Ārya Samāj. → Neohinduismus. HFT

Lit.: J. T. F. Jordens, Swami D. S. His Life and Causes, 1978. – K. W. Jones, Swami D. S.s Vision of the Past, Present and Future, in: G. R. Garg (Hg.), World Perspectives on Swami D. S., 1984, 276–84.

Dea Syria, die syrische → Göttin. Bereits in der zweiten Hälfte des 2. Jt.s v. Chr. setzt eine zunehmende Reduzierung der Individualität einzelner Göttinnen ein, die immer stärker zur syrischen Göttin schlechthin verschmelzen. Anat, Aširat und Aštart (Astarte) aus → Ugarit und individuelle Stadtgöttinnen der → Phönikier (Baalat, Tannit) oder → Aramäer unterliegen diesem Prozess. Seit dem 4. Jh. v. Chr. wird die D. S. als Atargatis bezeichnet (Münzinschriften aus Hierapolis), ihre Hauptfunktion reduziert sich auf Fruchtbarkeit. → Syrische Religionen. MH

Quellen: Lukianos, De dea Syria (Mitte 2. Jh. n. Chr.; Text in: Lucianus, Opera, hg. von M. D. McLeod, Bd. 3, 1980; dt. Ü. von C. M. Wieland).
Lit.: R. A. Oden, Studies in Lucian's De dea syria, 1977. – M. Hörig, D. S.: Studien zur religiösen Tradition der Fruchtbarkeitsgöttin in Vorderasien, 1979. – J. L. Lightfood, Lucian. On the Syrian Goddess, 2003.

Definitionen der Religion → Religion, Definitionen der.

Deifizierung, Prozess der Vergöttlichung singulärer mytholog. Gestalten (z. B. Herakles) oder polit. Amtsträger (z. B. Pharao, röm. Kaiser). → Apotheose. GA

Deismus (von lat. deus = → Gott), Religionsform der → Aufklärung und religionsphilosoph. Position, bes. in England und Nordamerika mit Wirkung auf Deutschland (17./18. Jh., T. → Hobbes, D. → Hume, J. → Locke). Der D. steht als vernünftige, »natürliche« Religion im Gegensatz zu den positiven, geschichtlichen (»offenbarten«) Religionen Judentum und bes. Christentum. In Deutschland wirkten → Lessings *Nathan der Weise* und die *Wolfenbütteler Fragmente* von H. S. Reimarus (1694–1768) u. a. daran mit, das Verständnis der Auferstehung Jesu als einem geschichtlichen Ereignis zu erschüttern. D. und kirchlicher Mainstream bildeten ein Beziehungspaar, das sich wechselseitig bedingte und veränderte. Was die eine Seite dogmat. affirmierte, die »histor.« Basis ihrer Ursprungsszenen, galt der anderen Seite als unvernünftig und gelegentlich als »Priesterbetrug«. Als vernünftig erschienen eher schlichte Sätze über Gott und sittliche Verpflichtungen der Menschen. Der mechanist. Zug der Zeit zeigte sich in metaphor. Konzeptionen wie »Gott als Uhrmacher« oder die »Welt als Uhr(werk)« (→ Deutungsmuster). Die Gott-Welt-Beziehung ist dabei als → Kausalität gedacht; ansonsten greift Gott in das (naturgesetzlich geregelte) Weltgeschehen nicht ein (deus otiosus), da dieses sinnvoll und gut eingerichtet ist. Hier zeigen sich teilweise Einflüsse der teleolog. (→ Gottesbeweise) argumentierenden Physikotheologie. Oft engagierten sich Deisten zugunsten polit.-revolutionärer und sozialreformer. Ideen. Red

Lit.: E. Troeltsch, Der D., in: GS 4, 1925, 429–87. – H. v. Reventlow, Bibelautorität und Geist der Moderne, 1980. – J. Jerusalem, Radical Enlightenment, 2001.

Dekadenz (franz. décadence; engl. decadence), Verfall. Der Begriff D. diente im 17. Jh. in Frankreich als geschmacksästhet. Urteil. Daraus leitete Montesquieu (1689–1755) in seiner Schrift *Considerations sur les causes de la grandeur des Romains et de leur décadence* (1734) die Phänomene des Verfalls oder Untergangs von ganzen → Kulturen ab. Der britische Historiker E. Gibbon (1737–94) folgte ihm darin in seiner *History of the Decline and Fall of the Roman Empire* (1776). In der literar. Moderne, zunächst seit der Mitte des 19. Jh.s in Frankreich (ausgehend von C. Baudelaire, 1821–67) und dann seit Beginn des 20. Jh.s in Deutschland (ausgehend von H. v. Hofmannsthal, 1874–1929, und T. Mann, 1875–1955), enthält D. die kulturphilosoph. und ästhet. Komponente des emphat.-gesteigerten Verfalls aller bürgerlichen Ambitionen und Werte. Die Kritik an und radikale Umdeutung von Religion, insbes. des Christentums, im Medium der Literatur tragen wirkungsmächtig zu einer Religionsgeschichte der → Moderne bei. Untergangsphänomene von Kulturen, die von J. Burckhardt (1818–97) über O. Spengler (1880–1936) bis zu A. Toynbee (1889–1975) als zivilisationsgeschichtliche Übergangsstufen diskutiert wurden, wurden zum Modell in der Religionswissenschaft. Da Religionen nicht untergehen, wohl aber sich in langsamer oder schneller Umformung wandeln, diskutierte ein religionsgesch. Kongress 1984 in Berlin Untergang und Verfall von Religionen als vielschichtige Angelegenheit der Periodisierung und Säkularisierung, Verdrängung und Wiederkehr von Religion. MB

Lit.: H. Zinser (Hg.), Der Untergang von Religionen, 1986.

Dekalog (von griech. dekálogos = zehn Worte), die »Zehn Gebote« der jüd.-christl. Tradition (Ex 20 und Dtn 5). (1) Bei der fiktionalen Szenerie handelt es sich um eine gesetzgeber. → Offenbarung der fundamentalen Gebote am Sinai bzw. »Gottesberg« an die Vermittlerfigur → Mose bzw. an die Israeliten. Diese Gebote regeln sowohl das Verhältnis des Menschen zu Gott als auch die Beziehungen der Menschen untereinander: Hierbei stellt sich JHWH zunächst als »eifersüchtiger« Gott Israels vor und verlangt alleinige Verehrung. Diese soll nicht einem Bild (einer Statue) gelten, v. a. aber sollen nicht wie in anderen Religionen bildliche Darstellungen des Göttlichen als Mann, Frau, Tier usw. verehrt werden. Auch der Gebrauch des Namens → JHWH wird unter göttlichen Schutz und Strafe gestellt, was im Judentum dazu führte, dass der Name Gottes, der in schriftlichen Texten als unterschiedlich lesbares Tetragramm JHWH dargestellt wird, nicht ausgesprochen werden darf. (2) Die direkten und indirekten Adressaten des D. (wie vieler Rechtstexte) sind die Hausväter (»Familienrecht«), denn die Hausgemeinschaft gilt offenbar als basale Einheit der Gesellschaft. Diese Gesellschaftsstruktur spiegelt sich auch in den Einzelbestimmungen, die das menschliche Zusammenleben regeln, wider: So sollen die Eltern geehrt werden, Mitglieder der Gemeinschaft sollen nicht ermordet, die Ehe nicht gebrochen, Personen und fremdes Eigentum nicht gestohlen, im Prozess (oder verwandten Situationen) keine falsche Aussage gemacht und das Haus bzw. das Eigentum eines anderen Hausvaters (v. a. Frau, Sklave/Sklavin und Vieh) nicht begehrt werden. Die Wochenordnung wird mit dem Ruhetag (→ Sabbat) etabliert. Die Konkretion der Gebote zeigt, dass sie elementare Schutzrechte in einer Gesellschaft selbständiger Bauern mit Viehbesitz und Sklaven sichern sollten. Red

Lit.: F. Crüsemann, Bewahrung der Freiheit. Das Thema des D. in sozialgeschichtlicher Perspektive, 1983. – F. Crüsemann, Die Tora, 1992.

Dekonstruktion/Dekonstruktivismus, eine dem Poststrukturalismus zugerechnete, v. a. mit den Texten J. Derridas (geb. 1930) verbundene (Kultur-)Theorie, die sich als grundsätzliche Kritik des (kartesian.) Subjekts und seines (»objektiven«) → Wissens versteht. Kritisiert und in diesem Sinne »dekonstruiert« werden alle hierarchisierenden binären Oppositionen des westlichen Denkens wie Subjekt/Objekt, Körper/Geist, Natur/Kultur, Rede/Schrift, Schein/Wirklichkeit. Deren vermeintliche metaphys. Absolutheit und Unhintergehbarkeit wird *de*struiert und es wird (als neue Bedeutung) gezeigt, wie und aufgrund welcher diskursiven bzw. semant. Strategien sie *kon*struiert worden sind. Die D. versteht sich als eine Art textimmanenter »Übersetzung«, deren Bedeutungsgebung wiederum die »Spuren« des dekonstruierten Textes bewahrt und verschiebt (différance). WR

Lit.: J. Derrida, Die Schrift und die Differenz, 1972 (franz. 1967). – J. Derrida, Grammatologie, 1974 (franz. 1967).

Dema-Gottheiten. Die Dema sind → Kulturheroen der Marindanim (Neuguinea); in Urzeiten lehrten sie die ersten Menschen wichtige Fertigkeiten, brachten ihnen das Feuer, und durch ihren Tod begannen die ersten Nutzpflanzen, v. a. Knollenfrüchte (Süßkartoffel, Yams), zu wachsen. Die Vorstellung, Nutzpflanzen seien durch den Tod bzw. die Tötung von Urzeitwesen entstanden, glaubte A. E. → Jensen bei Pflanzergesellschaften weltweit nachweisen zu können. Das Abschneiden und Setzen von Stecklingen legt die Idee nahe, dass ein Zerstückeln und Begraben von Urzeitwesen, d. h. deren Selbstopferung, am Anfang der Vegetation stand. Der Begriff D.-G. wie auch der Begriff → Hainuwele wurde von Jensen für diesen Vorstellungskomplex verallgemeinert. Dem gegenüber steht das Prometheus-Motiv des Diebstahls der ersten Körnerfrucht, das nach Jensen typisch für Getreidebauern sei. → Ackerbaukulturen. PJB

Lit.: A. E. Jensen, Das religiöse Weltbild einer frühen Kultur, 1948. – J. Baal, Dema. Description and Analysis of Marindanim Culture, 1966.

De Martino, Ernesto (1908–65), italien. Ethnologe und Religionswissenschaftler. Er überwand seine ursprüngliche Prägung durch den idealist. Historismus B. Croces (1866–1952) in seiner Öffnung hin zu außereurop. Kulturen und Religionen (*Il mondo magico*, 1948). Unter Einfluss der religionshistor. »Scuola di Roma« R. → Pettazzonis führte De M. seit Anfang der 1950er Jahre bahnbrechende und method. innovative Feldforschungen (Süditalien, Griechenland) durch, die die kultischen Traditionen der sich auflösenden mediterranen Agrargesellschaften dokumentierten (Trauerriten: *Morte e pianto rituale nel mondo antico*, 1958; Magie: *Sud e magia*, 1959; Trancekult des apul. Tarantismus: *La terra del rimorso*, 1961). De M. kann als einer der Väter der heutigen Europ. Ethnologie und → Kulturwissenschaft betrachtet werden. HM

Lit.: C. Gallini/M. Massenzio (Hg.), E. De M. nella cultura europea, 1997. – C. Gallini (Hg.), I viaggi nel Sud di E. De M., 1999 (Bildmaterial).

Demiurg (von griech. dēmiourgós = Handwerker), von → Platon im *Timaios* geprägte und von der Septuaginta, später über das NT und die Kirchenväter in die christl. Theologie übernommene Bezeichnung für den Schöpfergott. Nach altoriental. Vorstellung hat ein D. die jeweils vorfindliche Welt aus ungeordneter Materie (→ Chaos) geschaffen. In gnostischen Texten wird die gänzlich negativ bewertete Welt dagegen als unliebsames Produkt der Gegenschöpfung eines hybriden D. verstanden (→ Gnosis). GA

Demokratie (griech. dḗmokratía = Herrschaft des Volkes). Begriff und Sache wurden bereits in der Antike verhandelt, zum Legitimationsprinzip polit. → Herrschaft wurde D. jedoch erst in der europ. Neuzeit. Zunächst bezog sich der Begriff nur auf die Staatsform der Volksherrschaft. Während der Franz. Revolution setzte sich ein Bedeutungswandel durch, demzufolge als D. und demokrat. auch soziale und polit. Kräfte außerhalb staatlicher Herrschaft bezeichnet werden.

(1) Das Verhältnis von D. und Religion(sgemeinschaften) ist vielschichtig. Einerseits nahmen Demokratisierungsforderungen neben klassisch-antiken Vorstellungen über das Gemeinwesen auch christl. Gedankengut auf. Andererseits verhielten sich die christl. Kirchen gegenüber demokrat. Entwicklungen eher skeptisch oder gar explizit ablehnend – sowohl in Bezug auf polit. Herrschaft als auch auf die eigene Organisation. Die reformator. Doktrin vom Priestertum aller Gläubigen brach zwar mit dem mittelalterlichen → Hierarchie-Prinzip, aufgrund der Differenz zwischen geistlicher und polit. Sphäre wirkte die Gleichheitsidee jedoch kaum auf die polit. Entwicklung ein. Ein protestant. Einfluss auf demokrat. Bewegungen bestand von Seiten einiger christl. Freikirchen (unter der Verfolgungserfahrung v. a. durch europ. Emigranten auf die Verfassung der USA). Die europ. Religionskriege der frühen Neuzeit führten zu säkularen Staatsideen, die auf das Konzept des auch in polit. Hinsicht autonomen Individuums rekurrieren. Obwohl die Franz. Revolution in der Anfangsphase bei Teilen der Geistlichkeit Unterstützung fand, kam es bald zur Konfrontation insbes. mit der kath. Kirche. Andererseits formierten sich im 19. Jh. konfessionelle Parteien, die mit Rekurs auf das Christentum das demokrat. Prinzip anerkannten. Gegenwärtig wird D. von allen christl. Großkirchen – v. a. aufgrund der Erfahrungen mit den Totalitarismen – als polit. Form der moral. Verantwortung des Einzelnen unterstützt. Streitigkeiten bestehen dagegen nach wie vor über Fragen innerkirchlicher Demokratisierung.

(2) Auch im Islam wird v. a. in jüngerer Zeit das D.-Prinzip – allerdings kontrovers – diskutiert. Auf der einen Seite stehen autoritäre Vorstellungen einer »Theo-D.« (mawdudi), in der die Gläubigen als kollektiver irdischer Statthalter (Ḫalīfa, → Kalif) Gottes für die Einhaltung vorgegebener religiöser Normen sorgen sollen. Auf der anderen Seite wird die liberale D. mit Rekurs auf islam. Gleichheitsvorstellungen und das koran. Beratungsprinzip (šūrā) begründet.

(3) In einigen Positionen innerhalb der westlichen polit. Philosophie wird eine → Zivilreligion als die der D. adäquate Religionsform erachtet. Abgesehen davon, dass dieses Konstrukt religionsgesch. nicht mit Inhalt gefüllt ist, wird das D.-Prinzip innerhalb der drei großen monotheist. Religionen infrage gestellt, je mehr die Vorstellungen der göttlich geoffenbarten Wahrheit und der theokrat. Herrschaft (→ Theokratie) z. B. in »fundamentalist.« Bewegungen revitalisiert werden. → Politik. VK

Lit.: H. Maier, Revolution und Kirche. Zur Frühgeschichte der christl. D., 1975, [5]1988. – B. Gladigow (Hg.), Staat und Religion, 1981. – A. Meier, Der polit. Auftrag des Islam. Originalstimmen aus der islam. Welt, 1994.

Dengyō Daishi → Tendai-Schule.

Denomination, von Richard N. Niebuhr (1892–1962) 1929 eingeführter Begriff zur Charakterisierung religiöser Organisationen in den USA. D. entstehen aus → Sekten, die meist von einem charismat. Leiter (→ Charisma) gegründet wurden. Gelingt es einer Sekte, den Tod des Begründers zu überstehen, kann sie zur D. werden. D. weisen die Merkmale von → Kirchen auf, beruhen jedoch auf einer Freiwilligkeit des Beitritts. Manche D. können gewisse Merkmale von Sekten beibehalten, etwa die Forderung nach Heirat innerhalb der D. und nach einer strengen Lebensführung. D. teilen mit Sekten den voluntativen Charakter. HK

Lit.: R. N. Niebuhr, The Social Sources of Denominationalism, 1929.

Derwisch → darwīš, → Mystik.

Determinismus (von lat. determinare = festsetzen), Denkhaltung, die Natur- und Handlungsabläufe als vollständig kausal oder logisch bestimmt auffasst – oft in binärem Code mit Indeterminismus. Der verabsolutierte Ursachenbegriff basiert auf astrolog., pantheist. (→ Pantheismus, → Spinoza), fatalist. oder mechanist. (seit A. Einstein, 1879–1955, und M. Planck, 1858–1947, ohne physikal. Grundlage) Vorstellungen. Er wird als bloßes Denkschema (→ Kant) oder Aberglaube (→ Wittgenstein) kritisiert. D. ist zu unterscheiden von buddh. → karma: Alles entsteht in Wechselwirkung, und der Mensch ist in vergangenes Handeln verstrickt, doch kann er die Vorgaben handelnd verändern. → Freiheit, → Schicksal, → Typologie, → Wille. AK

Lit.: M. Planck, D. und Indeterminismus, in: Ders., Vorträge und Erinnerungen, 1949, 334–49. – G. Obeyesekere, Imagining Karma: Ethical Transformation in Amerindian Buddhist, and Greek Rebirth, 2002. – G. Seebaß, Freiheit und D., in: Zs. für philosoph. Forschung 47 (1993), 1–22 u. 223–45.

Deus otiosus (lat. = müßiger Gott), ein Gott, der nach der Schöpfung nicht mehr ins Weltgeschehen eingreift. → Deismus. Red

Deuterojesaja (griech. = Zweiter Jesaja), Verfasser von Jes 40–55, wo im Gegensatz zum ersten → Jesaja (Protojesaja) nicht die Unheilsankündigung, sondern die Tröstung der in babylon. Gefangenschaft lebenden Juden sowie ein entschiedenes Plädoyer für den jüd. Monotheismus im Vordergrund steht. → Altes Testament, → Apokryphen, → Tradition. KVS

Deuterokanonische Schriften → Altes Testament, → Apokryphen, → Kanon, → Tradition.

Deuteronomisten, Gruppe biblischer Redaktoren, die nach 587 v. Chr. im großen Kompositions- und Fortschreibungsprozess das sog. Jehowist. Geschichtswerk mit dem → Deuteronomium zusammenfügten, wodurch das bis 2 Kön 25 reichende Deuteronomist. Geschichtswerk entstand. Die Theologie der D. ist geprägt von einem strengen → Monotheismus und einer Deutung jüd. Geschichte im Rahmen von Verfehlung und göttlicher Bestrafung (→ Strafe). → Altes Testament, → Apokryphen, → Tradition. KVS

Deuteronomium (griech. = zweites Gesetz), Bezeichnung für das 5. Buch Mose (fälschlich nach Dtn 17,18). Nach der → Tradition im Palast »aufgefunden« (2 Kön 22), ist das D. eigentl. Ausdruck der Kultreform des → Josia (621 v. Chr.) und verbindet die rechtliche Festlegung der Staatsämter mit einer religiösen Zentralisierung auf Jerusalem hin (v. a. die gesetzlichen Kapitel 12–26). Das D. wurde bald zum zentralen Text für die jüd. Geschichtsdeutung. → Altes Testament, → Apokryphen, → Gesetz. KVS

Deutungsmuster. I. Begriff/Definition. D. sind regulative kulturelle und soziale Schemata, mit deren Hilfe Wahrnehmungen, Informationen, Situationen, Handlungen, Umweltphänomene oder Personen erkannt (»identifiziert«), eingeordnet und bewertet werden können; sie lösen gegebenenfalls standardisierte Reaktionen aus (»Verhaltens- oder Handlungsmuster«). Als kognitive Leistungen gehören D. zum »impliziten Wissen« (»tacit knowledge«, N. Chomsky), zu jenen automatisierten mentalen Dispositionen, die Wissensbestände (Erinnerungen, Denkkategorien, Bildformeln, Erkennungsschemata) im zentralen Nervensystem formieren, abrufen und mit externen Sinnesdaten wie mit intern gespeicherten Konzepten abgleichen. Sie gehören damit – im Gegensatz zu den reflexiv-bewussten Äußerungen – zur Gruppe der »fungierend«-unbewussten »Sinnkonzepte« (Hölsterkamp/Rüsen nach Ricœur), die in ganzen Gesellschaften, aber auch in einzelnen Gruppen, Subkulturen und Milieus zirkulieren und zu deren Zusammenhalt und sozialer Verständigung beitragen. Insofern können D. als pragmatisch begründete, kognitive Kurzformeln (»Interpretamente«, Stereotypen, Schemata, »imaginaires«, »scripts«) betrachtet werden, die es dem Menschen gestatten, Umwelt und Kultur schnell und möglichst zweifelsfrei zu erfassen, und die seine alltägliche Arbeits- und Kommunikationsfähigkeit erleichtern oder recht eigentlich erst herstellen (→ Alltag). Da jede Kultur und jede gesellschaftliche Gruppe, also auch jede religiöse Gemeinschaft, ihren Mitgliedern einen eigenen Vorrat an Mustern zur (Um-)Weltdeutung zur Verfügung stellt, sind D. jedoch keine Konstanten, sondern besitzen den Status histor. bedingter »sozialer Tatsachen«.

II. Funktionen und Typen von Deutungsmustern. (1) D. besitzen eine doppelte Funktion: Zum einen ermöglichen sie als Identifikationsmuster dem Einzelnen, sinnliche Wahrnehmungen und Beobachtungen kognitiv einzuordnen, indem sie das Unbekannte durch Mustererkennung und -abgleich auf Bekanntes (Erlebtes, Gelerntes) zurückführen: »Das ist eine christliche Kirche« – und keine Moschee und kein Rathaus; »das ist ein Opfermesser« – und kein Küchenmesser oder kein Dolch, der auf mich gerichtet ist. Zum anderen sind sie als Interpretationsmuster an der – sozialen und insbesondere religiösen – Sinngebung beteiligt, indem sie die Unübersichtlichkeit und Vielfalt der Umweltwahrnehmungen mittels Deutungsschemata in kulturelle Information überführen und in eine begrenzte Anzahl bestehender Modelle des Gesellschafts- oder überhaupt Weltverständnisses einordnen: Zufälliges wird zu Wahrscheinlichem, Regelhaftem oder sogar zu Gewissheiten (»Nach dem Tod gibt es ein jenseitiges Leben«) umgeformt, Störendes »uminterpretiert« oder ausgeschieden – und auf diese Weise Komplexität reduziert und Kontingenz bewältigt. Beobachtungen und Deutungsschablonen können freilich nicht beliebig auseinander fallen. So können etwa Katastrophen oder Unglücksfälle nur bis zu einem bestimmten Ausmaß einem »guten Gott« (oder einem Heiligen) zugeschrieben und zugebilligt werden; ansonsten sind neue Erklärungsmuster nötig, um eine derartige »kognitive Dissonanz« zu beseitigen (→ Theodizee). Ein besonders prekärer Fall sind zeitliche Voraussagen (Prophezeiungen), wenn sich das Weltende oder Gottesreich nicht einstellen will. In diesem Fall werden neue theolog. oder mytholog. Interpretationsmodelle benötigt, etwa eine »Lehre vom Aufschub« (»Katechontik«; → Eschatologie). Religiöse D. zeichnen sich gegenüber alltagsbezogenen aber dadurch aus, dass sie einen veränderten und teilweise über die Normalerfahrung hinaus erweiterten Deutungshorizont bereitstellen. So können etwa Geschehnisse, die mit der Lebenserfahrung unvereinbar sind oder unverhofft eintreten, mit dem Deutungskonzept → »Wunder« erfasst und dadurch akzeptiert werden.

(2) Typen von D. können nach ihrer sozialen Verwendungsweise, nach ihrer Komplexität sowie nach den ihnen zugrundeliegenden Mustern und Modellen unterschieden werden. Die einfachsten Muster bauen auf einem polaren Gegensatz auf, etwa dem zwischen oben und unten, hell und dunkel, gut und böse, Himmel und Hölle, Gott und Teufel. Solche zweiteiligen, »dichotomischen« Modelle sind in Religionen häufig anzutreffen und können das gesamte religiöse Glaubenssystem bestimmen (»dualistisches Weltbild«, prototypisch im Manichäismus). Komplexität von D. kann einerseits als interne Differenzierungsleistung verstanden wer-

den, etwa wenn im mittelalterlichen Christentum zwischen Himmel und Hölle das Fegefeuer als intermediäre Pufferinstanz eingeführt wird. Andererseits können D. zur Systembildung neigen, wenn um eine Deutungsfigur herum weitere Mytheme oder Vorstellungsbilder angelagert werden, so dass zum einen die Reichweite der Deutung vergrößert, zum anderen die Sinnstruktur verdichtet, ja abgedichtet wird. Beispielhaft ist dies bei der Herausbildung des europ. Hexenmusters zu beobachten, wo sich an ein christl. Ketzerstereotyp im Verlauf des Spätmittelalters und der frühen Neuzeit dämonolog. und folklorist. Mytheme und Stereotypen angelagert haben (u. a. Schadensdämonen [»hagazussa«; Milchräuber], »Hexensabbat«).

D. beruhen auf Interpretationsmodellen, die von der jeweiligen Alltagserfahrung, von Subsistenzbedingungen, Technologie, Arbeits- und Gesellschaftsorganisation abhängig sind (E. Topitsch; B. Gladigow). Derartige Modelle machen daher nicht nur den Erfahrungs-, sondern auch den Deutungshorizont religiöser, aber auch säkularer Weltbilder und Mythologien aus: Die altoriental. (und später mittelalterliche) Gartenbaukultur geht in das ökomorphe Bild vom Paradies in Judentum und Christentum ein; Götter werden in vielen Religionen »nach dem Bild des Menschen«, anthropomorph, vorgestellt (oder aber dezidiert anders bzw. gar nicht). Insbesondere in kosmolog. und kosmogon. Entwürfen, in religiösen Anthropogonien und Anthropologien finden sich Ausfächerungen derartiger elementarer Interpretamente: biomorph, und zwar aus der Tierwelt genommen (zoomorph), wenn die Weltgans das Weltei legt (Altägypten); aus der Pflanzenwelt (phytomorph), wenn ein Weltenbaum als Weltachse Himmel, Erde und evtl. Unterwelt verbindet (der Baum Yggdrasill in der german. Mythologie); technomorph, wenn der Himmel den bautechnolog. Möglichkeiten entsprechend als Zelt, Kuppel oder Dom gedeutet wird. Auch ganze Gesellschaftsstrukturen, zumal politische, werden zum soziomorphen Modell (oligarch. Götterversammlungen in Griechenland und in der nordisch-german. Mythologie; absolute Monarchie der Spätantike als Muster für den Christus Pantokrator; demokrat. Polytheismus im modernen Paganismus; patriarchale vs. matriarchale Gottesvorstellungen). Daneben finden sich Spiegelungsmuster (Mikrokosmos/Makrokosmos), dualist. bzw. dichotom. Muster (gut vs. böse; oben vs. unten, s. o.) sowie Modelle der »Komposition« bzw. »Dekomposition« (z. B. Dekadenzmythen; s. Gladigow). Die Dynamik derartiger analoger Muster verläuft als projektive Übertragung sozialer Tatsachen in mythisch-religiöse Modelle (vgl. schon L. Feuerbachs Projektionstheorie). Dies kann – wie bei D. insgesamt – zu einer zirkulären Verstärkung führen: Nicht nur fungiert die Lebenswirklichkeit als Baukasten zur Erstellung mythischer Erzählungen, sondern diese ihrerseits und die in ihnen überhöhten und sakralisierten Modelle werden zu Erklärungsmodellen von Gesellschaft. Die derart entstehenden komplexen sozialen D. können eine erhebliche Breitenwirkung entfalten, beispielsweise als Sozialmythen wie das Hexenmuster, das in Europa zu einer jahrhundertelangen Hexenverfolgung geführt hat, als »histor. Orientierungsmuster« (B. Gladigow) wie geschichtstheolog. Grundeinstellungen (Epocheneinteilung; Teleologie; Weltzyklen) oder schließlich als Identitätsmuster, die nach dem »Wir-Sie-Schema« organisiert sind und das Eigene (Ethnozentrismus, Eurozentrismus) gegen das Andere (Orientalismus, Exotismus) setzen.

III. Deutungsmuster in Religionen. D., seien sie Wahrnehmungsformen, Modellvorstellungen oder »Denkfiguren« (Schmidt-Biggemann), sind nicht identisch mit religiösen Erzähl- und Aussageformen (Gebeten, Mythen, theolog. Traktaten, Ritualen etc.), sondern liegen diesen als Hintergrundwissen zugrunde: als strukturelle Beziehungsregeln (Analogiedenken; »magische« Kausalbeziehung des »similia similibus«), als kollektive Leitbilder und Denkfiguren (»imaginaires«; z. B. dasjenige der Drei-Stände-Ordnung der Gesellschaft), als Beschriebe von anthropolog. oder sozialen Modellen (so das organizist. Muster von der Kirche als Körper mit Christus als Haupt) oder als Ideologeme, etwa das des ständigen Fortschreitens von Kultur, Moral oder Wissenschaft. Wie das Beispiel der soziomorphen D. zeigt, sind D. in Religionen nicht automatisch religiöse D. Religionen besitzen aber im Prozess der »gesellschaftlichen Konstruktion der Wirklichkeit« (Berger/Luckmann) durch ihren jeweiligen Kanon an narrativen, imaginativen und performativen Kommunikationsformen sowie als Institutionen der »longue durée« eine besondere Stabilisierungsmacht in Bezug auf Deutungen. Dadurch stellen sie einen bevorzugten sozialen Raum dar, in dem sich D. gegenüber realen Verhältnissen verselbständigen und verfestigen können. Sollte sich diese konservative Tendenz zu einem anachronist. Paradox steigern, so kann das ursprüngliche D. durch ein neues, »zeitgemäßeres« überlagert werden, etwa mithilfe hermeneut. Techniken wie der Allegorese oder der Aktualisierung. Eine andere Möglichkeit ist es, Deutungen theolog. explizit zu machen und zu rationalisieren, durch Dogmen bewusst im Gedächtnis und Verhalten der Gläubigen festzuschreiben. Dennoch sind D. im Regelfall Teile einer »Geschichte der Phantasie«, indem sie mentale Landkarten der Weltdeutung kartographieren. Durch Deutungskonkurrenzen, wie sie sich zwischen religiösen Gemeinschaften oder zwischen zentralen und lokalen Religionsinstanzen herausbilden, kommt es fortwährend auch zu Mustervarianzen: Die »Basteleien«, mit denen Gläubige sich etwa im Fall einer im kolonialen Kontext aufoktroyierten Religion oder in transkulturellen Migrantenmilieus gegen fremde Deutungen wehren, schaffen neue »hybride«, »synkretist.« D., die eigene religiöse Mentalitäten und sogar Religionen erzeugen können (→ afroamerikan. Religionen; pfingstlerische afrikan. Kirchen).

IV. (Religions-)Wissenschaftliche Deutungsmuster. Implizite D. sind – trotz des gegenteiligen Selbstverständnisses – auch im wissenschaftlichen Diskurs zu finden. Solche »Paradigmata« (Thomas Kuhn) prägen ganze Forschergenerationen, wie die Erforschung der Wissenschaftsgeschichte, speziell auch der Religionswissenschaft, ergeben hat. Ein bekanntes D. ist der Glaube an den – auch religiösen – Fortschritt, wie er in der 2. Hälfte des 19. Jh.s vorherrschte (E. B. Tylor; J. G. Frazer). Dieses evolutionist. Interpretationsmodell umfasste unter anderem Kulturstufentheorien und ein organolog. Schema von Kindheit, Jugend und Reife der Menschheit und ihrer Ethnien. Wie bei D. allgemein kann der Sinnhorizont der jeweiligen Forschung, da für die Beteiligten unbewusst und selbstverständlich, in der Regel nur von außen oder in zeitlicher Distanz umrissen werden. Daher werden viele Grundannahmen der heutigen religionswiss. Forschung erst der kommenden Generation zu Bewusstsein kommen. HM

Lit.: A. Schütz, Der sinnhafte Aufbau der sozialen Welt, 1932, [6]1993. – E. Topitsch, Vom Ursprung und Ende der Metaphysik. Eine Studie zur Weltanschauungskritik, 1958. – P. L. Berger/T. Luckmann, Die gesellschaftliche Konstruktion der Wirklichkeit, 1969 (engl. 1966). – C. Honegger (Hg.), Die Hexen der Neuzeit. Studien zur Sozialgeschichte eines kulturellen D., 1978. – G. Dux, Die Logik der Weltbilder. Sinnstrukturen im Wandel der Geschichte, 1982. – M. Meuser/R. Sackmann (Hg.), Analyse sozialer D., 1992. – H. Lenk, Interpretationskonstrukte. Zur Kritik der interpretator. Vernunft, 1993. – B. Gladigow, Art. »Interpretationsmodelle«, in: HrwG 3, 1993, 289–98. – B. Gladigow, Histor. Orientierungsmuster in komplexen Kulturen. Europ. Religionsgesch. und histor. Sinn, in: K. E. Müller/J. Rüsen (Hg.), Histor. Sinnbildung, 1997, 353–72. – M. Schetsche, Entführung durch ›Außerirdische‹ – ein ganz irdisches D., in: Soziale Wirklichkeit 1 (1997), 259–77. – W. Schmidt-Biggemann, Philosophia perennis, 1998. – T. Knieper/M. G. Müller (Hg.), Kommunikation visuell, 2001. – U. Oevermann, Zur Analyse der Struktur von sozialen D. [1973], in: sozialersinn 1 (2001), 3–33. – U. Oevermann, Die Struktur sozialer D. – Versuch einer Aktualisierung, in: sozialersinn 1 (2001), 35–81. – C. Plaß/M. Schetsche, Grundzüge einer wissenssoziolog. Theorie sozialer D., in: sozialersinn 3 (2001), 511–36. – N. Pethes/J. Ruchatz, Gedächtnis und Erinnerung. Ein interdisziplinäres Lexikon, 2001. – K.-J. Hölkeskamp u. a. (Hg.), Sinn (in) der Antike. Orientierungssysteme, Leitbilder und Wertkonzepte im Altertum, 2003. – H. Bleumer/S. Patzold (Hg.), Das Mittelalter, 2 (2003), (Themenheft: Wahrnehmungs- und Deutungsmuster im europ. Mittelalter).

Devadāsī, hinduist. Tempeltänzerinnen, die teilweise auch als Tempelprostituierte Priestern und Gläubigen dienten. → Amt. AM

Lit.: F. A. Marglin, Wives of the God-King, Rituals of D. in Puri, 1985. – S. Kersenboom-Story, Nityasumangali, D. Tradition in South India, 1987.

Dēvāram (tamil. = Loblied an Gott), Name einer Sammlung hinduist.-devotionaler, in Tempeln gesungener Hymnen an den Gott → Shiva. Sie wurden von den drei berühmten tamil. Dichterheiligen Tirunāna Sampantar (ca. 625–660), Appar (580–661) und → Suntarar (ca. 780–830) verfasst und sind nach Melodien geordnet in sieben Bücher mit insgesamt 798 Einheiten von jeweils zehn achtzeiligen Versen eingeteilt. TL

Lit.: I. Peterson, Poems to Shiva. The Hymns of the Tamil Saints, 1989.

Devī (sanskr. = → Göttin), Bezeichnung für eine weibliche hinduist. Gottheit, oft als allgemeiner Name für eine Gruppe von Göttinnen gebraucht, auch Anrede für Königinnen oder weibliche Respektspersonen. → Hinduist. Pantheon. AM

Lit.: D. Kinsley, Hindu Goddesses, 1986. – J. S. Hawley/D. M. Wulff (Hg.), D.: Goddesses of India, 1996. – A. Michaels u. a. (Hg.), Wild Goddesses in India and Nepal, 1996.

Devotio (lat.; vgl. sanskr. prapatti = Niederwerfung, Selbsthingabe). (1) Eine (seltene) Form des Selbst-Opfers in der röm. Religion mit dem klassischen Beispiel aus Livius 8,6,10, wo sich der röm. Feldherr mit seinem Heer »hinab weiht« in die Tellus (Erde; lat. von de-vovere). (2) In der christl. Tradition dann das → Opfer des Inneren an Gott, entschärft als Synonym für Frömmigkeit (engl. devotion). D. moderna bezeichnet eine Frömmigkeitsbewegung in Deutschland und den Niederlanden, die der Reformation vorausging, sich ihr dann aber entgegensetzte (→ Erasmus). (3) Auf Bewegungen innerhalb heutiger Religionen bezogen bezeichnet D. hingebungsvolle Verehrung, innige Frömmigkeit, Andacht, Gottergebenheit. Spezif. devotionale Bewegungen sind der Reine-Land-Buddhismus, → bhakti im Hinduismus, der jüd. → Chassidismus, ein Großteil der christl. und islam. → Mystik, Devotio moderna, → Pietismus. CA, AW

Lit.: G. Wissowa, Religion u. Kultus der Römer, 1902, 194–95. – H. A. Oberman, Werden u. Wertung der Reformation, 1977, ³1989.

Devotionalien (von lat. devotio = Weihung, Frömmigkeit), Gegenstände, die der Andacht oder der Verehrung einer Gottheit dienen, wie z. B. Heiligenbildchen, Rosenkränze, Weihwassergefäße. → Gabe. AM

Dhammapada (pāli = Lehre in Versen), kanon. Text aus dem → Khuddaka-Nikāya, worin in 423 Versen die zentralen Aspekte der buddh. Lehre (→ dharma) dargelegt werden. Der Text gehört zu den ältesten und beliebtesten Texten des → Pāli-Kanons. Zum Dh. wurden zahlreiche Kommentare verfasst, u. a. von → Buddhaghosa. → Buddh. Literatur. AM

Textausgabe: O. von Hinüber/K. R. Norman (Hg.), 1994.
Dt. Ü.: K. E. Neumann, 1918, ²1921. – P. Dahlke, 1919. – R. O. Franke, 1923.

Dharma (sanskr.; pāli dhamma, wörtlich = das Getragene, Gehaltene). (1) Im → Hinduismus: (a) göttliche Ordnung, (b) Recht und Sitte, rituelle und soziale Normen, die jeweils auf eine bestimmte Gruppe – Götter, Tiere, Menschen, Frauen, Einwohner einer Region etc. – zugeschnitten sind. Sanātana dh. (= ewiges → Gesetz) ist eine moderne Bezeichnung für Hinduismus. (2) Im Buddhismus: (a) Lehre Buddhas, (b) Weltgesetz, (c) sittliche Norm, (d) Manifestationen der Wirklichkeit; im → Hīnayāna auch psychische und physische Daseinsfaktoren der empir. Welt (skandha). AM

Lit.: zu (1): s. → Dharmashāstra.
zu (2): T. Stcherbatsky, The Central Conception of Buddhism and the Meaning of the Word Dh., 1923. – H. von Glasenapp, Zur Geschichte der buddh. Dh.-Theorie, in: Zs. der dt. morgenländ. Gesellschaft 92 (1938), 383–420. – J. Bronkhorst, Die buddh. Lehre, in: H. Bechert u. a., Der Buddhismus 1, 2000, 23–212.

Dharmachakra (sanskr., pāli = Rad der Lehre), Symbol für die Lehre des Buddha, verkündet u. a. im Dharmachakrapravartanasūtra (sanskr. = Lehrtext über das Andrehen des Rades der Lehre), der ersten Predigt des Buddha nach seiner Erleuchtung. AM

Dharmakīrti (Mitte 7. Jh. n. Chr.), südind. buddh. Logiker der mahāyānist. Yogāchāra-Schule, Schüler von Dharmapāla. Seine Werke sind im tibet. Kanon (→ Tanjur) überliefert, sein Einfluss erstreckte sich insbes. auf die tibet. Scholastik. Charakteristika seiner Erkenntnistheorie sind die Betonung sinnlicher Wahrnehmung (pratyāksha) und die Relativierung der Autorität von Schriften und Personen als Mittel gültiger Erkenntnis (pramāna). Hauptwerke: *Nyāyabindu*, *Pramānavārttika*, *Pramānavinishchaya*. CE

Lit.: T. Vetter, Erkenntnisprobleme bei Dh., 1964. – S. C. Vyas, Buddhist Theory of Perception, 1991. – E. Franco, Dh. on Compassion and Rebirth, 1997.

Dharmapāla, Anagārika, eigentl. David Hewavitarne (1864–1933), Gelehrter und Publizist singhales. Herkunft. Dh. konvertierte 1880 zum Buddhismus und wirkte als Apologet des → Neobuddhismus oder »protestant Buddhism« (Gombrich) gegen christl. Mission in Ceylon sowie als Theoretiker einer buddh. Laienethik (Pamphlet *Gihi Vinaya*, 1898). Er war 1891 Gründer der Bodh-Gayā → Mahābodhi Society in Colombo mit Sitz ab 1892 in Kalkutta und Sprecher der → Theravāda-Buddhisten auf dem Weltparlament der Religionen in Chicago. CE

Lit.: Bhikshu Samgharakshita, A. D. A Biographical Sketch, 1964. – G. Obeyesekere, Religious Symbolism and Political Change in Ceylon, in: Modern Ceylon Studies 1 (1970), 43–63. – K. Malalgoda, Buddhism in Singhalese Society 1790–1900, 1976. – R. Gombrich, Theravada Buddhism, 1988, 188–97. – R. Gombrich/G. Obeyesekere, Buddhism Transformed. Religious Change in Sri Lanka, 1988, 202–40.

Dharmashāstra (von sanskr. dharmaśāstra = Lehrwerk des → dharma), Texte des Hindu-

Rechts, z. B. → Manusmriti, die Gewohnheitsrecht, Strafrecht und normative Vorschriften für ein sittliches Leben der Hindus umfassen. → Vedische Literatur. AM

Lit.: R. Lingat, The Classical Law of India, 1993 (franz. Original 1967). – P. V. Kane, History of Dharmaśāstra, 5 Bde., 1968–78. – P. Olivelle, Dharmasutras, 1999.

Dhātu (sanskr., pāli = Region, Element), häufiger Bestandteil buddh. Begriffsreihen, darunter die Drei Welten der Begierde (kāmadhātu), der reinen Form (rūpadhātu) und der Körperlosigkeit (arūpadhātu), die Vier (mahābhūta) bzw. Sechs Elemente (Erde, Wasser, Feuer, Luft, Raum, Bewusstsein) oder die 18 Elemente der Wahrnehmung. AM

Dhyāna (sanskr.; pāli jhāna; chin. ch'an (→ Chanzong), japan. → Zen = → Meditation). (1) In indischen Religionen allgemeine Bezeichnung für die Meditation (bes. die Vergegenwärtigung von Gottheiten) und den höchsten Bewusstseinszustand sowie die Meditationspraxis. Hilfsmittel können u. a. Körper- und Atemübungen (→ Yoga), → mantras oder Visualisierungen (→ mandala, → thangka) sein. (2) Im Buddhismus Meditation und Versenkung, die zu höchster Weisheit (→ prajnā) und → Erleuchtung (→ nirvāna, → samādhi) führt. Neben Sittlichkeit (→ shīla) und Weisheit (prajnā) bildet dh. eine der drei zentralen Komponenten des → Achtgliedrigen Weges, der zur Erlösung führt. Die verschiedenen Meditationsformen zielen u. a. auf Loslösung von emotionalen und gedanklichen Anhaftungen, Konzentration auf ein Meditationsobjekt, Gleichmut, Geistesklarheit oder vollständige Einsicht ab. Bis zur Erlangung der höchsten Erkenntnis sind mehrere Versenkungsstufen (meist acht) zu durchlaufen, die sich durch eine immer größere Geistesklarheit und fortschreitendes Verschwinden der Befleckungen auszeichnen. → kasina, → Sattipatthānasutta, → vipassanā, → Yoga. AM

Lit.: M. Eliade, Yoga, 1954. – E. Conze, Die buddh. Meditation, 1956. – H. Dumoulin, Östliche Meditation und christl. Mystik, 1966. – G. Oberhammer, Strukturen yogischer Meditation, 1977. – W. L. King, Theravāda Meditation, 1980. – J. Bronkhorst, The Two Traditions of Meditation in Ancient India, 1986. – M. Vajiragnana: Meditation = Awareness, 1998. – B. Bäumer, Art. »Meditation/Kontemplation III. Ind. Religionen«, in: RGG[4] 5, 2002, 967–69. – S. R. Sarbacher, Samādhi: The Numinous and Cessative in Indo-Tibetan Yoga, 2005.

Dhyānibuddha (sanskr. = Meditationsbuddha), westliche Bezeichnung für eine Klasse von fünf »transzendenten« Buddhas, in der buddh. Literatur meist → Tathāgata oder Jina genannt, die vornehmlich im → Mahāyāna- und tantrischen Buddhismus (→ Vajrayāna) verschiedene Bewusstseins- und Meditationsstufen symbolisieren. Die Dh. werden in einem → mandala oft den Himmelsrichtungen zugeordnet: → Amitābha (W), → Akshobhya (O), → Amoghasiddhi (N), → Ratnasambhava (S), → Vairochana (Mitte). AM

Dialog (griech. diálogos = Unterredung), Form des geregelten Gesprächs, das als philosoph. Mittel zur Wahrheitsfindung in der griech. → Antike entwickelt wurde. Bei der literarischen Form des D.s sind zwar zwei oder mehr Personen am Gespräch beteiligt, aber mehr oder weniger nur, um den Lehrvortrag zu dramatisieren. → Interreligiöser Dialog. AJ

Diamant-Fahrzeug → Vajrayāna.

Diamantsūtra (sanskr. vajracchedikāsūtra), frühes Mahāyānasūtra, zur → Prajnāpāramitā-Sammlung gehörig. → Buddh. Literatur. AM

Diaspora (griech. = Zerstreuung), seit der Antike Ausdruck für das Leben von Juden unter Andersgläubigen. Nach der Zerstörung des Zweiten Tempels (70 n. Chr., → Judentum) wurde die D.-Situation zu einem festen Referenzpunkt jüd. Identität, und die Auseinandersetzung mit den jeweiligen Mehrheitsreligionen auf polit., wirtschaftlichem, sozialem und religiösem Gebiet bestimmte die jüd. Geschichte bis heute, da der Staat Israel erstmals (partiell) die D.-Situation aufhebt. D. wurde häufig auch als antisemit. Kampfbegriff verwendet, der die »Bestrafung« der Juden betonte (→ Ahasver). Heute bezeichnet D. allgemein eine unter einer Mehrheit Andersgläubiger wohnende religiöse Minderheit. In diesem Sinne ist D. zu einem wichtigen sozialwissenschaftlichen Begriff geworden, der im Kontext von Migration und multikultureller Gesellschaft zunehmend auch säkulare Verwendung findet. → Gemeinde. KVS

Lit.: R. Cohen, Global Diasporas. An Introduction, 1997. – M. Baumann, D. als analytische Kategorie, 1999. – J. E. Braziel/A. Mannur (Hg.), Theorizing D. A Reader, 2003. – K. H. Karim (Hg.), The Media of D., 2003.

Differenzierung, Auseinanderentwicklung der Teile eines Ganzen. Die D. gilt als Kennzeichen der → Moderne und ist insoweit kein abgeschlossener Vorgang, sondern vielmehr ein ständig sich vollziehender Abgrenzungsprozess der Teilsysteme voneinander. Prominent bearbeitet ist sie in den Studien zur sozialen Arbeitsteilung von É. → Durkheim: arbeitsteilige Gesellschaften verstärken sowohl die funktionale Abhängigkeit als auch das Gefühl der Fremdheit zwischen den Menschen. Ihr Fortbestand sei daher nur aus der sozialen Natur der persönlichen Moral zu erklären. So wird auch die → Individualisierung als Problembereich der D. eröffnet. Die → Systemtheorie unterscheidet segmentäre, stratifikator. und funktionale D. Während segmentäre D. strukturell ähnliche Teilsysteme (Clans, Dörfer, Stämme) hervorbringt, treten diese im Zuge der stratifikator. D. in eine hierarch. Ordnung (Klassengesellschaft). Die funktionale D. schließlich führt zur Anlagerung der Teilsysteme um soziale Funktionsfelder (→ Wirtschaft, → Politik, → Kunst). Mit zunehmender D. entsteht das Problem, dass bekannte → Werte und Deutungen als unverbindlich und zufällig wahrgenommen werden. Die Lösung dieses Problems, nämlich die Umformung der als unbestimmbar erlebten Welt in eine bestimmbare, ist eine zentrale Funktion des Teilsystems Religion (religiöse Codierung). Dieses deutet die Umwelt mit Kategorien des Systems und lässt sie dadurch sinnhaft und greifbar erscheinen. Die → Rational-Choice-Theorie kennt D. als Diversifizierung des Angebots an religiösen Gütern. Ein stärker diversifizierter → Markt der Religionen führt zu mehr Wettbewerb und steigert so die Effizienz der Produktion religiöser Güter. AKN

Lit.: N. Luhmann, Funktion der Religion, 1977. – D. Pollack, Was ist Religion? Probleme der Definition, in: Zs. für Religionswissenschaft 3 (1995), 163–90. – N. Luhmann, Die Religion der Gesellschaft, 2002.

Diffusion, in der religionswiss. Theoriegeschichte ein histor. Konzept der Verbreitung materieller und geistiger Kultur und ihrer Elemente durch wechselseitigen → Kontakt: Sie seien also nicht parallel entstanden oder gar allgemein menschlich und gegeben. Das Konzept wurde zuerst in der »kulturgeschichtlichen Schule« der deutschsprachigen Ethnologie formuliert, deren Vertreter (z. B. Friedrich Ratzel, Leo Frobenius) aufgrund rezenter geograph. Verbreitung bestimmter Kulturgüter deren Herkunft und histor. Transport rekonstruierten, wurde dann aber auch auf die Antike angewendet (bes. in der »Myth-and-Ritual«-Schule, z. B. Samuel H. Hooke). FS

Digambara (sanskr. = luftgekleidet), im Hinduismus und Jainismus Bezeichnung für nackte Asketen, im Jainismus auch für eine der beiden mönchischen Hauptgruppen (→ shvetāmbara). → Askese. AM

Dīgha-Nikāya (pāli = Längere Sammlung), erste Sammlung von längeren Lehrtexten des Buddha im → Sutta-Pitaka des → Pāli-Kanons. → Buddh. Literatur. AM

Lit.: I. W. u. C. A. F. Rhys Davids (Übers.), Dialogues of the Buddha, 1899–1921.

Dignāga (um 480–540 n. Chr.), buddh. Logiker der Yogāchāra-Schule aus Südindien, Schüler von Vasubandhu, Lehrer von Ishvarasena, bei dem → Dharmakīrti lernte. Erkenntnistheoret. Hauptwerk: *Pramānasamucchaya* über Selbstbewusstsein (svasamvitti) und sinnliche Wahrnehmung (pratyāksha) als Mittel gültiger Erkenntnis (pramāna). D. übte großen Einfluss auf die tibet. Scholastik aus. CE

Lit.: F. I. Shtsherbatskoj (T. Stcherbatsky), Buddhist Logic, 1962. – M. Hattori (Hg.), D., On Perception, 1968. – R. Hayes, D. on the Interpretation of Signs, 1988.

D̲ikr (arab. = Nennung, Erinnerung), im Koran häufig verwendetes Konzept, das wohl ursprünglich im Sinne von »Mahnung« einen Aspekt der islam. Offenbarung bezeichnete und zu → ḥikma (= Weisheit) und → Koran selbst komplementär hinzutrat (Koran 36/69). Damit ist d̲. für manche islam. Theologen der Koran selbst. Entsprechend fordert die Offenbarung die Menschen auf, nicht zu vergessen, sondern sich auf den Einen Gott »zu besinnen«, diesen »zu erinnern« und ihn als Erinnertes zu verinnerlichen. In vorislam. Zeit wurde mit d̲. offenbar auch die Evokation von Göttern überhaupt ausgedrückt (Koran 21/36). Daneben wurde die Paränese der Gesandten insgesamt als d̲. bezeichnet. Ausgehend von Koran 18/24 (ud̲kur rabbaka/»erinnere Deinen Herrn«) wurde d̲. v. a. in der Frömmigkeitslehre und in der islam. Mystik (→ taṣawwuf) zu einer unterschiedlich gehandhabten rituellen Technik der Gotteserinnerung in Form einer »stillen« oder »ausgesprochenen« Anrufung Gottes, seiner Namen und Eigenschaften ausformuliert. Ḏ. ist damit komplementär zur diskursiven Reflexion (fikr) über Gott und wurde von islam. Mystikern höher als diese gewertet. RS

Lit.: E. Bannerth, Dhikr et khalwa d'après Ibn 'Ata' Allah, in: Institut Dominicain d'Études Orientales du Caire: Mélanges 12 (1974), 65–90.

Dilthey, Wilhelm Christian Ludwig (1833–1911), Philosoph. Sein Lebenswerk war der Versuch einer philosoph. Grundlegung der nicht-naturwissenschaftlichen Fächer der Universität, die er als »Geisteswissenschaften« vom mechanist. Paradigma der → Naturwissenschaft abgrenzte und erkenntnistheoret. mit einer Theorie des Verstehens (→ Hermeneutik) unterbaute: Die Erkenntnis des menschlichen Lebens komme durch die drei Schritte Erleben, Ausdruck und Verstehen zustande. Religion sah er im Kontext der Romantik und der Religionsauffassung F. → Schleiermachers als Ausdruck der Offenbarung des Unendlichen im endlichen Menschen, als »mystische« Einheit von Mensch und Universum. FE

W.: Einleitung in die Geisteswissenschaft, 1883. – Der Aufbau der geschichtlichen Welt in den Geisteswissenschaften, 1910. – GW, 19 Bde., 1913ff.

Dimensionen der Religion → Religion, Dimensionen der.

Ḏimma (arab. = Verpflichtung). In der islam. Rechtstheorie bezeichnete ḏ. allgemein die Rechtspersönlichkeit des Menschen. In der Kasuistik galt ḏ. als Grundlage für eine Vertragsverpflichtung (fides), die den Schuldner an den Schuldnehmer bindet. Als Ahl aḏ-ḏimma (= Leute der Verpflichtung) wurden nach Koran 9/8 und 10 die Juden und Christen bezeichnet. Hieraus wurde ein Rechtsstatus abgeleitet in dem Sinne, dass zwischen Juden und Christen auf der einen und den Muslimen auf der anderen Seite eine Vertragsverpflichtung besteht, sollten erstere unter die Herrschaft der letzteren fallen. Als Kompensation für diese Vertragsverpflichtung hatten Christen und Juden (und später in Analogie zu der Konzeption der → Ahl al-kitāb auch Zoroastrier u. a. Glaubensgemeinschaften) eine Individualsteuer (→ ǧizya) zu zahlen, und zwar ʿan yadin, was vielleicht »in bar« oder »einzeln« bedeutet oder gar ein vorislam. Unterwerfungsritual bezeichnet haben mag (Koran 9/29). RS

Lit.: C. Chéhata, Essai d'une théorie générale de l'obligation en droit musulman, 1936. – A. Fattal, Le Statut légal des non-musulmans en pays d'islam, 1958. – M. Kister, ʿan yadin (Qurʾān IX/29), in: Arabica 11 (1964), 272–78. – R. Paret, Der Koran. Kommentar u. Konkordanz, 1971, ²1980, 200. – A. R. I. Doi, Non-Muslims under Shariʿah, 1993.

Dīn (islam.-arab. = → Religion).

I. Begriff. Im Koran früh belegt, verweist d. (1) ursprünglich wohl auf ein arab. Konzept, das die kultische Praxis innerhalb einer Gemeinschaft bezeichnet (parallel zu hebr. ḥuqqā, griech. latreía), (2) auf ein (wohl aus dem Aramäischen stammendes) Konzept von »Recht«, »Urteil« oder »Gericht«, das z. B. im koran. Begriff yawm ad-dīn (= Tag des Jüngsten Gerichts, Sure 1/4) aufgenommen ist, und (3) auf Religion im Sinne einer religiösen Äußerung in Bezug auf das, was offenbart worden ist. Das »Wissen um den Glauben« wird als diyāna bezeichnet, die Gemeinschaft, die sich auf ein solches Wissen bezieht, als → milla.

II. Bedeutungen. (1) Sofern d. nach islam. Auffassung eine Pflichtenlehre beschreibt, bezeichnet der Begriff weniger die Anbindung des Menschen an oder seine Gewissenhaftigkeit gegenüber dem Göttlichen (religio) als die Verpflichtungen des Menschen gegenüber dem Göttlichen (šarāʾiʿ, → šarīʿa). (2) Als d. gilt »bei Gott« allein der Islam, also die gegen die »Beigesellung« (→ širk) gerichtete Glaubenstätigkeit (Sure 3/19). Alle religiösen Gemeinschaften, die sich an diesem → Monotheismus orientieren, werden entsprechend koran. Aussage von den islam. Gelehrten als »Leute des Buches« (→ Ahl al-kitāb) bezeichnet, bei den → Ḥanbaliten wird d. geradezu zum Namen für die Religion aller Propheten. Andere Götter, Kulte und Religionen sind somit aus islam. Sicht menschliche Konstruktionen. (3) In der islam. Theologie wird der konventionell als letzte Offenbarung angesehene Koranvers Sure 5/4 »Heute habe ich Euch Eure Religion (d.) vollendet« als Hinweis darauf interpretiert, dass der Islam die Vervollkommnung aller bestehenden Kulte der Menschheit darstelle und daher frühere Kulte in sich einschließe. In diesem Sinne wird der Islam als »Religion der Wahrheit« (d. al-ḥaqq) von jeder »veränderten Religion« (d. mubaddal) differenziert. Alle abrahamit. Religionen werden als »richtige Religion« (d. al-qayyim, Koran 6/162) gefasst. (4) In der Dogmatik der → Muʿtazila wurde d. stets mit dem Islam und damit mit dem Einheitsbekenntnis (→ tawḥīd) gleichgesetzt; als Merkmale des d. wurden hier die Erkenntnis des Einen Gottes und seiner Gesandten, das Verbot, Blut von Muslimen zu vergießen, sowie die Bestätigung bzw. das »Für-Wahr-Halten« dessen, was von Gott offenbart wurde, bezeichnet. Damit wurde d. als die Gesamtheit der Vorschriften Gottes, die er durch die Stimme seines Propheten verkündet hat, gedeutet (→ Aš ͑arīya); eine andere Definition beschrieb d. als eine göttliche Institution, die vernünftige Geschöpfe durch den Propheten erfahren haben (al-Ǧurǧānī, gest. 1413). RS

Lit.: W. C. Smith, The Meaning and End of Religion, 1962, [2]1991, 80–118. – T. Izutsu, God and Man in the Koran, 1964, [2]1980. – Y. Haddad, The Concept of the Term dīn in the Qur'ān, in: Muslim World 64 (1974), 114–23.

Dīnāwarīya (von parthisch dēnāwar = Frommer, Rechtgläubiger), eigenständige Gruppe im → Manichäismus Zentralasiens (Zentrum: Samarkand). Als Schulgründer beansprucht die D. Mar Ammo (3. Jh.), de facto geschah die Trennung von der Hierarchie in Babylonien (Seleukia-Ktesiphon) aber erst durch Šād-Ohrmezd (6. Jh.); erst während der ersten Hälfte des 8. Jh.s kommt es wieder zur Anerkennung des manichäischen Oberhauptes in Seleukia-Ktesiphon als Leitungsinstanz. Die D. hat z. T. eine Neubearbeitung der Literatur vorgenommen und damit die Grundlage für die weitere Entwicklung der → Manichäischen Literatur in Zentralasien unter Sogden, Uiguren und Chinesen gelegt. MH

Lit.: I. Colditz, Hymnen an Šād-Ohrmezd, in: Altoriental. Forschungen 19 (1992), 322–41.

Dionysius Aeropagita (ca. 500 n. Chr.), Pseudonym eines vom Neuplatonismus (v. a. Proklos) beeinflussten frühchristl. griech. Schriftstellers (»Ps.-Dionysius«). D. gilt als »Vater der Mystik«: seine »Mystische Theologie« (*Mystikḗ Theología*) entfaltet einen dreifachen Stufenweg zur Einigung mit Gott (»Reinigung«, via purgativa; »Erleuchtung«, via illuminativa; »Einigung«, via unitiva); seine negative Theologie im Hauptwerk »Die Namen Gottes« (*Perí theíon onomátōn / De divinis nominibus*) beeinflusste die mittelalterliche Theologie nachhaltig. → Mystik. AW

W.: Mystische Theologie (eingel. und übers. von W. Tritsch), 1956. – Die Namen Gottes (eingel. und übers. von R. Suchla), 1988. – B. R. Suchla/G. Heil (Hg.), Corpus Dionysiacum, 2 Bde., 1990–91.
Lit.: K. Ruh, Die mystische Gotteslehre des D. A., 1987.

Dionysos (lat. Liber pater), griech. Gott, unter dessen Namen drei völlig verschiedene Kulte gefeiert werden: (1) Ausschließlich Männer trinken auf Festen und privat seinen Wein, er treibt sie in den Rausch-Wahn. (2) Ausschließlich Frauen werden zu »Verrückten«, → Mänaden, wenn sie alle zwei Jahre Stadt und Familie im Stich lassen und auf die Berge rennen, um dort ein Tier zu zerreißen und roh zu verschlingen. (3) Die ganze Stadt sammelt sich um seinen Altar im Theater und schaut dem Rollentausch des Maskenspiels zu. Der Identitätswechsel machte D. attraktiv für → Nietzsches Kulturkritik an der Moderne mit der Ambivalenz von → apollinisch und dionysisch. CA

Lit.: W. F. Otto, D., 1933. – T. Carpenter/C. Faraone, Masks of D., 1993.

Disen (von altnord. dís, Plur. dísir = Frau/en), weibliche numinose Wesen der → german. Religion, vielleicht verwandt mit den altsächs. Idisi des Ersten Merseburger Zauberspruchs. Auf kultische Verehrung der D. weisen skandinav. Ortsnamen hin. Die altnord. Literatur und volkskundliche Überlieferungen sprechen für einen Bezug der D. zu Fruchtbarkeit, Tod und Krieg. → Matronae, → Nornen, → Walküren. US

Lit.: F. Ström, Diser, nornor, valkyrjor, 1954. – F. Ström, Art. »Diser«, in: KLNM 3, 1958, 101–03.

Divālī (sanskr., auch dīpāvalī = Lichterfest), populäres Hindu-Fest im Monat Kārttika (Okt./Nov.), bei dem zu Ehren der Göttin → Lakshmī Lampen entzündet werden. → Fest. AM

Divination (lat. divinatio), allgemein jede Form von Wahrsagung und Zukunftsschau. Für die röm. Religion unterscheidet Cicero in seiner Schrift *De divinatione* Haruspizin (Eingeweideschau), Augurium (Vogelflug), Losorakel und → Astrologie, daneben nennt er die »natürlichen« Deutungsmethoden → Traum und → Ekstase. In der Antike war die Deutung von Omina allgegenwärtig, sowohl im genuin religiösen Kontext als auch im polit. Zusammenhang (→ Orakel, → Sibyllen). In Israel war das Losorakel (hebr. gōrāl) bekannt. In vielen traditionalen Gesellschaften ist die D. bes. Aufgabe der religiösen Spezialisten (→ Funktionär). In Nordeuropa gewannen die → Runen große Bedeutung, während in China das System des I Ging (→ Yijing) zum vorherrschenden Mittel der D.

wurde. In Europa kam nach der Renaissance der → Tarot auf. KVS

Lit.: A. Bouché-Leclercq, Histoire de la divination dans l'antiquité, 4 Bde., 1879–82. – H. Blumenberg, Der Prozeß der theoret. Neugierde, 1973. – U. Ritz, Das Bedeutsame in den Erscheinungen. D.-Praktiken in traditionalen Gesellschaften, 1988. – W. Hogrebe, Metaphysik u. Mantik. Die Deutungsnatur des Menschen, 1992. – A. Jeffers, Magic and D. in Ancient Palestine and Syria, 1996.

Dizang (chin. = Schoß [auch: Keim] der Erde; sanskr. Kshitigarbha), → Bodhisattva, der v. a. in Zentral- und Ostasien als Totenführer, Erretter der Kinder und Patron der Reisenden verehrt wurde. MD

Lit.: M. W. de Visser, The Bodhisattva Titsang (Jizo) in China and Japan, 1914. – F. Wang-Toutaint, Le bodhisattva Ksiti-garbha en Chine du Ve au XIIIe siècle, 1998.

Djihad → ǧihād.

Dodekapropheton (griech.), das »Buch der zwölf [kleinen] Propheten«. → Altes Testament, → Apokryphen, → Bibel, → Tradition. KVS

Dōgen (Respekttitel Dōgen Zenji) → Zen/Zen-Buddhismus.

Dogma (griech. = Beschluss, [philosoph.] Lehrmeinung), wird seit dem 2. Jh. n. Chr. zu einer wesentlichen Form der internen Verständigung über die reflektierte, lehrhafte Fixierung und – der Intention nach – lebensorientierende Bekenntnisgestalt des christl. Glaubens. Dass die Konzeption von D. anfänglich tatsächlich lebensorientierend gemeint war, zeigen z. T. heftige Streitigkeiten um das »christolog.« und »trinitar.« D., die nicht nur kirchen- und staatspolit., sondern auch auf antiken Marktplätzen ausgetragen wurden und die erst allmählich auf Konzilien eine Festlegung fanden. Diese beiden Haupt-D. des Christentums thematisieren die Frage der erlösenden Funktion Jesu von Nazareth und das Problem der Einheit Gottes bei gleichzeitiger Wahrung von Differenz in Gott. Überwiegend wurden diese Probleme in der Antike mit den begrifflichen Mitteln der Substanzontologie gelöst. So musste → Erlösung als Kombination göttlicher und menschlicher Substanzen gedacht werden (»wahrer Mensch und wahrer Gott«), die Trinität als Kooperation dreier Substanzen (→ Dreifaltigkeit). Erst in jüngerer Zeit wird v. a. in der protestant., aber auch in röm.-kath. Theologie (→ Rahner) versucht, verstärkt antike relationsontolog. Vorläufer zu nutzen und auszubauen. Red

Doketismus (von griech. dokeīn = den Anschein haben). Eine Lösung in der christl. Theologie, die Paradoxie zu erklären, dass der Mensch Christus zugleich Gott sein kann: Er habe den menschlichen Leib nur übergezogen und mit der »Erhöhung« am Kreuz wieder abgestreift, war also nur »scheinbar« Mensch. Der D. beruft sich bes. auf das Johannes-Evangelium. Diese → Christologie wurde von der Großkirche verurteilt. Nach dem Koran liegt der Schein darin, dass nicht Jesus/Isa gekreuzigt wurde, sondern Judas (Sure 4/157). CA

Dolmen, vorgeschichtliche Grabanlagen aus der Bronzezeit, bestehend aus mehreren senkrecht aufgestellten Tragsteinen und einem oder zwei waagerecht darüber gelegten Decksteinen. Das heutige Aussehen entspricht nicht dem Originalzustand, da die Steine ursprünglich mit einem Erdhügel überdeckt waren. Im 18. Jh. war die irrige Vorstellung populär, es handle sich bei den D. um Altäre der keltischen → Druiden. → Keltische Religion. BM

Dominikaner, christl. Orden mit Armutsgelübde (Bettelorden), begründet von Dominikus von Caleruega 1216 zur Bekämpfung der → Katharer. Dabei ging die hervorragende Ausbildung in der Sprache und den Argumenten der Gegner, wie sie der D. Thomas von Aquin in der → *Summa Theologiae* in »Pro« und »Contra«, Widerlegung und Lösung aufzeichnete, einher mit unerbittlicher Strenge in der → Inquisition. Die D. nannten sich gerne auch Domini canes (= Hütehunde Gottes). Offizieller Name: Ordo Praedicatorum (OP) »Prediger«. Daneben existiert auch ein Zweig von Dominikanerinnen und Terziarinnen. CA

Lit.: W. A. Hinnebusch, The History of the Dominican Order, 2 Bde., 1966, 1973.

Donar → Thor.

Donatisten, Bezeichnung für die lokale christl. Kirche in Nordafrika (4.–7. Jh.), die in den Auseinandersetzungen über die Konsequenzen der diokletian. Christenverfolgungen am Ende gegen die kath. Reichskirche unterlag und als Ketzerei bezeichnet wurde. Die Benennung nach einem Anführer, hier Donatus, gehört zu den polem. Mitteln der Ausgrenzung. Die D. wehrten sich gegen Bischöfe, die mit den Christenverfolgern kollaboriert hatten und nach der Legalisierung der Kirche wieder in Leitungsfunktionen kamen, und verlangten radikal deren Absetzung. Indem die Katholiken die Solidarität des nun christl. Kaisers und der Reichskirche erreichten, gelang es der Minderheit, die lokale Mehrheit zu unterwerfen. Augustin (354–430) entwickelte als verantwortlicher kath. Bischof an ihnen die ersten Ketzergesetze. CA

Lit.: W. H. C. Frend, The Donatist Church, 1952, [3]1983. – E. L. Grasmück, Coercitio, 1964. – J.-L. Maier, Le dossier du Donatisme, 1987/89.

Donus → Gabe.

Doomsday (von engl. doom = Schicksal, Verhängnis, auch Gesetz, Statut; *Domesday Book* = eine Art Kataster, erstellt 1086 von Wilhelm I.), engl. Bezeichnung für den Tag des Jüngsten → Gerichts. WR

Doppelte Wahrheit. Dem andalus. islam. Philosophen Ibn Rušd (lat. Averroes, 1126–98) wurde vorgeworfen, ein Konzept der d. W. zu vertreten, dem zufolge Philosophie und Theologie unterschiedliche Wahrheiten beschrieben. Ibn Rušd selbst hat dieses Prinzip nicht ausformuliert, vielmehr betonte er die Einheit der Wahrheit, die sich in unterschiedlichen Graden in den unterschiedlichen Darstellungsweisen als Philosophie (beruhend auf einer philosoph. Auslegung der Welt) oder als Recht (beruhend auf einer jurist. Auslegung der Welt) zeige. RS

Lit.: O. Leeman, Averroes and his Philosophy, 1988.

Dorje (von tibet. rdo-rje = Herr des Steins, für sanskr. vajra), Kult- und Ritualgegenstand, symbolisiert das aktive, männliche Prinzip, die zur Erleuchtung führende Methode. KKP

Douglas, Mary (1913–96), engl.-kenian. Archäologin und Anthropologin; studierte Anthropologie in Oxford. Ihre Feldforschungen führte sie v. a. in verschiedenen Gebieten Afrikas durch. Seit 1951 lehrte sie am University College in Oxford, war dort seit 1970 Professorin für Sozialanthropologie und prägte die neue Religionsanthropologie wesentlich. HK

W.: Purity and Danger, 1966 (dt. 1985). – Natural Symbols, 1970 (dt. Ritual, Tabu u. Körpersymbolik, 1974).
Lit.: R. Fardon, M. D.: An Intellectual Biography, 1999.

Do ut des (lat. = ich gebe, damit du gibst), Formel des röm. Rechts, Ausdruck der moral. und religiösen Verpflichtung zur Gegengabe, bes. im → Opfer. → Gabe, → Reziprozität. AM

Lit.: G. van der Leeuw, Die d. u. d.-Formel, in: Archiv für Religionswissenschaft 20 (1920), 241–53.

Doxologie (griech. doxología = Lobrede), Rede- bzw. Gebetsform, in welcher aufzählend Großartigkeit und Wunder Gottes gepriesen werden. Als eigentlicher Kern der Rede von Gott (Theologie) spielt die D. v. a. in den Ostkirchen (→ Orthodoxes Christentum) eine Rolle. Die D. ist aber auch ein fester Bestandteil der → Liturgie der übrigen christl. Kirchen (etwa im Schluss des Vaterunsers). D. finden sich schon in → Hymnen des Alten Orients u. a. Religionen. → Gebet. AJ

Drāvidas, vorar. Bevölkerung des indischen Subkontinents, heute hauptsächlich in Südindien zentriert, aber auch in mehreren Kleingebieten Nordindiens und Pakistans lebend. Die D. werden entweder als die Urbevölkerung Indiens oder aber als eine ab ca. 3500 v. Chr. aus dem Nordwesten nach Indien eingewanderte Bevölkerungsgruppe angesehen, in jedem Fall wurden sie durch die Einwanderung der → Arier nach Süden gedrängt. Der aus dem Sanskrit stammende Begriff drāvida erscheint zum ersten Mal im 7. Jh. und bezeichnet dabei das Tamil und einige andere dravid. Sprachen. Als klar definiertes Merkmal der D. lässt sich nur ihre Zugehörigkeit zur dravid. Sprachfamilie anführen. Aufgrund der unterschiedlichen kulturellen Entwicklung der einzelnen Volksgruppen – Entstehung einer Hochkultur der Tamilen bereits im 1. Jh. v. Chr. und deren Sanskritisierung und Brahmanisierung, während andere Volksgruppen heute noch als »primitive« Stämme in Wäldern leben und ihrer Stammesreligion anhängen – gibt es keine gemeinsame dravid. Religion, eine Reihe wichtiger religiöser Vorstellungen der alten D. bestand jedoch bereits im ersten vorchristl. Jt. So findet sich die Vorstellung der schützenden Muttergottheit einer Siedlung, verbunden mit Fruchtbarkeitsriten und Schlangenverehrung, die Idee von vier Schutzgottheiten für die vier physiograph. Regionen Südindiens (Berggegend, Wälder und Weiden, Ackerland, Meeresküste), wovon zwei Gottheiten, → Murukan und → Tirumāl, später mit hinduist. Göttern verschmolzen, sowie die Vorstellung vom Bösen als einer furchterregenden hl. Macht. Ahnenkulte, in Form der Verehrung von Heldensteinen ausgeübt, weisen auf den Glauben an eine Seele und den Geist der Verstorbenen hin. TL

Lit.: V. I. Subramoniam (Hg.), Dravidian Encyclopaedia, 1990.

Dreifaltigkeit/Dreieinigkeit (griech. trías; lat. trinitas), Fachbegriff für die christl. Struktur der Selbsterschließung Gottes als Vater, Sohn und → Hl. Geist, die von allen christl. Kirchen als Zentrum ihres Glaubens angesehen wird. (1) Struktur. Im AT offenbart sich Jahwe als Schöpfer-Gott, der für sein Volk da ist. Im NT bezeugt Jesus Gott als seinen Vater, und der Vater offenbart Jesus als seinen Sohn. Diese Selbstoffenbarung aber geschieht immer schon im Geist, in dem Jesus empfangen und durch den er nach seinem Kreuzestod auferweckt wurde, in dem der Mensch Gott erkennen kann und durch den die → Schöpfung vollendet wird. Bereits im NT finden sich trinitar. Formeln. (2) Fachbegriff. Die → Theologie hat versucht, diese Struktur auf eine angemessene Formel zu bringen, in der die drei Personen weder im Sinne eines Drei-Götter-Glaubens (→ Polytheismus) noch als sekundäre Erscheinungsformen verstanden werden: Der eine und einzige Gott existiert in den drei Personen Vater, Sohn und Geist, welche das eine göttliche Wesen bilden. Höhepunkte der Trinitätstheologie finden sich in der Patristik und in den systematischen Reflexionen der → Scholastik. In den 1960er und 70er Jahren und in der Gegenwart sind neue kreative Entwürfe einer Trinitätstheologie zu verzeichnen. KHS

Lit.: K. Rahner (Hg.), Der eine Gott u. der dreieine Gott. Das Gottesverständnis bei Christen, Juden u. Muslimen, 1983. – G. Müller, Kath. Dogmatik, 1995, 416–76. – G. Greshake, Der dreieine Gott, 1997.

Drei Siegel. Die tria signacula (de moribus manichaeorum 10,19) bei Augustinus (354–430) umschreiben ethische Vorstellungen im → Manichäismus: Enthaltsamkeit durch das Siegel des Mundes/Gedanken, der Hand/Tätigkeit und des Schoßes/Sexualität sind eine westmanichäische Neudeutung. Sie akzentuiert die ursprüngliche, aus der Ethik des → Zoroastrismus stammende Dreiheit (Siegel der Gedanken, des Mundes, der Hand) neu. → Beichttexte nennen mehrfach die D. S. gemeinsam und in Relation zu den fünf bzw. zehn Geboten, die Manichäer befolgen müssen. MH

Lit.: N. Sims-Williams, The Manichaean Commandments, in: Papers in Honour of Professor Mary Boyce, 1985, 573–82. – M. Hutter, Gedanken. Worte. Werke, in: P. Anreiter/H. M. Ölberg (Hg.), Wort, Text, Sprache u. Kultur, 1998, 23–32.

Dreizehn Middôt des Rabbi Jischmael, eine Gruppe von Auslegungsregeln, die in der rabbin. Hermeneutik in sehr hohem Ansehen stehen. Nach der Tradition war es Rabbi Jischmael, der große Lehrer der Generation vor Bar Kochba, der gegen Rabbi → Akiba festhielt: »Die Torah redet in der Sprache der Menschen« (Sifre Num § 112, H. 121). Die D. M. bilden seit dem Mittelalter einen Bestandteil des täglichen jüd. Morgengebets, zahlreiche jüd. Lehrer behaupten sogar ihre Herkunft vom Sinai. Die Geschichtlichkeit der Zuschreibung an Rabbi Jischmael lässt sich nicht belegen. Inhaltlich sind die D. M. eine Weiterentwicklung der → Sieben Regeln Hillels. KVS

Drei-Zeiten-Lehre, Strukturelement für Kosmologie und Eschatologie in → Zoroastrismus und → Manichäismus. Die Zeit der Trennung, der Vermischung und der Wiederherstellung (→ Frašōkereti) der dualist. Kräfte (→ Zwei-Prinzipien-Lehre) dauert nach zoroastr. Systematik je 3000 Jahre, von den meisten Traditionen (dāmdād-nask, bundahišn) sekundär durch die Verdoppelung der ersten Zeit auf 12.000 Jahre erweitert. MH

Lit.: A. Hultgård, Mythe et histoire dans l'Iran ancien, in: P. Gignoux (Hg.), Recurrent Patterns in Iranian Religions, 1992, 37–56. – M. Hutter, Religionen in der Umwelt des AT I, 1996, 210–15.

Drogen, natürliche oder künstliche Substanzen, die psychische bzw. physische Veränderungen hervorrufen und teilweise zur Abhängigkeit (Sucht) führen. Gebräuchlichste D. sind Alkohol, Nikotin, Cannabis, Opiate und Halluzinogene. Bereits seit vorgeschichtlicher Zeit werden D. zu Heilungszwecken, Ritualen und als Hilfsmittel zur Erreichung veränderter → Wahrnehmung eingesetzt. Der durch D. vermittelte Ausnahmezustand des → Bewusstseins (→ Trance, → Ekstase) unterstützt im religiösen Kontext die Verbindung zur transzendenten Welt und ihren Wesen. So wird im → Schamanismus mithilfe psychedel. wirksamer Pilze visionäre Erkenntnis erlangt. In den Religionen Mittelamerikas spielt die rituelle Verwendung des meskalinhaltigen Peyotekaktus eine entscheidende Rolle (→ Peyotereligion). Die Möglichkeit, durch synthet. halluzinogene D. (LSD) religiöse → Erfahrung katalysieren zu können, wird heute eher kritisch gesehen. SM

Lit.: P. Furst (Hg.), Flesh of the Gods. The Ritual Use of Hallucinogens, 1972. – G. Völker/K. von Welk (Hg.), Rausch und Realität. D. im Kulturvergleich, 3 Bde., 1982.

Druiden (griech. drouídēs, lat. Druidae/Druides), Bezeichnung der antiken Ethnographie für die → Priester der Kelten. Der Begriff geht zurück auf die keltische Form dru-wid-es mit der mutmaßlichen Bedeutung »(bes. weit) Sehende« oder »(bes. viel) Wissende«. Wichtigste Quelle sind die Nachrichten griech. und röm. Autoren vom 2. Jh. v. Chr. – 4. Jh. n. Chr., die sich ausnahmslos auf Gallien und Britannien beziehen. Die umfassendsten Informationen liefert Caesar (*De bello Gallico* 6,13–14): Er berichtet, dass die D. einen hohen gesellschaftlichen Rang einnahmen, landesweit hierarch. organisiert waren und sich jedes Jahr zu einer bestimmten Zeit an einem geweihten Ort in Gallien versammelten. Sie waren für die Durchführung der öffentlichen und privaten Opfer (auch Menschenopfer), für die Interpretation der religiösen Vorschriften, die Rechtssprechung und die Ausbildung der Jugend verantwortlich. Zu ihrer Lehre habe der Glaube an die Unsterblichkeit der Seele gehört. Die Ausbildung zum D. soll bis zu 20 Jahre gedauert haben. Verschiedenen Autoren zufolge war die → Divination eine der Hauptaufgaben der D. Für ihren Kult seien der Gebrauch von Misteln sowie die Verehrung der Eiche bedeutsam gewesen. Unter röm. Herrschaft nahm die Bedeutung der D. allmählich ab. → Keltische Religion. US

Lit.: A.L. Owen, The Famous Druids, 1962. – N.K. Chadwick, The Druids, 1966. – S. Pigott, The Druids, 1968. – F. Le Roux/C.-J. Guyonvarc'h, Les Druides, 1961, [4]1986. – J. Markale, Die D., 1989, [3]1991.

Druj/Drug (avest. = Lüge), Zentralbegriff des zoroastr. ethischen Dualismus. Die personifizierte Dämonin D. verkörpert die widergöttliche Welt → Angra Mainyus und steht im diametralen Gegensatz zur Wahrheit (aša). → Zoroastrismus. MH

Drusen, aus Ägypten stammende, aus der → Ismāʿīlīya abgeleitete islam. Gemeinschaft (Eigenbezeichnung arab. al-Muwaḥḥidūn = Einheitsbekenner). Sie wird zurückgeführt auf die Verkündung des fāṭimid. Kalifen al-Ḥākim bi-amr Allāh (verschwunden 1021) als → Hypostase der göttlichen Vernunft durch ad-Darazī. Als letzte Abbildung dieses Intellekts wird Ḥamza b. ʿAlī b. Aḥmad (11. Jh.) angesehen, der eines der beiden religiösen Hauptwerke der Drusen, das *kitāb an-naqd al-ḫafī* (= »Das Buch der verborgenen Trennung«), verfasst und eine Trennung von dem islam. Konsens über die Anerkennung der → Sunna gepredigt haben soll. Die Predigt der Anhänger al-Ḥākims hatte v. a. unter Ismāʿīliten in Südsyrien und im Libanon Erfolg. An die Stelle der schiit. Imamatslehre (→ Imām) trat ein radikaler religiöser Unitarismus, und in Erweiterung des ismāʿīlit. → Dualismus von formbestimmtem Äußeren und esoter. Inneren (→ Bāṭinīya) trat als höchste Manifestation des Glaubens die religiöse Unmittelbarkeit des Menschen hinzu, der in diesem Zustand auf jede Ritualisierung des religiösen Lebens verzichten könne, da sein Leben selbst dauerhafte Manifestation des religiösen Kults sei. Nicht in diesem Zustand befindliche Menschen hingegen müssten sich an der Orthopraxie, u. a. an den Fünf Pfeilern des Islam (→ arkān ad-dīn), orientieren, wobei diese um das schiit. Konzept der »Gottesfreundschaft« (wilāya) und des → ǧihād in der Tradition der → Ḫāriǧiten erweitert wurden. Durch die Auffassung, dass sich der von dem Einen, ewigen, dem Menschen nicht verstehbaren Gott geschaffene kosmische Intellekt (al-ʿaql al-kullī) menschliche Gestalt gebe, dass dessen fünf Prinzipien sich period. in fünf Personen abbildeten und dass Gott selbst sich abschließend in al-Ḥākim abgebildet habe, wurde die drusische Kultgemeinschaft stark hierarch. gegliedert. Zudem bildete sich früh ein enges Gruppenbewusstsein heraus durch die »sieben Grundsätze«, die Ḥamza verkündet hatte: (1) Wahrheitstreue, (2) Gegenseitigkeit, (3) Verzicht auf frühere Kulte und Lehren, (4) Ablehnung des Teuflischen, (5) Bekenntnis, dass die Einheitslehre stets verkündet worden sei, (6) Anerkennung all dessen, was Gott tut oder getan hat, und (7) Unterwerfung unter seinen Willen. Dies führte im 19. Jh. zu einer Ethnizität der drusischen Konsensgemeinschaft im Libanon und in Syrien. RS

Lit.: A. Najjar, The Druze. Millennium Scrolls Revealed, 1973. – D. Bryer, The Origins of the Druze Religion, in: Der Islam 52 (1975), 47–84, 239–62 u. 53 (1976), 5–27. – N. Abu Izzeddin, The Druzes. A New Study of Their History, Faith and Society, 1984.

Dschihad → ǧihād.

Dschin(n) → Ǧinn.

Dualismus (von lat. dualis = zwei enthaltend), in unterschiedlichen Diskurstypen Bezeichnung für verschiedene Gegenstände bzw. Topoi. (1) In der Physik wird mit diesem Ausdruck die gleichermaßen mögliche Deutung von Phänomenen als Welle und Teilchen erfasst. (2) Häufig werden in kulturwissenschaftlichen Debatten vergleichsweise stabile Polaritäten und Dualitäten bzw. Differenzorientierungen als D. bezeichnet. Gelegentlich kann dies mit der »Mythos«-Debatte kombiniert erscheinen (→ Mythos). (3) Religionswiss. Begrifflichkeit sollte sich demgegenüber genauer einschränken und den Begriff nur mit sowohl erzähler. als auch (quasi-)theoret. bzw. lehrhaften Konzepten der Welterfassung verbinden, etwa im → Zoroastrismus und → Manichäismus, in apokalypt. und gnostischen Konzepten (→ Zwei-Prinzipien-Lehre). Die die Erzählungen strukturierenden kontradiktor. Gegensätze (z. B. → Licht/Finsternis) müssen am Anfang, in der Mitte und am Ende der Erzählung gelten. »Kontradiktor.« besagt dabei, dass das eine niemals das andere sein kann und umgekehrt, was dualist. Muster deutlich z. B. von Polaritätsmodellen unterscheidet, die Übergänge kennen. Wird diese Erzählweise vergegenständlicht, können etwa dualist. Kosmologien (→ Gnosis), aber auch dualist. Konzeptionen von Menschen und von Menschengruppen und Gruppenidentität (z. B. → Qumran) entstehen. Letzteres ist freilich nicht zwingend. So können dualist. Modelle starre Gruppenidentitätsmuster auch irritieren, weil es beispielsweise unklar bleibt, wer am Ende der Erzählung auf der einen oder anderen Seite zu stehen kommt. (4) Ob auch nichtkontradiktor. Modelle als »dualist.« bezeichnet werden können, ist umstritten, z. B. die zweifache Gotteskonzeption bei Luther: Der offenbarte Gott (deus revelatus) hat sich als Christus den Menschen offenbart. Damit ist Erlösung festgelegt. Der gleiche Gott aber ist ein verborgener (deus absconditus), der Unglück, Sintflut, revolutionäre Bauern oder türkische Heere über sein Volk hereinbrechen lässt.
Für die Anwendung auf manche religiöse Systeme (z. B. → Buddhismus) erscheint der Begriff D. aufgrund seiner Prämissen überhaupt nicht geeignet. (→ Religionsphilosophie). Red

Lit.: H. Jonas, Gnosis u. spätantiker Geist, 2 Bde., 1934–93. – S. Runciman, Häresie u. Christentum, 1988 (engl. 1947). – U. Bianchi, Il dualismo religioso, 1958, [2]1983. – I. P. Coulianu, The Tree of Gnosis, 1992.

Duhkha (von sanskr. duḥkha, pāli dukkha = → Heil/Leid), im Buddhismus eines der drei Merkmale allen Seins. Die Lehre vom Leiden besagt, dass alles Leben leidhaft ist, weil es nicht beständig ist. → anātman, → Vier Edle Wahrheiten. AM

Lit.: L. Schmithausen, Zur buddh. Lehre von der dreifachen Leidhaftigkeit, in: Zs. der dt. morgenländ. Gesellschaft, Suppl. III.2, 1977, 918–31.

Dumézil, Georges (1898–1986), Sprach- und Religionswissenschaftler, von 1949–68 Professor für Indogerman. Sprachwissenschaft am Collège de France in Paris. Seiner weitgehend umstrittenen Theorie der »Ideologie der drei Funktionen« zufolge spiegelt sich im Weltbild und in der Gesellschaftsordnung der → Indogermanen eine hierarch. aufgebaute Dreigliederung mit den drei grundlegenden Funktionen der Herrschaft (souveraineté), des Kriegswesens (force) und der Fruchtbarkeit (fécondité). BM

Lit.: B. Schlerath, Georges D. u. die Rekonstruktion der indogerman. Kultur, in: Kratylos 40 (1995), 1–48; 41 (1996), 1–67.

Dumuzi (akkad. Tammuz), sumer. Hirte(ngott), seit dem 3. Jt. v. Chr. mit Inanna (→ Ištar) verbunden. Die → Hl. Hochzeit Inannas mit D. und die Totenklage um D. sind verbreitete Themen der sumer. religiösen Literatur (ca. 1800–1600 v. Chr.). MH

Lit.: B. Alster, Art. »Tammuz«, in: DDD, 1995, 1567–79.

Dunhuang, Oasengebiet in der chin. Provinz Xinjiang, seit der späten Han-Zeit (25–220 n. Chr.) ein Brückenpfeiler der chin. Westexpansion; berühmt durch seine buddh. Höhlenanlagen (»Höhlen der Tausend Buddhas«) und die polyglotte Bibliothek, die dort gefunden wurde. Diese spiegelt den religiösen Pluralismus v. a. der Tang-Zeit (618–906) an der Seidenstraße (→ Daoismus, → Buddhismus, Nestorianismus, → Manichäismus, → Zoroastrismus). MD

Lit.: H.-J. Klimkeit, Die Seidenstraße. Handelsweg u. Kulturbrücke zwischen Morgen- u. Abendland, 1988.

Dunyā (arab. = Diesseits, Welt). Ursprünglich bezeichnete d. die »nächste [Welt]« im Gegensatz zur »letzten [Welt]«, d. h. dem → Jenseits (→ āḫira). Das Bezugswort für Welt oder Leben (arab. dār bzw. ḥayāt) ist in dieser Konstruktion entfallen. In der islam. Theologie wurde das Diesseits nur selten als Negation des Jenseits betrachtet. Glück im Diesseits stand nach Meinung der Mehrheit der Gelehrten dem Glück im Jenseits nicht im Wege; in der eskapist. Tradition der islam. Mystik (→ taṣawwuf) wurde hingegen eine radikale Weltentsagung als Zeichen der Frömmigkeit und als Teil der Reinigung der Seele befürwortet. RS

Durgā (sanskr. = die Unergründliche), Name einer hinduist. → Göttin (→ Devī) in ihrer schreckenerregenden Form, Gefährtin → Shivas. → Hinduist. Pantheon. AM

Lit.: V. S. Agrawal, The Glorification of the Great Goddess, 1963. – D. Kinsley, Hindu Goddesses, 1986. – H. P. Rodrigues, Ritual Worship of the Great Goddess. The Liturgy of the Durgā Pūjā with Interpretations, 2003.

Durkheim, Émile (1858–1917), einer der Begründer der Soziologie und → Religionssoziologie; studierte u. a. bei → Fustel de Coulange. Ab 1906 war er Ordinarius für Pädagogik und Soziologie an der Sorbonne in Paris. D. betrachtete die Religion als eine zentrale → soziale Tatsache, die die Grundlage jeder gesellschaftlichen Ordnung bildet. Damit stellte er, wie M. → Weber, die Religionssoziologie in den Mittelpunkt seiner Theorie der Gesellschaft. Er wurde unterstützt von der sich rasch ausbreitenden D.-Schule, zu der M. → Mauss, H. Hubert (1872–1927) und R. Hertz (1881–1915) zählten. HK

W.: Le suicide, 1897 (dt. 1973). – Les formes élémentaires de la religion, 1912 (dt. 1981).
Lit.: H. G. Kippenberg, E. D., in: A. Michaels (Hg.), Klassiker der Religionswissenschaft, 1997, 103–20, 372–77.

Dvaita (sanskr. = Zweiheit), Bezeichnung für dualist. Systeme in der → indischen Philosophie. JG

Dynamismus (von griech. dýnamis = Kraft, Vermögen), seit → Aristoteles Bezeichnung für das teleolog. Prinzip jeder Entwicklung. In der evolutionist. → Religionswissenschaft bezeichnete D. eine frühe Stufe der religiösen → Entwicklung vor dem → Animismus: Alles Seiende, Lebewesen oder Unbelebtes, wird als durch eine numinose Macht (→ mana) bewegt gedacht. → Religionsphänomenologie. MB

E

Ebed Jahwe → Knecht Gottes.

Ebenbild Gottes. Nach Gen 1,27 ist der Mensch E. G. Für jüd., christl. und muslim. Theologie erhielt dieses Diktum zentrale Bedeutung, impliziert es doch eine bis dahin ungekannte Macht des Menschen über die Welt. Der Gedanke der Ebenbildlichkeit führte zu einem starken Anthropomorphismus des Gottesbildes, der umgekehrt das Verbot der Abbildung von Menschen nahe legte. → Altes Testament, → Apokryphen, → Bilderverbot. KVS

Ebla, nordsyr. Stadt, Blüte zwischen 2400 und 2300 v. Chr. Kulturell von Sumer beeinflusst, spiegeln die Texte aus E. früheste nordsyr. Religion wider. (1) An der Spitze der Götterwelt von E. stehen Kura als autochthoner Stadtgott, eine Sonnengöttin und der Wettergott (→ Hadad). Neben syrisch-semit. Göttern (z. B. → Dagan, Kamis) werden Götter verehrt, die im 2. Jt. auch bei den → Hurritern verbreitet waren (Aštabil, Išhara). Die einzelnen Monate sind den Hauptgöttern E. mit Opferfesten geweiht (geopfert werden laut Opferlisten Brot, Bier, Öl; kleinere Tiere als Nahrung für die Götter; Sachwerte wie Statuen, Leinengewänder, Schmuck). Neben der Götterspeisung sind Brandopfer belegt, beide Opfertypen scheinen somit genuin altsyr. Praxis zu sein, die auch in den folgenden Jh.en im semit. und hurrit. Milieu Syriens bezeugt ist. (2) Erstmals innerhalb der → Syrischen Religionen wird in E. ein Ahnenkult fassbar: von den Ahnen erwartet man Wohlergehen für die Familie. Dieser Kult ist auf das Herrscherhaus bezogen, um durch Opfer für die königlichen Ahnen zur Blüte der Dynastie beizutragen. Zeugnisse der Volksfrömmigkeit sind kaum erhalten; theophore Elemente (= abgeleitet von Götternamen) in Personennamen zeigen z. T. andere Götter als die im offiziellen Kult verehrten, so dass der Volksglaube kaum deckungsgleich mit der offiziellen Religion war. MH

Lit.: J. Oesch, Die Religion E., in: P. W. Haider u. a. (Hg.), Religionsgeschichte Syriens, 1996, 39–48. – F. Pomponio/P. Xella, Étude analytique des divinités éblaites à l'époque des archives royales du IIIe millénaire, 1997. – Zu weiterer Lit. s. → Syrische Religionen.

Echnaton, regierte als Pharao ca. 1352–36 v. Chr., zunächst unter dem Namen Amenophis IV. E. wächst mit der »Neuen-Sonnen-Theologie« der 18. Dynastie auf, in welcher der tägliche Sonnenzyklus als Garant für den Fortbestand der Welt im Mittelpunkt steht. Bereits in seinem ersten Regierungsjahr errichtet er in Karnak einen Tempel für (Re-Harachte-)Aton. Aton (Iten = die Sonnenscheibe) bezeichnet die physische Erscheinung der → Sonne als lebenserhaltendes Licht. Nach einer kurzen Zeit des Nebeneinanders mit anderen Gottheiten wird Aton zum alleinigen Gott E.s. Im 5. Regierungsjahr ändert dieser seinen Namen Amenophis (= Amun ist zufrieden) in E. (= Glanz des Aton) und beginnt an einer abgelegenen Stelle in Mittelägypten mit dem Bau einer neuen Residenzstadt namens Achetaton (= Lichtort des Aton). Die heutige Bezeichnung Tell el-Amarna gab der Reformepoche E.s ihren Namen »Amarnazeit«. Achetaton ist keine gewöhnliche Hauptstadt, sondern eine Kultstätte für Aton, E. und seine Familie. Dabei ist Aton der Gott E.s, aber E. der Gott jedes Einzelnen. Der Große Atonhymnus oder »Sonnengesang«, oft verglichen mit dem des Franz von Assisi (1182–1226) oder mit Ps 104, ist die wichtigste Quelle für E.s Lichtreligion. In den »expressiven« bildlichen Darstellungen aus der Amarnazeit berührt der »Strahlenaton« mit Händen oder Lebenszeichen E., seine Frau Nofretete und ihre Töchter. Aufgrund der Austilgung der Namen anderer Götter, bes. des Amun-Namens, um Aton als höchste Gottheit zu etablieren, galt E. fälschlicherweise als erster »Monotheist«. Tatsächlich zeigt sich die Verfolgung anderer Götter wenig konsequent – so war der Gott Thot nie davon betroffen. Auch die »idyllischen« Amarna-Familienszenen erscheinen durch die Entdeckung der Kija, einer wichtigen »Favoritin« E.s, in einem anderen Licht. → Altägypt. Religion. EH

Lit.: E. Hornung, E. Die Religion des Lichtes, 1995.

Eckhart (Meister E., um 1260–1327/28), bedeutender Dominikaner, zweimal am Lehrstuhl in Paris, Nonnenseelsorger im süddt. Raum; 1329 kirchliche Verurteilung einzelner Sätze seines lat. und dt.-sprachigen Werks. E.s Zusammenschau von Theologie (→ Christologie, Trinitätstheologie und altkirchliche Lehre von der Gottesgeburt in der Seele) und Philosophie (Neuplatonismus [→ Platonismus], Aristoteles, Averroes, → Maimonides u.a.) führte zu einer Neuinterpretation der Tradition (die Inkarnation ereignet sich zu jeder Zeit, in jedem Menschen, der sein Ich und alle Dinge gelassen hat und ganz aus Gott, der Gerechtigkeit, lebt) und einer zunehmend kühneren Lehre vom Seelenfunken, der mit Gottes Wesen korrespondiert. → Mystik. AW

W.: Die dt. und lat. Werke (hg. von der Dt. Forschungsgemeinschaft), 1936ff. – Werke. Sämtliche dt. Predigten u. Traktate sowie eine Auswahl aus den lat. Werken (hg. von N. Largier), 2 Bde., 1993.
Lit.: K. Ruh, M. E.: Theologe, Prediger, Mystiker, 1985, [2]1989. – L. Sturlese, M. E.: Ein Portrait, 1993.

Edda, ursprünglich Bezeichnung für die heute so genannte Jüngere, Prosa- oder Snorra E. Dabei handelt es sich um ein von dem isländ. Politiker und Gelehrten Snorri Sturluson (1179–1241) verfasstes Lehrbuch der altnord. Skalden- oder Hofdichtung, das eingebettet in eine Rahmenhandlung insbes. die mit der Mythologie verbundenen Metaphern (altnord. Kenningar) dieser Literaturgattung behandelt und in diesem Zusammenhang zahlreiche Mythen ausführlich referiert. Seit der zweiten Hälfte des 17. Jh.s dient der Name auch zur Bezeichnung der heute so genannten Älteren oder Lieder-E., einer Sammlung von Götter- und Heldenliedern, von denen die meisten im sog. *Codex Regius*, einer Handschrift aus der zweiten Hälfte des 13. Jh.s, überliefert sind. Beide Werke spielten in der Vergangenheit eine wichtige Rolle für die Rekonstruktion der (nord-)german. Mythologie, doch hat man dabei sowohl die Traditionsgebundenheit der Prosa-E. als auch das Alter einzelner Gedichte der Lieder-E. vielfach überschätzt. Was also älter als die Christianisierung Islands (um 1000) ist, lässt sich schwer feststellen. → German. Religion. BM

Lit.: A. Faulkes (Hg.), E. Prologue and Gylfaginning, 1982. – G. Lorenz (Hg.), Snorri Sturluson, Gylfaginning. Texte, Übersetzung, Kommentar, 1984. – K. von See u.a. (Hg.), Kommentar zu den Liedern der E., 1997ff.

Eden (hebr. ʿædæn = Wonne), nach Gen 2–3 Name des urzeitlichen Paradiesgartens, wo das erste Menschenpaar bis zu seiner Vertreibung lebte. Da Gott einen Garten in E. pflanzte (Gen 2,8), gab es immer wieder Versuche, diesen mythischen Ort zu lokalisieren, wovon zahlreiche rabbin. Auslegungen berichten (v.a. Midrasch Genesis Rabba 15,6ff.; siehe auch Akibas Reise in den »Garten« bT Chagiga 15b). (Die gnostischen, dualist. und christl. Positionen unterscheiden sich von diesen konkreten Identifizierungsversuchen.) Doch zugleich war der Name E. theolog. nicht auf den Gottesgarten beschränkt, sondern bezeichnet in der Hebr. Bibel eine Stätte, die jenseits ihrer geograph. Bestimmtheit durch die vollkommene Offenbarungsgegenwart Gottes gekennzeichnet ist (siehe auch Ez 28,13). Bes. die Vertreibungssituation Adams und Evas konnte kosmisch überhöht und in die Heilsgeschichte Israels eingebunden werden, die dereinst zu einer Wiederherstellung der göttlichen Offenbarungsgegenwart führen werde (verbunden mit erneuter Einwohnung der → Schechina). Auf christl. Seite herrschte bei der Interpretation der Vertreibungssituation das Dogma der allein durch die Gnade Gottes aufzuhebenden → Erbsünde vor, das die urzeitliche Situation als unwiederbringlich verloren betrachtet. → Altes Testament, → Apokryphen, → Gegenwelt, → Paradies. KVS

Lit.: A. Brock-Utne, Der Gottesgarten. Eine vergleichende religionsgesch. Studie, 1935. – E. Haag, Der Mensch am Anfang. Die atl. Paradiesvorstellung von Gen 2–3, 1970. – C. Dohmen, Schöpfung u. Tod. Die Entfaltung theol. u. anthropolog. Konzeptionen in Gen 2/3, 1988. – E. Pagels, Adam, Eva u. die Schlange. Die Theologie der Sünde, 1991. – G. Luttikhuizen (Hg.), Paradise Interpreted, 2002.

Edomiter, Judas südliche Nachbarn, deren Gott Kôs heißt. Durch ihren Stammvater Edom (= Esau, Jakobs Bruder) sind die E. mit den Juden verwandt, doch in den gegenseitigen Beziehungen herrscht krieger. Auseinandersetzung vor (1 Kön 11 u. ö.), besonders ihre Beteiligung an der Zerstörung Jerusalems 587 und dem Exil (Ps 137,7; Jes 34) befestigt die Feindschaft. In der späteren jüd. Geschichtstheologie wird »Edom« zur Chiffre für Rom, später für die christl. Staaten. → Altes Testament, → Apokryphen. KVS

Ehe, sozial und rechtlich anerkannte Sexual- und Lebensgemeinschaft. Weit verbreitet ist die Einehe (Monogamie) zwischen Mann und Frau. Vielehe (Polygamie) ist meist als Verbindung eines Mannes mit mehreren Frauen üblich (Polygynie). Die Vielmännerei (Polyandrie), bei der mehrere Männer, meist Brüder, mit einer Frau leben, ist selten und auf Südasien und Tibet beschränkt. Unter Gynegamie ist eine vertraglich geregelte Zweckgemeinschaft zwischen zwei oder mehreren Frauen zu verstehen, mit dem Ziel legale Nachkommen zu erhalten. Die Gynegamie ist in ganz Afrika bekannt und zählt zum Typus der Stellvertreterehe, wie auch die Geistheirat, das → Levirat, oder die E. mit einem Toten. Die E.-Schließung ist in der Regel, aber nicht notwendigerweise, mit einem religiösen Ritual verbunden, das häufig blutige oder unblutige Opfer, das gemeinsame Mahl der beteiligten Familien sowie divinator. Praktiken (→ Divination, → Astrologie) einschließt. In vielen → Hochreligionen finden sich Aussagen zur E. als dem geforderten Normalfall (z. B. → Judentum, → Islam) bzw. über legitime Ehelosigkeit, die mit einem Keuschheitsgelübde oder -gebot im Zusammenhang mit Priesterschaft und Mönchtum (→ Mönch) verbunden ist (→ Askese, → Buddhismus, → Christentum, → Zölibat). Ebenso üblich sind in Hochreligionen Vorschriften zur religiösen Endogamie bzw. → Exogamie. → Familie, → Verwandtschaft. PJB

Lit.: G. Kehrer, E., in: HrwG, Bd. 2, 1990, 236–43.

Ehelosigkeit bzw. Keuschheit (→ Zölibat) ist in zahlreichen Religionen Hauptbestandteil priesterlicher und mönchischer → Askese. Ein Kompromiss besteht im Verbot einer zweiten → Ehe im Christentum (1 Tim 3,2. 12; Tit 1,6) oder der Wiederverheiratung in Indien. In der kath. Kirche hat sich die Forderung des Priesterzölibats (vom Subdiakon aufwärts) gegen einige Widerstände durchgesetzt, bis sie durch das zweite Laterankonzil 1139 sanktioniert und durch das Tridentinum bestätigt wurde. → Jungfräulichkeit. AM

Lit.: P. Brown, Die Keuschheit der Engel. Sexuelle Entsagung, Askese u. Körperlichkeit im frühen Christentum, 1994 (engl. 1988).

Eid. In vor- und frühstaatlichen Gesellschaften, die keine Zwangsmittel der Dauergewalt ausgebildet haben, um Besitzrechte, Steuerzahlungen oder Beteiligung an Kriegszügen erzwingen zu können, spielt der E. als Selbstverpflichtung eine zentrale Rolle. Für den Fall der Nichterfüllung zieht der E.-Leistende den → Fluch Gottes auf sich. Was Menschen nicht erzwingen können, wird Gott bestrafen. Assertor. E. sind Bekräftigungen von Vereinbarungen (festgelegt im 7. Gebot des Dekalogs Ex 20,16: »Du sollst kein falsch Zeugnis geben!«), promissor. E. sind Selbstverpflichtungen für die Zukunft. CA

Lit.: P. Prodi, Glaube u. E., 1993.

Eigengesetzlichkeit, in der Antike (griech. autonomía) Bezeichnung für die polit. Selbstbestimmung; die Philosophie der Neuzeit bezieht die E. auf den Menschen als selbstbestimmtes Vernunftwesen. In der funktional-strukturellen → Systemtheorie N. → Luhmanns bezeichnet E. die Entwicklung und den Bestand eigener Rationalitäten in den einzelnen Teilsystemen. Die *Theorie des kommunikativen Handelns* von J. Habermas (geb. 1929) verweist auf die Gefahr der Kolonialisierung privater Lebenswelten durch die E. v. a. des Subsystems Ökonomie. AKN

Lit.: N. Luhmann, Soziale Systeme. Grundriss einer allgemeinen Theorie, 1987.

Einfluss (ursprünglich von lat. influx = »Übertragung« von Kräften der Sterne auf den astrolog. zugehörigen Menschen; jetzt eher in der Metapher von Fluss und Nebenfluss), in religionsgesch. Hinsicht eine kulturinterne und v. a. -externe dynamisierende Einwirkung auf ein religiöses Symbolsystem. E. ergeben sich durch wirtschaftliche und soziale Umbrüche innerhalb der eigenen Kultur (Übergang zu anderen Lebensformen, Wechsel des polit. Systems), v. a. aber durch histor. → Kontakte. Häufig werden religiöse Elemente (z. B. Götter, Rituale etc.) von als überlegen empfundenen Kulturen übernommen, bes. solche mit einer neuen Problemlösungspotenz, wenn die eigenen Ressourcen keine geeigneten Lösungen bereitstellen. FS

Einigung. Kognitive oder affektive Einung (lat. unio mystica) des Ich mit einem Nicht-Ich/einer umfassenderen Realität ist ein zentrales Merkmal von → Mystik. Obgleich sprachliche Ausdrucksformen in den verschiedenen Religionen (reziproke Immanenzformeln wie »Ich in Gott und Gott in mir«, Identitätsaussagen wie »Ich bin Shiva«, Bilder geschlechtlicher Vereinigung) ähnlich bis deckungsgleich sind (vgl. das »Vergehen eines Tropfens im Meer« in den Upanishaden, der → Kabbala und bei → Margarete Porete), wird E. in den einzelnen Traditionen sehr unterschiedlich bewertet. → Mystik, → Sexualität. AW

Einsamkeit, religiöse Existenzerfahrung, bes. in der → Mystik, aber auch im Prophetismus, die den Menschen im Gottes- und Welterlebnis von seiner Umgebung isoliert. E. als Gemeinschafts- und Kommunikationsverzicht bildet eine verbreitete Form der → Askese und der neuzeitlichen Individualreligiosität. AM

Lit.: H. von Campenhausen, Die asket. Heimatlosigkeit, 1930. – U. Tworuschka, Die E., eine religiös-phänomenolog. Untersuchung, 1974. – A. u. J. Assmann (Hg.), Die E., 2000.

Einstellung, ein aufgrund früherer Erfahrungen entstandener Bereitschaftszustand des Organismus, mit Wirkung auf aktuelles Erleben, → Verhalten und → Wahrnehmung. Man unterscheidet: (a) E. (engl. set) als relativ leicht modifizierbare Tendenz, auf bestimmte Reize mit bestimmten Reaktionen zu antworten (sensor. E., motor. E., Wahrnehmungs-E.), (b) E. als eher überdauernde Persönlichkeitsmerkmale im Sinne von Werthaltungen (→ Werte) gegenüber → Personen und sozialen Prozessen. Die Unterscheidung zwischen extrins. und intrins. Religiosität als überdauernder E. hat eine Vielzahl an empir. Forschungen angeregt. SM

Lit.: S. Huber, Zentralität und Inhalt, 2003.

Eisai (Respekttitel Eisai Zenji) → Zen/Zen-Buddhismus.

Eknāth (1533–99), indischer Dichter und Heiliger, der in der Marāthī-Sprache schrieb. AM

Ekstase (griech. ékstasis = das Außersichsein, die Entrückung) spielt im religiösen Erlebnis eine nicht unwichtige Rolle. Die Formen und Beweggründe der E. sind vielfältig, doch geht sie stets mit einer Veränderung des Bewusstseinszustandes einher. Die E. kann der Erlangung spiritueller Gipfelerlebnisse (→ Religionspsychologie) dienen, der mystischen Verbindung mit transpersonalen Ebenen, der Katharsis (bes. im Kult des → Dionysos), der → Divination oder der schaman. Reise. Dabei kann sie auch Formen der → Besessenheit annehmen. Griech. Religion entwickelte einen differenzierten Diskurs zu allen Fragen ekstat. Zustände, wobei der »religiöse Wahn« in positiver Weise als von den Göttern gesandt betrachtet wurde (Enthusiasmus). Platon unterscheidet vier Arten des »göttlichen Wahnsinns«: prophet. Wahn, Initiations- und Ritualwahn, poet. und erot. Wahn (*Phaidros* 244 AB; 265 AB). Inwieweit die E. zentrales Kennzeichen des → Schamanismus ist, bleibt umstritten, ebenso die Frage des schaman. Einflusses auf die griech. Religion. Heute spielt die E. in vielen traditionalen Gesellschaften nach wie vor eine große Rolle, in den → afroamerikan. Religionen ist sie zentrales Mittel spiritueller Praxis. → Charisma. KVS

Lit.: E. Arbman, Ecstasy or Religious Trance, 3 Bde., 1963–70. – E. R. Dodds, Die Griechen u. das Irrationale, 1970. – I. M. Lewis, Ecstatic Religion. An Anthropological Study of Spirit Possession and Shamanism, 1971. – H. Cancik (Hg.), Rausch, E., Mystik: Grenzformen religiöser Erfahrung, 1978. – I. P. Couliano, Expériences de l'extase: extase, ascension et récit visionnaire de l'hellénisme au Moyen Age, 1984. – R. N. Hamayon, Are »Trance«, »Ecstasy« and Similar Concepts Appropriate in the Study of Shamanism?, in: Shaman 1/2 (1993), 3–25. – R. M. Becker, Trance u. Geistbesessenheit im Candomblé von Bahia (Brasilien), 1995.

El, allgemeine Bezeichnung für → Gott in semit. Sprachen, die die »Macht/Stärke« des Göttlichen ausdrückt. Als Manifestation göttlicher Macht erwartet die nichturbane Bevölkerung von E. Schutz für die eigene Sippe und Herde, ohne dass E. zunächst ein individuell profilierter Gott gewesen wäre. Zu einer solchen Profilierung kommt es erst im theolog. strukturierten Pantheon von → Ugarit in der ersten Hälfte des 2. Jt.s v. Chr., wo E. mit Aširat als höchstes Götterpaar gilt – mit Aufgaben im Schöpfungsbereich, aber auch als Garant der kosmisch-polit. Ordnung. Sieht man von Ugarit ab, ist E. im Vorderen Orient aber kein dominierender Gott eines Stadt- oder Staatspantheons. In Palästina etwa seit dem 7. Jh. ist E. auch mit → Jahwe verschmolzen. → Elohîm. MH

Lit.: W. Herrmann, Art. »E.«, in: DDD, 1995, 522–33. – C. Maier/J. Tropper, E. – ein aramäischer Gott?, in: Biblische Notizen 93 (1998), 77–88.

Elamische Religion. (1) Seit dem 4. Jt. im Südwesten Irans ansässig, entwickelten die Elamier eine eigenständige Kultur mit eigener Sprache, übernahmen jedoch in der Mitte des 3. Jt. die akkad. Keilschrift. Dadurch entstand eine rege kulturelle Wechselbeziehung zwischen Elam und Mesopotamien (→ Mesopotam. Religionen), die bis zum Ende der elamischen Geschichte unter den Achämeniden im 5. Jh. v. Chr. anhielt. (2) An der Spitze des elamischen Pantheons steht seit etwa 2300 v. Chr. Humban mit seiner Gattin Pininkir, im Laufe des zweiten Jt.s wird dieses Götterpaar durch Napiriša und Kiririša abgelöst. Auch Inšušinak, ursprünglich Lokalgott von Susa, wird nunmehr überregional verehrt. Ursachen dieser Umgestaltung des Pantheons sind polit. (und dynast.) Umschichtungen im Südwesten Irans. (3) Die polit. und kulturellen Beziehungen Elams zu Mesopotamien führten – wie die Quellensituation zeigt – gelegentlich zu Gleichsetzungen dieser Götter mit Gestalten der mesopotam. Götterwelt, z. B. Humban mit Enlil oder Napiriša mit Ea. Kiririša wird im 2. und 1. Jt. manchmal als »Mutter der Götter« tituliert, um ihre Bedeutung entsprechend auszudrücken. Einer der Tempel der großen → Ziqqurat von Choga Zambil war ihr geweiht. (4) In den Kulten der zentralen Götter Napiriša, Kiririša and Inšušinak zeigt sich ferner, dass diese jeweils lokale Unterweltsbezüge hatten. Aus der Verwaltungspraxis der Achämeniden in Persepolis erfahren wir indirekt über Tieropfer für diese Götter: Die für den Kult gelieferten Getreide-, Öl- und Weinrationen konnten von den Priestern gegen Opfertiere eingetauscht werden. Mit diesen Tieropfern war eine spezielle Priestergruppe, die šaten, betraut. Diese Kulte des 5. Jh. v. Chr. illustrieren zugleich den Pluralismus im iran. Achämenidenreich, wo die E. R. neben dem → Zoroastrismus ihre letzte Blüte erlebte. MH

Lit.: H. Koch, Die religiösen Verhältnisse der Dareioszeit, 1977. – P. de Miroschedji, Le dieu élamite Napirisha, in: Revue d'Assyriologie 74 (1980), 129–43. – F. Grillot, Kiririša, in: L. de Meyer/H. Gasche u. a. (Hg.), Fragmenta Historiae Aelamicae, 1986, 175–80.

Electronic Church, Bezeichnung für die Verkündigung der christl. Heilsbotschaft über Fernsehsender u. a. neue → Medien der Kommunikation (Videokassetten, Radiokanäle, World Wide Web usw.). Sie hat ihren Ursprung in den USA, wo Religionen schon seit langem neue Medienentwicklungen schnell aufnehmen. Schon in den 40er/50er Jahren arbeiteten die → Denominationen mit amerikan. Fernsehsendern zusammen. Seit den 80er Jahren kam es zu einer intensiven Nutzung der Massenmedien v. a. durch fundamentalistische Kreise. Dazu zählt die tägliche oder wöchentliche Ausstrahlung von Fernsehpredigten, die Verkündigung und Show-Elemente verbinden und auf die momentane Bekehrung der Zuschauer drängen. Die E.Ch. entwickelte nicht nur eigene Sendeformate, sondern auch eine eigene Organisationsstruktur innerhalb des Medienbereichs, die Einfluss sowohl auf religiöse als auch auf polit. und kulturelle Institutionen ausübt. 1987 wurden in den Vereinigten Staaten 221 christl. Fernsehstationen gezählt sowie 60 in andere Sender integrierte Programme. Sender- oder Publikums-Angaben zufolge sehen 130 Mio. Amerikaner diese Sender, Kritiker räumen immerhin 28–30 Mio. Zuschauer ein. HK

Electus (lat. = auserwählt), Bezeichnung für die Mitglieder der manichäischen Elite. Ein E. muss alle Gebote und Verbote einhalten und steht über dem → Auditor. Auch in der Kirchenhierarchie kann nur ein E. die höchsten Positionen einnehmen. An der hierarch. Spitze steht der Archēgós (griech. = Oberanführer), darunter 12 Lehrer, 72 Bischöfe und ferner 360 Presbyter. → Manichäismus. MH

Elia (Elija, Elijahu), israelit. Prophet des 9. Jh.s, der sich im Kampf gegen Baal und für JHWH bes. hervortat. Die histor. Details des mitunter blutigen Vorgehens gegen die Baalspriester sind in den E.-Erzählungen 1 Kön 17 – 2 Kön 2 legendär überformt. Die Erwartung einer Rückkehr des E. verband sich später mit der Person des Messias (Mal 3,23f.) und zeigt sich noch im zeitgenössischen Judentum etwa zu → Passah, wenn ein Kelch für den Propheten bereitgestellt wird. Christen sahen in Jesus oder auch in Johannes dem Täufer den E. redivivus (Mt 17,10–12; 27,47; Lk 1,17). → Altes Testament, → Apokryphen. KVS

Lit.: M. Öhler, E. im NT. Untersuchungen zur Bedeutung der atl. Propheten im frühen Christentum, 1997. – M. Beck, E. u. die Monolatrie. Ein Beitrag zur religionsgesch. Rückfrage nach dem vorschriftprophet. Jahwe-Glauben, 1999.

Eliade, Mircea (1907–86), rumän. Religionswissenschaftler und Literat. E.s → Religionsphänomenologie schreibt dem Erscheinen des → Heiligen, der → »Hierophanie«, absolute Realität zu. Religionsgeschichte wird zur kreativen Hermeneutik religiöser Phänomene. Losgelöst vom geograph. und histor. Kontext deutet E. mit Schlüsselbegriffen wie → axis mundi oder coincidentia oppositorum (Zusammenfall der Gegensätze) religiöse Symbole. Das umfangreiche literar. Werk – auch die Tagebücher und autobiograph. Schriften – versteht E. als Ergänzung seines wissenschaftlichen Œuvres. Der bekannteste Religionswissenschaftler des 20. Jh.s ist umstritten aufgrund seiner Methodik und seiner Beziehungen zu polit. rechtsgerichteten rumän. Bewegungen. → Religionswissenschaft. JG

W.: Geschichte der religiösen Ideen, Bde. 1–3/1, 1976–83.
Lit.: D. Allen/D. Doeing (Hg.), M. E.: An Annotated Bibliography, 1980. – K. Rudolph, E. und die Religionsgeschichte, in: H. P. Duerr (Hg.), Die Mitte der Welt: Aufsätze zu E., 1984, 49–78. – U. Berner, M. E., in: A. Michaels (Hg.), Klassiker der Religionswissenschaft, 1997, 343–53.

Eliasapokalypse, dem Propheten → Elia zugeschriebene Schrift des 3. oder frühen 4. Jh.s n. Chr., die in mehreren christl. überarbeiteten Fassungen (hebr., koptisch) überliefert ist. → Altes Testament, → Apokryphen. KVS

Lit.: M. E. Stone/J. Strugnell, The Books of Elijah, 1979. – JSHRZ 5/3, 1980.

Elisa (Elischa), israelit. Prophet, Schüler des → Elia und wie dieser ein erbitterter Feind der Baalskulte, der 842 v. Chr. Jehu anstiftete, König Joram und die Omriden zu ermorden (2 Kön 9). → Altes Testament, → Apokryphen. KVS

Elite (von franz. élite = Auslese, aus lat. eligere = auswählen), ursprünglich Bezeichnung für eine Auslese der Besten, heute bestimmt sich die Zugehörigkeit zur E. über die Fähigkeit, regelmäßig Einfluss auf gesamtgesellschaftlich wichtige Entscheidungen zu nehmen. Ist die Macht von E. jeweils auf bestimmte Gesellschaftsbereiche (Wirtschaft, Politik, Kultur) beschränkt, so spricht man von Funktionseliten. Formal sind E. → Minderheiten; mit ihrem Verhältnis zur jeweiligen Oberschicht befassen sich E.-Theorien. Während pluralist. E.-Theorien von einer Machtbalance mehrerer konkurrierender E. ausgehen, nehmen monist. E.-Theorien eine geschlossene Gruppe von Machthabern und mithin die Übereinstimmung von E. und Oberschicht an. Nach der Art ihrer Legitimation werden Geburts-, Wert-, Funktions-, Leistungs-, Positions- und Macht-E. unterschieden. E. können religiös legitimiert sein (Salbung von Königen/Konfuzian. Staatsbeamtentum) oder spezif. religiöse Haltungen einnehmen, wie z. B. die anfängliche Ablehnung der Erlösungsreligionen durch Adel und Bürokratie. Die Grenzen zwischen religiös legitimierten E. und elitenspezif. religiösem Verhalten sind z. T. fließend. So kann z. B. der hohe Anteil von Protestanten in den höheren Rängen von Militär und Verwaltung als religiöse E. betrachtet werden, er lässt sich aber auch auf die Dominanz Preußens im 19. und frühen 20. Jh. zurückführen, dessen Macht-E. sich den Protestantismus in bes. Weise zu Eigen gemacht haben. AKN

Lit.: W. Bürklin u. a., E. in Deutschland. Rekrutierung u. Integration, 1997. – S. Hradil, Soziale Ungleichheit in Deutschland, 1999.

Eljôn (hebr. ʿæljōn = der Höchste, später griech. → Hýpsistos), jebusit.-kanaanäische Gottheit, die nach etwa 700 v. Chr. mit dem israelit. → Jahwe verschmolz und z. B. in Gen 14,18–20 und Ps 78,35 als → El E. (= Höchster Gott) begegnet. → Altes Testament, → Apokryphen. KVS

Elkesaiten (Elchasaiten), jüd.-christl.-gnostische Taufgemeinschaft des 2.–4. Jh.s n. Chr., deren Ursprünge wohl auf die charismat. Prophetengestalt des Elchasai zurückgehen. Dieser trat mit der Prophezeiung hervor, die → Parusie Christi werde 119 n. Chr. (andere Lesart: 101 n. Chr.) stattfinden (Hippolyt, *Refutatio omnium haeresium* 9,17,2). Jüd. (Beschneidung, Sabbat) und christl. Inhalte (→ Taufe, → Christologie) verbanden sich bei Elchasai mühelos mit magischen und astrolog. Lehren, welche → Mani, der in der Gemeinschaft der E. heranwuchs, später in eigener Weise ausbaute. Die »Offenbarung des Elchasai«, hoch geehrte Schrift des Gründers, ist nur in Fragmenten überliefert (bei Hippolyt und Epiphanius). Letztlich unklar ist Elchasais Verwandtschaft mit Elxai, Alcibiades, Alchasaios oder Elkesai. → Manichäismus. KVS

Lit.: G. P. Luttikhuizen, The Revelation of Elchasai, 1985.

Elohîm (hebr. ʾælōhīm, Plur., der auf hebr. → El = Gott zurückgeht), sowohl in der singular. Bedeutung »Gott« als auch plural. als »Götter« gebräuchlich. Wie die Texte aus → Qumran belegen, konnten E. eigene Engelklassen bilden und waren damit als Götter zwar depotenziert, aber dennoch als wirkmächtige Entitäten integriert. Durch die Pluralform konnten verschiedene Gotteskonzepte monotheist. eingefärbt werden. → Altes Testament, → Apokryphen. KVS

Lit.: D. V. Edelman (Hg.), The Triumph of E. From Yahwisms to Judaisms, 1995.

Elohist (abgekürzt E), rekonstruierter »Autor« jener Teile des → Pentateuch, die vornehmlich den Gottesnamen → Elohîm verwenden. Auch in seiner streng auf Israel bezogenen Theologie (Ansichten über Gott und Gottesdienst, Wertung des Landes und der Landeskultur, begrenzte Macht des Königs) zeigt der E. eigenes Profil. → Altes Testament, → Apokryphen, → Jahwist, → Tradition. KVS

Lit.: E. Zenger, Die Sinaitheophanie. Untersuchung zum jahwist. u. elohist. Geschichtswerk, 1972. – R. B. Coote, In Defense of Revolution. The E. History, 1991. – F. Zimmer, Der E. als weisheitlich-prophet. Redaktionsschicht, 1998.

Emanation (von lat. emanatio = Ausfluss), seit → Platon metaphor. Ausdruck für eine göttliche Verbreitung in den Kosmos. In Sapientia Salomonis 7,25 gilt die Weisheit als Ausfluss Gottes. Schwächere Verwendung fand die Vorstellung im Neuplatonismus (→ Platonismus), stärkere v. a. in gnostischen Entwürfen (→ Gnosis). Hier emanieren vorgeschichtlich grundlegende Figuren und Konstellationen, gehen auseinander (stufenweise) hervor, bis es zur Katastrophe, zum Unfall (z. B. bei der Weisheit) kommt. Das Konzept der E. fand seine Rezeption z. B. in jüd. und christl. → Mystik und idealist. inspirierter Theologie (→ Tillich). → Kabbala. Red

Emar, mittelsyr. Stadt am Euphrat. Bereits zur Blütezeit → Eblas bekannt und auch in Texten aus Mari am Euphrat (18. Jh. v. Chr.) genannt, werfen Textfunde v. a. aus dem 13. Jh. v. Chr. Licht auf die urbane und halbnomad. Bevölkerungsstruktur sowie auf polit. Beziehungen zum südöstlichen Kleinasien. Ritualtexte beschreiben religiöse Feiern aus Anlass der Einsetzung einer NIN.DINGIR-Priesterin, die aus jeder Familie stammen kann und durch Los bestimmt wird, ferner die Einsetzung einer anderen Priesterin. Das Kissu- und das Zukru-Fest wenden sich an die wichtigsten Götter der Stadt. Die Feste werden anscheinend von der ganzen Bevölkerung der Stadt gefeiert, so dass Religion identitätsstiftend wirkt. Die E.-Rituale sind volkstümlicher als die in vielen anderen Quellen des Alten Orients belegten: die meisten finden unter freiem Himmel statt, oft werden die Kulthandlungen bei Stelen (sikkannum, → Baitylos) ausgeführt, auch agiert der König nicht als Priester. All dies verweist darauf, dass in der Religion von E. z. T. das nomad. Milieu (→ Nomaden) nicht gänzlich von einer offiziellen, vom Herrscherhaus geprägten Religionsausübung überlagert wurde; eventuell wirken Elemente aus E. in der Religion der → Aramäer weiter. → Syrische Religionen. MH

Lit.: D. E. Fleming, The Installation of Baal's High Priestess at E., 1992. – M. W. Chavales (Hg.), E., 1996. – D. E. Fleming, Time at E., 2001.

Emotionalität → Gefühle.

Endogamie → Exogamie.

Engel (von griech. ángelos, lat. angelus), von der christl. Theologie im Anschluss an die griech. Übersetzung der Hebr. Bibel als göttliche Offenbarungsträger und Wesen im himmlischen Hofstaat Jahwes, z. T. auch als Reisebegleiter, Beschützer und Seelengeleiter verstandene übernatürliche, nicht aber göttliche Gestalten. (1) Erst die frühchristl. Bildkunst verband die E. mit der griech.-hellenist. Ikonographie geflügelter Gottheiten (Hermes, Nike, Tyche). Seit dem 20. Jh. haben E.-Vorstellungen in außerchristl. Kontexten eine enorme Renaissance erfahren. Von der westlichen Esoterik (→ New Age) werden E. als eigenständige Geistmächte interpretiert, die als unsichtbare Naturgeister oder übernatürliche Personanteile des Menschen einzelne Individuen oder ganze Gruppen schützend begleiten. Quantitativ noch bedeutsamer ist die außerreligiöse Popularität der E., die ästhetisiert als Putten oder Schokoladenfiguren, als Aufhänger eines unüberschaubaren Bücherbooms und in einer Vielzahl von TV- und Kinoproduktionen (z. B. »Der Himmel über Berlin«, Regie W. Wenders) irdisch greifbar, »sichtbar« inszeniert werden. E. werden dabei aus dem traditionellen religiösen Kontext gelöst und zu Chiffren der Menschlichkeit umgedeutet, zu Symbolfiguren für die irdische Sinn- und Orientierungssuche des Menschen. (2) Religionshistor. sind E.-Konzepte im Umfeld des Christentums und verwandter religiöser Diskurse anzutreffen. Für die islam. Angelologie etwa sind bis in die Namengebung (z. B. Mīkāʾil/Michael, Ǧibrīl/Gabriel) reichende jüd.-christl. Entlehnungen kennzeichnend; daneben findet sich allerdings auch die Unterscheidung von zwei einander polar gegenüberstehenden E.-Klassen. In gnostischen Texten geht die radikale Weltablehnung mit einer dualist. Abwertung des Schöpfergottes einher; als Helfershelfer dieses → Demiurgen erhalten die E. ähnlich negative Züge wie die »gefallenen E.« im Judentum und Christentum. (3) Für Religionsvergleiche ist die Kategorie E. wenig hilfreich. Denn weder können die Mittlerwesen polytheist. Religionen (z. B. Eros, Hermes) als selber nichtgöttliche Boten eines einzigen übergeordneten Gottes interpretiert werden, noch sind sie in eine strikt dualist. Gut-Böse-Ethik einzupassen (z. B. Apsara, Dakini). Vielmehr kennzeichnet diese Gestalten ihre Funktion als »religiöse Grenzgänger«, als Bindeglieder zwischen menschlicher Lebenswelt und einer übernatürlichen Welt- oder Wirklichkeitsform. GA

Lit.: M. Mach, Entwicklungsstadien des jüd. E.-Glaubens in vorrabin. Zeit, 1992. – G. Ahn/M. Dietrich (Hg.), E. u. Dämonen, 1997. – G. Ahn, E.-Mode u. Mode-E., in: Mitteilungen für Anthropologie und Religionsgeschichte 11 (1997), 107–28. – C. Auffarth/L. T. Stuckenbruck (Hg.), The Fall of the Angels, 2004.

Engishiki, ein im Jahr 927 fertig gestellter Text, in dem die Zeremonien und Rituale der Engi-Zeit (901–923) festgehalten wurden; grundlegendes Dokument in der → Shintō-Religion, da er 27 Ritualgebete enthält und außerdem nicht weniger als 3132 Schreine nennt, die heute noch eine entsprechend hohe Beachtung genießen. MP

Enkulturation, Bezeichnung für das Hineinwachsen des Individuums in eine Kultur, d. h. den Aneignungsprozess von kulturellen Verhaltensweisen (→ Verhalten), → Wissen, Sprache (→ Kommunikation), Werten, → Religion usw. Der Begriff kam in der amerikan. Ethnologie (→ Religionsethnologie) um die Mitte des 20. Jh.s. auf und wird heute entgegen der ursprünglichen Intention meist gleichbedeutend mit dem soziolog. Begriff → Sozialisation verwendet. → Akkulturation, → Inkulturation. AJ

Lit.: M. Mead, Socialization and Enculturation, in: Current Anthropology 4 (1963), 184–88.

Ennin (792–862), postum Jikaku Daishi, ein Mönch der japan. Tendai-Schule und ab 854 drittes Oberhaupt des Haupttempels Enryakuji. E. besuchte von 838 bis 847 China und brachte zahlreiche Kenntnisse, Schriften und Ritualgeräte nach Japan zurück. Seine Tagebücher sind eine wichtige Quelle für die Geschichte des ostasiat. → Buddhismus. Unter anderem förderte er die Meditationspraxis um den Namen des → Amida Buddha. MP

Entfremdung (von lat. alienatio = Entäußerung), zunächst eine Kategorie der Nationalökonomie, unter der die Veräußerung eines Gegenstandes durch eine Person gefasst wurde. Im Anschluss an → Hegel, der den Begriff in seine Geschichtstheorie einführte, entwickelte K. → Marx die Vorstellung von »entfremdeter Arbeit« im kapitalist. Produktionsprozess (→ Kapitalismus).

Die moderne Sozialphilosophie verlieh der E. einen sozialpsycholog. Stellenwert. Religion steht dabei unter Verdacht, E. zu verschleiern und damit zu stabilisieren. → Materialismus.

MB

Enthusiasmus (griech. enthousiasmós, von éntheos = voll von Gott), Begeisterung. → Ekstase. MG

Entmythologisierung. (1) Theolog. Programm der existentialen Interpretation der biblischen mythischen Geschichten. Für den Theologen R. → Bultmann steht hinter der Bibel ein mytholog. → Weltbild, gekennzeichnet durch die Eingriffsmöglichkeit übernatürlicher Mächte, das dem heutigen Menschen nicht mehr verständlich sei. In dieser Sprache würden aber zentrale Aussagen über die menschliche Existenz getroffen, die dem heutigen Menschen durch Interpretation unter Absehen von den mytholog. Elementen wieder verständlich werden sollen. (2) Erweitert versteht man unter E. die Ablösung und Entfernung bzw. die Kritik mythischer Elemente durch → Aufklärung oder Wissenschaft. → Mythos. JM

Lit.: R. Bultmann, Neues Testament und Mythologie, in: Ders., Offenbarung und Heilsgeschehen, 1941, 27–69. – F. Graf (Hg.), Mythos in mythenloser Gesellschaft: das Paradigma Roms, 1993.

Entsprechungsdenken → Mikrokosmos/Makrokosmos.

Entwicklung, lange Zeit prägendes Modell in → Religionswissenschaft und → Religionsethnologie. Im 19. Jh. setzte sich die Vorstellung einer Weiterentwicklung der Religionen durch. Während der europ. → Monotheismus als Ziel dieser E. gesehen wurde, dienten außereurop. Religionen zur Illustration der unterschiedlichen E.-Stufen, die in vielen Konzeptionen von der Naturreligiosität über moral. Prophetenreligionen hin zu den Erlösungsreligionen führten. Damit wurde eine Vorstellung abgelöst, die die Religion der Stammesgesellschaften als Ergebnis einer Degeneration (→ Dekadenz) früherer Hochkulturen deutete. Der E.-Gedanke im 19. Jh. ging aber nicht notwendig mit einem Glauben an → Fortschritt und der Vorstellung einer Kausalität in der Religionsentwicklung einher. So beschäftigte sich E. B. → Tylor intensiv mit »survivals«, den angenommenen Überbleibseln vergangener E.-Stufen in der modernen Gesellschaft, und thematisierte damit deren irrationale Elemente. Auch legte er dar, dass der Fortschritt der Zivilisation zuweilen den Wegfall überlegener Elemente »barbar.« Lebensführung mit sich bringt. Die E.-Konzeption wurde immer wieder erweitert. C. P. → Tiele räumte ein, es gebe nicht nur verschiedene Stufen in der Religionsentwicklung, sondern auch unterschiedliche Richtungen, wobei er eine indoeurop.-theantrop. und eine semit.-theokrat. unterschied. J. G. → Frazer betonte die soziale Abhängigkeit der Religionsentwicklung. Diese verlaufe schichtspezifisch in unterschiedlicher Geschwindigkeit. In der neueren Forschung treten Konzepte kulturspezif. Religionsgeschichte an die Stelle der Stufenmodelle mit ihrem vergleichend-wertenden Charakter. FE

Lit.: E. B. Tylor, Die Anfänge der Cultur: Untersuchungen über die Entwicklung der Mythologie, Philosophie, Religion, Kunst u. Sitte, 2 Bde., 1873.

Enūma Anu Enlil, astronom. Omensammlung, in rund 3000 Fragmenten aus der Bibliothek Assurbanipals (669–31) in Ninive belegt. Astronom. Omina als direkte Willensäußerung der Götter gewinnen seit der neuassyr. Zeit für das Geschick des Herrschers und des Staates zunehmend an Bedeutung; die seleukid. Zeit ist Höhepunkt dieser Form der → Vorzeichenwissenschaft. MH

Lit.: H. D. Galter (Hg.), Die Rolle der Astronomie in den Kulturen Mesopotamiens, 1993.

Enūma eliš, babylon. Dichtung, in der Mitte oder gegen Ende des 2. Jt.s v. Chr. entstanden. Das Werk beschreibt die Überwindung früherer Götter (→ Tiamat) durch → Marduk, die Gestaltung des Kosmos und die Erschaffung der Welt (→ Kosmogonie) und dient der Verherrlichung Marduks als wichtigstem Gott. MH

Lit.: W. G. Lambert, E. E., in: TUAT 3/4, 1994, 565–602.

Enzyklika (von lat. epistula encyclica), Rundbrief, also öffentliche, verbindliche Anordnung des Papstes seit dem 13. Jh. CA

Epiklese (von griech. epíklēsis = Anrufung; → Gebet). Götter besitzen neben ihrem Namen weitere spezif. Namen, mit denen sie im Kult angesprochen werden und die sie am Ort, an dem der Kult stattfindet, von dem Gott gleichen Namens an einem anderen Ort unterscheiden. Eine E. kann einen Ortsnamen, eine Funktion, einen Hoheitstitel, einen Kosenamen beinhalten. → Gott. CA

Lit.: E. Norden, Agnostos Theos, 1913, 143–308. – B. Gladigow, Art. »Gottesnamen I (allgemein)«, in: RAC 11, 1981, 1202–38.

Epiphanias. Die Gottesgeburt als → Epiphanie feiert die Orthodoxe Kirche am 6. Januar. Seit der Einführung des Weihnachtsfestes um 432 bezieht sich das E.-Fest auf die Taufe und/oder auf die Verehrung Jesu durch die Magier/Hl. Drei Könige. Dazu präsentiert das Fest die Hochzeit zu Kana als das erste öffentliche Auftreten Jesu, Ritus und Inhalt schließen wohl an ein → Dionysos-Fest (theopháneia) an. CA

Lit.: H. Förster, Die Feier der Geburt Christi, 1997 (Ders., Art. »E.«, in: RGG^4, Bd. 2, 2000, 1372–73). – B. Klaus, Antikes Erbe u. christl. Gottesdienst, 1998, 133–65. – M. Wallraff, Christus verus Sol, 2001.

Epiphanie (von griech. epipháneia = Sichtbarwerdung). (1) Medien der E. Wenn unsichtbare Götter »sichtbar werden«, ist das eine dramat., außerordentliche Zuspitzung der Kommunikation zwischen Menschen und Gott. E. als Ereignis kann (a) als Erzählung aus längst vergangenen Zeiten präsentiert, (b) regelmäßig in kultischen Aufführungen inszeniert oder (c) als religiöse Erfahrung in Form von Visionen u. a. ekstat. Bewusstseinsvorgängen gesucht werden. Die Sichtbarkeit Gottes wird in den Religionen unterschiedlich gewertet, vom Verbot, Gottes Angesicht zu schauen, über die Anstrengung des Weges, um Gott auf dem Berg zu begegnen, bis zur Identifizierung eines Menschen mit Gott, dem man alltäglich begegnen kann. (2) Die E.-Erzählung. In Gestalt eines Fremden begegnet ein Gott einem Menschen. Das kann sein, um einen Rat zu geben, einen Helden zu zeugen oder die Rechtschaffenheit zu testen. Jeder Gast hat das Recht, wie ein Gott behandelt zu werden; potentiell ist er ein unerkannter Gott (Beispiel Gen 18/19; Ovid, *metamorphoses* 8, 611ff.: Philemon und Baukis, aufgenommen von Goethe, Faust II,5; Apg 14). Gott offenbart sich als Lichterscheinung, Wetter (→ Theophanie), Geruch; die Menschen erzittern. (3) Die Inszenierung der E. In manchen Religionen wird die E. im Kult inszeniert, indem ein Mensch die Rolle Gottes darstellt. Kleiderwechsel, Maske, Enthüllung, Licht in der Dunkelheit, Musik und Rhythmus, Plötzlichkeit, die Besteigung des Thrones und das Sicheinreihen in einen Kulttanz sind typische Darstellungsformen. (4) E.-Bilder. Mithilfe von Meditations- und Ekstasetechniken üben Spezialisten, die E. Gottes in einer → Vision zu visualisieren. Je nach der Theologie des Bildes muss die Vision sich eng an der Konvention eines bestimmten Kultbildes orientieren oder darf als bizarr-phantast. bekannt werden – sie ist also von der Bild- und Erzähl-Semantik der jeweiligen Kultur bedingt. (5) Krisen-E. Die bekannten Formen der Kult-E. gestalten oft die E. aus, die in Krisen erwartet und »erfahren« werden. In der individuellen Krise der Krankheit soll die E. des Heilgottes im Traum die Therapie offenbaren. In der kollektiven Krise einer militär. Schlacht erwarten die Kämpfer, dass ihr Gott zu ihren Gunsten eingreift; die Angst ergreift die Gegner und treibt sie in die Flucht, oft gegen jede Erwartung. Zur endzeitlichen E. eines Erlösers → Apokalypse. (6) Kratophanie (von griech. krátos = Macht). In der → Religionsphänomenologie führt der Begriff → Hierophanie oder Kratophanie weg von der histor.-semant. und formgeschichtlichen Analyse zu einer angeblich dahinter liegenden realen Wirkung des Heiligen: Das Heilige zeige sich. Aus der Inszenierung der Ankunft des Gottes hat sich der Herrscher-→ Advent entwickelt. CA

Lit.: M. Eliade, Die Religionen u. das Heilige, 1953 (franz. 1949), ND 1986, 21–61, 251–72, 423–44. – E. Pax, Epiphaneia, 1955 (Ders., Art. »E.«, in: RAC 5, 1962, 832–909). – D. Flückiger-Guggenheim, Göttliche Gäste, 1984. – H. Cancik, Art. »E.«, in: HrwG 2, 1990, 290–96. – C. Auffarth, »Gott mit uns!«, in: Der Altsprachliche Unterricht 33/5 (1990), 14–38. – C. Auffarth, Der drohende Untergang, 1991, 461–501. – A. T. Hack, Das Empfangszeremoniell bei mittelalterlichen Papst-Kaiser-Treffen, 1999. – B. Gladigow, Art. »E.«, in: RGG^4, Bd. 2, 1999, 1367–69.

Epona (von altkelt. epos, irisch ech = Pferd), ursprünglich keltische Göttin, die während der röm. Kaiserzeit in weiten Teilen des Röm. Reiches verehrt wurde. Davon zeugen Hinweise in der antiken Literatur, ca. 60 Weihinschriften und über 250 bildliche Darstellungen. Ihr Name kennzeichnet sie als Schutzgottheit der Pferde. → Keltische Religion. US

Erasmus, Desiderius, von Rotterdam (1466–1536), Humanist, blieb distanziert zur → Reformation im Streit mit Luther (1483–1546) über das Menschenbild (*De libero arbitrio* – »Über den freien Willen«). Doch seine Ausgabe des griech. NT von 1514 blieb – obwohl überhastet gearbeitet – bis ins 19. Jh. die Standardausgabe für die Theologenausbildung. CA

W.: W. Welzig (Hg.), Werke, lat.-dt., 8 Bde., 1967–80. – Opera omnia, 26 Bde., 1969–97.

Erbsünde (lat. peccatum originale), auf dem christl. Menschenbild basierendes Dogma einer angeborenen Sündhaftigkeit des → Menschen: Als Geschöpf ist der Mensch transzendental auf Gott bezogen, was er in der Ursünde Adams und Evas (Gen 3,14–19) aufgegeben hat. Dadurch stehen alle Menschen qua Geburt im Horizont eines zerrütteten Selbstverhältnisses, einer gestörten Gottesbeziehung und verwirrter Sozialstrukturen (→ Strafe, → Sünde). Grundlagen einer Theologie der E. sind neben Gen insbes. Stellen aus dem Römerbrief (bes. 5,12). Die Reflexion über das Thema der E. wirft weitere Probleme auf, etwa das Verhältnis von E. zur → Freiheit des → Willens. Konfliktreich ist die Diskussion um die E. zwischen Augustinus (354–430) und dem Pelagianismus, in der → Reformation, im sog. »Jansenismus«, in der → Aufklärung und angesichts der Theorie der → Evolution. KHS

Lit.: J. Gross, Entwicklungs-Geschichte des E.-Dogmas, 4 Bde., 1960–72. – F. Dexinger (Hg.), Ist Adam an allem schuld? E. oder Schuldverflochtenheit, 1971. – G. Müller, Kath. Dogmatik, 1995, 134–53.

Erde. Mytholog. betrachtet erhält die E. in einer Vielzahl von Kulturen das Attribut der Muttergottheit (→ Göttin) in Ergänzung zur männlichen Himmelsgottheit (→ Gott). Diese → Emanation spiegelt sich wider in der babylon. Erdgöttin Ninlil, der Gaia im klassischen Griechenland, Tellus in Rom und der Pachamama in den vorkolumbian. Anden. Männliche Erdgottheiten sind dagegen die Erscheinung des Brahmā als Schöpfer Prajapati in den Veden oder der ägypt. Geb. In christl. Weltvorstellungen ist die E. von Gott erschaffen (→ Schöpfung). Mit der Erdvorstellung eng verknüpft sind Aspekte der → Fruchtbarkeit. Die E. als Ressource für menschliches Leben steht in differenzierter und komplementärer Beziehung zu weiteren konstitutiven Elementen. → Natur, → Religionsökologie. HKR

Erdgötter, Sammelbezeichnung für in der Erde, oft auch in der Unterwelt angesiedelte → »chthonische« Gottheiten, die häufig ambivalent, d. h. Leben und Fruchtbarkeit spendend, aber auch Krankheit und Tod bringend vorgestellt werden, sowie für die Erde als personifizierte Größe des Ursprungs des Lebens (meist »Mutter Erde«). → Gottesvorstellungen. GA

Eremit (von griech. erēmítēs = Wüsten-, érēmon = Ruhe, Stille), sich asket. in die → Einsamkeit Zurückziehender. → Askese. AM

Erfahrung, religiöse, eine subjektiv evidente Form der Erkenntnis einer als transzendent angenommenen, religiösen Wirklichkeit. Die → Religionspsychologie klammert die Frage nach den objektiven Faktoren r. E. – im Sinne transzendenter Wirkungen – aus und postuliert, dass die ganze Bandbreite möglicher Erfahrungen durch ihre religiöse Interpretation (→ Deutungsmuster) zu r. E. werden kann. Die Möglichkeit der Erkenntnis übernatürlicher Wirklichkeit ist Gegenstand religionsphilosoph. und theolog. Reflexion und war – als spezif. Fähigkeit des Forschers – Grundlage einer älteren Schule der → Religionswissenschaft (bes. R. → Otto). SM

Lit.: W. Proudfoot, Religious Experience, 1985. – R. Hood (Hg.), Handbook of Religious Experience, 1995.

Erfüllung. (1) Psycholog. die individuelle Befriedigung eines Heilsbedürfnisses (→ Heil). Von der E. einer → Hoffnung oder eines Wunsches wird zumeist in Bezug auf die Zukunft gesprochen, da das subjektive Gefühl eines erfüllten Sinnganzen (z. B. am Lebensende, → Ganzheit) intendiert ist. (2) Religionsgeschichtlich das Eintreten einer bestehenden Heilserwartung. Die jüd. Weissagung eines messian. Königs David am Ende der Zerstreuung Israels oder des Menschensohnes beim jüngsten Gericht wurde von den Christen auf Jesus von Nazareth bezogen (→ Messianismus). Ebenso betrachteten Muslime Personen wie Khomeini (1900–89) in Iran oder Musa al-Sadr (1928–78) im Libanon als den erwarteten → Mahdī (von Gott geleiteten Anführer). Auch wenn die erhoffte Heilszeit in der Realität ausblieb, konnte diese »kognitive Dissonanz« den Glauben zuweilen noch verstärken und die Anhänger zu einer intensiven Mission für ihren Heilsbringer motivieren. JS

Erinnerung → Gedächtnis.

Erleuchtung (lat. illuminatio), in der christl. → Mystik eine Stufe/ein Ziel der Kontemplation (via illuminativa) oder eine gnadenhaft erworbene Erkenntnis. Bezogen auf Buddhismus und Hinduismus wird E. synonym für den Höhepunkt des Heilswegs bzw. die Erlangung des Heils im Hier und Jetzt verwendet: Erwachtsein (→ Buddha, → bodhi), Verlöschen (→ nirvāna), nicht-duale Versenkung (→ samādhi), höchste Erkenntnis (jñāna), lebend befreit sein (jīvanmukti). → Heil/Leid. AW

Erlösung (engl. redemption, von lat. redemptio; griech. apolýtrōsis, hebr. p^edūt), christl. Konzept, dass Christen das → Heil nicht selbsttätig erwerben können, sondern durch Christus als Erlöser erbitten müssen; passiv, nicht aktiv: Christus hat sie freigekauft mit Lösegeld (Mt 20, 28; 1 Kor 1,30); er hat sie gerettet (sōzein/sōtēría, salvare/salvatio); er hat sie adoptiert (Gal 4,5); er hat mit seinem Tod den Tod von uns Sündern ersetzt (Hebr 9; satisfactio die lat. Übersetzung bei Anselm von Canterbury, 1033–1109). Die E., wie sie für den Begriff der E.-Religion maßgeblich ist, wartet duldend auf den Erlöser von außen. Daneben stehen andere Heilskonzepte wie das der Neuen Schöpfung, darunter auch solche, die menschliche Aktivität voraussetzen, z. B. die Heiligung oder Gottesherrschaft durch Gerechtigkeit. Selbst-E. gilt als schwerer Verstoß gegen die evang. Grundsätze. Augustinus (354–430) erreichte 411, dass Pelagius (ca. 354–418), der Gegner seiner Gnaden-Theologie, als Falschlehrer verurteilt wurde (Pelagianismus, Semi-Pelagianismus). Die Übertragung des E.-Begriffs auf andere Religionen erfolgte im 19. Jh. CA

Lit.: K. Rudolph u. a., Art. »E.«, in: RGG[4], Bd. 2, 1999, 1432–61. – E. Hanke, E.-Religionen, in: H. G. Kippenberg/M. Riesebrodt (Hg.), Max Webers Religionssystematik, 2001, 209–26.

Erlösungsreligion. (1) Als E. gelten zum einen die Weltreligionen der jüd.-christl.-manichäisch islam. (vorderoriental.) Tradition wie die indischen (östlichen) Traditionen des Hinduismus und des Buddhismus. Damit wären alle Weltreligionen E. In diesem Sinne hat Max → Weber ein Modell entworfen, nach dem die Universalreligionen im Gegensatz zu den Nationalreligionen eine prinzipielle Differenz zwischen sozialem Erfolg und religiöser → Erlösung erzeugen. Die Träger der Weltreligionen empfinden sich immer als fremd in der Welt und können nur durch eine außerweltliche Erlösung heil werden. In Webers Modell liegt die Alternative zur E. darin, dass der Protestantismus eine innerweltliche Erlösung durch → Arbeit und → Beruf, den »Geist« des Kapitalismus schuf. Schärfer, nicht durch den Neukantianismus gebrochen, hatte vor ihm F. → Nietzsche der E. das hellen. Ideal der Herrenmenschen gegenübergestellt, die nicht um Erlösung betteln müssen. Die E. seien oriental., einem despot. Gott unterworfene Religionen. (2) Die Religionswissenschaft hat das Modell in der → Religionstypologie übernommen, ohne es als grundsätzliche Religionskritik wahrzunehmen. Es gibt in den so zusammengefassten Religionen dualist. und messian. Bewegungen und Epochen, die sich als E. beschreiben lassen. Aber die Debatte um den → Messias im Judentum zeigt, dass nicht nur im modernen Christentum, sondern in allen Religionen Unheil und Leid nicht nur auf Erlösung zielen, sondern auch Kennzeichen von → Erwählung darstellen können oder aber – wie bes. im Islam, aber auch im Judentum – eher Kennzeichen von Verfehlung der Religion sind. CA

Lit.: C. Colpe, Art. »E.«, in: HrwG 2, 1990, 323–29. – E. Hanke, E., in: H. G. Kippenberg/M. Riesebrodt (Hg.), Max Webers Religionssystematik, 2001, 209–26.

Ernte → Ackerbau, → Agrarische Riten, → Vegetationskult.

Eros, griech. Gott als Personifikation sexueller → Liebe; röm. Amor. Wen er unvorbereitet mit seinen Liebespfeilen trifft, der ist schutzlos. Liebe ist in der Antike eher aggressiv und steht im Zeichen von Beherrschung und Unterwerfung. In verschiedenen Weltentstehungslehren ist E. zentrales Prinzip, etwa bei Hesiod (geb. ca. 700 v. Chr.), »Theogonie« 116–122, in Aristophanes' (448–380) »Vögeln« 692–716 und bei → Platon, *Symposion* 178B. Kultisch wird E. selten verehrt, wenn doch, dann zusammen mit Aphrodite. CA

Lit.: K. J. Dover, Homosexualität in der griech. Antike, 1983 (engl. 1978). – N. Blanc/F. Gury, Art. »E.«, in: LIMC 3,2, 1986, 609–727. – D. Halperin/J. J. Winkler u. a., Before Sexuality, 1990.

Erotik (von griech. érōs = Liebe(sverlangen), → Eros = Gott der Liebe), Sinnlichkeit, sensor.-ästhet. Anziehung, verfeinerte Liebeslust, gehört als ästhetisierte → Sexualität mit zum ältesten

Repertoire kultischer und mythischer Ausdrucksformen. Sexualriten, Götterbeziehungen in polytheist. Panthea und Liebesgottheiten (→ Ištar, → Aphrodite, → Venus) sind Umsetzungen von E. in religiösen Symbolwelten. Unter den heute lebendigen Hochreligionen gibt der → Hinduismus der E. den größten Raum, auch wenn die Begierdelosigkeit des Entsagers als höchster Wert und Keuschheit als sakrale Macht gilt: Sexueller Genuss (→ kāma) ist eines der Lebensziele; die Ikonographie zeigt engumschlungene Götterpaare; der mythische → Shiva ist großer Asket und leidenschaftlicher Liebhaber zugleich. Die Liebesspiele → Krishnas inspirieren das Frömmigkeitsleben; erot. Liebe gilt im Krishnaismus als bestes Modell der Gottesbeziehung; im Unterschied zur Opposition von → Eros und → Agape (Nächstenliebe, Gottesliebe), der sinnlichen und der geistigen Liebe, werden sexuelle Begierde (sanskr. kāma) und selbstlose, gefühlvolle (auch erot.) Liebe (sanskr. prema), die sich in ihrer Leidenschaft nicht erschöpft, differenziert. Devotionale Dichtung und Mystik aller Kulturen verwendet oft erot. Sprache, Bilder der Nacktheit, des Küssens, der Liebesverschmelzung, in denen sich Geistigkeit/Metaphorik und Sinnlichkeit/Metonymie nicht trennen lassen. AW

Lit.: A. Nygren, Eros u. Agape. Gestaltwandlungen der christl. Liebe, 1930–37. – H. Marcuse, Eros u. Kultur. Ein philosoph. Beitrag zu Sigmund Freud, 1959. – A. u. W. Leibbrand, Formen des Eros. Kultur- u. Geistesgeschichte der Liebe, 1972. – L. Siegel, Sacred and Profane Dimensions of Love in Indian Traditions as Exemplified in the Gitagovinda of Jayadeva, 1978. – A. Grün, Mystik u. Eros, 1993.

Ersatzreligion. Mit dem Begriff E. werden Erscheinungen bezeichnet, die für ihre Träger die Funktion von Religion übernehmen, denen aber von ihren Kritikern der Charakter einer »echten« → Religion abgesprochen wird. Beispielsweise wird die → Esoterik oder das Gedenken an gravierende histor. Ereignisse, aber auch die Teilnahme am sonntäglichen Fußballspiel als E. bezeichnet, um sie durch den Verweis auf Religion zu »erklären«, etwa indem auf ihre identitätsstiftenden Funktionen hingewiesen wird. Die Unterschiede zwischen den als E. bezeichneten Erscheinungen zeigen, dass es dem Begriff an analyt. Schärfe mangelt. Ebenso wie die Ausdrücke »Pseudoreligion«, »Kunstreligion« oder »Quasireligion« setzt ihre Verwendung eine normative Definition von Religion (→ Religion, Definitionen der) voraus und impliziert, dass E. als unecht oder minderwertig einzustufen ist. IP

Lit.: → Religion.

Erstling. Das erste Kind bzw. das erste einer Art (z. B. die ersten Blumen oder Samen) gilt vielfach als bes. kraftvoll oder erfolgversprechend (vgl. Gen 49,3). Im E.-Opfer werden E. den Gottheiten dargeboten, u. a. um eine gute Ernte zu erreichen. → Ackerbau, → Anfang, → Gabe, → Opfer. AM

Erwählung, Bezeichnung für den Willensakt eines Gottes, der ein Volk oder einen Menschen an eine bestimmte Stelle setzt oder ihnen einen bes. Status verleiht, woraus sich spezif. Rechte und Pflichten ergeben. Der E.-Gedanke ist ein wichtiger Bestandteil von Judentum, Christentum und Islam, der in manchen Untergruppen eine nochmals gesteigerte Bedeutung gewinnen kann (z. B. → Zionismus, Schia [→ šīʿa], Calvinismus). Die Notwendigkeit, die Willensfreiheit (→ Wille) des Menschen mit der E. durch Gott zusammenzudenken, hat in den monotheistischen Religionen zu originellen theolog. Entwürfen und konfliktreichen Diskursen geführt. Der E.-Gedanke hat große soziale Relevanz: Das Phänomen der E. verleiht einer Gruppe oder einer Person eine »limitische Struktur«, durch die sie sich von der Umwelt unterscheidet (→ Religionssoziologie). Diese kann durch Distinktion bis hin zur Separation gesteigert werden oder abgeschwächt werden durch den Gedanken einer allgemeinen Erwählung aller Menschen (→ Universalisierung). KHS

Lit.: G. Schrenk, Art. »Eklegomai«, in: ThWNT 4, 1942, 176–97. – L. Baeck, This People Israel, 1964. – J. E. Bauer, Art. »E.«, in: HrwG, Bd. 2, 1990, 330–41.

Eschatologie (von griech. éschata = das Letzte, die äußersten Orte, Dinge, Zeiten), die »Lehre von den letzten Dingen«, bezeichnet als Neologismus des 17. Jh.s (lat. res novissimae) einen in der Folgezeit immer zentraler werdenden Bereich christl. Dogmatik. Es geht im Engeren um das Ende des → Individuums und das Ende der Geschichte (kollektive, gegebenenfalls auch kosmolog. E.; Gegenbegriff: Protologie). Bes. die protestant. Theologie (→ Protestantismus) entwickelte die E. zu einer umfassenden theolog. Reflexion über Leben und Geschichte im radikalen Bezug zu Gott; präsentische E. steht neben der futurischen. Hier wird deutlich, dass sich E. nicht als Begriff einer religionswiss. Beschreibungssprache eignet, obwohl er gelegentlich so benutzt wird: Vorstellungen vom → Jenseits, von postmortaler Existenz wie Fragen nach dem Weltende (geschichtlich oder kosmolog., → Apokalypse, → Zeit) werden im Begriff der E. zusammengeschlossen und insgesamt unter den Maßstab eines endgültigen Zustands gestellt. Die Verwendung des Begriffs E. zur Bezeichnung nichtdramat. Endvorstellungen erhebt das im Vergleich untyp. Interesse christl. E., die Tradition einer eng befristeten Heilsgeschichte von wenigen Jt.en mit einer unendlichen, planbaren → Zukunft zu verbinden, zum Maßstab des Normalen und macht dramat. Vorstellungen vom Ende der irdischen Menschheit (→ Chiliasmus) zum Ausnahmefall. JR

Lit.: W. Ölsner, Die Entwicklung der E. von Schleiermacher bis zur Gegenwart, 1929. – G. Stephenson, Leben u. Tod in den Religionen, 1976. – G. Sauter, Einführung in die E., 1995. – C. Auffarth, Irdische Wege und himmlischer Lohn, 2002.

Eskapismus (von engl. to escape = flüchten), der häufiger an Religionen gerichtete Vorwurf, sie verhinderten, dass sich die Menschen mit den Realitäten auseinandersetzten, und erlaubten die »Flucht« aus der Realität. → Gegenwelt, → Quietismus/Aktivismus, → Utopie. CA

Eskimo (Eigenbezeichnungen u.a. Inuit, Inuvialuit, Inupiat, Sugpiaq, Yupik), eskimosprachige Meeressäugerjäger am Nordrand Nordamerikas von Ostgrönland bis Südwestalaska und auf der sibir. Seite der Beringstraße. Ihre Religion ist bestimmt von der Vorstellung, dass alle → Tiere, Dinge oder Zustände (wie z.B. Schlaf) inua (= Besitzer, Einwohner – manchmal ident. mit, manchmal zusätzlich zur → Seele) besitzen, mit denen der Mensch ein gutes Einvernehmen finden muss, um überleben zu können. So gaben die Yupik in Südwestalaska im Rahmen des winterlichen Blasenfests den Robben ihre Blasen zurück, um ihre Wiederkehr zu gewährleisten. Als inua des Meeres genoss in der östlichen und zentralen Arktis → Sedna (zugleich eine Verkörperung der Weiblichkeit) rituelle Verehrung. Die inua von → Mond und → Sonne galten als inzestuöse Geschwister, wobei der des Mondes nicht nur mit weiblicher Fruchtbarkeit, sondern auch mit der Jagd assoziiert wurde. Sila, als inua der Luft, rächte sich für Verletzungen von → Tabus durch Schneestürme. Wichtige Rollen im Ritual spielten der Bär und v.a. in Alaska der Wal. Zumindest manche der als angakoq bezeichneten religiösen Spezialisten bedienten sich der Trommelmusik, um in ekstat. Trancezustände zu gelangen, und erinnern auch in anderer Hinsicht an sibir. Schamanen (→ Schamanismus). CFF

Lit.: E. Haase, Der Schamanismus der E., 1987. – D. Merkur, Powers Which We Do Not Know. The Gods and Spirits of the Inuit, 1991.

Esoterik (von griech. esṓteros = Inneres), im wissenschaftlichen Gebrauch verwendet für die Suche nach einem absoluten Wissen, das verborgen ist und auf bestimmte Weise enthüllt werden kann. Damit ist die E. ein Strukturelement der → Europ. Religionsgeschichte. Der Begriff wurde im 19. Jh. populär und hat seitdem eine Reihe unterschiedlicher wissenschaftlicher Konzepte hervorgebracht.

I. Systematik. In der religionswiss. Betrachtung der E. ist es in den letzten Jahrzehnten zu einer grundlegenden Neuorientierung gekommen. Ging man früher davon aus, E. sei eine »Geheimlehre«, die nur einem »inneren Kreis« durch Einweihungen zugänglich gemacht werde, oder aber eine Tradition, die die »innere« spirituelle Entwicklung des Menschen in den Mittelpunkt stelle, neigt man heute – nicht zuletzt aufgrund des hohen Maßes an Popularisierung esoter. Lehren im 20. Jh. – dazu, E. als einen Modus der Weltbeschreibung zu konzipieren. Nachdem F. A. Yates (1899–1981) die kontroverse These vorgelegt hatte, es sei der Hermetismus gewesen, der die moderne Wissenschaft erst möglich gemacht habe, beschrieb A. Faivre (geb. 1934) die E. als eine »Denkform«, deren Charakteristika sich in der Renaissance herausbildeten. In Erweiterung dieses Ansatzes sollte die E. in der Kombination (1) eines typolog. motivgeschichtlichen und (2) eines diskursiven Zugriffs charakterisiert werden: (1) Als esoter. gelten Systeme von Weltdeutungen, die den → Kosmos in einem ganzheitlichen (monist. oder holist.) Sinne konstruieren, also eine Einheit von materiellen und nichtmateriellen Ebenen der Wirklichkeit propagieren, sich für die Wechselbeziehungen zwischen ihnen interessieren und daraus bestimmte Konsequenzen ziehen. Zur esoter. Rezeption dieser Motive/Traditionen gehört die Annahme eines Entsprechungsdenkens zwischen den Ebenen (z. B. in der → Astrologie), die Konzeption einer lebenden → Natur, die den Kosmos als dynam. Geflecht von → Kräften beschreibt (z. B. in der »magia naturalis«, → Magie, → Pantheismus), und die Idee eines Offenbarungsgeschehens zwischen den Ebenen, in dem geistige Autoritäten (→ Engel, Götter, ausgewiesene Menschen) eine besondere Rolle spielen (etwa Hermes Trismegistos, → Henoch). Oft ist von einer Kette von Weisen die Rede, die das »ewige → Wissen« (philosophia perennis) oder die »alte Religion« (prisca theologia) tradiert haben. (2) Nicht das → Geheimnis an sich ist religionswiss. relevant, sondern die gesellschaftliche Organisation des Verborgenen und die soziale und religiöse Dialektik von Geheimnis und Offenbarung; esoter. sind Diskurse außerdem immer dann, wenn Erkenntnisansprüche erhoben werden, die über das alltäglich Kommunizierte oder empirisch Fassbare hinaus gehen. Es geht der E. um das »eigentliche«, das »absolute Wissen« und um die Wege, dieses Wissen verfügbar zu machen – sei es durch einen individuellen Aufstieg des Suchenden wie in der → Gnosis oder im Neuplatonismus (→ Platonismus), sei es durch ein Initiationsgeschehen wie in den Geheimgesellschaften der Neuzeit, sei es durch Kommunikation mit geistigen Wesen wie im → Channeling des 20. Jh.s. Diese Erkenntnisansprüche haben häufig dazu geführt, dass die E. eine von der Mehrheitsreligion abweichende Alternative formulierte. Schließlich gilt es festzuhalten, dass die Trägerschichten esoter. Denkens fast immer in den gesellschaftlichen Eliten zu suchen sind.

II. Geschichte. (1) Die Grundlagen esoter. Motive und Diskurse liegen eindeutig in der Antike; hier sind es Neuplatonismus und → Stoizismus, die die Welt als Netzwerk von Energien mit Offenbarungsqualitäten konzipieren. Ägypt.-hellenist. Gedankengut in → Hermetik und → Gnosis bildete zudem wichtige Voraussetzungen für spätere Rezeptionen, mit dem *Corpus Hermeticum* und den »Chaldäischen Orakeln« als zentralen Referenzwerken. (2) Im Mittelalter wurden das Gedankengut sowie eine Reihe literarischer Quellen in muslim., ab dem 11. Jh. auch in christl. Kreisen tradiert. (3) Als M. Ficino (1433–99) mit der Übersetzung des gerade in Mazedonien wiederentdeckten *Corpus Hermeticum* beauftragt wurde, brach eine neue Phase der E. an. Der Text erlebte bis 1641 25 Neuauflagen, einschließlich weiterer Übersetzungen. Die Renaissance entdeckte die philosophia perennis, und auch die Textkritik des ausgehenden 16. Jh.s, die in I. Casaubons Nachweis gipfelte (1614), dass das *Corpus* nicht älter ist als die Texte des christlichen Kanons, beeinträchtigte nicht ihre Popularität. Bekannte Tradenten der E. sind u. a. H. C. Agrippa (*De occulta philosophia*, 1533), J. Dee (1527–1608, der durch die Kommunikation mit Engeln seine naturwissenschaftlichen Studien erweiterte) und G. → Bruno. Von zentraler Bedeutung für die weitere Geschichte war schließlich die jüd. → Kabbala, die u. a. durch Pico della Mirandola (1463–94) und Knorr von Rosenroths Übersetzung des → Sohar und anderer kabbalist. Schriften auch dem christl. Publikum bekannt wurde. E. fand dadurch verstärkt Eingang in die europ. Geistesgeschichte und beeinflusste Naturwissenschaft, Philosophie und Religion. (4) Dies wurde erneut spürbar im 18. Jh., als in der Auseinandersetzung mit Zielen der Aufklärung wissenschaftliche Grundpositionen mit esoter. Konzepten verbunden wurden, etwa bei E. → Swedenborg. Die Mystik J. Böhmes (1575–1624) wurde von Denkern wie F. C. Oetinger (1702–82), einem Naturphilosophen, Kabbalisten und Alchemisten, aufgegriffen und weitergeführt. Die Spannung zwischen einem esoter. Weltbild und dem mechanist. Modell Newtons blieb bestehen und prägte auch das 19. Jh., wobei insbes. der dt. → Idealismus und die Romantik esoter. Konzepte adaptierten. In diese Epoche fällt auch die Etablierung esoter. gesinnter Gemeinschaften, allen voran der → Freimaurer. (5) Die zweite Hälfte des 19. Jh.s war in Europa geprägt von einer Begeisterung für fremde Kulturen und Sprachen (z. B. Hieroglyphen), deren Entschlüsselung plötzlich den Blick freigab auf »uralte« Religionen. Gleichzeitig wurden die Schriften des Hinduismus und Buddhismus erstmals zugänglich, so dass die esoter. Suche nach einer einheitlichen »Urreligion« weitere Impulse erhielt. Ein Ergebnis dieses breiten Interesses im Grenzbereich von Religionswissenschaft und Religion war die Gründung der Theosoph. Gesellschaft 1875, die als entscheidender Wendepunkt zur E. des 20. Jh.s betrachtet werden kann (→ Theosophie). In der Folge kam es einerseits zur Fortschreibung esoter. Traditionen in freimaurer., rosenkreuzer., christl.-kabbalist. und magischen Kreisen wie dem »Hermetic Order of the Golden Dawn« (gegründet 1888), andererseits zu einer starken Popularisierung »östlicher« Traditionen. (6) Letztere ist ein entscheidendes Agens der als → New Age bezeichneten Bewegung der 1970er Jahre. Eine von heterogenen Momenten geprägte Suche nach spiritueller Entwicklung verband sich nun mit theosoph. transportierten Traditionen esoter. Denkens zu einem eigenen religiösen Komplex. Wenn heute im populären Jargon von E. die Rede ist, so ist oft fälschlicherweise nur jenes rezente Konglomerat gemeint, das eine erhebliche Breitenwirkung entfaltete, sowohl in Bezug auf spirituell-religiöse Optionen jenseits der etablierten Religionen als auch auf Philosophie und Wissenschaft. → Mystik. KVS

Lit.: F. Yates, Giordano Bruno and the Hermetic Tradition, 1964. – A. Faivre/J. Needleman (Hg.), Modern Esoteric Spirituality, 1992. – J. Godwin, The Theosophical Enlightenment, 1994. – W.J. Hanegraaff, New Age Religion and Western Culture. Esotericism in the Mirror of Secular Thought, 1996. – E. Runggaldier, Philosophie der E., 1996. – R. van den Broek/W.J. Hanegraaff (Hg.), Gnosis and Hermeticism from Antiquity to Modern Times, 1998. – A. Faivre/W.J. Hanegraaff (Hg.), Western Esotericism and the Science of Religion, 1999. – M. Neugebauer-Wölk (Hg.), Aufklärung u. E., 1999. – A. Faivre, Theosophy, Imagination, Tradition. Studies in Western Esotericism, 2000. – A. Faivre, E. im Überblick. Geheime Geschichte des abendländ. Denkens, 2001. – K. von Stuckrad, Was ist E.? Kleine Geschichte des geheimen Wissens, 2004. – W.J. Hanegraaff u. a. (Hg.), Dictionary of Gnosis and Western Esotericism, 2005.

Esra, jüd. Priester und »Schreiber«, nach traditioneller Auffassung 458 v. Chr. vom Perserkönig Artaxerxes I. mit 1800 Exulanten nach Jerusalem zurückgesandt, um dort nach dem jüd. Gesetz einen Gottesstaat zu schaffen (Esr 7; Neh 8–10). Die parallel zu den von → Nehemia vollzogenen polit. Reformen durchgeführten Reformen des E. richteten sich auf religiöse und kultische Belange; gemeinsam vertraten sie einen radikaleren Kurs als die amtierenden Jerusalemer → Zadokiden. Rabbin. Tradition sieht in E. den »zweiten Mose«, was einen Rückhalt in der Realität haben könnte, da die E.-Reform nicht allein auf Pentateuchinhalte rekurriert, sondern auch auf außerbiblische Torah-Offenbarungen (4 Esra 14), ähnlich der → mündlichen Torah. → Altes Testament, → Apokryphen, → Funktionär. KVS

Lit.: A.H.J. Gunneweg, E., 1985. – H.G.M. Williamson, Ezra and Nehemiah, 1987. – J. Becker, E., 1990.

Esrabücher. Mit dem Namen → Esra ist ein umfangreiches Schrifttum verknüpft, abgesehen von einzelnen alten Inhalten in Chron, Esr und Neh meist pseudepigraph. Natur. Die E. 1–3 behandeln die Entstehung der nachexil. jüd. Gemeinde. 4 Esra ist eine wichtige jüd. Offenbarungsschrift, entstanden nach 70 n. Chr. (→ Baruchschriften). Noch später und z.T. christl. überarbeitet sind die E. 5 und 6, die die Heilsgeschichte Israels im Kontext von Vergehen, Strafe und Erlösung thematisieren. Die ebenfalls christl. erweiterte Esra-Apokalypse beschreibt die Höllenfahrt des Esra und kontrastiert das Ergehen der Sünder mit der urzeitlichen Herrlichkeit der Gerechten. → Altes Testament, → Apokryphen, → Tradition. KVS

Ü.: 3 Esra: K.-F. Pohlmann, JSHRZ 1.5, 1970. – 4 Esra: J. Schreiner, JSHRZ 4.5, 1981.
Ausg.: A.F.J. Klijn, Esra-Apokalypse, (Die griech. christl. Schriftsteller der ersten drei Jahrhunderte) 1992.
Lit.: W. Harnisch, Verhängnis u. Verheißung der Geschichte, 1969. – E. Brandenburger, Die Verborgenheit Gottes im Weltgeschehen, 1981.

Essener, jüd. Gruppierung der Zeit des Zweiten Tempels (also bis 70 n. Chr.), über die Flavius Josephus, Philo von Alexandria und Plinius der Ältere berichten. Die erhaltenen Berichte sind in sich widersprüchlich und auf einer schemat. Konstruktion der jüd. »Religionsparteien« aufgebaut, so dass eine histor. Rekonstruktion von Lehre und Wirkung der E. weithin spekulativ bleiben muss. Die These, es handle sich um die Nachfolger der → Asidäer, was zu der Ableitung von hebr. ḥ^{a}sīdīm/griech. essēnoí (= die Frommen) passen würde, ist ebensowenig belegbar wie die Annahme, die bei den Historikern (Josephus, *Antiquitates Judaicae* 18,20; Philo, *Quod omnis probus liber sit* 75) genannte Zahl von 4000 E. gegenüber 6000 Pharisäern deute darauf hin, dass es sich bei den E. um eine große Gruppe gehandelt habe (auch das NT erwähnt die E. nicht). Die → Gemeinde von → Qumran wird häufig mit den E. gleichgesetzt, doch trotz einiger Ähnlichkeiten in Organisation und Ansichten gibt es erhebliche inhaltlich-theolog. Differenzen, so dass eine Identifikation kaum möglich ist. → Askese. KVS

Lit.: J. Murphy-O'Connor, The Essenes and their History, in: Revue Biblique 81 (1974), 215–44. – T.S. Beall, Josephus' Description of the Essenes Illustrated by the Dead Sea Scrolls, 1988. – G. Stemberger, Pharisäer, Sadduzäer, E., 1991. – R. Bergmeier, Die E.-Berichte des Flavius Josephus, 1993. – H. Stegemann, Die E., Qumran, Johannes der Täufer u. Jesus. Ein Sachbuch, 1993. – A. I. Baumgarten, The Flourishing of Jewish Sects in the Maccabean Era. An Interpretation, 1997. – J. VanderKam/P. Flint, The Meaning of the Dead Sea Scrolls. Their Significance for Understanding the Bible, Judaism, Jesus, and Christianity, 2002.

Ester (wohl von altpers. stara = Stern abzuleiten oder hebr. Namensvariante der babylon. Ištar oder nordwestsemit. Astarte), nach dem in Form des antiken Romans abgefassten Buch E. die jüd. Gemahlin des Perserkönigs Xerxes (486–65), die ihm die Erlaubnis zum Racheakt an den Feinden der Juden abgewonnen haben soll, wodurch das → Purim-Fest gestiftet wurde. Das E.-Buch, das zu den → Megilloth zählt, erwähnt JHWH nicht. In jüd. Tradition ist E. weibliches Vorbild des Einsatzes für Israel. → Altes Testament, → Apokryphen, → Tradition. KVS

Lit.: A. Meinhold, Das Buch E., 1983. – L. M. Wills, The Jew in the Court of the Foreign King: Ancient Jewish Court Tales, Diss. Harvard University 1987.

Ethik (von griech. ē̃thos = Gewohnheit, Charakter, Gesinnung). (1) Als E. kann seit → Aristoteles die theoret. Reflexion über sittliches Leben bzw. Handeln (griech. ēthikḗ theōría) bezeichnet werden. Daneben existiert ein umgangssprachlicher Gebrauch, der E. bzw. »ethisch« synonym mit → »Moral« bzw. »sittlich« verwendet. Bereits in der Antike wurde durch Reiseberichte und/oder → Geschichtsschreibung deutlich, dass andere Kulturen und religiöse Systeme differente E. entwickelt hatten. Wer die Pluralität unterschiedlicher Sitten und Moralen akzeptiert und versteht, wird zur Reflexion dreifach angeregt: (a) über sittlich gerechtfertigte Ziele (die Güter bzw. das Gute; → Böse); (b) über die sittlichen Handlungsdispositionen, die zur Erreichung der sittlichen Ziele günstig erscheinen (→ Tugend); (c) über die situationsbezogenen Regeln von sittlichen Handlungen, die als verpflichtend gelten und hingenommen werden müssen (→ Pflicht). In der Geschichte der E. dominieren jeweils unterschiedliche Elemente dieser Triade. So hob → Kant bes. den Pflichtcharakter der E. hervor und erntete damit Kritik bei → Schleiermacher, der hierin ein unnötiges Verkennen des sittlich schon Erreichten auf den Gebieten der Bildung der Güter (z. B. Staat, Wissenschaft) und der Personen (z. B. Beharrlichkeit und Besonnenheit als Tugenden) sah. Ethische Reflexion zeigt sich also nicht als problemlösende Abschlussreflexion und Begründung einer und nur einer sittlichen Lebensweise, sondern wahrt in der Pflege von Streit Pluralität. (2) Religiöse Systeme haben großen Einfluss auf ethische Reflexionen. Aus der Perspektive einer E. als reflexiver theoret. Aufgabe unternehmen Theologen um H. Küng (geb. 1928) seit den 1990er Jahren Anstrengungen, Dimensionen eines Weltethos zu entwickeln. Dabei stehen anscheinend übereinstimmende sittliche Maximen im Vordergrund, aber auch die Frage nach der Pluralität von Sittlichkeiten und Moralen. Vor allem im Kontext neu entstehender Probleme (Bio-E., Embryonenforschung, Sterbehilfe etc.) wird nach religiösen Vorstellungen etwa von → Leben in unterschiedlichen religiösen Traditionen gefragt (→ Heil/Leid). → Normen, → Werte. Red

Lit.: M. Weber, Wirtschaftsethik d. Weltreligionen, 1922. – P. Antes, E. nichtchristl. Kulturen, 1984. – H. Küng, Weltethos, 1990. – J. Rohls, Geschichte der E., 1991. – H. Bürkle, Grundwerte menschl. Verhaltens in den Religionen, 1993. – J. Nida-Rümelin (Hg.), Angewandte E. Die Bereichsethiken und ihre theoret. Fundierung. Ein Handbuch, 1996, [2]2005. – P. Antes u. a., E. in nicht-christl. Religionen, 1997. – M. Klöcker/U. Tworuschka (Hg.), E. d. Weltreligion, 2005.

Ethnische Religionen. I. Definition. (1) »Ethnisch«, »Ethnie« leitet sich ab vom griech. éthnos (= Volk). Der Begriff e. R. ist insofern problemat. als er religionstypolog. häufig in Kontrast zu Hoch- bzw. Schriftreligion gesetzt wird. Damit wird nicht nur die Vielfalt e. R. vereinheitlicht, sondern auch pejorative Zuschreibungen wie »schriftlos«, »geschichtslos«, »magisch«, »ritualist.« gehen damit einher. Ebenso fragwürdig sind Bezeichnungen wie »archaische« oder »animist. Religionen«, »Stammes-«, »Natur-«, »Elementar-«, »Primitivreligionen«. Solche Begriffe transportieren einseitige Reduktionen (auf »Stamm«, »Natur«, das »Elementare«, »Archaische«), ungenaue und abwertende Urteile (»primitiv«) oder Relikte überholter Theorien (→ Animismus). (2) Vergleicht man trotz aller Vorbehalte »ethnische« mit »Hoch«-Religionen, treten bestimmte Gemeinsamkeiten der e. R. hervor: (a) Weltdeutendes → Wissen ist ursprünglich nicht in Texten niedergeschrieben, sondern wird in mündlichen Überlieferungen, in Symbolen und rituellem Handeln tradiert. (b) Lokalkultur, sprachliche und ethnische Zugehörigkeiten spielen eine ebenso wichtige Rolle wie Sozialstruktur und verwandtschaftliche Bindungen. Die Variationsbreite e. R. ist dementsprechend weit größer als die der Hochreligionen. (c) E. R. haben wie Hochreligionen eine Geschichte und sind Bestandteil der → Moderne. E. R. und Hochreligionen beeinflussen sich gegenseitig. (d) E. R. erheben keinen universalen Anspruch, der Gedanke der → Mission ist unbekannt.

II. Forschungsgeschichte. (1) (a) Für die entstehende Religionsforschung des 19. und frühen 20. Jh.s boten Berichte von Entdeckungsreisenden, Missionaren, Kolonialbeamten und Ethnologen wertvolle Quellen, deren Auswertung Aufschlüsse über die Frühgeschichte nicht nur von Religion, sondern von menschlicher Zivilisation insgesamt liefern sollte. → Religionsethnologie und Religionsgeschichte waren in dieser Phase keine getrennten Disziplinen (→ Religionswissenschaft, Geschichte der). (b) Sichtbare und unsichtbare Zeugnisse der geistigen Welt nichtwestlicher Völker (Masken, Götterbilder, Ritualobjekte, Beschreibungen von [beobachteten und angeblichen] rituellen Praktiken und magischen Vorstellungen) wurden zu »Leitfossilen« evolutionist. Rekonstruktion (→ Evolution). Die Suche nach religionsgesch. Urformen und Entwicklungsreihen führte zu immer neuen Modellbildungen: Fetischismus (C. de Brosses, 1709–77), → Totemismus (J. McLennan, 1827–81), → Animismus (→ Tylor), Präanimismus (R. R. → Marett, → Animatismus), → Dynamismus (A. van → Gennep), den Begriffen → mana und → Tabu sowie → Urmonotheismus (W. → Schmidt). Auch die Frage nach dem Verhältnis von → Magie zu Religion gehört in die Zeit evolutionist. Thesenbildung. Magie, die zielgerichtete Manipulation nichtmenschlicher Kräfte, galt J. G. → Frazer als Vorstufe von Religion. É. → Durkheim verortete Magie im Bereich des Privaten, Religion im Bereich des Öffentlich-Sakralen. (2) (a) Die Beschäftigung mit fremden Kulturen und e. R. hatte Konjunktur, als in Westeuropa die industrielle Moderne eine geistige Verunsicherung mit sich brachte. E. R., mithin magisches Denken und »primitive Mentalität« (→ Lévy-Bruhl), bildeten den Gegenpol zur eigenen, vermeintlich höchst entwickelten Stufe der Zivilisation. Die gelehrte Faszination an »archaischen« Religionen in der Zeit zwischen 1850 und 1920 trug zur Begründung der Religionswissenschaft bei, die zugleich »einen bes. Fall histor. Sinnbildung in der Zeit der Modernisierung« darstellt (Kippenberg 1997). Als Indiz dafür kann u. a. die Verselbständigung von Begriffen wie mana, Totem, Tabu oder → Fetisch gelten, die – aus der frühen Religionsforschung übernommen – in der westlichen Kultur, so in der Psychologie (→ Freud) oder Ökonomie (z. B. Waren-Fetischismus bei → Marx), ein Eigenleben entwickelten. (b) Nachdem sich die Religionswissenschaft frühzeitig zur Text-Wissenschaft gewandelt hatte, verschwanden die schriftlosen e. R. weitgehend aus dem Horizont dieser Wissenschaft. Allenfalls dienten sie manchen Religionsphänomenologen als Zettelkastenmaterial, aufgelöst in zahllose entkontextualisierte Motiv-Splitter. (3) (a) Es war die Ethnologie, die sich im 20. Jh. um eine Rehabilitierung der durch die frühen religionsgesch. Spekulationen zu »Primitiven« gestempelten Anderen bemühte. Herausfordernd waren dabei v. a. die Magie und die These von der »Urdummheit«. Frazer hatte Magie als »primitive Wissenschaft« identifiziert, was in der entstehenden britischen Ethnologie dazu führte, Magie gleichberechtigt neben rational-techn. Denken und Handeln zu stellen. Wegweisend waren hier die Forschungen von → Evans-Pritchard bei den Zande (→ afrikan. Religionen, Magie). (b) → Lévi-Strauss legte an ethnograph. Material die geistigen Organisationsprinzipien menschlicher Kulturen offen. Es sind dies die Verwandtschaftsbeziehungen, der Gabentausch und die symbol. Ordnungen des → »wilden Denkens« durch Mythologie und Totemismus. M. → Douglas erkannte in dem Gegensatzpaar → Reinheit – Unreinheit universale Ordnungskategorien. Solche Bemühungen um die Rekonstruktion des menschlichen Geistes in seiner kulturschaffenden Aktivität machten den ehemals »Primitiven« zum ernstgenommenen Gesprächspartner abendländ. Philosophen. Vor allem → indian. Religionen und afrikan. Religionen bieten reiches Material (→ Religionsethnologie). Die empir. Erforschung der e. R. erhielt belebende Impulse durch die bahnbrechenden Arbeiten von C. Geertz (geb. 1926), der die interpretative Ethnologie mitbegründete und aufgrund seiner Feldstudien in Marokko, Java und Bali vorschlug, Religion unter den Gesichtspunkten von Symbol und Kommunikation zu betrachten und sich solchen

Symbolsystemen in »dichten Beschreibungen« anzunähern. V. → Turner gab folgenreiche Impulse für die Erforschung des rituellen Handelns. In der gegenwärtigen Erforschung von e. R. werden kulturwissenschaftliche Anregungen aufgegriffen, diskurs- und performancetheoret. Ansätze werden fortentwickelt (→ Performanz). Weitere wichtige Forschungsgebiete sind der Themenkomplex Körper, Emotion (→ Gefühle), Sinne und das Wechselverhältnis von Macht und Religion, bezogen auf histor.-koloniale und postkoloniale Kontexte ebenso wie auf die Kategorie → Gender. Die Interaktion zwischen Christentum und e. R. erfährt eine histor. Präzisierung und zeigt Angehörige e. R. als aktiv Gestaltende in dem Verhandlungsfeld »Religion«. (4) Trotz immer detaillierterer Kenntnisse über e. R. sind diese in wechselnden Konjunkturen weiterhin exot. Spielmaterial westlicher Sinnsuche. So folgte nach Lévi-Strauss' Entdeckung eines universalen Rationalismus des »wilden Denkens« erneut Begeisterung für das Irrationale der »Anderen«, diesmal jedoch nicht motiviert durch zivilisator. Überlegenheitsgefühle und Ursprungsfragen, sondern durch zivilisationskrit. Impulse. Die Faszination an Träumen, Trance, Besessenheit, an Zauber und Magie war unmittelbar an eine verunsicherte Stimmungslage innerhalb der westlichen Gesellschaften geknüpft. Sichtbar wurden nicht nur die »Grenzen des Wachstums«, sondern auch die destruktiven Folgen des westlichen Rationalismus. An der »Grenze zwischen Wildnis und Zivilisation« (Duerr 1978), in Gesellschaft von Schamanen und Hexen, suchte man Heilung der geschundenen Natur und der eigenen Seele. E. R. werden seither vorwiegend als Naturreligionen wahrgenommen, und der selektive Zugriff auf sie ist Bestandteil spätmoderner → Spiritualität, die ihrerseits Gegenstand religionswiss. Untersuchungen ist. PJB

Lit.: H. P. Duerr, Traumzeit. Über die Grenze von Wildnis u. Zivilisation, 1978. – C. Geertz, Dichte Beschreibung, 1983. – K.-H. Kohl, Fetisch, Tabu, Totem. Zur Archäologik religionswiss. Begriffsbildung, in: Ders., Abwehr u. Verlangen. Zur Geschichte der Ethnologie, 1987, 89–102. – V. Turner, The Anthropology of Performance, 1987. – A. Kuper, The Invention of Primitive Society. Transformations of an Illusion, 1988. – H. Fink-Eitel, Die Philosophie u. die Wilden. Über die Bedeutung des Fremden für die europ. Geistesgeschichte, 1994. – D. Chidester, Savage Systems. Colonialism and Comparative Religion in Southern Africa, 1996. – H. G. Kippenberg, Die Entdeckung der Religionsgeschichte. Religionswissenschaft u. Moderne, 1997. – G. Cunningham, Religion & Magic. Approaches & Theories, 1999. – N. Griffiths/F. Cervantes (Hg.), Spiritual Encounters. Interactions between Christianity and Native Religions in Colonial America, 1999. – M. Münzel, Magie, in: B. Streck (Hg.), Wb. der Ethnologie, 2000, 152–56. – M. Lambek (Hg.), A Reader in the Anthropology of Religion, 2001. – F. Bowie, The Anthropology of Religion: An Introduction, 2005.

Ethnohistorie, ein die Methoden der Ethnologie und der Geschichtswissenschaft vereinigender Forschungsansatz. Ziel der E. ist es, die ethnograph. Darstellung gegenwärtiger Phänomene durch histor. Quellenmaterial zu kontextualisieren. Dadurch soll vermieden werden, dass soziale Phänomene als statisch und geschichtslos erscheinen bzw. dass die histor.-philolog. Forschung heutige Bezüge aus den Augen verliert. Die Verbindung von empir. und textkrit. Perspektiven macht die E. bes. fruchtbar im Bereich der Ritualforschung. → Religionsethnologie, → Ritual. SE

Etruskische Religion. Die Etrusker bildeten von etwa 900–100 v. Chr. einen Städtebund in der südlichen Toskana. Die E. R. scheint in hohem Maße von Spezialisten geprägt worden zu sein; Schriftlichkeit und Ikonologie sind ausgeprägt. Die penible Interpretation aller Zeichen (Leberschau, Blitzmale, Prodigien, Vogelschau) war nur durch lange Ausbildung zu erreichen. Auch die offizielle Divinationspraxis der Römer wurde ganz von Etruskern ausgeübt (Etrusca disciplina), doch vermochten die Römer das Expertenwissen ihrer Weisung (imperium) zu unterstellen. Obwohl in den etrusk. Namen, den Mythen und der Ikonographie die Götter und Heroen ab dem 6. Jh. stark griech. geprägt sind, unterscheiden sie sich in ihrer Funktion meist grundlegend. CA

Lit.: LIMC. – J. Pfiffig, Religio Etrusca, 1975. – L. Aigner-Foresti, Art. »Etrusci, Religion«, in: DNP 4, 1998, 189–95.

Eucharistie (von griech. eucharistía = Danksagung), im christl. Kult das zentrale Ritual in der → Messe, zuerst in der Didache 9,1 so genannt, nach dem griech. »Dankgebet, Segen« beim Trinken des Weinbechers, wie es zum jüd. Ritus des → Kiddusch gehört. Das Ritual erinnert das letzte Mahl Jesu mit seinen Jüngern, erstmals (54 n. Chr.) bei Paulus 1 Kor 11,17–34 erwähnt, wo es »Herrenmahl« genannt wird. Der Begriff E. ist im kath. Sprachgebrauch seit dem Zweiten →

Vatikan. Konzil üblich (protestant.: Abendmahl; orthodox: mystisches Mahl; lat. auch: cena secreta = geheimes Mahl). Ungeklärt bleibt die Frage der Ableitung: Schließt sich das Ritual eher an antike Kultmähler an, die nicht nur in den Mysterienreligionen üblich waren, oder ist es streng aus jüd. Tradition herzuleiten? Zu beiden Traditionen bestehen deutliche Unterschiede bis hin zum Tabubruch (Theißen). CA

Lit.: H. Gese, Psalm 22 u. das NT, in: Ders., Vom Sinai zum Zion, 1974, 180–201. – H. Gese, Die Herkunft des Herrenmahls, in: Ders., Zur biblischen Theologie, 1977, 107–27. – H.-J. Klauck, Herrenmahl u. hellenist. Kult, 1982. – H. B. Meyer, E., 1989. – M. Klinghardt, Gemeinschaftsmahl u. Mahlgemeinschaft, 1996. – G. Theißen, Die Religion der ersten Christen, 2000, 225–80.

Euhemerismus, auf Euhemeros von Messene (4.–3. Jh. v. Chr.) zurückgeführte Methode, »Mythen« rationalistisch auf geschichtliche Ereignisse, Herrschaftsverhältnisse/Genealogien und Personen hin zu deuten. Zentral ist die Deutung von Namen, method. führend sind → Aitiologie und Etymologie. Die Euhemeros zugeschriebene, aber nicht nur ihm eigene Ansicht, »dass die Götter Menschen gewesen seien«, kann vielfältig ausgedeutet werden (z. B. atheist., aber auch als Suche nach einem »histor. Wahrheitskern«). → Mythos. Red

Euphemismus (von griech. euphēmismós), ein Fachterminus der antiken Rhetorik, der die »wohlklingende«, beschönigende Benennung ungünstiger oder gefahrvoller Sachverhalte bezeichnet (z. B. die tödlichen Erinyen als Eumeniden = Wohlwollende). E. sind kein Spezifikum religiöser Metaphorik, sondern finden sich in allen kulturellen Bereichen als Elemente rhetor. Meinungssteuerung. GA

Europäische Religionsgeschichte. (1) So lange Religionswissenschaft eine Teildisziplin in einer theolog. Fakultät ist, sind ihr Gegenstand die Religionen vor und außerhalb des Christentums; Geschichte der Religionen in Europa wird dort als Kirchengeschichte bearbeitet. Demgegenüber macht der Begriff E. R. deutlich, dass das Christentum in Europa in ständiger Auseinandersetzung mit und Konkurrenz zu den anderen gleichzeitigen Europ. Religionen, aber auch zu Wissenschaften u. a. Sinnstiftern steht. Neben der in der Institution der Kirchen gehegten Religion entwickeln sich »mitlaufende Alternativen« (Gladigow), darunter auch die Rezeption der Antike oder paganer Rel. etwa in den Wissenschaften. (2) E. R. ist geprägt durch Pluralität, Diskursivität und wechselseitige Interferenz, nicht nur in Abstoßung (→ Antisemitismus, Orientalismus), sondern auch in imitierender Konkurrenz. E. R. ist dann nicht die Geschichte der Religionen in Europa, sondern die eigene religiöse Kultur, die mit der Entstehung städtischer Kommunikation in Europa im 12. Jh. in der Verbindung mit dem europ. Islam und jüd. Gemeinden einsetzt: Gerade die intensive Auseinandersetzung auf kleinen Räumen und die Fähigkeit, Formen der religiösen Gemeinsamkeit in lokalem Rahmen auszubilden, machen das »Europäische« aus, abgelöst durch Epochen scharfer Konflikte (Konfessionskriege; religiöse Nationalismen), die aber nicht durch Auswanderung oder ethnische Säuberung gelöst wurden, sondern durch Rhetorik der Rationalität (→ Aufklärung), staatlich garantierte Grundregeln wie → Religionsfreiheit und Begrenzung des religiösen Bereichs (→ Säkularisierung). CA

Lit.: C. Clemen, Religionsgeschichte Europas, 2 Bde., 1926–31. – B. Gladigow, E. R., in: H. G. Kippenberg/B. Luchesi (Hg.), Lokale Religionsgeschichte, 1995, 21–42. – C. Auffarth, Mittelalterliche Eschatologie, 1996. – U. Schlott, Vorchristl. u. christl. Beziehungen bei Kelten, Germanen u. Slawen, 1997. – M. Stausberg, Faszination Zarathushtra. Zoroaster u. die E. R. der Frühen Neuzeit, 1998, bes. Bd. 1, 13–31. – C. Auffarth, E. R., in: MLR 1, 1999, 330–36. – B. Gladigow, Mediterrane Religionsgeschichte, in: F. T. van Straten (Hg.), Kykeon. Studies in Honour of H. S. Versnel, 2001, 49–67. – C. Elsas, E. R., 2002.

Eurozentrismus. (1) Fremde Religionen sind zu allen Zeiten aus dem Blickwinkel der jeweils eigenen religiösen Überlieferung interpretiert worden. So finden wir bereits in der → Antike das Phänomen der interpretatio graeca bzw. romana; dabei wurden »fremde« Götter mit griech. oder röm. gleichgesetzt. (2) Insofern die Beschreibung religiöser Phänomene einem Verständnis von → Religion unterliegt, wie es sich seit der → Aufklärung in Europa durchgesetzt hat, lässt sich heute von E. sprechen. E. ließ sich in der Vergangenheit in Schilderungen nichtchristl. Religionen durch Reisende oder Missionare, aber auch in religionswiss. Fachliteratur feststellen. Häufig folgte die Beschäftigung mit fremden und vermeintlich primitiven Kulturen einer Ambivalenz von Abwertung des Fremden und seiner Idealisierung, von »Abwehr und Verlangen« (Kohl), indem man einerseits das Primitive als das Unterlegene disqualifizierte, um den eigenen Eroberungswillen zu rechtfertigen, und es andererseits zum Reinen und Ursprünglichen stilisierte, das dem westlichen aufgeklärten Menschen abhanden gekommen sei. Die Faszination des → Fremden basierte also oft auf Problemen in der eigenen Kultur. (3) Da auch der europ. Begriff von Religion meist nicht mit den Eigenbegriffen fremder → Deutungsmuster zur Deckung zu bringen ist, besteht die Gefahr von Missdeutungen und Fehlinterpretationen. Durch die Verbreitung europ. Interpretationen nahmen auch diese Eigenbegriffe europ. Bedeutungen an (z. B. → mana). Die beschriebenen Phänomene werden durch die religiösen Akteure selbst oft anders verstanden. (4) E. zeigt sich oft auch an einer Überbewertung kognitiver Inhalte von Religion, wie sie sich in den → hl. Schriften oder in einschlägigen Systematisierungen religiöser Spezialisten finden, wogegen andere Darstellungsebenen, die in außereurop. Religionen von größerer Bedeutung sein können, häufig vernachlässigt werden (z. B. → Körper, → Tanz). HMH

Lit.: W. Halbfass, Indien u. Europa, 1981. – K.-H. Kohl, Abwehr u. Verlangen. Zur Geschichte der Ethnologie, 1987. – U. Bianchi (Hg.), The Notion of »Religion« in Comparative Research, 1994. – H.-M. Haußig, Der Religionsbegriff in den Religionen, 1994. – S. N. Balagangadhara, »The Heathen in his Blindness«. Asia, the West and the Dynamic of Religion, 1994. – H.-M. Haußig/B. Scherer (Hg.), Religion: eine europ.-christl. Erfindung, 2003.

Eva (hebr. Ḥawwā), Partnerin Adams, deren Name in Gen 3,20 von hebr. ḥaj (= Leben) abgeleitet und mit »Mutter alles Lebendigen« erklärt wird. Etymolog. steht der Name E. vermutlich mit der Schlange in Verbindung (aramäisch ḥivjā', phönik. Schlangen- und Unterweltsgöttin Hwt), die ein altes Attributtier weiblicher Gottheiten ist. Nach den beiden Schöpfungsgeschichten wurde E. entweder mit Adam gemeinsam erschaffen (Gen 1,27) oder aber aus seiner Rippe als »Gehilfin« gebildet (Gen 2,18–23), womit ihre ursprüngliche Göttlichkeit verschleiert wurde. Die rabbin. und kabbalist. Tradition behebt den Widerspruch durch die Annahme, die erste Version berichte nicht von E., sondern von Lilith, Adams erster Frau. → Altes Testament, → Apokryphen. KVS

Lit.: R. Patai, The Hebrew Goddess, 1967. – U. Winter, Frau u. Göttin. Exeget. u. ikonograph. Studien zum weiblichen Gottesbild im Alten Israel u. in dessen Umgebung, 1983. – J. A. Phillips, E. Von der Göttin zur Dämonin, 1987. – K. E. Kvam u. a. (Hg.), Eve and Adam: Jewish, Christian, and Muslim Readings on Genesis and Gender, 1999.

Evangelikal/Evangelikale (von engl. evangelicalism), im engl. Sprachgebrauch üblicher Terminus zur Bezeichnung der zentralen Bedeutung der Bibel für die protestant. Kirchen (→ Protestantismus). Insbes. in den USA werden als e. die protestant. Kirchengemeinschaften bezeichnet, deren Mitglieder ihren Glauben von persönlichen Bekehrungs- bzw. Erweckungserlebnissen herleiten (born-again Christians) und die dadurch sowie durch eine traditionalist. und dogmat. Bibelauslegung in die Nähe des → Fundamentalismus geraten. E. Christen sind bekannt für ihr missionar. und lebensprakt. Engagement: Sie unterstützten z. B. die notleidende Arbeiterschaft im 19. Jh. während des engl. Manchester-Kapitalismus. In Deutschland gab es in der Nachkriegszeit eine Phase der Hilfeleistung (Quäkerspeisung, Care-Pakete) und der Missionierung (z. B. durch den Fernseh- und Volksprediger B. Graham, geb. 1918), die maßgeblich von amerikan. E. getragen wurde. Aufgrund ähnlicher Prinzipien und Ziele haben sich die amerikan. E. 1968 mit den Methodisten zu einer Kirche vereinigt (United Methodist Church). WR

Lit.: D. Tidball, Reizwort evangelikal. Entwicklung einer Frömmigkeitsbewegung, 1999.

Evangelium (von griech. euangélion = gute Nachricht), im Hellenismus Bezeichnung für jede Form der Freudenbotschaft. In der → Septuaginta findet sich der spezif. religiöse Gebrauch von E. für die freudige Ankündigung einer kommenden Gottesherrschaft (Jes 40,9; 52,7). Weil sich nach christl. Verständnis mit und in der Person Jesu Christi die Erfüllung der Heilsverheißung ereignet, wird der Begriff E. auf die → Predigt und das Heilshandeln Jesu angewandt (Röm 1,1–3; Gal 1,16; 2 Kor 4,4). Nach dem Selbstverständnis der frühen Kirche ist es ihr unter dem Einfluss des → Hl. Geistes gelungen, die Botschaft Christi und ihre authent. → Tradition auf normative Weise in Textform zu fixieren. Daher heißen auch die Schriften, welche das Leben und Handeln Christi im Sinne einer narrativen → Theologie entfalten und bezeugen, E. Während der Entstehung der frühen Kirche und ihrer Abgrenzung von der → Gnosis wurden nur vier Schriften (die E. von Markus, Matthäus, Lukas, Johannes) als kanon. angenommen (→ Kanon) und andere Werke gleicher Gattung als apokryphe E. ausgesondert. Weil zwischen Mk, Mt und Lk eine bes. literar. Abhängigkeit besteht, werden sie, in Abgrenzung zu Joh, als synopt. E. bezeichnet. KHS

Lit.: D. Dormeyer, E. als literar. u. theol. Gattung, 1989. – H. Frankenmölle, E. Begriff u. Gattung, 1994.

Evans-Pritchard, Edward Evan (1902–73), engl. Ethnologe und Afrikanist, v. a. bekannt für seine Interpretation von → Magie und → Hexerei als rationaler Praxis. → Religionsethnologie. SE

W.: Witchcraft, Oracles and Magic among the Azande, 1937 (gekürzte dt. Ü.: Hexerei, Orakel und Magie bei den Zande, 1978). – Nuer Religion, 1956.

Evocatio (lat. = Herausrufung), die während eines → Krieges ausgesprochene Einladung an die Stadtgottheit der Feinde, die Seiten zu wechseln und auf Dauer in Rom Tempel und Kult zu genießen; bes. die e. der Iuno aus dem etrusk. Veji 396 v. Chr., die dann auf dem Capitol in Rom verehrt wurde. Quellen: Plinius, *naturalis historia* 28,18; Livius, *ab urbe condita* 5,21,3–7; Tacitus, *historiae* 5,12. CA

Lit.: J. Rüpke, Domi militiae, 1990, 162–64.

Evolution (von lat. evolvere = herauswickeln), bezeichnet allgemein langfristige Entwicklungsprozesse (Gegensatz: Revolution), die meist mit Komplexitätssteigerung einhergehen. Insbes. wird die Theorie von C. Darwin (1809–82) mit dem Begriff E. in Verbindung gebracht. Darwin hatte in *The Origin of Species* (»Die Entstehung der Arten durch natürliche Zuchtwahl«, 1859) die bisherige Vorstellung von der Konstanz der Arten angefochten. Nach seiner durch Erfahrung aus der Tierzucht angeregten Vorstellung entwickelten sich die Arten, und damit auch der Mensch, durch allmähliche Veränderungen in außerordentlich langen Zeiträumen. Dieser Idee liegt eine Vorstellung von einer übermäßig fruchtbaren → Natur zugrunde, die mehr Nachkommen erzeugt als zur Fortpflanzung notwendig. Dadurch wird eine Auswahl der Geeignetsten ermöglicht. H. Spencer (1820–1903) betonte diesen Aspekt des »survival of the fittest« und stellte einen Bezug zur → Entwicklung der Kulturen her. Die E. steht damit sowohl dem Bild von Gott als dem Schöpfer der Arten und dem Menschen als Krone der Schöpfung als auch den bisherigen Zeitvorstellungen entgegen. Bes. Darwin betonte dabei die Zufälligkeit der E. und widersprach damit bisherigen zielgerichteten (teleolog.) Konzeptionen. Der Evolutionismus fand Eingang in weite Teile der Sozial- und Geisteswissenschaften und etablierte dort die Idee einer Fortentwicklung von einfachen zu hoch entwickelten Kulturen. FE

Lit.: J. W. Burrow, E. and Society. A Study in Victorian Social Theory, 1966. – P. J. Bowler, Theories of Human E. A Century of Debate, 1844–1944, 1986.

Evolutionismus. Im Unterschied zu den Kulturentstehungs- und -entwicklungslehren, welche die Ambivalenz der → Entwicklung berücksichtigen (wie: kindlich/offen vs. erwachsen/starr), entstand im 19. Jh. das Fortschrittsmodell des E. aus der Theorie der Naturentwicklung, etwa von C. Darwin (1809–82). Das Modell wurde um 1900 umgekehrt in der Entdeckung des → Archaischen. → Typologie. CA

Lit.: H. G. Kippenberg, Die Entdeckung der Religionsgeschichte, 1997, 80–99, 195–217.

Ewige Wiederkehr (des Gleichen), das stoische Theorem, dass die → Ewigkeit des göttlichen Subjekts und die danach eingerichtete Notwendigkeit im Werden und Vergehen der Welt zu immer wieder ident. Welten führt (→ Apokatastasis). Dies kann zur völligen Konzentration auf die Gegenwart führen (z. B. Marc Aurel, röm. Kaiser 161–180 n. Chr.) und dann polem. gegen heilsgeschichtlich orientierte christl. → Ethik (→ Heilsgeschichte) gewendet werden. Mit F. → Nietzsche wurde die E. W. polemisch zum Gegenmodell gegen die christl. Geschichte, die auf das Ziel individueller → Erlösung zugehe (→ Teleologie, → zyklisch). JR

Lit.: M. Eliade, Kosmos und Geschichte. Der Mythos der e. W., 1953 u. ö. (franz. 1949). – A. Nehamas, The Eternal Recurrence, in: Philosophical Review 89 (1980), 331–56. – G. Abel, Nietzsche. Die Dynamik des Willens zur Macht u. die e. W., 1984. – A. A. Long, The Stoics on World-Conflagration and Everlasting Recurrence, in: R. Epp (Hg.), Recovering the Stoics, 1985, 13–38. – H. Cancik, Nietzsches Antike, 1995, 107–21, 188–91.

Ewigkeit (von althochdt. ewig und german. Äquivalenten = unbegrenzte Fortdauer der Lebenskraft). Die Etymologie benennt zugleich das Problem und seine Lösung: → Tod als fundamentale Erfahrung der Begrenzung des menschlichen Lebens und → Unsterblichkeit (→ Leben, ewiges) als Alternative. Auch für die religionswiss. Beschreibung bieten sich die beiden Begriffe als gegenstandsnäher und geeigneter für kulturübergreifende Klassifikationen an. Als Bestandteil der conditio humana wird die Idee einer Unsterblichkeit durch die Ausformulierung von → Gottesvorstellungen reflektiert, in denen trotz anthropomorpher biograph. Mythen (Geburt) und der Möglichkeit prinzipieller Transformationen (weiterer Entrückung, auch Tod) eine Nichtbetroffenheit durch den physischen Tod, wie ihm Menschen unterliegen, durchgespielt wird. Umgekehrt ist selbst eine → postmortale Existenz für Menschen defizitär, prinzipiell anders und vielfach durch einen »zweiten Tod« (sozial, rituell, moral.) bedroht. Der Begriff der E. (griech. → Aion, lat. aeternitas) ermöglicht darüber hinaus, auch Folgeprobleme von Unsterblichkeit zu diskutieren: Die Länge von E., die E. der Welt und von Göttern, schließlich – etwa im spätantiken Neuplatonismus (→ Platonismus): Plotin, »Enneaden« 3,7; Augustinus, »Bekenntnisse« 11 – die Defizite der → Zeit gegenüber göttlicher E. und die Möglichkeiten der kontemplativen Durchdringung (→ Mystik) beider Ebenen. JR

Lit.: W. Beierwaltes, Plotin über E. und Zeit, 1967. – J. Assmann, Zeit und E. im alten Ägypten, 1975. – B. Gladigow, Unsterblichkeit und Moral, in: Ders. (Hg.), Religion und Moral, 1976, 99–117. – H. Poser, Zeit und E. Zeitkonzepte als Orientierungswissen, in: H. M. Baumgartner (Hg.), Das Rätsel der Zeit, 1993, 17–50. – J. M. Bremer u. a. (Hg.), Hidden Futures. Death and Immortality, 1994.

Exegese. In der griech. Religion ist der exēgētḗs derjenige, der die unverständlichen Orakelsprüche in menschliche Worte (Verse) fasst. In der christl. Religion bezeichnet E. den Übersetzungsvorgang eines histor. weit zurückliegenden Wortes Gottes auf die Gegenwart hin. Dazu lernen Theologen die Sprachen der Bibel, die → histor.-kritische Methode der Bibelauslegung und eine → Hermeneutik; nicht ausgebildete Laien vermögen – unter dieser Voraussetzung – die Aufgabe nicht angemessen zu leisten. CA

Lit.: D. Pezzoli-Olgiati/H. Cancik (u. a.), Art. »E.«, in: RGG[4], Bd. 2, 1999, 1777–1803.

Exil (von lat. exilium = Verbannung), erzwungenes Leben fern der Heimat. Auch wenn der Rückkehrwunsch für die Wahrnehmung der Situation entscheidend bleibt, fordert E. auch heraus zu nostalg. Verklärung und Gestaltung einer normativen Utopie der Heimat. Menschen im E. müssen sich mit ihrer Herkunft beschäftigen, für manche eine fruchtbare Auseinandersetzung. E.-Literatur realisiert diesen Prozess und wirkt so auch auf die nicht zur Flucht Gezwungenen. Im Judentum ist das babylon. E. (587–20), obwohl nur zwei Generationen dauernd, prägend für eine völlig veränderte Religion. Quellen: Ezechiel; Esra; Daniel. → Gemeinde, → Kontakt. CA

Lit.: M. Briegel/W. Frühwald (Hg.), Die Erfahrung der Fremde, 1988. – J. Assmann, Das kulturelle Gedächtnis, 1992, 196–228. – R. Albertz, Die Exilszeit, 2001.

Exkommunikation (lat. excommunicatio), Ausschluss aus der Gemeinschaft, v. a. im Christentum das Verbot der Teilnahme an den Sakramenten (→ Bann, Interdikt) mit der Folge, dass die Exkommunizierten nicht mehr das Heil erlangen können (vgl. Paulus, 1 Kor 5,4). Ethnolog. bezeichnet E. die Notwendigkeit, Tote aus der Welt der Lebenden zu entfernen, gleichzeitig aber die Lücke zu füllen und sich doch nicht lieblos gegenüber den Verstorbenen zu zeigen. Die E. ist durch Rituale der Trauer geregelt. → Gemeinde. CA

Lit.: B. Malinowski, Magie, Wissenschaft u. Religion, 1973 (engl. 1925), 32–38. – G. J. Baudy, E. u. Reintegration, 1980.

Exodus (griech.-lat. = Auszug), das 2. Buch Mose, das von Moses Jugend und Berufung erzählt sowie vom Auszug der Israeliten aus Ägypten und vom Wüstenzug bis zum Sinai, wo Mose die Torah offenbart wurde. → Altes Testament, → Apokryphen. KVS

Exogamie (von griech. éxō = außen und gameĩn = heiraten), vorgeschriebenes oder gewünschtes Heiratsverhalten, wonach der Ehepartner außerhalb der eigenen Gruppe (→ lineage, Clan, Dorfgemeinschaft usw.) zu wählen ist. Endogamie dagegen schreibt die → Ehe innerhalb der eigenen Gruppe vor. Der Begriff E. wurde erstmals von McLennan am Beispiel des Brautraubs eingeführt. Religiöse E. beinhaltet die Erlaubnis, eine/n Ehepartner/in mit einer anderen Religionszugehörigkeit zu wählen (so im → Judentum, → Islam), religiöse Endogamie schreibt für beide Ehepartner die gleiche Religionszugehörigkeit vor. → Verwandtschaft. PJB

Lit.: J. McLennan, Primitive Marriage: An Inquiry into the Origin of the Form of Capture in Marriage Ceremonies, 1865. – E. W. Müller, Sozialethnologie, in: H. Fischer (Hg.), Ethnologie. Eine Einf., 1983, 145–79.

Exorzismus (von griech. exorkízein = jemanden beschwören), rituelle Austreibung eines negativen Wesens aus einer Person oder einem Ort. Im Christentum ist E. zentraler Teil der Lehre und religiösen Praxis, angefangen bei Jesus (Mt 12, 43–45 u. ö.), weiter praktiziert durch Missionare und später offiziell institutionalisiert in der kath. Kirche, wo ein eigener E.-Beauftragter dafür sorgt, dass nur entsprechend autorisierte Priester den E. durchführen (zuletzt ergänzend geregelt von Papst Pius XII.). In einigen Freikirchen und bei den Pfingstlern wird E. mithilfe von Gebeten, Handauflegen und Schriftlesungen durch Gemeindeglieder durchgeführt. In Japan ist der E. (japan. harai) zentraler Bestandteil von → Shintō-Ritualen. Im klassischen Japan wurde der »Große E.« (japan. oharai) zweimal jährlich zur Reinigung des königlichen Hofes und des ganzen Landes durchgeführt. Mit einer Version dieser Reinigung beginnt noch heute jedes Shintō-Ritual. → Besessenheit, → Identität.

KVS

Lit.: C. Ernst, Teufelsaustreibung. Die Praxis der kath. Kirche im 16. u. 17. Jh., 1972. – H. J. Wolf, Hexenwahn u. E. Ein Beitrag zur Kulturgeschichte, 1980. – G. H. Twelftree, Jesus the Exorcist, 1993. – D. Trunk, Der messian. Heiler. Eine redaktions- u. religionsgesch. Studie zu den Exorzismen im Matthäusevangelium, 1994. – E. Sorensen, Possession and Exorcism in the New Testament, 2002. – S. Ferber, Demonic Possession and Exorcism in Early Modern France, 2004.

Ezechiel → Hesekiel.

F

Fahrzeug → yāna.

Fakir (arab. faqīr = der Arme), überwiegend islam. Asket, der unter Verzicht auf jeglichen materiellen Besitz sich ganz auf Gottes Beistand (in Gestalt von Almosen der Menschen) verlässt (→ darwīš). Als F. werden fälschlicherweise auch indische Asketen bezeichnet, deren Selbstbezeichnung in der Regel → sādhu ist. → Askese. AM

Lit.: R. Schmidt, F. und Fakirtum, 1908, [2]1921.

Falang (507–81), buddh. Gelehrtenmönch, propagierte erfolgreich die Sanlun-Schule (→ Sanlun-zong) des chin. Buddhismus. MD

Familie, Verwandtschaftseinheit, umfasst als Kern-F. die Beziehung zwischen Eltern (Vater, → Mutter) und ihren unverheirateten Kindern. Die erweiterte oder Groß-F. umfasst mehrere Kern-F. aus einer Verwandtschaftsgruppe. Voraussetzung der F. ist die → Ehe oder eine eheähnliche Bindung, Funktionen der F. sind u. a. Subsistenzsicherung und → Sozialisation. → Fustel de Coulanges betrachtete die F. als die natürliche Sozialform für die Religionsausübung. Die Idee, wonach die Religion gegebene soziale Lebensformen überhöht, wurde von É. → Durkheim aufgegriffen: Für das Verhältnis von Rel. und F. ist neben der unmittelbaren Sakralisierung der F.-Beziehung (vgl. die christl. »Hl. F.«) und der Projektion irdischer Muster der F. in den polytheist. Götterhimmel die Normierung der F.-Beziehungen durch religiöse Deutungssysteme charakterist. So versteht sich das Christentum als Gemeinschaft von Brüdern und Schwestern, ebenso wie sich häufig auch Neue Religionen als »wahre« F. begreifen. Aus soziolog. Sicht sind institutionalisierte Religion und F. strukturverwandt, da sie als gemeinschaftsbildende Formen gesellschaftlich stabilisierend wirken. → Exogamie, → Konnubium, → Levirat, → Verwandtschaft. PJB

Lit.: E. W. Müller, Versuch einer Typologie der F.-Formen, in: Kölner Zs. für Soziologie u. Sozialpsychologie 11 (1959), 666–76. – T. Parsons, Family and Church as »Boundary« Structure, in: N. Birnbaum/ G. Glazer (Hg.), Sociology and Religion, 1969, 423–29. – G. Kehrer, Art. »F.«, in: HrwG, Bd. 2, 1990, 404–14.

Fanatismus (von lat. fanum = der Gottheit geweihter Ort), pejorativer Begriff, der von außen an bestimmte religiöse (und überhaupt ideolog.) Verhaltensweisen herangetragen wird. Unter das Verdikt des F. fällt eine bestimmte Art von Commitment (Engagement, persönlicher Einsatz und Verpflichtung), das nach den geltenden gesellschaftlichen Normen als übertrieben und gefährlich erscheint, weil es übliche Formen von Konfliktlösung gefährdet. F. ist durch soziale und psychische Determinanten bestimmt: starke soziale Kontrolle (→ Sanktionen), → Sozialisation mit hohem aggressivem Potential, geringe Toleranzbreite in der Wahrnehmung und Bewertung von Verhalten, → Rigorismus. F. hat eine emotionale Seite (hochgradige Investition von Emotionen in bestimmte konfligierende Situationen; → Gefühle), aber auch eine kognitive, die sich in einer übermäßig selektiven Wahrnehmung der Wirklichkeit äußert. F. gilt als Kennzeichen von → »Sekten« – dies ein analog pejorativer Begriff der Fremdwahrnehmung. Tatsächlich kommt F. in allen Religionen, polit. Parteien und Weltanschauungsbewegungen vor, in marginalisierten wie in dominanten Gemeinschaften. Bes. häufig wird F. in »normativ übersteuerten« Gesellschaften und Kulturen (mit hoher sozialer Kontrolle, entsprechendem Druck und enger Toleranzbreite) zu finden sein, aber wahrscheinlich auch in »normativ untersteuerten« Gesellschaften (bei schwachen Orientierungsmechanismen). FS

Lit.: L. Bolterauer, Die Macht der Begeisterung, 1989. – A. Grabner-Haider, Angst vor der Vernunft?, 1989. – S. Kakar, Die Gewalt der Frommen, 1997.

Fārisī, Salmān al- → Salmān al-Fārisī.

Faschismus (von lat. fasces = Rutenbündel, in der röm. Ämterfolge Amtszeichen des mit dem Entscheidungsrecht über Leben und Tod betrauten Liktors; Symbol der Macht und des Traditionsbezugs in der 1919 von B. Mussolini [1883–1945] gegründeten italien. faschist. Bewegung). (1) F. bezeichnet eine speziell im 20. Jh. in Erscheinung getretene Form polit. → Herrschaft, in der sich die polit. Formation eines »Volkskörpers« über die Abgrenzung und Ausgrenzung anderer Menschengruppen (Rassismus, → Antisemitismus) zu einem gewaltbereiten und -tätigen Aufstand gegen die Zumutungen der → Moderne, im bes. gegen deren Unruhe, Ambivalenzen und Mehrdeutigkeiten, zusammenfindet. In der → Ideologie eines Führer- und Gefolgschaftsstaats sieht sie das vermeintliche Gegenmodell auf der Basis einer insgesamt »erfundenen« → Tradition. Dabei bedient sich der F. sowohl zur Manipulation der eigenen Gefolgschaft als auch bei der Propaganda zur Hetze gegen andere und zur Mobilisierung von Kampf- und Kriegsbereitschaft der modernsten Mittel der Meinungs- und Massenlenkung (Radio, Film, Massenpresse) und versteht sich so einerseits als Ausdruck männerbestimmten Volkstums, wie es bei den → Ariern, den Germanen und Römern verwirklicht gewesen sei, andererseits als Avantgarde im Kampf der »Stärksten« gegen die »schwächeren« → Rassen und Völker. (2) Als Sammelbecken unterschiedlicher Strömungen nahm der F. eine Reihe von Impulsen, Denkfiguren und Vorstellungen auf, die sich seit der zweiten Hälfte des 19. Jh.s ausgebildet bzw. zentriert hatten: (a) das biologist. Denken, eine Wurzel des modernen Rassen-Antisemitismus, (b) esoter. Strömungen, in denen z. B. vermeintlich german. Totenkulte mit Geheimlehren unterschiedlichster Provenienz eine Verbindung eingingen, und (c) ein katastroph. Weltbild, dessen → Deutungsmuster auf Geschichtszyklen und angeblichen »Mythen« bestanden. Diese Vorstellungen wurden sowohl für die Mobilisierung der Menschen im Hinblick auf den »Endkampf« genutzt als auch für diverse Verschwörungstheorien (»Weltjudentum«) und die Propagierung eines rassist. fundierten Elitedenkens (»Herrenmenschen«, Vernichtung »unwerten Lebens«). Auch der F. selbst nahm Züge einer religiösen Bewegung an, die sich zugleich gegen die bestehenden christl. Kirchen abzusetzen suchte: in der Ausrichtung auf ein absolutes Endziel (→ »Heil«), dessen irdischem Repräsentanten (dem »Führer«) die Qualitäten eines Erlösers und eschatolog. Heilsbringers zugeschrieben wurden (→ Eschatologie) und nicht zuletzt in der Organisation quasireligiöser Massenveranstaltungen sowie in einer manichäisch ausgerichteten Bildersprache (Kampf gegen die Finsternis). WN

Lit.: E. Canetti, Masse und Macht, 1960. – E. Fromm, Die Furcht vor der Freiheit, 1966. – W. Wippermann, F.-Theorien, 1989. – Z. Bauman, Moderne und Ambivalenz, 1992. – M. Ley/J. Schoeps (Hg.), Der Nationalsozialismus als polit. Religion, 1997. – C.-E. Bärsch, Die polit. Religion des Nationalsozialismus: die religiöse Dimension der NS-Ideologie in den Schriften von Dietrich Eckart, Joseph Goebbels, Alfred Rosenberg u. Adolf Hitler, 1998, [2]2002. – S. T. Katz, Kontinuität u. Diskontinuität zwischen christl. und nationalsozialist. Antisemitismus, 2001. – M. Ley, Holokaust als Menschenopfer: vom Christentum zur polit. Religion des Nationalsozialismus, 2002. – H. W. Vahlefeld, Deutschlands totalitäre Tradition: Nationalsozialismus u. SED-Sozialismus als polit. Religionen, 2002. – T. Schirrmacher, Säkulare Religionen: Aufsätze zum religiösen Charakter von Nationalsozialismus u. Kommunismus, 2002. – S. von Hoyningen-Huene, Religion bei rechtsextrem orientierten Jugendlichen, 2003. – R. Faber, »Wir sind Eines«, 2005.

Fasten, zeitlich befristete oder dauerhafte Verweigerung, Reduzierung oder diätet. Reglementierung der Nahrungsaufnahme. (1) Dem religiös motivierten F. liegt meist der Glaube an eine heilvolle oder unheilvolle Kraft von Speisen zugrunde. Da Speiseeinnahme zu → Alltag und Normalität gehört, bietet sich das F. als Ausdruck des Außernormalen an. Es ist daher bevorzugter Ausdruck von → Askese, der Überwindung von Leiblichkeit (einschließlich → Sexualität), der Lebensverneinung oder des bes. Respekts vor dem → Leben (→ ahimsā). Extrem ausgeprägt findet sich diese Mischung beim Todesfasten von Jaina-Mönchen (→ Jainismus). (2) In Abgrenzung vom »normalen« Leben ist das F. in vielen → Hagiographien und Lebensläufen von Heiligen bzw. Religionsstiftern beschrieben: → Buddha fastete vor seiner Erleuchtung unter dem Bodhi-Baum, Mose auf dem → Sinai vor dem Empfang der → Torah, → Jesus in der Wüste vor seiner Predigttätigkeit, → Muḥammad auf dem Berg Hira vor der Verkündung des Koran. Ebenso muss vielfach vor dem Genuss hl. Speise oder vor wichtigen religiösen Ereignissen (→ Fest, Jagd, Sonnenfinsternis, → rites de passage) gefastet werden, damit nicht Heiliges mit Profanem unheilvoll zusammentrifft. (3) Da die Einnahme von Speisen die Befindlichkeit des Menschen beeinflusst (»Der Mensch ist, was er isst«; → Körper), kann – nicht selten auf der Grundlage einer minutiösen Lebensmittellehre (→ Āyurveda) – das F. das Ziel einer Bewusstseinserweiterung oder mystischen Gottesannäherung haben. F. kann aber auch (religiöser) Protest sein, etwa als Hungerstreik oder bei den F.-Aktionen M. → Gāndhīs. Ein kollektives F. wird gerne in Notsituationen ausgerufen oder zur Erwirkung der Gnade Gottes, zur Abwehr von Unheil bzw. als Teil des religiösen → Kults praktiziert. Daraus sind regelmäßige Fasttage und F.-Zeiten erwachsen, oft mit bestimmten F.-Speisen. Der Islam hat seinen ganzen F.-Monat → Ramaḍān. Bei zunehmender Verinnerlichung der Religionsauffassung werden auch Proteste gegen das F. laut (Sach 7,4ff.).

AM

Lit.: R. Arbesmann, Das F. bei Griechen und Römern, 1929. – P. Gerlitz, Das F. im religionsgesch. Vergleich, 1954. – R. Bohren, F. und Feiern, 1973. – C. von Braun, Weibliches Fasten und christl. Traditionen, in: Paragrana 8 (1999), 11–25.

Fastnacht → Karneval.

Fatalismus (von lat. fatum = Orakel-, Götterspruch), der Glaube, dass das menschliche → Handeln und die Geschichte vollständig vorherbestimmt sind bzw. durch Kausalgesetze determiniert werden. Aufgrund der mit dem (selten vertretenen) konsequenten F. einhergehenden Leugnung der → Freiheit wird der Begriff oft in polem. Absicht zur Bezeichnung eines blinden Glaubens an das → Schicksal verwendet. In theist. Kontexten gerät die Frage zum Grenzfall, ob das Göttliche selbst einer unabänderlichen Ordnung unterworfen ist, also nicht anders kann als es will, oder sogar: anders will, aber nicht kann.

JS

Lit.: H. Ringgren (Hg.), Fatalistic Beliefs in Religion, Folklore and Literature, 1967. – L. W. Doob, Inevitability: Determinism, Fatalism, and Destiny, 1988.

Fāṭima, Tochter des Propheten → Muḥammad und dessen erster Ehefrau Ḫadīǧa. Sie war Ehefrau von Muḥammads Vetter → ʿAlī b. Abī Ṭālib und starb kurz nach dem Tode Muḥammads. Als v. a. in der Schia (→ šīʿa) hoch verehrte Mutter von Ḥasan und → Ḥusayn begann mit ihr die Abstammungslinie der direkten Nachkommen Muḥammads. RS

Fatum → Fatalismus, → Schicksal.

Fatwā (Plur. fatāwī oder fatāwā, arab. = Rechtsgutachten), ein verschieden formalisierter Text der islam. Rechtswissenschaft, mit dem islam. Gelehrte (→ ʿUlamāʾ, in der Funktion als → Muftī) dem Frager (mustaftī) Antworten auf alle den Alltag, den Glauben oder die Wissenschaften betreffenden Fragen geben können. Je nach Rechtstradition dienen die f. der moral. oder jurist. Würdigung eines Tatbestandes, eines Sachverhalts oder einer Idee. Formal gesehen bilden Frage und Antwort eine Einheit, doch v. a. in der neueren und neuesten Zeit äußerten sich Muftis auch ohne Anfragen. Der Text kann sich über Seiten erstrecken (v. a. in der Rechtstradition der → Ḥanbaliten) oder sich auf eine Kurzformel wie »so sei es« bzw. »so sei es nicht« (osman. Tradition) beschränken. Der geschriebene Text basierte üblicherweise auf einer anonymisierten Überarbeitung einer Anfrage, die mündlich oder schriftlich an den Mufti herangetragen wurde. Inhaltlich erfolgte die Wertung entsprechend den Vorgaben der jeweiligen Rechtstraditionen, während seit dem 19. Jh. f. oft als durch Zitate aus dem Koran oder der Prophetentradition (→ Sunna) abgesicherte ethische rationale Erwägungen verfasst werden. Eine f. ist weder gerichtsverbindlich, noch ist der Fragende an die Antwort des Muftis gebunden, Anfragen bei verschiedenen Muftis sind möglich. Im Prinzip ist so der f. keine Exekutivgewalt zugeordnet, es obliegt dem Einzelnen, sie als Entscheidungshilfe (auch im Rahmen von Gerichtsverfahren) heranzuziehen. Mit Aufhebung der unabhängigen islam. Gerichtsbarkeit haben f. deutlich an Prestige gewonnen. In der Gegenwart dienen sie auch als Mittel der Mobilisation, um polit. oder soziale Ziele durchzusetzen. In der Schia (→ šīʿa) konnten f. von allen Ebenen der »Geistlichkeit« (→ ruḥāniyat) publiziert werden. In der Gelehrtenhierarchie aber galten die f. der »Instanz der Bevollmächtigung« (→ marǧaʿ-e taqlid) als autoritativ, solange dieser lebte. Mit dem Tode eines als marǧaʿ-e taqlid amtierenden Gelehrten erlosch auch die Legitimität seiner f. RS

Lit.: M.Kh. Masud u. a. (Hg.), Islamic Legal Interpretation: Muftis and their Fatwās, 1996.

Faunus → Pan.

Faxian (um 340–420), chin. Mönch und Indienpilger. Mit F. setzt die zweite Phase der Übertragung des Buddhismus nach China ein (aktive »Suche nach dem → dharma«, chin. qiufa; → Xuanzang, → Yijing), während der chin. Mönche in Indien studierten und buddh. Texte z. T. neuer Schulen nach China mitbrachten. F. bereiste Zentralasien, Nordindien und Ceylon und kehrte von dort aus über Indonesien nach China zurück. Sein Bericht ist eine unschätzbare Quelle über den Zustand des Buddhismus in den bereisten Regionen, da aus dieser Zeit keine anderen zusammenhängenden histor. Dokumente vorliegen. → Chin. Religionen. MD

Lit.: M. Deeg, Das Gaoseng-F.-Zhuan als religionsgesch. Quelle, 2005.

Faxiang (chin. wörtlich = Kennzeichen der dharmas [Seinselemente]), chin. Bezeichnung für den → Yogāchāra (→ Vijnānavāda, chin. Weishi = Nur-Bewusstsein) des Buddhismus. Diese »idealist.« Schule lehrt, dass die Objekte der Außenwelt lediglich Produkte des Bewusstseins seien, denen keine Realität zukomme. In China wurde die Schule von → Xuanzang und dessen Schüler Kuiji (632–682) propagiert, verlor aber bald – wohl durch die Buddhistenverfolgungen von 845 und durch die inferiore Einstufung des F. im Klassifizierungssystem der buddh. Lehren (→ Panjiao) des → Huayan – an Einfluss. MD

Febvre, Lucien (1878–1956), franz. Historiker, Mitbegründer der École des Annales (→ Annales-Schule). MB

Fegefeuer (lat. purgatorium, ignis purgatorius, von purgare = reinigen, engl. purgatory). In den Jahren 1170/80 wird in der westlichen Kirche ein aus der Antike (Vergil, *Aeneis* 6,740–42; christl. bes. Augustin, *De civitate dei* 21,13) bekanntes Instrument der Reinigung von Sünden nach dem Tod erneut propagiert. Durch das neue Medium des Heilszugangs wird gegenüber der Kirchenkritik der Ketzer die Notwendigkeit der Kirche bestätigt: An die Stelle der sich ausschließenden Alternative, entweder in den Himmel oder die Hölle zu gelangen, tritt nun eine zeitlich begrenzte Hölle, über die die Sünder gereinigt in den Himmel gelangen. Die Kirche verfügt über den »Kirchenschatz« (Thesaurus Ecclesiae), in dem die Sünden dank Christi Sühnetod und der guten Taten der Heiligen in Heil umgewechselt werden können. In der religiösen Pragmatik wurde das F. operationalisiert (a) durch die jährliche Pflichtbeichte mit Reue, Absolution und (Bereitschaft zur) Buße zu Lebzeiten; zu den Bußen gehören Pilgerfahrten und Kreuzzüge; (b) in Form von Spenden für Kirchenbauten oder Votivbilder, die einen Ablass von den Sündenstrafen ergeben; diese Ablässe konnten auch stellvertretend für Verstorbene erworben werden. Das Ablasswesen war ein wesentlicher Kritikpunkt der Reformatoren an der kirchlichen Praxis des 16. Jh.s. CA

Lit.: E. Norden, Vergil Aeneis Buch VI, 1903. – J. Le Goff, Die Geburt des F. 1984 (franz. 1981). – C. Göttler, Das F. im 16. Jh., 1996. – C. Auffarth, Irdische Wege u. himmlischer Lohn, 2002.

Feministische Theologie, v. a. im Bereich der jüd. und christl. Religionen aufgekommene Strömung, die im Kontext der zweiten Frauenbewegung nach dem Zweiten Weltkrieg und als Folge der franz. und nordamerikan. Affirmation der → Menschenrechte zu sehen ist, die weithin als Männerrechte verstanden und durchgesetzt wurden. Nachdem zunächst eher neue Formen von Religiosität bzw. Spiritualität entstanden, bilden feminist. Theologinnen innerhalb und z. T. pointiert außerhalb institutionalisierter Religion praxisbestimmende Reflexionen (→ Theologie) aus. Im Zentrum steht die Welt- und Selbsterfahrung von Frauen, die sich aus ihrer Marginalisierung durch patriarchal. bzw. kyriarchal. Dominanz befreien wollen. Theoret. wird häufig an differenztheoret. Ansätze der »Postmoderne« angeknüpft (→ Dekonstruktivismus, → Systemtheorie u.a.). Religions- und theismuskrit. Ansätze werden aufgenommen und weitergeführt. In den Hintergrund scheint gegenwärtig die Frage zu treten, ob im christl. und jüd. Kontext besser von Göttin als von Gott zu sprechen wäre (→ Gottesvorstellungen). Die ohnehin zumindest offene Frage, ob bestimmte religiöse Symbolwelten in jedem Fall eher Männern oder eher Frauen zuzuschreiben sind, wird stark dynamisiert. Problemat. erscheint das Postulat einer einheitlichen, deutlichen, authent. Frauenerfahrung. Es bleibt Hierarchiekritik, die zudem Teilhabe an allen Leitungspositionen einfordert. Ethisch ist f.Th. sensibel gegenüber Gegenwartsrisiken wie Umweltzerstörung und Gentechnologie. → Befreiungstheologie, → Matriarchat. Red

Lit.: E. Gössmann u.a. (Hg.), Wörterbuch der F.Th., 1992. – C. Janowski, F.Th. – ein Synkretismusphänomen?, in: V. Drehsen/W. Sparn (Hg.), im Schmelztiegel der Religionen, 1996, 143–92. – L.M. Russell/J.S. Clarkson (Hg.), Dictionary of Feminist Theologies, 1996.

Fengshui (chin. wörtlich = Wind (und) Wasser), Bezeichnung für die traditionelle chin. Geomantik, die nach komplexen Regeln versucht, für Gebäude (→ Architektur) eine innerhalb der kosmischen Ordnung möglichst günstige, weil schädlichen Einflüssen (Geistern) nicht zugängliche Lage und Anordnung zu finden. Zugrunde gelegt wird die Vorstellung eines ausgewogenen Verhältnisses von → Yin und Yang und somit die Harmonie von menschlichem (und postmortalem) → Raum und den natürlichen Gegebenheiten der Umgebung, auch in religiösen Bereichen wie Tempeln und Grabstätten. MD

Lit.: S. Rossbach, Feng Shui. The Chinese Art of Placement, 1983. – S. Skinner, Chin. Geomantie. Die gesamte Lehre des Feng-Shui, 1983.

Fest. Zum Thema F. gibt es vielfache Forschungsperspektiven. (1) Die ethnograph. und histor. Forschung hat sich von Anfang an mit zwei widersprüchlich scheinenden Facetten des F. befasst: (a) dem Verhalten der Beteiligten, das zwischen Erhabenem und Lächerlichem, Zeremoniellem und Persiflage, Andacht und Ausgelassenheit, Fasten und Schwelgen hin- und herzuschwingen scheint; (b) der zeitlichen Einordnung des F.-Ablaufs, der zwischen Periodizität und → Liminalität schwankt und beides zugleich umschließt: Das F. ist eigentl. als kalendar. Schnitt zur Trennung der normalen Zeit des Schaffens und Arbeitens von Perioden der Ruhe und des Kultus angelegt, scheidet also das Profane vom Hl. Andererseits ist das F. genau die Zeit außerhalb von Chronologie, Historizität und Periodisierung, oder: F.-Zeit konstituiert die normale Zeit erst und schafft eine Legitimationsgrundlage für sie, indem sie auf die Taten des Schöpferischen in der Ur- oder Nicht-Zeit »illo tempore« mythisch erinnernd und reflektierend, aber auch in rituellen Praktiken mimet.-kreativ zurückverweist. In der F.-Zeit bricht die Nicht-Zeit, die U-Chronie, in die Geschichtlichkeit ein, und die Verhaltensweisen erlauben oder erfordern eine Undifferenziertheit, eine Communitas u-topischer Sozialität ohne normale Regeln. Ähnliches gilt für die Örtlichkeit des F., das sich nicht nur innerhalb der Grenzen des Gemeinwesens abspielt, sondern diese durch ihre Überschreitung und das Hereinholen der chaot. Natur erst als solche konstituiert oder sogar viele Handlungen innerhalb der »Wildnis« durchführt, um die Gemeinschaft und die Kultur zu regenerieren (so schon früh von → Frazer in seinem Monumentalwerk *The Golden Bough* [1913] für die antiken Saturnalien postuliert).

(2) Exzesse werden genau wie liminale Rituale in einem Rahmen gebändigt: der Zeremonialismus und die Form oder Etikette gehören daher genauso zum F., wie Vorbereitungen verschiedener Art, von asket. körperlichen und geistigen Exerzitien bis zu sexueller Abstinenz, Teil liminaler Rituale sind: so gingen bei den Thesmophorien zur Erinnerung an die Trauer der Demeter den obszönen Scherzen der Frauen die sexuelle Abstinenz und körperliche Kasteiung im Tempel voraus. Theatral. Darstellung selbst kann in diesem Sinne als formalisierter und dramat. gebändigter Exzess verstanden werden. Beim Ausagieren besteht immer das Risiko der Grenzverwischung: Zuschauer werden zu Spielern, und beide können real oder metaphor. (durch Katharsis) vom Exzess mitgerissen werden, so dass karnevalist. gespielte Parodien und andere Aggressionen in Schlägereien ausarten.

(3) Einer der frühesten Hinweise auf diese widersprüchlichen Haltungen findet sich bei K. → Kerenyi, der das Festliche – die Forschungser-

gebnisse zu religiösen Maisanbau-F. unter den mexikan. Cora-Indianern (Preuß 1912) auf griech.-röm. F. übertragend – im Rahmen eines allgemeinen F.-Begriffs prägnant als die Kombination des »Heiter-Ernsthaften« umschreibt. Kerenyi bemüht sich hier um die Wiedergewinnung eines Verständnisses des Festlichen, das aus dem europ. Verstehenskanon seit der Romantik weitgehend verschwunden war; hierbei ist die »hl. Pflicht« der Ausübung kultischer Handlungen mit der spieler. Freiheit der freudigen Teilhabe verbunden, wodurch auch jene Aufteilung in Teilnehmer und Zuschauer, die dem modernen säkularen F. bes. eigen ist, aufgehoben wird, da alle Teilnehmer sind und sich von der festlichen Stimmung mitgetragen fühlen. Somit konstituiert das F. die normale Lebenswelt mit, und diese erhält durch das F. erst ihren Sinn. Damit wird einerseits der Gegensatz von profan und hl. weitgehend aufgehoben, andererseits wird das F. nicht in den Raum der Irrelevanz abgedrängt, was immer dann passiert, wenn man einen unüberbrückbaren Gegensatz von Lebensfreude und Religion postuliert. Gleichzeitig macht Frazer darauf aufmerksam, dass auf den Zeitraum der Ausschweifungen der karnevalist. Saturnalien eine Zeit des Fastens und der Abstinenz folgt (im europ. Zusammenhang die österliche Fastenzeit), wobei er einen mehr als metaphor. Zusammenhang zwischen den Gegensätzen herstellt, indem Geburt und Tod, Fruchtbarkeit und Dürre, Ausschweifung und Abstinenz aufeinander bezogen sind. Auf diesen Vorläufern beruht eine ganze Reihe von weiterführenden Ansätzen zur Struktur des Festlichen im rituellen Rahmen.

(4) Am einflussreichsten für die gesamten Kulturwissenschaften, von der Literaturtheorie bis zur Semiotik, dürfte jedoch die Rehabilitierung der mittelalterlichen Karnevalskultur durch M. Bachtin (1895–1975; engl. Namensform Bakhtin) sein, der diese anhand des Romans »Gargantua und Pantagruel« von F. Rabelais (1532–64) als Lachkultur des Volkes und damit als paradigmat. für Festlichkeit zu rekonstruieren versucht. Für Bachtin ist das hervorstechende Merkmal der karnevalist. Festlichkeit die reale und metaphor. Benutzung der Körperlichkeit in ihrer Unkontrollierbarkeit: »Wie das antike Satyrspiel war die Lachkultur des Mittelalters weitgehend ein Drama des leiblichen Lebens: der Begattung, der Geburt, des Wachstums, des Essens und Trinkens, der körperlichen Ausscheidungen«, wobei das Lachen »nicht offiziell«, jedoch »legalisiert« war. Die Lücke, die zwischen ethnolog. und literaturhistor. Ansätzen zur Lachkultur besteht, bleibt noch theoret. aufzuarbeiten. Bachtin hatte auch auf die Feindseligkeit des Protestantismus gegenüber der potentiellen Subversivität der körperlichen F.-Kultur hingewiesen, deren Grund in der Angst vor der zerstörer. Kraft der Entladung überschüssiger Energie liegen mag, die bei allen F. durch Verschwendung und Gewalt zum Ausdruck kommt. Wie J. Starobinski (»Gute Gaben, Schlimme Gaben – die Ambivalenz der sozialen Gesten«) aufzeigt, handelt es sich bei solchen Gabenverteilungen um die althergebrachte Geste der »Largesse«, die »Gabe« des Ausstreuens (lat. sparsio) von Luxus und Überschuss oder Überfluss, die seit der röm. Kaiserzeit bei Thronbesteigungen u. a. Festivitäten durchgeführt wurde. Diese Praktiken der Erneuerung der Fruchtbarkeit durch das Ausschütten von Gütern (auch von Opfern) sind aus vielen F.-Formen bekannt; sie wurden allegor. durch die symbol. Figuren des Füllhorns (lat. cornu Copiae) oder der Göttin Fortuna dargestellt.

Obwohl auch in der Antike die Idee bestand, dass F. und Spiele nicht nur zur Erholung der Menschen abgehalten werden, sondern v. a. auch zum Ergötzen der Götter selbst (so in den frühen Ritualquellen wie in späten philosoph. Epigonen der Epikureischen Lehre), nahmen die verschiedenen philosoph. Schulen seit dem 5. Jh. v. Chr. (einschließlich der Stoa) bereits eine Unterscheidung von F. und hl. Riten vor. Dabei wird v. a. das säkulare F. als Ausfüllung der Muße angesehen, also Freizeit von hl. Zeit bereits weitgehend getrennt. Der Muße und Freizeit und ihren Zerstreuungen stand man immer skeptisch, zumindest ambivalent gegenüber, da diese als Weg zur Zügellosigkeit nach dem Muster oriental. Potentaten angesehen wurden; Freigebigkeit und Großzügigkeit wurden in enge und etwas ruchbare Verbindung zum verschwenderischen Luxus (griech. tryphḗ) gebracht. Auch jene Theoretiker, die das Ausagieren des Exzesses in der Übertretung zum Paradigma des Festlichen erhoben haben, stimmen mit den klassischen Strukturfunktionalisten und der Bachtin'schen Sicht überein, dass auch in den ritualisierten Übertretungen noch ein Regelwerk zu beobachten ist. Dies zeigt die Grenzen der Idee und der Realität der Transgression im Festlichen, und es bleibt zum Abschluss die spekulative Frage, ob eine Revitalisierung des Exzessiven der Transgression als erlaubte und geforderte Voraussetzung voller Festlichkeit auch zu einer Vermeidung von realer, z. B. krieger. Gewalt beitragen kann oder ob sie in der Lage wäre, die Folgen solcher Gewalt kathart. zu heilen. KPK

Lit.: G. Burton, Anatomy of Melancholy, 1651, ND 1993. – J. G. Frazer, The Golden Bough, Part 6: The Scapegoat, 1890, [3]1913. – K. T. Preuss, Die Nyarit-Expedition, 1912. – S. Freud, Totem u. Tabu, 1913. – R. Otto, Das Heilige, 1917. – L. Frobenius, Schicksalskunde im Sinne des Kulturwerdens, 1932. – L. Frobenius, Kulturgeschichte Afrikas, 1933. – K. Kerényi, Vom Wesen des F. Antike Religion u. Ethnolog. Religionsforschung, in: Paideuma 1 (1938/40), 59–74. – J. Huizinga, Homo Ludens, 1938. – R. Caillos, L'Homme et le sacré, 1950 (dt. 1964). – M. Gluckman, Rituals of Rebellion in South-East Africa, 1954. – P. Radin, The Trickster, 1956. – A. E. Jensen, Mythos u. Kult bei den Naturvölkern, 1960. – M. Douglas, Purity and Danger, 1966. – V. W. Turner, The Ritual Process, 1969. – M. Detienne, Le jardins d'Adonis, 1972. – J. Le Goff, Pour un autre Moyen Age, 1977. – B. Babcock (Hg.), The Reversible World, 1978. – G. Bataille, Der hl. Eros, 1979. – R. Pelton, The Trickster in West Africa, 1980. – J.-J. Rousseau, Träumereien eines einsamen Spaziergängers, in: H. Ritter (Hg.), Rousseau, Schriften, Bd. 2, 1981, 224–232. – H. P. Köpping, Trickster, Schelm, Pikaro, in: Kölner Zs. für Soziologie u. Sozialpsychologie, Sonderbd. 26, 1984, 195–215. – K. P. Köpping, Absurdity and Hidden Truth: Cunning Intelligence and Grotesque Body Images as Manifestations of the Trickster, in: History of Religion 24 (1985), 191–214. – K. P. Köpping, Unzüchtige u. enthaltsame Frauen im Demeterkult, in: H. P. Duerr (Hg.), Die wilde Seele, 1987, 243–264. – M. Bachtin, Literatur u. Karneval, 1990. – R. Hillman, Shakespearean Subversions, 1992. – J. Starobinski, Gute Gaben, Schlimme Gaben. Die Ambivalenz sozialer Gesten, 1994. – C. Auffarth, Art. »F.« in: DNP 4, 1998, 486–93.

Fetisch. Mit einem portugies. Wort bezeichneten die Europäer den Kult anderer Völker um Bilder und Gegenstände: C. de Brosses antwortet 1760 in *Du culte des Dieux fétiches ou parallèle de l'ancienne religion de l'Égypte avec la religion actuelle des Nigritié* auf ein Buch über Australien. Von da an stand für die Religionswissenschaft fest, dass es nicht in jeder Kultur einen Gott, jedenfalls nicht nur den einen Gott gebe, wohl aber eine Religion. Diese Form der Religion vor dem Entstehen personaler Gottesvorstellungen steht zunächst noch unter dem Verdikt des Paulus (Röm 1) über die Naturreligionen: sie beteten anstelle des Schöpfers das von ihm Geschaffene an. Für → Marx kann das Geld den Charakter eines Gottes annehmen, für → Freud das Objekt sexueller Begierde. → Typologie. CA

Lit.: D. Chidester, Savage Systems, 1996. – K.-H. Kohl, Die Macht der Dinge. Geschichte und Theorie sakraler Objekte, 2003.

Feuer. Das F. als wichtigste Quelle für Licht, Wärme und Nahrungszubereitung bildet das Zentrum häuslicher Rituale. Es ist das einzige »Element«, das der Mensch selbst erzeugen kann. Indische Texte sprechen daher auch von der »Zeugung« oder »Geburt« des F. Andererseits blieb die Empfindung für den übermenschlichen Charakter des F. lebendig; es ist das Göttliche, das nur ein Raub den Menschen zu verschaffen vermag (→ Prometheus). Vielfach wird das F. in Gestalt von Dämonen, Geistern und Göttern (→ Agni, Hephaistos, Volcanus) personifiziert. Das F. ist oft Bestandteil der regulären Götterverehrung (→ pūjā) bzw. Ausführung des Opfers. Es ist dann seinerseits rein zu erhalten (→ Zoroastrismus). F.-Kulte sind in mehr oder minder entwickelter Form über die ganze Erde verbreitet. Sie kreisen oft um den Herd des Hauses. Das F. wehrt Übel und Unreinheit ab, indem es diese zerstört bzw. verbrennt. Es kann daher läuternde oder reinigende Kraft (F.-Taufe) haben und als Höllen-F. im Buddhismus, Christentum oder im altägypt. Totengericht einen Teil von Nachtodkonzeptionen bilden (→ Fegefeuer). Das F.-Laufen wird u. a. praktiziert, um außergewöhnliche Macht zu demonstrieren oder einen Wahrheitsbeweis zu erzwingen (→ Ordal). Der Rauch des F. wird nicht selten als Übermittlung zum Himmel aufgefasst, über den z. B. bei der F.-Bestattung die Seelen der Verstorbenen aufsteigen. Ebenso bildet in Indien ab den → Upanishaden das F. ein Glied von Wiedergeburtsvorstellungen (→ Reinkarnation) im Rahmen einer Naturkreislauflehre. → Opfer. AM

Lit.: A. Kuhn, Die Herabkunft des F., 1859, [2]1886. – J. A. G. Pauschmann, Das F. und die Menschheit, 1908. – J. G. Frazer, Myths of the Origin of Fire, 1930. – K. Erdmann, Das iran. F.-Heiligtum, 1941. – C. M. Edsman, Ignis divinus, 1949. – J. Morgenstern, The Fire upon the Altar, 1963. – F. Staal, Agni: The Vedic Ritual of the Fire Altar, 1983, [2]2001.

Feuerbach, Ludwig (1804–72), dt. Philosoph, Schüler → Hegels, auch »Kirchenvater des modernen Atheismus« genannt. Für F. war das religiöse → Weltbild zwar verbunden mit dem menschlichen Wesen; allerdings führe es zu einer illusionist. Verkehrung elementarer menschlicher Dispositionen. Zur Religionsanalyse verwendet er das Modell der → Projektion: »Die Religion [...] ist das Verhalten des Menschen zu sich selbst oder richtiger: zu seinem Wesen [...] als zu einem anderen Wesen. Das göttliche Wesen ist nichts Anderes als das menschliche Wesen oder besser: das Wesen des Menschen, abgesondert von den Schranken des individuellen, d. h. wirklichen, leiblichen Menschen [...] Alle Bestimmungen des göttlichen Wesens sind darum Bestimmungen des menschlichen Wesens«. »Der Mensch«, so kehrt F. schließlich einen berühmten Satz aus der Schöpfungsgeschichte (Gen 1,27) um, »schuf Gott nach seinem Bilde«. HK

W.: Das Wesen des Christentums, 1841. – GW, 20 Bde., 1967ff.

Feuerkult. Ausgehend vom familiären Hausfeuer ist das Feuer Repräsentant → Ahura Mazdas und Mittel seiner Verehrung durch Priester und Laien. Der Besuch im → Feuertempel dient v. a. dazu, vor dem Feuer zu beten. Rituelle Reinigung und Institution eines Sakralfeuers der höchsten Kategorie (Ātaš Bahrām) dauern mehr als drei Jahre. MH

Lit.: J. J. Modi, The Religious Ceremonies and Customs of the Parsis, 1937, 199–230. – M. Boyce, On the Zoroastrian Temple Cult of Fire, in: Journal of the American Oriental Society 95 (1975), 454–65.

Feuerländer, Sammelbezeichnung für die heute ausgestorbenen Bewohner des südlichsten Südamerika, die sprachlich nicht verwandten Yámana (Yahgan), Selk'nam (Ona), Haush und Halakwulup (Alakaluf). Zu Beginn des 20. Jh.s fanden die F. Beachtung im Zusammenhang mit der These des → Urmonotheismus bei den sog. »Altkulturen«, zu denen man auch die F. zählte. Diese glaubten an ein dem Menschen weitgehend entrücktes Höchstes Wesen, das unsichtbar, allmächtig und allgegenwärtig im Himmel thronte. Dazu kamen → Kulturheroen, die in seinem Auftrag die Schöpfung vollendeten (Selk'nam), und Geistwesen wie z. B. die Speziesgeister der Meerestiere (Yámana). Letztere spielten eine wichtige Rolle bei der kollektiven → Initiation und als Schutzgeister der religiösen Mittler, deren Aufgaben v. a. Krankenheilung, Weissagung, Wetterkontrolle und die Nahrungsbeschaffung z. B. durch Anlocken großer Fischschwärme waren. Knaben (Selk'nam) und Mädchen (Yámana) wurden bei Eintritt der Pubertät in einem großen Fest initiiert. Geheime Männerfeiern, bei denen die Männer als Geister auftraten, erinnerten an das urzeitliche Ende der Frauenherrschaft (→ Matriarchat), die sich auf ebensolche Feiern gestützt haben soll. IG

Lit.: M. Gusinde, Die Feuerland-Indianer, 3 Bde., 1931–74.

Feuertempel (persisch dar-e mehr), zunächst geschlossene Kultbauten im Zoroastrismus. Eventuell gab es unter den Sasaniden offene Kuppelbauten (cahār tāq), seit der islam. Periode verlegte man das Sakralfeuer wieder in den geschlossenen Raum. In heutiger Terminologie der → Parsen wird agiary für jeden F. verwendet, ein Ataš-Bahrām-F. enthält ein Feuer höchster Heiligkeit; Iranis bezeichnen F. als Ataš-Kadeh. MH

Lit.: K. Schippmann, Die iran. Feuerheiligtümer, 1971. – M. J. Giara, A Global Directory of Zoroastrian Fire Temples, 1998.

FEZANA (Federation of Zoroastrian Associations of North America), Zusammenschluss zoroastr. Gemeinden zur Förderung der Interessen der rund 8000 Gläubigen (mit Irani- bzw. Parsi-Hintergrund) der nordamerikan. Diaspora. → Parsen, → Zoroastrismus. MH

Filioque (lat. = auch vom Sohn). In der großen Spaltung (→ Schisma) der christl. Kirche 1054 wurde eine kleine Differenz um das Glaubensbekenntnis zur unüberwindlichen Frage hochstilisiert: Geht der → Hl. Geist allein vom Schöpfer-Vater aus oder »auch vom Sohn«? Bis dahin hatte die Kirche von Konstantin (325) an die Verwaltung und Grenzen der röm. Reiches übernommen. Der Machtanspruch des Reformpapsttums im 11. Jh. verlangte nun von den gleichberechtigten Patriarchen der Alten Kirche (Konstantinopel, Antiochien, Alexandria), sich den Weisungen des vierten, röm., Patriarchen zu unterwerfen. Mit der Einfügung des f. in das Glaubensbekenntnis spaltete sich die lat. Kirche von den östlichen Kirchen (→ Orthodoxes Christentum) und befestigte so die bereits vorhandenen getrennten Entwicklungen der Kirchen. CA

Lit.: H. G. Beck, Kirche u. theol. Literatur im Byzantin. Reich, 1959, 306–21. – B. Oberdorfer, F., 2001. – P. Gemeinhardt, Die F.-Kontroverse zwischen Ost- u. Westkirche im Frühmittelalter, 2002.

Findhorn-Kommune, in den 1960er Jahren in Schottland begründete Land-Kommune, die sich als magisch-spirituelle → Gemeinschaft verstand und sich etwa mit Devas, himmlischen Pflanzengeistern, in Verbindung setzte und von ihnen Rat und Hilfe erbat. Die F.-K. wurde zu einem berühmten Zentrum des → New Age und zog viele Besucher an. HK

Fiqh (arab. = [islam.] Rechtswissenschaft). Der Begriff meint ursprünglich das »Verstehen des Sinns/Grunds« eines Textes oder einer Handlung (→ Hermeneutik) und konnte auf alle Wissenschaften bezogen sein. Er steht damit in komplementärer Opposition zum (textlichen) islam. → Wissen (→ ʿilm) bzw. zum Diskurs über dieses Wissen (→ kalām, → ḥadīṯ). Beide Konzepte waren seit dem 8. Jh. als soziale Institution gefasst (kollektiv als Fuqahāʾ bzw. als ʿUlamāʾ). Auf das Recht bezogen bedeutete f. die Auslegung eines Sachverhalts auf der Grundlage einer individuellen Lehrmeinung (= raʾy, äquivalent zu griech. dóxa), während ʿilm das Wissen um Rechtsnormen auf dem Grund der islam. Texttradition (Koran, ḥadīṯ) meinte. Da durch f. die Beurteilung einer Handlung entsprechend einem spezif. hermeneut. Hintergrund möglich war, wurde f. schon bald zu einem Terminus für »Rechtsauslegung« oder später allgemein für Jurisprudenz, während ʿilm mehr und mehr mit dem Wissen um die Religion (→ dīn) verbunden wurde. F. bezog sich dann v. a. auf die Interpretation des göttlichen Gebots (šarʿ) unter Einbezug verschiedener Konzeptionen von Tradition (→ Sunna, → ʿāda) oder formal-logischer Kategorien (raʾy), die schließlich zur Etablierung von islam. Rechtsnormen (→ šarīʿa) führte. Als soziale Institution war f. v. a. vom 8.–10. Jh. von Bedeutung, als sich die wichtigsten Rechtstraditionen (→ maḏhab) herausbildeten. In deren Rahmen wirkte f. durch die Entwicklung einer eigenen Rechtstheorie als eine scholast. Institution, durch seine Betonung der Kasuistik aber auch als dynam. Instanz zur Fortschreibung islam. jurist. Normen entsprechend den sozialen, polit. und kulturellen Kontexten. Die v. a. von aš-Šāfiʿī (gest. 820, → Šāfiʿīya) geforderte dogmat. Grundlegung der Methodologie des f. (→ uṣūl al-f.) u. a. auf dem → Koran, der Prophetentradition (→ Sunna) dem jurist. Konsens (iǧmāʿ) und erlaubten Analogieschlüssen (qiyās) wurde von vielen Juristen als Argument für die Differenzierung der Rechtstraditionen angeführt. Als Kasuistik behandelte der f. neben der jurist. Würdigung der »Pfeiler der Religion« (→ arkān ad-dīn) Familien-, Privat-, Straf- und öffentliches Recht. Moralisch rigorose islam. Gruppen widersetzten sich immer wieder einem als autonom verstandenen f. und versuchten, die Rechtsauslegung einer moral. Normativität (→ Sunna) zu unterwerfen, mithin den Bereich des »Wissens« dem der jurist. Exegese überzuordnen (→ Wahhābīya). In der Moderne argumentierten islam. Intellektuelle zugunsten einer Entflechtung von f. und → šarīʿa, indem letztere allein als Sinngehalt von Koran und Sunna gefasst wird. Manche forderten daher die vollkommene Abschaffung des f. RS

Lit.: J. Schacht, The Origins of Muhammadan Jurisprudence, 1950. – J. Schacht, An Introduction to Islamic Law, 1964. – N. J. Coulson, A History of Islamic Law, 1964. – H. Motzki, Die Anfänge der islam. Jurisprudenz bis zur Mitte des 2./8. Jh.s, 1991. – W. B. Hallaq, A History of Islamic Legal Theories: An Introduction to Sunni usul al-fiqh, 1997.

Firmung → rites de passage, → Sozialisation, → Taufe.

First Church of Christ, Scientist → Christliche Wissenschaft.

Fiṭra, aus Koran 30/30 abgeleiteter islam. Begriff für den unveränderlichen Schöpfungswillen Gottes, durch den er den ursprünglichen religiösen Zustand des Menschen erschuf (faṭara). In der Zeit vor der koran. Offenbarung hätten »dem Einen Gott Ergebene« (Sing. ḥanīf [→ Islam], v. a. Ibrāhīm/Abraham) diesen Zustand im Kontrast zu den »Beigesellern« (→ širk) verkörpert. In späterer Zeit wurde die f. als der »religiöse Naturzustand« des Menschen aufgefasst, der den Menschen befähige, den Glauben an den Einen Gott bzw. den Islam anzunehmen (→ Sayyid Quṭb). Das Befolgen anderer Religionen oder Kulte steht somit im Gegensatz zur f. und wird einer Tradition (→ ḥadīṯ) nach als Ergebnis der Erziehung seitens früherer Generationen verstanden. RS

Fluch, formelhafte Sprachhandlungen, die aufgrund einer ihnen zugeschriebenen → Macht eine schädigende (oder Unglück androhende) Wirkung haben bzw. haben sollen (→ Magie, → mana). Darüber hinaus gelten auch bestimmte alltagssprachliche Wendungen, denen keine performative Kraft zukommt, als F. Der F. kann durch einen (magisch) Mächtigen direkt gegen jemanden ausgesprochen werden, der dann den psychosozialen Wirkungen unterliegt, bis sich diese erschöpfen. Die Ausführung der F.-Wirkungen wird unter Umständen auch einer höheren Macht (Gott, Dämonen) zugeschrieben. Insgesamt wirkt der F. damit komplementär zum positive Wirkungen intendierenden → Segen. F. können auch auf Geschlechtern oder Orten lasten und dienen im letzteren Fall u. a. der Abschreckung und Verhinderung von frevelhaften Übertretungen, bes. an Kultstätten. Wird ein Stammes-, Familien- oder Gemeinschaftsmitglied verflucht, schlägt sich darin der symbol. Ausschluss aus der Gemeinschaft nieder (so z. B. im AT). Wer hingegen nichtautorisiert oder unberechtigt einen F. ausspricht, setzt sich der Gefahr aus, dem eigenen F. zu unterliegen – hierin zeigt sich die verbreitete Sicht der selbsttätigen Macht des F. Vom Zauberspruch ist er insofern zu unterscheiden, als er meist nicht individuellen Interessen, sondern eher zur Herstellung von → Gerechtigkeit dient bzw. ein öffentlich kommuniziertes gemeinschaftliches (Schutz-) Anliegen artikuliert. In Form der Selbstverfluchung ist der F. einem → Eid und Schwur vergleichbar, mit dem Unterschied, dass er bereits Sanktionen enthält, die beim Eidesbruch wirksam werden. Wird der F. aus seinen (eventuell nur rudimentären) magischen Bezügen gelöst, kann er als Schimpfwort oder Beleidigung oder auch als Erklärungsmodell für erfahrenes Unglück fortbestehen. Als kulturelles Phänomen können sog. Rufmorde oder andere Stigmatisierungen (z. B. durch bestimmte Krankheiten) von ihren sozialen wie psycholog. Wirkungen her einem archaischen Fluch durchaus gleichkommen. → Abwehrzauber, → apotropäisch, → Böse, das.

JS

Lit.: J. G. Gager, Curse Tablets and Binding Spells from the Ancient World, 1992. – K. Brodersen (Hg.), Gebet und Fluch, Zeichen und Traum: Aspekte religiöser Kommunikation in der Antike, 2001.

Fo, chin. Transkription von → Buddha (mittelchin. *but), wahrscheinlich von einer mittelind. Form stammend. MD

Form- und Gattungsgeschichte, bes. im histor.-krit. Zugang zur Bibelauslegung (→ Hermeneutik) entwickelte, nun allgemein literaturwissenschaftliche Methode. Sie rekonstruiert in den Arbeitsschritten der Form- und Gattungskritik die diachrone Verwendung einer Textgestalt. Die spezifische Gestalt wurde vorhergehend literarkrit. isoliert. Lange wurde Form als Inhalt einer vorliterar., mündlichen Überlieferung angesehen, deren vortrags- und mnemotechnische Gestalt konstitutiv für die schriftliche Gattung ist (Dibelius, R. Bultmann, 1884–1976, herkommend von J. G. → Herders romantischer Betonung der sich mündlich äußernden »Volksseele«). F. erforscht dann die Regeln mündlicher Tradierung (→ Tradition) bis zur Verschriftlichung. Daneben bezeichnet Form das individuelle textliche Muster, das bei mehrfachem Vorkommen zu einer Gattung (linguist. »Textsorte, -art«) als idealtyp. Gruppe ähnlich gebildeter Texte zusammengefasst wird (seit W. Richter). Die Kriterien für eine Form sind eher literar. (Aufbau, Stil, Syntax) als semantisch. F. erhellt Aussageabsicht (im Hinblick auf den impliziten Hörer) und -hinsicht (Referenz), indem sie den → Text in seiner vorgegebenen sprachlichen Welt lokalisiert sowie über den Kommunikations- und Handlungskontext (→ Handeln) seinen »Sitz im Leben« in der soziokulturellen Welt bestimmt. Häufig werden Texte auch in anderen als den ursprünglichen Kontexten verwendet. Meist führen im Lebensrhythmus wiederkehrende Anlässe zur Bildung von Gattungen (→ Kult, → Gebet, → Fest). Ihre Funktion hängt mit der Wiederholung zusammen und mit einer damit assoziierten Legitimierung (Thronbesteigungslied), mit innerer Beruhigung (→ Gebet) oder gesicherter → Kommunikation mit dem Göttlichem (→ Hymnus, → Klagelieder). AK

Lit.: M. Dibelius, Formgeschichte d. Evangeliums, 1933. – K. Koch, Was ist Formgeschichte? Methoden der Bibelexegese, 1964. – W. Richter, Exegese als Literaturwissenschaft, 1971. – G. K. Kaiser, Zur Dynamik literarischer Gattungen, in: H. Rüdiger (Hg.), Die Gattungen in der vergleichenden Literaturwissenschaft, 1974, 32–62. – K. Berger, Formen und Gattungen im Neuen Testament, 2005.

Fortschritt, eine Vorstellung des 17. Jh.s, die den Glauben an eine göttliche Vorsehung ablöste und in Gestalt eines unbedingten F.-Glaubens schnell zum Synonym von Modernität wurde (→ Moderne), während → Herder noch den »Gang Gottes durch die Zeiten« ohne Wertung konzipiert. Zur Entstehung einer F.-Religion kommt es bei → Hegel mit dem Ziel des F. in die

→ Freiheit (→ Zukunft). K. → Löwith zeichnete die Konturen einer modernen histor.-polit. F.-Religion nach, die einerseits als säkulare Instanz auftritt, andererseits ständig verdeckte heilsgeschichtliche Aspekte ins Spiel bringt. MB

Lit.: K. Löwith, Weltgeschichte u. Heilsgeschehen [1953], in: GW, Bd. 2, 1983.

Fortuna, göttliche Personifikation des → Schicksals/→ Glücks mit altem Kult in Italien, später überlagert von der griech. → Tyche. F. ist blind; oft wird sie auf einer Kugel stehend dargestellt, also labil. Im christl. Mittelalter entsteht die Vorstellung, dass das Rad der F. Menschen aufsteigen oder fallen lässt. CA

Franziskaner, christl. Orden mit Armutsgelübde (Bettelorden), begründet von → Franz von Assisi, 1223 offiziell bestätigt. Der gewaltige Erfolg, zumal in den Vorstädten, ließ die franziskan. Minderbrüder zu Konkurrenten des → Klerus werden. Ihre Volkstümlichkeit brachte sie wiederholt an den Rand der Ketzerei, so die Spiritualen, die die Prophetie des Joachim von Fiore (1130–1202) weitertrugen. Aber auch als Inquisitoren waren F. tätig. Offizieller Name: Ordo Fratrum Minorum (ofm), »Barfüßer«, Cordeliers; einer der weiblichen Zweige nennt sich nach Franz' Gefährtin Klarissen. Ein eigenständiger Zweig sind die Kapuziner. CA

Lit.: H. Feld, Franz von Assisi u. seine Bewegung, 1994 (Rezension in: Wissenschaft u. Weisheit 58 [1995], 330–38). – J. B. Freyer (Hg.), Die franziskan. Bewegung, 2 Bde., 1996.

Franz von Assisi (1181/82–1226), christl. Ordensgründer aus Italien. Aus der religiösen Bewegung der Wanderprediger stammend, beugte sich F. nur ungern dem Zwang zu einer festen Regel für seine Bruderschaft von Büßern. Diese verehrten ihn als zweiten Christus, zumal als er die Wundmale Jesu (Stigmata) erhielt. Mit seiner schlichten Frömmigkeit der Jesusnachfolge fand er großen Anklang bes. in den ärmeren Vorstädten, die die Pfründen für Pfarrkirchen nicht stiften konnten; die Weihnachtskrippe und der Passionsweg sind franziskan. Erfindungen. Unter dem Deckmantel liebenswürdiger Verschrobenheit gelangen viele Ideen zu Ausführung, die an der Grenze der kirchl. Rechtgläubigkeit liegen. CA

Lit.: R. Manselli, F., 1984. – K. Krüger, Der frühe Bildkult des F., 1992. – C. Auffarth, Die Ketzer, 2005.

Frašōkereti (avest. = die Vervollkommnung der Welt), Ziel der zoroastr. kollektiven Eschatologie, in der nach der → Drei-Zeiten-Lehre der dualist. Kampf mit dem Sieg → Ahura Mazdas enden wird. → Zoroastrismus. MH

Frauenmystik hat seit den 1980er Jahren in der christl. Mystikforschung bes. Beachtung gefunden: vergessene Mystikerinnen werden ans Licht geholt; die in der älteren Forschung als »neurot.« und »übersteigert« geltende visionäre Nonnenmystik wird rehabilitiert. Der große Strom der F. brach im 13. Jh. im belgisch-niederländ. Raum an und verbreitete sich bereits im frühen 14. Jh. in ganz Europa. Klosterwelt und Beginentum (→ Beginen) boten für damalige Frauen fast die einzige Möglichkeit zu Unabhängigkeit und Selbstverwirklichung, und Frauen nahmen den ab dem 12. Jh. einsetzenden Trend zur Individualität stärker wahr als Männer. Grundsätzlich ist F. sinnlich-konkreter, visionär-ekstatischer, emotional-subjektiver als die Mystik der männlichen Zeitgenossen. Mit → Visionen und → Auditionen (die als Zeichen der Heiligkeit galten) konnten sich Frauen – denen wissenschaftlich-theolog. universitäre Bildung versagt war – als Theologinnen Gehör verschaffen. F. hat auch zu den schönsten Dichtungen des Mittelalters beigetragen. → Hildegard von Bingen, → Mechthild von Magdeburg, → Mystik, → Teresa von Avila. AW

Lit.: P. Dinzelbacher/D. R. Bauer (Hg.), F. im Mittelalter, 1985. – J. Thiele (Hg.), Mein Herz schmilzt wie Eis am Feuer. Die religiöse Frauenbewegung des Mittelalters in Porträts, 1988. – P. Dinzelbacher, Mittelalterliche F., 1993.

Fravaši, individuelle Schutzgeister im → Zoroastrismus, die die menschliche Wahl des Guten unterstützen. Die F. stehen in Beziehung zu den Ahnen und zur → Daēnā, sie haben auch kosmolog. Funktion. MH

Lit.: J. Narten, Avest. frauuaši, in: Indo-Iranian Journal 28 (1985), 35–48.

Frazer, James George (1854–1941), britischer Jurist und Altertumswissenschaftler, lehrte ab 1879 in Cambridge. Seine Schriften fußen auf der umfassenden Lektüre klassisch-philolog., volkskundlicher und ethnolog. Quellen; als »Lehnstuhl-Anthropologe« unternahm F. keine eigenen Feldforschungen. In seinem Hauptwerk *The Golden Bough* (1890, dt. »Der goldene Zweig«) unternimmt F. eine Synthese magischreligiöser Praktiken der Menschheitsgeschichte; es handelt von der Priester-Tötung im röm. Diana-Kult und streift dabei viele Themen (→ Magie, → Tabu, Gottkönigtum, Karneval, Fruchtbarkeitszauber, Feuerritus, → Reinkarnation usw.) und verschiedenste Kulturen (Rom, Sumatra, Tübingen usw.). Zentrale These ist, dass die Menschheit eine → Evolution von magischer Manipulation zu wissenschaftlicher Erkenntnis durchlaufe; »Religion«, die Hinwendung zu transzendenten Gottheiten, sei dabei Zwischenstadium. F.s implizites Anliegen ist es, menschliche Religiosität als eine durch die modernen Wissenschaften überholte Einstellung zur Welt zu entzaubern. Dieser evolutionist.-komparative Ansatz übte enormen Einfluss auf Generationen von Ethnologen, Psychologen, Historikern und Literaturwissenschaftlern aus. Begriffsbildungen und Quellen F.s gelten zwar als überholt, doch das Werk wirkt weiter als ein Monument viktorian. → Religionswissenschaft. → Religionsethnologie. SE

Lit.: R. Ackerman, J. G. F.: His Life and Work, 1987. – H. Wißmann, J. G. F., in: A. Michaels (Hg.), Klassiker der Religionswissenschaft, 1997, 77–89.

Freigeister, mittelalterliche Gruppe libertatis spiritus von Ketzern, bes. → Beginen. Im 19. Jh. wurde F. zum Begriff für Kirchenkritiker; einige sammelten sich zu liberalen Bewegungen. CA

Lit.: A. Patschovsky, Die Freiheit der Ketzer, in: J. Fried (Hg.), Die abendländ. Freiheit vom 10. zum 14. Jh., 1991, 267–86.

Freiheit ist als antike Vorstellung (griech. eleuthería; lat. libertas) nur in Verbindung mit den Mächten der Notwendigkeit und des → Schicksals terminolog. fassbar und unterliegt dem Walten einer göttlichen Rechtsmacht. Für die Sophisten besteht F. im Gehorsam gegenüber der → Natur, für Sokrates (ca. 469–399) ist sie ausgerichtet auf die Idee des Bestmöglichen oder Guten, während die Stoa bereits F. und Notwendigkeit kontrastiert (→ Stoizismus). In der Spätantike entwickelt Augustinus (354–430) den Gedanken der F., demzufolge der von Christus erlöste Mensch durch den ihm eigenen → Willen bis auf den Grund seines Selbst hin frei ist. Diese willensgeleitete Vorstellung der menschlichen F. bestimmt die Debatten der → Aufklärung von R. Descartes (1596–1650) bis → Rousseau und wird von → Kant als Instrument der sittlichen Selbstbestimmung eingesetzt. Letztere bildet die Grundlage für den Gedanken der »freien Entfaltung der Persönlichkeit« (W. von Humboldt, 1767–1835). Im unmittelbaren Anschluss an die explizite F.-Idee der idealist. Philosophie von → Hegel und → Schelling sprechen K. → Marx und F. Engels (1828–95) von einem »Reich der F.«, das die Herrschaft über die innere Natur, d. h. die willensgeleitete Verfassung des Menschen, und die äußere Natur, d. h. die materielle Produktion und das Reich der Notwendigkeit, umfasst. Gerade in der → Moderne ist die Überwindung der Differenz von menschlicher Freiheit und → Determinismus ein wichtiges Strukturmerkmal von Religiosität, sei es als positive Anerkennung einer »schlechthinnigen Abhängigkeit« (→ Schleiermacher) oder innerhalb westlicher Vorstellungen von → Reinkarnation und spiritueller Entwicklung. Der Begriff steht in kulturellen Debatten für sog. westliche → Werte. → Aufklärung, → Menschenrechte. MB

Freikirchen, Bezeichnung für diejenigen religiösen → Gemeinschaften, die sich seit dem 16. Jh. innerhalb des → Protestantismus gebildet, aber dem staatsverbundenen Kirchentum widersetzt haben. Sie sind aber nicht nur »frei vom Staat«, sondern auch die Mitgliedschaft ist freiwillig; es herrscht die Gläubigentaufe vor. In der Regel sind Freikirchen streng bibelbezogen. Da sie keine Sonderlehren vertreten und keine eigene Kirchenstruktur aufgebaut haben, ist ihren Mitgliedern auch eine Mitgliedschaft in anderen protestant. Kirchen möglich. Zu den Freikirchen zählen die aus der täufer. Tradition stammenden Mennoniten und → Baptisten, Methodisten, → Pfingstler u. a. Gemeindeverbände, die großteils in der Vereinigung evang. F. verbunden sind. HK

Freimaurer, weltweit mitgliederstärkste Gruppierung der Geheimgesellschaften mit stark diversifizierter Ausprägung, die eine Definition der F. als einheitliche Gruppe unmöglich macht. Über die Vorgeschichte der F., ihre Ursprünge in mittelalterlichen Werkmaurerbruderschaften, ist wenig Konkretes bekannt. Die später so wichtige Symbolik dürfte dort noch keine Rolle gespielt haben. Erst mit der Gründung der ersten Großloge von London (später von England) 1717 beginnt die eigentl. Geschichte der F. Es wurden Statuten festgelegt, die trotz unterschiedlicher Akzentuierung für viele spätere F.

als bindend galten und ethische Prinzipien wie Wohltätigkeit, Erbarmen mit den Armen, Solidarität, Aufklärung und die Schaffung einer bürgerlichen und freien Gesellschaft beinhalteten. Ziel der – in den »regulären« Logen ausschließlich aus Männern bestehenden – F. ist die moral. Vervollkommnung der Mitglieder, die in mehreren Graden (Lehrling, Geselle, Meister) gestaltet ist und durch entsprechende Initiationsrituale äußerlich kenntlich wird. Einzelne F. schließen sich in Logen zusammen, national wiederum in Großlogen. Dabei kommt der Großloge von England bes. Bedeutung zu. Seit dem 18. Jh. fand eine Ausdifferenzierung statt, der »engl.« Ritus wurde vom »schottischen« unterschieden, vielfältige Systeme der Hochgradmaurerei traten hinzu. Während manche Logen die Pflege von Geselligkeit in den Mittelpunkt stellen, kommt es in anderen zur expliziten Ausgestaltung alchemist.-magisch-esoter. Traditionen. F. wurden von der kath., meist auch der protestant. Kirche bekämpft und polit. verfolgt. Ähnlich wie in Bezug auf die Juden entwickelte sich der Mythos einer weltweiten »Verschwörung« der F., der bis heute den öffentlichen Diskurs beeinflusst. Weltweit gibt es ca. 6 Mio. F., davon in Deutschland ca. 20.000 mit ca. 400 Logen. → Alchemie, → Esoterik, → Geheimnis, → Rosenkreuzer. KVS

Lit.: R. Koselleck, Kritik und Krise. Eine Studie zur Pathogenese der bürgerlichen Welt, Diss. Heidelberg 1954, EA 1959, [8]1997. – K. R. H. Frick, Die Erleuchteten, 1973. – H. Schneider, Deutsche F.-Bibliothek, 1977–84. – M. C. Jacob, The Radical Enlightenment. Pantheists, Freemasons and Republicans, 1981. – M. Agethen, Geheimbund u. Utopie. Illuminaten, F. u. dt. Spätaufklärung, 1984. – H. Biedermann, Das verlorene Meisterwort. Bausteine zu einer Kultur- u. Geistesgeschichte des Freimaurertums, 1986. – J. Rogalla von Bieberstein, Die These von der Verschwörung 1776–1945. Philosophen, F., Juden, Liberale und Sozialisten als Verschwörer gegen die Sozialordnung, 1992. – A. DeHoyos, The Cloud of Prejudice. A Study in Anti-Masonry, 1993. – D. A. Binder, Die F. Ursprung, Rituale u. Ziele einer diskreten Gesellschaft, 1998. – M. Neugebauer-Wölk (Hg.), Aufklärung u. Esoterik, 1999. – J. Ridley, The Freemasons, 1999.

Fremde/Fremder. I. Allgemein. Fremdheitserfahrungen macht jeder Mensch, insofern er immer wieder mit Unbekanntem in Berührung kommt. Phänomenolog. ist das F. das Unbekannte, Unvertraute, Ungewohnte und steht somit stets im Gegensatz zum bereits als bekannt, vertraut, gewohnt Erschlossenen. Fremdheitserfahrungen können sich auf Gegenstände, Orte, Personen, kollektive soziale Einheiten, Habitus, Sitten und Gebräuche, Meinungen, Aussehen usw. beziehen. Als Unvertrautes, das entweder noch nicht oder dauerhaft nicht vertraut ist, ist dem F. ein ambivalenter Charakter eigen. Deshalb ist mit der Erfahrung des F. kein Verhaltensdispositiv gegeben. Psycholog. kann das F. verschiedene Reaktionen auslösen: etwa → Angst, Scheu, Ehrfurcht, → Aggression, Irritation, Skepsis und Vorsicht, aber auch Interesse, Neugier, Vertrauen, Wohlgesonnenheit oder gar Faszination und Freude. Welcher Art die Reaktion ist, hängt u. a. von der Stabilität der Ich-Identität, aber auch von sozialen Konventionen ab. Die Ethologie nimmt an, dass bestimmte Reaktionsschemata auf Fremdheitserfahrungen in einem gewissen Maß vorgeprägt sind – z. B. durch die Erfahrung des F. (etwa der unvertrauten Speise, des unbekannten Ortes) als des Lebensbedrohlichen und die Ausbildung des Primats der vertrauensbildenden und schützenden Gruppenzugehörigkeit und habitualisierter Verhaltensweisen.

II. Perspektiven der Beschreibung. In soziolog. Hinsicht ist »der oder das F.« stets ein Konstrukt, Ergebnis sozialer Zurechnungsprozesse, also kontingent und abhängig vom soziokulturellen Kontext. (1) Die Erfahrung des Unvertrauten wird durch Heterostereotypisierung und Stigmatisierung in vertraute Bahnen kanalisiert. Heterostereotypisierungen erfolgen komplementär zur Autostereotypisierung (Erzeugung von Selbstbildern) und produzieren Fremdbilder in Gestalt sozialer Vorurteile und Situationsdefinitionen, die nicht empir. überprüft werden, aber trotzdem das Denken und Handeln von Gruppenmitgliedern steuern. Die Zurechnung von etwas oder jemandem als zugehörig oder nicht zugehörig basiert auf Definitionen der Innen- und Außengrenzen sozialer Einheiten und reproduziert sie zugleich. Als soziale Einheiten fungieren beispielsweise der Familienverband, der Clan, die Dorfgemeinschaft, der Stamm, das Volk oder seit der Neuzeit die → Nation. (2) Die sozialpsycholog. und soziolog. Ambivalenz von Fremdheitskonstruktionen zeigt sich beispielsweise im lat. Wort hostis, das zugleich Gast und Feind bedeutet. Der F. kann als Gast gelten, mit dem entweder für eine begrenzte Zeit Kontakt aufgenommen oder der tendenziell und dauerhaft integriert wird und dann kein F. mehr ist. Er kann aber auch zum Feind werden und sich somit von einer kulturellen zu einer polit. Instanz transformieren. (3) F.-Angst und -Feindlichkeit beziehen sich in der Regel auf Minderheiten. Die Theorie R. Girards (»Das Heilige und die Gewalt«, 1972) begreift diesen Vorgang als »Sündenbockmechanismus«, in dem durch Aneignungsmimesis entstandene Konflikte einer Gruppe, Gemeinschaft oder Mehrheitsgesellschaft auf eine Person oder eine Minorität projiziert werden. Allerdings ist auch die Umkehrung bei Minderheiten mit einem apokalypt. oder chiliast. Glaubenssystem bekannt, die mit dem »Mythologem von der verkehrten Welt« (W. E. Mühlmann) den Anhängern die Gewissheit verleiht, allein Träger aller positiven Werte zu sein. (4) Die Religionsgeschichte kennt die unterschiedlichsten Umgangsweisen mit dem F. Religionen mit universalem, sich auf die gesamte Menschheit beziehenden Anspruch bilden integrative Ethiken aus, die den F. (jedenfalls prinzipiell) als Schwester und Bruder konzipieren und somit ein Integrationsangebot machen. Neben der Definition von sozialer (Nicht-)Zugehörigkeit wird in der Religionsgeschichte die existentielle Dimension von Fremdheit herausgestellt; Beispiele dafür sind die literar. Verarbeitung der Exilerfahrung des jüd. Volkes in der Hebr. Bibel (v. a. in den Psalmen), gnostische Glaubenssysteme und die christl. Vorstellung vom menschlichen Dasein als »Pilger im irdischen Jammertal«. Ein Säkularisat stellen der marxist. Begriff der → Entfremdung und die Heidegger'sche Existentialphilosophie dar. → Alterität, → Konflikt, → Kontakt. VK

Lit.: W. E. Mühlmann, Das Mythologem von der verkehrten Welt, in: Kölner Zs. für Soziologie und Sozialpsychologie 13 (1961), 614–24. – E. M. Greenen, Soziologie des F. Ein gesellschaftstheoret. Entwurf, 2002.

Freud, Sigmund (1856–1939), Begründer der → Psychoanalyse, betonte die Bedeutung unbewusster Prozesse und frühkindlicher → Sexualität für das menschliche Seelenleben. Die Anwendung der Psychoanalyse auf kulturelle Phänomene führte zur Entwicklung einer psychoanalyt. → Religionskritik. F. versuchte, den Ursprung der mosaischen Religion zu rekonstruieren sowie individuelle Religion als Ausdruck und Befriedigung unerfüllter Wünsche zu verstehen. SM

W.: Totem und Tabu, 1913. – Die Zukunft einer Illusion, 1927. – Der Mann Moses, 1939. – GW, 1948ff.

Lit.: H. Zinser, F., in: A. Michaels (Hg.), Klassiker der Religionswissenschaft, 1997, 90–102.

Freyja (altnord. = Frau, Herrin), german. Fruchtbarkeits- und Liebesgöttin aus der Familie der → Wanen. Die altnord. Literatur überliefert sie als Tochter von Njörðr und Schwester von → Freyr. Da laut Snorri Sturluson unter den Wanen die Geschwisterehe üblich war, wird in ihr auch die Frau von Freyr vermutet. Sie gilt als schönste und wichtigste der → Göttinnen. Die → Asen verdanken ihr die Kenntnis der → Magie. Ihre Attribute sind ein von Katzen gezogener Wagen, ein Falkengewand und das Halsband Brísingamen. Einen Kult der F. bezeugen skandinav. Ortsnamen. → Edda, → German. Religion. US

Lit.: E. F. Halvorsen, Art. »F.«, in: KLNM 4, 1959, 617–18. – B.-M. Näsström, F. – the Great Goddess of the North, 1995.

Freyr (altnord. = Herr), wichtigster german. Fruchtbarkeitsgott aus dem Geschlecht der → Wanen. Die altnord. Literatur überliefert ihn als Sohn des Njörðr und Bruder der → Freyja, deren Mann er vermutlich auch war (Geschwisterehe). Seine Attribute sind das Schiff und der Eber. Ortsnamen auf F. weisen Ostschweden als Zentrum des F.-Kultes aus. Für den Tempel in Uppsala überliefert Adam von Bremen eine Kultstatue phallischen Charakters für Fricco, in dem ebenfalls F. vermutet werden darf. → German. Religion. US

Lit.: S. Bugge, Fricco, Frigg und Priapos, 1904. – G. Turville-Petre, The Cult of F., in: Proceedings of Leeds Philosophical and Literary Society 3 (1935), 317–33. – F. R. Schröder, Ingunar – F., 1941. – N. Å. Nielsen, F., Ullr, and the Sparlösa Stone, in: Mediaeval Scandinavia 2 (1969), 102–28. – O. Sundqvist, Freyr's Offspring: Rulers and Religion in Ancient Svea Society, 2002.

Friede. Mit Frieden wird ein Idealzustand bezeichnet, der sich durch die Abwesenheit von Streit, Kampf und Krieg auszeichnet. Im F. sollen → Konflikte gewaltfrei durch polit. Institutionen und vor Gerichten gelöst, jedenfalls entschieden werden. Innerstaatlich ist dieses Prinzip weitgehend durchgesetzt. Im zwischenstaatlichen Bereich dagegen fehlt eine Instanz, die die → Macht hätte, die Entscheidungen eines internationalen Gerichtes durchzusetzen; außerdem behalten sich einige Staaten vor, internationale Konflikte mit militär. Mitteln in ihrem Sinne zu regeln. Religionen stellen sich vielfach als F. stiftend dar und werden als solche angesehen. Dies entspricht aber nicht der geschichtlichen und gegenwärtigen Wirklichkeit; vielmehr muss konstatiert werden, dass Religionen sowohl friedliebende Tendenzen aufweisen als auch einen Drang, unter Berufung auf das jeweilige Absolute die für alle geltenden moral. und rechtlichen Normen zu brechen und zur → Gewalt zu greifen. → Hl. Krieg. HZ

Lit.: S. Lahrem/O. Weißbach, Grenzen des Polit., 2000. – K. Garber u. a. (Hg.), Der Frieden. Rekonstruktion einer Europäischen Vision, 2 Bde., Bd. 1: Erfahrung u. Deutung von Krieg u. Frieden. Religion – Geschlechter – Natur u. Kultur, 2001. – V. Makrides/ J. Rüpke (Hg.), Religionen im Konflikt, 2005.

Friedhof, Ort für die Bestattung von Toten und das Aufstellen von Grabdenkmälern. Im Christentum liegt der F. meist an Kirchen. Im Mittelalter durften Selbstmörder und Ungetaufte nicht auf christl. F. bestattet werden. Seit dem 19. Jh. sind mit der staatlichen F.-Verwaltung in Europa konfessionelle Grenzen weitgehend aufgehoben, werden aber durch spezifische Bestattungsgebote der einzelnen Kulturen der Migranten wieder bedeutsam, z. B. die sarglose Bestattung der Muslime. → Grab, → Tod. AM

Frigg (altnord.; zu altsächs. frī, altengl. frēo = Frau, altind. priyā = Geliebte), german. Göttin, in der altskandinav. Mythologie Hauptgöttin der → Asen, Frau → Odins und Mutter → Balders. Ihre Erwähnung im Zweiten Merseburger Zauberspruch (althochdt. Frîja) lässt darauf schließen, dass F. in altgerman. Zeit auch außerhalb Skandinaviens bekannt war. Die Übersetzung des lat. Wochentagsnamens dies Veneris in althochdt. frîatac, altengl. frīgedeag (= Freitag) belegt die Verehrung der F. schon für das 3. oder 4. Jh. Ihre Gleichsetzung mit der röm. Göttin → Venus bestätigt die charakterlichen Eigenschaften, die durch den Namen F. angedeutet werden: F. ist demnach die Göttin der Frauen, vielleicht auch der Liebe. → German. Religion. US

Lit.: H. Jungner, Gudinnan F. och Als Härad, 1922. – E. F. Halvorsen, Art. »F.«, in: KLNM 4, 1959, 631–32. – L. Motz, Sisters in the Cave, in: ANF 95 (1980), 168–82.

Frîja → Frigg.

Frömmigkeit/Spiritualität (engl. piety, franz. dévotion, vgl. → devotio). (1) F. bringt durch Tätigkeit und regelmäßige Praxis bestimmter Kultformen ihre Religiosität für andere sichtbar zum Ausdruck. Mit der intensiven religiösen Betätigung provozieren die Frommen die »normale« Religionspragmatik und werden selbst häufig polem. bewertet: F. (griech. deisidaimonía: Theophrast, *Charakteres* 16 und lat. superstitio) wurde schon in der Antike als Ausdruck von → Angst gewertet, entsprechend der dt. Begriff des Über-(triebenen)/Aberglaubens. F.-Bewegungen haben in den Religionen auf Krisen reagiert (→ Nativismus; → Chassidissmus). In Religionen mit stark ausgeprägter Professionalisierung der Kultspezialisten und Theologen wird F. eher von den → Laien gelebt und entsprechend als Volksreligion abgewertet. (2) Im Protestantismus wurde im Zusammenhang der Ablehnung der Werkgerechtigkeit scharf dagegen polemisiert, dass F. sich selbst Gottes Anerkennung schaffen wolle. Das verurteilte etwa K. → Barth 1927 als Anmaßung gegenüber dem fordernden und nie erfüllbaren Wort Gottes. Mit der Gleichsetzung von Religionssystematik und Religionspragmatik ist die für das protestant. und bes. das reformator. Christentum typische rationale Praxis des Kults programmat. festgehalten, mit einem Minimum an Tätigkeit, Bewegung, Musik, Bildlichkeit. Erst im Zeitalter der Innerlichkeit (1970er/80er Jahre) kommt es, jetzt unter dem Begriff der Spiritualität, auch im protestant. Christentum zu neuen Formen der F. (W. Jetter; M. Josuttis). (3) In der Polemik des Kulturkampfs warf der kath. Historiker J. Janssen den Protestanten vor, M. Luther (1483–1546) habe die lebendige F. des Spätmittelalters zerstört. Dabei lässt sich eine Linie von der nichtmönchischen F. des von der Pest geschüttelten 14./15. Jh.s zur F. der Reformatoren erkennen. Die devotio moderna (Thomas von Kempen, ca. 1380–1471, *Imitatio Christi*) fordert Innerlichkeit, die in der Reformation religiöse mit Staats-F. verbindet. Katechismus und Bibel in der Volkssprache schaffen die Voraussetzungen für eine regelmäßige religiöse Praxis über die offiziellen Gottesdienste hinaus. Die Formen der Hausandacht haben bes. in Nordamerika die F. der → Kongregationalisten geprägt. Die protestant. Bewegung des Pietismus geriet unter den Verdacht religiöser Kritik am Absolutismus. In der Kirchenkritik des 19./20. Jh.s konnte F. wieder Akzeptanz gewinnen als eine Form, wie Religion Gestalt gewinnt: nicht fremdbestimmt durch die Professionellen, aber doch noch innerhalb der Tradition. Kirchenkrit. wurde die F. des Volkes bes. im Nationalsozialismus aktiviert (J. Hauer; H. F. K. Günther, → Volkskunde).

(4) In den wenigsten → Religionen, auch in Schrift-Religionen, ist die Konfrontation von F. der Laien und der von Spezialisten kontrollierten Religionspragmatik so stark ausgeprägt wie im europ. Christentum. CA

Lit.: W. Jetter, Symbol u. Ritual, anthropolog. Elemente im Gottesdienst, 1978. – B. Lang, Das tanzende Wort, 1984. – V. Drehsen, Neuzeitliche Konstitutions-bedingungen der Praktischen Theologie, 1988. – A. Dörfler-Dierken, Die Verehrung der hl. Anna in Spätmittelater und früher Neuzeit, 1992. – N. Gockerell, Zeichen der F., 1998. – T. K. Kuhn/M. Sallmann, Das Fromme Basel. Religion in einer Stadt des 19. Jh.s, 2002. – M. Josuttis, Religion als Handwerk, 2002. – K. Schreiner, F. im Mittelalter, 2002. – E. Franke (Hg.), Frauen – Leben – Religion, 2002. – A. Grözinger, »Gelebte Religion« als Programmbegriff systemat. u. praktischer Theologie, 2002. – S. Berndt, Das neue Kulturchristentum, 2002.

Fromm, Erich (1900–80), Soziologe und Psychoanalytiker, 1930–38 Mitglied der sog. Frankfurter Schule, sah das Unbewusste des Menschen durch die gesellschaftlichen Bedingungen mitbestimmt. Er entwickelte eine eigene analyt.-sozialpsycholog. Theorie, Methode und Charaktertypologie, mit der er das Unbewusste des Menschen als gesellschaftlichem Wesen erforschte. Er vertrat einen religionskrit., nichttheist. → Humanismus. → Liebe, Vernunft und schöpfer. Tätigsein sind für F. Ziele einer ethisch ausgerichteten Selbstverwirklichung. SM

W.: Haben und Sein, 1976. – GA (hg. von R. Funk), 1980ff.
Lit.: J. Hardeck, E. F. Leben u. Werk, 2005.

Fruchtbarkeit. Die Fähigkeit von Menschen, Tieren und Pflanzen, Nachkommenschaft zu erzeugen, ist für das Überleben jeder Spezies und Gesellschaft notwendig, aber nicht immer gegeben. Die Fähigkeit, Unfruchtbarkeit zu überwinden, wird den Göttern zugeschrieben; in allen Kulturen sind entsprechende → Rituale und → Feste entstanden. In vielen Religionen wird die F. als zentraler Aspekt des Weiblichen von F.-Göttinnen (z. B. Demeter) repräsentiert. Der sakrale Aspekt der → Sexualität zeigt sich in Hochzeitsriten als Abbild der → Hl. Hochzeit. Mit den Jahreszeiten verbundene Kulte sollen zum reichen Ertrag der Ernte (→ Ackerbau) beitragen. SM

Frustration (von lat. frustratio = Enttäuschung, Vereitelung), die Enttäuschung über die Nichtbefriedigung eines Bedürfnisses, eines Triebes oder einer Motivation. Mögliche Reaktionen auf F. sind → Aggression, Regression, Verleugnung, Fixierung und gesteigerte oder verringerte Reaktionsstärke. F.-Toleranz ist die Fähigkeit des Individuums, in gewissem Maß Aufschub oder Verzicht auf Befriedigung zu ertragen (→ Gefühle). Religion kann – z. B. durch Verheißungen für die Zukunft – zur F.-Toleranz beitragen. Religiöse F. dagegen kann zu Glaubenszweifeln und -krisen führen. SM

Fünf Pfeiler der Religion → arkān ad-dīn.

Fuji-kō (japan.), die bekannteste organisierte Gruppe, die der Besteigung und Verehrung von Fuji-san (dem Berg Fuji) gewidmet ist. Der Ausdruck -kō bezeichnet eine organisierte Gemeinschaft für einen bes. Zweck. Die F. selbst geht auf das 16. Jh. zurück, jedoch ist sie nur eine von vielen ähnlichen Gemeinschaften, deren Mitglieder Fuji-san bzw. andere Berge verehren. MP

Fundamentalismus, umstrittener Begriff der Religionsgeschichte des 20. Jh.s. Seine Genese lässt sich bis 1895 zurückverfolgen, als auf einer Bibelkonferenz konservativer Protestanten in Niagara, New York, fünf sog. »fundamentals« beschlossen wurden, d. h. unantastbare christl. Wahrheiten: (a) Verbalinspiration des NT, (b) Göttlichkeit Jesu, (c) Geburt Jesu von der Jungfrau Maria, (d) stellvertretendes Sühneopfer Jesu, (e) leibliche Auferstehung und zu erwartende Wiederkehr Jesu. Diese apokalypt. Grundhaltung und eine Abkehr von → Moderne und → Aufklärung in randständigen Gemeinschaften des amerikan. Protestantismus prägte lange Zeit das Bild des F., bis sich entsprechende Phänomene in anderen Religionen – v. a. in Islam und Judentum – ebenfalls zeigten und die »Fundamentalisten« dabei explizit auf technischen Fortschritt und moderne Medien zurückgriffen. Nun betrachtete man F. als soziale Erscheinung innerhalb von Gruppen, die traditionelle Inhalte ihres Glaubens selektiv verteidigen, exklusive Bewegungen bilden, in Opposition zu sozialen und polit. Mächten stehen sowie Relativismus und Pluralismus bekämpfen. Ferner gilt das offene Zurückschlagen gegen diese Mächte als fester Bestandteil des modernen F. Als Erklärungen wurden soziale Probleme, Orientierungslosigkeit innerhalb moderner Gesellschaften, z. T. auch psychische und kulturelle Defizite genannt (→ Fanatismus). In neuen Studien wird dieses westlich geprägte Bild, das den F. als das »ganz

Andere« mythisiert, religionssoziolog. kritisiert. Stattdessen wird – mit Hinweis auf »multiple modernities« – die Betrachtung kultureller Diskurse und ihr Zusammenhang mit Gruppenprozessen in den Mittelpunkt gerückt, die es den Mitgliedern erlauben, religiöse, soziale und biograph. Plausibilität in ihrem Leben zu erlangen, oftmals unter Rekurs auf ein transzendentes Heilsgut. → Rigorismus, → Typologie. KVS

Lit.: M. Riesebrodt, F. als patriarchal. Protestbewegung. Amerikan. Protestanten (1910–28) u. iran. Schiiten (1961–79) im Vergleich, 1990. – M. E. Marty/R. S. Appleby, Herausforderung F. Radikale Christen, Moslems u. Juden im Kampf gegen die Moderne, 1992. – K. Kienzler, Der religiöse F. Christentum, Judentum, Islam, 1996. – S. N. Eisenstadt, Die Antinomien der Moderne. Die jakobin. Grundzüge der Moderne u. des F., 1998. – D. S. Katz/R. H. Popkins, Messianic Revolution: Radical Religious Politics to the End of the Second Millennium, 1999. – W. Schiffauer, Die Gottesmänner. Türkische Fundamentalisten in Deutschland. Eine Studie zur Herstellung religiöser Evidenz, 2000. – S. Atkins, Encyclopedia of Modern Worldwide Extremists and Extremist Groups, 2004. – L. Weinberg/A. Pedahzur (Hg.), Religious Fundamentalism and Political Extremism, 2004. – B. Milton-Edwards, Islamic Fundamentalism Since 1945, 2005.

Funktionär. I. Begriff. F. bezeichnet eine Person, die in einer → Organisation in einer höheren hierarch. oder repräsentativen Position tätig ist. (1) Trotz der Tendenz in Gesellschaften mit hoher Arbeitsteiligkeit, auch Religion in → Organisationen zu gestalten, bietet sich für eine religionswiss. Beschreibungssprache eher der Ausdruck »religiöser Spezialist« (r. S.) für Personen an, die allgemeiner als Träger spezif. und dauerhafter religiöser Kompetenzen verstanden werden können. Damit bezeichnet auch r. S., allerdings noch nicht im ausgeprägten Sinne von F., eine Form der Ausdifferenzierung von Religion (→ Differenzierung), in der die religiöse → Rolle nicht grundsätzlich mit den sozialen (familiären oder polit.) Rollen gegeben ist. (2) Als metasprachliche Begriffe sind F. wie r. S. weitgehend neutral gegenüber den spezif. Konnotationen, die mit den »Typen religiöser → Autorität« (J. → Wach), die die klassische → Religionssoziologie prägten, transportiert werden, die zwar ganz unterschiedlichen, aber doch jeweils bestimmten religiösen Traditionen entstammen: → Priester, → Prophet, Schamane (→ Schamanismus). Auch andere scheinbare Allgemeinbegriffe wie »Mittler« setzen bereits komplexe systemat. Reflexionen insbes. christl. Theologie voraus.

II. Systemat. Fragestellungen. (1) Eine Typologie, die F. oder r. S. als heurist. Begriff verwendet, muss einerseits nach tatsächlichen oder aus Legitimationsbedürfnissen heraus behaupteten Einbettungen in lokale oder überregionale religiöse Organisationen fragen (z. B. bei Trägern exot. Wissensvorräte). Hier spielen Kontrollinteressen (in der Rekrutierung wie in der Darstellung der religiösen Ziele und Lehre) ebenso eine Rolle wie Fragen der internen Arbeitsteilung, → Hierarchie und Sakralisierung von Positionen. (2) Andererseits ist der Blick auf die Beziehung zur Umwelt des r. S. außerhalb einer etwaigen Organisation zu richten: Rekrutierung und personale Bindung einzelner Gefolgsleute (→ Jünger bzw. Meister-Schüler-Verhältnisse); Aufbau einer Gemeinde mit regelmäßigem Kult (Tempelpriester) und gegebenenfalls seelsorgerlicher Beratung; das marktförmige Angebot von Dienstleistungen (→ Markt der Religionen) für eine bewegliche Klientel, die nur situationsweise (für → Divination oder → Lebenszyklus-Rituale) auf solche r. S. zurückgreift – in Ergänzung eigener religiöser Kompetenz oder alternativ zu primären religiösen Bindungen. (3) In sich abgeschlossene Organisationen r. S. (→ Kloster, im Extremfall hierokrat. Staaten) bilden Sonderfälle, werden aber zumeist über ökonom. Abhängigkeiten an Gemeinden oder einzelne Patrone/Höfe angeschlossen. Sowohl für sehr weit ausdifferenzierte Organisationen als auch für freie Anbieter können Professionalisierungsprozesse einsetzen, die die Qualität religiöser Leistungen v. a. an formalisierten Ausbildungen festmachen. Diese Prozesse beschleunigen die Systematisierung religiöser Wissensbestände (→ Theologie, → Wissen) – eine Entwicklung, die insbes. für die europ. Christentumsgeschichte charakterist. ist. Wie die gegenwärtige Diskussion über christl. Priester zeigt, können durch die extreme Ausweitung des Rollenspektrums auch Tendenzen zur Deprofessionalisierung einsetzen, die r. S. in Konkurrenzverhältnisse zu anderen Professionen (Ärzten, Psychologen, Juristen), aber auch neuen r. S. (Trauerrednern, Astrologen, Wunderheilern) bringen. Mit der Ablösung traditioneller Finanzierungsformen in der Form von Bodenrenten oder Gebühren für Dienstleistungen (»Stolgebühren«; → Religionsökonomie) durch Umlageverfahren (Kirchensteuer) oder Staatszuschüsse können sich so entstandene Legitimationskrisen noch verschärfen. JR

Lit.: G. Mensching, Soziologie der Religion, 1948. – J. Wach, Religionssoziologie, 1951. – E. O. James, Das Priestertum, 1957. – V. W. Turner/I. A. Vallier, Art. »Religious Specialists«, in: International Encyclopedia of the Social Sciences 13, 1968, 437–53. – B. Möller, Kleriker als Bürger, in: G. Tellenbach u. a. (Hg.), FS Hermann Heimpel 2, 1972, 195–224. – L. Sabourin, Priesthood. A Comparative Study, 1973. – S. Ranson/ A. Bryman u. a., Clergy, Ministers and Priests, 1977. – G. J. P. McEwan, Priest and Temple in Hellenistic Babylonia, 1981. – C. J. Fuller, Servants of the Goddess. The Priests of a South Indian Temple, 1984. – M. B. McGuire, Ritual Healing in Suburban America, 1988. – M. Beard/J. North (Hg.), Pagan Priests. Religion and Power in the Ancient World, 1990. – G. Kehrer, Art. »Funktionär«, in: HrwG 2, 1990, 453–54. – A. Moreau (Hg.), L'initiation, Bd. 2: L'acquisition d'un savoir ou d'un pouvoir, 1992. – M. J. Green, Exploring the World of the Druids, 1997. – W. Freitag, Pfarrer, Kirche und ländliche Gemeinschaft, 1998. – J. Rüpke, Fasti sacerdotum, 3 Bde., 2005.

Funktionalismus, sozialwissenschaftliche und philosoph. Theorien, die Phänomene von ihrer Funktion her erklären. (1) Im Kontext ethnolog. Theoriedebatten insbes. eine von B. → Malinowski in den 1920er Jahren begründete Denktradition innerhalb der »British School of Anthropology«, die kulturelle Organisationsformen als integrierte Funktionalitäten begriff und den Sinn sozialer → Institutionen erforschte. Beeinflusst wurde die Theoriebildung von der → Religionssoziologie É. → Durkheims und von dessen Idee, dass soziale Interaktionen festen gruppenspezif. Regeln folgen, die sich den einzelnen Mitgliedern aufprägen und ihre Denk- und Handlungsweise bestimmen. In einer funktionalist. Kulturanalyse geht es darum, Schlüsselinstitutionen mit zentraler Bedeutung für die Organisation einer Gruppe zu identifizieren und ihre Funktion in der Gemeinschaft zu bestimmen. (2) Malinowski ging von der These aus, dass Menschen sich zu sozialen → Gruppen zusammenschließen, um ihre primären, d. h. biolog. Bedürfnisse zu befriedigen. Die ausgebildeten sozialen Strukturen erzeugen sekundäre Bedürfnisse, deren Befriedigung die Gemeinschaft erhält. Unter diesen Prämissen sah Malinowski Religion als ein getrennt von, aber komplementär zu → Magie und Wissenschaft existierendes System. Wissenschaft vermittelt den Menschen Kenntnisse über die Natur, Religion inskribiert ein pragmat. → Wissen. Durch religiöse Praktiken werden erstrebenswerte mentale Zustände erzeugt und gefestigt, so dass der Glaube an Tradition, das Gefühl von Harmonie mit der Natur und mentale Stabilität in Krisenzeiten befördert wird. Magie schließlich richtet sich auf konkrete Situationen, die Unsicherheit oder Unzufriedenheit erzeugen. Die Anwendung magischer Riten dient dazu, diese Situationen unter Kontrolle zu bringen. Dadurch wird Unsicherheit reduziert, und Menschen können auch in potentiell gefährlichen und angstbesetzten Situationen Vertrauen entwickeln. (3) Malinowskis psycholog. F. spielte langfristig nur eine geringe Rolle in der ethnolog. Theorie. Stattdessen entwickelte sich unter A. R. Radcliffe-Brown (1881–1955) der → Struktur-F. Hier gilt Religion als ein integriertes Teilsystem der Gesellschaft, das seine stabilisierende Wirkung ausübt, indem Mythen, Riten und Glaubensvorstellungen in sinnvoller Weise aufeinander bezogen werden. Zusammen erzeugen sie eine kohärente Erlebniswelt, die → Werten und Normen eine Aura von Faktizität gibt und auf diese Weise Solidarität in der Gemeinschaft sicherstellt. Damit gerieten all jene Ansätze in die Kritik, die einzelne Elemente religiösen Handelns und Glaubens isoliert betrachteten. Die Annahmen des Struktur-F. bilden den Ausgangspunkt auch für neuere Arbeiten der → Religionsethnologie, z. B. in V. → Turners Konzept der »Communitas«, in S. Tambiahs (geb. 1929) Ausführungen über die Performativität von Ritualen (→ Performanz) oder in C. Geertz' (geb. 1926) Definition von Religion (→ Religion, Definitionen der). Kritisiert wurden strukturfunktionalist. Ansätze für ihre ahistor. Perspektive und die Ausblendung von innerer Differenz. UR

Lit.: G. W. Stocking, jr., Functionalism Historicized: Essays on British Social Anthropology, 1984. – A. Kuper, Anthropology and Anthropologists: the Modern British School, 2002.

Fuqahā' (arab. = Gelehrte des islam. Rechts), → fiqh. RS

Fustel de Coulanges, Numa Denis (1830–89), franz. Althistoriker, unterrichtete in Straßburg (1861–70) und Paris (bis 1883), wo ihn É. → Durkheim hörte. In seinem bekanntesten Werk *La cité antique* (1864) versucht er zu zeigen, wie → Totenkult und → Ahnenverehrung Familienform und Verwandtschaftsordnung der patrilinearen → lineage (gens) gestalteten. Durch seine Erkenntnis, dass Religion soziale Beziehungen begründet, wurde F. d. C. zu einem

Ahnherrn der → Religionssoziologie. → Verwandtschaft. PJB

W.: La Cité antique: étude sur le culte, le droit, les institutions de la Grèce et de Rome, 1864.
Lit.: A. Momigliano, Studies on Modern Scholarship, 1994.

G

Gabe (engl. gift, franz. don, lat. donus, sanskr. → dāna, arab. → zakāt).

I. Allgemein. Gegenstand, der in ritualisierter Form anderen Wesen, oft Göttern oder Priestern, nichtkommerziell gegeben, geschenkt oder mit ihnen getauscht wird. Im Unterschied zu einem finanziellen Austausch (→ Geld) ist die G. oft die Transaktion eines unveräußerlichen Objekts zwischen abhängigen Wirtschaftssubjekten. Bei religiösen G. ist zudem die materielle Gegen-G. nicht verpflichtend, es handelt sich also um ein den anderen nicht konstitutiv verpflichtendes Rechtsgeschäft, aus dem sich nicht notwendig ideelle oder materielle Äquivalenzforderungen ableiten lassen. Dennoch wird in der Regel gegeben, um etwas zurückzubekommen – meist eine immaterielle Gegen-G. (z. B. religiöses oder moral. Verdienst: »Geben ist seliger denn nehmen«, Apg 20,35; → punya). Sogar bei einem vermeintlich selbstlosen Geschenk (→ Almosen, bhīkshā) besteht diese Erwartung. Impliziert ist also bei einer G. eine stillschweigende Gegenseitigkeit (→ Reziprozität), die sich zu einem kulturell bestimmenden System des G.-Tauschs entwickeln kann (→ Potlach).

II. Arten von G. Der Art der G. sind kaum Grenzen gesetzt: Menschen (Töchter, Sklaven u. a.), Tiere, Nahrung, Kleidung, Blumen, Schmuck, Geld, Land u. v. m. Dementsprechend vielfältig sind Klassifikation und Typologie des G.-Systems. Wird → Leben gegeben (Tier- oder Menschenopfer), dann oft, um Leben wiederzugewinnen oder um die Götter zu besänftigen. G. werden auch den Toten mitgegeben (Grabbeigabe, Ablass), z. T. um die gestörte Ordnung wiederherzustellen.

III. Motive. Folgende Motive und Anlässe für G. lassen sich zusammenfassen: Sie werden gegeben, um soziale Beziehungen (Hierarchie oder Gleichheit: das Problem der angemessenen G.) herzustellen oder auszudrücken, um Wohlgefallen zu erzeugen, einen → Bund (Gemeinschaft) zu bestätigen (Mitgift, Braut- und Morgen-G.), Dank, Lob oder Bitte (→ Opfer) auszudrücken oder eine Gegenleistung zu erzwingen (z. B. in der Bestechung).

IV. Interpretationen. (1) M. → Mauss hat in seinem einflussreichen und grundlegenden *Essai sur le don* die Theorie aufgestellt, dass die G. in egalitären, marktfreien Gesellschaften etwas (den Geist, franz. esprit du don, Maori hau) vom Geber enthalte, welches den Empfänger persönlich zu einer Gegen-G. verpflichte, da die G. nur scheinbar ganz entäußert werde. Diese → »soziale Tatsache« könne – so Mauss – verschiedenen Zwecken dienen und wie beim Potlach der nordamerikan. Kwakiutl in rivalisierender Form geschehen, teilweise sei sie aber – wie im Pfandrecht – auch nur noch in Resten vorhanden. Immer aber beruhe die G. auf einem mehr oder weniger sakralen → do ut des (»Ich gebe, damit du gibst«). Eine reine, selbst- und interessenlose G. bzw. Geschenk gebe es weder in marktfreien Gesellschaften noch in religiösen Kontexten. (Nur im Hindu-Recht sah er die Möglichkeit einer reinen G., wurde aber für diese These heftig angegriffen.) Seine Hauptfrage lautete demgemäß: »Welches ist der Grundsatz des Rechts und Interesses, der bewirkt, daß in den rückständigen oder archaischen Gesellschaften das empfangene Geschenk obligatorisch erwidert wird? Was liegt in der gegebenen Sache für eine Kraft, die bewirkt, daß der Empfänger sie erwidert?« Mauss fand diese Verpflichtung zur Gegen-G. v. a. in sog. archaischen Gesellschaften (Polynesien, Melanesien, Andamanen, Indianer Nordamerikas), aber er sah das »Weiterleben dieser Prinzipien [auch] in den alten Rechts- und Wirtschaftsordnungen«, nämlich im röm. Personen- und Sachenrecht, im »klassischen Hindu-Recht« und im german. Recht von Pfand und G. (2) Starobinski betont die Bedeutung der sozialen Regeln, die etwa einen freigebigen Spender und einen armen Empfänger in Beziehung zueinander setzen und gleichzeitig auf Abstand halten. Er zeigt in kulturellen, auch kunsthistor. Kontexten die Gesten der gebefreudigen Barmherzigkeit, Wohltätigkeit oder Vergeudung auf. Auch weitet er den Begriff des G.-Tauschs auf immaterielle Formen aus (z. B. das Geben von Worten oder Gesten). Für Godelier sind G. Objekte, die dem Austausch bzw. Markt entzogen sind und somit den Fixpunkt der Gesellschaft bilden, in Bezug auf den die anderen Güter erst zirkulieren können. Bewahrt wird bestimmtes Eigentum, etwa von Göttern gegebene Objekte, entäußert das Nutzungsrecht. → Religionsökonomie. AM

Lit.: M. Mauss, Essai sur le don: forme et raison de l'échange dans les sociétés archaïques, in: L'Année Sociologique, N. S. 1 (1923/24), 30–186 (dt. Die G., 1968, [2]1994). – J. Hannig, Ars donandi – Zur Ökonomie des Schenkens im früheren Mittelalter, in: R. van Dülmen (Hg.), Armut, Liebe, Ehre – Studien zur histor. Kulturforschung, 1988, 11–37. – J. Parry/M. Bloch (Hg.), Money and the Morality of Exchange, 1989. – J. Starobinski, Largesse, 1994 (dt. Gute G., schlimme G., 1994). – M. Godelier, L'énigme du don, 1996 (dt. 1999). – A. Michaels, Gift and Return Gift, Greeting and Return Greeting in India. On a Consequential Footnote by Marcel Mauss, in: Numen 44 (1997), 243–69.

Gabriel (hebr. gabrīʾēl = Held Gottes), jüd. Erzengel, Bote Gottes (Lk 1,19. 26), Fürbitter und Beschützer Israels, Bekämpfer feindlicher Engelsmächte, Paradieshüter, Dolmetscher göttlicher Offenbarung (Dan 8–12), in Mystik, Magie und Esoterik aller drei Schriftreligionen von großer Bedeutung. → Altes Testament, → Apokryphen, → Engel. KVS

Ǧabrīya (von arab. ǧabr = Zwang), Sammelbegriff für islam. Gelehrtentraditionen, in denen mit verschiedenen Akzenten für die Prädestinationslehre geworben wurde. Ǧabr bezeichnet die Vorstellung, dass nicht der Mensch selbst handle, sondern Gott in ihm. Mit zunehmender Präzisierung der Diskussionen um die → Prädestination (seit dem 10. Jh.) verlor der Begriff ǧ. deutlich an Bedeutung. RS

Gad, israelit. Stamm im Ostjordanland, zugleich Name einer aramäischen »Glücksgottheit«, der noch nachexil. Juden »den Tisch deckten« (Jes 65,11). → Altes Testament, → Apokryphen. KVS

Gahāmbār, seit der Sasanidenzeit (224–651 n. Chr.) Bezeichnung der sieben Hauptfeste des → Zoroastrismus. Die ursprünglich sechs auf die Natur und das Sonnenjahr bezogenen Feste wurden bereits in vorchristl. Zeit mit dem nichtzoroastr. Neujahrsfest zum Frühlingsäquinoktium zu einem Festzyklus verbunden (→ Kalender). Die G. haben eine wichtige Gemeinschaft stiftende Funktion. Zu den weiteren wichtigen Festen gehört v. a. der (fiktive) Geburts- und Todestag → Zarathustras. Mehrfache Einfügungen von Schalttagen haben im Laufe der Jh.e zu drei verschiedenen kalendar. Zyklen in den Gemeinden geführt (qadimi, šāhānšāhi, fasli). MH

Lit.: R. Bielmeier, Zur Konzeption des avest. Kalenders, in: Münchner Studien zur Sprachwissenschaft 53 (1992), 15–74. – B. D. Pithavala, Zoroastrian Religious Year, [3]1996.

Ǧahannam (wohl vom hebr. Ortsnamen Gēhinnōm, → Gehenna), eschatolog. Begriff des Korans für die → Hölle. Ǧ. gilt als Ort der → Strafe und Vergeltung für Ungläubige und Sünder – seien es Menschen oder Geister (→ Ǧinn). Der Koran beschreibt Ǧ. als einen Raum mit verschiedenen Ebenen, zu dem sieben Tore führen und auf dessen unterster Ebene sich der Dämonenköpfe tragende Baum Zaqqūm, ein Pech kochender Kessel und ein tiefer Brunnen befinden. Andererseits gibt es auch eine metaphor. Umschreibung des Ǧ. als einem gewaltigen, durch Dämonen gebändigten und geführten feuerspeienden Ungetüm. Wer in die Hölle kommen wird, ist vom Koran nicht explizit geregelt. Die Seelen der Verstorbenen werden eine messerscharfe Klinge zu überschreiten haben, von der die Verdammten in die Hölle stürzen. Von Seiten der → Muʿtazila wie der → Qadarīya wurden die Höllenstrafen als ewig angesehen, wohingegen die → Ašʿarīya die Möglichkeit der Begnadigung (→ raḥma) durch Gott in Betracht zog. → Gegenwelt. RS

Lit.: J. Robson, Is the Moslem Hell Eternal?, in: Moslem World 28 (1938), 386–96. – W. Raven, Al Kitab al-'Azama: On Cosmology, Hell and Paradise, in: F. de Jong (Hg.), Miscellanea Arabica et Islamica, 1993, 135–42.

Ǧāhilīya, in der islam. Geschichtsschreibung der Name für die vorislam. »Zeit der Unwissenheit«, ursprünglich wohl abgeleitet von der »unbedachten, ungestümen und unbesonnenen« Verhaltensweise der Mekkaner (ǧahl), die sie als »Unwissende« in Gegensatz zu den »Vernünftigen«, um den Einen Gott und seinen Gesandten »Wissenden« treten ließ. Als Topos wurde ǧ. von vielen Islamisten des 20. Jh. genutzt, um die zeitgenöss. Kultur als »unislam.« zu identifizieren (→ Sayyid Quṭb). RS

Ǧahmīya, frühe islam. dogmat. Lehrtradition des 9. u. 10. Jh.s, die auf Ǧahm b. Ṣafwān (hingerichtet 746) zurückgeführt wird. Sie soll einerseits eine radikale Form der Prädestinationslehre, andererseits die Lehre von der vollkommenen

Attributlosigkeit Gottes sowie von der Erschaffenheit des Korans vertreten haben. Sie ist praktisch nur aus den apologet. Schriften ihrer Gegner (v.a. Aḥmad b. Ḥanbal, → Ḥanbalīya) bekannt. RS

Gaia. Die griech. Göttin »Erde« zeugt ohne Mann Himmel, Erde und Meer (Hesiod, ca. 700 v. Chr., »Theogonie« 126–210), später gemeinsam mit dem »Himmel« Uranos (»Theogonie« 820–80) die Riesenmächte, die die Herrschaft des Zeus bedrohen, wie Berge, Winde und Titanen. Die feminist. Naturreligiosität der siebziger Jahre rezipiert sie nur dem Namen nach. CA

Lit.: M. West, Hesiod, Theogony, 1966. – F. Graf, Art. »G.«, in: DNP 4, 1998, 753–54.

Gamaliel I. (hebr. G. der Alte), der Überlieferung nach rabbin. Lehrer des Apostels Paulus (Apg 22,3), in Apg 5,34–39 als Mitglied des → Sanhedrin geschildert, der für die Freilassung der angeklagten Apostel eintritt. Christl. Deutung hat in ihm deshalb einen Christen gesehen. Er soll der Sohn eines Simeon gewesen sein, der wiederum ein Sohn des → Hillel war. Die Existenz jenes Simeon ist indes fragwürdig (vgl. bT Schabbat 15a). Auch die Annahme, dass G. Hillels Sohn war oder doch dessen Schule angehörte, ist nicht zu beweisen. Der Enkel G., Rabban Gamaliel II., wurde als Nachfolger des → Jochanan ben Zakkaj um 100 n. Chr. nicht unumstrittener Führer des rabbin. Judentums. KVS

Gandhāra, Region im heutigen Südafghanistan und Pakistan, nach der eine vom 2.–5. Jh. n. Chr. blühende buddh. Kunstrichtung benannt ist, die stark von griech.-röm. Kunst beeinflusst war. AM

Lit.: J. Marshall, The Buddhist Art of G., 1960.

Gāndhī, Mohandās Karamchand (1869–1948). Obwohl kein religiöser Denker im eigentl. Sinne hat der Politiker G. dem Hinduismus wichtige Impulse gegeben und dessen Bild im Westen maßgeblich beeinflusst. Er wurde 1869 im nordwestlichen Indien in eine → Vaishnava-Familie geboren und war durch sein Umfeld auch jainist. Einflüssen ausgesetzt (→ Jainismus). Während seines Jurastudiums in England setzte er sich – auf Anregung westlicher Theosophen (→ Theosophie) – erstmals intensiv mit dem Hinduismus auseinander und lernte die → Bhāgavadgītā kennen, die von ihm später als Essenz der Hindu-Tradition angesehen wurde. Zwischen 1893 und 1914 kämpfte er in Südafrika für die Rechte der indischen Kontraktarbeiter. Bereits in dieser Zeit wurde seine Methode des »passiven Widerstands« (Hindī-Neologismus: satyāgraha) erprobt, die später zu einer der wichtigsten Taktiken im indischen Freiheitskampf werden sollte. Seit seiner Rückkehr nach Indien im Jahre 1915 bis zur Erlangung der Unabhängigkeit 1947 war er der charismatischste Führer der Nationalbewegung. Es gelang ihm als Erstem, auch die breite Bevölkerung für den Kampf gegen die Briten zu mobilisieren. Ein Grund für diesen Erfolg bei den Massen war, dass G. tief verwurzelte religiöse Konzepte und asket. Praktiken in seine polit. Praxis zu integrieren verstand. So lebte er brahmachārya (= Enthaltsamkeit), setzte Fasten (vrat) als polit. Waffe ein, propagierte → ahimsā (= Gewaltlosigkeit) und sprach von der angestrebten Unabhängigkeit Indiens als Rāmrāj (= Herrschaft → Rāmas). Diese Komponente seines Wirkens trug ihm den Ehrentitel »Mahātmā« (= große Seele) und eine quasi-religiöse Verehrung durch das Volk ein. Trotz der stark aus dem hinduist. Vokabular schöpfenden Terminologie hatte G. ein pluralist. Religionsverständnis und war um ein friedliches Zusammenleben der verschiedenen Konfessionen bemüht. Tragischerweise war seine konziliante Haltung gegenüber den Moslems der Grund für seine Ermordung durch einen militanten Hindu im Jahre 1948. → Konflikt. HFT

W.: Eine Autobiographie, 1960, [6]1995.
Lit.: M. Chatterjee, G.s Religious Thought, 1983. – D. Rothermund, Mahatma G., 1989, [2]1997. – D. Arnold, G., 2001.

Ganesha (von sanskr. Gaṇeśa = Herr der Scharen) oder Ganapati (Gaṇapati), populäre Gottheit Indiens, Sohn → Shivas und → Pārvatīs, dargestellt als dickbäuchiger Mann mit Elefantenkopf, der Süßigkeiten liebt. G. gilt als Gott der Weisheit und Beseitiger von Hindernissen (Vināyaka), der vor wichtigen Unternehmungen angerufen wird. → Hinduist. Pantheon. AM

Lit.: P. B. Courtright, G., 1985.

Ganga (von sanskr. Gaṅgā), hl. Fluss in Nordindien (Ganges), auch als → Göttin verehrt, die →

Shiva in seinem Haupthaar auffängt. → Hinduist. Pantheon. AM

Lit.: H. von Stietencron, G. und Yamunā, 1972.

Ganges → Ganga.

Ǧanna (arab. = Garten, koran. im Sinne von → Paradies, oft (und im Plural) in Verbindung mit ʿAdan = → Eden). Die Ǧ. wird im Koran als materieller Ort versinnbildlicht, in dem auch sinnliches Wohlleben grenzenlos ist. Gott wird in Bezug auf das Paradies nicht genannt, wohl aber werden in der späteren islam. Theologie der → Koran, die Feder und die → Kaʿba in ihrem urewiglichen Zustand sowie die Instrumente des Jüngsten → Gerichts (Waage) mit dem Paradies in Verbindung gebracht. Zur Frage der Gottesschau im Paradies vgl. → Allāh. Räumlich wird die Ǧ. durch islam. Theologen (unter Bezugnahme auf die Prophetentradition, → ḥadīṯ) als ein Kegel oder eine Pyramide mit acht Ebenen beschrieben, an deren oberen Ende ein Zizyphusbaum (sidra) als Gegenstück zum Zaqqūm der Hölle (→ Ǧahannam, cf. Koran 53/16) steht, der im Gegensatz zur irdischen Pflanze keine Stacheln, dafür sehr viel Früchte trägt. In der modernen islam. Theologie wird die Ǧ. als real, aber vom Diesseits existentiell unterschieden und daher als von Lebenden unerfahrbar beschrieben. RS

Lit.: A. al-Azmeh, Rhetoric for the Senses: A Consideration of Muslim Paradise Narratives, in: Journal of Arabic Lit. 26 (1995), 215–31.

Ganzheit (lat. totalitas). (1) Ausdruck einer alle, auch gegensätzliche Aspekte (→ Körper, → Seele, → Geist) umfassenden vollständigen und unversehrten Ordnung oder Sichtweise (sog. Holismus). Bereits frühe kosmogon., d. h. die → Schöpfung und Entfaltung der Welt erklärende Mythen enthalten Vorstellungen einer aller Unterschiedlichkeit vorausgehenden primordialen G. Als Erfahrung von → Heil verstanden kann die G. entweder durch Wiederzusammenführung getrennter Prinzipien oder in einer mystischen Einheitsvision (→ Einigung) erreicht werden. (2) Begrifflich stellte sich die Frage nach der G. in antiken philosoph. Spekulationen zunächst unter dem Leitaspekt der theoret. Beziehung zwischen dem Ganzen und seinen Teilen, später auch als Frage nach dem Vermögen der Seele, körperliche G. zu durchdringen. Eine Fortsetzung findet die G.-Thematik in der Frage, ob und wie Gott mit der Welt eine G. bildet (»All-Gott-Lehre«, → Pantheismus). Asiat. Lehren umschreiben G. mit dem Begriff Nicht-Zweiheit bzw. Nondualität, bes. im Advaita-Vedānta und ostasiat. → Buddhismus. Heute wird mit Ganzheitlichkeit allgemein eine angestrebte, den Dualismus von Körper und Geist oder Vernunft und Gefühl überwindende Lebenspraxis bezeichnet, die u. a. eine ganzheitliche Ernährung und Erziehung umfasst. In einer engeren Verwendung wird hingegen im sog. → »New Age« bzw. der → Esoterik unter »ganzheitlicher Weltanschauung« die Verschmelzung naturwissenschaftlicher (bes. der Physik und Hirnforschung) und mystischer Erkenntnisse verstanden. JS

Lit.: G. Myrell/W. Schmandt u. a., Neues Denken – Alte Geister, 1987. – G. C. C. Chang, Die buddh. Lehre von der Ganzheit des Seins, 1989.

Garuda (von sanskr. Garuḍa), im Hinduismus mythischer Vogel mit menschlichem Körper, Reittier → Vishnus. → Hinduist. Pantheon. AM

Gāthās, altavest. hymnische Ritualtexte (→ Avesta). Gemeinsam mit dem Yasna Haptaŋhāiti bilden sie seit der frühesten Geschichte des → Zoroastrismus den Kern des Rituals. MH

Lit.: J. Kellens/F. Pirart, Les textes vieil-avestiques, 3 Bde., 1988–91. – H. Humbach, The G. of Zarathustra and the Other Old Avestan Texts, 2 Bde., 1991.

Gāyatrī. (1) Name einer hinduist. Göttin, Frau von → Brahmā und Mutter der vier Veden; (2) Gesang, ein vedisches Metrum von drei Zeilen mit jeweils acht Silben; (3) hl. Vers aus dem → Rigveda (3.62.10), auch Sāvitrī genannt, gilt als (teilweise vergöttlichte) Essenz des Veda: »Wir konzentrieren uns auf dieses strahlende Licht von Gott Savitri (die Sonne). Möge sie unseren Geist anregen.« → mantra. MAL

Gayōmard, mittelpers. Namensform des Urmenschen im → Zoroastrismus, der von → Angra Mainyu getötet wurde. Sein Tod führt in der Tradition des Bundahišn (Kap. 6; 14) zur Erschaffung des ersten Menschenpaares Mašyā und Mašyānag. MH

Ġaz(z)ālī, Abū Ḥāmid Muḥammad al- (1058–1111), islam. Gelehrter iran. Herkunft, lehrte in Bagdad islam. Recht und Theologie (→ kalām). 1095 gab er sein Lehramt für zehn Jahre zugunsten eines Lebens als ṣūfī auf und schrieb später in

Nīšāpūr seine wichtigsten islam. Schriften, u. a. sein weit rezipiertes Kompendium *iḥyāʾ ʿulūm ad-dīn* (»Die Wiederbelebung der Wissenschaften der Religion«). Ġ. forderte eine Hierarchisierung islam. Wissens nach dem Potential, Gotteserkenntnis zu vermitteln; außerdem sprach er sich vehement gegen philosoph. und bāṭinit. (→ Bāṭinīya) Spekulationen aus (vgl. sein Buch *tahāfut al-falāsifa,* »Die Inkohärenz der Philosophen«) und stellte die islam. Wissenschaften selbst als einen geeigneten Weg zur Gotteserkenntnis dar. Durch seine Verflechtung von Recht, Ethik und mystischer Erkenntnis begründete Ġ. eine neue sunnit. Tradition, die stark normativ wirkte und in der die Mystik (→ taṣawwuf) einen festen Platz zugewiesen bekam.

RS

Lit.: E. Glassen, Der mittlere Weg: Studien zur Religionspolitik und Religiosität der späteren Abbasiden-Zeit, 1981. – G. Makdisi, The non-Ash'arite Shafi'ism of Abu Hamid al-Ghazzali, in: Revue des études islamiques 54 (1986), 239–57. – M. Campanini, Al-Ghazzali, in: S. H. Nasr/O. Leaman (Hg.), History of Islamic Philosophy, 1996, 258–74.

Gebet, im Christentum und ähnlich in Islam und Judentum die dialog. verstandene Kommunikation mit Gott; allgemein bezeichnet man mit G. jede Hinwendung des Menschen zu transzendenten Mächten. Sprachliche und nichtsprachliche Formen des G., → Meditation, Musik, Trance, Anrufung, Opfer, Kult und Ritual gehen z. T. ineinander über.

I. Charakteristik. (1) Die Sprache der G.-Texte ist in hohem Maße formalisiert – die der schriftlichen noch stärker als die der mündlich spontan formulierten G.: → Anrufung, → Doxologie, Anliegen (Lob, Dank, Bitte), → Gelübde. Literar. Gattungen wie Hymnus, Fürbitte, → Beschwörung etc. lassen sich nur unscharf voneinander abgrenzen und treten in G.-Sammlungen (»G.-Bücher«) nebeneinander auf. Ein bes., altertümlicher Sprachstil bei G. ist wohl nur auf die Traditionsgeschichte der schriftlich fixierten und dann nicht mehr veränderten Vorgaben zurückzuführen. (2) Vom (sprachlichen) G.-Text ist der Vollzug des G.-Akts zu unterscheiden. (a) Die G.-Zeiten strukturieren den Tagesrhythmus und werden häufig öffentlich signalisiert (G.-Läuten, Ruf des → Muʾaḏḏin). Im Islam erfolgt das Pflicht-G. zu festgelegten Zeiten des Sonnenstandes. (b) In bes. Weise markiert sind ebenso die Orte des G. (sakraler Raum, G.-Teppich) wie auch die → Kleidung, in der gebetet wird (jüd. G.-Mantel, G.-Riemen). (c) Reinigung (Waschung, Enthaltung, → Reinheit) und Sammlung leiten in vielen Fällen die eigentl. G.-Handlung ein, welche begleitet wird von Gebärden (z. B. Gesichtsausdruck, Haltung der Hände, → Gesten), rituellen Körperhaltungen (Stehen, Knien) bzw. Handlungen (Proskynese = Niederwerfen, → Libation). (d) Häufig ist die Blickrichtung durch ein Kultbild oder ein kultisches Zentrum vorgegeben. Die Stimmlage beim Sprechen ändert sich signifikant, insbes. bei mehrfachen Wiederholungen kanon. Texte (Litanei). (3) Die soziale Situation, in der G. realisiert werden, bestimmt ihren Charakter. Das individuelle G. des Einzelnen kann auch innerhalb einer Gruppe (G.-Kreis) oder innerhalb des Kultes seinen Platz haben. Im kultischen G. werden bestimmte Funktionen (z. B. Vorbeter) an geeignete Personen delegiert. Auch der kultische → Gottesdienst oder sogar eine bestimmte Zeit (ökumen. »G.-Woche für die Einheit«) können als G. gelten.

II. Rolle im religiösen System. (1) Die Bedeutung des G. für den Einzelnen und die Religionsgemeinschaft kann ganz verschieden sein. In der → Mystik ist die Versenkung im G. der Königsweg, um das religiöse Ziel zu erreichen. Allerdings ist nicht einmal eine individuelle G.-Pflicht (→ salāt im Islam) allen Religionen gemeinsam. Der Einzelne kann G. auch situativ, → apotropäisch oder als Beschwörung einsetzen. (2) Das G. kann generell das Lob Gottes oder ein konkretes persönliches Anliegen zum Ziel haben. Die Notwendigkeit von G. kann auch kollektiv verankert sein und für die Gesellschaft von Spezialisten ausgeführt werden (→ Funktionär). Insbes. im Kloster (→ Mönch) lässt sich ein an der Kontemplation orientierter Lebensstil verwirklichen. (3) Neben der inneren Motivation ist immer auch die bloße Durchführung von G. als religiös wertvolle Handlung gewürdigt worden (G.-Mühle). G. lassen sich als Sühneleistung sprechen und können demnach auch stellvertretend für andere gesprochen werden.

III. Forschung. In der Theoriebildung wurde und wird das G. häufig als kulturübergreifendes zentrales Phänomen der Religion überhaupt aufgefasst (→ Religionsphänomenologie). So sammelte z. B. F. → Heiler in seiner berühmten Monographie über das G. zahlreiche Belege aus der allgemeinen Religionsgeschichte für die innere Zuwendung des Menschen zu Gott und deutete diese zugleich als Wesen der Religion. Regionale Unterschiede sind für Heiler histor. bedingt und lassen sich evolutionist. in einer Geschichte vom »naiven Beten des primitiven Menschen« bis zum »G.-Leben der großen religiösen Genien« anordnen. Am Universalismus derartiger Konzepte wurde vielfach Kritik angemeldet. Die moderne Religionswissenschaft bevorzugt eine analyt. Beschreibung der G. innerhalb ihres jeweiligen kulturellen Kontexts. AJ

Lit.: F. Heiler, Das G., 1919. – F. Ohm, Die G.-Gebärden der Völker u. das Christentum, 1948. – J. G. Platvoet, Comparing Religions, 1982. – J. Jannssen u. a., Praying Practices, in: Jb. für Europ. Theologie 2 (1989), 28–45. – D. Lardner Carmody/J. T. Carmody, Prayer in Word Religions, 1990. – M. Kiley u. a. (Hg.), Prayer from Alexander to Constantine. A Critical Anthology, 1997. – S. Pulleyn, Prayer in Greek Religion, 1997. – J. M. Bremer/W. D. Furley, Greek Hymns, 2 Bde., 2001.

Gebetsriemen → Gebet, → Tefillin.

Gebetsruf (arab. = āḏān), → Mu'aḏḏin.

Gebot, Bezeichnung für das sittlich von Individuen und Gruppen Erwartete (Gegensatz: Verbot; → Normen). Ist Gott oder sind göttliche Wesen als Gebieter vorgestellt, tritt das Problem der → Heteronomie auf. In autonomen Konzeptionen gilt die Vernunft als gebietende Instanz (→ Aufklärung, → Autonomie). G. bzw. Verbote finden sich ebenfalls in rechtlichen Zusammenhängen, z. B. im Straßenverkehr. Sittliche und rechtliche G./Verbote haben eine eigene paradoxe Dynamik: Sie reizen ihre Adressaten, das Gegenteil des Ge-/Verbotenen zu imaginieren und zu tun, was als eigenes Phänomen der religiösen Welt gesondert zu untersuchen wäre. → Dekalog, → Gesetz, → Strafe. Red

Geburt. Der biolog. Vorgang der G. eines neuen Menschen ist in fast allen Kulturen mit religiösen (und staatlichen) Maßnahmen verbunden. Erst durch diese Maßnahmen, die meist rituellen Charakter aufweisen (→ Initiation, → rites de passage), wird das Naturwesen zu einem Kulturwesen und damit zu einem Mitglied der jeweiligen Gemeinschaft: im antiken Rom musste der Vater das Neugeborene durch Aufheben von der Erde anerkennen, im Christentum wird es durch die → Taufe zum der Erlösung fähigen Menschen, in modernen Staaten wird es durch Aufnahme in das Geburtsregister zum Staatsbürger. Man kann diese mit der biolog. G. verbundenen Riten als Reflexion des natürlichen Vorgangs und als seine Verwandlung in einen kulturellen betrachten. Die G.-Regelung wird in den Religionen unterschiedlich bewertet und führte u. a. zu der heftig umstrittenen Frage, ab welchem Zeitpunkt ein Fötus als Mensch zu betrachten sei und damit ein zu schützendes Lebensrecht habe. Durch die G. besonders des ersten Kindes erhalten in vielen Kulturen die Mutter und der Vater einen neuen sozialen Status (→ Verwandtschaft). Da G. häufig nicht unkompliziert und gefahrlos verlaufen, finden sich in vielen Religionen Göttinnen oder Heilige (z. B. griech. Eileithyia; christl. Maria), die v. a. → Mutter und Kind, gelegentlich auch den Vater schützen und für eine leichte G. sorgen sollen. Bisweilen werden die Mütter nach der G. als unrein angesehen und müssen sich einer Reinigung (→ Reinheit) unterziehen. → Abtreibung, → Sexualität. HZ

Lit.: F. v. Zylinicki, G., 1983. – C. Auffarth, Art. »G.«, in: HrwG 2 (1990), 468–73. – K. Vetter (Hg.), G., 1996.

Gedächtnis. I. Histor. Überblick. (1) Bei Hesiod (8. Jh. v. Chr.; → Mnemosyne) und bei → Platon (→ Anamnese) ist das G. eine eng mit dem Denken verbundene (vgl. G./Gedenken; G. F. W. → Hegel, *Enzyklopädie* 464), Kontinuität stiftende, religiös gewertete geistige Fähigkeit bzw. Tätigkeit. Aristoteles (384–22) unterscheidet in *De memoria et reminiscentia* zwischen dem langsamen, passiven, animal. G. (mnḗmē, lat. memoria) und der schnellen, vernünftigen und aktiven Erinnerung (anámnēsis, lat. reminiscentia) und beschreibt letztere als den eidet. Eindruck des Wahrgenommenen. Bei Augustinus (*Confessiones* 10,6–27) ist memoria die Fähigkeit der Seele, sich in die Vergangenheit auszudehnen und im Lichte Gottes den eigenen Lebensweg zu deuten (vgl. *Itinerarium mentis in Deum* bei Bonaventura [1217–1274]; *Mémorial* bei Pascal [1623–62]). (2) Auch in altind. Traditionen ist der Begriff Erinnerung mit kognitiver Tätigkeit verknüpft: sanskr. → smriti (ursprünglich = Denken-an, später = Erinnerung). Als brahman. Textkategorie bezeichnet smriti die menschliche, auf mnemonischer Überlieferung fußende Autorschaft »erinnerter Texte«, insbes. von Lehrbüchern vedischer Hilfswissenschaften, im Gegensatz zu den Veden als »gehörten« Texten (shruti) göttlicher Provenienz. Im Kontext yogischer Fähigkeiten ist die Erinnerung vergangener Geburten (pāli pubbenivāsānanussati) eine aus der Erleuchtung resultierende Fähigkeit des Buddha und Teil seines Allwissens. Die Erinnerung als Mittel gültiger Erkenntnis ist in der indischen Logik jedoch umstritten; sie wird von den buddh. Schulen abgelehnt, von den brahman. hingegen anerkannt.

II. Neuere Forschungsperspektiven. (1) In der modernen Erinnerungsforschung werden drei Formen des G. unterschieden: individuelles, kollektives und kulturelles G. Individuelles G. als Forschungsgegenstand der Neurologie und kognitiven Psychologie wird verstanden als das Speichern von gefühlsbesetzten Erfahrungen, Wissensinhalten und motor. Fähigkeiten. Das kollektive G. – ein von M. Halbwachs (1877–1945) geprägter Begriff – wird insbes. als förmliches, oft narratives Gedenken in Religionsgemeinschaften verstanden, das in Abhängigkeit vom Gruppenzusammenhang nur von begrenzter Dauer sein kann und mit der Kommunikationsgemeinschaft dreier Generationen vergeht. (2) Gelöst wird das Problem der begrenzten Dauer durch den Übertrag ins kulturelle G. (A. und J. Assmann), das aus Akten ritueller Wiederholung besteht und durch → Medien und Traditionsbildung »abgestützt« wird. Es hat seinen Ursprung im Toten-G., das Bestattung, Totenkult und Namensgedenken beinhaltet (→ Ahnenverehrung). Beispiele sind das altägypt. »Schöne Fest vom Wüstental«, im altgriech. und altröm. Kontext der rhetor. formulierte Ruhm der Toten als Ziel der pietas, das christl. Abendmahl (memoria passionis, mortis et resurrectionis Jesu Christi: »Tut dies zu meinem Gedächtnis« 1 Kor 11,24) sowie das brahman. shrāddha-Ritual und der chin. Ahnentag. Denkmäler wie Grabstätten oder Kenotaphe (z. B. Nekropolis, → Friedhof, Pyramide, → stūpa) leisten die Lokalisierung (lieux de mémoire) des Totengedenkens. Eine zentrale Rolle beim kulturellen G. spielen die Medien der Speicherung von Erinnerungsinhalten zu deren generationsübergreifendem Wiedergebrauch mit dem Ziel der öffentlichen Vergemeinschaftung oder als Zeugnis persönlich vernommener Lehrrede (z. B. buddh. »So habe ich gehört.«). In schriftlosen Kulturen geschieht diese Speicherung mittels Mnemotechniken (lat. ars memorativa) und Wiederholung von Aufführung (performance, → Performanz) durch Virtuosen, z. B. Schamanen, keltische und german. Barden, altgriech. Rhapsoden, westafrikan. griots oder indische Brahmanen. Bei der Weitergabe in Schriftkulturen fungiert → Tradition als Möglichkeit der Ausdehnung des Zeithorizonts, schließt aber auch die Gefahr der Erstarrung und Ausgliederung aus dem lebendigen Verwendungskontext ein. Daher sind Formen der Auswahl und Pflege von Überlieferung notwendig. Das geschieht in der Kanonisierung (→ Kanon) und im wiederholten Gebrauch des Kanonisierten. Der Gebrauch besteht in erster Linie aus »Textpflege« (dem Bewahren und Auswendiglernen) und »Sinnpflege« (der Kommentartätigkeit und Hermeneutik) von über die Zeit hinweg ihr Selbstverständnis verlierenden → Texten. Textpflege und Sinnpflege als G.-Formen ergänzen sich gegenseitig. Unterschiedliche Ausformungen dieses Verhältnisses finden sich z. B. zwischen der mündlichen und der schriftlichen → Torah oder zwischen dem Buddhawort und der scholast. Terminologie (suttanta- und abhidhammapariyaya). Das Medium ermöglicht die Gründung des G. auf Text (»sekundäre Religionen«) statt auf Lokalität und vereinheitlicht die Überlieferung. Durch die damit einhergehende Übertragbarkeit ist Missionsfähigkeit gegeben. Text ermöglicht »kontrapräsent. G.« (A. Assmann) als Reaktivierung des Vergessenen, z. B. zur Verwendung gegen gegenwärtige Praxis wie in der Prophetie in judäo-christl.-islam. Traditionen, zur Autoritätsbegründung neuer Schulen durch »wiedergefundene Texte« (tibet. gter ma) im tibet. Kulturkreis oder bei der Formierung moderner Fundamentalismen. In der gegenwärtigen westlichen Kultur wird die Funktion des kontrapräsent. G. statt von der Religion zunehmend von Kunst und Literatur übernommen. CE

Lit.: Aristoteles, De memoria et reminiscentia (Parva Naturalia 449b–453b). – G. F. W. Hegel, Enzyklopädie der philosophischen Wissenschaften, (1817, [3]1830) in: W. Bonsiepen u. a. (Hg.), Gesammelte Werke, Bd. 13 (2000), Bd. 19/20 (1989–1992). – M. Halbwachs, Les cadres sociaux de la mémoire, 1925 (dt. 1966). – M. Halbwachs, La mémoire collective, 1950. – A. Assmann u. a. (Hg.), Schrift u. G., 1983. – J. Assmann/T. Hölscher (Hg.), Kultur u. G., 1988. – U. Neisser/E. Winograd, Remembering Reconsidered: Ecological and Traditional Approaches to the Study of Memory, 1988. – J. C. Basset (Hg.), La mémoire des religions, 1988. – D. Harth/U. Kronauer (Hg.), Die Erfindung des G., 1991. – A. Haverkamp/R. Lachmann (Hg.), Das G. als Raum. Studien zur Mnemotechnik, 1991. – J. Gyatso (Hg.), In the Mirror of Memory. Reflections on Mindfulness and Remembrance in Indian and Tibetan Buddhism, 1992. – J. Assmann, Das kulturelle G., 1999. – N. Perthes/J. Ruchatz (Hg.), G. u. Erinnerung. Ein interdisziplinäres Lexikon, 2001.

Gefühl. Im Zuge der → Religionskritik des 18. und 19. Jh.s wird G. zur zugleich kulturkrit. und religionsverteidigenden Größe. Wirkungsmächtig sind z. B. Goethes (1749–1832) Antwort auf die »Gretchenfrage« (»Gefühl ist alles; Name ist Schall und Rauch«, *Faust I*) oder → Schleiermachers Definition von Religion als »G. und Anschauung«, »Sinn und Geschmack für's Unendliche«, die prägend wurden sowohl für die Religionsgeschichte der europ. → Moderne als auch für eine bestimmte Traditionslinie der → Religionswissenschaft. Entgegen einer Reduktion von Religion auf Metaphysik und Moral (→ Kant) und abgegrenzt vom Religionsverständnis der → Aufklärung, aber auch von dogmat.-konventioneller Religiosität, behauptet die romant. Auffassung eine »eigene Provinz im Gemüt« für Religion. Diese Annahme wurde von der → Religionsphänomenologie aufgenommen, die das Vorhandensein spezif. religiöser → Gefühle bzw. → Erfahrungen – auch für den Religionsforscher selbst – zur Voraussetzung macht, über Religion wissenschaftlich sprechen zu dürfen. AG

Lit.: J. Rohls, »Sinn u. Geschmack fürs Unendliche« – Aspekte romant. Kunstreligion, in: Neue Zs. für Systemat. Theologie u. Religionsphilosophie 27 (1985), 1–24.

Gefühle. Neben Denken und → Handeln gehören die G. zu den grundlegenden Erfahrungs- und Ausdrucksweisen des → Menschen. Eine theoret. Definition von G. oder Emotionalität ist schwierig, da eine einheitliche Theorie der G. bisher fehlt. (1) Zu den wichtigsten Gefühlen gehören Angst/Furcht, Scham, Schuld, Ärger/Wut, Freude, Neugier/Interesse, Ekel/Abscheu, Schreck und → Liebe. Die bereits von W. → Wundt entwickelte Beschreibung von G. anhand der drei Kategorien Lust/Unlust, Spannung/Lösung und Erregung/Beruhigung lässt sich empir. nicht bestätigen. G. lassen sich nicht unmittelbar messen, so dass ihre Erfassung auf die verbale Äußerung der erlebenden Person angewiesen ist. Die physiolog. Begleitvorgänge eines G. wie Veränderungen des Pulses, der Atemfrequenz, des Hautwiderstandes, des Blutdrucks oder der Körpertemperatur geben keinen Aufschluss über die Qualität der erlebten G. (2) G. sind phylogenet. im Laufe der Evolution entstanden und, wie die vergleichende Humanethologie gezeigt hat, in vielen Aspekten kulturell universell. Dies gilt sowohl für G.-Ausdruck als auch für die G.-Erkennung in der Mimik einer Person. Ontogenet. differenzieren sich G. schrittweise ab der Geburt. Nach zunächst einfachen Lust/Unlust-Differenzierungen erfolgt im Laufe der weiteren Entwicklung mithilfe der → Wahrnehmung eine weitere Unterscheidung von Gefühlen, die jeweils spezif. Situationen zugeordnet werden können. Verlieren G. ihre Signal- und Anpassungsfunktion, so können psychische Störungen entstehen, etwa Angststörungen, Depressionen oder psychosomat. Beschwerden. (3) Entscheidend für die Entstehung und motivationale Bedeutung von G. sind die kognitiven Zuschreibungen, wobei die Deutung und die Rolle der G. im Zusammenleben sowohl histor. als auch kulturell stark variieren. Dies gilt auch für religiöse G., die ihren religiösen Charakter erst durch die Attribution als religiös erhalten. Es gibt praktisch kein zwischenmenschlich relevantes G., das nicht auch gegenüber einer Gottheit empfunden werden kann. Schwieriger zu beantworten ist die Frage, ob es spezif. religiöse Gefühle gibt, die im zwischenmenschlichen Bereich keine Rolle spielen. In seinem Buch *Das Heilige* hat R. → Otto auf die spezif. religiösen G.-Qualitäten des mysterium tremendum, fascinans und der majestas hingewiesen. Religionspsycholog. bes. relevante G. sind die → Ekstase, → Angst und Schuldgefühle in Zusammenhang mit tatsächlichem oder vermeintlichem Verstoß gegen verinnerlichte → Normen und Erwartungen sowie das G. von liebendem Angenommensein (→ Urvertrauen) in einer Gottesbeziehung. Das Ausmaß, in dem G. in einzelnen Religionen gefördert und zugelassen werden, unterscheidet sich sehr. Allein innerhalb des Christentums reicht die Spanne von gefühlsbetonten charismat. Erweckungsbewegungen bis zu gefühlsfernen, rationalen Theologien. Mit der Betonung der (Ur-)Sünde im Christentum besteht eine enge Koppelung zu den Konzepten von Schuld, Reue, Buße und Vergebung. → Heil/Leid, → Körper, → Wahrnehmung. SM

Lit.: J. Ledoux, Das Netz der G. Wie Emotionen entstehen, 1998. – C. Benthien u. a. (Hg.), Emotionalität. Zur Geschichte der G., 2000.

Gegenwelt, Begriff der religionswiss. (und soziolog.) Metasprache für Weltentwürfe, welche der real erfahrenen Welt in irgendeiner Weise gegenüberstehen (»verkehrte Welt«).

I. Darstellungen. (1) Eine G. kann unterschiedlich dargestellt werden: durch ein temporäres, von der Normalität abweichendes Verhalten (Fastnacht, Saturnalien u. ä. weit verbreitete Rituale; in diesen Fällen ist die soziale Ordnung außer Kraft gesetzt oder gar verkehrt), durch Bilder (z. B. Darstellungen von → Himmel und → Hölle; hier sind Freude bzw. Schrecken zur exklusiven Lebenserfahrung stilisiert), v. a. aber durch Sprache. (2) G. erscheinen in verschiedenen Kontexten. → Kosmogonien enthalten normalerweise Verwandlungen von ungeformter Materie zum → Kosmos, die G. ist dann durch einen Mangel an Ordnung bestimmt (→ Chaos). »Paradiesgeschichten« enthalten Transformationen einer Wirklichkeit ohne Mängel zur Realität hin; gelegentlich werden aber auch gegenläufige Geschichten erzählt: Ein Bereich mit elementaren, lebensverhindernden Mängeln wird zur Realität transformiert. Normalerweise trägt die ursprüngliche G. positive und negative Züge, dementsprechend ist die Transformation zur Realität ambivalent (z. B. in der biblischen Paradiesgeschichte: Die Vertreibung aus dem Gottesgarten beinhaltet auch einen Gewinn an Zurechnungsfähigkeit, Wissen und → Sexualität). Gelegentlich sind verschiedene Transformationen hintereinander geschaltet, bis die jetzige Realität hergestellt ist (z. B. in der biblischen Urgeschichte, welche auf den Sündenfall bis zur Sintflut eine Phase ohne Fleischgenuss und erst dann Tieropfer folgen lässt; Weltalterkonzept bei Hesiod u. a.). Nicht nur der Anfang, sondern auch das Ende der Welt wird als G. konzipiert: Die Realität wird wieder aufgelöst (z. B. durch einen Weltenbrand, eine Flut, ein Erdbeben usw.; → Mythos).

II. Elemente (1) Dem Menschen gegenüberstehende Wesen, insbes. Tote und Götter, werden G. zugeordnet, wobei die Unterscheidungsmerkmale religionsspezif. ganz unterschiedlich sind. Götter sind häufig unsterblich, Menschen sterblich; Tote dagegen sind den Menschen gegenüber defizitär. Für Götter wie für Tote gelten andere Lebensformen und -regeln, ihre G. sind von der Welt der Menschen räumlich getrennt (Götter z. B. im Himmel, auf dem Olymp, weit weg; Tote in der Unterwelt, im Westen usw.), obwohl andererseits Götter wie Tote präsent sind (im Tempel, auf dem Friedhof u. ä.). G. sind keineswegs konsistent, sondern flexible Gebrauchskonzepte. (2) Weit verbreitet sind Konzepte von G., die Defizite der faktisch erlebten Welt und ihrer Ordnungen kompensieren sollen. Sie drücken sich teilweise als eigentliche Gerichtsszenen aus (zuerst in Ägypten): Der Tote – unterstützt durch die Ausrüstungen der Totenliturgie – wird an seinen Taten gemessen und entweder einem zweiten, endgültigen → Tod überantwortet oder aber verklärt. Ähnliche Konzepte, allerdings mit weniger formalisiertem Sichtungsprozess, sind in Ausprägungen des Hinduismus, Buddhismus und weiterer asiatischer Religionen belegt, wo den Bösen nach dem Tode Ungeheuer aller Art drohen. (3) Die Funktionen der G. sind einigermaßen konstant: (a) Sie bilden den Horizont der »realen« Welt, sind also ein ursprüngliches Produkt des menschlichen Vermögens, über die räumliche und zeitliche Gegenwart hinauszudenken und entsprechend potentielle oder irreale G. zu entwerfen. Die G. geben der Welt, d. h. der Realität, ihre Konturen und ihren »Sinn« (→ Deutungsmuster). Sie haben eine elementare Orientierungsfunktion, indem sie sagen, was nicht (nicht mehr, noch nicht oder jedenfalls nicht hier) gilt. Dadurch wird es überhaupt erst möglich, sich in der Welt zu orientieren. (b) Allerdings kommt es in gewissen histor. Entwicklungen insofern zu einem Umschwung, als G. an Orientierungskraft gewinnen und die »Realität« ihnen gegenüber abgewertet wird; dann kommen »Jenseitsorientierungen« auf. Aufschlussreich ist etwa das christl. (und islam.) Konzept von → Paradies, realer Welt, Himmel und Hölle: Im (labilen) Paradies ist das → Böse ausgeschaltet, in der hiesigen Realität sind Gutes und Böses gemischt, Himmel und Hölle stellen dann stabile Entmischungen dar. Welt und G. sind klar bestimmt und mit eindeutigen Funktionen versehen, auch die Transformationen sind genau geregelt. Meist sind weder Grenzen noch Qualitäten und Transformationen so präzise bestimmt. (4) G. sind auch für die soziale Erfahrung prägend; fremde Kulturen, Religionen und Konfessionen sowie Sondergruppen (»Sekten«) werden als G. aufgefasst, denen man mit mehr oder weniger Aggressivität bzw. Toleranz begegnet, der Umgang mit G. wird dann zu einem ethischen Problem. → Alltag, → Chiliasmus. FS

Lit.: L. Schrader (Hg.), Alternative Welten in Mittelalter und Renaissance, 1986. – C. Auffarth, Der drohende Untergang, 1991. – F. Stolz, Paradiese und Gegenwelten, in: Zs. für Religionswiss. 1 (1993), 5–24.

Geheimnis, ein Grundkonstitutivum religiösen Denkens und Handelns. Verschiedene religionswiss. Annäherungen an das Konzept »G.« sind möglich: (1) Theolog. Religiöse Haltungen können sich aus der Spannung zwischen Verborgenem und Offenbartem ergeben, wobei das Offenbarte den Hinweis und Schlüssel für das Geheime darstellt. Diese Spannung herrscht bes. in der → Mystik vor. In der Interpretation offenbarter Schriften wurden Regeln zur Entschlüsselung der verborgenen Bedeutung des Textes entwickelt, wobei es die rabbin. Bibelauslegung zu außergewöhnlicher Differenzierung brachte. Oft begegnet die Auffassung, das G. bilde den Kern religiöser Überlieferung, der dementsprechend vor Verunreinigung und Entweihung geschützt werden müsse. (2) Soziolog. Das G. kann institutionell im Sinne von Einweihung und → Initiation gestaltet werden. Dies ist bei den antiken → Mysterien der Fall, wenn der Initiand mit dem geschützten G. vertraut gemacht wird und so Zugang zur religiösen und sozialen Gemeinschaft findet. Geheimbünde sind sodann Ausdruck der Identität ausgewählter Mitglieder, die durch exklusives → Wissen verbunden sind, welches entweder aus spezif. Rollen- oder Geschlechtererfahrungen sozial vorprogrammiert ist (soziale Gruppen sowie Frauen- und Männerbünde, heute bes. relevant in traditionalen Gesellschaften) oder durch Einweihungen vermittelt wird (religiöse Spezialisten, Berufsbünde, → Freimaurer). (3) Öffentlichkeit/Privatheit. Schließlich gehört auch die Spannung zwischen öffentlicher und privater Religion hierher, die seit der Antike prägend wirkte: In Rom hatte legale Religion öffentlich zu sein, verborgene Religion (wie die früheren Mysterienkulte, christl. Kulte und die → Magie) war illegitim. Dieser Rechtsdiskurs wirkt bis heute nach, etwa in der Frage, ob Religion privat sei oder ob sie öffentliches, d. h. polit. Handeln motivieren könne (→ Fundamentalismus). → Esoterik. KVS

Lit.: W. E. Peuckert, Geheimkulte, 1951. – G. A. Wewers, G. u. Geheimhaltung im rabbin. Judentum, 1975. – P. C. Ludz (Hg.), Geheime Gesellschaften, 1979. – H. von Reinalter (Hg.), Freimaurer u. Geheimbünde seit dem 18. Jh., 1982. – K. W. Bolle (Hg.), Secrecy in Religions, 1987. – C. Jacob, Arkan-Disziplin, Allegorese, Mystagogie. Ein neuer Zugang zur Theologie des Ambrosius von Mailand, 1989. – H. G. Kippenberg/G. G. Stroumsa (Hg.), Secrecy and Concealment. Studies in the History of Mediterranean and Near Eastern Religions, 1995. – J. Westerbarkey, Das G.: Die Faszination des Verborgenen, 1998. – E. R. Wolfson (Hg.), Rending the Veil. Conceilment and Secrecy in the History of Religions, 1999. – B. Meyer/P. Pels (Hg.), Magic and Modernity: Interfaces of Revelation and Concealment, 2003.

Gehenna. Das ntl. griech. Wort für → Hölle (neben pyr = Feuer oder Hades) ist ein hebr. Ortsname eines Tals südlich von Jerusalem Gēhinnōm). Dort wurden in der Königszeit Kinderopfer (→ Moloch) dargebracht: Jer 7,31. Mit der Kultreform des → Josia wurde die Kultstätte zerstört. Im Jüngsten Gericht werden die Bösen dort verbrannt werden bzw. die Welt durch das Feuer gereinigt. Der Ort der jenseitigen Strafe unterscheidet sich vom Hades als Ort aller Verstorbenen. → Unterwelt. CA

Lit.: P. Billerbeck, Komm. zum NT, IV 2, 1928, 1016–65. – O. Böcher, Licht u. Feuer, in: TRE 21, 1991, 83–119.

Gehlen, Arnold (1904–76), Professor für Philosophie in Leipzig, Königsberg und Wien, seit 1946 Prof. für Soziologie und Psychologie. Seine Forschungsinteressen galten der philosoph. → Anthropologie und soziolog. Institutionentheorie. Seine Auffassung vom Menschen als »Mängelwesen«, das die mangelnde Instinktausstattung kompensieren muss und kompensiert, hatte Wirkung auf Kulturtheorie und → Wissenssoziologie. VK

Lit.: A. Jansen, A. G. – Die anthropolog. Kategorienlehre, 1975.

Gehorsam. (1) Alle Religionen verlangen von ihren Anhängern, bisweilen von allen Menschen, ein Mindestmaß an G. gegenüber ihren Ge- und Verboten und verknüpfen das versprochene Heil oder die Erlösung mit der Befolgung dieser → Normen. Normverletzungen werden auf Dauer nicht geduldet, auch wird G. mit direkter → Gewalt oder mit sozialen → Sanktionen erzwungen. Die Normen werden Gott, den Göttern, den Ahnen oder einem ewigen Weltgesetz (z. B. → dharma) zugeschrieben und sollen damit der individuellen Willkür enthoben werden. (2) Da die meisten großen Religionen in agrar. geprägten Zeiten fixiert wurden (→ Ackerbau), geraten sie bisweilen in Widerspruch zu den geschichtlichen Wandlungen z. B. in einer industriell-bürokrat. Gesellschaft bzw. sind im → Alltag kaum zu erfüllen (z. B. Zinsverbot). Eine Angleichung der Normen an die aktuelle Situation bereitet zahlreiche Probleme, denen die Religionen mit verschiedenen Maßnahmen gerecht zu werden suchen, z. B. durch (Neu-)Interpretation oder durch die Unterscheidung zwischen Buchstaben und Geist eines → Gebotes (2 Kor 3,6). Manche Menschen betrachten solche Angleichungen als Verletzung der göttlichen Gebote und suchen – in Abgrenzung von oder außerhalb der sozialen Gemeinschaft – ihre Vorstellungen der Gebote zu verwirklichen (→ Askese, → Mönch) und sich den Erfordernissen der Welt zu entziehen; entsprechende Gruppierungen verlangen von den beitretenden Mitgliedern einen besonderen G. (Mönchsregeln). Andere Menschen (→ Religionskritik) sahen in einer wörtlichen Befolgung der Gebote die Aufgabe ihres freien → Willens und begehrten gegen die Unterwerfung unter eine → Autorität auf. Sie können dabei geltend machen, dass jedes Ge- und Verbot in konkreten Situationen von Menschen ausgelegt werden muss. Bei konkreten Fragen verschiebt sich der G. gegenüber göttlichen Ge- und Verboten auf den G. gegenüber Personen; deren Entscheidungen können fehlerhaft sein und berechtigten Widerspruch erwecken. Dies führt bisweilen zu einem Widerspruch gegen jeden G. und jede Norm, ohne die ein friedliches Zusammenleben von Menschen nicht möglich ist, und wird dann in den Dienst einer Kulturfeindschaft gestellt. (3) Es darf nicht übersehen werden, dass viele Menschen G. und Nachfolge suchen, um durch scheinbar eindeutige Regeln eine (meist ebenso scheinhafte) → Orientierung zu erhalten und von Entscheidungen und der Verantwortung in diffusen Situationen entlastet zu werden. Einige Religionen kommen diesen Bedürfnissen entgegen und machen G. zum Erlösungsmittel; so bedeutet → Islam wörtlich: »Hingabe an Gott, Unterwerfung unter seinen Willen«. Papst Bonifaz VIII. (1294–1303) hat die Regel: »subesse Romano pontifici est de necessitate salutis« (»dem röm. Pontifex zu gehorchen ist für das Heil von Notwendigkeit«) in der Bulle *Unam sanctam* (1302) vom religiösen auf den polit. Bereich ausgedehnt. Aus dem Bedürfnis zu gehorchen lässt sich z. T. die von vielen autoritären neuen religiösen (aber auch polit.) → Bewegungen ausgehende Faszination verständlich machen. HZ

Lit.: E. Fromm, Die Furcht vor der Freiheit, [12]1980 (überarbeitete Aufl.). – A. J. Deikmann, The Wrong Way Home, 1990. – P. Antes, Autonomie und G., in: Zs. für Religionswissenschaft 7 (1999), 81–93.

Geist (griech. noũs, logos). (1) Die abendländ. Tradition beschreibt den → Menschen als dank seines endlichen G. für die Welt geöffnet. Vorsokrat. ist der G. Ordnungsprinzip des → Kosmos (Anaxagoras, ca. 500–428 v. Chr.) oder identisch mit dem, was ist (Parmenides, ca. 540–480 v. Chr.). Bei → Platon hat der Mensch dank seines höchsten Seelenteils G. teil an der ewigen Selbstschau der Ideen. Für → Aristoteles strebt jede menschliche G.-Tätigkeit den auf sich gewendeten G. der göttlichen Existenzweise an. Im priesterschriftlichen Schöpfungsbericht der Genesis (Gen 1) schweift der G. Gottes (hebr. rūaḥ ʾælōhīm, entwickelt sich später zum theolog. Begriff für → Gott als Handelnden), der altoriental. Schöpfungswind, über der Urflut. Dem Menschen aus Acker und Wasser wird nach dem zweiten, jahwist. Bericht (Gen 2) Leben eingeschnaubt (→ Schöpfung). Ab dem 6. Jh. steht rūaḥ für das Aktionszentrum des Menschen, sein Ich, und für seine Vitalität – beeinflusst von der Bedeutung des Wortes als → Atem. Bei Augustin (354–430) ist die mens (lat. = Geist) durch Gott illuminiert und gibt wie das lumen naturale (lat. = naturhaftes Licht, gemeint ist der G.) des Thomas von Aquin (1224/25–1274) Anteil an Gott. Neuzeitlich löst sich der enge Zusammenhang von G. und Sein auf. Die Bewusstseins- und Eigenwelt der Subjektivität tritt hervor. Diese Spaltung will → Hegel in einer dialekt. → Geschichte, verstanden als Absolutes, überwinden. Diesen Rekonstruktionsgang kritisiert → Feuerbach als bloß menschlichen Wahrnehmungsvollzug. Das fragwürdig gewordene Verhältnis von G. und → Körper/Gehirn beschäftigt die analyt. → Philosophie des G. → Bewusstsein. (2) Wirklichkeit ist im Buddhismus Leerheit bzw. G. Im idealist. Yogāchāra heißt der individuelle G., der vorgängig vom Wirklichkeits-G. (karmischer Samen, → kārma) strukturiert ist, chitta. Er hat mit dem Wirklichkeits-G. Verbindung, ist daher nicht mit dem Selbst identisch und wird wiedergeboren (→ Reinkarnation). → Bewusstsein, → Seele, → Wahrnehmung. AK

Geister, übernatürliche, nichtgöttliche, ambivalente Wesen, häufig anthropomorph vorgestellt (z.B. Toten-G.). → Dämonen, → Zwischenwesen. GA

Geistertanz, Bezeichnung für zwei nativist. Bewegungen (→ Nativismus) des letzten Drittels des 19. Jh.s im westlichen Nordamerika. Sie versprachen angesichts der dramat. Veränderung der Lebensumstände der indigenen Völker die Rückkehr oder die Wiedervereinigung mit den verstorbenen Verwandten und die Wiederherstellung früherer Verhältnisse. Der erste G. (1869/70) geht auf Lehren des Paiute Wodziwob zurück und verbreitete sich im Großen Becken, im Plateau und in Kalifornien, wo er zur Entstehung der Bole-Maru-Religion (→ Kuksu-Kult) beitrug. Eine Vision des Paiute Jack Wilson (Wovoka, ca. 1856–1932) löste 1889 eine zweite Welle des G. aus, der diesmal v. a. bei Völkern der Plains große Hoffnungen weckte. Von den Lakota wurde die pazifist. Lehre als Aufforderung zum militär. Widerstand gedeutet; die Unterdrückung der G.-Bewegung durch die amerikan. Armee gipfelte im Massaker von Wounded Knee (1890). → Indian. Religionen. CFF

Lit.: J. Mooney, The Ghost-Dance Religion, 1896, ND 1991. – A.B. Kehoe, The Ghost Dance, 1989. – S.A. Osterreich, The American Indian Ghost Dance, 1870 and 1890. An Annotated Bibliography, 1991.

Gelbmützen → Gelugpa.

Geld scheint ein Merkmal der → Moderne zu sein, indem es Formen des Gabentausches ablöste, in denen die → Gabe als Medium der sozialen Bedeutung menschliche Bindungen (von Geber und Empfänger) festigt. Es ist ein materielles Medium der Kommunikation, sein Wert durch Herrscher garantiert. Die ethische Qualität und soziale Verpflichtung der Gabe ist beim G. nicht enthalten: Die Kritik an Schatzbildung und → Kapitalismus mit der reziproken Folge der Verarmung wurde vielfach im Namen der Religion ausgesprochen. Das Verbot, G. gegen Zinsen an »Brüder« zu verleihen, begleitet das Judentum seit dem Exil, das Christentum und den Islam z. T. bis in die Gegenwart. Genossenschaftliche Formen von Stiftungen bilden andererseits die Ursprünge des Bankenwesens. K. → Marx geißelte den modernen Kapitalismus als Götzendienst (→ »Fetisch« G.). Entstehungstheorien für G. aus religiösen Ursprüngen übersehen gerne den praktischen Nutzen des G. gerade auch für den religiösen Gebrauch (→ Religionsökonomie, → Wirtschaft). CA

Lit.: G. Simmel, Philosophie des G., 1900. – B. Laum, Hl. G., 1924. – R. W. Müller, G. u. Geist, 1977.

Gelübde (lat. votum). Einige Religionen kennen G. als bes. Versprechungen an einen Gott, an Heilige oder die Gemeinde für bereits erhaltene oder erhoffte Leistungen (z.B. in Lebensnot, Kampf, bei schwerer Geburt, Amtsantritt), die als bedingte (bei Eintritt der Leistung) oder unbedingte Verpflichtung gegenüber Gott bis zu ihrer Erfüllung als lebenslange → Schuld angesehen werden. Sie können häufig durch → Gaben (ex voto) abgegolten werden und können einmalig sein (z. B. Wallfahrt zur Lösung von → Sünden), für einen bestimmten Lebensabschnitt (z.B. Vestalinnen) oder lebenslänglich binden (z.B. bei Eintritt in eine Ordensgemeinschaft). Bisweilen erhalten durch G. verpflichtete Personen einen sozialen Sonderstatus wie → Mönche und → Nonnen, und es wird von ihnen eine besondere (eingeschränkte) Lebensführung (Ehelosigkeit, sexuelle Enthaltsamkeit) verlangt. Die Aufhebung solcher Bindungen ist, wenn überhaupt möglich, mit großen Schwierigkeiten verbunden. In modernen Staaten widersprechen solche G. der persönlichen → Freiheit und haben deshalb nur noch privaten Charakter. HZ

Gelugpa (von tibet. dge-lugs-pa = die Tugendreichen), die seit dem 17. Jh. bedeutendste der tibet.-buddh. Lehrtraditionen (→ gyü) Tibets. Obwohl häufig → Tsong-kha-pa als Begründer angeführt wird, waren die eigentl. Traditionsbegründer doch sein Neffe dGe-'dun-grub (1391–1475, postum als 1. Dalai Lama anerkannt) und Tsong-kha-pas Schüler rGyal-tshab-dharma-rin-chen und mKhas-grub-rje. Zuerst nach ihrem wichtigsten Kloster Ganden als Ri-bo-dga'-ldan-pa bekannt, nannten sie sich selbst Kadam-sarma (bKa'-gdams-gsar-ma = die »neuen Kadampa«) aufgrund ihres Rückgriffs auf die von den → Kadampa betonte mönchische Disziplin. Der Name G. kam erst später in Gebrauch. Wegen ihrer gelben Kopfbedeckungen wurden sie von den Chinesen »Gelbmützen« genannt, eine noch heute in der Sekundärliteratur gebräuchliche Fremdbezeichnung für diese Lehrtradition. KKP

Gemara (von hebr./aramäisch gāmar = zu Ende sein, abschließen), als Lehre der → mündlichen Torah mit der »Vollendung« der schriftlichen Torah gleichgesetzt bzw. mit der Vollendung des Studiums überhaupt. Textlich bezeichnet G. die zweite Schicht des → Talmud, in der die jeweilige → Mischna-Perikope rabbin. ausgelegt wird. KVS

Gemeinde, soziolog. Begriff, der zunächst alle Siedlungsgebilde bezeichnet, die aus mehreren Einheiten bestehen sowie eine sichtbare Struktur und eine gemeinsame kulturelle Identität annehmen. G. zeichnen sich durch ein begrenztes Gebiet, institutionell gestützte Interaktionsnetze und Selbstbezeichnungen aus. Im religionssoziolog. Sinne sind G. lokale Netzwerke miteinander kommunizierender Menschen gleichen religiösen Glaubens und/oder gemeinsamer religiöser Ritualpraxis. (Dabei führt die Verbreitung durch moderne Kommunikationsmittel zu einer Ausdehnung dessen, was unter »lokal« verstanden werden darf, → Lokale Religion.) Nach dem kath. Rechtsprinzip wird die G. durch die Autorität der → Kirche begründet. Nach dem reformator. Rechtsprinzip konstituiert sich die G. selbst als → Gemeinschaft der Gläubigen; der evang.-luther. Kirchenbegriff sieht → Kirche und G. in einer dialekt. Beziehung zueinander. HK

Gemeinderegel, zentrale Schrift aus → Qumran, in der die Ordnung des Gemeindelebens sowie theolog. Grundpositionen ausgeführt werden. → Gemeinde. KVS

Gemeinschaft. (1) Den Begriff führte F. Tönnies 1887 ein; er wird als Gegenbegriff zu → Gesellschaft gebraucht, indem eine unmittelbare (natürliche) Verbindung zwischen ihren Mitgliedern angenommen wird, während Gesellschaft auf Zwecksetzungen basiere. (2) Spezieller bezeichnet der Begriff im Protestantismus die Zusammenkünfte der »erweckten« Christen in der evang. Kirche (→ Gemeinde; Erweckungsbewegung), die sich so als »Kirchlein in der Kirche« (ecclesiola in ecclesia) auszeichnen. HZ

Lit.: T. Geiger, Art. »G.«, in: Hand-Wb. der Soziologie, 1931, 176.

Gemeinschaften, religiöse. (1) Religionen begründen Gemeinschaften. Bestimmten Formen dieser G. haben klassische Religionssoziologen konstitutive Bedeutung für die moderne Kultur beigemessen. É. → Durkheim erkannte die zentrifugalen Kräfte der zunehmenden Arbeitsteilung. Hatten zuvor kollektive Rituale die Gemeinschaftlichkeit aller Gesellschaftsangehörigen period. erneuert, so dominierte in der modernen Gesellschaft eine Freiheit des Individuums. Diese war jedoch nicht nur funktional begründet, sondern basierte auch auf einer → Moral, die letztlich im Christentum wurzelte und die der moderne Staat nach Durkheims Auffassung durch seine Gesetze zu schützen hatte. Von der zeitgenöss. dt. Soziologie wurde Durkheims Überzeugung, dass eine Konvergenz zwischen Gemeinschaft und → Gesellschaft, zwischen Religion und Staat in der → Moderne möglich sei, nicht geteilt. So hielt F. Tönnies Verwandtschaft und Nachbarschaft für die Quellen sozialer Bande, die in diametralem Gegensatz zu Gesellschaft und Staat stünden, wo die künstlichen Institutionen von Tausch und Vertrag regierten. (2) M. → Weber und E. → Troeltsch unterschieden in der Geschichte des Christentums zwei Formen von Gemeinschaftlichkeit: die → Kirche als Anstalt, die durch Sakramente → Heil spendet und in die man hineingeboren wird; die → Sekte als freiwillige Vereinigung all derer, die der Welt ablehnend gegenüberstehen und mit ihrem Glauben in ihrer Lebensführung ernst machen. Beide Typen sind jedoch nur Sonderfälle von religiöser Gemeinschaftlichkeit allgemein, die ihren Ursprung in einem Heilsverlangen hat. Alle Arten von religiösem Gemeinschaftshandeln – die magische Seance des Schamanen, der priesterliche Gemeinschaftskult polit. Verbände, die Verehrung von Propheten bzw. hl. Virtuosen (→ Funktionär), Gesetzes- bzw. Gesinnungsreligiosität – bleiben auch in der modernen Gesellschaft erhalten, da soziale Schichten und Klassen divergierende religiöse Präferenzen haben. Bauern, Militärs, Beamte, Bürger legitimieren ihre ökonom. Normen und ihre positive oder negative soziale Lage mittels religiöser → Weltbilder. R. G. weichen auch nicht bei einer zunehmenden → Individualisierung des Glaubens. R. Finke und R. Stark haben anhand von Statistiken errechnet, dass der Anteil von Gemeindemitgliedern an der amerikan. Gesamtbevölkerung bis heute stetig gewachsen ist, wobei nicht Gemeinden vom Typ der Kirche, sondern Sekten, die an die Lebensführung ihrer Mitglieder rigorose Ansprüche stellten, die Gewinner waren. → Bewegung, religiöse. HGK

Lit.: F. Tönnies, Gemeinschaft u. Gesellschaft. Grundbegriffe der reinen Soziologie, 1887, [2]1912. – É. Durkheim, Der Individualismus u. die Intellektuellen (1898), in: H. Bertram (Hg.), Gesellschaftlicher Zwang u. moral. Autonomie, 1986, 54–70. – M. Weber, Wirtschaft u. Gesellschaft, 1921/22. R. G., Max Weber GA I/22–2, 2001. – R. Finke/R. Stark, The Churching of America, 1776–1990. Winners and Losers of Our Religious Economy, 1992. – M. Riesebrodt, Religiöse Vergemeinschaftungen, in: H. G. Kippenberg/M. Riesebrodt (Hg.), Max Webers »Religionssystematik«, 2001, 101–17.

Gender (engl. = [soziales] Geschlecht).
I. Begriff. Wurde der engl. Begriff G. schon seit dem 14. Jh. als Bezeichnung für das Geschlecht der Frauen und Männer verwandt, so sprach A. Comfort (1920–2000) in *Sex and Society* (1963) erstmals von G. als einer sozial zu erlernenden Rolle. Bereits 1949 hatte S. de Beauvoir (1908–86) in *Le deuxième sexe* die Idee entwickelt, dass nicht das biolog. Geschlecht, sondern die → Sozialisation unsere Rolle als Frau oder Mann determiniert: »Man wird nicht als Frau geboren, man wird zu einer gemacht.« Im Kontext der feminist. Frauenforschung entwarf A. Oakley in *Sex, G. & Society* zu Beginn der 1970er Jahre G. als theoret. Konzept der sozial erlernten Geschlechterrollen in Abgrenzung zum biolog. Geschlecht (engl. sex). Allgemein beschreibt G. vielfältige soziale Aspekte des Verhältnisses von Frau und Mann. Mit der Publikation von J. Butlers (geb. 1956) *G. Trouble* (1990) wurde jedoch innerhalb des dekonstruktivist. Feminismus die noch anhaltende Debatte entfacht, ob nicht der Begriff G. selbst ein binäres, naturalisierendes Machtsystem der »Zwangsheterosexualität« impliziert, das nur Frauen und Männer kennt. Denn am Horizont gen- und medientechn. Utopien, wie der virtuellen Realität, zeichnet sich v. a. innerhalb des sog. Cyberfeminismus schon jetzt die Vision einer vom biolog.-körperlichen Geschlecht losgelösten Identität oder gar der Wunsch nach der Kreation neuer Geschlechter ab.

II. Soziologisch. G. als differierendes Rollenverständnis von Frauen und Männern wird sozial konstruiert durch mikro- und makrosoziale Institutionen wie die Familie (Mutter- und Vaterrollen), Schule, Religionen, die Arbeitgeber, polit. Parteien usw., deren jeweils kulturell bedingte normative Rollenideale sich sekundär in der Sprache und in symbol. Ausdrucksformen (Kunst, Literatur, Medien, Werbung) widerspiegeln. Da in den meisten Gesellschaften Frauen und Männer nicht nur als unterschiedlich wahrgenommen werden, sondern Frauen in vielen Aspekten als minderwertig angesehen werden, bildet G. eine Schlüsselkategorie zur Analyse sozialer Machtstrukturen (zwischen Frauen und Männern). Unter Beteiligung von Soziologie, Politikwissenschaft, Linguistik, Medizin, Anthropologie und diversen Kulturwissenschaften befasst sich die heutige G.-Forschung mit dem Verhältnis von G. und Familie, Erziehung, Bildung, Gesundheit, Kunst, Politik, Wirtschaft, Religion und jüngst auch (Medien-)Technik in gegenwärtigen wie auch vergangenen Kulturen. Über originäre Themen der Frauenforschung hinaus rückt neuerdings auch der Mann ins Blickfeld.

III. Religion. In fast allen Religionen ist die Unterordnung der Frau unter den Mann verbreitet, obwohl das Weibliche selbst auch Mittelpunkt der Verehrung sein kann (→ shakti). So wird z. B. Frauen im orthodoxen Judentum, im röm.-kath. und orthodoxen Christentum, im Islam, im Hinduismus und Buddhismus der Zugang zu religiösen (Lehr-)Ämtern weitestgehend verwehrt. Hier wird mitunter der Gehorsam und die Fürsorge gegenüber dem Ehemann als religiöse Pflicht der Frau postuliert. Gleichzeitig werden religiöse Legitimationsstrukturen in der Gesellschaft dazu benutzt, Frauen das Recht auf die Selbstbestimmung über ihren Körper und Besitz, auf Bildung und polit. Mitwirkung vorzuenthalten. Während heute in vielen großen Religionen mit der fortschreitenden Emanzipation der Frau ein Wandel der althergebrachten Autoritätsstrukturen wahrscheinlicher geworden ist, haben histor. Konstruktionen des 19. Jh.s, die eine Urgesellschaft des → Matriarchats annahmen, nun innerhalb der neopaganen → Wicca-Religion des 20. Jh.s selbst zu einer teils feminist. Orientierung beigetragen. → Körper. OK

Lit.: S. de Beauvoir, Das andere Geschlecht, 1949. – D. Y. Paul, Die Frau im Buddhismus, 1981. – M. Adler, Drawing Down the Moon, 1986. – U. King (Hg.), Women in the World's Religions, 1987. – F. Mernissi, Geschlecht, Ideologie, Islam, 1987. – K. E. Boerresen (Hg.), Image of God and G. Models in Judeo-Christian Tradition, 1991. – J. Butler, Das Unbehagen der Geschlechter, 1991. – W. Sax, Mountain Goddess. G. and Politics in a Himalayan Pilgrimage, 1991. – L. Ahmed,

Women and G. in Islam, 1992. – J. I. Cabezon (Hg.), Buddhism, Sexuality and G., 1992. – S. Young, An Anthology of Sacred Texts by and about Women, 1993. – J. Holm/J. Bowker, Women in Religion, 1994 – J. S. Hawley (Hg.), Fundamentalism and G., 1994. – U. King (Hg.), Religion and G., 1995. – J. Runzo (Hg.), Love, Sex and G. in the World Religions, 2000.

Genealogie (von griech. geneaología = Geschlechterkunde, Stammbaum), Rekonstruktion des und Wissen um das verwandtschaftliche Herkommen. Die G. beschreibt Beziehungen und Positionen in horizontaler und vertikaler Linie. → lineage, → Tradition, → Verwandtschaft. PJB

Lit.: H. Fischer, Lehrbuch der Genealog. Methode, 1996.

Genesis (griech. = Entstehung), Name des 1. Buches Mose, das in Kap. 1–11 die Urgeschichte, beginnend mit der Schöpfung, und in Kap. 12–50 die Geschichte der Patriarchen Abraham, Isaak und Jakob sowie der Söhne des Letzteren, bes. Josefs, erzählt. → Altes Testament, → Apokryphen, → Pentateuch, → Tradition. KVS

Genizah (hebr. g^{e}nīzā = Lager), meist in Verbindung mit einer Synagoge stehender Ort oder Raum für die Lagerung von ausgedienten hl. Schriften sowie allen Dokumenten oder Gegenständen, die nicht vernichtet werden können, weil sie den Namen Gottes enthalten. Während orthodoxe Juden heute gewöhnlich solche Schriften bestatten, nachdem sie in der G. gesammelt worden sind, sind v. a. aus der talmud. und mittelalterlichen Zeit große G.-Sammlungen erhalten. Die berühmteste ist jene aus der Synagoge von Fostat (Kairo), in der seit ihrer Erbauung 882 n. Chr. bis ins 11. Jh. hinein eine große Menge Material eingelagert wurde, das bis zur Entdeckung im 20. Jh. verborgen blieb. Es umfasst eine wertvolle hebr. Version des → Jesus-Sirach-Buchs sowie andere antike Schriften, Auszüge der griech. Bibelübersetzung Aquilas, liturg., poet. und halach. Texte, Dokumente der → Hechalôt-Mystik, magische Texte und solche profanen Inhalts. Sie erlauben einen unschätzbaren Einblick in die religiöse und soziale Welt des ägypt. und palästin. Judentums der gaonäischen Epoche sowie in die Geschichte der → Karäer. KVS

Genkū → Hōnen Shōnin.

Gennep, Arnold van (1873–1957), franz. Ethnologe, Volkskundler und Religionshistoriker, 1912–15 Professor für Ethnographie in Neuchâtel, Schweiz, danach Privatgelehrter. Unter seinen über 400 Veröffentlichungen wurde v. a. das Werk *Les → rites de passage* (1909) weltbekannt, in dem er die verschiedensten Ausprägungen von »Übergangsriten« darstellte. → Religionsethnologie. HK

Lit.: S. Schomburg-Scherff, A. v. G., in: A. Michaels (Hg.), Klassiker der Religionswissenschaft, 1997, 222–33, 392–94.

Geomantik (Erdschau; von griech. gē̃ = Erde und mantikḗ = Wahrsagekunst), in diversen Kulturen verbreitete Technik der → Divination aus Beschaffenheiten von Erde und Landschaft. Am stärksten ausgeprägt war die G. in China, und chin. Traditionen – v. a. das → Fengshui – wurden im 20. Jh. auch im Westen aufgenommen. Heute spricht man meist von »Geomantie« und meint damit das Wissen um die Kraftzentren und energet. Verbindungen der Erde bzw. die spirituelle und emotionale Qualität von Orten. Im Rahmen von → Esoterik und → New Age werden dabei neben den chin. auch die europ. Traditionen (von megalith. Bauwerken bis zu Templer- und Freimaurerbewegungen) neu adaptiert. KVS

Lit.: M. Pogacnik, Schule der Geomantie, 1996. – U. Magin, Geheimwissenschaft Geomantie. Der Glaube an die magischen Kräfte der Erde, 1996. – N. Pennick, Hb. der angewandten Geomantie, 1997.

Geonim (Plur. von hebr. gāʾōn = Erhabener), die Häupter der jüd.-babylon. Lehrhäuser von Sura und Pumieditha, nach denen die Zeit vom 7.–11. Jh. das »Zeitalter der G.« genannt wird. KVS

Gerechtigkeit gehört zu den Idealen, auch → Tugenden der → Philosophie und hat eine zentrale Position in Judentum, Christentum und Islam inne. Ähnliche Konzeptionen finden sich auch im Konfuzianismus, Hinduismus und Buddhismus. Gott setzt die Ordnung der G., kann sie aber bei zu großer Härte für die Menschen durch → Gnade wieder aufheben. In Mesopotamien und Ägypten entwickelte sich ein Verständnis der »konnektiven G.«, das die verschiedenen Gesellschaftsschichten und die Götter kommunikativ miteinander verband (→ Maat). Wenn die Brüche stabiler Ordnung deutlich werden, ist nicht nur philosoph. G. oft ein Gegenstand von → Hoffnung. Wechselseitigkeit, Billigkeit und Sittlichkeit sind ihre Kennzeichen. Red

Lit.: J. Rawls, A Theory of Justice, 1971. – M. Khaddury, The Islamic Conception of Justice, 1984. – J. Assmann, Ma'at, 1990. – W. Huber, G. und Recht, 1996. – J. Assmann, Herrschaft und Heil, 2000.

Gericht/Totengericht, Bezeichnung für eine Gesamtwürdigung der Lebensgeschichte einzelner Menschen, aber auch von Gruppen, durch einen Richter. Die forens. Metaphorik setzt voraus, das Leben, insbes. sein Handlungsaspekt, könne nach dem jurist. Modell der Befolgung bzw. Übertretung von → Gesetzen betrachtet werden. Das ist in der Regel nach dem physischen Tod des Menschen der Fall; die beachtliche Ausnahme Johannesevangelium, dem zufolge das G. (griech. krísis) mit dem Auftreten des Offenbarers geschieht (Joh 5,19–30), bestätigt diese Regel wohl eher. Religionsgesch. ist die G.-Vorstellung auf Judentum, Christentum und Islam konzentriert, findet sich aber als T. schon in Ägypten (→ Totenbuch) und ist auch in iran., hinduist. und buddh. Konzeptionen vertreten. L. → Wittgenstein hatte vor einer vereinfachten Auffassung der G.-Vorstellung gewarnt, weil davon kein Moralisierungsschub zu erwarten sei. Die naive Vorstellung, ein G. setze in jedem Fall Verantwortlichkeit und Entscheidungsfreiheit voraus, wird nicht zuletzt in Konzeptionen von → Armageddon und → Apokalyptik determinist. unterminiert. Noch weiter geht die Allversöhnungslehre (→ Apokatastasis). Als → Deutungsmuster ist das G./T. mithin komplexer als oft angenommen. Es kann das Gelingen oder Misslingen einer verantwortlichen Lebensführung bezeichnen. Zugleich lässt sich so die Unwahrscheinlichkeit der Idee einer verantwortlichen Lebensführung angesichts der chaot. und negativen Wirklichkeitserfahrung chiffrieren. Red

Lit.: L. Kretzenbacher, Die Seelenwaage, 1958. – J. G. Griffiths, The Divine Verdict, 1991. – R. Anselm, Jüngstes G. und irdische Gerechtigkeit, 1994. – J. Assmann/B. Janowski u. a. (Hg.), Gerechtigkeit, 1998. – B. Janowski, Die rettende Gerechtigkeit, 1999.

Germanische Religion. I. Allgemein. Der Begriff g. R. bezeichnet die religiöse Überlieferung der germanischsprachigen Stämme und Völker auf europ. Gebiet vor ihrer Christianisierung. Diese Definition gibt die zeitliche und räumliche Begrenzung des Gegenstandes vor. Von einer german. Sprachgemeinschaft ist erst seit dem 5. Jh. v. Chr. zu sprechen. Der Prozess der Christianisierung begann im 3. Jh. bei den Goten und endete im Jahre 1000 mit der Übernahme des Christentums auf Island durch Thingbeschluss. Im Verlauf dieses langen Zeitraums siedelten german. Völker in fast allen Gebieten Europas. Die weite zeitliche und räumliche Verbreitung der g. R. sowie die Uneinheitlichkeit der Quellen lassen nur beschränkt Aussagen über gemein-german. religiöse Vorstellungen zu. Sinnvoll ist eine differenzierende Betrachtung der religiösen Traditionen der Nord-, West- (bzw. Süd-) und Ostgermanen.

II. Quellen. (1) Eine eigene schriftliche Überlieferung der Germanen Alteuropas liegt nicht vor. Für die Zeit vor Christi Geburt ist man außer auf sprachwissenschaftliche Resultate allein auf archäolog. Zeugnisse (v. a. Grab- und Opferfunde) angewiesen, deren ethnische Zuordnung und Interpretation jedoch meist problemat. ist. (2) Durch die Übernahme röm. Kultformen in der röm. Kaiserzeit erweitert sich nicht nur das archäolog. Material (Votivaltäre), es wird auch durch Berichte in der geograph.-ethnograph. Literatur (v. a. Tacitus, *Germania*, um 98 n. Chr.) ergänzt, deren Zuverlässigkeit allerdings umstritten ist. Die Zeit der Missionierung liefert Hinweise auf die g. R. in Bekehrungsberichten christl. Historiker, Heiligenviten und Taufformeln, später auch in der amtlichen kirchlichen Literatur in Form von Verboten gegen den sog. heidnischen Aberglauben. Vorchristl. Inhalte finden sich außerdem in german. Stammesgesetzen (*Lex Salica*) sowie in den sog. Merseburger Zaubersprüchen. (3) Am besten informiert sind wir über die religiösen Vorstellungen der Nordgermanen. Wichtigste Quelle ist – neben einigen Runeninschriften (→ Runen) – die volkssprachliche Literatur Norwegens und Islands. Dazu zählen die bis in das 9. Jh. zurückreichende Skaldendichtung, die um 1270 niedergeschriebene sog. ältere bzw. Lieder-Edda mit Liedern aus 4 Jh.en, das als jüngere → Edda bezeichnete, um 1220 verfasste Skaldenlehrbuch des Snorri Sturluson sowie die im 14. Jh. entstandenen Sagas. Da die altnord. Dichtungen größtenteils aus christl. Zeit stammen, ist ihr Quellenwert ein vielfach diskutiertes Forschungsproblem. Gleiches gilt für die Werke der mittelalterlichen Geschichtsschreiber Adam von Bremen und Saxo Grammaticus. Als letzte Quellengattung für die g. R. sind volkskundliche Aufzeichnungen der

Neuzeit zu nennen, in denen sich jedoch Elemente vorchristl. Ursprungs mit christl. verbinden.

III. Charakteristik. (1) Als wichtigste Götter der Germanen nennt Tacitus in der Interpretatio Romana Mercurius, Hercules und Mars, womit wohl → Odin, → Thor und → Týr gemeint sind. Der altnord. Literatur zufolge, welche die Götter in zwei große Familien einteilt, gehören sie zu den → Asen, die als Gottheiten des Krieges und der Herrschaft v. a. von der Gentilaristokratie verehrt wurden. Ihnen stehen die → Wanen gegenüber, Fruchtbarkeitsgötter, deren Verehrung bis in bronzezeitliche Felszeichnungen zurückverfolgt werden kann. Sie waren die Götter der bäuerlichen Bevölkerung. Im Mittelpunkt vieler Fruchtbarkeitskulte stand eine Erdmutter, bei Tacitus → Nerthus genannt. Zum Kreis der chthonischen Fruchtbarkeitsgöttinnen gehören neben → Nehalennia und Hludana auch die → Matronae. Für viele der in der altnord. Mythologie genannten Gottheiten lässt sich keine kultische Verehrung nachweisen. Im Gegenzug legen archäolog. Funde (Felszeichnungen, Sonnenwagen von Trundholm) und Volksbräuche die Existenz eines Sonnenkults nahe, obwohl die → Sonne vermutlich nicht personifiziert gedacht wurde. Die Namen der Götter Odin, Týr, Thor und → Frigg gingen in die german. Bezeichnungen der Wochentage ein. (2) In der altnord. Literatur werden neben den Göttern auch numinose Wesen genannt, deren Mythen Hinweise auf ihre Beziehungen zu Naturphänomenen und zum Ahnenkult liefern. Sie können Göttern und Menschen helfen, ihnen aber auch gefährlich werden. Der Urriese Ymir und die Kuh Auðumla spielen eine bedeutsame Rolle bei der Schöpfung der Welt sowie der Götter, welchen ihrerseits die Erschaffung der Menschen zugeschrieben wird. Das in den altnord. Quellen überlieferte Weltbild ist dreigeteilt: Midgard ist die Welt der Menschen, die Götter haben ihre Burg in Asgard, und Utgard wird von Dämonen bewohnt. Zentrum der Welt ist der Weltenbaum Yggdrasill, eine Vorstellung, die in dem Himmelspfahl Irminsûl auf der Eresburg (an der Diemel) eine Entsprechung findet. Die Zerstörung der Welt (→ Ragnarök) betrifft Menschen und Götter gleichermaßen. (3) Tacitus zufolge verehrten die Germanen ihre Götter in heiligen → Hainen, was durch archäolog. Funde bestätigt wird. Vorchristl. Tempel erwähnt u. a. Adam von Bremen, archäolog. Zeugnisse dafür gibt es jedoch keine. Dagegen lassen sich kultische Handlungen in Form von Opfern in Häusern und Gehöften nachweisen. Häufige Funde von Opfergaben in Gewässern und Mooren deuten auf die Verehrung numinoser Wesen in Teilen der natürlichen Umwelt hin. Geopfert wurden meist Sachgegenstände (Waffen, Arbeitsgeräte, Schmuck usw.), Speisen und Tiere, aber auch → Menschenopfer, v. a. für Odin, sind belegt. Vor ihrer Darbringung wurden die Opfergegenstände häufig durch Zerstörung ihrem profanen Gebrauch entzogen. Grabbeigaben zeugen von einer Versorgung des Toten für das Weiterleben im Jenseits. Die Vorstellungen vom Aufenthaltsort eines Toten sind selbst in der altnord. Literatur uneinheitlich. Genannt werden das Grab, von dem aus der Tote als Wiedergänger unter den Menschen auftreten kann, → Hel, → Walhall sowie ein unterseeisches Totenreich für Ertrunkene. Schiffsbestattungen sprechen für ein weiteres Totenreich jenseits des Meeres. (4) Über die Funktionen der religiösen Spezialisten (→ Funktionär) der Germanen informiert uns die antike Ethnographie, insbes. Tacitus. Die Ausführung öffentlicher Kulthandlungen lag in der Hand von Priestern, für den privaten Kult war das Familienoberhaupt zuständig. Wichtiger Bestandteil des Kults war die → Divination in Form von Los- oder Staborakeln bzw. mithilfe von Pferden. Für Kriegszeiten sind von Priesterinnen ausgeführte Blut- und Eingeweideorakel überliefert. Vielfach belegt sind sog. Seherinnen (berühmt: Veleda), die beachtlichen polit. Einfluss ausübten. Sie werden ebenso wie der religiöse Transvestismus mit dem → Schamanismus in Verbindung gebracht. Unsicherheit besteht über die Bedeutung des Schicksalsglaubens in der g. R., da die literar. Quellen christl. Einfluss verraten. Ein gemeingerman. → Fest scheint aufgrund der sprachwissenschaftlichen Belege → Jul, das (Opfer-)Fest zu Mittwinter, gewesen zu sein. Durch die altnord. Literatur kennen wir die → Berserker, die ihren Ursprung in kultisch-ekstat. Maskenkriegerbünden haben. (5) Der im ganzen german. Raum verbreitete Glaube an die göttliche Abstammung der Könige und ihre schon bei Tacitus (*Germania* 10) erwähnte kultische Bedeutung erlauben die Annahme eines german. Sakralkönigtums. Mit der sakralen Stellung des Königs verband sich der Glaube an das Königsheil, die persönliche Verantwortung des Königs für gute Ernten sowie für inneren und äußeren Frieden. → Balder, → Disen, → Freyja, → Freyr, → Frigg, → Höðr, → Loki, → Nornen. US

Lit.: Gesamtdarstellungen: K. Helm, Altgerman. Religionsgeschichte, Bde. 1–2/2, 1913–53. – J. de Vries, Altgerman. Religionsgeschichte, 2 Bde., 1935–37, ²1956–57. – E. Neumann/H. Voigt, German. Mythologie, in: H. W. Haußig (Hg.), Wb. der Mythologie 2, 1963, 21–98. – H. Birkhan, Germanen u. Kelten bis zum Ausgang der Römerzeit, 1970. – L. Ejerfeldt, G. R., in: HRG 1, 1971, 277–342. – R. L. M. Derolez, Götter und Mythen der Germanen, 1974. – Å. V. Ström, G. R., in: Ders./ H. Biezais, German. u. Baltische Religion, 1975, 11–310. – G. Behm-Blancke, Kult und Ideologie, in: J. Werner (Hg.), Die Germanen. Ein Hb., Bd. 1, 1976, ⁵1988, 363–84. – R. Seyer, Kult und Ideologie, in: J. Werner (Hg.), Die Germanen. Ein Hb., Bd. 2, 1983, ²1986, 248–314. – R. Simek, LGM, 1994. – H. Beck (Hg.), German. Religionsgeschichte: Quellen und Quellenprobleme, 1992. – B. Maier, Die Religion der Germanen, 2003. – R. Simek, Religion und Mythologie der Germanen, 2003.

Nordgermanen: W. Baetke, Die Götterlehre der Snorra-Edda, 1950. – H. R. E. Davidson, Gods and Myths of Northern Europe, 1964. – E. O. G. Turville-Petre, Myth and Religion of the North, 1964. – M. I. Steblin-Kamenskij, Myth. The Icelandic Sagas & Eddas, 1982. – U. Diederichs, German. Götterlehre, 1984. – R. I. Page, Nordische Mythen, 1993.

West- (Süd-)germanen: J. Amstadt, Südgerman. Religion seit der Völkerwanderungszeit, 1991.

Geschichte. Der Begriff ist abgeleitet vom dt. »Geschehen« und bezeichnet sowohl das Ereignis selber wie auch die Erzählung davon. Im 18. Jh. trat er im Sprachgebrauch an die Stelle des schon länger eingedeutschten Wortes Historie (von griech. historía = Erzählung). Weil die Daten der Vergangenheit nur durch die Vermittlung eines erzählenden Subjektes erhalten sind, lassen sich objektive Fakten und subjektive Zuschreibung von Bedeutungen nicht wirklich trennen. Das Verhältnis beider wird von Theorien der Geschichte thematisiert (→ Geschichtsschreibung). Eine Reflexion über die unterschiedlichen Bedeutungstypen hat gezeigt, dass neben polit. und ökonom. Deutungen von Ereignissen und Prozessen auch heute noch religiöse Interpretationen weiter bestehen. → Heilsgeschichte, → Historismus. HGK

Geschichtsschreibung. Wie der Begriff »Geschichte« schon sagt, ist die Beschreibung von Ereignissen abhängig von der gewählten literarischen Form. (1) Im 19. Jh. stellte der Historiker J. G. Droysen klar, dass das histor. Erforschte immer der Präsentation bedarf und die Vergangenheit nicht deckungsgleich ist mit dem Bild, welches sich der Historiker von ihr macht. Droysen unterschied dabei vier Arten der Darstellung: (a) die untersuchende, (b) die erzählende, (c) die didakt. und (d) die diskutierende. (2) Der Literaturwissenschaftler H. White griff mit *Metahistory* (1973) diesen Faden auf und analysierte die Rhetorik histor. Darstellungsweisen. Dabei wies er nach, dass in histor. Erzählungen bestimmte Redefiguren (»Tropen«) verwendet werden, mit deren Hilfe die Vergangenheit zum Inhalt einer gegenwärtigen Vorstellung wird. White sah Narrativität jedoch nicht erst in der histor. Erzählung über Ereignisse am Werk; seines Erachtens ist die histor. Tatsache selbst bereits das Ergebnis einer Erzählung: Um von einem Ereignis berichten zu können, muss dieses in eine erzählbare Handlung (einen »plot«) umgeformt werden. Diese Behauptung Whites, wonach die Wirklichkeit selbst eine rhetor. Konstruktion ist, wurde zum Gegenstand berechtigter Kritik. (3) Ein Modell, das die Beziehung von G. und Rhetorik differenzierter entfaltet, ohne Whites Theorie der Tropen aufzugeben, stammt von P. Ricœur (1996). Er wies darauf hin, dass die Rhetorik in der Geschichtswissenschaft noch eine weitere Aufgabe hat: das Argumentieren, das zur kritischen Prüfung der histor. Dokumente dazugehört. Die histor. Operation besteht demnach aus drei Phasen: (a) einer kritischen Prüfung der Quellen, (b) einer histor. Erklärung des Berichteten sowie (c) einer literar. Vergegenwärtigung der Befunde. Dieses Modell hat den Vorteil, zwischen der Erzählung der Quellen und der Erzählung des Historikers so zu scheiden, dass Fiktionalität und histor. Sinnbildung auseinander treten. Histor. Sinnbildung setzt das Gewesensein des Vergangenen voraus, Fiktionalität nicht. (4) Zu kurz kommt hierbei allerdings noch das Moment der Auswahl. Wenn ein Historiker Geschichte schreibt, ist er gezwungen, aus der Masse der histor. Daten einige als relevant auszuwählen, andere zu ignorieren. R. Koselleck hat gezeigt, dass in diesem Vorgang metahistor. Erkenntniskategorien wirksam sind, die er als »Erfahrungsraum und Erwartungshorizont« bezeichnet. Es gibt keine Geschichte, die nicht durch die Erfahrungen und Erwartungen der Erzähler konstituiert ist. Der Historiker berichtet von vergangenen Ereignissen unter dem Gesichtspunkt der eigenen Erfahrungen. Er verbindet mit ihnen zudem Bedeutungen, die sich aus den Erwartungen seiner eigenen Zeit speisen. In der Darstellung von Geschichte sind deshalb drei Zeitdimensionen verschränkt: Vergangenheit, Gegenwart und Zukunft. Ähnlich argumentiert J. Rüsen, wenn er histor. Erkennen mit der Lebenspraxis von Menschen verknüpft: Wenn diese Praxis sich so verändert, dass es den Handelnden nicht mehr möglich ist, ihre Absichten mit den herkömmlichen Mitteln zu realisieren, wird die Erfahrung von Zeitlichkeit zum Ausgangspunkt histor. Sinnbildung. Die Religionsgeschichte als akadem. Disziplin ist ein solcher Fall (→ Religionswissenschaft, Geschichte der). → Deutungsmuster, → Tradition. HGK

Lit.: R. Koselleck, Formen der G. [1979], in: Ders. (Hg.), Theorie der Geschichte, 1982, 349–75. – J. Rüsen, Histor. Vernunft. Grundzüge einer Historik I: Die Grundlagen der Geschichtswissenschaft, 1983, 48–58. – H. White, Die Bedeutung der Form. Erzählstrukturen in der G., 1990. – P. Ricœur, Literaturtheorie u. G., in: H. Nagl-Docekal (Hg.), Der Sinn des Histor. Geschichtsphilosoph. Debatten, 1996, 107–25.

Geschlecht. Das »biolog.« G. (engl. sex) wird in unterschiedlichen Kulturen sehr verschieden konstruiert; folgerichtig fragt die → Gender-Forschung nach den kulturellen Bedingungen, den Räumen und Rollen beider G. CA

Gesellschaft. (1) Das Wort »G.« nahm Mitte des 19. Jh.s (als Äquivalent zu lat. societas) seine heutige Bedeutung an: Der Begriff reflektiert den Aufstieg der Welt des Bürgertums mit seiner Wirtschaftsmacht und unterscheidet die neue Lebenswelt konzeptionell von der staatlichen Ordnung auf der einen und dem Privatbereich auf der anderen Seite. Wie diese »G.« inhaltlich zu beschreiben und in ihrer Dynamik zu erklären sei, war und ist bis heute Gegenstand der Soziologie. Dabei wurde von Beginn an die Religion als eigener Faktor betrachtet. Von ihrem Studium erwartete man Aufschlüsse über die Entstehung sozialer Beziehungen oberhalb der → Familie und unterhalb der Ebene staatlicher Macht. Britische Juristen schrieben der Religion »primitiver Völker« die Funktion einer Begründung der sozialen Ordnung zu. W. Robertson → Smith ergänzte 1889, dass diese ordnungsstiftende Funktion mit dem Opferritual verbunden sei: Das Töten des Tieres war nur dann gestattet, wenn die soziale Gruppe als Ganze diese Handlung durchführte und verantwortete – eine These, die W. Burkert 1972 erneuert hat. Die Konstitution von G. komme durch die Außeralltäglichkeit kollektiver Handlungen zustande. (2) Die Begründer der klassischen Soziologie verknüpften ihre G.-Analyse mit der Religionswissenschaft. É. → Durkheim erklärte den Sachverhalt, dass die zunehmende Arbeitsteilung in der G. das moral. Band zwischen ihren Angehörigen nicht zerstöre, mit dem Sachverhalt, dass auch noch die arbeitsteilige G. von der Religion als Grundlage ihrer Sozialmoral abhängig sei. Ebenso hielt M. → Weber an der Macht der Religion in der modernen G. fest. Erst die method. Lebensführung der »Protestant. Ethik« habe dem → Kapitalismus, der der Unterstützung durch eine innere Macht bedurfte, seine volle Schubkraft verliehen. (3) Die G.-Theorien des 20. Jh.s haben den Bezug zur Religion nicht aufgegeben. Der → Funktionalismus nahm an, dass Religionen in der Moderne latent Funktionen für das G.-System ausübten. Eine klassische Ausarbeitung dieses Paradigmas stammt von R. K. Merton. Seiner Ansicht nach kann sogar manifest irrationales Verhalten eine rationale Funktion haben, z. B. die → Magie: Auch wenn sie auf falschen Annahmen beruhe, übe sie dennoch unentbehrliche soziale Funktionen aus. C. Geertz besiegelte das Ende dieser funktionalistischen Sichtweise: Religion sei nicht deshalb soziolog. interessant, weil sie die soziale Ordnung latent aufrechterhalte, sondern weil sie sie manifest präge. Als → Weltbild begründe Religion das Ethos eines Volkes, als Ethos setze sie das Weltbild in die Praxis um. → Deutungsmuster, → Tradition. HGK

Lit.: W. R. Smith, Die Religion der Semiten, 1889, ²1894, ND 1967. – É. Durkheim, Über soziale Arbeitsteilung. Studie über die Organisation höherer Gesellschaften, 1893, ²1902, ND 1988. – M. Weber, Die protestant. Ethik u. der »Geist« des Kapitalismus [1904/5] (hg. von K. Lichtblau/J. Weiß), 1993. – R. K. Merton, Manifest and Latent Functions [1948], in: Ders., Social Theory and Social Structure, 1968, 73–138. – C. Geertz, Religion als kulturelles System [1966], in: Ders., Dichte Beschreibung. Beiträge zum Verstehen kultureller Systeme, 1983, 44–95. – W. Burkert, Homo Necans: Interpretationen altgriech. Opferriten u. Mythen, 1972, ²1997. – A. Kuper, The Invention of Primitive Society. Transformations of an Illusion, 1988. – M. Riedel, G., bürgerliche, in: GGB, Bd. 2, 1975, 719–800.

Gesellschaft der Freunde → Quäker.

Gesetz, Bezeichnung für etwas Ge-setztes, das in der Regel hingenommen werden muss oder soll. I. Natur und G. (1) In der europ. Neuzeit galten die Natur-G. (z. B. bei Newton, 1642–1727) als unveränderlich und als von Gott o. ä. »geschaffen« (»ge-setzt«) bzw. als Ideen im göttlichen Geist, die eine Verwirklichung in den Naturprozessen gefunden hatten. Der Zusammenbruch dieser Ansicht in der modernen Naturwissenschaft, der Naturphilosophie und später in der Semiotik von → Peirce markiert eine entscheidende (noch nicht durchweg rezipierte) Wende: »G.« (keine Ausnahme zulassend) lässt sich nicht mehr scharf von »Regel« (Ausnahme zulassend) unterscheiden. (2) Auch »Natur-G.« sind – freilich sehr stabile – Regelmäßigkeiten, die sich im Evolutionsprozess geschichtlich ausgebildet und bewährt haben. Sie sind mithin nicht quasi-»ewig«, sondern geschichtlich geworden und können sich im Verlauf der Evolution ändern. Sie lassen zufallsbestimmte (durchaus messbare) Ausnahmen zu, die Anreiz zur Ausbildung neuer Regelmäßigkeiten sein können. Nicht nur »Geschichte«, → »Kultur« bzw. → »Gesellschaft« müssen daher als dynam., veränderungsoffene Prozesse aufgefasst werden. Gleiches gilt auch für das gewöhnlich als → »Natur« Bezeichnete. Natur-G. sind mithin mathemat. symbolisierbare statist. Regelmäßigkeiten, die hypothet.-induktiv erschlossen werden und auf längere Sicht tendenziell wahrscheinlich sind.

II. Mensch und G. Eine ähnliche »Gesetzmäßigkeit« ist in Bezug auf soziale und individuelle Regelmäßigkeiten weniger festzustellen. (1) Zwar haben die Humanwissenschaften versucht, Gesetzmäßigkeiten des Menschseins zu erforschen, doch die Diskussion um »Existenzialien« als invariablen Strukturen menschlichen Lebens (M. Heidegger, 1889–1976) und invarianten Strukturen menschlicher Selbstauslegung (C. → Lévi-Strauss) ist leiser geworden. Auch die → Psychoanalyse wird als Perspektive zur Feststellung psychischer Regelmäßigkeiten wenig anerkannt. Die geschichtsphilosoph. Spekulation, die auf Wissen um Gesetzmäßigkeiten Anspruch erhob (→ Hegel; → Marx), ist am differenzierten Geschichtsprozess gescheitert. Zugleich wurden in der deutlicheren Wahrnehmung von Differenzen sogar Allgemeinkonzeptionen wie → »Mensch« oder → »Religion« fraglich. (2) Insgesamt hat sich ein stärkeres Kontingenz-, Differenz-, Geschichts- und dynam. Prozessbewusstsein in den Humanwissenschaften durchgesetzt, zunehmend bezogen auf interne Paradoxien der → Naturwissenschaften. Während deren metaphys. und ungeschichtlicher Begriff vom G. theoret. und empir. widerlegt ist, lebt er praktisch und medienwirksam fort, v. a. bei der »Entschlüsselung« des Genoms als »Bauplan« des Menschen o. ä. Doch selbst wenn z. B. Krankheiten auf genet. Defekte wesentlich zurückgehen (was mit dem alten G.-Begriff gut vereinbar wäre), können Therapien nur greifen, wenn man gentechnolog. Veränderungen vornimmt, die möglich sind, weil Natur-G. eben statist. Größen (und nicht unveränderlich) sind, was ebenso für die Veränderungen gilt.

III. Religion und G. (1) Auch Religionen zeigen Interesse am Phänomen der Regelmäßigkeit, v. a. in Bezug auf Naturphänomene sowie sittliche G. und rituelle Bestimmungen. Naturphänomene, z. B. der Sonnenlauf und seine positiven bzw. negativen Folgen oder der Lauf der Jahreszeiten, erlangen große Bedeutung. Die Unterstellung von Regelmäßigkeit im Naturgeschehen kann die Sensibilität für anom. Erscheinungen erhöhen: Sonnenfinsternis, Kometen, Sternbewegungen, fehlender Regen usw. werden seit alters her und in verschiedenen Kulturen als positive bzw. negative Vorzeichen interpretiert oder als Zeichen mit gesellschaftlichen Vorgängen korreliert (→ Divination). In den modernen »westlichen« Gesellschaften, die durch das Eindringen naturwissenschaftlicher Kenntnis in das Alltagswissen und die z. T. technische Alltagspraxis geprägt sind, haben derartige Deutungen möglicherweise nur scheinbar abgenommen. So hat z. B. die → Astrologie als Mittel der Bewältigung elementarer Lebensprobleme (z. B. Glück in der Liebe; Krankheit; berufliches Fortkommen; Tod) gegenwärtig offenbar keine geringere Konjunktur als in der Antike. Nur vermuten lässt sich, dass Phänomene vom Wetterbericht bis zur Berichterstattung über die Börsenkurse im Fernsehen dies begünstigen. (2) Auch das religiös interpretierte sittliche G. kennt Ausnahmen, die allerdings ausgeschlossen werden sollen. Die interne Paradoxie von stark an G.-Observanz orientierter Religiosität hat Paulus in Röm 7 offen gelegt. Ihm zufolge reizt das G. durch das Verbot einer Handlung zu seiner Übertretung, und auch die G.-Erfüllung kann das Gegenteil des eigentl. intendierten Sinns auslösen. Wie Paulus andeutet, wirft dieses Dilemma auch Fragen nach der Konsistenz des göttlichen G.-Gebers auf. → Religionsrecht. Red

Lit.: C. Auffarth, Der drohende Untergang, 1991, 524–58. – F. Crüsemann, Die Tora, 1992. – R. Anselm,

Jüngstes Gericht und irdische Gerechtigkeit. Protestant. Ethik u. die dt. Strafrechtsreform, 1994. – J. Assmann, Herrschaft und Heil, 2000.

Gesten, Bezeichnung für jedes Ausdrucksverhalten des → Körpers, insofern es der Kommunikation dient. G. können biolog. vererbte bzw. geprägte Bedeutungskomplexe stimulieren (z. B. Unterwerfung, Sexualität; → Verhalten) oder stärker als konventionelle Zeichen verstanden werden (z. B. Handzeichen). Die Rolle der G. in religiösen Ritualen (z. B. Demutsgebärden, → mudrā), → Gebeten etc. ist zentral, aber noch unzureichend erforscht. → Religionsästhetik.

AJ

Lit.: E. Hall, The Silent Language, 1959. – J.-C. Schmitt, La raison des gestes, 1990 (dt. Die Logik der Gesten im Mittelalter, 1992). – A. Kaserer, Art. »Symbol/Zeichen/Gestik«, in: MLR, Bd. 3, 2000, 408–16.

Gewalt/Gewaltlos. (1) Im engen Sinn bezeichnet G. einen konkreten Akt, in dem ein Mensch einem anderen Menschen oder sich selbst mittels physischer Kraft einen Schaden zufügt (personale oder direkte G.). Von psychischer G. kann gesprochen werden, wenn ein Mensch einem anderen ohne den Einsatz physischer Kraft Schaden zufügt. In einem weiteren Sinne gilt als G., wenn in sittliche Verhältnisse eingegriffen wird, die durch Recht und → Gerechtigkeit strukturiert sind (W. Benjamin, 1892–1940). In einem noch weiteren Sinn bezeichnet »strukturelle G.« denjenigen Typ von G., der einem gesellschaftlichen System inhärent ist; beispielsweise ungleiche Macht- und Besitzverhältnisse und damit verbundene ungleiche Lebenschancen. (2) (a) Obwohl manche Religionstheorien (etwa R. Caillois, 1913–78; R. Girard, »Das Heilige und die G.«, 1972, ³1999; W. Burkert, *Homo necans*, 1983) einen strukturellen Zusammenhang zwischen Religion und G. behaupten, lässt sich religionsgesch. eindeutig weder ein positives noch ein negatives Verhältnis ausmachen. Religion kann der G. Inhalte und Objekte geben, aber sie ist nicht ihre ursprüngliche Quelle. Auch der umgekehrte Zusammenhang ist nicht eindeutig zu bestimmen. Selbstverständlich muss G. nicht auf Religion zurückgreifen, um sich zu entladen oder gebannt zu werden. Immerhin ist aber der erklärungsbedürftige Sachverhalt zu beobachten, dass religiöse Überzeugungen in bes. Weise dazu geeignet sind, G. zu schüren und ausbrechen zu lassen. (b) Unabhängig von einem systemat. Zusammenhang ist der religionsgesch. Sachverhalt zu verzeichnen, dass sämtliche Religionen in irgendeiner Form Bezug auf G. nehmen, sei es, indem sie kultisch-rituelle oder religiös motivierte oder legitimierte Praktiken ausbilden, in denen G. geregelt oder ungehemmt ausgeübt oder gebannt wird; sei es, indem sie innerhalb eines Mythen- oder Dogmensystems auf G. affirmativ rekurrieren oder sie kritisch reflektieren. Die Religionsgeschichte kennt folgende gewaltförmige Handlungsformen: → Menschenopfer, Krieg und gewaltsam ausgetragene → Konflikte, rituelle → Tötungen, → Kannibalismus, Kopfjagd, Verstümmlungen, gewaltsamer Exorzismus, inquisitor. Praktiken (→ Inquisition), Pogrome und G. anlässlich von Prozessionen, rauschhafte Zustände, in denen unkontrolliert G. ausgeübt wird, G. gegen sich selbst (wie asket. Selbstkasteiungspraktiken und Suizid, → Askese) und das Martyrium (→ Märtyrer). Außerdem übt Religion einen Einfluss auf sublimierte G.-Formen aus (etwa in Gestalt von Triebunterdrückungs- und Disziplinierungspraktiken). Neben den angeführten gewaltförmigen Praktiken und sie legitimierenden Vorstellungen kennt die Religionsgeschichte aber auch den Einsatz für Gewaltlosigkeit. Manche Religionen (etwa der Buddhismus) postulieren sie als ethisches Grundprinzip. → Aggression, → ahimsā, → Fanatismus, → Frieden. VK

Lit.: J. Galtung, Strukturelle G., 1975. – V. Krech, Opfer und Heiliger Krieg. G. in religionswiss. Perspektive, in: W. Heitmeyer/J. Hagan (Hg.), Hb. der G.-Forschung, 2001. – C. Bultmann u. a. (Hg.), Religion, G., Gewaltlosigkeit, 2004. – J. Rüpke/V. Makridis (Hg.), Religion im Konflikt, 2005.

Gewissen (von mittelhochdt. gewizzen; griech. syneídēsis, lat. conscientia), Bezeichnung für ein reflexives (Selbst-)Bewusstsein der eigenen Handlungen und ihrer Bewertungen angesichts gesellschaftlicher und sittlicher → Normen. Als Begriff erst in der griech.-röm. Antike ausgebildet, ist das Phänomen gleichwohl schon in Ägypten (»Lehre vom Herzen«; → Gericht/Totengericht) und entsprechend auch in Israel präsent. Es wird auch erwogen, die hinduist. Orientierung am → dharma, den buddh. Begriff der Achtsamkeit und die konfuzian. Konzeption von → li (Sitte, Gesinnung) unter dem Gesichtspunkt der G.-Problematik zu betrachten. Das G. kann sich auf vorgegebene, gesellschaftlich und individuell akzeptierte Normen beziehen, ist bei Befolgung dieser Normen »gut«, sonst

»schlecht«. Schon in der Antike genügte dieses Konzept nicht. Geschichtsschreibung, Kriegführung, Reisen u. a. zeigten die Differenzen zu anderen Systemen auf. Philosoph. Reflexion und nicht zuletzt antike Rhetorik reflektierten die Pluralität sittlicher Orientierungen und deren jeweilige Begründungsbedürftigkeit. G. bezeichnet dann den Sachverhalt, dass vorgegebene Sittlichkeit nicht ausreicht, sondern eigene Reflexion hinzutreten muss, die die Wahl des jeweiligen Individuums zwischen verschiedenen Optionen begründet. G. und sittliche Kontingenz gehören daher genauso zusammen wie G. und vorgegebene Sittlichkeit. Allmählich (etwa in der → Reformation, v. a. aber in der → Moderne) tritt dies deutlicher hervor. Das G. erhält den Charakter einer individuellen, selbstbewussten Instanz, die unabhängige und nicht an andere Personen oder Organisationen delegationsfähige sittliche Entscheidungen trifft (z. B. im Parlament, wenn der »Fraktionszwang« aufgehoben wird). Red

Lit.: H. D. Kittsteiner, G. und Geschichte. Studien zur Entstehung des moral. Bewußtseins, 1990. – H. D. Kittsteiner, Die Entstehung des modernen Gewissens, 1991. – J. Assmann (Hg.), Die Entstehung des Inneren Menschen, 1993. – B. Williams, Scham, Schuld und Notwendigkeit. Eine Wiederbelebung antiker Begriffe der Moral, 2000.

Ghāt (von hindī ghāṭ), Flussbebauung, ritueller Bade- und teilweise Verbrennungsplatz, bes. in → Benares. AM

Ghetto (von italien. gettare = gießen), in der Regel durch Mauern innerhalb einer Stadt abgegrenztes Judenviertel, benannt nach dem ersten unter christl. Herrschaft 1516 in Venedig eingerichteten Viertel zur Ausgrenzung und Diskriminierung von Juden, das sich auf dem Gebiet einer ehemaligen Metallgießerei befand. 1555 ordnete Papst Paul IV. die Konzentration aller Juden in fest umrissenen Wohnbezirken an, und bald wurde das G. zur festen Einrichtung europ. (v. a. aschkenas.) Städte. Die G.-Erhebungen gegen die Nationalsozialisten (Białystok, Wilna, Kowno und v. a. Warschau 1943) haben eine ähnliche symbol. Bedeutung für jüd. Identität wie die Verteidigung von → Massada 73 n. Chr. KVS

Lit.: Y. Gutman, The Jews of Warsaw, 1939–1943. G., Underground, Revolt, 1982. – M. Robinson, Cult, G., and State. The Persistence of the Jewish Question, 1983. – R. Calimani, Storia del g. di Venezia, 1995.

Ghose, Arvind → Srī Aurobindo.

Gideon (auch Jerubbaal genannt), sagenumwobener biblischer → Richter (Ri 6–8). → Altes Testament, → Apokryphen. KVS

Ǧihād (von arab. ǧāhada = (a) intransitiv: sich abmühen, (b) transitiv: jemandem (mit Gewalt) zusetzen; oft in Opposition zu »sich verweigern« gebraucht). Im Koran sind beide Bedeutungen gebräuchlich, doch wurde nur (b) zu einem Terminus des islam. Rechts. Intransitiv (a) hat ǧ. eine allgemeine moral. Konnotation im Sinne einer auf sich selbst gerichteten Bemühung, um moral. oder religiöse Vervollkommung zu erreichen (z. B. Koran 2/218, 29/8, 31/15). Der transitive Gebrauch (b) findet sich u. a. im Koran als Aufforderung an den Propheten, den Ungläubigen (→ kufr) zuzusetzen (z. B. Sure 25/52, 9/73). Gelegentlich fallen beide Bedeutungen zusammen (Sure 9/10). In der schiit. Tradition sind beide erhalten und als »spiritueller« oder »größerer« ǧ. für das Konzept »sich abmühen auf dem Wege Gottes« bzw. als »physischer« oder »kleiner« ǧ. für das Konzept »mit Gewalt zusetzen« differenziert. Als Rechtsterminus ist ǧ. ein Begriff, der die militär. Sicherung und Expansion islam. Herrschaft meint. In diesem Sinne wird er auch von den frühen arab.-islam. Historikern benutzt. Er ist insofern als Handlungsideal zu verstehen, als ǧ. ein Exekutivkonzept der islam. Konföderation gegenüber Nichtmitgliedern war, v. a. im Zusammenhang mit den Beigesellern (arab. mušrikūn, → širk), also → Ahl al-kitāb und »Ungläubigen« (kuffār), und zwar solange sie nicht in einen Rechtszustand zur Konföderation (→ umma) traten (→ ḏimma) oder als »Ungläubige« getötet oder versklavt wurden. Durch die Feststellung der Zulässigkeit bzw. Unzulässigkeit des ǧ. wurde damit gleichzeitig der Rechtsstatus der Nichtmuslime definiert. Da ǧ. keine Exekutivgewalt von Herrschaft selbst sein sollte, wurde er von den meisten Juristen strikt von Herrschaftskriegen (qitāl, muqātala, ḥarb) getrennt. Krieg unter Muslimen wurde daher nur selten (von einigen Schiiten (→ šīʿa), → Ḫāriǧiten, Angehörigen der → Wahhābīya) als ǧ. gedeutet. Ǧ. wurde von den islam. Juristen als eine auf Dauer angelegte, defensiv oder offensiv ausgerichtete religiöse Kollektivpflicht interpretiert. Die unterschiedlichen Angaben im Koran zum ǧ. – (1) nur moral. Aufforderung zur Konversion, (2) nur Abwehr von Aggression, (3) auch Offensivkrieg außerhalb der vier hl. Monate, (4) stets aktueller Offensivkrieg – wurden von den islam. Juristen in einen Zusammenhang zur Entwicklungsgeschichte der Offenbarung gebracht und nur in seiner letzten Bestimmung (4) jurist. gewürdigt. Im Rahmen der Konsensbildung wurden abweichende Meinungen, die sich auf die früheren koran. Bestimmungen (1–3) bezogen, verworfen. Dies betraf auch die Ansicht, der ğ. sei nur auf die Bewohner der arab. Halbinsel bezogen. In der Zwölferschia galt der ğ. bis zur Ankunft des verborgenen → Imam als suspendiert. Als praktisches Konzept verlor ğ. nach dem 8. Jh. deutlich an Bedeutung, da die islam. Konföderation in unabhängige Herrschaften zerfallen war, und diente später eher als den Krieg legitimierender Begriff. Kleinere islam. Gruppen nutzten ihn noch bis in das 16. Jh. zur Legitimation einzelner Grenzkämpfe (ġazawāt); erst im 18. und 19. Jh. wurde der Begriff ğ. im Sinne von »gerechter Krieg« (→ Hl. Krieg) wieder in die polit. Sprache eingebracht. Ein bes. jurist. Konzept ğ. wurde aber nicht mehr ausgearbeitet, vielmehr wurde in der Neuzeit der ethische Aspekt des ğ. hervorgehoben. RS

Lit.: R. Peters, Jihad in Classical and Modern Islam: A Reader, 1996.

Gikatilla, Joseph ben Abraham (1248 – ca. 1325), philosoph. gebildeter Kabbalist, neben M. de León wirkungsstärkster Vertreter der »Klassischen → Kabbala«. G. lebte in Segovia, lernte 1272/74 A. → Abulafia kennen und übernahm von ihm die Buchstaben- und Zahlensymbolistik. Seit 1286 wandte er sich unter dem Einfluss M. de Leóns der theosoph. Kabbala zu. Noch vor 1293 vollendete er die *Šaʿarē ṣædæq* (»Gerechtigkeitspforten«), etwa um dieselbe Zeit auch die *Šaʿarē ʾōrā* (»Lichtpforten«), die in vielen Handschriften verbreitet wurden und die vermutlich beste systemat. Einführung in die kabbalist. Sefirot-Symbolik darstellen. Weiterführende kabbalist. Lehren finden sich ferner in G.s Werk *Ginnat ʾægōz* (»Nussgarten«). KVS

Lit.: J. Maier, Die Kabbalah. Einf. – Klassische Texte – Erläuterungen, 1995.

Gilgamešepos. Der wohl histor. Stadtfürst von Uruk Gilgameš (27. Jh. v. Chr.) wird früh zum Gegenstand sumer. Literatur. Seit altbabylon. Zeit sind unterschiedliche Versionen des akkad. G. bezeugt. Um 1200 bearbeitet Sîn-leqe-unnini als Redaktor das G. neu, die Endfassung liegt in den bekannten Zwölf Tafeln aus Ninive vor (7. Jh. v. Chr.). MH

Lit.: K. Hecker, Das akkad. G., in: TUAT 3/4, 1994, 646–744. – S. Parpola, The Standard Babylonian Epic of Gilgamesh, 1997. – S. M. Maul, Das Gilgamesch-Epos, 2005.

Ğinn (auch Ğānn, koran. = Körper, die aus [dem Rauch des] Feuer[s] der sengenden Glut [samūm] gemacht worden sind, Koran 15/27; eine Ableitung aus genius ist fraglich). Die oft in Untergruppen (ġūl, ʿifrīt, siʿlā) gefassten Ğ. werden einerseits als Kollektiv den Menschen gegenübergestellt, andererseits gelten sie als früher von den Menschen Gott beigesellt (→ širk). Ob → Iblīs (Koran 18/48) zu den Ğ. zählt, ist unklar. Die Offenbarung galt gleichermaßen den Ğ. wie den Menschen, auch sie können ins → Paradies oder in die → Hölle kommen. In der islam. Theologie wie im Recht wurden die Ğ. (kritisch) anerkannt oder oft ignoriert. Bei den Philosophen finden sich implizite (Ibn Ḫaldūn, gest. 1406) oder explizite (Ibn Sīnā = → Avicenna, gest. 1037) Negierungen. RS

Lit.: M. Ashour, The jinn in the Qur'an and the Sunna, 1993.

Gītā → Bhagavadgītā.

Gītagovinda (sanskr. = Gedicht, in dem Govinda [→ Krishna] durch Lieder verherrlicht wird), Sanskritwerk des Bengalen Jayadeva, wahrscheinlich vom Ende des 12. Jh.s. In ihm wird Krishnas erot.-mystische Beziehung zu Rādhā besungen. In seiner → Tantra-Prägung war G. von großer Bedeutung für Krishna-Kult und -Theologie, u. a. den Jagannāth-Staatskult von Orissa und die → Chaitanya-Gemeinschaft. MHO

Lit.: B. S. Miller (Übers.), Love Song of the Dark Lord, 1976.

Ğizya (arab. = ursprünglich wohl allgemein Kompensation, insbes. bezogen auf die Vertragsverpflichtung der Juden und Christen unter muslim. Herrschaft, Koran 9/29). Verrechtlicht bezeichnet ğ. eine Steuer, und zwar (1), um Unterwerfung zu symbolisieren, und (2), um Steuerkontinuität in den von muslim. Truppen eroberten Gebieten zu schaffen. Ğ. konnte auf Land (später ḫarāğ), Individuen oder Kollektive erhoben werden. Konventionell war die ğ. eine persönliche, jährlich meist in Geld zu entrichtende Steuer, die im Idealfall nichtmuslim. freien und rechtsfähigen männlichen Bewohnern von Gebieten unter islam. Herrschaft abverlangt wurde. Zahllose Ausnahmeregelungen gab es v.a. im Osman. Reich. Ǧ. wurde noch bis zum Beginn des 18. Jh.s in Indien, Ägypten und Palästina, bis 1839 auch noch im Osman. Reich erhoben. RS

Lit.: D. C. Dennett, Conversion and the Poll-Tax in Early Islam, 1951.

Glaube/Glauben (griech. pístis, lat. fides = Treue, franz. foy). (1) G. benennt die Verhaltensmotivation als Verbindung von Überzeugungen, die von der Solidarität der religiösen Gemeinschaft getragen werden. In der protestant. Tradition wird das »Für-wahr-Halten« hervorgehoben, → Religion als eine Entscheidung für und Festhalten an einer → Wahrheit. Aus Innensicht ist Wahrheit absolut, wenn die Sätze über die Wahrheit abgleitet sind von der Wahrheit der Existenz Gottes. Die Evidenz und Autorisierung von Wahrheit ist aber »relativ« an Wissensgemeinschaften gebunden, wie sie religiöse Gemeinschaften darstellen (→ Wissenssoziologie). Bei einem hohen Grad an Professionalisierung von Religionen konstruieren Theologen aus den überlieferten Traditionen Glaubenssätze, die mitzusprechen jedes Mitglied verpflichtet wird (Sprechakt des Credo). Ihre Wahrheit erweist sich in der Solidarität des → Handelns und der erwarteten Treue zwischen Gott und seinem Volk. Die Ungläubigen (lat. infideles, perfidi) schließen sich selbst von Gottes Schutz aus. Die Religionswissenschaft kann die Rhetorik der Autorisierung und die Soziologie der Durchsetzung der Solidarität beschreiben. (2) Glauben als Solidarität gewinnt in der Konventionalität von Semantik der Religion seine Plausibilität und Bestätigung. Indem Verhalten und Ereignisse auf die Tradition hin gedeutet werden, bestätigt die Tradition das Handeln und umgekehrt. (3) In der Ausdifferenzierung der Rollen und Handlungsbereiche der Moderne sind konkurrierende Glaubenssätze typisch. Wie die histor. Beispiele des Polytheismus zeigen, verlangt das aber keine gespaltene Persönlichkeit oder Inkonsequenz. Vielmehr sind die dominanten Bereiche von verbindlichem G. abgeschwächt und aufgewogen durch Handlungsprovinzen mit je eigenen Normen. CA

Lit.: P. L. Berger, The Heretical Imperative, 1979 (dt. Der Zwang zur Häresie, 1992).

Gleichsetzungstheologie, der babylon. Versuch, die nicht unendlich teilbare göttliche Macht mit dem → Polytheismus der → Mesopotam. Religionen zu koordinieren. Als priesterliche Spekulation findet die G. ihren Niederschlag in → Götterlisten, aber auch in individueller Frömmigkeit. Ihren Höhepunkt hat die G. in assyr. Texten des 8./7. Jh.s v. Chr., wenn z. B. Hymnen alle Göttlichkeit nur einem Gott zuschreiben, als Ausdruck intensivsten Lobpreises, aber nicht als monotheist. Tendenz. MH

Lit.: W. von Soden, Monotheist. Tendenzen u. Traditionalismus im Kult in Babylonien im 1. Jt. v. Chr., in: Studi e Materiali di Storia delle Religioni 51 (1985), 5–19. – A. Livingstone, Mystical and Mythological Explanatory Works of Assyrian and Babylonian Scholars, 1986.

Globalisierung. Die sog. »G.-These« geht u. a. davon aus, dass die zunehmende Dichte der Kommunikation die gesamte Welt umfasst, die damit zu einem einzigen Ort wird (»globales Dorf«). (1) Diese Entwicklung kann auf die Ausbildung einer Weltwirtschaft zurückgeführt werden, eines vornehmlich kapitalist. Weltmarktes mit einem weltweiten Warenstrom (→ Kapitalismus, → Religionsökonomie). Weiterhin schließen sich immer mehr Staaten zu einem polit. Weltsystem zusammen, das nicht unmittelbar von wirtschaftlichen Zwängen beherrscht wird. Auf dieser Grundlage bildet sich schließlich eine »Weltkultur« aus, die den Hintergrund für die in Europa oder in Deutschland ablaufenden Entwicklungen bildet – und ohne die diese Entwicklungen nicht zu erklären sind. (2) Eine globale → Kultur und damit einhergehend eine globale Sozialstruktur bildet den Kontext für die partikularen Entwicklungen in den einzelnen Teilen der Welt. Die Folgen der G. für die Religion können in ihrer → Privatisierung, aber auch in einer Politisierung bestehen (→ Religionspolitik), in der Religion eine bedeutende Rolle für die → Identität und Aktivitäten polit. Gemeinschaften einnimmt. Diese Politisierung der Religion stellt zugleich eine »lokale« Reaktion auf die G. dar (→ Lokale Religion). Parallel dazu verläuft die Übernahme religiöser Themen durch die Politik bzw. die »religionization of politics«. In zunehmendem Maße übernimmt die Politik die Aufgabe, sich mit den »ernsten Lebensproblemen« der Individuen zu beschäftigen: Fragen der Gesundheit, moral. Debatten über das Ende des Lebens (etwa im

Rahmen der Euthanasie-Debatte) oder dessen Beginn (im Zusammenhang mit der Debatte um die Abtreibung) werden zunehmend von polit. Institutionen aufgenommen, verhandelt und entschieden. HK

Lit.: P. Beyer, Globalization and Religion, 1994. – C. Auffarth, Weltreligion, in: U. v. d. Heyden (Hg.), Mission und Macht, 2005, 17–36. – M. Baumann (Hg.), Religiöser Pluralismus, 2005.

Glossolalie (von griech. glõssai laleĩn u. ä. = in Zungen reden), nicht bewusst kontrolliertes Reden in ekstat. Zuständen (→ Ekstase), die in den Religionen als religiöse Ergriffenheit gedeutet werden. Bei antiken Orakelpriesterinnen (Delphi) wurde dieses Reden als Eingebung eines Gottes oder Geistes angesehen, im frühen Christentum als Eingebung des → Hl. Geistes. Im Christentum wurde es mit der Kanonisierung des NT als Offenbarungsschrift zunehmend eingeschränkt, um »Nachoffenbarungen« und damit eine neue und möglicherweise widersprüchliche göttliche Legitimation zu vermeiden. Es hat aber seit der Antike (Montanismus) bis in unsere Zeit (katholisch-apostolische Gemeinden, → Pfingstler) Versuche gegeben, mithilfe des Zungenredens göttliche Auskünfte zu erhalten oder G. als Frömmigkeitsäußerung in den Gottesdienst aufzunehmen. HZ

Lit.: F. D. Goodmann, Speaking in Tongues, A Cross-Cultural Study, 1972. – B. Grom, Religionspsychologie, 1992.

Glück. (1) Mit positiven Emotionen (→ Gefühle) ausgezeichneter Zustand des guten und erfüllten Lebens. Nach der z. B. von Aristoteles (384–322 v. Chr.) und dem buddh. Denker des 8. Jh.s Shāntideva vertretenen Auffassung trachten alle Menschen nach dem G. Als G. kann z. B. die Erfahrung eines erfüllten Augenblicks, tätige, ethisch motivierte Selbstbestimmung, konzentrativ-meditative Wunschlosigkeit oder Verbundenheit mit einer Heilsgemeinschaft verstanden werden. (2) Während sich philosoph. Begriffe des Glücklichseins (griech. eudaimonía) zumeist auf Reflexionen über menschliche Sinngebungen und G.-Erfahrungen beschränken, berücksichtigen religiöse Deutungen auch die geschichtlichen Determinanten des G., z. B. als Erfüllung einer Heilsbotschaft (→ Heil). Daneben erfahren die Wege zur Erlangung eines innerweltlichen positiven Geschicks durch die Beeinflussung numinoser Schicksalsmächte (weibliche G.-Gottheiten wie Tyche, Fortuna usw.) Beachtung: neben dem Glücklichsein also auch das Glückhaben, das gute Los. Andererseits kennen manche Religionen das Erstreben einer über das G. hinausgehenden Glückseligkeit als letztes Heil. Während z. B. im Christentum höheres G. als »höchstes Gut« (summum bonum) im überweltlichen → Jenseits, im Buddhismus hingegen im → nirvāna erreicht wird, bleibt G. im Kontext chin. Religionen (wie auch im westlich-säkularen Verständnis autonomer Selbstverwirklichung) an weltlichem Lebens-G. und Wohlergehen orientiert. → Erlösung, → Paradies. JS

Lit.: A. Bellebaum, Vom guten Leben. G.-Vorstellungen in Hochkulturen, 1994. – M. Seel, Versuch über die Form des G., 1999.

Gnade (von althochdt. gi-, ganada = Wohlwollen, Gunst, göttliche G.). Religiösen G.-Vorstellungen liegen elementare Lebenssachverhalte zugrunde. Eine Person oder Instanz in überlegener oder souveräner Position (→ Herrschaft) gewährt Unterlegenen oder Abhängigen Gunst. Jede religiös-kulturelle Tradition akzentuiert, symbolisiert und ritualisiert unterschiedliche Dimensionen des kulturuniversalen Komplexes generalisierter Begünstigung. In schriftlosen kulturellen Lebenswelten prägt ein oft kompetitiver Gabentausch die Reziprozitätsbeziehungen auf der Basis von Egalitätsvorstellungen (→ Gabe). Großzügigkeit im Geben bleibt hier die für das G.-Problem maßgebliche Leitvorstellung. (1) (a) Die altägypt. → Maat impliziert sozialeth. Gerechtigkeit und spendet als kosmische Ordnungsmacht mütterlich-ausgleichende G. (b) Altoriental. G.-Konzepte werden v. a. in den (sakral-)monarch. Institutionen, Opferkulten und Gebetsbeschwörungen greifbar. (2) (a) Althebr. ḥæsæd (= Gemeinschaftspflicht, Loyalität, Treue, Gunst, Güte, Huld, G.) bezeichnet ein Reziprozitätserwartungen überschreitendes Entgegenkommen. → Torah und → Halacha sind Offenbarung, Gabe und G. → Gottes, die den Menschen heiligen. (b) Altgriech. cháris (= Freude, Lust, Anmut, Gunst, Huld, G., Dank) verweist u. a. auf Reziprozitätserwartungen. Im NT kennzeichnet Paulus seine Berufung und seinen Auftrag als cháris (Gal 1,15; 2,9), verstanden als körperbezogene, spirituelle Vollmacht, die den Kontakt mit der Gottheit vermittelt (→ chárisma: Röm 12,6ff.; 1 Kor 12,1ff.) und bes. Fähigkeiten (Heilen, Prophetie, Wunder) verleiht. (c) Im Koran beginnen alle Suren (bis auf Sure 9) mit der sog. → Basmala: »Im Namen des barmherzigen und gnädigen Gottes«. Die G. Gottes ist eine zentrale koran. Vorstellung (Sure 17/100; 44/6; 57/28; 62/3f.; 93 u. a.). (d) Monotheist. Theologien suchen G. mit → Gerechtigkeit, → Macht, → Wissen u. a. Attributen Gottes zu verbinden oder die G. bes. zu akzentuieren (Augustinus, 354–430; M. Luther, 1483–1546, → Rechtfertigung; → Erlösung). (3) Hinduist. Streben nach endgültiger Erlösung (→ moksha) aus allen irdischen Handlungen, Handlungsfolgen und Bindungen (→ karma) und aus dem Kreislauf von Geburt und Tod (→ samsāra) ist in verschiedenen Lehren und Lebensformen auf die G./Gunst Gottes (→ prasāda, auch = Klarheit, Reinheit, Gemütsruhe; Opferspeisen) angewiesen. Devotionale Bewegungen (→ bhakti = verschiedene Arten und Stufen der Liebe zu Gott, Hingabe an den Guru und das erwählte Ideal) implizieren göttliche G.-Macht. G.-Vorstellungen integrieren universalist. Schöpfungskonzepte. (4) Im zentralasiat., chin. und japan. Buddhismus wurde die Amitābha- (= unermessliches Licht) bzw. Amitayus (= unendliches Leben)-Lehre populär (→ Mahāyāna). Dieser Buddha symbolisiert Erbarmen und Weisheit, erleuchtet und rettet schließlich alle Wesen. (5) Wie im → Veda (rtá) erscheint in den Gāthās → Zarathustras das Weltordnungskonzept asa (= Wahrheit, Harmonie, Ordnung) als abstraktes Prinzip und Gottheit. Fast alle Taten des Gottes Ahura Mazda und des frommen Menschen stehen in Zusammenhang mit asa. HS

Lit.: P. Michel, Karma und G., 1988. – J. G. Peristiany/J. G. Pitt-Rivers (Hg.), Honor and Grace in Anthropology, 1992. – A. Sen, Inequality Reexamined, 1992. – G. Johnson, A Cognitive Linguistic Analysis of the Christian Concept of Grace, 1996. – A. Angenendt, Geschichte der Religiosität im Mittelalter, 1997. – C. Badcock, Evolutionary Psychology. A Critical Introduction, 2000.

Gnosis/Gnostizismus (von griech. gnõsis = Erkenntnis, Einsicht).

I. Allgemein. G. ist die Fremd- und Selbstbezeichnung einer spätantiken Religion, die möglicherweise im Judentum entstanden ist, sich aber sicher als religiöses Muster im frühen Christentum entwickelt hat. Diskutiert wird, ob bestimmte Auffassungen im Islam oder manche manichäischen Konzeptionen als »gnostisch« zu verstehen sind bzw. ob sich in der Spätantike über alle Religionen hinweg eine religiöse Strömung mit eigenen religiösen Gemeinden und hl. Schriften entwickelte, die als histor. Form zur besseren Unterscheidung von der späteren → Esoterik Gnostizismus genannt wird. Auch Religionsformen des Christentums und Judentums sowie esoter. religiöse Muster werden unter der Bezeichnung G. gefasst, etwa die → Anthroposophie.

II. Quellen. Die Kenntnisse über die G. waren lange Zeit durch die Häresie-Polemik der alten Kirche bestimmt (v. a. Irenäus, Hippolyt, Eusebius, 2.–4. Jh. n. Chr.). Der Fund von Nag Hammadi in Ägypten (1945–48) veränderte die Quellenlage drastisch: Es zeigte sich eine mutmaßlich im 4. Jh. n. Chr. (möglicherweise von Mönchen) in Krügen versteckte differenzierte Bibliothek in Kodexform von ungefähr 50 Texten in koptischer Sprache, darunter das »Thomasevangelium« mit durchaus judenchristl. Zügen, aber auch ein Auszug aus Platons *Politeía*. Die einzelnen Schriften scheinen im 2. oder 3. Jh. n. Chr. entstanden zu sein. Auf diese Bibliothek muss sich jede Rekonstruktion von G. stützen und vor ihr muss sich jede Bezeichnung von religiösen Mustern als »gnostisch« rechtfertigen.

III. Charakteristik. (1) Der Charakter der gefundenen Texte wird exemplar. durch den Beginn des Thomasevangeliums repräsentiert: »Dies sind die geheimen Worte, die der lebendige Jesus sagte; Didymos Judas Thomas hat sie aufgeschrieben. Und er sagte: ›Wer die Erklärung dieser Worte findet, wird den Tod nicht schmecken!‹« (Überschrift/Logion 1). (a) »Geheim« sind diese Worte, weil es andere sind als im kirchlichen Christentum tradiert werden. Ihre Form ist oft rätselhaft, eine hermeneut. Bearbeitung ist notwendig. Diese hermeneut. Arbeit wirkt erlösend: Wer die Erklärung der Worte findet, wird »den Tod nicht schmecken«, wie es in Aufnahme einer biblischen Metapher heißt. Wer also »richtig« erlöst werden will, muss sich dem »gnostischen« hermeneut. Prozess aussetzen. Das Schlagwort »Erlösung durch Erkenntnis« trifft die Sache gut. (b) Um diese Erkenntnis zu erlangen, ist in der Regel eine Erinnerung an den eigenen nicht welthaften Ursprung notwendig, der in einer Reihe von Texten dargestellt wird: Es gab keine → Materie oder Differenzen der gewöhnlichen Erfahrungswelt wie die zwischen »Mann« und »Frau«. Die Ursprungswirklichkeit wird mithin als rein positiv, als Wirklichkeit des Lichts, des Geistes und der Wahrheit betrachtet. (c) Allerdings war in ihr die Möglichkeit angelegt, dass – unfallartig – etwas anderes entstehen könnte. Diese Möglichkeit wird oft mit der Gestalt der Weisheit in Verbindung gebracht. Auch eine Gottesfigur wie der Gott Israels, gelegentlich iron.-dekonstruktiv als Jaldabaoth bezeichnet, leidet an Selbstüberschätzung. Daraus entstehen Verhängnisse wie die materielle → Schöpfung, die als schmutzig, leidvoll, elend und durch den Tod gezeichnet erfahren wird. Sie repräsentiert die negative Seite des gnostischen → Dualismus. (d) Freilich enthält die negative wie die positive Seite die Möglichkeit der Veränderung. Dies wird nicht unfallartig vorgestellt, sondern als → Offenbarung aus der Ursprungswelt. Durch Erinnerung an den jenseitigen Ursprung weckt die Offenbarungsfigur »Weisheit«, z. T. als Jesus Christus dargestellt, die Erkenntnis der eigenen wahren menschlichen Existenz jenseits der materiellen Schöpfung. Denn der Schöpfungsunfall konnte nicht verhindern, dass Spurenelemente der Ursprungswelt in den Menschen hineingelangten, was durch einen Lichtfunken, Pneuma usw. symbolisiert wird. Der Dualismus wird durchgehalten, denn an eine All-Erlösung ist auch in eschatolog. Konzeptionen nicht gedacht (→ Eschatologie). (2) Von ihren möglichen Herkunftsreligionen Christentum und Judentum unterscheidet sich die G. dadurch, dass sie die Schöpfung überhaupt als grundsätzlich negativ darstellt. Insgesamt erscheinen »gnostische« Texte oft als »meta-religiös«, weil sie jüd. und christl. Schriften bzw. Konzeptionen »dekonstruktiv« lesen und umdeuten, so z. B. die Schöpfungserzählungen der Hebr. Bibel (Gen 1–3). Im Christentum ist es entsprechend der gewaltsame Tod Jesu von Nazareth, der aus gnostischer Perspektive vielleicht geschehen sein mag, aber die Pneuma-Substanz, die Weisheitsexistenz des Erlösers und der Erlösung nicht berührt hat. Red

Quellen: W. Foerster/A. Böhlig u. a., Die G., 3 Bde., 1979–80, ND 1995. – H.-M. Schenke u. a. (Hg.), Nag Hammadi Dt. Koptisch-gnostische Schriften (Ü), 2 Bde., 2001–03.

Lit.: H. Jonas, G. und spätantiker Geist, 1934–54. – K. Rudolph, G. und Gnostizismus, 1975. – K. Rudolph, Die G. Wesen u. Geschichte einer spätantiken Religion, 1977. – P. Sloterdijk/H. Macho, Weltrevolution der Seele, 2 Bde., 1991.

Götter → Gottesvorstellungen.

Götterlisten, seit ca. 2600 v. Chr. in Sumer bezeugt; seit altbabylon. Zeit wird den sumer. Göttern ein babylon. Äquivalent gegenübergestellt. G. dienen der Klassifizierung von Göttern (→ Gleichsetzungstheologie). Literar. Höhepunkt ist die Liste AN = Anum, deren Endredaktion im 12. Jh. v. Chr. von Priesterkreisen um → Marduk vorgenommen wurde. Texte aus den Religionen Syriens und Kleinasiens in vorhellenist. Zeit bieten ebenfalls G., allerdings nicht als literar. Produkte, sondern als Götteraufzählungen, die in Opferlisten, in Gebete und in Verträge eingebettet sind. G. sind bedeutsam für die Rekonstruktion religionsgesch. Entwicklungen und lokaler Panthea im Vorderen Orient. MH

Lit.: W. G. Lambert, The Historical Development of the Mesopotamian Pantheon, in: H. Goedicke (Hg.), Unity and Diversity, 1975, 191–200. – M. Dietrich/O. Loretz, Ugarit. Rituale nebst einem Opfertext aus Mari, in: TUAT 2/3, 1988, 299–327. – M. Hutter, Religionen in der Umwelt des AT I, 1996, 35–39, 120–24. – R. L. Litke, A Reconstruction of the Assyro-Babylonian God-Lists, 1998.

Göttin. Vorstellungen von personalen weiblichen Gottheiten finden sich in einer Vielzahl von Religionen. In polytheist. Kontexten werden ihnen dabei unterschiedlichste, z. T. – wie im Fall der japan. Sonnengöttin → Amaterasu, auf die die Legitimation des Kaiserhauses mytholog. zurückgeführt wird – auch dominante Funktionen zugesprochen. Das Paradigma von der einen, v. a. Fruchtbarkeit und Mutterschaft symbolisierenden G., der in frühen, als matriarchal. angesehenen Kulturen überragende Bedeutung zugekommen sei (→ Matriarchat), deren Verehrung mit der Entstehung der patriarchal. organisierten Hochkulturen zurückgedrängt, aber nicht völlig abgebrochen worden sei und die nun in vermeintlich transformierter Gestalt für neureligiöse Bewegungen und individualreligiöse Konstellationen (z. B. Wicca, Solitaire-Hexen, aber auch in der feminist. Theologie) als Orientierung dient, ist dagegen ein Produkt der westlichen Religionsgeschichte des 20. Jh.s. Der Rekurs auf die gegen die archäolog. Evidenz konstruierte Religion der G. und ihre »Survivals« in den patriarchal. Gesellschaften bildet dabei die Legitimationsgrundlage für Revitalisierungsversuche in der Gegenwart, mit denen sich Hoffnungen auf ganzheitliche, weltimmanente Gottheitserfahrungen, Harmonie von Körper und Kosmos sowie eine Restitution der ehemals machtvollen weiblichen Identität verbinden. GA

Lit.: L. W. Hurtado (Hg.), Goddesses in Religions and Modern Debate, 1990. – S. Billington/M. Green (Hg.), The Concept of the Goddess, 1996. – A. Michaels u. a. (Hg.), Wild Goddesses in India and Nepal, 1996.

Götze, mittelhochdt. Diminutiv zu → Gott, der seit → Luthers Bibelübersetzung in der Bedeutung Götterbild/falscher Gott als polem. Terminus zur Bezeichnung der Gottesvorstellungen außerchristl. Religionen diente. GA

Gog, in der Bibel mythischer König eines »Nordlandes«, meist mit Magog (»Mutter des Gog« als Name einer Göttin?) verbunden. Ez 38f. schildert den Kampf des G. gegen Israel in der Endzeit, Apk 20,8 bezieht die Bezeichnungen G. und Magog auf zwei Völker. → Altes Testament, → Apokryphen. KVS

Goldene Regel, u. a. in der griech.-röm. Antike, im antiken Judentum und Christentum verbreitete sittliche Regel. Ihre Prominenz verdankt sie nicht zuletzt der Tatsache, dass sie in Mt 7,12 den Hauptteil der »Bergpredigt« (Mt 5–7) zusammenfasst und als Inbegriff der »Torah und Propheten« gilt, damit aber auch der sittlichen Lebensweisheit Jesu von Nazareth selbst. Die Regel kommt in einer negativen (»Was du nicht willst, das man dir tu', das füg' auch keinem anderen zu!« o. ä.) und einer positiven Formulierung vor (»Was du selbst von anderen erwartest [wünschst], das tue ihnen!«). Für beide Formulierungen ist konstitutiv, dass sittliches Handeln sich an der durch Selbstwahrnehmung vermittelten Wahrnehmung anderer Menschen orientieren soll. Ihr eher defensiver Charakter ist hierdurch motiviert. Es ist eine erfahrungsgesättigte, leiderfahrene Perspektive, die sich hier äußert. Die Erfahrung der eigenen Verletzlichkeit wird sittlich »universalisiert«, also auch anderen Menschen unterstellt. Sie soll als Wissen alle unsere Handlungen begleiten, daraus entsteht im Sinne des Bergpredigers, aber auch des Rabbi → Hillel ernsthafte und gottgefällige Sittlichkeit. Die Interpretation der Regel als platter Überlebens-Utilitarismus (→ do ut des) geht fehl. Denn ernsthafte Sittlichkeit wird nicht um des Erfolgs willen praktiziert. Wie schon → Platon und → Aristoteles betonten, ist derartige Sittlichkeit in der Regel durchaus mit Selbstzurücknahme und Einbußen der verschiedensten Art verbunden. Das Schicksal des Bergpredigers symbolisiert in dieser Hinsicht seinen Gebrauch der G. R. Red

Lit.: A. Dihle, Der Kanon der zwei Tugenden, 1968.

Goldenes Kalb, nach Ex 32, q+1–6 ein Stierbild, das → Aaron aus dem Schmuckgold der durch die Wüste ziehenden Israeliten goss und kultisch verehren ließ. Die geschilderten Räucherungen und Fruchtbarkeitsriten deuten auf einen Stierkult hin, der auch später noch in Israel gepflegt wurde (etwa in Dan und → Bethel; 1 Kön 12, 28–30). Neben dem Vorbild kanaanäisch-vorderoriental. Kulte kommt auch ein Einfluss ägypt. Frömmigkeit infrage, etwa das kamutef-Konzept, das den König als »Stier seiner Mutter« ehrte und die immer wieder erneuerte Zeugung gewährleistete. → Altes Testament, → Apokryphen, → Bild. KVS

Golem (hebr. = Ungestaltetes, vgl. Ps 139,16), ein durch magische Praktiken ins Leben gerufener Homunkulus oder künstlicher Mensch, wie er auch aus der → Alchemie bekannt ist. Zunächst bes. durch Eleazar von Worms und die → Chassîdê Aschkenas verbreitet und z. T. mit einer ekstat. Versenkung in die mystischen Dimensionen des Sefär → Jezirah verbunden, bildete sich bald ein ganzer Legendenkranz um den G. und seine magischen Schöpfer. Hauptträger der bis ins 20. Jh. wachsenden und zunehmend belletrist. Literatur war das aschkenas. Judentum. KVS

Lit.: B. Rosenfeld, Die G.-Sage, 1934. – G. Scholem, Zur Kabbala u. ihrer Symbolik, 1973, 209–59. – M. Idel, G. Jewish Magical and Mystical Traditions on the Artificial Anthropoid, 1990.

Gopī (sanskr.), »Hirtenmädchen«, dessen Liebe zu → Krishna als vorbildliche Gottesliebe (→ bhakti) gilt. AM

Gorakhnāth(a) (sanskr. = Herr der Kuhschützer), Hindu-Yogī (11. oder 12. Jh.), angeblich Stifter des Nātha- und (noch unwahrscheinlicher) des Kānphaṭa-Ordens, shivait. Sekten, die z. T. extreme Formen der → Askese und tantrische Formen des → Yoga betreiben. AM

Lit.: G. W. Briggs, G. and the Kanphata-Yogis, 1938. – V. Bouillier, Ascètes et rois, 1998.

Gosvāmī (sanskr. = Herr der Kühe, in übertragenem Sinne = Herr der Sinne), Bezeichnung

Gottes, aber auch religiöser Würdenträger, insbes. (1) der »Sechs G.«, der Schüler → Chaitanyas, die im nordind. Braj die Theologie seiner Gemeinschaft ausformten (Rūpa, Sanātana und Jīva Gosvāmī, Gopāla und Raghunātha Bhatta, Raghunātha Dāsa), sowie seither ihrer Nachfolger; (2) auch als »Gosāī«, Bezeichnung weltlich und militär. aktiver Mönche der → Dashanāmīs u. a. Hindu-Orden. MHO

Gotra (sanskr. = Clan), Abstammungslinie von einem mythischen Seher (→ rishi), die vermutlich eine Opfergemeinschaft bildete; Mitglieder desselben g. dürfen laut dem → Dharmashāstra keine Ehe miteinander eingehen. → Verwandtschaft. AM

Gott, ebenso wie → Göttin ein Kernbegriff der klassischen Religionsforschung. Ausgehend von Grundmustern christl. Theologien, die die Reflexion des Gottesverständnisses traditionell ins Zentrum ihrer systemat. Bemühungen rücken, hat der Begriff G. über Jh.e als ausschlaggebendes Kriterium sowohl für eine essentialist. Definition von Religion (→ Religion, Definitionen der) gedient, die die Existenz von G./Göttern bzw. seit Anfang des 20. Jh.s (N. → Söderblom, R. → Otto) eines allgemeineren Göttlichen, → Heiligen, Transzendenten voraussetzt, wie auch die Grundlage für die Klassifikation einzelner Religionen als monotheist., polytheist., pantheist. usw. gebildet. Grundlage für kulturwissenschaftliche Untersuchungen kann jedoch nicht ein systemat. konstruierter G. oder die transzendente Wirklichkeit sein; und auch die Klassifikation von Religionen anhand des Gottesverständnisses wirft z. T. nicht unerhebliche Differenzen zwischen Binnenwahrnehmung und Außensicht, emischer und etischer Perspektive, auf. Empir. fassbar und damit Gegenstand religionswiss. Untersuchungen sind daher lediglich → Gottesvorstellungen in ihrer jeweiligen Kultur und Zeit. GA

Lit.: B. Gladigow, Art. »Gottesvorstellungen«, in: HrwG 3, 1993, 32–49. – F. Stolz, Weltbilder der Religion, 2001. – G. Ahn, Monotheismus u. Polytheismus als religionswiss. Kategorien?, in: M. Oeming/K. Schmid (Hg.), Der eine G. u. die Götter, 2003, 1–10.

Gottebenbildlichkeit → Ebenbild Gottes.

Gottesbegriff. Ein Begriff unterscheidet etwas Allgemeines von anderem Allgemeinem. Entsprechend bildete sich im abendländ. Denken aus Respekt vor der unterstellten Einzigkeit des einen (oder des) → »Gottes« die Denkregel heraus, dass Gott nicht definiert werden könne. Kosmolog. wurde »dem Gott« oder dem »Göttlichen« bei → Platon und → Aristoteles die Stelle des ersten Bewegenden (→ prōton kinoūn) zugeschrieben, das selbst nicht bewegt ist, aber alles andere bewegt. Im Neuplatonismus (→ Platonismus) wurde diese Konzeption präzisiert im »Denken« bzw. »mystischen Erfahren des Einen«. Das Erfassen dieses (göttlichen) Einen kann nicht begrifflich erfolgen, sondern allenfalls in der mystischen »Schau« (→ Mystik). Anselms (1033–1109) Formel, Gott sei dasjenige, »über das hinaus nichts gedacht werden« könne, steht in dieser Tradition. Eine Alternative bietet → Hegel, der Gott als Inbegriff der prozessualen, freilich deduktiven Begriffslogik versteht. Wie die Wirklichkeit überhaupt im Werden ist, so auch ihr Prinzip. Mit dem Zusammenbruch der deduktiven Logik als Wirklichkeitsbeschreibung, etwa im → Historismus und der Naturphilosophie, Relationenlogik und Semiotik von → Peirce, erlischt die Überzeugungskraft dieser Konzeption. Jüngere Versuche wie »Gott ist die alles bestimmende Wirklichkeit« (→ Bultmann) und »dasjenige, was uns unbedingt angeht« (→ Tillich) hatten zwar Resonanz, insgesamt setzt sich aber die Einsicht durch, dass die Lebensregeln ausdrückenden Erzählungen, Symbole, Metaphern und Bilder, durch die »Gott« dargestellt wird, eventuell angemessenere Zeichen sein könnten als »Begriffe« (→ Wittgenstein). → Gottesvorstellungen, → Religionsphilosophie. Red

Lit.: E. Jüngel, Gottes Sein ist im Werden, 1976. – G. May, Schöpfung aus dem Nichts: die Entstehung der Lehre von der creatio ex nihilo, 1978. – M. Welker, Universalität Gottes und Relativität der Welt: Theol. Kosmologie im Dialog mit dem amerikan. Prozeßdenken nach Whitehead, 1981.

Gottesbeweise. (1) G. entstehen im christl.-jüd.-islam. Diskurs, wenn die Existenz des einen Gottes in Situationen angezweifelt wird, in denen es (z. B. bei »Intellektuellen«) eher Konsens ist, dass → »Gott« (bzw. das »Göttliche«) genau ein Wesen darstellt – gleich, ob dies monotheist., panentheist. oder pantheist. (genuin philosoph. oder in jüd., christl., islam. Metaphysik) verstanden wird. Es lassen sich seit der klassischen Antike bis in die europ. Aufklärung drei Typen unterscheiden: 1. der ontolog. Typ, der betont, »wenn

Gott gedacht wird, muss er auch existieren« (bes. Anselm, 1033–1109); 2. der teleolog. Typ: aus der schönen, perfekten usw. Einrichtung der Welt lässt sich schließen, dass Gott existiert (etwa bei den aufklärer. »Physikotheologen«); 3. der kosmolog. Typ: wenn überhaupt etwas existiert, muss es durch etwas anderes existieren – wobei das welthaft existierende Etwas als zumindest möglich, dasjenige durch das es existiert, als notwendig gedacht wird (so etwa bei → Aristoteles). Plausibilitätsargumente und Moralitätspostulate fallen, weil sie nicht dem streng deduktiven Schlussverfahren unterliegen, nicht unter die Gottesbeweise. (2) Mit → Kants Annahme, dass alles, was wir erfahren und erkennen, im Horizont subjektiver Kategorien erfasst wird, geht die Zeit der G. im engeren Sinn zu Ende. Bes. in der angelsächs. Welt gibt es zwar weiterhin Versuche, die Existenz Gottes zu beweisen – oder auch zu widerlegen. Beide Formen entwickelten jedoch keine größere Überzeugungskraft. Sowohl theolog. als auch philosoph. wird betont, dass »Gott« nicht bewiesen werden kann, weil dies nicht nur seinem »Wesen«, sondern v. a. dem existentiellen Erfahrungszugang zu dem als »Gott« Bezeichneten widerspreche. Religionsgesch. spricht zudem die Variabilität der Gotteskonzeptionen gegen die Prämisse, dass »Gott« auf jeden Fall nur ein Wesen sein könne. → Gottesvorstellungen, → Religionsphilosophie. Red

Gottesdienst. In der Bibel werden die Begriffe Dienst und G. (hebr. ʿᵃbōdā; griech. latreía u. a.) ganz allgemein im Sinne von Gottesverehrung verwendet, doch in neuerer Zeit ist G. zur Bezeichnung für die regelmäßige Kulthandlung geworden, zu der sich die Gemeinden monotheist. Religionen – Judentum, Christentum, Islam – versammeln. Obwohl der Bedeutung nach verblasst, klingt im Wort G. noch eine den Kulturen des alten Orients – des Wurzelbodens dieser Religionen – eigene Vorstellung nach: Die Menschen sind Diener der Götter bzw. des monotheist. Gottes. Der jüd. G. findet am Freitagabend und am → Sabbat in der → Synagoge statt; die vom Vorbeter oder Kantor geleitete → Liturgie besteht aus → Gebet, Gesang, Schriftlesung und manchmal einer Predigt. Der christl. und der islam. G. leiten sich in wesentlichen Bestandteilen vom Synagogal-G. her. Zum christl. G. versammelt sich die Gemeinde am Sonntag in der Kirche; die von einem ordinierten Priester oder Pfarrer (Pastor) geleitete Liturgie umfasst Gebet, Schriftlesung und → Predigt und – in der Vollgestalt – auch Abendmahl (evang.) bzw. → Eucharistie (kath.). Die islam. Gemeinde trifft sich freitags zum Gemeinschaftsgebet und zur Predigt des Gemeindeführers in der Moschee. Die drei Religionen kennen auch häuslichen G. unter Leitung des Haushaltsvorstandes (z. B. Sederabend am jüd. Pesachfest, → Passah). Faktisch haben alle monotheist. Religionen beamtete Spezialisten hervorgebracht (→ Funktionär), doch nur die kath. Tradition bindet die sakramentale Handlung an Priestertum und Kirchenrecht. Für nicht-monotheistische Systeme: → Ahnenverehrung, → Kult, → Opfer, → Ritual. BL

Lit.: S. Balić, Ruf vom Minarett, 1963, ³1984. – B. Lang, Hl. Spiel. Eine Geschichte des christl. G., 1998. – A. Böckler, Jüd. G., 2002.

Gotteserkenntnis, theolog.-religionsphilosoph. Terminus zur Bezeichnung einer über intersubjektiv vermittelbare Erfahrung und intellektuelle Plausibilisierung hinausgehenden, religiösen Erfassung einer transzendenten Wirklichkeit. Formen der G. sind insofern kein Instrument, sondern Gegenstände der Religionswissenschaft. Ein zentrales Thema der Reflexion von G. in der → Europ. Religionsgeschichte bildet die religionsphilosoph. Konstruktion der sog. → Gottesbeweise und die mit → Kant und → Hume einsetzende Kritik daran. Dieser aufklärer. Rekurs auf die kognitiven Grenzen des Erkenntnissubjekts zog zugleich eine Konzentration auf eine weitere, auf neuplaton. Gedankengut (Plotin, ca. 205–270; → Platonismus) basierende innerreligiöse Traditionslinie nach sich, die sich religionshistor. v. a. in der christl. und islam. → Mystik wiederfindet und die G. nicht nur in Form einer Transzendenzerfahrung, sondern sogar als temporäre Wesenseinheit mit dem Göttlichen in einer mystagog. erreichten Tiefendimension des religiösen Individuums anstrebt. GA

Gottesknecht → Knecht Gottes.

Gottesreich, jüd. Utopie der Zeit des Exils (587–522 v. Chr.), die in der Predigt Jesu zentral wird. Die Solidarität der Gefangenen soll künftig in der Verfassung des neuen Israel festgeschrieben werden: Alle sind gleichberechtigte Brüder, die keinen menschlichen König dulden (→ Theokratie), kein Zins verlangen und im Sabbatjahr/Jubeljahr wirtschaftliche Machtbildung wieder umverteilen. Das griech. basileĩa theoũ gibt das hebr. Wort »Königtum Gottes« (malkūt JHWH) wieder, wobei bes. Matthäus konsequent den Namen Gottes durch »Himmel« ersetzt. Aus dem Missverständnis der Jenseitigkeit des Himmelreiches ergab sich die Vorstellung der prinzipiellen Heillosigkeit der diesseitigen Welt im europ. Christentum (→ Erlösungsreligion). → Gegenwelt, → Gemeinde. CA

Lit.: M. Buber, Das Kommende 1: Das Königtum Gottes, 1923. – O. Camponovo, Königtum, Königsherrschaft u. Reich Gottes in den frühjüd. Schriften, 1984. – M. Hengel/A. M. Schwemer (Hg.), Königsherrschaft Gottes u. himmlischer Kult, 1991.

Gottessohn, mytholog. oder theolog. Bezeichnung für ein göttliches oder halbgöttliches Wesen oder einen herausragenden menschlichen Funktionsträger, der in einem genealog. Abstammungsverhältnis zu einer meist anthropomorph vorgestellten und soziomorph agierenden Gottheit gesehen wird. In polytheist. Kontexten dienen Verwandtschaftsrelationen häufig als Ordnungsmuster innerhalb eines → Pantheons (z. B. Apollon als Sohn von Zeus und Leto, Asklepios als Sohn von Apollon und Koronis), zugleich können Sohnschaftsverhältnisse aber auch u. U. gewaltsam verlaufende Formen von Herrschaftssukzession in der mythischen Götterwelt implizieren (z. B. Uranos – Kronos – Zeus). Als G. werden im → Mythos aber nicht nur göttliche, sondern auch halbgöttliche oder menschliche männliche Abkömmlinge von Göttern verstanden. Die Funktion von menschlichen Statusträgern, aber auch die menschliches Maß übersteigenden Fähigkeiten mytholog. Figuren können so narrativ auf physische Interaktionen zwischen (meist menschengestaltigen) Göttern und einzelnen Menschen zurückgeführt werden. Illustrative Beispiele dafür sind die Zeugung des in seiner Amtsausübung als göttlich geltenden ägypt. Pharaos durch den Gott Amun – ein für die Legitimation ägypt. Herrscher zentraler und daher immer wiederkehrender Topos – und die auf die Gottessohnschaft zurückgeführte außerordentliche Stärke und nahezu völlige Unbesiegbarkeit griech. Heroen wie Herakles (als Sohn des Zeus) oder Achilleus (als Sohn der Thetis). Im Judentum und frühen Christentum findet sich der Terminus G. sublimiert als Bezeichnung für Israel in der Hebr. Bibel bzw. als Ehrentitel übertragen auf → Jesus von Nazareth im NT. Der Streit um die Gott-Mensch-Natur Jesu führte im Laufe der (kath.) Konziliengeschichte zur dogmat. Festlegung auf eine von der geistgewirkten Empfängnis und der Jungfrauengeburt ausgehende Interpretation der Gottessohnschaft Jesu. GA

Lit.: D. Pahnke/H. Seiwert, Art. »Sohngott«, in: HrwG 5, 2001, 72–75.

Gottesurteil. Lange Zeit überließen die meisten Rechtsordnungen für den Fall, dass Menschen sich keine Entscheidung zutrauten (v. a. beim Fehlen von Zeugen), Gott das Urteil. Dazu gab es verschiedene Verfahren wie den Zweikampf, die Feuerprobe (glühende Eisen halten, zwischen zwei Feuern hindurchgehen), die Wasserprobe (das Element Wasser weigert sich, Frevler aufzunehmen; sie gehen nicht unter) oder die Abendmahlsprobe (Ketzer können/wollen die Hostie nicht schlucken). Ordal ist das angelsächs. Wort für Urteil. Das Verfahren existierte nicht nur im german. Recht, sondern fast durchweg in vorstaatlichen Gesellschaften. Mit der Einführung des röm. Rechts (in Europa im 12. Jh.) durfte es keine Fälle mehr geben, die nicht jurist. entschieden werden können: Verbot von G. auf dem 4. Laterankonzil 1215, c. 18. → Strafe. CA

Lit.: T. Frymer-Kensky, The Judicial Ordeal in the Ancient Near East, 1977. – K. Hoheisel, Art. »Ordal«, in: HrwG 4, 1998, 285–88.

Gottesvorstellungen. I. Allgemein. G. sind in unterschiedlichster Form und Validität für eine Vielzahl, wenn auch nicht für alle Religionen signifikant. Gegenstand von G. sind die Charakteristika der Erscheinungsformen und des Handelns von meist personal und übernatürlich vorgestellten Gottheiten, denen in aller Regel eine oder mehrere Funktionen für die Initiierung oder Aufrechterhaltung der jeweils vorfindlichen menschlichen Lebenswelt zugesprochen werden. Zu den äußeren Kennzeichen von Gottheiten gehört neben anikonischen, auf Symbole oder Abstrakta rekurrierenden G., wie sie sich u. a. in den monotheist. Traditionen, aber auch in altoriental. sowie hinduist. und buddh. Religionsformen finden, ihre oft anthropomorphe, mitunter auch theriomorphe oder mischgestaltige Erscheinungsform.

II. Ausformungen. (1) Die für viele G. konstitutive Körperlichkeit bildet eine grundsätzliche

Voraussetzung für Kontakt- und Interaktionsmodelle: Gestalthafte Götter können in Epiphanien begegnen, gesehen, gehört, gefühlt werden, sich in Kultbildern inkorporieren, sind figürlich beschreibbar (Größe, Schönheit etc.) und verspüren physische Freuden und Bedürfnisse (z. B. Hunger und Durst). Die häufig ritualist. inszenierte Versorgung von Göttern bildet daher – neben anderen Komponenten wie Divinationspraktiken, Beistandsanrufungen in konkreten Situationen, aber auch zu Zwecken der Herrscherinvestitur und -legitimation – einen wesentlichen Bestandteil von Opferwesen und Tempelkulten. Vielfach fließen in personal-gestalthafte G. auch Elemente ein, die zugleich die Andersartigkeit, Übernatürlichkeit, Übermacht oder Allwissenheit von Göttern signalisieren: so die »Multiplikation« von Organen (Mehrköpfigkeit, Vielarmigkeit, Vieläugigkeit) oder Körpern (z.B. in Form von Gestaltmetamorphosen), übermenschliche Größe, Stärke und Schönheit, Wissen um zukünftige Ereignisse, für Menschen nur schwer oder gar nicht erreichbare Aufenthaltsorte oder Wohnsitze, übernatürliche Formen der Fortbewegung oder der Epiphanie sowie Langlebigkeit oder sogar → Unsterblichkeit ohne Alterungserscheinungen. Die Vorstellung sterbender Götter – wie etwa der Tod und die Regeneration von Vegetationsgottheiten in der vorderoriental. Religionsgeschichte des 1. Jt.s v. Chr. (z. B. Baal, Adonis) – ist daher seltener anzutreffen und besitzt für diese Konstellationen einen hohen konzeptionellen Aussagewert. Bemerkenswert ist in diesem Kontext allerdings, dass nach hinduist. und buddh. Vorstellungen Götter grundsätzlich dem Kreislauf der Wiedergeburten und der zyklischen Abfolge der Weltzeitalter unterworfen sind, ihnen damit zwar eine außerordentliche Langlebigkeit, nicht aber – wie z. B. für das christl. Gottesverständnis symptomat. – eine Zeit und Wandel entrückte Unsterblichkeit zugesprochen wird. (2) Mit gestalthaften G. verbinden sich meist auch analoge Handlungskonzepte. Göttern wird eine partielle oder vollständige Entscheidungsfreiheit zugesprochen, ihr Handeln greift demnach planvoll (z. B. allwissende Richtergötter) oder zufällig (z. B. Tyche), hilfreich (persönliche Gottheit) oder schädigend (→ chthonische Gottheiten, Krankheits- und Todesgötter), punktuell (bei Heilungen, Orakeln etc.) oder generell steuernd (z. B. Schöpfergottheiten) in das Schicksal von Individuen, ganzen Gruppen, den Geschichts- oder sogar den Weltenablauf ein. Viele, v. a. in polytheist. Religionsformen vorfindliche G. spiegeln neben der Gestalthaftigkeit und Personalität der Gottheiten auch soziomorphe Strukturen wider (→ Deutungsmuster). Die Genealogie und die Hierarchie der Olymp. Götter, die eine mytholog. Aufbereitung der Genese und des Aufbaus der altgriech. Gesellschaft bieten, sind hierfür ein illustratives Beispiel. Technomorphe Modelle (z. B. Gott als Uhrmacher) finden sich u. a. in der → Europ. Religionsgeschichte. (3) Monotheist. Religionen bilden – rein quantitativ gesehen – einen Sonderfall polytheist. Religionsgeschichte, auch wenn der traditionelle europ. Wahrnehmungshorizont dazu verleitet, diesen Sachverhalt genau umgekehrt zu werten. Die Fokussierung auf eine einzige Gottheit führt in monotheist. Religionen dabei einerseits zu einer signifikanten Steigerung und Überhöhung der für polytheist. G. charakterist. Attributionen und Funktionszuweisungen (Allmacht, Allwissenheit etc.) und zugleich andererseits zu spezif. theolog. Problemen (v. a. zur Frage nach der Herkunft des Bösen und zum → Theodizee-Problem). Gerade die superlativ. Betonung der Andersartigkeit der Gottheit kann dabei Formen einer »negativen → Theologie« nach sich ziehen, die G. lediglich noch über negierte Prädikationen zu formulieren vermag. GA

Lit.: A. Brelich, Der Polytheismus, in: Numen 7 (1960), 123–36. – B. Gladigow, Art. »G.«, in: HrwG 3, 1993, 32–49. – Ders., Art. »Polytheismus«, in: HrwG 4, 1998, 321–30. – Ders., Polytheismus, in: H. G. Kippenberg/ M. Riesebrodt (Hg.), Max Webers ›Religionssystematik‹, 2001, 131–50.

Govinda (sanskr. = Kuhschützer), Name für → Krishna und → Vishnu. → Hinduist. Pantheon. AM

Govinda, Lama Anagārika, eigentl. Ernst Lothar Hoffmann (1898–1985), buddh. Gelehrter und Publizist dt. Herkunft, Autor propädeut. Werke zur buddh. Philosophie. G. studierte Philosophie und Archäologie in Freiburg und war Lektor in Patna. Nach Aufenthalten in Ceylon ging er in Tibet in die Lehre bei Tsomo Geshe Rinpoche (→ Vajrayāna). Er ist Gründer des lamaist.-synkretist. Ordens Arya Maitreya Mandala. CE

W.: Grundlagen tibet. Mystik, 1957. – Die psycholog. Haltung der frühbuddh. Philosophie, 1961. – Weg der Weißen Wolken, 1969.

Lit.: H. Hecker, Lebensbilder dt. Buddhisten. Ein bio-bibliograph. Hb., Bd. 1, Die Gründer, 1996.

Grab, Ruhestätte von Toten. (1) G.-Stätten dienen der Erinnerung an Verstorbene, dem Schutz der Toten vor Dämonen, Tieren und feindseligen Menschen, der Befriedung der Toten (und damit dem Schutz der Hinterbliebenen vor unbefriedeten, gefürchteten Totengeistern), dem Kontakt mit den Verstorbenen in Totenfesten (→ Ahnenverehrung) sowie → Totenkulten, bei denen u. a. die Überwindung des Todes oder die Erwartung von Wunderheilungen im Vordergrund steht. (2) Ort, Anlage, Ausstattung und Behandlung des G., die Lage der Toten sowie die G.-Beigaben spiegeln Formen des Totenkults und der jeweiligen Jenseitsvorstellungen wider. G. können an abgelegenen, unwegsamen Stellen angelegt, mit Steinen (Pyramide) und G.-Denkmälern bedeckt, künstler. mit Bildern, Symbolen, Figuren, Ornamenten und als Bauwerke gestaltet (→ Kultort/Kultbauten) oder aber unkenntlich gemacht werden. Sie können – wie in China – im oder am eigenen Haus, in nächster Nähe zu den Lebenden, in der Nähe des Heiligtums (→ Friedhof) oder außerhalb der Gemeinschaft und Siedlungsgrenzen liegen. G. von Religionsstiftern (Grabeskirche in Jerusalem), berühmten Königen oder Heiligen entwickeln sich oft zu → Wallfahrts-Zielen, wodurch der in diesem Grab Bestattete eine Verehrung erfährt, die einem Gott gleichkommt. → Tod. AM

Lit.: J. Wiesner, G. und Jenseits, 1938. – K. Bauch, Das mittelalterliche G.-Bild, 1975. – E. Hornung, Tal der Könige, die Ruhestätte der Pharaonen, 1982.

Gral (von mittellat. gradalis = Gefäß, Schale), ein geheimnisvoller Gegenstand, der seinem Besitzer Heil bringt, jedoch nur von Auserwählten erlangt werden kann. Die älteste bekannte literar. Gestaltung der Gralsthematik schuf um 1190 der altfranz. Dichter Chrétien de Troyes. In der deutschen Literatur wurde der G. bald nach 1200 durch das Versepos *Parzival* von Wolfram von Eschenbach heimisch. BM

Granth (neu-indoar. = Buch), insbesondere Hl. Schriften des → Sikhismus, nämlich (1) → Ādigranth und (2) Dasham Granth, »Zehntes Buch« oder »Buch des 10. [Gurus]«, mit den Guru Gobind Singh zugeschriebenen Werken, von denen einige liturg. Funktion haben. MHO

Lit.: W. H. McLeod (Hg., Übers.), Textual Sources for the Study of Sikhism, 1984.

Gratuität (von lat. gratuitus = umsonst), Gnadenhaftigkeit, in der christl. Sozialethik Betonung des Geschenkcharakters der Gnade Gottes. KR

Grenze (Raumabgrenzung). I. Allgemein. Die Setzung und Markierung von konzeptuellen Differenzen in einem »an sich« kontinuierlichen → Raum schafft G. Zwar spricht man auch von »natürlichen G.« (z. B. Gebirge, Flüsse, Meere), doch sind auch diese immer Ausdruck einer Aneignung des Raumes durch die Schaffung von Territorien. Das Wort G. (entlehnt aus dem Slawischen, russisch/polnisch granica = Grenzmark) hat also in erster Linie eine räumliche Bedeutung, es wird aber auch vielfach in einem übertragenen Sinn verwendet: so gibt es etwa psychische, soziale, sprachliche, kulturelle oder zeitliche G. Durch Abgrenzung wird ein Bereich bestimmt, der mit Ansprüchen und Bedeutungen aufgeladen ist und oft identitätsstiftend wirkt.

II. Dimensionen und Funktionen. (1) Territoriale G. werden meist durch sichtbare Markierungen gekennzeichnet (Zäune, Hecken, Mauern, G.-Steine usw.), es ist aber auch möglich, dass sie nur konzeptuell existieren und etwa durch Erzählungen immer wieder neu in Erinnerung gebracht und dadurch auch ausgehandelt werden. → Orte werden narrativ als bedeutsam eingegrenzt. Die G. sind nicht immer eindeutig und linear wie im Ideal moderner Staats-G., häufig handelt es sich eher um G.-Regionen, ambivalente Zwischenbereiche mit überlappenden Ansprüchen. Entsprechend können die G. undeutlich (»fuzzy boundary«) und flexibel sein. In → Jäger- und Sammlerkulturen werden territoriale Ansprüche entweder durch die Verteidigung der Gebiets-G. (»perimeter defense«) oder auch nur durch die Kontrolle von Zugangsrechten zu bestimmten Ressourcen des Territoriums (»social boundary defense«) zum Ausdruck gebracht (Cashdan). Vielfach dienen räumliche Abgrenzungen der Markierung sozialer G.: etwa bei der Aufteilung des häuslichen Raumes in eine weibliche und eine männliche Domäne, bei der Strukturierung von Siedlungen (Dorfhälften, Stadtteile, Siedlungsumwallungen usw.) oder bei der Trennung von (relativ) sakralen von (relativ) profanen Räumen (Ritualzonen, Tempelbezirke, Stadtanlagen usw.). (2) Soziale G. können aber auch ohne räumliche Abgrenzungen zum Ausdruck gebracht werden. Ein charakterist. Sprachgebrauch oder distinktive kulturelle Gewohnheiten signalisieren bestimmte Gruppenzugehörigkeiten und markieren somit G. (soziolektale, kulturelle; → Milieu), die oft erst bei Missverständnissen deutlich werden. Ethnische G. (»ethnic boundaries«) werden durch mehr oder weniger bewusste Identitätspolitik und Abgrenzungsprozesse aufrechterhalten (Barth). (3) Auch körperliche G. bzw. deren Kontrolle haben soziale Bedeutungen: Die kulturellen Normen bezüglich Berührungen, Sexualität, oralem Konsum, Ausscheidungsprozessen usw. bringen soziale Nähe bzw. Distanz zum Ausdruck (→ Körper). Vorstellungen von → Reinheit und Unreinheit, von Tabuzonen und Gefahr beruhen auf konzeptuellen Ordnungsmustern und Abgrenzungen (Douglas). (4) G. gibt es weiter bei der Aufteilung des zeitlichen Kontinuums in Jahre (→ Kalender), Jahreszeiten, Festzeiten usw. bzw. bei der Gliederung der Lebenszeit in Lebensphasen (Kindheit, Adoleszenz, Alter usw.) oder Statusebenen (z. B. bei → Altersklassen).

III. Überschreitung von G. Der wesentlich imaginäre Charakter von G. erlaubt es, dass sie immer wieder überschritten werden; dies erfordert allerdings bes. Bedingungen. Wie van → Gennep erkannte, sind es gerade solche Übergänge, die rituell ausgestaltet werden: die → rites de passage durchlaufen eine Schwellenphase (rite de marge), in der der Grenzbereich als eigentümlicher Zwischenbereich bes. hervorgehoben wird. V. → Turner beschrieb diese Phase als »liminal«: die Teilnehmer befinden sich in einem strukturfreien Zustand, »betwixt and between«, weder hier noch da, in einer verkehrten Welt, in der die alltäglichen Normen aufgehoben sind (z. B. durch Rausch, → Nacktheit, Bruch von → Tabus, → Ekstase) und eine bes. Gemeinschaftserfahrung, Communitas, möglich wird. Liminalität ist eng verbunden mit Transzendenz, und erst diese genuin religiöse Erfahrung der G. ermöglicht gewandelt eine Rückkehr in die Welt der Struktur. Es gibt aber auch Personen, die sich dauerhaft im Grenzbereich aufhalten: zu diesen Grenzgängern gehören Asketen, Hexen, Priester, Pilger, Trickster, Narren, Vaganten usw. Turner prägte in späteren Arbeiten den Begriff des Liminoiden, der auch Phänomene wie modernes Künstlertum, soziale Kritik, Spiel und Freizeitkultur einschließt, aber auch entsprechend vager ist. → Raum, → Schwelle. MG

Lit.: A. van Gennep, Les rites de passage, 1909. – M. Douglas, Purity and Danger. An Analysis of the Concepts of Pollution and Taboo, 1966. – V. Turner, Betwixt and Between: The Liminal Period in Rites de Passage, in: Ders., The Forest of Symbols, 1967, 93–111. – F. Barth (Hg.), Ethnic Groups and Boundaries. On the Social Organisation of Culture Difference, 1969. – V. Turner, Das Ritual. Struktur und Anti-Struktur, 1989 (engl. 1969). – H. P. Duerr, Traumzeit. Über die G. zwischen Wildnis u. Zivilisation, 1978. – E. Cashdan, Territoriality among Human Foragers, in: Current Anthropology 24 (1983), 47–66.

Griechische Religion, nur existent als die Vielzahl von Polisreligionen, die auf dem Markt der gesamtgriech. Feste ihrer Zusammengehörigkeit und Differenz gewahr werden. Wesentliche Modelle wie das der Seele sind für die Europ. Religionsgeschichte durch das Christentum tradiert worden (→ Antike). CA

Grihyasūtra (von sanskr. gṛhyasūtra = Leitfaden der häuslichen Rituale), altind. Textgattung, die u. a. Vorschriften zu häuslichen Ritualen enthält. → Vedische Literatur. AM

Grimm, Jacob (1785–1863), Professor für dt. Sprache und Rechtsaltertümer in Göttingen, 1837 entlassen, da er zu den »Göttinger Sieben« (liberal-konstitutioneller Protest gegen die Aufhebung der Verfassung von 1833 durch König Ernst August II.) gehörte. 1841 wurde er nach Berlin berufen. Mit seinen *Kinder- und Hausmärchen*, v. a. aber mit der *Dt. Mythologie* entstand »die Bibel« einer völkischen Religion der Zukunft, wie sie P. de Lagarde 1878 anpries. G. legte als Verfasser der *Dt. Grammatik*, der *Dt. Mythologie* und des *Dt. Wörterbuchs* gemeinsam mit seinem Bruder Wilhelm die Grundlagen der dt. Literatur- und Sprachwissenschaften. MB

Gruppe/Gruppendynamik. Eine G. im engeren Sinn ist durch unmittelbare und diffuse Mitgliederbeziehungen sowie durch relative Dauerhaftigkeit bestimmt. Sie bildet Grenzen nach innen und außen, ermöglicht Vertrauensbildung und damit die Entwicklung von Zusammengehörigkeit. Als das zentrale Sinnmoment von G. gilt die »Verpersönlichung« im Unterschied zum Rollenhandeln in → Organisationen. Aufgrund der starken Beteiligung von Personen kann es in G. zu Prozessen kommen, die in der Sozialpsychologie als Gruppendynamik bezeichnet werden und die In-Group/Out-Group-Grenzen markieren und reproduzieren. In rel. G. kompliziert sich die Dynamik durch eine zusätzliche, unangreifbare, aber unsichtbare Person. VK

Lit.: F. Neidhardt (Hg.), G.-Soziologie. Perspektiven u. Materialien (Kölner Zs. für Soziologie und Sozialpsychologie, Sonderheft 25), 1983.

Guan(shi)yin (chin. Übersetzung von sanskr. → Avalokiteshvara), ursprünglich männlicher → Bodhisattva, dem Buddha → Amitābha (chin. Amituo-fo) zugeordnet, wandelte sich in China zu einer weiblichen Gestalt. G. ist fest in der hl. Geographie und dem daran gekoppelten Pilgerwesen Chinas verankert: Ihr Sitz ist auf dem Berg Putuo-shan (Provinz Zhejiang). G. wird als »Nothelfer« in verschiedenen Situationen angerufen. MD

Lit.: M.-Th. de Mallmann, Introduction à l'étude d'Avalokiteçvara, 1948. – Chün-Fang Yü, P'u-t'o Shan, Pilgrimage and the Creation of the Chinese Potalaka, in: S. Naquin/Chün-Fang Yü (Hg.), Pilgrims and Sacred Sites in China, 1992, 190–245.

Gunkel, Hermann (1862–1932), der führende Kopf der Göttinger → religionsgesch. Schule. Mit seiner Methode der Formgeschichte sezierte er aus den Hl. Schriften der Christen Mythen, Märchen und Sagen, die nicht mehr als vom Autor Mose oder den Propheten literarisiertes Wort Gottes galten, sondern als vom Volk überliefert. Die zeitgenöss. Theologie wehrte sich, das Verfahren auch für das NT zuzulassen – mit Ausnahme der Apokalypse. Doch in den 1960er Jahren setzte sich seine Frage nach dem »Sitz im Leben« als legitim durch: histor. Ort, Träger, Absicht eines → Textes werden untersucht. → Histor.-kritische Methode, → Tradition. CA

W.: Schöpfung und Chaos in Urzeit und Endzeit, 1895. – Genesis-Kommentar, 1901. – F. M. Schiele (Hg.), RGG[1], 1909–13 (als Mitarbeiter). – H. G. (Hg.), RGG[2], 1927–32.
Lit.: K. Koch, Was ist Formgeschichte?, 1964, [4]1981. – W. Klatt, H. G., 1969.

Guru (sanskr. gurū = Lehrer), spiritueller Lehrer und Meister. → Charisma, → Neohinduismus. AM

Lit.: R. Steinman, G. – Śiṣya – Sambandha: Das Meister-Schüler-Verhältnis im traditionellen u. modernen Indien, 1986.

Guruismus, Bezeichnung für das Phänomen moderner missionierender Hindu-Sekten, die von einem charismat. → Guru gegründet wurden. → Charisma. AM

Lit.: F.-W. Haack, G. und Guru-Bewegungen, 1982.

Gyäwa Rinpoche (von tibet. rGyal-ba-rin-poche = ehrwürdiger Sieger), ein Ehrentitel, der zuerst für dGe-'dun-grub-pa (1391–1475), das Oberhaupt des Klosters Drepung ('Bras-spungs) seit 1439 belegt ist. Es ist möglich, dass schon dGe-'dun-grub-pa das bei den älteren Traditionen gebräuchliche → tulku-System bei den Gelugpa einführte. Definitiv lässt sich feststellen, dass nach seinem Tod im Jahre 1475 ein Nachfolger gefunden wurde, der als zweiter G. R. als seine Wiedergeburt galt. Der 3. G. R. erhielt vom Altan Khan der Tümed-Mongolen im Jahre 1578 den Ehrentitel → Dalai Lama, unter dem in der Folge diese Inkarnationslinie v. a. im Westen bekannt geworden ist. KKP

Gymnosophisten (von griech. gymnosophistaí = nackte Weise), altgriech. Bezeichnung für indische Asketen, denen zuerst Alexander der Große begegnete (Aristoteles, Frg. 35). → Askese. AM

Gyü (von tibet. brgyud = Lehrtradition). Im Gegensatz zu indisch-buddh. »Schulen« bzw. »Lehrtraditionen« beruhen die Lehrtraditionen in Tibet auf dem Konzept der spirituellen Verbindung zwischen einem Lehrer und seinem Schüler. Wenn eine solche spirituelle Linie über mehrere Generationen an ein bestimmtes Kloster gebunden ist, etabliert sie sich als eigene Lehrtradition. Von »Schulen« bzw. Lehrtraditionen lässt sich im tibet. Kontext daher stets nur in der Retrospektive sprechen. Die einzelnen Lehrtraditionen – darunter am bedeutendsten die → Nyingmapa, die → Sakyapa, → die Kagyüpa und die → Gelugpa – unterscheiden sich in verschiedenen Aspekten, von denen die wichtigsten sind: (1) die Bedeutung der Ordensdisziplin, bes. des Zölibats; (2) der Stellenwert der Tantras; (3) das Gewicht, das der klerikalen Hierarchie zugemessen wird. KKP

Lit.: D. L. Snellgrove, Indo-Tibetan Buddhism, 1987, 485–508. – G. Samuel, Civilized Shamans, 1993, 271–74.

H

Habakuk, einer der »kleinen Propheten« der Hebr. Bibel. Über seine Lebenszeit bzw. die Datierung des nach ihm benannten Buches gibt es verschiedene Theorien. Oft setzt man ihn am Ende des 7. Jh.s v. Chr. an, doch auch eine Deutung auf die Zeit Alexanders des Großen (um 330 v. Chr.) ist möglich. → Altes Testament, → Apokryphen. KVS

Habitus (lat. = Haltung). Bezeichnung für den Handlungsspielraum, der einerseits durch die sozialen und wirtschaftlichen Bedingungen und durch Tradition geprägt ist, die etwa durch Erziehung und Religion, bes. Rituale, eingeübt und reguliert wird (Struktur), der andererseits aber auch individuell ausgefüllt und – etwa durch Bildung – erweitert werden kann (Akteur). Der Ausdruck ist bes. durch P. Bourdieu (1930–2003) in der Soziologie stark gemacht worden; er nimmt den Begriff der »Klasse« von K. Marx auf und flexibilisiert ihn, ist aber weniger optimistisch als der der »Lebensführung« (M. Weber). Offener ist die Bezeichnung soziales und kulturelles Kapital. Der Begriff H. beruht auf der aristotelischen Annahme, dass Menschen vorbewusst »eine Haltung (héxis) gewählt haben«, die in allen Handlungen des Lebens durchschlägt, die aber durch Anstrengung (aretḗ) gezügelt werden kann. Die Aristoteliker des Mittelalters, die Scholastiker, sahen den H. durch die Erbsünde wesentlich negativ bestimmt, er sei zu zügeln durch »Tugend« (lat. virtus) und ausgeglichen dank Gottes Gnade. CA

Lit.: P. Bourdieu, Die feinen Unterschiede, 1982 (franz. 1979), Kap. 3. – A. Michaels, Le rituel pour le rituel? Oder: wie sinnlos sind Rituale?, in: C. Carduff/J. Pfaff-Czarnecka (Hg.), Rituale heute, 1999, 23–48. – H. Esser, Soziologie. Spezielle Grundlagen, Bd. 2, 2000, 82–97; Bd. 4, 2000; bes. 209–68. – B. Krais/G. Gebauer, H., 2002.

Hadad, Wettergott, bereits in → Ebla verehrt; seit dem 18. Jh. v. Chr. mit dem Hauptkultzentrum Aleppo. Die Identifizierung verschiedener Wettergötter mit H., die Übertragung von Zügen des H. auf → Baal in → Ugarit und die Ausstrahlung H.s bis nach Kleinasien heben die Bedeutung des Gottes in den → Syrischen Religionen hervor, die mit der Wichtigkeit des Regenfeldbaus als Lebensgrundlage Syriens korreliert. MH

Lit.: H. Klengel, Der Wettergott von Halab, in: Journal of Cuneiform Studies 19 (1965), 87–95. – K. Koch, Hazzi – Safôn – Kasion, in: B. Janowski u. a. (Hg.), Religionsgesch. Beziehungen zwischen Kleinasien, Nordsyrien u. dem AT, 1993, 172–223. – D. Schwemer, Die Wettergottgestalten Mesopotamiens und Nordsyriens im Zeitalter der Keilschriftkulturen, 2001.

Ḥadd (arab. = Grenze, gebraucht im Plur. ḥudūd), islam. jurist. Konzept für eine explizite (bisweilen auch implizite) koran. Strafbestimmung. Im Koran gelten ḥ. allgemein als »Entscheidung Gottes« (ḥudūd Allāh), und von islam. Juristen wurden sie meist auf folgende Tatbestände bezogen: illegaler Geschlechtsverkehr (zināʾ), falsche Beschuldigung (z. B. bezüglich zināʾ), Diebstahl, Wegelagerei, Trinken von Rauschmitteln und Apostasie (ridda). Die entsprechenden Strafen (u. a. Steinigung, Geißelung und Abschlagen von Gliedmaßen) wurden als Exekution des göttlichen Entschlusses gewertet, wobei es keinerlei Einhelligkeit der Juristen bezüglich der Strafexekution selbst oder deren Bedingung gab. RS

Ḫaḍir (auch Ḫiḍr; von islam. Exegeten mit arab. aḫḍar = grün in Verbindung gebracht, dem Symbol der höchsten Ebene in der islam. Kosmologie), aus der koran. Erzählung (Sure 18/60–82) von Moses unsichtbarem Begleiter abgeleiteter Name für den menschlichen wie engelhaften, unsterblichen mystischen Führer. Seine als esoter. Wissen interpretierte Weisheit macht ihn bei vielen mystischen Orden zu einem Bezugspunkt für eine spirituelle Genealogie (→ ṭarīqa). In den islam. Literaturen wird er als mystischer Weisheitsträger schlechthin angesehen. RS

Ḥadīṯ, arab. Terminus (1) für eine einzelne Überlieferung oder → Tradition, (2) für den textlichen Bestand aller auf den Propheten → Muḥammad bezogenen Traditionen, in denen sich Gott selbst äußert (ḥ. qudsī) oder die Muḥammads Verfahrensweise (ḥ. nabawī, → Sunna) benennen oder zitieren. (1) Im Koran bezeichnet ḥ. u. a. eine Erzählung über einen Propheten, ein Gespräch oder eine Unterhaltung, aber auch speziell eine Verkündung des Einen Gottes (z. B. Sure 52/34). Nach Abschluss der Offenbarung 632 wurde ḥ. als islam. Terminus in erster Linie auf die histor. Narration über Aussprüche, Taten und die stille Zustimmung des Propheten Muḥammad sowie anderer Personen der islam. Frühgeschichte bezogen. Wann der ḥ. als Erzählgenre formalisiert und fixiert wurde, ist umstritten. Einerseits wird postuliert, dass unter der Vielzahl von ḥ.-Belegen zumindest eine bestimmte Anzahl authent. ḥ. festgelegt werden kann, andererseits wird die Entstehung des islam. ḥ. erst im 8. und 9. Jh. angesetzt und eine nachträgliche Konstruktion angenommen. Der ḥ. beschreibt in Form von Einzelberichten die Praxis bzw. Verfahrensweise Muḥammads und seiner Begleiter. Normative Kraft gewinnt diese durch die Aufforderung, sich Muḥammad als »gutes Beispiel« zu nehmen (Koran 33/21). Zudem assoziieren manche Theologen die im Koran angeführte »Weisheit« (ḥikma) mit der Lebenspraxis des Propheten. Formal werden Überliefererkette (sanad, isnād) und Inhalt (matn) eines ḥ. getrennt und bewertet. Die islam. ḥ.-Wissenschaft betonte v. a. das Studium der Legitimität der Überliefererketten als Richtschnur für die Anerkennung eines ḥ., gleichzeitig aber – und gerade in neuerer und neuester Zeit – wurde auch der Inhalt des ḥ. in die Bewertung mit einbezogen. (2) Der textliche Bestand des ḥ. bildet die von einer islam. Gemeinschaft anerkannte abgeleitete Praxis (→ Sunna) ab und wird in sechs bis zehn als autoritativ angesehenen, oft kommentierten Sammlungen tradiert, zu denen weitere Zusammenstellungen traten. Bekannteste Sammlungen sind: (a) themat. geordnet: die *ṣaḥīḥ* (von → Muslim, → Buḫārī, und an-Nasāʾī, gest. 915) sowie die *sunan* (eher die Sitten beschreibend, von at-Tirmiḏī, gest. zw. 883/84 u. 892/93, Ibn Dāʾūd, gest. 888, und Ibn Māǧa, 824–886); (b) nach Überlieferern geordnet (*musnad*): die von Aḥmad b. Ḥanbal (→ Ḥanbalīya) und ʿAbdallāh ad-Dārimī (gest. 868). Die ḥ.-Sammlungen wurden schon früh einer Überlieferungskritik unterworfen. Die Überlieferungswissenschaft (ʿilm al-ḥadīṯ) verlangt konventionell eine genaue, buchstabengetreue Wiedergabe der einzelnen Tradition und die lückenlose Kenntnis der Überlieferer und der Überlieferungswege, wobei sich wohl erst im späten 8. Jh. die Auffassung durchgesetzt hat, dass die Überlieferung nicht allein nach dem Sinn (bi-l-maʿnā), sondern primär buchstabengetreu (bi-l-lafẓ) zu erfolgen habe. Im 18. Jh. wurde von verschiedenen islam. Gelehrten (u. a. Murtaḍā az-Zabīdī, gest. 1792) eine Renaissance der kritischen ḥ.-Wissenschaften begründet.

RS

Lit.: G. H. A. Juynboll, Muslim Tradition, 1983. – J. Burton, Introduction to the Ḥadīth, 1994.

Hadj → Ḥaǧǧ.

Hadsch → Ḥaǧǧ.

Häresie (von griech. haíresis = Partei, Spaltung), Bezeichnung für die Ansichten einer Gruppierung in der christl. Religion, die im Kontext von → »Orthodoxie« und »Heterodoxie« nicht erträglich scheinen. Berühmte »Häretiker« waren z. B. → Markion, Arius (260–336) und die mittelalterlichen → Katharer, von deren Namen synekdoch. der dt. Begriff → »Ketzer« abgeleitet wurde. Da die christl. Bezeichnung stark wissensbasiert und theoriegeleitet erscheint (→ Dogma, → Lehre), sollte bei ihrer Übertragung auf bes. jüd. und muslim. Sachverhalte Vorsicht walten. Die wissenschaftliche Erforschung des Christentums hat die frühchristl. Ketzer- bzw. Häretikergenealogie etwa bei Irenäus, Tertullian um 160 – nach 220) und dem Geschichtsschreiber Eusebius (vor 265 – 339/40) als (groben) frommen Irrtum bzw. (wohl zutreffender) Betrug entlarvt: In der Jerusalemer Urgemeinde und in ihrer Folge habe es, von markanten Ausnahmen abgesehen (der als frühem »Gnostiker« gedeuteten rätselhaften Figur des Simon Magus [Apg 8]), große Eintracht in Lehre und Praxis gegeben, die durch die apostol. Fortentwicklung des ursprünglichen Christentums bewahrt worden sei. In der endzeitlichen Verschlechterung seien aber immer mehr Häretiker hervorgetreten, wobei neben den marginalisierten Judenchristen v. a. die expandierende → Gnosis im Blick war. Die Funde von Nag Hammadi haben bestätigt, dass die Gnosis zumindest auch eine frühchristl., dekonstruktive Größe war. Falsch ist aber die Ansicht, dass immer die Orthodoxie der Häresie vorangegangen sei: Was jeweils als »Orthodoxie« und »H.« betrachtet wurde, bedingte sich gegenseitig und wurde erst in den Streitigkeiten der Konsolidierungsprozesse des 2. und 3. Jh.s n. Chr. allmählich herausgearbeitet. Damit wird die Auseinandersetzung über die Verschiedenheit der lokalen Gemeinden in einem Zwang zur Einheit gewaltsam abgebrochen, indem auf Konzilen durch ein Machtwort eine Meinung als nichtorthodox verurteilt und ihre Anhänger vernichtet werden. Red

Lit.: W. Bauer, Rechtgläubigkeit und Ketzerei im ältesten Christentum, 1934, ²1964. – C. Auffarth, Die Ketzer: Katharer, Waldenser und andere religiöse Bewegungen, 2005.

Haftara (hebr. hapṭārā = Abschluss), die Perikope aus den Propheten in der synagogalen Liturgie und Abschluss einer Pentateuchlesung. KVS

Hagar, nach Gen 16 und 21,9–21 die ägypt. Magd Saras und Nebenfrau Abrahams. Abraham und H. sind die Stammeltern der Ismaeliten, von denen sich die Muslime ableiten (→ Islam). Paulus (Gal 4,21–31) sieht die Christen als Abkömmlinge der Sara. → Altes Testament, → Apokryphen. KVS

Ḥaǧǧ, Bezeichnung für das vorislam., zu Lebzeiten → Muḥammads islamisierte Pilgerfahrtsritual (→ Pilger), genauer die Wallfahrt nach Mekka (insbes. zur → Kaʿba) sowie die dazugehörigen Riten in der Umgebung von Mekka. Der ḥ. kann jederzeit durchgeführt werden und wird dann als ʿumra bezeichnet. Als Teil der islam. Pflichten (→ arkān ad-dīn) wird nur der ḥ. im 12. Monat des islam. Jahres (ḏū l-ḥiǧǧa) bestimmt; er schließt dann die am 8. Tag der Wallfahrt beginnenden Riten und das große Opferfest (ʿīd al-aḍḥā) am 10. des Monats ein. Zu den Riten zählen u. a. die siebenfache Umrundung der Kaʿba (ṭawāf), der »Lauf« (saʿy) zwischen aṣ-Ṣafā und al-Marwa, die Wanderung nach Minā, das »Verharren« (wuqūf) bei ʿArafāt beim Ǧabal ar-raḥma, das Beten bei Muzdalifa, die Steinigung der drei Säulen bei Minā (raǧm), das Opfer und schließlich die rituelle Rasur des Kopfes. Der ḥ. kann nur im Zustand der Weihe (iḥrām) durchgeführt werden, der u. a. durch eine weiße Wollbekleidung, die von Männern beim Betreten des → Ḥaram angelegt wird, ausgewiesen wird. Die Riten selbst wurden v. a. in der Prophetentradition überliefert, die von Muḥammads letzter Wallfahrt im März 632 berichtet; die Anerkennung bzw. Islamisierung des ḥ. wird im Koran selbst (Sure 2/189–197) dargelegt. Auf Grundlage dieser Traditionen haben islam. Juristen genaueste Bestimmungen über die Frage der Gültigkeit einer Pilgerfahrt als ḥ. erarbeitet. Zu den Bedingungen gehört, dass der Pilger frei, volljährig, bei guter physischer und psychischer Gesundheit und mit ausreichend Reisemitteln ausgestattet sein muss. RS

Lit.: F. E. Peters, The Hajj. The Muslim Pilgrimage to Mecca and the Holy Places, 1994.

Haggada (hebr. haggādā = Aussage), erzählende Erläuterung und Ausschmückung der Lehre der → Rabbinen, neben der → Halacha wichtigster Bestandteil talmud. Literatur. Man unterscheidet u. a. geschichtliche Anekdote, biograph. Erzählung, Wundererzählung, Fabel, Darstellung wissenschaftlichen Inhalts, Gleichnis, Gebet und Predigt, die nicht willkürlich, sondern zur didakt. und zielgerichteten Veranschaulichung der Lehre aufgenommen wurden (»narrative Theologie«). → Talmud. KVS

Haggai, einer der »kleinen Propheten« der Hebr. Bibel, der um 520 v. Chr. in Jerusalem wirkte und zum Wiederaufbau des zerstörten Tempels aufrief, damit die messian. Zeit unter Serubabel vorbereitend. → Altes Testament, → Apokryphen, → Sacharja. KVS

Hagiographie (von griech. hágios = hl. und gráphein = schreiben). Lebensbeschreibungen von Heiligen sind im westlichen Christentum Teil des Gerichtsverfahrens, in dem Verstorbene zu → Heiligen erklärt werden können. Als Legenda werden sie in der Gemeinschaft vorgelesen, die aus ihrer Verehrung hervorgegangen ist. CA

Lit.: M. van Uytfanghe, Art. »Heiligenverehrung II (H.)«, in: RAC 14, 1988, 150–83.

Hain. (1) Baumgruppen oder kleine Wälder markieren in manchen Religionen den Wohnort Gottes, vielfach ohne eine Architektur unter freiem Himmel (Tacitus, *Germania* 9). Die Anlage von Gärten oder Parks für die Götter symbolisiert das → Paradies. In der christl. Polemik als Baumkult missverstanden, wurde der H. zum Zeichen vorchristl. Naturreligion romantisiert. → Kult. CA

(2) Insbesondere bei den Kelten, Germanen und Slawen spielen heilige H. eine bedeutende Rolle und sind durch histor.-ethnograph. Literatur und archäolog. Funde als Kultstätten bezeugt. Sie waren durch Gräben, Steinsetzungen, Pfähle oder Zweige von ihrer profanen Umwelt abgegrenzt. In ihrem Zentrum befanden sich häufig ein Baum (Eiche) oder anikon. Kultbilder aus Holz, in denen die Gottheit verehrt wurde. Im Hain wurden Opfer durchgeführt, Kultfeste gefeiert, hl. Gegenstände (auch Kriegsbeute) auf-

bewahrt und wichtige Stammesangelegenheiten beraten. → German. Religion, → Keltische Religion, → Slawische Religion. US

Lit.: O. de Cazanove/J. Scheid (Hg.), Les Bois Sacrés, 1996.

Hainuwele, weibliches Urzeitwesen in der Mythologie der Wemale auf Ceram (Indonesien). Geboren aus einer Kokosnuss, brachte es den Menschen Kulturgüter, wurde aber selbst zerstückelt und vergraben. Aus den abgeschnittenen Gliedern des getöteten Mädchens wuchsen die ersten Knollenfrüchte. → Ackerbau, → Dema-Gottheiten. PJB

Hajj → Ḥağğ.

Hakuin (Respekttitel Hakuin Zenji) → Zen/ Zen-Buddhismus.

Halacha (hebr. hªlākā = Gang), Ordnung des rabbin. Religionsgesetzes, in → Mischna und → Talmud verbindlich ausformuliert. Einzelne Bestimmungen sind wohl vorrabbin., doch Herleitungen aus Qumran oder Berichten des Josephus erscheinen schwierig. Die rabbin. H. beinhaltet eine eigenständige Anwendung von komplexen Regeln der → Hermeneutik, wobei das Religionsgesetz als → Mündliche Torah stets der aktuellen Situation angepasst werden konnte. → Grenze, → Kult. KVS

Lit.: L. H. Schiffman, The Halakha at Qumran, 1975. – E. E. Urbach, The Halakha. Its Sources and Development, 1986. – A. Gotzmann, Jüd. Recht im kulturellen Prozeß. Die Wahrnehmung der H. im Deutschland des 19. Jh.s, 1997. – M. Zemer, Jüd. Religionsgesetz heute. Progressive H., 1999.

Ḫalīfa → Kalif.

Halleluja (hebr. halªlūjāh = preiset JHWH!), ein Jubelruf, aus Psalmen (z. B. Ps 106,48) und der Qumranliteratur als Abschluss von hymnischen Anrufungen der jüd. Gemeinde früh belegt und in die christl. Liturgie übernommen (siehe Apk 19,1ff.). → Altes Testament, → Apokryphen. KVS

Halluzination, eine → Wahrnehmung (Sinnestäuschung) ohne Reizkorrelat in der äußeren Welt. Je nach Modalität unterscheidet man optische, akust., taktile, olfaktor. oder körperbezogene H. H. können Symptome organ. Psychosen und Schizophrenien (Wahn) sein, aber auch durch Drogen und Vergiftungen entstehen oder unter veränderten Bewusstseinszuständen vorkommen. H. können religiöse und nichtreligiöse Inhalte aufweisen. Intensive religiöse Erfahrungen unterscheiden sich vom religiösen Wahn durch die Fähigkeit zu adäquater Orientierung im Alltag. Wahrnehmungen in Trance und → Ekstase zählen nicht zu H. im engeren Sinne. → Bewusstsein. SM

Ḥanafīya, ursprünglich auf die Stadt Kūfa bezogene irak.-islam. Rechtstradition (→ maḏhab), die auf Abū Ḥanīfa (699–767) zurückgeführt wird, im eigentl. Sinne aber erst von den Juristen Abū Yūsuf (gest. 795) und aš-Šaybānī (gest. 805) ausgearbeitet wurde. Die Ḥanafiten zeichneten sich zunächst durch eine deutliche Betonung der individuellen Lehrmeinung (ra'y, dóxa) in der Jurisprudenz (→ fiqh) aus, was sie in Opposition zu den Traditionsgelehrten brachte. Spätere Ausformulierungen der Ḥ. aber versuchten, einen Ausgleich mit dem Traditionswissen (→ ʿilm) zu finden. Die Anerkennung lokaler Rechtstraditionen durch die Ḥ. ermöglichte diesen eine weite Verbreitung, die dadurch, dass sich das Osman. Reich mehrheitlich mit den Ḥanafiten identifizierte, noch verstärkt wurde. Durch die Rezeption des Abū Ḥanīfa zugeschriebenen dogmat. Werks *al-fiqh al-akbar* (»Das größere Verstehen«; → ʿaqīda) hat sich v. a. in Transoxanien eine ḥanafit. Tradition herausgebildet, die großen Einfluss auf die Herausbildung der māturīd. Theologie im 10./11. Jh. hatte (→ kalām). RS

Ḥanbalīya, auf Aḥmad b. Ḥanbal (780–855) zurückgeführte islam. Rechtstradition (→ maḏhab), v. a. in den städtischen Zentren Damaskus und Bagdad sowie auf der arab. Halbinsel anerkannt. Merkmal der Ḥ. ist die starke Betonung des Traditionswissens (→ ʿilm) und ihre Skepsis gegenüber der individuellen Lehrmeinung (ra'y, dóxa), die sich in der Ablehnung von Analogieschlüssen (qiyās) und von nicht durch die → Tradition gesicherten Konsensmeinungen (iğmāʿ) ausdrückte. Jüngere Umdeutungen der Ḥ. begründeten im 18. Jh. die Lehre der → Wahhābīya. Islam. Intellektuelle des 20. Jh.s bedienten sich häufig der Texttraditionen der Ḥ., v. a. im Anschluss an die Ḥanbaliten ʿAbdarraḥmān Ibn al-Ǧauzī (gest. 1200) und Ibn Taymīya (gest. 1328). RS

Handauflegen. Die Geste, die Hände auf den Kopf eines Knienden zu legen, zeigt öffentlich vor einer Gemeinde an: Dieser Mensch wird anschließend auf die gleiche Stufe gestellt wie der, der die Hand auflegt. Das geschieht z. B. bei der Übergabe eines → Amtes (AT: Num 27; ungeklärt diese Geste beim Sündenbockritual Lev 4). Im Christentum bei Hochzeit, Konfirmation und Priesterweihe geübt, ersetzten die → Katharer das kath. Ritual der Wassertaufe durch das H. (consolamentum) mit der biblischen Autorität der Taufe mit Feuer und dem Hl. Geist, wie sie bei der Taufe Jesu angekündigt ist (Mt 3,11; vgl. Apg 8,14–17). Häufig wird die Berührung als Übertragung von → »Kraft« auf eine schwächere Person verstanden, so bes. in heutigen Heilungsritualen. Für diese wird nicht mehr kirchliche Autorisierung vorausgesetzt. Innerhalb der Kirchen, bes. in Afrika und Amerika, geht es bei der Frage nach der Einbeziehung von Heilungsritualen darum, ob die Herkunft der Kraft von Menschen (Ahnen) oder von Gott betont wird. Dann wird das H. als → Segen interpretiert und durch hl. Salbung verdeutlicht. → Charisma, → Heil. CA

Lit.: C. Vogel/D. Korol, Art. »H.«, in: RAC 14, 1986, 482–519. – R. Mahlke, Prophezeiung u. Heilung. Das Konzept des Hl. Geistes in Afrikan. Unabhängigen Kirchen (AIC) in Südafrika, 1997.

Handeln, allgemein ein bewusstes Tun oder Unterlassen, mit dem der Handelnde eine Bedeutung verbindet. Insoweit es bewusst und subjektiv sinnhaft ist, unterscheidet sich das H. vom lediglich reaktiven → Verhalten. In diesem Sinne ist H. stets menschliches H.

(1) Sozial- und kulturwissenschaftlich sytemat. erschlossen wurde der Begriff von M. → Weber, dessen Verstehende Soziologie auf der Deutung sozialen H. beruht. Soziales H. ist von dem Handelnden sinnhaft auf das Verhalten anderer bezogen. Deutung meint hier die Erschließung jener Sinnzusammenhänge, die ein Verhalten erst zum H. machen. Sie setzt an den beobachtbaren Verhaltensäußerungen an und verfährt (a) rational (Deutung einer logischen Schlusskette), (b) einfühlend-emotional (Nacherleben einer Handlung in ihrem Gefühlszusammenhang). Dabei kann ein H. auch dann deutlich (evident) verstanden werden, wenn volle Nacherlebbarkeit nicht möglich ist. »Man braucht nicht Caesar zu sein, um Caesar zu verstehen«. Ebenso gilt für die Deutung religiöser Sinnzusammenhänge im Rahmen einer vergleichenden Religionswissenschaft: man muss nicht in einer bestimmten religiösen Tradition aufgewachsen sein, um sie in diesem Sinne verstehen zu können. (2) Weber unterscheidet idealtyp. vier Bestimmungsgründe sozialen H.: (a) zweckrationales, (b) wertrationales, (c) affektuelles, (d) traditionales H. (a) Zweckrationales H. ist durch ein Abwägen von Zwecken und Mitteln gekennzeichnet; gegebene Zwecke sollen unter optimaler Ausnutzung vorhandener Mittel verfolgt werden. Es werden keine neuen Zwecke hervorgebracht, sondern allenfalls bestehende Zwecke (wie Bedürfnisse) neu geordnet (instrumentelle Vernunft). Zweckrationalität ist die zentrale Grundannahme in sog. → Rational-Choice-Theorien. (b) Wertrational ist ein H. dann, wenn es seinen Grund in dem bewussten Glauben an den religiösen, ethischen oder ästhet. Eigenwert eines bestimmten Verhaltens hat, ohne an dessen Erfolg orientiert zu sein. Die jeweiligen → Werte haben für den Handelnden die Gestalt von Geboten und Forderungen. Insoweit können sie anders als beim rein zweckrationalen H. auch Handlungszwecke setzen (praktische Vernunft). (c) H. kann ferner affektuell, d. h. aus einer aktuellen Gefühlslage (Affekt) motiviert sein. Wie beim wertrationalen H. geht es auch hier nicht um einen bestimmten Erfolg, sondern um die Handlung als solche. An die Stelle allgemeiner, bewusst erschlossener Werte tritt hier jedoch der unbewusst-konkrete Gefühlszusammenhang. (d) Traditional bestimmt ist schließlich ein eingelebtes Alltags-H., das ohne weiteres Nachdenken über Erfolg oder Ablauf aus der bloßen Gewohnheit hervorgeht. Für Weber ist das traditionale H. bereits ein Grenzfall des H., da es ohne bewussten Bezug auf einen Sinnzusammenhang eher im unreflektierten Reagieren auf gewohnte Reize begründet sei. Er schlägt daher vor, mit einer Kausalanalyse des H. beim zweckrationalen H. zu beginnen, da dieses in höchstem Maße evident sei. Die anderen Bestimmungsgründe des H. sollen anschließend als Abweichungen von dieser – hypothet. – Konstruktion reiner Zweckrationalität charakterisiert werden. (3) Diese von Weber selbst als »rationalist.« bezeichnete Methodologie des H. wurde von modernen Handlungstheorien mit Ausnahme des Rational-Choice-Paradigmas nicht aufgegriffen. Der rationale und seiner Handlungsalternativen bewusste Akteur wird zunehmend als durch seine soziale und physische Umwelt und anthropolog. Konstanten beschränkt erkannt. Dabei betonen soziolog. Handlungstheorien

eher die Beschränkung durch Rollenerwartungen und Situationslogik. Psycholog. und biolog. Ansätze heben dagegen auf die Konditionierung des H. mit Blick auf die körperliche Bedürfnisstruktur ab und lösen auf diese Weise Handlungstheorie in Theorien des Verhaltens auf. Die Abwendung vom Primat der Zweckrationalität ging einher mit einem zunehmenden Interesse an der Habitualisierung des H. im Sinne einer Eingewöhnung und Schematisierung von Handlungen (→ Habitus). Anders als beim traditionalen H. wurde jedoch der sozial konstruktive Aspekt habituellen H. betont: Einerseits werden individuelle Entscheidungsprozesse vorstrukturiert und dadurch intellektuelle Kapazitäten für andere Probleme freigegeben, andererseits gehen aus habitualisiertem H. → Institutionen und mithin → Gesellschaft hervor. Ungeachtet dieser Brüche lässt sich für viele Handlungstheorien seit Weber ein gemeinsamer Bezugsrahmen mit vier Dimensionen ausmachen: (a) der Akteur, (b) die Ziele des Akteurs, (c) die Situation (gekennzeichnet durch das Verhältnis der unkontrollierbaren Bedingungen zu den kontrollierbaren Mitteln), (d) die normative Orientierung des Akteurs. → Deutungsmuster. AKN

Lit.: M. Weber, Soziolog. Grundbegriffe, 1921, NA 1984. – H. Esser, Situationslogik und H., in: Ders., Soziologie. Spezielle Grundlagen, Bd. 1, 1999.

Ḥanīf (arab. = »wahrer Monotheist«), spätantike jüd.-christl. Tradition in Arabien, die mit dem Glauben an eine Uroffenbarung die Erwartung verband, dass diese von Zeit zu Zeit durch ausgewiesene Persönlichkeiten auf Erden verkündet wird. Vermutlich ist → Muḥammad von dieser Vorstellung beeinflusst, wenn er sich in eine Reihe von Vorgängern einordnet bzw. als »Siegel der Propheten« auftritt. → Propheten. KVS

Hanumān (sanskr.), auch Hanumat, hinduist. Affengott, affengestaltiger Held im → Rāmāyana. → Hinduist. Pantheon. AM

Lit.: I. Keul, H., der Gott in Affengestalt, 2002.

Haoma, Pflanze und Gottheit im → Zoroastrismus. Der gepresste H.-Saft, dem vedischen → Soma vergleichbar, steht im Mittelpunkt des Yasna-Rituals. MH

Lit.: F. M. Kotwal/J. W. Boyd, A Persian Offering, 1991. – M. Hutter, Weltliche u. geistige Berauschung, in: Mitteilungen zur Anthropologie und Religionsgeschichte 11 (1996), 185–208.

Ḥaram (arab. Substantiv, auch Adjektiv ḥarām = verboten), im engeren Sinne Bezeichnung für den islam. Kultbezirk in Mekka mit der → Kaʿba als Mittelpunkt, später auch für die Kultbezirke in Medina und Jerusalem. Der Ḥ. in Mekka wird in etwa von ʿArafāt im Osten, Ḥudaybiʾa im Westen, al-Ǧirʿana im Norden und Āḏār Labn im Süden der Stadt begrenzt und ist durch Grenzsteine markiert. Im → Koran bezeichnet das Konzept Ḥ. die Tabuisierung (→ Tabu) von menschlichen Handlungen durch Gott; ḥarām ist es u. a., Aas, Blut, Schweinefleisch und ungeschächtetes Fleisch zu essen, während des Weihezustandes (→ ḥaǧǧ) auf dem Land zu jagen, Zinsen zu nehmen, einen Muslim unrechtlich zu töten, Inzest zu begehen, Gott jemanden beizugesellen, einen unzüchtigen Mann oder eine unzüchtige Frau zu heiraten. Wein, Lospfeile, Losspiele und Opfersteine gelten als »große Sünde« bzw. als zu meidendes Teufelswerk, werden rechtlich meist wie ein Verbot gewürdigt und auch als ḥarām angesehen. Tabuvorschriften dienen einerseits der »Vergeltung«, andererseits dem Schutz der Menschen vor ihren eigenen »abscheulichen Handlungen«. Insgesamt sieht der Koran die islam. Tabuvorschriften als geringer an als die für die Juden und »Beigeseller«. Der Kultbezirk in Mekka ist deshalb ḥarām, weil dort Gott die Gewalt (u. a. auch gegen Tiere und Bäume) sowie den Handel tabuisiert hat (Sure 27/91). Pilger, die den Kultbezirk von Mekka betreten, nehmen selbst den Zustand des Ḥ. (iḥrām) an. Als Ḥ. gelten auch die vier hl. Monate Ḏū l-qaʿda (11. Monat), Ḏū l-ḥiǧǧa (12. Monat), Muḥarram (1. Monat) und → Ramaḍān (9. Monat), Koran 9/36. RS

Lit.: R. B. Serjeant, Haram and Hawtah, the Sacred Enclave in Arabia, in: Mélanges Taha Husain, 1962, 41–58. – G. R. Hawting, The ›Sacred Offices‹ of Mecca from Jahiliya to Islam, in: Jerusalem Studies in Arabic and Islam 13 (1990), 62–84. – W. Dostal, Mecca before the Time of the Prophet – Attempt of [sic] an Anthropological Interpretation, in: Der Islam 68 (1991), 193–231.

Hare-Krishna → ISKCON, → Neohinduismus.

Hari (sanskr.), Name → Vishnus. Hari-Hara ist eine Verbindung von → Vishnu und → Shiva. → Hinduist. Pantheon. AM

Ḫāriǧiten (von arab. ḫaraǧa, ḫawāriǧ = die Ausgezogenen), aus der religiösen Debatte um die Handlungen der Kalifen ʿAlī und Muʿāwiya hervorgegangene früheste islam. dogmat. Richtung. Als Gruppe formierten sich die Ḫ. erstmals im Rahmen der Schlacht von Ṣiffīn (Juli 657, → ʿAlī b. Abī Ṭālib), als sich Parteigänger ʿAlīs von diesem absetzten, weil er sich dem Schiedsspruch von Ṣiffīn gebeugt hatte. Aus der religiösen Beurteilung der Haltung von ʿAlī ergab sich ein die verschiedenen Ḫ.-Gruppen zusammenfassendes Dogma: (1) Gläubige seien verpflichtet, die illegitime Herrschaft eines Kalifen zu benennen und diesen zu stürzen, (2) praktisch jeder moral. integre Muslim könne potentiell → Kalif sein. Darüber hinaus sahen die Ḫ. Glauben nur im Handeln bestätigt und näherten sich damit einer qadaritischen Position in Bezug auf den »Freien → Willen« an (→ Qadarīya). Wer diesen Dogmen nicht die Treue hielt, wurde von den Ḫ. als Apostat angesehen; radikale Ḫ. wie die Azraqiten forderten deren Tötung. Die Ḫ. verloren mit dem Machtantritt der ʿabbāsid. Dynastie 750 praktisch jeden polit. Einfluss, mit Ausnahme der konformist. Ibāḍiten, die in Südarabien, Ostafrika und im Maghreb noch aktiv waren. Die Ibāḍiten bewahren bis heute einige rechtliche und dogmat. Traditionen der Ḫ. RS

Lit.: H. Laoust, Les schismes dans l'islam, 1965.

Harivamsha (von sanskr. Harivaṃśa = Geschlecht des → Hari), Anhang zum → Mahābhārata, der das Leben → Krishnas behandelt. AM

Harnack, Adolf von (1851–1930), dt. Theologe. Mit seiner umstrittenen Darstellung der Dogmatik als histor. Entwicklung (und nicht überzeitlicher Offenbarung) wurde H. zum großen Organisator des Historismus in der Theologie. Speziell zum Studium des Christentums in der antiken Welt (Patristik) legte er Grundlagen, zusammengefasst in *Die Mission und Ausbreitung des Christentums in den ersten drei Jh.en*, 1902/^{4}1924. Sein Eintreten gegen die Religionswissenschaft (Rektoratsrede 1901) hemmte die Entfaltung des Fachs an dt. Universitäten. CA

Lit.: K. Nowak/O. G. Oexle (Hg.), A. v. H., 2001. – G. Wenz, A. v. H., 2002.

Harpagḗ → raptus.

Harrison, Jane Ellen (1850–1928), britische Religionswissenschaftlerin. Die Ritualforschung der Wende zum 20. Jh. erhielt wesentliche Anstöße durch H. in Cambridge (→ Frazer). Sie brachte die ethnolog. Kenntnisse mit dem histor. Wissen (über die → Antike) zusammen: Initiation, Jahreszyklus, sterbende und auferstehende Götter. CA

Lit.: W. M. Calder (Hg.), The Cambridge Ritualists Reconsidered, 1991. – R. Ackerman, The Myth and Ritual School: J. G. Frazer and the Cambridge Ritualists, 1991. – R. Schlesier, Kulte, Mythen u. Gelehrte, 1994, 123–92. – M. Beard, The Invention of J. H., 2000.

Hasmonäer, die jüd. Priesterfürsten, in deren Hand nach der siegreichen Erhebung der → Makkabäer gegen die Seleukiden 165 v. Chr. die Leitung des jüd. Staates lag, dessen Selbständigkeit erst durch die röm. Eroberung 63 v. Chr. beendet wurde. Unter ihrer Herrschaft kam es zu einer enormen territorialen Ausweitung Judäas, auch wenn ihre Regentschaft von wachsenden internen Spannungen und Bruderkämpfen innerhalb der Familie geprägt war. Innerjüd. war bes. der Anspruch der H. auf die beiden bis dahin streng getrennten Positionen des Königs und des Hohenpriesters umstritten, was im 2./1. Jh. v. Chr. zu bürgerkriegsähnlichen Zuständen und zur Polarisierung der konkurrierenden gesellschaftlichen Gruppen führte, erkennbar an der Abspaltung der Zadokiden (→ Qumran). KVS

Lit.: J. Maier, Grundzüge der Geschichte des Judentums im Altertum, 1981, ^{2}1989. – S. Applebaum, Judaea Independent and under Alien Rule, 1987. – P. Kuhnen, Palästina in griech.-röm. Zeit, 1990.

Hathayoga (von sanskr. haṭhayoga), Richtung des → Yoga, mit Schwerpunkt auf psychophysiolog. Techniken. → Meditation. JG

Lit.: S. Swatmarama (Hg.), Haṭhayogapradīpikā of Svātmarāma with the Commentary of Brahmānanda and English Translation, 1972.

Hattuša, Hauptstadt des Hethiterreiches beim heutigen Dorf Boğazkale (Türkei). Die letzte große Phase der Bautätigkeit unter Tudhaliya IV. (2. Hälfte 13. Jh. v. Chr.) spiegelt Versuche einer Zentralisierung der → Hethit. Religion in der Hauptstadt wider, die alle Götter an die Tempel von H. binden will. In dieser Zeit ist H. kaum mehr Wohnstadt, sondern kosmisches Symbol: der Palast repräsentiert das Diesseits, die Tempelstadt die Götterwelt und der dazwischen liegende Kultbezirk mit Teich und Grabanlage die Unterwelt. MH

Lit.: P. Neve, H.: Stadt der Tempel u. Götter, 1996.

Hechalôt (hebr. hēkālōt = [himmlische] Paläste), Bezeichnung für jene mystische Richtung des spätantiken und mittelalterlichen Judentums, die sich den Geheimnissen der → Märkabah und der → Himmelsreise widmete und ein breites Schrifttum hervorbrachte, das auch die spätere jüd. Mystik beeinflusste. Die Ursprünge dieser Frömmigkeit dürften in der Zeit des Zweiten Tempels liegen (also vor 70 n. Chr.), doch Herleitungen etwa aus Qumran sind umstritten. Anders als in der christl. → Mystik (→ Gnosis) geht es dem H.-Mystiker nicht um individuelle Erlösung, sondern er fungiert als Stellvertreter Israels und ist deshalb fest in die Gemeinschaft und die Heilsgeschichte des gesamten Volkes eingebunden. Zur H.-Literatur gehören liturg. und magische Stücke, die oft einen engen Bezug auf das rabbin. Schrifttum zeigen. → Tradition.

KVS

Lit.: P. Schäfer u. a. (Hg.), Übersetzung der Hekhalot-Literatur, 4 Bde., 1987–95 – P. Schäfer, Hekhalot-Studien, 1988. – P. Schäfer, Der verborgene u. offenbare Gott. Hauptthemen der frühen jüd. Mystik, 1991.

Hedschra → hiğra.

Hegel, Georg Friedrich Wilhelm (1770–1831), Philosoph und Theologe; galt als »preußischer Staatsphilosoph«. H. unterschied verschiedene Stufen der Religion: die Naturreligion, die Religion der geistigen Individualität und die absolute Religion. Nach einer frühen Phase scharfer → Religionskritik (in der er der Religion Despotismus und Verachtung des Menschen vorwarf) führte er einen Nachweis der göttlichen Existenz (→ Gottesbeweise) und betonte die Abhängigkeit der Religion vom → Geist. Soweit von → Gott gesprochen werden kann, handelt es sich bei H. jedoch um den absoluten Geist, der sich in der → Geschichte als eine allmähliche Entfremdung von Mensch und Welt zeigt. Religion ist das Selbstbewusstsein des Geistes. Die Besonderheit des Verhältnisses von »Gott« bzw. Religion und »Geist« kommt in H.s berühmtem Anthropomorphismus-Argument zum Ausdruck: »Die Vorstellung, welche der Mensch von Gott hat, entspricht der, welche er von sich selbst, von seiner Freiheit hat«. → Idealismus, → Religionsphilosophie. HK

W.: Vorlesungen über die Philosophie der Religion, 1832.

Heiden(tum) → Gemeinde, → Neopaganismus, → Paganismus.

Heil/Leid (von german. *haila = ganz, unversehrt; lat. sanus = heil, gesund und von althochdt. lîdan = in die Fremde gehen; lat. passio, sanskr. duhkha).

I. Zum Verhältnis von H. und L. Beide Begriffe sind unmittelbar aufeinander bezogen, denn die Suche nach H. als (künftiger) Erfüllung oder Befreiung von körperlichen und geistigen Leiden setzt die Erfahrung von L., d. h. die Deutung der Lebenswirklichkeit als unheil- bzw. leidvoll, voraus. Vordergründig kann das Verhältnis von H. und L. die Form einer Paradoxie annehmen, wenn z. B. leidhaft-asket. Praktiken einem höheren H. dienen sollen. Diese lässt sich jedoch auflösen, wenn zwischen Schmerz und L. unterschieden wird. Die wohl universelle Erfahrung von L. stellt jedenfalls eine unabdingbare Voraussetzung für die Beschreitung religiöser H.-Wege dar.

II. Aspekte von L. (1) Das Bedeutungsspektrum von L. reicht von → Gefühlen wie Schmerz, Angst und Trauer über soziale Erfahrungen wie Armut und Isolation bis hin zu spezif. religiösen bzw. metaphys. Sachverhalten (Sterben/→ Tod, → Sünde, → Strafe oder Gottesferne). Schmerz und Angst gehören zu den Grundbedingungen des Menschseins, wobei Schmerz und anderes unangenehmes Erleben kulturell wie individuell unterschiedlich erfahren wird. Nach C. Geertz (geb. 1923) stellt sich aus religiöser Sicht nicht die Frage, wie L. »zu vermeiden sei, sondern, wie zu leiden sei«. Obwohl zumeist zwischen L. und Leiden nicht unterschieden wird, bietet sich eine solche terminolog. Unterscheidung an: (a) Leiden als individuelles Empfinden von Schmerz und Krankheit, (b) L. als spezif. Sinndeutung des Leidens (z. B. als geschichtlich bedingtes Unheil). Erst das L. motiviert zur philosoph. Sinn- bzw. religiösen H.-Suche. (2) Bei den Maßnahmen zur Linderung des Leidens konkurrieren religiöse Spezialisten (→ Funktionär) mit Heilern und → Ärzten, in der technolog. Gesellschaft inzwischen auch mit Biomedizinern (z. B. vorgeburtliche Diagnostik, um die Geburt von Menschen zu unterbinden, denen ein bes. leidhaftes Leben bevorstehen soll). (3) Die Auffassung von L. variiert histor. und kulturell. (a) Ursprünglich bezeichnete L. das Unglück, das einem in der Fremde widerfährt. Heute wird darunter weniger ein einzelnes schmerzhaftes oder unangenehmes Ereignis, sondern eher ein Dauerzustand verstanden. In allgemeinster Form kann das Leben selbst als L. bestimmt werden. Die Diagnose des Buddha lautete: Geburt, Alter, Krankheit und Sterben ist leidhaft, ebenso »mit Unliebem vereint« oder »von Liebem getrennt« zu sein (z. B. Samyutta Nikāya 56,11). Eine solche Einschätzung findet sich auch bei → Schopenhauer und → Freud. (b) Nach antiker Ansicht unterliegen die Menschen zwar dem Walten der Götter, die denjenigen strafen, der die Grenzen zum Frevel überschreitet, können aber durch Besonnenheit größeres L. vermeiden. Im AT hingegen wird neben dem L. des ganzen Volkes Israel, das durch eine kollektive Umkehr wiedergutgemacht werden kann, die Frage nach der Herkunft des als unverdiente Strafe angesehenen persönlichen L. (z. B. → Hiob) thematisiert, an die sich systemat. die Frage anschließt, wie Gott L. und → Böses zulassen kann (→ Theodizee). (c) In christl. Deutung kann sich der Mensch im L. bewähren, das v. a. durch den Leidensweg des gekreuzigten Jesus präsent ist. Seine Passion kann durch die → Märtyrer nachvollzogen bzw. die Gläubigen nachgefühlt werden. In der Marienfrömmigkeit kann dieses Nachleiden auch die Form der pietas (lat. = Mitleid), des liebenden Mitgefühls zur Mutter des verstorbenen Sohnes annehmen. Aus christl.-ethischer Sicht rückt das L. der anderen, sogar das der Feinde, ins Zentrum des → Handelns: Es gilt, sein L. hinter dasjenige anderer zurückzustellen. (d) Ebenso verpflichtet sich im Mahāyāna-Buddhismus der → Bodhisattva, nicht in das → nirvāna einzugehen, bevor nicht das letzte leidende Wesen gerettet ist. Deutungen von Sinn und Ursache des L. verweisen systemat. auf eine existentielle und zentrale Funktion der Religion: die Sinngebung von sonst unerklärlichem, sinnlos und zufällig erscheinendem L., d. h. die Bewältigung von → Kontingenz. Die Verstehbarkeit von L. im Rahmen von → Gerechtigkeit scheint einem menschlichen Bedürfnis zu entsprechen, weil andernfalls großes L. als ungerecht oder unverdient empfunden werden kann (vgl. Hiob). Je nachdem, wie in den Religionen die Fragen nach Ursache und Sinn des L. beantwortet werden, gestalten sich auch die → Hoffnungen auf Heil.

III. Aspekte von H. (1) H. ist von der Wortherkunft auf die Wiederherstellung einer unheilvollen Trennung, Schädigung oder Störung bezogen. Das Schema H./Unheil geht, je nach religiösem Hintergrund, mit den Codierungen Gottesnähe/Gottesferne, Kosmos/ → Chaos oder → Ewigkeit/Geschichtlichkeit parallel. Darüber hinaus ist der Aspekt der Gesundheit, der Lebensvertiefung und → Ganzheit assoziiert, was sich in der Ableitung → »heilig« (dem H. zugehörig) intensiviert (lat. sanctus = geweiht, heilig von sanus = heil, gesund). Diese Nähe zur Gesundheit wird am Beispiel von Stammesreligionen deutlich, in denen H. konkret als Heilung verstanden werden kann, die z. B. durch Reinigungszeremonien erreicht wird. Überhaupt lassen sich Rituale und Riten als heilswirksame Praktiken, wenn nicht gar als Umgang mit unsichtbaren Mächten (so V. → Turner) beschreiben, die eine allgemeine religiöse → Ordnung stabilisieren. (2) Opferkulte sind unmittelbar mit der Vorstellung von H. verbunden (z. B. in den vedischen Traditionen Indiens), denn über das geglückte → Opfer vermittelt sich für die Akteure die heilskräftige, göttliche Sphäre in die menschliche. (3) Die für den Gläubigen oder Praktiker resultierende Überzeugung wird als H.-Gewissheit bezeichnet. Es wird damit gleichzeitig die Erfahrung von Unheil und die Möglichkeit der → Erlösung oder Befreiung, also H., vorausgesetzt. H.-Religionen in diesem Sinne sind v. a. Christentum, Islam und Buddhismus (vgl. → Erlösungsreligionen). Sie sind nicht an eine Ethnie oder Volksgemeinschaft gebunden, die als solche exklusiv über H. verfügt, sondern stellen einen für alle Menschen gangbaren H.-Weg oder eine H.-Botschaft in den Mittelpunkt. Diese Botschaft erreicht die Menschen über sog. H.-Mittler, an die sie mitunter rückgebunden bleibt. Sie richtet sich an alle Menschen, denen eine jetzt, in naher Zukunft oder nach dem Tod eintretende, von Grund auf verwandelte, »geheilte« Existenzweise verheißen wird (→ Unsterblichkeit). Das H.-Versprechen wird damit von einem hl. Territorium (oder einer ebensolchen Nation) abgelöst. Steht demgegenüber eine bestimmte Gruppe im Zentrum der H.-Verheißung, wird diese H.-Gemeinschaft als sog. Stammes- oder Volksreligion (→ Ethnische Religionen) bezeichnet; diese neigen zumeist dazu, H. (und nicht Unheil) vorauszusetzen sowie nicht zu missionieren. Allerdings ist dieses Schema nicht überzubewerten, da einige Religionen Merkmale beider Kategorien zeigen. (4) Der Begriff beschreibt eine wichtige Dimension im zeitlichgeschichtlichen Denken. Grundsätzlich werden folgende Möglichkeiten unterschieden: (a) die Rückkehr in eine ursprünglich-mythische Ganzheit; (b) die gegenwärtige → Erfüllung (z. B. in Form von mystisch-ekstat. Einheitserlebnissen oder visionären Erfahrungen; → Ekstase); (c) die Vergegenwärtigung zukünftiger Ereignisse. Letztere kann in Form von H.- oder Unheilsgeschehen (→ Apokalypse) eintreten. Wenn zwischen dem Ausgangspunkt des menschlichen L. in der Welt und einer künftigen, gegebenenfalls jenseitigen Welt des H. unterschieden wird, formiert sich Weltgeschichte als → H.-Geschichte; »geschichtliche Geschehnisse sind nur sinnvoll, wenn sie auf einen Zweck jenseits der tatsächlichen Ereignisse verweisen, und weil die Geschichte eine zeitliche Bewegung ist, muss der Zweck ein künftiges Ziel sein« (Löwith). Zukünftiges H. oder Unheil ist jedoch nur in der Erwartung oder Hoffnung präsent. Eine solche heilsgeschichtliche Zeitvorstellung liegt nicht nur dem christl. → Kalender und dem jüd. Sabbat zugrunde, sondern bildet auch das Schema für die säkularen H.-Versprechen des wissenschaftlich-technolog. Fortschritts. (5) Im Gegensatz zur weit gespannten Bedeutung von L. ist H. ein Schlüsselbegriff der vergleichenden Religionswissenschaft, der sich bes. auf die sog. Universal- oder → Erlösungsreligionen anwenden lässt. Selbstbeschreibungen dieser (missionierenden) Religionen verweisen zumeist auf die Wirksamkeit, mit der diese aus dem L. heraus und zum H. führen – ein Anspruch, der mitunter auch von der Wissenschaft, sogar zeitweise von der Religionswissenschaft selbst übernommen wurde (nach → Eliade, → Heiler u. a. ist diese eine heilskräftige Disziplin). Die damit übernommenen Voraussetzungen sind jedoch außerwissenschaftlich. JS

Lit.: K. Löwith, Weltgeschichte und H.-Geschehen, 1953, hier 15. – O. Cullmann, H. als Geschichte, 1965. – J. Bowker, Problems of Suffering in Religions of the World, 1970. – H. Cancik, Grundzüge franziskan. Leidensmystik, in: Ders., Rausch – Ekstase – Mystik, 1978, 95–119. – H. von Stietencron, Angst und Gewalt. Ihre Präsenz u. Bewältigung in den Religionen, 1979. – E. Pöppel, Lust und Schmerz, 1982. – W. Oelmüller (Hg.), Leiden. Religion u. Philosophie, 1986. – C. Geertz, Religion als kulturelles System, in: Ders., Dichte Beschreibung, 1987, 44–95. – H.-J. Klimkeit/K. Hoheisel (Hg.), H. und Heilung in den Religionen, 1995.

Heiland, früheste Übersetzung für den christl. Erlöser (lat. salvator), der aber frühmittelalterlich eher als Kämpfer und Held gegen den Bösen gedacht ist. Das Heliand-Epos wurde im 9. Jh. in altsächs. Sprache gedichtet. Im 19. Jh. wurde der H. dem bürgerlichen Christentum entsprechend als liebe, segnende Person dargestellt (Plastik von B. Thorvaldsen, um 1820). → Heil. CA

Lit.: K. Breysig, Die Entstehung des Gottesgedankens u. der Heilbringer, 1905. – A. Imhof, Im Bildersaal der Geschichte, 1991, 25–67.

Heiler, Friedrich (1892–1967), neben van der → Leeuw einer der Hauptvertreter der → Religionsphänomenologie. Beeinflusst von → Modernismus und liberaler Theologie wirkte H. in Marburg und München nicht nur als Religionsforscher, sondern auch als Ökumeniker und Prediger. Seine vergleichende Untersuchung über das → Gebet und seine übergreifende Systematik des religionsgesch. Materials werden trotz aller Kritik, die sie erfahren haben, bis heute rezipiert, besonders außerhalb der → Religionswissenschaft. AJ

W.: Das Gebet, 1918. – Der Katholizismus, 1923. – Urkirche und Ostkirche, 1936, [2]1971. – Erscheinungsformen und Wesen der Religion, 1961.
Lit.: M. Pye, F. H., in: A. Michaels (Hg.), Klassiker d. Religionswissenschaft, 1997, 277–89.

Heilig/profan (von lat. profanare = ein Opfer vor den Tempel herausbringen; profanus = vor dem hl. Bezirk liegend). Jedwedes (→ Mensch, Stätte/→ Raum, → Zeit, Sache) kann zeitweise oder dauerhaft für einen Rezipienten hl. sein, je nach Überzeugung und Sprachgebrauch seiner (religiösen) Gruppe, zum Teil in Abgrenzung von einem profanen/weltlichen Bereich. Die → Sakralisierung eines Gegenstandes geht mit einer Veränderung seiner Eigenschaften einher. Er kann nun unter Umständen anderen profanen Bereichen ähneln (ist z. B. unantastbar wie Verdorbenes oder Exkremente, → Tabu). Als hl. wird in der Innenperspektive sowohl eine verehrungswürdige, transzendente, ganz andere, abgesonderte Wirklichkeit angesprochen als auch Personen oder Dinge. Eingeführt durch N. → Söderblom (1866–1931) löst der Begriff des → Hl. in der theolog. Innenperspektive wie auch in religionswiss. Außensicht zeitweise die Bezeichnung des Göttlichen ab, um die problemat. Definition von Religion (→ Religion, Definitionen der) über das Göttliche zu überwinden. Für einige Religionstheoretiker ist die Unterscheidung von hl. und profan konstitutiv für → Religion überhaupt. Der Begriff hl. wird unterschiedlich gefasst: (a) bezogen auf die gesellschaftliche Funktion (H. Spencer, 1820–1903, É. → Durkheim: Die hl., ideale Gesellschaftsform ist eine soziale Tatsache; P. L. Berger: Profane, chaotische Kräfte werden durch hl. gebändigt); (b) als Korrelat einer apriorischen Bewusstseinsstruktur (R. → Otto: für die Erfahrung des Irrationalen, Sprachjenseitigen, Erschreckenden, Faszinierenden); (c) als Erscheinen hl. Wirklichkeit in der profanen Geschichte (die Hierophanie M. → Eliades; → Heilsgeschichte); (d) wird die Transgression des Weltlichen durch → Sexualität als hl. beschrieben (G. Bataille, 18971962). Religionswiss. ist die Bezeichnung hl. wissenschaftsgeschichtlich und als Eigenbegriff einer religiösen Subgruppe bemerkenswert. Gefahren sind ein Sakralreduktionismus und die inhaltliche statt strukturelle Auslegung des Begriffs, die eine Übernahme dynamist. Positionen oder die Erfindung einer trans-religiösen Kategorie »hl.« zur Folge haben kann. AK

Lit.: N. Söderblom, Art. »Holiness«, in: ERE, Bd. 6, 1913, 731–41. – C. Colpe (Hg.), Die Diskussion um das »Hl.«, 1977.

Heilige, das. Mit »das H.« hat sich die → Religionsphänomenologie einen Begriff geschaffen, der als eine Art »Weltformel« für alle → Religionen Gültigkeit beansprucht: für sog. → Naturreligionen ebenso wie für Religionen ohne einen Gottesbegriff (statt »der/die H.«: typisch also das Neutrum), etwa den Buddhismus, aber auch für Bewegungen und Institutionen ohne eigentl. religiöse Definition wie Sport, Musik, Geld. (1) Der Begriff des Numinosen. R. → Otto stellt dem platon.-christl. theolog. Gottesbegriff von einer Person als Quelle des Guten ein Neutrum entgegen, das Numinose (von lat. numen = nicht-personale göttliche Macht) als eine nicht anthropomorph gedachte, aber kultisch verehrte reale → Kraft. Seine Manifestationen sind nicht logisch-systematisierend als philosoph. Begriff zu fassen, sondern als psychische Erfahrung des Erschreckens (tremendum) und der Begeisterung (fascinosum). Religion als das Institutionelle und kultisch Normierte, als Letztbegründung von ethischen Normen ist nur eine Rationalisierung und Funktionalisierung des »Kreaturgefühls« jedes Menschen gegenüber der Kraft, die jedes menschliche Denken und alles Voraussehbare übersteigt, »das Ganz Andere«. »Das H. minus seines sittlichen Momentes und minus seines rationalen Momentes« [muss (a priori) »voraus gesetzt« werden] als von jedem Menschen gemachte Erfahrung (soweit er für die religiöse Ergriffenheit empfänglich ist) [und muss] religionspsycholog. gefasst werden. An den Hymnen quer durch viele Kulturen versucht Otto zu belegen, dass es dieses → Gefühl in jedem Menschen (potentiell) gibt, unabhängig davon, in welcher Zeit oder kulturellen und geograph. Umwelt er lebt. Aber nicht jeder Mensch erfährt das Numinose (→ homo religiosus). (2) Kritik. Der Begriff war ein grundlegender Versuch der → Religionswissenschaft, als Disziplin aus der christl. Theologie und deren rationalem Begriffssystem herauszutreten. Statt Differenzierung und wissenschaftlicher Beschreibung der »Gegenstände« wurde aber ein bestimmtes tyrann. Gottesbild zur überzeitlich gültigen und real existierenden Macht erklärt. Da nur homines religiosi das H. in den seltenen Momenten der Ergriffenheit erfahren, ist ein subjektives Erlebnis Grundlage einer allgemeinen Religionstheorie. Die Differenz zwischen religionsinternem Erfahrungsbericht und wissenschaftlicher Beschreibung ist nicht gelöst. Eine archaische Ontologie (bes. → Eliade), in der Religion und → Macht noch ident. waren, verweigert sich der Moderne und ihrer angeblichen Säkularisierung. Die angebliche Selbstverständlichkeit, weil ontolog. Qualität des H. muss für eine Beschreibung in die Prozesse des Bezeichnens und des Wahrnehmens zerlegt werden: (a) Weihen, Darbringen, Nicht-wieder-nehmen-Dürfen des einmal Übereigneten; (b) die Vorgänge, wie sich Kultteilnehmer aus ihrem Alltag heraus für den Kult vorbereiten, durch Reinigung, Stille, Kleidung, den Weg zum Heiligtum, die Schwelle, die Konzentration auf das H. im Mittelpunkt, die Beachtung der anderen Kultteilnehmer im Heiligtum oder (c) sich permanent in den Dienst weihen lassen, worauf ihr hl. Verhalten dann erwartet wird; (d) das Aufrechterhalten der Heiligkeit durch Zeichen, Hierarchie, erneute Aufführung der Weihe in Prozessionen, Liturgien und dem Genus der Hymnen. CA

Lit.: R. Otto, Das H., 1917. – R. Caillois, Der Mensch u. das H., 1988 (franz. 1939, [3]1950). – M. Eliade, Das H. u. das Profane, 1957 (franz. Traité d'histoire des religions, 1949). – C. Colpe (Hg.), Die Diskussion um das H., 1977. – C. Colpe, Über das H., 1990. – C. Colpe, Art. »H.«, in: HrwG 3, 1993, 74–99. – T. A. Idinopoulos/

E. A. Yonan (Hg.), The Sacred and its Scholars. Comparative Methodologies for the Study of Primary Religious Data, 1996.

Heilige Hochzeit, während der Ur-III- und Isin-Larsa-Periode (21.–18. Jh. v. Chr.) ausgeführter Ritus, bei dem der sumer. Herrscher den Gott → Dumuzi und eine Priesterin die Göttin Inanna vertrat. Der Vollzug der H. H. betraut den Herrscher mit göttlicher Legitimation. Im 1. Jt. rituell durchgeführte Götterhochzeiten (z. B. während des → Akītu-Festes) sind von der sumer. H. H. zu trennen, auch ist gelegentlich im Umfeld von Tempeln geübte → Prostitution nicht mit der H. H. zu verbinden. MH

Lit.: S. N. Kramer/J. Bottéro, Le mariage sacré à Sumer et à Babylone, 1983. – D. Frayne, Notes on the Sacred Marriage, in: Bibliotheca Orientalis 42 (1985), 5–22. – C. Auffarth, Der drohende Untergang, 1991, 52f., 213–29, 559–72. – A. Avagianou, Sacred Marriage in Rituals of the Greek Religion, 1991. – J. S. Cooper, Sacred Marriage and Popular Cult in Mesopotamia, in: E. Matsushima (Hg.), Official Cult and Popular Religion in the Ancient Near East, 1993, 81–96.

Heilige Orte/Heiligtum. Orte und Objekte, die als → hl. erfahren werden, bilden die Brennpunkte eines kulturell bedeutsamen → Raumes: In ihnen manifestieren sich in konzentrierter Form religiöse Ideale und Vorstellungen, v. a. aber kommt eine bes. → »Macht« zur Geltung, die von den Gläubigen genutzt werden kann. Die Heiligkeit kann den Orten an sich immanent sein, wie etwa einzelnen → Bergen, Flüssen, Seen oder Landschaften. Meist jedoch wird sie auf ein mythisches Geschehen zurückgeführt, wie z. B. die »Zähmung« eines Ortes durch Guru → Padmasambhava im tibet. Kontext. Häufig wird ein H. O. durch eine Figur oder Reliquie geheiligt, in der die Gottheit »anwesend« ist. In diesem Fall kann der Ort durch den Transfer des hl. Gegenstandes (etwa durch Diebstahl: furta sacra) auch entheiligt werden. Auch wenn die Heiligkeit ursprünglich einem natürlichen Ort eignete, besteht generell die Tendenz, dass dieser im Laufe der Zeit durch Bauten markiert wird, die selbst an der Sakralität teilhaben: Schreine, Tempel, komplexe Tempelanlagen verleihen dem Ort eine konstruierte, normativ geprägte Form (→ Kultort). H. O. sind nicht immer eindeutig von »profanen« Räumen abzugrenzen: oftmals sind die Übergänge graduell. Bei der → Wallfahrt wird die Annäherung an die H. O. physisch erfahren und als transformativer Prozess erlebt. Die Begehung bzw. Umgehung (Zirkumambulation) der hl. Stätten ermöglicht es den Pilgern, der »Macht« der Stätte, d. h. der Anwesenheit der übermenschlichen Kräfte und Wesen, teilhaftig zu werden. → Raum. MG

Lit.: S. Kramrisch, The Hindu Temple, 2 Bde., 1946. – P. Geary, Furta sacra, 1978.

Heiliger/Heilige (griech. hágios/hágia, lat. sanctus, franz./engl. saint).

I. Allgemein. Mitglieder einer religiösen Gemeinschaft, die sich durch bes. Rigorosität in ihrer Frömmigkeitspraxis vor den anderen Mitgliedern auszeichnen. Heiligkeit kann als Anspruch erhoben, aber mehr noch durch Bewunderung herausgefordert werden. Sich dem einmal erworbenen Image zu entledigen, gelingt kaum: Sich anders als normale Menschen zu verhalten, kann habituell werden.

(1) Während die lebenden H. sich der Zumutung zu entziehen suchen, Wunder zu vollbringen, sind die Toten Objekt der Plünderung, wenn die Verehrer sich Teile aneignen, die die Heiligkeit nicht nur erinnern, sondern auch weiterhin bewirken – vom Grab bis zum Geburtsort, die Dinge, die sie oder er getragen oder berührt hat, und bes. der Leichnam. Die Aufteilung des Skeletts ist – gegen viele Regenerationsriten, die das vollständige Skelett voraussetzen – erst durch die christl. Weihepraxis erforderlich geworden, dass unter jedem Altar ein H. zu liegen hat (nach Apk 6,9). Die Heiligkeit des Ortes wird nicht durch natürlich-lokale Besonderheiten bewirkt, wie einen Baum oder eine Quelle, sondern aus dem Herkunftsort der Religion abgeleitet durch die Übertragung einer → Reliquie. (2) Die H. konkurrieren mit den Kultspezialisten der religiösen Institution um Ansehen und Einfluss. Bes. rigoros ist die Praxis im modernen Katholizismus: H. werden erst nach ihrem Tod, oft gegen den schon am Lebensort und Grab einsetzenden Kult, einem förmlichen Gerichtsverfahren unterzogen. Mindestens zwei → Wunder gegen die Natur müssen nachgewiesen werden. So versucht die institutionelle Religion, spontane und schwer zu kontrollierende parainstitutionelle Kulte zu erschweren und allenfalls einzugliedern.

II. H.-Ikonographie und -Kalender. Mit dem ausgeprägten sekundären Polytheismus der kath. Kirche bis ins 19. Jh. werden einzelne H. zu jedem Beruf und jeder Situation angerufen und bildlich präsent gemacht; Städte wählen ihren

Stadtpatron, oft nach der Stadtkirche. Für jeden H. gibt es bestimmte Attribute und Darstellungskonventionen; die jeweilige soziale Gruppe feiert an einem bestimmten Tag des Jahres ihren H.
III. Ablehnung. Einige Religionen lehnen die H.-Verehrung ab. Im Islam steht konsequenter Monotheismus gegen die → baraka an H.-Gräbern und gegen die Marabouts als lokalen Charismatikern. Im Judentum steht eher das ganze Volk unter der Verheißung der Heiligkeit; im protestant. Christentum gibt es (eher selten) die Erwählung zur hl. Gemeinde und die Heiligung des Gläubigen. → Funktionär. CA

Lit.: LCI, Bd. 5–8: Ikonographie der H., 1973–75. – C. Clément/S. Kakar, Der H. u. die Verrückte, 1993. – A. Angenendt, H. u. Reliquien, 1994.

Heiliger Geist (griech. hágion pneũma; lat. spiritus sanctus; hebr. rūaḥ = Geist). Der Begriff Hl. G. kann überall da angewandt werden, wo das Analogat → Geist, Atem oder Wind dazu dient, eine göttliche Wirklichkeit zu beschreiben, die hervortritt, um sich mitzuteilen. Das christl. Spezifikum besteht in der Auffassung, der Hl. G. sei nicht eine unbestimmte Kraft oder eine von Gott verschiedene Wirkung, sondern Gott selbst in der Person des Geistes. Gemäß der christl. Lehre der → Dreifaltigkeit geht die göttliche Person des Geistes aus dem Vater und dem (bzw. durch den) Sohn mittels einer »Hauchung« (lat. spiratio) hervor. Der Hl. G. tritt in die Welt und wird »ausgegossen« (→ Pfingsten), um in der Geschichte, in der Kirche und im Personenkern des Menschen als dynam. Prinzip der Gottesgegenwart zu wirken. Die »Eingießung« der Hl. G. in den Menschen findet Ausdruck im geistlichen Leben, in den Früchten des Geistes und in → Charismen, d. h. in Gnadengaben zur Erbauung der Kirche. Unterschiedliche Gruppen und Einzelpersonen der Gegenwart berufen sich in bes. Weise auf die Wirksamkeit des Hl. G., etwa um vernachlässigte Phänomene des christl. Glaubens wie Zungenrede (→ Glossolalie), Prophetie oder Zustände von → Trance in den Vordergrund zu rücken oder um der Hoffnung auf eine Änderung der polit., sozialen oder persönlichen Umstände religiösen Ausdruck zu verleihen. KHS

Lit.: M. Lienhard/H. Meyer (Hg.), Wiederentdeckung des Hl. G., 1974. – H. Thielicke, Theologie des Geistes, 1978. – Y. Congar, Der Hl. G., 1982. – M. Welker, Theologie des Hl. G., 1992.

Heiliger Krieg, problemat. Sammelbegriff für Kriege, welche in besonderer Weise durch eine Gottheit geführt oder in Auftrag gegeben worden sein sollen. Prototyp sind die Kriege, die Israel nach den Erzählungen des AT gegen seine Feinde führte. Die Vorstellung, dass Jahwe sein Volk im Krieg führt und sich selbst ins Kriegsgeschehen einmischt, gehört zu den ursprünglichen Erfahrungen Israels, während die Ideologie des H. K. (Gebot der Vertreibung und Vernichtung der Feinde, Absonderung von allem Fremden usw.) erst spät entstanden ist. Im Christentum verschmolz im Mittelalter die Vorstellung eines »gerechten« Krieges mit derjenigen der Buß- und Pilgerfahrt. Das zunächst persönliche Frömmigkeitsideal, das »Kreuz auf sich zu nehmen« (Mt 10,38), entwickelte sich zur Idee der → Kreuzzüge mit dem Ziel, das Hl. Land der muslim. Herrschaft zu entreißen; aggressive und asketische Motivationen wirkten zusammen, Volksfrömmigkeit sah in der Teilnahme am Kreuzzug ein Mittel, sich das → Heil zu erwerben. Im Islam meint die Vorstellung des → ǧihād (»Einsatz, Anstrengung«) zunächst durchaus ein militär. Engagement mit dem Auftrag, den polit. durch den Islam kontrollierten Bereich (→ dār al-islām) zu Lasten des »fremden« Bereichs (→ dār al-ḥarb, »Haus des Krieges«) auszuweiten. Aber die Bedeutung von ǧihād geht weit über den »kleinen«, d. h. militärischen hinaus; der »große ǧihād« umfasst den persönlich-innerlichen Kampf um die Vervollkommnung in einem Gott ergebenen Leben. In islamist. Bewegungen der Gegenwart hat die Idee des ǧihād erhebliche polit. Bedeutung gewonnen, deren Instrumentalisierung durch nichtislamist. Instanzen hatte jedoch wenig Erfolg. → Fundamentalismus, → Rigorismus. FS

Lit.: F. Stolz, Jahwes und Israels Kriege, 1972. – C. Colpe, Der »hl. Krieg«, 1994.

Heiliges Bündel → Medizinbündel.

Heilige Schriften. Wie bei allen derartigen Begriffen ist das Epitheton »Hl.« einerseits eine qualifizierende Zuschreibung durch eine bestimmte Religion/Kultur, andererseits wird damit eine immanente (und nicht nur zugeschriebene) Differenz behauptet, die → Gott zum Verfasser, die Autoren zu göttl. Inspirierten (→ Inspiration) und das Buch zum Gegenstand kultischer Verehrung macht, das nicht durch Kritik in Zweifel gezogen werden darf. Das Konzept setzt einen gewissen Grad an Literalität voraus (→ Text). In Kulturen, in denen schon das Schreiben als hl. Akt dem Alltagsleben enthoben ist (Hieroglyphen), gibt es keine qualitative Unterscheidung zu profanen Schriften. Ist Schrift dagegen allgemein zugänglich, kann Literatur durch Form und Qualität als außeralltäglich angesehen werden (→ Musen), ohne zu H. S. zu werden. Die H. S. setzt den Vorgang der Kanonisierung und Ausscheidung anderer Schriften voraus; sekundär die Hüter und Ausleger. → Kanon, → Schriftreligion, → Tradition. CA

Lit.: A. Agus, Hl. Texte, 1999. – U. Tworuschka (Hg.), H. S., 2000.

Heiligkeitsgesetz, in der Hebr. Bibel der Gesetzesabschnitt Lev 17–26 mit Bestimmungen über Heiligtum, Priester, Opfer sowie Sexualität und Familienleben. Offenbar handelt es sich um eine alte priesterliche Spezialschrift zur Regelung des Kultes, wie sie in Qumran als → Tempelrolle zirkulierte. → Altes Testament, → Apokryphen, → Gesetz. KVS

Lit.: J. Joosten, People and Land in the Holiness Code, 1996. – K. Grünwaldt, Das H. Leviticus 17–26. Ursprüngliche Gestalt, Tradition u. Theologie, 1999.

Heilsgeschichte. Mit dem Aufkommen der Wissenschaft und der Möglichkeit, Naturprozesse zu erklären und zu kontrollieren, rückte die Zukunft in den Bereich des Machbaren. Das bedeutet jedoch nicht, dass die christl. Hoffnung auf das kommende Reich Gottes aufgegeben wurde. Eher kann man von einer »Verdoppelung des Zukunftsbegriffes« (Hölscher) sprechen: → Zukunft als das Berechenbare sowie Zukunft als Ort des → Heils. Ob und inwieweit das apokalypt. Geschichtsbild in der modernen Welt sein Existenzrecht behält oder nicht (→ Apokalyptik), hat bes. Philosophen beschäftigt. K. → Löwith und H. Blumenberg (1920–96) haben darüber in den 60er Jahren eine Auseinandersetzung geführt, deren Ergebnisse noch heute von Interesse sind: Die Erwartung eines Fortschritts in der Naturbeherrschung muss wohl unterschieden werden von der Frage nach dem Sinn der Geschichte als Ganzer, auch wenn sich beide Auffassungen vielfach miteinander gekreuzt und verbunden haben. Die Konkurrenz zweier Arten von Zukunftsvorstellungen war auch die Voraussetzung dafür, dass säkulare Geschichtsphilosophien in die Spuren religiöser Heilserwartungen treten konnten (so teilweise der → Marxismus) und dass umgekehrt religiöse Geschichtsdeutungen dem säkularen Fortschritt eine düstere Prognose stellen konnten (so der protestant. → Fundamentalismus in den USA; → Evangelikale). Die Hoffnung auf das Reich Gottes ist jedenfalls in der Neuzeit nicht verschwunden, sondern vital geblieben. → Geschichtsschreibung. HGK

Lit.: K. Löwith, Weltgeschichte u. Heilsgeschehen. Die theol. Voraussetzungen der Geschichtsphilosophie, 1953. – H. Blumenberg, Die Legitimität der Neuzeit, 1966. – L. Hölscher, Die Entdeckung der Zukunft, 1999, 34–46. – D. S. Katz/R. H. Popkin, Messianic Revolution. Radical Religious Politics to the End of the Second Millennium, 1999.

Heilsorakel → Orakel.

Hekhalôt → Hechalôt.

Hel (altnord.; zu althochdt. helan = verbergen, womit das Sippengrab als Ursprung H.s angedeutet ist), in der altnord. Literatur Bezeichnung sowohl für das Totenreich als auch für die darin herrschende Göttin. Bei der Letzteren handelt es sich vermutlich um eine in der Dichtung vorgenommene Personifizierung des Totenreichs, in das die an Altersschwäche und Krankheit Gestorbenen eingehen. H. ist weder Strafort noch → Hölle, sondern einfach Aufenthaltsort der Toten. Ähnlichkeiten mit der christl. Hölle nimmt H. erst in der Snorra-Edda an (→ Edda). Die Göttin H., für deren vorchristl. Existenz es keine Anhaltspunkte gibt, wird als Tochter des → Loki bezeichnet. → German. Religion. US

Lit.: H. R. Ellis, The Road to H., 1943. – E. F. Halvorsen, Art. »H.«, in: KLNM 3, 1961, 304–5.

Helal (hebr.), in der Bibel Bezeichnung für den Morgenstern, der entweder als positives Synonym für den »Lichtbringer« (lat. = → Lucifer) begegnet oder als Vorbote der Sonne, die ihn überstrahlen wird (vgl. Jes 14,12ff.; Lk 10,18). → Altes Testament, → Apokryphen. KVS

Hellenismus. Griechen, in ihrer eigenen Sprache Hellenen, siedelten rund um das Mittelmeer. Durch die Eroberungszüge Alexanders des Großen (gest. 331 v. Chr.) mit seinen Ideen der Verbindung von Europa und Asien wurde die griech. Sprache Weltsprache, und mit ihr wurden griech. Kultur, Kunst, Literatur und Religion verbreitet. Eine tiefgreifende Hellenisierung erfasste nicht nur die Oberschicht, sie reizte aber auch zu Widerstand, so z. B. im → Makkabäer-Aufstand (2 Makk 4,13) und dokumentiert in den → Apokalypsen. Als typisch für den H. als Verfallsepoche galt die Mischung der Völker (→ Synkretismus), so bes. bei J. G. → Herder, und die Monarchie mit der göttlichen Verehrung der Herrscher. Der H. als polit. Erscheinung endete mit dem röm. Imperialismus um die Wende zum 1. Jh. v. Chr.; als kulturelle Erscheinung dagegen wirkte er fort bis zum Untergang Konstantinopels 1453. Die Christen nannten die Gegner der Christianisierung des Röm. Reiches, wie Julian Apostata (332–62), Hellenisten. Aber die Hellenisierung des Christentums, etwa durch neuplaton. Denkmuster, hat diese Religion grundlegend verändert (→ Platonismus/Neuplatonismus). CA

Lit.: M. Hengel, Judentum u. H., 1971, ^{3}1988. – G. Bowersock, Hellenism in Late Antiquity, 1990. – F. R. Trombley, Hellenic Religion and Christianization, 2 Bde., 1997. – B. U. Schipper, Apokalyptik u. Ägypten, 2002.

Henoch, einer der biblischen Urväter, nach Überlieferung des → Jahwisten (Gen 4,17) Enkel Adams, nach der Priesterschrift (Gen 5,18–24) sein siebter Nachkomme, 365-jährig wegen seines gottgefälligen Wandels in den Himmel »entrückt«, also nicht gestorben. Dies prädestinierte H. von Anfang an für seine Rolle als mythischer Träger von himmlischen Geheimnissen. In nachexil. Zeit nahm H. Züge des sagenhaften babylon. Urkönigs Enmeduranki an und wurde zum Garanten einer heilsgemäßen göttlichen Ordnung, die er einigen Eingeweihten offenbarte (v. a. im Hinblick auf Kalender und Astronomie). Zeugnis davon geben die in der Antike überaus verbreiteten → Henochbücher, von denen in Qumran sieben Exemplare vorhanden waren. Die Wirkung dieser Bücher reichte bis in buddh. Schriften der Spätantike hinein. → Altes Testament, → Apokryphen. KVS

Lit.: J. C. VanderKam, Enoch and the Growth of an Apocalyptic Tradition, 1984. – H. S. Kvanvig, Roots of Apocalyptic. The Mesopotamian Background of the Enoch Figure and the Son of Man, 1988. – U. Peters, Wie der biblische Prophet H. zu Buddha wurde, 1989. – M. Albani, Astronomie u. Schöpfungsglaube, 1994.

Henochbücher, dem → Henoch zugeschriebene Bücher, v. a. von der frühen Ostkirche überliefert, aramäische Fragmente sind auch in → Qumran gefunden worden. Beschrieben werden → Himmels- und Höllenreisen des Henoch und die Offenbarung seines Wissens an die Menschen. Man unterscheidet (nach der Überlieferungssprache) ein äthiop. H. (1 Henoch) mit z. T. sehr alten Inhalten und ein slawisches H. (2 Henoch). Auch 2 Henoch datiert vermutlich noch vor 70 n. Chr., ist aber in vielen Details eine Weiterentwicklung von 1 Henoch. 3 Henoch, das sog. hebr. H., gehört frühestens dem 3.–4. Jh. n. Chr. an. → Tradition. KVS

Lit.: E. Rau, Kosmologie, Eschatologie u. die Lehrautorität Henochs, 1974. – S. Uhlig, Das äthiop. Henochbuch, 1984. – C. Böttrich, Das slavische Henochbuch, 1996.

Henotheismus (von griech. hén = eins und theós = Gott). In manchen Kulten wird die Gottheit angesprochen, als sei sie das Einzige, nur von ihr sei Heil zu bekommen. Dies geschieht im Bewusstsein, dass neben ihr, auch im gleichen Tempel, noch andere Götter verehrt werden. Eine solche eifersüchtige Gottheit – etwa in der Antike die ägypt.-röm. Göttin Isis – ist eine Besonderheit und zu unterscheiden von der Zuwendung abwechselnd zu je der angebeteten Gottheit, wie sie prinzipiell im Kult gültig ist (→ Kathenotheismus). – Überholt ist der Begriff für ein Durchgangsstadium zwischen Polytheismus und Monotheismus (Schelling, 1856; Max → Müller). → Typologie. CA

Lit.: H. S. Versnel, Ter unus, 1990.

Herder, Johann Gottfried (1744–1803), Philosoph und evang. Theologe. H. betonte die Geschichtlichkeit von Bildung und Religion (→ Geschichtsschreibung). Der Mensch und die Vernunft seien nicht aus sich selbst entstanden. Vielmehr wirke die → Tradition durch Religion und Sprache in der Bildung fort und mache Kultur erst möglich. Daher widmete H. sich der Erforschung von Dichtung und Sprache verschiedener Völker (*Volkslieder*, 1778/79). FE

W.: Werke, hg. v. M. Bollacher u. a., 10 (in 11) Bde., 1985–2000.
Lit.: S. Birkner, Die Mechanisierung des Lebens im Werk J. G. H.s, 1957. – H. Adler, Die Prägnanz des Dunklen. Gnoseologie – Ästhetik – Geschichtsphilosophie bei J. G. H., 1990.

Hermaphrodit (Zusammensetzung aus → Hermes und → Aphrodite), das Zwitterwesen in der griech./röm. Kunst seit dem 4. Jh., kaum im Kult. Der Erzählung von der Verwandlung

(Ovid, »Metamorphosen« 4,274–388) scheint kein Ritual (Kleidertausch, Rollentausch) zu entsprechen. → Sexualität. CA

Lit.: M. Delcourt/K. Hoheisel, H., in: RAC 14, 1988, 650–82.

Hermeneutik (von griech. hermēneúein = auslegen, interpretieren), die Theorie der Auslegungskunst, seit der Antike sowohl als Methode der Sprachwissenschaft zur Auslegung der Literaturdenkmale als auch im religiösen Zusammenhang zur Deutung des Inhalts → hl. Schriften angewandt. Begriffsgeschichtlich ist zu unterscheiden zwischen (1) einer theolog. und (2) einer philosoph. H. (1) Die Ursprünge biblischer H. liegen für das Judentum in zwischentestamentlicher Zeit, wie Ansätze zur Bibelauslegung in → Qumran beweisen. Bei → Philo von Alexandria zeigt sich bereits eine blühende allegor., platon. beeinflusste H. Die Rabbinen formulierten später komplexe Deutungsregeln (→ Midrasch), die sich einteilen lassen in wörtliche, allegor.-erbauliche und »geheime«, d. h. esoter. Interpretationen. Letztere sind in der jüd. Mystik zur vorherrschenden Technik geworden. In Islam und Christentum wurden ebenfalls verschiedene Methoden der H. entwickelt, doch erst ab dem 18. Jh., v. a. durch die Arbeiten S. J. Baumgartens (1706–57) und F. → Schleiermachers, entstand die spezif. hermeneut. Geisteswissenschaft, die sich nicht mehr auf die reine Exegese beschränkt, sondern »Anschauung und Gefühl« als zentral auffasst. Die sog. »Verstehende → Religionswissenschaft« leitet sich von dieser Idee ab. (2) Die philosoph. H., die stets in einer Wechselbeziehung zur theolog. H. stand, verdankt ihren wesentlichen Impuls → Dilthey, dessen Arbeit → Wach fortführte. → Heidegger bezeichnet die von ihm in *Sein und Zeit* ausgearbeitete Phänomenologie des Daseins ebenfalls als H. Nach 1945 entfaltet sich eine kontroverse sozialwissenschaftliche Diskussion um die Konzepte des »Verstehens« und »Erklärens«, und die H. wird zunehmend als Kritik an naturwissenschaftlichen Paradigmata verstanden, die eine Widerspiegelung von »Wahrheit« und »Wirklichkeit« lediglich suggerieren, keineswegs aber einlösen können. → Deutungsmuster, → Form- und Gattungsgeschichte, → Text. KVS

Lit.: J. Wach, Das Verstehen. Grundzüge einer Geschichte der hermeneut. Theorie im 19. Jh., 3 Bde., 1926/29/33. – H.-G. Gadamer/G. Boehm, Seminar: Philosoph. H., 1976. – K.-O. Apel, Transformation der Philosophie, 2 Bde., 1976. – F. Fellmann, Symbol. Pragmatismus: H. nach Dilthey, 1991. – H. Ineichen, Philosoph. H., 1991. – H. Seiffert, Einf. in die H. Die Lehre von der Interpretation in den Fachwissenschaften, 1992. – D. Tracy, Theologie als Gespräch. Eine postmoderne H., 1992. – C. Dohmen/G. Stemberger, H. der jüd. Bibel u. des AT, 1996. – H.-J. Klimkeit (Hg.), Vergleichen u. Verstehen in der Religionswissenschaft, 1997.

Hermes, der griech. Gott der kleinen Leute. Wer unterwegs ist, findet im Boten der Götter das Vorbild an Mobilität, Sprachgewandtheit, Trickreichtum. Sein Name ist ident. mit dem der Steinhaufen, die die Wege markieren, in der Stadt als Steinpfähle mit Kopf und erigiertem Phallus (Herme). Er geleitet die Seelen in die Unterwelt (psychopompós). Ikonograph. zeichnen ihn Stab (caduceus), Flügelschuhe und Hut aus. Lat. entspricht ihm Mercurius (→ Merkur). Der von Herodot (geb. ca. 700 v. Chr.) als H. benannte ägypt. Gott Thot (H. Trismegistos, der dreimal-größte) gilt als Autor des *Corpus Hermeticum*. → Paganismus. CA

Lit.: W. Burkert, Griech. Religion, 1977, 243–47.

Hermetik, antike religiöse Richtung, die sich auf die legendären Offenbarungen des mythischen Hermes Trismegistos (griech. = Dreimalgrößter Hermes) beruft. Erste hermet. Schriften zirkulierten um 300 v. Chr. in Ägypten, wo Hermes mit Thot, dem Gott der Priester und Schreiber, identifiziert wurde. Trotz des älteren ägypt. Kerns entfaltete sich die eigentl. H. erst im 2.–3. Jh. n. Chr. durch die Verbindung von Neuplatonismus (→ Platonismus) und jüd.-christl. Gedankengut, vielleicht im Zuge einer Spaltung der neuplaton. Philosophie in eine »heidnisch«-philosoph. (Plotin, um 205–70) und eine christl. Richtung. Letztere ist in der christl.-gnost. Gemeinde von Nag Hammadi greifbar. An Schriften sind zu unterscheiden die älteren disparaten Hermetica, die v. a. magischen (→ Magie) und astrolog. (→ Astrologie) Inhalts waren, und das sog. *Corpus Hermeticum*, das aus 18 Schriften bestand, die im gnostischen Christentum (→ Gnosis) hohen Stellenwert besaßen. Die H., deren Rezeptionsgeschichte meist unter dem Begriff »Hermetismus« behandelt wird, kann als eine Grundlage der → Esoterik betrachtet werden. KVS

Bibliographie: A. G. Blanco, in: ANRW II.17.4, 1984, 2240–81.

Lit.: G. Kroll, Die Lehren des Hermes Trismegistos, 1914. – A.-J. Festugière/A. D. Nock (Hg.), Corpus Hermeticum, 3 Bde., 1946–54. – G. Fowden, The Egyptian Hermes, 1986. – B. P. Copenhaver, Hermetica. The Greek Corpus Hermeticum and the Latin Asclepius, 1992. – A. Faivre, The Eternal Hermes. From Greek God to Alchemical Magus, 1995. – C. Colpe/J. Holzhausen, Das Corpus Hermeticum Dt., 2 Bde., 1997. – R. v. d. Broek/W. J. Hanegraaff (Hg.), Gnosis and Hermeticism from Antiquity to Modern Times, 1997. – E. Hornung, Das esoter. Ägypten. Das geheime Wissen der Ägypter u. sein Einfluß auf das Abendland, 1999. – R. van den Broek/C. van Heertum (Hg.), From Poimandres to Jacob Böhme. Gnosis, Hermetism and the Christian Tradition, 2000. – A.-C. Trepp/H. Lehmann (Hg.), Antike Weisheit u. kulturelle Praxis. Hermetismus in der Frühen Neuzeit, 2001. – M. Mulsow (Hg.), Das Ende des Hermetismus. Histor. Kritik und neue Naturphilosophie in der Spätrenaissance. Dokumentation und Analyse der Debatte um die Datierung der hermetischen Schriften von Genebrard bis Casaubon (1567–1614), 2002. – Art. »Hermes Trismegistus« (474–86), »Hermetic Literature« (487–544), »Hermeticism and Hermetic Societies« (550–58), »Hermetism« (558–70), in: W. J. Hanegraaff u. a. (Hg.), Dictionary of Gnosis and Western Esotericism, 2005.

Herodes (der Große, 37–04 v. Chr.), Nachfolger der → Hasmonäer als König von Judäa, Idumäa, Samarien und Galiläa, aus einem Idumäer-Geschlecht stammend. Mit seiner Frau Mariamne und seinen Söhnen Archelaos, Philippus und H. Antipas, die sein Reich erbten, führte er gegen Ende seines Lebens einen blutigen Machtkampf. H. verstand es, durch eine »doppelte Buchführung« sowohl die röm. Obrigkeit auf seine Seite zu ziehen als auch die Juden in ihren religiösen Gefühlen nicht zu verletzen. Er sah sich selber als Messias, der das Goldene Zeitalter einläuten werde. KVS

Lit.: A. Schalit, König H., 1969. – U. Baumann, Rom u. die Juden. Die röm.-jüd. Beziehungen von Pompeius bis zum Tode des H. (63 v. Chr.–4 v. Chr.), 1983.

Heros/heroisch (griech. hḗrōs = Herr, Held). H. sind → Zwischenwesen, die neben Geistern, Dämonen, Engeln oder Heiligen in mono- wie polytheist. Religionen bekannt sind. Sie entstammen der Verbindung von Göttern und Menschen (z. B. → Gilgameš in der babylon., Herakles in griech. Überlieferung) und haben Anteil an irdischen wie transzendenten Sphären. Hervorragende Leistungen, Kraft, Schönheit, aber auch Frömmigkeit sind Attribute der H. Die westliche Idee des Helden geht auf die griech. → Antike zurück, in der bes. Tote kultisch verehrt und damit heroisiert wurden. Der Kult um tote Helden ist Bestandteil totalitärer Systeme der Moderne. Mit dem Bestseller *Der H. in tausend Gestalten* (1949) trug J. Campbell wesentlich zur Aktualisierung des H.-Gedankens in Popularkultur und popularer Religiosität bei. Helden-Mythen werden hier zur allegor. Folie für die heroische Bewährung und spirituelle Suche des modernen Individuums. → Kulturheroen, → Mythos. PJB

Lit.: S. Behrenbeck, Der Kult um die toten Helden, Nationalsozialist. Mythen, Riten und Symbole, 1996. – B. Lang, Art. »Zwischenwesen«, in: HrwG, Bd. 5, 2001, 414–40.

Herrschaft. I. Histor. Konzepte von H. und ihre Verbindung zu Religion. (1) Bei Aristoteles (384–322 v. Chr.) ist H. (griech. archḗ) das weltbewegende und lebensordnende Strukturprinzip. Es realisiert sich auf zwei Weisen, und zwar zugleich im polit. und psychischen Bereich: (a) in der Ordnung des Hauses (Herr und Knecht), die mit der H. der Seele über den Leib verglichen wird; (b) in der Ordnung der Polis (Staatsmann und Freie), die mit der H. der Vernunft über die Begierde in Beziehung gesetzt wird. U. a. an diese Tradition schließt die christl. Theologie an. Unter Bezugnahme auf die polit. Theologie im Römerbrief, die alle irdische Macht von Gott her legitimiert sieht (Röm 13,1), wird im weltlichen Herrscher die Repräsentation göttlicher Allmacht gesehen. Von dieser Vorstellung ist auch das Ordo-Konzept der christl. Theologie des Mittelalters geprägt. (2) Die polit.-theolog. Koinzidenz von göttlichem Heil und irdischer H. wird in der absolutist. Souveränitätslehre zur Idee von der Göttlichkeit des Herrschers abgewandelt. Herrschaftliche Majestät bezieht sich jetzt nur noch auf die im Fürsten personifizierte Souveränität der polit. Gemeinschaft (vgl. etwa J. Althusius, 1557–1638). Indem polit. H. somit nur noch die Organsouveränität legitimiert, werden die herrschaftsausübenden Personen austauschbar. Damit einhergehend bildet sich in der öffentlichen Meinung eine subjektive Moral aus, die als Kontrollinstanz der H.-Ausübung fungiert. Somit ist der Gedanke der Volkssouveränität in der Lehre von der Fürstensouveränität bereits angelegt. (3) Zu einer Negation von H. kam es erst mit der absolutist. Monopolisierung der polit. H. J.-J. → Rousseaus Ineinssetzung von polit. H. und volonté générale fand Eingang in die Verfassungspläne der Revolutionszeit. Die neuzeitliche Wende bedeutet somit die Abkehr von der aristotel. Tradition und die

Hinwendung zum Ideal der H.-Freiheit oder jedenfalls der Minimierung von H. Das Individuum wird zur zentralen Instanz, und die individuelle Freiheit sowie das Gleichheitsprinzip gelten als Gradmesser polit. und sozialen Fortschritts. Der sozialstrukturelle Hintergrund und die Basis für diesen Umbruch ist die Entwicklung von der ständischen zur bürgerlichen Gesellschaft mit rationalen Organisationsformen in Wirtschaft und → Politik sowie den Prinzipien der diskursiven Argumentation und friedlichen Konkurrenz. (4) Zur erneuten H.-Kritik kommt es im 19. Jh. durch die sozialen Spannungen infolge wirtschaftlicher Veränderungen. Die Einsicht in die Tatsache, dass sich trotz der bürgerlichen → Rationalisierung der H. neue Formen der Über- und Unterordnung gebildet haben oder alte nicht verschwinden, und die Erkenntnis, dass die Auflösung älterer H.-Institutionen zur Freisetzung unkontrollierter und nicht legitimierter Macht führen kann, löst eine H.-Kritik aus, deren Höhepunkt die Marx/Engels'sche Revolutionstheorie bildet (→ Marxismus). Das Streben nach H.-Freiheit wird aus einem dialekt. Verhältnis zur »H. der Dinge« begründet, die es zu überwinden gilt. Nach der Revolution werde an die Stelle der H. von Menschen über Menschen die bloße »Verwaltung von Sachen« treten. (5) Eine weitere Verschärfung der Idee der H.-Freiheit bergen moderne technokrat. Theoreme, die im Kontext der fortschreitenden Industriegesellschaft entstehen. Ihnen zufolge setzen sich mit zwingender Notwendigkeit sachhaft-bürokrat. Entscheidungsmechanismen durch, die von der polit. Zielsetzung gesellschaftlicher Kräfte unabhängig sind (vgl. etwa H. Schelsky, 1912–84, und N. → Luhmann). Dagegen führt die »Kritische Theorie« die Idee der H.-Freiheit wieder auf ihre polit. Dimension zurück.

II. Systematik. In soziolog. Hinsicht ist H. mit M. → Weber im Unterschied zu → Macht zu definieren als »die Chance, für einen Befehl bestimmten Inhalts bei angebbaren Personen Gehorsam zu finden« (*Wirtschaft und Gesellschaft*, 28). H. ist hier also an Legitimität gebunden. Weber unterscheidet drei Arten von H.: die charismat., die wertrationale und die zweckrationale. Neben der polit. H. geht es – wie bereits der aristotel. Gebrauch von archē zeigt – im ethischen Bereich immer auch um die H. über sich selbst (Beherrschung der Begierden). Insofern Selbstbeherrschung (Disziplinierung) internalisierte und sublimierte H. darstellt, kann H. als ein Zivilisationsprinzip gelten, das auf polit. und (sozial-)psycholog. Ebene Gegenstand der Kritik werden kann. Religionen tragen sowohl zur H.-Legitimation (etwa in Form des → Herrscherkultes, der → Theokratie und der polit. Religion) als auch zur H.-Kritik bei. VK

Lit.: M. Weber, Wirtschaft u. Gesellschaft, 1922, [5]1976. – R. Koselleck, Kritik und Krise, 1959. – K. O. Hondrich, Theorie der H., 1973. – J. Assmann, H. und Heil. Polit. Theologie in Altägypten, Israel u. Europa, 2000.

Herrscherkult, Bezeichnung für die religiöse Legitimierung der Herrschaftsform des Königtums durch sakrale Riten und Vergleich mit der Herrschaft der Götter, wie sie z. B. im Alten Orient, im alten China, in Ägypten, im Hellenismus, in der röm. Kaiserzeit und unter der Herrschaft des Tennō in Japan praktiziert wurde. → Herrschaft. Eine besondere Form des H. ist das »sakrale Königtum« (→ Königtum/sakrales Königtum), in dem der polit. Herrscher religiös legitimiert ist und zugleich der höchste Priester sein kann. → Theokratie. VK

Lit.: The Sacral Kingship, 1959. – J. Assmann, Herrschaft und Heil, 2000.

Herz, symbolisiert in vielen Religionen den Sitz von Leben, Liebe, Seele, Verstand, Wahrhaftigkeit und innerstem Gefühl. In der rituellen Praxis ist das H. v. a. Fokus von Opferhandlungen und meditativen Techniken (→ Herzsūtra). In vielen Sprachen ist das H. von Begriffen für »Mitte«, »Bauch« oder ähnlichem nicht unterschieden. Form und Funktion des anatom. H. sind im religiösen Bereich nebensächlich. Die Zentralität des H. in der jüd.-christl. Tradition (z. B. »H. Jesu«) hat bisher die religionswiss. Erforschung anderer Teile des → Körpers (Augen, Zunge, Leber usw.) überschattet. SE

Lit.: G. Berkemer/G. Rappe (Hg.), Das H. im Kulturvergleich, 1996.

Herzl, Theodor (1860–1904), österreich.-jüd. Journalist und Schriftsteller, Begründer der zionist. Bewegung, der während der Dreyfus-Affäre in Paris 1884, wo er als Berichterstatter tätig war, zu der Überzeugung kam, dass wirkliche Gleichstellung der Juden nur im Rahmen einer nationalstaatlichen Lösung zu erreichen sei. 1896 erschien seine Schrift *Der Judenstaat*, und 1897 organisierte H. den Ersten Zionistenkongress in Basel. → Zionismus. KVS

Lit.: S. Beller, H., 1991. – J. Schoeps, T. H., 1995.

Herzsūtra (sanskr. Hṛdayasūtra), frühes Mahāyānasūtra, zur → Prajnāpāramitā-Sammlung gehörig. → Buddh. Literatur. AM

Hesekiel (nach der Vulgata Ezechiel; hebr. J^{e}ḥæzqēl = meine Kraft ist Gott), atl. Prophet aus priesterlichem Geschlecht von Jerusalem, gilt traditionell als der Prophet des Exils. Das Buch H. (Ez) ist eine nachträgliche und wohlüberlegte Bearbeitung seines Schaffens und stellt die Visionen des H. in den Mittelpunkt: die Berufungsvision mit der Ankündigung des Exils (2,3–3,9) und die Thronwagenvision (1,4–2,2), die für die jüd. Mystik der → Märkabah grundlegend wurde. → Altes Testament, → Apokryphen. KVS

Hesychasten (von griech. hēsychía = Ruhe, Stille). Eine Richtung im östlichen christl. Mönchtum des 12.–16. Jh.s, deren Anhänger neben den gemeinsamen Gottesdiensten in Gebetsmeditation verharren mit dem Gebetsruf »Christe erbarme Dich meiner!«, um schließlich die Lichtvision des Bergs der Verklärung (Mt 17,1–8) zu erfahren. Mit dieser mystischen Technik stellen sie sich einerseits in die Tradtion der ersten Mönche in der ägypt. Wüste des 4. Jh.s (Wüstenväter), v. a. aber gegen die unendlichen Diskussionen der Theologen über die → Christologie. Berühmtester Vertreter der H. ist Gregorios Palamas (1296–1359). → Askese. CA

Lit.: H.-G. Beck, Das byzantin. Jt., 1978, 189–231. – E. Hisamatsu, Gregorios Sinaites. Lehrer des Gebetes, 1994. – K. Dahme, Byzantin. Mystik. Ein Textbuch aus der »Philokalia«, Bd. 2: Die Lehre von der geistlichen Stille, 1995. – J. Meyendorff, Gregory Palamas. Orthodox Spirituality, 1998.

Heteronomie (von griech. héteros = anders, fremd und nómos = Gesetz), Fremdbestimmung durch andere Größen, Gegensatz zu → Autonomie im Sinne von Selbstbestimmung. Diese kann so verstanden werden, dass alles, was nicht aus dem eigenen Entwurf hervorgeht, als H. erscheint. Religiöse Figuren wie Gott als Gesetzgeber, gesellschaftliche Herrschaftsansprüche, sexualisierende Kleidungscodes für Frauen in patriarchalen Systemen werden so erlebt. In den gegenwärtigen kommunikationszentrierten und funktional differenzierten Gesellschaften bedrohen die jeweiligen Systeme einander wechselseitig potentiell die (reklamierte) Autonomie, insofern die eigenen »Kommunikationsregeln« »heteronom« auf andere Systeme übertragen werden, wie dies bes. anschaulich am Wirtschaftssystem und seinem Kommunikationsmedium Geld der Fall ist. H. sollte sowohl durch die vorsokrat. und sokrat. → Aufklärung in Griechenland als auch durch die Aufklärung in Nordamerika und Europa abgebaut werden. Dies gelang jeweils nur durch Akzeptanz oder Aufbau von H.: Die Griechen verwirklichten relative Autonomie für freie Männer in der Polis, nicht aber für Frauen und Sklaven. Glaubens- und Gewissensfreiheit (→ Menschenrechte) sind in Europa und Nordamerika weithin akzeptiert und rechtlich gesichert. Gleichwohl zeigt die Expansion der kapitalist. Wirtschaftsweise, dass die von → Marx und logisch schärfer von → Peirce diagnostizierte Paradoxie weiter besteht: Die Gewährung von Autonomie (im Sinne auch ökonom. Freiheit) geht mit der H. anderer Menschen einher. → Freiheit, → Wille. Red

Hethitische Religion. Sammelbegriff für religiöse Vorstellungen in Zentralkleinasien.

I. Geschichte. Zwischen 18. und frühem 12. Jh. v. Chr. wird das zentrale Kleinasien von den Hethitern polit. dominiert, v. a. von der Hauptstadt → Hattuša aus. Die zeitweilige geograph. Expansion über ganz Kleinasien bis nach Nordsyrien bereichert die H. R. durch unterschiedliche Komponenten und Kulte. Von Beginn an spielen autochthone Vorstellungen der Hattier eine wesentliche Rolle, gegen Mitte des 2. Jt.s nimmt der Einfluss der → Hurriter zu; im Süden Kleinasiens ist mit einer gewissen religiösen Eigenständigkeit zu rechnen, die über das polit. Ende des Hethiterreiches hinaus bis ins 1. Jt. andauert (→ Luwisch-lykische Religion). Trotz der Zugehörigkeit des Hethit. zu den indoeurop. Sprachen zeigt die H. R. wenig Gemeinsamkeiten mit religiösen Traditionen anderer früher indoeurop. Völker, lediglich der in frühen hethit. Texten bezeugte Gott Šiu ist der hethit. Reflex des indoeurop. Lichtgottes.

II. Mythen und Götter. Eine herausragende Stellung in der Götterwelt nimmt seit althethit. Zeit ein Wettergott ein, im hattischen Milieu neben der Throngöttin Halmašuit und einer Schutzgottheit. Während der Regierungszeit Hattušilis I. (17. Jh.) wird die Sonnengöttin von

Arinna dem Wettergott als Partnerin beigefügt. Damit entsteht eine gewisse Kontinuität im hethit. → Pantheon, in dem Wettergott und Sonnengöttin häufig als göttliches Paar an der Spitze erscheinen; zur Zeit Hattušilis I. wird Mezzulla als Tochter der Sonnengöttin von Arinna diesem Paar zugeordnet. Die so gewonnene Familienstruktur an der Spitze des Pantheons wird in der Mitte des 2. Jt.s insofern modifiziert, als in der hurrit. Kultschicht der H. R. nun eine Trias aus dem Wettergott Teššub, seiner Gattin Hebat und deren Sohn Šarruma an der Spitze steht, was in der Folge sowohl für das in → Yazılıkaya dargestellte Pantheon als auch für hurrit. geprägte Opferlisten gilt. In offiziellen Kulten spielen auch jeweils persönliche Götter einzelner Herrscher eine wichtige Rolle. Wenn in Texten zur H. R. »Tausend Götter des Hatti-Reiches« erwähnt werden, so drückt diese summarische Zahl lediglich aus, dass im Hethiterreich die Verehrung aller – auch fremder – Götter möglich war. Unterschiede zwischen »unseren«, d. h. für den Staat(skult) relevanten, und »anderen« Göttern bleiben dabei den Priestern durchaus bewusst; auch → Götterlisten am Ende von Staatsverträgen oder innerhalb von Gebeten oder Ritualbeschreibungen lassen die theolog. unterschiedliche Bewertung der »Tausend Götter« keineswegs außer Acht.

III. Kulte und Feste. Der kultische Vollzug ist von zahlreichen Festen geprägt. Das agrar. bestimmte Frühlings- und das Herbstfest gehen wohl in ihrer Grundsubstanz auf hattische Feste zurück, die – unter Einbeziehung lokaler Feste in den Staatskult von Hattuša – immer umfangreicher wurden. Wesentliche kultreformer. Entwicklungen scheint es in mittelhethit. Zeit gegeben zu haben: das AN.TAH.ŠUM-Fest im Frühjahr und das Nuntarriyašha-Fest im Herbst werden die dominierenden Feste, vielleicht auf Kosten des Purulli-Fests und des KI.LAM-Fests, die an Bedeutung verloren, ohne aus dem Kultkalender gestrichen zu werden. Seit mittelhethit. Zeit werden auch hurrit. geprägte Feste in Hattuša gefeiert, sie bleiben aber z. T. auf das hurrit. dominierte Königshaus (Hišuwa-Fest) oder auf nordsyr.-hurrit. »Ausländer« beschränkt (Hiyara-Fest). Die breite Bevölkerung hat bei solchen Festen eher die Rolle von Zuschauern als von aktiven Teilnehmern. Die rituell-magische Reinigung und beschwörende Krankenheilung sowie die Anwendung der über den nordsyr.-hurrit. Kulturraum aus Mesopotamien importierten → Vorzeichenwissenschaft dienen der Sicherheit des Herrschers, ähnlich die Ersatzkönigriten (→ Šar-pūhi-Riten). Die Rolle des Königs als Priester, aber auch als Garant des Wohlstands für den Staat ist ein wesentlicher Faktor der offiziellen H. R., was durch das Totenritual für den verstorbenen Herrscher, durch Geburtshilferituale für Hofdamen oder auf das Leben im Palast bezogene Rituale deutlich wird. Obwohl die Quellen fast nur diese aristokrat. Seite der Religion im Blick haben, zeigen vereinzelte Hinweise, dass analoge Riten in vereinfachter (d. h. auch materiell billigerer) Form für breitere Bevölkerungsschichten vollzogen wurden, um in der Religion »Lebenshilfe« zu finden. MH

Lit.: V. Haas, Geschichte der H. R., 1994. – M. Popko, Religions of Asia Minor, 1995. – J. Klinger, Untersuchungen zur hattischen Kultschicht, 1996. – M. Hutter, Religion in Hittite Anatolia, in: Numen 44 (1997), 74–90. – H. Klengel, Geschichte des hethit. Reiches, 1999. – M. Hutter/S. Hutter-Braunsar (Hg.), Offizielle Religion, lokale Kulte und individuelle Religiosität, 2004. – M. Schuol, Hethit. Kultmusik, 2004.

Hewavitarne, David → Dharmapāla, Anagārika.

Hexenglaube/Hexenreligion. Die Hexe (althochdt. hagazussa = Zaunweib, -reiterin) hat ihren festen Platz im dämon. Vokabular vieler Religionen, zumeist im Glauben an schwarze → Magie und dämon. Besessenheit wurzelnd. Begrifflich ist zu unterscheiden zwischen (1) einem Hexenglauben und (2) der eigentl. Hexenreligion. (1) Hexenglaube ist in traditionellen Kulturen bis heute weit verbreitet. Durch die Macht der (weiblichen und männlichen) Hexe kann die Gemeinschaft bedroht werden, die sich entsprechend mit Gegenzauber zur Wehr setzt. Auch in den antiken Religionen ist der H. früh belegt (Codex Hammurapi, Parsismus, siehe auch Ex 22,17), doch kam es erst in Mittelalter und Neuzeit zu einer eigentl. Hexenverfolgung, der europaweit – v. a. aber in den dt.-sprachigen Ländern – über 100.000 Frauen und (später vermehrt) auch Männer zum Opfer fielen. Hexenprozesse wurden noch 1728 in Berlin, 1775 in Kempten, 1782 in Glarus und 1793 in Posen geführt, ihr Kanon war der *Malleus Maleficarum* (»Hexenhammer«) der Dominikaner H. Institoris und J. Sprenger (1486). Auch nach dem offiziellen Ende der Prozesse kam es gelegentlich zu einem Aufflammen von volkstümlichen und kirchlichen Pogromen gegen Hexen. (2) Eine genuine Hexenreligion dürfte es in Europa – trotz verbreiteter Gegenannahmen – nie gegeben haben. Allerdings hat die Konstruktion einer solchen Tradition v.a. durch britische Gelehrte zwischen 1850 und 1950 – etwa einer Frömmigkeit von dem Kult einer Göttin (Diana) oder auch der → Maria verbundenen Frauen, deren Kennzeichen eine rituelle Begleitung des Jahreslaufes unter Einbeziehung magischen Wissens sowie verschiedener Initiationen sei – im 20. Jh. eine voll ausgebildete Hexenreligion geschaffen. Durch das Wirken von G. Gardner (1884–1964) und A. (1929–88) und M. Sanders (geb. 1947) bildete sich die heterogene Wicca-Religion, die fortan eine große Wirkung im Kontext von → Neopaganismus und moderner Spiritualität entfaltete. → Okkultismus. KVS

Lit.: (1) R.H. Robbins, The Encyclopedia of Witchcraft and Demonology, 1959. – F. Luck, Hexen u. Zauberei in der röm. Dichtung, 1962. – C. Honegger (Hg.), Die Hexen der Neuzeit. Studien zur Sozialgeschichte eines kulturellen Deutungsmusters, 1978. – E. E. Evans-Pritchard, Hexerei, Orakel u. Magie bei den Zande, 1978. – M. T. Taussig, The Devil and Commodity Fetishism in South America, 1980. – R. van Dülmen (Hg.), Hexenwelten. Magie u. Imagination vom 16. bis zum 20. Jh., 1987. – W. Behringer (Hg.), Hexen u. Hexenprozesse in Deutschland, 1993. – B. P. Levack, Hexenjagd. Die Geschichte der Hexenverfolgungen in Europa, 1995. – H. Wolf, Geschichte der Hexenprozesse, 1998. – E. K. Bongmba, African Witchcraft and Otherness. A Philosophical and Theological Critique of Intersubjective Relations, 2001.
(2) M. Murray, The Witch-Cult in Western Europe, 1963. – G. B. Gardner, Witchcraft Today, 1968. – Starhawk (M. Simos), Der Hexenkult als Ur-Religion der Großen Göttin, 1983. – T. M. Luhrmann, Persuasions of the Witch's Craft. Ritual Magic in Contemporary England, 1989. – V. Crowley, Wicca. Die alte Religion im neuen Zeitalter, 1993. – J. R. Lewis (Hg.), Magical Religion and Modern Witchcraft, 1996. – H. A. Berger, A Community of Witches. Contemporary Neo-Paganism and Witchcraft in the United States, 1999. – R. Hutton, The Triumph of the Moon. A History of Modern Pagan Witchcraft, 1999.

Hexenverfolgung. Die massenhaften Prozesse gegen Hexen begannen etwa 1430 und endeten gegen 1780; die Reformation verschärfte die H. eher noch. Das bereits eingeführte Verfahren der → Inquisition gegen Ketzer, ausgeweitet auf Leprakranke und Juden, wurde nun auf Menschen angewendet, die »Schadenszauber« ausübten. → Hexenglaube. CA

Lit.: W. Behringer, Hexen u. Hexenprozesse in Deutschland, 1988, [4]2000 (Quellen). – H. Mohr, Art. »H.«, in: HrwG 3, 1993, 122–38. – B. Levack, Hexenjagd, 1995. – S. Lorenz/D. R. Bauer (Hg.), Das Ende der H., 1995.

Hexerei (engl. sorcery, franz. sorcellerie), Vorstellung von einem physisch oder auch psychisch schädlichen Einfluss einer Person auf andere, z. B. direkt durch Verursachung körperlicher Störungen oder indirekt durch Manipulation von Situationen (Unfälle, Kontaminierung der Nahrung usw.). Das Wort hat eine komplexe Begriffsgeschichte: althochdt. Formen (hazissa, hagzussa und ähnliche) enthalten das Bedeutungselement »Zaun« und verweisen damit auf die marginale Position der Hexen – an der »Grenze zwischen Wildnis und Zivilisation« (H. P. Duerr). Die → Hexenverfolgungen zu Beginn der Neuzeit (ab dem beginnenden 15. bis zum ausgehenden 17. Jh.) richteten sich gegen vorchristl. ekstat. Kultpraktiken (Hexensabbat, Hexenflug, Hexensalben usw.), die nach Ginzburg einen schamanist. Hintergrund besitzen. Der mit dieser histor. Konnotation versehene Begriff wurde in der Ethnologie des 20. Jh.s als allgemeine Kategorie verwendet. Maßgeblich war dabei die Arbeit von → Evans-Pritchard über die H.-Vorstellungen bei den Zande (Südsudan), in der die Funktionalität und Rationalität dieser indigenen Konzepte herausgestellt wurde. In dieser Perspektive gilt die Aufmerksamkeit in erster Linie den Anschuldigungen und den damit verbundenen sozialen Prozessen. Dabei zeigt sich, dass es oft weniger darum geht, bestimmte Personen öffentlich anzuklagen und der H. zu überführen, als darum, Ereignisse kausal erklärbar zu machen und problemat. Beziehungen (z. B. bei Hass, Neid, Eifersucht) idiomat. zu beschreiben. → Alltag, → Hexenglaube, → Magie. MG

Lit.: E. E. Evans-Pritchard, H., Orakel und Magie bei den Zande, 1978 (engl. 1937). – C. Ginzburg, Hexensabbat. Entzifferung einer nächtlichen Geschichte, 1990 (italien. 1989).

Hidschra → hiğra.

Hieizan, ein Berg nordöstlich von Kyōto, Sitz des Haupttempels der → Tendai-Schule, des Enryakuji. Fast alle Begründer der verschiedenen Lehrrichtungen des japan. Buddhismus studierten und meditierten in den verschiedenen Einrichtungen dieser riesigen Anlage. MP

Hierarchie (von griech. hierarchía = hl. Ordnung). Der Sache nach finden sich H.-Vorstellungen bereits im frühchristl. Kultus und in der Liturgie sowie in der apokryphen Literatur. Seit Ps.- → Dionysius Areopagita (Ende des 5. Jh.s.) wird als H. die von Gott gegebene kirchliche Ordnung sowie die universale Rangordnung bezeichnet, die von den unbelebten Wesen und Organismen über »vernünftige Geister« und die Engelsordnung zu Gott führt. Im Hochmittelalter wird H. zu einem Zentralbegriff der kirchlichen Sprache; er findet sowohl Eingang in das kanon. Recht als auch in die Volkspredigt und prägt den Ordo-Gedanken. Auf der Basis der universalist. H.-Lehre hat jeder Stand seinen eigenen Platz, seine eigenen Pflichten, Gnaden und Rechte. Die Übertragung auf den säkularen Bereich erfolgt erst im Laufe des 19. Jh.s. Heute ist H. ein formaler, unterschiedlich anwend- und präzisierbarer Strukturbegriff. Auf sozialem Gebiet bezeichnet er jede Rangordnung in sozialen Verhältnissen und insbes. die Relation der Über- und Unterordnung in Organisationen. Von diesem allgemeinen soziolog. Sprachgebrauch her können auch bestimmte histor., religiöse oder polit. Strukturen als H. bezeichnet werden, in deren kulturellem Umfeld der Begriff oder ein Synonym nicht bekannt ist, z. B. das indische Kastensystem. VK

Lit.: H. Rausch, H., in: GGB 3, 1982, 103–29.

Hierodule (von griech. hierós = heilig und doúlē = Sklavin), (fast ausschließlich) Frauen, die im Rahmen einer sakralen → Prostitution in Heiligtümern weniger Göttinnen sexuelle Dienste im Kult leisteten. Sie waren nicht durchweg Sklavinnen, sondern teilweise auch als Priesterinnen sozial angesehen. Quellen: Herodot (8. Jh. v. Chr.) 1,199 (Babel); 1 Kor 5,7 (Korinth). CA

Lit.: W. Fauth, Sakrale Prostitution im Vorderen Orient u. im Mittelmeerraum, in: Jb. Antike u. Christentum 31 (1988), 24–39. – W. Fauth, Art. »H.«, in: RAC 15 (1991), 73–82.

Hieroglyphen (von griech. hierós = hl. und glýphein = einschneiden, gravieren; hl. eingeritzte Zeichen), Begriff für Zeichen, die erkennbare Objekte darstellen, oder für Bilderschriften aller Art. Allgemein wird der Begriff H. fast ausschließlich für die altägypt. Schrift verwendet, die von ca. 3200 v. Chr. bis zum 4. Jh. n. Chr. in Gebrauch blieb. Erst 1822 gelang durch J.-F. Champollion (1790–1832) die Entzifferung der H. Er erkannte als Erster, dass die H.-Schrift aus einer Mischung von Laut- und Bildzeichen (Phonogrammen, Ideogrammen und Determinativen) besteht. Die oft auch farbigen H. waren im alten Ägypten für religiöse Schriften und Totentexte reserviert. Für profane Texte verwendete man zunächst das kursive Hieratisch, dann Demotisch, in der griech.-röm. Zeit das Koptische. EH

Lit.: A. Schlott, Schrift und Schreiber im Alten Ägypten, 1989.

Hierophanie (von griech. hierós = heilig und phaínesthai = erscheinen), Begriff der → Religionsphänomenologie (bes. → Eliade) dafür, dass »das Heilige sich zeige«. → Epiphanie. CA

Hieròs gámos, griech. für → Hl. Hochzeit.

Higan, die Tag-und-Nacht-Gleichen im Frühjahr und im Herbst, an denen in Japan die buddh. Friedhöfe aufgesucht werden. Zugunsten von jüngst Verstorbenen werden von Tempelpriestern gegen ein Entgelt buddh. Texte rezitiert, während ansonsten die Ahnen kollektiv verehrt werden (→ Ahnenverehrung). Zusammen mit Neujahr (shōgatsu) und o-bon prägen die h.-Tage den religiösen Jahresablauf. → Japan. Religionen. MP

Hiğra (arab. = Auswanderung im Sinne einer kollektiven Vermeidung von Unbill oder einer intentionalen Trennung von stammlicher Solidarität). Im → Koran wird von den muslim. »Auswanderern« (muhāğirūn) gesprochen, die aus Mekka auszogen, um sich der Verfolgung durch die mekkan. Qurayš zu entziehen. Eine erste kleinere Gruppe soll schon 615 Mekka in Richtung Äthiopien verlassen haben. Die eigentl. h. fand im September 622 statt, als → Muḥammad zusammen mit Abū Bakr nach entsprechenden Vorverhandlungen seinen etwa 70 nach (Madīnat) Yaṯrib ausgewanderten Anhängern folgte und dort die Unterstützung von lokalen Stammesgemeinschaften erhielt, die schon bald als »Helfer« (anṣār) benannt wurden. Die »Auswanderer« bewahrten einen speziellen Status, der ihnen im Bereich des Beuterechts ein gewisses Privileg verlieh. Das Konzept h. wurde später zu einem islam. moral. Terminus, der die Option bezeichnete, aus einer »falschen«, d. h. als nichtislam. erachteten Gemeinschaft in eine »islam. Gemeinschaft« auszuwandern. Die Notwendigkeit einer solchen h. wurde von muslim. Juristen unterschiedlich beurteilt. RS

Lit.: W. Montgomery Watt, Muḥammad at Mecca, 1953. – W. Montgomery Watt, Muḥammad at Medina, 1956.

Hildegard von Bingen (1098–1179), christl. Mystikerin und Visionärin, Klostergründerin von Rupertsberg, ließ sich ihre Visionen vom Papst anerkennen und galt damit schon zu Lebzeiten als gottbegnadete Seherin, was ihr ermöglichte, theolog. Fragestellungen zu erörtern und einen verweltlichten Klerus zu kritisieren. Neben ihrer Visionstrilogie (mit dem Hauptwerk *Scivias*, »Wisse die Wege«) hat sie natur- und heilkundliche Schriften und über 300 Briefe hinterlassen; ihre rund 80 Vokalkompositionen und das Musikdrama *Ordo virtutem* weisen sie als originelle Musikerin ihrer Zeit aus. → Frauenmystik. AW

W.: Scivias (hg. von A. Führkötter), 2 Bde., 1978.
Lit.: H. M. Kastinger-Riley, H. v. B., 1997. – E. Forster (Hg.), H. v. B., 1998.

Hillel, berühmter jüd. Gesetzeslehrer des 1. Jh.s n. Chr. aus einer babylon. Exulantenfamilie. Ob H. bestimmte Lehren mit Recht zugeschrieben werden, ist schwer zu belegen, doch ihre Tendenz, rituelle Vorschriften erleichternd auszulegen, kontrastierte schon früh mit den erschwerenden Auslegungen des → Schammaj, woraus sich eine rabbin. Interpretationsschule etablieren konnte, das »Haus H.«. KVS

Himmel, eine → Gegenwelt »jenseits« der Welt der Menschen, in der die Gesetze der hiesigen Ordnung nicht gelten. Der umstürzende Kontrast zur irdischen Ordnung kann verheißend, oft aber auch bedrohlich erscheinen. Deshalb versuchen etablierte Institutionen, die nicht an Revolution und Kritik interessiert sein können, die himmlische Ordnung als Spiegel der irdischen Ordnung zu deuten und als Autorität für ihre Gesetze zu nutzen. Oder die Ordnung des → Jenseits wird in eine ferne Zukunft aufgeschoben. (1) Anders als im Engl. wird im Dt. nicht unterschieden zwischen dem H. als Hülle der Erde mit Wolken und Sternen (sky) und dem Ort Gottes (heaven). Um den Ort des H. in der erfahrbaren Welt zu bestimmen, werden Lokalisierungen vorgenommen: Diese können von der äußersten Entfernung des Fixsternhimmels bis in die Tiefe der Seele im Innern der Menschen reichen. Unerbittliche Ferne oder herzinnige Nähe schließen sich nicht aus, wenn das Gewissen zur inneren Instanz des richtenden Gottes wird. Der H. kann geradezu zum Namen (Euphemismus) für → Gott werden, so bes. im Judentum. H. wird zur Norm, deren Realisierung »vor-läufig« schon da ist in der anderen Welt der → Utopie. In der Dualisierung der röm. Kaiserzeit differenziert sich die eher ambivalente Gegenwelt aus zu einem Entweder/Oder eines Lohn- und Strafortes der Existenz nach dem Tode. Wenn die Menschen nach dem Tod aber exklusiv und auf ewig entweder im H. oder in der → Hölle existieren, es also keine Zwischenstufen gibt, fehlt der Anreiz für die Bewährung und Besserung. Zwischen den Extremen des Manichäismus (diese Welt ist die Hölle; nur die Schöpfung des guten Gottes wird erlöst) und der Apokatastasis des Origenes (185–253/4; alle werden erlöst) werden Mittelwege gesucht. (2) Eine Mehrzahl von H. kann das Problem des statischen Dualismus auflösen. In der apokalypt. Strömung des Judentums und von dort tradiert im Christentum und Islam (unter dem Namen des → Henoch) rückt der ferne Gott in den siebten H., vor den andere Räume zwischengestellt sind, darunter auch Straforte. (3) Bewohner des H.: Gott wohnt im H., der oft als ein Palast mit einem Hofstaat von → Engeln vorgestellt wird. Dass die Toten dort wohnen, ist zunächst überraschend. Wenn die griech. Philosophie die Bewegung nach oben (im Gegensatz zum Grab, in das der Leichnam gelegt wird) erklären will, muss Wärme/Feuer die Seele leichter als Luft machen oder es muss ein fünftes Element (quinta essentia; feinstofflich) geben. Die Seelen sammeln sich unter dem oder jenseits des Mondes, oder der Mond selbst nimmt als Schiff die Seelen auf und lässt sie wieder hinab (abnehmender Mond). (4) Kommunikation mit dem Jenseits: Als Norm und Ort des Realen, aber nicht Erfahrbaren, eröffnen professionelle »Übersetzer« die Sprache und Medien aus dem Jenseits in die Sprache der Menschen. → Divination, → Himmelfahrt. CA

Lit.: B. Lang/C. McDannell, Der H. Eine Kulturgeschichte des ewigen Lebens, 1990 (engl. 1988). – J. Bremmer, The Rise and Fall of the Afterlife, 2001. – B. Lang, H. u. Hölle, 2003. – C. Auffarth/L. Stuckenbruck (Hg.), The Fall of the Angels, 2004.

Himmelfahrt. Der Weg in den → Himmel ist grundsätzlich unmöglich und wird als Lohn nur

Ausnahmepersonen gewährt als Aufstieg, Auffahrt oder Aufnahme. Der Gebrauch von Leitern und feurigen Fahrzeugen oder Vögeln betont die Anstrengung bei der Erreichung des weit entfernten Ziels; bei der Aufnahme (griech. análepsis, lat. assumptio) kommt der Himmel auf die Erde, um den Vergöttlichten vor den Augen der anderen verschwinden zu lassen (so die H. Christi Lk 24,44–53; Apg 1,4–14. Für Romulus s. Livius 1,16). → Jenseits. CA

Lit.: G. Lohfink, Die H. Jesu, 1971. – P. Habermehl, Art. »Jenseitsfahrt«, in: RAC 17, 1996, 407–66. – D. R. Bauer/W. Behringer, Fliegen u. Schweben, 1997. – P. Pilhofer, Die frühen Christen u. ihre Welt, 2002, 166–82.

Himmelsbrief. Mithilfe von Briefen, die aus dem Himmel an sie gesandt worden seien und die sie in ihre eigenen Antworten an die Götter hineinkopierten, legitimierten sich bes. die assyr. Könige. Im Mittelalter begründete ein weit verbreiteter H. Christi das Gebot, den Sonntag zu heiligen. → Divination. CA

Lit.: B. Pongratz-Leisten, Herrschaftswissen in Mesopotamien, 1999.

Himmelsreise/Jenseitsreise, in vielen Religionen begegnender Topos, der entweder die H. eines religiösen Spezialisten oder jene des einfachen Gläubigen, zu Lebzeiten oder nach dem → Tod, thematisiert (→ Himmel). Die religiöse Grundmatrix der H. ist wohl im → Schamanismus anzutreffen, wenn sich der Mensch in einem außergewöhnlichen Bewusstseinszustand in eine »andere Wirklichkeit« (Ober- oder Unterwelt) begibt. Die → Parsen kennen eine ausgefeilte Theologie der H., die einigen Einfluss auf Mithraskult, Mandäismus und → Gnosis, später auch auf den Islam entfaltete, wo Muḥammad in Jerusalem auf einer Leiter in den siebten → Himmel aufsteigt. Im Judentum ist es meist eine legendarische Persönlichkeit, die in den Himmel reist (→ Henoch, Mose, Elia, Abraham etc.), doch auch rabbin. Gelehrte (→ Akiba) und die → Hechalôt-Mystiker pflegten die H., um die göttlichen Geheimnisse zu erforschen. In der christl. Religion kann die gesamte Thematik um Jesu Tod, Unterweltsfahrt und Auferstehung als Adaptation einer H. betrachtet werden, doch nur in der Gnosis kam es zum Gedanken einer individuellen Erlösung durch eine H. vor oder nach dem Tod. In Indien ist es Agni, das Opferfeuer oder dessen Personifizierung, das die Seele des Opfernden oder des Toten den »Götterweg« entlang zum Himmel trägt. In Ägypten, aber auch in Buddhismus und Taoismus kennt man die H., die häufig in Verbindung mit der Jenseitstopographie im → Totenbuch beschrieben wird. → Esoterik, → Gegenwelt, → Jenseits. KVS

Lit.: W. Bousset, Die H. der Seele, 1904, ND 1960. – A. Schmitt, Entrückung – Aufnahme – Himmelfahrt. Untersuchung zu einem Vorstellungsbereich im AT, 1973. – M. Dean-Otting, Heavenly Journeys. A Study of the Motif in Hellenistic Jewish Literature, 1984. – M. Himmelfarb, Ascent to Heaven in Jewish and Christian Apocalypses, 1993.

Hīnayāna (sanskr., pāli = Kleines Fahrzeug), Bezeichnung für den älteren südlichen, am → arhat-Mönchsideal orientierten Buddhismus, die älteste der drei buddh. Hauptschulrichtungen (→ yāna). Der Begriff »klein« (hīna) ist eine Fremdbezeichnung der frühen Mahāyāna-Buddhisten, die sowohl die geringere Zahl von Anhängern als auch den Erlösungsweg abzuwerten versuchten: Nach ihrer Ansicht geht es dem arhat nur um die Selbsterlösung aus eigener Anstrengung, während sich der → Bodhisattva, das Ideal des Mahāyāna, um die Erlösung aller leidenden Wesen bemüht und so einer Vielzahl von Wesen hilft, die die Erlösung aus eigener Anstrengung nicht erlangen können. Nach traditioneller Auffassung teilt sich der H. in 18 Schulen; tatsächlich entwickelten sich jedoch in den letzten vorchristl. Jh.en über 30, unter denen die → Vātsiputrīyas, Sarvāstivādins (→ Sarvāstivāda) und → Sautrāntikas bes. einflussreich waren. Als einzige H.-Schulrichtung ist bis heute der Theravāda (pāli = Lehre der Älteren) erhalten geblieben, der auch Pāli-Buddhismus oder südlicher Buddhismus genannt wird, da seine Schriften überwiegend in Pāli überliefert sind und er hauptsächlich in südlichen Ländern (Sri Lanka, Thailand, Birma u. a.) verbreitet ist. → Buddh. Literatur, → sangha. AM

Lit.: A. Bareau, Les sectes bouddhiques du petit véhicule, 1955. – H. Bechert, Buddhismus – Staat und Gesellschaft in den Ländern des Theravāda-Buddhismus, 3 Bde., 1966–73. – H. Bechert, Zur Schulzugehörigkeit von Werken der H.-Literatur, 1985. – R. Gombrich/G. Obeyesekere, Buddhism Transformed: Religious Change in Sri Lanka, 1988. – S. LeVine/D. Gellner, Rebuilding Buddhism: The Theravāda Movement in Twentieth-Century Nepal, 2005.

Hinduismus (von persisch hindu = ein am Indus-Fluss Lebender), um 1830 von der engl. Kolonialverwaltung eingeführter Sammelbegriff für die auf dem südasiat. Subkontinent entstandenen oder verbreiteten religiösen Gemeinschaften mit folgenden Charakteristika: (a) die soziale Organisation ist durch bes. Abstammungs- und Heiratsvorschriften gekennzeichnet (→ hinduist. Gesellschaft, → Kaste); (b) vedisch-brahman. Werte (→ Brahmane), Rituale und Mythen herrschen vor; (c) eine Erscheinungsform von → Shiva, → Vishnu, → Devī, → Rāma, → Krishna bzw. → Ganesha wird als Gott bzw. göttliche Kraft verehrt oder zumindest nicht explizit abgelehnt; (d) die Fähigkeit, mehreren Religionen zugleich anzugehören oder sie zu tolerieren, ist als → Habitus ausgeprägt.

I. Histor. Entwicklung. (1) Die Wurzeln des H. liegen in der → vedischen Religion, von der er vornehmlich auf dem Gebiet von Ritual, Pantheon und Mythologie viel übernommen hat. Ab ca. 300–200 v. Chr. kamen jedoch ganz neue religiöse Vorstellungen auf: die Lehren von einem übermächtigen Schöpfergott, der Tatvergeltung (→ karma), der zyklischen Zerstörung der Welt (→ samsāra), der Erlösung (zu Lebzeiten; → moksha, → nirvāna), der Welt als Illusion (→ māyā) und des Kastensystems. Der Brauch der → Witwenverbrennung entstand ebenso wie das Verbot der Wiederverheiratung, Götterbilder und Tempel sowie ein Götterdienst (→ pūjā) wurden eingerichtet. Weitere wichtige Elemente sind das → Yoga, → Wallfahrten, Vegetarismus, die Heiligkeit des Rindes und die Lebensstufenlehre (→ āshram). (2) Der vorklass. H. (ca. 200 v. Chr. – 300 n. Chr.) lebte von der Spannung zwischen der vedischen Religion und asket. Reformbewegungen, darunter → Buddhismus und → Jainismus, die den exklusiven Charakter des brahman.-vedischen Opferrituals infrage stellten und die Individualisierung der Religion bestärkten. Zugleich setzte bei den Brahmanen eine Entwicklung ein, lokale Gottheiten zu Erscheinungsformen einer hinduist. Hochgottheit zu erklären (→ hinduist. Pantheon). Götter, die im Veda nicht oder kaum Erwähnung finden, bes. Shiva, Vishnu, bestimmte Göttinnen und ihre Erscheinungsformen, erlebten einen Aufstieg. (3) Der klassische H. (ca. 320–650 n. Chr.) beginnt etwa mit der Gupta-Herrschaft, dem vorletzten nordind. Großreich, und erleidet mit dem Zusammenbruch des Harsha-Reichs (647 n. Chr.) einen Rückschlag. In diese Blütezeit des H. fallen einschneidende sozioökonom. Veränderungen: Handel mit Fern- und Luxusgütern, streckenweise gesicherte Verkehrswege, Städte mit Stadtmauern, Handwerkergilden, königliche Monopole auf Minen, Salz oder Waldnutzung, Normierung von Maßen, Gewichten und Münzen, normengerichtliche Rechtsverfahren, die allgemeine Literalisierung mit Schulen und Zentren scholast. Gelehrsamkeit. (4) In der späten Gupta-Zeit entstanden die ersten hinduist. Tempel, die das feudalist. Herrschaftssystem widerspiegeln: die Bauten gleichen Palästen, Priester sind Diener, welche die Götter wie hochgestellte Gäste behandeln und bewirten (pūjā). Mitunter wurden auch Tempelmusiker oder -tänzerinnen, teilweise Tempelprostituierte (→ devadāsī) eingestellt. In der Spätzeit des klassischen H. (ca. 650–1100 n. Chr.) zerfielen die nordind. Großreiche zunehmend in regionale, sich bekämpfende oder lose verbundene kleine König- und Fürstentümer. Die wenigen Großkönige (Mahārāja) bauten Reichstempel als Wallfahrtszentren, um sich als Bewahrer der religiösen Ordnung (→ dharma) zu zeigen. Mit der Segmentierung und Regionalisierung der Macht ging eine Stärkung der regionalen und lokalen Kulte einher. Ländliche devotionale Bewegungen und vereinzelt schon nicht- bzw. antibrahman. Stiftungsreligionen kamen auf. Zu den Stiftern zählte etwa der südind. Reformer → Shankara (zwischen 650 und 800, traditionell 788–820), der gegen brahman. Ritualismus und gegen Buddhismus einen radikalen Monismus vertrat (→ Vedānta). Hinduist. Richtungen wie → Shivaismus, → Vishnuismus, → bhakti und der sog. Tantrismus (→ Tantra) reiften heran. (5) Etwa zwischen 1100–1850 n. Chr. machte sich der Einfluss des Islam geltend, vornehmlich in den höfischen Künsten (Musik, Tanz, Malerei, Architektur), den Verwaltungs- und Handelsstrukturen sowie in asket. Sekten und Gefolgschaften von charismat. Stiftern, Dichterheiligen oder militanten Führern, darunter Chaitanya (1486–1533), Dādū (1544–1660), → Tukarām oder Rāmdās (1608–81). Der Islam brachte Zerstörungen von Hindu-Tempeln, Zwangsverheiratungen und Verfolgungen, aber auch neue Formen von Religion mit sich: Kabīr (1440–1518) setzte → Allah mit Rāma gleich, und Nānak (1469–1539) begründete den synkretist. → Sikhismus, eine Religion mit vielen islam. Einflüssen. Trotz gelegentlicher Massenkonversionen, bes. von niedrigstehenden Kastengruppen, wurde Indien nicht islamisiert, beheimatet aber nach wie vor die nach Indonesien größte Zahl muslimischer Staatsbürger. (6) Der moderne H. trägt Züge eines christl.-hinduist. Synkretismus (→ Neohinduismus). Er ist eng verbunden mit christl. Mission, Kolonialisierung, Industrialisierung und dem Aufbau eines westlichen Erziehungssystems, Eisenbahn-, Straßen- und Kanalnetzes. Mit dem wirtschaftlichen Aufschwung entstand eine überregional agierende, einflussreiche städtische Mittelschicht, die auch die Unabhängigkeitsbewegung anführte. Der H. wandelte sich zu einem ethischen Reform-H., der Witwenverbrennung, Kastenwesen, Kinderheirat etc. verurteilte; teilweise wurde aber auch ein betont »vedischer«, von schädlichen westlichen und islam. Einflüssen gereinigter H. propagiert. (7) Die Unabhängigkeit Indiens (15.8.1947) von der britischen Kolonialherrschaft brachte schrittweise die Demokratie, die Zerschlagung der letzten unabhängigen Königtümer, Landreformen, eine rechtliche Säkularisierung der Indischen Union, den Ausbau der Industrialisierung, die Grüne Revolution mit der Beseitigung epidemischer Hungersnöte, organisierten Massentourismus und neue Medien (Radio, Kino, Fernsehen, Video, Internet), die zu einer Uniformierung (Globalisierung), Politisierung, Radikalisierung und Erotisierung der Hindu-Religion führten.

II. Sekten und Systeme. (1) Der H. hat kein »kirchliches« Oberhaupt, deshalb gibt es auch keine für alle verbindliche religiöse Autorität. Stattdessen findet sich eine Vielzahl von Religionsformen. Die wichtigsten sind: (a) der klassische, brahman. Sanskrit-H.: eine polytheist., ritualist., über nahezu ganz Südasien verbreitete brahman. Priesterreligion mit einem Schwerpunkt auf großfamiliären Haus- und Opferritualen und einer Berufung auf die Autorität der vedischen Sanskrit-Textsammlungen; (b) Volksreligionen der Regionen und sozialen Gemeinschaften (Subkaste, Kaste, Stamm); hinduist. Volks- bzw. Stammesreligionen: polytheist., teilweise animist. Religionen mit einem Schwerpunkt auf lokal begrenzten, gemeinschaftlichen, kastenübergreifenden Feiern bzw. Verehrungsformen und oralen, volkssprachlichen Texten, eigenen Priestern, Göttern und Festen; (c) gestiftete Religionen: auf Basistexten der Stifter beruhende, meist asket., oft antibrahman., mitunter missionierende Erlösungsreligionen mit monast. Gemeinschaften (→ Askese). Dazu gehören: (α) Sektenreligionen wie z.B. vishnuit. (Shrīvaishnava, Pancharātra, Rāmānandīs, → Nāgas u.a.) oder shivait. Sekten (→ Dashanāmī, Nātha, → Aghorī u.a.), (β) synkretist. Stifterreligionen: hindu-muslim. (→ Sikhismus, Kabīrpanthīs), hindu-buddh. (→ Nepal) oder hindu-christl. Mischreligionen wie der (ethische) Neo-H. oder auch hinduist. beeinflusste Formen des Christentums (Dalittheologie), (γ) missionierende Stifterreligionen, → »Guruismus«: in Indien entstandene, aber auch im Westen verbreitete, von charismat. Personen (→ gurūs) begründete Religionsgruppierungen (→ Krishnamurti, → Transzendentale Meditation, Satya, → Sai Bābā, → Rajneesh u.a.) mit überwiegend engl. esoter. Schriften der gurūs. (2) Die theist. Systeme des H. werden in der Regel nach zwei Hochgöttern sowie nach einem Prinzip weiblich-göttlicher Macht in Shivaismus (Shiva), Vishnuismus (Vishnu) und Shāktismus (→ Devī, → shakti) eingeteilt. Daneben lässt sich aber auch ein Krishnaismus (→ Krishna), Rāmaismus (→ Rāma) oder Ganeshaismus (→ Ganesha) ausmachen. Die bedeutsamsten hinduist. Bewegungen, Richtungen und Systeme lassen sich folgendermaßen beschreiben: (a) Der Shivaismus, der rituell oder meditativ eine Identität mit Shiva anstrebt, teilt sich in asket. und Laien-Bewegungen. Zu den asket. Gruppierungen gehören die → Aghorīs, die vermutlich auf → Shankara zurückgehenden → Dashanāmīs und die yogisch-tantrischen Nātha-Yogīs. Zu den Gruppierungen mit Laienbewegungen zählt etwa das System des Shaivasiddhānta oder die ab dem 12. Jh. aufkommende Kultgemeinschaft der → Lingāyats. Im tantrischen Shivaismus (Tantrismus) wird Shiva zusammen mit seiner weiblichen Energie (shakti) verehrt (Krama-Shivaismus), oder er tritt wie im → Kashmir. Shivaismus – auch Trika genannt – als Gott Bhairava bzw. untergeordneter Begleiter der shakti auf. Von Shāktismus ist die Rede, wenn Göttinnen als shakti verehrt werden (→ Shrīvidyā, Kaula u.a.). Schließlich gibt es noch einen populären volksreligiösen Shivaismus, der überwiegend auf der Mythologie der → Purānas beruht, aber keine eigenen Organisationsformen oder Lehrtraditionen kennt. (b) Der Vishnuismus wird oft in vier Traditionen (sampradāya) aufgeteilt, die der bhakti nahe stehen: der Shrī-Sampradāya mit dem Shrīvaishnava-System und dem modifizierten Monismus des → Rāmānuja (1056–1137) (Vishishtādvaita); der dualist. Brahmā-Sampradāya mit dem Dualismus des → Madhva (1199–1278) (Dvaita-Vedānta), wonach sich der Gott und die Einzelseelen als Realitäten gegenüberstehen, aber nur Vishnu autonom ist; der Sanaka-Sampradāya sowie die Nimāvatsekte, begründet von Nimbārka alias Nimbāditya (12. Jh.), der im System des Dvaitādvaita Monismus und Dualismus vereinte; der Rudra-Sampradāya, begründet von Vishnusvāmī (13. Jh.), der einen extremen Monismus (Shuddhādvaita) vertrat. (c) Verschiedene Kultgemeinschaften stellen Krishna und seine Liebe zu der Kuhhirtin Rādhā in den Mittelpunkt, darunter der → Vārkarī Panth (= Pilgerpfad) mit dem Gott (Krishna) Vithoba, zu dem viele Dichterheilige (Jnāneshvara, Nāmdev, → Tukārām, Janābāi, → Eknāth u. a.) gehören; die Vallabhachārīs mit ihrem Stifter Vallabha (1479–1531, → Vallabhāchārya), die Krishna v. a. als Knaben (Bālagopāla oder Bālakrishna) verehren, sowie die Gaudīyas oder bengal. Vaishnavas, unter denen Jayadeva (12. Jh.) mit seinem einflussreichen Gedicht → Gītagovinda (Lied über Krishna), → Chaitanya und die Gosvāmī-Sekte herausragen. Die Sekte der Rāmavats bzw. Rāmānandīs soll von → Rāmānanda, der eventuell ein Schüler → Kabīrs (15. Jh.) war, gegründet worden sein; ihre Anhänger verehren vorrangig den heroischen Gott Rāma. Eine vom Islam beeinflusste Gruppierung bilden die Nirgunī Sants (Heilige), für die Gott eigenschaftslos (nirguna) ist – wichtige Vertreter sind Kabīr mit den Kabīr Panthis, Dādū und die Dādū Panthis oder → Nānak (1469–1538), der Stifter des Sikhismus. (d) Unter den orthodoxen Lehrtraditionen des klassischen H. ragen sechs religiös-philosoph. Systeme bzw. Schulen (→ Indische Philosophie) heraus, die mitunter paarweise geordnet werden: die Naturphilosophie des → Vaisheshika verbindet sich mit den auf Logik bauenden Standpunkten des Nyāya; das dualist. System des → Sāmkhya bildet den erkenntnistheoret. Hintergrund für den auf Selbstkontrolle bezogenen Yoga; hinzu kommen die ritualist. und Veda-exeget. Sichtweise der → Mīmāmsā sowie die monist.-metaphys. Position des → Vedānta.

III. Glaube und Lehre. Die Glaubens- und Lehrsysteme des H. sind nicht homogen, haben aber einige dominante Merkmale gemeinsam. Dazu gehören: (a) Schriftautorität: Die → Veden gelten als geoffenbartes Wissen, dem v. a. in brahman. Kreisen eine hohe Autorität zukommt, das aber auch vielfach infrage gestellt wird. (b) Heilsrelativismus (→ Heil, s. u. IV.): → Erlösung, Selbstbefreiung oder das Erlangen von Gottesgnade ist möglich durch gute Taten und das Opfer (karmamārga), rechte Erkenntnis oder rechtes Wissen (jnānamārga), Gottesliebe bzw. Mystik (bhaktimārga) oder heldenhafte Taten (vīryamārga). (c) Rechtsrelativismus: Von wenigen universalen Geboten abgesehen gibt es keine für alle Hindus verbindliche Heils- und Verhaltensnorm. Stattdessen richten sich die Lebensnormen (dharma) nach Kaste bzw. Herkunft, Geschlecht, Alter und Region (varnāshramadharma, āshram). (d) Poly- bzw. äquivalenter Theismus: Götter haben im Allgemeinen mehrere, auch nichtpersonale Erscheinungsformen und Namen. Daraus erwächst eine Haltung bzw. ein identifikator. Habitus, der vermeintlich verschiedene Götter als im Prinzip gleich oder austauschbar ansieht. Ebenso führt die Vorstellung, dass das Göttliche bzw. die Götter sich in nahezu unendlichen Variationen manifestieren können, zu einem Nebeneinander von poly-, mono- und pantheist. Konzepten sowie zur Bildung von Göttergruppen. (e) Eigenschaftslosigkeit des Göttlichen: Das Absolute (→ ātman, → brahman, → purusha etc.) wird im Allgemeinen als eigenschaftslos (nirguna) betrachtet. Demgegenüber gelten wahrnehmbare Eigenschaften eines Gottes (→ avatāra) vielfach als temporär und als Illusion (māyā). Die wahre, merkmallose Natur des Göttlichen oder der Gottheit ist nur dem Begnadeten, Eingeweihten oder Erlösten erkenn-, erfahr- und (ein-)sehbar. (f) Das Göttliche als Kraft: Das Göttliche wird nicht selten als hl. Macht oder Kraft empfunden und ausgedrückt (brahman, → shakti, → tapas), die in Göttern, lebenden Wesen, Objekten, Zahlen, hl. Sprüchen (→ mantra) u. a. enthalten bzw. gegeben sein kann. Diese oft als feinstofflich oder substanzhaft gedachte Kraft kann erworben, angehäuft und weitergegeben (→ punya) werden. (g) Identität zwischen Gott und Mensch: Aufgrund einer prinzipiellen Identität zwischen Individualseele (ātman) und Höchstem oder Weltseele (brahman, Vedānta) kann – z. B. durch Askese oder Meditation – die höchste Macht auch von Menschen erworben werden. Dies drückt sich u. a. in dem asket. Streben nach Selbstvergottung (Max → Weber) bzw. der Vorstellung von der Erlösung zu Lebzeiten aus. (h) Zyklizität und Inaktivität: Das Höchste kann sich nur bedingt in Raum und Zeit entfalten (s. o. (e)). Dadurch herrscht ein Heilsideal der Inaktivität vor (→ Sāmkhya): Welt, Natur und Materie (prakriti) gelten als nur bedingt erlösend; hingegen wird die mitunter als reines Licht konzipierte völlige Ruhe mit dem Heil identifiziert. Die Weltentfaltung wird oft durch einen Wechsel von Aktivität bzw. Schöpfung und Inaktivität bzw. Zerstörung (samsāra) bzw. als Spiel (→ līlā) eines Gottes erklärt. (i) Tatvergeltungskausalität: Aufgrund von (h) führt die Tat (karma) im Allgemeinen zur Wiedergeburt und damit zu neuem Leid. Das Heilsideal der Inaktivität begünstigt in bestimmten Kreisen quietist., mystische und weltflüchtige Lebensformen.

Die hinduist. Neigung, eine zentrale Vorstellung einer fremden religiösen oder weltanschaulichen Gruppe als ident. mit einer zentralen Vorstellung der eigenen Gruppe zu deklarieren und dadurch das Fremde mit dem Eigenen zu identifizieren, wurde von dem Indologen P. Hacker als Inklusivismus bezeichnet. Die Tendenz zu solchen Identifikationen ist vermutlich auf die Praxis altind., vedischer Opferidentifikationen und -äquivalenzen zurückzuführen. Eine Folge dieses Habitus ist z. B. die weit verbreitete Sanskritisierung, bei der eine ursprünglich nichthinduist. Gottheit einen Sanskritnamen erhält und von brahman. Priestern versorgt wird oder brahman. Werte (z. B. Vegetarismus, Kuhverehrung) von nichtbrahman. Gruppen angenommen werden.

IV. Religiöse Praxis. Das rituelle Leben im H. ist wesentlich durch vier Formen der Religiosität geprägt, die als gleichwertige Heilswege (mārga) anerkannt sind: (a) Der ritualist. Weg der Tat und des Opfers (karmamārga): er umfasst die lebenszykl. Rituale (→ samskāra), bes. die sog. Zweite Geburt oder Initiation (upanayana) mit der Vergabe einer hl. Schnur, die Hochzeit (vivāha) und Totenrituale (→ shrāddha, → Ahnenverehrung), außerdem die rituelle Verehrung von Gottheiten in Haus und Tempeln (pūjā), brahman.-sanskrit. → Opfer (yajna, homa), den rituellen Austausch von Gaben (→ dāna), Wallfahrten und → Feste. (b) Der spirituell-gnostische Weg des Wissens (jnānamārga) mit überwiegend atheist. Erlösungslehren, deren Hauptziel die eigene Befreiung ist. Für diesen Weg bedarf es u. a. eines in die Lehren und Praxis einweisenden spirituellen Lehrers (gurū) und meditativer bzw. spiritueller Praktiken (Meditation). (c) Der devotionalist. Weg der Hingabe (bhaktimārga) mit einer oft mystischen Verehrung eines Gottes (und seiner Gefährtin) durch Lieder und mytholog. Texte. Bei dieser tendenziell monotheist. Religionsform sind v. a. Herz, Poesie, Musikalität und Tanz gefragt (→ bhakti). (d) Zu den drei orthodoxen Heilswegen kommt der Heroismus (vīryamārga), der auf Vergöttlichungen im Heldentod, speziellen Totenkulten (z. B. der Witwenverbrennung), Märtyrertum, Ritualen von Raub sowie einem ausgeprägten Heldenethos und Ehrenkodex (vīrya) beruht.

Das religiöse Spezialistentum besteht aus Brahmanen, bes. Haus- (purohita) und Tempelpriestern (pūjārī) sowie Pilger- und Totenpriestern, und vielen nichtbrahman. Priestern, Astrologen und Heilern. In der devotionalen und heroist. Praxis ragen geistliche und weltliche Lehrer (→ āchārya, gurū, pandita) sowie spirituelle Meister oder Asketen (→ sannyāsin, → sādhu, → yogī, → svāmī etc.) heraus. AM

Lit.: R. G. Bhandarkar, Vaiṣṇavism, Śaivism and Minor Religious Systems, 1913. – M. Weber, GARS, Bd. 2: Die Wirtschaftsethik der Weltreligionen – H. u. Buddhismus, 1921. – R. B. Pandey, Hindu Saṃskāras: Socio-Religious Study of the Hindu Sacraments, 1949, [2]1969. – J. Gonda, Die Religionen Indiens 1–2, 1963, [2]1978 . – P. V. Kane, History of Dharmaśāstra, 1968, [2]1974. – J. Brockington, The Sacred Thread, 1981. – P. Hacker, »Inklusivismus«, in: G. Oberhammer (Hg.), Inklusivismus, 1983, 11–28. – J. Heesterman, The Inner Conflict of Tradition: Essays in Indian Ritual, Kingship, and Society, 1985. – C. Fuller, The Camphor Flame. Popular Hinduism and Society in India, 1992. – G. Flood, An Introduction to Hinduism, 1996. – H. Kulke/ D. Rothermund, Geschichte Indiens, 1998. – A. Michaels, Der H., 1998. – G. Flood (Hg.), The Blackwell Companion to Hinduism, 2003. – A. Sharma (Hg.), The Study of Hinduism, 2003. – S. Mittal/G. Thursby (Hg.), The Hindu World, 2004.

Hinduistische Gesellschaft, das auf → Kasten und Kategorien von Hierarchie und → Reinheit beruhende, weitgehend durch Rechtsnormen (→ dharma) der → Brahmanen geprägte Gesellschaftssystem in Indien. (1) Traditionell ist ein hierarch. Modell akzeptiert, nach dem die Gesellschaft in vier Stände (→ varna) aufgeteilt ist (→ āshram): (a) Brahmanen (Priester, Geistesadel): der Lehrstand, (b) → kshatriyas (Ritter, Krieger, Aristokratie): der Wehrstand, (c) → vaishyas (Händler, Bauern): der Nährstand, sowie (d) → shūdras (Hörige und Gemeine), unter denen die sog. Unberührbaren (Parias bzw. → Dalits) stehen. In der sozialen Schichtung und Organisation sind kleinere Unterteilungen bzw. andere Berufsgruppierungen (Kaste, Subkaste, jāti), die auf genealog. Kriterien beruhen, wichtiger, da sie durch ihre Heirats- und Essensnormen (→ Kommensalität) stärker in die soziale Wirklichkeit eingreifen. (2) Als Kasten bezeichnet man meist Gruppierungen, die Gemeinsamkeiten in Beruf, Namen und Traditionen aufweisen, als Subkasten kleinere soziale Gruppierungen, innerhalb deren Grenze Endogamie praktiziert wird. Clans (sanskr. → gotra) beruhen auf der Fiktion eines gemeinsamen Urahnen, der bes. bei Heiratsverhandlungen wichtig ist, weil Heiratspartner keinen gemeinsamen Urahnen in ihrer fiktiven Verwandtschaftsgruppe haben dürfen. Im Zentrum der h. G. steht der Familienverbund, der auf blutsverwandtschaftlichen Kriterien beruht und in dem der Großteil der gesellschaftlichen Aktivitäten stattfindet. Eine Untergruppierung davon bildet die sog. joint family, die Besitz und Haushalt teilt. Großfamilien sind auf dem Land die Regel, in den städtischen Mittelschichten setzt sich auch die Kleinfamilie durch. (3) Der soziale Kontakt ist oft von bes. Reinheitsvorstellungen geprägt. Aus brahman. Sicht werden Veränderungen vielfach als verunreinigend verstanden. Das gilt etwa für lebenszykl. Übergänge (vornehmlich Geburt und Tod), Körperausscheidungen (bes. die Menstruation) sowie Zeiten- und Ortswechsel (bes. ungünstige Sternkonstellationen). Als Reinigungsmittel sind Wasser (bes. Gangeswasser), Feuer, hl. Sprüche (→ mantra), Kuhprodukte, bestimmte Pflanzen (z. B. Basilienkraut oder Kusha-Gras), Gebete oder Pilgerfahrten (→ tīrtha) anerkannt. AM

Lit.: M. Weber, GARS, Bd. 2: Die Wirtschaftsethik der Weltreligionen – Hinduismus u. Buddhismus, 1921. – L. Dumont, Homo hierarchicus. Le système des castes et ses implications, 1966 (dt. 1976). – D. Mandelbaum, Society in India, 1970. – P. Kolenda, Caste in Contemporary India. Beyond Organic Solidarity, 1978. – D. Quigley, The Interpretation of Caste, 1993. – A. Michaels, Der Hinduismus, 1998.

Hinduistische Literatur, die Gesamtheit der religiösen Literaturen Indiens, die auf dem → Hinduismus beruhen; in der Regel wird auch die → vedische Literatur als Teil der h. L. betrachtet, im Folgenden wird aber nur der nichtved. Teil behandelt. Die Schriften sind meist in Sanskrit, vielfach auch in mittel- und neuind. Sprachen verfasst. Die h. L. ist äußerst umfangreich: es gibt etwa hundertmal mehr Texte allein in Sanskrit als in Griech. und Lat. zusammen. Neben der schriftlichen Literatur hat die orale Erzähltradition und Rezitationstechnik in Indien eine große Bedeutung.

(1) An den → Veda im engeren Sinne, der der brahman. Tradition (→ Brahmanen) als uranfänglichen Sehern geoffenbartes Wissen bzw. als von ihnen »Gehörtes« (→ shruti) gilt, schließt die von Menschen erinnerte Überlieferung (→ smriti) an. Hierzu zählen u. a. die »Glieder des Veda« (→ vedānga), Texte zu Opfer (shrauta), Hausritualen (grihya) sowie Recht und Sitte (→ dharma). Zur Rechtsliteratur (→ Dharmashāstra) gehört das sog. Gesetzbuch des Manu (→ Manusmriti, ca. 3. Jh. v. Chr., eventuell jünger). Zur smriti werden weiterhin die Epen (→ Mahābhārata, → Rāmāyana) gezählt, einschließlich der → Bhagavadgītā, die einen Teil des Mahābhārata bildet. Für die hinduist. Mythologie sind neben den Epen (ab ca. 3. Jh. v. Chr.) v. a. die → Purānas (wörtlich = alte Geschichten, ab ca. 4. Jh. n. Chr.) von Bedeutung; sie enthalten neben Mythen und Kosmologien auch philosoph. und wissenschaftliche Abhandlungen. Die sektar. Literatur (ab ca. 4. Jh.) ist vielfach nicht von Brahmanen verfasst worden. Sie umfasst neben weiteren Purānas Hymnen (→ stotra), doktrinäre Abhandlungen (→ āgama), Traktate, Leitfäden und Handbücher (→ shāstra, → sūtra, → Tantra), Kommentare zu den → Upanishaden u. a. Werken, Eulogien (→ Māhātmya), Legenden sowie rituelle Handbücher (vidhi, paddhati). Einige dieser Texte sind aufgrund von textualen Gemeinsamkeiten oder gleicher kultischer Verwendung zu Literaturgattungen zusammengefasst worden. Das gilt bes. für die tantrische Literatur (Tantra), die man in Shaiva-Āgamas (frühestens ab 5. Jh., eher jünger), vishnuit. Pānc[h]arātra-samhitās (in der Regel zwischen 7. und 9. Jh.) und Hindu-Tantras (nicht vor 9. Jh.) einteilt. Auch die Texte der → Indischen Philosophie sind zum großen Teil von Sektenführern verfasst worden. Überwiegend religiösen Charakter haben auch zahlreiche Theaterstücke, Gedichte, Kunstdichtungen und Romane. (2) Ab etwa dem 7. Jh. häuft sich die volkssprachliche Literatur von philosoph. Wanderpredigern (→ Rāmānuja, → Shankara), Dichterheiligen (→ Chaitanya, → Kabīr) und Sektenstiftern, in der

sich bes. die → bhakti-Religiosität niederschlägt. In Südindien haben die überwiegend in Tamil verfasste vishnuit. Literatur von zwölf Dichterheiligen, den → Ālvārs (ca. 7–9. Jh.), sowie der Tamil-Shaivasiddhānta (ab 7. Jh.), eine Richtung des → Shivaismus, einen eigenständigen Charakter bewahrt.
(3) Im modernen Hinduismus haben neue Medien (Comics, Fernsehen, Schulbücher, die große Filmproduktion Indiens, Internet) die klassische Mythologie und bestehende Lehren des Hinduismus weiter popularisiert. → Indische Philosophie. AM

Lit.: M. Winternitz, Geschichte der indischen Lit., 1905–22. – H. von Glasenapp, Die Lit. Indiens, 1929, [2]1961. – J. Gonda u. a., A History of Indian Literature, 1973ff. – K. Mylius, Geschichte der Lit. im alten Indien, 1983. – A. Sharma (Hg.), The Study of Hinduism, 2003.

Hinduistisches Pantheon. Nach traditioneller Vorstellung bewohnen den hinduist. Götterhimmel 33 Mio. Götter, doch handelt es sich oft nur um verschiedene Erscheinungsformen derselben Göttergestalten. Im Zentrum der hinduist. Religion stehen die folgenden Gottheiten: (1) Hochgötter: Hierzu zählt vornehmlich die hinduist. Trias (→ trimūrti) von Brahmā als Schöpfergott, Shiva als Zerstörer und Vishnu als Bewahrer. Vishnu (andere Namen: Nārāyana, Shesha-Nārāyana, Vishvarūpa, Dattatreya) erscheint oft in zehn klassischen Formen (→ avatāra), nämlich als Matsya (Fisch), Kūrma (Schildkröte), Varāha (Eber), Narasimha (Mann-Löwe), Vāmana (Zwerg), Parashurāma (Rāma mit der Axt), Rāma, Krishna, Buddha, Kalkin. Shiva (andere Namen: Mahesha, Yogī, Dakshināmūrti, Sadāshiva, Bhairava) wird oft als abstraktes → linga dargestellt und erscheint sowohl in benevolenten als auch in malevolenten Formen. Beliebt ist auch die Darstellung Shivas als → Gott des Tanzes (Natarāja, Nrityanātha). (2) → Göttinnen sind oft Gefährtinnen oder Ehefrauen der Hochgötter. Am beliebtesten sind Pārvatī, Gaurī, Umā (Gefährtinnen Shivas); Lakshmī und Shrī (Vishnu); Sāvitrī und Gāyatrī (Brahmā); Rādhā (Gefährtin Krishnas) und Sītā (Frau Rāmas). Als Ehefrauen der Götter sind sie meist wohlwollend und gütig. Anders die unverheirateten Formen der Devī (Großen Göttin), die ihre eigene Macht (→ shakti) haben, z. B. die den Büffeldämon tötende Durgā (Mahishāsuramardinī), die skelettöse Chāmundā oder die schwarze, blutbeschmierte Kāli(kā). Diese Göttinnen müssen beschwichtigt werden, oft mit Blutopfern, damit sie kein Unheil (Krankheit, Erdbeben, Hungersnöte etc.) anrichten; sie treten vielfach in Gruppen auf, so z. B. als Sieben oder Acht Mütter (Saptamātrikā, Ashtamātrikā) oder als Neun Durgās. (3) Auf etwas niedrigerer Stufe stehen zahlreiche lokale Gottheiten und volksreligiös verehrte Götter (z. B. Aiyanar, Khandobā), die aber oft mit den sanskrit. Hochgöttern identifiziert werden, ebenso wie meist die heroischen Halbgötter der Epen (Bhīma, Bhīmasena/Bhīmsen, Arjuna, Rāma, Yudhishthira u. a.). (4) Auch viele Naturgewalten oder Erscheinungen sind vergöttlicht: als Gestirnsgötter (Sonne/Sūrya, Mond/Chandra oder Soma) oder diverse Planetengötter; als hl. Tiere: Nandī (Stier, Reittier Shivas), Garuda (Vogel, Reittier Vishnus), Ratte (Reittier Ganeshas), Kuh, Elefant (Ganesha), Affe (Hanumān), Schlange, Pferd (Kalki); als Pflanzen: Bilva-Baum, Tulasi (Basilienkraut), Lotos oder als Flüsse: Gangā, Yamunā. (5) Die Götter haben in den Mythen meist heftige Widersacher: Götterfeinde und Gegengötter (→ asuras, Rāvana, Hiranyakashipu) oder sie bekämpfende Dämonen, niedere Götter und Geister (gana, → Apsaras, rākshasa, gandharva, → yaksha, → bhūta, → preta, → pishācha). (6) Das Universum wird an den acht Himmelsrichtungen von Wächtern (Kshetrapālā: Vāyu, Kubera, Īshana, Varuna, Indra, Nirrita, Yama, Agni) bewacht. → Gottesvorstellungen, → Mythos, → Pantheon, → Vedisches Pantheon. AM

Lit.: A. Daniélou, The Myths and Gods of India, 1964, [2]1990. – W.D. O'Flaherty (Übers.), Hindu Myths, 1975. – C. Dimmitt/J. A. B. Van Buitenen (Übers.), Classical Hindu Mythology. A Reader in the Sanskrit Purāṇas, 1978. – H. W. Haussig, Götter und Mythen des indischen Subkontinents, 1984. – H. W. Schumann, Die großen Götter Indiens, 1996. – E. Schleberger, Die indische Götterwelt, 1997.

Hindutva, national-kulturelles Konzept eines »Hindutums« aller in Indien Geborenen mit indigen-indischer Religionszugehörigkeit, entworfen von V. D. Savarkar (1923). Das Konzept beansprucht daher Buddhisten, Jainas, Sikhs u. a. und schließt Christen, Muslime usw. aus. Es stellt die ideolog. Grundlage von Rāshtrīya Svayamsevak Sangh und → Vishva Hindū Parishad dar. MHO

Lit.: D. Gold, Organized Hinduism. From Vedic Truth to Hindu Nation, in: M. E. Marty/R. S. Appleby (Hg.),

The Fundamentalism Project. Fundamentalisms Observed, 1991, 531–93.

Hinnomtal (hebr. Gēhinnōm), Stätte westlich von Jerusalem, in der Hebr. Bibel als Ort des → Opfers, der Toten, sowie als Abfallstätte beschrieben, gräzisiert zu → Gehenna (= → Hölle) geworden. → Altes Testament, → Apokryphen, → Jenseits, → Scheol. KVS

Hiob (hebr. ʾIjjōb, LXX: Job), nach jüd. Tradition das Vorbild für demütige Gottesfurcht und Gerechtigkeit (Ez 14,14). Im atl. Buch H., das aus nachexil. Zeit stammt und aus verschiedenen Einzelstücken besteht, wird am Beispiel H. die Frage aufgeworfen, wie Gott einen Gerechten leiden lassen kann (→ Theodizee). Im Vergleich zur auch im damaligen Judentum gängigen Ansicht, der Mensch könne Einsicht in die Weltordnung und den göttlichen Willen bekommen und Leid sei eine Bestrafung für schuldhaftes Übertreten jener Ordnung, wird hier die Annahme einer immanenten Vergeltung oder Belohnung des menschlichen Tuns infrage gestellt. → Heil/Leid. KVS

Hiobdichtungen, babylonische. Wenigstens vier babylon. Literaturwerke formulieren Zweifel an Gottes → Gerechtigkeit, wenn offensichtlich »gute« Menschen ins Unglück geraten. Die Fragestellung wird in einem altbabylon. Text erstmals fassbar, die beiden bekanntesten Texte sind *Ludlul bēl nēmeqi* (»Ich will preisen den Herrn der Weisheit«, 14. Jh. v. Chr.) bzw. die sog. »Babylon. Theodizee«. Die Thematik ist dem atl. Buch → Hiob vergleichbar. MH

Lit.: W. von Soden, »Weisheitstexte« in akkad. Sprache, in: TUAT 3/1, 1990, 110–88. – D. Sitzler, »Vorwurf gegen Gott«, 1995.

Hirtenkulturen, Gesellschaften, deren Subsistenzstrategien und damit die gesamte Lebensweise (»nomad. Pastoralismus«) weitgehend von der Tierdomestikation und -aufzucht abhängen. (1) Die Zähmung und wirtschaftliche Nutzung von Tieren (Schafe und Ziegen, später Rinder, Kamele, Pferde, Yak, Ren) erfolgte zeitgleich mit der Pflanzendomestikation in Gemeinschaften, die bereits Bodenbau betrieben. Charakterist. für H. sind die Wanderungen der Hirten mit ihren Herden, die sich nach dem Jahreszyklus und dem vorherrschenden Ökosystem ausrichten. Die nomad. Lebensform der H. steht im Kontrast zu jener der → Ackerbaukulturen, mit denen sie im Austausch stehen. H. finden sich in geograph. Regionen wie Tundren, Savannen, Steppen und Wüsten Nordafrikas, Nordeurasiens, Ost- und Südafrikas, des Nahen und Mittleren Ostens, zwischen Schwarzem Meer und der Mandschurei. H. gründeten z. B. in Zentralasien Staaten, und die vormodernen Fernhandelsnetze in Nordafrika und dem Orient beruhten auf dem Hirtennomadismus dieser Regionen. Gegenwärtige H. Afrikas und Asiens sind einem erheblichen Druck zur Sesshaftwerdung ausgesetzt. (2) Typisch für H. ist die Identifikation mit den Zuchttieren. Diese drückt sich u. a. durch ein Tötungsverbot der Zuchttiere (außerhalb des Opfers) aus und wird in Ritualen der → Initiation bekräftigt, wie dies Evans-Pritchard (1956) für die Nuer (Ostafrika) beschreibt. Die (halb-)nomad. Gruppen im nördlichen Eurasien (Sami, Samojeden, Tungusen), deren Leben durch einen deutlichen Wechsel der Jahreszeiten gekennzeichnet ist, kennen das Neujahrsfest zu Beginn der Vegetationsperiode und das Opfer von Erstlingen; sie verehren Götter des Himmels und der Erde, von denen das Wohlergehen der Herdentiere erbeten wird. Die vorderasiat. und afrikan. Kamel- und Kleintier-H. (z. B. Bakhtiar im Iran; Mahria im Sudan) haben weitgehend den → Islam adaptiert. Vielen H. gemein ist die Verehrung der Ahnen, die z. B. bei den Nomaden der Mongolei als »Eigner des Landes« gelten. → Nomaden, → Tier. PJB

Lit.: E. E. Evans-Pritchard, Nuer Religion, 1956. – B. Lincoln, Priests, Warriors, and Cattle, 1981. – M. Hutter, Die Religion nomadisierender Gruppen vom 3. bis zum 1. Jt. v. Chr., in: P. W. Haider u. a. (Hg.), Religionsgesch. Syriens, 1996, 91–100. – K. Hesse, Hirten, in: B. Streck (Hg.), Wb. der Ethnologie, 2000, 104–7.

Hiskija (hebr. ḥizkijjā[hū] = JHWH ist meine Stärke), König von Juda (727/6–698/7 v. Chr.), der – wohl auch unter dem Einfluss des → Jesaja – eine antiassyr. Politik mit einer Kultreform verband, die zunehmend nichtjahwist. Elemente ausschloss (2 Kön 18,4). Konnte H. Juda zunächst noch als eigenständige Kraft erhalten, fiel das Reich 701 v. Chr. bis auf Jerusalem an den Assyrer Sanherib. → Altes Testament, → Apokryphen. KVS

Historisch-kritische Methode. (1) Das Dilemma zwischen einem histor. Text und seiner Funktion als → Hl. Schrift, die Gültigkeit für histor., sozial und lokal völlig andere Gemeinden beansprucht, ist durch die Bibelwissenschaft des 19. Jh.s grundsätzlich differenziert worden: Die Frage, wie der alte Text auf die heutige Situation zu übertragen ist, ist Aufgabe der → Hermeneutik. Die Frage nach dem histor. »Sitz im Leben« dagegen ist mit der h.-k. M. zu lösen. Dem analysierenden Umgang steht die Angst entgegen, das Wort Gottes in Gestalt der Hl. Schrift dürfe nicht angetastet werden, es sei in der überlieferten Form von Gott gesprochen, geschrieben, den Autoren durch Inspiration eingegeben, etwa das Himmelsbuch des Koran. (2) Dabei heißt kritisch nicht, die Autorität des Textes infrage zu stellen, sondern gemäß der Textkritik den zuverlässigsten ältesten Text wiederherzustellen, wie das seit dem Humanismus notwendig erschien: Nicht Übersetzungen oder Volksausgaben sind Grundlage der Interpretation, sondern möglichst das Handexemplar des Autors. Die Suche nach einem »Autor« entspricht aber dem Literaturverständnis des 19. Jh.s. Nun gibt es zwar auch solche literar. Werke in der Bibel, etwa das Doppelwerk des Lukas (Evangelium und Apostelgeschichte), aber die meisten hl. Bücher sind Sammlungen von Sprüchen, Erzählungen über Auseinandersetzungen und Wunder und zu einem Ritual gehörenden Hymnen. Die Komposition zu einem Buch und das Verbot weiterer Zufügungen (Kanon) ist der letzte Akt in der Entstehung des »Textes«. Autor ist das Volk (→ Gunkel), jetzt präziser: die Gemeinde. (3) Dieser Entstehungsprozess wird tiefer analysierbar durch die Methoden (a) der Redaktionsgeschichte, (b) der Quellenscheidung, (c) der Formgeschichte. V. a. die Formgeschichte erlaubt, die soziolog. und rituellen Bedingungen von Literatur zu klären. Auch wenn die h.-k. M. sowohl aufgrund fundamentalist. Kritik als auch aufgrund von Selbstüberschätzung ihre Kriterien neu prüfen muss, bleibt sie als wissenschaftliche Methode grundlegend. CA

Lit.: W. Gunkel, Das Märchen im AT, 1917. – M. Dibelius, Formgeschichte des Evangeliums, 1919. – R. Bultmann, Geschichte der synopt. Tradition, 1921. – A. Jolles, Einfache Formen, 1930. – K. Koch, Was ist Formgeschichte?, 1964, ^{3}1981. – G. Lohfink, Jetzt verstehe ich die Bibel richtig, 1973, ^{13}1986. – K. Berger, Formgeschichte, 1987.

Historismus, Bezeichnung für den Siegeszug der Geschichtswissenschaft im 19. und 20. Jh. sowie die dadurch ausgelöste Krisenerfahrung. Er wurde als Relativierung aller universal geltenden → Normen und → Werte erfahren und unterlag dem Verdacht, zum praktischen Handeln unfähig zu machen. → Moderne. HGK

Lit.: O. G. Oexle, Geschichtswissenschaft im Zeichen des H., 1996.

Hobbes, Thomas (1588–1679), engl. Philosoph, einer der Begründer des Rationalismus und Empirismus; Tutor für Mathematik am Hof Karls II., klassischer Philologe, Übersetzer von Thukydides und Homer, Kritiker von Descartes. Hauptwerke: *Leviathan* (1651), *Philosophical Rudiments Concerning Government and Society* (1651), *On Man* (1658). Seine polit. Philosophie setzt sich mit der menschlichen Natur und ihrer Überwindung auseinander: Im Naturzustand (»bellum omnium contra omnes«; Krieg aller gegen alle) bedingt instinktgeleitetes Eigeninteresse, v. a. bezogen auf Leben und Eigentum, die Angst vor gewaltsamem Tod und Diebstahl, weshalb der → Mensch nicht von Natur aus gut und gesellschaftsfähig ist. Vernunft, Erziehung und Disziplin sind gemeinsam mit dem Schutz von Leben und Eigentum die Grundlagen bürgerlicher Gemeinschaften; ihre Sicherung bzw. Durchsetzung muss von der Regierung oder dem Souverän im Gesellschaftsvertrag durch → Gesetze und → Strafen garantiert werden (*Leviathan*). Ziel der Vernunft ist der Schutz des Lebens, Ziel der → Moral das vernünftige, d. h. friedliche Zusammenleben der Bürger – daher sind Tugenden öffentlich lobenswerte »Verhaltensgewohnheiten«. Trotz der pragmat. bis pessimist. Einschätzung der menschlichen Natur ist H.' Lehre nicht atheist.: Glaube und Religion können »gutes« und vernünftiges Handeln bewirken, das jedoch »immanent« an den Regeln der Gesellschaft zu messen wäre; Gott kann nichts bewirken, was die Vernunft nicht schon bewirkt hätte. → Politik, → Religionsphilosophie. WR

W.: Leviathan (hg. u. eingel. von I. Fetscher) 1966.
Lit.: H. Schelsky, T. H. – eine polit. Lehre, 1981. – H. Münkler, T. H., 1993.

Hochgott, ein 1724 von J. F. Lafiteau (1670–1740) zur Kennzeichnung übernatürlicher Wesen in indian. Religionen (z. B. → Manitu) als überragende Gottgestalten (être supérieur) eingeführter Terminus. Im Zuge menschheitsumspannender Geschichtsentwürfe wurde der Glaube an einen H. von E. B. → Tylor 1871 als Resultat eines auf prätheist. (animist.) Wurzeln beruhenden Evolutionsprozesses begriffen und umgekehrt von A. Lang 1898 sowie später von W. → Schmidt (Urmonotheismus-Theorie) als Ausgangspunkt der Menschheitsentwicklung interpretiert. Unter einem H. wird dabei ein Höchstes Wesen verstanden, dem häufig Attribute eines überragenden Himmelsgottes und wichtige Funktionen für die Weltschöpfung zugeschrieben werden, der aber meist als → deus otiosus nicht in die Welt eingreift, wo sich die »nahen Götter« um das Schicksal der Menschen kümmern. Das Konzept wurde bis in die Mitte des 20. Jh.s (z. B. von G. Widengren) weiterverfolgt, spielt aber heute für religionswiss. Analysen von Gottesvorstellungen keine Rolle mehr. GA

Lit.: G. Widengren, Religionsphänomenologie, 1953, dt. 1969, 93–129.

Hochreligion, veralteter Begriff für eine Stufe in der Evolution der Religion über der → Primitiven Religion, indem sie einen Hochgott konzipiert, aber noch unter den Universalreligionen, weil H. je auf ein Volk und sein Königtum begrenzt sei; in Anlehnung an den Begriff Hochkultur entstandene Bezeichnung für die durch die Geschichte hindurch differenzierten und komplex ausgestalteten Religionen im Unterschied zu anderen. Der Begriff unterstellt den anderen Religionen einen geringeren Grad der Reflexion und impliziert die Annahme, H. zeichneten sich durch eine ausgeprägte Geistigkeit und Ethik aus und hätten vermeintlich »niedere« religiöse Vorstellungen und Praktiken wie etwa Bitten um diesseitigen Nutzen, → Divination, religiöse Alltagspragmatik (→ Alltag) oder Rituale überwunden. Der Begriff H. erschwert also das Verständnis von Religion, da die als minderwertig verstandenen religiösen Elemente in fast allen Religionen zu finden sind und für viele ihre Attraktivität ausmachen. IP

Lit.: G. Mensching, Soziologie der Religion, 1947, 24–85.

Höchstes Wesen → Hochgott.

Höðr (altnord. = Kämpfer), german. Gott aus der Familie der → Asen. Der altnord. Mythologie zufolge ist der blinde H. der Sohn → Odins und der Bruder → Balders, dessen Tod er verschuldet. → German. Religion. US

Lit.: G. Dumézil, Hötherus et Balderus, in: PBB 83 (1961/62), 259–70.

Hölle, der Ort der Strafe in dualist. geprägten Religionen. Die H. liegt gleich dem Totenreich (hebr. → Scheol, griech. Hades, → Unterwelt) unter der Erde (»Höhle«), unterscheidet sich aber grundsätzlich von diesem, da sie eine leidensfähige, ihrer Taten verantwortliche Individualseele voraussetzt. Eine ältere Vorstellung personifiziert die Hölle als ein die Toten verschlingendes Ungeheuer (»Schlund«). Gegenüber dem statischen Dualismus, der keinen Anreiz zur Besserung der Lebenden bietet (→ Himmel), ist eine zeitlich begrenzte H. (→ Fegefeuer) oder eine gestufte H. für unterschiedlich schwere Sünden plausibler. → Gehenna, → Jenseits. CA

Lit.: H.-G. Beck, Die Byzantiner u. ihr Jenseits, 1979. – H. Vorgrimler, Geschichte der H., 1993. – G. Minois, Die H., 1994. – C. Auffarth, Irdische Wege u. himmlischer Lohn, 2002.

Hoffnung (griech. elpís; lat. spes), in der griech.-röm. Antike gleichbedeutend mit »Erwartung« und »Zuversicht«. Da die → Auferstehung Jesu Christi als Beginn des Gottesreiches galt, wurde die H. in der frühchristl. Literatur, explizit bei Paulus (Röm 5,4 und 8,24), zu einer zentralen Figur der → Christologie. Im Mittelalter gewann der Begriff apokalypt.-chiliast. Züge. In den philosoph.-theolog. Debatten des 20. Jh.s wird H. von F. Rosenzweig (1886–1929) bis E. Bloch (1885–1977) zum zentralen Begriff im Widerstreit von Religion und → Moderne. Dem *Stern der Erlösung* (Rosenzweig, 1921), der »das Erhoffen und Erharren der Erlösung« im Geist der jüd. Tradition und ihrer Erneuerung formuliert, steht E. Bloch mit seinem *Prinzip H.* (1959) im Geist eines humanist. Atheismus gegenüber. Bloch rückt die Reich-Gottes-Erwartung in das Zentrum einer Vorstellung von Noch-Nicht-Gewordenem als die materiale Möglichkeit einer anthropolog. Erwartung. Während für Rosenzweig die Lösung der Widersprüche im Heute ein »Schauen der H.« ist, führt sie für Bloch zur Ausbildung einer menschlichen Affektstruktur, die vom Hunger bis zur Sehnsucht nach dem Reich der Freiheit reichen kann. J. Moltmann (geb. 1926) führte Blochs Prinzip für eine christl. Theologie weiter, die etwa für die → Befreiungstheologie fruchtbar wurde. MB

Lit.: J. Moltmann, Theologie der H., 1964. – G. Sauter, Zukunft und Verheißung, 1965.

Hoherpriester (hebr. kōhēn harōš, hakōhēn hagādōl; griech. archiereús), im nachexil. jüd. Priesterkult geschaffene Funktion, die half, die Macht der Priesterschaft als Gegengewicht zum Königtum zu sichern. Neben der repräsentativen kommt dem H. auch eine kultische Funktion zu: sein Gewand und Brustschild repräsentieren die gesamte kosmische Ordnung, und nur der H. darf an → Jom Kippur das Allerheiligste des Tempels betreten. Der H. wurde traditionell von den → Zadokiden und → Oniaden gestellt, was im 2. Jh. v. Chr. zunehmend zu Konflikten führte, bes. als die → Hasmonäer das → Amt des H. mit der Königswürde verschmolzen. Nach 63 v. Chr. amtierte der H. lediglich als Vorsitzender des → Sanhedrin, und die Erbfolge wurde von den Römern aufgehoben. Nach der Zerstörung des Tempels 70 n. Chr. verlor der H. wie die gesamte Priesterschaft vollends an Bedeutung. Im Christentum wurde der Titel auf den Bischof (sacerdos magnus) übertragen, und in Hebr 3–5 wird Jesus als der »wahre H.« eingeführt. KVS

Hoher Rat → Gemeinde, → Sanhedrin.

Hohes Lied (hebr. šīr hašīrīm = Lied der Lieder), dem → Salomo zugeschriebenes Buch der Hebr. Bibel, tatsächlich aber jünger. Das H. L. ist eine Komposition teils profaner, teils religiöser Poesie und weist freizügige sexuelle Passagen auf, die in der Regel allegor. ausgelegt wurden. Der erbaulich-poet. Charakter des H. L. kann freilich seine Herkunft aus einer älteren Kultliturgie nicht überdecken, die eine → Hl. Hochzeit des Königs mit der Königin zum Inhalt hatte. In der jüd. Interpretation verweist das H. L. auf die Verbindung zwischen Gott und seinem geliebten Volk, zuweilen auch zwischen Gott und seiner → Schechina, während Christen die allegor. Deutung auf die Verlobung Gottes mit der Kirche, mit der Einzelseele oder mit Maria übertrugen. → Altes Testament, → Apokryphen. KVS

Lit.: P. Haupt, Biblische Liebeslieder, 1907. – H. Schmökel, Hl. Hochzeit u. H. L., 1956.

Holī/Holikā (hindī). (a) Hinduist. Frühlingsfest, bei dem man sich mit Farben bewirft; (b) Name einer Dämonin. → Fest. AM

Homa (sanskr. = Opferspende), hinduist. Guss- und Feueropfer. → Opfer. AM

Homo religiosus (lat. = religiöser Mensch), idealtypische oder ontologisierende Bezeichnung für so unterschiedliche Phänomene wie den wahren Christen (→ Kierkegaard, → Nietzsche), einen religiösen Führer (→ Scheler, → Wach), eine den Menschen auszeichnende religiöse Anlage (van der → Leeuw, → Eliade, → Schleiermacher, → Otto) bzw. die Tatsache, dass nur Ausnahmemenschen »religiöse Menschen« seien. Die Religionswissenschaft hat dieses Verständnis des H.r. als anthropologische Konstante problematisiert und kritisiert. → Mensch, → Religion. AK

Honden (japan. = Haupthalle [eines Shintō-Schreins]). Dieses etwas erhöhte Holzgebäude befindet sich normalerweise hinter der Gebetshalle (haiden) und stellt den eigentlichen Sitz der Gottheit (kami) dar. Ihrer Funktion entsprechend ist die Haupthalle gewöhnlich kleiner als die Gebetshalle. → Shintō. MP

Hōnen (1133–1212), auch Genkū oder respektvoll H. Shōnin genannt, studierte als Mönch auf dem Berg → Hieizan. Unter den damals üblichen Meditationsarten maß er der Anrufung des Namens von → Amida Buddha bes. Bedeutung bei. 1175 fasste er den Entschluss, andere Methoden als grundsätzlich undurchführbar aufzugeben. Nicht auf die eigene Kraft (jiriki), sondern allein auf die Kraft (tariki) des Amida Buddha könne man sich verlassen. Aus seiner Lehre über die schon vorher bekannte, aber jetzt immer beliebter werdende Praxis des Nenbutsu ging die → Jōdo-Schule oder »Schule des Reinen Landes« hervor. MP

Horeb → Altes Testament, → Apokryphen, → Sinai.

Horkheimer, Max (1895–1973), begründete zusammen mit T. W. Adorno (1903–69) die sog. Frankfurter Schule der Sozialforschung. Diese versucht am Modell der Marx'schen Theorie gegen eine Orientierung an den Naturwissenschaften und gegen eine technische Vernunft die menschliche Gesellschaft in ihrer geschichtlichen und gesellschaftlichen Vermitteltheit zu erfassen. Sie hat geleitet »vom Interesse an vernünftigen Zuständen« »die Veränderung des Ganzen zum Ziel«. Religion wird dabei nicht nur als → Ideologie und entfremdetes Bewusstsein (→ Marxismus), sondern als »Sehnsucht nach dem ganz Anderen« analysiert und birgt die Möglichkeit einer Kritik am Bestehenden. HZ

W.: M. H./T. W. Adorno, Dialektik der Aufklärung, 1947. – M. H., Die Sehnsucht nach dem ganz Anderen, 1970.
Lit.: A. Schmidt (Hg.), Kritische Theorie, 1968. – A. Schmidt/N. Altwicker (Hg.), M. H. heute: Werk u. Wirkung, 1986.

Horusauge, auch als Udjat (= das Heile) oder Udjatauge bezeichnet. Das H. gehört zu den reichsten, beständigsten, verbreitetsten und vieldeutigsten Motiven der → altägypt. Religion. Dargestellt wird es als ein stilisiertes menschliches Auge mit einem Brauenbogen, Schminkstrich und weiteren Linien. Seine einzelnen Teile dienen zugleich als Bruchteile des Kornmaßes, allerdings fehlt der Addition 1/64 zum Ganzen. Die Augen des alten Himmelsgottes Horus wurden als Sonne und Mond verstanden; als eigentliches H. galt der Mond, der nach der Erzählung vom »Streit zwischen → Horus und Seth« einem Raub des Seth zum Opfer fiel. Das geraubte und verletzte Auge wird jedoch von Hathor oder → Thot stets zurückerstattet und wieder geheilt. Die period. Schädigung des Auges und seine Wiederherstellung entspricht dem Wechsel der Mondphasen. Die Verlässlichkeit dieser zyklischen Vorgänge ließ das H. zum Garanten eines Fortlebens nach dem Tod werden. Als Amulett wurde es zahlreich den Verstorbenen mit ins Grab gegeben; auch die Lebenden trugen es als → apotropäisches Amulett. Durch die Funktion von Horus als Königsgott war das H. mit dem Schutz und der Kontinuität des Königtums ebenso verbunden wie mit dem Götter- und → Totenkult. Das H. stellt den Inbegriff einer Opfergabe für die Regenerierung und Sicherung des Lebens dar, einerseits wegen seiner Darbringung von Horus an seinen Vater → Osiris, um ihm damit zu neuem Leben zu verhelfen, andererseits durch die Rückgabe des geheilten Auges an den Gott Horus. EH

Horus und Seth. Bei dem »Streit zwischen H. u. S.« handelt es sich um einen der wenigen Mythen → altägypt. Religion, die in einer längeren literar. Erzählung erhalten geblieben sind. In dem Papyrus Chester Beatty I aus der Regierungszeit Ramses V. (12. Jh. v. Chr.) wird die Frage der Nachfolge des verstorbenen → Osiris verhandelt. Zur Debatte steht sein eigentlich zu junger Sohn Horus und Seth, der Bruder des Osiris. Seit 80 Jahren kann sich das Göttergericht von Heliopolis nicht einig werden. Der Entschluss fällt schließlich zugunsten des S., allerdings gelingt es → Isis durch eine List, doch eine Entscheidung für H. herbeizuführen. Das Urteil wird von S. nicht anerkannt, und zwischen H. und S. kommt es zu gewalttätigen Auseinandersetzungen, in deren Verlauf S. dem H. die Augen ausreißt (→ Horusauge). Das Göttergericht erkennt erneut die Thronnachfolge des H. an, was wiederum von S. bestritten wird; dieser fordert H. nun zu Wettkämpfen auf dem Wasser heraus. H. gewinnt durch eine List. Durch Eingreifen des Osiris aus der Unterwelt fällt die endgültige Entscheidung zugunsten von H., der nun sein rechtmäßiges Erbe antreten kann. S. wird dem Gericht in Fesseln vorgeführt, erhält aber als Begleiter des → Re in der Sonnenbarke eine neue Aufgabe. Neben dem Sieg des Rechtes über das Unrecht wird im »Streit zwischen H. und S.« die ambivalente Rolle des Gottes Seth behandelt. S. ist ein gewalttätiger Gott, zuständig für Wüste und Fremdländer. Aber als Gott der Unordnung und der Verwirrung wird er nicht aus dem altägypt. Pantheon ausgegrenzt, sondern als Verteidiger des Re gegen die täglich neue Bedrohung der Apophisschlange, einer Verkörperung des Nichtseins, integriert. In der Spätzeit wird S. durch Identifizierung mit den Fremdherrschern in Ägypten schließlich doch verfemt. EH

Lit.: F. Junge, »Die Erzählung vom Streit der Götter Horus und Seth um die Herrschaft«, in: TUAT 3, 1995, 930–50.

Hosea (Hoschea), nordisraelit. Prophet, Zeitgenosse des → Amos, der sein Wirken unter Jerobeam II. (etwa 784–44 v. Chr.) begann und vielleicht noch die Zerstörung Samarias durch die Assyrer (721 v. Chr.) erlebte. Sein zum → Dodekapropheton zählendes Buch thematisiert erstmals die später beliebte Allegorie der »Ehe« zwischen Israel und seinem Gott. → Altes Testament, → Apokryphen. KVS

Hosianna (hebr. hōšīʿā nā = hilf doch; griech. hōsanná), nach Ps 118,25 Anruf an Gott wie schon an den König (2 Sam 14,4), ist durch die Begrüßung bei Jesu Einzug in Jerusalem (Mk 11,9f.) zum typischen Ausdruck jubelnder Huldigung geworden. → Altes Testament, → Apokryphen. KVS

Hossō-Schule → Nara-Buddhismus.

Hostie (von lat. hostia = → Opfer), beim christl. Abendmahl (→ Eucharistie) verwendetes ungesäuertes Brot. Da dieses im Christentum als sakramentale Vergegenwärtigung des Kreuzestodes Christi gilt, kann der lat. Begriff für Opfer zur Bezeichnung des Brotes, insbes. in seiner konsekrierten Gestalt, benutzt werden. KHS

Hridayasūtra → Herzsūtra.

Huangdi (chin. = der gelbe Kaiser), mythischer → Kulturheros und gerechter Herrscher des chin. Altertums. Im Lao-huang-Daoismus wird er zusammen mit → Laozi als die Verkörperung der idealen Herrschaft sowohl durch den Herrscher als auch durch dessen weisen Berater angesehen und verehrt. → Daoismus. MD

Huayan (sanskr. → Avatamsaka(sūtra) = [Sutrasammlung des] Blumengirlandenschmucks), nach der zugrundeliegenden Anthologie von → sūtras auch Name einer chin. buddh. Schule, die sich auf diese Sammlung beruft. H. lehrt die gegenseitige Abhängigkeit aller Daseinselemente (→ dharma), somit ihre fakultative Gleichheit, insofern sie »leer« (→ shūnyatā) und Ausformung des allem zugrundeliegenden Prinzips (li) sind. In China wurde H. durch Fazang (643–712) propagiert und durch Zongmi (780–841) systematisiert, der eine Synthese von → Chanzong und H. durchführte und ein eigenes System der Klassifizierung der buddh. Lehren (→ Panjiao) erstellte. MD

Lit.: G. C. C. Chang, The Buddhist Teaching of Totality, The Philosophy of Hwa Yen Buddhism, 1971. – F. H. Cook, Hua-yen Buddhism. The Jewel Net of Indra, 1977. – T. Cleary, Entry into the Inconceivable. An Introduction to Hua-Yen Buddhism, 1983. – P. N. Gregory, Tsung-mi and the Sinification of Buddhism, 1991. – T. Cleary, The Flower Ornament Scripture. A Translation of the Avatamsaka Sutra, 1993 (Ü).

Hubilgan (von mongol. qubilγan = Erscheinungskörper, für tibet. → tulku), Bezeichnung inkarnierter Lamas in der Mongolei. KKP

Huineng (638–719), sechster chin. Patriarch des → Chanzong. Ihm wird das sog. »Plattform-Sutra« (Liuzu-dashi-fabao-tan-jing), ein früher »klassischer« Text des → Chanzong, zugeschrieben. H. gilt auch als Begründer der Südlichen Schule des Chan und wird von der Tradition als Vertreter der plötzlichen Form der Erleuchtung angesehen. MD

Lit.: P. B. Yampolsky, The Platform Sutra of the Sixth Patriarch, 1967.

Ḥukm (arab. = jurist. Entscheidung). Unter den »fünf Entscheidungen« (al-aḥkām al-ḫamsa), die im Unterschied zur → fatwā gerichtsverbindlich sind, verstehen islam. Juristen die fünf Qualifikationen: »verpflichtend, empfohlen, indifferent, tadelnswert, verboten«, mit denen die Ausführung oder Unterlassung jeder menschlichen Handlung klassifiziert werden kann. Eine zweite Klassifikation ergab sich aus der Frage nach der jurist. Gültigkeit einer Handlung, deren Beurteilung auf einem Dreierschema (»gültig, indifferent, ungültig«) beruhte. RS

Ḫulafā' ar-rāšidūn, al- (arab. = »rechtgeleitete Kalifen«), islam. Begriff v. a. für die ersten vier → Kalifen. Konventionell werden damit die Kalifate von Abū Bakr (632–34), ʿUmar (634–44), ʿUṯmān (644–56) und → ʿAlī (656–61) zusammengefasst, da diese vier im Unterschied zu den Kalifen der umayyad., ʿabbāsid. und osman. Dynastie die Kalifatswürde nicht mit Herrschafts- und Parteiinteressen verflochten, sondern das Ideal der islam. Offenbarungszeit tradiert und somit Vorbildcharakter hätten. RS

Lit.: W. Madelung, The Succession to Muḥammad. A Study of the Early Caliphate, 1997.

Humanismus. Die Wortprägung von 1808 verbindet Aufklärungsideale mit der Rezeption der Antike. Das Antike-zentrierte Reform-Gymnasium als Institution des H. nennt W. von Humboldt (1767–1835) neu-humanist. Die Antike-Rezeption der Reformationszeit wird als Vorläufer rekonstruiert und als »Dritte Kraft« teils christentumskrit. gewendet. K. → Marx beansprucht einen H., der nicht idealist. verklärt sei. Mit der Rezeption bes. in den USA verstehen sich ganzheitliche Psychologen wie H. Maslow (1908–70), E. Fromm (1900–80), C. Rogers (1902–87) in der Mitte des 20. Jh.s als Humanisten. → Typologie. CA

Lit.: F. Heer, Die dritte Kraft, 1963. – M. Landfester, H. u. Gesellschaft im 19. Jh., 1988. – H. Cancik, Art. »H.«, in: HrwG 3, 1993, 173–85.

Hume, David (1711–76), schott. Philosoph und Jurist. H. bestritt vehement die Möglichkeit metaphys. Erkenntnisse (→ Religionsphilosophie) und kritisierte deswegen auch scharf den Wunderglauben, weil er die Naturgesetze verletze (→ Religionskritik). Er versuchte, die anthropolog.

und psycholog. Grundlagen der Religion zu ermitteln (→ Religionsanthropologie, → Religionspsychologie) und beobachtete eine gesetzmäßige Abfolge der Religionsformen (→ Entwicklung). Diese Abfolge bezeichnete er als »naturgeschichtlich«, denn Religionen seien keine von Gott offenbarten Gegebenheiten, sondern verdankten sich den »natürlichen« Bedürfnissen der Menschen wie der Schwäche, der Furcht oder der Hoffnung und dem Hang der Menschen, an unsichtbare, intelligente Mächte zu glauben. HK

W.: Treatise of Human Nature, 1739/40. – The Natural History of Religion, 1757. – Dialogues concerning the Natural History of Religion, 1779.

Hurriter, seit der 2. Hälfte des 3. Jt.s v. Chr. fassbares Volk in Obermesopotamien und Nordsyrien, um die Mitte des 2. Jt.s Träger des Mittani-Staates. (1) Die Religion des östlichen Zweiges der H. ist Einflüssen der → Mesopotam. Religionen ausgesetzt (z. B. das Konzept der »uralten Götter« mit kosmolog. Unterweltsbezug; Ea als Gott der Weisheit; der Unterweltsgott Nergal). Der Wettergott Teššub ist genuin hurrit., Hauptgöttinnen sind Hebat und Šaušga, letztere die ursprüngliche Gattin Teššubs (in Aleppo, → Ugarit bezeugt), während die in Texten aus → Hattuša überlieferte Form hurrit. Religion Hebat zu seiner Gattin macht. Der mit Getreide und Fruchtbarkeit verknüpfte Kumarbi genießt überregionale Verehrung. (2) Neben Opfern, kathart. Riten und Festen, über die v. a. Quellen aus Ugarit, Alalach und Hattuša Auskunft geben, sind zwei Kultpraktiken der H. hervorzuheben, weil sie weite Verbreitung über das westliche Vorderasien gefunden haben: Die enge Verbindung von Brandopfern (ambašši) und Opfern zum Wohlergehen (keldi) der Götter durch Götterspeisung in einem Ritualzusammenhang scheint von hurrit. Priestern geschaffen worden zu sein. Die Verbindung beider Opferarten wird in der Folge in den → Syrischen Religionen, in der Religion des AT und gelegentlich in Assyrien praktiziert. Ähnliches gilt für Vogelopfer, erstmals in Alalach kurz vor der Mitte des 2. Jt.s durchgeführt, danach außerhalb des hurrit. Milieus bezeugt. Gegen Ende des 2. Jt.s verlieren sich die Spuren hurrit. Religion. MH

Lit.: G. Wilhelm, Grundzüge der Geschichte u. Kultur der H., 1982. – V. Haas u. a. (Hg.), Corpus der hurrit. Sprachdenkmäler, 1984ff. – V. Haas (Hg.), H. u. Hurrit., 1988. – M.-C. Trémouille, La religione dei Hurriti, in: La Parola del Passato 55 (2000), 114–70.

Ḥusayn b. ʿAlī b. Abī Ṭālib (um 626 bis 680), Sohn von → Fāṭima und → ʿAlī b. Abī Ṭālib, dem Vetter und Schwiegersohn des Propheten Muḥammad. Erst einige Jahre nach der Ermordung seines Vaters ließ sich Ḥ. von der schiit. Gemeinde im südirak. Kūfa als Repräsentant der Familie des Propheten und damit als → Imam anerkennen. Sein Auszug aus Medina nach Kūfa endete im Oktober 680 bei Kerbela in einem Desaster, als es einer überlegenen umayyad. Truppe gelang, Ḥ. und seine Gefolgsleute festzusetzen und schließlich zu massakrieren. An dieses auf den 10. Muḥarram des Jahres 61 islam. Zeitrechnung datierte Massaker wird von den schiit. Gemeinden in bes. Feierlichkeiten erinnert (→ ʿĀšūrāʾ, → Šahīd). RS

Hussiten, eine böhmisch/tschechische religiöse Bewegung im 15. Jh., benannt nach Johannes Hus. Sie verlangte freie Wahl der Pfarrer, das Abendmahl in beiderlei Gestalt (Utraquisten), eine christl. Staatsordnung (→ Chiliasmus). Nach der Hinrichtung von Hus durch Papst und Kaiser auf dem Konstanzer Konzil bildete sich unter J. Žižka eine Nationalkirche, die sich nicht mehr dem Papst unterstellte. Insofern die H. wesentliche Forderungen stellten, die später auch die Reformation erhob, sind sie Teil dieser revolutionären Absetzung national-eigenständiger Landeskirchen, die in der Revolution von 1525 (»Bauernkrieg«) kulminierte. CA

Lit.: P. Hilsch, J. Hus, 2000.

Hymnus, feierliche, streng komponierte Form des kultischen Liedes. → Gebet. AJ

Hypostase, die Entwicklung einer Eigenschaft Gottes zu einer eigenen Person, ohne doch je aus dem Umkreis des Gottes herauszutreten. Eine H. kann Kult empfangen. In der jüd. Religion kann die Person der Weisheit Gottes (Spr. 8–9) zu einer H. werden, in der christl. Gotteslehre bezeichnet H. in dem Problem des Verhältnisses von Gott, Vater-Sohn-Geist, das, was die Person von der Einheit unterscheidet; lat. wäre substantia die genaue Übersetzung. → Theologie. CA

Lit.: J. Hammerstaedt, Art. »H.«, in: RAC 16, 1994, 986–1035. – C. Markschies, Alta Trinità beata, 2000, 196–237.

Hýpsistos (ergänze theós, griech. = der Höchste [Gott]). In der Spätantike wird die Titel-Epiklese eines höchsten Gottes im polytheist. System auf den einen Gott übertragen, der (von der jeweiligen Herrscherdynastie) bevorzugt verehrt werden soll. Der Gottestitel erscheint zuerst im Judentum als hebr. → Eljôn. Er gilt als Kennzeichen der Monotheisierung des spätantiken Paganismus. → Henotheismus. CA

Lit.: C. Colpe/A. Löw, Art. »Hypsistos (Theos)«, in: RAC 16, 1994, 1035–56.

I

Ibāḍīya → Ḫāriǧiten.

Iblīs (aus griech. diábolos = Verleumder?), koran. Name für den aus Licht erschaffenen → Engel oder aus Feuer erschaffenen → Ǧinn, der sich aus Hochmut nicht vor Adam niederwarf, weil dieser von Gott aus Lehm geschaffen worden war. Er wurde daraufhin als ein → Satan (→ Šayṭān) zum Feind Gottes, der über eigene Heere verfügt. Nachdem ihm Gott Aufschub für seine Strafe bis zum Jüngsten Gericht gewährt hat, kann er die Gott untreuen Menschen in die Irre führen. In der islam. Traditionsliteratur wird I. mit einer Vielzahl von Geschichten verbunden, die einerseits über seine Herkunft (ob Engel oder Ǧinn), andererseits über seine Verführungskünste Auskunft geben. RS

Ibn Gabirol → Avicebron.

Ibn Sīnā, Abu Ali → Avicenna.

Ibn Taymīya, Taqī ad-Dīn Aḥmad (1263–1328), islam. Gelehrter und Apologet aus der Tradition der späteren → Ḥanbalīya, der sich in vielen Schriften und Rechtsauskünften (→ fatwā) gegen den herrschenden Traditionalismus v. a. im Bereich der mystischen Kultur (→ bidʿa) und gegen spekulative Denksysteme in der Mystik (namentlich al-→ Ġazzālī), in der Philosophie (Ibn Sīnā, gest. 1037) und in der Theologie (→ kalām, → Ašʿarīya) wandte. Stattdessen forderte er die Neubegründung einer islam. Wissenskultur, die sich ausschließlich mit dem → Koran und den Texten der → Sunna identifizieren sollte. I. T. wurde v. a. seit dem späten 19. Jh. ausgiebig, aber auch kontrovers rezipiert (al-iḫwān al-muslimūn, → Wahhābīya). RS

Lit.: H. Laoust, Essai sur les doctrines sociales et politiques de Takī-d-Dīn Aḥmad b. Taimīya, 1939.

I Ching → Yijing.

Idealismus, Bezeichnung für die philosoph. Ansicht, nach der die Idee ontolog. und epistemolog. Vorrang vor der faktischen Welt hat. Der I. ist die Grundgestalt abendländ. Metaphysik. Seit der Neuzeit wird er eng mit der Einsicht in die Abhängigkeit des Erkennens von Strukturen des → Bewusstseins verbunden. Der ontolog. I. beginnt mit → Platons Prämisse, dass die ewigen Ideen das eigentlich Seiende sind, während das Sinnlich-Irdische nur einen Abglanz, die ontolog. Schwundstufe und das Feld bloßen Meinens darstellt. Dieses Konzept setzt sich fort im Ideenrealismus mittelalterlicher Theologie: Die Ideen des Schöpfungsplanes (lat. = rationes aeternae) sind in den Dingen erkannt und ermöglichen Erkennen. Die Gottesidee wird als transzendent seiend vorgestellt. Religionsgesch. ist die frühneuzeitliche Wandlung des → Weltbildes von einer Schöpfungsidee zu modellhaften Vorstellungen von der Gesetzmäßigkeit der → Natur bedeutsam (psycholog. I. von R. Descartes, 1596–1650). Der subjektive I. von → Locke und → Hume kennt keine angeborenen Ideen mehr, sondern subjektive Vorstellungen und Eindrücke, die der inneren und äußeren Erfahrung entstammen. Im als formal, transzendental und kritisch bezeichneten I. → Kants fällt die ontolog. Prämisse, die Gegenstände der sinnlichen → Wahrnehmung seien wirklich, weg. Das Unbedingte hingegen kann aufgrund der sensualist. Erkenntnistheorie nur gedacht, aber nicht erkannt werden. Im dt. objektiven, spekulativen oder absoluten I. (J. G. Fichte, 1762–1814, → Hegel, → Schelling) besitzt das Ideelle statt einer vorgestellten eine objektive Existenz. Hegel hatte religionsgesch. Wirkung durch die Aufhebung der → Offenbarung im absoluten → Wissen. Die Lehre, dass die Welt nur ein Bewusstseinsphänomen darstellt, wird auch von dem Advaita-Vedānta und der buddh. → Yogāchāra-Tradition vertreten. → Religionsphilosophie, → Typologie. AK

Lit.: M. Brumlik, Deutscher Geist und Judenhaß. Das Verhältnis des philosoph. Idealismus zum Judentum, 2000.

Idealtyp, von M. → Weber geprägter Begriff zur Bezeichnung einer gedanklichen Konstruktion, die durch einseitige Steigerung eines oder einiger Aspekte eines Phänomens und durch Synthetisierung einer Fülle von diffus und diskret sowie in unterschiedlicher Intensität vorhandenen Einzelerscheinungen gewonnen wird. Die Bildung von I. ist ein heurist. Verfahren, mit dem konkrete Phänomene verglichen werden können, wobei einige ihrer bedeutsamen Bestandteile herausgearbeitet werden. VK

Lit.: B. Pfister, Die Entwicklung zum Idealtypus, 1928. – U. Gerhardt, Idealtypus, 2002.

Identität. (1) I. kann unterschiedlich bestimmt werden: (a) Im philosoph. Sinn meint I. die »Selbigkeit« oder die Tatsache des Gleichbleibens von etwas (einem Ding, einem Sachverhalt, einer Person, einem Satz usw.) mit sich selbst oder etwas anderem. Der »Satz von der I.« (A = A) ist eines der Grundprinzipien der zweiwertigen Logik. (b) In Psychologie und Sozialpsychologie meint Ich-I. das dauernde Sich-Selbst-Gleichsein, die Kontinuität des Selbsterlebens eines Individuums. Sie wird im Wesentlichen durch die Übernahme sozialer → Rollen und Mitgliedschaften sowie durch deren gesellschaftliche Anerkennung hergestellt. (c) In Soziologie, Ethnologie und Politologie ist umstritten, ob es eine kollektive I. gibt, oder ob es sich hierbei um die Identifikation einzelner Individuen mit einem Kollektivgebilde handelt. (2) Religion hat eine zentrale Bedeutung für die Konstitution personaler und sozialer I. Die drei »Urfragen«: »Wer bin ich/sind wir?«, »Woher komme ich/kommen wir?« und »Wohin gehe ich/gehen wir?« wurden in der Kulturgeschichte lange Zeit religiös beantwortet. (a) Mit H. Mol lässt sich von Religion als Sakralisierung von I. sprechen. Hinsichtlich der personalen I. thematisiert Religion die Differenzerfahrung zu Vergesellschaftungsprozessen und ermöglicht eine identitätswahrende Distanzierung gegenüber den tendenziellen Totalitätsansprüchen von häufig untereinander divergierenden Rollenanforderungen. In gewissem Sinne bringt Religion die I. eines Menschen kontrafakt. zur Geltung. Und weil die I. einer → Person ebenso eine kollektive Dimension im Sinne der Identifikation mit Grundwerten, Basisinstitutionen, der Weltauffassung, Verhaltensmustern und Gewohnheiten größerer sozialer Einheiten einschließt, vermittelt Religion auch die Differenz von Individuum und verschiedenen sozialen Einheiten (von der soziokulturell abgegrenzten lokalen Gemeinschaft über → Nationen und deren Zusammenschlüsse bis zur Menschheit als ganzer). (b) Diese sozialintegrative Funktion können auch nichtreligiöse Ideologien wahrnehmen; allerdings ist die genuin religiöse Semantik in ihrer Betonung der Sorge um die Integrität des → Menschen bes. identitätsrelevant. VK

Lit.: A. Hahn, Religion und der Verlust der Sinngebung. I.-Probleme in der modernen Gesellschaft, 1974. – H. Mol, Identity and the Sacred. A Sketch for the New Social-Scientific Theory of Religion, 1976. – W. Gephart/H. Waldenfels (Hg.), Religion und I. im Horizont des Pluralismus, 1999.

Ideologie. Der Begriff geht auf A. D. de Tracy (1754–1836) zurück und bezeichnete zunächst im Wortsinn eine Lehre vom Zustandekommen der menschlichen Vorstellungen. Die religionsphilosoph. Ideengeschichte ist jedoch älter und lässt sich auf den Empiristen F. Bacon (1561–1626) zurückführen, der durch Anknüpfung an die antike → Religionskritik von Xenophanes (565–470 v. Chr.) und dem Skeptiker Demokrit (460–380 v. Chr.) die spätere kritische Aufladung des I.-Begriffs (L. → Feuerbach/K. → Marx) eröffnete. Nach K. Marx verkehrt I. die Beziehung von Sein und Bewusstsein, indem sie Theorie als unabhängig von der materiellen Produktion darstellt und den Eindruck erweckt, Ideen oder Geist vermöchten die Geschichte zu bestimmen (G. W. F. → Hegel). Auf diese Weise verstellt sie den Blick auf den eigentl. Missstand, nämlich die ungleiche Verteilung von Produktionsmitteln, und stabilisiert die Herrschaft der bürgerlichen Klasse. Diese Annahme bildete die Grundlage der I.-Kritik des 20. Jh.s durch M. → Scheler und K. Mannheim (1893–1947), welche die individuelle Erkenntnisfähigkeit mit der sozialen Zugehörigkeit verbanden und damit eine Soziologie des Wissens begründeten. P. → Berger und Th. → Luckmann schließlich legten ihrer Theorie der → Wissenssoziologie ausdrücklich ein erweitertes Verständnis von I. zugrunde, das nunmehr jede Weltanschauung, alles Denken oder geistige Sein umfasst. AKN

Lit.: K. Mannheim, I. u. Utopie, 1929, ND 1969. – P. Berger/T. Luckmann, Die soziale Konstruktion der Wirklichkeit, 1966, ND 1980.

Idol, Idolatrie (von griech. eídōlon = Bild, auch Scheinbild, Traum und latreía = (Gottes-) Dienst), in der – nicht nur – jüd.-christl. Polemik gegen → Bilder und ihre Verehrung werden die Kultbilder »der Anderen« (Heiden) verhöhnt, als seien die Bilder die Götter selbst. Oft sind die I. Begleiter der unsichtbaren Gottheit und markieren ihre Anwesenheit im Kult, etwa als Vögel. Oder Beter-I. feiern den Gottesdienst weiter, wenn die Menschen schon nach Hause gegangen sind. Im modernen Sprachgebrauch werden auch Menschen – zunächst polem. – als I. bezeichnet, die wie Gott in einem Personenkult verehrt werden. CA

I Ging → Yijing.

Iǧtihād (arab. = Bemühung), islam. rechtswissenschaftlicher Terminus, der die »Bemühung« einer unabhängigen, logisch-rational abgeleiteten Meinung (raʾy, dóxa) in Bezug auf einen Rechtsfall (früher oft per Analogie [qiyās], dann auch über andere Grundlagen und Methoden, → uṣūl al-fiqh) bezeichnet. Nach der Etablierung der Rechtstraditionen (→ maḏhab) im 9./11. Jh. wurde der i. in Opposition zur method. »Bindung« (→ taqlīd) einer Rechtsmeinung an eine Schulaussage gesehen. In der islam. Rechtsgeschichte wurden beide method. Verfahrensweisen stets gleichermaßen verwendet, wobei für die Anerkennung einer Lehrmeinung auf der Grundlage des i. bes. Anforderungen an den Juristen gestellt wurden. In der schiit. Rechtstradition (→ šīʿa) wurde dem i. v. a. seit dem 17. Jh. in den Auseinandersetzungen zwischen »Traditionalisten« und »Rechtstheoretikern« großer Wert beigemessen, so dass dieser zum Qualifikationsmerkmal eines Juristen werden konnte (muǧtahid). In der sunnit. Tradition (→ Sunna) wurde der i. als Option gehandelt und v. a. im 18. und 19. Jh. gegenüber dem taqlīd aufgewertet. RS

Lit.: B. Weiss, Interpretation in Islamic Law: The Theory of Ijtihâd, in: American Journal of Comparative Law 26 (1978), 199–212. – N. Calder, Doubt and Prerogative: The Emergence of an Imami Shi'i Theory of Ijtihad, in: Studia Islamica 70 (1989), 57–78. – W. B. Hallaq, Was the Gate of Ijtihad Closed?, in: I. Edge (Hg.), Islamic Law and Legal Theory, 1996, 287–325.

Iḥsān (arab. = jemandem gegenüber gut handeln, aus Koran 4/36 u. a. abgeleitet). In der Prophetentradition wurde i. oft mit → Islam und → īmān in eine Reihe gestellt und bezeichnet dann die bes. Frömmigkeit und Güte eines Muslims im Umgang mit seinen Mitmenschen. Der Begriff wurde v. a. in der islam. Mystik (→ taṣawwuf) popularisiert. RS

Ijob, Ijjōb → Hiob.

Ikone (von griech. eikṓn = Bild, Ähnlichkeit). In der antiken christl. Kirche lockerte sich das Verbot, Bilder Gottes darzustellen (Ex. 20,3f.; Röm 1,18–32) – nach Vorgang der jüd. Bildkunst –, und führte zu einer Darstellung des menschlichen Christus. Neben der jüd. Kunst prägte v. a. das röm. Kaiserbild die Darstellungsmöglichkeiten. Im 8. Jh. kam es zu revolutionären Veränderungen, in denen die Bilder in den Kirchen – wohl auch unter dem Eindruck der Erfolge des bilderlosen Islam – seit 726 Ziel der Zerstörungswut wurden (→ Ikonoklasmus). Erst durch die von Johannes Damaskenos und ihm folgenden Theologen vertretene Bildertheologie der wundertätigen, nicht von Menschenhand geschaffenen, vom Himmel gefallenen I. ließ sich die I.-Verehrung im Kult seit dem 9. Jh. rechtfertigen als Verehrung nicht des → Bildes, sondern des Abgebildeten. Damit reduzierten sich die Themen auf wenige Vorbilder und ihre Formate. Der Westen zog nach (libri Carolini). Erst nach der Kreuzfahrerzeit entsteht in der Ostkirche die Bilderwand (Templon; Ikonostasis) mit einem festen Ensemble von I. zwischen Priester-Altar und Laien-Kirchenschiff. Die versammelten Heiligen, Apostel und Engel vereinigen sich mit den Heutigen zur Versammlung, die Gott dient. Im Westen löste sich seit Renaissance und Reformation das Bild vom Kult. Mit der russischen Revolution 1917, aus der Adlige ihre I. mit nach Westeuropa brachten, wurde die russische I. zu einer Chiffre für tiefe private Frömmigkeit. CA

Lit.: S. Gerö, Byzantine Iconoclasm during the Reign of Leo III, 1973. – S. Gerö, Byzantine Iconoclasm during the Reign of Constantine V, 1977. – H. Belting, Bild u. Kult, 1990. – H. Feld, Der Ikonoklasmus im Westen, 1990. – H. Cancik, Art. »I.«, in: HrwG 3, 1993, 217–21. – U. R. Jeck, Libri Carolini, in: K. Flasch (Hg.), Hauptwerke der Philosophie, Mittelalter, 1998, 32–59. – J. B. Uphus, Der Horos des Zweiten Konzils von Nizäa 787, 2004.

Ikonographie/Ikonologie. Aus der Theologie des → Bildes ergibt sich eine hohe Konstanz in der religiösen Zeichen-Sprache, die einer Zeichen-Schrift (I.) nahe kommt, weil die Bildmöglichkeiten weitgehend auf Konventionen beruhen. Diese lässt sich nicht ästhet., sondern nur aus der Kenntnis der Tradition erschließen. Als Ikonologie bezeichnete Panofsky das Forschungsprogramm von Aby → Warburg, Kunst im Kontext ihrer Zeit und Kultur nach ihren Inhalten mit den Methoden der Kulturwissenschaften als histor. Dokument zu interpretieren. Die Aufgabe wäre für eine Religionswissenschaft jetzt als Teil einer umfassenden religiösen → Semantik auszubauen, wie das Programm der → Religionsästhetik (Bildanthropologie) dies beabsichtigt. CA

Lit.: B. Gladigow, Von der Lesbarkeit zum iconic turn, in: G. Thomas (Hg.), Religiöse Funktionen des Fernsehens?, 2000, 107–24.
Theorie: E. Panofsky, Sinn u. Deutung in der bildenden Kunst, 1978 (engl. 1955). – F. Ohly, Schriften zur mittelalterlichen Bedeutungsforschung, 1977. – R. Wittkower, Allegorie u. Wandel der Symbole in Antike u. Renaissance, 1983 (engl. 1977). – E. Kaemmerling (Hg.), I. u. Ikonologie, 1979. – A. Warburg, GS, Ausgewählte Schriften, 2 Bde., 1979, [2]1980; Gesamtausgabe, 1998ff. – H. Cancik/H. Mohr, Art. »Religionsästhetik«, in: HrwG 1, 1988, 121–56. – R. Kany, Die religionsgesch. Forschung an der Bibliothek Warburg, 1989. – B. Tolkemitt/R. Wohlfeil, Histor. Bildkunde, 1991. – F. Ohly, Neue Schriften, 1995. – H. Belting, Bildanthropologie, 2002.
Zs.: Visible Religion.
Hb. zu den einzelnen Religionen: Iconography of Religions in 24 Abt. mit je mehreren Bänden, 1973ff. *Christl.:* LCI. – G. Schiller, I. der christl. Kunst, 5 Bde., 1966–79. – M. Camille, The Gothic Idol, 1989. *Antike:* LIMC (antike Mythologie). – I. Huber, Die I. der Trauer in der Griech. Kunst, 2001. *Jüd.:* C. Dohmen, Das Bilderverbot, 1985, [2]1987. – H. Schreckenberg, Die Juden in der Kunst Europas, 1996. – G. Sed-Rajna, Die jüd. Kunst, 1997. – A. Berlejung, Die Theologie der Bilder. Das Kultbild in Mesopotamien u. die atl. Bilderpolemik, 1998. *Buddh.:* H.-W. Schumann, Buddh. Bilderwelt, 1986, [3]1997. – MLR 4, 2002, 107–12. *Hinduist.:* A. u. P. Keilhauer, Die Bildsprache des Hinduismus, 1983. – N. Gutschow/A. Michaels, Benares, 1993. – H.-W. Schumann, Die großen Götter Indiens, 1996. – I. Keul, Hanuman, der Gott in Affengestalt, 2002. – MLR 4, 2002, 278–81.

Ikonoklasmus (von griech. kláein = zerschlagen), das Zerstören der → Ikonen; der Bildersturm des 6.–8. Jh.s im byzantin. Reich, etwas später im Westen. → Bild. CA

ʿIlm, einer von mehreren arab. Begriffen für → Wissen, der auch »Wissenschaft« meint. Islam. wurde ʿi. meist als das Wissen gefasst, das durch eine Texttradition (naql) oder durch Vernunft (ʿaql) etabliert wurde, im Unterschied zu maʿrifa (= Wissen aus [spiritueller] Erkenntnis, auch → Gnosis) und šiʿr (= Wissen aus Inspiration, daher Poesie). Die Gleichrangigkeit text- und vernunftbezogenen Wissens wurde v. a. von Traditionsgelehrten (→ Ahl al-ḥadīṯ) abgelehnt, welche Wissen v. a. als das Wissen um islam. Texttraditionen (v. a. → ḥadīṯ) definierten. In gewisser Hinsicht postulierten einige Traditionsgelehrte (v. a. der → Wahhābīya) die Existenz eines islam. Textkanons, zu dem zuvorderst der die Sunna beschreibende ḥadīṯ, aber auch bestimmte Korankommentare, Werke zur Prophetengeschichte und einige jurist. Werke gehörten. Im 19. Jh. wurde ʿi. von Anhängern der islam. Reformbewegung (→ iṣlāḥ) mit dem Konzept »scholast. Wissens« identifiziert und von einem »durch vernunftgeleitetes Denken etablierten Wissen« (fikr) ersetzt. RS

Ilm-e Kšnum, 1910 von → Behramshah Naoroji Shroff gegründete Gesellschaft, die den → Zoroastrismus weitgehend theosoph. »neuinterpretiert« (→ Theosophie). Reinkarnation, Vegetarismus, die Betonung der mystischen Einsicht und der Glaube an für Gläubige segnende, für Nichtgläubige jedoch Schaden bringende Wirkungen der Schwingungen und Strahlen, die vom Klang der avest. Texte bzw. vom hl. Feuer (→ Feuerkult) ausgehen, bestimmen den I. K., der wegen der Ritualgebundenheit jedoch nicht als heterodox bewertet wird. MH

Lit.: M. Master Moos, Life of Ustad Saheb Behramshah Nowroji Shroff, 1981.

ʿIlm-i ḥāl/İlmülhal (türkisch = Wissen über den Zustand [der Seele]), türkische Bezeichnung für einen islam. Katechismus (→ ʿaqīda). RS

Imam (arab. imām = »jemand, den man sich als Vorbild nimmt«), islam. wie außerislam. (z. B. für Könige) verwendeter Begriff, der im islam. Kontext zunächst → Abraham (Ibrāhīm) als Vorbild für die Menschen bezeichnete (Koran 2/134) oder auch eine Hl. Schrift (Koran 17/71) bzw. die koran. Offenbarung im bes. als Vorbild für die Muslime (z. B. Koran 36/12) oder als beispielhaften Weg (Koran 15/79). Aus dieser allgemeinen Verwendung haben sich vier terminolog. Bedeutungen ergeben: (a) I. als Titel für einen hochgeachteten islam. Gelehrten, (b) I. als Bezeichnung für einen Vorbeter (→ ṣalāt), (c) I. als Herrschertitel und (d) I. als Titel der von schiit. Gemeinschaften anerkannten Angehörigen der genealog. Nachfolgelinie → ʿAlīs (→ šīʿa). Mit dem Begriff I. wurde die religiöse und jurist. Bedeutsamkeit der islam. Autorität von ihrer institutionellen Ausgestaltung, die als Kalifat (→ Kalif) bezeichnet wurde, abgegrenzt. Als Herrschaftsbegriff war I. nur bis zum Machtantritt der ʿAbbāsiden (750) in praktischem Gebrauch und bezeichnete v. a. unter den Umayyaden (656/61–759) die Amtseinheit von Vorbeterfunktion im öffentlichen Gebet, Befehlsgewalt über das Militär und steuerrechtlicher Herrschaft. Seit den ʿAbbāsiden wurde unter I. im sunnit. Islam fast ausschließlich der Vorsteher einer Moschee verstanden. RS

Lit.: D. M. Donaldson, The Shiah Doctrine of the Imamate [1931], in: I. Edge (Hg.), Islamic Law and Legal Theory, 1996, 461–70. – T. Nagel, Staat und Glaubensgemeinschaft im Islam, Bde. 1–2, 1981. – A. A. Sachedina, The Just Ruler in Shiite Islam, 1988.

Īmān (arab. = → Glauben), im Koran ausschließlich auf den Islam bezogener Begriff für Glaubensakt oder -inhalt; verbunden mit Konzepten wie »Sicherheit«, »Treue«, »Schutz«. In der islam. Theologie (→ kalām) wurde v. a. diskutiert, was die Bedingungen für den Glauben seien: das »Wissen um Gott« (→ Murǧiʾa), das »innere Für-Wahr-Halten« (→ Ašʿarīya) und die »Artikulation in Wort und Tat« (Tradition der Karrāmīya). Dabei kamen die unterschiedlichen dogmat. Rechtstraditionen zu sehr unterschiedlichen Beurteilungen, die von einer Absolutsetzung bzw. Betonung einer dieser drei Instanzen bis hin zu einer radikalen Gleichgewichtstheorie (bes. bei Aḥmad b. Ḥanbal, → Ḥanbalīya) reichten. Begründet wurde Glauben meist aus wissentlicher Überzeugung (īmān ʿan al-ʿilm) oder aus → Tradition (→ taqlīd), bisweilen aber auch aus (mystischer) »Festigkeit« (al- → Ġazzālī). Konventionell wird ī. mit Islam und → iḥsān (= Wohltun) zu einer Triade zusammengestellt, wobei Islam den sozialen und rechtlichen Status eines/r Muslims/a, ī. aber den (letztlich nur von Gott zu beurteilenden) Glaubensstatus beschreibt. Iḥsān verweist v. a. im mystischen Kontext auf wahre »Frömmigkeit« als sozialen Status. RS

Lit.: T. Izutsu, The Concept of Belief in Islamic Theology. A Semantic Analysis of Iman and Islam, 1965. – W. C. Smith, On Understanding Islam, 1981, 110–34. – H. Daiber, The Islamic Concept of Belief in the 4th/10th Century: Abu 'l-Lait as-Samarqandi's Commentary on Abu Hanifa (died 150/767) al-Fiqh al-absat, 1995.

Immanenz (von lat. immanens = darin bleibend, anhaftend), relativer Begriff, der bezeichnet, was innerhalb eines bestimmten Bezugssystems bleibt, z. B. innerhalb des Denkens (→ Idealismus), der Welt (→ Pantheismus), der Materie (→ Materialismus), möglicher Erfahrung (→ Kants Immanenzphilosophie), diesseitigen Lebens (→ Jenseits), der → Zeit (→ Ewigkeit), innerhalb des Kulturraums oder der Sprache. Die Grenze zur → Transzendenz ist eine wichtige Orientierung im → Weltbild. Seit dem 19. Jh. wird I. (dionys. Aufgehen im Irdischen; → Nietzsche, → apollin.) auch als religiöse → Erfahrung angesprochen. AK

Lit.: H.-J. Höhn (Hg.), Krise der I.: Religion an den Grenzen der Moderne, 1996.

Immanuel (hebr. ʿimmānūʾēl = Gott ist mit uns) ist aufgrund von Jes 7,14 als Bezeichnung für den → Messias und Weissagung auf → Jesus verstanden worden. Der Kontext zeigt indes, dass Jesaja mit I. keine bestimmte Person meint, sondern allgemein eine Gestalt, die die zu erwartende Wende der polit. Verhältnisse herbeiführt. Bestätigt wird dies dadurch, dass »I.« in den Qumranschriften keine Rolle spielt. → Altes Testament, → Apokryphen. KVS

Imperialismus. Als I. bezeichnet man v. a. die polit. Machtausdehnung eines Staates, im engeren Sinn diejenige der europ. Staaten im »imperialist. Zeitalter« von 1880 bis zum Ersten Weltkrieg. In theoret. Erklärungen des Phänomens wird nicht nur der polit. und wirtschaftlichen, sondern auch der kulturellen Seite Beachtung geschenkt, z. B. der engen Verbindung zur → Mission. → Kolonialismus. AJ

Lit.: K. J. Bade, I. und Kolonialismus: Kaiserliches Deutschland u. koloniales Imperium, 1982. – H. Gründer, Welteroberung und Christentum, 1992.

Inanna → Ištar.

Inari (respektvoller I.-sama), eine Shintō-Gottheit (kami) der Ernte und des kommerziellen Gewinns in Japan. Nicht nur Einzelpersonen, sondern auch viele Firmen in Japan bitten bei I.-sama um Erfolg in ihrer jeweiligen Branche. Die Gottheit wird insbes. in Fushimi in der Nähe von Kyōto in Westjapan und in Kasama in Ostjapan aufgesucht, jedoch sieht man im ganzen Land, auch zwischen den Gebäuden der Großstädte oder auf ihren Dächern, kleinere I.-Schreine, die meist durch ihre knallroten symbol. Eingangstore (torii) gekennzeichnet sind. MP

Indianische Religionen, Sammelbezeichnung für Religionen der indigenen Völker Amerikas einschließlich der → Eskimo, in denen sich die sprachliche und kulturelle Vielfalt des Doppelkontinents spiegelt, die sich von nomadisierenden Wildbeutergesellschaften (→ Jäger- und Sammlerkulturen, → Nomaden) über sesshafte Sammler, Fischer und Bodenbauer mit dörflicher Lebensweise (→ Ackerbau) bis zu den Stadt- und Hochkulturen Mesoamerikas (z. B. → Azteken, → Maya) und des Andenraums (z. B. → Inka, → Moche) erstreckt.

I. Geschichte. (1) Selbst Jh.e europ. Kolonisation (→ Kolonialismus) und Einbindung in euroamerikan. Nationalstaaten haben aus diesen Völkern nur teilweise »Indianer« werden lassen (→ Kontakt). Auf den Versuch hin, die i. R. zu christianisieren, differenzierten sich diese durch Synkretisierung, Substitution oder Kompartmentalisierung des Alten und Neuen eher noch weiter aus. (2) Für die vorkoloniale Vergangenheit stehen nur aus dem Gebiet der mesoamerikan. Kulturen indigene Schriftquellen zur Verfügung, in Mexiko ergänzt durch aztek. Texte der frühen Kolonialzeit. Auch aus vielen tribalen Religionen (→ Ethnische Religionen) sind v. a. die Religionen der → Eliten, kaum aber der einfachen Bevölkerung überliefert. Bes. lückenhaft ist die Kenntnis über Gebiete wie die Antillen, in denen die indigenen Bewohner durch die europ. Kolonisation rasch dezimiert und ausgerottet wurden. (3) Das Fehlen eines als »Religion« übersetzbaren Wortes in den meisten indigenen Sprachen Amerikas illustriert die starke Integration von auf das Transzendente bezogenen Vorstellungen und Praktiken im Alltagsleben.

II. → Mythos und → Deutungsmuster. (1) In Mesoamerika stellte man sich die Erschaffung der Welt häufig als das Werk einer androgynen Gottheit vor (Azteken) oder hielt ein Götterpaar für den Urheber der → Schöpfung (Maya). Bei den Zapoteken schuf Coqui Xee (= ohne Anfang, der Unerkennbare) ein Schöpferpaar, das Sonne und Erde, die übrigen Götter sowie die Menschen hervorbrachte. (2) Viele amerikan. Kulturen sahen in der Schöpfung mehr ein Ordnen der Dinge durch → Kulturheroen als eine Erschaffung aus dem Nichts durch eine Gottheit. In vielen Kulturen (bes. Südamerikas) fällt die Umgestaltung der Welt einem antagonist. Brüder- oder Zwillingspaar zu, das schließlich als → Sonne und → Mond zum Himmel aufsteigt. Gemeinsam ist vielen i. R. die Vorstellung von verschiedenen aufeinander folgenden Weltzeitaltern, die jeweils in Weltbränden, Sintfluten oder anderen Katastrophen endeten. Die Menschen treten meist in einer der späteren Weltepochen auf, die aber ebenfalls von einer Sintflut bedroht ist (z. B. → Tupí-Guaraní). (3) (a) Häufig wurden Weltbilder entworfen, die eine horizontale Vierteilung der Erde annahmen, deren Teile an den Kardinalpunkten ausgerichtet sind und das Zentrum als fünften Teil umschließen. Andererseits stellte man sich einen vertikal in mehreren Ober- und Unterwelten geschichteten → Kosmos vor. (b) Für die Azteken bestand der Himmel aus dreizehn und die Unterwelt aus neun Schichten, während die Inka eine Dreiteilung annahmen in eine von den Menschen bewohnte Ebene, eine »innere Welt« unter der Erdoberfläche und eine Oberwelt, den Sitz der Himmelsgottheiten. (c) Die westgrönländ. Inuit (→ Eskimo) nahmen an, eine Mittelwelt aus Erde und Meer ruhe auf Pfeilern und bedecke die Unterwelt, die über das Meer und durch Felsspalten zugänglich sei. (d) Die Delaware des östlichen Nordamerikas unterschieden zwölf Himmel, für die ebenfalls algonquinsprachigen Menominee lag die bewohnte Welt zwischen jeweils vier Ober- und Unterwelten. (4) (a) In vielen der Stammes- und Hochkulturen war das Leben bestimmt vom Gegensatz zwischen den übernatürlichen Bewohnern der Ober- und Unterwelten, oft in Gestalt von Raubvögeln bzw. katzenartigen Raubtieren. Unter christl. Einfluss wurden diese Welten oft zu → Himmel und → Hölle transformiert und die entsprechenden Wesen mit dem früher nicht relevanten Gegensatz von Gut und → Böse assoziiert. (b) Bes. in den Hochkulturen konnten Götter in vielen verschiedenen Aspekten auftreten (→ Polytheismus), wobei vielfach die Übernahme von Gottheiten aus anderen Kulturen und die Überlagerung regionaler Kulte durch die offizielle Staatsreligion zur Erweiterung des jeweiligen Pantheons beitrug. Muttergottheiten nahmen hier gelegentlich eine wichtige Position ein (z. B. → Pachamama), doch genossen in vielen Teilen Amerikas die Götter des Mythos keine kultische Verehrung. (c) Da die Jagd in Gesellschaften ohne Herdenviehzucht überall eine wichtige Rolle spielte, waren manchmal auch weiblich gedachte übernatürliche Besitzerinnen der Tierspezies (= Herrin der → Tiere) von großer Bedeutung. (5) (a) In den Staatswesen der Azteken und Inka, aber auch bei vielen Bodenbau treibenden Völkern außerhalb der Hochkulturen war eine hierarch. gegliederte Priesterschaft für den offiziellen Kult zuständig. Daneben wirkten religiöse Spezialisten als Priester lokaler Gottheiten und im individuellen Bereich als Heiler oder Wahrsager (→ Funktionär). Jene mit den Fähigkeiten eines Mediums werden (häufig irreführend) als »Schamanen« bezeichnet (→ Schamanismus). Sie dominieren bei Jägervölkern, kommen auch parallel zu Priesterschaften vor und erlangen ihre Fähigkeiten meist durch Visionen, Blitzschlag oder eine Berufungskrankheit (→ Visionssuche). (b) Nicht immer verrichten sie ihre Aufgaben im Zustand der → Trance, die v. a. in Nordamerika ohne Zuhilfenahme psychotroper Substanzen (→ Drogen) erzielt wird. Die meisten religiösen Spezialisten sind männlich, ausgenommen die mehrheitlich weiblichen machi der Mapuche in Chile. Bes. wichtige Funktionen kommen den Spezialisten bei Übergangsriten (→ rites de passage) u. a. kollektiven religiösen Feiern zu, sichern diese doch das Wohlergehen und den Fortbestand der Gemeinschaft. CFF, IG

Lit.: O. Zerries, Die Religionen der Naturvölker Südamerikas und Westindiens, 1961, 269–384. – M. Curatola, Aspetti della religione quechua: tradizione e reinterpretazione, in: Culture 1/3 (1977/78), 149–66. – Å. Hultkrantz, The Religions of the American Indians, 1979. – L. E. Sullivan (Hg.), Native American Religions. North America, 1987. – D. Carrasco, Religions of Mesoamerica. Cosmovision and Ceremonial Centers, 1990. – M. S. Cipolletti, Schamanismus und die Reise ins Totenreich. Religiöse Vorstellungen der Indianer des südamerikan. Tieflands, in: M. Eliade (Hg.), Geschichte der religiösen Ideen, Bd. III/2, 1991, 265–90. – C. F. Feest, Beseelte Welten, Religionen der Indianer Nordamerikas, 1998.

Indische Philosophie. I. Geschichte. Die i.Ph. nimmt ihren Anfang in religiös-philosoph. Lehrgesprächen der älteren Prosa-Upanishaden (ca. 9.–6. Jh. v. Chr.); Ansätze philosoph.-spekulativen Denkens finden sich jedoch bereits im → Rigveda (vor 1000 v. Chr.). Die klassische Epoche (5. Jh. v. Chr. – 11. Jh. n. Chr.) der i.Ph. gliedert sich in eine epische Phase (bis ca. 2. Jh. n. Chr.) – hier entwickeln sich die Lehren brahman.-hinduist. Prägung – und eine Periode der Systematisierung (bis 11. Jh.). Die scholast. Phase (bis 18. Jh.) führt neben dem Festhalten an Altbewährtem zu wichtigen Neuerungen. In der modernen Epoche (ab 19. Jh.) kommt es, beeinflusst durch die Rezeption europ. Philosophie in Indien und i.Ph. in Europa, zu einer Renaissance hinduist. Philosophie.

II. Systematik. (1) Der orthodoxen (āstika) philosoph. Literatur, die den → Veda als Offenbarung (→ shruti) anerkennt, stehen heterodoxe (nāstika) Systeme gegenüber, die den Veda nicht akzeptieren. Wesentlich ist die Unterscheidung zwischen Lehren von einem beharrenden Selbst (ātmavāda) und Lehren vom Nicht-Selbst (anātmavāda, → anātman). Zu letzteren zählen der → Buddhismus und der indische Materialismus (→ Lokāyata, Chārvākas); der → Jainismus nimmt eine Zwischenposition ein (syādvāda). (2) Unterschieden werden sechs orthodoxe Systeme (darshana) der i.Ph.: (a) Die Mīmāmsā (= Erörterung, Prüfung) unternimmt die hermeneut. Analyse der Struktur vedischer Ritualvorschriften. Im Rahmen eines konsequent vertretenen Realismus liegen Schwerpunkte auf Erkenntnistheorie und Sprachphilosophie; die entwickelte Methodik der Textauslegung hat die i.Ph. nachhaltig beeinflusst. Grundlegendes Werk ist Jaiminis Mīmāmsā-Sūtra (ca. 200 v. Chr. – 200 n. Chr.). Insbes. unter → Kumārila und Prabhākara wird die Mīmāmsā zu einem eigenständigen philosoph. System. (b) Dem → Vedānta (= Ende des Veda) dienen als Textgrundlage die → Upanishaden, das → Brahmasūtra und die → Bhagavadgītā. Die Schulbildung geht überwiegend von Kommentaren zum Brahmasūtra aus: Die Auslegungen reichen vom strikten Monismus → Shankaras (um 700) und Vallabhas (1479–1531) über modifizierte Formen bei Bhāskara (8. Jh.), → Rāmānuja (um 1100) und Nimbārka (13. Jh.) bis zur dualist. Auslegung bei → Madhva (13. Jh.). Die späteren theist. Ausprägungen gehen enge Verbindungen mit religiösen Traditionen v. a. des → Vishnuismus, aber auch des Shivaismus ein. Das (c) → Sāmkhya und der (d) → Yoga gehen in ihrer klassischen Form von einer Pluralität inaktiver, rein geistiger Seelen (→ purusha) aus, der die eine ungeistige, aktive Urmaterie (→ prakriti) gegenübersteht. Das Sāmkhya ist eine der ältesten Schulen i.Ph., als Hauptwerk sind die Sāmkhyakārikās (= Merkverse über das Sāmkhya) des → Īshvarakrishna erhalten. Bedeutsam ist die Lehre von den drei substantiellen Eigenschaften (guna) der Urmaterie und den 23 »elementaren Wirklichkeitsbestandteilen« (tattva). Hauptwerk des Yoga (etwa = Anschirren, Aufmerksamkeit) ist das → Yogasūtra des Patanjali. Übergeordnetes Ziel ist das Zum-Stillstand-Bringen der Sinnes- und Denktätigkeit (vritti). Ein achtstufiger Weg führt über die Konzentration (dhāranā) und Versenkung (→ dhyāna) zur Sammlung und Verinnerlichung (= Enstase, → samādhi). (e) Die Systeme des »Nyāya-Vaisheshika« verstehen sich als wechselseitig unterstützend und ergänzend. Ausgangs- und bleibender Bezugspunkt des Nyāya (= Regel, Argumentation) ist die philosoph. Debatte und das wissenschaftliche Argumentieren, Schwerpunkte liegen auf Erkenntnistheorie und Methodik. Das → Vaisheshika (= Besonderheit) behandelt, gründend in einer atomist. Naturphilosophie, metaphys. Problemstellungen. Einflussreich ist die Theorie der Kausalität und die Lehre vom fünfgliedrigen Syllogismus, bei der in den fünf Schritten Behauptung, Begründung, Beispiel, Anwendung und Folgerung vom Sichtbaren auf Unsichtbares geschlossen wird. Hauptwerke der Schulen sind die Vaisheshikasūtras des Kanāda und die Nyāyasūtras (ca. 2. Jh. n. Chr.) des Gautama Akshapāda. (f) In Auseinandersetzung mit Mīmāmsā, Sāmkhya sowie buddh. Logik und Epistemologie begründen Uddyotakara (7. Jh.) und Udayana (11. Jh.) eine eigenständige Logikauffassung; Gangesha (13. Jh.) führt durch neue terminolog. und method. Grundlegungen den »Neuen Nyāya« (Navyanyāya) ein. → Hinduist. Literatur. JG

Lit.: H. v. Glasenapp, Die Philosophie der Inder, 1948, [4]1985. – E. Frauwallner, Geschichte der i.Ph., 2 Bde., 1953/56. – K. H. Potter (Hg.), Encyclopedia of Indian Philosophy, Bde. 1–8, 1977–98. – K. Lorenz, Indische Denker, 1998.

Individualisierung ist ein typisches Phänomen der → Moderne. Als I. bezeichnet man die Tatsache, dass der Lebensweg des Einzelnen aus den vorgegebenen gesellschaftlichen und religiösen Fixierungen herausgelöst wird: Was traditionell festgelegt war, wird nun zu einer individuellen Entscheidung (→ Privatisierung). Weil das Individuum an den verschiedensten Bereichen der ausdifferenzierten → Gesellschaft teilnimmt und über das Ausmaß seiner Teilnahme an den unterschiedlichen religiösen und sozialen → Gruppen, → Organisationen und Bereichen zunehmend frei entscheidet, wird es selbst mit seinen Vorlieben und Interessen zur wichtigsten Instanz der Biographie. Gerade die starke Betonung individueller religiöser → Erfahrungen kann als ein Indiz für die I. verstanden werden. In ihrer stärksten Variante besagt die I.-These, dass individuelle Biographien nicht mehr von Schichten und Klassenzugehörigkeiten bestimmt werden, dass die Lebensläufe flexibel werden und dass sich der Zusammenhang zwischen religiösen Bindungen und individuellen Handlungsorientierungen (→ Handeln) aufgelöst hat. Daraus entstehen Probleme der → Orientierung, nicht nur für die Individuen. Auch die → Kirchen sind zunehmend gezwungen, auf die Nachfrage der Individuen zu reagieren und sich auf einem → Markt der Religionen und Sinn-Anbieter (→ Pluralisierung) zu behaupten. HK

Lit.: K. Gabriel (Hg.), Religiöse I. oder Säkularisierung, 1996.

Individuation, Selbstwerdungsprozess (auch »Selbstverwirklichung«) des Menschen, geht mit einem Bewusstsein persönlicher Besonderheit in Unterscheidung zu anderen Individuen oder der Gesellschaft insgesamt einher. Zentralen Stellenwert nimmt die I. in der Analyt. Psychologie C. G. → Jungs ein: Vom → Selbst, dem »geheimen spiritus rector«, geht die Selbst-Werdung aus. Es ist »Grund und Ursprung«, aber auch Ziel der individuellen Persönlichkeit und umfasst als individuelle Ganzheit Bewusstes und Unbewusstes. Es verfügt also über eine Doppelnatur und stellt eine »Vereinigung der Gegensätze« (coincidentia oppositorum) dar, symbolisiert z. B. im → mandala. Zum initiator. angelegten individuellen Entwicklungs- und Differenzierungsprozess in der I. gehört die Auseinandersetzung mit den → Archetypen des kollektiven Unbewussten. Idealiter ist die I. in der ersten Lebenshälfte durch die »Initiation in die äußere Wirklichkeit« gekennzeichnet, durch die Ich-Bildung über die Ausbildung der »Persona« und Begegnung mit dem »Schatten«, dem persönlichen Unbewussten. In der zweiten Lebenshälfte erfolgt die → »Initiation in die innere Wirklichkeit«, beim Mann über die Konfrontation mit der »Anima«, bei der Frau mit dem »Animus«. Erst danach erscheinen als Figuren des Selbst z. B. der »Alte Weise« oder die »Große Mutter«. Die Erlangung des Selbst bedeutet nach Jung eine religiöse → Erfahrung: Das Selbst entspricht auf dieser Ebene einem »Archetypus des Gottesbildes«, es ist das »Spiegelbild Gottes in der menschlichen Seele«. Jung setzte die I. als (lebens)langen Läuterungsprozess in Parallele mit der Transmutation in der → Alchemie. Die Jung'sche I. wurde als esoter. Konzept grundlegend für → New Age und die Transpersonale Psychologie. → Tiefenpsychologie. EH

Lit.: C. G. Jung, Der Mensch und seine Symbole, 1968. – J. Jacobi, Der Weg zur I., 1971. – C. G. Jung, Psychologie und Alchemie (GW 12), 1972. – M. Jacoby, I. und Narzißmus, 1985.

Indogermanen, moderne Bezeichnung für die Sprecher der – nach dem Verbreitungsgebiet ihrer Tochtersprachen so genannten – indogerman. oder indoeurop. Grundsprache. Diese Sprache ist nicht unmittelbar bezeugt, sondern kann nur durch einen Vergleich der aus ihr entstandenen indogerman. Einzelsprachen in ihrem Laut- und Formenbestand rekonstruiert werden (F. Bopp, 1816). Die wichtigsten dieser Einzelsprachen sind: Altindisch (Vedisch und Sanskrit), Iranisch (Avestisch und Altpersisch), Armenisch, Tocharisch und Hethitisch (in Kleinasien), Griechisch, Albanisch, Altitalisch (Lateinisch und Oskisch-Umbrisch), Keltisch, Germanisch, Baltisch und Slawisch. Aus dem Wortschatz schließt man auf Gemeinsamkeiten, etwa den Vatergott der I. Dyaus Pita (vgl. griech. → Zeus patḗr, lat. Iuppiter). Im Interesse nationalistischer und rassischer Herabsetzung (etwa der Semiten gegenüber den → »Ariern«) rekonstruierte man Kultur und Religion der I.: z. B. die drei Funktionen von Priestern – Soldaten – Bauern (G. → Dumézil) oder das ordnende Patriarchat der I. gegenüber dem chaotischen → Matriarchat. Darauf verzichtet die heutige Sprachwissenschaft weitgehend, überlässt dafür aber Spekulationen das Feld. → German. Religion, → Keltische Religion. BM

Lit.: M. Meier-Brügger, Indogerman. Sprachwissenschaft, (zuerst von H. Krahe, 1943), [8]2002. – E. Benveniste, Indoeurop. Institutionen, 1993 (franz. 1969). – R. Römer, Sprachwissenschaft und Rassenideologie in Deutschland, 1985. – B. Schlerath, Religion der I. in: W. Meid (Hg.), Sprache und Kultur der I., 1998, 87–99.

Indra, altind. Regen- und Sturmgott, der Held des → Rigveda, König der Götter, Töter des Dämons Vritra. → Vedisches Pantheon. MAL

Initiation (von lat. initium = Beginn, Eintritt; initiare = einweihen, einführen). (1) Ethnolog. Bezeichnung für rituelle Markierungen von Statusübergängen, Lebensabschnitten und dem Eintritt in soziale oder kultisch-religiöse Einheiten (→ Sozialisation). Synonym gebraucht werden die Begriffe »life-crisis-ritual« und → rites de passage. Gut dokumentiert sind I.-Rituale der → Geburt, der → Pubertät, der Übergänge zum Erwachsenenalter (→ Altersklassen), der → Ehe und des → Todes. Lebensabschnittsrituale tribaler Gemeinschaften sind kollektive Ereignisse, die Gemeinschaft und → Identität stiften. Insbes. der Übergang in das Erwachsenenalter ist in zahlreichen tribalen → Gesellschaften zeitaufwendig und stark ritualisiert. Im Mittelpunkt steht die symbol. Inszenierung von Tod und Neugeburt. Neben dem Erwerb von esoter. → Wissen (z. B. Mythologie, Maskenwesen; → Esoterik) ist auch das Erleiden von psychischer und körperlicher Gewalt häufig. A. van → Gennep und V. → Turner trugen entscheidend zur Erforschung von I.-Ritualen bei. (2) Außer den I.-Ritualen der Lebensabschnitte und des Statuserwerbs kennen Ethnologie und Religionswissenschaft die I. im → Schamanismus sowie die I. in Geheimbünde, in den Priesterstand und in → Mysterienkulte. Alle Geheimlehren, -bünde und -kulte hierarchisieren den Zugang zu »hl.« Wissen über Stufen der Einweihung. Wissenserwerb ist mit Statusveränderung verbunden; beides wird durch I.-Rituale gekennzeichnet (z. B. → Beschneidung, → Jugendweihe; → Mithra, → Tantrismus). (3) Das häufige Vorkommen von I.-Ritualen in tribalen Gesellschaften und die rege Beschäftigung der Ethnologie damit lässt Gesellschaften ohne solche Rituale, z. B. manche → Jäger- und Sammlergesellschaften, in dieser Hinsicht als erklärungsbedürftig erscheinen. PJB

Lit.: A. van Gennep, Les rites de passage, 1909. – F. W. Young, I. Ceremonies. A Cross-Cultural Study of Status Dramatization, 1965. – V. Turner, The Forest of Symbols, 1967. – V. Turner, The Ritual Process: Structure and Anti-Structure, 1969. – P. J. Bräunlein/A. Lauser, Fließende Übergänge Kindheit, Jugend, Erwachsenwerden in einer ritualarmen Gesellschaft, in: D. Dracklé (Hg.), Jung u. wild. Zur kulturellen Konstruktion von Kindheit u. Jugend, 1996, 152–82.

Inka, vorkolumbische Kultur in den Zentralanden, vor der Conquista (1532) der größte Staat Amerikas. Als I. bezeichnet man den Herrscher, den ihm verwandten Adel sowie Bevölkerungsgruppen, die zu I. ernannt wurden.

I. Mythen. (1) In den Ursprungsmythen wird der Herrschaftsanspruch der I. legitimiert: (a) Als Schöpfer verehrten sie → Viracocha, der nicht nur das Universum und die I., sondern auch die übrigen Andenbewohner geschaffen haben soll. Letzteren habe er zugleich aufgetragen, die Oberhoheit der I. anzuerkennen.

(b) Einer anderen Tradition zufolge sollen die I. nach einer Sintflut, die ein früheres Weltzeitalter beendete, zu den Stammvätern der neuen Andenbevölkerung geworden sein, die ihnen dadurch tributpflichtig wurde. (2) In Grundzügen stimmen die kosmogon. Vorstellungen der I. mit denen der übrigen Andenbewohner überein, doch wurden sie im Sinne einer imperialen Mythologie umgestaltet. (3) Weiter verehrten die I. den Sonnengott, den sie als ihren mythischen Vater ansahen und über dessen Verhältnis zu Viracocha Unklarheit herrscht, da manche Quellen Viracocha, andere die → Sonne an die Spitze des Pantheons stellen.

II. Kult. (1) Im Kult lassen sich unterscheiden (a) der inkaische Staatskult mit einer großen, hierarch. gegliederten Priesterschaft; (b) der Kult von Gottheiten wie → Pachacamac, der an bestimmten Kultzentren überall in den Anden ausgeübt wurde; (c) die lokalen Kulte mit entsprechend weniger Personal. Dies impliziert keine hierarch. Gliederung der Kulte, da sich Aufgaben und Arbeitsweisen kaum voneinander unterschieden. Neben täglichen Opfergaben (→ Opfer) wurden im Staatskult bei großen religiösen Feiern → Menschenopfer (v. a. Mädchen und Kinder) dargebracht. Priester führten das Zeremoniell aus, das wie die übrigen Rituale v. a. dem Zusammenhalt des Reiches diente. Wie der I.-Herrscher als Sohn der Sonne dem Reich vorstand und Aufgaben im Kult wahrnahm, so galten seine Frau und Schwester als Tochter und oberste Priesterin der Mondgöttin. Auserwählte Mädchen und Frauen (aqllakuna) waren als »Frauen der Sonne« dem Gott geweiht, mussten kaserniert in Keuschheit leben und Maisbier und Textilien produzieren, die als Opfergaben und Geschenke des I. an verdiente Untertanen fungierten. Religiöse und polit. Organisation waren im I.-Staat somit eng verknüpft. (2) Bedeutendstes Heiligtum des Reiches war die Coricancha (= goldener Hof), der Sonnentempel in der Reichshauptstadt Cuzco, deren oberster Priester zugleich als Oberhaupt der Priesterhierarchie vorstand. Die Sonne (Inti) trat in mehreren Aspekten auf, wobei das Tageslicht (Punchao) als von zwei Pumas flankierte männliche Figur aus Gold dargestellt war, von deren Schultern Strahlen ausgingen und in deren hohlem Innern man die Asche der Herzen früherer Herrscher bewahrte. (3) Da bei der Eingliederung neuer Gebiete in das Reich der Sonnenkult als Staatsreligion eingeführt wurde, trat dieser in den Provinzen hervor. In Cuzco könnte Viracocha aber bedeutender gewesen sein. Vielleicht waren beide verschiedene Aspekte einer allumfassenden Himmelsgottheit, zu der noch die als Einheit aufgefasste Gottheit von Blitz und Donner sowie die Mondgottheit kamen. Auch Provinzgötter und die Mumienbündel ehemaliger I.-Herrscher wurden in der Coricancha aufgestellt. So fungierte der Sonnentempel als zentrale Kultstätte aller Gottheiten des I.-Reiches. Unterstrichen wurde dies durch die ceques, imaginäre Linien, die von unzähligen Kultstätten des Reiches aus sternförmig im Sonnentempel zusammenliefen. IG

Lit.: I. Gareis, Religione delle culture superiore andine, in: G. Filoramo (Hg.), Storia generale delle religioni, Bd. 5, 1997, 77–104. – C. J. Julien, Die I.: Geschichte, Kultur, Religion, 1998.

Inkarnation (von lat. caro = Fleisch; incarnatio = Fleischwerdung), christolog. Modell, nach dem Christus das von Gott abgefallene »Fleisch« (die Menschen) erlöst, indem er selbst ins Fleisch kommt. → Christologie. Red

Inkubation (von lat. incubare; griech. enkoimãsthai = [in einem Tempel] schlafen; Tempelschlaf). In einem bes. Raum von Heiligtümern der griech.-röm. → Antike, aber auch in byzantin. Kirchen hatten Privatpersonen die Möglichkeit, auf Zweigbetten oder auf dem Fell eines Opfertieres zu übernachten, um im Traum Krankenheilung oder göttliches Wissen zu erlangen. I. wurde vornehmlich in den Heilkulten (Asklepios, Isis) geübt. Zugang zum rituellen Schlaf wurde nach Reinigungsriten und Opferungen gewährt. Nach der Tempelnacht war eine Gebühr zu entrichten, und der Traum konnte mit Priestern des Heiligtums besprochen werden. Aufgrund mancher Parallelen ist die antike I. als frühe Psychotherapie bezeichnet worden. EH

Lit.: C. A. Meier, Antike I. und moderne Psychotherapie, 1949. – F. Graf, Heiligtum und Ritual. Das Beispiel der griech.-röm. Asklepieia, in: O. Reverdin/B. Grange (Hg.), Le sanctuaire grec, 1992, 159–99.

Inkulturation, gemäß der neueren (christl.) Missionswissenschaft das Ziel der → Mission, nämlich die Einbettung des → Evangeliums in eine → Kultur. Der Begriff reflektiert das Verhältnis zwischen Botschaft und Kultur nach dem Modell der Inkarnation. → Akkulturation, → Enkulturation. AJ

Lit.: S. Kim, Katechese u. I. Dargestellt am Beispiel der kath. Kirche Koreas, 1987. – G. Evers/M. Pankoke-Schenk, I. u. Kontextualität. Theologien im weltweiten Austausch, 1994.

Inquisition (lat. inquisitio = Untersuchung). Um 1200 führt die röm. Kirche unter Innozenz III. ein Verfahren ein, in dem Richter der Kirche von Amts wegen Untersuchungen über die richtige Ausübung des Priesteramtes durchführen. In diesem Verfahren werden neben dem Kläger auch Zeugen und v. a. der Beschuldigte gehört. Nur bei sicheren Beweisen und Geständnis wird verurteilt. Während das Verfahren zunächst eine wesentliche Verbesserung darstellte, wird seit 1231 die Folter eingeführt; auch können die Laien die lat. Beweisführung nicht verstehen. In der Bekämpfung der → Katharer erprobt, wurde die I. lokal und regional aktiv, nicht aber zur permanenten Institution. Konrad von Marburgs Fiktion eines Ketzergottesdienstes wird zum Modell der falschen Religion, die man mit Stumpf und Stiel ausrotten müsse; es gibt keine Verteidigung und keinen Freispruch. Die inquisitio haereticae pravitatis, den Bettelorden der Franziskaner und Dominikaner übertragen, wird zu einer Eingreiftruppe, die sich auf die Verfolgung von Juden, Leprösen, Ketzern spezialisiert und schließlich die Verfahren der → Hexenverfolgungen übernimmt. Dabei wird sie vielfach von Laien herbeigerufen. Insbes. die spanische I. übte in der letzten Phase der Reconquista 1480–92 ein furchtbares Regiment aus und betrieb etwa hundert Jahre die Gegenreformation. Erst 1965 wurde sie offiziell aufgelöst. → Kontakt. CA

Lit.: P. Segl (Hg.), Hexenhammer, 1988. – P. Segl (Hg.), Die Anfänge der I. in Deutschland, 1993. – B. U. Hergemöller, Krötenkuss u. Schwarzer Kater, 1996. – J. B. Given, I. and Medieval Society, 1997. – D. Müller, Frauen vor der I., 1999.

Inspiration (von lat. inspiratio = Einhauchung, Eingebung), Bezeichnung für ein religionsgesch. Phänomen, das als ein Ergriffenwerden des Menschen durch eine göttliche Macht beschrieben und in theolog. Zusammenhängen als die Einwirkung des → Hl. Geistes auf → Propheten, → Evangelien und → Apostel verstanden wird. Die theolog. Deutung führt dogmengeschichtlich vom Prophetenwort im AT, das als »Einflüsterung Jahwes« (Real- oder Personalinspiration) gelten kann, über das »durch den Heiligen Geist Gesagte« im NT (Schriftinspiration) hin zum »Diktat des Heiligen Geistes« (Verbalinspiration), wie es das Trienter Konzil (1545, → Tridentinum) formulierte. → Atem, → Geist. MB

Institution (lat. institutio = Einrichtung, Unterweisung), im Alltagsverständnis eine Einrichtung, die durch bestimmte Inhalts- und Ordnungskriterien charakterisiert ist (Behörden/Schulen) und über materielle Ausstattungsmerkmale (Gebäude/Geldmittel) verfügt, im weiteren Sinne ein Komplex typisierter Handlungs- und Beziehungsmuster, der sich durch Dauer und Verbindlichkeit auszeichnet. In die Soziologie wurde der Begriff durch H. Spencer (1820–1903) eingeführt, der damit die Funktionselemente des sozialen Organismus beschrieb. Zunächst waren I. vorwiegend Gegenstand funktionalist. Deutung: Nach É. → Durkheim bewirken sie die Verinnerlichung kollektiv-objektiver Forderungen und schaffen so gesellschaftliche Ordnung, T. Parsons (1902–79) zufolge schaffen I. durch die Koordination wechselseitiger Rollenerwartungen Integration und Kontrolle, aus Sicht der → Systemtheorie reduzieren sie die Komplexität sozialer Beziehungen. Stärker auf den einzelnen Menschen bezieht sich der kulturanthropolog. Ansatz A. → Gehlens, der angesichts der menschlichen Instinktarmut die Entlastungsfunktion von I. betont. Die → Wissenssoziologie führt I. auf die Interaktion von Individuen zurück. Ihr weiter I.-Begriff umfasst alle wechselseitig typisierten Handlungen (wie Gottesdienst/Beichte). Typisiert im Sinne einer Rollenzuweisung werden auch die Träger dieser Handlungen (Prediger, Beichtvater), durch die allein eine I. soziale Wirklichkeit erlangt. Schwindende Plausibilität der I. führt zu einem Bedürfnis nach → Legitimation. AKN

Lit.: P. Berger/T. Luckmann, Die gesellschaftliche Konstruktion der Wirklichkeit, 1966, ND 2003. – T. Parsons, Zur Theorie sozialer Systeme 1972. – A. Weymann, Individuum – I. – Gesellschaft: Erwachsenensozialisation im Lebenslauf, 2004.

Interaktion/Interaktionsrituale. Zu einer I. kommt es, wenn Personen wahrnehmen, dass sie einander wahrnehmen, und dadurch genötigt sind, ihr → Handeln aneinander auszurichten. Die durch wechselseitige Irritationsmöglichkeiten der an ihr beteiligten Personen entstehende Unbeständigkeit wird häufig durch Interaktionsrituale aufgefangen. Religiöse → Kommunikation bleibt – sowohl strukturell als auch semant. – im Unterschied zu anderen gesellschaftlichen Bereichen in bes. Weise an I. orientiert. → Ritual. VK

Lit.: E. Goffman, Wir alle spielen Theater, 1983 (engl. 1959). – M. A. Friedrich, Liturgische Körper, 2001.

Internalisierung (von lat. internus = im Innern; Verinnerlichung), Bezeichnung für jenen psychischen Prozess, bei dem die Individuen die von außen (Eltern, Lehrern, Priestern, Altersgenossen usw.) auferlegten und erwarteten Normen des → Handelns und Denkens zu ihren eigenen machen, so dass eine Handlung (aber auch das Denken) nun von den Individuen selbst und nicht nur durch das soziale Umfeld nach diesen Maßstäben beurteilt wird (→ Sozialisation). Wie dieser Prozess genau zu konstruieren ist, ist in der Sozialpsychologie umstritten. Er trägt zur Ausbildung einer individuellen → Identität (→ Gewissen) bei. In vielen Religionen werden Verinnerlichungen durch (→ Initiations-)Rituale u. a. Erziehungsmaßnahmen herbeigeführt. Im Unterschied zu diesen (modernen) Lerntheorien wird in einigen Religionen die Meinung vertreten, dass den Menschen das moral. Gesetz unmittelbar durch die (göttliche) Natur (Röm 2,14f.) gegeben sei (ebenso I. → Kant: »das moral. Gesetz in mir«) und dass es deshalb eher zu erwecken als zu erlernen sei. HZ

Lit.: L. Krappmann: Soziologische Dimensionen der Identität, 1971. – G. Kehrer: Art. »I.«, in: HrwG, Bd. 3, 1993, 283–88.

Interpretationsmodelle → Deutungsmuster.

Interreligiöser Dialog, formalisiertes Gespräch zwischen (mehr oder weniger) autorisierten Vertretern verschiedener Religionen. Im überwiegend diskursiv geführten → Dialog wird in der Regel versucht, Gemeinsamkeiten herauszuarbeiten, mit dem Ziel einer gemeinsamen Wahrheitssuche oder schlicht eines friedlichen Miteinanders. Daneben entwickelten sich v. a. unter dem Einfluss von M. → Bubers dialog. Philosophie Formen gemeinsamer → Spiritualität verschiedener Religionen. In seinen praktischen Folgen bewirkt der i. D. oft das Gegenteil, nämlich dass die nicht daran beteiligte Mehrheit die Unterschiede zwischen den Religionen als unaufgebbar betont. Letztlich setzt der Gedanke einer dialog. Wahrheitsfindung einen ausdifferenzierten Begriff von → Religion voraus, der über die pragmat. Koexistenz verschiedener Religionen hinausgeht und in einem ökumen. Ideal kulminiert, wie es z. B. im Parlament der Religionen in Chicago (1893) zum Ausdruck kommt. Der Einfluss einer zunehmend als pluralist. wahrgenommenen religiösen Welt (→ Pluralisierung) hat in der christl. → Theologie zu einer Reihe von theolog. und lehramtlichen Modifikationen in der Haltung gegenüber fremden Religionen geführt (kontextuelle und interkulturelle Theologie, Vaticanum II). → Alterität, → Kontakt, → Mission. AJ

Lit.: H. Küng u. a. (Hg.), Christentum u. Weltreligionen. Hinführung zum Dialog mit Islam, Hinduismus u. Buddhismus, 1984. – M. Brocker/H. H. Nau (Hg.), Ethnozentrismus. Möglichkeiten u. Grenzen des interkulturellen Dialogs, 1997.

Inuit → Eskimo.

Iran → Assyr. Kirche des Ostens, → Zoroastrismus.

Iranisch-christliche Literatur. (1) Eine Übersetzung der → Bibel scheint bereits im 4. Jh. existiert zu haben, Psalmen-Fragmente in mittelpers. Sprache (eventuell 5. oder 6. Jh.) wurden im Tarim-Becken gefunden, ebenso sogdische Übersetzungen des NT gemeinsam mit der syrischen Version. Die frühesten neupers. Bibelfragmente datieren ins 11. Jh., die erste persische Gesamtbibel wurde 1846 gedruckt. (2) Die dominierende Liturgiesprache der → Assyr. Kirche des Ostens in Zentralasien war neben dem Syrischen das Sogdische, während das Mittelpers. hier eher am Rande verwendet wurde, anders als in Westiran, wo diese Sprache für das 5. Jh. auch liturg. bezeugt ist. Eine originäre Literatur gibt es kaum, vielmehr handelt es sich überwiegend um Übersetzungen aus dem Syrischen, wobei hagiograph. Texte, Märtyrerakten oder eine Legende über die Christianisierung von Marw bes. hervorzuheben sind. MH

Lit.: N. Sims-Williams, The Christian Sogdian Manuscript C 2, 1985. – N. Sims-Williams, Die christl.-sogdischen Handschriften von Bulayïq, in: H. Klengel/ W. Sundermann (Hg.), Ägypten. Vorderasien. Turfan, 1991, 119–25.

Irrationalismus, Bezeichnung für eine Gegenbewegung zu Rationalismus, → Aufklärung und der idealist. Auffassung von der grundsätzlich der Erkenntnis zugänglichen Wirklichkeit (→

Idealismus), die seit dem Ende des 18. Jh.s Bestimmungsgründe der Realität wie → Gefühl, Intuition und Kreativität aufwertet. Schon → Platons Bild von der → Seele als einem viergespannigen Wagen zeugt von der Einsicht in die irrationalen Triebkräfte, hier jedoch als irdische Störungen und Entfernung von der geistigen Natur des → Kosmos verstanden. Die Romantik bettet die Subjektivität in die »Volksseele« ein, die unbewusst mit einer höheren Macht verbunden sei. → Schleiermachers Verständnis von → Religion, das die Religionswissenschaft des 20. Jh.s aufgreift (vgl. R. → Otto, *Das Hl. Über das Irrationale in der Idee des Göttlichen und sein Verhältnis zur Rationalität*, G. → Mensching), ist irrational-emotional. Kritik am I. wird in Soziologie und Psychologie geübt, bes. mit der Spezifizierung des Irrationalen durch die psychoanalyt. Theorie → Freuds (→ Psychoanalyse), die auch für die Religionsausübung zeigt, nach welchen rationalen Gesetzen Triebe und Wünsche in ihr wirken. Im metaphys. I. wird das Wesen der Realität als → Wille (→ Schopenhauer, → Nietzsche) oder Lebensdrang (Lebensphilosophie, → Leben) angesehen. → Kierkegaard erhebt die Existenzgefühle Verzweiflung und → Angst zu den entscheidenden anthropolog. Faktoren. Problematisch für die Religionswissenschaft ist, dass, wenn es um irrationale Größen wie religiöse → Gefühle geht, eine Außenperspektive ohne Phänomenzugang und sprachliches Einholen nicht möglich scheint. AK

Lit.: R. Flasche, Der I. in der Religionswissenschaft und dessen Begründung in der Zeit zwischen den Weltkriegen, in: H. G. Kippenberg/B. Luchesi (Hg.), Religionswissenschaft und Kulturkritik, 1991, 243–57.

Isaak (hebr. jiṣḥāq = er lacht), biblischer Patriarch, dessen Geschichte Gen 21f.; 24–28; 35, 27ff. erzählt. I. ist der Sohn Saras und → Abrahams, Mann der Rebekka, Vater Esaus und → Jakobs. Seine Gestalt bleibt histor. kaum greifbar, manche Motive seiner Geschichte leiten sich allein aus seinem Namen ab, andere mischen sich mit jenen der Abrahamlegenden. I. scheint in Beerscheba gelebt zu haben, wurde aber durch Hungersnöte auch nach Gerar zu den »Philistern« getrieben. → Altes Testament, → Apokryphen. KVS

Ischtar → Ištar.

Ise Jingū, einer der wichtigsten Shintō-Schreine Japans. Ihm wird eine hohe polit. Bedeutung beigemessen, da hier die Sonnengöttin → Amaterasu verehrt wird, von der das kaiserliche Haus abstammen soll. Die Schrein-Gebäude werden alle zwanzig Jahre neu errichtet. → Japan. Religionen. MP

Ishtadevatā (von sanskr. iṣṭadevatā = Wunschgottheit), im Hinduismus eine meist von einem Individuum oder einem → Guru ausgewählte Gottheit, die bevorzugt verehrt wird. I. können unter Umständen mit Familien- oder Clangottheiten (kuladevatā) übereinstimmen. → Hinduist. Pantheon. AM

Īshvara (sanskr. īśvara = Herr, Gebieter), in indischen theist. Traditionen Bezeichnung für den höchsten Gott. JG

Īshvarakrishna (Īśvarakṛṣṇa, um 400 n. Chr.), Autor der Sāṃkhyakārikā, des Hauptwerks des → Sāṃkhya. → Indische Philosophie. JG

Isis, Göttin der → altägypt. Religion, Schwester-Gemahlin des → Osiris und Mutter des Horus, dadurch zugleich Mutter des Pharaos, der irdischen Manifestation des Horus. Die Ursprünge von I. in Ägypten sind nicht bekannt. Seit den → Pyramidentexten gehört sie zur Neunheit von Heliopolis, sie scheint aber im Alten Reich noch nicht kultisch verehrt worden zu sein. Seit dem Mittleren Reich sind Priestertitel im Zusammenhang mit I. belegt, in der Spätzeit vermehrt sich auch die Zahl der I.-Priesterinnen. In der 19. Dynastie erreicht die I.-Verehrung in Ägypten ihren Höhepunkt: als I.-Sothis wird sie zur Spenderin der lebenswichtigen jährlichen Nilüberschwemmung. Seit dem Neuen Reich ist I. eng mit Hathor verbunden und übernimmt deren Eigenschaften als Himmelsgöttin, Herrin der Götter, Tochter des → Re, Göttin der Liebe, der Frauen und der Musik. Die Einbindung in den → Osirismythos verleiht I. Bedeutung für Leben und Tod. Durch die Wiederbelebung, aber auch Balsamierung und Bestattung von Osiris wird sie zur Totengöttin. Als sorgfältige Erzieherin von Horus wird sie zum → Archetyp der Mutter, die aber auch zauber- und listenreich ist. Abgebildet wird I. hauptsächlich anthropomorph, oft mit Kuhhörnern und der Sonnenscheibe auf dem Kopf. Als I. lactans ist sie direktes ikonograph. Vorbild der christl. → Maria mit dem Kind auf dem Schoß. In der Spätzeit beginnt der Aufstieg von I. zur universalist. Göttin. In Ägypten wird sie zunächst »Herrin über Himmel und Erde« und »Mutter der Götter«; ihr Kult, der in die griech. → Mysterien einbezogen wird, verbreitet sich über die ganze spätantike Welt. Als gräkoägypt. Göttin offenbart sie sich in ihren Aretalogien als allumfassende Gottheit, die alle anderen Gottheiten in sich vereint. EH

Lit.: M. Münster, Untersuchungen zur Göttin I. vom Alten Reich bis zum Ende des Neuen Reiches, 1968. – J. Bergman, Ich bin I., 1968.

ISKCON (International Society for Krishna Consciousness), weltweite, aus dem Hinduismus (→ Neohinduismus) hervorgegangene Gemeinschaft, die → bhakti-Yoga praktiziert; gegründet 1966 von A. C. Bhaktivedanta Swami Prabhupada (1896–1977). Ihre Theologie steht in der Tradition des → Vaishnava-Hinduismus, der auf das 16. Jh. zurückgeht und von Prabhupada zunächst in die USA gebracht wurde. Als Prabhupada starb, wurde eine Verwaltung mit 22 Mitgliedern ins Amt gesetzt, darunter elf von ihm eingesetzte → Gurus. Zehn Jahre später war die Hälfte der Gurus ausgeschieden. Die im dt.-sprachigen Raum 1998 etwa 200 Anhänger (»devotees«) rasieren sich die Köpfe, tragen bunte indische Kleider, tanzen und sagen das → mantra »Hare Krishna « auf. Von ihnen wird ein streng asket. Leben erwartet: kein Fleischverzehr, kein Alkoholkonsum und Geschlechtsverkehr nur zum Zwecke der Fortpflanzung. HK

Iṣlāḥ (arab. = Reform im Sinne von Wiederherstellung, Restauration), als Konzept von islam. Gelehrten oft verwendet, um eine Wissenstradition wieder in ihren »eigentl.« (»ursprünglichen«) Zustand zu führen. Im engeren Sinne bezeichnet i. v. a. den seit Ende des 19. Jh.s von Gelehrten in Ägypten, in Indien, dann auch im Osman. Reich vertretenen Anspruch auf »Reform« der islam. Kulturen durch eine scharfe Kritik an überlieferten Traditionen v. a. im Bereich der Mystik, der Jurisprudenz und der Wissensüberlieferung sowie durch die Forderung nach einer neuen Hermeneutik (auch im Umgang mit der Koranexegese und der Prophetentradition), die Anerkennung der modernen Naturwissenschaften und die Aufwertung des »ursprünglichen« Charakters der islam. Offenbarungszeit. Gestützt auf eine rationalist., oft positivist. Deutung des Islam wurde eine verbesserte Fähigkeit, die → Moderne durch Religion zu interpretieren, angestrebt. Der i. bildete die Grundlage für eine neue intellektuelle islam. Wissenskultur, in der die Gelehrten (→ ʿUlamāʾ) nicht mehr bestimmend waren. Hauptvertreter des i. waren u. a. Ǧamāl ad-Dīn al-Afġānī (1839–97), Muḥammad → ʿAbduh und Muḥammad → Rašīd Riḍā. RS

Lit.: R. Caspar, Le renouveau du motazilisme, in: Mélanges de l'Institut dominicain d'Etudes Orientales 4 (1957), 141–202. – A. Hourani, Arabic Thought in the Liberal Age, 1962, ^{2}1982. – M. Kerr, Islamic Reform, 1966.

Islam (arab. islām), monotheist. Religion, die im frühen 7. Jh. in Mekka auf der arab. Halbinsel durch → Muḥammad (um 570–632) gestiftet wurde, der als Gottes letzter Prophet und Empfänger des geoffenbarten → Koran gilt.

I. Begriffsentwicklung. (1) Ursprünglich ist I. ein religiöses Konzept der koran. → Offenbarung, welches das Gegenteil von »Beigesellung« (→ širk) meint. Aus dieser Sicht eines absoluten → Monotheismus war der bestehende Kult der Mekkaner eine Verletzung der Integrität des Einen Gottes, da sie ihm als »Teilhaber« (šurakāʾ) andere Götter »beigesellt« hatten. Dieser Vorwurf wurde in der koran. Offenbarung wohl erstmals in der frühmekkan. Sure 52/43 erhoben, wodurch gleichzeitig der in früheren Offenbarungen beklagte Unglauben (→ kufr) konkretisiert wurde. (2) Bedeutung erlangte der Begriff I. in Form des Partizips muslim während der sog. zweiten Periode der mekkan. Offenbarung des Korans, als diese mit den Hl. Schriften des Judentums und des Christentums verkettet wurde (Sure 51/36, 37/75ff.). Muslim qualifizierte den kultischen Handlungsstatus desjenigen, der die Sendung des Propheten Muḥammad und die koran. Offenbarung für wahr hielt. Dieser Status wurde mit dem Konzept »sich selbst jemandem überantworten«, »sich jemandem ergeben, ausliefern« (aslama waǧhahū lillāhi, »er hat sich Gott ergeben«, vgl. Koran 31/22) gefasst. Außerdem wirkten auch die Konnotationen »wohlbehalten« (salīm) und »Frieden« (silm, → salām, hebr. šālōm, aramäisch šᵉlām, Sure 37/79, 84) in den Begriff ein. I. (im Sinne von »Verhalten als Muslim«) qualifizierte somit den monotheist. Glauben, verband ihn mit den abrahamit. Traditionen (→ Abraham) und setzte ihn prinzipiell von der »Beigesellung« bzw. den »Beigesellern« (mušrikūn) ab. Die wahren Gläubigen wurden in der späteren mekkan. und v. a. in der medinens. Offenbarung als »Gott Ergebene, die ihm Heil bringen« (und ihn damit als wahre Monotheisten von der Beigesellung befreien) bezeichnet. Auffällig ist, dass das Verbalsubstantiv I. (an nur acht Stellen im Koran angeführt, erstmals wohl in Sure 39/22) vom sehr viel häufiger genutzten Partizip muslim(ūn) abgeleitet ist, was darauf hindeutet, dass die Statusbeschreibung der religiösen Praxis eines Menschen erst später zu einem abstrakten Begriff wurde. (3) Sehr fraglich ist, ob schon im Koran I. als Name einer neuen Religion (→ dīn) benutzt wird. Hier wurde Religion vielmehr wie folgt bestimmt: »Wahrlich, der Kult bei (dem Hause [Kaʿba]) Gott(es) ist islām (d. h. die Handlung als Muslim; innā d-dīna ʿinda llāhi l-islām, Sure 3/19). Wie das Judentum und der širk (aber nicht das erst in medinens. Zeit angesprochene Christentum) wurde I. damit als kultische Tätigkeit begriffen. Die Ausformulierung des Glaubens an die koran. Offenbarung als I. bezog sich auf die kultische Abgrenzung des I. vom širk. Die Differenzierung vom Judentum und Christentum hingegen erfolgte zunächst über das arab. Wort → ḥanīf (Plur. ḥunafāʾ). Dieser aus dem Aramäischen (Plur. ḥanpē) übernommene Begriff bezeichnete dort ursprünglich »Heiden«, später aber auch und gerade im hellenist. Milieu Menschen, die einer Ein-Gott-Idee anhingen. In der koran. Rezeption wurde nur die letztere Zuordnung aufgegriffen, dem širk gegenübergestellt und als religiöse Identität Abrahams (ḥanīf muslim = ein Ein-Gott-Gläubiger, der sich Gott tatsächlich anvertraut) festgeschrieben. Im Unterschied zu Juden und Christen waren Abraham und damit Muḥammad und seine Anhänger »die eigentl. wahren Gottgläubigen«, indem sie sich muslim. verhielten. Von nichtmuslim. Seite wurde das Wort ḥanīf weiterhin für »Heide« verwendet, so dass eine Doppeldeutigkeit entstand, die wohl dazu führte, das Prädikat muslim auch als eigenständige religiöse Statusbeschreibung zu verwenden. Der Gruppenbegriff ḥanīfīya für I. wurde wohl nach 625 aufgegeben. An seine Stelle trat die Selbstbezeichnung muslim (und seltener I.). (4) Die angesprochene abrahamit. Verknüpfung der koran. Offenbarung, d. h. der Rückbezug auf eine Offenbarungs- und Prophetengenealogie, die auf Abraham (und schließlich auf → Adam) zurückgeht (Sure 19/58), generalisierte das Konzept I. als Master Code des Monotheismus: Ihm wurde gleichzeitig die Funktion der Wiederherstellung aller früheren Offenbarungen des Einen Gottes (im Judentum und Christentum, → Ahl al-kitāb) zugewiesen. Eine Vielzahl biblischer Figuren (einschließlich → Jesus und → Maria) und der sie betreffenden Geschichten wurden nun in die Offenbarung einbezogen. (5) In der medinens. Zeit wurde der Anspruch des I., sich von allen anderen Gemeinschaften zu unterscheiden, im Rahmen der Auseinandersetzungen mit den dortigen jüd. Gemeinschaften betont. I. wurde nun ein eigener dīn (Koran 3/19, 85 und 5/3), also ein Kult oder eine Religion, die neben dem persönlichen Bekenntnis nun v. a. als Gruppenbegriff die Zugehörigkeit zur Gemeinschaft (→ umma) bezeichnete. In diesem Sinne bedeutete I. auch die »Gemeinschaft der Muslime«. In nachkoran. Zeit setzte sich außerdem die Vorstellung durch, dass die »Gemeinschaft der Muslime« über eine als I. zu bezeichnende Religion im Sinne eines bes. Bekenntnisses verfügte. In dessen Mittelpunkt steht als distinktives Merkmal der → tawḥīd, also der Glaubensakt und die Glaubensbestätigung, dass Gott einer und einzig ist, und damit der Monotheismus. In diesem Bekenntnis, das v. a. durch die Prophetentradition (→ Sunna) als Gesamtinterpretation des Korans gestützt wurde, wurde von manchen Dogmatikern (v. a. → Ḥanbalīya) das Für-Wahr-Halten des ursprünglichen, natürlichen Zustandes der religiösen Identität des Menschen (→ fiṭra) eingeschlossen. I. wurde nun mit Religion an sich identifiziert, andere Kulte oder Religionen als menschliche Abänderungen der islam. Ursprünglichkeit und schlichtweg als Neuerung angesehen. Der Glaube an den Einen Gott, an den Jüngsten Gerichtstag, an die → Auferstehung und die Offenbarung ist untrennbar verbunden mit der Figur des Propheten (→ Nabī) bzw. des »Gesandten« (→ Rasūl), dem der Eine Gott durch den Engel Gabriel seine Botschaft zukommen ließ.

II. Geschichte. (1) Das Bekenntnis zum I. (also die Bekundung, als »Gott Ergebene zu handeln«) galt schon früh als öffentlicher Akt, der gemeinschaftsbildende Funktion hatte und damit den Zutritt des Einzelnen zur → umma des Propheten gestattete (Koran 9/74). Dies unterschied den I. vom Glauben (→ īmān, Koran 49/14) und erklärt, warum im Koran der I. erst nach der Aufforderung zum Glauben angesprochen wurde. Die Frage, wie das Verhältnis zwischen Glauben und I. zu verstehen sei, war Gegenstand späterer theolog. Streitigkeiten. (2) Den unmittelbaren histor. Kontext der Herausbildung des islam. Glaubens bilden einerseits die in Mekka zu Beginn des 7. Jh.s praktizierten Kulte (aus der Perspektive des Monotheismus als širk = Beigesellung zusammengefasst), andererseits das Kommunikationsgefüge des jüd. und christl. Milieus auf der arab. Halbinsel. Die koran. Offenbarung kommunizierte mit den širk-Kulten wie mit monotheist. Traditionen: Als Kontamination fügten sich im Koran Elemente aus den kulturellen Repertoires der arab.-mekkan. Kulte (z. B. themat. der → Ǧinn-Glauben, stilist. die Nutzung einer Reimprosa [saǧʿ]) und der biblischen Religionen (Prophetie, Schriftidee, Schöpfungsmythen, Prophetenmythen) zusammen. Die Negation der bestehenden Kulte als »Unglauben« (kufr) und dann speziell als »Beigesellung« war sicherlich zunächst eine mekkan. Angelegenheit und bezog sich v. a. auf den an der → Kaʿba praktizierten Kult. Das Mittel der Negation war die Offenbarung, mit der die Aufforderung zur Restitution der Kaʿba als »Haus Gottes« verbunden war. Wie stark die Differenz zwischen dieser ursprünglichen islam. Aussage und den Kulten in Mekka war, ist heute nicht mehr mit Sicherheit zu sagen – sicher ist, dass sie im Laufe der Offenbarung stets größer wurde und sich bald schon gegen den širk an sich wendete. Die nun erfolgte positive Bestimmung, muslim. zu glauben, wurde in der Offenbarung in einen genealog. Zusammenhang mit dem Judentum und dem Christentum gebracht, was eine kurzfristige Abwendung der Muslime von der Kaʿba zur Folge hatte (→ ṣalāt). Die Rückbesinnung auf die Kaʿba als Mittelpunkt des islam. Kults förderte (v. a. nach der Auswanderung der mekkan. Muslime nach Medina, → hiǧra) die Islamisierung früherer Kulte (z. B. → ḥaǧǧ) und sozialer Normen (z. B. der Speisetabus, des Ehe-, Familien- und Erbrechts, des Beuterechts, des Strafrechts, → ḥarām, → ḥadd), wobei diese durch die islam. Gemeinschaftsbildung zu Rechtsnormen (→ šarīʿa) ausformuliert wurden. Der I. wurde als eigenständiger Glaube der Bekenner des Einen Gottes und seines Gesandten Muḥammad angesehen, der sich absolut von der »Zeit der Unwissenheit« (→ ǧāhilīya) absetzte. (3) Mit der Bedeutungszunahme des I. v. a. nach der hiǧra wurden die Gruppenbildungsprozesse in der arab. Stammesgemeinschaft mehr und mehr islamisiert, aber nicht vollkommen vereinheitlicht. Die neue islam. Konföderation (umma) begründete ihre Identität (a) auf einer im Koran, dem → ḥadīṯ und der Prophetenbiographie (sīra) ausformulierten histor. Narration (Koran 49/13), (b) auf dem Bezug zu einem Ort (Kaʿba), (c) auf der Wertigkeit der (arab.) Genealogie und (d) auf der Einheit des Kults. Diese vier Ausdrucksformen für Gruppenbildungsprozesse waren zwar nun weitgehend mit islam. Symbolik besetzt, doch hatten sie ihre spezif. Differenzierungspotentiale nicht verloren. (4) Schon nach dem Tode Muḥammads 632 erfolgten erste, vielfach krieger. geführte Ausdifferenzierungen in der islam. Konföderation, die sich zunächst auf die Frage der Wertigkeit der Genealogie im Rahmen der Nachfolgeregelung für Muḥammad bezogen (v. a. 656–61 und 680–92, → sābiqa, → Kalif, → Sunna, → šīʿa, → Ḫāriǧīya). Mit der Auflösung der stammesgemeinschaftlichen umma zugunsten einer herrschaftlich und dynast. organisierten Staatlichkeit im 8. Jh. (spätere Umayyaden, ab 750 ʿAbbāsiden) wurden die innerislam., oft apologet. geführten Ausdifferenzierungen auf die Interpretation des religiösen → Wissens (→ ʿilm, → kalām), der Rechtsverfassung (→ fiqh), auf die Glaubenshaltung (→ taṣawwuf) und auf die Integration hellenist. Wissenschaften (Philosophie) ausgerichtet. Weitere kulturelle Differenzierungen ergaben sich durch die soziale Diversifizierung (z. B. in Form von Heiligenverehrung, Gräberkult, Heilerwesen, → bidʿa, → baraka). Da aber die islam. Kultur keine normativ wirkende zentrale Lehrinstitution und ursprünglich keinen Klerus kennt, wurden die Ausdifferenzierungsprozesse nur zu einem geringen Grad – und wenn dann v. a. innerhalb der Schia – institutionalisiert. (5) Der Erfolg der islam. Expansion beruhte auf den den jeweiligen lokalen Bedingungen angepassten Handlungsstrategien, die v. a. darauf abzielten, die bestehende Grundlage der Gemeinschaft zu sichern, und auf einer Konvergenz der Interessen der Muslime und der Bewohner der eroberten Territorien (→ ǧizya, → dār al-islām, → ḏimma). Ein Modus der Sicherung waren die Bekämpfung von Stämmen, die nach dem Tode Muḥammads der Gemeinschaft der Muslime die Loyalität entzogen (Kriege der »Apostasie« [ridda], 632–34), und die Expansionszüge (Kriege der »Öffnung« [futūḥ], 634 – ca. 720), wobei diese in einigen Fällen als Ausdruck bes. Religiosität durchgeführt und bisweilen auch strateg. angeordnet wurden (Belagerung von Byzanz, 715–18). Innerhalb von drei Generationen nach Muḥammads Tod erreichte die islam. umma eine erste Expansionsgrenze (Pyrenäen, Taurusgebirge, Pamirgebirge, Indus, Wüstengebiete in Nordafrika) und gliederte sich dann in autonome, dynast. organisierte Herrschaftsregionen. Die Gemeinsamkeit der umma wurde durch die Kalifatsidentität und den Bezug auf eine kollektive islam. Identität bewahrt, die um so wichtiger wurde, je mehr nichtarab. Gemeinschaften in den Herrschaftsbereich der islam. Dynastien einbezogen wurden. Die Propaganda der Gleichrangigkeit nichtarab. Muslime (šuʿūbīya) profilierte die arab. Sprache und Schrift als Ausdruck einer transethnischen Islamität, die mit der Tatsache, dass der Koran in Arabisch offenbart wurde, in Beziehung gesetzt wurde. Die zweite islam. Expansionszeit (Indien, Zentralasien, Afrika, 11./13. Jh.) war daher auch (bis auf Nordafrika) keine arab. Sache mehr, sondern meist durch berberische, persische oder v. a. türkische (nomad.) Gemeinschaften bestimmt. (6) Die letzte große Expansion erfolgte zu Beginn der Neuzeit (v. a. durch das Osman. Reich) und war durch regionale Faktoren bestimmt. Zunehmende Bedeutung erlangte nun die Ausbreitung der islam. Kultur durch wirtschaftliche Prozesse (v. a. Südostasien, Ostafrika). Seit Ende des 19. Jh.s organisierten einige islam. Gemeinschaften (v. a. → Aḥmadīya seit 1889 in Indien, → Muslimbrüder seit 1928 in Ägypten, ǧamāʿat-e tabliġ seit 1934 in Indien) eine Bewegung zur Verbreitung des Glaubens (daʿwa), die noch am Ende des 20. Jh.s als innere Mission unter muslim. Einwanderern in nichtislam. Ländern (v. a. Europas und Amerikas) wirkte. Durch die sich seit 1970 verstärkende Migration ist der I. heute zu einer globalen Kultur geworden.

III. Die Historizität des Begriffs. I. bezeichnet heute konventionell vier Bedeutungsfelder: (1) eine persönliche, aktive Glaubenshaltung oder -tätigkeit, (2) ein vielfältig interpretiertes religiöses Symbolsystem mit Bezug zu einer Transzendenz, (3) eine empir. erfahrbare soziale Institution und (4) einen (säkularisierten) Zivilisationsbegriff. Die Historizität des Konzepts I. erlaubt es nicht, diese vier Bedeutungsfelder dem Wort I. an sich zuzuweisen; vielmehr kann vermutet werden, dass sich die Semantik von I. vom ersten bis zum vierten Bedeutungsfeld erweitert oder verändert hat, wobei offensichtlich der Bezug zur Transzendenz in den Hintergrund, dafür der zur Geschichte und Gemeinschaft in den Vordergrund trat. (1) Als Name für eine Glaubenshaltung beschreibt I. die dem Menschen innewohnende »Bejahung« (taṣdīq) des Einen Gottes (→ Allāh), der Sendung der koran. Offenbarung mittels Gottes letztem Gesandten Muḥammad, der religiösen Zeit von der Schöpfung bis zum (ursprünglich als nah erachteten) Jüngsten Gericht und der außerhalb dieser Zeit liegenden Auferstehung des Menschen. Diese Bejahung wird als Kult der Anbetung oder Andacht (ʿibāda) vor Gott bekundet. Diese Bekundung wiederum ist selbst eine dem Menschen auferlegte Pflicht (farḍ), deren Befolgung ihm das Heil zuteil werden lässt und die ihn in »Gottvertrauen« (tawakkul) führt. Die Erfüllung der religiösen Pflichten (u. a. der »Fünf Pfeiler des Islam«, → arkān ad-dīn) wird gemeinhin als Ausweis der Islamität eines Menschen erachtet. (2) Als Name für ein religiöses Symbolsystem bzw. für einen exklusivist. Religionsbegriff bezeichnet I. einen reflexiven Diskurs über Religion und I. selbst. Dieser beruht auf der Erörterung des I. als religiöser Gesamtaussage über die Welt und über Gott (→ ʿaqīda), wobei gerade in Bezug auf Gott auch die negative Aussage systematisiert wurde, da für die Mehrheit der islam. Theologen Gott mit den Kategorien der menschlichen Vernunft nicht fassbar ist (→ kalām). Der I. ist hier ein Lehrsystem, das aus einer (oft gewichteten) Zusammenstellung des aus dem Koran, der Sunna u. a. Quellen abgeleiteten religiösen Wissens und ihrer rechtlichen Interpretation hervorgeht. Zu diesen Lehrinterpretationen traten schon früh mystische Deutungen hinzu. (3) Zum Namen für eine empir. erfahrbare soziale Institution wurde der Begriff I. erst in der Neuzeit, v. a. im 19. Jh. – er wurde nun als eine von außen erkennbare Gesamtinstitution aufgefasst. Die Objektivierung und Erkennbarkeit dieser Institution bezieht sich v. a. auf die Zusammenstellung der sozialen Praxis einer Gemeinschaft, die durch den I. normiert sei, und des ihm zugehörigen Wertesystems. (4) In jüngerer und jüngster Zeit wurde I. zum Namen für eine Kultur und/oder Zivilisation. Deren Bezugsrahmen ist nicht nur die unter (3) gefasste empir. erfahrbare soziale Institution, sondern deren Verankerung in einer histor. und kulturellen Identität, wobei die Spezifikation deutlich von den Deutungen des Kultur- bzw. Zivilisationsbegriffs abhängig ist. Das Spektrum reicht von der Auffassung, der I. sei eine einheitsstiftende, differente, normativ wirkende und wesenhafte Kultur, bis zur Ansicht, er vertrete ein signifikantes Symbolsystem zur Interpretation von Lebenswelten und theoret. Welten, das aber keine spezif. Deutung determiniere. Spätere Bedeutungsfelder wirkten jeweils zurück auf frühere und normierten diese. Für viele islam. Intellektuelle des 20. Jh.s (→ Sayyid Quṭb) war I. der Name für eine Kultur, die sich in einer empir. sozialen Ordnung verwirklicht, welche wiederum auf einem Konsens über den religiösen Diskurs beruht, der sich in der Glaubenstätigkeit des Einzelnen bewahrheitet. Die Normativität wirkt daher heute von der vierten Bedeutungsebene zurück auf die erste und lässt sich als Prozess einer inneren → Säkularisierung beschreiben. Dabei werden den Bedeutungsfeldern konventionell jene islam. Wissenstraditionen zugeordnet, die diese Bereiche jeweils abbilden, also (4) die Geschichte, (3) das Recht (bzw. Sunna), (2) die Dogmatik (aber auch Philosophie) und (1) der Kult. Der Koran wie die Sunna dienen dabei als wichtigster hermeneut. Hintergrund. Somit erscheint I. gerade im islamist. Milieu (→ salafīya, Muslimbrüder) als Name für eine umfassende, Geschichte, Recht, Dogmatik und Kult einschließende, durch Text tradierte Religion, die keine Trennung zwischen Religion und Gesellschaft kennt und deshalb keine Säkularisierung gestattet. Andere muslim. Denker begrenzen heute den Begriff I. auf die Glaubens- und Symbolebene, was eine islam. Ausformulierung des Säkularismus erlaubt. In manchen Kreisen wird I. sogar ganz auf die Ebene des persönlichen Bekenntnisses beschränkt. Eine absolute Definition von I. außerhalb des histor.-kulturellen Kontextes ist daher unmöglich (anders aber z. B. Gardet). RS

Lit.: I. Goldziher, Muhammedanische Studien, Bde. 1–2, 1889–90. – H. Ringgren, I., 'aslama, and Muslim, 1949. – R. Paret, Mohammed und der Koran, 1957 u. ö. – T. Izutsu, The Concept of Belief in Islamic Theology. A Semantic Analysis of Iman and I., 1965. – M. A. Rauf, Some Notes on the Qurʾanic Use of the Terms I. and Īmān, in: Muslim World 57 (1967), 94–102. – M. M. Bravmann, The Spiritual Background of Early I., 1972. – J. I. Smith, An Historical and Semantic Study of the Term ›I.‹ as Seen in a Sequence of Qurʾān Commentaries, 1975. – L. Gardet/J. Jomier, I., in: EI[2] Bd. 4, 1978, 171–77. – W. C. Smith, On Understanding I., 1981. – W. Montgomery Watt (Hg.), Der I., Bde. 1–3, 1980–90. – G. Endreß, Einf. in die islam. Geschichte, 1982. – W. Ende/U. Steinbach, Der I. in der Gegenwart, 1984, [4]1996. – M. Mir, Dictionary of Qurʾānic Terms and Concepts, 1987. – A. Noth, Früher I., in: U. Haarmann (Hg.), Geschichte der arab. Welt, 1987, [3]1994, 11–100. – J. van Ess, Theologie und Gesellschaft im 2. und 3. Jh. Hidschra, Bde. 1–6, 1991–97. – A. Salvatore, I. and the Political Discourse of Modernity, 1996. – A. Noth/ J. Paul (Hg.), Der islam. Orient. Grundzüge seiner Geschichte, 1998. – H. Halm, Der I. Geschichte u. Gegenwart, 2000. – G. Krämer, Geschichte des I., 2005.

Ismāʿīlīya, unterschiedlich bezeichnete schiit. Richtung (→ šīʾa): (a) »I.«, nach Ismāʿīl (gest. 755), dem ältesten Sohn Ǧaʿfar aṣ-Ṣādiqs, über den abweichend zur Imāmīya ihre Imamkette verläuft; (b) die Bezeichnung »Siebenerschia« basiert auf dem anfänglichen Glauben an die Entrückung des siebten Imams Muḥammad ibn Ismāʿīl und einer Zahlensymbolik um die Sieben, z. B. in der Vorstellung von sieben Offenbarungszyklen; (c) → »Bāṭinīya«, »Geheimsekte«, ist ein polemischer Begriff der sunnit. ʿAbbāsiden und bezieht sich auf die konkurrierende und zunächst geheime Mission und auf die praktizierte allegor. Interpretation des Koran. (1) Die I. entstand am Anfang des 9. Jh.s am Persischen Golf aus inhomogenen schiit. Strömungen. Mitte des 10. Jh.s konnte sie in Nordafrika das zweihundert Jahre bestehende fāṭimid. Gegenkalifat (→ Kalif) zu den sunnit. Abbasiden gründen. Im Mittelalter war die I. zahlenmäßig die dominierende Richtung der Schia. Sie verlagerte sich danach ins nördliche Indien, wo eine Synthese mit der Kaufmannskaste der Bohoras erfolgte. Sie ist heute auch in der Diaspora in Ostafrika, Großbritannien und Amerika verbreitet. (2) Die Glaubenssätze wandelten sich von der Naherwartung des wiederkehrenden siebten Imams zu einer Fortsetzung der Imamreihe, die heute bis zur Nr. 49, dem Agha Khan, reicht. Ab dem 11. Jh. gelangten verstärkt Elemente iran. neuplaton. Philosophie in die Theologie; diese Intellektualisierung prägt bis heute auch die Trägerschichten. Die Fāṭimiden entwickelten eine Rechtsschule, die das Wort der Imame als zusätzliche Rechtsquelle nutzt. Die I. unterhält heute ein Netz von Schulen und Wohlfahrtsorganisationen. BB

Lit.: J. N. Hollister, The Shiʾa of India, 1953, [2]1973. – H. Halm, Die Schia, 1988. – F. Daftary, The Ismāʿīlīs. Their History and Doctrines, 1990.

Israel (hebr. jisrāʾēl = »Gott streitet« oder »für den Gott streitet«). (a) Als Personenname Bezeichnung für den Stammvater der Juden, → Jakob (Gen 32,29; 35,10); (b) als Volksname (neben »Söhne und Töchter I.«) teils Bezeichnung für das gesamte Volk (mit Einschluss Judas), teils für die Angehörigen des Nordreichs (in Abgrenzung zum Südreich Juda), nach dem Untergang des Nordreichs auch für die Angehörigen des Südreichs, die I. als Ehrennamen auf sich bezogen. Theolog. entscheidend ist die seit der Antike übliche Bezeichnung der Juden als »Volk I.«, das erwählte Gottesvolk im Unterschied zu den »Weltvölkern«, die heilsgeschichtlich keine Relevanz besitzen. Das »Volk I.« ist deshalb nicht zu trennen von der Erfüllung der → Torah: Der Eine Gott, die Eine Torah und das Eine Volk sind für jüd. Selbstverständnis stets Aspekte ein und desselben Sachverhalts gewesen. In diesem Sinne gewann auch die territoriale Ebene heilsgeschichtliche und teilweise auch messian. Bedeutung (→ Messianismus), denn das »Land I.« (hebr. ʾæræṣ Jisrāʾēl) oder schlicht »das Land« (hā-ʾāræṣ) wird zur Chiffre für die vollkommene Gottesnähe und die Einheit von Torah und Gottesvolk. Vor diesem Hintergrund sind auch die im Zusammenhang mit der israel. Staatsgründung 1948 immer wieder aufkommenden religiösen Erwartungen und Geschichtsdeutungen (→ Heilsgeschichte) zu verstehen sowie die Tatsache, dass der Staat I. sich nie als wirklich säkular definieren konnte. »I.« als messian. Chiffre war nicht auf die Juden beschränkt, wie christl. Entwicklungen in den USA zeigen, die Amerika als »Gottes erwählte Nation« stilisieren (→ Zivilreligion). → Judentum. KVS

Lit.: M. Silberg, Talmudic Law and the Modern State, 1973. – V. Huonder, I. Sohn Gottes. Zur Deutung eines atl. Themas in der jüd. Exegese des Mittelalters, 1975. – S. Z. Abramov, Perpetual Dilemma: Jewish Religion in the Jewish State, 1976. – A. Safran, I. in Zeit u. Raum. Grundmotive des jüd. Seins, 1984. – G. Harvey, The True I.: Uses of the Names Jew, Hebrew and I. in Ancient Jewish and Early Christian Literature, 1996. – C. Cherry (Hg.), God's New I.: Religious Interpretations of American Destiny, 1998. – H. Haumann (Hg.), Der Traum von I. Die Ursprünge des modernen Zionismus, 1998. – M. Wyschogrod, Gott u. Volk I. Dimensionen jüd. Glaubens, 1998.

Israelitisch-jüdische Religion → Judentum.

Ištar, semit. Venusgottheit, wurde Ende des 3. Jt.s v. Chr. in Südbabylonien mit der sumer. Himmelsgöttin Inanna gleichgesetzt. Als Hauptgöttin Mesopotamiens absorbiert sie in der Folge immer stärker lokale eigenständige → Göttinnen. I. ist mit Sexualität, Fruchtbarkeit und Krieg bzw. Tod verbunden; letzteres wird u. a. im → Mythos »Inannas/I.s Gang in die Unterwelt« (→ Dumuzi) thematisiert. → Mesopotam. Religionen. MH

Lit.: D. Wolkstein/S. N. Kramer, Inanna, 1983. – H. Balz-Cochois, Inanna, 1992.

Ius divinum (lat. = göttliches Recht), seit dem *Codex Iustinianus* (529; 534 n. Chr.) gebräuchlicher Begriff des röm. → Rechts, um die explizit religiöse Rechtssphäre von der menschlichen (ius humanum) abzugrenzen (→ Religionsrecht). Im röm.-kath. Kirchenrecht das unmittelbar im göttlichen Willen verankerte unveränderliche Recht, das aus der → Offenbarung (ius positivum) und aus der Schöpfungsordnung (ius naturale) erkannt werden kann. Gegenbegriff: ius mere ecclesiasticum, das von der Kirche mit regionaler und temporärer Geltung promulgierte Recht. Von Luther (→ Reformation) wird das I.d. der unsichtbaren und geistigen Kirche zugeschlagen und aus der konkreten Kirchenordnung ausgeschieden. KHS

Lit.: W. Aymans/K. Mörsdorf, Kanon. Recht, Bd. 1, 1991, 32–37.

Izumo Taisha, ein wichtiger und sehr alter Shintō-Schrein an der Küste des Japan. Meeres. Hier versammeln sich die Göttinnen und Götter (kami) des ganzen Landes einmal im Jahr. Gewidmet ist der Schrein dem kami Ōkuninushi (= »großer Herr des Landes«). Die zwei ersten Schriftzeichen dieses Namens können auch »Daikoku« (= »groß« + »Land«) gelesen werden, und die Gottheit ist landesweit auch so bekannt. Wegen seiner bes. Zuständigkeit für Liebesbeziehungen und Eheschließungen wird der Schrein von jungen Menschen gern besucht. → Japan. Religionen. MP

J

Jäger- und Sammlerkulturen, auch Wildbeuterkulturen, werden durch ihre aneignende Wirtschaftsform (Jagen, Sammeln, Fischen) charakterisiert. Die Phase des Jagens und Sammelns ist die älteste und längste der Menschheitsgeschichte. Dem gegenüber stehen die entwicklungsgeschichtlich wesentlich jüngeren → Ackerbaukulturen, die auf produzierender Wirtschaftsweise basieren. (1) Die unterschiedlichen Ökosysteme brachten entsprechende Anpassungsleistungen hervor. Rezente J. u. S. finden sich in Halbwüsten und Savannen (z. B. Aborigines in → Australien, Buschleute in Südafrika), in tropischen Regenwäldern (z. B. Andamanen-Insulaner, Mbuti-Pygmäen in Äquatorialafrika), in Taiga, Tundra und Eismeer (z. B. → Eskimo). (2) Im Totemkult der austral. Aborigines glaubte → Durkheim »die elementaren Formen des religiösen Lebens« erkannt zu haben (→ Totem). Angeregt von Pater W. → Schmidt wurde die religionsethnolog. Erforschung der J. u. S. vorangetrieben, der erhoffte Nachweis eines Urmonotheismus gelang jedoch nicht. Vielmehr zeigte sich eine weitgehende Flexibilität und Innovationsbereitschaft nicht nur im Umgang mit ökonom. Ressourcen, sondern auch in Sachen Religion. Neben Jagdmagie und Vorstellungen von »supernatural owners of nature« (Hultkrantz) sind v. a. Vorstellungen und Praktiken des → Schamanismus (Schutzgeister, → Jenseitsreise, Tierverwandlung, → Trance) typisch für J. u. S. In neueren Studien zu J. u. S. ist Religion nur ausnahmsweise Forschungsgegenstand (Endicott). (3) Die frühere Auffassung einer strikt dichotomen Arbeitsteilung der Geschlechter (jagende Männer, sammelnde Frauen) erwies sich als unangebracht rigide, da Männer auch sammelnd aktiv sind und Frauen bisweilen auch jagen. J. u. S. gelten jetzt vielfach als Paradebeispiele egalitärer Gesellschaftsstruktur (→ Gender). (4) Seit der Aufklärung faszinieren J. u. S. als Gegenpol zum Eigenen, zumal hier der Mensch in seinem natürlichen Urzustand, sei es als »primitiver Kapitalist« oder »primitiver Kommunist«, phantasiert wird. PJB

Lit.: A. Hultkrantz (Hg.), The Supernatural Owners of Nature, 1961. – R. B. Lee/I. De Vore, Man the Hunter, 1968. – E. Leacock, Women's Status in Egalitarian Societies, in: Current Anthropology 19 (1978), 247–55. – K. L. Endicott, Batek Negrito Religion, 1979. – E. Leacock/R. B. Lee (Hg.), Politics and History in Band Societies, 1982. – J. Flanagan, Hierarchy in Simple Egalitarian Societies, in: Annual Review of Anthropology 18 (1989), 245–66. – R. B. Lee/R. Daly (Hg.), The Cambridge Encyclopedia of Hunters and Gatherers, 1999. – P. P. Schweitzer u. a. (Hg.), Hunters and Gatherers in the Modern World: Conflict, Resistance, and Self-Determination, 2000.

Jagannātha (sanskr. = Herr der Welt). (a) Name für → Vishnu; (b) berühmter Pilgertempel in Puri (Orissa). AM

Lit.: J. Rösel, Der Palast des Herrn der Welt, 1980. – G. C. Tripathi, Communication with God: The Daily Pūjā Ceremony in the J. Temple, 2004.

Jahwe (hebr. JHWH), Name des → Gottes Israels, dessen Aussprache die Hebr. Bibel jedoch nicht überliefert. Wahrscheinlich ist J. mit dem Jahû der Elephantine-Urkunden, der jüd. Tonkrüge, der magischen Beschwörungen und der Endungen jüd. Eigennamen zu identifizieren. Sinnvoll ist eine Unterscheidung zwischen dem urspünglichen J. als lokal unterschiedlich kolorierter Gottheit des 1. Jt.s v. Chr. (als Mond-, Sonnen-, Stier-, Wetter- oder höchster Gott in archäolog. Quellen zu finden), dem vermutlich eine → Aschera als Göttin zur Seite stand, und dem ab dem 6. Jh. v. Chr. monopolisierten Hauptgott des monotheist. Judentums, dessen Name nicht ausgesprochen werden darf und der deshalb besser → JHWH genannt wird. Die Lesung »Jehowa« ist erstmals 1278 n. Chr. belegt und spielt für die jüd. Religionsgeschichte keine Rolle. → Adonaj, → Altes Testament, → Apokryphen, → El. KVS

Lit.: M. L. Dietrich/O. Loretz, J. u. seine Aschera. Anthropomorphes Kultbild in Ugarit, Mesopotamien u. Israel, 1992. – O. Keel/C. Uehlinger, Göttinnen, Götter, Gottessymbole. Neue Erkenntnisse zur Religionsgeschichte Kanaans u. Israels aufgrund bislang unerschlossener ikonograph. Quellen, 1995. – M. Weippert, J. u. die anderen Götter, 1997.

Jahwist (Abkürzung: J; benannt nach der durchgängigen Verwendung des Gottesnamens → Jahwe), die älteste Quellenschrift des → Pentateuch, die eine Schöpfungs-, Ur-, Patriarchen- und Volksgeschichte erzählt. Der J. ist theolog. gekennzeichnet durch eine unbefangene und volkstümliche Erzählweise, die auf die anthropomorphen Züge der Gottheit verweist und die Bindung zum Land herausstellt, damit von priesterlichen Schriften ebenso zu unterscheiden wie vom → Elohisten. → Tradition. KVS

Lit.: K. Berge, Die Zeit des J. Ein Beitrag zur Datierung jahwist. Vätertexte, 1990. – C. Levin, Der J., 1993.

Jainas, die sich in Mönche, Nonnen und Laien aufteilenden Anhänger des → Jainismus. TO

Jainismus/Jinismus (von sanskr. jina = Sieger), neben → Hinduismus und → Buddhismus eine der drei großen auf indischem Boden entstandenen Religionen. Diese anti-brahman. religiöse Bewegung formierte sich im 5. Jh. v. Chr. im Nordosten Indiens nahezu gleichzeitig mit dem Buddhismus. Doch anders als dieser besteht sie in ihrem Mutterland bis heute fort, und gegenwärtig bekennen sich etwa drei Millionen Gläubige zu ihr. Als ihr (eigentl.) Gründer gilt → Mahāvīra, der vorerst letzte → Tīrthamkara. Kennzeichnend für diese Religion sind extreme Formen der → Askese und ein rigoroses Gebot der Gewaltlosigkeit (→ ahimsā). Mittels strengster Askeseübungen soll das in der Seele festsitzende und diese in den Wiedergeburtenkreislauf einbindende → karma, das materiell gedachte Resultat jeglicher Handlung, beseitigt werden (letzte Reste durch das »Sterbefasten«). Bei gleichzeitiger Vermeidung der Erzeugung neuen karmas – u. a. durch konsequentestes Vermeiden der Verletzung lebender Wesen (als solche gelten auch Pflanzen und sogar die Elemente, sofern sie Seelen tragen) – kommt die anfangslose Wanderung der Seele im Kreislauf der Wiedergeburten zu ihrem Ende, und diese steigt frei von allen Fesseln der Materie zum Ort der Erlösten an der Spitze der Welt empor, wo sie auf ewig verbleibt. Die in unendlich großer, doch stets gleich bleibender Zahl vorhandenen und die ganze Welt erfüllenden Seelen sind neben »Bewegung«, »Ruhe«, »Raum« und »Materie« eine der fünf die Realität konstituierenden Kategorien. Deren detaillierte Kenntnis, Gegenstand der Lehre der allwissenden Tīrthamkaras, ist unabdingbare Voraussetzung für die Erlösung, und so ist das enzyklopädieartige Lehrgebäude des J. von außergewöhnlicher Komplexität, was ihm zugleich seinen (weitgehend unveränderlichen) Bestand sicherte. TO

Lit.: H. v. Glasenapp, Der J., 1925. – W. Schubring, Die Lehre der Jainas, 1935. – J. Deleu, Die Mythologie des J., in: W. Haussig (Hg.), Wb. der Mythologie, Bd. 1, 1976, 207–84. – N. Balbir, Art. »J. «, in: TRE 16, 1987, 451–61. – A. Mette, Durch Entsagung zum Heil. Anthologie aus der Literatur des Jaina, 1991. – P. Dundas, The Jains, 1992. – K. W. Folkert, Scripture and Community. Collected Essays on the Jains, 1993.

Jakob, biblischer Patriarch (Gen 25,21–Kap. 50), Sohn → Isaaks und Rebekkas, Bruder Esaus, Vater von zwölf Söhnen, den legendären Stammvätern der nach ihnen benannten Stämme → Israels. Die J.-Legenden weisen – anders als die → Abraham-Stoffe – in den samaritan. und nordöstlichen Raum und zeigen starke Bezüge zu obermesopotam. Traditionen in und um Haran. Für das jüd. Selbstverständnis wurde J. zum Stellvertreter für Israel insgesamt. KVS

Jakobsleiter, nach Gen 28,12 gebräuchliches Symbol für die → Himmelsreise des Gläubigen, im Anschluss an Joh 1,51 auch in christl. Allegorik, Mystik und Kunst eingegangen. → Altes Testament, → Apokryphen. KVS

Jakobssegen, in Gen 49 dem sterbenden Erzvater zugeschriebene Aussprüche über Schicksale und Eigenschaften der zwölf Stämme → Israels. Der J. ist nicht nur um histor. Details gruppiert, sondern zeigt didakt. und kosmolog. Bezüge, etwa auf die zwölf Tierkreiszeichen. → Altes Testament, → Apokryphen. KVS

Jalkut (hebr. = Sammlung, Anthologie), gebräuchliche Kurzform für J. Šimʿoni, einen midrasch. Thesaurus zur ganzen Hebr. Bibel, aus mehr als 50 Werken zusammengesetzt, von denen manche verloren sind. Der Verfasser, Schimʿon ha-Darschan, soll aus Frankfurt a. M. stammen und hat vermutlich im 13. Jh. n. Chr. gelebt. → Midrasch. KVS

Jamaa (kiswahili = Familie, Familienverband), charismat. kath. Erneuerungsbewegung, die sich in der Katanga-Region in der Demokrat. Republik Kongo (früher: Zaïre) seit den 1950er Jahren unter dem Einfluss des belgischen Franziskaners Placide Tempels (1906–77) entwickelte. Er sah die von Gott ausgehende, durch die Ahnenreihe auf die derzeitige Generation übergehende »Lebenskraft« (→ Kraft) als das elementare Prinzip der Ontologie der Bantus. Er war der Auffassung, dass das Prinzip der »Einheit zwischen Schöpfer und Geschöpf« mit der christl. Lehre zu vereinen sei und gründete die »J.«-Bewegung – Basisgruppen, in der die Christen ihren Glauben im Rahmen der eigenen Kultur leben konnten. So entwickelte sich innerhalb der kath. Kirche eine Bewegung, in die afrikan. Glaubensformen, Werte, Symbole und Riten integriert waren (→ Kontakt). Tempels wurde 1963 von seinen franziskan. Vorgesetzten nach Belgien zurückbeordert. Durch ein Gesetz der Mobutu-Regierung von 1971 musste die J.-Bewegung sich stärker strukturieren und regulieren. Heute besteht sie sowohl in einer domestizierten kath. Form wie auch in verschiedenen unabhängigen Bewegungen fort. FL

Lit.: P. Tempels, Bantu-Philosophie, 1956. – J. Fabian, J.: A Charismatic Movement in Katanga, 1971. – W. de Craemer, The J. and the Church: A Bantu Catholic Movement in Zaire, 1977. – D. A. Masolo, African Philosophy in Search of Identity, 1994.

James, William (1842–1910), amerikan. Philosoph und Psychologe, bedeutender Vertreter des Pragmatismus und Mitbegründer der → Religionspsychologie. J. steht wie C. G. → Jung für die »Psychologisierung der Religion«. In *The Varieties of Religious Experience*, 1901/2, will er durch autobiograph. Zeugnisse »religiöser Genies« das Wesen religiöser (subjektiver) → Erfahrung ergründen. Durch das Modell verschiedener Ebenen des Bewusstseins, sein Selbst-Konzept und die Idee der heilenden Kraft religiöser (mystischer) Erfahrung erlebte J. in der Transpersonalen Psychologie und im → New Age eine Renaissance. EH

W.: Die Vielfalt religiöser Erfahrung. Eine Studie über die menschliche Natur, engl. 1901/02 (dt. Ü. 1907 [Wobbermin]; 1979 [E. Herms]; NA 1997 [P. Sloterdijk]).
Lit.: G. W. Barnard, Exploring Unseen Worlds. W. J. and the Philosophy of Mysticism, 1997.

Janeu (hindī), im Hinduismus hl. Schnur, die die Mitglieder der oberen Stände kennzeichnet. AM

Japa (sanskr. = Murmeln), Rezitation von Namen und Sprüchen im hinduist. → Gebet. AM

Japanische Religionen. I. Allgemein. Die Religionen Japans stellen eine im Laufe vieler Jh.e zusammengekommene Vielfalt dar. Nach der relativ frühen Einführung des Buddhismus sowie konfuzian. und taoist. Gedankenguts ab dem 6. Jh. wurden die einheim. Traditionen unter dem Oberbegriff → Shintō zusammengefasst. Danach kam es zu einer gegenseitigen Beeinflussung, zu Synthesen und teils auch zu anhaltenden Spannungen: Shintō-Gottheiten wurden z. B. als Erscheinungsformen von kosmischen Buddhas und glorreichen Bodhisattvas gedeutet, während sich später durch eine Neubelebung des Shintō die Situation umkehrte. Die ersten kath. Missionare, die 1549 Japan erreichten, waren am Anfang erfolgreich, gerieten dann aber zwischen konkurrierende polit. Mächte und wurden binnen weniger Jahrzehnte verboten und verfolgt.

II. Histor. Entwicklung und religiöse Traditionen. (1) Schon der → Buddhismus wurde in sehr vielen verschiedenen Formen eingeführt. Die wichtigsten importierten Lehrrichtungen gehörten dem Buddhismus des Großen Fahrzeugs (→ Mahāyāna-Buddhismus) an. So begründete Saichō (767–822) die Tendai-Schule, Kūkai (774–835) die Shingon-Schule, Eisai (1141–1215) die Rinzai-Schule und Dōgen (1200–53) die Sōtō-Schule. Alle hatten China zu Studienzwecken besucht (→ Chin. Religionen). Darüber hinaus entwickelten Hōnen (1133–1212) und Shinran (1173–1262) die Hingabe an den Buddha Amida weiter, während Nichiren (1222–82) eine einflussreiche und zugleich sehr innovative Reformbewegung anstieß. Damit wurden die Ecksteine auch des heutigen japan. Buddhismus gelegt, doch sind die verschiedenen Variationen und Absplitterungen kaum überschaubar. Ab dem 17. Jh. erfüllten die buddh. Tempel zudem die administrative Funktion, die gesamte Bevölkerung zu registrieren. Diese Aufgabe entfiel mit der Meiji-Restauration (1868). Dennoch werden Bestattungen nach wie vor von denselben Tempeln durchgeführt, bei denen die Familien früher angemeldet waren. Die Verstorbenen werden gleichzeitig als »Buddhas« (hotoke) und Ahnen (senzo) eingestuft. Nachdem die buddh. Schulen im Zuge der Landreform nach dem Zweiten Weltkrieg ihre Ländereien verloren hatten, gewannen ihre gesellschaftlichen Leistungen wie Kindergärten, Schulen, Universitäten und Kliniken an Bedeutung. Bei einigen Tempeln spielen der Verkauf von Amuletten, die Annahme von Gebetswünschen und die Betreuung von Pilgern als Einnahmequelle eine wichtige Rolle (→ Religionsökonomie). Während die religiöse Praxis der Mönche und der weniger zahlreichen Nonnen nicht unterschätzt werden sollte, bleibt die Betreuung eines Tempels die Hauptbeschäftigung der meisten ordinierten Buddhisten. In vielen Fällen wird der Tempel und damit die Berufsentscheidung innerhalb der Familie vererbt. Über die älteren Lehrrichtungen hinaus sind im 20. Jh. hoch effektiv organisierte buddh. Laienbewegungen aufgetreten, deren Lehren v. a. auf das → Lotos-Sūtra Bezug nehmen. Die wichtigsten sind → Reiyūkai, → Risshō Koseikai und → Sōka Gakkai. (2) Seit der Mitte des 19. Jh.s bis zum Ende des Zweiten Weltkriegs förderte die Regierung den Shintō. Dadurch verschlechterten sich die Existenzbedingungen für andere Religionen. Trotzdem fassten kath. und protestant. Missionare in Japan Fuß. Einflussreich v. a. durch ihre Bildungsinstitutionen, machen die Mitglieder der christl. Kirchen zusammen auch heute nicht mehr als ein Prozent der Bevölkerung aus. Nach Kriegsende trat 1945 eine neue, demokrat. Verfassung in Kraft, die Staat und Religion trennt und die allgemeine → Religionsfreiheit gewährleistet. Daraufhin konnten sich kleinere unabhängige Religionsgemeinschaften wie → Konkōkyō, Kurozumikyō, → Tenrikyō, → Ōmotokyō und viele andere sog. → »neue Religionen«, die seit dem 18. Jh. nacheinander zutage getreten waren, wieder frei entfalten. Gleichzeitig ebneten sie wiederum den Weg für eine Welle von »neuen« Religionen wie z. B. → Seichō no Ie, die »Tanzreligion« → Tenshō Kōtai Jingū Kyō, → Byakkō Shinkōkai oder → Aum Shinrikyō. Der Shintō blieb dennoch einflussreich. Shintō-Schreine, die groß genug sind, um über Personal zu verfügen, sind als religiöse Körperschaften eingetragen. Darüber hinaus werden ihre Interessen durch eine Dachorganisation, die Gesellschaft der Shintō-Schreine (Jinja Honchō), vertreten. (3) Die teils sehr verschiedenen J. R. weisen zugleich Merkmale auf, die auf ein gemeinsames Substrat hinweisen. Sehr stark verbreitet ist die Vorstellung, dass das Sakrale durch Schreine und Tempel lokalisiert werden kann und dass es sich ziemt, zu bestimmten Zeiten im Jahresverlauf die dort waltenden Gottheiten aufzusuchen. Davon verspricht man sich Schutz, Wohlergehen und wirtschaftlichen Gewinn. Durch → Feste (matsuri) wird das Leben der Gemeinschaft grundsätzlich bejaht, der Tod dagegen bringt die Verstorbenen zu den Ahnen, die von den Lebenden weiterhin betreut werden müssen (→ Ahnenverehrung). Raum und Zeit, Leben und Tod, diese Konstanten werden durch die Transaktionen mit den verschiedenen Göttern in Gleichgewicht gehalten – ein Prozess, an dem die meisten einzelnen Religionen in irgendeiner Form teilnehmen. MP

Lit.: J. M. Kitagawa, Religion in Japanese History, 1966. – M. Pye, Religion und Recht in Japan: Pluralismus, Toleranz und Konkurrenz, in: Marburg Journal of Religion 1/6 (2001), web.uni-marburg.de/religionswissenschaft/journal/mjr/pye.html – M. Pye/K. Triplett, Streben nach Glück. Schicksalsdeutung und Lebensgestaltungen in japan. Religionen, 2006.

Jaspers, Karl (1883–1969), Professor für Psychologie und Philosophie in Heidelberg und Basel. Ausgehend von den Grenzerfahrungen des modernen Menschen entwickelte J. seine Version einer Existenzphilosophie, die unter dem Eindruck der inneren Emigration in Deutschland zwischen 1933–45 von einer individualist. Grundposition aus zu einem von der Vernunft geleiteten Begriff der Verantwortung führt. MB

Jātaka (sanskr., pāli = Geburtsgeschichte). (a) Buddh. Textgattung: Erzählungen über frühere Existenzen des Buddha; (b) Sammlung solcher Geschichten im → Khuddaka-Nikāya des → Pāli-Kanons. → Buddh. Literatur. AM

Ü.: J. S. Speyer, The J., from the Sanskrit, 1895. – J. Dutoit, J. (dt. Ü.), 7 Bde., 1908–21. – E. Lüders, Buddh. Märchen aus dem alten Indien, 1922.

Jāti (sanskr. = Kaste, Klasse), Bezeichnung für Subkasten. → Hinduist. Gesellschaft, → Kaste. AM

Jātrā → yātrā.

Jeftha (Jiftach), biblischer → Richter, der erfolgreich gegen Ammoniter bzw. Moabiter kämpfte (Ri 11). Die berühmte Episode seines Gelübdes, dem seine einzige Tochter, die ihm nach gewonnenem Krieg entgegenkommt, zum Opfer fällt, dürfte auf eine alte Kultlegende um eine jugendliche Göttin zurückgehen. → Altes Testament, → Apokryphen. KVS

Jehowa → Altes Testament, → Apokryphen, → Jahwe.

Jehowist, Bezeichnung der Pentateuchkritik für die Redaktorengruppe, die im Südreich in der zweiten Hälfte des 7. Jh.s v. Chr. die Werke des → Jahwisten und des → Elohisten zusammenkomponierte. → Altes Testament, → Apokryphen. KVS

Jehu (843/42–15/14 v. Chr.), nordisraelit. König, der 842, angestiftet vom Jahwe-Propheten → Elisa, König Joram und die Omriden ermordete und die Anhänger der kanaanäisch-phönik. Kulte blutig verfolgen ließ (2 Kön 9). → Altes Testament, → Apokryphen. KVS

Jehuda ben Samuel Halevi (gest. 1141 n. Chr.) aus Toledo, neben Mose b. Jakob ibn Ezra (gest. nach 1139) und Abraham b. Meir ibn Ezra (gest. 1164) der bedeutendste jüd. Dichter des Mittelalters. Zunächst verfasste J. eine Reihe lebensfroher profaner Lieder, im Alter entwickelte er sich zu einem versierten Kritiker der philosophierenden Theologie und schrieb eine große Zahl von Dichtungen unterschiedlichster Art für Synagoge und Liturgie. Sein später Entschluss, Heimat und Familie zu verlassen, um nach Israel zu reisen, brachte ihm in der Moderne den Ruf eines Dichters von »Zionsliedern« (noch heute in der Synagoge gesungen) oder gar eines Proto-Zionisten ein. Als Religionsphilosoph blieb er indes im Rahmen der neuplaton. gefärbten Frömmigkeit und stellte das auf Gottesgemeinschaft gegründete Leben in den Mittelpunkt seiner Theologie. → Aufklärung, → Pijût. KVS

W.: F. Rosenzweig, J. H.: 92 Hymnen u. Gedichte dt., 1927.
Lit.: M. Sachs, Die religiöse Poesie der Juden in Spanien, 1845, ^{2}1901. – S. S. Gehlhaar, Prophetie u. Gesetz bei J. H., Maimonides u. Spinoza, 1987.

Jehuda ha-Nasi (hebr. j^{e}hūdā ha-nāśī' = J. der Fürst, auch schlicht »Rabbi« genannt), nach rabbin. Überlieferung der Verfasser der → Mischna; tatsächlich dürfte wohl nur ein (wenn auch maßgeblicher) Einfluss Rabbis und seiner Schule auf die Textentwicklung vorliegen, wobei die Mischnajot des Rabbi Meir und des Rabbi → Akiba ihm z. T. als Vorlage dienten. KVS

Jenseits. (1) Träume, visionäre Wahrnehmungen, die Frage nach dem Schicksal der Toten und dem Aufenthaltsort von Geistern und Göttern haben früh in der Religionsgeschichte zur Überzeugung geführt, dass Bereiche jenseits der Welt existieren, in der sich der Mensch im Alltag bewegt. Viele Religionen haben aufgrund solcher Erfahrungen eine J.-Topographie entwickelt, Lehren über die Beherrscher und Bewohner des J. aufgestellt, Techniken zur Kontaktaufnahme mit dem J. gepflegt und in Mythen und Sagen von privilegierten Personen erzählt, denen ein J.-Kontakt gewährt wurde. (2) Ein bekanntes, auch außerhalb des Christentums belegtes → Weltbild geht von einem dreistöckigen Universum aus, dessen mittlere Ebene – die bewohnte Erde – von zwei J.-Räumen umfasst wird, wobei der → Himmel oberhalb der Erde und die → Hölle (oder Unterwelt) unterhalb der Erde oder im Innern der Erdkugel liegt. Himmel und Unterwelt werden oft als gestufte Bereiche vorgestellt, so dass mehrere übereinanderliegende Ebenen des Himmels bzw. untereinanderliegende Räume der Unterwelt angenommen werden. Im NT ist vom 3. Himmel die Rede (2 Kor 12,2), Judentum (→ Henoch) und Islam kennen einen siebengeschossigen Himmel, zu dem auch Straforte gehören; aus dem antiken Griechenland stammt die Vorstellung einer unterhalb des Hades liegenden 2. Unterwelt namens → Tartaros. Als J.-Räume sind auch bestimmte Orte anzusehen, die zwar auf der Erde liegen, jedoch schwer oder gar nicht zugänglich sind (irdisches → Paradies, Inseln der Seligen). Im Diesseits gibt es allerlei Kontaktorte und Grenzbereiche (→ Grenze) zum J., z. B. Berge, Tempel, Höhlen, Gräber, Brunnen. (3) Geister, Dämonen, Götter und verstorbene Menschen (→ Ahnenverehrung) gelten als Beherrscher bzw. Bewohner des J. Wie das Totenreich selbst, so können auch seine göttlichen Herrscher von ganz unterschiedlicher Art sein. Das griech. Totenreich wird von Hades (Pluto) und Persephone beherrscht; diese gelten nicht als grundsätzlich Angst einflößend, sondern als neutral oder ambivalent. Dagegen ist Ereškigal, die Herrscherin über die babylon. Totenwelt, ein Scheusal, das die Toten mit mannigfaltigen Krankheiten schlägt. Osiris und Christus sind milde Herrscher über die Seligen, die sich in einem himmlischen, paradies. J. befinden. Die christl. Überlieferung hat das jenseitige Leben der Seligen erst in der Neuzeit ausgemalt und als eine unendlich fortdauernde Existenz beschrieben, die zu immer neuen Erfahrungen und kulturellen Gestaltungen im J. führt. Gegen diese Auffassung hat besonders im 20. Jh. eine Theologie protestiert, welche die Gottesbegegnung als einzigen Inhalt des ewigen Lebens gelten lassen will. (4) In antiken und außereurop. Kulturen gehört J.-Kontakt zu den vitalen religiösen Lebensäußerungen. Kulturen, in denen der → Schamanismus eine Rolle spielt, kennen Himmels- und J.-Reisen auch für die Gegenwart. → Ekstase suchende Kulte wie die Sar-Kulte Afrikas sehen die Inspiration aus dem J. als wünschenswert und möglich an. Als Buchreligionen haben weite Teile von Judentum, Christentum und Islam einen Prozess durchlaufen, der den Wunderglauben zurückdrängt und Offenbarung ermöglichenden Kontakt zum J. nur privilegierten Personen der Vergangenheit – etwa Mose, den Propheten, Jesus und seinen Jüngern sowie Muḥammad – zugesteht. Allenfalls wird ein J.-Kontakt noch Mystikern wie → Teresa von Avila und Sehern wie (dem allerdings von →

Kant kritisierten) E. → Swedenborg zugebilligt. Ansprüche, mit dem J. zu verkehren, gelten einer rationalist. Theologie als Privatoffenbarung, die nur den Mystiker selbst betrifft, oder als Zeichen psychischer Krankheit. Jedoch ist auch innerhalb des gegenwärtigen Christentums der Wille zum J.-Kontakt nicht völlig erloschen. Randerscheinungen des Christentums und alternative Neubildungen wie der im 19. Jh. entstandene Spiritismus kennen Mittlerpersonen (→ Channeling); zumeist sind dies Frauen, die lernen, mit Totengeistern zu verkehren und deren Botschaften an lebende Befrager weiterzugeben. Die Pfingstbewegung (→ Pfingstler) hat der Prophetie einen legitimen Platz zumindest in einer neuen Spielart des Christentums zurückgegeben. Unter jenen, die im 20. Jh. mit dem Anspruch auftraten, Einblick in höhere Welten zu haben, verdient R. Steiner (→ Anthroposophie, → Theosophie) besondere Erwähnung. → Gegenwelt. BL

Lit.: E. v. Dobschütz, Zeit und Raum im Denken des Urchristentums, in: Journal of Biblical Literature 41 (1922), 212–23. – P. Dinzelbacher, An der Schwelle zum J. Sterbevisionen im interkulturellen Vergleich, 1989. – B. Lang/C. McDannell, Der Himmel. Eine Kulturgesch. des ewigen Lebens, 1990. – H.-J. Braun, Das J. Die Vorstellungen der Menschheit über das Leben nach dem Tod, 1995. – B. Lang, Hl. Spiel, 1998, 397–459. – D. Merkur, The Otherworld as a Western Esoteric Category, in: A. Faivre/W. J. Hanegraaff (Hg.), Western Esotericism and the Science of Religion, 1998, 75–94. – B. M. Linke (Hg.), Die Welt nach der Welt. J.-Modelle in den Religionen, 1999. – J. Assmann/R. Trauzettel (Hg.), Tod, J. und Identität, 2002. – J. Bremmer, The Rise and Fall of the Afterlife, 2002. – B. Lang, Himmel und Hölle, Von der Antike bis heute, 2003. – L. Hölscher (Hg.), Das J., 2006.

Jensen, Ad(olf) E(llegard) (1899–1965), dt. Ethnologe. J. war zunächst Mitarbeiter, später Nachfolger von L. Frobenius (1849–1917) als Leiter des Frobenius-Instituts in Frankfurt a. M. J. führte Feldforschungen u. a. in Südäthiopien und auf den Molukken durch. Aus der Sprache der Marindanim Neuguineas entlehnte er den Begriff »Dema« zur Bezeichnung von sterblichen Gottheiten, die in Menschen-, Tier- oder Pflanzenform auftreten und in einer mythischen Urzeit alles Seiende erzeugten. Anhand des Dema-Mythos entwickelte J. eine eigene Theorie des → Opfers. → Dema-Gottheiten, → Ethnische Religionen. SE

W.: Das religiöse Weltbild einer frühen Kultur, 1948. – Mythos u. Kult bei Naturvölkern, 1951.

Jeremia (hebr. Jirm^{e}jāhū), aus priesterlichem Geschlecht aus Anatot, seit 628 v. Chr. Prophet in Jerusalem. Er gilt als einer der großen jüd. Unheilspropheten, die den Untergang Judas ankündigten. Nach dem Fall Jerusalems (587/86 v. Chr.) verblieb J. zunächst mit einem Teil der Bevölkerung im Lande, wurde aber später gegen seinen Willen nach Ägypten verschleppt, wo sich seine Spuren verlieren. Das nach ihm benannte Buch besteht aus mehreren heterogenen Teilen, die nur z. T. direkt auf J. zurückgehen. Das gilt v. a. für die sog. »Ich-Berichte« Kap. 36,1ff., während die »Er-Berichte« seinem Schreiber Baruch diktiert worden sein sollen (→ Baruchschriften). Schließlich ist auch die Hand späterer Redaktoren deutlich zu erkennen. → Altes Testament, → Apokryphen, → Klagelieder. KVS

Lit.: S. Herrmann, J. Der Prophet u. das Buch, 1990. – K. Seybold, Der Prophet J. Leben u. Werk, 1993. – A. M. Schwemer, Studien zu den frühjüd. Prophetenlegenden Bd. 1, 1995.

Jeremiasbrief, ein auf griech. erhaltener, auf ein hebr. Original zurückgehender, dem Propheten → Jeremia zugeschriebener Brief, den er an die Exulanten in Babylonien adressiert haben soll (vgl. Jer 29,1ff.). Der Text stammt eventuell aus dem 2. Jh. v. Chr. und wendet sich polem. gegen nichtjüd. Kulte. → Altes Testament, → Apokryphen. KVS

Jeremias Paralipomena oder »Rest der Worte Baruchs«, eine griech., armen., äthiop. und slawisch erhaltene Schrift jüd. Ursprungs, die nur in christl. Überarbeitung überliefert ist. Sie berichtet über → Jeremias Erlebnisse vor und nach der Zerstörung Jerusalems und über seinem Tod. KVS

Lit.: J. Herzer, Die Paralipomena Jeremiae. Studien zur Tradition u. Redaktion einer Haggada des frühen Judentums, 1994. – JSHRZ 1/8, 1998.

Jerusalem (ursprünglich = Stadt des Gottes Salem, später hebr. J^{e}rūšālajim = Stadt des Friedens; arab. al-Quds = die Heilige), 720–770 m hoch auf einer Hochfläche zwischen Hinnomtal im Westen und Süden und dem Kidron- oder Josaphattal im Osten gelegen. Der spätestens seit dem 14. Jh. v. Chr. bestehende jebusitische Stadtstaat Urusalim mit seinem Heiligtum wurde um 1000 v. Chr. von David erobert, der dort seine → Stadt errichtete, während Salomo auf dem nördlichen Hügel den Ersten → Tempel baute. Der zunehmende Einfluss von Stadt und Tempel ging auch nach der Zerstörung durch Nebukadnezar 587 v. Chr. nicht verloren. Im Zuge der Niederwerfung des ersten jüd. Aufstandes durch die Römer wurde J. 70 n. Chr. zerstört, der Wiederaufbau der Stadt durch Hadrian als Aelia Capitolina nach dem zweiten jüd. Aufstand (135 n. Chr.) machte J. zu einer für die Juden verbotenen Stadt. Für Christen ist J. als Kreuzigungsstätte → Jesu von Bedeutung, während es im Islam durch die Himmelfahrt → Muḥammads zur hl. Stadt neben Mekka und Medina wurde. Seit 637 war J. islam. beherrscht, die Einnahme durch die Seldschuken 1077 bildete den Auslöser des ersten Kreuzzugs. Dieser führte 1099 zur Rückgewinnung der Stadt durch die Christen, doch nach dem Sieg Saladins 1187 blieb J. Jh.e unter muslim. Verwaltung. Nach dem Ersten Weltkrieg wurde J. zur Hauptstadt des britischen Mandatsstaates Palästina und 1948 des selbstständigen Staates Israel. Neben der polit. Bedeutung kommt J. eine ungeheure religiöse Stellung zu, die immer wieder auch eschatolog. ausgestaltet werden konnte (»Die Stadt auf dem Berg« als Verheißung himmlischer Heiligtümer, → Hl. Orte). → Raum, → Zion. KVS

Bibliographie: P. Thomsen, Die Palästina-Literatur, 6 Bde., 1911–54.
Lit.: N. Rosovsky (Hg.), City of the Great King. J. from David to the Present, 1996. – K. Armstrong, A History of J. One City, Three Faiths, 1997. – L. I. Levine (Hg.), J.: Its Sanctity and Centrality to Judaism, Christianity, and Islam, 1999. – R. Friedland/R. D. Hecht, To Rule J., 2000.

Jesaja (hebr. Jᵉšaʿjāhū, 740 – ca. 700 v. Chr.), Prophet in Jerusalem, der eine strenge Ausrichtung des Kultes auf die Jahwe-Frömmigkeit propagierte und in diesem Sinne auch auf die Politik Einfluss nahm. Hatte J. zunächst den Untergang des Reichs aufgrund der »Verfehlungen« des Volkes angekündigt, so überwogen später die Prophezeiungen der Errettung aus der Hand der Assyrer. Das nach J. benannte Buch ist ein Konglomerat verschiedener Schriften, die nur zu einem kleinen Teil auf den Propheten zurückgehen. Fest steht, dass die histor. Kap. 36–39 das ursprüngliche Buch beschließen. Angehängt sind die Schriften des → Deuterojesaja (40–55) bzw. des Tritojesaja (56–66). → Altes Testament, → Apokryphen. KVS

Lit.: A. M. Schwemer, Studien zu den frühjüd. Prophetenlegenden Bd. 1, 1995. – U. Becker, J. Von der Botschaft zum Buch, 1997. – U. Berges, Das Buch J. Komposition u. Endgestalt, 1998.

Jeschiwa (von hebr. jāšab = sitzen), seit der Spätantike die traditionelle jüd. Lehrstätte für talmud. Studien. Der Ausdruck wird auch für jüd. Primar- und Sekundarschulen verwandt, in denen neben religiösen auch säkulare Inhalte gelehrt werden. → Gemeinde. KVS

Jesus der Glanz, eine der manichäischen Jesus-Gestalten, als Bringer der → Gnosis und endzeitlicher Weltenrichter fungierend. In → Manis System gibt es von Anfang an mehrere Jesus-Gestalten (insgesamt wenigstens sechs): u. a. Jesus patibilis als Symbol für die in der Materie leidende Weltseele, den eschatolog. Jesus als Herrscher vor dem Endgericht; Jesus das Kind als Emanation von Jesus dem Glanz; den histor. → Jesus von Nazareth. MH

Lit.: E. Rose, Die manichäische Christologie, 1979. – N. A. Pedersen, Early Manichaean Christology, primarily in Western Sources, in: P. Bryder (Hg.), Manichaean Studies, 1988, 157–90. – J. Ries, Jésus la Splendeur, Jesus patibilis, Jésus historique dans les textes manichéens occidentaux, in: H. Preißler/H. Seiwert (Hg.), Gnosisforschung u. Religionsgeschichte, 1994, 235–45.

Jesus Sirach (Vulgata: Ecclesiasticus), nichtkanonisierte, vermutlich in der 1. Hälfte des 2. Jh.s v. Chr. entstandene weisheitliche Spruchsammlung ähnlich den kanon. → Sprüchen Salomos. Der Autor verbindet eine hellenist. gefärbte Bildung mit jüd. Traditionsbewusstsein und einer frühen Form von Schriftgelehrsamkeit. Spuren des Buches finden sich in Schriften aus Qumran, in rabbin. Verweisen, in der Kairoer Genizah sowie in christl. Rezeptionen. → Altes Testament, → Apokryphen. KVS

Ü.: JSHRZ 3.5 (32), 1981.
Lit.: T. Middendorp, Die Stellung Jesu ben Siras zwischen Judentum u. Hellenismus, 1973. – H. Stadelmann, Ben Sira als Schriftgelehrter, 1980. – J. T. Sanders, Ben Sira and Demotic Wisdom, 1983. – O. Wischmeyer, Die Kultur des Buches J. S., 1995.

Jesus von Nazareth. Ein Jude aus Galiläa bildet mit seinen Jüngerinnen und → Jüngern eine Reformbewegung, die die Brüderlichkeitsethik hervorhebt und sie in einem Wanderradikalismus lebt. Die Bewegung verzichtet auf Besitz, Familie, Haus; sie ist daher auf sesshafte Unterstützergemeinden angewiesen. Nachdem J. spät zum → »Sohn Gottes« bzw. »Menschensohn« berufen worden war, zog er mit seinem engeren Jüngerkreis der Zwölf drei Jahre durch Palästina und predigte, dass die Gottesherrschaft jetzt da sei. Der → Messias, wenn denn J. sich als solcher verstand, hat dabei vorbereitende Funktion, nicht die eines Erlösers (→ Erlösung). Beim Passahfest (im April des Jahres 30?) wurde er als vermeintlich polit. Herrschaftsprätendent von den röm. Herren festgenommen und am Kreuz hingerichtet. Sein Bruder Jakobus übernahm die Leitung der schon etablierten Gemeinde in Jerusalem. Trotz mancher Ähnlichkeit ist die Reformbewegung unterschieden von den → Essenern. Unmittelbar nach dem Tod J. beginnt die Tradition, entweder als Gemeinde die Aufgabe der Vorbereitung der Gottesherrschaft zu übernehmen (Gruppenmessianismus) oder J. als Christus göttliche Natur zuzusprechen (→ Christologie), bis hin zur übermenschlichen Geburt durch eine Jungfrau → Maria. CA

Lit.: C. Colpe, Die religionsgesch. Schule 1, 1961. – M. Hengel, Der Gottessohn, 1975. – G. Theißen, Gruppenmessianismus, in: Jb. für Biblische Theologie 7 (1992), 101–23. – G. Theißen/A. Merz, Der histor. Jesus, 1996, ²1997.

Jezirah, Sefär Jezirah (hebr. sefær jeṣīrā = Buch der Schöpfung), ältester Beleg spekulativer → Mystik im Judentum, wohl im 9. oder 10. Jh. n. Chr. redigiert, doch spätantike Wurzeln sind möglich. Inhaltlich der → Hechalôt-Mystik verwandt, nennt das Buch J. erstmals die für die → Kabbala so wichtigen zehn Sefirot. KVS

JHWH, in der Hebr. Bibel konsonantische Schreibform des jüd. Gottesnamens, auch Tetragramm (von griech. tétra = vier und grámma = Buchstabe) genannt. Die vokalisierte Aussprache (→ Jahwe) ist im Judentum verboten, so dass man beim Vortragen entweder buchstabiert oder Ersatznamen wie → Adonaj und Ha-Šem (= der Name) verwendet. Nicht nur im liturg. Kontext, sondern gerade auch in Magie und Mystik kommt der Wirkmächtigkeit des Namens Bedeutung zu. → Altes Testament, → Apokryphen. KVS

Lit.: J. E. Lauterbach, Substitutes for the Tetragrammaton, in: Proceedings of the American Academy for Jewish Research 2 (1930/1), 39–67.

Jihad → ǧihād.

Jing (chin. wörtlich = Gewebe), Bezeichnung für die fünf chin. klassischen literar. Werke – in der Regel → Shujing, → Shijing, Chunqiu, → Yijing, → Liji, aber im Laufe der Zeit auch um die konfuzian. Klassiker Lunyu, → Mengzi und die Ritualaufzeichnungen Yili und Zhouli erweitert, später auch für die buddh. → sūtras und daoist. Texte verwendet. MD

Jingtu-zong (chin. = Schule des Reinen Landes). Schon im indischen Buddhismus sind Ideen von einem »Land der Glückseligkeit« (→ Sukhāvatī) zu greifen, in das – und in die Gegenwart eines heilsverkündenden und -gewährenden Buddhas – der Gläubige nach seinem Tode geboren werden kann. Es blieb dem chin. Buddhismus vorbehalten, die Vorstellungen, man könne über das Zwischenstadium der Geburt in einem Buddhaland zum → nirvāna gelangen, zu systematisieren und das Heilselement der → bhakti (sanskr. = gläubige Hingabe) hervorzuheben. Das J. wurde praktiziert durch nianfo, das hingebungsvolle Rezitieren des Namens eines Buddhas – vorzugsweise des → Amitābha im westlichen Paradies –, aber auch durch meditative Visualisierung (→ Shandao, 613–81). MD

Lit.: V. Zotz, Der Buddha im Reinen Land. Shin-Buddhismus in Japan, 1991. – J. Pas, Visions of Sukhavati. Shan-Tao's Commentary on the Kuan Wu-Liang-Shou-Fo Ching, 1995. – L. O. Goméz, The Land of Bliss. The Paradise of the Buddha of Measureless Light, 1996 (Ü).

Jinismus → Jainismus.

Jinja (japan., wörtl. = »Gottes-Wohnstätte«), die häufigste Bezeichnung für einen Shintō-Schrein. Andere Bezeichnungen sind jingū (= Gottespalast) und taisha (= Groß-Schrein). → Shintō. MP

Jiriki → tariki.

Jīva (sanskr. = Lebewesen), in der → indischen Philosophie Bezeichnung für die Individualseele. J. steht im → Vedānta als empir. Selbst dem transzendenten Selbst (→ ātman) gegenüber. In dualist. Schulen (→ Sāmkhya) gilt j. als Individuation eines Geistprinzips. → Seele. JG

Jizō Bosatsu, ein in Japan sehr beliebter → Bodhisattva, der insbes. verlorene Geister aus den Höllen rettet. Der Name entspricht chin. → Dìzàng und sanskr. Ksitigarbha, wörtlich »Erdenschoß«. Seit Jh.en galten Jizō-Statuen, häufig an Friedhöfen, als Begleiter der Verstorbenen und bes. verstorbener Kinder. Seit der zweiten Hälfte des 20. Jh.s werden zunehmend Jizō-Votivstatuen aufgestellt, um den mit Abtreibungen verbundenen Schmerz zu lindern und die Verantwortung zu verringern. Auch die Ungeborenen werden der Barmherzigkeit des Jizō anvertraut, damit ihre Geister zur Ruhe kommen. → Japan. Religionen, → Tod. MP

Jnānadeva, auch Jnāneshvara (ca. 1275–1350), indischer Dichterheiliger aus Maharashtra. AM

Job → Hiob.

Jochanan ben Zakkaj, jüd. Schriftgelehrter, der während des ersten Aufstands gegen Rom (70 n. Chr.) aus Jerusalem floh und später von den Römern in Jabne interniert wurde, wo er ein »Lehrhaus« gründete. Damit steht J. am Anfang der rabbin. Legendenbildung, die sich auf »Jabne« als Ursprungsmythos beruft. Ob J. der Schule → Hillels angehörte, ist ebenso unklar wie seine »pharisäische« Ausrichtung vor 70 n. Chr. Schon in der frühen Tradition gilt J. als Mystiker. KVS

Jōdo-Schule, die japan. »Schule des Reinen Landes«, gegründet durch → Hōnen. Der Name bezieht sich auf das mythische »Reine Land« des → Amida Buddha in der westlichen Himmelsrichtung. Dort, so hoffen die Gläubigen, werden sie aufgrund ihrer vertrauensvollen Anrufung des Namens von Amida Buddha (→ Nenbutsu) wieder geboren werden – eine Vorstufe zum eigentl. → nirvāna. Eine bedeutende Fortentwicklung dieser Glaubensrichtung ist im → Shin-Buddhismus zu sehen. → Jingtu-zong. MP

Jōdo Shinshū → Shin-Buddhismus.

Joel, namengebend für eines der Bücher der sog. »kleinen Propheten« der Hebr. Bibel. Über seine Person ist nichts bekannt, und auch die Einzelheiten seines Lebens (ca. 4.–2. Jh. v. Chr.) können nur indirekt erschlossen werden. → Altes Testament, → Apokryphen. KVS

Johannes vom Kreuz (1542–91), span. Mystiker, mit → Teresa von Avila Begründer des Reformordens der unbeschuhten Karmeliter. Seine Kerkerhaft in Toledo wird für ihn zum Auslöser der »dunklen Nacht« der Seele, der Erfahrung von geistiger Trockenheit, äußerster Entfremdung (selbst von geistlichen Dingen) und des Nichts (nada), in welcher die Liebesvereinigung mit Gott (perfecta unión de amor con Dios) stattfindet, »soweit sie in diesem Leben möglich ist«; seine mystisch-ekstat. Gedichte, denen er später analysierende Prosakommentare beifügt, sind Niederschlag dieser Erfahrung. → Mystik. AW

W.: SW (hg. von P. Silverio de Santa Teresa), (3) 1943. – SW (dt. Ü. von O. Schneider/I. Behn), 1961–64. – SW (neue Ü. von U. Dobhan u. a.), 1996ff.
Lit.: J. Boldt, J. v. K., 1990.

Jōjitsu-Schule → Nara-Buddhismus.

Jom Kippur (hebr. jōm ha-kippūrīm = Versöhnungstag, Lev 23,27f.), jüd. »Versöhnungsfest«, das zehn Tage nach Neujahr als strenger Fasttag begangen wird. Für alle Sünden gegen Gott soll Vergebung erlangt werden, allerdings unter der Voraussetzung der Aussöhnung mit den Mitmenschen und einer aufrichtigen Buße. → Ritual. KVS

Jored Märkabah (hebr. jōrēd mærkabā = der zum Thronwagen Hinabsteigende), der jüd. Mystiker, der in den Himmel aufsteigt, um die → Märkabah zu schauen. Die paradoxe Formulierung des »Hinabsteigens«, während der eigentl. Abstieg häufig Aufstieg (hebr. [ca]lijjā) genannt wird, ist bis heute nicht schlüssig erklärt worden. KVS

Lit.: A. Kuyt, The »Descent« to the Chariot: Towards a Description of the Terminology, Place, Function and Nature of the Yerida in Hekhalot Literature, 1995.

Josef, Sohn → Jakobs, biblischer Patriarch, Ahnherr des gleichnamigen wichtigsten Stammes des israelit. Nordreichs, von dem sich im Süden der Stamm → Benjamin abspaltete, während er sich im Übrigen in die Stämme Ephraim und Manasse teilte. → Altes Testament, → Apokryphen. KVS

Josephus, Flavius (37 – kurz nach 100 n. Chr.), jüd. Historiker priesterlicher Herkunft in Jerusalem, im jüd.-röm. Krieg als Befehlshaber Galiläas gefangen genommen. J. prophezeite Vespasian die Kaiserwürde und erhielt dafür von diesem die Freiheit. Unter den Flaviern, die ihm seinen Zusatznamen verliehen, avancierte er zum offiziellen Geschichtsschreiber. Seine Schriften gehören zu den wichtigsten histor. Quellen jener Zeit, schöpften sie doch sowohl aus jüd. Traditionen als auch aus staatlichen Archiven Jerusalems und Roms. J. wollte in seinen Werken jüd. Geschichte und Religion einem hellenist. geprägten Publikum nahe bringen, wodurch er immer wieder zwischen die Fronten geriet. J., der sich selbst als Prophet einschätzte, wurde in der Forschung bald der »pharisäischen«, bald der »priesterlichen« Linie des Judentums zugeordnet, was aufgrund der plakativen Definitionen jener »Schulen« nicht weiter führt. Seine Werke umfassen: (a) *De bello Judaico* (»Der jüd. Krieg«) in sieben Büchern mit einer detaillierten Beschreibung des jüd. Aufstands in heilsgeschichtlicher Perspektive; (b) *Antiquitates Judaicae* (»Jüd. Altertümer«) in 20 Büchern, die röm. Lesern die jüd. Geschichte und Religion nahe bringen und für die Erforschung jüd. Geschichtskonzeptionen jener Zeit von herausragendem Interesse sind; (c) *Vita* (»Autobiographie«), die J.' Leben schildert und oft zu Unrecht als reine Rechtfertigung seines »Fahnenwechsels« im Krieg heruntergespielt wird; (d) *Contra Apionem* (»Gegen Apion«), eine Verteidigungsschrift gegen die antijüd. Polemik Apions, im Hinblick auf antike antisemit. Diskurse von großem Wert. KVS

W.: H. Paret, Des F. J. Werke (dt. Ü.), 1855–56. – O. Michel/O. Bauernfeind (Hg.), De bello Judaico (griech. u. dt.), 3 Bde., 1962. – Aus meinem Leben = Vita (griech. u. dt.), übers. u. kommentiert v. F. Siegert, 2001.
Bibliographie: H. Schreckenberg, Bibliographie zu F. J., 1968/79.
Konkordanz: K. H. Rengstorf, A Complete Concordance to F. J., 1973–86.
Lit.: H. S. J. Thackeray, J. The Man and the Historian, 1929. – T. Rajak, J. The Historian and His Society, 1983. – L. H. Feldman, J. and Modern Scholarship (1937–1980), 1984. – ANRW II.21.2, 1984. – P. Bilde, F. J. between Jerusalem and Rome. His Life, his Works, and their Importance, 1988. – S. Schwartz, J. and Judaean Politics, 1990.

Josia (Joschija), schon mit acht Jahren König von Juda (639–609 v. Chr.), führte nach der Auffindung eines – oft mit dem → Deuteronomium identifizierten – Gesetzbuchs eine Kultreform durch (2 Kön 22f.). → Altes Testament, → Apokryphen. KVS

Josua, soll von einem Diener des → Mose zu seinem Nachfolger in der Führung des Volkes geworden sein. Das nach ihm benannte Buch, in dem die sog. »Landnahme« im Mittelpunkt steht, wird gewöhnlich mit dem → Pentateuch zu einer Einheit verbunden (»Hexateuch«). → Altes Testament, → Apokryphen. KVS

Jubiläenbuch, ein wohl im Traditionskreis der Literatur um → Henoch entstandenes Werk, das seinen Ursprung in priesterlichen Kreisen Palästinas im 2. Jh. v. Chr. hat. Der Inhalt der Schrift – biblischer Stoff von den Anfängen über Adam bis Mose – soll Mose auf dem Berg Sinai von Gott selbst offenbart worden sein, was das J. zu einer klassischen Offenbarungsschrift macht. Das Genre des Textes ist strittig, da neben Geschichtsspekulation und Apokalyptik auch Elemente von Testamentenliteratur, Ritualgesetzen und Midraschtraditionen enthalten sind. Die priesterliche Komponente ist jedoch unübersehbar, auch die heilsgeschichtliche Bedeutung, die dem richtigen Kalender zugemessen wird (die 49-jährigen »Jubelperioden«), weist in diese Richtung. Das J. wurde vermutlich in Hebr. konzipiert, dann ins Griech. und Syrische übersetzt, von dort ins Latein. und Äthiop. → Altes Testament, → Apokryphen. KVS

Lit.: G. L. Davenport, The Eschatology of the Book of Jubilees, 1971. – JSHRZ 2/3 (20), 1981. – J. C. VanderKam, The Book of Jubilees, 1989. – M. Albani, Astronomie u. Schöpfungsglaube, 1994.

Jude, der Ewige → Ahasver.

Judentum. I. Allgemein. Bezeichnung für die Religion, die sich genealog. auf Abraham und Sara (Isaak und Rebekka, Jakob, Lea und Rahel), religiös auf Mose beruft, der am Berg Sinai Gesetzestafeln und → Torah erhalten habe. Die Torah als zentraler Bezugspunkt regelt die monotheist. Theologie, das bes. Verhältnis des Einen Gottes → JHWH zum jüd. Volk (auch → Israel genannt, mit dem Gott einen → Bund geschlossen hat) sowie die bes. Konzeption der jüd. → Heilsgeschichte, für die v. a. die Begriffe → Exil und → Restauration prägend wurden. Abgesehen von diesen allgemeinen Bestimmungen ist festzuhalten, dass keine Definition »des J.« möglich ist, da es stets eine Vielzahl von Judentümern gab, die keiner autoritativen Instanz untergeordnet waren. Im Gegenteil: Die Geschichte der Juden kann als eine fortdauernde Auseinandersetzung mit den religiösen und sozialen Implikationen jener Grundbestimmungen betrachtet werden. Im Verlauf dieser etwa 3000-jährigen Geschichte entfalteten verschiedene Interpretationen – bzw. die sie tragenden jüd. Gruppierungen – ihren je eigenen Einfluss. Der Begriff »J.« beinhaltet ferner nicht nur eine religiöse, sondern auch eine ethnische Zugehörigkeit, denn jedes Kind einer jüd. Mutter wird von der Gemeinschaft automatisch als Jude angesehen.

II. Von den Anfängen bis zum Ende der Zeit des Zweiten Tempels. (1) Über die vorstaatliche Zeit des alten Israel ist aufgrund spärlicher Quellen nur wenig bekannt. Man hat bis zum 11./10. Jh. v. Chr. von einer heterogenen Stammeskultur auszugehen, die sich erst langsam durch eine stärkere Identifikation mit übergreifenden religiösen und polit. Konstruktionen vereinheitlichte. (2) Für das spätere J. wurde v. a. die Jerusalemer Tradition bestimmend, und zwar einmal im Sinne des durch → David im 10. Jh. konstituierten Königtums, daneben auch in kultischer Hinsicht: Die Tempelpriesterschaft wurde zur maßgebenden Instanz, die versuchte, Definitionshoheit über die Volksreligion zu gewinnen, was nicht uneingeschränkt gelang, da kanaanäisch-phönik. Traditionen noch lange Zeit attraktiv blieben. (3) Nachdem Nebukadnezar 587/86 v. Chr. den Salomonischen Ersten Tempel zerstört und weite Teile der judäischen Oberschicht nach Babylonien exiliert hatte, wurde der Alleinherrschaftsanspruch → JHWHs von diesen Gruppen zunehmend offensiv vertreten – ein → Monotheismus, den man dem geläufigen → Henotheismus der benachbarten Volksgruppen gegenüberstellte. Die Exilszeit war insofern konstitutiv für die spätere Ausformulierung jüd. Weltdeutung. (4) Als der persische König Kyros 538 v. Chr. die Heimkehr der Exilierten und den Wiederaufbau des Jerusalemer Tempels (sog. Zweiter Tempel) gestattete, etablierte sich in der Auseinandersetzung zwischen in Babylonien verbliebenen Exilsgemeinden, der neuen Priesterelite sowie den Altjudäern und Altisraeliten zunehmend eine einheitliche jüd. Religion (→ Esra, → Nehemia). Der Name »Jude/Judäer« mit Ausweitung der ethnisch-territorialen Bedeutung über Juda hinaus entstand zwar in dieser Zeit, als Eigenbezeichnung der Angehörigen dieser Religion dient indes bis heute in der Regel → »Israel«. (5) Das wichtigste Merkmal der Zeit des Zweiten Tempels ist die Herausbildung einer distinkten religiösen Tradition, die sich durch → Beschneidung, Sabbatheiligung, Tempelkult sowie bestimmte rituelle Reinheitsvorschriften von der Umgebung abhob. Alexander der Große erkannte 332 v. Chr. die Tempelstaats-Provinz Judäa mit ihrer Trennung von Monarchie und Hierokratie im Grunde an, und in der Folgezeit kam es zu einer Durchdringung der jüd. Welt mit hellenist. Traditionen und Strukturen. Eine bisweilen behauptete Dichotomie »J. vs. Hellenismus« hat es nicht gegeben, wohl aber eine innerjüd. Kontroverse über das Ausmaß der Respektierung und Adaptierung fremder Kulte. Diese Auseinandersetzung eskalierte im 2. Jh. v. Chr., als die Religionsverfolgungen unter Antiochos IV. Epiphanes (175–64) starke Gegenkräfte mobilisierten, was in den Aufstand der → Makkabäer mündete. Unter den → Hasmonäern verhärteten sich die Positionen weiter; bes. die Priesterelite, die gegen die Personalunion von Hohepriester und König kämpfte, war gespalten (→ Zadokiden, → Sadduzäer, → Oniaden, → Qumran). Weitere polit.-religiöse Gruppen traten auf den Plan, unter ihnen die sog. → Pharisäer und → Essener. Insgesamt nahmen endzeitlich-apokalypt. Orientierungen enorm zu, welche die Vergangenheit, v. a. die Thematik von Exil und Restauration, für die gegenwärtige Interpretation der Heilsgeschichte theolog. und messian. überhöhten. Nachdrücklich verschärft wurde eine solche Deutung, als 64 v. Chr. die Römer der hasmonäischen Hoheit und damit dem jüd. Staat ein Ende setzten. Auch → Herodes dem Großen und seinen Nachfolgern gelang es nicht, die Konflikte zu beruhigen, so dass sich nicht nur die radikalen → Zeloten, sondern auch andere jüd. Gruppierungen in den Krieg gegen Rom ziehen ließen, der aus ihrer Sicht durch die kultische Verunreinigung des Tempels (etwa durch die Aufstellung einer Herrscherstatue unter Caligula [37–41]) unausweichlich war. 66 kam es zum offenen Krieg, der 70 in der Einnahme Jerusalems und der Zerstörung des Tempels durch Titus gipfelte. 73/74 fiel die letzte Bastion der Rebellen auf → Massada. (6) Insgesamt ist für diese Epoche festzuhalten, dass die griech. Bezeichnung Ioudaîos (= Judäer/Jude) alles andere als klar definiert war und Gruppenzuschreibungen – selbst bei den Teilnehmer/innen großer kultischer Ereignisse – der jeweiligen kontextgebundenen Konstruktion unterlagen (siehe Cohen 1999).

III. Talmud. Periode (ca. 70 n. Chr. – ca. 638 n. Chr.). (1) Da für die → Antike also nicht von einem klar definierten »J.« gesprochen werden kann, wird die talmud. Periode häufig als die »formative« Phase des J. bezeichnet, die das religiöse Gebilde J. überhaupt erst entstehen ließ. Durch die Zerstörung Jerusalems und des Tempels war die gesamte bisherige jüd. Religions- und Sozialordnung infrage gestellt. Die Priesterschichten waren ihrer Arbeits- und Lebensgrundlage beraubt, viele ihrer Mitglieder und auch der Angehörigen radikal apokalypt. Gruppen waren getötet oder als Kriegsgefangene und Sklaven verkauft worden. Auch wenn während der Diaspora-Aufstände 115–17, stärker dann im zweiten Krieg gegen Rom (→ Bar Kochba, 132–35) noch einmal apokalypt. Erwartungen aktiviert werden konnten, gelang es im 1. Jh. n. Chr. doch nur den aus Pharisäern und einzelnen Mitgliedern anderer Gruppen zusammengesetzten gemäßigten Kreisen, einen religiösen und polit.-sozialen Neuanfang in die Wege zu leiten. Erste Maßnahmen eines von den Römern kontrollierten → Sanhedrin in Jabne zielten auf die Sicherung jüd. Lebens und die Kontinuität maßgeblicher Traditionen. Diese wurden auch bald schriftlich festgelegt, womit die Zeit der → Rabbinen angebrochen war. (2) In mehreren Schritten etablierte sich das rabbin. J., zunächst mit der Redaktion der → Mischna, später dann durch die Schaffung eines komplexen Textkorpus aus → Talmud und → Midrasch. Nach dem gescheiterten Bar-Kochba-Aufstand, als Jerusalem für die Juden zur verbotenen Stadt wurde, entfalteten die palästin. Lehrhäuser der Rabbinen mit ihrem Patriarchen in Tiberias weiterhin die Tradition der → mündlichen Torah, die nun auch nach Babylonien hin auszustrahlen begann. Daneben zeugen zahlreiche Synagogenbauten in Palästina von einem neu erwachenden religiösen Leben. (3) Erst mit der fortschreitenden Christianisierung des Röm. Reiches, v. a. nach der sog. »Konstantin. Wende«, mehrten sich die Übergriffe gegen Juden, die aus christl. Sicht bald mit Häretikern (→ Häresie) gleichgesetzt wurden. Nach dem Tod des Patriarchen Gamaliel IV. um 425 n. Chr. wurden der zentrale Sanhedrin und das System des Patriarchats insgesamt aufgehoben, womit sich der Schwerpunkt jüd. Geistigkeit nach Babylonien verschob. Dort, im Partherreich, lagen die polit.-religiösen Vollmachten weitgehend in der Hand des sog. Exilarchen, der dem rabbin. J. stark verbunden war. Unter den Sasaniden entwickelten sich die großen rabbin. Lehrhäuser in Nehardea, Pumbeditha und Mahoza, deren Häupter (→ Geonim) gemeinsam mit dem Exilarchen die jüd. Geschicke bestimmten. Da auch unter Chosroes II. (590–628) das Verhältnis zwischen Juden und Persern von Toleranz bestimmt war, war das blühende babylon. J. der radikalen Veränderung durch die islam. Eroberung (632–41) weitaus besser gewachsen, als dies in Palästina der Fall war.

IV. Mittelalter und Renaissance (ca. 638–1492). Im Unterschied zur talmud. Periode mit ihrer starken Konzentration auf Palästina und Babylonien zeigt sich seit dem frühen Mittelalter eine Tendenz zur Ausdifferenzierung jüd. Lebens innerhalb sehr unterschiedlicher Diasporasituationen. Zu unterscheiden ist dabei einmal zwischen dem christl. und dem islam. Herrschaftsgebiet, ferner zwischen insgesamt sehr disparaten lokalen Kontexten. Eine grobe Darstellung ergibt folgendes Bild: (1) Im Zuge der islam. Eroberung wurden die alten jüd. Zentren Palästina und Babylonien mit einem großen Teil des Mittelmeergebiets polit. vereint – eine Einheit, die bis zum Zerfall des Kalifenreiches im 11. Jh. Bestand hatte. Die hohe Reputation der rabbin. Lehrhäuser in Babylonien wurde weiter ausgebaut, der babylon. Talmud stieg zur kanon. Quelle jüd. Rechts auch in der Diaspora auf. Die islam. Herrscher respektierten das J. als »Buchreligion« (→ Schriftreligion, → Ahl al-kitāb), so dass eine relativ freie Ausübung von Religion und Wissenschaft gewährleistet war. Durch die weitere Ausdehnung des islam. Machtbereichs kam es zur Migration vieler Juden nach Westen, von Ägypten über Nordafrika bis nach Spanien, wo sich bald ein äußerst lebendiges geistiges Zentrum jüd. Lebens entwickelte, welches nach dem Niedergang der babylon. Lehrhäuser im 12. Jh. zur bestimmenden religiösen Kraft avancierte (→ Sephardim). In Spanien und Südfrankreich entwickelte sich – später in enger Verbindung zu Palästina – die → Kabbala, und zahlreiche jüd. Denker nahmen die islam. Reorganisation antiker philosoph. Traditionen auf und traten in einen aristotel. bzw. neuplaton. Diskurs ein. (2) Die jüd. Diaspora unter christl. Herrschaft entwickelte sich in Byzanz trotz der Ausgrenzung des J. bis zum Fall Konstantinopels 1453 relativ ungehindert, da der rechtliche Status der Juden aus dem Röm. Reich beibehalten wurde. Wo dieser Status fehlte, ergab sich ein Unterschied zwischen jenen jüd. Familien oder Gemeinden, denen von Seiten der Herrscher Privilegien zuerkannt wurden, und unterprivilegierten Bevölkerungsschichten. In Spanien, wo die christl. Westgoten eine judenfeindliche Politik betrieben hatten, wurde die islam. Eroberung deswegen durchaus willkommen geheißen, allerdings unterstützen aufgrund von

Vergünstigungen durch christl. Könige in Frankreich bald viele Juden die Reconquista. Damit gerieten sie in den sich entwickelnden Machtkonflikt zwischen König, Adel und Volk, der durch die Inquisition und deren blutige Verfolgung von → Marranen weiter angeheizt wurde. Der Höhepunkt dieser Entwicklung war die Vertreibung der Juden aus Spanien 1492, danach aus Portugal (1497) und der Provence (1508). Aus England waren die Juden schon 1290 vertrieben worden. Die Juden der nördl. Gebiete (Nordfrankreich, Rheinland, Donaugebiet, Osteuropa, → Aschkenasim), die sich entlang der Handelsrouten von Italien aus dort niedergelassen hatten, waren einer allgemeinen, wenn auch regional sehr unterschiedlichen und schwer zu berechnenden Ausgrenzungspolitik unterworfen, die sie auf bestimmte riskante und oft unattraktive Wirtschaftszweige (Kleinhandel, Geldhandel) festlegte und einen Beitritt zu den Ständen und Gilden verbot. Die Kreuzzüge ab 1096 löschten etliche Gemeinden, v.a. im Rheinland, völlig aus, andere Städte suchten ihre Juden vor den aufkommenden Gräueln zu schützen. Die prekäre Situation vieler Juden zwischen den verschiedenen Machtinstanzen, der Willkür der jeweiligen Herrscher bzw. der christl. Obrigkeit ausgeliefert, wurde erneut sichtbar, als es im Zuge der Pestkatastrophen ab 1348/49 zu einem Anwachsen judenfeindlicher Ausschreitungen kam, verbunden mit den nun gängigen Vorwürfen der Brunnenvergiftung, des Ritualmordes etc. (→ Antisemitismus). (3) Aufgrund der Verfolgungen, aber auch wegen der zunehmenden Bevölkerungszahlen im Westen und der Suche nach neuen städtischen Zentren kam es zu einer Orientierung jüd. Lebens nach Osten. Neben der äußeren Bedrohung der Juden war auch eine innerjüd. Spannung prägend, die mit dem Auftreten der → Karäer und ihrer Infragestellung rabbin. Tradition zusammenhing. Im kulturellen → Gedächtnis der Juden blieb indes die Verfolgungsthematik präsent, die sich mit dem Trauma der Vertreibung aus Spanien verband und eine innere Veränderung des Judentums mit sich brachte, die von einer neuerlichen völligen Umstrukturierung der Diaspora begleitet wurde.

V. Neuzeit (ca. 1492 – ca. 1787). (1) Durch die Vertreibungen aus vormaligen jüd. Zentren verlagerte sich der Schwerpunkt jüd. Religion bald in den östlichen Mittelmeerraum, ins Osman. Reich sowie ins Hl. Land. Die dort schon zuvor angesiedelten Gemeinden erlebten nun, v. a. unter der toleranten Religions- und Wirtschaftspolitik Suleiman des Prächtigen (1520–66), eine neue Blütezeit, die bis zum Niedergang des Reichs und den darauffolgenden religiösen Ausschreitungen des 17. und 18. Jh.s (mit Blutbeschuldigungen etc.) andauerte. Aufgrund der Eroberung Palästinas durch die Türken 1517 war auch dort ein Aufschwung jüd. Lebens zu verzeichnen, der aus verschiedenen Teilen der Diaspora gefördert wurde. Sowohl die kabbalist. Bewegung als auch diverse messian.-endzeitliche Strömungen (→ Sabbatai Zwi) entfalteten in diesem Kontext bes. Wirkung. (2) In Mittel- und Osteuropa verlief die Geschichte anders. Die großen Städte des Mittelalters (Posen, Krakau, Lublin, Wilna) entwickelten sich mehr und mehr zu Ballungszentren, und die aschkenas. Bevölkerungszahl wuchs vom Beginn des 16. bis zum Ende des 18. Jh.s von ca. 50.000 auf 1,5 Mio. an, womit sie die Sephardim weit übertraf. Den Juden wurden zwar immer wieder gewisse Rechte eingeräumt, doch auch wenn sie z. B. als Agenten von Großgrundbesitzern eingesetzt waren, gerieten sie zwischen die Fronten von Adel und Leibeigenen. Ein Großteil der Juden lebte (wie die meisten Nichtjuden auch) in ärmlichen Verhältnissen. Regional unterschiedliche Formen der Rechtsunsicherheit bestimmten weiter das jüd. Leben, wobei die Tendenz zur Ausgrenzung durchaus unterschiedliche Wirkung hatte: Zum einen entwickelte sich dadurch eine auf Eigenverwaltung ausgerichtete jüd. Kultur mit bes. Betonung der rabbin. Tradition und ihrer Lehrhäuser (→ Jeschiwa). Bis zum 19. Jh. kam in den Gemeinden dem Rabbi eine immer stärkere Bedeutung zu, bes. als der → Chassidismus das osteurop. J. transformierte. Die eigene Sprache, das Jiddische, verstärkte die Tendenz zur Abgrenzung weiter. Auf der anderen Seite wirkte sich die fortschreitende Zwangsghettoisierung in ganz Mitteleuropa äußerst negativ aus, war sie doch immer wieder Anlass zu antijüd. Diffamierungen und Ausschreitungen (→ Ghetto).

VI. Von ca. 1787 bis heute. (1) Die Ausrufung der amerikan. Verfassung 1787 und die Franz. Revolution bedeuteten für das Diaspora-J. insgesamt eine entscheidende Wende hin zur modernen Staatengesellschaft und Demokratie. Im Zuge der europ. → Aufklärung und in der Konsequenz der Franz. Revolution veränderte sich der Status der Juden beträchtlich. Ihre Funktion als religiös bestimmte und christlicherseits wichtige Kontrastgruppe (→ Antijudaismus) wurde zunehmend aufgegeben zugunsten von polit. begründeter Emanzipation, später von Assimilation, die erneut regional unterschiedlich verlief (etwa in Russland anders als in Deutschland). In Reaktion darauf entstanden im 19. Jh. die bestimmenden jüd. Strömungen der → Moderne: (a) das Reform-J., das Änderungen im liturg. und halach. Bereich einführte und jüd. Praxis an das jeweilige Herkunftsland anpasste; (b) v. a. in den USA das konservative J. mit seinem Versuch, → Tradition und Wandel zu verbinden; (c) das orthodoxe J., welches ebenfalls neben dem Torah-Studium eine säkulare Bildung anstrebte. Die rabbin. Tradition mit ihrem Konzept der doppelten Torah geriet darüber in den Hintergrund. Indes führte auch die rechtliche Gleichstellung der Juden und eine z. T. sehr weitgehende Assimilation nicht zu einem Abflauen antisemit. Tendenzen. (2) Diese Bedrängnisse sowie die zunehmenden sozialen Probleme infolge des Bevölkerungswachstums bewirkten ab 1820 Auswanderungswellen aus Europa in die USA. Nach blutigen Pogromen in Russland 1881/82 und 1903 folgten weitere Abwanderungen nach Westen und in die »Neue Welt«. Die USA wurden damit zu einem Zentrum der Diaspora, nach der Ermordung eines Großteils der europ. Juden 1933–45 zum wichtigsten Mittelpunkt jüd. Lebens in der Diaspora. Daneben verstärkte sich durch die negativen Erfahrungen mit Emanzipation und Assimilation der Wunsch nach einem jüd. Staat, wie er im → Zionismus formuliert wurde. (3) Die Schoa, der ca. 6 Mio. Juden zum Opfer gefallen waren, hatte traumat. Auswirkungen, und die Schaffung eines eigenen Staates war die zwangsläufige Konsequenz. Nach der Ausrufung des demokrat. Staates Israel (14.5.1948) kam es wiederholt zu krieger. Auseinandersetzungen mit den benachbarten islam. Staaten, und eine Befriedung der Region erscheint heute schwieriger denn je. (4) Weltweit gibt es ca. 17,8 Mio. Juden, 48,2 % davon in Nordamerika, 22,9 % in Israel, 19,9 % in Europa und Russland, 6,4 % in Ländern des Mittleren Ostens (Zahlen von 1993). In Deutschland stieg die Zahl der Juden – namentlich durch Einwanderung russischer Juden – 1999 auf etwa 80.000 an. KVS

Lit.: I. Gesamtdarstellungen: H. Graetz, Geschichte der Juden von den ältesten Zeiten bis auf die Gegenwart, 11 Bde., 1863, ND 1998. – S. Dubnow, Weltgeschichte des jüd. Volkes, 10 Bde., 1925–29. – S. W. Baron, A Social and Religious History of the Jews, 19 Bde., 1937, ^{2}1952–83. – L. Finkelstein (Hg.), The Jews. Their History, Culture, and Religion, 3 Bde., 1949. – J. Maier, Geschichte der jüd. Religion, 1972. – J. Maier, Das J., 1973. – H. H. Ben-Sasson (Hg.), Geschichte der Juden, 3 Bde., 1979–81. – L. Trepp, Die Juden: Volk, Geschichte, Religion, 1987.

II. V. Tcherikover, Hellenistic Civilisation and the Jews, 1959. – M. Hengel, J. u. Hellenismus, 1969. – E. Schürer, The History of the Jewish People in the Age of Jesus Christ, 3 Bde., 1973–83. – W. D. Davies/L. Finkelstein (Hg.), The Cambridge History of Judaism, I: The Persian Period, 1984. – J. Maier, Zwischen den Testamenten. Geschichte u. Religion in der Zeit des Zweiten Tempels, 1990. – L. I. Levine, Judaism and Hellenism in Antiquity: Conflict or Confluence?, 1998. – M. Goodman (Hg.), Jews in a Graeco-Roman World, 1998. – S. J. D. Cohen, The Beginnings of Jewishness. Boundaries, Varieties, Uncertainties, 1999. – T. L. Thompson, The Mythic Past: Biblical Archeology and the Myth of Israel, 1999.

III. J. Neusner, A History of the Jews in Babylonia, 8 Bde., 1965–70. – G. Stemberger, Das klassische J., 1979. – J. Maier, Geschichte des J. im Altertum, 1981. – J. Neusner, Formative Judaism. Religious, Historical, and Literary Studies, 6 Bde., 1982–89. – J. Neusner/W. S. Green (Hg.), Origins of Judaism. Religion, History, and Literature in Late Antiquity, 20 Bde., 1990.

IV. R. Marcus, The Jew in the Medieval World. A Source Book; 315–1791, 1960. – R. Chazan (Hg.), Medieval Jewish Life, 1976. – I. Twersky (Hg.), Studies in Medieval Jewish History and Literature, 2 Bde., 1979/84. – B. Lewis, Die Juden in der islam. Welt. Vom frühen Mittelalter bis ins 20. Jh., 1987. – F. Battenberg, Das europ. Zeitalter der Juden. Zur Entwicklung einer Minderheit in der nichtjüd. Umwelt Europas, 1990. – H. Birkhan (Hg.), Die Juden in ihrer mittelalterlichen Umwelt, 1992. – J. Riley-Smith (Hg.), Illustrierte Geschichte der Kreuzzüge, 1999.

V. S. Dubnow, History of the Jews in Poland and Russia, 3 Bde., 1916–20. – G. Caro, Sozial- u. Wirtschaftsgeschichte der Juden in Mittelalter u. in der Neuzeit, 1917, ND 1964. – S. Mendelssohn, The Jews of Asia especially in the 16th and 17th Centuries, 1920. – I. Ben Zvi, The Exiled and the Redeemed. The Strange Jewish »Tribes« of the Orient, 1958. – M. A. Shulvass, Jewish Culture in Eastern Europe, 1975. – S. Deshen/W. F. Zenner, Jewish Societies in the Middle East. Community, Culture and Authority, 1983. – C. Abramsky/M. Jachimczyk, The Jews of Poland, 1987. – M. A. Meyer, Dt.-jüd. Geschichte der Neuzeit, 1996.

VI. S. Sharot, Judaism. A Sociology, 1976. – J. Frankel u. a. (Hg.), Studies in Contemporary Jewry, 6 Bde., 1984–90. – J. Katz, Aus dem Ghetto in die bürgerliche Gesellschaft. Jüd. Emanzipation 1770–1870, 1986. – A. Lerman/D. M. Jacobs (Hg.), The Jewish Communities of the World. A Contemporary Guide, ^{4}1989. – A. Timm, Israel. Geschichte des Staates seit seiner Gründung, 1992. – G. Aly, »Endlösung«. Völkerverschiebung u. der Mord an den europ. Juden, 1998. – L. Yahil, Die Shoah. Überlebenskampf u. Vernichtung der europ. Juden, 1998. – S. Friedländer, Das Dritte Reich u. die J., 1998. – R. R. Farber/C. I. Waxman (Hg.), Jews in America. A Contemporary Reader, 1999. – V. Karady, Gewalterfahrung u. Utopie. Juden in der europ. Moderne, 1999.

Judithbuch, nichtkanonisierte jüd. Schrift im Stil eines histor. Romans, in drei Rezensionen eines hebr. Originals überliefert. Die Geschichte um Judith, die Holofernes, den Feldherrn Nebukadnezars ermordet, zeigt eine kompromisslose Konfrontation mit der Weltmacht, wie sie sich nach den Erfahrungen der Religionsverfolgungen unter Antiochos IV. Epiphanes im 2. Jh. v. Chr. entwickelte. In diese Zeit ist auch die Abfassung des J. zu datieren. → Altes Testament, → Apokryphen, → Ester. KVS

Lit.: JSHRZ 1/6 (13), 1981. – T. Craven, Artistry and Faith in the Book of Judith, 1983.

Jüdische Mystik, Bezeichnung für ein breites Spektrum disparater Phänomene – von intensiver Devotion bis zu esoter. Sprachspekulation – mit unterschiedlichen Konzeptionen von Vereinigung. (1) Die Frömmigkeit der ersten Jh.e unserer Zeitrechnung bis ins 7. Jh. hinein ist inspiriert von Ezechiels Vision des Thronwagens (hebr. mærkabā; Ez 1,4–28) und erfüllt von der unbeschreibbaren Herrlichkeit Gottes. Gottes Ausmaße werden – z. B. in Auslegungen des → Hohen Liedes – ins Phantastische gesteigert. Das von der → Gnosis beeinflusste Ziel ist es, durch die Zwischensphären/»Himmelshallen« (→ Hechalôt) zu Gottes Thron aufzusteigen. Die esoter. → Märkabah-Mystik hat vermutlich den im 12. Jh. in Deutschland aufkommenden → Chassidismus (von hebr. ḥasīd = Frommer) beeinflusst; dabei handelt es sich um eine populäre Frömmigkeitsbewegung, in deren Zentrum die innige Hingabe (das »Anschmiegen« der Seele an Gott), Demut und Gebet stehen. Der Chassidismus wird im 14. Jh. weitgehend von der wiederum hochesoter. → Kabbala abgelöst, die im 13. Jh. in Spanien entstand und sich nach der Vertreibung der Juden aus Spanien (1492) in der Diaspora verbreitete und eschatolog.-messian. Züge annahm. Typischer Zug der Kabbala ist es, Alphabet/Gottesnamen/hl. Schrift und Kosmos/Sefirot (»Regionen«, göttliche Potenzen)/Schöpfung aufeinander zu beziehen – eine Thematik, der bereits die vermutlich viel ältere kosmogon. ausgerichtete Schrift *Sefär* → *Jezirah* (»Buch der Schöpfung«, eventuell 7./8. Jh.) gewidmet ist. (2) Die eigentl. Kabbala besteht aus zwei (sich gegenseitig kritisierenden) Hauptrichtungen: (a) der ekstat.-prophet. K. (Hauptvertreter Abraham b. Samuel → Abulafia von Saragossa, 1240–ca. 91), deren Spekulationen zu Alphabet und Gottesnamen darauf zielen, den Menschen in die göttliche Einheit zurückzuführen und mit Gott zu assimilieren. In ihrer anthropozentr. Ausrichtung (ekstat.-mystische Erfahrung an sich ist summum bonum für das Individuum) unterscheidet sich diese Richtung von (b) einer theurg.-theosoph. K., die theozentr. ausgerichtet ist (Spekulationen über die Struktur der göttliche Welt/Sefirot und die »verborgene Gottheit«) und spirituelle Vervollkommnung sucht, um durch Ritus und Gebet die verlorene kosmische Harmonie und innergöttliche Einheit wiederherzustellen. Die Rückführung der fragmentierten Sefirot durch den Menschen ist die Hauptlehre im → *Sohar* (»Glanz, Herrlichkeit«), dem kabbalist. Grundtext, wie auch bei Isaac Luria (1534–72), dem prominentesten Vertreter der Kabbala. Lurias Lehre führte im 17./18. Jh. zu messian. und antinomist. Bewegungen (Sabbatianismus), aber im Polen des 18./19. Jh.s kam es auch zu einem neuen Chassidismus, der ekstat.-charismat. Frömmigkeit und moral. Lebensführung gegen die messian. Exzesse stellte und die letzte Phase der j. M. bildete. (3) Die Bewertung der Mystik im → Judentum war zwiespältig: einerseits verurteilte man die phantasievolle Weitschweifigkeit, den gelegentlichen Abstieg ins Magische (Golem-Lehre) und die messian. Spekulationen, andererseits hat die j. M. – wie die Mystiken anderer religiöser Traditionen – das Frömmigkeitsleben vertieft und bereichert. AW

Lit.: S. Dubnow, Geschichte des Chassidismus, 1931, ND 1982. – G. Scholem, Major Trends in Jewish Mysticism, 1941 (dt. 1957). – G. Scholem, Jewish Gnosticism, Merkabah Mysticism, and Talmudic Tradition, 1960. – G. Scholem, Studien zur j. M., 1960. – P. Schäfer, Synopse zur Hekhalot-Lit., 1980. – P. Schäfer, Hechaloth-Studien, 1988. – M. Idel, Kabbalah. New Perspectives, 1988. – Y. Liebes, Studies in the Sohar, 1993.

Jünger. (1) M. Luthers (1483–1546) Übersetzung des griech. mathētaí (= Schüler) bezeichnet zunächst die Gruppe, die Jesus auf seinen Wanderpredigten begleitete. Die Auswahl von zwölf J. ist als die Sammlung der zwölf Stämme Israels (daher nur Männer) zu verstehen, die mit dem → Messias die Herrschaft Gottes vorbereiten (→ Theokratie). Sie verzichten auf Familie, Besitz und Sesshaftigkeit, um sich voll auf ihre Aufgabe zu konzentrieren. Dafür werden sie ihren Lohn in der neuen Herrschaft erhalten. Die Aussendungsrede (Mt 8–10) überträgt den J. Aufgaben, die »im Namen Jesu« durchzuführen sind, wie Heilungswunder und Predigt der Gebote Gottes. Sie sind auf Gastfreundschaft angewiesen bei den teils ebenfalls J. genannten sesshaften Unterstützergemeinden, zu denen auch Frauen gehören wie Maria und Martha in Bethanien. Vorbilder für diese Form der Jesus-Bewegung sind einerseits die Rabbinen und ihre Schülerschaft, andererseits Propheten mit ihren künftigen Nachfolgern (Elias; Johannes der Täufer). Die Jesus-Bewegung bricht mit dem Tod des Meisters nicht auseinander, sondern bildet eine neue Form, die Kirche. (2) Die Übertragung des urchristl. Gemeinschaftsmodells auf andere Religionen innerhalb eines Konzepts von Stifterreligionen, die auf der charismat. Persönlichkeit eines Meisters beruhen, hat bes. J. → Wach 1925 aufgrund seiner Erfahrungen im George-Kreis vollzogen. Das Stiftermodell beschreibt eine Gemeinschaftsbildung, die weder auf Verwandtschaft noch auf Ausbildung beruht, sondern durch Berufung durch einen Charismatiker die künftige Elite bildet. Die Forderung unbedingter Gefolgschaft (Askese, Unterwerfung, Bewunderung) unterscheidet sich aber vom Gruppenmessianismus, dem es gelang, über den Tod des Meisters hinaus eine dauerhafte Gemeinschaft zu bilden. → Amt, → Gemeinde. CA

Lit.: J. Wach, Meister und J., 1925. – H. D. Betz, Nachfolge u. Nachahmung Jesu im NT, 1968. – G. Theißen, Soziologie der Jesusbewegung, 1977, [7]1997. – R. Kany, Art. »J.«, in: RAC 19, 2001, 258–346. Zu weiterer Lit. s. auch → Jesus.

Jugendreligionen, von christl. Theologen und Soziologen in Deutschland konstruierter Begriff, der neue, sich vorwiegend an nichtchristl. Traditionen orientierende religiöse Aktivitäten Jugendlicher im Allgemeinen sowie Jugend-»Okkultismus« und Jugend-»Sekten« im Besonderen umschreiben soll. »J.« ist deshalb ein polemisch eingefärbter Begriff, der religionswiss. unbrauchbar ist. → Neue Religionen, → Typologie. KVS

Lit.: P. Badura, Der Schutz von Religion u. Weltanschauung durch das Grundgesetz, 1989. – F. Usarski, Zur Rolle kirchlicher Funktionsträger im Kontext der bundesdt. »Jugendsekten«-Debatte, in: Abh. zur Geschichte der Geowissenschaften, Religion, Umwelt-Forschung 4 (1990), 287–309.

Jugendweihe, atheist.-humanist.-freidenker. geprägtes Ritual der → Initiation, das in der Regel als Geschenk- und Familienfest den Übergang von der Kindheit zum Jugendalter begleitet. Die Tradition der J. geht auf die freireligiösen Konfirmationen Mitte des 19. Jh.s zurück, auf Schulentlassungsfeiern während der Sozialistengesetze und auf die proletar. J. zu Ende des 19. Jh.s. In den 1950er Jahren wurde die J. in der DDR eingeführt, sie findet aber auch nach der polit. Wende weiterhin zahlreiche Anhänger (zwischen 1990 und 1996 nahm die Hälfte aller 14-Jährigen in den neuen Bundesländern an einer J. teil). HK

Lit.: U. Mohrmann, Festhalten am Brauch. J. vor u. nach der »Wende«, in: W. Kaschuba/T. Scholze u. a. (Hg.), Alltagskultur im Umbruch, 1996, 197–216. – I. Pinhard, J.: Funktion u. Perspektiven eines Übergangsrituals im Prozeß des Aufwachsens, in: D. Harth/G. Schenk (Hg.), Ritualdynamik, 2004, 197–218.

Jul (von altnord. jól; Etymologie des Namens bislang nicht überzeugend geklärt; noch heute Bezeichnung für Weihnachten in Skandinavien), das german. (Opfer-)→ Fest zu Mittwinter, das durch Monatsnamen aus dem 4. Jh. (gotisch fruma jiuleis), 8. Jh. (angelsächs. giuli) und 13. Jh. (altnord. ýlir), durch die altnord. Literatur, v. a. aber durch das skandinav. J.-Brauchtum belegt ist. Das Mittwinteropfer war ein Fruchtbarkeitsopfer, das zumindest in der westeurop. Stein- und Bronzezeit einen Bezug zum Toten- und Ahnenkult hatte. Dies könnte erklären, warum statt der → Wanen → Odin (Beiname Jólnir) und das → Wilde Heer mit J. assoziiert wurden. US

Lit.: M. P. Nilsson, Studien zur Vorgeschichte des Weihnachtsfestes, in: ARW 19 (1916–19), 50–150. – M. P. Nilsson, At which Time of the Year was the Pre-Christian Yule Celebrated?, in: Herrigs Archiv für die Geschichte der deutschen Sprache u. Literatur 14 (1958), 109–14. – L. Weiser-Aall, Art. »J.«, in: KLNM 8, 1963, 6–14.

Jung, Carl Gustav (1875–1961), Psychiater, war Anhänger der → Psychoanalyse und wurde von S. → Freud zu seinem Nachfolger bestimmt. Die Auseinandersetzung über Freuds Triebtheorie führte jedoch 1913 zum Bruch, und J. entwickelte die »analytische Psychologie« mit der Theorie der im Numinosen (→ Heilige, das) verwurzelten → Archetypen und des kollektiven Unbewussten. Neben seinem Beitrag zur Psychotherapie hat sich J. intensiv mit Mythologie

(→ Mythos), Symbolbildung und Religion auseinandergesetzt. → Tiefenpsychologie. SM

W.: GW (hg. von M. Niehus-Jung), 1957ff.
Lit.: D. Bair, C. G. J. Eine Biographie, 2005.

Jungfräulichkeit (lat. virginitas), Zeichen von leiblicher Unversehrtheit und empir. Beweis persönlicher Heiligkeit, Ausdruck von Keuschheit. Die Jungfrauengeburt von Religionsstiftern wie Buddha Shākyamuni oder Jesus soll u. a. ihre Übernatürlichkeit und → Reinheit ausdrücken. J. kann bei beiden Geschlechtern gefordert sein, bei Frauen aber häufiger. Jungfrauen werden mitunter als Göttinnen verehrt (→ Kumārī) oder, etwa in der Antike, als Priesterinnen beschäftigt. → Askese. AM

Lit.: O. Nemecek, Die Wertschätzung der J., 1953. – L. Legrand, J. nach der Hl. Schrift, 1966.

Jupiter. Der oberste röm. → Gott wurde auf dem Kapitol in Rom verehrt, gemeinsam in der Dreiheit mit Juno und Minerva (kapitolin. Trias). Als Iuppiter Optimus Maximus ist J. »sehr gut« (optimus) zu seinen Römern und »sehr mächtig« (maximus) gegenüber den Feinden. Seine Funktion ist die Garantie der röm. Macht. Der Name ist typisch für die indoeurop. Vater-Gottheit (altind. dyàus-pitár, griech. Zeús pátēr), zunächst also für den Himmelsgott mit Funktionen des Wettergottes, die sein Blitzebündel zeigt. In den Hochkulturen freilich stehen keineswegs »natürliche«, sondern soziale Aufgaben im Vordergrund. CA

Lit.: C. Koch, Der röm. J., 1937.

Jupitergigantensäulen, eine Gruppe von Kultdenkmälern, die im 2. und 3. Jh. n. Chr. in den röm. Provinzen Germania superior und Gallia Belgica weit verbreitet waren. Wichtigstes Kennzeichen ist eine mit Schuppenmuster versehene Säule von mehreren Metern Höhe, die von einer figürlichen Darstellung des → Jupiter bekrönt wird. Dieser reitet über einen schlangenfüßigen Giganten hinweg. Häufiges Attribut des Gigantenreiters ist ein Rad, das in der → keltischen Religion als Sonnensymbol auftritt. Da Jupiter in der röm. Kunst und Literatur niemals reitend und – wie im Falle des Gigantenreiters – im röm. Feldherrenpanzer dargestellt wurde, vermutet man in der Gestalt des Jupiter eine Darstellung des keltischen Himmels- oder Sonnengottes und in dem Säulenmonument eine Fortsetzung der Verehrung hl. Bäume. Möglicherweise sind auch das Pferd und der Gigant aus der keltischen Mythologie zu erklären. US

Lit.: W. Müller, Die J. und ihre Verwandten, 1975. – G. Bauchhenß/P. Noelke, Die Jupitersäulen in den german. Provinzen, 1981. – U. Schlott, Vorchristl. und christl. Beziehungen bei Kelten, Germanen und Slawen, 1997, 120–33.

K

Ka. Als K. wird im alten Ägypten die Lebens- und Zeugungskraft von Göttern und Menschen bezeichnet. Wie Darstellungen erkennen lassen, formt der Gott Chnum bei der Geburt eines Menschen auf einer Töpferscheibe den Körper und gleichzeitig dessen K. (»Geistleib«). Als Wesensbestandteil des Menschen ist der K. sowohl für das Leben im Diesseits als auch im Jenseits von entscheidender Bedeutung. Er belebt und erhält den lebendigen Körper jenseits aller Veränderungen; ohne K. wäre dieser nicht lebensfähig. »Für deinen K.« lautete der ägypt. Trinkspruch. Vater und Sohn sind durch einen K. gleicher Art miteinander verbunden; er bedeutet das Prinzip der Zeugung und der Vererbung. Als ebenbildlicher Doppelgänger seit der Geburt lebt der K. nach dem Tod eines Menschen weiter, bewahrt seinem Träger die Gestalt und benötigt die gleiche materielle Versorgung wie zu Lebzeiten. Grabstatuen, die als Leib des K. galten, oder Scheintüren als Nahtstellen zwischen Dies- und Jenseits waren Empfänger der Nahrungsmittel. Der K. nahm die lebenserhaltende Kraft der Speiseopfer, die oft in Form von Opfertischszenen die Grabwände schmückten, unmittelbar auf. Die Totenopfer selbst wurden Kaw (Plural von K.) genannt; in den Opfertisch-Darstellungen konnten die Speiseopfer gelegentlich durch das K.-Symbol – zwei erhobene Arme – ersetzt werden. Als etwas Besonderes galt der K. des Pharao: Durch ihn hatte er Anteil an der Göttlichkeit und konnte schon zu Lebzeiten mit den Göttern kommunizieren. Die »Millionen von K.« des → Re wiederum wirken als kosmische Lebenskraft des Sonnengottes. Die K.-Kraft hält den Sonnenkreislauf in Gang und regeneriert täglich aufs Neue die Sonne. → Altägypt. Religion. EH

Lit.: U. Schweitzer, Das Wesen des K. im Diesseits und Jenseits der alten Ägypter, 1956.

Ka'ba (arab. = Kubus), ursprünglich in Südwestarabien verbreitete Tempelarchitektur. Die K. in Mekka ist der Mittelpunkt des islam. Kults (→ qibla) und des eigentl. Kultbezirks (→ Ḥaram) sowie Ziel der jährlichen islam. Wallfahrt (→ ḥaǧǧ). Die nach islam. Tradition von → Abraham erbaute K. war wohl eine lokale Kultstätte, die schon in vorislam. Zeit als aus Holz gebauter »Würfel« bekannt war. Der Innenraum war im Rahmen der Hellenisierung arab. Kulte (seit dem 3. Jh., → širk) ausgemalt und mit Götterstatuen ausgestattet worden. Die K. wurde möglicherweise auch als Heiligtum des Apollon (arabisiert als Hubal) genutzt. Ihre hellenist. Umformung als → Tempel wurde durch die islam. Offenbarung rückgängig gemacht. Durch die »Säuberung der K.« von »Götzen« nach 629/30 wurde sie (wieder) zur Kultstätte des Einen Gottes (→ Allāh), die in die abrahamit. Tradition (ursprüngliche Kultstätte Adams, Bau durch Abraham, Auffindung des Brunnens Zamzam durch Abrahams und Ḥagars Sohn Ismāʿīl) eingebettet wurde. Die K. wurde mehrfach umbzw. neu gebaut. Sie ist heute ein ca. 12 Meter langer, 10,5 Meter breiter und 15 Meter hoher, durch die Ecken nach den Himmelsrichtungen ausgerichteter Bau mit einem Flachdach. Der in Silber gefasste schwarze Stein befindet sich in der Ostmauer. Der Innenraum ist leer bis auf drei tragende Säulen und eine Leiter, die zum Dach führt. Die K. ist mit einem schwarzen, mit in Gold gewirkten Koranversen verzierten Brokattuch (kiswa) verhüllt. Sie steht im Mittelpunkt des durch einen Säulengang umfriedeten Bezirks, der schon früh als Moschee (al-masǧid al-ḥaram) gesehen wurde. In diesem etwa 170 mal 130 Meter großen, durch 24 Tore zugänglichen und mit sechs Minaretten ausgestatteten Areal befinden sich zudem nahe dem inneren, die K. umgebenden Umwandlungskreis (maṭāf) der Brunnen Zamzam, die vermutete Begräbnisstätte von Ḥagar und Ismāʿīl (ḥiǧr), der »Standplatz Abrahams« (maqām Ibrāhīm, ein Fels, auf dem stehend Abraham die K. errichtet haben soll), die aus späterer Zeit stammenden, nach den islam. Rechtstraditionen (→ maḏhab) benannten Pavillons und eine Predigtkanzel. Außerhalb der Mauer des Moscheenbezirks liegen die beiden Orte Ṣafā und Marwa, die Endpunkte des »Laufes« (saʿy) im Rahmen des Pilgerfahrtsrituals, die nach abrahamit. bzw. arab. Interpretation entweder die Strecke, die Ḥagar auf der Suche nach Wasser für ihren Sohn Ismāʿīl zurücklegte, oder zwei alte Idolstätten (Nāʾila und Isāf/Asāf) darstellen. In der islam. Theologie gehört die K. zusammen mit dem → Koran und der Feder (qalam) zu dem »urewiglichen« Gut. In der islam. Mythologie wird sie in den Mittelpunkt des Schöpfungsmythos gestellt.

RS

Lit.: U. Rubin, The K. Aspects of its Ritual Functions and Position in Pre-Islamic and Early Islamic Times, in: Jerusalem Studies in Arabic and Islam 8 (1986), 97–131.

Kabbala (hebr. qabbālā = Tradition, Überlieferung), Bezeichnung für eine Strömung der → jüd. Mystik, die im 12. Jh. n. Chr. von Südfrankreich ihren Ausgang nahm und bald das ganze Judentum beeinflusste. Die konservativ eingestellten und auf die »uralte Tradition« rekurrierenden Kabbalisten formten ältere Elemente vorwiegend platon., aber auch pythagoreischer Philosophie in ein kohärentes System religiös-theosoph. Weltbetrachtung um (→ Theosophie). Dabei kommt dem »geheimen« Wortsinn der → Torah und den Namen Gottes bes. Bedeutung zu. Alles Sichtbare wird aus dem Unsichtbaren verstanden, der eigentl. Sinn erschließt sich allein durch die Versenkung in die symbol. Dimensionen des Textes. Die Frühform der K. wird repräsentiert von dem Buch *Bāhīr* (»Hellscheinend«), das gegen 1180 verfasst wurde und die Grundlage der zunehmend verschriftlichten Lehre der K. bildet. Die klassische K. findet ihren deutlichsten Ausdruck in den Schriften des → Gikatilla und des → Abulafia, und der → *Sohar* gilt bis heute als kanon. Werk der Bewegung. Die Lehre von den zehn Emanationen Gottes (→ Sefirah) war im 14. Jh. fester Bestandteil der Lehre. Einen weiteren Aufschwung erfuhr die K. durch I. Luria (1534–72) und seine Schule, die u. a. die Lehre von der Kosmogenese, den sog. »Bruch der Gefäße« und die »Restauration« der göttlichen Bestandteile (→ Tikkun) einführte. In popularisierter Form wurde die lurian. K. vom → Chassidismus aufgegriffen. Die äußerst heterogene Bewegung wird bisweilen (vereinfachend) in »prophet.« bzw. »ekstat.« (Abulafia, Chassidismus etc.) und »theosoph.« K. (v. a. Sohar) aufgeteilt. Trotz ihrer Betonung der mystischen Elemente konnte die K. in ganz Europa und Palästina zur größten Gegen- und Parallelbewegung des rabbin. Judentums werden. Im Zuge der Neubelebung der

→ Esoterik kommt der K. im Judentum heute erneut eine große Bedeutung zu. Auch im Christentum wirkte die K. prägend, etwa durch die Vermittlung von Pico della Mirandola und J. Reuchlin (16. Jh.), die zu einer eigenen Rezeption in Magie, Theosophie und Esoterik führte. KVS

Lit.: G. Scholem, Die jüd. Mystik in ihren Hauptströmungen, 1957. – G. Scholem, Zur K. u. ihrer Symbolik, 1960. – M. Idel, Kabbalah. New Perspectives, 1988. – I. Tishby, The Wisdom of the Zohar, 1989. – E. R. Wolfson, Through a Speculum That Shines. Vision and Imagination in Medieval Jewish Mysticism, 1994. – J. Maier, Die Kabbalah. Einf. – Klassische Texte – Erläuterungen, 1995. – M. Idel, Absorbing Perfections. Kabbalah and Interpretation, 2002. – L. Fine, Physician of the Soul, Healer of the Cosmos. Isaac Luria and His Kabbalistic Fellowship, 2003.

Kabīr (1. Hälfte des 15. oder Anfang des 16. Jh.s), bedeutendster → Sant, von Herkunft muslim. Weber mit → Nāth-Erbe. Sein Werk, das schon in der frühen Überlieferung regional differenziert ist, hatte ein produktives Fortleben. In K.s Nachfolge existiert eine religiöse Gemeinschaft, K.-Panth, in der nicht-orthodoxes Erbe neben sozialer Anpassung steht. → Mystik. MHO

Lit.: G. H. Westcott, K. and the K. Panth, 1907, ND 1953. – C. Vaudeville, K., 1974.

Kachina (Hopi katsina), eine Klasse von über 200 individuellen übernatürlichen Wesen in der Religion der Pueblovölker des südwestlichen Nordamerika (→ indian. Religionen), die im Rahmen der zwischen Wintersonnenwende und Juli stattfindenden Zeremonien von maskierten Mitgliedern der K.-Bünde verkörpert werden. Die K. repräsentieren die mythischen Ahnen der Menschen (→ Ahnenverehrung), sorgen als Mittler zu den Göttern v.a für den der Feldfruchtbarkeit dienenden Regen und ermahnen als moral. Instanz die Menschen zur Befolgung der gesellschaftlichen Normen. Geschnitzte Abbilder (tihu) von K. aus Pappelwurzelholz wurden bei den Hopi ursprünglich v. a. von Vätern für ihre Töchter geschnitzt und von den maskierten Tänzern bei ihren Auftritten an Kinder verschenkt. Der Ursprung des K.-Kults wird im 14. Jh. vermutet. CFF

Lit.: E. C. Adams, The Origin and Development of the Pueblo Katsina Cult, 1991. – P. Schaafsma (Hg.), Kachinas in the Pueblo World, 1994. – H. Antes (Hg.), Katsinam, 2000.

Kadampa (von tibet. bka'-gdams-pa = Unterweisung des [Buddha-]Wortes), von 'Brom-ston (1008–64), dem Schüler des indischen Gelehrten → Atisha, begründete Lehrtradition. Er errichtete im Jahre 1057 das Kloster Reting (Rvasgreng). Im Vordergrund der K.-Lehren steht die mönchische Disziplin, bes. die Enthaltsamkeit von Ehe, Alkohol, Geld und Reisetätigkeit. Die K.-Schule ging später in der → Gelugpa-Schule auf. KKP

Kadar → Schicksal.

Kadi → Qāḍī.

Kagyüpa (von tibet. bKa'-brgyud-pa = Wortüberlieferung), eine der vier bedeutendsten tibet.-buddh. Lehrtraditionen (→ gyü). Ihr Name bezieht sich auf die mündliche Tradierung ihrer Lehren, die von den indischen Siddhas Tilopa (929–1009), Nāropa (956–1040) und Marpa, dem »Übersetzer« (1012–97), übermittelt wurden. Die »sechs Lehren des Nāropa« (nā-ro-chos-drug) spielen eine zentrale Rolle bei den K. Der bedeutendste Schüler des Marpa war → Mila-ras-pa. Unter Gam-po-pa (1079–1153) wurden die mündlich tradierten K.-Lehren systematisiert. Die K.-Schule spaltete sich in zahlreiche Lehrtraditionen auf, von denen die → Karmapa die bedeutendste ist. KKP

Lit.: H. V. Guenther, The Life and Teaching of Naropa, 1963. – T. T. Namgyal, Mahāmudrā. The Quintessence of Mind and Meditation, 1986.

Kailāsa (sanskr.), hl. Berg im Himālaya, → Shivas Himmel. AM

Kālachakra (von sanskr. kālacakra, tibet. dus-kyi-'khor-lo = Rad der Zeit), jüngstes Tantra des → tibet. Buddhismus, wohl im 9./10. Jh. im nordind. Raum entstanden. Das K. spielt bes. bei den → Gelugpa eine bedeutende Rolle. Es ist in drei Aspekte eingeteilt: (a) den äußeren (phyi): Astrologie, Eschatologie, Geschichte; (b) den inneren (nang): Physiologie des Mikrokosmos in seiner Beziehung zum Makrokosmos; (c) den anderen (gzhan) Aspekt: den Yoga der Erzeugung (bskyed-rim) und den Yoga der Vollendung (rdzogs-rim). Das K. weist zahlreiche nichtbuddh. Einflüsse auf, bes. in seiner Eschatologie, die um das Königreich → Shambhala kreist. KKP

Lit.: J. Newman, A Brief History of the K., in: G. L. Sopa u. a., The Wheel of Time, 1985, 51–90.

Kalām (arab. = method. Reden, in der islam. Tradition speziell über Themen der Religion (→ dīn) und v. a. über Gott). Im Rahmen der Institutionalisierung islam. Wissenskulturen (→ Wissen) im 8. und 9. Jh. wurde k. zum Namen für eine Wissenskultur, die sich durch das oft spekulative und apologet., auf dialekt. Grundlage aufgebaute method. Räsonieren über dogmat. Fragen der Religion auszeichnet und konzeptionell mit dem griech. Begriff diálexis (= Unterredung, bzw. dem Aramäischen mamlā/ mell^{e}ṯā) verbunden ist. In diesem Sinne wird k. oft mit (spekulativer oder dialekt.) »Theologie« gleichgesetzt; der »Theologe« wird »der (von Gott) Redende« (mutakallim, entspricht griech. dialektikós bzw. aramäisch m^{e}līlāyā) genannt. Begründet wurde der k. in den islam. Diskussionen um die Sündenlehre und um die Verantwortlichkeit des Menschen (→ Qadarīya, → Ḫāriǧiten) in noch unsystemat. Form zu Beginn des 8. Jh.s. Hieraus wurde eine weitgehende systemat. Betrachtung der religiösen Dogmatik entwickelt, in der Themen wie das Wesen Gottes, die Implikationen aus seiner Einsheit (→ tawḥīd), die Gerechtigkeit Gottes, die Bedingungen für eine Sünde, die Willensfreiheit und die Stellung der Ratio zur Offenbarung durch vernunftgeleitete Aussagen erörtert wurden. Ziel des k. war meist die → Apologetik im Sinne einer »Widerlegung« der Argumente der Gegner. Die wichtigsten ausgearbeiteten Traditionen des k. finden sich in den Lehren der → Muʿtazila, der → Ašʿarīya und der Māturīdīya (bezogen auf Abū Manṣūr Muḥammad al-Māturīdī, gest. 944). Durch die Betonung der vernunftgeleiteten Argumentation standen die meisten Anhänger des k. in Opposition zu den Hütern des Traditionswissens (→ Ahl al-ḥadīṯ), die ihre Darlegung der Dogmatik als »Wissenschaft von den Grundlagen der Religion« (ʿilm uṣūl ad-dīn) bezeichneten. An den islam. Lehrstätten (→ madrasa) wurde der k. bis in die Gegenwart hinein gepflegt und ständig weiterentwickelt und neu formuliert. Im späten 19. Jh. wurde er im Rahmen der islam. Reformbewegung (→ iṣlāḥ) aktualisiert und oft mit der christl. Theologie parallelisiert. RS

Lit.: L. Gardet/G. Anawati, Introduction à la théologie musulmane. Essai de théologie comparée, 1948. – W. Montgomery Watt, Islamic Philosophy and Theology, 1962, ^{2}1985. – W. Madelung, Religious Schools and Sects in Medieval Islam, 1985. – J. van Ess, Theologie und Gesellschaft im 2. und 3. Jh. Hidschra, Bde. 1–6, 1991–97. – J. Pavlin, Sunni kalam and Theological Controversies, in: S. H. Nasr/O. Leaman, History of Islamic Philosophy, 1996, 105–18. – U. Rudolph, al-Māturīdī und die sunnit. Theologie in Samarkand, 1996.

Kalender. → Zeit wird aus Gründen praktischer Koordinierung, aber auch kosmolog. Orientierung (→ Kosmologie) gesellschaftlich strukturiert. Für alltägliche Produktionsrhythmen bilden Markttage in 4- bis 10-tägigem Abstand und die damit gebildeten Wochen die wichtigste Einheit. Einen wesentlich komplexeren Rahmen für die Verteilung und Koordination wirtschaftlicher, polit. und kulturell-religiöser Aktivitäten (→ Feste) bietet das Sonnenjahr mit seiner durchschnittlichen Länge von 365,2422 Tagen. Es wird durch Jahreszeiten unregelmäßiger Länge, in systematischerer Form – dann spricht man von K. – durch Monate strukturiert, die sich an die Dauer der Mondumläufe (im Durchschnitt 29,5306 Tage) anlehnen und durch direkte Beobachtung oder gelegentlich korrigierte Folgen von 29- und 30-tägigen Monaten gewonnen werden. Eine feste Platzierung der mit Eigennamen versehenen Monate im Sonnenjahr wird durch entsprechende Einschaltung eines 13. Monats (zwölf Mondmonate ergeben rund 354 Tage) erreicht (Lunisolar-K.); reine Mond-K. wie im Islam sind selten. Als praktizierter K. selten ist auch der durch die Fixierung von 28- bis 31- oder durchgängig 30-tägigen (nur in Ansätzen praktiziert in Ägypten und vereinzelt im Judentum) Monaten gewonnene reine Solarkalender. Diesen Typ vertritt der röm. K., der in der durch die K.-Reform C. Iulius Caesars (45 v. Chr.) geschaffenen und noch heute weitgehend konservierten Form den christl.-westlichen K. bildet (die Gregorian. Reform 1582 veränderte nur Details der Schaltregeln). → Azteken, → Maya. JR

Lit.: F. K. Ginzel, Hb. der mathemat. u. technischen Chronologie, 3 Bde., 1906–14. – M. P. Nilsson, Primitive Time-Reckoning, 1920. – R. Wendorff, Zeit und Kultur. Geschichte des Zeitbewußtseins in Europa, 1980. – C. Auffarth, Der drohende Untergang, 1991, 389–460. – P. Harnoncourt/H. Auf der Maur, Feiern im Rhythmus der Zeit II/1, 1994. – J. Rüpke, K. und Öffentlichkeit. Repräsentation u. religiöse Qualifikation von Zeit in Rom, 1995. – J. Rüpke, Zeit und Fest, 2006.

Kalevala, finnisches Nationalepos in Versform. Die von E. Lönnrot 1849 veröffentlichte Kunstschöpfung basiert auf tausenden von archaischen Gesängen, die zwischen 1833 und 1849 in Ost-Karelien aufgezeichnet wurden. Der Versuch, ein mytholog. Bild von der vorchristl. Frühzeit Finnlands zu zeichnen, muss vor dem Hintergrund der Beeinflussung durch die deutsche Romantik gesehen werden (→ Mythos). Das Heldenepos wird von einer → Kosmogonie gerahmt, mit den Mythologemen des Welteis und der Kniegeburt. Zentrale Gestalten sind der schamanist. geprägte → Kulturheros Väinämöinen (→ Schamanismus) und der Schmied Ilmarinen, der den Himmel bestirnt. → Tradition. JL

Lit.: E. Lönnrot, Kalevala, finnisch 1835, ²1849; dt. Ü. und Kommentar von H. Fromm 1967.

Kālī (sanskr. = die Schwarze), Erscheinungsform der hinduist. → Göttin (→ Devī) in ihrer zerstörer. Gestalt. → Hinduist. Pantheon. AM

Lit.: D. Kinsley, Flöte und Schwert: Kṛṣṇa und K., 1979 (engl. 1975).

Kalif (arab. Ḫalīfa = Nachfolger [des Propheten → Muḥammad], Repräsentant der islam. → umma). Im Koran wird der Begriff Ḫalīfa nicht terminolog. verwendet, sondern im Sinne von »jemand, der hinterherkommt«, »Nachfolger (früherer Generationen)« (z. B. Adam, David, Noah etc.; Koran 6/1; 10/2; 26/1; 30/1; 35/1). Mit dem Tode Muḥammads war in der islam. Gemeinde in Medina offen, wer an seine Stelle als »Herrscher der Gläubigen« (amīr al-mu'minīn) treten solle; dabei konnte dieser aber nicht in die Funktion Muḥammads als Prophet eintreten. Der K. galt als Sachwalter der neuen Konföderation, der sein Amt u. a. in der Funktion als Vorbeter (→ Imam) symbolisierte. Der Amtsinhaber wurde zunächst nach dem Prinzip der »Prophetennähe« (wer am frühesten dem Propheten beigestanden hatte; → sābiqa) bestimmt. Dieses Prinzip trat bald hinter das dominante genealog. Prinzip (nasab) zurück. Die Minderheitenposition der → Ḫāriǧīya, wonach jeder durch Handeln ausgewiesene Gläubige potentiell K. werden könne, konnte sich nicht durchsetzen. Spätestens unter dem Kalifat ʿUmars wurde das Amt mit dem Titel »Nachfolger des Gesandten Gottes« (ḫalīfat rasūl Allāh) versehen, wobei später und bes. unter den ʿAbbāsiden (750–1258) der Titel gerne zu »Vertreter Gottes« (ḫalīfat Allāh) verkürzt wurde. Seit der Übernahme des Kalifats durch die Banū Umayya (Umayyaden, 656/661–750) wurde der K. stets durch die Genealogie bestimmt. Seine ursprüngliche Funktion, die umma im Sinne der islam. Tradition zu leiten, war einem starken histor. Wandel unterworfen. Abgesehen von der früh bestimmten Funktion eines Vorbeters hatte das Kalifat praktisch keine religiöse Identität und diente nicht der Normierung oder Tradierung religiösen Wissens. Diese Identität wurde in der frühen Schia (→ šīʿa) allerdings den Nachfahren ʿAlīs als → Imamen zugewiesen. Mit der Auflösung der islam. Konföderation im 8. Jh. wurde das Kalifat zu einem herrschaftlichen, dynast. vererbten Amt, das symbol. auf die umma bezogen war. Im 10. und 11. Jh. wurde es durch drei Dynastien repräsentiert (ʿAbbāsiden in Bagdad, Fāṭimiden in Kairo [→ Ismāʿīlīya], Umayyaden in Córdoba). Nach Absetzung der ʿabbāsid. Dynastie 1258 und kurzfristigem Kalifat der ʿAbbāsiden in Aleppo wurde 1261 in Ägypten durch mamluk. Fürsten ein »Schattenkalifat« der ʿAbbāsiden mit ausschließlich symbol. Funktion eingerichtet. Nach der osman. Eroberung Ägyptens 1516/21 wurde es nicht weiter institutionalisiert und erst im 18. Jh. durch die osman. Dynastie reaktiviert. In seiner neuen Funktion bedeutete das Kalifat nun die symbol. → Repräsentation der Muslime auch außerhalb eines herrschaftlichen Machtbereichs oder Territorialstaates. Im März 1924 wurde das Amt des K. durch ein Gesetz der türkischen Nationalversammlung abgeschafft, da es »im Sinne und Begriff von Regierung und Republik wesenhaft enthalten ist« (Art. I). Versuche, im 20. Jh. das Kalifat als islam. Institution mit breiter Anerkennung wiederherzustellen, sind gescheitert. Unabhängig von dieser konkreten Bedeutung dient das Wort Ḫalīfa auch heute noch zur Benennung von hierarch. Positionen in islam. mystischen Orden (→ ṭarīqa) sowie als Eigenname. RS

Lit.: B. Bereketullah, The Khilafet, 1924. – E. Tyan, Sultanat et califat. Institutions du droit public musulman, Bd. 2, 1956. – T. Nagel, Rechtleitung und Kalifat. Versuch über ein Grundproblem der islam. Geschichte, 1975. – P. Crone/M. Hinds, God's Caliph. Religious Authority in the First Centuries of Islam, 1986. – W. Madelung, The Succession to Muḥammad. A Study of the Early Caliphate, 1997.

Kaliyuga (sanskr. = schlechtestes Zeitalter), gegenwärtiges, schlechtestes von vier hinduist. Weltzeitaltern, das nach der geläufigsten Berechnung 3012 v. Chr. begann. → Kalpa, → Zeit. AM

Kalki (von sanskr. kalkin = weißes Pferd), auch Kalkin, zehnte und zukünftige Erscheinungsform → Vishnus. → Hinduist. Pantheon. AM

Kalpa (sanskr.), ein Tag und eine Nacht im Leben des hinduist. Gottes Brahmā, bestehend aus vier Weltzeitaltern (→ yuga). Ein k. umfasst 1000 Weltalter, das sind 4.320.000 Menschenjahre. → Zeit. MAL

Kāma (sanskr. = Liebe, Lust), auch Kāmadeva, hinduist. Liebesgott. AM

Kami, japan. Gottheiten, männlich, weiblich oder geschlechtslos. Zu den zahlreichen k., die in Shintō-Schreinen verehrt werden, zählen natürliche Gegenstände wie Bäume und Berge, Naturkräfte wie Donner und Blitz, die Heldinnen und Helden der Mythologie sowie berühmte Menschen, auch tragische Gestalten, aus vergangenen Zeiten. Bis zum Ende des Zweiten Weltkriegs wurde der Kaiser (tennō) als lebender k. betrachtet, und häufig werden die Gründerinnen und Gründer neuer Religionen so behandelt. → Japan. Religionen. MP

Kanjur (von tibet. bKa'-'gyur = Übersetzung des autoritativen Wortes), die Predigten des Buddha sowie die von seinen Schülern und Emanationen übermittelten Texte. Traditionell umfasst der K., je nach Ausgabe, 100 oder 108 Bände, ca. 1050 Einzeltexte. Dieser »primäre → Kanon« ist in die drei großen Abteilungen → vinaya (tibet. 'dul-ba = Ordensregeln), → sūtra (tibet. mdo-sde = Lehrtexte) und → Tantra (tibet. rgyud = Tantras) untergliedert. Die Bedeutung der Tantras für die tibet.-buddh. Lehrtraditionen dokumentiert sich im Kanonisierungsprozess des K.: mit der Abteilung Tantra, ursprünglich an 3. Stelle, wird im Peking-Druck von 1410 der Kanon eröffnet. Die erste K.-Redaktion erfolgte in den Jahren 1347–51 im Kloster Tshal-pa. Obwohl der Kanonisierungsprozess des K. im 14. Jh. als abgeschlossen gelten kann, wurde der K. nie offiziell, z. B. durch ein Konzil, bestätigt. → Buddh. Literatur, → Kanon. KKP

Lit.: G. Grönbold, Der buddh. Kanon. Eine Bibliographie, 1984. – H. Eimer, Ein Jahrzehnt Studien zur Überlieferung des tibet. K., 1992.

Kannibalismus (Wortherkunft unklar; entweder von der span. Bezeichnung canibales bzw. caribales für Insel-Kariben [Kleine Antillen] oder von lat. carnibales – carnevales [caro = Fleisch; levare = entnehmen]), Bezeichnung für den Verzehr von Menschenfleisch, eng mit Gerüchten und Klischeevorstellungen verbunden. Die Vorstellung des »Gefressen-Werdens« weckt archaische Ängste, wie weltumspannend zahlreiche Mythen und Märchen belegen. K.-Vorwürfe werden in aller Regel gegen »die Anderen« erhoben. Spätestens mit Herodot (gest. 430 v. Chr.), der die Skythen als androphágoi (= Menschenfresser) bezeichnete, beginnt die Fazinationsgeschichte der K.-Vorstellung im westlichen Denken. Unterschieden werden (a) Exo-K.: das Verspeisen von fremden Menschen und (b) Endo-K.: das Verspeisen von Fleisch, Gehirn oder Asche von Verstorbenen der eigenen Gruppe. Rituell-magischer Krafterwerb und Vereinigung mit den Ahnen werden häufiger als Motive angeführt als Proteinmangel. E. Volhard (1939) wollte die universale Tatsache des K. kulturvergleichend nachweisen, W. Arens (1979) hingegen spricht nach einer Überprüfung der Quellen von einem K.-→ Mythos, zumal es nie an Gerüchten, jedoch allzu häufig an Augenzeugen mangelt. Weitere quellenkrit. Studien zeigen, dass die Rezeptionsdynamik (Publikumserwartung, redaktionelle Eingriffe in Bild und Text, verleger. Kalkül) bei der Konstruktion des K.-Mythos in der europ. Neuzeit eine gewichtige Rolle spielte. K.-Diskurse werden mitunter durch christl. Missionierung begünstigt. Dabei kehrt sich der K.-Verdacht um: Der Missionar, der das eucharist. Mahl, d. h. die Theophagie propagiert (→ Eucharistie), wird als Kannibale gefürchtet. In der krisengeschüttelten afrikan. Moderne können sich christl. Mission, K.- und Hexerei-Diskurse (→ Hexenglaube) überlappen. In westlichen Industriegesellschaften der (Spät-)Moderne ist der skandalisierende Verdacht des rituellen K. bisweilen eng mit dem des → Satanismus verknüpft. → Menschenopfer. PJB

Lit.: E. Volhard, K., 1939. – W. Arens, The Man-Eating Myth: Anthropology and Anthropophagy, 1979. – E. Frank, »y se lo comen.« Kritische Studie der Schriftquellen zum K. der panosprachigen Indianer Ost-Perus und Brasiliens, 1987. – A. Menninger, Die Macht der Augenzeugen. Neue Welt u. Kannibalen-Mythos, 1492–1600, 1995. – H. Peter-Röcher, Mythos Menschenfresser, 1998. – H. Behrend, Man ist, was man ißt. Zur Eucharistie u. ihren Variationen: Kannibalen u. Katholiken in Westuganda, in: Kursbuch 143, 2001, 167–83.

Kannon (auch veraltet Kwannon), eine buddh. → Göttin Japans, die wie die chin. → Guan(shi)-

yin dem indischen → Bodhisattva Avalokiteshvara entspricht. Die himmlischen Bodhisattvas (japan. bosatsu) waren ursprünglich als angehende → Buddhas männlich gedacht und in der ikonograph. Darstellung weitgehend geschlechtslos, jedoch nahm die chin. Guanyin weibliche Gestalt an und wurde so auch in Japan bekannt. K., oder populär K.-sama, ist eine der beliebtesten Heilsgestalten des Landes, schenkt ihren Verehrern Schutz, Frieden, eine leichte Geburt, das Wohlergehen der Familie und erfüllt andere Herzenswünsche. Das → Lotos-Sūtra lehrt, dass K. (dort Kanzeon) verschiedene Gestalten annimmt, um den Menschen zu helfen. Diese schlagen sich in einer vielseitigen Ikonographie nieder; eine häufige Variante ist z. B. die »tausendarmige« K. (Senju K.), die in jeder ihrer vielen Hände ein Symbol der Hilfe trägt. MP

Kannushi, allgemeine Bezeichnung für einen Shintō-Priester. Als Vermittler zwischen Menschen und Gottheiten (kami) führen die Priester Rituale an den Schreinen durch. Die wichtigsten Rituale sind die Darbringung von Opfergaben, die rituelle Reinigung und Gebete für Schutz und Wohlergehen. An einem größeren Schrein bildet sich die Hierarchie gūji, gon-gūji, negi und gon-negi, danach weitere k. → Japan. Religionen, → Shintō. MP

Kanon (griech. = Maßstab, Richtschnur, Vorschrift). (1) Der Prozess der K.-Bildung scheidet aus einer gewachsenen Tradition von Schriften (Erzählungen, Ritualen) eine Auswahl aus, die ab dieser Zeit als »Richtschnur« und »Maßstab« gilt; das bedeutet gleichzeitig, dass andere → Traditionen nicht gepflegt oder gar verboten werden. Damit ist die Weiterbildung der lebendigen Tradition durch ein endgültiges Buch abgeschlossen, d. h., es kommt kein »Wort« Gottes oder des Propheten mehr hinzu. Die Übergabe von Offenbarungen auf aktuelle Situationen hin ist nicht mehr möglich, Ausnahmen sind Visionen und Träume. Dafür beginnt die Auslegung: Der K. wird durch Textpflege und Kommentar auf die Gegenwart hin ausgelegt. Mit dieser Entwicklung einher geht die Schließung einer Gruppe: Fachleute, die durch Ausbildung das Wissen für die Textpflege erwerben müssen. Mit der Professionalisierung der Spezialisten ist das Verbot von unprofessioneller Auslegung verbunden. Da der K. eine bestimmte histor. Religionsepoche »einfriert«, wählen spätere Theologen daraus wieder nach theolog. Kriterien einen aktuellen »K. im K.« aus. Der K. ist also einerseits fest, andererseits auch Paradigmenwechseln (K. im K.) unterworfen. Er bietet die Rechtfertigung zur grundsätzlichen Infragestellung der Tradition durch eine überzeitliche Utopie. (2) Im Judentum kam es erst sehr spät zu einer Kanonisierung der als hl. erachteten Schriften, nämlich im 3.–4. Jh. n. Chr., nicht zuletzt veranlasst durch die Auseinandersetzung mit dem Christentum einerseits und der → mündlichen Torah der Rabbinen andererseits. »Kanonisierung« ist deshalb in Bezug auf das Judentum ein unsachgemäßer Begriff, denn Debatten über den Offenbarungsgehalt einzelner Schriften wurden schon in der Zeit des Zweiten Tempels geführt, und die Texte aus → Qumran zeigen, dass es schon früh eine gewisse Verbindlichkeit v. a. der Pentateuchtraditionen gab, ohne dass es aber zu einer ausgrenzenden Kanonisierung gekommen wäre. Die verbreitete Annahme, die »Synode von Jabne« habe gegen 100 n. Chr. einen Kanon festgelegt, ist falsch. »Kanonbildung« ist daher im Judentum ein Bestandteil der Geschichte konkurrierender Institutionen, Schulen und Deutungsmuster, die erst mit der rabbin. Festlegung auf bestimmte Offenbarungsgrundlagen, die nun auch → Mischna und → Talmud einschlossen, zu einem (immer wieder infrage gestellten) Abschluss kam (→ Apokryphen). (3) In der religionswiss. Systematisierung wurde der Begriff K. auch auf andere Religionen angewendet, von denen aber keine in gleichem Maße wie das Christentum eine zentrale Instanz wie die Bibel ausgebildet hat. Im Islam stehen neben dem Koran die Sammlung der → ḥadīṯe und die regional bestimmten Schulen der Rechtssetzung und -auslegung. In Ländern, die vom Islam erobert wurden, ergab sich ein Privileg für »Buchbesitzer« (→ Ahl al-kitāb). Zum Zoroastrismus vgl. → Avesta; zum Buddhismus → Pāli-K. Ein interessanter Fall (hinduist. Buchreligion) ist das Hl. Buch der Sikhs (→ Ādigranth). → Text. CA (1,3), KVS (2)

Lit.: H. von Campenhausen, Die Entstehung der christl. Bibel, 1968. – S. Z. Leiman, The Canonization of Hebrew Scripture. The Talmudic and Midrashic Evidence, 1976. – J. Barr, Scripture, Canon, Authority, Criticism, 1983. – J. A. Sanders, Canon and Community. A Guide to Canonical Criticism, 1984. – J. Assmann (Hg.), K. u. Zensur, 1987. – G. Stemberger, Jabne u. der K., in: Jb. für Biblische Theologie 3 (1988), 163–74. – H. Ohme, K. ekklesiastikos. Die Bedeutung des altkirchlichen K.-

Begriffs, 1998. – J. Assmann, Fünf Stufen auf dem Wege zum K. Tradition u. Schriftkultur im frühen Judentum u. seiner Umwelt, 1998. – G. Stroumsa, K. u. Kultur, 1999. – M. Finkelberg, Homer, the Bible and Beyond. Literary and Religious Canons in the Ancient World, 2003.

Kānphatā (von hindī Kānphaṭā = Ohrdurchlöcherter), Angehöriger einer shivait. Asketensekte, deren Mitglieder breite Ringe im Ohr tragen. → Askese. AM

Kant, Immanuel (1724–1804), einer der bedeutendsten dt. Philosophen. Im Anschluss an → Hume ging K. davon aus, dass der Geist eine aktive Rolle im Erkenntnisprozess spielt. In der Tradition der → Aufklärung stehend, unterwirft er deswegen auch die Religion seiner kritischen Analyse der menschlichen Urteils- und Erkenntnisfähigkeit. Die Religion gründet für ihn in der freien Handlungsmöglichkeit und damit in der → Moral. Sie ist gebunden an die »praktische Vernunft«, die sie im Grunde auch nicht übersteigen kann. K.s Reduktion von Religion reizte F. W. Schleiermacher zu seinem Gegenentwurf. → Religionsphilosophie. HK

W.: Kritik der reinen Vernunft, 1781. – Grundlegung zur Metaphysik der Sitten, 1785. – Die Religion innerhalb der Grenzen der bloßen Vernunft, 1793. – Zum ewigen Frieden, 1795.

Kāpālika (von sanskr. kapāla = Schädel), Anhänger einer nicht mehr existierenden shivait. Gemeinschaft von Asketen, deren Hauptmerkmal das Tragen einer Bettelschale aus einem menschlichen Schädel (vorzugsweise eines Brahmanen) war. → Askese. MAL

Lit.: D. N. Lorenzen, The K. and Kālāmukha, 1972.

Kapitalismus, Bezeichnung für eine Wirtschaftsweise bzw. histor. Gesellschaftsform, in der die Erwirtschaftung von Kapital im Vordergrund wirtschaftlichen Handelns steht und die Teilhabe an polit., kulturellen, rechtlichen und sozialen Ressourcen über das Steuerungsmedium → Geld vollzogen wird. Typolog. setzt der K. den Übergang von der Natural- zur Geldwirtschaft, die Entstehung von Märkten, die Durchsetzung eines individuellen Eigentumsbegriffs (»Besitzindividualismus«) sowie die Verbreitung einer innerweltlichen Rechnungs-, Leistungs- und Ertragssteigerungsethik (»Geist des K.«) voraus. Er lässt sich deshalb histor. an den Übergang von der landwirtschaftlichen Subsistenzwirtschaft zum Kaufmanns-K., zur Manufaktur und dann zur Industriegesellschaft im Europa des 19. Jh.s koppeln – eine Entwicklung, die ihrerseits an die Entstehung eines auf globaler ungleichzeitiger Entwicklung beruhenden »modernen Weltsystems« (I. Wallerstein, geb. 1930) gebunden ist. Da frühe Zentren kapitalist. Wirtschaftens in calvinist. Gebieten lagen, sah M. → Weber in der method. Lebensführung von Calvinisten eine der wichtigsten Voraussetzungen des modernen K. Seine These hat zu einer intensiven Debatte über den Zusammenhang zwischen zweckrationalem Wirtschaften und einer durch Technik und Wissenschaften vorangetriebenen »Entzauberung der Welt« geführt. → Rationalisierung, → Religionsökonomie. WN

Lit.: M. Weber, Die protestant. Ethik und der »Geist« des K., 1904/5 (hg. von K. Lichtblau/J. Weiß, 1993). – M. Weber [u. a.], Die protestant. Ethik II. Kritiken u. Antikritiken (hg. von J. Winckelmann), 1965, [9]2000. – A. O. Hirschman, Leidenschaften und Interessen: polit. Begründungen des K. vor seinem Sieg, 1980, [2]1984. – F. Braudel, Die Dynamik des K., 1986. – F. Kromphardt, Analysen u. Konzeptionen des K., 1987. – D. Bell, Die kulturellen Widersprüche des K., 1991. – D. Claessens, K. und demokrat. Kultur, 1992. – B. P. Priddat (Hg.), K., Krise, Kultur, 1999.

Kapuziner → Franziskaner.

Karäer (von hebr. miqrāʾ = [Hl.] Schrift), nachträglich abgeleiteter Name für eine jüd. Gruppierung, die 750 n. Chr. von Anan ben David begründet wurde. Die K. betrachten allein den Wortlaut der → Torah als verbindlich, lehnen also den rabbin. Rekurs auf die → mündliche Torah ab und akzeptieren als Auslegungsregeln nur die → Dreizehn Middôt des Rabbi Jischmael. Im 9.–11. Jh. bildeten die K. eine starke Konkurrenz für die Rabbinen, in fast allen Städten gab es karäische Gemeinden. Später gewann das rabbin. Judentum erneut die Oberhand. Heute leben noch K. u. a. in Russland und der Türkei. → Samaritaner. KVS

Lit.: S. Szyszman, Das Karäertum. Lehre u. Geschichte, 1983. – N. Schur, The Karaite Encyclopedia, 1995.

Karāmāt (arab.-islam. = Kultwunder, im Unterschied zu den Gotteswundern (muʿǧizāt) und den Prophetenwundern). Gottes- und Prophetenwunder sind die »die Gewohnheit durchbrechenden« Zeichen (→ āya) zur Bestätigung der Wahrhaftigkeit (von Gottes Wort oder einem Propheten, → Koran). K. im engeren Sinne beziehen sich v. a. auf mystische »Gottesfreunde« (walī, → taṣawwuf), die durch

Wundertaten ihre Gottesnähe bewahrheiten können. RS

Karma(n) (sanskr. = Werk, ursprünglich = rituelle Tat), indische Bezeichnung für den Glauben an Tatvergeltung im nächsten Leben: der Mensch trägt die Konsequenzen dessen, was er getan hat. K., Seelenwanderungsglaube bzw. Wiedergeburts- und Erlösungsvorstellungen (→ moksha) sind nicht voneinander zu trennen. Hinduist., buddh. und jainist. k.-Theorien stimmen darin überein, dass geistige und körperliche Handlungen erlösungshemmend wirken können. Nach der k.-Ethik (karmamārga) der → Bhagavadgītā kann hingegen auch die kastengemäße Tat die befreiende Gnade eines Gottes bewirken. → Heil, → Reinkarnation. AM

Lit.: H. von Glasenapp, Die Lehre vom K. in der Philosophie der Jainas, 1915. – W. D. O'Flaherty (Hg.), K. and Rebirth in Classical Indian Traditions, 1980. – W. Halbfass, K. und Wiedergeburt im indischen Denken, 2000.

Karmapa (tibet. Karma-pa), eine den → Kagyüpa untergeordnete Lehrtradition, begründet von Düsum-khyenpa (Dus-gsum-mkhyen-pa, 1110–93), einem Schüler des Gampopa und Rechungpa. Er errichtete 1189 das Kloster Tshurphu, das heute noch Sitz der K. ist. Die K. leiten ihren Namen ab von einem schwarzen »Dākinī-Hut«, der in sich alle Taten (sanskr. → karma) aller Buddhas vereinen soll. Die K. begründeten mit ihrem 2. Hierarchen Karma-pakshi das System der → tulku. Ihre polit. Rolle als Gegenspieler der → Gelugpa, die unter dem 5. → Dalai Lama im 17. Jh. zu bürgerkriegsähnlichen Zuständen in Tibet führte, haben die K. heute noch inne. KKP

Lit.: H. E. Richardson, The Karma-pa Sect. A Historical Note, in: Journal of the Royal Asiatic Society 1958, 139–64 und 1959, 1–18.

Karneval/Fastnacht. Vor der mit Aschermittwoch (als Vorabend der Fastenzeit, »F.«) beginnenden 45-tägigen Bußzeit auf Ostern zu (Passionszeit) steht im christl. Festkalender mit dem K. ein Fest, an dem → verkehrte Welt gespielt wird. Der Ursprung des Festes ist ebenso umstritten wie die Etymologie von K.: Handelt es sich dabei um ein Survival eines vorchristl. Festes oder ist es das Spiel der Umkehrung der christl. Ordnung, in dem sich die Sünden in Gestalt der Narren einmal tummeln dürfen? Die christl. Deutung und Einbettung zeigt, dass K. nicht (mehr?) als ein fremdes Element aus einer anderen Religion verstanden wurde. Der rheinische K. ist als Satire auf die Herrschaft Napoleons (1799–1802) gedacht und damit scharf zu unterscheiden von der alemann. F. Mit der Theorie der karnevalesken Phänomene befasste sich bes. M. Bachtin (Bakhtin), 1895–1975. → Fest, → Saturnalien. CA

Lit.: H. Moser, Kritisches zu neuen Hypothesen der Fastnachtsforschung, in: Jb. für Volkskunde NF 5 (1982), 9–50. – J. Heers, Fêtes des fous et carnevals, 1983 (dt. Vom Mummenschanz zum Machttheater im Mittelalter, 1986). – D.-R. Moser, F., Fasching, K. Das Fest der verkehrten Welt, 1986. – N. Schindler, Widerspenstige Leute. Studien zur Volkskultur in der frühen Neuzeit, 1992, 121–74, 343–61.

Karunā (sanskr.; pāli karuṇā = Mitgefühl), eine der vier buddh. Tugenden neben Güte, Mitfreude und Gleichmut, die auch als einer der vier göttlichen Verweilungszustände (brahmavihāra) in der Meditation geübt werden soll. Mit dem Entstehen des Bodhisattva-Ideals im → Mahāyāna erhält k. ein starkes Gewicht, da nämlich die → Bodhisattvas aus Mitleid ihren eigenen Eingang ins → nirvāna aufschieben, um allen unerlösten Wesen zur Erleuchtung zu verhelfen. → Ethik, → Maitrī, → Shīla. AM

Kāshī, Name von → Benares.

Kashmirischer Shivaismus, Bezeichnung für den nichtdualist., tantrischen → Shivaismus Kashmirs, begründet von Vasugupta (ca. 875–925 n. Chr.) und Somānanda (ca. 900–950), weiterentwickelt durch Utpaladeva (10. Jh.), → Abhinavagupta und dessen Schüler Kshemarāja (11. Jh.). Abhinavagupta unternahm als Hauptvertreter des K.Sh. eine Synthese shivait. Schulen (→ Trika) und verfasste bedeutende Beiträge zur indischen Ästhetik. Der K.Sh. gilt aufgrund seiner Bewusstseinsphilosophie, Erkenntnistheorie, Sprachmystik und Ästhetik als bedeutender Beitrag zur → Indischen Philosophie. Der ausschließliche Bezug des Begriffs auf nichtdualist. Systeme wird kritisiert, da konkurrierende dualist. Traditionen des Shivaismus Kashmirs unberücksichtigt bleiben. JG

Lit.: M. Dyczkowski, Doctrine of Vibration. An Analysis of the Doctrines and Practises of Kashmir Shaivism, 1987. – A. Sanderson, Śaivism and the Tantric Traditions, in: S. Sutherland u. a. (Hg.), The World's Religions, 1988, 660–704. – B. Bäumer, Abhinavagupta. Wege ins Licht. Texte des tantrischen Śivaismus aus Kaschmir, 1992.

Kasina (von pāli kasiṇa, Bedeutung unsicher, eventuell = Gesamtbereich), Bezeichnung für meist zehn buddh. visuelle Meditationsobjekte, die als Konzentrationshilfe für Versenkungsstufen (→ dhyāna) dienen. → Meditation. AM

Kaste (von portugies. casta = rein, keusch), Bezeichnung für die Einteilung der (religiös-)sozialen Gruppen innerhalb der indischen Gesellschaft. → Hinduist. Gesellschaft. AM

Katharer (von griech. katharoí = die Reinen). Im 12. und 13. Jh. weigerte sich die Langue d'Oc (Südfrankreich, Zentrum Toulouse), die rel. Fremdherrschaft des Reformpapsttums anzuerkennen. In der Abgrenzung entwickelten die K. eine dualist. Weltsicht mit Ritualen (z. B. → Handauflegung), die aufgrund genauer Bibellektüre die katholische Tradition kritisierten. Eine Gruppe von Wandermönchen (perfecti) besorgte die Seelsorge der Gläubigen (credentes), Priester gab es nicht. Eine Missionierung durch eine gnostisch-dualist. Tradition aus dem Osten (Bogomilen in Bulgarien) ist bezeugt, aber nicht der Grund für die Entstehung der K. Die röm.-kath. Kirche versuchte erst durch Predigt (→ Dominikaner), dann durch einen → Kreuzzug (1209–29), schließlich durch → Inquisition, diese lokale Kirche auszulöschen. 1324 wurden die letzten perfecti verbrannt. Die K. nannten sich selbst boni homines/boni christiani (lat. = gute Menschen/Christen); der Name K. wurde von den röm. Katholiken verwendet, in Anspielung auf die Christen der Antike (Novatianer), die in den Christenverfolgungen um 300 standhaft geblieben waren und sich später weigerten, die Priester wieder zu akzeptieren, die damals ihr Christentum verleugnet hatten. Vom Begriff K. ist das dt. → Ketzer abgeleitet. CA

Lit.: C. Auffarth, Die K. als südfranz. Kirche, in: Wissenschaft und Weisheit 56 (1993), 70–75. – H. C. Stoodt, K. im Untergrund, 1996. – M. Lambert, The Cathars, 1998, dt. 2001. – J. Bremmer, The Rise and the Fall of the Afterlife, 2002, 67–70. – C. Auffarth, Die Ketzer, 2004.

Katharsis (griech. kátharsis = Reinigung, vgl. lat. purificatio). (a) Rituelle Selbstreinigung, die oft vor oder nach Ritualen ausgeführt wird, z. B. in Form von Waschungen oder dem Anlegen neuer Kleider; (b) gefühlsmäßige Reinigung und seelische Läuterung, die sich nach religiösen Ereignissen oder durch Feste einstellt. Aristoteles verwendete den Begriff für die emotionale Wirkung des Dramas auf die Zuschauer (»Poetik« 6, 1449b, 20–31). → Gefühle, → Reinheit. AM

Kathenotheismus, → Henotheismus (von griech. hén = eins und theós = Gott), die exklusive Zuwendung zu der jeweils angebeteten Gottheit als der »einzigen«. → Typologie. CA

Katholizismus (von griech. katholikós = allumfassend, alle betreffend). K. in der Bedeutung »allumfassende Geltung« ist eine Wesenseigenschaft der Kirche Christi, weil sich Verkündigung und Heilshandeln an alle Menschen und Zeiten richten (→ Universalisierung). Insofern reklamieren alle christl. Denominationen für sich Katholizität. Als Ergebnis einer wechselvollen Geschichte der Konflikte und Kirchenspaltungen bezeichnet der Begriff heute die Kirchen, welche die Gemeinschaft mit dem → Papst als Kirchenoberhaupt als wesentliches Element ansehen. Die kath. Kirche in diesem Sinne ist durch weitere Merkmale charakterisiert: die Lehre der apostol. Sukzession, eine bestimmte Auffassung des kirchlichen → Amtes, ein spezif. Verständnis von Sakramentalität, ein eigenes kodifiziertes Kirchenrecht und eine bestimmte Dogmatik. Die kath. Kirche besteht aus der röm.-kath. (lat.) Kirche und aus unierten Ostkirchen, die einen eigenen nichtlat. Ritus und ein eigenes Kirchenrecht besitzen, aber anders als die Mehrzahl der östlichen Kirchen den Papst als ihr Oberhaupt anerkennen (→ Orthodoxes Christentum). In zwei Schüben hat sich ein spezif. K. der → Moderne herausgebildet: durch die Konfessionalisierung im Zuge der → Reformation und das antimoderne Image des K. im 19. Jh. (1. → Vatikan. Konzil). Red

Lit.: W. Beinert, Um das dritte Kirchenattribut, 2 Bde., 1964. – J. Ratzinger, Das neue Volk Gottes. Entwürfe zur Ekklesiologie, 1969. – W. Löser (Hg.), Die Röm.-Kath. Kirche, 1986. – O. Blaschke, K. u. Antisemitismus im Deutschen Kaiserreich, 1997. – N. Busch, Kath. Frömmigkeit u. Moderne, 1997.

Kausalität (von lat. causa = Ursache), verbreitetes Modell, um Wirklichkeitsprozesse zu erfassen: Wirkliches entsteht und besteht nur dadurch, dass es von anderem verursacht wird und anderes verursachend beeinflusst. Wirklichkeit kann im Extrem als geschlossener Ursache-Wirkungs-Zusammenhang verstanden werden, so in der mechanist. Physik (→ Naturwissenschaft). Religiöse Modelle hängen mit K. insofern zusammen, als sie (a) z. B. durch einen Schöpfer oder Erzählungen von → Schöpfung Kausalitäten begründen (→ Mythos) oder (b) mit alternativen → Deutungsmustern arbeiten (→ Mikro-/Makrokosmos). Red

Kegon-Schule → Nara-Buddhismus.

Keltische Religion. I. Allgemein. Unter k. R. versteht man die religiöse Überlieferung der keltischsprachigen Bewohner Alteuropas vor der Christianisierung. Die als übergreifendes Merkmal genannte Zugehörigkeit zum keltischen Sprachraum bestimmt die räumliche Ausbreitung des Untersuchungsgegenstandes: In mehreren Wanderungswellen besiedelten die Kelten ein Gebiet, das sich von Irland und einem Teil Spaniens im Westen bis Böhmen und Ungarn im Osten erstreckte und von Schottland im Norden bis Oberitalien und zur Ostküste der Adria im Süden reichte. Über den Balkan wanderten sie auch nach Kleinasien ein, wo sie als Galater bezeichnet wurden.

II. Quellen. (1) Da keine eigenständige Literatur der Kelten überliefert ist, beruhen die Kenntnisse über die k. R. v. a. auf archäolog. Funden der vorröm. und röm. Zeit, auf Nachrichten in der geograph.-ethnograph. Literatur der Griechen und Römer (6. Jh. v. Chr. – 4. Jh. n. Chr.) sowie auf Darstellungen in der irischen und kymrischen Literatur des Mittelalters und volkskundlichen Aufzeichnungen der Neuzeit. Alle Quellengattungen lassen nur begrenzt gesicherte Aussagen zur k. R. zu: Die archäolog. Zeugnisse stammen aus der Periode von ca. 700 v. Chr. – 400 n. Chr. Die Mehrzahl der Inschriften und bildlichen Darstellungen mit Bezug zur Religion ist jedoch unter röm. Einfluss entstanden, so dass die originär keltischen Elemente oft nur schwer nachzuweisen sind. Die Nachrichten antiker Autoren sind häufig durch Vorurteile, Missverständnisse und Auslassungen geprägt, oder es kommt, wie z. B. bei Caesar, zu einer verfehlten Gleichsetzung keltischer und röm. Gottheiten nach dem Prinzip der Interpretatio Romana. Die mytholog. Überlieferungen in der irischen und kymrischen Literatur reichen zwar in vorchristl. Zeit zurück, sind jedoch in christl. Sinne bearbeitet worden. Da Wales und Irland an der westlichen Peripherie der keltischen Welt lagen, erlauben die Dokumente außerdem nur bedingt Aussagen über die Mythologie der Kelten im Allgemeinen. Volkskundliche Überlieferungen haben den Nachteil, dass sie über Jh.e hinweg tradiert wurden, so dass es auch hier zu Überlagerungen von Glaubensinhalten gekommen ist. (2) Die verfügbaren Quellen geben die zeitliche Begrenzung für die Rekonstruktion der k. R. vor: den Zeitraum von ungefähr 600 v. Chr. – 400 n. Chr. Ende des 4. Jh.s wurde im gesamten röm. Einflussbereich das Christentum offiziell zur Staatsreligion; im Laufe des 5. Jh.s setzte es sich in Britannien und Irland durch. Zu beachten ist auch, dass die zeitlich und räumlich weit verstreuten Quellen nicht als Zeugnisse einer einheitlichen Völkerschaft und Kultur betrachtet werden dürfen. Damit verbunden ist die Schwierigkeit, von »der« k. R. zu sprechen, da diese nachweisbar verschiedene Entwicklungsstadien durchlaufen hat.

III. Charakteristik. (1) (a) Die k. R. war polytheist. Da das indoeurop. Wort für → Gott/Göttin (*deivos/*deivā) in allen keltischen Sprachen gut belegt ist, scheinen Götter und Göttinnen von Anfang an eine große Rolle gespielt zu haben. Bildlich dargestellt wurden sie in vorröm. Zeit kaum. Erhalten sind einige Darstellungen von Gottheiten aus Stein, Holz und Metall (berühmt: der Kessel von Gundestrup), die eine autochthone Form bildnerischer Gestaltung aufweisen, aber unter dem Einfluss antiker Hochkulturen entstanden sind. Eine eindeutige Identifizierung ist nicht möglich. Die frühen Kelten verehrten ihre Gottheiten u. a. numinose Wesen in Teilen der natürlichen Umwelt wie Pflanzen, → Tieren und Gewässern. Davon zeugen bis heute Orts- und Gewässernamen, in denen ein Gottesname enthalten ist. Viele Gottheiten, z. B. → Epona, → Cernunnos oder Nodens, haben eine enge Verbindung zu Tieren. Namen und Funktionen keltischer Gottheiten sind in größerem Umfang erst aus röm. Zeit überliefert. Aus der antiken Literatur sind Andrasta, Belenus, Epona, Esus, Grannus, Ogmios, → Taranis und → Teutates bekannt, einige Gottheiten wiederum nur durch die Gleichsetzung ihrer Namen mit röm. Göttern (Apollo, Mars, Mercurius). Zahlreiche Götternamen sind auch durch Weihinschriften belegt, entweder in Verbindung mit einer röm. oder in rein keltischer Form. (b) Die Deutung der Gottheiten ist in den meisten Fällen problemat. Auch die mit ihnen verbundenen Mythen lassen sich nur ansatzweise rekonstruieren. Zuweilen geben ikonograph. Symbole oder Motive Aufschluss über ihre Funktion und Identität. Als Förderin der Fruchtbarkeit und Heilung wurde die → Sonne verehrt, bildlich dargestellt als Hakenkreuz (Swastika), Rad oder runde Scheibe. Der Sonnenradgott findet sich in den sog. → Jupitergigantensäulen wieder, die auch den krieger. Aspekt der Sonne zeigen. Lokale keltische Berggottheiten sowie der Himmels- oder Donnergott Taranis wurden ebenfalls mit → Jupiter gleichgesetzt. Die Bedeutung der Fruchtbarkeit für die v. a. vom → Ackerbau lebenden Kelten zeigt sich am deutlichsten in der im gesamten galloröm. Raum verbreiteten Verehrung der Matres oder → Matronae. Vielfach belegt sind Götterpaare, wobei oft ein Gott griech.-röm. Ursprungs mit einer keltischen Göttin verbunden wurde. Diese Paare galten offenbar als Förderer von Gesundheit, Reichtum und Fülle. Aus der inselkelt. Mythologie kennen wir numinose Wesen wie die Tuatha Dé Danann, die in einer euhemerist. Deutung eine der Personengruppen repräsentieren, die Irland in Besitz nahmen. (2) (a) Die frühesten Kultstätten der Kelten waren hl. → Haine. Unter mediterranem Einfluss folgten in Stein erbaute Heiligtümer und Tempel. Weit verbreitet waren die sog. Viereckschanzen, deren häufige Nähe zu Quellen oder Wasserläufen als Hinweis auf die Heiligkeit von Gewässern aufgrund der mit ihnen verbundenen numinosen Wesen gedeutet werden könnte. Dafür spricht auch die große Anzahl von Opfergaben, die in transformierter Form (zerbrochen, verbrannt) dem → Wasser übergeben wurden. (b) Das Opfer spielte eine zentrale Rolle im Kult. Häufig wurden die Opfergaben in Schächten oder nicht mehr benutzten Getreidegruben versenkt, was auf die Existenz von Unterwelts- bzw. → chthonischen Gottheiten schließen lässt. Neben Sach- und Tieropfern sind auch Menschenopfer überliefert, für die es – mit Ausnahme der Moorleiche von Lindow Moss – kaum archäolog. Zeugnisse gibt. Zur religiösen Tradition gehörte auch die rituelle Kopfjagd. (c) Antiken Quellen zufolge oblagen alle Angelegenheiten des Kultes den als → Druiden bezeichneten Priestern, von denen die vates als inspirierte Seher zu unterscheiden sind. Im mittelalterlichen Irland begegnen die filid (Sing. fili), die als gelehrte Dichter möglicherweise die Stellung übernahmen, die vormals die Druiden innegehabt hatten. (d) Über die Feste der Kelten gibt es kaum Informationen. Bekannt sind vier Feste aus dem mittelalterlichen Irland (Samain, Beltaine, Imbolc und Lugnasad), die jeweils zu Beginn der Jahreszeiten gefeiert wurden. (e) Der antiken Ethnographie zufolge glaubten die Kelten an die Wiedergeburt (→ Reinkarnation). Archäolog. Funde (Grabbeigaben) lassen allerdings eher darauf schließen, dass sich die Kelten das Leben im Totenreich als Fortsetzung des irdischen Lebens vorstellten. Vom eigentl. → Jenseits zu unterscheiden ist die inselkelt. Vorstellung einer Welt der Elfen und Feen (Anderswelt), die nicht als Totenreich gedacht wird (→ Gegenwelt). Über die Vorstellungen der Kelten zur Entstehung der Welt sind wir nicht unterrichtet. Überliefert ist, dass sie sich das Himmelsgewölbe als von einer Säule getragen vorstellten, die eines Tages einstürzen und so der Welt ein Ende bereiten könnte. US

Lit.: Gesamtdarstellungen: J. de Vries, K. R., 1961. – H. Birkhan, Germanen und Kelten bis zum Ausgang der Römerzeit, 1970. – P. Mac Cana, Celtic Mythology, 1970. – F. le Roux-Guyonvarc'h, K. R., in: HRG 1, 1971, 245–76. – M. J. Green, The Gods of the Celts, 1986. – M. J. Green, Keltische Mythen, 1994. – B. Maier, Lexikon der k. R. und Kultur, 1994. – C. J. Guyonvarc'h/F. Le Roux, Die hohen Feste der Kelten, 1997, ^{2}2003. – J. MacKillop, Dictionary of Celtic Mythology, 1998. – B. Maier, Die Religion der Kelten, 2001.
Festland: E. Thevenot, Divinités et sanctuaires de la Gaule, 1968. – F. Benoit, Art et dieux de la Gaule, 1969. – F. Benoit, Le Symbolisme dans les sanctuaires de la Gaule, 1970. – J. J. Hatt, Les dieux gaulois en Alsace, in: RAE 22 (1971), 187–276. – P. M. Duval, Les Dieux de la Gaule, 1976. – R. Frei-Stolba, Götterkulte in der Schweiz zur röm. Zeit, in: Bull. des antiquités luxembourgoises 15 (1984), 75–126. – J.-L. Brunaux, Les Gaulois: sanctuaires et rites, 1986. – S. Deyts, Images des dieux de la Gaule, 1992.
Britannien: A. Ross, Pagan Celtic Britain, 1967. – M. Henig, Religion in Roman Britain, 1984. – G. A. Wait, Ritual and Religion in Iron Age Britain, 1985. – G. Webster, The British Celts and their Gods under Rome, 1986. – E. Birley, The Deities of Roman Britain, in: ANRW II 18.1, 1986, 3–112. – A. Ross, Druids: Preachers of Immortality, 2004.

Kenosis (griech. = Ausleerung). (1) In der → Mystik muss der Alltag abgeschüttelt, der Mensch »leer werden«, damit der Aufstieg möglich wird bzw. Gott in das Innere des Menschen eintreten kann, Gott und Mensch eins werden. Gegenbegriff ist Plerosis, Fülle. (2) K. als Begriff der → Christologie bezeichnet die Tatsache, dass sich Christus seiner Gotteseigenschaften entledigt, um als Mensch leben zu können, so bes. in dem Hymnus Phil 2,7. Diese K.-Christologie ist bes. in der franziskan. Christus-Imitation ein wichtiger Leitbegriff. M. Luther (1483–1546) hat sich für die Anwesenheit Christi beim Abendmahl auf die K. berufen. Die → Dialekt. Theologie betonte die K. Gottes, während J. Moltmann in *Der gekreuzigte Gott* (1972) die Solidarität und Identifizierung Gottes mit dem Leiden der Menschen hervorhebt. CA

Lit.: J. B. Freyer, Der demütige u. geduldige Gott, 1991.

Kerényi, Karl (1897–1973), ungar.-schweizer. Altertumswissenschaftler, der die antike Religion für die Moderne existentialist. auslegte. Die Begegnung mit W. F. → Otto und die Zusammenarbeit mit C. G. → Jung führten ihn zu einer archetyp. Religion der Moderne, die vorwiegend aus dem Griechentum schöpft. CA

W.: Die griech.-oriental. Romanliteratur in religionsgesch. Beleuchtung, 1927. – Einführung in das Wesen der Mythologie, 1941 (zusammen mit C. G. Jung). – Die Mythologie der Griechen, 1951. – Die antike Religion, 1952. – Dionysos, 1976.
Lit.: H. T. Hakl, Der verborgene Geist von Eranos, 2001, 197–207.

Kerubim, mythische Wesen, oft in Form von geflügelten Sphingen, die in der Hebr. Bibel teils als Hüter des Heiligtums, teils als Träger der Gottheit erscheinen. Möglicherweise war in einer frühen Phase das K.-Paar vor der Bundeslade (Ex 25,18–22) und im Tempel (1 Kön 6,23–29) androgyn gestaltet. Es ist anzunehmen, dass die K. auch als Aspekte von Gottheiten oder selber als Götter angesehen wurden. Diese Auffassung findet einen Nachhall in der antiken jüd. Engellehre (→ Engel), die die K. zu einer eigenen bes. Engelklasse macht, denen gemeinsam mit den → Serafim der göttliche Lobgesang obliegt. → Gott. KVS

Kerygma (griech. = Heroldsruf). Die Zusammen- und Gegeneinanderstellung von K. und → Dogma gehört zu den wichtigen Problemkonstellationen bes. der protestant. Nachkriegstheologie. Die existentiale Theologie R. → Bultmanns verstand »k.« als existenzbestimmende konkrete Anrede, »d.« hingegen als theoret.-abstrakten kirchlichen »Beschluss«. Gegen diese Kontrastierung erhob nicht zuletzt die Theologie W. Pannenbergs (geb. 1928) Einspruch. Red

Lit.: R. Bultmann, K. und Mythos, Bd. 2, 1952, 179–208. – W. Pannenberg, Offenbarung als Geschichte, 1961, [5]1982. – H.-P. Müller, Mythos – K. – Wahrheit. Gesammelte Aufsätze, 1991.

Keshab Chandra Sen (1838–84), bedeutender Führer der Hindu-Reform-Organisation → Brāhmo Samāj. Aus einer westlich gebildeten Kalkuttaner Familie stammend, trat er 1857 dem Samāj bei und gewann unter den jüngeren Mitgliedern Anhänger wegen seiner radikalen Forderung nach Abschaffung der Kasten und Gleichstellung der Frau. Wegen dieser Fragen kam es 1866 zur Spaltung der Bewegung und Neugründung des Brāhmo Samāj of India unter seiner Führung. Divergenzen zwischen seinen reformer. Idealen und der eigenen Lebenspraxis führten 1878 zur weiteren Spaltung. In den letzten Jahren seines Lebens wandte er sich vom Brāhmo-Glauben ab und gründete die synkretist., stark mit christl. Elementen durchsetzte Church of the New Dispensation (Nava Vidhan). → Neohinduismus. HFT

Lit.: F. L. Damen, Crisis and Renewal in the Brahmo Samaj (1860–1884): A Documentary Study of the Emergence of the »New Dispensation« under K. C. S., 1983.

Ketûbîm (hebr. k^etūbīm = Schriften). Zu den K. (auch Hagiographen), einem der drei Teile der Hebr. → Bibel, zählen u. a. die Psalmen, Hiob und die fünf → Megilloth. → Altes Testament, → Apokryphen, → Tradition. KVS

Ketzer (von griech. katharoí = die Reinen), bes. in den Schriftreligionen (Christentum, Islam, weniger im Judentum) aufgebautes Stereotyp zur Kennzeichnung von Mitgliedern, die nicht nur das Falsche glauben, sondern andere Mitglieder vom rechten Glauben abbringen wollen oder gar als Agenten des Teufels das → Böse wie eine ansteckende Krankheit in der Welt verbreiten. Der Name kam in der päpstlichen Reform des 11. Jh.s auf, im Rückgriff auf die antiken »Reinen« (Novatianer), die sich gegen Priester verwahrten, die in der Christenverfolgung ihrem Glauben abgeschworen hatten und nun wieder ins Amt eingesetzt worden waren. Der Name dieser »Hunderfünfzigprozentigen« wurde auf die zeitgenössischen → Katharer übertragen. → Häresie. CA

Lit.: C. Auffarth, Die Ketzer, 2005.

Khuddaka-Nikāya (pāli = Sammlung der Stücke), Sammlung von 15 Texten verschiedener Gattungen im → Sutta-Pitaka des → Pāli-Kanons. → Buddh. Literatur. AM

Kibla → qibla.

Kiddusch (hebr. qiddūš = Heiligung), jüd. Segensritus an Sabbat und Festtagen. KVS

Kierkegaard, Sören (1813–55), Philosoph, luther. Theologe und Kritiker der dänischen Staatskirche. K. überträgt religiöse Terminologie (Sünde, Glaube, Ehrfurcht) über zeitliche Metaphern (Zeitlichkeit, Wiederholung, Augenblick) in eine völlig neuartige existentielle Begrifflichkeit (Angst, Sprung, Zittern, Verzweiflung). Damit ist der Grund gelegt für Existenzanalysen ohne christl. Vokabular im 20. Jh. (Heidegger, 1889–1976; Sartre, 1905–80). K. betont in Kritik an → Hegels Geistphilosophie das individuelle, histor. verankerte menschliche Leben (»Abschließende unwissenschaftliche Nachschrift«). Eine Gegenüberstellung des geschätzten Heiden Sokrates (ca. 470–399 v. Chr.) mit Jesus führt zur Bestimmung des christl. Glaubens als Vertrauen und als einer persönlichen Entscheidung, die lebenslang neu zu verwirklichen ist (»Philosoph. Brocken«). Subjektivität ist nach der berühmten Selbst-Definition in »Krankheit zum Tode« ein zu gestaltendes Selbstverhältnis, das auf → Transzendenz bezogen ist. Existenz reift in Stadien (ästhet., ethisch, religiös), die eine Persönlichkeitstypologie ermöglichen. → Theologie. AK

W.: Samlede Vaerker (hg. von A. B. Drachmann u. a.), 14 Bde., 1901–06, [2]1920–36. – Dt. GW (hg. von E. Hirsch u. a.), 26 Bde., 1950–69; 1985–96.
Lit.: K. P. Liessmann, K. zur Einführung, 1993. – A. Hannay (Hg.), The Cambridge Companion to K., 1998. – T. Wesche, K. – eine philosoph. Einf., 2003. – J. Garff, S. K. Biografie, 2004.

Kimchi, David (um 1160–1235 n. Chr.), franz.-jüd. Gelehrter, der durch seine hebr. Grammatik sowie seine Kommentare zu den prophet. Schriften der Bibel wesentlich auf die Entwicklung der jüd., indirekt auch der christl. Bibelwissenschaft eingewirkt hat. KVS

Kirche (griech. ekklēsía, lat. ecclesia). Der Begriff kann sich beziehen (a) auf die Gesamtheit der Gläubigen (»unsichtbare« oder »universale« K.), (b) auf bes. konfessionelle christl. Organisationen (»röm.-kath.«, »reformierte« etc. K.) oder (c) auf örtliche → Gemeinden und ihre Versammlungen. (1) Der theolog. sehr unterschiedlich gefasste Begriff K. bezeichnet soziolog. eine bes. Form der religiösen → Organisation, die einen universalen Anspruch erhebt und deswegen potentiell jeden Menschen als Mitglied zulässt. Das religiöse → Charisma in der K. ist nicht an Personen, sondern am → Amt festgemacht. Die Mitgliedschaft wird quasi automat. erworben, etwa durch Kindertaufe (→ Taufe). (2) In der Regel werden als K. große Organisationen bezeichnet, die sich durch eine interne Differenzierung und professionelle Spezialisierung auszeichnen (→ Funktionäre): K. weisen eine in unterschiedlichem Maße und variierendem Muster hierarch. geordnete Struktur mit → Priestern, → Sakramenten und formalen → Liturgien auf. (3) Der Begriff der K. ist weitgehend auf christl. Kontexte beschränkt und wird unterschieden von → Sekten, → Denominationen u. a. K. zeichnen sich durch die Einpassung in bestehende soziale Ordnungen aus und betrachten den Staat als naturgegebene Ordnung bzw. einen notwendigen Aspekt der polit. Kontrolle von Individuen. In staatsrechtlicher Hinsicht gelten K. als Körperschaften des öffentlichen Rechts – ein Status, der auch einigen Sekten zugeschrieben wird. HK

Lit.: H. Knoblauch, Religionssoziologie, 1999.

Kirchensoziologie, empir. ausgerichtete Disziplin der → Religionssoziologie, die ihr Augenmerk auf die Beziehung zwischen → Gemeinde und → Kirchen legt. Sie erforscht auch, wie sich die Zugehörigkeit zu einer Religionsgemeinschaft auf die soziale Struktur und die Einstellungen der Mitgliedsgruppen auswirkt. Die kirchensoziolog. Forschung erfasst Religion als Glaubensformen, Organisationsmuster und Rituale der Kirche und »misst« Religion etwa anhand der Häufigkeit des Kirchgangs oder der Anzahl der Mitglieder. → Wissenssoziologie. HK

Kīrtana (sanskr. u. a. = Lobpreis, v. a. der Namen und Taten → Krishnas und bei den bengal. → Vaishnavas). K. ist eines von acht Elementen der »vorgeschriebenen«, d. h. vorbereitenden → bhakti-Praxis des Krishnaismus, die in der selbstlosen Gottesliebe (prema-bhakti) ihre Vollendung findet. → Bhajana, → Mystik. MHO

Kismet ([osman.-]türkisch, volksprachl. = Schicksal, von arab. qisma = [zugeteiltes] Teil). Im Koran wird qisma ausschließlich im konkreten Sinne, u. a. in Bezug auf das Erbrecht, gebraucht; in der islam. Theologie wird k. nicht benutzt, sondern der Begriff wurde erst durch europ. Reisende als Teil der islam. Dogmatik interpretiert. RS

Kispum, Ritual der Totenpflege in Babylonien, vorzugsweise an Neumond- oder Vollmondtagen durchgeführt. Es dient der Besänftigung des Totengeistes, bestärkt aber auch den Zusammenhalt der Familie einschließlich der Ahnen. MH

Lit.: A. Tsukimoto, Untersuchungen zur Totenpflege. K. im alten Mesopotamien, 1985.

Kızılbaş → Aleviten.

Klagelieder, Texte, die religiös empfundenes Leid zum Ausdruck bringen (→ Heil/Leid, → Theodizee), insbes. Bezeichnung für die K. Jeremiae (hebr. ʾēkā, griech. thrēnoi, lat. threni oder lamentationes), eine der fünf → Megilloth des atl. Kanons. Dabei handelt es sich um eine Sammlung von fünf Gedichten, die, gattungsmäßig verschieden (polit. Leichenlieder, Volksklagelied und Klagelied eines Einzelnen), in der Zeit nach dem Fall Jerusalems (586) gedichtet wurden. Als ihr Verfasser gilt → Jeremia, an dessen Buch sie nachträglich angefügt worden sind, aber aus formalen wie inhaltlichen Gründen können sie schwerlich einem einzigen Dichter zugeschrieben werden. → Tod. AM

Lit.: N. K. Gottwald, Studies in the Book of Lamentations, 1954. – C. Westermann, Die K., 1990.

Klasse/Klassengesellschaft (von lat. classis = Abteilung), Begriff zur Einteilung von Sachen, Vorstellungen und Personen. Alle menschlichen → Gesellschaften haben mit zunehmender Größe eine Differenzierung ihrer Mitglieder mit unterschiedlicher Beteiligung an → Herrschaft und Knechtschaft, Rechten, Pflichten und Lebenschancen hervorgebracht. Die Unterschiede der Menschen wurden meistens auch religiös legitimiert. In vorbürgerlichen Gesellschaften richtete sich die Zugehörigkeit nach der Abstammung (Kasten, Stände, Freie, Unfreie, Sklaven). In der Franz. Revolution wurde die Gleichheit aller Menschen proklamiert (→ Aufklärung), und die Vorrechte des Adels und Klerus wurden abgeschafft (→ Religionsrecht). Jedoch konnte damit die auf Besitz und unterschiedlichen Chancen auf dem Markt basierende Ungleichheit nicht beseitigt werden. Die durch Marktchancen entstandenen sozialen Gruppen wurden im 19. Jh. als K. bezeichnet (deshalb Klassengesellschaft). M. → Weber untersucht in § 7 seiner Religionssoziologie in *Wirtschaft und Gesellschaft* die Frage, ob soziale Gruppen bestimmte religiöse Vorstellungen und Praktiken entwickeln. Für die modernen K. des Proletariats und der Bourgeoisie glaubte er, eine Indifferenz oder Ablehnung des Religiösen feststellen zu müssen. → Bürgerliche Religion, → Marxismus, → Religionssoziologie. HZ

Lit.: M. Weber, Religionssoziologie, in: Wirtschaft und Gesellschaft, [1921/22] (NA als: Religiöse Gemeinschaften, hg. von H. G. Kippenberg, MWS I 22–2, 2005). – H. G. Kippenberg, Art. »Klassengesellschaft«, in: HrwG 3, 1993, 362–71.

Kleidung, Grundvokabel der → Religionsästhetik, die jede Manipulation der Oberfläche des → Körpers (Haut oder Textil) in Größe, Form oder Farbe bezeichnet. Veränderungen können an einem Initianten, Kultteilnehmer, an ikon. oder anikon. Numina (= nichtbildlichen Kultgegenständen, z. B. einem Pfahl) durchgeführt werden und dauerhaft oder zeitweise sein. Zu den dauerhaften Veränderungen gehören Deformationen und Verletzungen – z. B. Deformationen des Schädels, des Halses (Längen durch Metallringe), Narbenbildung; chirurg. Eingriffe wie → Beschneidung oder Zahnextraktion – sowie Stigmatisierungen (polynes. → Tattoo = Tätowierung). Zur zeitweisen K. gehören alle abwaschbaren oder abheilenden Hautveränderungen (Ritzungen, Bemalungen) sowie Masken, Kostüme und andere textile K. K. wird unter verschiedenen Perspektiven betrachtet: (a) Symboltheoret. wird K. thematisiert als Merkmal von sozialen → Rollen, → Gender, religiös-kultischem oder herrschaftlichem Status. (b) Religionsästhet. kann K. von ihren Funktionen her erforscht werden (Wärme, Schutz vor Sonne, rauem Material etc.). Sie steht damit im Schnittpunkt von kultureller Verarbeitung und vorgegebener Körperlichkeit. In einem (religiösen) → Ritual Haut zu reizen, zu bedecken, neuralgische Punkte zu aktivieren u. ä. löst physiolog. beschreibbare Vorgänge aus, die eine Erlebnisweise bedingen. (c) Ein weiterer interpretativer Ansatz bringt K. mit dem Sinnesprofil einer Gruppe in Verbindung. So zeigen große dekorierte Ohrringe der Suya oder der Penisschaft der Kayapo ihre privilegierten Sinne an, die → Mythos, sozialen Rang und Kommunikationsform codieren. Ihr semantischer Gehalt ist nur im Kontext des jeweiligen Wahrnehmungskonzepts zu bestimmen (B. Keifenheim;

→ Deutungsmuster). Bei Götter-K. spielt die Versorgung der kult. Repräsentationen mit wärmender K. (wie auch mit Nahrung) ebenso eine Rolle wie ihr symbolischer Wert (z. B. Astralschmuck), der den Herrschaftsbereich oder Differenzeffekt angeben kann. In → Epiphanien kann sich die Sinnesüberreizung etwa durch strahlende K. ausdrücken. AK

Lit.: T. Podella, Art. »Kleid/Be-, Entkleiden«, in: HrwG, Bd. 3, 1993, 381–85. – B. Keifenheim, Wege der Sinne. Wahrnehmung und Kunst bei den Kashinawa-Indianern Amazoniens, 2000. – J. Caplan (Hg.), Written on the Body, 2000.

Klerus (von griech. klḗros = »Erbe«), kirchenlat. Begriff für die professionellen Leiter christl. Gemeinden. Mit der Ableitung aus dem griech. Wort wird das Modell einer Familie der Gesamtheit der Kleriker zugrunde gelegt, die gemeinsam Erben von Gottes Besitz sind. Gleichzeitig ist aber das reale Familienmodell unmöglich, weil die Kleriker zölibatär leben müssen (»Eunuchen für das Himmelreich«, Mt 19,12; → Zölibat) und die Konzentration der kirchlichen Macht in einem Familienclan prinzipiell verhindert wird. Gegenbegriff zu K. ist → Laie, abgeleitet von griechisch laós, das (einfache) Volk. Seit dem 2. Jh. (mit dem Höhepunkt der päpstlichen Reform von Gregor VII. bis Bonifaz VIII.) wird die christl. (röm.-kath.) Kirche mehr und mehr als die Gemeinschaft der Kleriker verstanden, die das Monopol über die → Sakramente und damit über den Zugang zum Heil besitzen. Religionsgesch. ist dies aber nur die Perspektive der Theologen; durchaus bildet sich die → Kirche aus Laien und Klerikern, und die Laien sind selbst kompetent auf dem Gebiet der Religion. Das »Priestertum aller Gläubigen« ist das Prinzip bes. der Reformierten unter den Protestanten, das dem K. keine prinzipiellen Privilegien zuweist. Die Übertragung des Begriffs auf andere Religionen (Islam) trifft auf prinzipielle Unterschiede der Vergemeinschaftungsformen. CA

Lit.: H.-M. Barth, Einander Priester sein, 1990. – C. Auffarth, Die Ketzer, 2005. – C. Markschies, Zwischen den Welten wandern: Strukturen des antiken Christentums, 1997, ²2001, 208–25 (Neuausgabe: Das antike Christentum, 2006).

Klippôt (hebr. qᵉlīppōt = Schalen), in der lurian. → Kabbala sowie im System des Nathan von Gaza (1644–80) Begriff für formlose, finstere Kräfte, die den anfänglichen Urraum des in sich selbst zurückgezogenen ʾēn sōf (= Unendlichen) bevölkern. Das Gefängnis der K. kann vom Gläubigen und von Israel erst dann verlassen werden, wenn der Prozess des → Tikkun abgeschlossen ist. KVS

Kloster (von lat. claustrum = abgeschlossener Raum), Gemeinschaft von Menschen, die sich in einem nach außen »abgeschlossenen« Gebäude in gemeinsamer (koinobit. statt als Einsiedler) rigoroser Lebensführung auf die Ausübung von Religion konzentrieren. Da sie nicht gleichzeitig für ihren Lebensunterhalt arbeiten können, ist die K.-Gemeinschaft wirtschaftlich abhängig von Spenden oder von einer eigenen, autarken K.-Ökonomie, die von niederen Brüdern oder Abhängigen geführt wird. → Askese, → Mönch. CA

Knecht Gottes (hebr. ʿæbæd Jahwæ̅), v. a. im Judentum Selbstbezeichnung des Menschen gegenüber Gott. In Bezug auf die sog. »Gottesknechtslieder« Jes 42,1–4; 49,1–6; 50,4–9; 52, 13–53,12 wird die Frage behandelt, ob die Gestalt des K. G., durch Leiden zur Herrlichkeit geführt, auf das Volk oder einen Einzelnen zu beziehen sei. Die messian. Deutung des K. G. wird dann im Christentum weitergeführt (Lk 20,9–19). Daraus ergab sich auch für antijüd. Diskurse ein K. G.-Motiv, indem die Juden als Knechte die Wahrheit des Christentums zu bezeugen hätten. → Altes Testament, → Apokryphen. KVS

Lit.: O. Kaiser, Der königliche Knecht, 1959. – R. Müller, Mose, der Knecht, 1986.

Kōan → Zen/Zen-Buddhismus.

Kōbō Daishi → Kūkai.

Königebücher, zwei ursprünglich eine Einheit bildende Geschichtsbücher des biblischen Kanons, die die Königsgeschichte vom Ende der Regierungszeit → Davids und der Thronbesteigung → Salomos (um 970 v. Chr.) bis zum Untergang der jüd. Staaten (587/86 v. Chr.) behandeln. Die Darstellung geht zurück auf (a) urkundliche Quellen, Journale, Annalen des Königshauses; (b) Tempelchroniken; (c) prophet. Kreise, wie die eingefügten Elia-, Elisa- und Jesaja-Geschichten nahe legen; (d) legendäre Erzähltraditionen wie das »Buch des Redlichen« (s. Jos 10,13; 2 Sam 1,18). Das Material ist in zwei Schritten zusammengefügt worden, und zwar von → Deuteronomisten vor und während des Exils. Aus deuteronomist. Tradition stammen die klaren Bewertungen des im Lichte der jüd. Heilsgeschichte entweder positiven oder schändlichen Verhaltens der jeweiligen Könige. → Altes Testament, → Apokryphen, → Tradition. KVS

Königtum/sakrales Königtum. Traditionale → Herrschaft ohne die institionelle Absicherung durch Steuer, stehendes Militär, Verwaltung und Landesgrenzen des modernen Staates ist prekär auf die Person des Herrschers bezogen und gerät mit seinem Tod in eine Krise. Neben dynast. Absicherungen über Familienangehörige werden religiöse Legitimierungen gesucht: z. B. setzt ein Bischof »im Namen Gottes« dem König die Krone auf, wodurch dieser sakrosankt wird. Dazu kommen transpersonale Vorstellungen wie die der »zwei Körper des Königs«, deren einer mit dem Tod vergeht, der andere aber als das K. in seinem Nachfolger weiterexistiert. Das »sakrale K.« ist ein extremer Sonderfall: In der Antike und bei einigen Ethnien in Afrika wird »von früher« erzählt, dass der König, wenn er seine → Kraft verliert und daher nicht mehr für das Wohlergehen seines Volkes und der Natur sorgen kann, getötet wird. Sein Tod macht noch einmal seine Kraft frei und ermöglicht zugleich einem jüngeren, nun seine Aufgabe zu übernehmen. Ein antiker Fall war der Anlass für → Frazers Buch über Magie und Religion *The Golden Bough*. → Pharao. CA

Lit.: A. M. Hocart, Kingship, 1927. – M. Bloch, Die wundertätigen Könige, 1998 (franz. 1924). – E. H. Kantorowicz, Die zwei Körper des Königs. Eine Studie zur polit. Theologie des Mittelalters, 1990 (engl. 1957). – The Sacral Kingship/La Regalita Sacra (International Congress for the History of Religions, Rom 1955), 1959. – C. Auffarth, Der drohende Untergang, 1991, 524–58 (vgl. Ders., K., in: HrwG, Bd. 3, 1993, 386–89).

Königtum Jahwes (Gottes), eine unter Einfluss der altoriental. Umwelt entstandene biblische Vorstellung. Bes. aus dem Pantheon von → Ugarit gibt es klare Parallelen zur jüd. Konzeption Gottes als oberstem König. Gottes Thron (→ Märkabah) bzw. der himmlische Palast (→ Hechalôt) ist das absolute Heiligtum, sein Hofstaat besteht aus verschiedenen Engelklassen (»himmlische Heerscharen«) u. a. Wesenheiten, die den himmlischen Kult durchführen, dessen Spiegelung der irdische Kult im Tempel, später die Liturgie Israels ist. Im rabbin. und mystischen Judentum wurde die Vorstellung vom K. G. kosmisch überhöht und ihr Charakter transzendiert. Auch das Christentum kennt das Konzept, nun jedoch auf Christus als den König der Welt übertragen. → Altes Testament, → Apokryphen, → Herrschaft. KVS

Lit.: W. H. Schmidt, Königtum Gottes in Ugarit u. Israel. Zur Herkunft der Königsprädikation Jahwes, 1961, [2]1966. – O. Camponovo, Königtum, Königsherrschaft u. Reich Gottes in den frühjüd. Schriften, 1984. – J. Jeremias, Das Königtum Gottes in den Psalmen. Israels Begegnung mit dem kanaanäischen Mythos in den Jahwe-König-Psalmen, 1987. – M. Hengel/A. M. Schwemer (Hg.), Königsherrschaft Gottes u. himmlischer Kult im. Judentum, Urchristentum u. in der hellenist. Welt, 1991.

Körper. I. Systemat.-religionsästhet. (1) Der K. ist die organische Lebensgrundlage des → Menschen, die über einen Stoffwechselhaushalt am Leben erhalten wird. An dieser Ökonomie sind innere und äußere Organe beteiligt, mit ihr sind Befindlichkeiten wie Hunger, Schmerz, Müdigkeit, Lust etc. sowie motorische Aktionen verknüpft. Alle beteiligten Faktoren sind aufgrund ihrer fundamentalen Rolle, das Überleben zu gewährleisten, zum Ausgangspunkt von symbolischen Bedeutungen des K. geworden. Diese natürlichen Symbolisierungen organisieren in großem Umfang die soziale, polit. und religiöse → Kommunikation. Der Komplex Ernährung umfasst die Nahrungsaufnahme, die Verdauung und die Ausscheidung. An diesen Gegebenheiten lagern sich soziale Handlungen des Nahrungsanbaus (→ Ackerbau), der Zubereitung und Kotentsorgung an; religiöse Vollzüge gestalten diese Zusammenhänge in bes. Weise, z. B. in Kultmählern und der Ernährung von Göttern, Geistern oder Ahnen. Genutzt werden dabei die sozialen und ursprünglichen Funktionen des Essens (z. B. Mahlgemeinschaft zu stiften) oder einzelne Elemente davon (z. B. Attraktivität oder Sinnlichkeit). Die kognitionswissenschaftliche Religionswissenschaft entdeckte auch die mnemotechnische Funktion eines Mahles (einerseits ist es alltäglich, andererseits z. B. als religiöse Gedenkfeier prägnant von der Alltäglichkeit unterschieden). Weiter wird die Habituierung (→ Habitus) des K. genutzt. Die Verhaltenslehre zeigt, wie soziale Handlungen auf bedeutsame K.-Vollzüge zurückgreifen, z. B. die Bindungsgeste des Lippenkusses auf die Säuglingsversorgung (der vorgekaute Brei wandert vom Mund der Mutter/des Vaters in den des Kindes). (2) Besondere Bedeutung hat die Sinneswahrnehmung des K. als »Tor zur Welt«. Verschiedene Kulturen weisen unterschiedliche Rangfolgen der Sinne (Sinnesprofile) auf, deren spezifische Abfolge Einfluss auf die Legitimierung von → Wissen hat. Religiöse Vorstellungen sind neben dem sprachlichen Ausdruck oft auch sinnlich codiert. Geruch, Geräusche, Rhythmus usw. vermitteln Botschaften. In der → Wahrnehmung eines verstärkten, stimulierten oder deprivierten Reizes leistet der K. ein ausdifferenziertes Verstehen. Auch die Innenwahrnehmung (Proprio- und Nozizeption, Wärme, Hormon- und Immunsystem) trägt entscheidend zur Wirklichkeitswahrnehmung bei. Ausgehend vom Hautsinn wird die gestaltbare Außenseite des K. Thema (→ Kleidung). Der K. verbildlicht oder versinnbildlicht in unterschiedlicher Deutlichkeit Elemente des → Weltbildes. (3) Der K. altert und stirbt. Zurück bleibt eine → Leiche, deren Bestattung sehr unterschiedlich gehandhabt wird, je nach Vorstellungen vom → Jenseits und der symbolischen Besetzung von Knochen, Fleisch, Seele usw. So gibt es z. B. Sekundärbestattungen (Knochen, Knochenmehl, Asche), die den Verstorbenen nach der individuellen primären Bestattung in die gemeinschaftliche Ahnenreihe aufnehmen sollen. Verletzungen und Krankheit zeichnen den K. Seine Heilung (→ Medizin, → Psychosomatik) wird mit therapeutischen Mitteln und unter Verwendung eines funktionalen Körperbildes unternommen, aber auch unter Einbeziehung heilender Mächte und eines religiösen Körperbildes (→ Heil). Grundlegendes Körperbedürfnis ist die Reproduktion. Die biolog. → Sexualität ist in ihrer variationsreichen Entfaltung in Geschlechterrollen (→ Gender) zu beschreiben. Biolog.-körperliche Geschlechtsmerkmale werden in einem individuell-sozialen Geschlecht gelebt, das weitere Formen als die männliche und weibliche (→ androgyn, transsexuell) und weitere Ausrichtungen als die heterosexuelle kennt (homo-, bisexuell). (4) Die Körperrückgebundenheit des → Bewusstseins und der → Kognitionen wird seit der Forschung zur Künstlichen Intelligenz (Embodiment-Theorien) stärker beachtet. Im Schlaf mit seiner wichtigen Regenerationsfunktion für das Nervensystem sind dem Menschen Zwischenwirklichkeiten zugänglich (Einschlaf-, Traumbewusstsein), die als Versatzstücke religiöser Weltbilder zurückkehren können und für die Deutung religiöser → Erfahrung relevant werden (z. B. Nahtod-Erlebnisse). Manche Arten der Religionsausübung spielen mit Körperlichkeit und Körperlosigkeit: Zu einigen meditativen Formen (→ Meditation), ekstatischen Tänzen (→ Ekstase, → Tanz) oder dem rituellen Rauschmittelverzehr (→ Drogen) gehört das Verlassen oder Entgrenzen des K. Dies wird vor dem jeweiligen religiösen Hintergrund als Befreiung, Jenseitsfahrt, Verschmelzen mit dem All etc. erlebt. In toto dient also der menschliche K. im Bereich der Religion teils als Symbol, teils als Instrument des Willens und teils als (selten thematisiertes) Medium des Wirklichkeitserfassens. Vom geschilderten religionsästhet. Zugang ist der K. als sozio- oder technomorphe Metapher zu unterscheiden (→ Deutungsmuster).

II. Religionsgesch. Zu unterscheiden ist, ob primär der Einzelne oder die Gesellschaft → Autorität über den K. besitzt. Je nachdem ist er Ausdruck von Individualität oder des Beziehungsgefüges, so dass dann das Recht auf Veränderung über soziale Regeln von Ernährung (Gewicht) und → Kleidung dirigiert werden kann (z. B. ozean. Gesellschaften). Die Kriterien der Bewertung des K. (Wertschätzung, Herkunft, Schönheit und Geschlecht) sind – insbes. für den männlichen und den weiblichen K. – sehr unterschiedlich. Oft gilt der K. als von einer Gottheit erschaffen, nach dem Gestaltprinzip ihrer Intention oder ihres Vorbilds (jüd. und christl. Verständnis nach Gen 1), aus den Materialien Lehm, Wasser, Blutstropfen o. ä. In vielen Riten werden am K. religiöse Handlungen vollzogen (→ Taufe, Ölungen, → Initiationen). Besondere Aufmerksamkeit gilt Überbleibseln des K.: Somat. Reliquien oder Kleidung von Hl. werden aufbewahrt, verehrt und zu kostbarem Besitz. Dazu gehören auch mittelbare Rückstände körperlicher Anwesenheit: die Abdrücke von Gesicht (Schweißtücher), Fuß (Jesu Fuß in der Himmelfahrtskirche, Jerusalem), K. (Loch in der Höhlendecke des Felsendoms, Jerusalem, durch Muḥammads Himmelfahrt; Grabtücher) etc. Der Leichnam hat verschiedenste Formen der Konservierung, Entsorgung und Verehrung auf sich gezogen. Variablen sind klimatische Bedingungen, allgemeine Jenseitsvorstellung, Charakteristika des Verstorbenen und seines Todes (Bedeutsamkeit, sozialer Status, Todesumstände: Seuche, Selbstmord, Tod im Kampf) und das Körperbild (dualist., monist.; → Geist). Die Vorstellung eines Zwischenreichs von Verstorbenen/Geistern ist oft mit jener von körperlosen Wesen verbunden, zu deren Behausung ein fremder K. werden kann. Menschliche, tierische und numinose K. haben schließlich kultischen Umgang auf sich gezogen in Form von Ab- und Nachbildungen, die berührt, angeschaut, umhergetragen oder am K. mit sich geführt werden und Zeichen von Schutz, Verehrung usw. sind. → Reinheit. AK

Lit.: P. Brown, The Body and Society: Men, Women, and Sexual Renunciation in Early Christianity, 1988 (dt. Die Keuschheit der Engel, 1992). – D. Howes (Hg.), The Varieties of Sensory Experience. A Sourcebook in the Anthropology of the Senses, 1991. – A. E. Becker, Body, Self, and Society. The View from Fiji, 1995. – J. M. Law (Hg.), Religious Reflections on the Human Body, 1995. – S. Coakley (Hg.), Religion and the Body, 1997.

Kognition (von lat. cognitio = Erkennen, Erkenntnis), Bezeichnung für eine Klasse mentaler Prozesse (→ Wahrnehmung, Denken, → Gedächtnis, → Sprache) und – als Wissenschaft von der K. – auch für theoretische Ansätze in Philosophie, Psychologie und neuerdings Religionswissenschaft (untersucht die kognitiven Bedingungen religiöser Vorstellungen). K. sind physiolog., individuell und sozial beeinflusst und reifen prozesshaft. Sie leisten die bedeutungsmäßige Wissensrepräsentation (→ Repräsentation, → Wissen) über Schemata und Skripte und bilden Vorstellungen als Alternativen zur wahrgenommenen Welt. → Deutungsmuster. AK

Lit.: E. T. Lawson/R. N. McCauley, Rethinking Religion: Connecting Cognition and Culture, 1990. – J. Andresen (Hg.), Religion in Mind. Cognitive Perspectives on Religious Belief, Ritual, and Experience, 2001. *Zs.:* Journal of Cognition and Culture.

Kogoshūi, eine spätere Ergänzung der japan. Mythen- und Legendensammlungen → Kojiki und → Nihon Shoki, die im Jahr 806 oder 807 die Position der Imibe, einer führenden Priestergruppe, stärken sollte. → Japan. Religionen. MP

Kohelet (hebr. qōhælæt, wohl = Prediger in einer Versammlung), Predigerbuch, eine dem Salomo zugeschriebene biblische Weisheitsschrift, die vermutlich aus hellenist. Zeit stammt (3.–2. Jh. v. Chr.). Das Buch sucht die Verbindung zwischen Lebensgenuss im Sinne griech. Populärphilosophie und der gedanklichen Skepsis jüd. Tradition gegenüber derlei »Eitelkeiten«. → Altes Testament, → Apokryphen. KVS

Lit.: C. Klein, K. u. die Weisheit Israels. Eine formgeschichtliche Studie, 1993. – L. Schwienhorst-Schönberger (Hg.), Das Buch K. Studien zu Struktur, Geschichte, Rezeption u. Theologie, 1997. – A. A. Fischer, Skepsis oder Furcht Gottes? Studien zu Komposition u. Theologie des Buches K., 1997.

Koinobit (von griech. koinobiṓtēs = gemeinsam Lebender), in Gemeinschaft lebender → Mönch oder Asket, im Unterschied zum → Eremiten bzw. Anachoreten (→ Anachorese). → Askese. AM

Kojiki, die älteste Mythen- und Legendensammlung Japans, die von der Weltschöpfung über verschiedene Göttererzählungen bis zu einer einfachen Chronik der frühen Herrscher des zentralen Gebiets des Landes (Yamato) reicht. Das im Jahr 712 erschienene Werk ist zugleich das älteste schriftliche Dokument des Landes. → Japan. Religionen, → Nihon Shoki. MP

Kolonialismus, Bezeichnung für die polit. und wirtschaftlichen Praktiken sowie die entsprechende geistige Haltung, welche mit der Ausdehnung der europ. und später überhaupt westlichen Zivilisation in Bereiche der später sog. Dritten Welt verbunden waren. Der heutige Zustand der wirtschaftlichen Abhängigkeit dieser Staaten von den Industrienationen wird häufig als Neokolonialismus bezeichnet. (1) In religionsgesch. Hinsicht ist wesentlich, dass die Kolonialmächte die unterworfenen Länder auch polit. beherrschten und z. T. gewaltsam christianisierten. Zumindest war die → Mission in der Regel polit. begünstigt. Der K. ging von einer Überlegenheit der europ. Kultur (→ Eurozentrismus) und der Europäer gegenüber den sog. »Wilden« aus, die meist nicht als vollwertige Menschen galten. (2) Die Einwirkungen des K. auf die einheim. Kultur und Religion waren vielfältig: (a) Durch Gesetzgebung wurden einheim. Bräuche verboten oder umgestaltet, Kultgegenstände wurden zerstört. Die wirtschaftliche Abhängigkeit von den Kolonialmächten (→ Wirtschaft), die neuen Regeln der Machtverteilung (→ Hierarchie) und die neue Art der medizin. Versorgung hatten für nahezu alle Lebensbereiche und auch für das religiöse Symbolsystem bis heute fortwirkende Konsequenzen. Dies führte außer zur Anpassung (→ Akkulturation) auch zu polit. Widerstandsbewegungen (→ Protest) und religiös motivierten → Krisenkulten. (b) Zugleich entstanden durch die Begegnung der fremden und einheimischen Traditionen → neue Religionen (z.B. unter den bes. Bedingungen des Sklavenhandels die → afroamerikan. Religionen). → Kontakt. AJ

Lit.: U. Bitterli, Die »Wilden« u. die »Zivilisierten«. Grundzüge einer Geistes- u. Kulturgeschichte der europ.-überseeischen Begegnung, 1976. – K. Hammer, Weltmission u. K., 1978. – D. Chidester, Savage Systems. Colonialism and Comparative Religion in South Africa, 1996.

Kommensalität (von lat. com- = zusammen und mensa = Essen, Esstisch), die Gemeinschaft, die sich aus einem hl. Mahl ableitet und andere davon ausschließt. W. Robertson → Smith hatte 1897 die gemeinschaftsbildende Urszene – das gemeinsame Verbrechen des Verspeisens des Totems – polem. als Archetyp des christl. Abendmahls gezeichnet. Max → Weber sah die Funktion der K. bes. in der Herstellung von Exklusivität, z.B. im indischen Kastenwesen und unter den jüd. Pharisäern. Nach der humanetholog. Analyse besteht die Funktion der K. in der Zuteilung von Anteilen des Opfers, wodurch die Position jedes Tischmitglieds in der sozialen Hierarchie dargestellt werde. → Gemeinde. CA

Lit.: M. Weber, Die Wirtschaftsethik der Weltreligionen: Hinduismus und Buddhismus, in: GARS 2, 1920, 37 (MWS I,20, 1998, 25–32) und Das antike Judentum, in: GARS 3, 1921, 366–69. – G.J. Baudy, Hierarchie oder die Verteilung des Fleisches, in: B. Gladigow/ H. Kippenberg (Hg.), Neue Ansätze in der Religionswissenschaft, 1983, 131–74. – B. Gladigow, Die Teilung des Opfers, in: FMSt 18 (1984), 19–43.

Kommunikation, methodisch. (1) Der K.-Begriff wird sowohl in den Naturwissenschaften (physikal. Informationstheorie, Kybernetik, Biologie) als auch in den Geistes- und Sozialwissenschaften (Philosophie, Psychologie, Soziologie, Ethnologie, Linguistik, Semiotik etc.) verwendet und ist dementsprechend heterogen. Interdisziplinäre Interferenzen in den Modellbildungen können entweder dazu führen, dass physikal. und biolog. Prozesse mit anthropo- bzw. soziomorphem Einschlag beschrieben oder soziale Vorgänge nach dem Vorbild physikal. und biolog. Operationen begriffen werden. (2) Das lange Zeit vorherrschende K.-Modell von Information, Sender und Empfänger hat sich mittlerweile aufgrund semiot. (dreistelliger Zeichenbegriff) und kybernet. Einsichten (Rekursivität der K.) als unzureichend erwiesen. Innerhalb der verschiedenen geistes- und sozialwissenschaftlichen K.-Theorien ist es (spätestens) seit dem »linguistic turn« in der Philosophie Minimalkonsens, K. als Zusammenspiel aus folgenden drei Elementen zu begreifen: (a) K. muss sich auf etwas Bestimmtes beziehen und basiert daher auf Information. (b) Damit sie überhaupt zustande kommt, ist die Mitteilung der Information notwendig. (c) Für die Fortsetzung der K. ist schließlich hinreichendes Verstehen erforderlich, das sich an der Differenz von Information und Mitteilung orientiert. Das »Verstehen« ist allerdings problemat.; zwei Theorieentwürfe sind hier von paradigmat. Relevanz – auch für die Religionsforschung: (α) Die Theorie des kommunikativen Handelns von J. Habermas (geb. 1929) konzipiert Verständigung als einen intersubjektiven und lebensweltlichen Vorgang, innerhalb dessen sich Subjekte untereinander samt ihren Intentionen zu verstehen suchen. Habermas begreift K. im Anschluss an die Sprechakttheorie als eine Form von intentionalem (nämlich verständigungsorientiertem) → Handeln, dessen Legitimität an auszuhandelnde Geltungsbedingungen geknüpft ist. (β) In der soziolog. → Systemtheorie von N. → Luhmann ist Verstehen ein Vorgang innerhalb eines K.-Systems jenseits von Subjekten und deren Intentionen und meint den systemerhaltenden Anschluss einer K.-Operation an eine vorgängige. Luhmann versteht Handeln als einen Fall von K., nämlich als eine Form von K., die einer Person oder einer kollektiven Instanz sozial (und d.h. kommunikativ) zugerechnet wird. → K., religiöse. VK

Lit.: H. Tyrell u.a. (Hg.), Religion als K., 1998.

Kommunikation, religiöse. Grundlegend sind als r.K. jene gesellschaftlichen Prozesse zu verstehen, in denen religiöse Vorstellungen, Erfahrungen und Wissensinhalte (→ Wissen) mitgeteilt werden. Dazu zählen sowohl kommunikative Handlungen, die an außeralltägliche Wesen gerichtet werden, wie auch die Formen der gesellschaftlichen K., die sich mit spezif. religiösen Themen beschäftigen. Während die Bandbreite der gesellschaftlichen Vermittlung von der mündlichen K. bis zu elektron. Medien reicht, wird davon ausgegangen, dass r.K. bes. Formen und Gattungen annehmen kann, wie → Psalmen, → Gebete oder (auch Fernseh-)→ Predigten, bzw. dass sie eigenen Codes folgen kann (→ Transzendenz/Immanenz, → Schweigen). R.K.

und die → Medien der K. prägen entscheidend das gesellschaftliche Verständnis von Religion mit. → Deutungsmuster, → K., methodisch. HK

Lit.: H. Tyrell/V. Krech u. a. (Hg.), Religion als K., 1999.

Konfession (von lat. confessio = → Bekenntnis), im Christentum ursprünglich Bezeichnung für jede Form von Bekenntnis. Im Kontext der → Reformation gewinnt »confessio« die Bedeutung einer autoritativen Bekenntnisschrift, die einer Gruppe als Identifikations- und Unterscheidungszeichen dient und die konkreten Glaubensgrundlagen schriftlich festlegt. Die frühen luther. Kirchen fanden in der Confessio Augustana (1530) zu einem schriftlich fixierten Glaubenskonsens. Im 16. Jh. kam es zu weiteren K.: Confessio von Basel (1534), Genfer Confessio (1536), Confessio Gallica (1559), Confessio Scottica (1560), Confessio Belgica (1561) usw. Im Dt. bezeichnet K. auch eindeutig identifizierbare christl. Glaubensgemeinschaften, z. B. die Luther., Reformierte oder Anglikan. Kirche. Im Engl. ist dieser Sprachgebrauch unbekannt; für K. steht vielmehr Denomination (zunehmend auch im Dt. gebräuchlich). KHS

Lit.: H. Klueting, Das konfessionelle Zeitalter 1525–1648, 1989. – L. Ullrich, Konfessionelle Identität, in: B. J. Hilberath (Hg.), Vorgeschmack, FS T. Schneider, 1995, 59–73.

Konfirmation (von lat. confirmatio = Befestigung, Bestätigung). Die religiöse Mündigkeit wird im Protestantismus (bes. vom Pietismus gefordert) durch ein Lebenslaufritual begangen, in dessen Rahmen im Alter von 14 Jahren die frühere Taufe des unmündigen Kindes willentlich bestätigt und durch → Handauflegung bekräftigt wird. → Initiation. CA

Konflikt, Störung im wechselseitigen → Kontakt. (1) K. haben häufig eine religiöse Komponente, auch dann, wenn die eigentlichen Gründe nicht im Bereich der Religion liegen: Sie haben mit Abgrenzung, Sicherung von → Identität u. ä. zu tun, und Religion ist eine wesentliche Ressource für die Identitätsbegründung. Die religiöse Aufladung von K. kann verschärfend wirken und dann bis hin zu → Gewalt und Krieg führen; andererseits stellen Religionen vielfach auch Motivationen bereit, K. friedlich zu lösen (→ Friede). (2) Die soziolog. Konflikttheorie dagegen geht von dem Grundsatz aus, dass nicht friedliches Zusammenleben Ursprung und Ziel gesellschaftlichen Handelns und ein K. eine Störung darin sei, sondern dass Gesellschaften grundsätzlich aus K. der unterschiedlichen Gruppen bestehen, für die Regelungen gefunden werden müssen. FS

Lit.: V. Makrides/J. Rüpke (Hg.), Religionen im K., 2005.

Konfuzianismus, auf → Konfuzius zurückgehende chin. philosoph. Schule, die zum Zwecke einer hierarch. nach gegenseitigen Pflichten (xiao = »Pietät«) geordneten Harmonie in der Gesellschaft eine pädagog. Ethik der Bildung des Einzelnen zum »Edlen« (junzi) auf den Grundsätzen von »Sitte« (→ Li), »Menschlichkeit« (ren), »Pflicht« (yi) und Wissen um korrektes Verhalten (zhi) lehrt. Der K. greift dabei als polit. Lehre auf das ältere Konzept des Himmels (→ tian) als oberster kosmischer Instanz zurück und verbindet dieses mit dem Ideal einer weltlichen Herrschaft, die ihre Vorbilder in den weisen Herrschern der Vorzeit sieht und als »Mandat des Himmels« (tianming) verstanden wird (→ Mengzi). V. a. in der Song-Zeit (960–1279) durchdringt der mit der Erstarkung der Beamtenaristokratie aufkommende Neo-K. durch die Aufnahme buddh. Elemente und die Herausbildung von Kulten für Konfuzius und andere Gottheiten nicht nur das gesamte geistige Leben und die Gesellschaft Chinas, sondern auch das seiner Nachbarstaaten (Korea, Japan, Vietnam); diese hat er bis in die Gegenwart hinein geprägt. Als die vier kanon. Schriften (chin. sishu) des K. gelten seit dem 12. Jh. die »Gespräche« (Lunyu), Mengzi, das »Große Lernen« (Daxue) und »Mitte und Maß« (Zhongyong). Die beiden wichtigsten religiösen Komponenten des (Neo-)K. sind das Streben nach Vollkommenheit und Weisheit im Sinne von moral. Verantwortlichkeit und die konfuzian. Riten. MD

Lit.: J. Legge, The Chinese Classics, Bd. 1 u. 2, 1893/95. – H. Fingarette, Confucius – The Secular as Sacred, 1972. – I. Eber (Hg.), Confucianism. The Dynamics of Tradition, 1986. – R. L. Taylor, The Religious Dimensions of Confucianism, 1990. – P. B. Ebrey, Confucianism and Family Rituals in Imperial China: A Social History of Writing about Rites, 1991.

Konfuzius, durch jesuit. Missionare latinisierte Form des chin. Namens Kong(-fu)-zi (auch = Kong Qiu, 551–479 v. Chr.). K. stammte aus einer kleinadligen Familie und entwickelte während seiner 13-jährigen Wanderzeit als Berater von Fürsten die grundlegenden Gedanken des → Konfuzianismus. Ab der Tang-Zeit (618–907) entwickelte sich ein staatlicher K.-Kult. MD

Lit.: H. G. Creel, Confucius and the Chinese Way, 1960.

Kongregationalisten (von engl. congregation = Gemeinde). Aus der engl. Reformation ging neben der anglikan. Hochkirche mit Bischofs- und Synodalverfassung mit dem Regionalprinzip (ab 1550) – darin der katholischen Kirche gleich – ein dritter Typ Kirche hervor: Die sich aus freier Entscheidung versammelnde jeweilige → Gemeinde als autonome Gemeinschaft ist Kirche. Der Typ wurde durch die aus England vertriebenen Dissenters bes. in Nordamerika zum Regelfall: Beispiele sind Mennoniten, → Baptisten und → Quäker. CA

Konkōkyō, eine der zahlreichen → »neuen« Religionen Japans, die 1859 durch die Verkündung einer neuen Lehre durch Bunjirō Kawate (1814–83) entstand. Kawate verstand sich als Sprachrohr des in ihm wohnenden Gottes Konkōdaijin (= »großer Gott des goldenen Lichtes«). Seine Nachfolger im Führungsamt stehen im Haupttempel jeden Tag für mehrere Stunden zur Verfügung, um Ratsuchenden zu helfen. Die Zahl der eingetragenen Mitglieder beträgt etwa eine halbe Million. MP

Konnubium (von lat. conubium = Ehegemeinschaft), System von Heiratsbeziehungen, das zwei oder mehrere soziale Einheiten umfasst und sich über mehrere Generationen erstreckt. Das K. steht in Zusammenhang mit der → Exogamie-Regel: Männer einer bestimmten Gruppe, einer → lineage oder einer Dualorganisation (moiety) müssen Frauen aus einer anderen Gruppe ehelichen. Dadurch werden Allianzen gefestigt und polit. und symbol. Grenzen gezogen. → Verwandtschaft. PJB

Lit.: R. Fox, Kinship and Marriage. An Anthropological Perspective, 1967.

Kontakt. I. K. zwischen Personen. In allen Kulturen gibt es hierfür Regelungen, die auch religiöse Sinnbereiche einschließen. Meist ist jeder K. zu Menschen, die auffällig von der Norm abweichen, problemat. und wird auf ein Minimum begrenzt. Deshalb gibt es in vielen Kulturen z. B. umfassende Regeln der Gastfreundschaft für den zeitlich beschränkten K. mit → Fremden, allerdings auch weit weniger »humane« Normen für den Umgang mit Kranken oder Behinderten. Eingeschränkter bzw. erschwerter K. besteht zu Randgruppen, auch wenn diese bes. Funktionen für die Gesellschaft ausüben (Hexen, Heiler, Schmiede usw.; → Hexenglaube). Geschlechtsbedingte K.-Regeln und -Verbote (→ Gender) zeigen sich z. B. in der monast. Geschlechtertrennung (→ Askese, → Zölibat) oder in der kirchlichen Sitzordnung.

II. K. zwischen Religionen und → Konfessionen. (1) Dieser K. kann einerseits zu → Aggression und Abgrenzung führen, andererseits den Austausch von wirtschaftlichen, familiären und symbol. Gütern begünstigen. Die Ausbreitung religiöser Symbole durch Kultur-K. wird in der religionswiss. Theoriebildung als → Diffusion bezeichnet. Symmetrie oder Asymmetrie in der Machtverteilung der betreffenden Kulturen beeinflusst dabei die → Akkulturation: Je nach Schnelligkeit und Dichte der Neuerungen kann es zu Anpassungen, partiellen Übernahmen (→ Synkretismus), Umbildungen und bei starkem Gefälle zu Widerstand (→ Krisenkulte) kommen. Als Ergebnis des Kultur-K. sind symbiot. Abhängigkeiten und lang anhaltende Kräftegleichgewichte ebenso möglich wie die Auflösung bzw. Auslöschung einer Religion. (2) In Gesellschaften mit polit. und kulturell geschlossenem Herrschaftsbereich ereignet sich K. in seiner prototyp. Form an territorialen Grenzen; im Normalfall stellt sich eine Abwertung des jeweiligen Auslands mit ihren Menschen ein, was aber keineswegs friedliche Beziehungen ausschließt. In komplexeren Gesellschaften, in denen Religion als eigenes kulturelles System ausdifferenziert und nicht mehr an ein polit. Herrschaftsgebiet, sondern an → Subkulturen und → Milieus gebunden ist, erhalten K. zwischen Religionen eine größere Dynamik. → Fremdes wird als Fremdes wahrgenommen. Die Beispiele von Judentum und Islam im europ. Mittelalter zeigen, dass im Rahmen der christl. dominierten Kultur vielfältige Formen der Abgrenzung und Durchlässigkeit möglich sind. (3) (a) In der Regel stellt der K. mit einer fremden Religion die eigene → Identität infrage, weshalb häufig der K. mit Andersgläubigen eingeschränkt wird und z. B. die Heirat verboten ist. Stark eingeschränkter sozialer K. zu Personen außerhalb der eigenen Gruppe gilt als Zeichen von ideolog. Geschlossenheit und als Charakteristikum von → Sekten. (b) Dem gegenüber stehen Tendenzen, den K. zu fremden Religionen zu suchen und sich mit der Möglichkeit religiöser Alternativen auseinander zu setzen, sei es im Interesse der → Apologetik oder der → Mission, sei es im Interesse der wissenschaftlichen Beschreibung fremder Religionen durch Ethnologie (→ Religionsethnologie) und → Religionswissenschaft. In der gegenwärtigen Situation des religiösen Pluralismus wird häufig der K. der Religionen als unumgänglich vorausgesetzt und gelegentlich sogar ein immanenter Zwang zur Verständigung unterstellt; → Interreligiöser Dialog und Ökumene versuchen die Bedingungen und Wege zu klären, unter denen dies auf friedliche Weise gelingen kann. AJ

Lit.: G. Lanczkowski, Begegnung u. Wandel der Religionen, 1971. – H. Busse, Die theol. Beziehungen des Islams zu Judentum u. Christentum, 1991/92. – H.-C. Gossmann (Hg.), Identität u. Dialog. Christl. Identität im religiös-weltanschaulichen Pluralismus, 1995. – M. v. Brück/W. Lai, Buddhismus u. Christentum. Geschichte, Konfrontation, Dialog, 1997. – B. M. Fagan, Clash of Cultures, 1998. – F. Rickers/E. Gottwald (Hg.), Vom religiösen zum interreligiösen Lernen. Wie Angehörige verschiedener Religionen u. Konfessionen lernen, 1998. – J. Krause/A. K. Treml (Hg.), Kultur-K. anno dazumal: Dt. Kolonialschulen in Afrika u. Asien, 1999.

Kontemplation (von lat. contemplatio = Beschauen, Betrachtung). Als K. bezeichnet man die Schau religiöser → Wahrheiten durch Versenkung, als kontemplativ einen spezif. Stil der → Frömmigkeit und Lebensführung, welcher Formen wie → Meditation etc. umfasst und im Gegensatz zur weltzugewandten → Arbeit eine Tendenz zur Verinnerlichung und Weltverneinung aufweist. → Gebet, → Mystik. AJ

Kontextualität (von lat. contexere = zusammenweben, flechten sowie contextus = Zusammenhang), theoret. relevanter Sachverhalt, dass Zusammenhänge für das Verständnis eines Gegenstandes, insbes. eines Textes (→ Text) konstitutiv sind. Zu unterscheiden sind zwei Formen der K.: (1) Anhand intratextueller K. werden Textteile berücksichtigt, die mit dem themat. Textteil direkt verbunden sind und die durch inhaltssemant. Bezüge zur Bedeutungsaktualisierung des Textzusammenhangs beitragen. (2) Bei der Betrachtung extratextueller K. werden pragmat. sprachliche und nichtsprachliche Kontexte mit eingeschlossen und die bedeutungskonstitutive Kraft der Hintergrundannahmen von Sprechergemeinschaften berücksichtigt, was hilft, die kulturellen, polit., sozialen, wirtschaftlichen und religiösen Bedingungen der Produktion, Rezeption und Verwendung von Texten durch bestimmte Gesellschaftsschichten sowie die wechselseitige Bezogenheit von Text und Kontext zu erschließen. CE

Lit.: K. H. Stierle, Zur Begriffsgeschichte von Kontext, in: Archiv für Begriffsgeschichte 18 (1975), 144–49. – P. Ricœur, Interpretation Theory. Discourse and the Surplus of Meaning, 1976. – N. Slenczka, Kontext und Theologie, in: Neue Zs. für systemat. Theologie 35 (1993), 303–31.

Kontingenz (von lat. contingere = zuteil werden, widerfahren), die Bedingtheit, das Möglichsein. Der Begriff wird philosoph. in der Logik, in der Naturphilosophie und in der Metaphysik verwendet. Der Sache nach ist K. bereits Thema der antiken Philosophie. Seit der christl. Theologie und Philosophie des Mittelalters spielt K. innerhalb des ontolog. Problems des Verhältnisses von Notwendigkeit und Möglichkeit eine zentrale Rolle. Indem Religionen die Welt mit religiösem Sinn ausstatten, spielt auch in ihnen K. eine zentrale Rolle. Aus diesem Grund wird etwa in der Systemtheorie N. → Luhmanns und der Religionsphilosophie H. Lübbes die Aufgabe von Religion darin gesehen, K. zu bewältigen. In Luhmanns Systemtheorie meint K. grundsätzlich das »Zurverfügungstehen« einer Vielfalt von optionalen Möglichkeiten in einer Umwelt, aus denen ein System selegiert und auf diese Weise Komplexität reduziert. Kontingent ist, was auch anders möglich ist. Die gesellschaftliche Funktion der Religion besteht darin, ein Zugleich von Bestimmtheit und Unbestimmbarkeit zu gewährleisten, also K. zu thematisieren und sie zugleich in Sinn zu überführen. Auf diese Weise schließt Religion die ansonsten unabschließbare Kommunikation ab. Lübbe zufolge ist Religion »K.-Bewältigungspraxis« in einem allgemeinen Sinne. VK

Lit.: H. Lübbe, Religion nach der Aufklärung, 1986. – N. Luhmann, Die Religion der Gesellschaft, 2000.

Kontinuität, Grundbedingung menschlicher → Wahrnehmung und menschlichen → Bewusstseins, die erst eine individuelle biograph. bzw. kollektive → Identität ermöglicht. Das Verständnis von K. als einer ontolog. Voraussetzung wurde kritisiert: V. a. durch die »Writing-Culture-Debatte« wurde deutlich, dass K. in kommunikativen Prozessen histor. konstruiert wird. Für die Religionsforschung bedeutet dies, dass neben Phänomenen einer »langen Dauer« (longues durées, → Annales-Schule) Prozesse des Wandels, der Brüche, Diskontinuitäten und z. B. Differenzierungen in → lokalen Religionen zu beobachten sind. Zugleich wurden jedoch Modelle der Diskontinuität (Wechsel von Epochen) als ideolog. konstruiert wahrgenommen, wenn z. B. für die Vorstellung eines »christl. Mittelalters« die K. esoter. u. a. → Traditionen negiert werden muss (→ Esoterik, → Europ. Religionsgeschichte). AG

Lit.: M. Stausberg, Kohärenz u. K. – Überlegungen zur Repräsentation u. Reproduktion von Religionen, in: Ders. (Hg.), K. u. Brüche in der Religionsgeschichte, 2001, 596–619.

Konversion (von lat. convertere = umwenden, umkehren), Bekehrung. (1) Der Begriff umfasst eine Reihe von häufig miteinander verquickten Bedeutungen: (a) Wechsel der religiösen Organisation, also Beitritt zu einer anderen Konfession, Kult, Religion etc.; (b) Änderung der Grundanschauungen des Beitretenden, also der geistigen Vorstellungen, des → Weltbildes oder der → Ideologie; (c) Umorientierung der Mentalitäts- und Verhaltensmuster; (d) eine bes. → Erfahrung; und (e) schließlich die Mitteilung über diese Erfahrung, die K.-Geschichte bzw. -Erzählung. (2) K. ist ein kulturspezif. Begriff, der durch andere Begriffe ergänzt werden kann. So wird die K. der arab. und afrikan. Welt zum Islam zuweilen als »Adhäsion« beschrieben, die aus pragmat. Gründen vollzogen wird. Innerhalb der christl. Tradition können daneben (a) Alternation, (b) pendelförmige K. und (c) Transformation unterschieden werden. (a) Eine Alternation ist eine K., die sich quasi zwangsläufig aus der Anpassung an vorherrschende Lebensformen ergibt. (b) Die pendelförmige K. hat die Ablehnung der individuellen Vergangenheit zugunsten des neuen religiösen Sinnsystems zur Folge. (c) Von einer Transformation spricht man, wenn der vergangene Glaube nicht abgelehnt, sondern im Lichte der neuen Erfahrung umgedeutet wird. Bei der Berufung zum religiösen Spezialisten kann von einer Konversion zweiten Grades gesprochen werden bzw. von einer »Binnenbekehrung«. → Sozialisation. HK

Lit.: H. Knoblauch/V. Krech u. a. (Hg.), Religiöse K., 1998.

Koran (arab. Qurʾān = Akt der rezitativen Erinnerung eines (ungeschriebenen) kultischen Textes oder auch der rezitierte Text selbst, wohl aus dem Aramäischen).

I. Definition. (1) Der K. ist in der islam. Tradition die schriftlich fixierte, wörtliche und abschließende Rede Gottes, die seinem letzten → Propheten → Muḥammad offenbart wurde. Die islam. → Offenbarung manifestiert sich zunächst als K. sowie als »Erinnerung« (→ ḏikr, vgl. Koran 3/58) und »Weisheit« (ḥikma). Im Laufe der Offenbarung wurde der Begriff K. weitergehend spezifiziert und singularisiert: Er bezeichnet jetzt die eine abschließende, in »klarem Arabisch« an den letzten Propheten Muḥammad vermittelte Offenbarung (waḥy oder tanzīl). (2) Diese wurde genealog. mit anderen Offenbarungen (→ Torah, → Evangelium) und Muḥammad selbst mit früheren Propheten verknüpft. Die Verknüpfung drückt sich im Begriff »Buch« (kitāb; → Schriftreligion) aus, da jetzt ein Zusammenhang zwischen den schon geschriebenen Offenbarungen und der islam. (noch mündlichen) Offenbarung zutage tritt. Als »Blätter« (ṣuḥuf) galten dabei die schon erfolgten verschrifteten früheren Offenbarungen (z. B. an → Mose und → Abraham) und entsprechend der durch die »verwahrte Feder« urverschriftete Offenbarungstext (auch »Tafel« (lawḥ), vgl. Koran 85/22, 80/13, hierzu aber auch andere Auslegungen). Hieraus entwickelte sich später die Bezeichnung muṣḥaf für den Korankodex selbst (→ Kanon). (3) So wie der Begriff K. wurden auch andere Offenbarungsbegriffe wie → sūra (= Sure) und → āya (= Zeichen, Beweis) schon in der Offenbarung vertextlicht und damit zu Gliederungsmerkmalen (Sure, Vers) des einen K.

II. Struktur. Der K. ist in seiner abschließenden Form in 114 Suren mit jeweils unterschiedlich vielen Versen gegliedert. Angeordnet sind die Suren nach der Zahl der in ihnen vorkommenden Zeilen (nicht Verse – diese können viele Zeilen, aber auch nur ein Wort umfassen), wobei die Eröffnungssure al-Fātiḥa eine Sonderstellung einnimmt. Alle Suren haben einen (oder auch verschiedene, dann bisweilen themat.) Namen, die aus Stichworten zu Beginn der jeweiligen Sure abgeleitet oder als Abbreviaturen zu verstehen sind.

III. Redaktion. Die autoritative Redaktion des K. erfolgte unter dem Kalifen ʿUṯmān (regierte 644–56) auf der Grundlage früherer, wohl von Muḥammads Sekretär Zayd b. Ṯābit gesammelter Niederschriften, wobei sich sieben Lesarten als kanon. durchgesetzt haben, von denen heute noch zwei von Bedeutung sind: die medinens., v. a. in Nordafrika verbreitete Lesung nach Nāfiʿ in der Überlieferung von Warš und die sonst verbreitete Lesung nach ʿĀṣim in der Überlieferung von Ḥafṣ, die der 1923 erstmals gedruckten »Kairiner Ausgabe« des K. zugrunde liegt.

IV. Erzählung. Themat. kann der K. in drei Narrationen aufgeteilt werden, die chronolog. den islam. Offenbarungsprozess von etwa 610 bis zum Tode des Propheten Muḥammad 632 spiegeln. Alle drei Narrationen wurden in der mekkan. Offenbarungszeit (um 610–22) entwickelt und wirkten in die medinens. Zeit (622–32, → hiǧra) hinein. Ausgangspunkte der Offenbarung sind: (1) der → Kaʿba-Kult, (2) die Tatsache des sich offenbarenden Einen Gottes und (3) die Sendung der Offenbarung an Muḥammad als Mahner und (letzten) Gottesgesandten. (1) Die erste Narration hat die Erinnerung an den Kaʿba-Kult und die (Wieder-)Anerkennung Gottes als des alleinigen Herrn der Kaʿba zum Inhalt: Die Reinigung der Kaʿba von den Idolen macht diese zu einer Erinnerungsstätte des Einen Gottes. Gegner in dieser Narration sind die »Ungläubigen« (→ kufr). Verbunden mit der Erinnerung ist die nachdrückliche Mahnung, dass der kommende Jüngste Gerichtstag nur durch das Bekenntnis der Integrität des Einen Gottes bestanden werden kann. Denjenigen, die Gott bejahen (→ Islam), wird die Rettung durch Gott am Jüngsten Tag versprochen. (2) In einer zweiten Narration folgt die genealog. Verkettung der islam. Offenbarung mit der abrahamit. Tradition. Durch die Aufnahme von atl. Mythen und Geschichten tritt der Islam aus der Kaʿba-Erinnerung heraus und in die abrahamit. Geschichte ein. Der Ausdruck islām wird nun ein Gegenbegriff zu → širk (»Beigesellung«). (3) In einer dritten Narration erfolgt die »Rückkehr« zur Kaʿba (→ qibla). Diese wird nun abrahamit. interpretiert und durch die Prophetenrede zum Mittelpunkt eines islam. Kults des Einen Gottes. In den medinens. Offenbarungen werden diese Narrationen vereinheitlicht fortgeführt und um Offenbarungen zu kultischen, ethischen und rechtlichen Obligationen (→ šarīʿa) für die muslim. Gemeinschaft erweitert.

V. Redeweise. Der K. ist Rede Gottes an den Propheten (Anrede »du«, Gott als Subjekt meist »wir«) und Aufforderung an diesen, Gottes Wort öffentlich auszusprechen (»Sprich!«). Angeredete sind dann die Muslime, die »Beigeseller« (mušrikūn) oder die Ungläubigen. Gottes Rede ist an sich ein »unnachahmliches Gotteswunder« (muʿǧiza), das sich auch in Sprache und Stil des K. manifestiert. Durch den K. wurde das Prestige der Schriftlichkeit in der arab. Kultur erheblich verbessert, was wiederum eine der Voraussetzungen für die Herausbildung einer arab. Schriftkultur wie auch einer sich im 8. Jh. durchsetzenden arab. Sprachnorm war.

VI. Auslegung. (1) Die Koranexegese (→ tafsīr, → taʾwīl) beruht (a) auf der Selbstdeutung und Selbstreferentialität des K. und (b) auf der exeget. Tätigkeit der Gelehrten und Juristen. Dabei wurde schon früh anerkannt, dass im K. bestimmte Themen (z. B. die Tabuisierung des Weins) unterschiedlich behandelt werden. Dies führte dazu, durch den Verweis auf die »Gründe der Offenbarung« (asbāb an-nuzūl) die Möglichkeit der Abrogation (nasḫ) früherer Offenbarungen durch spätere anzuerkennen. (2) Der theolog. Status des K. als ewiger Text war im 9./10. Jh. nicht unumstritten. Verbunden mit dem Bekenntnis der absoluten Einsheit Gottes stellte sich gerade den Muʿtaziliten (→ Muʿtazila) die Frage, ob der K. wie Gott selbst als unerschaffen angesehen werden könne. Manche Muʿtaziliten postulierten daher, dass der K. von Gott erschaffene Rede sei. Durch den Verweis darauf, dass diese Frage durch die menschliche Vernunft nicht erfassbar sei, wurde die scholast. Diskussion um die Erschaffenheit des K. abgebrochen (→ Ašʿarīya, → bilā kayf). RS

Lit.: T. Nöldeke, Geschichte des Qurʾān, 1860, (1–2) bearb. von F. Schwally, (3) bearb. von G. Bergsträsser/ O. Pretzl, ²1909–38. – R. Paret, Der K. (Ü), 1966, ²1980 u. ö. – W. Montgomery Watt, Bell's Introduction to the Qurʾān. Completely Revised and Enlarged, 1970. – R. Paret, Der K. Kommentar u. Konkordanz, 1971, ²1977 u. ö. – J. Wansbrough, Quranic Studies. Sources and Methods of the Scriptural Interpretation, 1977. – T. Nagel, Der K. Einf., Texte, Erläuterungen, 1983. – W. A. Graham, The Earliest Meaning of ›Qurʾān‹, in: Die Welt des Islams 23/24 (1984), 361–77. – A. Rippin (Hg.), Approaches to the History of the Interpretation of the Qurʾān, 1988. – G. R. Hawting/ A. A. Shareef (Hg.), Approaches to the Qurʾān, 1993. – S. Wild (Hg.), The Qurʾān as Text, 1996. – H. Bobzin. Der K. Eine Einf., 1999. – N. Kermani, Gott ist schön. Das ästhet. Erleben des K., 1999.

Koreanische Religionen. I. Überblick. (1) Die Religionsgeschichte Koreas wird erst mit dem Eindringen des Buddhismus von China aus klar fassbar. Ältere religiöse Vorstellungen sind über archäolog. Funde und mittels späterer Quellen zu rekonstruieren; v. a. die Historiographien Samguk-yusa (»Reminiszenzen der drei Reiche«) von 1285 und Samguk-sagi (»Annalen der drei Reiche«) von 1145 sind hier von Bedeutung. Danach dürften schon im Altertum Natur-(Sonnen-), Seelen- und Ahnenkulte auf schaman. Grundlage existiert haben. (2) Ab der Periode der »Drei Reiche« (3./4. Jh. n. Chr.) wird die religiöse Landschaft facettenreicher; so sind in der teilreligiösen Institution der männerbünd. Hwarang (= Blumenknaben, ab 6. Jh.) neben Elementen von → Schamanismus auch buddh. und konfuzian. Einflüsse greifbar. Synkretist. Tendenzen sind seit dieser frühen Periode kennzeichnend für die korean. Religionsgeschichte, auch für die zahlreichen neureligiösen Gruppen und Bewegungen wie Ch'ondogyo (= Lehre des Himmlischen Weges), Taejonggyo (= Lehre vom Großen Gott), Won-Buddhismus u. a.

II. Konfuzianismus. Der → Konfuzianismus dürfte schon in den ersten Jh.en nach seiner Entstehung über die chin. Kolonialgebiete im Nordwesten der korean. Halbinsel bekannt geworden sein. Er spielte in der Folge zwar eine Rolle in Staatsorganisation und Bildung der Oberschicht, wurde aber erst in der Yi-Periode (1392–1910) institutionalisiert (Schulenbildung). Es wurde eine konfuzian. Staatsethik propagiert, Kulte für → Konfuzius u. a. Persönlichkeiten ein- und durchgeführt und eine neokonfuzian. Metaphysik entwickelt. Im Nachkriegs-(Süd-)Korea wurde der Konfuzianismus – wie auch schon unter japan. Kolonialherrschaft – als gesellschafts- und staatsstabilisierendes Element gefördert.

III. Buddhismus. (1) Der Buddhismus wurde in Korea (im Teilreich Koguryo) im 4. Jh. n. Chr. von Nordchina her eingeführt und von den Königen der Teilreiche protegiert (v. a. in Silla, 6.–10. Jh.). Er war mit fast allen Schulen vertreten, die auch in China verbreitet waren (Son = chin. → Chanzong, Hwaom-jong = chin. → Huayan, Ch'on-t'ae = chin. → Tiantai); es wurden auch die bekannten Gestalten des buddh. Pantheons verehrt (Miruk Posal = chin. → Mile-fo, Kwanseum Posal = chin. → Guan(shi)yin-pu-sa, Chijang Posal = chin. → Dizang-pusa). (2) Seine Hochzeit hatte der korean. Buddhismus in der Koryo-Periode (918–1392), zeitweilig in der Stellung einer Staatsreligion. In der Yi-Periode wurde der Einfluss des Buddhismus zugunsten des Konfuzianismus zurückgedrängt. (3) Die japan. Kolonialmacht verhalf dem Buddhismus zu einer gewissen Rehabilitierung; nach Erlangung der Unabhängigkeit sind (in Südkorea) trotz Schwierigkeiten durch teilweise Verstaatlichung von Klosterbesitz buddh. Aktivitäten im Wohlfahrts- und Erziehungsbereich anzutreffen, die sich auch in Erneuerungs- und Modernisierungsbestrebungen korean. Buddhisten niederschlagen. Bemerkenswert ist, dass sich in Korea noch heute Holzblock-Druckstöcke für eine der ältesten Ausgaben des chin. buddh. Kanons (Koryo-Edition) aus dem 13. Jh. befinden.

IV. Schamanismus/Volksreligionen. Weibliche (mu-dang) und männliche (paksu) Schamanen praktizieren seit der Frühzeit bis heute in ekstat. → Trance Rituale (korean. Kut) zum Zwecke der → Divination und Geisterbeschwörungen zu verschiedenen Anlässen (Kriegsglück, Regenzauber, Krankheit, Hausbau usw.). Im schamanist. Pantheon finden sich verschiedene einheimische Gottheiten (korean. Kwisin), Naturgottheiten (Hananim = »Himmelsherrscher«), aus dem Buddhismus übernommene Götter (Miruk = → Mile; Kwan-seum = → Guan(shi)-yin), vergöttlichte Heroen sowie Ahnen- und Lokalgeister.

V. Christentum. Das Christentum, in der Nachkriegszeit v. a. protestant. Prägung, hat – mit etwa derselben Anhängerzahl wie der Buddhismus – in Korea die höchste Akzeptanz in ganz Asien gefunden. Zu erwähnen ist wegen ihres christl. Selbstanspruchs und des national-korean. → Messianismus auch die weltweit missionierende Vereinigungskirche (korean. T'ong'ilgyo) des Sunmyung Moon. MD

Lit.: F. Vos, Die Religionen Koreas, 1977. – L. R. Lancaster/C. S. Yu (Hg.), Introduction of Buddhism in Korea. New Cultural Patterns, 1989. – L. R. Lancaster/C. S. Yu (Hg.), Assimilation of Buddhism in Korea. Religious Maturity and Innovation in the Silla-Dynasty, 1991. – L. R. Lancaster/C. S. Yu (Hg.), Buddhism in Koryo. A Royal Religion, 1996. – L. R. Lancaster/C. S. Yu (Hg.), Buddhism in Early Choson. Suppression and Transformation, 1996. – L. R. Lancaster/R. K. Payne (Hg.), Religion and Society in Contemporary Korea, 1997. – S. Keil/J. Jetzkowitz u. a. (Hg.), Modernisierung u. Religion in Südkorea. Studien zur Multireligiosität in einer ostasiat. Gesellschaft, 1998.

Koscher (hebr. kāšer = rein), das nach jüd. Gesetz für den Gebrauch Erlaubte, v. a. an Speisen. Die sog. »Kaschrut«-Regelungen betreffen aber auch Kleidung u. a. Bereiche des Lebens. KVS

Kosmogonie (von griech. kósmos = Welt[-ordnung] und gígnesthai = entstehen), bildliche, metaphor. und symbol. Erzählungen vom Entstehen der erfahrbaren Wirklichkeit, speziell, wenn Welt aus sich selbst entsteht und nicht von einem Gott oder Göttern geschaffen wird. → Mythos, → Schöpfung. Red

Kosmologie (von griech. kósmos = Welt und lógos = Lehre), philosoph., theolog. und naturwissenschaftliche Lehre von der Welt. Sie tritt in vielen Kulturen an die Stelle von Bildern, Metaphern und Symbolen narrativer → Kosmogonien. Die ionischen Naturphilosophen etwa bestimmten die Grundelemente des erfahrbaren Kosmos (Feuer, Wasser, Luft u.a.). Neben den physikal. Ursprungs- und Verfallstheorien (z.B. »Urknall«/Wärme- bzw. Kältetod des Universums) haben sich philosoph. K. erhalten: etwa von → Peirce oder A.N. Whitehead (1861–1947). Red

Kosmos (griech. = gute Ordnung, Welt), die über die → Erde hinausreichende Welt, die zudem geordnet ist und den Gegensatz zum → Chaos darstellt. Die Kosmographie (Vorläuferin der Geographie) setzt sich mit der Weltbeschreibung auseinander, die v.a. von zwei Aspekten geprägt ist: (a) der Suche nach der Stellung der Erde im K., (b) dem Interesse an der Erkenntnis über die Entstehung des Universums. Letzteres ist in der Menschheitsgeschichte wesentlich durch eine naturwissenschaftliche Sichtweise geprägt, die von den durch Ptolemaios (2. Jh. n. Chr.) angeregten und geometr. ausgerichteten griech. Vorläufern über die mechanist. Planetenmodelle von J. Kepler (1571–1630) und I. Newton (1643–1727) zu modernen, von der Relativitätstheorie A. Einsteins (1879–1955) gesteuerten Quantenmodellen über die Genese des K. reicht. Der Ursprung des Weltalls und seine Ausbreitung sowie das Vorhandensein von Lebewesen auf Nachbarplaneten der Erde sind Gegenstand von Denkmodellen, die theoret. Signifikanz besitzen. Gegenwärtig prägt die Vorstellung eines »großen Urknalls«, der zur Entstehung des K. führte, physikal., auf dem Entropie-Gesetz basierende Ansätze der Ausdehnung, denen jedoch weiterhin eine einheitliche Theorie über die vier fundamentalen physikal. Wechselwirkungen fehlt. Andererseits spielt der K. eine wesentliche Rolle als räumliches Bezugssystem (→ Raum) für Weltordnungen, die über die physisch erfahrbare Erde hinausgehen. Weit verbreitet sind kosmogon. Vorstellungen (→ Kosmogonie, → Kosmologie), nach denen die von Menschen bewohnte Erde im Schöpfungsakt von der Götterwelt getrennt wird, welche ihrerseits als Ober- bzw. Überwelt erhöht wird. Als Schöpfer des K. wird ein weites Spektrum von Wesen, Gegenständen bzw. Urzuständen angenommen (→ Schöpfung). Gemeinsam ist allen Vorstellungen die Begrenzung bzw. das Ausschlussprinzip in realen oder übernatürlichen Welten. HKR

Kraft wird als einer der Ersatzbegriffe gewählt, seit Religion nicht mehr als Glauben an Gott definiert werden konnte (→ Heilige, das; → Macht, → mana). In Analogie zu naturwissenschaftlichen Modellen ließ sich religiöse K. genau wie elektr. Strom beschreiben: die unsichtbare K. des Hl. erzeugt sichtbare Wirkungen. Die Religionskritik, ob Gott denn nur ein Produkt menschlicher Einbildung sei, unterlief die → Religionsphänomenologie mit der Einführung des K.-Begriffs. Von wem auch immer die K. ausgeht, sie »ist«. Der Begriff lässt sich auch für autoritäre Herrschaftsmodelle nutzen. Mit dem K.-Begriff sind Dogmatik wie Religionskritik entmachtet; er eignet sich für die Integration von nichtorthodoxen Vorstellungen und insbes. für den Komplex der Heilung (charismat. Bewegungen). Insofern hat der K.-Begriff der Religionsphänomenologie für die Wiedereingliederung der Ahnen-K. in das → afrikan. Christentum eine enorme Bedeutung. CA

Lit.: B. Gladigow, K., Macht, Herrschaft, in: Ders. (Hg), Staat u. Religion, 1981, 7–22. – B. Gladigow, Naturwissenschaftliche Modellvorstellungen in der Religionswissenschaft in der Zeit zwischen den Weltkriegen, in: H.G. Kippenberg/B. Luchesi (Hg.), Religionswissenschaft u. Kulturkritik, 1991, 177–92. – R. Mahlke, Prophezeiung u. Heilung. Das Konzept des Hl. Geistes in Afrikan. Unabhängigen Kirchen (AIC) in Südafrika, 1997.

Kratophanie (von griech. krátos = Kraft, Macht und phaínestai = erscheinen), Begriff der → Religionsphänomenologie für die Tatsache, dass »die religiöse Macht sich von selbst zeige«. → Eliade, → Epiphanie. CA

Kreationismus (von engl. Creationism), Glaube an die wörtliche Wahrheit des biblischen Schöpfungsberichtes (→ Fundamentalismus). OK

Kreislauf, ein frühes Ritual, bei dem man im Drehsinn des scheinbaren Sonnenlaufs um einen Altar, ein Neugeborenes o. ä. herum läuft; dann graphisches Symbol (Kreis) zur Thematisierung von → Zeit. Die von der Zeitphilosophie seit der Antike bevorzugte Metapher (→ Ewigkeit) verdeckt aber vielfach die anders gelagerte Pragmatik der Rituale und Symbolverwendung (Raumdefinition, Anspruch auf Vollständigkeit etc.). – Seit dem 18. Jh. (dt., lat. seit dem frühen 17. Jh.) dient K. auch als Metapher für die Blutversorgung des Körpers. JR

Lit.: A. Seidenberg, The Ritual Origin of the Circle and Square, in: Archive for History of the Exact Sciences 25 (1981), 1–327. – D. Baudy, Röm. Umgangsriten, 1998.

Krethi und Plethi (aus dem Hebr.). Die Leibwache Davids, des großen Königs von Israel, bestand wohl aus Söldnern, nach 2 Sam 8,18 »Kretern und Philistern«. Die etymolog. Anknüpfung, sie seien gefürchtete Menschen, die »vernichten« und »losrennen«, ist eher nur ein Anklang. Durch Luthers Bibelübersetzung wurde die Bezeichnung sprichwörtlich für fremde Leute, Pöbel. CA

Lit.: L. Röhrich, Lexikon der sprichwörtlichen Redensarten, 1973, ^{2}1991, 889. – E. Noort, Die Seevölker in Palästina, 1994, 37, 55.

Kreuz (griech. staurós; lat. crux), mit seiner Horizontalen und Vertikalen ein universales → Symbol des Kosmos, des kosmischen Baums, der Weltenachse, der Sonne oder anderer Gestirne. Das K. als Zeichen oder Buchstabe (z. B. ägypt. anch, hebr. tav, griech. tau oder chi) ist ein → apotropäisches Siegel, das auch in der kultischen Tätowierung Verwendung findet. Zum Identifizierungszeichen des christl. Glaubens wurde das K., weil Jesus Christus durch Kreuzigung hingerichtet wurde. Es wurde allerdings erst seit dem 4. Jh. emblemat., herald., architekton. und ikonograph. umgesetzt. Das Schlagen des Kreuzes dient im Christentum als Segensgestus (→ Segen). KHS, Red

Lit.: H. Rahner, Symbole der Kirche, 1964. – M. Lurker, Die Botschaft der Symbole, 1990, 279–89.

Kreuzgang (lat. ambitus, claustrum), aus dem röm. Atrium entwickelter gedeckter Säulengang bei Kloster- oder Stiftskirchen, gewöhnlich südlich an die Kirche angefügt und einen quadrat. Innenhof mit Garten und Brunnen umschließend. Der Name K. leitet sich von den darin abgehaltenen Prozessionen mit einem Vortragekreuz her. Er verbindet wettergeschützt Kirche, Kapitelsaal, Refektorium etc. und dient zudem als Wandelgang für → Gebet oder Studium, in der Vergangenheit z. T. auch als Begräbnisstätte. In Romanik, Gotik, Renaissance und im Barock fand man für den K. jeweils eigenständige architekton. Lösungen. KHS

Lit.: R. Legler, Der K., 1989.

Kreuzzüge. Die große Bewegung des Mittelalters verbindet die (anstrengendste und daher heilbringendste Buß-)→ Wallfahrt nach Jerusalem mit der Heiligung des Krieges. Mit dem Aufruf zum K. 1095 verband Papst Urban II. das Ziel, die innere Bedrohung des Friedens durch militär. Gewalt abzuleiten und dabei gleichzeitig Kriege für die Christenheit führen zu können. Die Motive der Nachfolge Christi und der Hilfe für Brüder stellen die K. in eine Linie mit der Rechtfertigung des Krieges in der von Augustinus (354–430) christianisierten röm. Lehre vom gerechten Krieg (bellum iustum). Geistlicher und irdischer Lohn stehen in Aussicht durch (a) einen K.-Ablass von Sünden und (b) Beutebesitz. Für ein Jh. wurde Jerusalem zum christl. Königreich, nach zwei Jh.en endete die christl. Herrschaft in Palästina (1099–1291), nicht aber die K.-Bewegung. In der Formierung der Ritter als eigenem sozialen Stand warb → Bernhard von Clairvaux (*epistola* 363) für den Orient-K. und heiligte so das Töten und Sterben für die Religion. Das Ideal des christl. Ritters als Kreuzfahrer rechtfertigte militär. Gewalt; Bekehrungen waren nicht das Ziel. In den Nationalstaaten des 19. und 20. Jh.s diente die Bezeichnung K. der Aufforderung, sich einer Bewegung unter christl. Idealen und Zielen anzuschließen. CA

Lit.: C. Erdmann, Die Entstehung des K.-Gedankens, 1935. – S. Runciman, Geschichte der K., 3 Bde., 1957–60 (engl. 1950–54). – J. Riley-Smith, Illustrierte Geschichte der K., 1999 (engl. 1995). – C. Auffarth, Irdische Wege u. himmlischer Lohn. K., Jerusalem u. Fegefeuer in religionswiss. Perspektive, 2002, 210–52.

Kriegsrolle, eine in → Qumran gefundene Schriftrolle, die dezidiert den endzeitlichen Kampf zwischen den »Söhnen des Lichts« und den »Söhnen der Finsternis« (→ Licht/Finsternis) bzw. zwischen dem wiederhergestellten Israel und den Völkern oder Abtrünnigen schildert. Die Schrift gehört zu den deutlichsten Zeugnissen des qumran. → Dualismus. KVS

Lit.: P. R. Davies, The War Scroll from Qumran. Its Structure and History, 1977.

Krise. Der griech. Begriff der krísis (= Entscheidung) hat zum einen eine medizin. Bedeutung: Die K. einer Krankheit entscheidet, ob sie zum Tode oder zur Heilung führt. Die andere, religiöse Bedeutung bezieht sich auf das → Gericht am Ende der Zeiten, wenn der göttliche Richter über ewige Strafe oder ewigen Lohn entscheidet. Aus beiden hat sich der Begriff der histor. K. entwickelt, wie er etwa um 1900 in aller Munde war. Jede Zeit kann von einzelnen soziale Gruppen, deren Aufstiegschancen behindert sind (→ Herrschaft), als K. verstanden werden, die K. ist also ein Wahrnehmungsphänomen. → K.-Kulte (wie → Maji-Maji, Geistertanz und → Cargo) sind spätkoloniale Phänomene, in denen nativist. Bewegungen – religiös auf Unverwundbarkeit vertrauend – gegen ihre hochtechnisierten Kolonialherren kämpfen. → Mensch. CA

Lit.: R. Koselleck, Kritik u. K., Diss. 1959, [1]1973, [9]2001. – V. Lanternari, Religiöse Freiheits- u. Heilsbewegungen unterdrückter Völker, 1960. – L. Hölscher, Weltgericht oder Revolution, 1989. – C. Auffarth, Irdische Wege u. himmlischer Lohn, 2002, 210–52.

Krisenkulte, religiöse Bewegungen, die sich in Zeiten sozio-kultureller Krisen konstituieren. K. gehören in den Bereich eschatolog. Religion und versprechen ihren Mitgliedern, dass sie beim unmittelbar bevorstehenden Ende der Welt bzw. bei der göttlichen Neuordnung der Welt zum Kreis der »Auserwählten« zählen werden. K. werden meist von charismat. Führern gegründet und zwingen zur radikalen Veränderung der Lebenspraxis. Heute werden v. a. die durch kolonialen Kontakt ausgelösten → »Cargo-Kulte« Melanesiens als K. bezeichnet. → Eschatologie. SE

Lit.: L. Lindstrom, Knowledge and Power in a South Pacific Society, 1991. – M. Kaplan, Neither Cargo nor Cult, 1995.

Krishna (von sanskr. Kṛṣṇa = der Schwarze; andere Namen: Govinda, Kṛṣṇa-Gopāla, Bālakṛṣṇa), populärer hinduist. Gott, achte Erscheinungsform → Vishnus. Er gilt als Sohn des Vasudeva und der Devakī, ist der vergöttlichte Held der → Bhagavadgītā und des → Harivamsha und wird oft dargestellt als flötenspielender Hirtengott, der die Hirtenmädchen (Gopīs) verführt, unter denen Rādhā die begehrenswerteste war. Im → Mahābhārata und speziell in der Bhagavadgītā erscheint K. auch als Wagenlenker und Berater des Helden → Arjuna, den er zu begierdeloser Tat auffordert. Die devotionale K.-Frömmigkeit findet bes. in der → bhakti ihren Ausdruck. → Gītagovinda, → Gott, → Hinduist. Pantheon. AM

Lit.: M. Singer (Hg.), K.: Myths, Rites, and Attitudes, 1966. – D. Kinsley, Flöte und Schwert: K. u. Kālī, 1979 (engl. 1975). – U. Podzeit, Die Wandlung K. zum höchsten Gott, 1997.

Krishnamurti, Jiddu (1895–1986), neohinduist. Lehrer aus Madras, Südindien. Als Kind war K. einem der Leiter der Theosoph. Gesellschaft (→ Theosophie) wegen seiner spirituellen Begabung aufgefallen, worauf man ihm eine Ausbildung in Europa finanzierte. 1925 wurde er von den Theosophen zum neuen Messias erklärt und um seine Person ein eigener Orden gegründet. Bereits zwei Jahre später sagte er sich jedoch von den Theosophen los und wirkte bis zu seinem Tode äußerst erfolgreich als unabhängiger spiritueller Lehrer in Indien, Europa und den USA. Seine Philosophie war stark vom Gedankengut des → Advaita-Vedānta beeinflusst. HFT

Lit.: P. Jayakar, K.: A Biography, 1986. – H. Rodrigues, Insight and Religious Mind. An Analysis of K.s Thought, 1990.

Kshatriya (sanskr. kṣatriya), Angehöriger der Krieger- bzw. Herrscherklasse, der zweithöchsten Schicht der hinduist. Gesellschaftsordnung. → Hinduist. Gesellschaft. MAL

Kubaba, → Göttin aus Karkemiš, Nordsyrien, seit dem 14. Jh. v. Chr. in der → Hethit. Religion bezeugt. Von den Phrygern wurde K. im 1. Jt. mit einer lokalen Berggöttin gleichgesetzt und als »(Mutter) Kybele« verehrt. Über Phrygien gelangte die Kybele-Verehrung gemeinsam mit dem Attis-Kult als Mysterienreligion in den röm. Bereich. → Magna Mater, → Mysterien. MH

Lit.: J. D. Hawkins, K. at Karkemiš and elsewhere, in: Anatolian Studies 31 (1981), 147–75. – M. J. Vermaseren, Corpus Cultus Cybelae Attidisque I. Asia Minor, 1987. – L. E. Roller, In Search of God the Mother, 1999.

Kubera. (a) Hinduist. Gott des Reichtums, dargestellt als hässlicher Zwerg mit drei Köpfen, drei Beinen, acht Zähnen und einem Auge; (b) Hüter des Nordens. → Hinduist. Pantheon. AM

Kufr (arab. = Unglauben, abgeleitet vom Verb kafara = »verhüllen«). K. bezeichnet zunächst die Haltung all der Menschen, die nicht an den Einen Gott, an die Sendung → Muḥammads und an das Jüngste → Gericht glauben. Im Unterschied zur »Beigesellung« (→ širk) wird durch den Begriff k. kein bes. Glauben spezifiziert; vielmehr gilt er als Negation von (richtigem) Glauben (→ īmān). Was als Akt der Negation zu beurteilen sei, war Gegenstand grundsätzlicher Diskussionen islam. Juristen und Gelehrter. Die Grenzlinie zwischen k. und īmān hing v. a. davon ab, was als islam. definiert wurde. Der Minimalkonsens bestand darin, dass jeder, der einen der drei Glaubensgrundsätze (s. o.) negiert, ein Ungläubiger sei. Gelehrte der → Ǧahmīya hingegen schränkten k. auf die »Unwissenheit« in Bezug auf den Einen Gott ein, während einige Vertreter der → Murǧi'a k. auch auf das Nichteinhalten der religiösen Pflichten bezogen. K. konnte also nur denjenigen vorgeworfen werden, denen die Offenbarung Gottes bekannt war. K. wurde meist vierfach unterschieden: ob man (a) Gott leugnet (inkār), (b) Gott nicht anerkennt (ḥuǧūd), (c) Gott nur implizit anerkennt (muʿādana) oder (d) Glauben heuchelt (nifāq). Umstritten war, ob die → Ahl al-kitāb zu den Ungläubigen (kuffār) zu zählen seien. Die für k. bestimmte Strafe bezog sich meist auf das Jenseits (→ Ǧahannam); islam. Juristen sahen für k. keine spezielle Strafe vor, es sei denn, er äußerte sich in Vergehen gegen einzelne Rechtsvorschriften. RS

Lit.: M. R. Waldman, The Development of the Concept of K. in the Qur'an, in: Journal of the American Oriental Society 88 (1968), 442–55.

Kujiki, eine Variation der japan. Mythen- und Legendensammlungen → Kojiki und → Nihon Shoki, die vermutlich gegen Ende des 9. Jh.s verfasst wurde. MP

Kūkai (774–835), auch respektvoll als Kōbō Daishi oder unter Gläubigen als Daishi-sama bekannt. Er gilt nicht nur als derjenige, der den »esoter.« → Buddhismus aus China in Japan einführte, sondern wird auch als ein Wunder wirkender Held der japan. Kulturgeschichte verehrt. So wird ihm etwa, in einer vereinfachenden Sichtweise, die Erfindung der japan. Silbenschrift zugeschrieben. Außerdem soll er die große Pilgerfahrt zu 88 Tempeln auf Shikoku, der viertgrößten Insel Japans, begründet haben. Hier wird er überall zusätzlich zu dem Hauptbuddha in einer bes. Daishi-Halle angebetet. → Japan. Religionen. MP

Kuksu-Kult, Sammelbezeichnung für einen nordzentralkaliforn. Zeremonialkomplex, in dessen Rahmen der Schöpfergott (Pomo = Kuksu) u. a. übernatürliche Wesen durch maskierte Mitglieder eines Männerbunds verkörpert werden. Der K.-K., dessen Aktivitäten im Winterhalbjahr der → Initiation neuer Mitglieder und der Erneuerung der Welt dienen, hat sich zu Yuki, Miwok, Maidu, Patwin und Wintu verbreitet und dabei zahlreiche Varianten ausgebildet. Gemeinsam mit dem → Geistertanz wurde er 1872 zur Grundlage der Bole-Maru-Religion, deren Zeremonien unter Leitung von Träumern und v. a. Träumerinnen standen, die vom Schöpfer dazu instruiert worden waren. → Indian. Religionen. CFF

Lit.: E. M. Loeb, The Western Kuksu Cult, in: University of California Publications of American Archaeology and Ethnology 33 (1932), 1–137. – C. W. Meighan/ F. A. Riddell, The Maru Cult of the Pomo Indians, 1972.

Kult. I. Definition und Charakteristik. (1) Jede Religion besitzt neben einer Glaubenslehre auch hl. Handlungen, die als → Rituale, Riten, → Liturgien oder kultische Vollzüge bezeichnet werden. Wie Lehrsysteme und religiöse Literatur, ethische Lebensordnung, Entwicklung besonderer sozialer Rollen (Pfarrer u. ä.) und Gesellungsformen (Gemeinde, Bruderschaft) gehört der K. zu den grundlegenden Äußerungen einer Religion. Heute werden die Ausdrücke K., Ritual und Ritus oft ohne Unterschied verwendet. Es empfiehlt sich allerdings folgende Differenzierung: K. bezeichnet das gesamte rituelle Leben einer bestimmten Religion (der K. der kath. Kirche, des Hinduismus, der alten Ägypter). Ein Ritual ist ein kultischer Handlungskomplex (→ Handeln), der aus einem bestimmten Anlass durchgeführt wird (→ Gottesdienst). Als Ritus bezeichnet man den kleinsten Baustein eines Rituals. (2) Zum Verständnis eines Rituals ist die Bestimmung des Teilnehmerkreises von großer Bedeutung. Dabei lassen sich in der Regel Rituale unterscheiden, die für eine Gruppe der primären (Familie, → Verwandtschaftsgruppe) oder der sekundären Sozialstruktur (Gemeinde, Staat) durchgeführt werden. So werden im Christentum bestimmte Rituale v. a. in der Familie durchgeführt (etwa → Taufe und Hochzeit), während andere zur erweiterten Öffentlichkeit der Gemeinde gehören (Messe, Predigtgottesdienst). Dementsprechend lassen sich (a) Kleinkult der Familie und (b) Großkult (oder Hochkult) der umfassenderen Gruppe unterscheiden, so dass die Unterscheidung zwischen → Gemeinschaft und → Gesellschaft (F. Tönnies) hier ihre Entsprechung findet. Beide Formen von K. sollen das Wohlergehen der Gruppe sichern. Die auffälligste äußere Eigenart religiöser Rituale ist ihre Stereotypie. Die Anlässe zur Durchführung einer bestimmten rituellen Handlung sind ebenso festgelegt wie der Handlungsablauf selbst. Der Formalismus des Rituals wird an folgenden, häufig wiederkehrenden Merkmalen besonders deutlich: Gebrauch von festen Ausdrücken und Redewendungen (Beispiel: das »Amen« des christl. Gottesdienstes); Wiederholung gleich bleibender sprachlicher Äußerungen und Gesten; Präsentation vorgeformter und kontrollierter → Emotionalität, nicht Äußerung spontan auftretender Empfindungen. Formalismus und Formgebundenheit lassen das Ritual als zeitüberdauernd und gegen raschen Wechsel resistent erscheinen.

II. Typologie. Drei Arten von Ritualen sind in den Religionen besonders häufig anzutreffen: (a) soziale (ideolog.), (b) technolog. und (c) therapeut. Rituale. (a) Soziale (oder ideolog.) Rituale dienen dazu, das rechte Verhalten und Fühlen sowie die von einer Gesellschaft geschätzten → Werte zu stärken. Dazu gehören Übergangsrituale (→ rites de passage), die Rollenwechsel während des Lebenszyklus begleiten (Geburt, Erwachsenwerden, Eheschließung, Tod), sowie soziale Verstärkungsrituale, die den Glauben durch regelmäßige Ermahnung erneuern und stärken und so vor dem Verblassen bewahren (christl., jüd. und islam. Gottesdienst mit Predigt). (b) Technolog. Rituale dienen der Umweltbeherrschung. Beispiele sind jägerische und agrarische Riten, die der Erhöhung oder Sicherung des Erfolgs von Jagd (→ Jäger- und Sammlerkulturen) und → Ackerbau dienen oder – als apotropäische Riten – Schaden abwehren. (c) Therapeut. Rituale sind jene, die auf Heilung eines Kranken zielen. Solche Rituale werden vollzogen, um übernatürliche Veränderungen im Menschen und seiner Umwelt hervorzurufen (→ Arzt, → Magie).

III. Funktion. Fragt man nach der Funktion religiöser Rituale, so ist auf ihre tradierende und identitätsstiftende sowie ordnende Bedeutung (→ Orientierung) hinzuweisen. Rituale enthalten zahlreiche Mitteilungen über die Sozialstruktur und das → Weltbild der sie tragenden Gemeinschaft, sie stellen gleichsam ein Aufbewahrungsmedium – ein Magazin – für → Tradition und → Wissen dar. Wissensstoffe, Verhaltensweisen und Gefühle werden im und durch das Ritual der nachfolgenden Generation übermittelt. Rituale formen die → Identität der regelmäßigen Teilnehmer und sozialisieren sie (→ Sozialisation). Sie ordnen das Verhältnis der Mitglieder einer Gruppe untereinander, aber auch das Verhältnis einer Gruppe zu übernatürlichen Wesen und zur → Natur und werden häufig als notwendig angesehen, um die Abläufe der Natur in Gang zu halten. Nach A. Jensen sind Rituale von hervorgehobenen Persönlichkeiten der Frühzeit der Menschheit entworfene Handlungen, die der Form nach wiederholbare Spiele, inhaltlich aber »gestaltete Welterkenntnis« darstellen. BL

Lit.: A. E. Jensen, Mythos u. K. bei Naturvölkern, 1951. – B. Lang, Kleine Soziologie religiöser Rituale, in: H. Zinser (Hg.), Religionswissenschaft, 1988, 73–95. – R. A. Rappaport, Ritual and Religion in the Making of Humanity, 1999.

Kultbild. Während die monotheist. Religionen tendenziell ihren Kult bildlos (anikon.) feiern, gehört in polytheist. Religionen ein → Bild als Repräsentation des empfangenden Gottes in das Zentrum des Kultvorgangs. Die Polemik der anikon. Religionen gegen das K. trifft nicht oder nur bedingt, denn der Grad der Identifizierung von K. und Gottheit ist verschieden, selten ist eine Identität gedacht. Man spricht besser von einem Zeichen, das die Anwesenheit Gottes während des Kultes anzeigt: Präsenzmarker. → Baitylos, → Gottesvorstellungen. CA

Kultgeschichtliche Methode. Während die → Religionsgeschichte des 19. Jh.s vorwiegend philolog. orientiert war und das Wesen histor. Religionen deren schriftlicher Überlieferung entnehmen wollte, fragte die → Religionsgesch. Schule nach der Herkunft schriftlicher Zeugnisse aus dem Kult. Für die Vertreter der K. M. gilt der christl. Gottesdienst als Ursprungs- und Traditionsort der ntl. Abendmahlsberichte. Als Forschungsmethode ist die K. M. nach wie vor aktuell. BL

Lit.: C. Auffarth, Art. »K. M.«, in: HrwG 4, 1998, 15–16.

Kultort/Kultbauten. (1) Orte, an denen sich ein Kult manifestiert, sind in der Regel auf magische Weise »gefunden« – ein Vorgang, der meist durch eine Legende überliefert wird. Hervorragende Orte der → Natur, an denen sich → chthonische Götter an die Oberfläche gedrängt und in Höhlen oder Wasserfällen, auf Berggipfeln oder Bäumen nichtikon. manifestiert haben sollen, wurden im Zuge der Vereinnahmung durch eine Hochreligion mit anderen Namen und ikonograph. Zügen belegt und so integriert. (2) In einer weiteren Entwicklungsstufe erhalten die auf einen Punkt verdichteten Orte anfangs eine Orientierung durch geringe bauliche Maßnahmen und später eine Überbauung, so dass ein oft dunkler Innenraum (lat. cella, sanskr. garbhagriha) gegenüber einem offenen Kontinuum abgegrenzt ist. K. sind gegenüber der Umwelt herausgehoben, sie repräsentieren nicht selten eine ganze Landschaft oder prägen im Verein mit anderen Orten eine hl. Landschaft (→ heilig/profan). Sie sind deshalb Ziel von Pilger- oder → Wallfahrten zu bestimmten Gelegenheiten, die in der Ursprungslegende genannt sind und so Anknüpfungspunkte zu einem Erneuerungsritual bieten. Die → Architektur der Kultbauten hebt den → hl. Ort heraus aus einem tendenziell ungeordneten Kontinuum und überhöht ihn: Pagoden, Kirchtürme und Minarette markieren eine solche Überhöhung am deutlichsten. (3) In manchen Religionen ist der Kultbau zugleich Versammlungsort der Gemeinde und Ort der Sammlung des einzelnen oder einer klösterlichen Gemeinschaft. Manche Kultbauten wie etwa der buddh. stūpa Süd- und Zentralasiens bergen zwar Votivgaben, der Kult schreibt jedoch lediglich eine Umgehung vor. Der → Totenkult fördert in manchen Religionen die Anlage von Grabfeldern, in anderen den Bau von Mausoleen monumentaler Ausmaße oder großer Opferplätze (→ Azteken, → Inkas). → Grab, → Kaʿba, → Tempel. NG

Lit.: B. L. Molyneaux, Heilige Plätze, magische Orte, 2002 (engl. 1995). – C. Humphrey/P. Vitebsky, Sakrale Architektur, 2002 (engl. 1997).

Kultur (von lat. cultura = Anbau, Landwirtschaft, Ausbildung), ein hochkomplexer Begriff, dessen Verständnis sich im Laufe der Zeit und der wissenschaftlichen Forschung grundlegend gewandelt hat. (1) Während der Begriff der K. in der Antike meist mit der Idee der Erziehung und dem Inhalt von Lehren und Lernen in Verbindung gebracht wurde, wandelte er sich unter dem Einfluss der franz. und schottischen Aufklärung zu einem generellen Attribut des Menschseins. Bes. Bedeutung für eine Formulierung des modernen ethnolog. Konzepts kommt sowohl den Schriften → Vicos (*Scienza Nuova,* 1744) wie → Herders zu, die beide die Menschheit als kulturschöpferisch definierten, wobei Herder zusätzlich die für die moderne Ethnologie folgenreiche Auffassung von der Verschiedenheit und dem Eigenwert von Kulturen vertrat, also als Begründer einer Theorie der »ethnischen Differenzierung« gelten darf (Herder 1774, *Auch eine Philosophie der Geschichte zur Bildung der Menschheit*). (2) Während jedoch die → Aufklärung und die ihr folgende wissenschaftliche Behandlung von K. als differenzierendes Merkmal von Gruppen bis ins späte 19. Jh. grundsätzlich von einer Stufenleiter der K. ausgingen (so H. Spencer [1820–1903], L. Morgan [1818–81] und auch noch → Durkheim), in der eine der biolog. Evolution vergleichbare Zunahme von Komplexität und rationaler Ordnung in einer Hierarchie von Entwicklungsstufen verschiedener »K.« angenommen wurde, überwindet E. B. → Tylor diese vereinfachende Sicht durch die erste umfassende Definition in seinem Buch *Primitive Culture* (1871) – auf den Prämissen Bastians (1859) aufbauend, proklamierte er die Universalität und Gleichheit der kulturellen Schöpfungen ohne eine Unterscheidung von »zivilisiert« gegenüber »primitiv«: »K. oder Zivilisation – im umfassenden ethnolog. Sinn – ist jenes komplexe Ganze, das Wissen, Glauben, Kunst, Moral, Gesetze, Bräuche und alle anderen Fähigkeiten und Gewohnheiten umfasst, die Menschen als Mitglieder einer Gesellschaft erwerben«. (3) In Abgrenzung von der noch vorherrschenden Vorstellung evolutionärer Stufen formierte sich unter F. Boas (1858–1942), mit spezif. Rückbezug auf Herder, in den Vereinigten Staaten eine Schule der K.-Relativisten, die davon ausgingen, dass jede Ethnie eine eigene, originelle und klar abgrenzbare K. habe.

Daraus entwickelte sich die Forschungsrichtung der »Cultural Anthropology«, die bei verschiedenen Gruppen nach typischen K.-Mustern (»patterns«) suchte. Diese wurden jedoch unterschiedlich gefasst: als abstrahierende Generalisierungen eines »Superorgans« (beinahe im Sinne der Durkheim'schen »conscience collective«; Kroeber), als Ideen-Aggregat einer kollektiven Gruppe (Linton, Kluckhohn, Osgood) – eine Richtung, die noch in Geertz' Definition von K. als »Netzwerk von Bedeutungen« vorzufinden ist – oder mehr realist. als im sozialen Kontext erworbene habituelle Fähigkeiten (Boas, Sapir, Mead). Die letztere Richtung trifft sich mit der britischen Denkrichtung des → »Strukturfunktionalismus«, in der K. eher ein Attribut sozialer Strukturen darstellt, wobei K. sowohl als Handlungsanweisung als auch als eine Art »Bedürfnisbefriedigungsapparat« (»theory of needs«, → Malinowski 1944) verstanden wurde. Auf ähnlichen Durkheim'schen Prämissen aufbauend, machten sich Strukturalisten in Frankreich unter Einfluss der Saussure'schen Linguistik zur Aufgabe, universelle kognitive Strukturen zu entdecken, wie sie sich bes. in Mythen auffinden lassen (→ Lévi-Strauss). (4) In Abgrenzung von all diesen Vorstellungen hat sich durch den Einfluss postmoderner Philosophie, aber auch der Studien aus der Chicago-Schule zu »Subkultur« sowie der empir. Arbeiten der sog. Manchester-Schule über ethnisch nicht homogene Gesellschaftsformationen im urbanen Umfeld Süd-, Zentral- und Ostafrikas heute der Gedanke durchgesetzt, dass sich K. nicht auf Essenzen, Systeme oder Strukturen reduzieren lassen. Wenn K. jedoch nicht mehr länger als klar abgrenzbare, homogene und holist. soziale Systeme verstanden werden, wird der Begriff der K. an sich problemat. K. lässt sich dann nicht mehr von ihren Grenzen her begreifen, sondern wird einerseits als offenes Beziehungsnetz und kontingenter Diskurs entworfen, andererseits als performatives Auf- und Ausführen von strukturierten Dispositionen in einem Habitus verstanden, der jedoch erst in der Darstellung durch Handelnde zugleich aktiviert und verändert werden kann. KPK, UR

Lit.: A. Bastian, Der Mensch in der Geschichte, 3 Bde., 1859, ND 1968. – E. B. Tylor, Primitive Culture, 2 Bde., 1871 (dt. 1973). – F. Boas, The Mind of Primitive Man, 1911. – A. Kroeber, The Superorganic, in: American Anthropologist 49 (1917), 306–09. – M. Gluckman, Analysis of a Social Situation in Modern Zululand, in: Bantu-Studies 24 (1940), 1–30. – B. Malinowski, A Scientific Theory of Culture, 1944. – C. Lévi-Strauss, La Pensée Sauvage, 1962 (dt. 1968). – O. Lewis, The Culture of Poverty, in: Scientific American, 215(4) (1966), 3–9. – C. Geertz, The Interpretation of Culture, 1973 (dt. 1983). – P. Bourdieu, Sozialer Sinn 1987 (franz. 1980). – M. Sahlins, Islands of History, 1985.

Kulturheroen. Vorzeitwesen in menschlicher oder tierischer Gestalt, die sich durch bes. Fähigkeiten, Kräfte und Taten auszeichnen (→ Heroen), finden sich in zahlreichen Mythen weltweit (→ Mythos). Sie machen den Menschen die Erde bewohnbar, indem sie ihren → Raum gestalten, ihnen → Kultur, Institutionen und Nahrungspflanzen schenken. K. werden mitunter ambivalent beschrieben: sowohl schöpfer. kulturstiftend als auch eine ursprünglich vollkommene → Schöpfung zerstörend und verantwortlich für eine Welt des Mangels. Diese Ambivalenz kann ihren Niederschlag in den gegensätzlichen Gestalten eines mythischen Zwillingspaares finden. → Dema-Gottheiten, → Hainuwele, → Trickster. PJB

Kulturprotestantismus, zunächst polem. gebraucht, bezeichnet der Begriff die Form des → Protestantismus als staatstragender Religion des dt. Kaiserreichs vor dem Ersten Weltkrieg (→ Harnack). Dagegen erhob sich etwa die → Religionsgesch. Schule, → R. Otto. CA

Lit.: F. W. Graf, K., in: Archiv für Begriffsgeschichte 28 (1984), 214–68.

Kulturwissenschaft/Kulturwissenschaften, im Plur. Bezeichnung für eine fächerübergreifende Orientierungskategorie, die das Programm der Geistes- und Sozialwissenschaften prüft und fortführt. Im Sing. geht es in Deutschland seit den 80er Jahren des 20. Jh.s um die Etablierung eines universitären Fachs. Ihre Wirksamkeit verdankt die K. wesentlich der Synthese von sozialwissenschaftlichen Befunden mit dem Aufgreifen von Phänomenen des → Alltags.

I. Der begriffliche Ursprung der K. in der dt. Geistesgeschichte des 19. Jh.s. Die wissenschaftliche Selbstreflexion innerhalb des Paradigmas → Kultur beginnt im 19. Jh., initiiert durch M. Lazarus (1824–1903). Er fasst Kultur nicht mehr als Zivilisierung, sondern als zweite Natur und objektiven Geist auf; Material- und Alltagskultur werden als deskriptive, nicht als normative Kategorien verstanden. Der Einzelne und die Gesellschaft stehen in einem kulturellen Wechselverhältnis. Die Beschäftigung mit Gesetzmäßigkeiten wie der Verdichtung von Wissen (z. B. schulischer Lernstoff) und mit der individuellen Aneignung der Kultur geht auf Lazarus zurück. Um 1900 führten W. → Dilthey und G. → Simmel sein Wirken fort. In der abgrenzenden Konkurrenz zwischen → Natur- und Geisteswissenschaft bzw. in der Auseinandersetzung mit dem Relativismus des → Historismus stellte sich die Frage, ob innerhalb des Kulturlebens – vergleichbar mit der Situation in den Naturwissenschaften – objektive Fakten existieren. In neuer Perspektive beschreibt die K. Kultur als Symbolisierung von Sinn und als ganz eigenen Gegenstandsbereich. Abzugrenzen ist diese neue Tradition von der Kulturanthropologie (z. B. → Herder, Dilthey), die aus Kulturleistungen auf allgemein menschliche Fähigkeiten schließt, und von der Kulturphilosophie, die ausgehend von der Idee einer Kultivierung des Menschen deren Entwicklungsgesetze expliziert (Simmel, E. Cassirer, 1874–1945).

II. Der Einfluss unterschiedlicher Disziplinen auf internationaler Ebene. Aus der komplexen Geschichte der K. sei der Einfluss von Geschichtswissenschaft und Ethnologie (amerikan.-engl. = cultural anthropology) hervorgehoben. (1) Die amerikan. Wissenschaftstradition unterscheidet zwischen den naturwissenschaftlich-positivist. »sciences« und den hermeneutisch verstandenen »humanities«. Seit dem 20. Jh. bringt die American Anthropological Association (AAA, 1902; vormals American Ethnological Society, 1842) linguist., biolog., archäolog. und ethnolog. Ansätze zusammen (Vier-Felder-Praxis). Der dt., in die USA immigrierte Forscher F. Boas (1858–1942) und seine Schülerinnen R. Benedict (1887–1948) und M. Mead (1901–78) ersetzen Anfang des 20. Jh.s den Gesellschafts- durch den Kulturbegriff. Während des Zweiten Weltkriegs gelangen der franz. Strukturalismus (C. → Lévi-Strauss) und die engl. Sozialanthropologie (V. → Turner, M. → Douglas) verstärkt in die USA. Mit der Krise des Vietnamkriegs werden Themen aus den »humanities« intensiver diskutiert (z. B. → Medizin, → Gender, Visuelle → Anthropologie). In den 90er Jahren hat sich die AAA in über dreißig Gebiete entfaltet. (2) Von dieser Tradition zu trennen sind die 1963 im britischen Birmingham inaugurierten »cultural studies«. Sie erforschen aus einem polit., anti-elitären Selbstverständnis heraus fachübergreifend unterrepräsentierte Traditionen (z. B. »popular culture«) und entwerfen ausgehend von einer ursprünglich vom → Marxismus abgeleiteten kritischen Position postmoderne Theorien (z. B. zu → Rasse, Gender, Massenmedien). (3) Der amerikan. »New Historicism« sieht Geschichte, geprägt vom postmodernen Fragmentarismus, als unübersichtlichen Diskurs, der in seinem synchronen kulturellen Umfeld zu rekonstruieren ist (z. B. Shakespeares König Lear im Verhältnis zum damaligen psychiatr. Diskurs um Wahnsinn). So wird Literaturwissenschaft zu Kulturanthropologie. Ähnlich verfolgt die franz. »Histoire de Mentalité« (→ Annales-Schule) Geschichte als Veränderung von Mentalitäten, d. h. der Einstellungen zu Kulturfeldern wie Familie, Hygiene, Erwerb etc.

III. Das kulturwissenschaftliche Selbstverständnis der → Religionswissenschaft. In der Etymologie von Kultur (von lat. colere = agrarisch bebauen/kultisch verehren) sind → Ackerbau und Götterverehrung zusammengedacht; sie unterscheiden den Urmenschen vom Primaten. Erst Montaigne (1533–92) relativiert die zwischenzeitliche Selbsterhebung europ. Zivilisation (*Les cannibales*, 1580), und E. B. → Tylor erachtet wieder alle Artefakte und geistigen Produkte als Kulturleistungen (*Primitive Culture*, 1871). Die Religionswissenschaft teilt diese erarbeitete Perspektive. Sie fasst → Religion als Faktor von Kultur auf (→ Religion, Definitionen der) und profitiert von neuem kulturwissenschaftlichem Beschreibungsvokabular (z. B. Kulturmilieu, M. Riesebrodt). Religionsgesch. Material dient nun der Kulturanalyse: Aus ihm werden Genealogien von Konzepten wie → Natur, → Gewalt/Opfer, → Zeit und → Person gewonnen. Parallel zur Ausweitung von Religion zu einem kulturbedingten Konzept und der damit von manchen als Gefahr angesehenen kulturwissenschaftlichen Auflösung des Religionsbegriffs wird auch der Kulturbegriff neu gefasst. Kulturen gelten nicht mehr als fest umreißbare oder ethnische Größen, sondern als flexible Gebilde, die sich inmitten von Interferenzen und Translationen bilden und die durch Migration und gegenseitige Beeinflussung »dritte Räume« entstehen lassen. Mit dem Begriff »Hybride Kulturen« (v. a. Homi Bhabha, vgl. Bronfen) wird ein Konzept angesprochen, mit dem die Religionswissenschaft globale wechselseitige Rezeptionen nachzeichnet (z. B. die Rückwirkung einer rezipierten Religion aus der Fremdkultur in die Ursprungskultur). Zudem wirkt religionswiss. Reflexion auf die gelebten Religionen ein; kultureller Austausch hat aufgrund der hohen Vernetzung die Form eines Diskurses, eines offenen Feldes, angenommen. AK

Lit.: M. Riesebrodt, Kulturmilieu und Klassenkulturen, in: H. G. Kippenberg/B. Luchesi (Hg.), Lokale Religionsgeschichte, 1995, 43–58. – E. Bronfen u. a. (Hg.), Hybride Kulturen. Beiträge zur anglo-amerikan. Multikulturalismusdebatte, 1997. – H. Böhme u. a., Orientierung K., 2000. – H. G. Kippenberg, Was sucht die Religionswissenschaft unter den K.?, in: H. Appelsmeyer/E. Billmann-Mahecha (Hg.), K., 2001, 240–75. – M. Lazarus, Grundzüge der Völkerpsychologie und K. (1851–65), 2003.

Kumāra (sanskr. = Sohn, Prinz), Beiname → Skandas, des Sohnes von → Shiva. → Hinduist. Pantheon. AM

Kumārī (sanskr. = Mädchen, Jungfrau), Name → Devīs, in Nepal Bezeichnung für als → Göttin verehrte Mädchen. → Jungfräulichkeit. AM

Lit.: M. Allen, The Cult of K. Virgin Worship in Nepal, 1975.

Kumārila (7. Jh. n. Chr.), Vertreter der indischen philosoph. Tradition der → Mīmāmsā (→ indische Philosophie). Unter K. und dessen Schüler Prabhākara entwickelt sich die Ritualwissenschaft zu einem eigenständigen philosoph. System. JG

Lit.: J.-M. Verpoorten, Mīmāṃsā Literature, 1987.

Kumbhamela (sanskr. = Fest des Topfes), großes hinduist. Wallfahrtsfest, das alle drei Jahre abwechselnd in Hardwar, Prayaga (bei Allahabad), Ujjaini (Rajasthan) und Nasik (Mahārāshtra) gefeiert wird und bei dem zahlreiche Asketengruppen erscheinen. → Fest. AM

Kuna (auch Cuna, Eigenbezeichnung: Tule = Menschen), chibchasprachiges Volk in Panama und im nördlichen Kolumbien, in dessen Religion sich Elemente aus Mittel- und Südamerika verbinden. Die Erde entstand ihrer Auffassung nach durch die Verwandlung der Urmutter, die selbst von einem vermutlich androgynen Urwesen hervorgebracht worden war. Vier Weltzeitalter vor dem jetzigen endeten in Katastrophen wegen Verfehlungen der Menschen, die jeweils in → Tiere verwandelt, vernichtet bzw. in andere kosmische Regionen verdrängt wurden. Nach der letzten Sintflut kamen die Ahnen der K. vom Himmel herab, der wie die Erde aus acht Schichten besteht. Wichtige → Kulturheroen treten u. a. in den für Südamerika typischen Zwillingsmythen auf. Oberste Instanz ist jedoch der »große Vater«, heute meist mit dem christl. Gott identifiziert. Zentraler Begriff in der K.-Religion ist purpa, oft als → »Seele« übersetzt. Alles in der Natur besitzt purpa und damit wie der Mensch ein unsichtbares Doppel. Die → Jenseits-Reise des nele (= der die Geister sieht) wird von seiner purpa bzw. jener der beiden ihn vertretenden Holzfiguren (nelekan) durchgeführt. Sie dient der Rückholung der purpa eines Kranken, der Begleitung der purpa eines Toten oder einer → Initiation bei der wichtigen Mädchenweihe. IG

Lit.: T. Herrera Porras, Cuna Cosmology. Legends from Panama, 1978. – J. W. Helbig, Religion und Medizinmannwesen bei den Cuna, 1983.

Kundalinī (sanskr. kuṇḍalinī = Schlange), schlangenförmige »Energie«, die im tantrischen → Yoga erweckt wird (→ chakra, → Tantrismus). JG

Lit.: L. Silburn, Kuṇḍalinī, the Energy of the Depths, 1988.

Kunst (und Religion). Während K. nicht auf eine Beziehung zum Religiösen angewiesen ist, verhält sich keine Religion zu K. indifferent. Diese Asymmetrie gründet darin, dass Religion auf sinnliche Wahrnehmung angewiesen ist, um Abwesendes sichtbar zu machen (religiöse → Semantik). Die beiden extremen Pole im Verhältnis von K. und Religion sind Idolatrie und Ikonoklasmus (→ Bild). Die kulturgeschichtlichen Annäherungs- und Absetzbewegungen zwischen K. und Religion legen die Vermutung nahe, dass beide eine ähnliche Funktion bedienen: Sie bearbeiten → Kontingenz, indem sie Unbestimmbares in Bestimmtes überführen. Zugleich markieren sie die Unbestimmbarkeit von Welt, indem sie das Abwesende im Anwesenden appräsentieren und die Wirklichkeit auf diese Weise duplizieren; im Falle der K. durch den »Schein«, im Falle der Religion durch eine transzendente »Hinterwelt«. Der Unterschied zwischen beiden Bereichen liegt in den jeweiligen Symbolisierungsmodi. K. legt den Akzent auf den Symbolisierungsvorgang selbst (auf den sinnlichen Schein), thematisiert die Dignität der Vorläufigkeit ihrer Symbolisierungen (K. als »experimentelle« Erschließung von Wirklichkeit) und erzeugt daher in einem stärkeren Maße als Religion Traditionsbrüche und Innovationen. Die meisten Religionen reflektieren zwar tendenziell die Tatsache, dass ihre Symbolisierungen unzureichend sind (insbes. in ihren mystischen Varianten), stellen sie zumeist aber nicht zur Disposition, um den Charakter unbedingter Geltung der Verweisungsstruktur ihrer Symbole auf die appräsentierte Transzendenz hervorzuheben. Je stärker Religion einen immanenten Charakter annimmt (Weltfrömmigkeit), desto näher rückt sie an ästhet. Symbolisierungen. Umgekehrt nimmt K. dann einen religiösen Charakter an, wenn sie ihre Symbolisierungen mit unbedingter Geltung ausstattet (→ Sakralisierung). → Religionsästhetik. VK

Lit.: R. Faber/V. Krech (Hg.), K. und Religion. Studien zur Kultursoziologie und Kulturgeschichte, 1999.

Kusha-Schule → Nara-Buddhismus.

Kushinagara, buddh. Pilgerort im heutigen indischen Bundesstaat Uttar Pradesh, wo der Buddha 80-jährig verstarb (→ parinirvāna). → Raum. AM

Kustī und Sudra, Ritualgürtel bzw. -hemd der Zoroastrier. Nach Vollzug des → Naojote ist beides bei religiösen Handlungen zu tragen, rituelles Binden und Öffnen des K. hat reinigende Funktion. → Zoroastrismus. MH

Kybele → Kubaba.

Kyōto-Schule, informelle Bezeichnung für eine Reihe moderner japan. buddh. Philosophen, die nacheinander an der staatlichen Kyōto-Universität lehrten. Einerseits übernehmen sie Gedanken und Wortschatz verschiedener westlicher Philosophen, andererseits berufen sich ihre Werke auf Konzepte und Werte des → Zen- bzw. des Shin-Buddhismus. Der Begründer, Kitarō Nishida (1870–1945), galt als erleuchteter Zen-Buddhist und ist insbes. bekannt für seine »Logik des Ortes«, eine relativierende Denkweise im Sinne der »Selbstidentität der Widersprüche« des → Mahāyāna-Buddhismus. Hajime Tanabe (1885–1962) vertrat eine religiöse Philosophie der Umkehr, deren Wirkung durch eine transzendente »andere Kraft« (→ tariki) zustande kommt und deren Verwandtschaft mit dem Christentum ihm durchaus bewusst war. Als weitere Vertreter der Schule sind zu nennen: Yoshio Takeuchi, der die philosoph. Tradition im Sinne des → Shin-Buddhismus vertrat, Keiji Nishitani, der sich mit der Problematik des Nihilismus vom Standpunkt des Zen aus beschäftigte, und Shizuteru Ueda, der sich dem Vergleich zwischen Zen-Buddhismus und Meister Eckhart widmete. MP

L

Labyrinth (griech. labýrinthos; aus einer vorgriech. Sprache, oft mit lábrys = Doppelaxt verbunden). In den Mythen um Minos baut der erste Architekt Daidalos für den kretischen König einen Irrgarten, in dem das Ungeheuer Minotaurus wohnt. Der athen. Prinz Theseus, als Menschenopfer für den Minotauros gedacht, tötet das Mischwesen aus Stier und Mensch. Mithilfe des Fadens der Minos-Tochter Ariadne gelingt ihm der Rückweg aus dem undurchschaubaren Gebäude. Die Struktur der Labyrinthe lässt auf ein → Ritual schließen, in dem Jugendliche bei der Initiation einen Gruppentanz mit abwechselnd nach rechts und nach links schwingenden Bewegungen aufeinander zu tanzen. CA

Lit.: H. Kern, L., 1982. – P. Reed-Doob, The Idea of the L. from Classical Antiquity through the Middle Ages, 1990.

Lachen, außer bei einer physiolog. Reizung durch Kitzeln die subjektive Reaktion auf etwas objektiv Komisches. Was als objektiv komisch gilt, ist abhängig vom soziokulturellen Kontext. Die Bedingung für L. ist der Humor als Fähigkeit zur Wahrnehmung des Komischen. L. drückt nicht nur eine Gemütsverfassung aus, sondern kann auch zum Zweck der Spannungsentladung und -überwindung rituell eingesetzt werden sowie ein Indikator für religiöse Erfahrungen im Sinne des Verlachens der Welt sein. Als solches ist L. Bestandteil vieler Religionen, etwa innerhalb von Riten oder Kultspielen (z. B. im griech. Satyrspiel und als christl. Oster-L.) oder als religiöser → Scherz in der Volksfrömmigkeit. VK

Lit.: M. Apte, Humor and Laughter. An Antropological Approach, 1985. – I. S. Gilhus, Laughing Gods, Weeping Virgins. Laughter in the History of Religion, 1997. – P. L. Berger, Erlösendes L. Das Komische in der menschlichen Erfahrung, 1998 (engl. 1997).

Laien (von griech. laós = Volk). Die Unterscheidung zwischen Klerikern (→ Klerus) und L. beruht auf dem Vorgang der Professionalisierung der religiösen Spezialisten (→ Funktionär). Das ist bes. im Christentum der Fall. Der Begriff L. ist nicht im NT belegt, aber schon kurz vor 100 n. Chr. zuerst im 1. Clemensbrief 40, wo er komplementär zu »dem Hohen Priester, den Priestern und Leviten« steht. Der Rückgriff auf die jüd. Priesterämter begründet die Abwendung von dem apostolischen Modell der Gleichheit der Jünger in der Jesus-Bewegung und dem daraus hervorgegangenen »Priestertum aller Gläubigen« (Paulus, 1 Kor 12, vgl. 1 Petr 2; → Charisma). »Kinder und Erben« (Röm 8,17) sind entweder alle Christen oder nur die Kleriker (von griech. klēros = Erbe) im Unterschied zu den religiös nicht Eingeweihten. Schon in dem griech. Wort laós ist die doppelte Bedeutung angelegt: (Staats-)Volk als Souverän oder die sozial niedrigere Schicht unter der Elite. Während im Protestantismus das erste Modell hervorgehoben wurde – trotz der Professionalisierung des geistlichen Standes (Gegenbewegung im → Pietismus) –, überhöhte der → Katholizismus das Priesteramt. Auch auf dem Zweiten → Vatikan. Konzil wurde zwar das Laienamt gewürdigt, die exklusive Stellung der Priester aber nicht zurückgenommen (*lumen gentium* [1964] DH 4126). CA

Lit.: J. Mott, Liberating the Lay Forces of Christianity, 1932 (dt. 1951). – Y. Congar, Der Laie, 1957, ^{3}1964 (franz. 1953). – R. Zerfaß, Der Streit um die Laienpredigt im 12. und 13. Jh., 1974. – J. Moltmann, Kirche in der Kraft des Geistes, 1975, ^{2}1989. – L. Schorn-Schütte, Evang. Geistlichkeit in der Frühneuzeit, 1996.

Lakshmana (sanskr. lakṣmana = mit Glück verheißenden Zeichen versehen), Held des → Rāmāyana, jüngerer Halbbruder und Helfer von → Rāma. → Hinduist. Pantheon. MAL

Lakshmī (von sanskr. Lakṣmī), auch Shrī genannt, Göttin des Glücks und des Reichtums, Gefährtin → Vishnus. → Hinduist. Pantheon. AM

Lalitavistara (sanskr. = Beschreibung des Spiels), eine der bekanntesten Buddhalegenden, deren sehr alter, hīnayānist. Kern (ca. 2. Jh. v. Chr.) über Jh.e hinweg im mahāyānist. Sinne bearbeitet wurde. Die Darstellung idealisiert das Leben Buddhas und stellt es als Täuschung oder Spiel (→ līlā, lalita) zum Wohl aller Wesen dar. → Buddh. Literatur, → Hagiographie. AM

Lit.: S. Lefmann, L. (dt. Teil-Ü), 1874, ^{2}1908. – G. Bays, The Voice of the Buddha, 1983.

Lama (von tibet. bla-ma = der Höhere, Höhergestellte), Ehrentitel für einen »geistlichen Lehrer« im → tibet. Buddhismus. Der Titel wird gewöhnlich nach einer mehrjährigen geistlichen Ausbildung verliehen. Ohne den Beistand eines L. ist ein Beschreiten des tantrischen Pfades im tibet. Buddhismus nicht möglich. Das den L. mit seinem Schüler verknüpfende Band ist ein geistiges Vater-Sohn-Verhältnis (tibet. thugs-sras), welches im Leben des Schülers eine wichtigere Stellung einnimmt als die Beziehung zu seinem leiblichen Vater. Die Kontinuität der Lehrüberlieferung wird durch solche »Vater-Sohn«-Linien gewährleistet, die oft ununterbrochen vom 10. Jh. bis in unsere Zeit geführt werden und als Ausweis der Lehrauthentizität dienen. → Dalai Lama. KKP

Lit.: G. Samuel, Civilized Shamans. Buddhism in Tibetan Societies, 1995, 278–81.

Lamaismus, veraltete Bezeichnung für den → tibet. Buddhismus, von frühen Reisenden und Forschern v. a. in der Mongolei geprägt aufgrund der anscheinenden Omnipräsenz der → Lamas. KKP

Lamechlied, dem Urahn Lamech in Gen 4,23f. in den Mund gelegter Vers, der dem Gedanken der Blutrache Ausdruck verleiht. KVS

Lamm Gottes → Agnus Dei, → Opfer.

Langhausreligion (Seneca Gaiwiyo = die gute Botschaft), bei den Irokesen im nordöstlichen Nordamerika Bezeichnung für die vom Propheten Handsome Lake (Ganiodayo, 1735–1815) um 1800 reformierte und später kodifizierte traditionelle Religion, in deren Mittelpunkt der Dank an den Schöpfer und die Festigung der Gemeinschaft im Rahmen eines kalendar. Rituals stehen. Die L. ist eine Revitalisierungsbewegung, in der sich protestant. Ethos mit voreurop. Anschauungen verband. Christl. Elemente finden sich auch in der L. des nordamerikan. Plateaugebiets (auch Washat-Religion, nach Sahaptin wáashat = → Tanz), die um 1830 aus Erstfruchtriten entstand und ab 1850 durch den Wanapam-Propheten Smohalla (ca. 1818–ca. 1907) weiter verändert wurde. → Indian. Religionen. CFF

Lit.: A. C. Parker, The Code of Handsome Lake, the Seneca Prophet, 1913. – A. F. C. Wallace, The Death and Rebirth of the Seneca, 1969. – D. E. Walker, Jr./ H. H. Schuster, Religious Movements, in: Handbook of North American Indians 12 (1998), 499–514.

Lankāvatārasūtra (sanskr. Laṅkāvatārasūtra = Lehrtext von der Herabkunft [des Buddha] in Lanka), einer der wichtigsten Texte des Vijñānavāda-Buddhismus (→ Yogāchāra), vor der Mitte des 5. Jh.s entstanden. → Buddh. Literatur. AM

Lit.: D. T. Suzuki, Studies in the L., 1930. – K.-H. Golzio (Übers.), Die makellose Wahrheit erschauen [...]; das L., 1996.

Lao-tse → Laozi.

Laozi (Lao-tse) legendärer Patriarch des → Daoismus, dem die Abfassung des → Daode-jing zugeschrieben wird. Angeblich soll er ein Zeitgenosse des → Konfuzius und Archivar am Hofe des Königs von Zhou gewesen sein. L. wird in der Han-Dynastie vergöttlicht und Objekt eines Kults. MD

Lit.: F. C. Reiter, Leben u. Wirken Lao-Tzu's in Schrift u. Bild, 1990. – A. Seidel, La divinisation de Lao Tseu dans le Taoisme des Han, 1992. – F. C. Reiter, Lao-tzu zur Einf., 1994. – L. Kohn/M. LaFargue (Hg.), Lao-Tzu and the Tao-Te-Ching, 1998.

Laubhüttenfest → Sukkot.

Laylat al-barā'a (arab. = Nacht der Lossagung [von den Sünden]), islam. Feiertag, v. a. in Süd- und Südostasien in der 14. Nacht des 8. Monats des Mondjahres (Šaʿbān) begangen. Es wird um Vergebung für die Sünden der Toten gebetet und der Verzeichnung des Schicksals eines jeden Menschen gedacht. In der schiit. Tradition wird zudem der Geburtstag des zwölften Imams (→ šīʿa) gefeiert. RS

Laylat al-miʿrāǧ (arab. = Nacht der Himmelfahrt), am 27. Raǧab (7. Monat des Mondjahres) begangener islam. Feiertag, an dem der Himmelfahrt (miʿrāǧ) des Propheten → Muḥammad gedacht wird. RS

Laylat al-qadr (arab. = Nacht des [göttlichen] Beschlusses), heilbrigende (→ salām) islam. Feiernacht, vielleicht ursprünglich mit dem jüd. Versöhnungstag zusammenfallend und für gewöhnlich am 27. → Ramaḍān begangen, in der nach Sure 2/185 und 97/1 der → Koran offenbart wurde. RS

Leben, sowohl ein biolog. als auch ein geistig-kulturelles Phänomen. Vor und neben der wissenschaftlichen Befassung mit der biolog. Dimension von L. nimmt daher jede Kultur in irgendeiner Form auf L. Bezug. In den Religionen gilt L. – je nach Ausprägung der Vorstellung über die Autonomie des → Menschen – als unverfügbar oder jedenfalls nur im begrenzten Maße als verfügbar. A. Schweitzers (1875–1965) Formel der »Ehrfurcht vor dem L.« gilt prinzipiell für jede religiöse Auffassung vom L. Daher sind Anfang und Grenze des L. – also Geburt und → Tod – bes. religionsaffine Themen (inklusive ihrer Metaphorisierung wie z. B. Absterben des alten und Geburt des neuen Menschen). In der modernen Kultur übernehmen die »L.-Wissenschaften« tendenziell einen Führungsanspruch bei der Erklärung nicht nur des biolog. L., insofern alles L. auf biolog. Funktionen zurückzuführen sei. Die Auswirkungen dieser Tendenz insbes. für den Umgang mit Anfang und Ende des L. (etwa gentechn. und pränatale Techniken sowie Fragen der Euthanasie) lassen sich noch nicht absehen, werden aber mit zunehmendem Ruf nach einer »Anthropotechnik« umso folgenreicher sein. VK

Lit.: R. J. Kozljanic, Lebensphilosophie. Eine Einf., 2004. – S. P. Thoms, Ursprung des L., 2005.

Leben, ewiges, im Christentum höchstmögliche Steigerung des Seins zu einem der → Zeit und dem → Tod nicht mehr unterworfenen Leben in Gottes Nähe. Dieses Heilsziel (→ Heil) wird gemäß der → Christologie durch Christus vermittelt, der durch seinen eigenen Tod die → Erlösung aller Menschen ermöglicht hat, beim Endgericht (→ Gericht) aber auch als Richter fungiert. Das e. L. gilt nicht nur für den individuellen Menschen, sondern umfasst die gesamte Welt (→ Universalisierung). Demgegenüber existiert im Christentum auch die Vorstellung des ewigen Todes, der nicht in der Auslöschung, sondern in der ewigen Verdammnis des Menschen besteht, wobei strittig ist, ob eine ewige Verdammnis mit dem christl. Erlösungsgedanken vereinbar ist, der alle Menschen einschließt. Im Islam existiert ebenfalls die Vorstellung von einem Endgericht, nach dem der Mensch in das → Paradies oder in die → Hölle gelangt, je nachdem wie er sich auf der Erde bewährt hat. Auch das Judentum kennt die Vorstellung der Auferstehung vor dem Endgericht, die verbunden ist mit dem erwarteten Erscheinen des → Messias. Nach dem zyklischen Weltbild der meisten indischen Religionen vollzieht sich ein ewiger Wechsel zwischen Entstehen und Vergehen der Welt; eine dauerhafte Existenz kann es also nicht geben. Im Buddhismus gilt gerade das Nichtvorhandensein einer ewigen Existenz (→ anātman) als eines der drei Daseinsmerkmale allen Lebens, welches dem ständigen Wandel unterworfen ist. JBU

Lit.: J. N. Bremmer, The Rise and Fall of the Afterlife, 2002.

Lebenszyklus und L.-Rituale sind religionswiss. Begriffe für die Periodisierung individuellen menschlichen Lebens. Sie beruhen auf der Kreismetaphorik der → Zeit (→ Kreislauf), ihre Anwendung sollte aber andere Semantiken (→ Alter, Generationen, soziale Funktionen) nicht ausschließen. Die kulturelle (rituelle) Periodisierung individueller Entwicklungs- (oder neutraler: Alterungs-) Prozesse macht auf die starke, wenn auch kulturell sehr unterschiedliche Durchdringung von → Individuation und → Sozialisation aufmerksam. Während die Begriffe L.-Rituale und »Übergangsrituale« (→ rites de passage) den individuellen Pol betonen, stellen → Initiation und → Altersklasse soziale Funktionen in den Vordergrund. Alle Begriffe, zumal wenn sie (wie in den klassischen Studien) an einfach strukturierten Gesellschaften veranschaulicht werden, lassen leicht die großen Differenzen in der Behandlung der Geschlechter (→ Gender) und sozialer wie ethnischer Gruppen übersehen. Das röm. Adelsbegräbnis zeigt exemplar., dass L.-Rituale für → Geburt, Geschlechtsreife/Mündigkeit (→ Pubertät), → Ehe und Bestattung (→ Tod) keineswegs die Kontinuität der biolog. Ahnenreihe oder → Familie betonen müssen (s. Flaig). JR

Lit.: A. van Gennep, Übergangsriten, 1986 (franz. 1909). – U. Bianchi (Hg.), Transition Rites, 1986. – T. M. Falkner/J. De Luce (Hg.), Old Age in Greek and Latin Literature, 1989. – V. Reynolds/D. Tanner, The Social Ecology of Religion, 1997. – E. Flaig, Ritualisierte Politik, 2003, 49–98.

Leere → shūnyatā.

Leeuw, Gerardus van der (1890–1950), Professor für Religionswissenschaft in Groningen, entwickelte maßgeblich die → Religionsphänomenologie (»Einführung in die Phänomenologie der Religion«, 1925, das Handbuch »Phänomenologie der Religion«, 1933, ²1956). Sein Werk ist in die Debatte über Primitivismus und Irrationalismus nach dem Ersten Weltkrieg einzuordnen. → Religion. CA

Lit.: H. G. Kippenberg/B. Luchesi (Hg.), Religionswissenschaft u. Kulturkritik, 1991. – W. Hofstee, Goden en Mensen, 1997. – J. Waardenburg, G. v. d. L., in: A. Michaels (Hg.), Klassiker der Religionswissenschaft, 1997, 264–76, 398–99.

Legitimation (von lat. legitimus = gesetzmäßig, gesetzlich), allgemein die Begründung eigener Absichten mit Blick auf übergeordnete Interessen, insbes. der Nachweis des Herrschenden, die geforderten Bedingungen rechtmäßiger Herrschaft zu erfüllen. Der L.-Begriff stammt aus dem rechtspolit. Diskurs des 19. Jh.s und stand dort naturrechtlichen Begründungen polit. Herrschaft gegenüber. Nach M. → Weber erlangt eine Ordnung legitime Geltung durch → Tradition, emotionale Hingabe, den Glauben an die Ordnung als Ausdruck letzter verpflichtender Werte oder durch positive Satzung aufgrund eines legalen Verfahrens (Prozeduralismus). Die → Wissenssoziologie verbindet L. mit der Sicherung von Institutionen und sieht ihren Ort v. a. in der Primärsozialisation. Unterschieden werden (a) eine affirmativ-vortheoret., (b) eine implizit theoret., (c) eine explizit theoret. sowie eine (d) übertheoret. Ebene der L. Während die ersten drei Ebenen sich auf die Alltagswirklichkeit beziehen, verweist die vierte Ebene auf ein Symbolsystem außerhalb der Alltagserfahrung (z. B. Religion, Philosophie, Staatsdoktrin). Neben der religiösen L. weltlichen Handelns (göttliche Abstammung des Herrschers) kann auch religiöses Handeln der L. durch Qualifikation oder Charisma bedürfen. AKN

Lit.: M. Weber, Soziolog. Grundbegriffe, 1921, NA 1984. – P. Berger/T. Luckmann, Die gesellschaftliche Konstruktion der Wirklichkeit, 1966, ¹⁹2003.

Lehre, theolog.-reflektierende, wissenschaftliche und philosoph. Verständigungsform, die auf die Vermittlung von → Wissen, Kunstregeln und Fertigkeiten abstellt. Etabliert wird hiermit ein »Lehrer/in-Schüler/innen«-Verhältnis. Bes. in dogmazentrierten Auffassungen des Christentums (→ Dogma) wird der Lehre eine religiös konstitutive Funktion zugeschrieben. Dann bildet das Christentum unterschiedliche Formen des Unterrichts aus (Katechumenenunterricht u. a.; → Religionspädagogik) und versteht → Predigt als grundlegende gottesdienstliche L.

Auch theolog. Konzeptionen im Judentum und Islam führen zur Ausbildung eines entsprechenden religionsspezif. Schulunterrichts. Mit Alphabetisierung und allgemeiner Schulpflicht wird Lehren und Lernen nicht nur für bestimmte gesellschaftliche Eliten, sondern für alle Menschen verbindlich; eine gelegentlich kritisierte »Verwissenschaftlichung« der Gesellschaft tritt ein. Die Kritik daran scheint berechtigt, wenn alle gesellschaftlichen Probleme auf technische, durch Lernen und Lehren operationalisierbare Handlungsoptionen reduziert werden. Schon in der Antike und dann bes. durch → Schleiermacher wurde aber auch der Typus der Kunstlehre (griech. téchnē) verfochten: Auch wenn wissenschaftliche Disziplinen oder reflektierte Erfahrung ein lehr- und lernbares Regelwissen hervorbringen, garantiert dieses Regelwissen nicht die erfolgreiche Anwendung im Einzelfall. Zugleich zeigt die moderne Analyse des Wissens und Wissenserwerbs, dass Wissen prinzipiell fallibel ist und fortwährend revidiert werden muss. V. a. wissens-, dogma- und lehrzentrierte Konzeptionen von Religion geraten hierdurch in eine Krise. Red

Leib (von mittelhochdt. līp, līb = Leben, Körper, Magen), dient als Gegenbegriff zur → Seele bzw. wird als Medium subjektiven Erlebens dem objektiv vorhandenen → Körper gegenübergestellt. → Psychosomatik. SE

Leibniz, Gottfried Wilhelm Freiherr von (1646–1716), dt. Philosoph, Staatsmann und Universalgelehrter. Im Bemühen um eine überkonfessionelle theolog. Metaphysik vertrat L. in der *Theodicée* (1710) den Gedanken, dass ein guter → Gott diese Welt als die beste aller möglichen geschaffen habe. Denn Gott habe die Monaden als kleinste lebendige Teile des Weltganzen zu einem harmon. geordneten Kosmos abgestimmt (*Monadologie*, 1714). OK

W.: Sämtliche Schriften und Briefe (hg. von der Dt. Akademie der Wissenschaften zu Berlin), 1923ff.
Lit.: H. Holzhey/W. Sparn, L., in: Grundriss der Geschichte der Philosophie (begründet von F. Ueberweg). [Abt.] Das 17. Jh., Bd. 4, 2001, 995–1159.

Leiche. (1) Tote werden in der Regel für das → Jenseits (Jenseitsreise) rituell präpariert. Die L.-Behandlung kann in verschiedenen Formen geschehen: Waschung, Bemalung mit roter Farbe, Einbalsamierung, Mumifizierung oder Räucherung als Mittel gegen den körperlichen Verfall, Bekleidung, v. a. Beschuhung, Beigabe von Schmuckgegenständen, Salbgefäßen, Lampen, Bechern und Wegzehrung (letzte Ölung), Waffen, Geld (Totenmünze), Modellen von Barken (zur Überfahrt über den Totenfluss; Totenschiff) und Himmelsleiter, Spielzeug oder Texten, mit deren Hilfe sich der Tote helfen kann (vgl. die »Uschebti« der → Altägypt. Religion). Ferner wird die L. präpariert, um der → Seele den Austritt zu bahnen: in Indien wird der Schädel zerschlagen oder es werden »Fenster« und »Türen« geöffnet, in China wird ein Loch ins Hausdach (in die Schädeldecke) gemacht. Eine L.-Verbrennung (→ Feuer) soll den Toten über den Rauch den Weg zum Himmel bahnen. (2) Da L. meist als unrein, verunreinigend oder unheilvoll gelten, werden große Anstrengungen unternommen, um schädliche Einflüsse abzuwehren (→ apotropäisch) und zu verhindern, dass der Tote unbefriedet bleibt, nicht fortgeht oder wiederkehrt: so werden die Augen u. a. Körperöffnungen der L. verschlossen, sie wird verhüllt, möglichst fest eingesargt, zuweilen sogar am Sarg befestigt; die L. wird begraben (→ Grab), verbrannt (→ satī) oder wie bei den → Parsen den Vögeln zum Fraß hingelegt. (3) Auch bei L.-Prozessionen müssen Gefahren für die Verstorbenen und die Hinterbliebenen vermieden werden: daher werden L. auf ungewöhnlichen Wegen aus dem Haus geschafft, Wasser wird hinter dem Sarg her ausgeschüttet, ein Feuerbrand geschwungen oder lärmend musiziert, um auf die Prozession aufmerksam zu machen. → Körper, → Tod. AM

Lit.: → Tod.

Leiden, als religiös gedeutetes Leid die Voraussetzung jedes Heilsverlangens. → Heil/Leid. JS

Lessing, Gotthold Ephraim (1729–81), Bibliothekar in Wolfenbüttel, gehörte als erfolgreicher Dramatiker in Berlin dem Kreis um M. → Mendelssohn an. Sein Hauptwerk, das Drama *Nathan der Weise* (1779 gedruckt, 1783 uraufgeführt), ist eine Darstellung des Toleranzgedankens zwischen den drei monotheist. Religionen, die auf einen gemeinsamen Ursprung zurückgeführt werden. Die Schrift *Die Erziehung des Menschengeschlechts* (1780) entwirft paradigmat. eine Religion unter Bedingungen der → Aufklärung. Die Ideen des → Fortschritts, der → Entwicklung und der Geschichtsoffenbarung werden verbunden und die »Zeit eines neuen ewigen Evangeliums« (§ 86) angekündigt. Darüber hinaus wirkte diese Schrift stark auf die Popularisierung von Vorstellungen der → Reinkarnation in Europa. MB

W.: Werke, hg. v. W. Barner u. a., 12 (in 14) Bde., 1985–2003.

Levi, israelit. Priesterstamm, dessen namengebender Ahn einer der 12 Söhne → Jakobs gewesen sein soll (Gen 29,31–30,24). Ursprünglich wohl ein südpalästin. Sippenverbund, schloss sich L. dem David an, der sich die Unterstützung des Stammes für den Aufbau der neuen polit. Ordnung zunutze machte. Die → »Leviten« sind eine Rückprojektion aus späterer Zeit. → Altes Testament, → Apokryphen. KVS

Leviathan (hebr. liwjātān, wohl von semit. lawah = winden), atl. mythischer Drache, als Schlange oder Reptil dargestellt. Aus der kanaanäischen Religion, wo Baal als Bezwinger von Litanu/L. verehrt wurde, kommt die Gestalt als Meerungeheuer in die Bibel (Hi 40 und 41; Jes 27,1) und wird zusammen mit → Behemoth zu einem viel beachteten Dämon der jüd.-christl. Sagenwelt. → Altes Testament, → Apokryphen. KVS

Levirat (von spätlat. levir = Bruder des Mannes), die Schwagerehe, eine patriarchale Rechtssitte, wonach der Bruder eines kinderlos Verstorbenen pflichtgemäß dessen Witwe heiratet, um einerseits die Ehefrau zu versorgen, andererseits aber eine (männliche) Nachkommenschaft des Verstorbenen zu sichern (im Judentum z. B. Gen 38; Dtn 25,5–10). Dadurch werden Allianzen zwischen Verwandtschaftsgruppen gestärkt. Komplementäre Institution ist das Sororat: der Witwer heiratet eine (meist klassifikator.) Schwester seiner verstorbenen Frau. → Verwandtschaft. KVS, PJB

Lévi-Strauss, Claude (geb. 1908), franz. Ethnologe und Kulturtheoretiker. (1) Angeregt von den Linguisten F. de Saussure (1857–1913) und R. O. Jakobson (1896–1982), beeinflusste er maßgeblich die Entwicklung des franz. → Strukturalismus. Während eines Brasilienaufenthalts (1935–39) führten ihn Expeditionen zu Indianern des Mato Grosso. Die Eindrücke dieser Reisen wurden in seinem populärsten Werk *Tristes Tropiques* (»Traurige Tropen«, 1955) festgehalten. 1942–45 war er an der New School of Social Research in New York tätig, von 1959–82 lehrte er am Collège de France Sozialanthropologie, seit 1973 ist er Mitglied der Académie Française. (2) Sein erstes großes theoret. Werk *Les structures élémentaires de la parenté*, 1949 (»Die elementaren Strukturen der Verwandtschaft«, 1967) erklärt Heiratsregeln aus dem Strukturprinzip der → Reziprozität und des Frauentauschs. Ziel ist die Allianzen-Bildung sozialer Gruppen. Die dabei vorgenommene Reduktion der Frau zum Tauschobjekt und die Stilisierung des Mannes zum alleinigen Kulturträger wird von feminist. Seite kritisiert. (3) L.-S.' → Dekonstruktion des Totemismus (1962, → Totem) und seine Arbeit *La pensée sauvage*, 1962 (»Das wilde Denken«, 1968) verweisen auf eine Vielschichtigkeit sog. primitiver Mentalität, die dem Denken des modernen Menschen in nichts nachsteht. In seinem Hauptwerk *Mythologiques* (1964–71) stellt L.-S. Transformationsregeln dar, durch die aus einer vorgegebenen Mythe eine Vielzahl neuer mytholog. Erzählungen geschaffen werden können. → Mythos, → Verwandtschaft. PJB

W.: Les structures élémentaires de la parenté, 1949. – Tristes Tropiques, 1955. – Le totémisme aujourd'hui, 1962. – La pensée sauvage, 1962. – Mythologiques I–IV, 1964, 1966, 1968, 1971.

Lit.: M. Oppitz, Notwendige Beziehungen. Abriß der strukturalen Anthropologie, 1975. – R. Schugens/B. Sommerburg. Patriarchatsmagie. Zum Sexismus in der Theorie von C. L.-S., in: B. Kossek u. a. (Hg.), Verkehren der Geschlechter. Reflexionen u. Analysen von Ethnologinnen, 1989, 14–35. – E. Leach, L.-S. zur Einf., 1991.

Leviten, auf den Stamm → Levi sich zurückbeziehendes Kultpersonal am Jerusalemer Tempel, das bis zur Kultreform des → Josia mit ihrer Zentralisierung auf Jerusalem hin auch im gesamten Reichsgebiet als Priester auftrat (Ri 17,7–13) und für das JHWH-Orakel zuständig war (Dtn 33,8). Seit persischer Zeit nahmen L. nur mehr den eigentl. Kultdienst sowie priesterliche Hilfsfunktionen in Jerusalem wahr. Weiter waren sie als Musiker, Sänger und in Bereichen der Administration und des Bildungswesens tätig. Im röm.-kath. Kultus werden Diakon und Subdiakon als Assistenten beim Hochamt ebenfalls als L. bezeichnet. → Aaroniden, → Altes Testament, → Apokryphen, → Zadokiden. KVS

Lit.: A. H. J. Gunneweg, L. u. Priester, 1965. – A. Cody, A History of Old Testament Priesthood, 1969. – M. Goodman, The Ruling Class of Judaea, 1987. –

U. Dahmen, L. u. Priester im Deuteronomium. Literarkrit. u. redaktionsgeschichtliche Studien, 1996.

Leviticus, auf die Septuaginta (griech. leuitikón) zurückgehende lat. Bezeichnung des dritten Buchs Mose. Der Bezeichnung zufolge geht es in diesem Buch insbes. um göttliche Bestimmungen (→ Gebot), die den Leviten als priesterlichem Stamm im Zwölfstämme-Volk Israel auferlegt bzw. deren Einhaltung von ihnen zu überwachen sind. So enthält Lev 1–7 eine Opfergesetzgebung, Lev 8–10 eine Aitiologie der priesterlichen Leviten als »Söhne Aarons« und eine Beschreibung ihrer Selbstgefährdungen durch unautorisierte Opferpraxis. Wirkungsmächtig ist die Reinheitsgesetzgebung in Lev 11–15 (Speisegesetze; Körperflüssigkeiten). Insgesamt dürfte das Buch die nachexil. Selbstbeschreibung des Priestertums um den Jerusalemer Tempel widerspiegeln. Red

Lit.: R. Rendtorff, L. (Biblischer Kommentar AT, Bd. 3), 1985ff.

Lévy-Bruhl, Lucien (1857–1939), franz. Philosoph und Soziologe. Nachdem er sich mit Erkenntnisphilosophie beschäftigt hatte, wandte er sich unter dem Einfluss → Durkheims ethnolog. Fragestellungen zu (→ Religionsethnologie). L.-B. vertrat die Meinung, dass die religiöse Mentalität der »Primitiven« prälog. und mystisch sei und sich darin vom modernen Geist kategorial unterscheide (→ primitives Denken). HK

W.: La mentalité primitive, 1922 (dt. Ü. 1927).

Li (chin. = Riten, Sitte). Der klassische chin. Sittenbegriff ist ein zentrales Konzept des konfuzian. Gesellschaftsideals und Ethos. L. bezeichnet dabei nicht nur das korrekte sittlich-ethisch-soziale Verhalten, sondern begründet auch im religiösen Bereich die Notwendigkeit der Durchführung der Staats- und Ahnenriten (zum Bedeutungsspektrum von »Riten« vgl. → Liji). Ethisiert fordert L. von allen Individuen der Gesellschaft »Menschlichkeit« (chin. ren) und »Rechtmäßigkeit« (chin. yi), die sich in Verehrung gegenüber Höhergestellten und Verantwortung gegenüber Niedriggestellten äußert. → Chin. Religionen. MD

Libation (lat. libatio, griech. spondḗ, loibḗ, dt. Trankopfer). Eine Form des → Opfers, bei der rituell eine flüssige Materie (Wein, Öl, Milch, Honig, Wasser) aus bes. Kannen auf die Erde oder mit einer Opferschale ins Opferfeuer gegossen wird. Häufig ist die L. als ein Voropfer zu dem blutigen Tieropfer verstanden, sie kann aber auch ausschließlich ausgeübt werden, bes. als Opfer für die Toten oder Götter der Unterwelt (dann weinlos). CA

Lit.: S. Eitrem, Opferritus u. Voropfer der Griechen u. Römer, 1915. – F. Graf, Milch, Honig, Wein, in: Perennitas. FS A. Brelich, 1980, 209–21. – F. T. van Straten, Hierà kalà. Images of Animal Sacrifice in Archaic and Classical Greece, 1995, 31–52.

Liberalismus, als polit. Philosophie entstanden aus dem Bedürfnis der bürgerlichen Gesellschaft, einerseits die Freiheit/en ihrer Individuen zu sichern und andererseits die Autorität nationalstaatlicher Regierungen zu begründen. Nach J. → Locke, einem der Begründer des L., betrifft diese Autorität lediglich das Gewaltmonopol (Schutz des Lebens) und die gesetzliche Sicherung des Eigentums (Vertragsrecht), so dass bereits der »klassische« L. die Idee des »Minimalstaates« enthält, die dann später in England als Laissez-faire-Doktrin zum Merkmal des rüden »Manchester-L.« wird. Die Idee der gesellschaftsvertraglichen Grundlegung der bürgerlichen Freiheit innerhalb des Nationalstaates wirkt von J. J. → Rousseaus Lehre vom Gesellschaftsvertrag über I. → Kants Begründung der Freiheit und Autonomie des Individuums bis in zeitgenöss. Gesellschaftstheorien wie J. Rawls' (1921–2002) »Theorie der Gerechtigkeit«. In Deutschland war es v. a. W. von Humboldt (1767–1835), der die Locke'sche Vorstellung eines nichtdirektiven Staates in seiner Schrift über die »Grenzen der Wirksamkeit des Staates« weiterentwickelte. Die von Kant vorgedachte und von G. W. F. → Hegel philosoph. hergestellte Verbindung zwischen individueller Freiheit und ihrer Entfaltung in staatlicher Organisation (Preußen) endete für den dt. L. mit dem polit. Desaster von 1849. Im Verhältnis zu Religion und Kirche zeigt sich deutlich die aufklärerische Fundierung des L. – das Streben nach → Säkularisierung aller Lebensbereiche stand und steht der Einflussnahme der Kirche (insbes. der röm.-kath.) v. a. im Bildungs- und Erziehungswesen unversöhnlich gegenüber; Vernunftideal und persönliche Gewissensentscheidung können nach liberaler Auffassung Religion und christl. Moral ersetzen. → Aufklärung, → Politik. WR

Lit.: W. von Humboldt, Ideen zu einem Versuch, die Grenzen der Wirksamkeit des Staates zu bestimmen, 1792. – F. Neumann, Hb. polit. Theorien u. Ideologien, 1983. – J. Rawls, Die Idee des polit. L., 1994.

Liber pater → Dionysos.

Licht/Finsternis, religionsgesch. weit verbreitete Symbole, die jeweils kontextuell zu interpretieren sind. So kann die Aussage, dass der Gott Israels Licht wie Finsternis geschaffen habe, bei Deuterojesaja geradezu als Inbegriff des → Monotheismus gesehen werden (Jes 45,7), während die L.-F.-Symbolik in der → »Kriegsrolle« aus → Qumran eindeutig dualist. geprägt ist. So verhält es sich auch in apokalypt. und gnostischen Texten (→ Gnosis). Lange Zeit wurde die dualist. Wende in israelit.-jüd. Texten dem Einfluss des zoroastr. → Dualismus zugeschrieben; diese These wird heute nur noch selten vertreten. In der Regel wird in dualist. geprägten Texten die positive Seite des kontradiktor. Gegensatzes durch das L., die negative durch die F. dargestellt. Die L.-F.-Symbolik ist jedoch kein sicherer Hinweis darauf, dass eine Schrift oder bildliche Darstellung als »dualist.« zu verstehen ist. Gegenbeispiele neben der schon erwähnten Deuterojesaja-Stelle sind – gegen den Augenschein – das Johannesevangelium, aber auch Gen 1. Aufschlussreich ist zudem die mystische Position des → Dionysius Areopagita, der die (ersehnte) positive Seite des Gegensatzes mit vollständiger Dunkelheit bzw. F. gleichsetzt. Red

Lichtbefreiung, zentrales Theologumenon des → Manichäismus. Das göttliche Licht (→ Licht/Finsternis) wird zu Beginn der Kosmogonie in der Materie gefangen und gequält, bis es bei der endgültigen Erlösung am Weltende wieder zu seinem Ursprung zurückkehren kann; die Abfolge der einzelnen Schöpfungen, → Sonne, → Mond und Gestirne, aber auch bestimmte Pflanzen als Lichtträger und die Lebensführung jedes → Electus ermöglichen und fördern die L. MH

Lit.: K. M. Woschitz u. a., Das manichäische Urdrama des Lichtes, 1989.

Liebe, ein je kulturell ausgeprägtes Ideal von Lebensform und Interaktion; einer der jüd. und christl. → Gottesbegriffe; ein positiv erlebtes Gefühlsspektrum (→ Gefühle), das mit der Bedeutsamkeit des Geliebten (dem Selbst oder einem Anderen) korreliert und von Zuneigung, Bedürfnissen des Geschlechtstriebs, Feindesliebe bis zur Hingabe reicht. Ihre Selbstüberschreitung auf Nachkommen, Sittliches, Sozialität und Göttliches hin steht zwischen Scheitern (der → Moral durch Leidenschaft, → Sexualität durch Dominanz) und Glücken (→ Erlösung, → Sinn). → Mensch. AK

Liezi, dem Weisen Lie Yukou zugeschriebenes daoist. Werk, in dem – ähnlich wie im → Zhuangzi – Mythen und Legenden des Altertums im daoist. Sinne uminterpretiert werden. Im L. werden die später so populären daoist. Paradiese der Unsterblichen (xian) und der schamanist. anmutende ekstat.-mystische Himmelsflug erwähnt. → Daoismus. MD

Lit.: R. Wilhelm (Übers.), Liä Dsi. Das wahre Buch vom quellenden Urgrund, 1967.

Liji (chin. = Aufzeichnungen über die Riten), einer der fünf »Klassiker« (→ jing) der chin. Literatur. Kompiliert aus inhaltlich und zeitlich heterogenen Teilen enthält das L. im Wesentlichen Erörterungen über das rechte Verhalten und die Etikette des Menschen allgemein, des Edlen (junzi) oder Herrschers, aber auch des öffentlichen und privaten Bereichs insgesamt. Religiöse Passagen im L. betreffen die Opfer und die Seelenlehre. → Chin. Religionen. MD

Lit.: N. E. Fehl, Li: Rites and Propriety in Literature and Life: A Perspective for a Cultural History of Ancient China, 1971. – R. Wilhelm, Li Gi. Das Buch der Riten, Sitten u. Bräuche, 1981.

Līlā (sanskr. = Spiel). (a) Spieler. Weltschöpfung eines Gottes; (b) Spiel → Krishnas mit den → Gopīs; (c) → Fest (→ Rāmlīlā). AM

Lit.: B. Bäumer, Schöpfung als Spiel: der Begriff l. im Hinduismus, seine philosoph. u. theol. Bedeutung, 1969. – W. Sax (Hg.), The Gods at Play: L. In South Asia, 1995.

Liminalität (von lat. limen = Schwelle), Phase eines Übergangsritus (→ rites de passage) mit Inversion der alltäglichen Ordnung (→ Alltag) sowie veränderten Zuständen des → Bewusstseins. → Lebenszyklus, → Ritual. PJB

Lit.: V. Turner, Betwixt-and-Between: The Liminal Period in Rites de Passage, in: Ders., The Forest of Symbols, 1967, 93–111.

Lineage (engl.), Verwandtschaftsgruppe, deren Mitglieder in direkter Linie von einem gemeinsamen, bekannten Ahnen abstammen. Die → Genealogie ist in allen Zwischenstufen bekannt und präzise benennbar. Patri-L. umfassen die Nachkommenschaft eines Ahnherren. Die Zugehörigkeit leitet sich nur über die männlichen Nachkommen ab, d. h., die Nachkommen einer

Frau gehören stets zur L. des Ehemannes. Matri-L. beziehen sich auf eine Ahnin und die weibliche Linie der Nachkommenschaft. Eine Theorie der L. entwickelte sich hauptsächlich aufgrund von ethnolog. Forschungen in afrikan. Gesellschaften. Häufig zeigen sich allerdings nur L.-artige Abstammungskonstrukte. Insgesamt herrscht Uneinigkeit über die Wesensbestimmung von L. bis hin zu einem generellen Zweifel an dem Wert des Konzepts. (Kuper). L.-Gruppen festigen häufig rituell den Zusammenhalt durch das → Opfer für die Ahnen und das gemeinsame Mahl. Für alle Formen des → Ahnenkults ist die genaue Kenntnis der L. wichtig (→ Konfuzianismus, → chin. Religionen). Für die Schaffung kollektiver Identität von Religionsgemeinschaften ist die Ableitung bzw. Konstruktion von L. typisch. Die L., die sich verwandtschaftl. von Religionsstiftern, sakralen Königen oder Priestern herleiten, besitzen religiöse und weltliche Autorität (z. B. → Islam, → afrikan. Religionen). Eine ähnliche Funktion hat die Ableitung spiritueller L. von reliösen Lehrmeistern oder Reinkarnationen (→ Daoismus, → Buddhismus). In polytheist. Systemen werden die L. der Götter in → Mythologien überliefert. → Verwandtschaft. PJB

Lit.: A. Kuper, L. Theory: a Critical Retrospect, in: Annual Review of Anthropology 11 (1982), 71–95.

Lineares/zyklisches Denken, ein Gegensatz zweier Vorstellungen von → Zeit, den T. Bomann (*Das hebr. Denken im Vergleich mit dem Griech.*, 1952) mit großer Wirkung zur Kulturdifferenzierung (AT/Antike) verwendete. → Ewige Wiederkehr. JR

Lit.: H. Cancik, Die Rechtfertigung Gottes durch den »Fortschritt der Zeiten«, in: H. Gumin/H. Meier (Hg.), Die Zeit, 1983, 257–88.

Linga (von sanskr. liṅga = Zeichen, Merkmal, Phallus), phallisches Symbol und Zeichen von → Shiva, oft als Steinsäule bei Shiva-Tempeln zu finden. AM

Lingāyat (von sanskr. liṅgāyat), auch Vīrashaivas genannt, hinduist. Asketengemeinschaft, die von Basava im 12. Jh. gegründet wurde und hauptsächlich in Südindien verbreitet ist. Die Sekte lehnt das Kastensystem ab. Die Mitglieder tragen ein in ein Tuch gewickeltes kleines steinernes → linga, das sie an ihre → Shiva-Natur erinnern soll. → Askese. AM

Lit.: W. McCormack, L. as a Sect, in: Journal of the Royal Anthropological Institute 93.1 (1963), 59–71.

Liturgie (von griech. leitourgía = Dienst für die Gemeinde, → Gottesdienst). Der Ablauf/die → Performanz eines Gottesdienstes wird L. genannt, speziell die in der Agende festgeschriebene Ordnung des christl. Gottesdienstes ohne die freien oder wechselnden Elemente wie Lieder und Predigt (→ Messe). Der Begriff stammt aus den griech. und röm. Stadtstaaten, in denen die Reicheren verpflichtet waren, öffentliche Ausgaben, darunter auch Ausgaben für Kulte, durch L. zu finanzieren, die mehr und mehr den Charakter einer regelhaften Steuer annahmen. In den spezif. L. kommt die rituelle Abgrenzung der verschiedenen Kirchen deutlich zum Ausdruck: Gegen ein – ihrer Ansicht nach – formales Verständnis des rituellen Ablaufs der Gottesdienste drängte die Reformation, insbes. der Calvinismus, die festen Elemente (»die Zeichen«) zugunsten »des Wortes« zurück. Demgegenüber kam es in der kath. Kirche wiederholt zu L.-Bewegungen, die eben die Bedeutung der Rituale betonten. Das Zweite → Vatikan. Konzil führte zu einer stärkeren Beteiligung der Gemeinde an der L. der Priester. → Kult. CA

Lit.: F. Kalb, Grundriß der Liturgik, 1965 (Ders., Art. »L.«, in: TRE 21, 1991, 358–77). – B. Lang, Hl. Spiel. Eine Geschichte des christl. Gottesdienstes, 1998. – K. H. Bieritz, Liturgik, 2004.

Locke, John (1632–1704), engl. Philosoph, bedeutend für die Grundlegung des Empirismus sowie für die polit. Theorie des → Liberalismus; 1668 Mitglied der Royal Society; Lehrer und Ratgeber von A. A. Cooper, (Earl of Shaftesbury, 1671–1713), Begründer »aufgeklärter« Sittlichkeit und Moral. Nach Ende der engl. Restauration (»Glorreiche Revolution«, 1688/89) kehrt L. aus dem holländ. Exil nach England zurück, wo seine Widerlegung des ius divinum (Gottesgnadentum) der engl. Monarchie in den »Zwei Abhandlungen über die Regierung« 1690 anonym publiziert wird. Die darin formulierte Theorie des Gesellschaftsvertrags (2. Abhandlung) enthält die Grundlagen des bürgerlichen → Liberalismus: naturrechtliche Vernunft, vertragsrechtliche Begründung der Verfassung, individuelle Freiheit, Eigentumsrecht, Mehrheitsprinzip. L.s Hauptwerk ist der 1680 erschienene »Versuch über den menschlichen Verstand«, eine systemat. Untersuchung des Verstandes und der Vernunft mit dem (aufklärer.) Ziel des Beweises, dass »alles Wissen in sinnlicher Erfahrung begründet bzw. davon abgeleitet ist«. Weitere bedeutende Texte sind die »Gedanken über Erziehung« (1693), »Die Vernünftigkeit des Christentums« (1695) und drei Briefe über die Glaubensfreiheit; in diesen Schriften rechtfertigt L. im Sinne der → Aufklärung die Trennung von Staat und Kirche sowie die Freiheit und Individualität aller Entscheidungen in Glaubensfragen. Auf der Grundlage der Freiheit der Person und des Gewissens finden die Grundsätze des »gesunden Menschenverstandes« (common sense), der Mäßigung durch Vernunft und der → Toleranz in Glaubensfragen Anwendung. → Religionsfreiheit, → Religionsphilosophie. WR

W.: Zwei Abhandlungen über die Regierung, hg. von W. Euchner, 1977. – Essay über den menschlichen Verstand, übers. von C. Winckler, 1911/13, NA 1968, 1970ff.
Lit.: C. B. Macpherson, Die polit. Theorie des Besitzindividualismus, 1973. – W. Euchner, J. L. zur Einf., 1996.

Löwith, Karl (1897–1973), dt. Philosoph, während der NS-Zeit im Exil in Japan und den USA, seit 1952 in Heidelberg. L. kritisiert die Entwertung der Gegenwart durch die in der → Moderne verschärfte Orientierung auf und Sinngebung aus → Zukunft (→ Eschatologie), kann doch seiner Meinung nach erfüllte Gegenwart (Natur) nicht durch Negation (→ Nietzsche), sondern nur in Auseinandersetzung mit dem Geschichte-Haben des Menschen gewonnen werden. → Heilsgeschichte. JR

W.: SS, 9 Bde., 1981–88.
Lit.: B. Liebsch, Verzeitlichte Welt. Variationen über die Philosophie K. L.s, 1995.

Logos (griech. = Rede, Wort, Begründung, Lehre; seit der klassischen griech. Periode auch Bezeichnung für »Vernunft«). Insbes. in der Stoa (→ Stoizismus) wird der L.-Gedanke zu einer Konzeption der Weltvernunft ausgearbeitet. Dies kann im Konflikt mit der rhetor. Verwendung des Begriffs liegen, die mit Wahrscheinlichkeitsmodellen arbeitet. In Judentum (z. B. → Philo) und Christentum (z. B. Johannesevangelium) werden beide Seiten des Begriffs rezipiert, was zu einer jeweils stärkeren bzw. schwächeren Akzeptanz von Pluralität führt. Red

Lohn, im jüd. und christl. Kontext metaphor.-realist. Bezeichnung für das im Leben »erarbeitete« Heilsgut, das schon im Leben und/oder im Eschaton »ausgezahlt« wird (→ Eschatologie). Die wirtschaftliche Semantik eines Lohnverhältnisses wird auf das Verhältnis zwischen Gott und Mensch übertragen, insbes. Fragen der Erfüllung des → Gesetzes, aber auch bes. göttlicher Aufträge können so chiffriert werden. In der Idee des → Gerichts kann die gesamte Lebensführung in diesem Licht erscheinen und moral.-ethische Kritik (→ Kant) provozieren. → Religionsökonomie. Red

Lokale Religion, ein erst kürzlich in die religionswiss. Terminologie eingeführter Begriff, der das Verhältnis von übergeordneten Religionskonzepten – vorwiegend, aber nicht nur in Schriftreligionen – zur religiösen Praxis der Gläubigen in lokal unterschiedlichen Kontexten zu bestimmen versucht. Die Annahme einer einfachen Kausalität zwischen Anschauungsebene und Handlungsebene in den Religionen ist überholt. Die Fokussierung auf die L. R. trägt der Tatsache Rechnung, dass übergreifende Theologien nur bedingt in religiöses Handeln einfließen und dass die → Religionswissenschaft der Pluralität von religiösen Entwürfen und den Diskrepanzen innerhalb der Religionsgeschichte nur gerecht werden kann, wenn sie lokale Konzepte ins Kalkül einbezieht. Vermeintliche Diskrepanzen, etwa die Existenz von Magie in christl. Gemeinden oder – allgemein – von »synkretist.« Tendenzen, entpuppen sich dabei als Ergebnis präjudizierender Konzepte, während die Beachtung lokaler Religionsformen eine Vielfalt möglicher Praktiken offenbart, die alle als »echt« betrachtet werden können. KVS

Lit.: H. G. Kippenberg/B. Luchesi (Hg.), Lokale Religionsgeschichte, 1995.

Lokāyata (sanskr. = [Lehre von dieser] Welt als Basis), heterodoxe Tradition der → indischen Philosophie. Die materialist. Lehre verneint die Existenz von → Seele, → Jenseits und Wiedergeburt (→ Reinkarnation). Der L. erkennt lediglich sinnliche Wahrnehmung als gültiges Erkenntnismittel an. Die Literatur des L. ist weitgehend verloren, das System kann nur aus Widerlegungen und Polemiken rekonstruiert werden. JG

Lit.: W. Ruben, Materialismus im Leben des alten Indiens, 1935.

Loki (altnord.; Etymologie ungeklärt), vielschichtigster, aber auch negativster Gott der german. Mythologie. Die Quellen sind beschränkt auf die altnord. Literatur. Als Vater der Midgardschlange, des Fenriswolfs und der → Hel, die maßgeblichen Anteil an den → Ragnarök haben, sowie im Mythos von → Balders Tod zeigt sich L. als Feind der Götter. Er hilft ihnen auch aus manch schwieriger Situation. Nach de Vries handelt es sich bei L. um eine → Trickster-Gestalt mit der Doppelfunktion des → Kulturheros und Betrügers. Eine Parallelgestalt zu L. fand → Dumézil in Syrdon, einer mytholog. Gestalt der kaukas. Osseten. → German. Religion. US

Lit.: J. de Vries, The Problem of L., 1933. – F. Ström, L. Ein mytholog. Problem, 1956. – J. de Vries, L. und kein Ende, in: W. Rasch (Hg.), FS F. R. Schröder, 1959, 1–10. – G. Dumézil, L., 1959. – A. Holtsmark, L., in: MoM 1962, 81–89. – G. Dumézil, L., 1986.

Lotos-Sūtra (von sanskr. Saddharmapuṇḍarīkasūtra = Lehrtext vom Lotos des guten Gesetzes), frühes, um 200 n. Chr. entstandenes Mahāyānasūtra, einer der bedeutendsten und beliebtesten Texte des → Mahāyāna-Buddhismus. → Buddh. Literatur. AM

Ü.: H. Kern, The Saddharma or the Lotus of the True Law, 1884. – M. von Borsig, Buddhas erleuchtetes Erbarmen – aus dem L. (Auswahl), 1986. – M. von Borsig, Das L., 1992.

Lucifer (lat. = Lichtbringer, griech. phōsphóros), Übersetzung der Bezeichnung für den Morgenstern aus Jes 14,12–15, wo sich der L. über die anderen Sterne erhebt. Er hält sich für Gott gleich und wird dafür gestürzt. Die aufgehende Sonne, Gott, überstrahlt ihn. Der spätere Mythos vom Sturz des Engels, der sich dann als Teufel gegen Gott erhebt (→ Henoch; → Dualismus), beruft sich auf diesen Text als biblische Autorität. CA

Lit.: B. Janowski, Rettungsgewissheit u. Epiphanie des Heils, 1989. – M. Albani, Der eine Gott und die himmlischen Heerscharen, 2000. – C. Auffarth/L. T. Stuckenbruck (Hg.), The Fall of the Angels, 2004.

Luckmann, Thomas (geb. 1927), slowen.-amerikan.-dt. Soziologe. Er arbeitete eng mit P. L. → Berger zusammen, mit dem er 1967 an der New School for Social Research, New York eine wissenssoziolog. Theorie ausarbeitete (→ Wissenssoziologie). L. gilt als einer der Hauptvertreter der funktionalist. → Religionssoziologie, der Religion als die anthropolog. Fähigkeiten zur Transzendierung des biolog. Organismus definiert. Wichtig wurde sein Begriff der »unsichtbaren Religion«. HK

W.: The Invisible Religion, 1967 (dt. Die unsichtbare Religion, 1991).

Luhmann, Niklas (1927–98), Jurist und Verwaltungsfachmann, später Professor für Soziologie an der Universität Bielefeld. Er gilt als der wichtigste Vertreter einer soziolog. → Systemtheorie, die er in einer Reihe von Schriften auch auf die Religion anwandte (→ Religionssoziologie). HK

W.: Die Funktion der Religion, 1977. – Die Religion der Gesellschaft, 2000 [postum].

Lumbinī, buddh. Pilgerort im heutigen Nepal, an dem der histor. → Buddha geboren sein soll. AM

Lit.: M. Deeg, The Places where Siddharta Trod: L. and Kapilavastu, 2003.

Luohan (Kurzform von chin. Aluohan, Transkription von sanskr. → arhat [arahant]), ein buddh. »Vollkommener, Heiliger«. Der Begriff bezeichnet ursprünglich den religiösen Idealtyp des »Kleinen Fahrzeugs« (→ Hīnayāna) und wurde dann in China auf die L., zumeist direkte Schüler des Buddha → Shākyamuni, übertragen, die im chin. Buddhismus als Beschützer des → dharma (buddh. Lehre) auftreten. Ihre Anzahl wurde auf 500 festgesetzt. → Chin. Religionen. MD

Lit.: S. Lévi/E. Chavannes, Les seize arhat protecteurs de la Loi, in: Journal Asiatique 1916, 5–50 u. 189–304.

Luwisch-lykische Religion. Im Süden und Südwesten Kleinasiens lebte von der 1. Hälfte des 2. Jt.s v. Chr. bis in röm. Zeit eine luwischsprachige Bevölkerung, polit. meist in kleinere Fürstentümer gegliedert (während des 2. Jt.s z. T. abhängig vom Hethiterreich). Auskunft über ihre Religion geben v. a. hethit. und luwische Texte aus dem Hethiterreich sowie hieroglyphenluw. und lykische Inschriften des 1. Jt.s. Die ranghöchsten überregionalen Götter sind der Wettergott Tarhunt (bei den Lykiern Trqqaz) und der Sonnengott Tiwat. Bedeutsam sind ferner die Schutzgottheit Kurunta (1. Jt.: Runta), der Mondgott Arma und die in hellenist. Zeit manchmal mit Athena gleichgesetzte Maliya. Stärker auf den östlichen Bereich beschränkt ist Šanta, im hellenist. Kilikien mit Herakles gleichgesetzt. Seit mittelhethit. Zeit gehen von der l.-l. R. Impulse auf die → Hethit. Religion aus, v. a. magische Reinigungsriten, die in Arzawa (westliches Kleinasien) bzw. in Kizzuwatna im

Osten ihren Ursprung haben (auch im Kult in → Hattuša praktiziert). Tarhunt wird zunehmend dem hethit. Wettergott angeglichen. Die Kontinuität der Götter ins 1. Jt. zeigt – trotz lokaler Varianten – ein Weiterleben der Religion; im nordsyr. Raum kommt es zum Synkretismus mit religiösen Vorstellungen der → Aramäer, im Südwesten Kleinasiens zu Berührungen mit griech. Vorstellungen. Ungeklärt ist, inwieweit bekannte lykische Orakelzentren (z. B. Patara, Sura) ältere anatol. Praktiken der → Vorzeichenwissenschaft fortsetzen oder ob die lykische Praxis griech. Ursprungs ist. Nur andeutungsweise informiert sind wir über den Totenkult, der im Umfeld der Grabmonumente in Lykien und Karien ausgeübt wurde. MH

Lit.: F. Starke, Die keilschrift-luwischen Texte in Umschrift, 1985. – T. R. Bryce, The Lycians in Literary and Epigraphic Sources, 1986. – R. Lebrun, Problèmes de religion anatolienne, in: Hethitica 8 (1987), 241–62. – M. Popko, Religions of Asia Minor, 1995, 91–95, 163–80. – M. Hutter, Das Ineinanderfließen von luwischen u. aramäischen religiösen Vorstellungen in Nordsyrien, in: P. W. Haider u. a. (Hg.), Religionsgeschichte Syriens, 1996, 116–22. – M. Hutter, Aspects of Luwian Religion, in: H. C. Melchert (Hg.), The Luwians, 2003, 211–80.

M

Maat (altägypt. = lenken, richtig sein, richten, auch darbringen, opfern), Göttin der Wahrheit, des Rechts und der Weltordnung in der → altägypt. Religion. M. symbolisiert die Grundlage allen kosmischen und sozialen Lebens. Auf das Königtum bezogen bezeichnet M. die Gerechtigkeit als Fundament der Herrschaft; der Pharao muss immer wieder M. gegen Isfet, »das Unrecht«, durchsetzen. Ab der 18. Dynastie wird M. als »Tochter des → Re« bezeichnet, steht also mit dem kosmisch-solaren Prinzip und dem Königtum in direkter Beziehung, da der Pharao auch »Sohn des Re« ist. Laut Mythos entstand M. im Augenblick der Kosmogonie, die »geordnete« Welt von Diesseits und Jenseits kann ohne M. nicht existieren. Die Welt des Urgewässers Nun, des → Chaos, die bereits vor der Kosmogonie als Nichtsein existierte, umgibt weiterhin bedrohlich und regenerierend das Sein. Das Verständnis von M. als alles bewegender Kraft zeigt sich in dem Ausdruck, dass Götter wie Menschen »von der M. leben«. Das »Darbringen der M.«, bei dem der König in Kultszenen die Figur der Göttin einer Gottheit überreicht, stellt das höchste Opfer dar und ist Inbegriff jeder Kulthandlung. In gesellschaftlicher Hinsicht ist derjenige gerecht, der in Übereinstimmung mit der M. handelt. Das garantiert nicht nur das Gelingen eines sozialen Lebens im Diesseits, sondern bildet auch die Voraussetzung für das Leben im Jenseits. Im Totengericht wird das Herz als Sitz des Bewusstseins des Verstorbenen gegen die Feder der M. aufgewogen. M. ist der Schlüsselbegriff des altägypt. Weltbildes und verbindet in einzigartiger Weise menschliches Handeln und kosmische Ordnung miteinander. EH

Lit.: J. Assmann, Ma'at. Gerechtigkeit u. Unsterblichkeit im Alten Ägypten, 1990.

Macht. (1) Der M.-Begriff spielt in der klassischen Religionswissenschaft eine wichtige Rolle. Nachdem der angelsächs. Missionar R. H. Codrington (1830–1922) den melanes. Begriff → mana bekannt gemacht und als eine übernatürliche M. oder Wirkung interpretiert hatte, diente dieser Begriff R. R. Marett (1866–1943) zur Ausarbeitung der Präanimismus-Theorie und G. van der → Leeuw als Grundlage der Dynamismus-Theorie. Noch M. → Eliades Epiphaniebegriff birgt dynamist. Konnotationen. In seiner weitesten Bedeutung ist der M.-Begriff ein Äquivalent für »Lebensenergie« (→ Leben). (2) Während der M.-Begriff im religionswiss. Gebrauch aus der Objektsprache abgeleitet ist und ihr v. a. durch das Merkmal der Unpersönlichkeit verhaftet bleibt, versuchen soziolog. Ansätze, die soziale Genese von M. und ihre Bedingungen zu rekonstruieren. In diesem Sinn macht E. → Durkheim Begriffe wie → Totem und mana zum Gegenstand seiner Soziologie. Ihm zufolge reflektiert die Gesellschaft sich in Begriffen der M. und bestimmt sie religiös als »heilig«. M. → Weber definiert M. im Unterschied zu legitimer → Herrschaft als »jede Chance, innerhalb einer sozialen Beziehung den eigenen Willen durchzusetzen, gleichviel worauf diese Chance beruht« (*Wirtschaft und Gesellschaft*, 28). Die Unterscheidung zwischen M. und Herrschaft ermöglicht es, die Beziehungen zwischen polit. Herrschaftsstrukturen, ihrer religiösen Legitimierung und dem göttlichen Herrschaftsbereich zu untersuchen. VK

Lit.: É. Durkheim, Les formes élémentaires de la vie religieuse: le système totémique en Australie, 1912. – M. Weber, Wirtschaft und Gesellschaft, 1922, [5]1976. – B. Gladigow, Art. »M.«, in: HrwG 4, 1998, 68–77.

Maḏhab (arab. metaphor. = Weg; → šarīʿa, → ṭarīqa). Im engeren Sinne meint m. die Art und Weise, einem Traditionswissen zu folgen, und bezeichnet daher speziell eine der vier (oder fünf) anerkannten islam. Rechtstraditionen. Diese gehen auf einen Literarisierungsprozess (Ende 7. – Ende 8. Jh., → fiqh) zurück. Im Anschluss an die Begründung der Rechtstheorie (→ uṣūl al-fiqh) durch aš-Šāfiʿī (gest. 820, → Šāfiʿīya) wurden auch frühere Rechtstraditionen systematisiert und zu »Schulen« (= m.) zusammengeführt. Als anerkannte sunnit. m. gelten bis heute neben der Šāfiʿīya die → Ḥanafīya, die → Mālikīya und die → Ḥanbalīya. Die zwölferschiit. Rechtstradition wird von einigen unter dem Namen Ǧaʿfarīya als fünfter m. anerkannt (→ šīʿa). RS

Lit.: C. Melchert, The Formation of the Sunni Schools of Law, 9th–10th Centuries C. E., 1997.

Madhva (ca. 1238–1317), südind. Begründer des theist. »Vedānta der Zweiheit« (dvaitavedānta). Die strikte Trennung zwischen unabhängigem Gott (→ īshvara) und von ihm abhängiger Welt unterscheidet M.s Lehre vom monist. Vedānta → Shankaras und → Rāmānujas. → Indische Philosophie. JG

Lit.: B. Heimann, M.s (Ānandatīrthas) Kommentar zur Kaṭhaka-Upaniṣad, 1922.

Madhyamaka/Mādhyamika (sanskr. = Schule des Mittleren Weges). (a) Bezeichnung für den Mittelweg des Buddha Shākyamuni (→ Achtgliedriger Weg); (b) die neben dem → Yogāchāra wichtigste philosoph. Schule des → Mahāyāna-Buddhismus, begründet von → Nāgārjuna; auch Shūnyatāvāda (sanskr. = Lehre von der Leerheit, → shūnyatā) genannt. Der Name der Schule bezieht sich auf ihre mittlere Haltung gegenüber den Erscheinungen der Welt, da sie weder ihre Existenz noch ihre Nichtexistenz anerkennt. Stattdessen führt der M. sie auf sich gegenseitig bedingende Phänomene zurück, die vorübergehend sind und keine (dauerhafte) Existenz besitzen. Da somit der Erscheinungswelt nur eine relative Wahrheit zukommt, entsteht eine Hierarchie der Wahrheiten. Durch die Erkenntnis der höchsten Wahrheit als Leerheit (shūnyatā) kann die Erscheinungswelt überwunden werden. → Heil. AM

Lit.: T. R. V. Murti, The Central Philosophy of Buddhism, 1955. – D. Seyfort Ruegg, The Literature of the M. School of Philosophy in India, 1981. – G. M. Nagao, M. and Yogācāra, 1991.

Madrasa, islam. Unterrichtsstätte für die höhere Bildung v. a. im Bereich des Rechts (→ fiqh), des → ḥadīṯ, der Theologie (→ kalām), der Logik, der Sprachwissenschaften und der Rhetorik. Die M. entwickelte sich im 11. Jh. zu einer mit einer → Moschee eng verbundenen sozialen Institution, die stark auf die Kanonisierung des islam. religiösen Wissens und die Ausgestaltung der islam. Scholastik einwirkte. Andere Formen der Vermittlung eines Bildungskanons wurden aber auch außerhalb der M. gepflegt, was v. a. in der Neuzeit zu einem Prestigeverlust der M. führte. RS

Lit.: G. Makdisi, The Rise of Colleges: Institutions of Learning in Islam and the West, 1981. – Ders., The Rise of Humanism in Classical Islam and the Christian West: With Special Reference to Scholasticism, 1990.

Mänaden (von griech. mainádes = »verrückte«, ekstat. handelnde Frauen im → Dionysos-Kult). Ihr Kult ist Thema der *Bákchai*, einer Tragödie des Euripides 404 (?) v. Chr. CA

Lit.: E. R. Dodds, Euripides' *Bacchae*, 1944, [2]1960. – R. Seaford, Euripides' *Bacchae*, 1995. – K. Clinton, Art. »Bakchos«, in: DNP 2, 1997, 408–11. – T. Heinze, Art. »M.«, in: DNP 7, 1999, 639–41.

Märchen (von althochdt. māi, mittelhochdt. maere = Bericht, Nachricht), eine Gattung von Erzählungen, die an einem fiktiven Beispiel Verhaltensweisen in der Gesellschaft als gut oder böse bewerten. Die Hauptpersonen ermöglichen es als Muster falscher/richtiger Taten, eine selbst erlebte Situation einzuordnen. Die Bewertung als »einfache Form« (→ Form- und Gattungsgeschichte) ordnet das M. der vorliterar. Volkserzählung zu, die statt eines Autors den Charakter des Volkes erkennen lässt, das als Kollektiv das M. verfasst hat. Das ist im Sinne J. G. Herders (1744–1803) eine positive Bewertung der Gattung. Eine andere Einschätzung setzt ihren Wert tiefer als den von Literatur, der sie allenfalls als Erzählstoff zugrunde liegt. Schließlich wird – gerade für hl. Schriften – die Glaubwürdigkeit der M. negativ bewertet. Im 19. Jh. wurde die Volkstümlichkeit des M. insbes. durch die Brüder J. und W. → Grimm stilisiert, während sie die meisten ihrer *Kinder- und Hausmärchen* (1812) einer franz. Sammlung von literar. »Kunstmärchen« entnahmen. Die Erforschung einer begrenzten Anzahl von Erzählmotiven (M.-Typen) weltweit führt zu der Annahme eines Musters von Zauber-M. (Propp; Burkert), die auf einen Urtyp (Archetypus) zurückzuführen bzw. in der Humanethologie eines rituellen Verhaltens begründet seien, oder zur Annahme einer Gleichwertigkeit aller Varianten eines M. (→ Lévy-Strauss). → Mythos. CA

Lit.: A. Aarne, Verzeichnis der M.-Typen, 1910. – V. Propp, Morphologie des M., 1969 (russ. 1928). – A. Jolles, Einfache Formen, 1939. – R. W. Brednich (Hg.), Enzyklopädie des M., ca. 12 Bde., 1977–2009. – W. Burkert, Structure and History, 1979. – C. Auffarth, Der drohende Untergang, 1991, 345–85.
Zs.: Fabula.

Märkabah (hebr. mærkabā = Thronwagen), ein Begriff der jüd. → Mystik, der auf die Thronwagenvision des → Hesekiel zurückgeht (Ez 1,4–28). Dieser beschrieb den Thron Gottes als flankiert von vier geflügelten Lebewesen, auf augenbesetzten Rädern etc., wobei Anleihen aus Mythologie und Astrologie unverkennbar sind. In Spätantike und Mittelalter wurde der Aufstieg zur Schau der M. (→ Jored M.) zu einem zentralen Anliegen jüd. Mystik. Nicht nur die → Hechalôt-Mystik war davon geprägt, sondern auch die rabbin. Tradition wusste um die Geheimnisse der M.: »Man legt über Unzuchtsfälle nicht vor Dreien aus, über das Schöpfungswerk nicht vor Zweien und über die M. nicht vor Einem, es sei denn, er ist weise und versteht von selbst« (Mischna Chagiga 2,1). Der sog. *maᶜᵃssæ mærkabā* (»Das Werk der Märkabah«) stellt den Namen Gottes, die Engel und ihren himmlischen Lobpreis sowie das Gebet als Mittel der menschlichen Himmelsreise ins Zentrum. KVS

Lit.: G. Scholem, Jewish Gnosticism, Merkabah Mysticism, and Talmudic Tradition, 1960, ²1965. – I. Gruenwald, Apocalyptic and Merkavah Mysticism, 1980. – D. J. Halperin, The Merkabah in Rabbinic Literature, 1980. – D. J. Halperin, The Faces of the Chariot. Early Jewish Responses to Ezekiel's Vision, 1988. – P. Schäfer, Der verborgene u. offenbare Gott. Hauptthemen der frühen jüd. Mystik, 1991, 74–91. – M. D. Swartz, Mystical Prayer in Ancient Judaism. An Analysis of Ma'aseh Merkavah, 1992. – N. Deutsch, The Gnostic Imagination. Gnosticism, Mandaeism, and Merkabah Mysticism, 1995.

Märtyrer/Martyrium (von griech. mártys = Zeuge). Aus griech. Vorbildern entwickelte sich im hellenist. Judentum der Makkabäerzeit (175–163 v. Chr.) die Idee einer bes. Belohnung derer, die für die Gemeinschaft sterben (in der englischsprachigen Forschung: effective death). Hohes Risiko wird mit hoher Ehre ausgelobt, zunehmend außerird. Im Unterschied zu »gewöhnlich« Gestorbenen werden M. sofort in den Himmel aufgenommen und liegen dort unter dem himmlischen Altar (Apk 6,9). Daraus leitet sich die kath. Regel ab, in jeden Altar ein Stück (Reliquie) eines M. einzufügen. Zunächst wird der Lohn nur den militär. Kämpfern des Hl. Krieges zugesprochen, dann werden ihnen diejenigen gleichgestellt, die »mit ihrem Blut (Leben) die Religion bezeugt« haben (Bernhard von Clairvaux, *ep.* 98). Ihr »Opfer« nützt den Überlebenden (→ Heiliger). Der Begriff Martyrium ist auch außerhalb der engeren jüd.-christl. Tradition für den religiös motivierten Tod zu verwenden. Für den islam. Bereich: → Šahīd. CA

Lit.: J. W. van Henten/B. A. G. M. Dehandschutter u. a. (Hg.), Die Entstehung der jüd. Martyriologie, 1989. – T. Baumeister, Altkirchliche Theologie des Martyriums, 1991 (Quellen). – P. Gerlitz, Art. »M.«, in: TRE 22, 1992, 196–202. – C. Butterweck, Martyriumssehnsucht in der Alten Kirche?, 1995. – J. W. van Henten, The Maccabean Martyrs as Saviours of the Jewish People, 1997. – C. Auffarth, Irdische Wege u. himmlischer Lohn, 2002. – F. Pannewick, Martyrdom in Literature, 2004.

Magi, ursprünglich im medischen Bereich beheimatete → Priester, die mit Verbreitung des → Zoroastrismus in Westiran in diese Religion integriert wurden. Bis in die Sasanidenzeit bestanden Spannungen zu den ostiran. Aēthrapaiti-Priestern, ehe der magu-paiti (→ Mo[w]bed), der »Herr der Priester«, den Vorrang gewann. Das erbliche Priesteramt leidet derzeit z. T. an Bildungs- und Nachwuchsmangel. → Magier. MH

Lit.: J. J. Modi, The Religious Ceremonies and Customs of the Parsees, 1937, ²1995, 187–98. – F. Kotwal, Initiation into Zoroastrian Priesthood, in: J. Duchesne-Guillemin u. a. (Hg.), A Green Leaf, 1988, 299–307. – A. de Jong, Traditions of the Magi, 1997, 387–414.

Magie (griech. mageía, lat. magia), umstrittener Begriff der Religionswissenschaft, dessen Genese sich aus der griech.-röm. Antike herleiten lässt. (1) Nach zahlreichen Versuchen, die M. von der Religion abzutrennen oder eine Entwicklung der Religionsgeschichte von »magischen« zu »religiösen« oder auch »wissenschaftlichen« Stufen zu konstruieren, betrachten viele Wissenschaftler heute die M. als eine bestimmte Konzeption von Wirklichkeit, die stets fester Bestandteil religiöser Ausdrucksformen war. M. konzeptualisiert die Welt als ein energet. verbundenes Netz von Erscheinungen, in das durch geeignete Maßnahmen und → Rituale eingegriffen werden kann. Aus dieser Sicht ist die M. gekennzeichnet durch (a) die Annahme eines inneren, symbol. oder »feinstofflichen« Zusammenhangs der Dinge und (b) die zielgerichtete Orientierung (nicht nur) religiösen Handelns. (2) Während sich die M. in traditionellen Kulturen oft mit animist. oder dynamist. Konzepten verband, bildete sie in Europa seit Mittelalter und Renaissance mit naturphilosophischen und wissenschaftlichen Konzepten (magia naturalis) eine feste Einheit. Unter bewusster Anwendung des Entsprechungsdenkens (→ Mikrokosmos/Makrokosmos) zwischen den Wirklichkeitsebenen versucht der → Magier, sich mit den angestrebten Kräften sympathet. zu verbinden. In diesem Sinne ist M. eher Bewusstseinsfokussierung als eine simple Technik, die automat. zum Erfolg führen wird. Wesentliche Hilfsmittel der M. sind → Gebete, hl. Namen, → Amulette, Räucherungen etc., die liturg. zu einem Ritus verbunden werden. → Esoterik, → Okkultismus. KVS

Lit.: Forschungsüberblick: L. Petzoldt (Hg.), M. u. Religion. Beiträge zu einer Theorie der M., 1978. – H. G. Kippenberg/B. Luchesi (Hg.), M. Die sozialwissenschaftliche Kontroverse über das Verstehen fremden Denkens, 1978, ^{2}1995.
Neuere Forschung: S. J. Tambiah, Magic, Science, Religion and the Scope of Rationality, 1990. – V. Flint, The Rise of Magic in Early Medieval Europe, 1991. – M. Meyer/P. Mirecki (Hg.), Ancient Magic and Ritual Power, 1995. – F. Graf, Gottesnähe u. Schadenzauber. Die M. in der griech.-röm. Antike, 1996. – P. Schäfer/H. G. Kippenberg (Hg.), Envisioning Magic, 1997. – C. A. Faraone, Ancient Greek Love Magic, 1999. – A. Grafton/M. Idel (Hg.), Der Magus. Seine Ursprünge u. seine Geschichte in verschiedenen Kulturen, 2001. – J. N. Bremmer/J. R. Veenstra (Hg.), The Metamorphosis of Magic from Late Antiquity to the Early Modern Period, 2002. – B. Meyer/P. Pels (Hg.), Magic and Modernity: Interfaces of Revelation and Concealment, 2003. – Versch. Autoren, Art. »Magic«, in: W. J. Hanegraaff u. a. (Hg.), Dictionary of Gnosis and Western Esotericism, 2005, 716–44.

Magier/Mager (griech. mágos, lat. magus). Das Wort bezeichnet zunächst einen persischen Volksteil, der bei einer Revolte grausam besiegt wurde. Im persischen Neujahrsfest wird eine Tötung der M. aufgeführt. Viele von ihnen flohen ins Exil und lebten dort von Zukunftsvorhersagen, → Astrologie, Heilungen und Verfluchungen. Dabei zitierten sie leise aus der → Avesta. In der Umgebung der Kaiser in Rom waren sie gefürchtet und bei Todesstrafe verboten. Die drei Weisen/»Könige« aus dem Morgenland (Mt 2), die aus den Sternen die Geburt Jesu als des Königs der Juden erschlossen haben, sind M.; der Zug des Tiridates zur Huldigung Neros im Jahr 66 ist mögliches Vorbild für diese Erzählung (Sueton, *Nero* 13). → Magi, → Magie. CA

Lit.: M. T. Fögen, Die Enteignung der Wahrsager, 1993. – J. Bremmer, The Birth of the Term »Magic«, in: Zs. f. Papyrologie u. Epigraphik 126 (1999), 1–12.

Magna Mater (lat. = Große Mutter). Der Kult der M. M. ist einer der bedeutendsten in der → röm. Religion; der Tempel liegt nahe dem Zentrum auf dem Palatin, das Fest der ludi Megalenses gibt Gelegenheit zu Theateraufführungen. Augustus baute sein Wohnhaus in der Nähe des Tempels, bildete doch die »Große Mutter vom Ida-Berg« aufgrund ihrer Herkunft aus der Troas ein Verbindungsglied zu Aeneas, dem trojan. Vorfahren der Römer, und damit auch zur göttlichen Herkunft der julischen Kaiserfamilie. Der Kult wurde in der Krise des Hannibalkrieges 205 v. Chr. eingeführt; verehrt wurde Kybele (→ Kubaba) in Form des Meteoriten von Pessinus. Damit wurde nicht nur ein »oriental.« Krisenkult importiert, sondern den Römern gleichzeitig der Weg eröffnet, Ansprüche im östlichen Mittelmeerraum zu erheben, legitimiert als »Geheiß der Sibyllin. Bücher«. Die »Mutter der Götter« oder »Große Mutter« (→ Muttergottheiten) kann ältere einheim. Traditionen integrieren (Ovid, *fasti* 291–338); exot.-oriental. wird sie bes. in der mittleren Kaiserzeit repräsentiert, aber keineswegs nur von sozial Unterprivilegierten verehrt. Freilich konnten Römer keine Priester werden. Trotz der Randlage vieler Heiligtümer (wie etwa in Ostia) und der karikierenden Polemik über die entmannten Priester (galli) in der Literatur bleibt ihr Kult auch für senator. Familien attraktiv. Die Christen führen die Polemik gegenüber der M. M. weiter (Augustinus, *De civitate Dei* 7,26), vgl. die Beschreibungen des unappetitlichen Rituals des → Taurobolium. → Göttin CA

Lit.: M. J. Vermaseren, Corpus Cultus Cybelae Attidisque, Bd. 1–7, 1977–89. – M. J. Vermaseren, Cybele and Attis, the Myth and the Cult, 1977. – P. Borgeaud, La mère des dieux, 1996. – E. Lane (Hg.), Cybele, Attis and Related Cults, 1996. – H. Kloft, Antike Mysterienkulte, 1999. – L. E. Roller, In Search of God the Mother, the Cult of Anatolian Cybele, 1999. – A.-K. Rieger, Heiligtümer in Ostia, 2004.

Mahābhārata (sanskr. = der große [Krieg der] Abkömmlinge des Bharatas), eines der beiden indischen Nationalepen (→ Rāmāyana). Um den Kern einer Heldendichtung über den Kampf zwischen zwei miteinander verwandten Geschlechtern, den Kauravas und Pāndavas, ranken sich viele Legenden und Geschichten mytholog., kosmolog., philosoph. und moral. Inhalts, darunter die → Bhagavadgītā und die romant. Erzählung von Nala und Damayantī. Das M. gilt als Werk des legendären Dichtersängers Vyāsa (der indischen Tradition nach zugleich Verfasser der → Veden und → Purānas), wurde aber in der heute vorliegenden Form etwa zwischen dem 4. Jh. v. Chr. und 4. Jh. n. Chr. kompiliert. Das Werk mit über 100.000 Doppelversen gliedert sich in 18 Bücher und einen Anhang, den → Harivamsha. AM

Ü.: B. Roy (engl., danach dt. von E. Roemer), M.: ein altind. Epos, 1961, [11]1998. – J. A. B. van Buitenen u. a., The M., 1973ff.
Lit.: H. Oldenberg, Das M., 1922. – J. Brockington, The Sanskrit Epics, 1998.

Mahābodhi Society (= Gesellschaft der Großen Erleuchtung), gegründet 1891 in Colombo (Srī Lanka) von dem Laienasketen Anāgārika → Dharmapāla, der für die Theosophen arbeitete (→ Theosophie) und 1893 den Buddhismus auf dem »World Parliament of Religions« in Chicago vertrat. Ursprünglich bemühte sich die Gesellschaft, den Tempel von → Bodh-Gaya, für den shivait. Hindus verantwortlich waren, unter buddh. Verwaltung zu stellen und zu einem buddh. Zentrum auszubauen. Eine Kompromisslösung, nämlich die gemeinsame Verwaltung durch Hindus und Buddhisten, wurde erst 1949, nach der indischen Unabhängigkeit, gefunden. Darüber hinaus widmete sich die M. S. allgemein einer Neubelebung und Förderung des Buddhismus. Sektionen der Gesellschaft entstanden in vielen Ländern; die dt. wurde 1911 von K. Seidenstücker (1876–1936) in Leipzig gegründet. In Indien unterhält die M. S. heute soziale Einrichtungen, ihre Zentren übersetzen Pāli-Texte und machen sie einer größeren Öffentlichkeit zugänglich. AM

Lit.: R. Gombrich, Theravada Buddhism, 1988.

Mahādeva (sanskr. = großer Gott), Name → Shivas. → Hinduist. Pantheon. AM

Mahākāshyapa (von sanskr. Mahākāśyapa, pāli mahākassapa), herausragender Jünger des Buddha Shākyamuni, bekannt für seine strenge Disziplin; führte den → sangha nach dem Tod des Buddha. AM

Mahāparinirvānasūtra (von sanskr. Mahāparinirvāṇasūtra, pāli mahāparinibbānasutta = Lehrtext über das vollständige Verlöschen), Beschreibung der letzten Lebensphase des Buddha Shākyamuni. → nirvāna, → Tod. AM

Lit.: E. Waldschmidt, Die Überlieferungen vom Lebensende des Buddha, 2 Bde., 1944–48.

Maharishi Mahesh Yogi (auch M. P. Varma, geb. 1911), hinduist. Sektenführer, Begründer der sog. → »Transzendentalen Meditation« (TM), die seit den 1960er Jahren v. a. im Westen viele Anhänger hat. → Neohinduismus. HFT

Lit.: P. Mason, M. – die Biographie, 1995.

Maharshi → Ramana Maharshi.

Mahāsānghika (sanskr.; pāli mahāsāṅghika = große Gemeinde), eine der beiden Schulen, in die sich der ältere Buddhismus spaltete. → sangha. AM

Mahātma (sanskr. = große Seele), Ehrenbezeichnung M. → Gāndhīs. AM

Māhātmya (sanskr. = Größe, Lobpreisung), Gattung von Texten in Sanskrit oder in regionalen Sprachen, die der Lobpreisung eines sakralen Objekts (Gottheit, Pilgerort, → Tempel, hl. Berg/Fluss/See usw.) gewidmet sind. → Hl. Orte, → Hinduist. Literatur. MAL

Mahāvastu (sanskr. = große Begebenheit), Teil des »Korbes der Disziplin« (→ Vinaya-Pitaka) der buddh. Lokottaravāda-Schule. Das Werk entstand vermutlich im 2. Jh. v. Chr. und wurde bis ins 4. Jh. n. Chr. erweitert. Eine legendär ausgeschmückte Buddhabiographie bildet den Rahmen für Regeln, Erzählungen und Lehrreden. Buddha wird als überweltlich (lokottara) beschrieben; das Mahāyāna-Ideal des → Bodhisattva und der zehnstufige Weg des Bodhisattva zur Vollkommenheit (→ pāramitā) sind bereits greifbar. AM

Ü.: J. J. Jones, The M. (engl.), 3 Bde., 1949–56.
Lit.: H. Oldenberg, Studien zum M., 1912.

Mahāvīra (sanskr. = großer Held), Ehrentitel → Vardhamānas, des Gründers des → Jainismus. TO

Mahāyāna (sanskr., pāli = Großes Fahrzeug), Selbstbezeichnung einer buddh. Schulrichtung, die ca. im 1. Jh. v. Chr. aufkam. In Abgrenzung zum → Hīnayāna bezieht sich der Name auf die von den Anhängern des M. beanspruchte größere Popularität. Ab dem 2. Jh. n. Chr. stehen in M.-Texten oft nicht mehr der histor. → Buddha, sondern transzendente Buddhas (→ Dhyānibuddha) im Mittelpunkt. Kurz darauf entwickeln sich die wichtigsten Schulen des M.: → Madhyamaka (»Mittlere Lehre«) und → Yogāchāra (»Wandel im Yoga«). Von Indien aus verbreitet sich das M. nach Tibet, Korea, Vietnam, in die Mongolei und nach China und Japan, wo es sich eigenständig weiterentwickelt. Die Lehren des M. bauen hauptsächlich auf den Hīnayāna-Schulen der Mahāsānghikas und den Sarvāstivādins (→ Sarvāstivāda) auf. Eine bes. Rolle spielt das → Bodhisattva-Ideal. Mitgefühl für alle Wesen (→ karunā) wird zur wichtigsten Triebfeder des nach Buddhaschaft Strebenden, der so lange die eigene Erlösung zurückstellt, bis alle Wesen befreit sind. Das Bodhisattva-Ideal löst damit das Vorbild des → arhat-Heiligen ab, der sich in erster Linie durch Sittlichkeit und Weisheit auszeichnet. Der Ausbau der Dreikörperlehre (→ trikāya) führt zu einer gottgleichen Verehrung der Bodhisattvas und des Buddha. Anstelle des → anātman-Ideals wird die Bedeutung der Leere (→ shūnyatā) betont, die alles durchwirke. → Samsāra und → nirvāna sind somit nicht mehr unterscheidbar, was jedoch nur mithilfe vollkommener Weisheit (→ prajnā) erkannt werden kann. Um alle Wesen zu dieser Erkenntnis und damit auch zu der eigenen inhärenten Buddha-Natur zu führen, werden »Geschickte Mittel« angewandt: Buddhas und Bodhisattvas erscheinen als Helfer zur Erlösung. → Buddh. Literatur, → sangha, → yāna. AM

Lit.: P. Williams, M.-Buddhism, 1989. – H.-W. Schumann, M.-Buddhismus, 1990.

Mahdī (arab. = der Rechtgeleitete, unter göttlicher Leitung Stehende). (a) Ehrentitel für bes. fromme muslim. Herrscher der Frühzeit; (b) Künder der Endzeit in der islam. → Eschatologie, der entweder ident. ist mit Jesus (ʿĪsā) oder vor ihm kommen und das Endreich auf Erden nach der Zerstörung alles Bestehenden begründen wird. Konventionell wird in der sunnit. Tradition (→ Sunna) der M. als Angehöriger der Familie des Propheten angesehen und soll den Namen des Propheten tragen. In der schiit. Tradition (→ šīʿa) ist der erwartete M. identisch mit dem zwölften, 869 geborenen → Imam Muḥammad b. al-Ḥasan b. ʿAlī, der nach der Hinrichtung seines Vaters 874 zunächst in die »kleinere Verborgenheit«, während der er durch »vier Vertreter« mit der Welt in Kontakt stand, dann aber kurz vor dem Tod des vierten Vertreters 939 in die »größere Verborgenheit« entrückt wurde. Er soll als »Herr der Zeit« auf Gottes Geheiß wiederkehren und das Endreich begründen. RS

Lit.: A. A. Sachedina, Islamic Messianism, 1980.

Maimonides (Rabbi Mosche ben Maimon, abgekürzt Rambam), 1135–1204, bedeutender jüd. Gelehrter des Mittelalters, in Spanien, Marokko und Ägypten als Arzt tätig. Mit seinen Werken »Wiederholung der Torah« (hebr. *mišnǣ tōrā*, auch *jad ḥ^asākā* = starke Hand) und »Führer der Unentschlossenen« (hebr. *mōrǣ n^ebūkīm*) vollzog er die Synthese zwischen jüd. theolog. Philosophie und Aristotelismus. KVS

Lit.: J. L. Kraemer (Hg.), Perspectives on M.: Philosophical and Historical Studies, 1996. – M.-R. Hayoun, M. Arzt u. Philosoph des Mittelalters. Eine Biographie, 1998. – R. S. Cohen/H. Levine (Hg.), M. and the Sciences, 2000.

Maitreya (sanskr.), → Buddha des zukünftigen Weltzeitalters, der sich derzeit als → Bodhisattva im Tushīta-Himmel aufhält. Die Idee des wiederkehrenden Buddha lässt sich bereits in Schriften des → Pāli-Kanons nachweisen. Sie wurde später in den Schulen des → Mahāyāna weiterentwickelt. PJB

Lit.: A. Sponberg (Hg.), M., the Future Buddha, 1988.

Maitrī (sanskr.; pāli mettā = Güte), eine der Haupttugenden des Buddhismus neben Mitgefühl (→ karunā), Mitfreude und Gleichmut. M. ist Thema des bei den Theravādins sehr populären Mettāsutta. AM

Lit.: K. Seidenstücker (Übers.), Das Mettā-Sutta, 1910.

Maji Maji (von kiswahili Maji = Wasser). Einige Aufstände gegen die europ. Kolonialmächte waren durch geistbesessene Propheten inspiriert, die unter Berufung auf eine göttliche Offenbarung zum (Ethnien übergreifenden) Widerstand aufriefen und durch »magische« Kräfte Schutz vor europ. Waffen versprachen. Ein Beispiel für einen solchen → Krisenkult ist der M. M.-Aufstand, der sich 1905–07 gegen die dt. Kolonialmacht in Ostafrika richtete. Diese hatte gegen den Willen der Bevölkerung den Baumwollanbau forciert und neue Steuern und Zwangsarbeit eingeführt; die Situation wurde durch eine Dürreperiode 1904 weiter verschärft. Die M. M.-Bewegung formierte sich um Kinjinkitile Ngwale, der sich ab 1902 in Ngarambe (im heutigen Süd-Tansania) als Medium in der Nähe eines Teiches etablierte und Botschaften des Gottes Bokero interpretierte. Kinjinkitele forderte die Einheimischen zur Einigkeit auf und versprach ihnen durch das Trinken des Teichwassers Schutz vor den Gewehrkugeln und eine partielle Lösung von der jeweils lokalen → Ahnenverehrung. Es gelang ihm damit, ethnische Grenzen zu überwinden; an dem Aufstand beteiligten sich etwa 20 Volksgruppen. Der Widerstand, der sich auch nach dem vollzogenen Todesurteil an Kinjinkitile fortsetzte, wurde blutig niedergeschlagen: Während in den Auseinandersetzungen tausende Afrikaner starben, wird die Zahl der Opfer durch die Verwüstungen und die einsetzende Hungersnot auf 250.000 geschätzt. → Afrikan. Religionen. FL

Quellen: Guter Überblick in: M. M. Bibliography Project, http://www.mhudi.de/maji/index.html.
Lit.: G. Gwassa/J. Iliffe, The Records of the M. M., 1968. – J. Iliffe, Tanganyka under German Rule 1905–1912, 1969. – G. Gwassa, Kinjikitele and the Ideology of M. M., in: T. O. Ranger/I. N. Kimambo, The Historical Study of African Religion, 1972, 202–17. – K. M. Seeberg, Der M.-M.-Krieg gegen die dt. Kolonialherrschaft, 1989. – D. J. Capeci/J. C. Knight, Reactions to Colonialism: The North American Ghost Dance and East African M.-M. Rebellions, in: Historian 52 (1990), 584–601. – M. Wright, M. M.: Prophecy and Historiography, in: D. Anderson/D. Johnson (Hg.), Revealing Prophets, 1995, 124–42. – T. Sunseri, Famine and Wild Pigs: Gender Struggles and the Outbreak of the M. M. War in Uzaramo (Tanzania), in: Journal of African History 38/2 (1997), 235–59.

Majjhima-Nikāya (pāli = Mittlere Sammlung), zweite Sammlung von Lehrtexten mittlerer Länge im → Sutta-Pitaka des → Pāli-Kanons. → Buddh. Literatur. AM

Ü.: K. E. Neumann, Die Reden Gotamo Buddhas, 3 Bde., 1896–1902. – I. B. Horner, Middle Length Sayings, 1954–59.

Makkabäer, Bezeichnung für Matthathias aus dem Geschlecht Hasmon in Modein bei Jerusalem sowie dessen Söhne Judas, Jonathan und Simon. Die M. eroberten im Rahmen des Aufstandes gegen die Religionsverfolgungen durch Antiochos IV. 165 v. Chr. Jerusalem und gründeten die Dynastie der → Hasmonäer. → Altes Testament, → Apokryphen. KVS

Makkabäerbücher, Darstellungen der religiösen und polit. Geschichte der → Makkabäer. Erhalten sind drei M., die etwa zwischen 120 v. Chr. und 20 n. Chr. entstanden sind. KVS

Mālā (sanskr. = Kette), in indischen Religionen verwendete Girlande aus Blumen, Perlen oder Samen zur Verehrung von Göttern, zur Begrüßung von Gästen und zum Rezitieren von Götternamen (→ japa) oder → mantras. AM

Maleachi (hebr. malʾākī = mein Bote), zählt zu den sog. »kleinen Propheten« der Hebr. Bibel und gehört in die Zeit des → Esra. → Altes Testament, → Apokryphen. KVS

Mālikīya, eine islam. Rechtstradition, in deren Mittelpunkt die Rechtspraxis der Bewohner von Medina (ʿamal) stand, wie sie von Mālik b. Anas (715–95) überliefert wurde. Die M. wurde v. a. in Nordafrika rezipiert und dort in der Tradition des Saḥnūn (gest. 854) ausgearbeitet. Im Unterschied zu den anderen drei etablierten sunnit. Rechtstraditionen (→ maḏhab) betont die M. den Konsens über die Rechtspraxis von Medina, die als stärker als der → ḥadīṯ angesehen wurde und mit der dieser sogar konform gehen musste, um anerkannt zu werden. RS

Lit.: Y. Dutton, The Origins of Islamic Law. The Qurʾan, the Muwaṭṭaʾ and Madinan ʿamal, 1999.

Malinowski, Bronislaw (1884–1942), engl. Naturwissenschaftler und Anthropologe polnischer Herkunft, Begründer der modernen Ethnographie, beeinflusst von → Wundts *Völkerpsychologie.* Er betrieb Feldforschung u. a. in Neuguinea und Nordwestmelanesien (v. a. *Argonauts of the Western Pacific*, 1922); ab 1927 war er Professor für Sozialanthropologie in London, später in den USA. M. beeinflusste die → Kulturwissenschaften durch seine funktionalistische Position (→ Funktionalismus) und war der Initiator einer Debatte um den Begriff der → Magie, in der kulturvergleichend die Rationalität von (religiösen) → Weltbildern und → Deutungsmustern diskutiert wurde. → Religionsanthropologie, → Religionsethnologie. HK

Lit.: F. Stolz, B. M., in: A. Michaels (Hg.), Klassiker der Religionswissenschaft, 1997, 247–63, 396–98.

Mana, aus dem austrones. (v. a. polynes.) Sprachbereich stammender Begriff für einen quasisakralen Zustand von Mächtigkeit, Wirksamkeit, Glück und gutem Gelingen. Eine frühe Studie über m. wurde von dem britischen Priester und Ethnologen R. H. Codrington (1830–1922) verfasst (*The Melanesians*, 1891). Er beschrieb m. als übernatürliche und unpersönliche → Kraft, die allen Dingen und Menschen in unterschiedlichem Maße innewohne. Die polit. → Macht lokaler Aristokraten beruhe darauf, dass sie über mehr m. verfügten als ihre Untertanen. Als religionswiss. Grundkonzept wurde m. v. a. von R. R. → Marett in *The Threshold of Religion* (1909) popularisiert. Über E. B. → Tylors evolutionist. Religionstheorie hinausgehend, versuchte Marett zu zeigen, dass die erste Stufe menschlicher Religiosität nicht der → Animismus (Glaube an Seelen) sei, sondern der → »Animatismus« (Glaube an unpersönliche Kräfte), wobei er sich stark an Codringtons Beschreibung von m. anlehnte. Bis heute werden in religionsvergleichenden Studien ähnlich erscheinende Konzepte (z. B. arab. → baraka; alongkin → Manitu oder in german. Sprachen → Heil) in Anlehnung an das austrones. m. übersetzt. Demgegenüber werden in der spezialisierten Ozeanien-Forschung die vielfältigen Bedeutungen des Begriffs noch immer diskutiert. Besonderen Einfluss hat R. Keesings These erlangt, dass m. von westlichen Autoren systemat. missverstanden worden sei. M. sei kein abstraktes Substantiv für Macht an sich, unabhängig von Trägern (wie es z. B. die Animatismus-Theorie postuliert), sondern ein Verb zur Charakterisierung von Dingen und Menschen, die »mächtig sind«. → Charisma, → Religionsethnologie. SE

Lit.: R. Keesing, Rethinking m., in: Journ. of Anthropological Research 40 (1984), 137–56.

Manas (sanskr. = Denken, Verstand, Denkorgan), in indischer Erkenntnislehre psychische Instanz zur Weitergabe der Sinneseindrücke an die Seele. → buddhi, → Indische Philosophie. JG

Manasse-Gebet, nichtkanonisiertes, dem atl. König Manasse (697–42 v. Chr.) in den Mund gelegtes Klagelied, das tatsächlich aber in christl. Zeit konzipiert wurde. → Altes Testament, → Apokryphen. KVS

Lit.: JSHRZ 4/1, 1974, ^{2}1977.

Mandäer, Angehörige einer gnostischen Religion im Südirak und Südwestiran, derzeit rund 25.000 Gläubige. Ihre Selbstbezeichnung Nazoräer (mandäisch = Observanten) teilen sie mit syrischen Christen im Iran der Antike (3.–6. Jh.). Der Name weist auf die Beachtung kultischer Vorschriften hin (masbuta: regelmäßiger Tauf- und Waschritus am Sonntag zur symbol. Rückkehr der Seele ins Lichtreich; masiqta: 45-tägige Totenmesse zur Sicherung des Weges der Seele ins Lichtreich). Der dualist. Gegensatz von → Licht und Finsternis ordnet die M. in die → Gnosis ein, die Erschaffung der Welt und → Adams ist Ergebnis einer Vermischung beider Prinzipien. Adam erhält von einem himmlischen Lichtwesen das für die Erlösung notwendige gnostische Wissen, das gemeinsam mit der Beachtung ritueller Vorschriften die Trennung von der Macht der Finsternis ermöglicht. Lehrinhalte und Kultvorschriften sind in den wichtigsten Quellenschriften dargelegt (Rechter und Linker Ginza; Johannesbuch; Qolasta). Der Ursprung der M. dürfte in Palästina im Milieu von Täufertraditionen liegen, woher auch die herausgehobene Stellung Johannes des Täufers in der Religion der M. rührt. Am Ende des 2. oder zu Beginn des 3. Jh.s n. Chr. gelangten die M. nach Südmesopotamien. MH

Lit.: K. Rudolph, Die M., 2 Bde., 1960–61. – G. Widengren (Hg.), Die M., 1982. – K. Rudolph, Die M. heute, in: Zs. für Religionswissenschaft 2 (1994), 161–84. – M. Krause/K. Rudolph, Die Gnosis. Koptische und mandäische Quellen, 1995, 171–419. – E. Lupieri, The Mandaeans, 2002.

Mandala (sanskr. maṇḍala = Kreis), aus Südasien stammende bildliche Darstellung eines rituell, mental-körperlich und kosmograph. durch Verschränkung kreisförmiger und rechteckiger Formen abgegrenzten und geordneten Bereichs yogischer Praxis. Das m. besteht gewöhnlich aus vier sich an den Himmelsrichtungen orientierenden Zugängen sowie aus durch Farben qualitativ unterschiedenen, nacheinander zu durchlaufenden Bereichen und einem Zentrum, das durch die verehrte Gottheit, den Meditationsmittelpunkt und den Weltenberg → Meru besetzt ist. Es wird vornehmlich im buddh. Bereich verwendet (vgl. das hinduist. und jainist. → yantra) und findet im → Mahāyāna (insbes. → Vajrayāna) in bildender Kunst und Architektur seine umfassendste rituelle und ikonograph. Ausprägung. → bhavachakra. CE

Lit.: G. Tucci, Teorie e practica del m., 1949 (engl. The Theory and Practice of M., 1961).

Mandir (von sanskr. mandira = Wohnung), Bezeichnung für Hindu-Tempel, die als Wohnung der Götter (devagriha) gelten und in deren Sanktuarium (garbhagriha, wörtlich = Haus des Schoßes) meist ein Bildnis oder eine Statue des Hauptgottes umgeben von anderen Göttern steht. → Architektur. AM

Lit.: G. Michell, The Hindu Temple, 1977 (dt. 1979, ²1991).

Manetho, ägypt. Priester und Historiker des 3. Jh.s v. Chr. In der Regierungszeit Ptolemaios II. (282–46 v. Chr.) verfasste er, wahrscheinlich während eines Aufenthalts im Tempel von Sebennytos im Nildelta, sein Hauptwerk, eine Geschichte Ägyptens in griech. Sprache mit dem Titel *Aigyptiaká*. Darin teilte M. die pharaon. Geschichte in 30 Dynastien ein, der später eine 31. hinzugefügt wurde. Nach M. wurde Ägypten zunächst von den Göttern regiert, als erster Pharao folgt ihnen Menes, der letzte angeführte Pharao ist Nektanebos I. (380–62). Das Werk als Ganzes ist verloren und nur noch in Exzerpten und Fragmenten bei dem jüd. Historiker Flavius → Josephus (1. Jh. n. Chr.) und christl. Autoren wie Julius Africanus (3. Jh. n. Chr.) und Eusebius (vor 265–339/40) erhalten. → Mose wird von M. als aufständ. ägypt. Priester dargestellt. M.s Einteilung der Geschichte Ägyptens hat bis heute grundlegende Bedeutung. EH

Lit.: J. Assmann, Moses der Ägypter, 1998, 54–72.

Mani (216–77), Begründer des → Manichäismus. In der jüd.-christl. Täufergemeinschaft der → Elkesaiten aufgewachsen, entwickelt M. ein gnostisches Lehrsystem (→ Gnosis), das er nach der Trennung von den Elkesaiten (240) selbständig v. a. im westlichen Sasanidenreich verkündet. Seine Jünger, Mar Adda im syrischen und ägypt. bzw. Mar Ammo im ostiran. Raum, tragen früh zur Verbreitung der Religion bei. MH

Lit.: W. Sundermann, Mitteliran. manichäische Texte kirchengeschichtlichen Inhalts, 1981. – M. Hutter, M. u. die Sasaniden, 1988.

Manichäische Literatur. (1) → Mani selbst hat der schriftlichen Tradierung (→ Kanon) seiner Religion großen Wert beigemessen; von ihm verfasste Werke sind u. a.: (a) Das »Lebendige Evangelium«, programmat. den christl. Evangelien gegenübergestellt; (b) das jüd. Traditionen aufgreifende »Gigantenbuch«; (c) das Ardahang, als Bildband zu Kosmologie und Eschatologie zugleich Ausgangspunkt für manichäische Kunst und Ästhetik. Weit verbreitet im östlichen → Manichäismus, im Westen jedoch unbekannt, ist (d) das mittelpers. Šābuhragān. Neben weiteren Büchern soll Mani auch Briefe an einzelne Gemeinden verfasst haben. (2) Bereits die erste Manichäer-Generation setzt diese literar. Tätigkeit fort: Die Jugend und das frühe Wirken Manis sind Thema des sog. Kölner Mani-Kodex; Homilien, Sermones, → Beichttexte und Hymnen dienen der Liturgie, Kephalaia (= Lehrtexte) auch der didakt. Unterweisung. Der weiten Verbreitung der Religion entspricht die sprachliche Vielfalt der Literatur: sie liegt v. a. in koptischer Sprache vor (aus Medinet Madi bzw. Kellis, Ägypten), ferner in mitteliran. Sprachen sowie Alttürk. und Chin. (v. a. in Turfan, Bulayïq und Dunhuang, Sinkiang, China). MH

Lit.: L. Koenen/C. Römer, Der Kölner Mani-Kodex, 1988. – H.-J. Klimkeit, Hymnen u. Gebete der Religion des Lichts, 1989. – H. Klengel/W. Sundermann, Ägypten. Vorderasien. Turfan, 1991, 98–174. – M. Hutter, Manis kosmogon. Šābuhragāntexte, 1992. – J. C. Reeves, Jewish Lore in Manichaean Cosmogony, 1992. – P. Mirecki/J. BeDuhn (Hg.), Emerging from the Darkness, 1997.

Manichäismus. (1) Geschichte. Nach dem Tod → Manis (277 n. Chr.) verlagert sich ein Schwerpunkt der Religion an die Nordostgrenze Irans und in der Folge weiter über → Zentralasien bis China, wo die letzten Spuren der Religion erst im 16. Jh. schwinden. Die westliche Expansion des M. über Ägypten und Nordafrika führt zu staatlicher und kirchlich-christl. Unterdrückung; Übertritt zum M. wird verboten, im 6. Jh. vernichten antimanichäische Gesetze (seit dem 4. Jh.) und christl.-theolog. Bekämpfung den M. als organisierte Religion. (2) Lehre. Die → Manichäische Literatur sowie antimanichäische Schriften von Augustinus u. a. lat., griech. und syrischen Autoren geben Einblick in manichäische Lehrinhalte und Glaubenspraxis. Die → Drei-Zeiten-Lehre und die → Zwei-Prinzipien-Lehre prägen das dualist. Weltbild. Die Vermischung von → Licht und Finsternis bildet den Ausgangspunkt zur Erschaffung der materiellen Welt und der Menschen, wobei Menschen, die Erkenntnis (→ Gnosis) besitzen, zur → Lichtbefreiung beitragen. → Jesus der Glanz bringt dem Menschen die für die Erlösung notwendige gnostische Erkenntnis. (3) Kult und Ethik. Über weite Strecken wird der M. von einer antikosmischen Einstellung und einem starken Sündenbewusstsein geprägt, das nicht nur die → Beichttexte, sondern auch zentrale kultische Begehungen wie → Bema-Fest, → Montagsfeste oder → yimki-Fasten widerspiegeln. Die anspruchsvolle Ethik thematisiert zentral die Vermeidung von falscher Rede, schädigender Tat und unzulässiger Sexualität (→ Drei Siegel) und führt zu zwei Manichäer-Klassen (→ Auditor, → Electus). (4) Weiterwirken. Einige Tendenzen des gnostischen M., v. a. solche mit einer negativen Haltung zur Welt, wirken unterschwellig im Christentum weiter, manichäisch-dualist. Gedankengut klingt indirekt auch bei → Paulikianern und → Bogomilen an. MH

Lit.: F. Decret, L'Afrique manichéenne, 2 Bde., 1978. – A. Böhlig (Hg.), Die Gnosis, Bd. 3: Der M., 1980. – W. Sundermann, Studien zur kirchengeschichtlichen Literatur der Manichäer, in: Altoriental. Forschungen 13 (1986), 40–92 u. 239–317; 14 (1987), 41–107. – W. Klein, Die Argumentation in den griech.-christl. Antimanichaica, 1991. – S. N. C. Lieu, Manichaeism in the Later Roman Empire and Medieval China, 1992. – A. van Tongerloo/J. van Oort (Hg.), The Manichaean Nous, 1995. – H.-J. Klimkeit, Manichäische Kunst an der Seidenstraße, 1996. – J. van Oort, Mani, Manichaeism and Augustine, 1996. – L. Cirillo/A. van Tongerloo (Hg.), Manicheismo e oriente cristiano antico, 1997. – G. B. Mikkelsen, Bibliographia Manichaica, 1997. – X. Tremblay, Pour une histoire de la Sérinde, 2001. *Zs.:* Gulácsi, Manichaean Art in Berlin Collections, 2001.

Manitu (aus Algonquin-Sprachen des nordöstlichen Nordamerika = übernatürliches Wesen), eine Klasse übernatürlicher Wesen, die dem Menschen als Menschen, → Tiere, Pflanzen, Naturerscheinungen oder Dinge gegenübertreten und ihm spezielle Fähigkeiten und Mächte verleihen können (→ Visionssuche). Während bei den nördlichen Algonquin die Idee eines »Großen M.« auf eine alte Hochgottvorstellung zurückgehen mag, dieser aber durch christl. Einfluss zu einem himmlischen Schöpfergott geworden ist, stellt der »Böse M.« eine erst aus dem → Kontakt mit den Missionaren (→ Mission) hervorgegangene Figur dar. → Indian. Religionen. CFF

Lit.: W. Jones, The Algonkin M., in: Journ. of American Folklore 18 (1905), 183–90. – J. M. Cooper, The Northern Algonquian Supreme Being, 1934.

Manjushrī (von sanskr. Mañjuśrī; japan. Monju = der, dessen Glanz lieblich ist), beliebter → Bodhisattva der höchsten Stufe, tritt als Personifizierung der Vollkommenen Weisheit (→ prajnā) auf. Auf bildlichen Darstellungen trägt er daher meist ein Schwert zur Vernichtung der Unwissenheit und ein Buch, das → Prajnapāramitāsūtra (einer der wichtigsten Texte des indischen → Mahāyāna). Einige Schulen identifizieren M. mit dem → Ādibuddha. AM

Lit.: E. Lamotte, M., in: T'oung Pao 48 (1960), 1–96. – R. Birnbaum, Studies on the Mysteries of M., 1983.

Manna (hebr. mān, volksetymolog. = Was ist das?), der durch Insektenstich bewirkte Ausfluss der M.-Tamariske, der als himmlisches Wüstenbrot der aus Ägypten geflohenen Israeliten (Ex 16,31) sowohl im Judentum als auch im christl. Abendmahl (s. Apk 2,17) zum Objekt legendarischer und kultsymbol. Ausdeutung wurde (→ Hostie). → Altes Testament, → Apokryphen. KVS

Mannhardt, Johann Wilhelm Emmanuel (1831–80), Bibliothekar, habilitiert für german. Sprachen (studierte bei → Grimm). Als Mythen- und Brauchtumsforscher glaubte er, einen archaischen → Vegetationskult nachweisen zu können. Sein Werk wurde erst nach seinem Tod durch J. G. → Frazer bekannt gemacht. M.s Betonung des »Elementaren« (der → Natur), das in Mythen und Bräuchen des unverbildeten Volkes eine Sinndeutung erfahre, macht ihn zum Repräsentanten eines »Mythologismus« (→ Mythos). PJB

W.: Die Korndämonen: zur german. Sittenkunde, 1868. – Wald- u. Feldkulte, 2 Bde., 1875/77.

Mantik → Divination.

Mantra (sanskr. = Denkwerkzeug), sprachlich-formelhafte Äußerungen, als Gebets- oder Anrufungsformeln rezitiert, gemurmelt oder im Geiste gesprochen. Bedeutung und Funktion der m. sind durch den Glauben an die Kraft und Wirksamkeit des gesprochenen Wortes beeinflusst. In der indischen Kultur finden sich vedische m., die aus metrischen Passagen der Veden stammen, sowie tantrische m. mit »Keimsilbe« (→ bījamantra, → Tantra). M. sind zentrales Element hinduist. Religiosität bei → Meditation, → Ritual und → Gebet. Entscheidend für die Stiftung religiöser Identität ist das vedische → Gāyatrī-m., es wird dem Initianden bei der Aufnahme in die religiöse Gemeinschaft der Hindus vom Priester übergeben (→ Initiation). In den theist. hinduist. Traditionen werden spezif. m. von Lehrer zu Schüler tradiert. Im tantrischen Hinduismus kommt sprachphilosoph. Spekulation und ritueller Anwendung von m. ein hoher Stellenwert zu. M. sind nicht auf den indischen Subkontinent und die hinduist. Religion beschränkt. Außer im → Jainismus haben m. insbes. in den esoter. Traditionen des → Buddhismus große Bedeutung erlangt. Die Rezeption von Buddhismus und Hinduismus im Westen hat zu einer Verbreitung der m. über den ursprünglichen religiös-rituellen Kontext hinaus geführt (→ Transzendentale Meditation, → ISKCON). JG

Lit.: H. P. Alper (Hg.), Understanding M., 1989.

Mantrayāna (sanskr. = Fahrzeug der Spruchformeln), andere Bezeichnung für das buddh. → Vajrayāna, die sich auf die als Hilfe zur Erlangung einer schnellen Erleuchtung verwendeten magisch wirksamen Silben und Sprüche (→ mantra) bezieht, welche verschiedenen Kräften und Aspekten von einzelnen Buddhas zugeordnet sind. Ihre ständige Wiederholung führt zu einer Bewusstseinsveränderung, wirkt aber auch positiv auf die Außenwelt: Der Wind trägt die mantras der Gebetsfahnen und Gebetsmühlen zum Wohle aller Wesen durch den ganzen Kosmos. Am bekanntesten ist das mantra des → Bodhisattvas → Avalokiteshvara, → om mani padme hūm (= Om Kleinod in der Lotosblüte hūm). AM

Manu → Manusmriti.

Manusmriti (von sanskr. Manusmṛti), auch Manusamhitā oder Mānava-Dharmashāstra, das »Gesetzbuch« Manus, des Urvaters des Menschengeschlechts; zwischen ca. 200 v. Chr. und 200 n. Chr. kompilierter Text, der die Rechte und Pflichten v. a. der → Brahmanen darstellt. Seine zwölf Abschnitte enthalten auch religiöse und kosmolog. Partien, Lehren über die Seelenwanderung, Asketen, Könige und Bußeleistungen. → Vedische Literatur. AM

Ü.: W. Doniger (mit B. K. Smith), The Laws of Manu, 1991. – P. Olivelle, The Law Code of Manu, 2004.

Mao Zedong (1893–1976), Führer und Vorsitzender der Kommunist. Partei Chinas (KPC), der schon zu Lebzeiten zum Objekt eines pseudoreligiösen Personenkultes wurde. → Charisma. MD

Lit.: W. Eichhorn, Die Religionen Chinas, 1973, 397–400. – R. G. Wagner, Reading the Chairman Mao Memorial Hall in Peking, in: S. Naquin/C.-F. Yü (Hg.), Pilgrims and Sacred Sites in China, 1992, 378–423.

Mappō (japan.), die letzte → dharma-Periode, d. h. die dritte von drei Perioden, in denen die Lehre des → Buddha langsam degeneriert, so dass die Menschen durch bes. Gefahren geplagt sind und einer der Zeit angemessenen Vereinfachung der Lehre bedürfen. → Buddhismus, → Japan. Religion. MP

Māra (sanskr., pāli = Zerstörer), buddh. Gott des Todes, Personifikation der die Menschen überwältigenden Leidenschaften; Widersacher des → Buddha, der seine Macht über die Wesen verliert, wenn diese ins → nirvāna eingehen. Daher versucht M., die Erleuchtung des Siddhārtha Gautama zu verhindern, indem er seine drei Töchter und sein dämon. Heer gegen ihn schickt. Der zukünftige Buddha lässt sich jedoch nicht von seiner Meditation abbringen, sondern ruft die Erde als Zeugin für sein reines Herz, woraufhin sich diese öffnet und das Heer M. verschluckt. AM

Lit.: E. Windisch, M. und Buddha, 1895. – T. O. Ling, Buddhism and the Mythology of Evil, 1997.

Marcio, lat. Schreibweise von → Markion. CA

Marduk, babylon. Nationalgott, seit der ersten Hälfte des 2. Jt.s v. Chr. überregional verehrt, so dass er zum babylon. Gott schlechthin wird. Das → Enūma eliš begründet M.s Machtzuwachs mytholog.; sein Haupttempel (Esagila und Etemenanki) in → Babylon ist Schauplatz des alljährlichen → Akītu-Festes. → Mesopotam. Religionen. MH

Lit.: W. Sommerfeld, Der Aufstieg M.s, 1982.

Marett, Robert Ranulph (1866–1943), engl. Religionswissenschaftler. Seine Theorie, dass nicht die überall vorhandene Beseeltheit der Natur, so der → Animismus seines Lehrers E. B. → Tylor, sondern erst eine außergewöhnliche Erfahrung von Macht (→ Tabu/→ mana) der Anfang der Religion sei, war ein Schritt zum Paradigma »das Heilige« und zur Religionsphänomenologie. Sein Material nahm er aus der Ethnologie (social anthropology). CA

W.: Threshold of Religion, 1909.
Lit.: J. Waardenburg, Classical Approaches to the Study of Religion 1, 1973, 257–63. – H. G. Kippenberg, Die Entdeckung der Religionsgeschichte, 1997, 156, 232.

Marǧaʿ-e taqlid (arab.-persisch = Bezugspunkt der Anbindung), Bezeichnung für die oberste theolog. »Instanz der Bevollmächtigung«, an der sich schiit. Gläubige (→ šīʿa) orientieren können. Als Rang innerhalb der Hierarchie des schiit. Gelehrtentums (→ ruḥāniyat) wurde der M.t. spätestens im 19. Jh. populär. Die Amtsinhaber gehörten vielfach der »Familie des Propheten Muḥammad« an und führten dann den Ehrentitel Sayyid. RS

Margarete Porete (um 1250/60–1310), vermutlich → Begine, 1310 als Ketzerin in Paris verbrannt. Ihr in Altfranz. geschriebenes Buch »Spiegel der einfachen Seelen« war schon vorher konfisziert und öffentlich verbrannt worden. Darin lehrt sie, wie die gotttrunkene Seele von allen Tugenden und selbst von Gott frei wird. AW

W.: Le Miroir des simples âmes (hg. von R. Guarini), 1964 (dt. 1987).

Marginalität (von lat. margo = Rand), soziolog. Begriff für die Wahrnehmung Einzelner oder einer Gruppe von Menschen durch die Mehrheit als »anders«. Dabei handelt es sich meist um sozial nicht akzeptierte Menschen, oft auch mit gesellschaftlich zugewiesenen »nicht ehrenhaften« Berufen: Totengräber, Henker, Prostituierte. Die Marginalisierung kann in Form einer Festschreibung als → Kaste erfolgen, ein anderer Typus des Marginalisierten ist der → Fremde. Während der Begriff der Randgruppen allein die negative Bedeutung transportiert, kann gerade für die Religionswissenschaft die andere Möglichkeit Perspektiven eröffnen: M. verkörpern auch der König, der Heilige, der Prophet; nicht nur Unfähigkeit, sondern auch außerordentliche Kompetenz kann zur Außenseiterin machen. Im Lichte der Migrationserfahrung aber sind Menschen, die Kompetenzen in zwei Kulturen erworben haben, in ihrer doppelten M. diejenigen, die für beide Kulturen Vermittler darstellen, sofern dafür ein Freiraum der Transkulturalität, der »Dritte Raum«, eröffnet wird. Sie sind die Avantgarde für eine kulturelle Entwicklung, die etwas Drittes schafft, das keiner der gewohnten Gruppen und ihrer Kultur mehr gehört. Der Begriff der Hybridität impliziert biolog. Schwäche und Unfruchtbarkeit; kulturell aber kann M. befruchten und Neues schaffen. Eine zeitliche begrenzte M. ist der entscheidende Punkt in der Ritualtheorie Victor Turners unter dem Begriff der → Liminalität. CA

Lit.: G. Simmel, Exkurs über den Fremden, 1908, ND in: Ders., Soziologie (GA 11), 1992, 764–71. – B.-U. Hergemöller, Randgruppen in der mittelalterlichen Gesellschaft, 1994. – H. Bhabha, The Location of Culture, 1994.

Maria. Der Mutter → Jesu als des Stifters des Christentums kommt in der kath. und orthodoxen Tradition kultische Verehrung zu. Als »Gottesgebärerin« (theotókos, seit dem Konzil von Chalkedon 451: DH 301) steht sie über menschlichen Bedingungen.

(1) Im NT ist M. die natürliche Mutter Jesu und hat später weitere Kinder. »Sohn (Gottes)« bedeutet im Hebr. u. a. Adoptierter, erwählter Beauftragter, so Mk 1,11 (→ Gottessohn). Durch Geburtserzählungen hellenist. Historiker beeinflusst, beschreibt jedoch Lukas die Zeugung Jesu durch das Wort Gottes ohne den Mann Josef. Aus der in Jes 7,14 angekündigten »jungen Frau« wird mit der griech. Übersetzung der Septuaginta die »Jungfrau« (parthénos), und diese Bezeichnung übernimmt auch Mt 1,23 für M. Aussagen über die Präexistenz Jesu vor seinem menschlichen Dasein, wie in Joh 1, verschärfen die übermenschliche Qualität des Sohnes wie der Mutter. Nach den apokryphen Evangelien wurde M. selbst übernatürlich geboren (Protevangelium des Jakobus usw.). (2) Die Einrichtung bes. Marienfeste spiegelt ihren Kult in den christl. Kirchen wider: M.s Aufnahme in den Himmel (seit dem 6. Jh. griech. koímēsis/lat. dormitio = Schlaf; im Westen seit dem 8. Jh. als assumptio »Himmelfahrt« mit Krönung) am 15. August ist das wichtigste Fest im mediterranen und hispano-amerikan. Katholizismus, dazu kommen Mariae Verkündigung (25.3.) und Mariae Empfängnis (8.12.). Die Alte Kirche versuchte noch, zwischen Gotteskult (Anbetung) und Marien- bzw. Heiligenkult (Bitte um Vermittlung: DH 600) zu unterscheiden. Wesentliche Aussagen der dogmat. Überhöhung stammen erst aus der kath. Reform des Barock und aus dem 19. und 20. Jh.: Die »unbefleckte Empfängnis« M.s wurde erst 1954 zum Dogma erhoben (DH 3913). Die kath. Reaktion auf die Moderne wählte M. als Repräsentantin ihrer Bewegung; Wallfahrten

zu Marien-Erscheinungen bestärken den als Antikommunismus geführten Kampf des Rechtskatholizismus (Lourdes, Marpingen 1876, Fatima, Medjugorje) oder der Orthodoxie (auf der Insel Tinos). (3) M. als weibliche Gestalt mit göttlichen Eigenschaften dient als Komplement für das männliche Gottesbild des Monotheismus, attraktiv für Verehrer beiderlei Geschlechts. Ein erot. Motiv wird gebrochen, indem M. (a) als Mutter und (b) als Repräsentantin der Kirche präsentiert wird. In der → Brautmystik des Hochmittelalters (12.–14. Jh.) rückt dagegen M. als die Geliebte des → Hohen Lieds in den Vordergrund. In der M.-Ikonographie spiegeln sich antike Elemente wider, wie die das Baby stillende Isis oder die Mondsichel. Die Schwarze Madonna (seit der spätmittelalterlichen Pestzeit belegt) lässt sich noch nicht eindeutig ableiten. Im Islam wird Maryam als einer von Gott Auserwählten und jungfräulich Gebärenden, nicht aber als Gottesgebärerin (Koran 19/16–21) eine bedeutende Rolle eingeräumt. Das (Sterbe-)Haus der Maria oberhalb von Ephesos ist ein beliebter Wallfahrtsort in der Türkei. CA

Lit.: M. Lechner u. a., Art. »M.«, in: LCI 3, 1972, 154–234. – M. Hengel, Der Sohn Gottes, 1975. – W. Beinert/H. Petri (Hg.), Hb. der M.-Kunde, 1984. – K. Schreiner, M., 1984. – R. Bäumer/L. Scheffczyk (Hg.), M.-Lexikon, 1988ff. – H. Grote u. a., Art. »M.«, in: TRE 22, 1992, 115–61. – D. Blackbourn, Wenn ihr sie wieder seht, fragt wer sie sei: M.-Erscheinungen in Marpingen, 1997 (engl. 1993). – W. Christians, Apparitions, 1994. – G. Signori, M. zwischen Kathedrale, Kloster u. Welt, 1995.

Maria Lionza, uneinheitliche neuere → afroamerikan. Religion in Venezuela; entstanden vermutlich mit der Industrialisierung seit den 1930er Jahren, bes. in den Städten. Einflüsse finden sich auch in Argentinien, Panama, Puerto Rico und der Dominikan. Republik. Unter den mit Sklaven nach Venezuela gelangten religiösen Traditionen dominierten die der Bantu (→ afrikan. Religionen). Für die M. L. sind jedoch durch Zuwanderer importierte Yoruba-Vorstellungen aus der → Santería Kubas und der → Shango-Religion Trinidads wichtiger. In der M. L., die v. a. auf psychische wie physische Heilung (→ Medizin) abzielt, verbinden sich Elemente der kath. Heiligenverehrung, indigener religiöser Praktiken, esoter. Lehren (→ Rosenkreuzer und Mentalismo), des → Spiritismus und der Volksmedizin. Im Mittelpunkt steht das Geistwesen Maria Lionza, das in verschiedenen Legenden als Mädchen indian. oder spanischer Herkunft und Hüterin von Flora, Fauna und Gewässer geschildert wird. Auch wird auf eine mythische Gestalt namens Maria de la Onza verwiesen. Nach Vorstellung der M. L. gliedert sich das steter Veränderung unterliegende → Pantheon in unterschiedliche Höfe (span. cortes) oder Linien (lineas), in denen Geister nach ethnischer Zugehörigkeit, Funktion und Zuständigkeit zu Gruppen zusammengefasst werden. Wegen der heterogenen religiösen Inhalte liegt viel Gewicht auf der Auslegung durch die jeweiligen Kultgemeinschaften bzw. deren Leiter. Die Medien verkörpern in der Trance die mit Gesang und Trommelmusik gerufenen Geister, die Diagnosen stellen und den Inhalt weiterer Séancen bestimmen. Reinigungsrituale, z. B. mit Kerzen (velaciones) oder Tabakrauch, spielen eine wichtige Rolle, Tieropfer werden hingegen nur vereinzelt praktiziert. → Umbanda. NJ

Lit.: A. Pollak-Eltz, M. L. Mito y culto Venezoelano, 1972, [2]1985. – L. Ponce de Guillent, Mito y culto a M. L. y aportes de la Santería Cubana a este culto (Tesis de grado), 1978. – R. Mahlke, Die Geister steigen herab. Die M. L.-Religion in Venezuela, 1992. – E. Bracho, M. L. en Venezuela, 2004.

Mari-Prophetie, in rund 50 Briefen (Beginn 17. Jh. v. Chr.) erhaltene, inhaltlich am polit. Wohlergehen des Herrschers von Mari (Syrien) interessierte Mitteilungen über prophet. Erleben in Form von Verzückung, → Traum oder → Vision. In der M.-P. wird ein genuin syrisches Phänomen von Mantik fassbar, das auch in → Emar bekannt war und von dem Impulse für die → Assyr. Prophetien und die atl. Prophetie ausgegangen sind (→ Prophet). MH

Lit.: J.-M. Durand, Archives épistolaires de Mari I/1, 1988.

Markion/Marcio. In gnostischem → Antijudaismus verwarf M. um 150 n. Chr. den Schöpfergott des AT als einen böswilligen Gott des Krieges und Gerichts, von dem der »fremde« Gott der Liebe, wie er in dem von M. gereinigten Evangelium verkündet sei, aus reiner Güte die an ihn Glaubenden erlöst. M. gründete seine eigene Kirche und wurde von der kath. Kirche ausgestoßen und als Irrlehrer bekämpft. 1921 forderte A. → Harnack in seinem M.-Buch, das AT nicht mehr zu den hl. Büchern der Christen zu rechnen. → Kanon. CA

Lit.: A. von Harnack, Marcion. Das Evangelium vom fremden Gott, 1921 (Marcion: der moderne Gläubige des 2.Jh.s, Die Dorpater Preisschrift 1870, hg. von F. Steck, 2003). – G. May/K. Greschat (Hg.), Marcion u. seine kirchengeschichtliche Wirkung, 2002.

Markt der Religionen, Vorstellung, dass mehrere Religionen um den gleichen Personenkreis konkurrieren. Ein religionswiss. Marktmodell wurde 1965 von P. → Berger vorgelegt, nachdem zuvor bereits K. Mannheim (1893–1947) die Konkurrenz als gemeinsames Prinzip von Religion und Wirtschaft hervorgehoben hatte. Im Rational-Choice-theoret. Ansatz von R. Stark und R. Finke dient der M. d. R. der Vermittlung zwischen Angebot (supply) und Nachfrage (demand) nach religiösen Gütern. Diese werden ebenso durch religiöse Spezialisten wie von den Gläubigen (etwa durch gemeinsames Ritualhandeln) erzeugt, wobei gilt: Je schwächer die Regulierung des M. d. R., desto größer der Wettbewerb, desto effizienter die Produktion religiöser Güter und mithin die Religiosität. Die Metapher vom M. d. R. ist in die Kritik geraten, da sie innerhalb der Religionswissenschaft ein polit. stark aufgeladenes, ökonomist. Diskursfeld eröffnet. → Religionsökonomie. AKN

Lit.: H. Zinser, Der M. d. R., 1997. – R. Stark/R. Finke, Acts of Faith: Explaining the Human Side of Religion, 2000.

Marranen (von span. marrano = Schwein), »Schweinefleischesser«, erstmals 1391 erwähnte polem. Bezeichnung für Juden, die trotz ihrer Zwangstaufe »geheim« weiterhin dem jüd. Kultus anhingen. Neutraler ist der Begriff conversos (span. = Konvertiten). M. wurden von der → Inquisition verfolgt, vielen gelang im 16. Jh. die Auswanderung aus Spanien, u. a. nach Amsterdam, aber auch nach Amerika. → Antisemitismus. KVS

Lit.: C. Roth, A History of the Marranos, 1932, ^{4}1974. – M. D. Meyerson/E. D. English (Hg.), Christians, Muslims and Jews in Medieval and Early Modern Spain: Interaction and Cultural Change, 2000. – J. L. Jacobs, Hidden Heritage: The Legacy of the Crypto-Jews, 2002.

Martu, in sumer. Texten Gott der → Nomaden der syrischen Wüste, der nicht weiß, wie man die »Knie beugt« oder einen Leichnam bestattet. Diese Fremdbeschreibung von nomad. Religion zeigt das Abweichende gegenüber der Religion der Sesshaften. Eigene Quellen zur Religion von Nomaden im Alten Orient existieren nicht. Wichtig in der Praxis waren → El als göttliches Prinzip und der Mondgott (Phasen der Trächtigkeit der Herde erkennen; nächtlicher Wegweiser). Ein geschätztes überregionales Heiligtum war vielleicht der Tempel des Mondgottes von Harran in Nordmesopotamien; für regelmäßigen Kult bediente man sich transportabler »Gotteshäuser«, die auf Kamelen oder Eseln mitgetragen werden konnten, mit einer Kultstele (→ Baitylos) als Mittelpunkt. Hauptfest war ein Frühlingsfest mit der Opferung von Erstlingstieren in der Vollmondnacht, eventuell liegen darin auch Wurzeln des israelit. Pesachfestes (→ Passah). Im Totenkult mag die Erinnerung an Ahnen des Stammes eine Rolle gespielt haben. MH

Lit.: M. Hutter, Die Religion nomadisierender Gruppen vom 3. bis zum 1. Jt. v. Chr., in: P. W. Haider u. a. (Hg.), Religionsgeschichte Syriens, 1996, 91–100.

Maruts (sanskr.), vedische Sturmgötter, Söhne → Rudras. AM

Marx, Karl (1818–83), studierte Recht, Nationalökonomie und Philosophie. Unter dem Einfluss von → Feuerbach wandte er sich von der → Hegel'schen Philosophie ab. M. entwarf eine Kritik der → Wirtschafts- und Gesellschaftsordnung: Auf der Grundlage ihrer Körperlichkeit produzieren die Menschen ihr materielles Leben selbst und begeben sich so in bestimmte polit. und gesellschaftliche Verhältnisse. Diese stellen die Basis der Gesellschaft dar und werden mit zunehmender Arbeitsteilung zu Klassen- und Besitzverhältnissen. Die Entwicklung kulminiert in der bürgerlichen Gesellschaft, in der die Selbstentfremdung vom ursprünglichen Produktionsprozess am weitesten fortgeschritten ist (→ Bürgerliche Religion). Religion ist dabei nicht bloß → Projektion des → Bewusstseins, sie ist das Produkt des »vergesellschafteten« Menschen, der die → Geschichte selbst herstellt (→ Religionskritik), sie aber nicht mehr erkennt. Als Teil des Überbaus übernimmt die Religion die Rolle einer → Ideologie, die die gesellschaftlichen Verhältnisse verdinglicht. Weil die Religion ein Teil des Überbaus ist, sind religiöse Vorstellungen illusionär und wirken in der bürgerlichen Gesellschaft als Ideologie, die bestehende Abhängigkeitsverhältnisse verschleiert,

Herrschaft legitimiert und Ohnmacht erzeugt. → Marxismus. HK

W.: K. Marx/F. Engels, Werke, hg. vom Institut für Marxismus-Leninismus im ZK der SED, 42 Bde., 1956–83.

Marxismus, Sammelbezeichnung für Theorien und Analysekonzepte, die sich seit der 2. Hälfte des 19. Jh.s im Anschluss an die Arbeiten von K. → Marx und F. Engels (1820–95) zur Kritik der kapitalist. Gesellschaftsordnung entwickelt haben und die bis zum Ende des 20. Jh.s die Grundlage der kommunist. und der sozialist. Bewegung (→ Sozialismus) und ihrer Politik bildeten. (1) Der M. verknüpft drei unterschiedliche Perspektiven: (a) eine kulturwissenschaftliche Anthropologie, die den Menschen als Wesen interpretiert, das sich im Laufe der Geschichte über Arbeit und soziales Handeln zu einem zivilisierten Subjekt (in einer Assoziation von »Freien«) entwickeln kann; (b) eine im Anschluss an → Hegel entwickelte Geschichtsphilosophie, nach der sich die Geschichte in revolutionären Sprüngen, die sich jeweils an den Gegensätzen von technolog. Fortschritt und veralteten Herrschaftsstrukturen entzünden, in Richtung eines »Reiches der Freiheit« bewegt; (c) schließlich eine Kritik der kapitalist. Produktionsweise und Eigentumsordnung, die von der Ausbeutung der Lohnarbeiter durch die Kapitalbesitzer ihren Ausgang nimmt und das Massenelend der frühen Industriegesellschaft als Anstoß revolutionärer Umbrüche sehen wollte. (2) In seiner Ablehnung der Religion als einer Form der Verschleierung sowohl der menschlichen Möglichkeiten zur Freiheit als auch der bestehenden Unterdrückungsverhältnisse folgt der M. der → Religionskritik der franz. Materialisten und steht in aufklärer. Tradition. Systemat. gehört Religion im M. zur Sphäre des Bewusstseins (»Überbau«), das je nach marxist. Schule ganz oder teilweise von den jeweiligen Produktionsverhältnissen (dem gesellschaftlichen Sein, den ökonom. Verhältnissen) bestimmt wird, diese spiegelt und u. U. im Dienst der Herrschenden legitimiert. Dagegen sah ein sozialrevolutionär orientiertes Christentum (→ Befreiungstheologie) in der marxist. Kritik der Kapitalherrschaft zeitweise die angemessene Gesellschaftstheorie. WN

Lit.: R. Garaudy, J. B. Metz, K. Rahner, Der Dialog oder Ändert sich das Verhältnis zwischen Katholizismus und M.?, 1966. – R. Garaudy, M. im 20. Jh., 1969. – B. Sichtermann, Der tote Hund beißt. Karl Marx, neu gelesen, 1990. – M. Löwy, M. und Religion. Die Herausforderung der Theologie der Befreiung, 1990. – W. F. Haug (Hg.), Histor.-Krit. Wb. des M. (bisher 6 Bde.), 1996ff.

Marzeah, von Kultgenossenschaften (der Oberschicht) in → Ugarit ausgerichtetes Kultmahl, z. T. wie im AT (Amos 6,7; Jer 16,5) mit Totenpflege (→ Kispum) in Verbindung stehend. Bei den → Phönikiern gibt es M. unter dem Patronat einer Schutzgottheit. Unsicher ist der Bezug zum Totenkult, der in der spätaramäischen Religion von Palmyra vollkommen fehlt; hier dient M. der Versorgung der Götter und dem Kontakt zwischen Göttern und Menschen mithilfe eines Kultmahls im Tempelbereich. MH

Lit.: M. Hutter, Religionen in der Umwelt des AT I, 1996, 169. – H. Niehr, Religionen in Israels Umwelt, 1998, 183–85.

Masǧid → Moschee.

Masken (Wortursprung ungeklärt, eventuell von roman. = schwarz, mit Ruß bedeckt oder mittellat. masca = Hexe; von lat. persona = M. des Schauspielers leitet sich der Begriff → Person ab). (1) In religiösen Praktiken verbreitetes Mittel der Verstellung, der Veränderung und Symbolisierung in unzähligen Formen: als Gesichts-, Teilkörper- oder Ganzkörper-M., als aus festen Materialien (Holz, Ton, Leder usw.) gefertigte Gegenstände oder als Bemalungen (→ Kleidung). Religiöse M. stellen in der Regel nichtmenschliche Wesen dar, z. B. Götter, Ahnen, Dämonen, Hexen oder Tiergeister. Sie dienen der performativen Veränderung der Beziehung (a) zwischen dem Träger der M. und den Zuschauern und (b) zwischen dem M.-Träger und dem von der M. symbolisierten Wesen. (2) Die wissenschaftliche Beschäftigung mit M. wurde v. a. von Volkskundlern und Ethnologen des 19. und frühen 20. Jh.s begründet und war zumeist von evolutionist., diffusionist. und funktionalist. Ansätzen geleitet (→ Religionsethnologie). Verallgemeinernde Hypothesen über »Ursprung« und geograph. Verteilung von M. sind heute obsolet. Ebenso können fast alle generalisierenden Theorien zur sozialen und religiösen Bedeutung von M. (z. B. dass M. die gesellschaftliche Vorherrschaft von Männern sichern) als gescheitert betrachtet werden. Die Vielfalt von Formen und Verwendungsweisen von M. führte die heutige Forschung dazu, sich der detaillierten Erforschung kultureller Kontexte zuzuwenden. Der historisierenden Dekonstruktion angeblich »uralter« oder »primitiver« Formen von M. wird dabei bes. Aufmerksamkeit zuteil. → Körper, → Performanz, → Ritual. SE

Lit.: C. Lévi-Strauss, La voie des masques, 1975. – A.D. Napier, Masks, Transformation, and Paradox, 1986. – A. Schäfer/M. Wimmer (Hg.), M. u. Maskierungen, 2000.

Massada, Festung des → Herodes am Toten Meer, auf der sich 73 n. Chr. eine Gruppe von → Sikariern, letzten Widerständlern des jüd. Krieges, lieber selbst das Leben nahm als sich den Römern zu ergeben. Aufgrund der hohen symbol. Bedeutung für den jüd. Freiheitswillen werden noch heute auf M. israel. Soldaten vereidigt. KVS

Materialismus (von lat. materia = → Materie, Stoff), Lehre bzw. → Deutungsmuster, das auf einer Dualität von Materie und Form/→ Idee oder Materie und → Geist basiert. Schon in der griech. Antike gibt es Versuche, die gesamte erfassbare Welt unabhängig von einer göttlichen → Schöpfung als ein materielles Ganzes zu begreifen. Nach Demokrit (ca. 460–370 v. Chr.) entstehen Dinge durch eine Vermengung unendlich kleiner, gleicher und letzter (nicht mehr spaltbarer) Materieteilchen (Atome). Lukrez (96/94–44 v. Chr.) greift diese über die Sinnenlehre des Epikur (341–270 v. Chr.) vermittelte Idee auf und erklärt die Natur der Dinge durch die von Seelenatomen gelenkten Bindungskräfte der M. Der Begriff M. entsteht um die Mitte des 18. Jh.s bei La Mettrie (*L'homme machine*, 1747) und Holbach (*Système de la nature*, 1774) und wird im Rahmen eines Verständnisses der natürlichen Entwicklung (von Pflanze, Tier und Mensch) als einer von objektiven, äußeren Triebkräften gelenkten materiellen Einheit verwendet. K. → Marx entwickelt daraus die Vorstellung eines von objektiven Gesetzmäßigkeiten (Produktivkräften, Revolutionen, Klassenkämpfen etc.) gelenkten Geschichtsprozesses. Für die marxist. → Religionskritik ist der M. unabdingbare Voraussetzung, da er Religionsformen als Reflexe der Selbstentfremdung der Menschen beschreibt. Im 19. Jh. wurde der M. zu einer gegen das bürgerliche Christentum gerichteten philosoph. Anschauung, die Arbeiterbewegung und → Naturwissenschaft verbindend. Die Marx'sche Forderung nach der »Naturalisierung des Menschen und der Humanisierung der Natur« aufnehmend, gibt E. Bloch (1885–1977) dem »M.-Problem« einen utop. Gehalt. → Aufklärung. MB

Lit.: A. Wittkau-Horgby, M., 1998.

Materie (von lat. materia = Stoff, Material; griech. hýlē), nach → Aristoteles Gegensatz zu Form (von lat. forma, griech. morphḗ); später zum → Geist; heute im naturwissenschaftlichen Diskurs weithin abgelöst durch Energie (von Einstein definiert als $e = mc^2$: Energie ist äquivalent zum Produkt von Masse und dem Quadrat der Lichtgeschwindigkeit). M. gilt Aristoteles als das (nach einem Herstellungsmodell) Formbare, das als Stoff zusammen mit seiner Form zu einer individuellen Substanz wird (z. B. ein einzelner Tisch; M.: Holz o. a.; Form: Tischsein). Formen werden mithin materiell individuiert (Ausnahme: die Zahlen und Figuren der Mathematik). Schon in der Antike und bis in die allerjüngste Gegenwart (z. B. analyt. Philosophie; Gehirnforschung; Genomanalyse u. a.) wird dem entgegengehalten, dass es im Kosmos bzw. Universum ausschließlich M. gebe (→ Materialismus). Diese Ansicht ist dann annehmbar, wenn der M. selbst nicht nur Formelemente, sondern v. a. auch Geisteigenschaften wie Selbstbezüglichkeit und nicht zuletzt Eigentätigkeit bzw. Entwicklungsfähigkeit zugeschrieben werden. In der Gegenwart könnte die Debatte im Gefolge technolog. Veränderungen am Menschen noch an Brisanz gewinnen. Dabei dürften zwar sukzessive die klassischen Unterscheidungen nivelliert werden, aber manche Probleme bestehen bleiben, z. B. wie die Evolution des Kosmos verläuft und sittliches Leben entsteht. Red

Lit.: H. Happ, Hyle: Studien zum aristotel. M.-Begriff, 1971.

Matha (von sanskr. maṭha = Herberge), hinduist. Asketenherberge, Kloster, religiöser Ort. AM

Mathurā, hl. Stadt am Ufer des Yamunā in Nordindien, gilt als Geburtsort → Krishnas. AM

Matriarchat/Mutterrecht (von lat. mater = → Mutter und griech. archḗ = → Herrschaft). Der Begriff Mutterrecht, von dem später das Wort M. abgeleitet wurde, wurde von J. J. → Bachofen geprägt, um damit eine von Frauen dominierte Kulturstufe der menschlichen Geschichte zu bezeichnen (→ Entwicklung). Diese sei in drei Phasen gegliedert gewesen: 1. Hetärismus als Urzustand mit völlig ungeregeltem Geschlechtsleben, 2. Amazonentum als Übergangsphase mit der Figur der »strengen Jungfrau«, die »kriegerische und männerfeindliche Heldengröße« mit »gelegentlichem Hetärismus« verbinde. 3. In der »ehelichen Gynaikokratie« werde das Amazonentum als »Entfremdung« von der »natürlichen Bestimmung« der Frau und der Hetärismus als »regellose Überlassung an dieselbe« durch strenge eheliche Keuschheit überwunden. Das (materialist.) M. wird in der Geschichtskonstruktion Bachofens durch das (geistige) → Patriarchat abgelöst. Bachofen schiebt einzelne kulturelle Erscheinungen (Definition der Abstammung und Erbfolge über die Frau, Bestimmung der Residenz des Ehepaares nach der Familie der Frau, größere Beteiligung von Frauen an individuellen und kollektiven Entscheidungen, sexuelle Selbstbestimmung der Frau u. a.; → Verwandtschaft) zum »Gemälde« der von ihm Mutterrecht genannten Kulturstufe zusammen. Ein polit. M. kann nicht nachgewiesen werden, auch wenn deutlich andere Beziehungen der Geschlechter als im Patriarchat belegt sind (z. B. bei den Minangkabau auf Sumatra, den Papuas von Dobu [Melanesien], den Nayar in Südindien und in der Antike bei den Lykiern). Bachofens »Gemälde« wurde im Folgenden zur Folie für konservative (Bäumler), progressive (Engels) und feminist. (Göttner-Abendroth) Theorie- bzw. Phantasiebildungen. → Feminist. Theologie, → Gender, → Sexualität. HZ

Lit.: J. J. Bachofen, Das Mutterrecht, 2 Bde., 1861. – F. Engels, Der Ursprung der Familie, des Privateigenthums und des Staates, 1884. – A. Bäumler, Das mythische Weltalter: Bachofens romant. Deutung des Altertums, 1926. – H. Göttner-Abendroth, Die Göttin und ihr Heros. Die matriarchalen Religionen in Mythos, Märchen u. Dichtung, 1980. – H. Zinser, Der Mythos des Mutterrechts, 1981.

Mātrikās (von sanskr. mātṛkā = Mütter), hinduist. → Göttinnen, teilweise Muttergöttinnen, die in Siebener- oder Achtergruppen (Sapta-, Asthamātrikā) auftreten. → Devī, → Hinduist. Pantheon. AM

Matronae/Matres (lat. = Matronen/Mütter), Typus von → Muttergottheiten, der von der Mitte des 1. bis Ende des 3. Jh.s n. Chr. nahezu im ganzen keltischen Sprach- und Kulturgebiet sowie in Ober- und Niedergermanien verbreitet war. Bezeugt ist ihr Kult durch über 1100 Weihinschriften, sakrale Bauten und steinerne Bildwerke. Bildliche Darstellungen zeigen die M. entweder einzeln oder in der Mehrzahl, wobei die Dreiergruppe dominiert. Sie erscheinen sitzend oder stehend in hellenist.-röm. oder ubischer (german.) Tracht. Zu ihren wichtigsten Attributen gehören Füllhörner, Baum- und Feldfrüchte, Tiere sowie anthropomorphe Beifiguren (Säuglinge oder Kleinkinder). In den Inschriften werden die M. manchmal durch lat., häufiger aber keltische oder german. Beinamen gekennzeichnet, die oft von Volks-, Stammes- oder Ortsbezeichnungen abgeleitet sind. Inschriften und Bildwerke weisen die M. als Spenderinnen von Erntesegen, menschlicher Fruchtbarkeit, Wohlstand und geschäftlichem Erfolg aus. → Keltische Religion, → Muttergottheiten. US

Lit.: G. Bauchhenss/G. Neumann (Hg.), M. und verwandte Gottheiten, 1987. – U. Schlott, Vorchristl. und christl. Beziehungen bei Kelten, Germanen und Slawen, 1997, 104–12.

Matsuri, die allgemeine Bezeichnung für → Feste in Japan, deren wichtigste als Shintō-Feste einzustufen sind. Fast jeder Schrein feiert ein eigenes Fest, wobei einige eine überregionale Bedeutung annehmen und als Touristenattraktion im ganzen Land bekannt sind. Selbstaussagen über die Bedeutung von m. heben die Aneignung der göttlichen Kraft zugunsten des Wohlergehens der örtlichen Gemeinschaft hervor, während analyt. gesehen die soziale Integration der Bevölkerung eine große Rolle spielt. Die Rituale am Schrein können sehr unterschiedlich sein, doch ziehen in vielen Fällen prachtvolle Umzüge die öffentliche Aufmerksamkeit auf sich, bei denen jede Nachbarschaft für ihren eigenen dekorierten Wagen verantwortlich ist. Eine verbindende Rolle spielt die Reise der Gottheit (kami) durch alle von ihr betreuten Gegenden in einem tragbaren Schrein, in den sie zu diesem Zweck rituell und provisor. eingeschreint wird. V. a. sind m. eine Zeit der Freude und der Festlichkeit. → Shintō. MP

Mauss, Marcel (1872–1950), franz. Soziologe und Anthropologe, Schüler É. → Durkheims und Mitbegründer der einflussreichen Zeitschrift *Année sociologique*; Verfasser von wichtigen Werken über die → Gabe und das → Opfer. AM

W.: Essai sur le don, 1925 (dt. Die Gabe, 1990). – Sociologie et Anthropologie, 1950 (dt. 1974).
Lit.: H. Mürmel, M. M., in: A. Michaels (Hg.), Klassiker der Religionswissenschaft, 1997, 211–21.

Mauthner, Fritz (1849–1923), sprachkrit. Religionsphilosoph. Nach M. erleichtert Sprache zwar menschliches Handeln, ist aber kein angemessenes Mittel der Wirklichkeitserkenntnis. »Gott« ist für ihn eine willkürliche Benennung der Theologen, auf die verzichtet werden muss; aufgeklärte Religiosität ohne »Wortaberglaube« ist notwendigerweise »gottlose → Mystik« (Einigung von Ich und Nicht-Ich/Welt). AW

W.: Der Atheismus u. seine Geschichte im Abendlande, 4 Bde., 1920–23. – Gottlose Mystik, 1925.

Maya, vorkolumbische und rezente Kulturen der Maya-Sprecher im südlichen Mesoamerika (Südmexiko, Guatemala, Honduras, Belize, El Salvador; → indian. Religionen). In der »klassischen« Blütezeit (300–900 n. Chr.) errichteten die M. umfangreiche städtische Zeremonialzentren, die z. T. von steilen Pyramiden bekrönt waren. Sie entwickelten eine Hieroglyphenschrift, in der neben dynast. Aufzeichnungen auch ihr System sich überlagernder Kalenderzyklen (→ Kalender) von unterschiedlicher Dauer festgehalten wurde. Aus der Berechnung zukünftiger astronom. Ereignisse wurden Prophezeiungen über das Schicksal der Menschen abgeleitet. Das jetzige Weltzeitalter (3114 v. Chr. – 2012 n. Chr.) galt mindestens als das vierte. Die 20 Tage des »Monats« hatten jeweils eigene Regenten, ebenso wie die sieben kosmischen Schichten des Himmels, die von dreizehn Numina regiert wurden. Neun Regenten teilten sich die fünf Schichten des unterird. Totenreichs; ihre Zahl markierte den Weg der → Sonne, die tagsüber zum Zenit des Himmels aufsteigt und nachts die Unterwelt durchläuft. Ein kosmischer Baum verband die Ebenen. Neben Regen- und Fruchtbarkeitsgöttern verehrten die M. ihre verstorbenen Herrscher als Gottheiten. → Menschenopfer wurden von den M. in weit geringerem Ausmaß dargebracht als später bei den → Azteken üblich (→ Opfer). IG

Lit.: J. E. S. Thompson, M. History and Religion, 1970. – L. Schele/D. Freidel, Die unbekannte Welt der M., 1991 (engl. 1990). – N. K. Grube u. a., M.: Gottkönige im Regenwald, 2000.

Māyā (sanskr. = Täuschung, Schöpfungskraft, Urmaterie), in indischer Tradition täuschende, trüger. und verzaubernde, aber auch schöpfer. Kraft. Im nichtdualist. → Vedānta gilt die m. als objektiv-kosmolog. Zustand der Täuschung, der wahres Erkennen behindert. Im Shivaismus wird die m. in den nichtdualist. Systemen als Selbstverhüllungskraft → Shivas, in der dualist. Tradition als von Shiva getrennte materielle Ursache des Universums angesehen. Im → Buddhismus ist das Verständnis von m. auf die negativen Konnotationen der betrüger. Täuschung oder der Sinnestäuschung beschränkt. JG

Lit.: B. Hager, Die Entwicklung des M.-Begriffes im Indo-Arischen, 1983.

Mazdakismus, sozial-reformator. Bewegung im sasanid. Iran. Mazdak (ca. 460–526) vertritt eine pessimist. Weltsicht mit einem guten Gott, die Möglichkeit der Erlösung bleibt jedoch ungewiss. Der M. opponiert gegen die ungleiche Verteilung von Reichtum und gegen die Polygynie der Oberschichten als Ursachen von Kriegen. Die mehrfach verfolgte Bewegung verschwindet vor dem Ende des 1. Jt.s. MH

Lit.: S. Shaked, Dualism in Transformation, 1994, 124–31.

Mazdaznan, von Otoman Zar-Adusht Hanish (1844–1936) aus Elementen des → Zoroastrismus, des Christentums und Aspekten des → Yoga gegründete Religion, die die »arische Urlehre« wieder beleben will. Das Zentrum befindet sich in Kalifornien, eine dt. Niederlassung gibt es in Brinkhausen (Niedersachsen). MH

Lit.: O. Z. Hanish, Health and Breath Culture According to M. Philosophy and Sun Worship, 1991. – M. Stausberg, Die Religion Zarathushtras, Bd. 2, 2002, 378–400.

Mazzeba (hebr. maṣṣebā), große, oft eiförmige Steine, die die Orte der Anwesenheit eines Gottes markieren (Präsenzmarker, nicht Steinkult). M. waren in der Bronzezeit im Vorderen Orient und im östlichen Mittelmeer verbreitet. Manchmal wird ihnen zugeschrieben, sie seien vom Himmel gefallen; das mythische Bild muss aber noch nicht bedeuten, dass es sich um Meteoriten handelt. Der Omphalos in Delphi und der schwarze Stein in der → Kaʿba von Mekka dürften zu diesem Typ gehören. Im Kult wurden sie eingeölt (z. B. Gen 28,18; daher wohl Luthers Ölgötze). → Baitylos. CA

Mazzenfest (hebr. ḥag hamaṣṣōt), jüd. Fest der ungesäuerten Brote, das jährlich zu → Passah begangen wird. KVS

Mechilta (aram. m^{e}kīltā'), hebr. → Midrasch zu einem Teil des Buches Exodus, auf das 2. Jh. n. Chr. zurückgehend. KVS

Mechthild von Magdeburg (um 1207–83), → Begine, ab 1270/71 Zisterzienserin in Helfta. Ihr »Fließendes Licht der Gottheit« in Niederdt., das sie 1250 beginnt und bis zum Lebensende fortsetzt, ist das erste volkssprachliche mystische Werk und autobiograph. Zeugnis ekstat. Einigung in sinnlich-erot. Bildern (»Gott küsst sie in süßer Vereinigung«). AW

W.: Das Fließende Licht der Gottheit (Ü u. Einf. von M. Schmidt), 1955 (neubearbeitete Ü 1995). – Offenbarungen der Schwester M. v. M. oder das fließende Licht der Gottheit (aus der einzigen Handschrift des Stiftes Einsiedeln hg. von G. Morel), 1963.
Lit.: S. A. Buholzer, Studien zur Gottes- u. Seelenkonzeption im Werk der M. v. M., 1988.

Medien der Kommunikation. (1) In einfachen Gesellschaften war religiöse Kommunikation zunächst mündlicher Natur und spielte sich von Angesicht zu Angesicht (face to face) ab. Die Verbreitung der Religion und ihre Organisation in komplexeren Gesellschaften aber geht mit der Verbreitung der Schriftlichkeit einher. Diese führt nicht nur zur Ausbildung eines Expertentums von → Schriftgelehrten, sie ändert auch den Charakter einer Religion grundlegend (→ Schriftreligion): Mündliche Kommunikation wird über formular. Wendungen und festgefügte Formen tradiert (→ Tradition) und mit einer »synthet.« Denkweise verbunden, die typische Erfahrungszusammenhänge und deren Bezeichnungen nicht voneinander trennt. Dagegen führt die Schriftlichkeit durch ihre größeren Möglichkeiten zur Abstraktion einen »analyt.« Charakter in die Kommunikation ein. (2) Die Druckerpresse führte erneut zu grundlegenden Veränderungen, die auf der massenhaften Verbreitung der Bibel und der Möglichkeit zur individuellen Bibellektüre beruhen. Schließlich hatten die bessere Verfügbarkeit von → Texten und die Interaktion zwischen Berufen wie etwa Druckern und Gelehrten, die solche Texte schufen, veränderte Lernvorgänge zur Folge. (3) In den letzten Jahrzehnten erleben wir das Aufkommen neuer M. d. K. Die enorme Ausbreitung der modernen Massen-M. (Fernsehen, Rundfunk), aber auch die Einführung neuer Technologien, die interaktive Nutzungen zulassen (Computernetzwerke, Satellitenkommunikation, Video), führen zu einem rasanten Wandel, der auch die Religion nicht unberührt lässt (→ Medienreligiosität, → Religionsästhetik). HK

Lit.: E. L. Eisenstein, The Printing Press as an Agent of Change: Communications and Cultural Transformations in Early Modern Europe, 1979. – D. Prokop, M.-Forschung, 3 Bde., 1985–86. – H. N. Janowski (Hg.), Die kanalisierte Botschaft. Religion in den M. – M.-Religion, 1987. – C. Arthur, Religion and the Media, 1993.

Medienreligiosität. In der Folge der zunehmenden Bedeutung der → Medien wird die Auffassung vertreten, diese nähmen einen religiösen Charakter an, die Massenmedien würden selbst zu einer Religion. Zu unterscheiden ist M. als Ritualisierung des Umgangs mit Medien von dem Phänomen, dass mediale Inhalte religiöse Funktionen übernehmen können. In beiden Formen leisten die Medien die »re-ligio«, die Rückbindung an bleibende, verbindliche Werte. M. kann auch bedeuten, dass die Medien selbst kraft ihrer die Subjekte transzendierenden Form eine religiöse Bedeutung annehmen. → Religion, Definitionen der. HK

Lit.: G. Thomas, Medien – Ritual – Religion. Zur religiösen Funktion des Fernsehens, 1998.

Meditation (von lat. meditari = nachdenken, nachsinnen; einüben), in der abendländ. Tradition Bezeichnung für ein in sich gekehrtes Nachdenken, das seine eigenen Voraussetzungen erwägt. Zu diesen gehören oft letzte Prinzipien, die in der Tradition mit dem Göttlichen identifiziert werden, so dass zur engeren philosoph. Bedeutung von M. häufig eine religionsphilosoph. bzw. religiöse tritt und M. verschiedene Formen einer inwendigen Praxis entfaltet hat.

I. Antike. In einem psychagog. Sinn erfolgt bei → Platon im In-Sich-Kehren der → Seele die Erkenntnis der Idee des Guten als höchster und verpflichtender, die im Höhlengleichnis (*Politeía* 518 d) zur Umwendung (griech. metastrophḗ) weg vom Schein führt. Der zum Tode verurteilte Sokrates bestimmt rechtes Philosophieren als Streben zum Tod (*Phaidon* 64a); Seneca (*Epistula* 54,2; 70), Hieronymus u. a. greifen diese meditatio mortis auf. Die beiden Elemente des Nachdenkens über das Vergängliche und des darin Gott-ähnlich-Werdens / Gott-nahe-Kommens gehören, vermittelt über den Neuplatonismus (→ Platonismus), von nun an zum festen Bestand der M. Augustinus wie das frühe Mönchtum

greifen auch altisraelit. und frühjüd. Frömmigkeit auf. Ps 1,2 spricht vom »Murmeln über seine [Gottes] Weisung bei Tag und Nacht«. Die hebr. Wurzel murmeln (in der Vulgata als meditari übersetzt) verweist auf die Praxis der Rezitation von → Gebeten, Formeln und Schriftzitaten, die in der Alten Kirche als »Wiederkäuen« der Offenbarungsworte in Herz und Geist weiter geübt wurde, teils unablässig, teils zu festen Zeiten (Benediktregel).
II. Christl. Tradition. In christl. Tradition wurde diese meditative Methode der Gottverbundenheit zunehmend theolog. reflektiert (R. und H. v. St. Viktor, 12. Jh.) und systematisiert. Gegenstand der M. sind die eigene Umkehr und das Leben und Leiden Christi. Anthropolog. Lehren vom geistlichen Sinn und Seelenvermögen spiegeln sich in Phasen der M.; die Vier-Stufen-Folge der lectio divina – meditatio – oratio – contemplatio bildet sich aus. Die contemplatio wird auch als → Ekstase, Vereinigung oder Herausgerissensein charakterisiert und ist von der → Gnade Gottes zu bewirken. Auch das Lesen der hl. Schrift und geistlichen Literatur ist eine Phase der M. Die ostkirchliche Tradition (→ Hesychasmus, → Orthodoxes Christentum) verfolgt mit dem Herzensgebet (unablässige Anrufungsformel an Jesus kombiniert mit einer bestimmten Atemweise) den Aspekt der dauernden Verbundenheit mit Gott. Auch Anselm v. Canterbury (1033–1109) verwendet M., um den spirituellen Effekt geistlicher Lektüre zu erzielen. Daneben wird M. mit seinem *Monologion* zur literar. Gattung, in der mit einem Letztprinzip, dem Verstand, ein Gegenstand (hier: der Glaube) ergründet wird. In Descartes *Meditationes de prima philosophia* (1641) und Husserls *Cartesischen Meditationen* (1932) wird M. als hochdifferenziertes methodisches Erwägen (Zweifel, Reduktion), geprägt durch starke Imaginationskraft und die Inwendung ins → Bewusstsein, fortgeführt. Daraus entspringen, vergleichbar dem → raptus, unhintergehbare Gewissheiten (Descartes' Selbstgewissheit) und eine unio (Husserls Implosion der Welt in einen Bewusstseinsgehalt; → Einigung). Im ausgehenden Mittelalter wird die M. von der extramonast. »devotio-moderna«-Bewegung gefördert; sie wird für klösterliche Reformen ebenso fruchtbar wie für die einschneidenden *Exercitia spiritualia* (1563) des Ignatius von Loyola, einer Psychologie avant la lettre. Eine ebensolche Wirksamkeit erlangt die M. »Übung der Gegenwart Gottes« (*Introduction à la vie dévote*, 1608) des Franz von Sales im 17./18. Jh. (bes. im → Pietismus), die Gottes und Jesu Anwesenheit imaginiert.
III. Moderne. (1) Im 20. Jh. wird M. zu einem Element moderner Religiosität. Sie dient zur Ergänzung oder Belebung innerhalb der sozialisierten Religion oder dient der spirituellen Selbstversorgung oft auch außerhalb spezif. religiöser Zusammenhänge. Einflussreich waren die Rezeption des buddh. → Zen (z. B. als Weg unmittelbarer Seinserfahrung für rationalist. entfremdete Westler) und des hinduist. → Yoga (z. B. mantra-Murmeln zur Steigerung von Gesundheit, Kreativität und übersinnlichen Fähigkeiten; neohinduist. → Transzendentale M.). (2) Die Theorie der M. verändert sich zunehmend durch Kognitionswissenschaft und → Religionspsychologie, die M. als »veränderten Bewusstseinszustand« untersuchen. Aus kognitionswissenschaftlicher Sicht sind manche Attribute der M. als phänomenal ohne neurophysiolog. Korrelat zurückzuweisen (z. B. K. Engels Unterscheidung in intro- und extrovertierte M.). Was in einer M. vom Meditierenden erlebt wird, ist von der deutenden Texttradition geprägt (Austin). Dieser semantische Faktor ist durch keine neuropsycholog. Erkenntnisse eliminierbar. So liefern kognitive Kategorienbildung (J. Barrett, P. Boyer), die Erforschung von Gedächtnis-, Tradierungsleistungen (M. → Bloch) und Hemmung oder Aktivierung von Hirnarealen (D'Aquili/Newberg) wertvolle, doch nicht hinreichende Einsichten in die Bedingungen der M. AK

Lit.: D. Jonte-Pace, The Swami and the Rorschach: Spiritual Practice, Religious Experience, and Perception, in: R. Forman, The Innate Capacity, 1998, 137–60. – J. Austin, Zen and the Brain, 1998. – K. Engel, M. Geschichte, Systematik, Forschung, Theorie, 1999.
Zs.: Journal for M. and M. Research.

Meditation, indische → dhyāna.

Medium. Außer zur Bezeichnung der → Medien der Kommunikation dient der Begriff M. singularisch zur Charakterisierung einer speziell begabten Person, die Botschaften aus einer jenseitigen Welt empfangen und an eine Gemeinschaft übermitteln kann (→ Channeling). AJ

Lit.: M. McLuhan, The Gutenberg Galaxy. The Making of Typographic Man, 1962.

Medizin. Zwischen dem Wissen um körperliche Heilung und jenem um religiöses → Heil bestehen vielfältige Zusammenhänge. Das Verhältnis zwischen M. und Religion oszilliert je nach kultureller Einstellung zwischen enger Komplementarität einerseits und kategor. Gegensatz andererseits. M. und Religion operieren in denselben Bereichen: Sie entwerfen Bilder vom menschlichen → Körper, seiner Entstehung, seinem Werden und Vergehen (→ Tod); sie erklären die Ursachen menschlichen Leidens; sie lindern Leiden bzw. bieten Konzepte und die Hoffnung an, Leiden zu überwinden. Buddha wird als → Arzt dargestellt, der das Wissen stiftet, mit dem die leidvolle Verstrickung in die Welt transzendiert werden kann. Für Hindus erscheint Krankheit als Symptom einer der kosmischen Ordnung des → dharma zuwiderlaufenden Lebensweise (→ Āyurveda). In Judentum, Christentum und Islam wird die Entstehung von Krankheit als Gottes Strafe für menschliche Sündhaftigkeit verstanden (→ Psychosomatik, → Sünde). Der Versuch, empir. verifizierbares Wissen über Krankheit und Heilung zu entdecken, brachte und bringt die M. aber auch in Konflikt mit auf »bloßem Glauben« gründender Religion. Sowohl ideolog. als auch institutionell hat sich v. a. die westliche M. durch Ablehnung religiöser Modelle als eine Art »Theologie der Materialisten« (F. A. Lange, *Geschichte des Materialismus*, 1873–75) definiert. In zeitgenöss. Auseinandersetzungen über bioeth. Fragen (z. B. über → Abtreibung oder Grenzen der Gentechnik) treten grundlegende Gegensätze zwischen M. und Religion hervor. SE

Lit.: S. Tambiah, Magic, Science, Religion, and the Scope of Rationality, 1990.

Medizinbündel (auch Hl. Bündel), in Teilen Nord- und Mesoamerikas ritueller Apparat zur Durchführung von privaten oder öffentlichen Zeremonien. M. und die mit ihnen verbundenen Rituale gingen meist auf → Visionen (→ Visionssuche) oder → Träume einer Person bzw. eines mythischen Vorfahren zurück; bei den Navajo wurden sie nach überlieferten Anweisungen hergestellt. Die in ihnen enthaltenen Gegenstände (Federn, Steine, Tierbälge, Musikinstrumente usw.) waren Gaben übernatürlicher Wesen oder gingen auf ihre Anweisungen zurück. → Medizinmann. CFF

Lit.: C. Wissler, Ceremonial Bundles of the Blackfoot Indians, 1912. – L. Capron, The Medicine Bundles of the Florida Seminoles and the Green Corn Dance, in: Bureau of American Ethnology, Bulletin 151 (1953), 155–210. – W. Stenzel, The Sacred Bundles in Mesoamerican Religion, in: Verhandlungen des 28. Internationalen Amerikanistenkongresses, Bd. 2, 1970, 347–52. – C. Frisbie, Navajo Medicine Bundles or Jish, 1987.

Medizingesellschaft, im engeren Sinn das Midewiwin (= Vereinigung der mide = Heiler) der Ojibwa und ihrer Nachbarn im nordöstlichen Nordamerika, dem man zur Heilung einer akuten Krankheit oder zur Gesundheitsvorsorge beitreten konnte (→ indian. Religionen). Bedingung für den Beitritt in den in vier Graden organisierten Geheimbund war der Erwerb des notwendigen → Wissens von einem Mitglied. Im Aufnahmeritual selbst wurde symbol. Tod und Wiedergeburt des Novizen vollzogen, und das Ritual demonstrierte öffentlich die Macht der → »Medizin« (Heilkräfte übernatürlichen Ursprungs). M. im weiteren Sinn finden sich auch bei den Rio Grande Pueblos in New Mexico und im maskentragenden Bund der Falschgesichter der Irokesen. Wegen der epidem. Verbreitung altweltlicher Krankheiten durch den → Kontakt mit Europäern gewannen die M. seit dem späten 17. Jh. zunehmend an Bedeutung. → Medizinmann. CFF

Lit.: W. J. Hoffman, Midéwiwin or Grand Medicine Society of the Ojibway, in: 7th Annual Report, Bureau of American Ethnology (1891), 143–300. – P. Radin, The Ritual and Significance of the Winnebago Medicine Dance, in: Journ. of American Folklore 24 (1911), 149–208. – A. Skinner, Medicine Ceremony of the Menomini, Iowa, and Wahpeton Dakota, 1920. – S. Dewdney, The Sacred Scrolls of the Southern Ojibway, 1975.

Medizinmann, obsolete Bezeichnung für einen magisch-spirituellen Heiler, häufig synonym gebraucht zu »Schamane«, »Hexendoktor« oder »Zauberer« (→ Schamanismus). Angeregt durch Missionars- und Reiseberichte fand der Begriff v. a. im kolonialen Diskurs des 19. Jh.s Verbreitung. In frühen religions- und medizinethnolog. Schriften steht M. oft für einen »primitiven« Vorläufer des »modernen« → Arztes. Im Deutschen assoziiert man mit »M.« v. a. die traditionellen Heiler Afrikas und nordamerikan. Indianer-Gesellschaften. Popularisiert durch Wildwest- und Abenteuer-Romane wurde »M.« Teil der Alltagssprache, in der Wissenschaftssprache aber immer seltener verwendet. Das Wort ist zu unspezif., um die vielfältigen

Beziehungen zwischen Heilung, Ritual und religiösen Vorstellungen zu erfassen. Als Synonym für »unwissenschaftliche« Heiler ist das Wort negativ besetzt. Dass alle »M.« Männer seien, ist ein weiteres irreführendes Vorurteil, das durch den Begriff impliziert wird. → Medizin. SE

Megalithbauten (von griech. mégas = groß und líthos = Stein), weltweit nachzuweisendes Phänomen unterschiedlichster Religionen (z. B. Großkopfplastiken der mittelamerikan. Olmeken, moai der Osterinsel, Tempel auf Malta). Europ. M. stammen aus dem Neolithikum und der Bronzezeit und dienten überwiegend kultischen Zwecken (→ Neolith. Religion). Die Bedeutung der → Menhire ist unklar, die der → Dolmen liegt teils real, teils symbol. im → Totenkult. Zahlreiche Grabeingänge weisen in Richtung des Sonnenaufgangs zur Wintersonnenwende (z. B. Newgrange), wohl um die Verstorbenen oder den Kosmos durch das Licht des wieder ansteigenden Gestirns zu regenerieren. Die Steinkreise weisen durch ihre häufig erkennbaren astronom. Bezüge auf Zusammenhänge mit der Verehrung von → Sonne und → Mond. Die ovalen unter ihnen werden, wie auch ovale Grabkammern einiger Dolmen, von manchen Forschern wegen der Eiform in Verbindung mit Fruchtbarkeitskulten gebracht. → Keltische Religion, → Neolith. Religion, → Paläolith. Religionen. JL

Lit.: R. Müller, Der Himmel über den Menschen der Steinzeit, 1970. – W. Korn, Megalithkulturen, 2005.

Megilloth (hebr. m^egillōt = Buchrollen), im jüd. Sprachgebrauch jene fünf biblischen Schriften, die an fünf jüd. Festtagen verlesen werden: Hld, Ruth, Klgl, Koh und Est. Heute ist mit »Megilla« (Singular) meist das an → Purim rezitierte Buch Ester gemeint. → Tradition. KVS

Meiji, offizielle Bezeichnung für die M.-Periode (1867–1912) unter dem japan. Kaiser M. (M. Tennō, 1852–1912), der entscheidend für die schnelle Modernisierung Japans verantwortlich war. M. Tennō wird zusammen mit seiner Kaiserin an dem sehr groß angelegten M. Jingū (M.-Schrein) in Tokyo weiterhin nach Shintō-Art verehrt. → Shintō. MP

Meïr ben Baruch (gest. 1293 n. Chr.), bedeutender dt. Rabbiner des Mittelalters, der Talmudauslegungen, Gedichte und liturg. Gesänge verfasste. M. starb in der Gefangenschaft unter Rudolf von Habsburg auf der Burg Ensisheim im Elsass. KVS

Memrah (aramäisch memrā = Wort), im → Targum Umschreibung des Gottesnamens → JHWH, der nicht ausgesprochen werden durfte. KVS

Mencius → Mengzi.

Mendelssohn, Moses (Moses ben Menachem Mendel, 1729–86), dt.-jüd. Philosoph, vertritt die → Unsterblichkeit der Seele und den ontolog. und axiolog. → Gottesbeweis. Der »jüd. Sokrates« verteidigt → Lessing gegen F. H. Jacobis (1743–1819) Vorwurf, Spinozist, d. h. pantheist. Atheist (→ Spinoza), zu sein. Im Lavaterstreit, aufgefordert seinen Glauben zu rechtfertigen, bestimmt M. das → Judentum als von Gott gebotene Praxis; das → Christentum sei als Vernunftreligion zu akzeptieren. M. ist Vorreiter religiöser Toleranz, jüd. Emanzipation und → Aufklärung. Er setzt sich für die Trennung von Staat und Kirche (→ Politik) ein. AK

W.: Werke (hg. von J. Elbogen u. a.), 29 Bde., 1929–99. – GS. Jubiläumsausgabe. 37 Bde. (hg. v. A. Altmann u. a.), 1972ff.
Lit.: M. Albrecht/E. Engel, M. M. im Spannungsfeld der Aufklärung, 2000.

Menetekel, Anzeichen eines drohenden Unheils, magischer Ausdruck, der auf die Geisterinschrift »m^enē᾿ m^enē᾿ t^ekēl ū-parsīn« (interpretiert als »gezählt, gewogen und zerteilt«) zurückgeht, die König Belsazar nach Dan 5,25 als Prophezeiung an der Wand erscheinen sah. → Altes Testament, → Apokryphen. KVS

Mengzi, auch Mengke, latinisiert als Mencius (374–289 v. Chr.), chin. konfuzian. Philosoph. M. geht – im Gegensatz zu dem Philosophen Xunzi (3. Jh. v. Chr.) – davon aus, jeder Mensch sei natürlicherweise zum Guten befähigt (chin. nengliang), was ihn in Harmonie mit der panmoral. Instanz Himmel (→ tian) bringt und zum Weisen (sheng) werden lässt. M. fordert eine hohe ethische Qualifikation der Herrschenden ein, deren Daseinsberechtigung in ihrem Wirken zum Wohle des Volkes besteht. M. vertritt insofern eine radikale Staatsethik, als er die Beseitigung eines dem Ideal nicht entsprechenden Herrschers gutheißt und somit im Zusammenhang mit der Idee des »Mandats des Himmels«

eine gewissermaßen sakrale Legitimierung für die häufigen Dynastienwechsel in der chin. Geschichte liefert. MD

Lit.: R. Wilhelm, Mong Dsï. Die Lehrgespräche des Meisters Meng K'o, 1916, ²1994 (Ü).

Menhire (von breton. maen = Stein, hir = lang), aufrecht stehende Steine von bis zu 20 m Höhe, die ungeachtet ihres keltischen Namens noch aus vorgeschichtlicher Zeit (→ Neolithikum) stammen. BM

Menorah (hebr. m^e^nōrā = Leuchter). Der siebenarmige Leuchter, zentrales Bekenntnissymbol des jüd. Glaubens und Nationalsymbol Israels, erstmals erwähnt in Ex 25,31–40 und 37,17–24, war vermutlich fester Bestandteil der Ausstattung des Zweiten Tempels. Aufgrund des jüd. → Bilderverbotes, das die Möglichkeiten der Darstellung von Lebewesen einschränkte, wurde die M. zu einem beliebten Motiv in der jüd. Kunst und Architektur. Berühmt ist die M.-Darstellung auf dem Triumphbogen des Titus in Rom aus Anlass seines Sieges über die Juden im Jahre 70 n. Chr. KVS

Lit.: B. Goldman, The Sacred Portal: A Primary Symbol in Ancient Judaic Art, 1966. – J. Voss, Die M. Gestalt u. Funktion des Leuchters im Tempel zu Jerusalem, 1993.

Mensch. I. Allgemein. Es ist eine von W. → Dilthey explizierte fundamentale hermeneut. Einsicht, dass viele Aussagen des M. zugleich Vorstellungen über ihn selbst enthalten; sei es explizit, sei es ex negativo. Die Frage, was den M. ausmacht, ist daher nicht nur Gegenstand von expliziten → Anthropologien, sondern auch – zumindest implizit – Thema von Mythologien, Weltbildern, Theologien und Wissenschaften. Die ausdrückliche Reflexion über den M. erfolgt vornehmlich in Krisenzeiten, in denen sein Selbstverständnis fraglich wird (etwa durch gesellschaftliche Entwicklungen oder aufgrund von Kulturvergleichen). In solchen Situationen wird entweder die Einsicht formuliert, dass der M. das ist, als was er sich selbst begreift, oder nach Invarianten der menschlichen Existenz gesucht. Die philosoph. Fundierung der Einsicht in die Fähigkeit des M. zur variablen Selbstauslegung wird in der philosoph. Anthropologie des 20. Jh.s. auf das komplexeste Niveau gebracht, ist aber bereits bei den Sophisten angelegt. Der Gedanke der Selbstdeutung führt allerdings auch zur Skepsis gegenüber dem Wahrheitsgehalt menschlicher Selbsterkenntnis. Von F. → Nietzsche bis zu M. Foucault (1926–84) formiert sich eine Ideologiekritik, derzufolge eine als Selbstkonstitution missverstandene Selbstauslegung den Begriff des M. zu einem ideolog. werden lasse.

II. Bilder vom M. Aus der Fülle der M.-Bilder seien im Folgenden vier ihrer Konstituenten herausgegriffen: (1) Der M. im Verhältnis zu → Natur und Kosmos: Im Kulturvergleich wird ersichtlich, dass die Auffassung von der Sonderstellung des M. keinesfalls selbstverständlich ist. (a) Beispielsweise ist nach dem Verständnis der klassischen indischen Religionsgeschichte der M. Teil der Tierwelt (vgl. Śatapatha-Brāhmaṇa VII, 5, 2, 6). Mit der Lehre von der → Reinkarnation wird der M. zwar insofern ausgezeichnet, als er allein die Möglichkeit hat, sich vom Rad der Wiedergeburt zu befreien (vgl. Mahābhārata XII, 288, 20). Trotzdem bleibt er mit den übrigen natürlichen Existenzweisen verbunden, weil er nur eine der vielen möglichen Existenzformen innerhalb des den gesamten Kosmos umfassenden Umschwungs des Seins (→ samsāra) ist; was erlöst werden muss, ist nicht der M., sondern das Selbst in ihm. (b) Die begriffliche Ausgrenzung des M. aus Natur und Kosmos erfolgt in der abendländ. Ideengeschichte erst durch die ionische Naturphilosophie. Vor dem Hintergrund des → Mikrokosmos-/Makrokosmos-Gedankens wird der M. als ein Kosmos im Kleinen, der Kosmos nach oriental. Vorbild als ein M. im Großen gedeutet. Sobald man Unterschiede zwischen M. und Kosmos einerseits und den Göttern andererseits zu sehen beginnt, kommen auch die Unzulänglichkeiten des M. zur Sprache, etwa im Topos von der Natur als Stiefmutter (»natura noverca«). In diesem Zusammenhang entsteht insbes. bei den Sophisten die These von der Selbstschöpfung des M., und der M. wird von Protagoras (5. Jh. v. Chr.) als das »Maß aller Dinge« erachtet. Während Antike und Mittelalter von der Konzeption der Doppelnatur des Menschen bestimmt bleiben, ändert sich mit der modernen Naturauffassung das M.-Bild grundsätzlich: In der Evolutionstheorie wird der M. als Produkt und Teil der biolog. → Entwicklung betrachtet, in behaviorist. Perspektive verhält er sich nach Reiz-Reaktions-Mechanismen, und nach psychoanalyt. Auffassung ist der M. ein triebgesteuertes Wesen. In der philosoph. Anthropologie A. → Gehlens wird der

M. als »Mängelwesen« beschrieben, das auf soziale und kulturelle Institutionen angewiesen ist. (2) Der Mensch im Verhältnis zur geistigen Sphäre: (a) Das Verhältnis des M. zur geistigen und übersinnlichen Sphäre wurde in der klassischen Antike – für das gesamte abendländ. Denken folgenreich – durch die Übernahme des vermutlich aus oriental. Quellen stammenden Seelenwanderungsmotivs in die Lehren der Orphiker und der Pythagoreer geprägt. Nach Philolaos (um 450 v. Chr.) ist der M. nicht Leib, sondern → Seele. → Platon hat diese Vorstellung aufgenommen. Nach dem Gleichnis im »Staat« macht der vernünftige Teil der Seele den M. aus. (b) Der platon. Konzeption von der Doppelnatur des M. liegt neben dem Seelenwanderungsmotiv die wesentlich ältere Vorstellung vom M. als einem mittleren Wesen zwischen Tier und Gott zugrunde. Gegen die Doppelnatur-Konzeption vertritt Aristoteles (384–322 v. Chr.) den Gedanken der Einheit von Seele und Leib und konzipiert den M. als »animal rationale«. Im Mittelalter stehen die platon. und aristotel. Konzeption miteinander im Widerstreit. (c) In der Neuzeit gewinnt die Vorstellung der Selbstkonstitution des M. durch die Kombination des Vernunftgedankens mit der Freiheits- und Autonomieidee an Bedeutung. Für J.-J. → Rousseau, J. G. → Herder und I. → Kant ist der M. darum Schöpfer seiner selbst, weil er das mit Vernunft und → Freiheit zugleich ausgestattete Wesen sei, das aus der Natur heraus und ihr gegenüber treten könne. Mit der Differenz von »Entwurf« und »Geworfenheit« melden existenzphilosoph. Ansätze jedoch Zweifel an der Geltung des Gedankens der Selbstschöpfung an. (3) Der M. im Verhältnis zur sozialen Umwelt: Aristoteles bestimmt den M. als »ein von Natur nach Gemeinschaft strebendes Wesen« (*pol.* 1253a 3f.). Dass der M. nur in Gemeinschaft lebensfähig ist, stellt auch einen Grundgedanken der Stoa dar (→ Stoizismus). Bei den Sophisten angelegt und in der Stoa expliziert kommt die Idee der Menschheit auf, die auch für alle großen Weltreligionen charakterist. ist und in Gestalt des Fortschritts des »M.-Geschlechts« (→ Lessing) ebenso die polit. Philosophie der Neuzeit bestimmt. Das Korrelat zur Idee der Menschheit ist seit der Stoa das autonome, vernünftige Individuum. Moderne pragmat. Sozialphilosophien greifen dagegen das antike Polis-Konzept wieder auf und akzentuieren die räumliche Begrenztheit der menschlichen Sozialkompetenz. Gegen optimist. Konzepte des M. als eines Sozialwesens werden jedoch auch Zweifel laut; etwa in der Formulierung von Th. → Hobbes, der M. sei dem M. ein Wolf, oder in der Äußerung in J.-P. Sartres (1905–80) Drama *Huis clos*, »die Hölle, das sind die Anderen«. Der → Marxismus thematisiert die Ausbeutung des M. durch den M. und dessen Entfremdung. In Luhmanns → Systemtheorie gehört der M. zur Umwelt der Gesellschaft. (4) Der M. im Verhältnis zu → Kultur und → Geschichte: Das M.-Bild der Hebr. Bibel ist durch das ausschließliche Verhältnis zu Gott als einer geschichtlichen Macht bestimmt. Diese Vorstellung hat großen Einfluss auf die abendländ. Geschichtsphilosophie ausgeübt. Die geschichtliche Bestimmung des M. hebt insbes. Dilthey hervor: »Was der M. sei, sagt ihm nur die Geschichte«. K. → Marx und die Begründer des → Sozialismus hegen die Hoffnung, dass der M. und die ihn bestimmenden sozialen Verhältnisse in der Geschichte und durch die Geschichte grundlegend verändert werden können. Gegen die biolog. orientierte Anthropologie macht die kulturphilosoph. ausgerichtete philosoph. Anthropologie und die Kulturanthropologie geltend, dass die Lebenswelt des M. seine Kultur als seine zweite Natur sei. Insbes. E. → Cassirer und H. Jonas (1903–93) machen auf die den M. auszeichnende Fähigkeit aufmerksam, Symbole und Bilder schaffen zu können; der M. sei wesentlich »animal symbolicum« (Cassirer) bzw. »homo pictor« (Jonas). (5) Der Stellenwert der Religion: Im Verhältnis zwischen – summar. zu Vergleichszwecken zusammengefassten – einerseits religiösen und andererseits philosoph. sowie wissenschaftlichen M.-Bildern lassen sich mindestens die beiden folgenden, miteinander zusammenhängenden Fragen ausmachen: (a) Ist der M. wesentlich der → »homo religiosus« (wie auch manche Religionstheorien behaupten), oder ist Religion keine anthropolog. Konstante, sondern lediglich ein – unter Umständen – verzichtbares kulturelles und soziales Hilfsmittel? (b) In welchem Maß kann der M. selbst über die Dispositionen seiner Existenz verfügen? Allen Religionen ist eigen, dass sie den M. nur bis zu einem gewissen Maß mit der Fähigkeit und der Erlaubnis ausgestattet sehen, die menschlichen Existenzbedingungen autonom zu gestalten. Letztlich geht es immer darum, sich religiösen Kräften oder dem göttlichen Plan zu fügen. VK

Lit.: E. Cassirer, Versuch über den M. Einf. in eine Philosophie der Kultur, 1960. – M. Landmann, De homine, 1962. – Sinn und Wandel des M.-Bildes (Eranos-Jahrbuch, Bd. 38), 1969. – F. Stolz, Homo naturaliter religiosus, 1997. – R. van Dülmen (Hg.), Erfindung des M., 1998.

Menschenopfer, die rituelle Tötung von Menschen. M. fallen typolog. unter verschiedene Kategorien von → Opfern und weisen dementsprechend unterschiedliche Formen und Motivationen auf. M. als Fruchtbarkeitsriten kamen u. a. bei Phönikiern und → Azteken vor; eine Sonderform dabei ist das Erstlingsopfer (→ Erstling). M. als Totenfolge sind v. a. aus dem alten Ägypten und aus Indien (→ Witwenverbrennung) belegt; hier bestand meist die Vorstellung, dass die Getöteten die Verstorbenen begleiten und stärken sollten. Rituelle Königsmorde kamen in Afrika vor, wenn Unheil dem König angelastet wurde. Das menschliche Selbstopfer ist eher als eine Form des → Selbstmords aufzufassen. Substitute für M. sind oft Tieropfer oder die Vernichtung von menschenähnlichen Gegenständen (z. B. Kokosnuss als Kopf etc.) im Opfer. Der kannibalist. Verzehr von geopferten Menschen ist äußerst selten und meist nicht stichhaltig belegbar. → Kannibalismus. AM

Lit.: F. Schwenn, Die M. bei den Griechen und Römern, 1915. – J. Maringer, M. und Bestattungsbrauch Alteuropas, 1943. – P. Hassler, M. bei den Azteken?, 1992. – M. Rind, M. Vom Kult der Grausamkeit, 1996. – J. Fisch, Tödliche Rituale, 1998.

Menschenrechte. (1) Die Idee der M. ging aus den Entwicklungen zum europ. Verfassungsstaat hervor. In der Bürgerkriegs- und Revolutionsgeschichte des engl. Parlamentarismus (Glorreiche Revolution, 1688/89) und den polit.-militär. Verfassungskonflikten der amerikan. (1673–87) und der Franz. Revolution (1789 ff.) wurden die Prinzipien der Volkssouveränität und Kataloge von Menschen- und Bürgerrechten verfassungsrechtlich festgelegt. Durch die europ. Revolutionen von 1848 und die modernen Staatsverfassungen erhielten die allgemeinen M. gesetzliche Verbindlichkeit. 1948 verkündete die Generalversammlung der Vereinten Nationen die Allgemeine Erklärung der M. Inzwischen gibt es eine große Zahl internationaler Dokumente zum M.-Schutz. (2) (a) Neben den individuellen Abwehrrechten gegen die Staatsgewalt werden u. a. wirtschaftliche, soziale und kulturelle Rechte, Selbstbestimmungsrechte der Völker, die Vereinigungsfreiheit, polit. Rechte der Frauen, das Recht auf faire Justiz, soziale Wohlfahrt, Fortschritt und Entwicklung geschützt. Rassen- und Geschlechterdiskriminierung, Verbrechen gegen die Menschlichkeit, Sklaverei, Leibeigenschaft, Zwangsarbeit und Folter sind verboten. Unterteilt werden die M. in liberale polit. Freiheits-, wirtschaftlich-soziale Teilhabe- und kulturelle und kollektive Teilnahmerechte. V. a. für die histor. ursprünglichen Grundrechte, die universale Geltung beanspruchen und keinem Menschen genommen werden dürfen, gelten vor- und außerstaatliche Garantien. Die Freiheit der Religionsausübung ist ein individuelles und kollektives M. (b) Kritisch diskutiert werden u. a. die Beziehungen zwischen individuellen und kollektiven M.-Gütern, die kulturelle und völkerrechtliche Universalität der M., ihre Durchsetzbarkeit als unmittelbar geltendes Recht, die Ausdehnung auf wirtschaftliche, soziale, kulturelle, ökolog. Gewährleistungen und die Beziehungen zu → Moral und → Religion. (3) Kulturhistor. lassen sich M. weder aus der → Europ. Religionsgeschichte noch unmittelbar aus der Geschichte moralphilosoph. Diskurse ableiten. Die M. haben einen unmittelbaren Bezug zur Geschichte der Befreiung von Leibeigenschaft (P. Blickle). Religiöse Freiheits- und Befreiungs-Diskurse und -Pragmatiken weisen dagegen nicht in menschenrechtliche Richtung. Der M.-Diskurs bleibt auch dann prinzipiell säkular fundiert, wenn religiöse Diskurse einbezogen werden. → Aufklärung und Naturrechtslehren waren in polit.-soziale, ökonom., militär. Interessenkonflikte und in ein übergeordnetes kulturelles Bewusstsein eingebettet. M. beanspruchen eine religiösen → Ethiken und religiösen → Gesetzen vor- und übergeordnete Geltung. Dieser Anspruch basiert auf kulturhistor. fundierten, nichtreligiösen Problemlösungen. Staatlich organisierte Gesellschaften müssen individuelle und kollektive Religionsfreiheit auf einer gesellschaftlich, eigen- und zwischenkulturell verallgemeinerungsfähigen, nichtreligiösen normativen Ebene garantieren. HS

Lit.: M. Kriele, Einf. in die Staatsrechtslehre, 1981, Kap. 3. – E. Lawson, Encyclopedia of Human Rights, 1991. – G. P. S. Bajwa, Human Rights in India, 1995. – S. T. Madsen, Society and Human Rights in South Asia, 1996. – L. Müller, Islam und M., 1996. – G. Seidel, Hb. der Grund- und M. auf staatlicher, europ. und universeller Ebene, 1996. – O. Höffe, Vernunft und Recht,

1996. – U. Tonndorf, Die M. in Afrika, 1997. – G. Paul, Traditionelle chin. Kultur und M.-Frage, 1997. – U. Voigt, Die M. im interkulturellen Dialog, 1998. – P. Blickle, Von der Leibeigenschaft zu den M., 2003.

Merkur (lat. Mercurius). Der röm. Gott M. wurde mit dem griech. → Hermes gleichgesetzt, nach Livius 2,27 wurde er 495 v. Chr. in einer Krise aus Griechenland importiert. Seine Aufgabe war der Schutz der Kaufleute (lat. merx = Handel), erst später wurde er zum Götterboten und Totengeleiter. Seine Schnelligkeit wird seit der Antike mit dem Quecksilber (engl. mercury) verglichen, das zur Sympathiemagie benutzt wird. CA

Lit.: E. Simon, Die Götter der Römer, 1990, 158–67. – E. Simon, Art. »M.«, in: LIMC 6.1, 1992, 500–37. – C. R. Philipps, Art. »Mercurius«, in: DNP 8, 2000, 1–4.

Meru, mythischer Berg in Hinduismus und Buddhismus, gilt u. a. als Zentrum der Welt (→ axis mundi). Auf seinem Gipfel liegt → Brahmās goldene Stadt (auch Sumeru genannt). → Hinduist. Pantheon. AM

Mesopotamische Religionen. I. Ausbreitung. Da Mesopotamien vom Ende des 4. bis in die 2. Hälfte des 1. Jt.s v. Chr. von verschiedenen Völkern geprägt wurde, haben sich unterschiedliche religiöse Vorstellungen gegenseitig befruchtet, aber auch zu Synthesen geführt. Chronolog. sind zunächst im Süden des Raumes, in Zentren wie Uruk, Ur, Lagaš oder Nippur fassbare sumer. Vorstellungen zu nennen. Um die Wende vom 3. zum 2. Jt. kommt es zu einer sumer. Renaissance, parallel etablieren sich babylon.-semit. Komponenten, die Neues bringen, z. T. aber zugleich sumer. Traditionen integrieren. Ab dem 19. Jh. lassen sich im Norden Mesopotamiens erste religiöse Vorstellungen der Assyrer feststellen, z. T. kommt es hier auch zu Berührungen mit den → Hurritern. M. R. zeigen dadurch einerseits einige gemeinsame Hauptlinien, zugleich aber auch chronolog., lokale und religionspolit. Differenzierungen.

II. Mythen und → Gottesvorstellungen. An der Spitze des polytheist. → Pantheons steht in sumer. Zeit eine kosmische Vierheit: Anu (personifizierter Himmel) nimmt den ersten Rang ein, in seinem Hauptkultort Uruk bleibt seine Verehrung bis in hellenist. Zeit lebendig; Enlil als Hauptgott des sumer. Kultzentrums Nippur wird frühzeitig überregional verehrt, seine religionspolit. Bedeutung für die Legitimität des Herrschers verliert er im 2. Jt. jedoch zusehends an die beiden Nationalgötter → Aššur bzw. → Marduk, ohne jedoch aus der Reihe der großen mesopotam. Götter zu verschwinden. Enki (babylon. Ea) aus Eridu ist mit → Schöpfung, → Magie und Weisheit verbunden. Die letzte Gestalt in dieser kosmischen Vierheit ist eine Muttergottheit, im → Atramḫasīs-Mythos erschafft sie die Menschen. Als weitere Gruppe lassen sich drei Gottheiten mit astralem Bezug nennen: die Venusgöttin → Ištar, der Sonnengott Šamaš, der seit altbabylon. Zeit (18. Jh. v. Chr.) auch die Funktion des göttlichen Richters ausübt, und der Mondgott Sîn. Unterweltsherrin in sumer. Zeit ist Ereškigal, manchmal als Schwester Ištars bezeichnet, die nach dem Mythos »Nergal und Ereškigal« in altbabylon. Zeit ihre Position an den ursprünglich oberird. Gott Nergal verliert, der mit einem Heer von Dämonen zum Herrscher der Unterwelt und des Todesbereiches wird; über den Aspekt todbringender Seuchen wird er manchmal mit dem Gott Erra gleichgesetzt. Ferner erwähnenswert sind der Schreibergott Nabû und seine Gemahlin Nanaja, die im 1. Jt. weit verehrt werden; Nanaja ist dabei die einzige Göttin, die in dieser Zeit neben Ištar bedeutsam bleibt. Insgesamt unterliegt die Götterwelt der M. R. vielfachen Umgestaltungen, die u. a. in mytholog. Texten (→ Enūma eliš), aber auch in → Götterlisten anklingen. Letztere illustrieren auch priesterliche Spekulationen in Form einer → Gleichsetzungstheologie zur Reduzierung und Strukturierung des Pantheons. Kosmologische Vorstellungen, z. B. über die Menschenschöpfung, und Bilder vom → Jenseits, die durch Furcht vor dem → Tod und Sorge für die Toten (→ Kispum) geprägt sind, klingen in mytholog. Texten an; die Infragestellung eines optimist. Menschenbildes oder der Gerechtigkeit Gottes wird in den sog. babylon. → Hiobdichtungen formuliert. Große Teile der überlieferten Quellen zu den M. R. belegen die große Bedeutung der offiziellen Religion für den Bestand der mesopotam. Staaten; genannt seien z. B. die sumer. Riten der → Hl. Hochzeit, die → Assyr. Prophetien und → Šar-pūḫi-Riten im Hinblick auf ihre Bedeutung für das neuassyr. Reich oder das → Akītu-Fest in neubabylon. Zeit. Das Verlangen, den Willen der Götter in allen Lebenslagen zu erkunden, findet seinen Ausdruck in der überaus umfangreichen → Vorzeichenwissenschaft. Der Verlust der polit. Selbständigkeit durch das Achämenidenreich in der Mitte des 1. Jt.s, die zunehmende Einwanderung von → Aramäern in den mesopotam. Raum sowie die ab dem 3. Jh. v. Chr. einsetzende Hellenisierung sind Faktoren, die die organisierten M. R. in ihren Kultzentren langsam zum Erlöschen bringen, vereinzelt bleiben Götternamen der M. R. bis ins frühe 3. Jh. n. Chr. bezeugt. MH

Lit.: T. Jacobsen, The Treasures of Darkness, 1976. – J. Bottéro, Mythes et rites de Babylone, 1985. – M. Hutter, Altoriental. Vorstellungen von der Unterwelt, 1985. – W. von Soden, Einf. in die Altorientalistik, 1985. – J. Oelsner, Materialien zur babylon. Gesellschaft und Kultur in hellenist. Zeit, 1986. – H. Klengel (Hg.), Kulturgeschichte des Alten Vorderasien, 1989. – J. M. Sasson (Hg.), Civilizations of the Ancient Near East, Bd. 3, 1995, 1815–940. – K. van der Toorn u. a. (Hg.), DDD, 1995, ^{2}1999. – M. Hutter, Religionen in der Umwelt des AT I, 1996, 27–114. – W. H. P. Römer, Die Sumerologie, 1999. – J. Bottéro, Religion in Ancient Mesopotamia, 2001.

Messe (wohl von der lat. Schlussformel ite, missa est = geht, [die Versammlung] ist aufgehoben), der christl. → Gottesdienst mit Schriftlesung, → Gebeten, → Predigt einerseits und → Eucharistie anderseits. Die Abfolge (→ Liturgie) ist schriftlich in einem Buch (Agende bzw. Rituale) festgelegt, die Besonderheiten des jeweiligen Sonntags (proprium) sind im Kalender festgehalten: Schriftlesung, Psalm, Evangelium. In der Ostkirche wird die M. zum Spiegel der himmlischen Liturgie vor Gott; die westliche M. macht Christus präsent, bis hin zu der Aussage seiner realen Anwesenheit im Abendmahlsbrot (→ Hostie) in der kath. → Transsubstantiations-Lehre seit 1215 (DH 802; 1642 (Tridentinum), 4410). In der westlichen (seit etwa 1000 kanon.: der röm.) Liturgie ist die Abfolge: Introitus, Kyrie, Gloria in excelsis Deo, Epistel, Sequenz, Evangelium, Credo, Offertorium, Sanctus, Agnus Dei. Die M. wird gesprochen, rezitiert oder gesungen. Für den Gesang ist ein Kantor oder eine Schola cantorum (Chor) eingeteilt, woraus die musikal. Form der M. entstand. Während Luther (1483–1546) mit der dt. M. die Tradition weiterführte, verwarf der reformierte Protestantismus (Zwingli, 1484–1531; Calvin, 1509–64) die M. zugunsten des reinen Predigtgottesdienstes mit dem von der Gemeinde gesungenen, von der Orgel begleiteten Kirchenlied. CA

Lit.: J. A. Jungmann, Missarum Solemnia, 1948f., ^{5}1962. – G. Lanczkowski (u. a.), Art. »Gottesdienst«, in: TRE 14, 1993, 5–97. – R. Meßner, Einführung in die Liturgiewissenschaft, 2001. – P. Browe, Eucharistie im Mittelalter, 2003.

Messianismus, messianische Bewegungen. M. bezeichnet die Erwartung und Hoffnung auf einen Menschen, der das Volk aus einer → Krise befreien und eine dauerhafte, gerechte Regierung aufrichten wird. Er wird nicht eigennützig eine eigene Hausmacht aufbauen und als Tyrann herrschen, sondern das Wohl des Volkes zum Ziel haben. Diese Erwartung lässt sich mit der Prophezeiung eines → Messias darstellen; der vom Himmel/Gott Gesandte schafft eine gerechte Herrschaft, dankt ab und übergibt die Herrschaft »auf ewig« an Gott (→ Theokratie; → Millennarismus). Typische M. B. der Moderne sind spätkoloniale Umsturzbewegungen, in denen eine selbstbewusste, aber von der Souveränität und Teilhabe an der Macht ausgeschlossene Elite einen religiösen → Nativismus aktivieren kann. Dabei kann die von den Kolonialherren mitgebrachte vertröstende Predigt vom Messias – ohne dass es dafür indigene Traditionen gibt – umgedeutet werden zu einem »heißen« M., der die Legitimation der Fremdherrschaft bestreitet. Typische Beispiele dafür sind Kimbangu im Kongo oder die Revolution im Iran 1979. → Krisenkult. CA

Lit.: N. Cohn, The Pursuit of the Millennium, 1957 (dt. Das Ringen um das Tausendjährige Reich, 1961, ^{2}1970 [entschärfte Aufl.]; Das neue irdische Paradies, 1988 [Nachwort!]). – A. Funkenstein, Heilsplan u. natürliche Entwicklung, 1965. – M. Riesebrodt, Fundamentalismus als patriarchal. Protestbewegung, 1990. – A. Funkenstein, Jüd. Geschichte u. ihre Deutungen, 1995. – K. Schreiner, Messianismus, in: K. Hildebrand (Hg.), Zwischen Politik und Religion: Totalitarismus, 2003, 1–44.

Messias (hebr.-aramäisch māšīaḥ= Gesalbter, griech. christós), Chiffre für eine in göttlichem Auftrag handelnde Herrschergestalt bei Juden und Christen. Während Christen in → Jesus von Nazareth den M. (Christus) sehen, gibt es im Judentum keine einheitliche Tradition: Biblische Erwähnungen eines M. beziehen sich stets auf einen gesalbten König, in → Qumran ist dann sowohl die Vorstellung eines königlichen (aus dem Geschlecht Davids) als auch eines hohepriesterlichen M. (aus dem Geschlecht Aarons) nachzuweisen. Jüdischerseits sind in den letzten 2000 Jahren etwa 1000 »Ps.-Messiasse« bezeugt, die wichtigsten (neben Jesus) waren → Bar Kochba und → Sabbatai Zwi. Rabbin. Theologie und jüd. Philosophie verweisen gewöhnlich darauf, dass die Ankunft des M. durch aktive Torah-Frömmigkeit Israels vorbereitet werden muss. Die Betonung des passiven jüd. »Wartens auf den M.« ist eher christl. Projektion als religiöser Wirklichkeit geschuldet. → Messianismus. KVS

Metatron, in der jüd. Theologie seit der Antike, dann in der → Hechalôt-Mystik und der → Kabbala Name eines Engels, der als göttlicher Schreiber und Offenbarer höchster Geheimnisse fungiert. Über den Ursprung des Namens gibt es verschiedene Theorien; am wahrscheinlichsten dürfte die Etymologie von griech. metat(h)ronos – synthronos sein, d. h. der kleine »Mitgott«, der seinen Thron neben dem großen »Hauptgott« hat. M. ist unmittelbar mit → Henoch verbunden, mittelbar jedoch mit dem berühmtesten Schreiber esoter. Tradition, Hermes Trismegistos (→ Hermetik). KVS

Metempsychose → Reinkarnation.

Mettā → maitrī.

Micha, biblischer Prophet der 2. Hälfte des 8. Jh.s v. Chr. Das nach ihm benannte Buch zählt zu den »kleinen Propheten«. → Altes Testament, → Apokryphen. KVS

Micha ben Jimla, israelit. Prophet der Mitte des 9. Jh.s v. Chr. (1 Kön 22,8). → Altes Testament, → Apokryphen. KVS

Michael (hebr. mīkā'ēl = Wer ist wie Gott?), bedeutender Erzengel, als Schutzengel der Juden (Dan 10,13.21; 12,1), himmlischer Hohepriester, Kämpfer, Drachentöter und Oberhaupt der → Engel bekannt. In jüd., christl. und islam. Tradition erfährt M. hohe Verehrung; bis heute ist der Michaelistag (29.9.) wichtiges Ereignis des Katholizismus und dabei eng mit dem Erntedankfest verbunden. KVS

Midrasch (von hebr. dāraš = fragen, forschen), Auslegungsliteratur zu biblischen Stoffen und damit wichtiger Bestandteil des rabbin. Textkorpus. Erste Ansätze zur M.-Form sind zwar von manchen Wissenschaftlern schon im biblischen Material selbst gesucht worden, doch zeigen die Texte aus → Qumran eine abweichende Bedeutung von »M.«; dort ist es der sog. »Torah-Darleger« (doræš ha-torā), der durch immer neues Offenbarungsgeschehen verbindliche → Torah übermittelt. Erst ab dem 2. Jh. n. Chr. werden die eigentl. M. geschaffen, die den biblischen Text nach den nun entstehenden rabbin. Auslegungsregeln interpretieren bzw. erzähler. Material beisteuern. Bis heute werden immer neue M. konzipiert, die bekanntesten der Antike sind versammelt im »M. Rabba«, dem »großen M.« zum Pentateuch. → Tradition. KVS

Lit.: G. Stemberger, M. Vom Umgang der Rabbinen mit der Bibel, 1989. – G. Stemberger, Einl. in Talmud u. M., 1992.

Miḥrāb, Nische in einer → Moschee, welche die Gebetsrichtung (→ qibla) nach Mekka anzeigt. RS

Mikro-/Makrokosmos (von griech. mikrós = klein, makrós = groß und kósmos = Welt[ordnung]), kleine Welt, große Welt. Die Vorstellung, dass die unterschiedlichen Erscheinungsebenen der Wirklichkeit durch ein einigendes Band der Entsprechungen verknüpft sind, gehört zu den häufigsten kosmolog. Konzepten der Religionsgeschichte. Ob nun in der → Magie eine direkte symbol. Verbindung zwischen dem durchzuführenden Ritual und dem intendierten Ergebnis besteht, im Tempelkult irdische Liturgie und Kalenderordnung den himmlischen Engelkult repräsentieren oder in der → Astrologie die planetar. Ebene auf ihre Bedeutung für die irdische Ebene hin befragt wird: stets ist das kosmische Entsprechungsdenken die systemat. Leitidee. Histor. am deutlichsten ausgeformt findet sich jenes Konzept im → Daoismus, der das persönliche Handeln am Himmlischen orientiert, sowie in der westlichen → Esoterik und → Hermetik. KVS

Mikwe (hebr. miqwǣ = Sammeln [von Wasser]), jüd. Ritualbad. Ein Untertauchen in der M. zur rituellen Reinigung ist gemäß rabbin. Tradition notwendig bei verheirateten Frauen nach der Menstruation und bei Proselyten als Teil ihres Konversionsprozesses. Eine M. soll mit etwa 500 Litern »natürlichen Wassers« gefüllt sein, z. B. mit Regenwasser, das aber auch über Leitungen geführt werden darf. Viele M. finden sich auch an Fluss- und Bachufern. Für die antike Gemeinde von → Qumran lässt sich zeigen, dass das rituelle Bad in der M. auch bei vielen anderen Anlässen zwingend war, etwa bei religiösen Verfehlungen und kultischen Verunreinigungen (s.

auch Lev 14,8; 15,5ff.; 15,12; Num 31,23). → Gesetz. KVS

Mi-la-ras-pa (Milarepa, 1040–1123), der im Westen wohl bekannteste tibet. Heilige. Als Schüler des Marpa (1012–96), der in Indien die Tradition der Siddhas studierte, empfing er von seinem Lehrer die mystischen Lieder (sanskr. doha) der tantrischen Dichter Bengalens sowie die Lehre der Mahāmudrā (»das große Siegel«). Für die Tibeter stellt M. den Prototyp des buddh. Heiligen dar. KKP

Lit.: W. Y. Evantz-Wentz, M., 1951 (dt. 1956). – L. L. Lhalungpa (Übers.), The Life of M., 1977.

Mile-fo (chin. Transkription von sanskr. → Maitreya-Buddha), der → Buddha der Zukunft, in Ostasien bisweilen als »Heilsbringer« in chiliast.-revolutionären Bewegungen aktualisiert und konkretisiert; in der chin. Ikonographie oft als lachender »Dickbauchbuddha« dargestellt. → Chin. Religionen. MD

Lit.: A. Sponberg/H. Hardacre, Maitreya, the Future Buddha, 1988.

Milieu, natürliche und soziale Umwelt eines Einzelnen oder einer Gruppe. In der Sozialstrukturanalyse bezeichnet M. eine Wertgruppierung, die hinsichtlich bestimmter sozialstruktureller Merkmale (Bildung, Wohlstand, Prestige) homogen ist. Im Gegensatz zu herkömmlichen Klassen- und Schichtkonzepten drückt die Zugehörigkeit zu einem M. jedoch keine determinist. Beziehung zwischen äußeren Lebensbedingungen und inneren Haltungen aus. Vielmehr ist ein M. durch die spezif. subjektiven Werthaltungen, Mentalitäten, Beziehungs- und Wahrnehmungsmuster einer Gruppe charakterisiert. Die Sozialstrukturanalyse unterscheidet z.B. aufgrund sozialer Lage und materieller Grundorientierung Arbeiter-, kleinbürgerliches, konservativ-technokrat., aufstiegsorientiertes, hedonist., Arbeitnehmer-, liberal-intellektuelles und postmodernes M. Da die Bindekraft von → Klassen und Schichten in modernen Gesellschaften abnimmt, finden diese ihren individuellen Ausdruck im Lebensstil als regelmäßig wiederkehrendem Gesamtzusammenhang der Verhaltensweisen, Meinungen und Wissensbestände eines Menschen. M. und Lebensstil sind insofern synthet. Konzepte, als sie zahlreiche typischerweise zusammentreffende Dimensionen zugleich erfassen. Religion kann M. stiften, indem sie Wertgemeinschaften hervorbringt. So war die Institutionalisierung des Christentums eng mit dem M. der Freigelassenen verbunden. Andererseits können M. spezif. Werthaltungen gegenüber Religionen begünstigen. AKN

Lit.: R. Lepsius, Parteiensystem u. Sozialstruktur, in: W. Abel u. a. (Hg.), Wirtschaft, Geschichte u. Wirtschaftsgeschichte, FS F. Lütge, 1966, 263–88. – Sinus-Institut, Die Sinus-M. u. ihre Anwendung, 1998.

Milindapanha (von pāli Milindapañha = Fragen des [Königs] Milinda), nachkanon. Pāli-Werk in Dialogform, in dem der buddh. Mönch Nāgasena die Fragen des gräkoind. Königs Milinda (= Menandros) zu den Inhalten der buddh. Lehre beantwortet. Am Ende bekennt sich Milinda zum Buddha. Die Ursprünge des Textes gehen möglicherweise bis ins 1. Jh. n. Chr. zurück, vollendet wurde er spätestens im 5. Jh. n. Chr. → Buddh. Literatur. AM

Ü.: Nyanatiloka/Nyanaponika Thera, Die Fragen des Milindo, 1919–24, ND 1985.

Mill, John Stuart (1806–73), Philosoph und Ökonom, entwickelte auf der Basis positivist. Grundanschauungen eine → Ethik der klassischen Nützlichkeitstheorie (Utilitarismus). Er trat für einen liberalen Radikalismus (→ Liberalismus), die → Freiheit und die Rechte der Frauen ein. → Aufklärung, → Religionskritik. HZ

Milla, arab.-islam. Konzept für Religionsgemeinschaft. Konventionell wird m. von Religion (→ dīn) dadurch abgegrenzt, dass m. die Gemeinschaftsbildung in Bezug auf einen Gesandten Gottes (→ Rasūl), dīn die Glaubenstätigkeit in Bezug auf Gott bezeichnet. RS

Millenarismus (von lat. mille annos = tausend Jahre, griech. chília étē; → Chiliasmus). Die jüd.(-christl. und islam.) → Apokalypsen prophezeien eine tausendjährige Herrschaft, in der Gott mit seinen Getreuen in Frieden leben wird. Wird diese Zeit ins Himmelreich (→ Gottesherrschaft) verlegt und erwartet, dass sie von außen durch einen Erlöser gebracht wird, vertröstet dies zum passiven Abwarten. M. meint dagegen die »heiße« Form, die Ansicht, dass dieses Gottesreich auf Erden und durch menschliche Aktivität der »Kleinen« realisiert werden soll (→ Messianismus; → Krisenkult). Im 19. Jh. entwickelte sich ein »kalter M.« in der postmillenarist.

Erwartung eines dauernden Fortschritts hin zum gottgewollten Reich der Freiheit (→ Zukunft), während die → prämillenarist. Bewegung, die einen radikalen Bruch zwischen der Gegenwart und dem kommenden Heilsreich sah, »die Zeit auskaufen« (nach Paulus, Kol 4,5) wollte, um das Gottesreich vorzubereiten durch Mission und Erweckungsbewegungen im Sinne des Missionsbefehls Jesu (Mt 28,16–20). → Gesellschaft. CA

Lit.: J. Ebach, Apokalypse. Vom Ursprung einer Stimmung, in: Einwürfe 2 (1985), 5–61. – J. A. Carpenter, Revive Us Again. The Reawakening of American Fundamentalism, 1997.

Mīmāmsā (sanskr. mīmāṃsā = Erörterung, Prüfung), auf der Auslegung von Ritualvorschriften basierende Tradition der → indischen Philosophie; ihren Schwerpunkt hat die M. in Erkenntnistheorie und Sprachphilosophie. JG

Lit.: O. Strauss, Älteste Philosophie der M., 1932.

Minākshī (von sanskr. Mīnākṣī = die Fischäugige), Name einer hinduist. Göttin, die bes. in Madurai (Tamilnadu) verehrt wird. AM

Lit.: C. Fuller, Servants of the Goddess, 1984.

Minbar (arab. = der Ort, an dem man die Stimme erhebt), Predigtkanzel in einer → Moschee, zu der in der sunnit. Tradition meist drei (im Maghreb aber auch fünf und mehr), in der schiit. Tradition vier Stufen führen. RS

Minderheiten, zunächst die an Zahl erheblich unterlegenen sozialen Gruppen in einer Gesellschaft. Dies führt meist auch zu einer Unterlegenheit gegenüber der Mehrheit (Minorität/Majorität). Diese Regel kann aber durchbrochen werden: (a) In den Nationalstaaten/Demokratien seit dem Ersten Weltkrieg wurden Privilegien für M. festgeschrieben, die durch polit. Mächte von außen kontrolliert und notfalls durchgesetzt werden. Damit erhalten sie mehr polit. Rechte als ihnen von ihrer Zahl her zustünden. (b) Gerade in Religionen mit hohem Professionalisierungsgrad bilden die Amtsinhaber eine M., die über die Mehrheit der → Laien bestimmt und sich dabei auf göttliches Wissen und Auftrag beruft (→ Funktionär). → Marginalität. CA

Lit.: D. Kurze, Häresie u. M. im Mittelalter [1979], in: Ders., Klerus, Ketzer, Kriege und Prophetien, 1996, 196–242.

Minoische/Mykenische Religion. Die zwei Epochen der bronzezeitlichen Kultur Griechenlands unterscheiden sich deutlich, obwohl die Ikonographie der späteren myken. Kultur (rund 1600–1200 v. Chr.) viele Symbole aus dem minoischen Kreta (rund 3000–1650, nur Knossos bis 1200 v. Chr.) übernommen hat. In der minoischen R. fehlen Kultbilder und Tempel, zentral ist das Ritual der → Epiphanie: in vieltürigen Kulträumen der Paläste erscheint die → Göttin. In der festländ. myken. R. stehen Prozessionen mit Bildern im Mittelpunkt eines Rituals im Königssaal. In der Spätphase differenzieren sich mehrere Heiligtümer. Neben der »Herrin« (griech. pótnia) steht ein Pantheon von Göttern, deren Namen in der griech. Religion weiter bestehen. Die Kontinuität von Namen und Ikonographie ist nicht mit einer durchgehenden Tradition der religiösen Deutung gleichzusetzen. CA

Lit.: M. Nilsson, The Minoan-Mycenaean Religion, 1927, ²1950. – N. Marinatos, Kunst und Religion im alten Thera, 1988. – N. Marinatos, Minoan Religion, 1993.

Mīrā Bāī (16. Jh.), Dichterin der Krishna-→bhakti aus Nordwestindien. Verheiratet mit Gott, widersetzt sie sich den Frauen-Normen des Hinduismus. M. B.s subversive Frauenmystik hat bis heute zur Weiterentwicklung ihres Werks u. a. in der Frauenfrömmigkeit beigetragen. MHO

Lit.: A. J. Alston, The Devotional Poems of Mīrābāī, 1980. – J. S. Hawley/M. Juergensmeyer, Songs of the Saints of India, 1988, 119–40. – N. M. Martin, Mirabai (im Druck).

Mischna (hebr. mišnā = Wiederholung, Lehre), Sammlung rabbin. Lehrsätze, die die Grundlage des späteren → Talmud bildet. Die M. wurde von führenden rabbin. Gelehrten in der Zeit zwischen 135 und 200 n. Chr. zusammengestellt, nachdem als Ergebnis des Bar-Kochba-Aufstands Jerusalem für die Juden dauerhaft zur verbotenen Stadt geworden war. Zunächst gab es unterschiedliche Mischnajot, die mit den Namen → Akiba und Meir verbunden waren, doch hat sich jene unter dem Namen des → Jehuda ha-Nasi überlieferte als autoritativ durchgesetzt. Die M. ist ein elaboriertes philosoph. Werk, und auch der Einfluss priesterlichen Gedankenguts ist unverkennbar. Ihr Ziel ist die Sammlung von Lehrmeinungen, die aus den Vorschriften der → Torah eine praxisorientierte Religion schaffen und das Judentum in Zeiten der Bedrängung neu formieren wollen. Da die M. durch die → Mündliche Torah legitimiert wurde, konnte sie neben der schriftlichen Torah zur höchsten Autorität des Judentums werden. Die M. ist unterteilt in sechs Ordnungen (s^{e}darīm) mit jeweils sieben bis zwölf Traktaten: (1) *Zeraʿim* (hebr. *Zeraʿīm* = Samen): Gesetze, bes. den Landbau betreffend; (2) *Moed* (hebr. *Mōʿēd* = Festzeit): Sabbat- und Feiertagsvorschriften; (3) *Naschim* (hebr. *Nāšīm* = Frauen): v.a. Hochzeit und Scheidung; (4) *Neziqin* (hebr. *Neziqīn* = Beschädigungen): von Besitzdelikten über Gerichtsordnungen bis zu religiösen Vergehen wie »Götzendienst«. Zusatz von *Abot* (= [Aussprüche der] Väter): Traditionskette von Mose bis zum Ende der tannait. Zeit; (5) *Qodaschim* (hebr. *Qodašīm* = Heiliges): diverse Tempeltraditionen, bes. hinsichtlich der Schlachtopfer; (6) *Toharot* (hebr. *Ṭoharōt* = Reinheiten): Verhinderung von Unreinheit und Regeln zur Wiederherstellung religiöser Reinheit. → Tradition. KVS

Ü.: G. Beer u. a. (Hg.), Die M., Text, Ü u. ausführende Erklärung, 1912ff. – H. Danby, The Mishna, 1933.
Einf.: C. Albeck, Einf. in die M., 1971. – J. Neusner, The Mishnah. An Introduction, 1989.

Mission (von lat. missio = Sendung), gezielte Ausbreitung einer → Religion im Gegensatz zur bloßen territorialen Expansion. Sie setzt voraus, dass Religion als eigenes Orientierungssystem ausdifferenziert (explizit) ist und universale Geltung (→ Universalisierung) sowie zu einem gewissen Grad auch Exklusivität beansprucht. (1) Das Christentum prägte seit der Lutherbibel den Begriff der M. und seit Ende des 19. Jh.s die M.-Wissenschaft, welche die Praktiken der M. reflektiert. Die Frage der Übersetzbarkeit einer religiösen Botschaft in fremde wirtschaftliche, polit. und kulturelle Kontexte und nach dem notwendigen Grad der Anpassung an das → Fremde ist weitaus häufiger reflektiert worden als es die Geschichte der Zwangsbekehrungen (→ Kolonialismus) vermuten lässt. In neuester Zeit tritt häufig der → Interreligiöse Dialog und teilweise sogar die gemeinsame Wahrheitssuche an die Stelle der konkurrierenden Verbreitung. (2) Verschiedene Religionen haben Ansätze zur M. entwickelt und z. T. auch wieder aufgegeben. (a) Im Judentum wurde zur Zeit Jesu engagiert missioniert – 200 Jahre später überhaupt nicht mehr (→ Proselyten). (b) Im Buddhismus gibt es zwar eine Art M.-Befehl des Buddha an seine Schüler, der zur weltweiten Ausbreitung geführt hat, aber durch den inkludierenden Charakter des Buddhismus haben sich mannigfache Veränderungen ergeben. (c) Die Ausbreitung des → Islam war primär eine Ausbreitung des polit. Herrschaftsbereichs; die monotheist. Gläubigen mussten ihren Glauben nicht aufgeben (→ Ahl al-kitāb, »Schriftbesitzer«). → Kontakt, → Toleranz. AJ

Lit.: K. Hammer, Welt-M. u. Kolonialismus, 1978. – R. Hummel, Indische M. u. neue Frömmigkeit im Westen, 1980. – M. Goodman, M. and Conversion. Proselytizing in the Religious History of the Roman Empire, 1994.

Mitgift, Waren oder → Geld, welche die wegziehende Braut oder die Verwandtschaftsgruppe des Bräutigams von der Familie der Braut erhalten. Die M. steigert das Ansehen der Braut und kann ihrer wirtschaftlichen Absicherung in der Fremde dienen. Falsch ist es, M. oder → Brautpreis als Teile einer rein ökonom. Transaktion zu deuten. → Verwandtschaft. PJB

Lit.: J. Goody/S. J. Tambiah, Bridewealth and Dowry in Africa and Eurasia, 1973. – G. Völger/K. v. Welck (Hg.), Die Braut. Geliebt, verkauft, getauscht, geraubt. Zur Rolle der Frau im Kulturvergleich, 2 Bde., 1985.

Mithra, indo-iran. Gott, der auch im → Zoroastrismus zu den wichtigen → Yazatas gehört. Eine eigenständige, nichtzoroastr. M.-Verehrung in Westiran beeinflusst die Rolle M.s im → Manichäismus und ist Ausgangspunkt für die hellenist. M.-Mysterien; eventuell lassen sich auch Spuren von M. in der Religion der Jesiden rekonstruieren. → Mysterien. MH

Lit.: P. Kreyenbroek, M. and Ahreman, Binyāmīn and Malak Tāwūs, in: P. Gignoux (Hg.), Recurrent Patterns in Iranian Religions, 1992, 57–79. – A. de Jong, Traditions of the Magi, 1997, 284–96. – A. D. H. Bivar, The Personalities of M. in Archaeology and Literature, 1998.

Mitleid(en) (griech. sympátheia; lat. compassio). M. wird von verschiedenen Denkern in unterschiedlichen Dimensionen gefasst: (a) von → Aristoteles zuerst als Affekt des Schmerzes (»Nikomach. Ethik.«); (b) in der → Aufklärung, bei G. E. → Lessing: »Der mitleidigste Mensch ist der beste Mensch«; (c) in der → Ethik A. → Schopenhauers als Liebe zu Menschen und Tieren; (d) bei F. → Nietzsche als »die Weisheit des Leidens« und (e) als zentrales Thema in der Sozialanthropologie F. B. Steiners: »Der Mensch leidet, weil er Mensch ist. Je mehr er leidet, um so mehr ist er Mensch«. M. ist für viele Religionen eine zentrale Kategorie des Umgangs mit

Welt und Mensch (→ Heil/Leid). In der christl. Theologie nach Auschwitz ist das M. eine wesentliche Prädikation des Mensch gewordenen Gottes. Nach der → Befreiungstheologie muss die Solidarität Gottes mit den Menschen zu einer polit. Revolution führen. MB

Lit.: J. Moltmann, Der gekreuzigte Gott, 1972. – F. B. Steiner, Selected Writings, 2 Bde., 1999.

Mitra (sanskr. = Freund), vedischer Gott, oft mit → Varuna zusammen genannt und gleich diesem Hüter der Welt- und Rechtsordnung (→ rita), Personifikation des Vertrages. → Vedisches Pantheon. AM

Lit.: G. Dumézil, M.-Varuṇa, 1948. – P. Thieme, M. and Aryaman, 1957.

Mittlerer Weg → Achtgliedriger Weg, → Madhyamaka.

Mizong, chin. Form des buddh. (esoter.) → Tantrismus, die v. a. in der Tang-Zeit (8. Jh. n. Chr.) aus Indien eingeführt wurde und blühte. Der M. zeichnet sich durch ausgeformte Rituale und die Verwendung magischer Formeln (→ mantra, dhāranī), Gesten (→ mudrā) und Symbolbilder (→ mandala) aus, durch die der Adept die Buddhanatur, aber auch profan-magische Ziele wie die Heilung von Krankheit oder das Herbeizaubern von Regen zu verwirklichen sucht. M. war im Gegensatz zum indischen und tibet. Tantra hauptsächlich »rechtshändig«, d. h., er schloss sexuelle und andere exzessive Praktiken aus. MD

Lit.: Chou Yi-liang, Tantrism in China, in: Harvard Journal of Asian Studies 8 (1945), 241–332. – M. Strickmann, Mantras et mandarins. Le bouddhisme tantrique en Chine, 1996.

Mnemosyne (griech. = Andenken, Besonnenheit). Die Tochter des Uranos und der Gaia bringt mit Zeus die Musen zur Welt und wird als eine von ihnen verehrt, als Verkörperung sakraler und epischer Dichter. – In der Moderne wurde die Figur bei Hegel und Hölderlin (1803) aufgenommen. M. ist auch der Titel von A. → Warburgs Bilderatlas (1929), der das Bildgedächtnis der Kultur dokumentieren sollte. → Gedächtnis. CE

Lit.: Hesiod, Theogonie 54; 135. – Platon, Theaitetos 191d. – A. Assmann/D. Harth (Hg.), M. Formen u. Funktionen der kulturellen Erinnerung, 1991. – H. Hühn, M. Zeit u. Erinnerung in Hölderlins Denken, 1997.

Moche, → Kultur an der trockenen Nordküste Perus (ca. 400 v. Chr. – ca. 700 n. Chr.). Aus getrockneten Lehmziegeln errichteten die M. riesige pyramidenförmige Bauten, die z. T. religiösen Zwecken dienten. Figürliche und bemalte Keramik mit symbol. Darstellungen und Szenen des täglichen Lebens ist eine der wichtigsten Quellen zur Religion der M. Grabbeigaben belegen den Glauben an ein Fortleben nach dem Tod, offenbar in einem Jenseits über dem Meer. Häufig abgebildete Mischwesen aus Pflanzen, Tieren und Menschen deutet man als Götter, die in unterschiedlichen Zusammenhängen immer wieder anders dargestellt werden. Gezeigt werden Blut- und Menschenopfer (→ Opfer), Wettläufe und Kämpfe sowie Totentänze, was in Analogie zum ethnograph. Befund eine Verbindung v. a. zur Feldfruchtbarkeit nahe legt. Aus der M.-Kultur ging ab ca. 1000 n. Chr. die Chimú-Kultur mit ihrer Hauptstadt Chan Chan hervor. Bei der Eroberung durch die → Inka um 1470 war die Stadt in zehn Distrikte unterteilt, die jeweils als Begräbnisstätte eines Herrschers dienten, der bei seinem Ableben von Schätzen, Tier- und Menschenopfern begleitet wurde. Diese Toten genossen Verehrung und ihre Mumien wurden wie zu Lebzeiten umsorgt. Anders als im Hochland war die Mondgöttin bei den Chimú mächtiger als der Sonnengott. → Indian. Religionen. IG

Lit.: A. M. Hocquenghem, Iconografía Mochica, 1987, ^{3}1989.

Moderne. I. Begriffsgeschichte. Als dt. Substantiv wird der Begriff erstmals 1887 im Rahmen literaturwissenschaftlicher Debatten und im Kontrast zu → Antike verwendet. In Frankreich wurde er von Chateaubriand (1768–1848) als Gegenbegriff zum Romantischen gebraucht. Auch mit dem spätlat. Adjektiv modernus setzten sich christl. Schriftsteller des 5. Jh.s von den »antiqui« des Altertums ab. Diese Gegenüberstellung wurde auch von den spätscholast. Vertretern einer »via moderna« beibehalten, die sich damit gegen die »via antiqua« wandten. In der Neuzeit tritt dieser Kontrast mit der berühmten »Querelle des Anciens et des Modernes« (ab 1687) wieder in Erscheinung: Der Streit zwischen den Anhängern des Altertums und jenen der M. war durch die Behauptung ausgelöst worden, die moderne Kultur – insbes. moderne Wissenschaft und Kunst – sei dem Altertum überlegen. Ergebnis war eine Unterscheidung zwischen Wissenschaft und Kunst: In der Kunst könne es keinen messbaren und unbezweifelbaren Fortschritt geben, wohl aber in der Wissenschaft; Kunst müsse deshalb nach den ästhet. Kriterien ihrer Zeit beurteilt werden, weshalb antike und moderne Kunst jeweils ein eigenes Existenzrecht innerhalb ihrer Epoche besäßen. Diese Ansicht hatte zur Folge, dass von nun an die Geschichte der Kunst vom histor. Prozess des Fortschreitens von → Wissen abgetrennt wurde. Die Auswirkung auf den Begriff der M. war grundlegend: Er bezeichnete jetzt eine Epoche, in der die histor. Zäsuren für Wissen und Kunst nicht mehr zusammenfielen. Ein »Zwiespalt mit der gegenwärtigen Zeit« (Jauß) wurde für sie charakterist.

II. M. als Epoche. Um 1900 wird M. zu einem Mode- und Schlagwort, das nun auch als Epochenbezeichnung verwendet wird: in Abgrenzung zur »Neuzeit«, später auch zur »Postmoderne«, »Zweiten M.« oder »Spätmoderne«. Der kulturelle Begriff der M. ist entscheidend von Baudelaire (1821–1867) geprägt, der feststellt, dass sich jede Kunst als eine moderne, gegenwärtige und damit auch als kontingent, vorübergehend und flüchtig erleben muss. Mit dem Aufkommen von M. als Epochenbezeichnung übernimmt der Begriff der Avantgarde zunehmend die Bedeutungsfelder, die mit der Absetzung vom Hergebrachten, mit dem Neuen und Transitorischen zu tun haben. Die Epochenbezeichnung M. wird an einer Reihe kultureller und gesellschaftlicher Phänomene festgemacht.

III. Kennzeichen. (1) In der Literatur gilt der Naturalismus als Indikator für die entstehende M., später auch das Krisenbewusstsein der Literatur der »Wiener M.«. Auch in den anderen Bereichen der Kunst wird M. verknüpft mit Offenheit und Dekomposition des Kunstwerks, Entgrenzung der Kunst zur Realität, Hochschätzung des Experiments, Bruch mit den Konventionen, Idealisierung der Innovation sowie mit dem Konflikt zwischen künstler. Avantgarde und breitem Publikum. (2) Allerdings zeichnet sich die M. im kulturellen Bereich durch eine wachsende Pluralität (→ Pluralisierung) – auch auf dem Gebiet der ästhet. Stilkonzeptionen – aus sowie durch die Tendenz, die Trennung von ausdifferenzierten Bereichen der → Gesellschaft und Lebenswelt aufzuheben. Dies verweist auf die gesellschaftlichen Merkmale der M., die sich anfangs v.a. im Phänomen der Großstadt zeigen. (3) Andererseits zeichnet sich die M. durch eine rasante institutionelle Spezialisierung aus. Immer mehr spezielle Aufgaben werden an immer spezialisiertere → Institutionen abgegeben, deren Arbeitsweise kaum mehr zu verstehen ist. Diese Entwicklung ist Teil einer umfassenden → Rationalisierung, also der kognitiven und praktischen Verfügbarmachung der Wirklichkeit, ihrer Berechnung und zweckorientierten Beherrschung. Wie M. → Weber gezeigt hat, ist dies mit einer starken Bürokratisierung verbunden. É. → Durkheim weist auf die Auflösung traditioneller Gemeinschaftsformen und den in der Folge verstärkten Individualismus (→ Individualisierung) als Kennzeichen der M. hin. Die M. steht in einem engen Zusammenhang mit dem (rationalist.) → Kapitalismus, dessen Produktivität den Wunsch nach Neuem geradezu als ethische Grundhaltung erfordert. (4) Tatsächlich ist M. von Anfang an auch mit einer Kritik der M. verbunden, die die zunehmende → Entfremdung des Menschen von der → Natur und seinem eigenen Wesen beklagt.

IV. Religion und M. (1) Im Bereich der Religion wird die M. in eine enge Beziehung zur → Säkularisierung gesetzt. Diese Tendenz drückt sich in der (keineswegs linear) abnehmenden Kirchlichkeit der Menschen in westlichen Gesellschaften aus; sie findet aber auch ihren vielleicht paradigmat. theolog. Ausdruck etwa in R.K. → Bultmanns Konzept der → Entmythologisierung, in dem die Differenz zwischen transzendenter Wirklichkeit und Alltag beinahe aufgehoben ist. Die M. gehe einher mit der »Entzauberung der Welt« (M. Weber): In dem Maße, wie die Wissenschaften immer mehr Bereiche erfassen und technisch behandeln, entsteht der Eindruck, als sei die Wirklichkeit durch innerweltliche Vorgänge erklärbar und entleere sich von transzendenten Mächten. Diese Entzauberung sei selber eine Folge der religiösen Entwicklung, vor allen Dingen im Christentum und hier im → Protestantismus, in deren Verlauf sich eine Zuwendung zum Diesseits vollzogen habe. Dadurch verliert sich die Legitimität religiöser Transzendenzvorstellungen, so dass die M. mit der Ausweitung der Säkularisierung verbunden wird. (2) Vor diesem Hintergrund hat die M. unterschiedliche Reaktionen bei religiösen Gruppierungen ausgelöst: (a) die Anpassung religiöser Traditionen an die M., etwa im protestant. → Liberalismus, dem kath. Modernismus oder der jüd. Reformtradition. Organisationsintern findet diese Anpassung ihren Ausdruck in einer verstärkten Rationalisierung und Bürokratisierung, die sich in den letzten Jahren auch zunehmend den Standards von Wirtschaftsunternehmen anpasst (Einsatz neuer Informationstechnologien, Kosteneffizienz, Management-Führungsmethoden; Marketing und Werbung; → Wirtschaft); (b) Entstehung neuer religiöser Gruppierungen, die einen neuen Blick auf alte religiöse Traditionen beanspruchen (→ Christl. Wissenschaft, Neuoffenbarer); (c) die schroffe Ablehnung der M. und die Behauptung traditioneller religiöser Positionen – oft in »reinerer«, verdichteter oder reduzierter Form, wie etwa in den Strömungen des deutlich antimodernist. protestant. → Fundamentalismus, der organisationsintern durchaus moderne Züge trägt; (d) die Entstehung neuer religiöser Traditionen, die sich zwar auf traditionelles religiöses → Wissen berufen, dieses aber in eine neue, der M. angepasste Gestalt bringen (→ New Age). Gerade aber die neuen religiösen Entwicklungen scheinen vielen nicht mehr in das Bild der M. zu passen. Deswegen wird zuweilen auch von einer postmodernen Religion gesprochen.

V. Religion und Postmoderne. (1) Der Begriff »postmodern« wird 1949 erstmals verwendet, gewinnt aber erst gegen Ende der 1960er Jahre Konturen. So spricht der Soziologe A. Etzioni (geb. 1929) 1968 von der postmodernen Gesellschaft, die von Kommunikations-, Wissens- und Energietechnologien geleitet und entschieden pluralist. sei. In der Folge aber wird der Begriff hauptsächlich im ästhet. Bereich verwendet. Hier bezeichnet er einmal die Möglichkeit, auf traditionelle Formen herkömmlicher Kunst zurückzugreifen, ohne sie als Bekenntnis zu verstehen, die Möglichkeit der Einbeziehung populärer Kunst und die Aufhebung des Unterschieds von Unterhaltungs- und ernster Kunst und der Differenz von Kunst und Lebenswelt. Postmoderne bedeutet zum anderen auch einen inneren Pluralismus von Sprachen, Modellen und Methoden, der nach J.-F. Lyotard (1924–98) so weit geht, dass die Diskurse, Rationalitätsformen und Stilrichtungen nicht mehr kommensurabel seien. J. Habermas (geb. 1929) dagegen ist der Auffassung, dass die Postmoderne, indem sie auf vormoderne Traditionen zurückgreife, sich als antimodernist. entpuppe und damit die aufklärer. Impulse der M. verrate. (2) (a) Seit den 80er Jahren wird auch von postmoderner Religion gesprochen, ausgehend von der Annahme, dass sich die Bewegung der Säkularisierung umgekehrt und – bezeichnenderweise v. a. außerhalb Europas – Platz für eine Resakralisierung (→ Sakralisierung) gemacht habe. (b) Von postmoderner Religion wird aber auch gesprochen, um unterschiedlichen Tendenzen Rechnung zu tragen: der Ritualisierung, der Verstärkung von Differenz zwischen Alltag und Transzendenz, der Readaption traditioneller Formen von Religiosität, der synkretist. Kombination religiöser Elemente unterschiedlicher Kulturen und der Verwendung populärkultureller Formen und moderner Massenmedien (→ Medien) bei der Übermittlung antimodernist. Inhalte. (3) Auch wenn J.-F. Lyotard betont, dass es sich bei der Postmoderne eher um einen Gemüts- oder Geisteszustand als um eine Epoche handle, hat die breite Diskussion um die Postmoderne als Epoche zu scharfer Kritik geführt. Die sichtbaren kulturellen, gesellschaftlichen und religiösen Änderungen der letzten Jahrzehnte, in denen die Ziele der M. deutlich gemacht wurden und dadurch reflexiv eingesetzt werden konnten – ein Phänomen, das auch in der instrumentellen Nutzung und Organisation von Religionen seinen Ausdruck findet –, legen für einige Denker (A. Giddens, geb. 1938; U. Beck, geb. 1944) die Kontinuität der M. und damit den Begriff der »späten« oder »zweiten« M. nahe. → Alterität, → Aufklärung, → Religionskritik, → Tradition. HK

Lit.: A. Etzioni, The Active Society, 1968 (dt. 1975). – H.-R. Jauß, Literar. Tradition u. gegenwärtiges Bewusstsein der Modernität, in: Ders., Literaturgeschichte als Provokation, 1970, 11–66. – H.-U. Gumbrecht, Modern, Modernität, M., in: GGB, Bd. 4, 1978, 93–113. – W. Welsch, Wege aus der M. Schlüsseltexte der Postmoderne-Diskussion, 1988. – P. Heelas, Religion, Modernity and Postmodernity, 1998.

Modernisierung. In den 1960er Jahren bürgerte sich zunächst in den USA der soziolog. Begriff der Modernisierung(-stheorien) ein. Darunter wird eine Reihe von Phänomenen gefasst (Technisierung, Industrialisierung oder Urbanisierung), die mit tiefgreifenden psycholog., kulturellen, physischen und sozialstrukturellen Veränderungen einhergehen. In sozialstruktureller Hinsicht handelt es sich dabei um einen

Prozess der Differenzierung funktionaler Teilsysteme der Gesellschaft (→ Recht, → Herrschaft, → Wirtschaft, Wissenschaft, auch Religion), in denen immer feiner gegliederte Aufgaben auf immer stärker spezialisierte Institutionen übertragen werden. In kultureller Hinsicht bedeutet M. kulturelle → Pluralisierung, die Auflösung hergebrachter Traditionen. Schließlich ist die M. verbunden mit der → Individualisierung der Sozialbeziehungen wie der Kulturmuster. M. verstärkt nicht nur den Säkularisierungstrend (→ Säkularisierung), sie führt auch zum Verlust der zentralen kulturellen Sonderstellung der → Kirchen, die zu bloßen Interessenverbänden werden. HK

Lit.: P. L. Berger/B. Berger u. a., Das Unbehagen in der Modernität, 1987.

Modernisten, eine von Papst Pius X. (1903–14) verurteilte Erneuerungsbewegung im europ. → Katholizismus, die sich für eine Anpassung der kath. Kirche an die moderne → Gesellschaft aussprach: für eine Aussöhnung der Kirche mit den Wissenschaften, eine Anpassung an die demokrat. Gesellschaft, den verstärkten Gebrauch der Nationalsprachen, die Abschaffung des Pflichtzölibats, die Stärkung des sozialen Engagements der Kirchen, die kritische Bibelexegese u. a. So locker die M. organisiert waren, so scharf wurden sie von den »Antimodernisten« bekämpft, die sich auch als integrale Katholiken bezeichneten. Zwischen 1910 und 1967 musste jeder Priester beim Amtsantritt den Antimodernisteneid schwören. HK

Modi, chin. Philosoph (5./4. Jh. v. Chr.), der den mit Luxus und Verschwendung verbundenen Ritualismus und die Patriarchatsethik des → Konfuzianismus kritisierte. Er propagierte sozialen Altruismus (»gegenseitige Liebe«, chin. jianai) zum (utilitarist.) Wohle der Gemeinschaft und schuf eine den Himmel (→ tian) in den Mittelpunkt des kosmischen Wirkens und der Verehrung stellende Religion, die die Existenz von in die Welt eingreifenden Geistern (gui) annahm. MD

Lit.: H. Schmidt-Glintzer, Mo Ti. Von der Liebe des Himmels zu den Menschen, 1992.

Moed (hebr. mōʿēd = Festzeit), eine der sechs Ordnungen der → Mischna.

Mönch/Mönchtum (von griech. monázein = allein leben, vgl. lat. monachus = Mönch).
I. Allgemein. Verwirklichung des Ideals vom Alleinsein, meist verstanden im Sinne des »Alleinseins mit Gott«, bei dem sozialer Kontakt, vornehmlich Geschlechtsleben (Keuschheit), weitgehend gemieden wird (→ Askese, → Zölibat), vielfach aufgrund von lebenslangen → Gelübden. Ihren radikalsten Ausdruck schafft sich diese Absonderung im Anachoreten-, → Eremiten- und Einsiedlertum, wo das »Alleinsein« im Sinne absoluter → Einsamkeit des Einzelnen gefasst wird. In der Regel finden sich aber Gleichgesinnte in asket. Gemeinschaften zusammen (→ Kloster, → Koinobit, → Sekte), meist verbunden mit Gehorsamsbindung.
II. Ausprägungen. (1) Der klassische Boden außerchristl. Mönchtums ist Indien. → Buddhismus und → Jainismus sind ihrem Anspruch nach M.-Religionen mit einem dogmat. ungesicherten Laienstatus. Das Mönchtum zählt neben Buddha und seiner Lehre zu den drei Hauptmerkmalen (→ triratna) des Buddhismus (→ bhikkhu, → sangha). Mit der buddh. Mission hat es sich auch über China, Japan und Tibet verbreitet. Hinduist. Sekten sind meist mönchische Gefolgschaften eines → gurūs. Im Islam ist das Mönchtum außer im Sufismus (→ taṣawwuf) kaum ausgeprägt. (2) In der christl. Kirche war die Askese seit ältester Zeit beheimatet, auch wenn Jesus zwar ehelos, aber nicht asket. lebte; erst in den apokryphen Apostelakten wird er selbst zum Asketen. Fortan bildete die Nachfolge Christi das prägende Ideal des Mönchtums. Das bewusste Heraustreten des Asketen aus der Gemeinde in die Einsamkeit der Wüste begann um die Mitte des 3. Jh.s in Ägypten (Antonius). Diesen Eremiten schlossen sich gelegentlich Schüler an. Mit wachsender Schülerzahl entstanden unter dem Einfluss des Pachomios (gest. 346) die ersten Klöster. Im Laufe des späteren 4. Jh.s verbreitete sich das Mönchtum über den ganzen griech. Osten und verband sich dabei mit den philosoph. Apathie-Idealen der Stoa (→ Stoizismus). Über die bescheidenen Spruchsammlungen (Apophthegmen) der Frühzeit hinaus entstand nun eine reiche asket.-mystische Literatur. Im Übrigen sammelte das Mönchtum mehr und mehr starke Kräfte des kirchlichen Lebens und gewann auch in den dogmat. Kämpfen führende Bedeutung. Ordensregeln halfen, die Organisation zu straffen und das Selbstver-

ständnis des Mönchtums zu klären und zu festigen.

III. Europ. Mönchtum. Im Abendland wurde das Mönchtum zuerst durch die Kirchenväter bekannt (Augustin, ca. 354–430). Auch das Eremitentum drang ein, gewann aber nicht die gleiche Bedeutung wie in der Ostkirche (→ Orthodoxes Christentum). Seit der Klostergründung Benedikts von Nursia (529) setzte sich vielmehr das Kloster mit der zugrundegelegten Regel Benedikts als Normalform durch. Im 8./9. Jh. setzte eine Klerikalisierung des Mönchtums ein, so dass Priester- und M.-Stand nicht mehr unvereinbar waren. In Irland bildeten die Klöster den Mittelpunkt der kirchlichen Organisation. Karl der Große (742–814) suchte mit der Gründung von Königsklöstern das Mönchtum planmäßig in die Erziehungs- und Bildungsarbeit seines Reiches einzuspannen. Unter Ludwig dem Frommen (778–840) wurde es durch Benedikt von Aniane (750–821) auf der Grundlage der Benediktinerregel vereinheitlicht. Mit den Reformbestrebungen der Kluniazenser im 10. Jh. tritt das Mönchtum in die Kirchenpolitik ein. Eine eigentümliche Steigerung und Straffung gewinnt es im abendländ. Hochmittelalter durch das Ordenswesen: Die einzelnen, einander oft eifersüchtig befehdenden Orden werden zu Trägern bestimmter theolog. und kirchenpolit. Tendenzen. Die → Reformation bestritt den Sonderstatus der M. und säkularisierte die Klöster, andererseits kam es im gegenreformator. Jesuitenorden zur höchsten Steigerung des Gehorsamsgedankens und der polit. Erfolge. Die Neuzeit zeigt im Allgemeinen eine Lockerung der straffen Ordensform und begünstigt die »Kongregationen«. Vielfach treten in den einzelnen Zweigen des Mönchtums praktische oder wissenschaftliche Spezialaufgaben in den Vordergrund (Seelsorge, Krankenpflege, Mission, Ausbildung). AM

Lit.: M. Heimbucher, Die Orden und Kongregationen der kath. Kirche 1–3, 1896, ³1932ff. – W. Bousset, Apophthegmata, Studien zur Geschichte des ältesten Mönchtums, 1923. – K. Heussi, Der Ursprung des Mönchtums, 1936. – C. Andresen (Hg.), Frühes Mönchtum im Abendland 1–2, 1975. – K. S. Frank (Hg.), Askese und Mönchtum in der Alten Kirche, 1975. – K. S. Frank, Grundzüge der Geschichte des christl. Mönchtums, 1975, ³1979. – F. Prinz (Hg.), Mönchtum und Gesellschaft im frühen Mittelalter, 1976. – A. Michaels, Die Kunst des einfachen Lebens: Eine Kulturgeschichte der Askese, 2004.

Mofa (chin. = Ende des Gesetzes [→ dharma]), im ostasiat. Buddhismus die Vorstellung, dass man im letzten, degenerierten Zeitalter einer triad. Abfolge von Perioden lebe, in dem die korrekte Lehre des Buddha (zhengfa, sanskr. sad-dharma = 1. Zeitalter), aber auch ihr schon in einem gewissen Maße korrumpiertes Imitat (xiangfa = 2. Zeitalter) nicht mehr lehr- und lebbar sei. MD

Lit.: J. Nattier, Once Upon a Future Time, 1991.

Moggallāna (pāli; sanskr. Maudgalyāyana), neben → Shāriputra Haupt-Schüler des Buddha Shākyamuni. AM

Mohammed → Muḥammad.

Mokoš (von urslaw. *mok-, *mok-r = nass), weiblicher Schutzgeist, ursprünglich der altostslaw. Geisterwelt zuzurechnen, von Frauen verehrt und verantwortlich für Fruchtbarkeit und Entbindung. Belege für einen alten M.-Kult finden sich in der amtlichen kirchlichen Literatur, wo vor einer Anbetung der M. gewarnt wird, und in der Volkskunde. Die etymolog. Bedeutung des Namens M. (= Nässe) weist auf eine Beziehung zu der kaum personifizierten russischen Mat syraja zemlja (= Mutter Feuchte Erde). In der sog. Nestor-Chronik (um 1112 in Kiew entstanden) wird M. als Göttin aufgeführt. Da die → slawische Religion ursprünglich keine → Göttinnen kannte, ist anzunehmen, dass M. durch den Einfluss der Stellung der christl. Muttergottes in den Rang einer Göttin erhoben wurde. US

Lit.: S. Urbańczyk, Art. »Mokosz«, in: G. Labuda/Z. Stieber (Hg.), SSS 3, 1967, 278. – U. Schlott, Vorchristl. und christl. Beziehungen bei Kelten, Germanen und Slawen, 1997, 133–43. – M. Gimbutas, Art. »Mokosh«, in: ER 9, ²2005, 6115.

Moksha (auch: mukti, sanskr. = Erlösung), Befreiung vom → karma und vom Kreislauf der Geburten (→ samsāra), höchstes der menschlichen Ziele (→ purushārtha). M. ist möglich durch Erkenntnis, Meditation, Gottesliebe und -gnade oder die gute bzw. Heldentat und kann zu Lebzeiten (jīvanmukti) oder nachtodlich erreicht werden. → Erlösung, → Heil. AM

Lit.: E. Frauwallner, Geschichte der indischen Philosophie, 2 Bde., 1953/56. – A. O. Fort/P. Y. Mumme (Hg.), Living Liberation in Hindu Thought, 1996. – A. O. Fort, Jīvanmukti in Transformation: Embodied Liberation in Advaita and Neo-Vedanta, 1998.

Mollā (von arab. mawlā = jemand, auf den man sich bezogen hat, Herr), v. a. in türkischen, persischen und indischen Gemeinschaften gebräuchlicher Titel für einen islam. Religionslehrer, Prediger oder »Heiligen« (→ taṣawwuf). RS

Moloch (hebr. molæk), biblischer Begriff, entweder Gottesname (so in den Texten von Ugarit; vgl. hebr. mælæk = König,), der im entstehenden Judentum zunehmend negativ konnotiert war, oder Bezeichnung eines bestimmten → Opfers (Lev 18,21 [mit Verweis auf die Praxis des Menschenopfers im Vorderen Orient]; vgl. Jes 57,9). → Altes Testament, → Apokryphen, → Menschenopfer. KVS

Mond, als zweithellster Himmelskörper wahrgenommenes Gestirn mit auffälligem rhythmischem Gestaltwandel. (1) Zu- und abnehmender M. symbolisieren in vielen Religionen das Werden und Vergehen des → Lebens und dienen als Maß der → Zeit. Die Mondsymbolik ist deshalb mit dem Komplex → Leben und → Tod assoziiert, lunare Attribute finden sich in Fruchtbarkeitskulten wie im Totenkult. In letzterem fungieren die lunaren Bezüge als Symbol der Hoffnung auf neues Leben. Wegen seines offensichtlichen Einflusses auf die Gezeiten und der ungefähren Übereinstimmung seines Zyklus mit der weiblichen Menstruationsperiode wird der M. häufig den aquatischen (→ Wasser) und weiblichen Phänomenen zugeordnet. Dabei wird mancherorts das Wachsen des Kindes im Mutterleib mit dem zunehmenden M. verglichen. (2) Früheste Nachweise einer M.-Symbolik finden sich in → paläolith. Religionen. Im Flachrelief der »Venus von Laussel« hält eine schwangere Frau ein sichelförmiges Bisonhorn, offenbar als Symbol neuen Lebens. Neben Bisons, Stieren usw. werden auch Bären wegen ihres Winterschlafs und der frühjährlichen Wiederkehr mit dem M. assoziiert. Weitere lunare Symbole für neues Leben sind z. B. der sich aufblähende und abtauchende Frosch und die sich häutende, also regenerierende Schlange. In zahlreichen Religionen mündet die archaische M.-Verehrung in → Theophanien: Der altägypt. → Thot ist Gott des M. und des → Kalenders, die griech. Selene M.-Göttin und Schwester des Helios und Luna ihr röm. Pendant. Im christl. Kontext wird → Maria auf einer Mondsichel stehend dargestellt. → Natur. JL

Lit.: C. Hentze, Mythes et symboles lunaires, 1932. – M. Eliade, Die Religionen und das Heilige, 1954, 183–217. – D. Berndt, La lune: mythes et rites, 1962.

Mondō (japan. = Frage und Antwort), kurze rätselhafte Gespräche zwischen Meistern und Schülern im Chan- bzw. → Zen-Buddhismus, die zu einer beliebten Gattung für weitere Kommentare und Auseinandersetzungen wurden. Beispiel: »Meister Jōshū: Hast du schon gefrühstückt, oder nicht? Schüler: Ja. Meister Jōshū: Dann wasche deine Schalen.« Liegt hier eine geistige Diskriminierung vor oder ein tiefes Verständnis der Soheit? Oder sollte man lieber nicht kommentieren? MP

Monismus (von griech. mónos = allein, einzeln), Bezeichnung für eine einheitliche Wirklichkeitskonzeption, die Gegensätze als Schein betrachtet oder auf ein einheitsstiftendes Prinzip zurückführt. In der Absetzung gegen R. Descartes' (1596–1650) Unterscheidung von denkender und ausgedehnter Substanz prägte wohl C. Wolff den Begriff (1734). Entsprechend unterschied er zwei Arten von Monisten, »Materialisten« und »Idealisten«. So galten → Hegel und Darwin (1809–82) in unterschiedlicher Weise als Monisten. Als programmat. Organ entstand in den USA auf Betreiben von P. Carus (1852–1919) die bis heute bestehende Zeitschrift für Spekulative Philosophie *The Monist*, in der neben E. Haeckel (1834–1919) auch → Peirce veröffentlichte. Dabei spielten u. a. religiöse Interessen eine bedeutende Rolle. Wissenschaftlicher Fortschritt und libertäre religiöse Orientierung sollten Hand in Hand gehen. Auch so unterschiedliche Denker wie D. F. → Strauß und R. Steiner (→ Anthroposophie) waren von dieser Tendenz beeinflusst. In Deutschland existierte ein 1906 durch Haeckel gegründeter Monistenbund, der sich nicht nur der Entgegensetzung von Natur- und Geisteswissenschaften entgegenstellte. Die monist. Position ließ auch sittlich kaum eine aktive Bejahung der dt. Kriegsziele im Ersten Weltkrieg zu. 1933 wurde der Bund durch die Nationalsozialisten aufgelöst. Red

Lit.: J.-C. Kaiser, Arbeiterbewegung u. organisierte Religionskritik, 1981. – P. Ziche, M. um 1900, 2000. – R. Panesar, Medien religiöser Sinnstiftung, 2006.

Monolatrie (von griech. mónos = einzig und latreía = Dienst). Im Unterschied zum Begriff des → Monotheismus, der eine Theorie bezeichnet, beschreibt M. die Praxis, dass kultisch ein einziger Gott verehrt wird, in dem Bewusstsein, dass andere Völker andere Götter verehren. → Henotheismus, → Religion. CA

Monophysiten (von griech. mónos = einzig und phýsis = Natur, Beschaffenheit). Im Streit, wie das Verhältnis von Menschheit und Gottheit in Jesus zu verstehen sei, kam es auf dem Konzil von Chalkedon (451) zu einer dauernden Spaltung der Ostkirchen in kaisertreue und oriental. Kirchen (Jakobiten, Nestorianer, → Assyr. Kirche des Ostens). Letztere, die sog. M., vertraten dabei die These, dass göttlicher Logos und menschliches Fleisch zu einer einzigen Natur werden, ohne sich jedoch zu vermischen. CA

Lit.: A. Grillmeier, Jesus der Christus im Glauben der Kirche II, 1986–90.

Monotheismus (von griech. mónos = allein, einzig und theós = Gott).

I. Begriff der Moderne. Das moderne Kunstwort (1660 von H. More in Analogie zum antiken Begriff → Polytheismus gebildet) preist – in Entsprechung zur Monarchie – die Vorzüge der Einzigartigkeit und Monopolisierung. Hinter der scheinbaren Typologie und der Idee einer Entwicklung vom → Animismus über den Fetischismus (→ Fetisch) zum → Polytheismus und weiter über den → Henotheismus zum Gipfelpunkt des M. (und hinter dem antievolutionist. Gedanken eines vielleicht ganz am Anfang stehenden → Urmonotheismus) stehen normative Utopien: eine Letztbegründung für die Moral der Bürger lässt sich mit konkurrierenden Göttern nicht leicht behaupten. Der eine Gott steht als ausgleichende Gerechtigkeit (»Jenseits«) der Welt gegenüber, die er geschaffen hat und wieder beenden wird.

II. Religionsgeschichte. Im Gegensatz zur Utopie steht die histor. Entwicklung. Die histor. M. sind von oben erzwungene Revolutionen: Der Ikonoklasmus des → Echnaton (1352–26 v. Chr.) in Ägypten reduziert die Vielfalt des Pantheons auf die alles durchwaltende Sonne Aton (Kosmotheismus, → Pantheismus). Die Kultreform des Josia in Judäa (620 v. Chr.) zerstört die überall im Land bestehenden Kulthöhen, auf denen JHWH zusammen mit Baal und Aschera verehrt wurde, und lässt allein den JHWH-Kult in Jerusalem bestehen (Kultzentralisierung; 2 Kön 22–23). Verschärfend wirkt, dass im Babylon. Exil der eine Gott Israels zum Garanten jüd. Identität und zum Programm der Reformbewegung (→ Deuteronomium) wird. Der Durchsetzung des christl. M. im Röm. Reich geht eine Tendenz zur Monopolisierung eines Gottes durch den einen Kaiser voraus, wie Sol invictus. In der Religionsgeschichte gibt es keine M.: Neben dem »einzigen« Gott stehen die Götter der anderen Völker (externe Pluralität); innerhalb der kultischen Realität steht meist die Verehrung anderer göttlicher Personen im Vordergrund, die systematisch als untergeordnet erklärt werden: Maria, die Heiligen, Marabouts u. ä. (sekundärer Polytheismus; interner Pluralismus).

III. Reizwort der Gegenwart. In der Debatte um den Pluralismus der Gegenwart hat bereits im Ersten Weltkrieg M. Weber die Konkurrenz der Werte als eine Form von Polytheismus beschrieben. J. Assmann beschrieb 1997 in »Moses der Ägypter« den M. als intolerantes System, das das Stereotyp einer »Gegenreligion« in die Welt gesetzt hat; der Ägypter Moses habe diese von Echnaton übernommen und dem Volk Israel weitergegeben. CA

Lit.: M. Weber, Wissenschaft als Beruf [1917], MWS I/17, 1994, 17. – R. Albertz, Religionsgeschichte Israels, 1992, 304–60. – G. Ahn, M. – Polytheismus, in: M. Dietrich/O. Loretz (Hg.), Mesopotamica, Ugaritica, Biblica, 1993, 1–24. – F. Stolz, Einf. in den biblischen M., 1996. – P. Athanassiadi-Fowden/M. Frede (Hg.), Pagan Monotheism in Late Antiquity, 1999. – J. Assmann, Moses der Ägypter, 1998 (engl. 1997). – F. Stolz, Weltbilder der Religionen, 2001, 139–216. – B. Gladigow, Polytheismus, in: H. G. Kippenberg/M. Riesebrodt (Hg.), Max Webers Religionssystematik, 2001, 131–50. – J. Assmann, Die mosaische Unterscheidung, 2003.

Montagsfest, wöchentlicher Feiertag der Manichäer mit Lobpreis der Götter und Belehrungen zur Vermeidung von Sünden (→ Beichttexte, → Manichäismus). MH

Lit.: C. Reck, Gesegnet sei dieser Tag, 2004.

Moral (von lat. mores = Sitten), Bezeichnung für die sittlichen Gewohnheiten von Gruppen, Gemeinschaften und Gesellschaften. Im Unterschied zu → Ethik wird mit M. nicht eine theoret.-reflexive Ebene bezeichnet, sondern die konkret gelebte Sittlichkeit. Die Ebene der Ethik kann freilich auf M. transformierend einwirken. Der interkulturelle Vergleich zeigte schon in der klassischen Antike, dass es in unterschiedlichen Ländern unterschiedliche Sitten gibt. Versuche, bestimmte soziale Standards von

Sittlichkeit quasi nach dem → Naturrecht festzulegen (z.B. → Goldene Regel), dürfen als gescheitert gelten. In den pluralen »westlichen« Gesellschaften der Gegenwart kommt der M. keine wesentliche gesamtgesellschaftliche Bedeutung mehr zu. Da M. jeweils an bestimmte Überzeugungssysteme gebunden ist bzw. diese impliziert (z.B. religiöse Optionen), akzeptiert der Staat in der Regel nur ein mit »weltanschaulicher Neutralität« vereinbares Recht. Diese an sich selbstwidersprüchliche Position soll weltanschauliche → Konflikte befrieden und erfüllt diese Funktion auch nicht selten. So ist in der BRD etwa der heftige Streit um die → Abtreibung durch das Bundesverfassungsgericht paradox entschieden worden: sie gilt als rechtswidrig, gleichwohl straffrei. Damit wird die Entscheidung an die sittlich autonome Frau und ihr → Gewissen zurückgegeben. Weltanschaulich neutrale Rechtlichkeit kann daher (selbstbestimmte) Moralität fördern und friedensstiftend wirken. Ob dieses Modell freilich für alle ethischen Grenzfragen taugt (Präimplantationsdiagnostik, aktive Sterbehilfe, Klonen von Menschen; vielleicht auch staatliche Anerkennung gleichgeschlechtlicher Partnerschaften), bleibt bisher stark umstritten. In der Regel darf eine ähnliche Entwicklung allerdings prognostiziert werden. → Moderne, → Werte. Red

Lit.: B. Gladigow (Hg.), Religion und M., 1976.

Mormonen, amerikan. Glaubensgemeinschaft mit etwa 9,6 Mio. Mitgliedern, die sich selbst Church of Jesus Christ of Latter-Day Saints (Kirche Jesu Christi der Heiligen der letzten Tage) nennt. Stark ausgeprägt ist das für die meisten amerikan. Religionsgemeinschaften typische Sendungsbewusstsein (American exceptionalism). Aufgrund verschiedener »Visionen« des Begründers Joseph Smith (1805–44) entstand 1830 das »Buch Mormon« als angebliche Übersetzung der auf Goldplatten eingravierten Berichte über ein altes amerikan. Volk, dem Christus nach seiner Himmelfahrt erschien; es enthält viele Anklänge an das AT. Smiths Nachfolger B. Young (1801–77) gründete 1848 mit den »Heiligen« in einem Salzseetal der südlichen Rocky Mountains die Stadt Salt Lake City, heute Hauptstadt des seit 1896 zu den USA gehörenden Staates Utah. Die Lehre des Mormonismus beruht auf den »neuen Offenbarungen«, durch die der Abfall vom wahren Glauben (= bis 1830) revidiert und Amerika als das Land des (endzeitlichen) Heils prophezeit wird: Am »Ende der Zeiten« wird Jesus im Tempel von Salt Lake City Gericht halten und ein tausendjähriges Reich errichten, das er von Jerusalem und Independence, Missouri aus regieren wird (→ Millenarismus). Charakterist. für die Glaubenspraxis der M. sind eine stark hierarch./patriarchal. organisierte Kirche, rigide moral. Grundsätze und ein asket. Lebenswandel. WR

Lit.: A. Mössner, Die M. Die Heiligen der letzten Tage, 1995.

Moschee (arab. masǧid, vom Verb saǧada = sich hin zu jemandem niederwerfen), Begriff für Kultstätte im Allgemeinen, seit islam. Zeit allein als »Ort der Niederwerfung« im Gebet vor dem Einen Gott begriffen. In vorislam. Zeit wurden u.a. → Sonne und → Mond in einem masǧid verehrt. Im → Koran wird ein masǧid als Vorrecht des Einen Gottes angesehen. Die Kultstätte in Mekka wird als al-masǧid al-ḥarām oder als → Ḥaram, die Kultstätte in Jerusalem schon im Koran (Sure 17/1) als al-masǧid al-aqṣā (»Die fernste M.«) bezeichnet. Die M. dient in erster Linie der öffentlichen kultischen Anbetung des Einen Gottes (→ ṣalāt), in mystischen Kontexten auch der rituellen, nennenden Erinnerung Gottes (→ ḏikr). Das Gemeinschaftsgebot des öffentlichen Freitagsgebets wird zusammen mit der Freitagspredigt (ḫuṭba) in der Versammlungs-M. (ǧāmiʿ) vollzogen. Die ursprünglich als rechteckiger umfriedeter Hof angelegte M. mit der nach Mekka weisenden Gebetsnische (miḥrāb) und einer Predigtkanzel (minbar) mit drei (in der → šīʿa mit vier, im Maghreb auch mit mehr) Stufen wurde im Laufe der Zeit aus symbol., ästhet. und funktionalen Gründen kontinuierlich architekton. erweitert (Überdachung, Ausbau der Säulen- und Pfeilerreihen, Überkuppelung, Illumination, Minarette, Brunnen, Angliederung einer separaten Lehrstätte, → madrasa). RS

Lit.: M. Frishman/H.-U. Khan (Hg.), The Mosque: History, Architectural Development & Regional Diversity, 1994.

Mose, die überragende Gestalt in den Erzählungen der Hebr. → Bibel, die Israel aus Ägypten führte und die göttlichen Gebote überbrachte. Für das Judentum ist M. der Prophet schlechthin (Dtn 34,10f.), der »Auge in Auge« mit Gott verkehrt und als Offenbarer göttlichen Willens fungiert. Für rabbin. Denken ist »M. unser Rabbi«

deshalb der Begründer der → mündlichen Torah. Auch im Islam wird das Prophetentum des M. betont, wobei die Auffassung besteht, dass seine Torah erst durch den → Koran korrigiert wurde. Bes. in der Schia (→ šīʿa) dient das Verhältnis zwischen M. und → Aaron als Modell für die Übertragung der Autorität von Muḥammad auf ʿAlī. Die Gestalt des M. und der → Exodus aus Ägypten lassen sich nicht als histor. erweisen. M. wird prominent erst mit der Verschriftlichung der Torah nach dem Exil (687–622 v. Chr.): er gilt dann als Verfasser des → Pentateuch, der »fünf Bücher M.«. → Altes Testament, → Apokryphen, → Prophet. KVS

Lit.: J. Assmann, Moses der Ägypter, 1998 (engl. 1997).

Mosebücher → Pentateuch.

Mo Ti → Modi.

Mo(w)bed, Titel für voll initiierte zoroastr. Priester. → Zoroastrismus. MH

Mu'aḏḏin, arab.-islam. Bezeichnung für den »Gebetsrufer« (Muezzin; → ṣalāt). Konventionell verkündet der M. den Gebetsruf (aḏān) zu den fünf Gebetszeiten vom Minarett einer Moschee aus. Der Gebetsruf setzte sich im späten 7. oder frühen 8. Jh. als Teil der rituellen Gebetspraxis durch; er besteht in der sunnit. Tradition aus sieben, in der schiit. Tradition aus acht in unterschiedlicher Häufigkeit wiederholten Formeln, die das Glaubensbekenntnis (→ šahāda), die Lobpreisung Gottes und den Aufruf zum Gebet (und bei den Schiiten »zum besten Werk«, ʿalā ḫayri l-ʿamal) umfassen. RS

Mudrā (sanskr. = Handhaltung, Fingergeste), Handhaltungen, die in hinduist., buddh. und jainist. → Tanz, Ritual und → Ikonographie Verwendung finden. Im Ritual sind die m. wesentlicher Bestandteil der Handlungssequenzen und eng verbunden mit den rezitierten → mantras. JG

Mudschahedin → ǧihād, → Muǧāhid.

Müller, Friedrich Max (1823–1900), dt.-engl. Mythenforscher und Indologe, viel schreibender und gelesener Gelehrter, angesehener Herausgeber, Mitglied etlicher akadem. Gesellschaften. (1) M. gilt auch als Begründer der → Religionswissenschaft. Während seines Wirkens in Oxford entwickelte er Lehren und Gedanken, die heute als Allgemeingut gelten, ihm in jener Zeit aber heftige Anfeindungen und berufliche Nachteile einbrachten. So rekonstruierte er eine einheitliche → Religion hinter den bloß histor. Erscheinungen der einzelnen Religionen und erweiterte damit den ohnehin jungen Begriff Religion so stark, dass seitdem beinahe jede übergreifende Sinngebung als Religion gilt (→ Alltag). M. war überzeugt, dass das Phänomen Religion sich nicht im Christentum erschöpft. So suchte er immer wieder nach Gemeinsamkeiten zwischen alt und neu, West und Ost, »zivilisiert« und »primitiv«. (2) M. erwarb Grundlagenkenntnisse verschiedener Religionen und besorgte nach dem Studium der Klassischen Philologie und des Sanskrit in Leipzig, Berlin (bei F. Bopp, 1791–1867) und Paris die Erstausgabe des → Rigveda, was ihm ein hohes Ansehen in Indien verschaffte. Er edierte unter dem bezeichnenden Motto »Ex oriente lux« die 50-bändige Reihe *Sacred Books of the East*, eine Quellensammlung von Texten aus Indien, China und islam. Ländern, die er zum Teil selbst übersetzte. Seinen Plan, auch das AT und NT in die Reihe aufzunehmen, wussten klerikale Kreise in Oxford zu verhindern, um die Einzigartigkeit der Bibel nicht zu relativieren. Allein die für die Mitte des 19. Jh.s revolutionäre Betrachtungsweise der Bibel als eine von vielen → hl. Schriften kostete M. die von ihm angestrebte Boden Professorship of Sanskrit (Lehrstuhl für Indologie). AM

W.: Chips from a German Workshop, 4 Bde., 1867–75 (dt. 1869–76). – Introduction to the Science of Religion, 1873, ^{2}1880 (dt. 1874, ^{2}1876). – Lectures on the Origin and Growth of Religion (Hibbert Lectures), 1878 (dt. 1880).

Lit.: J. H. Voigt, Max M.: The Man and His Ideas, 1967. – N. C. Chaudhuri, Scholar Extraordinary: The Life of Max M., 1974. – J. M. Kitagawa/J. S. Strong, F. M. M. and the Comparative Study of Religion, in: N. Smart (Hg.), Nineteenth Century Religious Thought in the West, Bd. 3, 1985, 179–213. – M.-M.-Ehrung der Stadt Dessau, 1995. – H.-J. Klimkeit, M. M., in: A. Michaels (Hg.), Klassiker der Religionswissenschaft, 1997, 29–40, 362–64. – L. van den Bosch, M. M., 2003.

Mündliche Torah. Nach rabbin. Auffassung (vgl. den Mischna-Traktat Abot) hat → Mose am Sinai nicht nur die schriftliche → Torah, sondern auch eine M. T. erhalten, die anonym weitergegeben wurde, bis sie in rabbin. Zeit in → Mischna und → Talmud schriftlich fixiert wurde. Dadurch wird die theolog. Arbeit der Rabbinen selbst zum Teil des göttlichen Offenbarungsgeschehens und ihre Werke werden zu kanon. Literatur von hoher Autorität und zu Säulen des Judentums bis heute. In der Auseinandersetzung mit dem Christentum wurde anhand des Konzepts der M. T. die Unvollständigkeit christl. Rekurses auf »Torah« betont. Innerhalb des Judentums lehnten v. a. → Samaritaner und → Karäer das Konzept einer mündlichen Offenbarung ab. KVS

Muezzin → Muʾaḏḏin, → Amt.

Muftī, arab.-islam. Bezeichnung für denjenigen, der Rechtsauskünfte erteilt (→ fatwā). RS

Muǧāhid, arab.-islam. Terminus für denjenigen, der einen → ǧihād unternimmt. RS

Muǧtahid, arab.-islam. Terminus für jemanden, der den → iǧtihād ausübt. RS

Muḥammad b. ʿAbdallāh b. ʿAbdalmuṭṭalib al-Hāšimī al-Qurašī (um 570–632), nach islam. Bekenntnis (→ šahāda) letzter → Prophet und Gesandter (→ Rasūl) des Einen Gottes und Künder der koran. Offenbarung.

I. Biographie und religiöses Umfeld. M. wuchs als Waise unter der Obhut seines Onkels Abū Ṭālib ʿAbd Manāf auf. Dessen Clan Banū Hāšim verfügte in der Clangemeinschaft von Mekka (Qurayš) über ein gewisses Sozialprestige, aber nicht über ein so großes wie die Clans Maḫzūm und v. a. Umayya, der später die erste islam. Dynastie (Umayyaden) stellen sollte. Mit etwa 25 Jahren heiratete M. die um 15 Jahre ältere Händlerin Ḫadīǧa. Er war als Händler sicherlich eng mit dem kultischen Milieu verbunden, das im Koran als »Unglauben« (→ kufr) und »Beigesellung« (→ širk) bezeichnet wurde. In diesem Milieu trat M. um das Jahr 610 als »Mahner« (Koran 74/1) des Einen Gottes und Künder des Jüngsten Gerichts auf (Koran 96/1).

II. Wirkung. (1) Nach islam. Überlieferung soll zwischen der ersten Offenbarung und dem ersten öffentlichen Auftreten M.s ein Zeitraum von drei Jahren (fatra) gelegen haben. Der Tradition nach ergriffen M. die Offenbarungen als Vision des Engels Gabriel (oder ursprünglich direkt Gottes?) in einer Zeit, als er sich in einer (rituell gestalteten?) meditativen Einsamkeit (taḥannuṯ) befand. (2) M.s Verkündung der Offenbarung fand eine gewisse Beachtung unter jüngeren Mekkanern, die nicht zu den großen, prestigeträchtigen Clans gehörten. Eine Mehrheit aber verhielt sich wohl zunächst indifferent. Zu den ersten Gläubigen zählt die islam. Tradition u. a. Ḫadīǧa und M.s Vetter → ʿAlī b. Abī Ṭālib. (3) Mit der zunehmenden Kritik an den mekkan. Kulten, die im Koran bald als širk bezeichnet wurden, wuchs die Opposition der Händlerfamilien. Manche Familien sahen in M. (vielleicht in einem neutralen Sinne) einen Zauberer, Wahrsager oder jemanden, der von einem → Ǧinn besessen war. Starken Widerstand löste M.s Forderung nach einer »Reinigung der Kaʿba« von anderen Göttern und ihrer Restitution als »Haus Gottes« aus. (4) M.s Position in der Stadt wurde nach dem Tode von Ḫadīǧa und Abū Ṭālib, die ihm und seinen Anhängern ökonom. und sozialen Schutz geboten hatten, immer schwieriger. Zwar waren einige prominente Mekkaner wie der spätere → Kalif ʿUmar (gest. 644) der Gemeinschaft beigetreten und hatten das Ende eines (um 616 ausgerufenen?) Boykotts der Banū Hāšim erreicht, doch bewirkte die Opposition, für die v. a. M.s Onkel Abū Lahab ʿAbdalʿuzza sprach, eine zunehmende Isolation der Gemeinschaft. M. trat nun als von Gott erwählter Prophet auf, der den bislang noch nicht mit einer Offenbarung bedachten, »heidnischen« (ummī) Arabern gesandt worden war (→ Nabī). Die mekkan. Opposition veranlasste M., Verhandlungen mit den Stämmen in (Madīnat) Yaṯrib aufzunehmen, um dort Partner für eine neue islam. Schwurgemeinschaft (ḥilf) bzw. für ein lockeres Partnerschaftsverhältnis (ǧiwār) zu finden, was gleichzeitig die Aufgabe der Zugehörigkeit zur Clangemeinschaft von Mekka (Qurayš) bedeutete. Bündnisgespräche müssen schon 621 und nochmals vor der Auswanderung 622 stattgefunden haben, in deren Zusammenhang M. eingeladen wurde, als Schlichter (ḥakam) zwischen den rivalisierenden medinens. Stämmen Aus und Ḫazraǧ zu wirken. (5) M. folgte schließlich mit einer kleinen Gruppe den Muslimen, die als muhāǧirūn (= Auswanderer) nach Medina vorausgeschickt worden waren (datiert auf den 15./16.7.622, → hiǧra). Die Schwurgemeinschaft mit den als »Helfer« (anṣār) bezeichneten muslim. Medinensern passte die »Gemeinschaft der Muslime« in die lokalen stammlichen Gruppenbildungsprozesse ein und provozierte auch eine Neuorientierung der Offenbarung (→ Koran). Diese hatte nun zunehmend die Aufgabe, das soziale Gefüge in Medina neu zu bewerten, was schließlich zu einem Gehorsamsgebot gegenüber M. führte. Die Neubewertung der sozialen Normen bezog sich v. a. (a) auf die Funktion der Rache (Koran 2/178f.), (b) auf die Ehevorschriften (Verbot der Polyandrie, Beschränkung der Polygynie), (c) auf das Erbrecht (Koran 4/11f.), (d) auf das Beuterecht und (e) auf die Almosensteuer (→ zakāt).

III. Die »neue Religion«. Die Konsolidierung der neuen distinkten Gemeinschaft der Muslime in Mekka vollzog sich zwischen 624 und 627/28 einerseits über die Ausschaltung jüd. Stämme der Stadt, die entweder exiliert (Banū Qaynuqā', Banū Naḍīr) oder zerschlagen (Banū Qurayẓa) wurden. Andererseits bewirkten die (zeitgleichen?) Kämpfe mit den Qurayš (bei Badr, am Berg Uḥud und im »Grabenkrieg«), die mit dem Gewinn der Übermacht für die Muslime endeten, die soziale und ökonom. Stärkung (Beutezüge gegen die Karawanen der Mekkaner) der Gemeinschaft. 629 konnten die Muslime aus Medina erstmals wieder zur Pilgerfahrt (→ ḥaǧǧ) nach Mekka reisen und 630 die Stadt friedlich besetzen. Im März 631 vollzog M. seine letzte Pilgerfahrt, die später als »Abschiedswallfahrt« bezeichnet wurde. Die von ihm hier praktizierten Rituale sollten von nun an zur Norm der ḥaǧǧ-Rituale werden. M. starb ohne männliche Nachkommen, die ihn überlebt hätten, am 8. Juni 632 in Medina, wo er begraben wurde. Zur Nachfolgefrage → Kalif; zur Prophetentradition → ḥadīṯ, → Sunna. RS

Lit.: F. Buhl, Das Leben Muhammeds, 1930, [3]1961. – W. Montgomery Watt, M. at Mecca, 1953 u. ö. – Ders., M. at Medina, 1956 u. ö. – R. Paret, Mohammed und der Koran, 1957 u. ö. – M. Rodinson, Mohammed (dt.), 1975. – F. E. Peters, M. and the Origins of Islam, 1994. – U. Rubin, The Eye of the Beholder: The Life of M. as Viewed by the Early Muslims, 1995. – G. Schoe- ler, Charakter und Authentie der muslim. Überlieferung über das Leben Mohammeds, 1996.

Mujahèdin → Muǧāhid, → ǧihād.

Mukti → moksha.

Mullah → Mollā.

Mul Shankar → Dayānand Sarasvatī.

Munāfiq, Bezeichnung der islam. Theologie für einen den »Ungläubigen« zugerechneten »Heuchler« des Glaubens (→ kufr), abgeleitet aus der koran. Bezeichnung für diejenigen, die → Muḥammad Treue vortäuschten (u. a. Sure 63). RS

Mundöffnungsritual, Ritual der → altägypt. Religion zur Belebung von Kultstatuen. Das M. zur Verleihung von Leben wurde sowohl an den Götterbildern im Tempel als auch an Verstorbenen und ihren Grabstatuen vollzogen. Ohne Mundöffnung kann das Kultbild nicht den → Ba oder den → Ka aufnehmen, um an allen Möglichkeiten des Menschseins teilzuhaben. Im Neuen Reich bestand das Ritual aus 75 Einzelschritten; die älteste relativ vollständige Szenenabfolge von 50 bildlichen Darstellungen mit Text befindet sich im Grab des Wesirs Rechmire (Grab TT 100). Ein Satz Miniaturgerätschaften für die Mundöffnungszeremonie gehörte zu den Grabbeigaben, die dem Verstorbenen zum Weiterleben nach dem Tod mitgegeben wurden. Im → Totenkult sollte das M. idealiter vom Sohn und Erben am verstorbenen Vater durchgeführt werden, in der Praxis waren die Priester dafür zuständig. Es konnte in der Balsamierungsstätte oder vor dem Grab an der Mumie und an der Statue vollzogen werden. Nach Reinigungen, Räucherungen, Salbungen und Beschwörungen wurde die Mumie an bestimmten Stellen mit einem eigens dafür vorgesehenen Ritualgerät berührt. Dadurch erhielt der Tote erneut Macht über seine Sinne, v. a. über seinen Mund, um wieder essen und sprechen zu können. Die Grabstatue als Ersatzköper des Toten war nach dem Vollzug des M. in der Lage, die Totenopfer zu empfangen. EH

Lit.: H.-W. Fischer-Elfert, Die Vision von der Statue im Stein. Studien zum altägypt. M., 1998.

Muni (sanskr. = Schweiger), indischer Heiliger. AM

Muqallad (arab. = angebunden), arab.-islam. Begriff für jemanden, der sich der Bindung an das Traditionswissen (→ taqlīd) verpflichtet fühlt, heute oft negativ im Sinne eines Apologeten einer falschen Tradition. RS

Murǧi'a (von arab. arǧa'a = aufschieben), Sammelbegriff für oft sehr unterschiedliche islam. Lehrmeinungen, die mit dem koran. Konzept irǧā' (Verschiebung eines Urteils, Koran 9/106) in Verbindung gebracht wurden. Gemeinsam ist ihnen die Anschauung, dass → Glauben sich allein in der Glaubensüberzeugung, nicht aber im Handeln äußere (→ īmān). → Islam und Glauben seien daher eins, und jede Beurteilung der tatsächlichen Gläubigkeit eines Muslims – wie auch seiner Sünden – müsse bis zum Jüngsten Gericht »verschoben« werden. Die Ursprünge der M. reichen in das schiit. Milieu in Kūfa im späten 7. Jh. zurück. Im 10. Jh. ging die M. größtenteils in der → Aš'arīya auf, da mit der Lehrmeinung mancher Aš'ariten, Glauben sei in erster Linie das »Für-Wahr-Halten« (taṣdīq) Gottes und das Handeln sei sekundär zu beurteilen, ein wichtiges Motiv der M. implizit Berücksichtigung gefunden hatte. RS

Lit.: M. Cook, Early Muslim Dogma, 1981. – J. van Ess, Theologie und Gesellschaft im 2. und 3. Jh. Hidschra, Bde. 1–6, 1991–97.

Murukan (tamil. = der Jüngling), einer der beiden alten dravid. und somit vorar., vorbrahman. Gottheiten (neben → Tirumāl) und bedeutendster Gott in der Alttamilliteratur. Dort wird er als Gott der Bergbevölkerung und Jäger beschrieben und ab dem 6. Jh. mit dem arischen, brahman. Gott → Skanda, dem Sohn → Shivas, identifiziert. Heute ist er der populärste Gott unter der nichtbrahman. Tamilbevölkerung. TL

Lit.: F. W. Clothey, The Many Faces of M., 1978.

Musen. Die antike Gruppe von Göttinnen repräsentiert die Künste der → Antike: die Geschichtsschreibung (Klio), den Tanz (Terpsichore), die Sternkunde (Urania), Komödie (Thaleia) usw. Die neun M. stammen von Zeus und → Mnemosyne (Erinnerung) ab, ihr Sitz ist am Fuß des Helikon (s. Hesiod [8. Jh.], *Theogonía* 53–103). Die Begriffe Museum und Musik bewahren die antike Theorie von der Göttlichkeit der Kunst im modernen Sprachgebrauch. CA

Musik spielte in allen Epochen der Religionsgeschichte eine wichtige Rolle. Die primär der Unterhaltung oder der ästhet. Befriedigung dienende Funktion der M. in der modernen Gesellschaft lässt ihre ursprüngliche Funktion, die in vielen Kulturen zunächst religiös war, in Vergessenheit geraten. Diese religiöse Funktion hängt sicherlich auch damit zusammen, dass man mit Tönen übernatürlich wirkende Kräfte in Verbindung brachte. So findet sich etwa in den → Upanishaden die Vorstellung, dass bestimmte Klänge den Prozess der Weltschöpfung eingeleitet haben. Andernorts glaubte man, mittels der M. böse Mächte abwehren zu können (vgl. 1 Sam 16,16). Die auffälligste Funktion, die M. in religiösen Kontexten zukommt, zeigt sich im → Kult, wo sie sowohl zum Lob höherer Mächte als auch als Medium zur Übermittlung einer religiösen Botschaft verwendet wird (→ Liturgie). Hierbei steht sie meistens mit sprachlichen Inhalten in Verbindung. Daneben kann M. aber auch zur Verstärkung der religiösen → Ekstase dienen (z. B. der islamische → ḏikr). Freilich war M. auch nie unumstritten, und so findet sich in vielen Religionen bzw. in einzelnen Phasen der Religionsgeschichte auch eine völlige Ablehnung jeglicher M. oder aber bestimmter M.-Formen. Seitens der Religionen werden aber auch immer wieder aktuelle M.-Stile aufgegriffen und für religiöse Zwecke nutzbar gemacht, was sich etwa an der Verwendung von Pop-M. mit religiösen Inhalten sowohl innerhalb wie auch außerhalb gottesdienstlicher Veranstaltungen zeigt. → Performanz, → Tanz. HMH

Lit.: Weiteres Material in: Art. »Music«, in: ER 10, 1987, 163–216. – B. v. Behr, Art. »M. – eine Diskographie«, in: MLR 4, 2002, 331–43.

Muslim b. al-Ḥaǧǧāǧ, Abū l-Ḥusayn (817 oder 821–75), weit gereister muslim. Traditionsgelehrter, dessen Sammlung von Überlieferungen (ṣaḥīḥ, → ḥadīṯ) zu den sechs als kanon. erachteten Sammlungen gezählt wird und zusammen mit der Sammlung von al-→ Buḫārī als bes. autoritativ gilt (→ Kanon). Von bes. Wert ist seine einleitende Zusammenstellung von ḥadīṯen zu Fragen des Glaubens (→ īmān). RS

Muslimbrüder (arab. al-iḫwān al-muslimūn), ursprünglich islam. Frömmigkeitsbewegung, deren Gründung durch Ḥasan al-Bannā (1906–49) konventionell auf März 1928 datiert wird. Die M. repräsentieren eine v. a. in den 20er und 30er Jahren des 20. Jh.s entstandene Organisationsform innerhalb der islam. Öffentlichkeit, die sich unabhängig von den etablierten Institutionen des islam. Gelehrtentums entwickelt hat und die zunächst auf eine moral. Rechtleitung im Sinne eines Antitraditionalismus (→ taqlīd, → Tradition) und der Rekonstruktion einer zeitlosen, ursprünglichen islam. Identität zielte. Wie andere Gruppen organisierten sich die M. als → »Gemeinschaft« (ǧamā'a), in der ein »Konsens« über die »richtige islam. Ordnung« herrschen sollte und für die eine »Befehlsgewalt unter den Muslimen« reklamiert wurde. Wesentliches Merkmal der frühen M. war die Auffassung, dass es keine Trennung zwischen der Lebenswelt einer Gruppe und dem Islam als sozialer Theorie geben dürfe. Diese Perspektive war der Ausgangspunkt für die Politisierung der M. (wie anderer islam. »Gemeinschaften«), die bis zur Inanspruchnahme einer Exekutivgewalt führen konnte, welche auf einer autonomen Normierung gesellschaftlichen Lebens basierte. Mittel dieser Normierung waren zunehmend Texte, die formal als → fatwā (ursprünglich »Rechtsauskunft«) konzipiert wurden und durch das Zurücktreten islam. Jurisdiktion hinter ein nichtislam. staatliches Gerichtswesen die Funktion einer islam. Urteilsfindung übernommen hatten. Daher lehnten viele M. die klassische islam. Rechtswissenschaft (→ fiqh) ab und versuchten, sie durch eine moral. Normierung der Lebenswelten (als → Sunna) zur Durchsetzung einer »sozialen Gerechtigkeit« zu ersetzen. Der Begriff → šarī'a wurde entsprechend von vielen M. als richtige islam. »Praxis« (minhağ) verstanden, die die islam. »Theorie« über die Welt umsetzt. Die islam. Theorie der M. bezog sich auf alle gesellschaftlichen Institutionen einschließlich der Ökonomie (→ Wirtschaft) und → Politik. Der Islambegriff der M. wurde maßgeblich von → Rašīd Riḍā und später von → Sayyid Quṭb geprägt und zeichnete sich durch eine radikale Objektivierung und Essentialisierung des Konzepts Islam aus. Als islam. Texttradition wirkten hierbei v. a. die Werke späterer Ḥanbaliten (→ Ḥanbalīya) wie Taqī ad-Dīn → Ibn Taymīya. In den 70er Jahren des 20. Jh.s suchten viele M. die Anerkennung des Staates und förderten eine integrationist. Politik, was den Aufbau radikaler, von den M. unabhängiger islam. Organisationen zur Folge hatte. Obwohl ursprünglich auf Ägypten beschränkt, übten die M. großen Einfluss beim Aufbau analoger islam. Organisationen in anderen arab. Ländern (v. a. Jemen, Jordanien, Irak, Syrien) aus. RS

Lit.: R. P. Mitchell, The Society of the Muslim Brothers, 1969. – O. Carré/G. Michaud, Les Frères Musulmans (1928–1982), 1983. – G. Kepel, Le prophète et Pharaon. Les mouvements islamistes dans l'Egypte contemporain, 1984.

Mušrik, koran. Begriff für denjenigen, der dem Einen Gott andere Götter oder Götzen »beigesellt« (→ širk). RS

Mu'tazila (arab. = diejenigen, die sich getrennt hatten), islam., ursprünglich irak. theolog. Lehrtradition, der sehr unterschiedliche dogmat. Aussagen aus dem 8. Jh. zur Einheit und Gerechtigkeit Gottes zugrunde lagen (→ Qadarīya). Sie entwickelte sich im 9. Jh. (v. a. ca. 815–50) zu einer von zahlreichen Einzelpersönlichkeiten getragenen theolog. Kultur und wurde seit dem späten 9. Jh. durch scholast. Systematisierung (→ Scholastik) in verschiedenen Schulen (bes. denen von Baṣra und von Bagdad) tradiert. Spätestens seit der Mitte des 8. Jh.s diente M. auch als Gruppenbezeichnung für islam. Theologen (→ kalām), die sich mit der intellektuellen Tradition früher islam. Denker identifizierten, die sich im späten 7. Jh. nicht in die Auseinandersetzungen um die Frage einer legitimen Herrschaft (→ Kalif) einmischen wollten. So begann die M. wohl als innerislam. asket. ausgerichtete Missionsbewegung (Gründer u. a. Wāṣil b. 'Aṭā', gest. 749), die sich v. a. in Bagdad entfaltete. Etwa zugleich bildete sich im südirak. Kūfa eine eher intellektuelle Tradition der M. heraus, die sich gegenüber den dominanten Traditionen der Ḥanafiten (→ Ḥanafīya) und gegenüber schiit. Tendenzen (→ šī'a) zu profilieren suchte. Als umfassende Denktradition trat die M. v. a. im 9. Jh. in Bagdad hervor, wo sie eine erste rationalist. Interpretation des Islam als universeller (sunnit.) Identität ausformulierte. Diese an zahllose unterschiedliche Lehrmeinungen gebundene Interpretation des Islam wurde in späterer Zeit (Abū l-Huḏayl, gest. um 841) in fünf dogmat. »Prinzipien« zusammengefasst, von denen zwei in frühere islam. Diskussionen zurückweisen: (1) das auf den ursprünglichen Missionscharakter der M. hindeutende Prinzip, »das Gute dringlich anzumahnen und das Schlechte zu verbieten« (al-amr bi-l-ma'rūf wa-n-nahy 'an al-munkar) und (2) das an frühe Diskussionen um die Sündenlehre (→ Ḫāriǧiten) anknüpfende Prinzip der »Zwischenstellung«, das dem sündigen Muslim als »Frevler« (fāsiq) eine Sonderstellung zwischen Gläubigen und Ungläubigen zuweist (al-manzila baina l-manzilatayn). Hinzu kamen dann (3) das Prinzip von Gottes »ewiger Strafe und Belohnung« (al-wa'd wa-l-wa'īd), (4) das Prinzip von Gottes absoluter Gerechtigkeit ('adl), das den freien Willen des Menschen begründete (al-→ qaḍā' wa-l-qadar), und (5) das Prinzip der absoluten, attributlosen und im Sein völlig geschiedenen Einsheit Gottes (→ tawḥīd), aus der sich das Postulat von der Erschaffenheit des Korans ergab. In späterer Zeit wurden v. a. das Prinzip der absoluten Gerechtigkeit und das der absoluten Einsheit herausgehoben, von denen dann die anderen drei Prinzipien abgeleitet wurden. In der ersten Hälfte des 9. Jh.s wurden für einige Jahre die Lehrmeinungen der M. zum Dogma des ʿabbāsid. Hofs erklärt und andere Gelehrtenkulturen wie die Traditionalisten (→ Ahl al-ḥadīṯ) in einer »Prüfung« (miḥna) verfolgt. Abgesehen von einer rationalist. Begründung der → Willensfreiheit wirkte die M. bes. in der Ausformulierung theolog.-metaphys. Spekulationen (→ Kosmologie, Atomismus) und bei der Integration hellenist. Traditionen (→ Unsterblichkeit der Seele) in die islam. Theologie. Von den Gegnern wurde der M. vorgeworfen, sie verkünde die Gleichrangigkeit von Vernunft und Offenbarung. Einige Lehrmeinungen der M. fanden bei verschiedenen schiit., bes. zaydit. (→ Zaydīya) Gemeinden Anerkennung. Eine Summa der Theologie der M. verfasste der in Rayy in Persien wirkende Richter ʿAbdalǧabbār (gest. 1024/5). RS

Lit.: E. Mainz, Mutazilit. Ethik, in: Der Islam 22 (1935), 191–206. – A. S. Tritton, The Speech of God, in: Studia Islamica 36 (1972), 5–22. – W. Madelung, Religious Schools and Sects in Medieval Islam, 1985. – J. van Ess, Theologie und Gesellschaft im 2. und 3. Jh. Hidschra, Bde. 1–6, 1991–97. – R. Martin u. a. (Hg.), Defenders of Reason in Islam: Mutazilism from Medieval School to Modern Symbol, 1997. – M. Cook, Commanding Right and Forbidding Wrong in Islamic Thought, 2000.

Mutter, dem Begriff liegt die biolog. Tatsache der Gebärfähigkeit des weiblichen Körpers zugrunde. Mit der → Geburt eines Kindes verändert sich die gesellschaftliche → Rolle sowie die Statusposition der Frau. Die Ethnologie unterscheidet zwischen genetrix (leiblicher M.), mater (rechtlicher M.) und uxor (Ehefrau). Die Gleichsetzung von Frau und M., ihre Charakterisierung als Reproduktionsmittel und die daraus abgeleiteten Dichotomien Mann – Frau, Kultur – Natur, Produktion – Reproduktion werden von feminist. Kritikerinnen als männlich-ideolog. abgelehnt. Die neue Fortpflanzungstechnologie zwingt dazu, emotional und symbol. belegte Begriffe wie »Vater« und »M.« völlig neu zu überdenken. Die soziale und biolog. Seite des Mutterseins wird religionsgesch. in Gestalt unterschiedlicher → Muttergottheiten thematisiert. → Devī, → Familie, → Göttin, → Magna Mater, → Matriarchat, → Verwandtschaft. PJB

Lit.: M. Dietz-Lenssen, Abschied von Vater und M.: Gedanken zu zwei verwandtschaftsethnolog. Termen u. deren Verwendung in interkulturellen Analysen, in: K.-H. Kohl u. a. (Hg.), Die Vielfalt der Kultur, 1990, 47–60. – B. Hauser-Schäublin, Verwandtschaft und ihre Reproduktion. Vaterschaft, die Entleiblichung der Frau u. die Entseelung des Menschen, in: Dies. (Hg.), Ethnolog. Frauenforschung, 1991, 306–31. – F. Stolz, Art. »Muttergottheiten«, in: HrwG, Bd. 4, 1998, 166–68.

Muttergottheiten, → Göttinnen, denen über die Rolle der → Mutter zentrale Funktionen für die Gewährung von Fruchtbarkeit und die Erhaltung der Lebensgrundlagen zugeschrieben werden. → Magna Mater, → Matriarchat, → Mātrikās. GA

Mykenische Religion. In der späteren Bronzezeit (etwa 1500–1200 v. Chr.) entstand in den Burgen auf dem griech. Festland eine Religion, die in der Semantik (Palastgöttin, Beterfiguren, Libation) viel aus der → Minoischen Religion und aus dem Orient übernahm, aber auch Eigenes schuf. In der letzten Phase der M. R. ist in der Schrift Linear B das voll ausgebildete Pantheon mit den Namen der Götter belegt, die die klass. griech. Religion prägen – ohne Apollon und Aphrodite, wohl aber schon mit Dionysos. CA

Lit.: M. Gérard-Rousseau, Les mentions religieuses dans les tablettes mycéniennes, 1968. – R. Hägg/N. Marinatos (Hg.), Sanctuaries and Cults in the Aegean Bronze Age, 1981.

Mystagoge (von griech. mystagōgós, lat. mystagogus), v. a. bei M. → Weber häufig verwendeter griech.-lat. Begriff, der die antiken → Priester bezeichnet, die in die → Mysterien einführten, in jene griech. und röm. Geheimkulte, die nur Eingeweihten (→ Initiation) vorbehalten waren und die ein persönliches Verhältnis zur Gottheit vermitteln sollten. → Antike. HK

Mysterien (von griech. mystḗrion = Geheimnis, Geheimkult). (1) Kulte, die gekennzeichnet sind (a) durch Geheimhaltung – also das Verbot, die M.-Geheimnisse zu veröffentlichen – und (b) durch Einweihung/→ Initiation, die die Kultteilnehmer zu Mitgliedern einer bes. Gruppe werden lässt. M.-Kulte, v. a. ein Phänomen der griech.-röm. → Antike, werden von antiken und modernen Betrachtern als eine spezielle Kategorie von Kulten innerhalb des → Polytheismus wahrgenommen. (2) Die bekannten antiken M.-Kulte lassen sich in zwei Gruppen einteilen: (a) solche mit einem festen Kultzentrum (aber überlokaler Klientel), wie die modellbildenden M. von Eleusis zu Ehren der Demeter und Kore/Persephone und diejenigen von Samothrake; (b) lokal ungebundene, deren Träger

– wandernde religiöse Spezialisten – an verschiedenen Orten Niederlassungen gründen. Zu ihnen lassen sich neben den M. des → Dionysos auch die hellenist. und kaiserzeitlichen orientalisierenden M.-Kulte von → Isis, Kybele/ → Magna Mater und → Mithra zählen. (3) M. sind ein Phänomen der Europ. Religionsgeschichte und lassen sich nur in Einzelzügen mit außereurop. Phänomenen vergleichen (Geheimbünde und -kulte, Initiationsriten, Kultdramen). Im Zuge der Antikerezeption (Mysteriosophie, Kunstmysterien) und in Verbindung mit Spielarten des → Paganismus finden sich auch moderne M. (4) Im 19. und frühen 20. Jh. herrschte die Vorstellung eines einheitlichen »antiken Mysterienwesens« vor, die v. a. durch die Annahme einer soteriolog. Theologie (→ Soteriologie) und einer Vergleichbarkeit bzw. Nähe zum Urchristentum (Religionsgesch. Schule) gekennzeichnet war. Diese Auffassung ist einer stärkeren Differenzierung der einzelnen Kulte gewichen, der irreführende Terminus M.-Religionen wird daher heute im Allgemeinen vermieden. Auch die lange postulierte Opposition der »privaten« M.-Kulte zu den »öffentlichen« Poliskulten wird differenzierter betrachtet; die M. werden vielmehr als eine von mehreren möglichen komplementären Optionen innerhalb der altgriech. und reichsröm. Religion angesehen. M.-Kulte sind in der Regel nur eine von mehreren Formen der Verehrung einer bestimmten Gottheit. DE

Lit.: U. Bianchi, The Greek Mysteries, 1976. – D. Wiens, Mystery Concepts in Primitive Christianity, in: ANRW II 23.2, 1980, 1248–84. – R. Turcan, Les cultes orientaux dans le monde romain, 1989, [2]1992. – W. Burkert, Antike M., 1990.

Mysterium → Geheimnis.

Mystik (von griech. mýein = schließen [der Augen und Lippen] und mystēria = Geheimwissen, Riten der Einweihung).

I. Begriffsgeschichte. (1) Bis ins 17. Jh. ist nur das Adjektiv »mystisch« gebräuchlich für »Glaubensgeheimnisse« (corpus mysticum, »mystischer Leib«: Gegenwart Christi in → Eucharistie und Kirche), allegor. Schriftauslegung (sensus mysticus), spekulative Theologie (Mystica Theologia des → Dionysius Areopagita) und unmittelbare, erfahrungsbezogene Gotteserkenntnis (cognitio experimentalis dei). Die Substantivierung als eigenständiger Begriff bringt einen Wandel zum Ausdruck: M. bezeichnet nicht mehr das im gemeinsamen Glauben bezeugte → Geheimnis, sondern private Erleuchtungen; sie löst sich von der christl. Theologie und sozialgeschichtlichen Verankerung (Orden, Beginentum usw.). Psychologisierung, philosoph. M.-Rezeption durch Romantik und Idealismus und das Bekanntwerden östlicher Weisheitslehren (unter den Stichworten → Pantheismus, → Monismus, das »eine Sein hinter allem Seienden«) ermöglichen eine Universalisierung und führen zum heutigen M.-Verständnis, das ebenso stark von östlicher wie von christl. → Spiritualität geprägt ist. (2) Die histor. gewachsene Verallgemeinerung macht M. zu einem Sammelbegriff, der disparate Phänomene wie die jüd. → Märkabah-Spritualität (→ jüd. Mystik), mittelalterliche Passionsfrömmigkeit und → Yoga umfasst; Meister → Eckhart, → Shankara u. a. werden zu »Mystikern«, obgleich sie sich selbst nicht so bezeichneten. M. ist – wie → Religion und → Magie – zu einer universal verwendeten Grundkategorie der Religionswissenschaft geworden, die sich aufgrund ihrer Unschärfe und Komplexität einer einfachen Definition entzieht und ein breites Begriffsfeld abdeckt: (a) bes. intensive Formen persönlicher, v. a. innerlicher, Religiosität, (b) Versenkungszustände und Erfahrungen der Entgrenzung der üblichen Ich-, Sinnes-, Raum-, Zeitwahrnehmung und der Subjekt-Objekt-Grenzen, spezifischerweise Erfahrungen kosmischer Einheit oder der → Einigung mit einer umfassenderen Wirklichkeit (unio mystica), (c) schriftliche u. a. Zeugnisse über solche Phänomene, einschließlich der Praktiken, die dazu führen sollen. Evidenz, Klarheit, Glückseligkeit, Friede wie auch bildhafte und paradoxe Sprache als Ausdruck von »Unsagbarkeit« gehören zu den prototyp. Merkmalen von M. Von rein kognitiven lassen sich ekstat. Formen unterscheiden, die sich in starken Affekten, gesteigerter Sinneswahrnehmung oder deren Reduktion bis zur Unempfindlichkeit sowie in spektakulären Phänomenen von Bewusstseins- und psychosomat. Veränderung, etwa Entrückung, → Stigmata, → Visionen, → Auditionen, ausdrücken.

II. M. und Religion. Da mystische Erlebnisweisen und Grundhaltungen auch außerhalb von Religion vorkommen, ist eine Trennung von Religion und M. oder eine »gottlose M.« (F. → Mauthner) möglich; u. a. können Formen der

Kunst als M. oder »Neo-M.« aufgefasst werden. Hingegen ist Vorsicht geboten gegenüber einer seit dem 19. Jh. verbreiteten Auffassung von M. als institutions- und dogmenfreier, Ost und West vereinender Spiritualität. Dahinter stand häufig das Interesse, die rationalist. → Moderne und die Mechanisierung des Lebens mit einer Gegenkultur zu kontrastieren, und auch ein Unbehagen gegenüber dem Christentum. Der Häresie verdächtigte Mystiker wie Meister Eckhart wurden zum Vorbild einer modernen, individualisierten Religiosität, die frei von kirchlicher Bevormundung, den »Gott in mir« anstelle des vorgeschriebenen Gottes setzen will. In der Tat konnte in der Vergangenheit M. als innerliche, gesteigerte Frömmigkeit und/oder nichtduale Gottesbeziehung in den monotheist. Religionen in ein Spannungsverhältnis zur → Orthodoxie geraten. Keiner der Mystiker und Mystikerinnen verstand sich indes als traditionsverneinend, sondern Ziel war im Gegenteil die Vertiefung und Verlebendigung der → Tradition durch persönliche Aneignung. Religiöse M. war immer rückgebunden an bestimmte Institutionen, asket.-kontemplative Praktiken und Lebensweisen, im Christentum insbes. an die Klosterwelt.

III. M. als transkulturelles Muster. (1) Mit Recht wird heute die Zeit- und Kulturbedingtheit aller M. betont. Ob es darüber hinaus einen gemeinsamen Kern gibt, ist umstritten. Strenge Kontextualisten machen geltend, dass es keine reine, unvermittelte Erfahrung gebe, vielmehr prägten kulturelle Wertvorstellungen, das soziale Umfeld und das jeweilige Sprachsystem bereits die Erfahrung selbst und nicht erst deren Deutung (Katz u. a.). Prägend für christl. M. waren: (a) → Dionysius Areopagita (um 500), der unter Verwendung starker Anleihen aus dem Neuplatonismus (→ Platonismus), in welchem der ursprünglich kultische Begriff bereits eine spekulativ-erkenntnismäßige Bestimmung erlangt hatte, eine eigentliche mystische Theorie der überrationalen Einigung mit Gott schuf; (b) → Bernhard von Clairvaux' Auslegungen zum → Hohen Lied, die stark affektive, sinnlich-erot. und körperbetonte Frömmigkeitsformen inspirierten (→ Braut-, → Passions-, → Frauenmystik); (c) Meister → Eckhart, dessen rational begründete, radikale Fassung der Einheit von Mensch und Gott unüberhörbar blieb, obgleich seine Verurteilung zu Mäßigung und Vorsicht gegenüber der Rezeption seiner Vorstellungen führte. Christl. M. ist immer trinitar. und christolog. ausgerichtet, noch bis in die Rede vom »weiselosen Abgrund der Gottheit« hinein, in welcher Eckhart eine Kongenialität zu östlichen Mystiken aufzuweisen scheint. (2) Dass mit der Entstehung des Substantivs M. ein »Kanon« mystischen Schrifttums entstehen konnte, der zunehmend auch außerchristl. Traditionen umfasste, rechtfertigt sich nicht durch den Gegenstand, sondern durch transkulturell verbreitete Muster, die strenge Kontextualisten nicht zu erklären vermögen. Eine Liebes- (Braut-) und Erkenntnis- (philosoph.) M. gibt es nicht nur im Christentum, sondern auch in Islam und Hinduismus. Der Hinduismus unterscheidet devotionale Hingabe (→ bhakti), die auf (ekstat.) Verschmelzung mit der (persönlichen) Gottheit zielt, von erkenntnismäßig ausgerichteten Spiritualitätsformen, welche nichtduale (→ advaita) Einheit mit dem personal oder apersonal vorgestellten Absoluten suchen (Shankaras → Vedānta, → Kashmir. Shivaismus). Auch Typologien wie »M. der Ausnahmezustände« und »der Kontinuität« (Sloterdijk) decken sich mit Klassifizierungen, welche religiöse Traditionen selbst vornehmen. Der Sufismus (→ taṣawwuf) spricht von fanā (»Zunichtewerden« der Triebseele) und baqā (»Bleiben« in Gott), wobei in der Regel der »nüchterne« Zustand des Verweilens höher als der Rausch der Ekstase gewertet wird. Transkulturelle Muster lassen sich nur anthropolog. und psycholog. erklären. Mit der Struktur des → Bewusstseins und der Psyche wird gar ein kohärenter Kern verteidigt: Der Mystiker erlange »ein unmittelbares Innewerden von Selbstgegenwart und von der transzendenten Quelle des Selbst« (L. Dupré); Hauptkriterium aller M. sei ein »gedankenleeres Bewusstsein/gereinigter Geist« (consciousness purity, blank state) und ein diesem immanentes Glücksgefühl (N. Smart); Visions- und ekstat. M. könne als Ausweitung der Psyche auf die Außenwelt erklärt werden (Clément/Kakar); die traditionellen Methoden des Entsagertums und der → Meditation, aber auch → Drogen lösten die üblichen kognitiven und sinnlichen Wahrnehmungsprozesse und automatisierten Handlungen auf und erzeugten neue Wahrnehmungsmuster und paranormale Fähigkeiten (Deikman, Hollenback). Gleiche Erfahrungsmuster seien indes nicht in allen Kulturen gleich akzeptiert (Clément/Kakar): während z. B. der Ekstatiker → Ramakrishna (1836–

86) in Indien zum anerkannten Heiligen wurde, wurde eine unbekannte Ekstatikerin im Frankreich des 19. Jh.s in einer Anstalt »therapiert«. (3) Aufgrund analoger Praktiken, Bewusstseinszustände und Metaphern kann der Begriff M. als universale Kategorie verwendet werden. Kulturüberschreitend verbreitet ist z. B. die Rede vom Licht, sei es im übertragenen oder wortwörtlichen Sinne einer sinnlich-übersinnlichen Lichtvision. Die Einigung ist ein zentrales Motiv in vielen Traditionen, in den ganz unterschiedlichen Formen der kognitiven und affektiven unio. Um auch andere Phänomene intensiver Frömmigkeit zu erfassen, eignet sich der Begriff »Gegenwart« (McGinn) oder die Kurzdefinition »Verdichtung von Transzendenz ins Personale hinein« (Luhmann/Fuchs) besser als »unio«. Vielleicht ist ein geleerter Geist Hauptmerkmal und Voraussetzung mystischer Erfahrung. Zwar ist der Ausdruck streng genommen nur mit Buddhismus (→ shūnyatā = Leere; → nirvāna = Verlöschen) und → Yoga vereinbar, doch gehört die Forderung, das alte Ich loszulassen, zu den häufigsten Gemeinsamkeiten der als mystisch bezeichneten Traditionen. War objektlose Bewusstheit den christl. Traditionen fremd, ist aufgrund des Kulturkontakts die buddh. Leere auch für Abendländer plausibel geworden. Psycholog. scheint die Möglichkeit einer »rohen« Erfahrung nicht grundsätzlich ausgeschlossen, doch macht erst die Interpretation diese zu einer bedeutungsvollen. Was mitteilbar ist, ist immer durch das Netz der retrospektiven, reflexiven und eingewobenen (reflektierten und assimilierten) Interpretationen hindurchgegangen. Subjektiv wie objektiv entscheidender als der Inhalt ist der Transformationsprozess mystischer Erkenntnis, der in religiöser und areligiöser M. unterschiedlich sein wird. → Angelus Silesius, → Hildegard von Bingen, → Johannes vom Kreuz, → Margarete Porete, J. van → Ruysbroek, → Seuse, → Tauler. AW

Lit.: L. Dupré, The Other Dimension. A Search for the Meaning of Religious Attitudes, 1972. – L. Bouyer, »Mystisch« – Zur Geschichte eines Wortes, in: J. Sudbrack (Hg.), Das Mysterium und die M., 1974, 57–73. – S. T. Katz (Hg.), Mysticism and Philosophical Analysis, 1978. – A. J. Deikman, Deautomatization and the Mystic Experience, in: R. Woods (Hg.), Understanding Mysticism, 1980, 241–59. – M. de Certeau, La Fable Mystique 16.–17. Siècle, 1982. – N. Smart, The Purification of Consciousness and the Negative Path, in: S. T. Katz (Hg.), Mysticism and Religious Traditions, 1983, 117–29. – N. Luhmann/P. Fuchs, Reden u. Schweigen, 1989. – K. Ruh, Geschichte der abendländ. M., 3 Bde., 1990/93/96. – B. McGinn, The Foundations of Mysticism, 1991 (dt.: Die M. im Abendland, Bde. 1–2, 1994/96). – C. Clément/S. Kakar, Der Heilige u. die Verrückte. Religiöse Ekstase u. psychische Grenzerfahrung, 1993. – P. Sloterdijk, Mystische Zeugnisse aller Zeiten u. Völker, gesammelt von Martin Buber, 1994. – J. B. Hollenback, Mysticism. Experience, Response, and Empowerment, 1996. – B. Borchert, M. Das Phänomen – die Geschichte – Neue Wege, 1997. – U. Spörl, Gottlose M. in der dt. Lit. um die Jh.-Wende, 1997.

Myth and Ritual. Die von W. R. → Smith und J. G. → Frazer begründete M.-a.-R.-Theorie bezieht Mythen auf → Rituale, und zwar in der Regel so, dass dem Ritual Priorität zugeschrieben wird: Der → Mythos unterstützt das Ritual und garantiert dessen Wirksamkeit. Mythen werden rezitiert (z. B. das Weltschöpfungsepos im Rahmen des babylon. Neujahrsfests) oder dramatisch aufgeführt, um ein mythisches Ereignis in der Gegenwart wirksam werden zu lassen. → Religionsethnologie. BL

Lit.: R. Ackerman, The M. a. R. School, 1991. – R. A. Segal (Hg.), The M. a. R. Theory, 1998.

Mythologisierung/Remythologisierung, Bezeichnung für eine Wiederkehr von Mythen bzw. mytholog. Vorstellungen. Dieser geschichtsphilosoph. Vorstellung liegt die Annahme zugrunde, dass durch einen Prozess der »Entzauberung« oder → Rationalisierung (insbes. durch → Aufklärung und Wissenschaft) die mythischen im Sinne von wunderbaren und ganzheitlichen Elemente der Kultur verschwunden seien. Diese Position geht auf die Romantik zurück und hat im sog. → New Age der 1980er Jahre wieder verstärkten Zuspruch erfahren. R. kann nicht nur positiv verstanden werden, sondern sich auch als Vorwurf gegen den → Irrationalismus zeitgenöss. Strömungen richten. JM

Lit.: C. Jamme, Gott an hat ein Gewand, 1991, 259–301.

Mythos (griech. = Wort, Rede, Erzählung, Plan).

I. Begriffsgeschichte. (1) Homer (8. Jh. v. Chr.) und Hesiod (um 700 v. Chr.) überlieferten und systematisierten die griech. Erzählungen über die Götter, und ihre Werke wurden in der Neuzeit zum Inbegriff für mythische Erzählungen. Bei ihnen war die Unterscheidung von M. zu → Logos und Epos noch nicht deutlich. Im 5. Jh. n. Chr. trat unter dem Einfluss des Christentums und der Rezeption philosoph. M.-Kritik ein deutlich negativer M.-Begriff hervor, der die Göttergeschichten als unangemessen und falsch betrachtete und gegen den christl. Logos der biblischen Erzählungen abgrenzte. Zuvor wurde der Begriff jedoch auch polemisch gegen die christl.-biblischen Erzählungen gewendet, z.B. von dem Philosophen Celsus (2. Jh. n. Chr.), dem sie als mýthoi kenoí, als leere Geschichten, galten. (2) In der → Aufklärung wurde zunächst der negative M.-Begriff wieder aufgegriffen, der im 18. Jh. bes. im franz. Sprachraum gleichbedeutend mit Fabel verwendet wurde. M. wurden zumeist solchen Kulturen zugesprochen, die als durch die abendländ. Zivilisation entwicklungsgeschichtlich überwunden galten. Erst im 19. Jh. wandelte sich das polem.-kritische M.-Verständnis im Zuge des romant. Interesses an oriental. Kulturen und deren Erzählgut zu einem poetischen bzw. wissenschaftlichen. Als Vorläufer dieser romant. M.-Renaissance, die in den Geschichten den poetischen Ausdruck eines »Volkes« sahen, gelten G. → Vico und J. G. → Herder. Zu den romant. M.-Theoretikern zählen J. Görres (1776–1848), F. W. J. → Schelling und G. F. → Creuzer. K. O. Müller (1797–1840) setzte sich histor.-philolog. mit M. als Geschichtsquellen national-regionaler Einheiten und F. M. → Müller sprachwissenschaftlich und vergleichend mit (indogerman.) M. als poet. Naturerklärungsversuchen auseinander. D. F. → Strauß wendete den M.-Begriff schließlich auch auf die biblischen Schriften an. (3) Erst die ethnolog. Forschung eines B. → Malinowski und philosoph. Ansätze wie der von E. Cassirer in der ersten Hälfte des 20. Jh.s haben zu einem wissenschaftlich fundierten M.-Begriff geführt, der jedoch weiterhin von eurozentr. Vorannahmen (Irrationalität, Emotionalität und Ungeschichtlichkeit) geprägt war und zumeist auf sog. »primitive« Kulturen und Religionen übertragen wurde (→ Religionsethnologie). Jedoch wurde der M.-Begriff mittlerweile auch positiv besetzt und zivilisationskrit. oder auch national-nativist. im Rückgriff auf die eigenen narrativen Überlieferungen (Germanenideologie) verwendet. Als Gegenbewegung zur M.-Euphorie der Nationalsozialisten (A. Rosenberg, *Der Mythus des 20. Jahrhunderts*, 1930; → Faschismus) entstand in der Theologie die Forderung nach einer → Entmythologisierung. (4) In der Religionswissenschaft wurden M. zunächst pauschal als hl. Erzählungen verstanden. Entscheidend prägte M. → Eliade die Auffassung von M., die er als »exemplar. Geschichten« sah, welche den Einbruch hl. Symbolismen in die Welt des Profanen (→ Hierophanien) dokumentierten und als Vorbild für das existentiell bedeutsame Handeln von Menschen dienten. Während ältere Theorien M. als Relikte überwundener Versuche von Welterklärung betrachteten (→ Aitiologie), die durch die Wissenschaften obsolet geworden seien, wenden sich neuere M.-Verständnisse von solchen evolutionistischen Vorannahmen ab und erkennen auch in modernen wissenschaftlichen → Deutungsmustern (z.B. Evolutionstheorie oder physikal. Kosmogonien wie die Urknalltheorie) moderne M. (5) Im 20. Jh. haben sich dezidierte M.-Theorien herausgebildet. Sie behandeln eine Form mythischen Denkens (Cassirer), eine mythische prälog. Mentalität (L. Lévi-Bruhl, 1857–1939) oder eine mythische Ontologie (K. Hübner), eine Dialektik zwischen Terror und Spiel (H. Blumenberg, 1920–96), zwischen M. und Aufklärung (→ Horkheimer/Adorno, *Dialektik der Aufklärung*, 1947), oder sie untersuchen die strukturelle Verflechtung ganzer Mythologien (C. → Lévi-Strauss, → Strukturalismus).

II. Aktuelles Verständnis. (1) Gemeinsam sind dem heutigen M.-Verständnis, wie es in den unterschiedlichsten Wissenschaften Verwendung findet und für die religionswiss. Forschung als heurist. sinnvoll erscheint, folgende Momente: M. sind (a) Erzählungen, die von einem Anfangs- zu einem Endpunkt einen Plot entwickeln, durch den (b) eine vorbildliche, exemplar. (paradigmat.) Geschichte konstituiert wird, die wiederum (c) über die Konstitution einer (raumzeitlich-sozial) sinnvoll geordneten Welt (d) denjenigen Menschen, die aus dem jeweiligen M. heraus leben, existentielle Orientierung und Lebensführung (Denken und → Handeln) ermöglicht. Damit dienen M. der Eingliederung von Individuen in kollektive Sozialverbände (Ethnien, Institutionen, Nationen, religiöse Bewegungen usw.) und sind mit der Herausbildung von Identitäten verknüpft. Die Kehrseite solcher narrativen Identitätskonstruktionen (Inklusion) ist die Abgrenzung zum → Fremden und »Andersartigen« (→ Alterität), das zumeist durch eine Symbolik des Chaotischen und Bösen ausgegrenzt wird und als potentiell bedrohlich gilt (Exklusion). (2) M. gelten nicht per se, sondern sind auf pädagog. Vermittlungsprozesse und damit auf → Sozialisation angewiesen. Riten der → Initiation, denen oft eine Lernphase vorausgeht, führen in die jeweilige M.-Tradition ein und erreichen die Verinnerlichung der exemplar. Handlungsmodelle. M. dienen der Kommunikation und liegen daher immer in bestimmten → Medien vor: in mündlicher oder schriftlicher Überlieferung bzw. in sprachlicher, bildlicher oder ritueller Präsentation ihrer Inhalte, zumeist sind sie in verschiedenen Medien zugleich codiert (→ Religionsästhetik). (3) Unter Mythologie wurde früher die systematisierende Beschäftigung mit oder die Wissenschaft von den M. verstanden. Zutreffender ist diese Bezeichnung jedoch für das Gesamtbild eines Komplexes von zusammengehörigen, aufeinander bezogenen M. Im Rahmen religiöser Symbolsysteme können mit dem Begriff M. die narrativen Codierungen ihrer jeweiligen Inhalte bezeichnet werden. Die pragmat. Wirkung der Geschichten ist das Kriterium dafür, ob es sich um M. oder »bloße« Erzählungen handelt. Hinsichtlich der pragmat. Auf- und Abwertung von Narrativen einer konkreten Religion durch deren Anhänger kann dann von Prozessen der Ent- oder Remythisierung gesprochen werden. (4) Mit einem entsprechend neutralen und transkulturell auch für die westliche → Moderne anwendbaren wissenschaftlichen M.-Verständnis können unterschiedlichste Phänomene vergleichend analysiert werden: Nicht nur Göttererzählungen fallen unter die Kategorie M., sondern auch histor. Genealogien, die der Legitimation und Identitätskonstruktion von Gemeinschaftsformen dienen, sowie die ideal ausgemalten Viten von vorbildlichen Gestalten (Götter, Helden, Vorfahren, Könige, Heilige, Religionsstifter usw.). Begründende Erzählungen über den Ursprung von Ordnungssystemen wie des Kosmos (Urknalltheorie), der Natur oder des geltenden Kultur- oder Zivilisationsstandes (zur Kolonialismusbegründung) können als M. bezeichnet werden, aber auch im → Alltag gibt es konstitutive paradigmat. Erzählungen über das Prestige von Automarken, das Charisma von Poplegenden, Künstlern und Alltagshelden (Geniekult, Lady Di und Mutter Theresa). Ob M. primär kollektiver Natur sind oder ob es mit zunehmender Ausdifferenzierung und Individualisierung der Gesellschaft auch individuelle Privatmythologien geben kann, ist hierbei umstritten. Abzulehnen sind allemal Theorien über kollektives »mythisches« Denken, das mit bestimmten Gesellschaftsstufen gleichgesetzt wird, da solche Theorien selbst Ausdruck eines wissenschaftlichen Zivilisations-M. sind. JM

Lit.: M. Fuhrmann (Hg.), Terror u. Spiel, 1971. – A. Horstmann, Der M.-Begriff vom frühen Christentum bis zur Gegenwart, in: Archiv für Begriffsgeschichte 23 (1979) 7–54, 197–245. – M. Frank, Vorlesungen über die Neue Mythologie, 2 Bde., 1982–88. – G. von Graevenitz, M. Zur Geschichte einer Denkgewohnheit, 1987. – L. Brisson/C. Jamme, Einf. in die Philosophie des M., 2 Bde., 1991/96. – D. Dubuisson, Mythologies du XXe siècle, 1993. – J. Mohn, M.-Theorien, 1998. – A. von Hendy, The Modern Construction of Myth, 2002.

N

Nabel/Omphalos (griech. = Nabel), Sinnbild für den Mittelpunkt der Welt bzw. für den Ort der Schöpfung und des Ursprungs. Als N. der Erde galt z. B. ein Marmorkegel im Apollotempel von Delphi oder der Berg Garizim in der Mitte von Palästina. Ähnlich wie in den Vorstellungen einer → axis mundi kommt hier der Gedanke einer ursprüngliche Verbindung zwischen Himmel und Erde zum Ausdruck. Gleichzeitig beinhaltet das Bild des N. die Vorstellung vom → Raum als einem Körper (z. B. vastupurusha, Indien). MG

Nabī (arab. = Prophet, wohl abgeleitet aus dem Aramäischen), in islam. Tradition Bezeichnung für all jene → Propheten, die den abrahamit. Völkern (→ Ahl al-kitāb) gesandt wurden. → Muḥammad selbst wurde im → Koran zunächst »Gesandter« (→ Rasūl), in medinens. Zeit (nach 622) zunehmend aber N. genannt und schließlich als die Prophetien abschließendes »Siegel« (ḫātam an-nabīyīn, Sure 33/40) bezeichnet. Die in Koran 7/157 (vgl. 2/78) aufgeführte Bezeichnung N. ummī wird von Koranexegeten meist dahingehend übersetzt, dass Muḥammad des Lesens und Schreibens »unkundig« gewesen sei; wahrscheinlicher aber ist, dass hiermit auch die Sendung des Propheten an ein »heidnisches« Volk (das noch keine Offenbarung erhalten hatte, parallel zu hebr. ummōt hā-ʿōlām) oder einfacher die Tatsache, dass er »seiner [arab.] → umma gesandt worden war«, gemeint ist. RS

Nablus → Sichem.

Nacktheit, performative Negation des alltäglichen Bekleidetseins (→ Kleidung). Durch die symbol. Verbindung zu Geburt und Erneuerung ist N. Element vieler Übergangs- und Fruchtbarkeitsriten (→ rites de passage). N. kann sowohl mit Ungeschlechtlichkeit und asket. Enthaltsamkeit als auch mit zügelloser → Sexualität assoziiert sein (insbes. im Bereich der »schwarzen« Magie). Entkleidung wird je nach Kontext zum Ausdruck von Stolz und Aggression oder von Scham, Reue und Trauer. N. tritt auch als Attribut von Gottheiten auf (z. B. → Kālī). → Askese, → Körper, → Performanz. SE

Lit.: T. O. Beidelman, Some Nuer Notions of Nakedness, Nudity and Sexuality, in: Africa 38 (1968), 113–121.

Nāga (sanskr. = Schlange, Nackter). (a) Im Hinduismus als halbgöttliches Wesen verehrte Schlange, bes. Kobra; (b) nackter, oft militanter Asket. → Askese, → Zwischenwesen. AM

Nāgārjuna, bedeutender Philosoph des → Mahāyāna-Buddhismus, vermutlich südind. Brahmane aus dem 2./3. Jh. n. Chr., Lehrer an der berühmten nordind. Klosteruniversität → Nālandā und Gründer der → Madhyamaka-Schule. N. soll der Legende nach das → Prajnāpāramitāsūtra von dem König der Schlangen (→ nāga) bekommen haben. Seine vielen Schriften prägten nicht nur den späteren Buddhismus, sondern auch die hinduist. Philosophie, bes. die Schule des → Advaita-Vedānta von → Shankara. AM

Lit.: M. Walleser (Übers.), The Life of N. from Tibetan and Chinese Sources, ca. 1923, ^{2}1979. – C. Lindtner, Nāgārjuniana, 1982. – T. Vetter, Die Lehre N.s in den Mūlamadhyamikakārikas, in: G. Oberhammer (Hg.), Die Epiphanie des Heils, 1982, 87–108. – V. Zotz, Geschichte der buddh. Philosophie, 1996.

Nagual (Nahuatl naualli), im vorkolonialen und heutigen Mittelamerika weit verbreitete Vorstellung vom Alter Ego eines Menschen. Im Gegensatz zum Tonal (Nahuatl tonalli = → Seele), einem angeborenen tiergestaltigen Doppelgänger, konnten sich nur bestimmte Personen wie Herrscher oder religiöse Spezialisten in ein N. verwandeln. Heute gilt N. häufig als Synonym für Hexen und Hexer, die Tiergestalt (bes. die bestimmter Vögel) annehmen, um unerkannt Schadenzauber v. a. an kleinen Kindern zu verüben. → Indian. Religionen. IG

Lit.: B. Saler, N., brujo y hechicero en un pueblo Quiché, 1969. – G. Aguirre Beltrán, La medicina indígena: Nagualismo y complejos afines en el México colonial, 1978.

Nahum, einer der »kleinen Propheten« der Hebr. Bibel, dessen Lebenszeit zwischen 663 (Eroberung Thebens in Ägypten) und 612 v. Chr. (Erstürmung Ninives) gelegen haben muss. → Altes Testament, → Apokryphen. KVS

Naivedya (sanskr.), gekochte Speisen (oft Süßigkeiten) im hinduist. Gottesdienst (→ pūjā), die zunächst den Göttern und dann meist den Gläubigen vom Priester zurückgegeben werden. → Gabe. AM

Nālandā, eine der berühmtesten buddh. Klosteruniversitäten in Bihar/Nordindien, vermutlich im 5. Jh. n. Chr. gegründet. Neben anderen Gelehrten sollen dort → Nāgārjuna, → Dignāga und → Padmasambhava gelehrt haben. Durch den Verfall des Buddhismus in Indien bereits geschwächt, wurde N. am Ende des 12. Jh.s n. Chr. von muslim. Eroberern endgültig zerstört. AM

Nāmdev (14. Jh.), Dichter der → Sant-bhakti, mit Werken auf Marathi und Hindī sowie im → Ādigranth (→ Granth); in Maharashtra ein Hauptexponent und Heiliger der → Vārkarīs. Bei N. wird die Verehrung des gestalthaften Gottes Vitthala in der Gestaltlosigkeit und in der Namen-Gottes-Verehrung vollendet. MHO

Lit.: S. G. Tulpule, Classical Marāṭhī Literature, 1979, 334–38. – W. M. Callewaert/M. Lath, The Hindi Songs of N., 1989.

Name. Der (Eigen-)N. verleiht nicht nur soziale Existenz, Identität und Ansprechbarkeit, sondern hat auch die symbol. Funktion, den N.-Träger bei Abwesenheit bis über den Tod hinaus zu vergegenwärtigen. Aufgrund seiner Identifizierungs-, Individualisierungs- und Repräsentativfunktion wird ein N. als mehr als nur ein zufälliges Etikett empfunden: die N.-Wahl geschieht programmat.; N.-Gebung ist in der Regel ritualisiert; Statusänderung ist mit N.-Änderung verbunden; N.-Vernichtung macht anonym und kann als Strafmaßnahme eingesetzt werden; Verschweigen des N./N.-Tabu kann Schutz wie auch Scheu, soziale Bedeutungslosigkeit oder umgekehrt bes. Respektbezeugung ausdrücken; zusätzliche N. und Ehrentitel stehen für Ansehen. Es verwundert nicht, dass v. a. in traditionellen Gesellschaften und alten Kulturen der N. als reale Präsenz, eigene Potenz und Wirkmacht empfunden wird. All dies gilt auch für die N. göttlicher Wesen, zumal diese der sinnlichen Wahrnehmung entzogen sind. Viele Kulturen kennen die Schöpfung durch Benennung und die Einwirkung durch das Nennen von N. (→ Magie). Im N. Jesu vollziehen die Jünger Heilungen und Exorzismen. Das Aussprechen des N. kommt der Erscheinung der Gottheit gleich bzw. macht sie subjektiv präsent: die ständige Wiederholung des Gottesnamens gehört deshalb zu den wichtigsten devotionalen Praktiken in Hinduismus (nāmajapa), Buddhismus (→ nenbutsu), Islam (zikr) und orthodoxem Christentum (Jesus-/Herzensgebet). Vielnamigkeit steht für Machtfülle und überregionale Verbreitung; Allnamigkeit korreliert mit faktischer Unbenennbarkeit; Namenlosigkeit, Appellativa (»Gott«) und allgemeine Hoheitstitel sind Zeichen monotheist. Tendenzen. AW

Lit.: H. Usener, Götter-N., 1896. – E. Cassirer, Sprache u. Mythos. Ein Beitrag zum Problem der Götter-N., 1925. – H. von Stietencron, Der N. Gottes, 1975. – B. Gladigow, Art. »N.«, in: HrwG 4, 1998, 115–22.

Nānak (1469–1539), Gründer und erster → Guru des → Sikhismus. Nach seiner Lehre ist Gott, der »Wahre Guru« und todlose Wahrheit, gestaltloser Ursprung der Welt, wohnt ihr inne und lenkt sie durch seinen Befehl (hukum). In der freien Gnade Gottes, allen Menschen gleich zugänglich, empfängt der Mensch → bhakti und die Selbstoffenbarung Gottes. MHO

Lit.: W.H. McLeod, Gurū N. and the Sikh Religion, 1968. – J.S. Grewal, Guru N. in History, 1969.

Nandī (von sanskr. nandin), Stier, Reittier → Shivas. → Hinduist. Pantheon. AM

Naojote (mittelpers. = Neugeburt), von den → Parsen verwendete Bezeichnung für die Initiation in den → Zoroastrismus; Iranis bezeichnen den Ritus als »Anlegen des sudra«. Parsen vollziehen diesen Ritus mit etwa 7–11 Jahren, Iranis etwas später. Mit erstmaligem Binden und Anlegen von → kustī und sudra trifft der Einzelne seine Entscheidung für die Religion und unterwirft sich der rituellen und individuell-eschatolog. Verantwortung. MH

Lit.: J.J. Modi, The Religious Ceremonies and Customs of the Parsees, 1937, ²1995, 169–86.

Nara-Buddhismus, Sammelbezeichnung für sechs ältere Schulen des japan. → Buddhismus, nach der Epoche, in der Nara japan. Hauptstadt war (710–784). Schon im 7. Jh. wurden vier dieser Lehrrichtungen vom Festland eingeführt: die Jōjitsu-Schule (entspricht Satyasiddhi), die Sanron-Schule (entspricht Madhyamika), die Kusha-Schule (entspricht Abhidharma-kosa) und die Hossō-Schule (entspricht Yogāchāra). In der eigentl. Nara-Zeit gelangten ab 678 die Ritsu-Schule mit ihrer Hervorhebung der Disziplinbücher (vinaya) und ab 740 die Kegon-Schule (entspricht Avatamsaka) nach Japan. Zusammen spiegeln sie den Entwicklungsstand des Buddhismus in der frühen chin. bzw. ostasiat. Rezeption wieder, sie verloren jedoch weitgehend an Einfluss gegenüber den neuen Synthesen in der → Tendai-Schule und der → Shingon-Schule einerseits sowie den spezialisierten Akzentsetzungen des → Zen-Buddhismus und des »Buddhismus des Reinen Landes« (vgl. → Jōdo-Schule und → Shin-Buddhismus) andererseits. MP

Nārada (sanskr.), legendärer Seher in der hinduist. Mythologie. AM

Narasimha (sanskr. Narasiṃha = Mannlöwe), vierte Inkarnation (→ avatāra) des Gottes → Vishnu in halbtier. bzw. halbmenschlicher Form. → Hinduist. Pantheon. MAL

Lit.: J. Gonda, Aspects of Early Viṣṇuism, 1954.

Nārāyana (sanskr. nārāyaṇa = Sohn des Urmenschen), Beiname des Gottes → Vishnu, wird auch mit → Brahmā und → Krishna identifiziert. → Hinduist. Pantheon. MAL

Lit.: J. Gonda, Aspects of Early Viṣṇuism, 1954.

Naschim (hebr. nāšīm = Frauen), eine der sechs Ordnungen der → Mischna. KVS

Nasiräer (von hebr. nāzar = sich fernhalten), befristetes oder lebenslanges Gelübde nach Num 6,1–21, wonach sich der Gläubige u. a. die Haare nicht schneidet und sich aller Produkte des Weinstocks enthält, damit seine große Frömmigkeit dokumentierend. In rabbin. Auslegung sind dem N. auch andere giftige Getränke verboten. In der Ordnung Naschim der → Mischna bzw. des → Talmud ist dem N. ein eigener Traktat gewidmet. → Altes Testament, → Apokryphen, → Askese. KVS

Nasu, der Leichnam, die tote Materie bzw. die Leichenhexe im → Zoroastrismus, deren Wirken durch die rituelle Bestattung (→ dakhma) verhindert wird. MH

Natarāja (von sanskr. naṭarāja = König des Tanzes), Erscheinungsform → Shivas, dessen kosmischer Tanz u. a. Schöpfung und Zerstörung bedeutet. → Hinduist. Pantheon. AM

Lit.: C. Sivaramamurti, N. in Art, Thought and Literature, 1974.

Nāth (= Gott, Herr), auch Bezeichnung für die Kānphatā-Yogīs (Asketen und Haushälter), deren Ziel die Einheit von Makrokosmos (Shiva Ādināth = Ur-Nāth) und Mikrokosmos (weiblich als → shakti symbolisierte phänomenale Welt) ist. Angeblicher Gründer ist Gorakshanātha/Gorakhnāth (um 1300?). Die Nāth-Lehre ist bedeutend auch für die → Sant-bhakti. Polit. waren die N.s in Nordindien lange einflussreich und sind heute noch legitimierend für die Dynastie von Nepal. MHO

Lit.: G. W. Briggs, Gorakhnāth and the Kānphaṭa yogīs, 1938. – G. Unbescheid, Kānphaṭā, 1980.

Nathan (hebr. nātan = er gibt), Prophet der Hebr. Bibel zur Zeit Davids, Erzieher des Salomo. N. redet → David wegen dessen Liaison mit Batseba ins Gewissen (2 Sam 12) und gilt der Überlieferung deshalb als bes. moral. bzw. weise. → Altes Testament, → Apokryphen. KVS

Nation (von lat. natio = Geburt, Volk), v. a. polit. Begriff zur Bezeichnung der Einheitlichkeit eines (National-)Staates, seines (Staats-)Volkes (z. B. »die dt. N.«) und des staatlichen Territoriums (z. B. »nationale Grenzen«). Ursprünglich als aufklärer. Begriff die soziale und kulturelle Gemeinsamkeit eines Volkes gegen eine ständische Gesellschaftsstruktur betonend, wird die N. während und nach der franz. Revolution zu einem polit. Ziel, mit dem die Hoffnung auf innergesellschaftliche Anerkennung und Repräsentation verbunden ist (→ Aufklärung). Erst im 19. Jh. werden im Namen der N. (polit. und territoriale) Befreiungskämpfe gegen Fremdherrschaft geführt. Im Begriff der N. spiegelt sich der Wunsch einer Bevölkerung nach polit. Selbstbestimmung sowie nach sozialer und kultureller (zeitweise auch konfessioneller) Gemeinsamkeit und deren Behauptung und Verteidigung nach außen wider. Durch eine Übersteigerung dieser Motive im Nationalismus (z. B. als Rechtfertigung des → Kolonialismus) sowie durch die unter → »Globalisierung« zusammengefassten kulturellen (Multikulturalismus, → Pluralisierung), sozialen (Migration) und wirtschaftlichen (Neoliberalismus) Entwicklungen der letzten Zeit ist der Begriff der N. in die Kritik geraten. → Politik, → Religionsrecht. WR

Lit.: H. O. Ziegler, Die moderne N., 1931. – B. Anderson, Die Erfindung der N., 1988. – P. van der Veer/ H. Lehmann (Hg.), N. and Religion: Perspectives on Europe and Asia, 1999. – G. Krumeich/H. Lehmann (Hg.), »Gott mit uns«. N., Religion u. Gewalt im 19. u. frühen 20. Jh., 2000.

Nativismus. In spät- und postkolonialen Herrschaftssystemen entstehen oft soziale Bewegungen, in denen sich die Unterworfenen mit religiöser Autorität revolutionär gegen die fremden Herren wenden (→ Krisenkulte); Beispiele sind der → Maji-Maji-Aufstand, → Geistertanz und → Cargo. Die Aufnahme von »eingeborenen« im Gegensatz zu den fremden importierten Traditionen ist dabei ein Mittel der Autorisierung; oft handelt es sich dabei aber eher um eine erfundene Tradition. In weiterem Sinne kann man auch die paganen Religionen in der → Europ. Religionsgeschichte als N. verstehen. CA

Lit.: W. E. Mühlmann, Chiliasmus und N.: Studien zur Psychologie, Soziologie u. histor. Kasuistik der Umsturzbewegungen, 1961. – B. Gladigow, Europ. N. und Bilder der Antike, in: H. Preißler u. a. (Hg.), Gnosisforschung und Religionsgeschichte. FS K. Rudolph, 1994, 421–33.

Natur (von lat. nasci = entstehen, geboren werden). Vier Bedeutungsvarianten lassen sich unterscheiden: (a) der → Kosmos, das Universum; (b) der Teil der Welt, dessen Existenz und Gesetzmäßigkeit als unabhängig vom Menschen gesehen werden; Gegensatz zu → Kultur und Technik; (c) (metaphor.) Wesen und Eigenart einer Sache; (d) die → Schöpfung. Das jeweilige N.-Verständnis ist grundlegend für die → Deutungsmuster religiöser Systeme.

I. Histor. Wandel des N.-Verständnisses. (1) Die als Schöpfung (= Ende des → Chaos) verstandene N. verweist im Mittelalter auf das Wirken der göttlichen Vernunft, ihre sinnlich erfahrbare Ordnung (mundus sensibilis) zeigt die Teilhabe am göttlichen Wesen (mundus intelligibilis). In gewisser Weise ist schon in der Genesis die grundlegende Ambivalenz des menschlichen Verhältnisses zur N. angelegt: Einerseits wesentlicher Bestandteil der Schöpfung (Gen 1,26), soll der Mensch andererseits dem göttlichen Auftrag folgen, sich die Schöpfung durch → Arbeit anzueignen (Gen 1,28), sie aber auch pflegen (Gen 2,15). Im christl. Neuplatonismus (→ Platonismus) verweist die N. auf die Schöpfungskraft Gottes, während zugleich eine Abwertung des Naturhaften deutlich ist, welches dem → Geist/der Idee entgegensteht. Die → Scholastik unterscheidet die (pantheist.) Auffassung von der schöpfer. Teilhabe der N. am göttlichen Wesen (natura naturans) und die geschaffene N. (natura naturata), die gegen Ende der Renaissance zur machina mundi wird, deren Erklär- und Handhabbarkeit den Beginn der neuzeitlichen (experimentellen) → N.-Wissenschaft markiert (F. Bacon, 1561–1626, G. Galilei, 1564–1642). (2) Während der erkenntnistheoret. »Naturalismus« N. als Inbegriff der materiellen Wirklichkeit und ihres inneren Zusammenhangs versteht (→ Materialismus), ist sie im (objektiven) → Idealismus die »reale Seite des Absoluten«, »der in das Objektive geborene, sichtbare Geist« (F. W. J. Schelling, 1775–1854), »die Idee in der Form des Andersseins«, der »sich entfremdete Geist« (G. W. F. → Hegel). Für den kritischen (subjektiven) Idealismus besteht N. aus wahrnehmbaren Erscheinungen bzw. aus deren bestimmten Gesetzen folgendem Zusammenhang und ihrer Ordnung als Bewusstseinsinhalt; N. ist das »Dasein der Dinge, sofern es nach allgemeinen Gesetzen bestimmt ist«, wobei allerdings diese Gesetzlichkeit durch das erkennende Bewusstsein vorgegeben ist: Die Ordnung der Erscheinungen, »die wir N. nennen, bringen wir selbst hinein.« (I. → Kant, *Kritik der reinen Vernunft*). (3) Auf diese beiden Positionen des Idealismus gründet sich die Verklärung der N. in der Kunst der Romantik. Einerseits ist N. der »Urgrund«, aus dem alle Dinge hervorgehen und der mit der »Sehnsucht« nach Einswerden gleichgesetzt wird (J. Böhme, 1575–1624, F. W. J. Schelling); andererseits »durchdringt« die dichter. Einbildungskraft die »abgefallene«, »entfremdete« N. (Hegel), (re-)produziert sie als ästhet. formender Geist und entfaltet so ihre Schönheit und Wahrheit im Kunstwerk. Dieses hochgradig ästhet. Verhältnis zur N. (F. Schiller, 1759–1805) lässt sich auch als Ausdruck eines kritischen Bewusstseins in Anbetracht der sichtbar werdenden N.-Zerstörung durch die Industrialisierung (z. B. deutlich in England) begreifen. (4) Zugleich entstehen im 18. Jh. wissenschaftliche (taxonom.) Systematisierungen der N. (C. von Linné, 1707–78). Mit der Theorie der → Evolution wird das N.-Verständnis von der Schöpfungs- wie der N.-Geschichte gelöst und Teil der »Entwicklungsgeschichte« (G.-L. Comte de Buffon, 1707–88; Erasmus Darwin, 1731–1802; C. Lyell, 1797–1875; A. R. Wallace, 18231913), die auch den Menschen einbezieht. (5) Im geschichtlichen Wandel des N.-Begriffs spiegelt sich das durch ein zunehmend »selbstbewusstes« Erkenntnissubjekt geprägte anthropozentr. Weltverhältnis. Es kulminiert in der wissenschaftstheoret. bzw. philosoph. begründeten und technolog.-industriell praktizierten Beherrschung der N. Diese Auffassung bestimmt noch heute das Verhältnis der westlichen Zivilisationen zur N. (6) Allerdings zeigt sich seit Ende des 20. Jh.s eine Veränderung im öffentlichen Diskurs über N., vermutlich verursacht durch ein zunehmendes Bewusstsein der Unkontrollierbarkeit der Folgen der N.-Zerstörung. Schlüsselbegriffe dieses selbstkrit. N.-Verständnisses sind Ökologie, Umweltschutz, Gleichgewicht, Klimakatastrophe, globale Erwärmung, Nachhaltigkeit, die v. a. das Eingebundensein des Menschen in und seine Verantwortung für die N. – sowohl als Schöpfung wie als Lebensgrundlage zukünftiger Generationen – deutlich machen. Dabei rekurrieren Begriffe wie »Umwelt« oder »Ökosystem« auf einen die Wechselbeziehungen des »Systems Erde« betonenden N.-Begriff, s. o. (b), der allerdings die vom Menschen beeinflussten Beziehungen einschließt. Ökolog. Verantwortung und schöpfungstheolog. oder andere Ge- und Verbote überschneiden sich z. T. in den Problemstellungen und Konsequenzen für die Umweltethik (→ Religionsökologie).

II. N. und Kultur. (1) Die Fähigkeit der Gesellschaft, verantwortlich mit der Umwelt umzugehen und ihrer Gefährdung entgegenzuwirken, wird z. T. generell bestritten. Als Grund dafür gilt die funktionsabhängige und daher notwendig partikulare Kommunikation in den gesellschaftlichen Subsystemen (Wissenschaft, Wirtschaft, Politik etc.), die die Differenz von System und Umwelt nicht als gesellschaftliche Praxis realisieren können: Kommunikation ist die »Seinsweise« von gesellschaftlichen Systemen, Systeme grenzen sich immer nur von ihrer Umwelt ab (N. → Luhmann). Gegenwärtig ist die Diskussion des N.-Begriffs bestimmt von dem Prinzip diskursiver Konstruktion der gesamten für den Menschen relevanten Wirklichkeit (→ Dekonstruktion), das zum Inventar postmoderner → Kulturwissenschaft zählt. Die schon von Cicero (106–43 v. Chr.) getroffene Unterscheidung zwischen einer nichtmenschlichen N. und einer »kulturell« veränderten zweiten N. (*De natura deorum* 2) lässt sich als Beginn der diskursiven Betrachtung der N. begreifen. Sie kann als das theoret. Komplement zu den vom Menschen verursachten massiven Veränderungen der N. gelten. Damit wird die traditionelle Opposition von N. und Kultur unscharf. Die »kulturelle Konstruktion« der N. betont ihren Stellenwert als »das Andere« der Menschheit (→ Alterität). Sie dient als Kategorie der gattungsspezif. Abgrenzung des Menschen, deren Wirkweise z. B. an der (oft rassist. gebrauchten) Unterscheidung zwischen »N.-Religionen« und »Hochreligionen« deutlich wird (→ Ethnische Religionen). (2) Vor diesem Hintergrund gerät auch die Betrachtung der »menschlichen N.«, s. o. (c), unter den Vorbehalt der Konstruiertheit, v. a. dort, wo eine »natürliche« Bestimmung der Geschlechter (als Überblendung von biolog. und soziokultureller Geschlechtszugehörigkeit, → Gender) als gegeben angenommen wird. Die Gleichsetzung von Weiblichkeit und N., die aus feminist. Sicht z. B. in gemeinsamer Unterdrückung bzw. Ausbeutung indigener »Wildheit« und Gefährlichkeit und anderen binären Oppositionen zum Ausdruck kommt, erscheint hier als eine kulturelle bzw. ideolog. Zuschreibung innerhalb der Machtstrategien des Patriarchats. WR

Lit.: W. Lepenies, Das Ende der N.-Geschichte, 1978. – F. Rapp (Hg.), N.-Verständnis und N.-Beherrschung, 1981. – N. Luhmann, Ökolog. Kommunikation, 1986. – G. Picht, Der Begriff der N. und seine Geschichte, 1989. – M. Seel, Eine Ästhetik der N., 1991. – K. Soper, What Is Nature?, 1995. – R. u. D. Groh, Weltbild und N.-Aneignung, 1996. – K. M. Meyer-Abich, Praktische N.-Philosophie, 1997. – B. Gladigow, Art. »N./Umwelt« und »N.-Religiosität«, in: C. Auffarth u. a. (Hg.), Metzler Lexikon Religion, 1999, 539–47.

Naturrecht. Schon in der Sophistik (5. Jh. v. Chr.) und im → Stoizismus (seit dem 4. Jh. v. Chr.) herrschte die Vorstellung, es gebe ein mit dem Menschsein unveräußerlich gegebenes → Recht. Ihre große Zeit erlebte diese Konzeption im Rahmen der Affirmation der → Menschenrechte in der europ. und nordamerikan. → Aufklärung. Gleichwohl zeigt die gegenwärtige Debatte mit anderen Kulturen, dass auch die naturrechtlich verstandenen Menschenrechte ein »westliches« Konzept darstellen, das weiterhin der erfahrungsgeleiteten Begründung bedarf. → Religionsrecht. Red

Naturreligionen. Die europ. Begriffsbildung steht zunächst in der Tradition der → Typologie, die Paulus in Röm 2–3 gibt: N., Gesetzesreligionen und Freiheitsreligion der Christen. Die Anhänger der N. erscheinen als pervers, weil sie anstelle des Gottes, der die Dinge geschaffen hat, die geschaffenen Dinge (→ »Natur«) anbeten. Ebenso pervers verhalten sie sich auch in ethischer Hinsicht. Mit dem Aufstieg der Naturwissenschaften beginnt die positive Wertung der Natur gegenüber der willkürlichen und künstlichen Religion der Offenbarung und der Schrift. Mit der Lebensreform um 1900 und der Ökologiebewegung der 1970er Jahre wird N. zum kritischen Gegenbild der westlichen Zivilisation, und die Wertung der → Evolution wird umgedreht. CA

Lit.: C. Lévy-Strauss, Traurige Tropen, 1978 (franz. 1955). – K. E. Müller, Geschichte der antiken Ethnographie und ethnolog. Begriffsbildung, 2 Bde., 1972–80. – K.-H. Kohl, Ethnologie, 1993.

Naturvölker, veralteter, inzwischen weitgehend für unbrauchbar gehaltener Begriff aus der Völkerkunde und Kulturtheorie (→ Eurozentrismus, → Religionsethnologie). Er hebt auf den Gegensatz zu »Kulturvölkern« ab und soll im Unterschied zu den mediterranen und europ. »Hochkulturen« Gesellschaften bezeichnen, die über weniger komplexe gesellschaftliche Organisation und ein vermeintlich ursprünglicheres Naturverhältnis verfügen. Eine solche Gegenüberstellung trägt aber weder den im heutigen wissenschaftlichen Verständnis gebräuchlichen Begriffen von → Kultur Rechnung, noch gibt es hierzu eine empir. beschreibbare Realität. WN

Lit.: E. W. Müller, »N.? Nein!«, in: Ders.: Kultur, Gesellschaft, Ethnologie. Aufsätze 1956–2000, 2001, 125–36.

Naturwissenschaft hat mit christl. Religion den Gegenstandsbereich gemeinsam, solange der christl. Gott als natura naturans (lat. = Natur, die → Natur hervorbringt) bestimmt wird. Einsetzend mit dem 12. Jh. zweigen sich die artes mechanicae von den artes liberales mit einem naturgesetzlichen Naturbegriff ab. Es sind esoter. Traditionen wie magia naturalis, Astrologie und Alchemie, die eine Relation von irdischer und himmlischer Natur weiterhin vertreten. Seit der neuzeitlichen systemat. und experimentellen Auswertung von Naturphänomenen entwickelten sich unterschiedliche Methoden und Rollen in der Lebenswelt. Problemat. wird das Verhältnis von freiem Schöpferwillen zu Naturgesetzen (→ Wunder, Fügung, → Evolution). Nach dem Übersetzungsverhältnis (I. Newton, 1643–1736) erlangen physikal. und evolutionäre Prinzipien Geltung als → Weltbild, → Materialismus wird eine Alternative zu Gott (→ Deutungsmuster). Im 20. Jh. stehen die naturwissenschaftliche und die religiöse Teilperspektive unverbunden nebeneinander bzw. die N. gibt ihren Anspruch auf umfassende Weltdeutung auf und integriert schließlich beide Sichtweisen, z. B. im New Age (vgl. F. Capra, »Das Tao der Physik«, engl. 1975, K. Wilber, Das holograf. Weltbild, engl. 1982). → Aufklärung, → Deutungsmuster, → Wissen. AK

Lit.: B. Gladigow, Religion im Rahmen der theoret. Biologie, in: B. Gladigow/H. G. Kippenberg (Hg.), Neue Ansätze in der Religionswissenschaft, 1983, 97–112. – B. Gladigow, ›Wir gläubigen Physiker‹: Zur Religionsgeschichte physikalischer Entwicklungen im 20. Jahrhundert, in: H. Zinser (Hg.), Der Untergang von Religionen, 1986, 321–36. – L. M. Principe, Art. »Alchemy I: Introduction«, in: W. J. Hanegraaff (Hg.), Dictionary of Gnosis and Western Esotericism 1, 2005, 12–16.

Navarātrī (sanskr. = neun Nächte), hinduist. → Fest im Monat Chaitra (März/April) zur Verehrung von → Göttinnen. AM

Navi → Slawische Religion.

Nāyanār (tamil. = Herr, Führer), Bezeichnung für die 63 tamil. shivait. → bhakti-Heiligen des 7.–10. Jh.s, deren Leben in Sēkkilars Hagiographie *Periyapurānam* (12. Jh.) beschrieben sind. Durch ihre Zugehörigkeit zu verschiedenen Kasten demokratisierten sie den bisher rein brahman. → Hinduismus. Einige der N. waren große Dichter, wie die drei Verfasser des → Dēvāram. TL

Lit.: V. Dehejia, Slaves of the Lord. The Path of the Tamil Saints, 1988.

N^e^bī'īm (hebr. = Propheten), die Prophetenschriften als Bestandteil des jüd. Kanons. → Altes Testament, → Apokryphen, → Bibel I., jüd. KVS

Nebo, Berg in Moab östlich des Toten Meeres, von dem aus → Mose vor seinem Tod das »Gelobte Land« sehen durfte (Dtn 34). → Altes Testament, → Apokryphen. KVS

Negation (von lat. negare = verneinen), Gegensatz zur Position (Setzung). Aus diesem Gegensatzpaar entsteht die im Abendland grundlegende Denkregel, dass jede Bestimmung (Position) immer zugleich eine N. (von etwas anderem) darstellt: omnis determinatio est negatio (Spinoza). Diese Regel führt zu den spezif. metaphys. Problemen des Abendlandes: So der Rede vom »→ Nichts im Unterschied zum Sein« oder – in der Rede von → Absolutheit – dem Konzept der Einbeziehung des Relativen ins Absolute durch den Kunstgriff der Selbstnegation des Absoluten (→ Hegel). Red

Nehalennia (Etymologie unsicher; bemerkenswert die Herleitung von german. *nēu̯- = Schiff, was zu N. als Schifffahrtsgöttin passen würde), Göttin der westgerman. Religion, durch zahlreiche Weihinschriften und bildliche Darstellungen auf Votivaltären aus dem 3. Jh. bezeugt. Zu ihren Attributen gehören Fruchtkörbe, die wie bei den → Matronae auf eine Fruchtbarkeitsfunktion hinweisen. Die typische Verbindung von Leben gebender und nehmender Funktion in Erd- und Muttergottheiten ist bei N. mehrfach durch einen Hund als Begleiter angedeutet, der sie als Todesgöttin charakterisiert. Die Attribute Schiff und Ruder lassen eine Schifffahrtsgöttin vermuten. Alle genannten Attribute entsprechen denen der → Isis, so dass in N. möglicherweise die bei Tacitus nach der Interpretatio Romana als Isis der Sueben überlieferte Göttin vorliegt. → German. Religion. US

Lit.: R. Much, N., in: ZfdA 35 (1891), 324–27. – F. Kauffmann, Dea N., in: PBB 16 (1892), 210–34. – A. Hondius-Crone, The Temple of N. at Domburg, 1955. – E. Cramer-Peters, Zur Deutung des Namens N., in: Amsterdamer Beiträge zur älteren Germanistik 3 (1972), 1–14.

Nehemia, jüd. Statthalter in Jerusalem nach dem Exil, nach traditioneller Auffassung neben → Esra der Reformator der jüd. Gemeinde im 5. Jh. v. Chr. → Altes Testament, → Apokryphen. KVS

Nekromantie (von griech. nekromanteĩon), Befragung der Toten durch Orakelpraktiken (→ Divination) im alten Orient. Meist während der Nacht durchgeführt, erwartet man im Rahmen des familiären Ahnenkultes einen Rat. In → Ugarit ist N. auch in den königlichen Kult integriert und damit werden die → Ahnen staatliche Berater. MH

Lit.: J. Tropper, N., 1989.

Nenbutsu (konventionell auch »nembutsu«), die japan. Anbetungsformel für → Amida Buddha, die rituell wiederholt wird, nämlich: Namu Amida Butsu. MP

Neobuddhismus, buddh. Modernismus oder protestant. Buddhismus sind Begriffe zur Beschreibung moderner und zeitgenöss. buddh. Bewegungen (→ Neohinduismus). Allen ist gemein, dass sie als Fremdbezeichnung von Buddhisten meistens abgelehnt werden. Anders verhält es sich mit dem Begriff Engaged Buddhism, der 1963 vom vietnames. Zen-Meister Thich Nhat Hanh (geb. 1926) eingeführt wurde und heute von vielen Buddhisten in Asien, Amerika und Europa als Synonym für einen sozial engagierten Buddhismus verwendet wird. Die Anfänge der buddh. Reformbewegungen gehen auf den aus Sri Lanka kommenden → Dharmapāla zurück, der den traditionellen Buddhismus radikal kritisierte, die Rolle der Laien neu bewertete und die → Meditation als allgemeine Praxis einführte. Die Lehre des Buddha sei auf Vernunft gegründet, rationalist., atheist., wissenschaftlich, eine Lebensphilosophie, keine Religion. Eine starke Politisierung sowie fundamentalist. und nationalist. Tendenzen charakterisieren diese Bewegungen. 1956 rief in Indien B. R. → Ambedkar die unberührbaren Kasten auf, als Protest gegen ihre Unterdrückung zum Buddhismus zu konvertieren. In Thailand vertrat Buddhadhasa Bhikkhu (1906–93) einen Dhamma-Sozialismus. In Japan entstand 1930 die → Sōka-Gakkai-Bewegung, die mittels der Komeito-Partei auch polit. tätig ist. Der im Exil lebende 14. → Dalai Lama und die burmes. Regimekritikerin Aung San Suu Kyi, beide Träger des Friedensnobelpreises, sind zwei der berühmtesten zeitgenöss. Vertreter eines Buddhismus, der sich zu Friedens- und Umweltfragen äußert und ein Engagement für eine gerechtere Gesellschaft propagiert. In Europa und Nordamerika setzten sich im 19. und 20. Jh. Philosophen und Wissenschaftler, Ärzte und Künstler verstärkt mit dem Buddhismus auseinander, förderten seine Popularität und wirkten durch ihr Engagement unmittelbar auf die Buddhisten Asiens zurück (→ Schopenhauer; → Pali Text Society; H. Hesse, 1877–1962; H. S. Olcott, 1832–1907). 1902 erhielt A. B. McGregor (engl. Chemiker) in Burma als erster Europäer die Mönchsweihe. Zahlreiche Europäer folgten seinem Beispiel (→ Nyānatiloka), viele buddh. Vereine wurden gegründet (P. → Dahlke; K. Seidenstücker, 1876–1936; Lama → Govinda; G. Grimm, 1868–1945; K. E. Neumann, 1865–1915). In England gründete Sangharakshita (geb. 1925) 1967 die Friends of the Western Buddhist Order, eine buddh. Laienorganisation. Heute gibt es zahlreiche internationale buddh. Netzwerke. 1950 wurde die Vereinigung des World Fellowship of Buddhists in Sri Lanka ins Leben gerufen, um die Verständigung zwischen den verschiedenen Strömungen innerhalb des Buddhismus zu fördern. 1989 wurde in Thailand das International Network of Engaged Buddhists geschaffen. → Buddhismus. JBE

Lit.: H. Bechert, Buddhismus, Staat u. Gesellschaft in den Ländern des Theravada-Buddhismus, 3 Bde., 1966–73. – R. Gombrich/G. Obeyesekere, Buddhism Transformed, Religious Change in Sri Lanka, 1988. – M. Baumann, Neo-Buddh. Konzeptionen in Indien und in England, in: Zs. für Religions- und Geistesgeschichte 43 (1991), 97–116. – S. B. King/C. Queen (Hg.), Engaged Buddhism. Buddhist Liberation Movements in Asia, 1996. – D. Kantowsky, Buddhisten in Indien heute: ein Literaturbericht insbes. über die Neobuddh., in: P. Kieffer-Pülz/J. U. Hartmann (Hg.), Baudhavidyāsudhākaraḥ, 1997, 361–96.

Neohinduismus (auch Reformhinduismus und im Engl. »Hindu Revivalism«, »Hindu Renaissance« etc.). (1) Sammelbegriff für die verschiedenen Reformströmungen innerhalb des Hinduismus, die sich in Indien – häufig als Reaktion auf einen direkten Kontakt mit der Kultur der britischen Kolonialmacht und die Aktivitäten christl. Missionare – seit der Mitte des 19. Jh.s herausbildeten. Die wichtigsten neohinduist. Organisationen sind der → Brāhmo Samāj und die → Ramakrishna-Mission, die beide in Bengalen ihren Ursprung haben, sowie der im nordwestlichen Indien überaus einflussreiche → Ārya Samāj. Aber auch später entstanden im

Westen missionierende »Sekten«. Einzelne Denker wie B. → Chatterjee und S. → Radhakrishnan werden dem N. zugeordnet. Der N. unterscheidet sich von der Mehrzahl der traditionellen Spielarten des Hinduismus in der Regel durch seine starke sozialreformator. Ausrichtung: Abschaffung bzw. Reform des Kastensystems, Verbesserung der Stellung der Frau und Beseitigung sozialer Missstände wie Kinderehen u. a. gehören zu den Forderungen seiner Anhänger. Was die im engeren Sinne religiösen Inhalte angeht, gibt es ebenfalls deutliche Konvergenzen zwischen den verschiedenen neohinduist. Gruppierungen: Gemeinsam sind den meisten die Tendenz zur Einschränkung der hinduist. Glaubensvielfalt, d. h. die Neigung zu Monotheismus, Kanonisierung durch Berufung auf eine zentrale Schrift, Rationalisierung (u. a. Ablehnung bzw. Neudeutung des Wallfahrts- und Opferwesens), und ein universaler Geltungsanspruch. Durch die auf diese Weise betriebene Monolithisierung eignete sich der N. auch als Basis eines kommunitarist. (Hindu-)Nationalismus. (2) Der von dem dt. Indologen P. Hacker in den 1950er Jahren in die wissenschaftliche Diskussion eingeführte Begriff des N. ist in den letzten Jahren kritisiert worden, weil seine Verwendung die Existenz eines vermeintlich von allen Neuerungen unberührten »authent.« → Hinduismus impliziere, die Kontinuität zu hinduist. Traditionen infrage stelle und somit den Reformbestrebungen ihre Legitimität abspreche. Bei der Bandbreite der Phänomene, auf die der Begriff angewandt wird, sind solche Konnotationen in der Tat problemat. Neueste Forschungen legen allerdings nahe, dass es sich nicht um eine Fremdkategorie handelt, sondern um eine Eigenbezeichnung, da bereits gegen Ende des 19. Jh.s Äquivalente für das Wort N. in indischen Sprachen existierten. HFT

Lit.: A. Bharati, The Hindu Renaissance and its Apologetic Patterns, in: Journal of Asian Studies 29 (1969), 267–87. – P. Hacker, Aspects of Neo-Hinduism as Contrasted with Surviving Traditional Hinduism, in: L. Schmithausen (Hg.), P. Hacker. Kleine Schriften, 1978, 580–608. – H. J. Klimkeit, Der polit. Hinduismus, 1982. – K. W. Jones, Socio-Religious Reform Movements in British India, 1989. – J. Lütt, Der Hinduismus auf der Suche nach einem Fundament, in: H. Kochanek (Hg.), Die verdrängte Freiheit, 1991, 218–39. – W. Halbfass, Practical Vedanta, in: V. Dalmia/H. von Stietencron (Hg.), Representing Hinduism, 1995, 211–22. – A. P. Sen, Social and Religious Reform. The Hindus of British India, 2003.

Neolithische Religion (Neolithikum = Jungsteinzeit, modernes Kunstwort von griech. néos = neu und líthos = Stein), Teil der neolith. Kultur, in der sich nach dem Paläolithikum eine völlig neuartige wirtschaftliche, soziale und religiöse Lebensweise herausbildete. Die neolith. »Revolution« vollzog sich im 10. Jt. vom Nahen Osten ausgehend weltweit bis nach Mitteleuropa. (1) An die Stelle des nomadisierenden Wildbeutertums (→ Jäger- und Sammlerkulturen) trat die Sesshaftigkeit mit → Ackerbau und Viehzucht. Die Religion einer schriftlosen Kultur ist aus Kunstobjekten mit kultisch-symbol. Funktionen rekonstruierbar. Große Neuerung in der neolith. Kunst ist die Erfindung der Keramik, die mit regional spezif. abstrakter Verzierung versehen wurde. Die zahlreichen Wellenlinien und Mäanderreihen könnten das lebenswichtige → Wasser symbolisieren. (2) (a) Ein Gutteil der Gefäße diente nicht nur Alltagszwecken, sondern hatte Kultcharakter. Dazu gehören z. B. die anthropomorphen Gefäße, die Gesichter und Körper von Frauen, nie von Männern, abbilden. Die Frau wurde als Symbol für Lebenserneuerung gesehen. Das bestätigt sich in zahlreichen, fast nur weiblichen Statuetten (v. a. in Osteuropa gefunden), die nicht als → Göttinnen, sondern als religiöse → Idole anzusehen sind. (b) In der größten neolith. Siedlung (Çatal Hüyük, Anatolien, ausgegraben 1960–63 von J. Mellaart) wurden Wandreliefs und Wandmalereien mit kultischer Funktion entdeckt, die um die Themen »Frau und → Geburt«, → »Tod« und »Lebensmächtigkeit« kreisen. Sie wurden vom Ausgräber als Symbole einer Muttergöttin (→ Matriarchat) gedeutet, v. a. die Statuette der »Leopardenfrau« (eine massige Frau, gebärend auf einem Thron aus Leoparden sitzend). Hier kommt das kultisch-religiöse Weltbild des Neolithikums zum Ausdruck, das am ehesten als Fruchtbarkeitsreligion zu beschreiben ist. (3) Aus der Tatsache, dass die Toten im Hause bestattet wurden, schließen manche Forscher auf → Ahnenverehrung. Einen neuen Akzent erhält die Religion des Neolithikums insofern, als → Macht und Mächtigkeit eine religiöse Bedeutung bekommen, was sich auch in der neolith. Megalithkultur (→ Megalithbauten) äußert. → Paläolith. Religionen. SV

Lit.: V. G. Childe, Soziale Evolution, 1968, engl. 1951. – M. Gimbutas, Die Zivilisation der Göttin, 1996. – H. Klotz, Die Entdeckung von Çatal Höyük, 1997. – I. Wunn, Götter, Mütter, Ahnenkult, 2001.

Neopaganismus. (1) Religionswiss. Bezeichnung für eklektische, dezentrale und heterogene religiöse → Bewegungen. Der synonyme Begriff »Neues Heidentum« wird häufig apologet. und in abwertender Absicht gebraucht. Schätzungen für die 1990er Jahre gehen von ca. 20.000 initiierten und ca. 120.000 nicht initiierten Anhängern allein in Großbritannien aus (Hutton). Im N. werden antike europ. Traditionen mit Lehren und Praktiken moderner indigener → Religionen, mit polit.-sozialen Programmen wie dem Feminismus sowie mit einer philosoph. geprägten Naturfrömmigkeit verbunden. Dabei wird von Traditionen des ägypt., babylon., griech., keltischen und nordischen (heute auch des afrikan. und austral.) → Paganismus sowie von moderner Göttinnenfrömmigkeit und Hexentradition (Wicca; → Hexenglaube) Gebrauch gemacht. Die Aneignung solcher Traditionen ist dabei keineswegs eine »Wiederbelebung«, sondern eine kreative Neukonstruktion mit eigener Semantik. (2) Trotz der Disparatheit und der anarch. Struktur des N. lassen sich bei vielen – allerdings keineswegs bei allen – Gruppen Gemeinsamkeiten ausmachen: (a) Neopagane Gruppen betonen die Beziehung zur → Natur und begleiten den Jahreslauf rituell (Sonnenwenden, Mondzyklen etc.). (b) Sie folgen einer polytheist. (→ Polytheismus) und (c) pantheist. Religion, die das Göttliche nicht als transzendent, sondern als der Natur und dem → Körper immanent betrachtet. (d) Hl. → Raum wird durch Ritual geschaffen und abgegrenzt. (e) Im N. wird die religiöse → Erfahrung über den Glauben gestellt; Praxis rangiert vor Lehre und Doktrin. Es gibt keine hl. Schriften oder übergeordneten Meister, die Verbindlichkeit beanspruchen könnten, deshalb ist Mission nicht anzutreffen. (f) Der Reinkarnationsgedanke ist vorherrschend, ebenso (g) die Aufwertung des weiblichen Aspekts der Gottheit. (h) Oft wird eine persönliche Verantwortungsethik vertreten, die dem Motto folgt »wenn du andere nicht störst, tu was du willst«. → Neue Religionen, → New Age. KVS

Lit.: R. Faber/R. Schlesier (Hg.), Die Restauration der Götter. Antike Religion u. N., 1986. – T. M. Luhrman, Persuasions of the Witch's Craft. Ritual Magic in Contemporary England, 1989. – G. Harvey, Contemporary Paganism. Listening People, Speaking Earth, 1997. – J. Pearson u. a. (Hg.), Nature Religion Today. Paganism in the Modern World, 1998. – R. Hutton, The Triumph of the Moon. A History of Modern Pagan Witchcraft, 1999. – S. M. Pike, Earthly Bodies, Magical Selves. Contemporary Pagans and the Search for Community, 2001. – M. York, Pagan Theology. Paganism as a World Religion, 2003. – H. A. Berger u. a., Voices from the Pagan Census. A National Survey of Witches and Neo-Pagans in the United States, 2003.

Neophyten (von griech. neóphytos = neu gepflanzt), in Mysterienreligionen (→ Mysterien) und Ritualen der → Initiation die Neuen, die auf ihre Einweihung vorbereitet werden. In der christl. Antike war den Neubekehrten die Übernahme eines Bischofsamtes verboten (vgl. 1 Tim 3,6). → Gemeinde. CA

Nepal, bis 1991 laut Verfassung das einzige verbliebene hinduist. Königreich mit großen Anteilen buddh. und andere Religionen praktizierender Bevölkerung (→ Schamanismus).

I. Allgemein. N. ist in drei kulturell und religiös unterschiedliche Zonen geteilt: (a) Das südliche, dicht besiedelte Terai mit heißem, subtrop. Klima für Reis- und Getreideanbau, fruchtbarem Schwemmland und dichten Wäldern ist überwiegend hinduist., vereinzelt auch islam. geprägt. (b) Bei den Ethnien der Mittelgebirge, die von Ackerbau, Viehzucht, Handwerk und Handel leben, sind volksreligiöse, vielfach schamanist. Anteile hoch; das von den Newars, einer Bevölkerungsgruppe mit tibeto-birman. Sprache, geprägte Kathmandu-Tal ist gekennzeichnet durch eine bes. Form des hindu-buddh. → Synkretismus. (c) Im hohen Norden wird überwiegend der → tibet. (lamaist.) Buddhismus, vereinzelt auch die vorbuddh. Bonpo-Religion (→ Bon) gepflegt.

II. Einflüsse. Charakterist. für N. sind die Stadtkulturen des Kathmandu-Tals, deren Förderung bes. durch die Malla-Herrscher (ca. 1200–1769) und die Shaha-Könige (ab 1769 bis heute) deutliche Spuren in Architektur und Kunsthandwerk hinterlassen hat. Durch seine Lage an den alten Handelswegen zwischen China und Indien gehörte N. sowohl zum Einflussgebiet der indischen, sanskrit-brahman. Tradition als auch der buddh. Traditionen Tibets, Chinas und der Mongolei. Vom Süden wanderten die Aristokratie und brahman. Priester bzw. Gelehrte, ab dem 11./12. Jh. auch buddh. Mönche ein, vom Norden lamaist. Priester und Mönche.

III. Religiöse Kultur. (1) Hinduismus und Buddhismus sind mit zahlreichen tantrischen Elementen durchsetzt, synkretist. Religionsformen zahlreich. So wird in Patan einer der bekanntesten → Bodhisattvas – Padmapani-Avalokiteshvara oder Karunāmaya, »der Mitleidvolle«, genannt – auch als hinduist. Gott namens Macchendranātha und als volksreligiöse Gottheit namens Bungadyo verehrt. (2) Bes. Aufmerksamkeit erlangen bei den Newars die Göttinnen-Kulte (Taleju, Navadurgā, Ashthamātrika u. a.), bei denen Tieropfer zahlreich sind. Auch der → Kumārī-Kult, in dem eine Jungfrau als lebende → Göttin verehrt wird, ist typisch für N. Als Pilgerorte stechen der hinduist. Pashupatinath-Tempel, ein nationales Hauptheiligtum, und die buddh. → stūpas Svayambhūnāth und Bodnath hervor. Zahlreiche Stadtfeste, die sich überwiegend nach dem Erntezyklus richten, sorgen für ein lebendiges religiöses Leben. (3) Ungewöhnlich, aber für den newar. → Vajrayāna-Buddhismus typisch ist die Tatsache, dass es keine eigentlichen Mönchsorden gibt (→ Mönch/Mönchtum). Erst in jüngerer Zeit haben sich solche Gemeinschaften durch den Einfluss des tibet. → Mahāyāna-Buddhismus oder missionierender → Theravāda-Mönche wieder gebildet. Stattdessen ist der nepal. Vajrayāna-Buddhismus durch »verheiratete Mönche« (Vajrāchārya und Shākyabhikshus), die z. T. buddh. Priester sind, und durch buddh. Kasten gekennzeichnet. AM

Lit.: N. Gutschow, Stadtraum und Ritual der newar. Städte im Kathmandu-Tal, 1982. – M. S. Slusser, N. Mandala – A Cultural Study of the Kathmandu Valley, 1982. – G. Toffin, Société et Religion chez les Néwar du N., 1984. – R. Levy, Mesocosm. Hinduism and the Organization of a Traditional Newar City in N., 1990. – D. N. Gellner, Monk, Householder, and the Tantric Priest: Newar Buddhism and its Hierarchy of Ritual, 1992. – S. Lienhard, Diamantmeister und Hausväter. Buddh. Gemeindeleben in N., 1999. – S. LeVine/D. N. Gellner, Rebuilding Buddhism: The Theravada Movement in Twentieth-Century Nepal, 2005.

Nerthus (von german. *Nerþuz; Etymologie entspricht der des altnord. Gottes Njörðr, was auf einen Geschlechtswechsel von N. zu Njörðr schließen lässt. Die Deutung dieses Vorgangs ist unsicher. Möglicherweise wurden schon in *Nerþuz eine weibliche und eine männliche Gottheit verehrt), german. Göttin, über deren Kult auf einer dänischen Ostseeinsel im 1. Jh. n. Chr. Tacitus (*Germania* 40) ausführlich berichtet. Seiner Schilderung zufolge wurde N. als Mutter Erde verehrt. Zu ihrem Kult gehörte eine Prozession, bei der das Kultbild auf einem geweihten Wagen mehrere Tage umhergefahren wurde. Vor ihrer Rückkehr in den hl. → Hain wurden die Göttin sowie alles Zubehör in einem See gewaschen, die dabei helfenden Sklaven anschließend ertränkt. Die Waschung sowie die Rolle des Priesters, der die Göttin im Allerheiligsten empfing und als einziger den geweihten Wagen berühren durfte, legen den Vollzug einer → Hl. Hochzeit nahe. Bronzezeitliche Felszeichnungen aus Südskandinavien sowie Reste von Kultwagen aus der Eisenzeit belegen die lange Tradition kultischer Umfahrten. → German. Religion. US

Lit.: E. C. Polomé, À propos de la déesse N., in: Latomus 13 (1954), 167–200.

Neryosang Dhaval (11./12. Jh.), Parsi-Gelehrter aus → Sanjan und Übersetzer von → Avesta- und → Pahlavi-Texten ins Sanskrit. → Zoroastrismus. MH

Lit.: S. D. Bharucha, Collected Sanskrit Writings of the Parsis, 6 Bde., 1906–33.

Nestorianismus → Assyr. Kirche des Ostens.

Neue Religiöse Bewegungen (NRB), in den 1960er Jahren entstandene religiöse soziale → Bewegungen. Sie bieten religiöse oder philosoph. → Weltanschauungen an oder stellen Mittel bereit, durch die höhere Ziele – etwa transzendentes → Wissen, spirituelle Erleuchtung oder Selbstverwirklichung – erreicht werden sollen. Dazu zählen christl.-fundamentalist. orientierte Gruppen, solche, die östliche Glaubensvorstellungen, insbes. aus dem → Neohinduismus und dem Buddhismus, übernehmen, und Gruppierungen mit schwerpunktmäßig psycholog.-therapeut. Orientierung. Trotz unterschiedlicher Herkunft und Ausrichtung weisen die NRB eine Reihe von gemeinsamen Merkmalen auf: (a) Sie zielen auf enge Verknüpfung von religiösem Glauben und weltlichem Leben, indem alltägliche Verhaltensweisen religiös gedeutet und verändert werden, das Privatleben der Religion untergeordnet wird. (b) Sie legen – meist schon beim Eintritt – großen Wert auf intensive und neue Gottes- oder Transzendenzerfahrungen, die am eigenen Leib erfahren werden können. (c) Die Gruppierungen beanspruchen ein geheimes Wissen, von dem die → Erlösung erhofft und das oft von einem charismat. Führer begründet und getragen wird. Entsprechend können die Gruppen nach dem Verhältnis der Anhänger zum Führer und seinem

»Hl. Wissen« unterschieden werden: Anhänger einer göttlichen Person und ihrer Wahrheit (→ ISKCON), Schüler einer hl. Disziplin (→ Zen) oder Lehrlinge (→ Transzendentale Meditation, Scientology) in der Entschlüsselung der Mysterien einer hl. Kraft (→ Geheimnis). Auch die Führer der NRB, die sich sehr häufig durch ein bes. → Charisma auszeichnen, sind unterschiedlichen Typen zuzuordnen; diese reichen von Warnern und Predigern über exemplar. Propheten, die ein ideales Leben vorleben oder sich als Gefäße des hl. Bewusstseins empfinden, bis zu Therapeuten und Trainern. HK

Lit.: E. Barker, New Religious Movements, 1982. – Dt. Bundestag (Hg.), New Religious and Ideological Communities and Psychogroups in the FRG, 1998.

Neue Religionen, Sammelbezeichnung für religiöse Neubildungen infolge von Religionsbegegnungen.

I. Terminologie. Auch wenn das Phänomen seit Jh.en zu beobachten ist, erlangten N.R. erst in der postkolonialen Epoche erheblichen Zuwachs. Es existiert eine Reihe von Bezeichnungen, die aufgrund ihres wertenden Charakters religionswiss. bedenklich sind: »Nativist.« oder »revitalist.« betont zu sehr die oppositionellen gegenüber den kreativen Zügen; → »Krisenkulte« oder »synkretist. Bewegungen« unterstellt eine psychische Problemlage bzw. den »Normalfall« christl. Einheitsreligion und eine fehlende Systematisierung der N.R. In Deutschland war zeitweise auch der Begriff → Jugendreligion in Umlauf. »Charismat. Kulte« (→ Charisma) wiederum suggeriert Führergestalten mit einer blinden Anhängerschaft, → »Sekte« wird gewöhnlich abwertend und christozentr. verwendet. Schließlich geht → »Neue religiöse Bewegungen« vom temporären und letztlich vorläufigen Charakter der N.R. aus.

II. Charakteristika. Der Begriff N.R. erscheint angemessen für solche religiösen Neubildungen, die sich aus der Begegnung und Konfrontation verschiedener Religionssysteme ergaben, wobei drei Kategorien histor. zu unterscheiden sind. (1) Im Zuge der christl. Kolonialisierung und langer Unterdrückung anderer Religionen seit dem 16. Jh. bildeten sich, oft als Gegenbewegung, Verbindungen zwischen Kolonialreligion und indigenen Traditionen in Afrika und den Amerikas. Diese oft von charismat. Personen initiierten N.R. benutzen, obwohl sie sich als Religion der Unterdrückten definieren, weithin christl. Semantik wie die Erlösungs- und Endzeitsymbolik. (2) Auch jenseits einer Unterdrückungssituation führte die nachhaltige Begegnung verschiedener Religionen zu einer Neuinterpretation älterer Traditionen, was bes. in Asien eine starke Ausdifferenzierung und Bildung N.R. nach sich zog (→ Japan. Religionen). (3) Für das 20. Jh. war das große Interesse an nichtchristl. Modellen, gerade im Zuge der → New-Age-Bewegung, leitend. Östliche Weisheitslehren, Reinkarnationsdenken u.a. wurden mit esoter. Traditionen Europas und der Antike verbunden, woraus eigene Systeme entstanden, die heute auch institutionell verankert sind.

KVS

Lit.: H. Biezais (Hg.), New Religions, 1975. – T. Robbins, Cults, Converts and Charisma. The Sociology of New Religious Movements, 1988. – E. Barker, New Religious Movements. A Practical Introduction, 1992. – E. Arweck/P. B. Clarke (Hg.), New Religious Movements in Western Europe. An Annotated Bibliography, 1997. – B. Wilson/J. Cresswell (Hg.), New Religious Movements. Challenge and Response, 1999. – P. Jenkins, Mystics and Messiahs. Cults and New Religions in American History, 2000. – J. R. Lewis (Hg.), Odd Gods: New Religions and the Cult Controversy, 2001. – R. Prince/D. Riches (Hg.), The New Age in Glastonbury. The Construction of Religious Movements, 2001. – J. R. Lewis (Hg.), The Oxford Handbook of New Religious Movements, 2004.

Neues Heidentum → Neopaganismus.

Neues Testament, Sammlung → hl. Schriften, die als → Kanon eine Auswahl der Literatur des frühen Christentums darstellen. Schon unter diesen, aber vielfach noch später beanspruchen die Schriften Autorität unter dem Namen eines → Apostels als Autor (→ Pseudepigraphen). Die nicht in den Kanon aufgenommenen Schriften werden → Apokryphen genannt. Die Sammlung des Kanons umfasst die vier Evangelien des Markus, Matthäus, Lukas und Johannes; die Apostelgeschichte des Lukas als Fortsetzung seines Geschichtswerks, dann die Briefe des Paulus und anderer Apostel sowie die → Offenbarung des Johannes (→ Apokalypse). Gemeindeordnungen, Hymnensammlungen u.a. wurden nicht in den Kanon aufgenommen. Wann der Kanon abgeschlossen wurde – wohl nicht in einem Zug mit dem Abschluss des jüd. → Kanons (Synode von Jabne) –, ist nicht genau zu bestimmen, vermutlich in der Zeit der Krise um → Markion. Der Name NT ist eine ungenaue

Übersetzung für den erneuerten → Bund Gottes mit seinem Volk (griech. kainē diathēkē), entnommen den Einsetzungsworten zum Abendmahl (1 Kor 11,25; Mk 14,24). Der erneuerte Bund setzt keinen »alten« voraus. → Altes Testament, → Bibel. CA

Text: E. Nestle/K. Aland (Hg.), Novum Testamentum Graece, 1898, [27]1992. – W. Schneemelcher (Hg.), Ntl. Apokryphen, 2 Bde., 1904 begründet von E. Hennecke, [6]1990–97 [nur dt. Ü].
Lit.: W. Bauer/K. Aland, Wörterbuch zum NT, 1928, [6]1988. – E. Kutsch, NT – neuer Bund ?, 1978. – H. Köster, Einf. in das NT, 1980. – K. Berger/C. Colpe, Religionsgesch. Textbuch zum NT, 1987. – K. Berger, Theologiegeschichte des Urchristentums, 1994. – H.-J. Klauck, Die religiöse Umwelt des Urchristentums, 2 Bde., 1995–96. – G. Theißen, Die Religion der ersten Christen, 2000, [3]2003.

Neujahr, Bezeichnung für → Feste, die den Übergang in einen neuen Jahreszyklus (→ Kalender) markieren und häufig die grundlegenden wirtschaftlichen und polit. Strukturen einer Gesellschaft thematisieren, sei es in einer direkten Bestätigung wichtiger Institutionen, sei es in Form von Umkehrritualen, »Festen der verkehrten Welt« (→ Gegenwelt); der Fokus kann ebenso auf dem Abschluss einer Periode wie dem Neubeginn liegen. Gegen die Beliebtheit des Deutungsmusters N. in einer ethnolog. orientierten → Religionswissenschaft ist aber nicht nur die enorme typolog. Auffächerung dieser Feste anzuführen. Problemat. wird der Begriff durch das übliche Nebeneinander einer Vielzahl von Jahren und entsprechend mehreren »N.« in einer Gesellschaft. Wo immer der Wechsel der Periode selbst thematisiert wird, könnte man von N. sprechen: Selbst das klassische N.-Fest des mesopotam. → Akītu-Rituals wurde zweimal jährlich begangen. Der Begriff N. führt hier eine Hierarchisierung von Periodiken ein (→ Rhythmus), die den sozial oder auch nur situativ changierenden Gewichtungen im Zeiterleben der untersuchten Kultur nicht entsprechen muss. JR

Lit.: V. Lanternari, La grande Festa. Storia del Capodanno, 1959, [2]1976. – C. Auffarth, Der drohende Untergang. »Schöpfung« in Mythos und Ritual, 1991.

Neuplatonismus → Platonismus.

Neurobiologie, Teilgebiet der Biologie, das Struktur und Funktionsweise sowie phylo- und ontogenet. Entwicklung von Gehirn, Nerven und Nervensystem untersucht. Das neuronale System gilt als biolog. Grundlage für alle geistigen Prozesse. In der Neurochemie und der Neuroendokrinologie werden biochem. Korrelate psychischer und physischer Prozesse untersucht. Im Kontext von → Meditation, Einnahme von → Drogen sowie → Fasten, Schlafentzug und ähnlichen bewusstseinsverändernden Techniken (→ Bewusstsein) können Veränderungen der neuronalen, chemischen und elektrischen Prozesse dargestellt werden. In der Umkehrung begründen diese Prozesse jedoch nicht eindeutig die erlebten religiösen Erfahrungen, wie dies die sog. »Neurotheologie« nachzuweisen versucht. → Körper, → Kognition, → Religionsästhetik. SM

Neuzeit. Das Bewusstsein, in einer neuen Epoche zu leben, wurde bes. im 19. Jh. gepflegt. Der vorwiegend von Protestanten geprägte → Historismus hat den Beginn der Emanzipation von den Zwängen der Tradition und bes. der Religion in die → Reformation oder die → Renaissance rückprojiziert: Entdeckung des Individuums, Säkularisierung, Befreiung der Wissenschaft aus der Dominanz der Theologie. Dieser geistesgeschichtlichen Entwicklung sei im Zeitalter der Entdeckungen ein materieller Fortschritt vorangegangen: Buchdruck, Schwarzpulver, Globus und die Entdeckung der Neuen Welt (Amerika). Der Begriff N. selbst wurde durch die protestant. Geschichtswissenschaft (Cellarius, ca. 1596–1665) für die Epoche entwickelt, die nach dem Mittleren oder »Dunklen« Zeitalter (Mittelalter) die → Antike wieder entdeckte und auf ihr aufbauend der → Aufklärung Bahn brach. Er spiegelt aber auch das christl. Selbstverständnis als neue Religion, als → Neues Testament wider. Wichtiger noch wird eine weitere religiöse Bedeutung von N.: die eschatologische Endzeit, in der Christus mit seinem Volk im Millennium leben werde (→ Eschatologie). Der Streit nach dem Scheitern des Dritten/»Tausendjährigen« Reichs der NS-Zeit, ob die N. eine religiöse Weltanschauung in illegitimer Weise säkularisiert habe oder sich durch Neugierde aus der religiösen Beschränkung herausgearbeitet habe, muss eher neu definieren, wie sich die Eschatologie veränderte. Als Beschreibungsbegriff wird N. auch auf andere, nichteurop. Kulturen übertragen. Dabei ist er mit einer Meistererzählung verbunden, dass die

Europäisierung der Welt durch die Entdeckungen die Neue Welt erst in das Licht der Weltgeschichte gebracht habe. → Geschichte. CA

Lit.: K. Löwith, Meaning in History, 1949 (dt.: Weltgeschichte und Heilsgeschehen, 1953; mit Ergänzungen und anderen Aufsätzen in: Ders., Sämtliche Schriften, Bd. 2., 1983). – T. S. Kuhn, Die Struktur wissenschaftlicher Revolutionen, 1967 (engl. 1962). – H. Blumenberg, Die Legitimität der N., 1966 (überarbeitet als: Säkularisierung und Selbstbehauptung, 1974; Der Prozess der theoret. Neugierde, 1973; Aspekte der Epochenschwelle, 1976). – H. Blumenberg, Die Genesis der kopernikan. Welt, 1975. – R. Koselleck, N. Zur Semantik moderner Bewegungsbegriffe, in: Ders., Vergangene Zukunft, 1979, 300–48.

New Age, in den 1970er Jahren geprägter Begriff für ein heraufkommendes »Neues Zeitalter«, entstanden im Rahmen der spirituellen Aufbruchsbewegung in Kalifornien und der dortigen »Gegenkultur«. Gruppierungen mit völlig disparatem Hintergrund formierten sich dabei mehr oder weniger bewusst zu einer »Bewegung«, deren gemeinsames Anliegen erst später erkennbar wurde. Da »N. A.« eine Einheit suggeriert, die nie bestanden hat, und der Begriff innerhalb der Szene praktisch keine Verwendung mehr findet, ist seine analytische Leistung heute umstritten. Vielfach wird N. A. deshalb unter dem Begriff »moderne → Esoterik« verhandelt. Inhaltlich lassen sich (mit Hanegraaff) dabei folgende Schwerpunkte ausmachen: (1) Im → Channeling zeigt sich die Nachwirkung des theosoph. Mediumismus, indem Botschaften aus der geistigen Welt Offenbarungsqualitäten zuerkannt werden. (2) »Heilung und persönliches Wachstum« intendieren nicht nur die ganzheitliche → Medizin und die um transpersonale Dimensionen erweiterte Psychologie, sondern auch → Astrologie, Neo-→ Schamanismus u. a. m. (3) Naturwissenschaft (N. A.-Science) fasst die Welt in naturphilosoph. Tradition als belebtes Netzwerk von Kräften auf und sucht nach einem neuen Paradigma für die ganzheitliche Erklärung des Kosmos. (4) Im → Neopaganismus sammeln sich u. a. neue Hexenbewegung (Wicca) und naturreligiöse Gruppierungen. → Wassermannzeitalter. KVS

Lit.: M. Ferguson, Die sanfte Verschwörung. Persönliche u. gesellschaftliche Transformation im Zeitalter des Wassermanns, 1982. – F. Capra, Das Tao der Physik, 1984. – F. Capra, Wendezeit. Bausteine für ein neues Weltbild, 1991. – J. R. Lewis/G. Melton (Hg.), Perspectives on the N. A., 1992. – H. Stenger, Die soziale Konstruktion okkulter Wirklichkeit. Eine Soziologie des »N. A.«, 1992. – C. Bochinger, »N. A.« u. moderne Religion. Religionswiss. Analysen, 1994. – M. York, The Emerging Network. A Sociology of the N. A. and Neo-Pagan Movements, 1995. – R. Kyle, The N. A. Movement in American Culture, 1995. – W. J. Hanegraaff, N. A. Religion and Western Culture. Esotericism in the Mirror of Secular Thought, 1996. – P. Heelas, The N. A. Movement. Celebrating the Self and the Sacralization of Modernity, 1996. – O. Hammer, Claiming Knowledge. Strategies of Epistemology from Theosophy to the N. A., 2000. – D. Corrywright, Theoretical and Empirical Investigations into N. A. Spiritualites, 2003. – J. R. Lewis (Hg.), The Encyclopedic Sourcebook of N. A. Religions, 2004.

New Thought, eine amerikan. Bewegung, die in der Entstehungszeit der modernen Psychologie seit Mitte des 19. Jh.s die »Macht des Denkens« (»power of mind«) betonte und das »positive Denken« als eine wichtige Lebenskraft bestimmte. Die auch als »Neugeist« übersetzte Bewegung übte Einfluss auf die → Christl. Wissenschaft aus. HK

Neziqin (hebr. neziqīn = Beschädigungen), eine der sechs Ordnungen der → Mischna. KVS

Nichiren-Buddhismus, Sammelbegriff für verschiedene Schulen des japan. Buddhismus, die auf die Lehre des Nichiren (1222–82, Respekttitel: Nichiren Shōnin) zurückgehen. Die größte und älteste Schule heißt Nichiren-shū, jedoch ist Nichirens Einfluss auch auf moderne Laienbewegungen wie → Risshō Kōsei-kai und → Sōka Gakkai sehr stark. Er betonte die zentrale Bedeutung des → Lotos-Sūtra und glaubte, auf diese Weise das Wesen der → Tendai-Schule zu retten, die durch Abweichungen wie → Zen-Buddhismus oder den »Buddhismus des Reinen Landes« (→ Jōdo-Schule und → Shin-Buddhismus) gefährdet sei. Außerdem sah er einen Zusammenhang zwischen dem Zerfall der Buddha-Lehre in einem fortgeschrittenen Zeitalter nach dem Leben des Buddha (→ mappō) und den polit. sowie sozialen Problemen seiner Zeit. Infolge seiner bes. polemischen Ausdrucksweise zog er Kritik und Verfolgung auf sich, und auch die Nachfolgerorganisationen wiesen häufig ein gewisses Protestpotential auf. MP

Nichiren Shōnin → Nichiren-Buddhismus.

Nichts, Bezeichnung für den Gegensatz zum »Sein«. Für am Seinsproblem orientierte Philosophien und Theologien stellt sich u. a. die Frage: Warum ist überhaupt etwas und nicht vielmehr nichts? Diese Formulierung ist an der Regel orientiert: Jede Bestimmung (hier: »etwas sein«) ist eine Verneinung (»nichts sein«). Ob diese Verneinung mit dem bestimmten Artikel verbunden werden darf (»das N.«) ist umstritten. Als Möglichkeit der Erfahrung des N. gilt der eigene → Tod bzw. der Tod der anderen. → Negation. Red

Lit.: T. Kobusch, Art. »N.«, in: HWPh 6, 1984, 806–36.

Nietzsche, Friedrich (1844–1900), klassischer Philologe und Philosoph, 1869 außerordentlicher Professor in Basel. 1889 erlitt N. einen Zusammenbruch und verbrachte die letzten elf Jahre bis zu seinem Tod in geistiger Umnachtung. U. a. durch seine radikale Religions- und Christentumskritik gilt N. als einer der Vordenker der → Moderne. Er erkannte das Problem, das sich aus dem Siegeszug der Geschichtswissenschaften im 19. Jh. ergab. Seit → Rousseau und → Kant war es als unbestreitbar erschienen, dass die Kenntnis von Gut und Böse jedem Menschen evident sei. Erst die Historisierung der Religionen verdeutlichte, dass auch die Ethiken mit histor. und sozialen Bedingungen der Religionen variieren (*Jenseits von Gut und Böse*, 1886). In *Die fröhliche Wissenschaft*, 1882, bringt N. die Parabel vom »tollen Menschen«, der seinen Mitmenschen bewusst machen will, dass sie die Nachricht vom »Tode Gottes« noch überhaupt nicht begriffen haben. Das Christentum wird als Religion des Ressentiments von Sklaven und Schwachen analysiert. Dem gegenüber steht die Philosophie vom »Übermenschen« und vom »Willen zur Macht«, die über den Begriff des Dionysischen (→ apollin./dionys.) im Gegensatz zum Fortschrittsoptimismus des 19. Jh.s die Wiederkunft des Gleichen als Gesetz des Lebens formuliert. Zentral für N.s Religionsphilosophie sind weiter *Also sprach Zarathustra. Ein Buch für alle und keinen*, 1883–85; *Der Antichrist*, 1888. HK

W.: Krit. GA, hg. v. G. Colli/M. Montinari, 1967. – Studienausgabe, 12 Bde., ^{2}1988.
Lit.: W. Kaufmann, N. Philosoph – Psychologe – Antichrist, 1988. – H. Cancik, Philolog und Kultfigur: F. N. u. seine Antike in Deutschland, 1999.

Nihilismus (von lat. nihil = nichts), philosoph. Lehre, aber auch alltägliche Haltung, dass nichts etwas wert sei, auch wenn etwas erkannt werden könne. Zugeschrieben wird diese Lehre etwa dem griech. Sophisten Protagoras (5. Jh. v. Chr.), aber auch modernen Positivisten. Vertreten wird sie tatsächlich von F. → Nietzsche, der allerdings den grassierenden, durch die »Sklavenmoral« des Judentums und bes. des Christentums verursachten allgemeinen N. überwinden und neue → Werte frei schaffen will. Red

Nihon Shoki, auch Nihongi genannt, eine 720 fertiggestellte Aufarbeitung des japan. → Kojiki, in der der Übergang vom Mythos zur Legende und von der Legende zur Geschichte vervollständigt wird. Im Vergleich zum älteren Kojiki ist der chin. Einfluss stärker, der → Buddhismus spielt eine größere Rolle, und die dynast. Reihenfolge der Kaiser (japan. tennō) wird mit mehr Einzelheiten dargestellt. → Japan. Religionen. MP

Nikāya (pāli = Gruppe). (a) Sammlung von buddh. Lehrtexten im → Pāli-Kanon; (b) buddh. Schule oder Sekte. → Buddh. Literatur, → sangha. AM

Nimbārka, südind. Theologe der → Krishnabhakti, frühestens ab dem 12. Jh., da von → Rāmānuja beeinflusst; er prägte die nordind. → bhakti. Wichtigste Werke: Vedāntaparijātakaustubha und Vedāntakāmadhenu (= Dashashlokī). N. lehrte eine Konkomitanz von Monismus und Dualismus im Verhältnis von Gott und Seele (svābhāvikabhedābheda oder dvaitādvaita). MHO

Lit.: S. N. Dasgupta, History of Indian Philosophy, 1940, Bd. 3, 399–444.

Nirvāna (sanskr. nirvāṇa, pāli nibbāna = Verwehen, Verlöschen), das höchste Heilsziel des → Buddhismus, das mit Erlangung der erlösenden Erkenntnis (→ bodhi) verwirklicht wird. Das n. ist durch bloße intellektuelle Betrachtung nicht erfahrbar und für gewöhnlich erst durch regelmäßig praktizierte → Meditation (→ dhyāna), die auf tugendhaftem Lebenswandel (→ shīla) aufbaut, zu erreichen. Nach der → Theravāda-Lehre wird das n. erlangt, wenn die Erkenntnis der → Vier Edlen Wahrheiten verwirklicht ist: Der Erlösungssuchende erkennt die Vergänglichkeit (anitya), Selbst-Losigkeit (→ anātman) und daraus resultierend die Leidhaftigkeit (→ duhkha) allen Seins, die in der ersten Edlen Wahrheit beschrieben wird. Mit dem Eingang ins n. ist der Mensch von allen weltlichen Bindungen und Begierden frei; er hat die ihnen zugrundeliegenden Leidenschaften Gier, Hass und

Verblendung zerstört. Damit ist auch seine Existenz als eine Formation von fünf Gruppen von Daseinsfaktoren (Körperlichkeit, Empfindung, Bewusstsein, Willensregungen, Erkennen) nicht mehr von Dauer, und er kann nicht mehr wiedergeboren werden (→ Reinkarnation). Zu unterscheiden ist das n. zu Lebzeiten von dem n., das nach dem Tod erreicht wird und das mitunter auch als → pari-n. bezeichnet wird. Bei ersterem ist bis zum Tod noch ein Rest von Bedingtheit vorhanden, so dass der Erlöste sein Leben noch zu Ende führt und die vollkommene → Erlösung erst nach dem Tod eintritt. In den späteren Lehren des Mahāyāna-Buddhismus, bei dem bes. die Erkenntnis der Leerheit (→ shūnyatā) aller Dinge betont wird, fallen in der höchsten Erkenntnis → samsāra und n. als gleichermaßen »leer« zusammen. Darüber hinaus gilt im Mahāyāna das Ziel des frühen Buddhismus, die Erlösung für sich allein zu erlangen, als selbstsüchtig. Als Ideal wird der → Bodhisattva angesehen, der als bereits Erleuchteter seinen eigenen Eingang in das n. aufschiebt, bis er allen Wesen zur Erlösung verholfen hat. JBU

Lit.: L. de La Vallée Poussin, The Way to N., 1917. – T. Stcherbatsky, The Conception of Buddhist N., 1927. – S. Collins, N. and Other Buddhist Felicities, 1998.

Nishida, Kitarō → Kyōto-Schule.

Noachitische Gebote, nach jüd. Auffassung eine Reihe von sittlichen und religiösen Urgeboten, auf die schon → Adam (vgl. Gen 2,16) und → Noah (vgl. Gen 9,4–6) von Gott verpflichtet wurden und die, weil sie schon vor der Zeit des Mose gegeben wurden, auch für Nichtjuden gelten. → Gemeinde. KVS

Noah, einer der biblischen Urväter (Gen 6–9). Er gilt der jüd. Tradition als gerechter Mann, weswegen er mitsamt seiner Familie und der Tierwelt die → Sintflut überlebte. Im babylon. → Atramḫasīs-Epos ist das Vorbild zu finden. KVS

Nomaden (von griech. nomeúein = weiden lassen, nomás = weidend), Angehörige nichtsesshafter Gruppen, die als geschlossene soziale Einheiten ganzjährig eine mobile Lebensweise pflegen. Im dt. Sprachgebrauch wird der Begriff auf die altweltlichen Herdenviehzüchter (→ Hirtenkulturen) angewendet, wohingegen im angelsächs. und franz. Sprachraum unter N. z. B. auch die mobilen → Jäger- und Sammlerkulturen, Sinti und Roma oder die sog. See-N. Südostasiens (Moken, Orang Laut) gefasst werden. N. ziehen nicht planlos umher, sondern erschließen strateg. und zyklisch Territorien, die ihren wirtschaftlichen Bedürfnissen dienen. Sie sind auf den Austausch mit Ackerbauern oder Stadtbewohnern angewiesen. Aus deren Sicht bewegen sich N. häufig außerhalb der religiösen Normen, andererseits nehmen N. häufig zentrale Elemente der Religion der Sesshaften an (z. B. → Islam im Vorderen u. Mittleren Orient, → Buddhismus und → Schamanismus in Zentralasien). Mobile Heiligtümer und Kultsymbole sowie das Fehlen fester Kultplätze sind typisch. Der Gegensatz zwischen N. und Sesshaften ist prägend für die Geschichte des Islam. → Hirtenkulturen. PJB

Lit.: J. Henninger, Über rel. Strukturen nomad. Gruppen, in: Ders., Arabica Sacra, 1981, 34–47.

Nonne. Die Stellung von N. war in den unterschiedlichen Religionen umstritten. (1) Der Buddha erklärte sich nur halbherzig und unter dem Drängen seines Lieblingsschülers → Ānanda dazu bereit, N. zum Orden zuzulassen (→ sangha). Die buddh. Ordensregel hat denn auch die Frauen den Männern nie ganz gleichgestellt. (2) Das erste christl. N.-Kloster gründete schon die Schwester des Pachomios (ca. 300–346). Im Hochmittelalter wurde die zunehmende Ausbreitung des weiblichen Mönchtums vielfach zu einem schwierigen sozialen und organisator. Problem (vgl. → Beginen). Bes. für die Entwicklung der → Mystik gewannen die N.-Klöster große Bedeutung. → Askese, → Mönch/Mönchtum. AM

Norito, ritualisierte Gebete der → Shintō-Religion, die von den Priestern in einem Schrein oder an einem hl. Ort im Freien feierlich rezitiert werden. Die ältesten bekannten n. sind in dem bis 927 kompilierten Engishiki enthalten, die zahlreichen späteren Variationen gehen auf diese Muster zurück. Shintō-Priester sind befugt, die Texte je nach Anlass zu variieren. Zu diesem Zweck werden die Gebete handschriftlich auf einem gefalteten Papier festgehalten und notfalls ergänzt, überschrieben oder überklebt. MP

Normen (von lat. norma = Maßstab, Regel), Bezeichnung für in einer Gesellschaft als angemessen betrachtete Regeln im sittlich-religiösen, künstler.-ästhet. und denker.-rationalen Bereich. Die im Neukantianismus vorgenommene Einschränkung des N.-Begriffs auf das Gebiet der Sittlichkeit wurde zeitgleich in den USA von → Peirce kritisiert und vermieden. Seit der klassischen Antike ist klar, dass N. gesellschaftsrelativ ausgebildet werden und daher begründungsbedürftig sind (→ Werte). Red

Nornen (von altnord. nornar, Sing. norn), Bezeichnung der altnord. Literatur für die drei german. Schicksalsfrauen Urd, Verdandi und Skuld, die mit den griech. Moîrai und den röm. Parcae verglichen worden sind. Sie sind göttlicher Abstammung und können den Menschen Glück oder Unglück bringen. Ihre Funktion als Geburtshelferinnen, die auf ihre lebensfördernde Seite hinweisende Verbindung mit der Quelle am Fuß des Weltenbaumes Yggdrasill sowie ihre Dreizahl deuten auf eine Verwandtschaft mit den → Matronae und → Walküren hin. → German. Religion. US

Lit.: F. Ström, Diser, Nornor, Valkyrjor, 1954. – E. F. Halvorsen, Art. »Norner«, in: KLNM 12, 1967, 347–48. – G. W. Weber, Wyrd, 1969.

Numen. In der röm. → Religion bezeichnet N., oft mit Genitiv eines Götternamens verbunden, eine Eigenschaft Gottes wie etwa seinen Namen. Das Wort hat in der religionswiss. Begriffsbildung um 1900 eine zentrale Rolle gespielt als Ausdruck für eine nichtpersönliche, namenlose → Macht vor der Ausbildung von Götter-Personen (→ Dynamismus, → numinos, das → Heilige). Diese Bedeutung hat das lat. Wort nicht. CA

Lit.: W. Pötscher, N., in: ANRW II 16.1, 1978, 355–92.

Numeri (lat. = Zahlen), Bezeichnung für das 4. Buch Mose, das seinen Namen nach der Volkszählung erhalten hat, mit der es beginnt. Sein Inhalt reicht von gesetzlichem Material bis zu Berichten über den Wüstenzug der Israeliten. → Altes Testament, → Apokryphen, → Pentateuch. KVS

numinos (von lat. numen = göttliches Walten, Gottheit), von R. → Otto 1917 eingeführte theolog. Kategorie zur Bezeichnung der irrationalen Aspekte der Erfahrung eines als »a priori« vorausgesetzten Transzendenten. → Heilige, das. GA

Nuṣayrīya → ʿAlawīya.

Nyānatiloka (ursprünglich A. W. F. Gueth, 1878–1957), buddh. Gelehrter dt. Abstammung. N. verbrachte den größten Teil seines Lebens als Eremit und geistlicher Lehrer auf Sri Lanka. Er veröffentlichte zahlreiche Texte über die Lehren des Buddha und Übersetzungen aus dem Pāli (u. a. *Buddh. Wörterbuch*, 1941). HFT

Lit.: H. Hecker, Lebensbilder dt. Buddhisten, Bd. 1, Die Gründer, 1996, 58–83.

Nyāya (sanskr. = Regel, Argumentation), indisches philosoph. System, zusammengehörig mit dem → Vaisheshika. → Indische Philosophie. JBU

Nyingmapa (von tibet. rnying-ma-pa = die Alten), älteste der vier bedeutendsten tibet.-buddh. Lehrtraditionen (→ gyü), die ihre Gründung auf → Padmasambhava und die erste Verbreitung des Buddhismus in Tibet im 8. Jh. zurückführt. Die N. besitzen einen von den anderen Schulen abweichendenKanon(rnying-ma'i-rgyud-'bum) und ein umfangreiches Korpus an → terma-Texten. Im Dzogchen (rdzogs-chen = »Große Vollkommenheit«), dem wichtigsten Meditationssystem der N., wird die plötzliche Erleuchtung im Gegensatz zur graduellen Erleuchtung gelehrt. KKP

Lit.: Dudjom Rinpoche/Jigdrel Yeshe Dorje, The N. School of Tibetan Buddhism, 2 Bde., 1991.

O

Obadja, ein aus nur einem Kapitel bestehendes Werk der Hebr. Bibel, den »kleinen Propheten« zugehörig. → Altes Testament, → Apokryphen. KVS

Obeah (auch Obia, wohl von ashanti obayi = Zauberei), afrokarib. magisch-religiöse Praxis v. a. auf Jamaika, im übrigen anglokarib. Raum sowie in Surinam, die sich unter Einfluss religiöser Traditionen der Fanti-Ashanti der westafrikan. Goldküste entwickelt hat (→ afrikan. Religionen). Die frühe und wenig kodifizierte Form afrokarib. Religiosität war in der Kolonialzeit seitens der weißen und kreol. Bevölkerung als schwarze → Magie gefürchtet und daher verboten. Doch auch Plantagenbesitzer ließen ihre Krankheiten von »O. men« und »O. women« (ashanti obayifo = Zauberer) heilen, die ihrerseits den Widerstand der Sklaven gegen ihre unmenschlichen Lebensbedingungen organisierten. Die O.-Anhänger glauben an die Rückkehr nach Afrika nach dem Tod. O. besteht v.a. aus (a) Einflussnahme durch Fluch, Segen, Beschwörung und die Verwendung magischer Substanzen (→ Magie); (b) Heilung von Menschen und Tieren mit pflanzlichen und tierischen Substanzen (→ Medizin); (c) Kommunikation mit den Geistern und Manipulation der Geisterwelt, in der sich neben meist bösartigen Lokalgeistern vorwiegend Ahnen- und Totengeister der afrikan. Heimat aufhalten, die körperliche und psychische Krankheiten, Unglück, Misserfolg u.ä. verursachen (→ Ahnenverehrung). Die Geister (jamaikan. duppies, anglokarib. jumbies, franz. zombis; → Vodou) gelten meist als bösartig und rachsüchtig und die Heimsuchung durch sie als Ergebnis magischer Manipulation eines/r feindlichen O. man/woman. O.-Praktiken gingen in viele afroamerikan. Religionen ein (z.B. in den → Shango Trinidads). Als O. werden auch die von O. men/women angefertigten Talismane und Amulette bezeichnet. → Afroamerikan. Religionen, → Rastafari. CM

Lit.: I. Morrish, O., Christ and Rastaman. Jamaica and its Religions, 1982. – N. Götz, O.-Hexerei in der Karibik – zwischen Macht und Ohnmacht, 1995. – M. Olmos/ L. Paravisini-Gabert, Sacred Possessions: Voudou, Santeria, O. and the Caribbean, 1997. – J. Handler, Slave Medicine and O. in Barbados, circa 1650 to 1834, in: New West Indian Guide 74, 1/2 (2000), 57–90.

O-bon, ein japan. Sommerfest für die Verstorbenen bzw. die Ahnen (→ Ahnenverehrung). Heute wird das Fest in Ost-Japan nach dem Sonnenkalender im Juli, in vielen anderen Regionen meistens noch nach dem Mondkalender im August gefeiert (→ Kalender). Am ersten Tag (13.7. bzw. 13.8.) werden die Ahnen begrüßt, am zweiten Tag (14.7. bzw. 14.8.) wird gemeinsam gegessen und getanzt, und am dritten Tag (15.7. bzw. 15.8.) werden die Ahnen wieder verabschiedet. Vor allem zu O. fahren zahllose Menschen aus den Großstädten in ihre ländlichen Heimatorte, obwohl ihr Bezug zum »alten Dorf« (furusato) weitgehend nur noch fiktiv ist. → Japan. Religionen. MP

Odin (altfränk. Wodan; etymolog. verwandt mit altnord. óðr, dt. Wut, gotisch wods = besessen; erscheint mehrfach in Orts-, selten dagegen in Personennamen in Skandinavien und Dänemark). (1) German. Gott aus der Götterfamilie der → Asen; tritt in der altnord. Literatur, insbes. in der eddischen Mythologie (→ Edda), als Hauptgott der Nordgermanen auf. Es scheint jedoch gesichert, dass O. in Kult und Volksglauben der Wikingerzeit keine dominante Rolle spielte. Auf das hohe Alter und die Verbreitung des O.-Kultes im ganzen west- und wohl auch nordgerman. Raum weist die bereits im 4.Jh. abgeschlossene einheitliche Übersetzung des lat. Wochentagsnamens dies Mercurii mit german. *Wodanesdag (altengl. Wodnesdag, engl. Wednesday, altnord. Óðinsdagr, dän. Onsdag) hin. Bildliche Darstellungen O.s in Form von Felszeichnungen werden schon für die skandinav. Bronzezeit vermutet. Eindeutiger und umfangreicher ist das Bildmaterial, das durch Goldbrakteaten der Völkerwanderungszeit und wikingerzeitliche Bildsteine überliefert ist. Bei Adam von Bremen (ca. 1180) ist ein Götterbild O.s für den Tempel in Uppsala belegt. O.s Attribute sind sein Speer Gungnir, der Ring Draupnir, die beiden Raben Huginn und Muninn sowie das achtbeinige Pferd Sleipnir. Dargestellt wird O. häufig einäugig sowie mit Hut und Mantel bekleidet. (2) Die genannten Quellen zeigen O. als einen vielschichtigen Gott. Er begegnet als Göttervater und als Kriegsgott, der auch in enger Beziehung zu den Toten, bes. den im Kampf gefallenen Kriegern, steht (→ Walhall). Der Mythos von O.s Selbstopfer erzählt von seinem Erwerb der Runenkenntnis, der er seine Rollen als Gott der Dichtkunst und der Magie verdankt (→ Runen). Das Selbstopfer und die im Zweiten Merseburger Zauberspruch sowie auf einseitig geprägten Schmuckscheiben (Brakteaten) des 5./6.Jh.s belegte Tätigkeit als göttlicher Arzt deuten auf einen schamanist. Ursprung des Gottes (→ Schamanismus). Gleiches gilt für den im Namen O.s dokumentierten Wesenszug der Besessenheit, der sich auch im kultischen Brauchtum der O.-Krieger (→ Berserker) manifestiert. → German. Religion. US

Lit.: F. Kauffmann, Óðinn am Galgen, 1928. – K. Helm, Wodan, 1946. – K. Reichardt, O. am Galgen, in: C. v. Faber du Faur (Hg.), Wächter u. Hüter. FS H.J. Weigand, 1957, 15–28. – J. Fleck, Óðinn's Self-Sacrifice – A New Interpretation, in: Scandinavian Studies 43 (1971), 119–42, 385–413. – H. E. Davidson, The Battle God of the Vikings, 1972. – K. Hauck, Zur Ikonologie der Goldbrakteaten XV, in: K.-U. Jäschke/R. Wenskus (Hg.), FS H. Beumann, 1977, 98–116. – E. Haugen, The Edda as Ritual: O. and his Masks, in: R. J. Glendinning/ H. Bessason (Hg.), Edda – A Collection of Essays, 1983, 3–24. – U. Schlott, Vorchristl. und christl. Beziehungen bei Kelten, Germanen und Slawen, 1997, 176–86. – P. K. Kershaw, The One-Eyed God, 2000. – E. A. Rowe, O., in: ER 10, [2]2005, 6808–10.

Ökumene (von griech. oikouménē = die bewohnte [Erde]), Bezeichnung für die Gesamtheit der Christen. Das Prinzip der Ö. steht im Gegensatz zum Prinzip der Katholizität (von griech. kath' hólēn tēn gēn = über die ganze Welt verbreitet, → Katholizismus): Letzteres erzeugt Einheit in der Durchsetzung seiner Normen und Werte von einem Zentrum aus, während die Ö. die Einheit durch Zusammenschluss einer Vielheit mit gemeinsamen Werten sich selbst bilden lassen will. Dieser Gegensatz zeigte sich bei der Gründung der Ökumen. Bewegung nach dem Ersten und Zweiten Weltkrieg (Lausanne 1929; Ökumen. Rat der Kirchen 1948), als sich die christl. Kirchen zusammenschlossen, die kath. Kirche sich aber verweigerte. Erst nach dem zweiten Vatikan. Konzil (1964) kam es zu Formen der Zusammenarbeit ohne institutionelle Eingliederung. Papst Johannes Paul II. (1920–2005) zielte auf eine größere Ö. aller Religionen, nicht nur der christl. Konfessionen, etwa in seinem Friedensgebet von Assisi 1985. In Deutschland wurde nach dem Zweiten Weltkrieg etwa durch die Eingliederung der kath. Flüchtlinge aus Schlesien u. a. Migrationen die regionale Trennung der Konfessionen durcheinandergebracht, so dass die »Mischehe« in der Lebenswelt kein Ausnahmefall mehr ist. In der → Liturgie sucht die Ö. gemeinsam mit Katholiken nach Formen für ökumen. Gottesdienste (Lima-Liturgie 1982), stößt jedoch beim Abendmahl (→ Eucharistie) und den → Sakramenten an ihre Grenzen. CA

Lit.: S. Grundmann, Abhandlungen zum Kirchenrecht, 1969. – E. Lange, Die ökumen. Utopie oder Was bewegt die ökumen. Bewegung?, 1972. – W. A. Visser't Hooft, Ursprung und Entstehung des Ökumen. Rates der Kirchen, 1983. – P. Neuner, Ökumen. Theologie, 1997. – G. Riedl, Modell Assisi. Christl. Gebet u. interreligiöser Dialog in heilsgeschichtlichem Kontext, 1998.

Ofannim (hebr. ʾōfannīm = Räder), Name einer jüd. Engelklasse (→ Engel), in Anlehnung an die augenübersäten und geistbeseelten Räder des göttlichen Thronwagens (vgl. Ez 1,15–21, → Märkabah). KVS

Offenbarung (griech. apokálypsis; → Apokalypse). (1) V. a. in reflexiven Selbstthematisierungen von Religionen (→ Theologie) Bezeichnung für einen grundlegenden Sachverhalt. Als Second-Order-Konzept wurden O. häufig zur Begründung religiösen Erlebens und Handelns herangezogen. Ganze Bücher (bzw. Bibliotheken) gelten als »offenbart« oder »spirituell« vermittelt, so die Septuaginta (LXX) als griech. jüd. → Bibel, die Kombination von LXX (AT) und frühchristl. normativen Schriften (NT) als christl. Bibel oder der → Koran. Als religiöses Basisgeschehen fungiert O. hingegen z. B. im Johannesevangelium (→ Evangelium), in israelit.-jüd. Konzepten von der sich »offenbarenden« und »entziehenden« Weisheit oder einer Reihe von »gnostischen« Schriften der Bibliothek von Nag Hammadi (→ Gnosis). (2) Das Konzept der O. setzt voraus, dass etwas, das (bislang) als »geheim« bzw. »unerkannt« galt, (nun) offen zutage liegt (→ Geheimnis) – z. B. durch eine Licht-Dunkel-Metaphorik bzw. -Symbolik dargestellt. Wird diese Spannung von »Erkennen« und »Nichterkennen« auf Dauer durchgehalten, dann lässt sich berechtigt von »O.-Religion« sprechen (wie im Johannesevangelium). Religiös reflektiert wird so die Fragilität von Erkenntnis überhaupt (→ Religionsphilosophie), v. a. aber die Kontingenz der eigenen → Religion (z. B. im Unterschied zu anderen Optionen). Diese Kontingenz ist auch im Blick, wenn – wie ganz überwiegend – das Second-Order-Konzept verwendet wird, aber eher mit entgegengesetzter Absicht: Hier soll der Eindruck eines »so und nicht anders« vermittelt werden. Die Prominenz des Offenbarungskonzepts in der Theologie und z. T. auch in der Religionswissenschaft der Moderne verdankt sich vermutlich dem Plausibilitätsverlust des grundlegenden Konzepts. → Text, → Wissen. Red

Lit.: W. Pannenberg, Systemat. Theologie, 3 Bde., 1988–93. – G. Wenz, O., 2005.

O. F. M. (Abkürzung für lat. Ordo fratrum minorum = Minderbrüder) → Franziskaner.

Okkultismus (von lat. occultus = verborgen), typolog. und durchaus unklarer Begriff für eine Reihe von religiösen Traditionen vorwiegend der europ. Moderne, in denen eine geheime Lehre gehütet und meist über Initiationswege weitergegeben wird. Während der im 19. Jh. geprägte Begriff »O.« meist auf magische Praktiken angewandt wurde, gehört die Rede von der »occulta philosophia« in die Geschichte der → Esoterik. → Freimaurer, → Magie, → Rosenkreuzer, → Theosophie. KVS

Oknos (griech. = das Zögern), antike mytholog. Gestalt eines seilflechtenden alten Mannes, dessen Seil von einem Esel hinter ihm wieder aufgefressen wird. J.J. → Bachofens Studie *Oknos der Seilflechter* (1859) sieht in ihm die symbol. Schlüsselfigur für die mit flechtenden, spinnenden und webenden weiblichen Naturkräften verbundenen chthonischen Mächte, die in das Gewebe jedes irdischen Daseins einen Todesfaden mit einflechten. MB

Om (von sanskr. oṃ, auch aum), im Hinduismus und Buddhismus eine hl. mystische Keimsilbe (→ mantra) von bes. Kraft, zusammengesetzt aus den Anfangs- und Endkurzvokalen a und u sowie dem letzten Konsonanten m des indischen Alphabets, somit alle Wörter umfassend. Die Silbe gilt als Symbol der erlösenden Erkenntnis, in ihr soll das ganze Universum enthalten sein. Sie wird bei vielen religiösen Unternehmungen oder Anrufen als erstes »Wort« ausgesprochen. AM

Omen (Plur. Omina), außergewöhnliche Ereignisse wie Erdbeben, Seuchen, Missgeburten, Kometen, die als Zeichen gesandt werden, ohne als Orakel erbeten worden zu sein. → Divination. CA

Om mani padme hūm (von sanskr. oṃ maṇi padme hūṃ = OM, Juwel im Lotos, HUṂ), hl. Formel, die im → tibet. Buddhismus → Avalokiteshvara zugeschrieben wird. Sie findet sich oft auf Gebetsfahnen, Steinen oder Gebetsmühlen, deren Drehung die in der Formel enthaltene Kraft aktivieren soll. → mantra, → Mantrayāna, → Om. AM

Ōmotokyō (häufig irregulär Oomotokyō geschrieben; japan. = »Lehre von dem großen Ursprung«), eine der zahlreichen → »neuen« Religionen Japans, die durch Nao Deguchis Erfahrung der Einwohnung des »Gottes des großen Ursprungs (Ōmoto)« im Jahre 1899 in Gang gesetzt wurde. Maßgeblich war auch der Beitrag ihres Schwiegersohns, der durch Adoption den Nachnamen Deguchi bekam und sich den anspruchsvollen persönlichen Namen Onisaburō (»Dritter Sohn Barmherzigkeitskönig«) zulegte. Nationalist. Ideen in der Frühzeit der Bewegung führten zur Unterdrückung durch den ebenfalls nationalist. Staat, jedoch änderte sich das Bewusstein nach dem Zweiten Weltkrieg radikal, so dass Ō. seitdem mit einer ausgesprochen universalist. Botschaft auftritt. Die Zahl der Anhänger ist mit weniger als 200.000 eher bescheiden, jedoch war der Einfluss der Ō. auf ähnliche Bewegungen in der Nachkriegszeit sehr groß. MP

Omphalos → Nabel.

Oniaden, vornehmes konservatives jüd. Geschlecht von Hohepriestern, in den Flügelkämpfen der → Hasmonäer-Zeit weitgehend entmachtet. → Zadokiden. KVS

Onias, Name mehrerer jüd. Hohepriester des Zweiten Tempels. Hervorzuheben ist bes. O. IV., der nach vergeblichem Bemühen um das Hohepriesteramt um 150 v. Chr. in der jüd. Militärkolonie im ägypt. Leontopolis/Heliopolis einen eigenen Tempel baute, der erst 73 n. Chr. durch Rom aufgehoben wurde. → Oniaden. KVS

O.P. (Abkürzung für lat. Ordo Praedicatorum = Prediger) → Dominikaner.

Opfer (Lehnwort von [kirchen-]lat. operari = werktätig sein, arbeiten, der Gottheit durch rituelle Werke dienen; engl. sacrifice von lat. sacrificium = Opfer/sacrum facere = hl. machen, vgl. auch engl. offering, von lat. offerre = darreichen).

I. Allgemeine Bedeutungen. (a) Sammelbegriff für Ritualhandlungen, die belebte oder unbelebte, oft im O. zerstörte → Gaben an übernatürliche Wesen (zum Zwecke ihrer gastlichen Bewirtung) zum Kern haben; (b) Bezeichnung für das O.-Objekt (victima), z.B. das O.-Tier oder – metaphor. – das Verkehrs-O.; (c) Ausdruck für Verzicht (»ein O. bringen, sich aufopfern«). Das O. gehört neben anderen → Ritualen und dem → Gebet zu den häufigsten religiösen Ausdrucksformen und gilt mitunter als die rituelle Handlung schlechthin. Ob das O. einen Sonderfall oder nur eine unter vielen Formen des Rituals bildet und inwieweit es sinnvoll von dem Begriff → Kult unterscheidbar ist, ist umstritten. Eine einheitliche Definition oder gar Wesensbestimmung des O. ist kaum möglich, zumal der Begriff mit christl. Vorstellungen überlagert ist.

II. Formen und Funktionen. (1) O. werden allein oder kollektiv veranstaltet; O.-Veranstalter und O.-Herr (Priester) müssen nicht ident. sein. Dargereicht wird grundsätzlich alles, meist aber nur Lebendiges, d. h. → Tiere, weitaus seltener Menschen und Pflanzen, weil nicht selten Leben für Leben gegeben wird. Die Adressaten sind in der Regel Götter, aber auch Ahnen, Dämonen oder (vergöttlichte) Menschen. Tier- oder → Menschen-O. werden auch als Blut- oder Schlacht-O. bezeichnet, die Darreichung von vegetabilen Gaben je nach Konsistenz als Guss- (→ homa) oder Streu-O. (2) Sowohl die Darreichungsformen (Libation: Guss-O., Tötung: Blut-O., Verbrennen: Feuer- oder Brand-O., etc.) als auch der Zeitpunkt (Aussaat: Erstlings-O., Ernte: Ernte-O., → rites de passage: Jünglings-O., etc.) oder die O.-Materie (Tier, Mensch etc.) bestimmen Klassifikation und Typologie der O. (3) Schließlich bestimmt das Motiv des O. seine Bezeichnung: Lob-, Dank-, Bitt- oder Sühne-O. sind die häufigsten Formen. Dabei werden die Götter oder andere übernatürliche Wesen positiv oder negativ, verbindend oder trennend beeinflusst, d. h. bedankt, gebeten, günstig gestimmt, beschwichtigt oder gezwungen, zu entschädigen bzw. nicht zu schädigen.

III. Kritik und Ende des blutigen O.s. Bes. die Blut-O. haben vielfach O.-Kritik hervorgerufen. So wandte sich z. B. der Buddhismus vehement gegen die vedischen Tier-O. (→ ahimsā), auch in der Antike (Vorsokratiker; Pythagoras, um 570–497/8 v. Chr.) gab es solche Stimmen. Im Christentum ist mit der Selbstopferung Gottes in Jesus Christus das eucharist. O. an die Stelle eines ausgeprägten O.-Kultes getreten (Abendmahl, → Eucharistie, Sühnetod). Mit der Zerstörung des Tempels in Jerusalem (70 n. Chr.) wurden die (nur noch dort ausgeübten) jüd. Tier-O. durch Wortgottesdienste abgelöst. Die Metaphorik der atl. Schlacht-O. ist aber im Christentum erhalten geblieben (»O. Christi«, »Lamm Gottes« etc.).

IV. O.-Theorien. (1) In den zahlreichen O.-Theorien wird das O. u. a. als wechselseitige Kraftübertragung (J. G. → Frazer, G. van der → Leeuw), Geschenk oder Gabentausch (M. → Mauss) gesehen. E. B. → Tylor nahm an, dass erst in höher entwickelten Kulturen das O. zum Verzicht wurde, während es ursprünglich eine Bestechungsgabe gewesen sei. Nach diesen Theorien gehen die Opferer eine Art Vertragsverhältnis ein, weshalb auch die ökonom. Seite des O. zu berücksichtigen ist (→ Religionsökonomie). Je nach der (imaginierten) Beziehung zum Opferer ist dann der O.-Adressat mehr oder weniger gezwungen, → Ordnung, Fruchtbarkeit, reiche Ernte, Segen, Schutz, Gesundheit, langes Leben und dergleichen als Gegengabe zu geben (→ do-ut-des-Formel, → Magie). Die Gegenleistung ist aber nicht in allen Religionen verpflichtend. Oft wird daher eher die soziale und moral. Gemeinschaft (→ Communitas) unter den Opfernden und/oder zwischen Opfernden und der Gottheit in den Vordergrund gestellt (W. R. → Smith, H. Hubert, 1872–1927). Nach Smith, der É. → Durkheim nachhaltig beeinflusste, symbolisiert das Totemtier die Gesellschaft (→ Totem). (2) Der O.-Platz, v. a. der O.-Altar (→ Kultort), stellt dann die Verbindung zwischen der profanen und der sakralen Welt, zwischen Menschen und Göttern her. Bes. im → Feuer (→ Agni) und im Rauch wird ein solcher Kontakt vorgestellt. Die gemeinsame Mahlzeit bzw. das O.-Mahl (communio) oder das zwischen Göttern und Menschen im O. geteilte Fleisch sind sinnkräftige Symbolisierungen einer solchen Gemeinschaft. Dabei gehen ältere O.-Forscher (v. a. Frazer) davon aus, dass im O.-Mahl oder im O.-Ritual eine → Kraft auf den Opfernden übertragen bzw. der Opfernde durch das O. rituell gereinigt wird, indem er die Unreinheit abgibt, z. B. an das O.-Tier als → Sündenbock. (3) Zahlreiche Theorien beschäftigen sich auch mit dem Ursprung des O., der u. a. in der Erneuerung der göttlichen Kraft (Frazer), in der Sakralisierung der Jagd bzw. der ritualisierten Gewaltabfuhr und -kontrolle (Burkert, Girard) oder in der dramat. Wiederholung eines Urereignisses (A. E. Jensen, 1899–1965) bzw. eines Urverbrechens (S. → Freud) gesehen wird. AM

Lit.: G. van der Leeuw, Die do-ut-des-Formel in der O.-Theorie, in: ARW 20 (1920/21), 241–53. – E. O. James, Sacrifice and Sacrament, 1962. – W. Burkert, Homo necans. Interpretationen zu altgriech. O.-Riten und Mythen, 1972. – R. Girard, La violence et le sacré, 1972 (dt. 1992). – J. van Baal, Offering, Sacrifice and Gift, Numen 23.3 (1975), 161–78. – M. F. C. Bourdillon/M. Fortes (Hg.), Sacrifice, 1980. – J. Drexel, Die Illusion des O. Abriss der O.-Theorien, 1993. – R. Schenk (Hg.), Zur Theorie des O., 1995. – B. Janowski/M. Welker (Hg.), O.: Theol. und kulturelle Kontexte, 2000. – U. Dahm, Opfer und Ritus, 2003.

Opium des Volkes, Begriff aus der → Religionskritik von K. → Marx (*Kritik der Hegelschen Rechtsphilosophie*, 1844), der in Aufnahme älterer religionskrit. Vorstellungen der franz. → Aufklärung den Vernebelungsaspekt religiöser Lehren für die Wahrnehmung der gesellschaftlichen Wirklichkeit hervorhebt. Zugleich aber weist er auf die gesellschaftlichen Umstände hin, die den Menschen in ihrem Elend religiöse Versprechen als Verheißungen erscheinen lassen – und überwindet damit die älteren Vorstellungen, die diese ideolog. Funktion als Betrugsmanöver der »Herrschenden« verstehen wollten (»Priestertrug«). Erst Lenin (1870–1924) (»Opium für das Volk«, in: Sozialismus und Religion, 1905) kehrt zu den älteren Betrugsvorstellungen zurück, die Marx in soziolog. Einsicht bereits überwunden hatte. WN

Opus Dei (lat. = Werk Gottes), ursprünglich lat. Bezeichnung für das christl. → Gebet, insbes. für das Stundengebet des Benediktinerordens; bekannt geworden v. a. als Name einer internationalen Vereinigung kath. Laien und Priester, gegründet 1928 vom span. Priester J. Escrivá (1902–1975, 2002 hl. gesprochen) in Madrid. Aufschluss über die theolog. Leitideen des O. D. gibt bes. Escrivás Schrift *El Camino* (»Der Weg«): Evangelisierung der modernen Welt, Heiligung durch → Arbeit, Erreichbarkeit der Heiligkeit für jedes Mitglied der Kirche. Kontroverse Diskussionen inner- und außerhalb der kath. Kirche entzünden sich an der asket. Praxis der Vereinigung und an ihrer kirchenrechtlichen Form: 1982 erlangte das O. D. den Rechtsstatus einer Personalprälatur, welcher der Vereinigung ein hohes Maß an Selbständigkeit und großen kirchenpolit. Einfluss garantiert (→ Religionsrecht). KHS

Lit.: P. Rodriguez u. a. (Hg.), Das O. D. in der Kirche, 1997. – P. Hertel, Schleichende Übernahme: Josemaría Escrivá, sein O. D. u. die Macht im Vatikan, 2002.

Orakel (von lat. orare = [ein Gott] spricht, [ein Mensch] betet, griech. mantikē), Institution oder Methode, durch die Menschen etwas erfahren, was Menschen nicht wissen können: den Grund für ein Unglück, die Chancen einer Entscheidung, langfristige Prognosen. Die oft deutungsbedürftige Antwort kommt von einer unbekannten Macht (→ Schicksal, → Zukunft); bestimmte Götter gelten als kundig, z. B. der griech. Apollon, v. a. in seinem Heiligtum in Delphi. Mehrfaches Anfragen bei mehreren O. ist üblich. Monopolbildung erzeugt eindeutige Lösungen, die dann aber polit. kontrollierbar sein müssen. Das führt etwa in der röm. Antike zum Verbot der (konkurrierenden) O. Dieses Verbot wurde von den monotheist. Religionen übernommen. Man kann folgende Formen der Mantik unterscheiden: (a) Privat zu nutzen sind Techniken der → Divination wie Würfeln, Kartenlegen, Pendeln. (b) → Opfer als → Gabe an Gott sind häufig verbunden mit einem »Lesen« der Eingeweide. (c) Komplexer sind O.-Kulte mit Anfrage gegen Gebühren, ekstat. menschlichem Medium, Erklärer (Exegeten) und schriftlicher Aufzeichnung sowie Archivierung. (d) → Astrologie setzt das Wissen über das Zusammenspiel (»Einfluss«) der Außenwelt mit der Innenwelt voraus. Im strengen Sinn ist der Begriff O. nur auf den Typ (c) anzuwenden, während alle Formen als → Divination zusammenzufassen sind. CA

Quellen: Herodot, Historiae 1,53f. (Kroisos); 4,155–165; 7,140–144. – Lukian, Alexandros oder der Lügenprophet. – bT, Traktat Berachot 55a–57b.

Lit.: B. Gladigow, Chrêsthai theoîs. Orientierungs- u. Loyalitätskonflikte in der griech. Religion, in: C. Elsas/H. G. Kippenberg (Hg.), Loyalitätskonflikte in der Religionsgeschichte, 1990, 237–51. – M. T. Fögen, Die Enteignung der Wahrsager, 1993. – V. Rosenberger, Griech. O., 2001.

Ordal, angelsächs. für → Gottesurteil. CA

Orden (von lat. ordo = Regel, Ordnung, Stand), Bezeichnung für den festen Zusammenschluss gleichartiger Klöster zu einer rechtlichen Einheit. Die Mitglieder eines O. verpflichten sich, gemeinsam nach festgelegten Regeln für immer oder auf Zeit in einem Kloster zu leben. Personen, die christl. O. beitreten, legen in der Regel die drei → Gelübde des Gehorsams, der Armut und der Ehelosigkeit ab und verfolgen das Ziel einer christl. vollkommenen Lebensführung. Während die Klöster der orthodoxen Kirchen nur mehr oder weniger lose Vereinigungen kennen, ist die O.-Bildung für das abendländ. Hochmittelalter charakterist. Die Ordensmitglieder verpflichten sich auf eine Lebensführung, wie sie in ihrer Regel (v. a. der des Benedikt) festgeschrieben ist. Auch der Islam und der Buddhismus kennen O. Manche Religionen, z. B. der → Jainismus und der → Daoismus, sind aus O. hervorgegangen oder mit der Kloster-Organisation des Mönchtums eng verbunden. → Askese, → Mönch/Mönchtum. VK

Lit.: K. S. Frank, Grundzüge der Geschichte des christl. Mönchtums, 1975. – G. Schwaiger (Hg.), Mönchtum, O., Klöster: Von den Anfängen bis zur Gegenwart, 1993.

Ordination (von lat. ordinatio = Aufnahme in eine Amtsordnung), ritueller und/oder rechtlicher Akt, durch den ein Kandidat zu einem spezif. → Amt befähigt wird. Der Begriff lässt sich auf alle Akte der Integration eines Kandidaten in einen beliebigen ordo anwenden (z. B. O. eines buddh. → Mönches), meint aber bes. die Weihe des christl. Amtsträgers, die seit urkirchlicher Zeit durch → Handauflegen (griech. cheirotonía) und → Gebet vollzogen wird. In einigen Kirchen kommen Salbung (Hände, Haupt) und Überreichung von Amtsinsignien hinzu. Spender der christl. O. ist der → Bischof. Der Empfang der O. befähigt zur Ausübung des Amtes eines Bischofs, → Priesters (bzw. Pastors) oder Diakons. Nach röm.-kath. und ostkirchlichem Verständnis ist die O. ein → Sakrament, das dem Empfänger eine exklusive und unverlierbare Qualität verleiht, durch die der Geweihte gnadenwirksame Funktionen auszuüben vermag (lat. potestas sacra). Nach luther. Verständnis ist die O. kein sakramentaler Weiheakt, sondern die kirchliche Beauftragung zum Dienst aus der Mitte des Priestertums aller Gläubigen. KHS

Lit.: L. Ott, Das Weihesakrament (Hb. der Dogmengeschichte 4), 1969. – A. Rauch/P. Imhof (Hg.), Das Priestertum der einen Kirche, 1987.

Ordnung, religiöse, Vorstellung vom Zusammenhalt des Ganzen, d. h. der Welt und des → Kosmos. Religiöse O.-Vorstellungen manifestieren sich oft in als allgemeine → Gesetze formulierten oder kodifizierten Regeln des Lebens und Zusammenlebens und in Normen des Handelns (→ Ethik). Religiöse O. gelten in der Regel als gottgewollt oder -gesetzt, und vielfach sind die Religionsstifter (z. B. → Buddha, → Mose, → Zarathustra oder → Muḥammad) ihre Garanten. Die von Gott oder den Göttern gegebene r. O. gilt meist als allumfassend, so die → Maat der Ägypter, das → dao der Chinesen oder der → dharma in Hinduismus, Buddhismus und Jainismus. Je mehr die göttliche O. jurid. kodifiziert ist, desto mehr sind die Priester Juristen (→ Religionsrecht). Die Trennung zwischen r. und weltlicher O. ist z. B. im hinduist. dharma nicht gegeben, das göttliche und sittliche, natürliche und moral. O. ist. In den meisten Schriftreligionen sind die r. O. in Sammlungen und oft umfangreichen exeget. Texten erfasst (→ Dekalog, → Dharmashāstra, → Manusmriti, → Torah). → Gesetz. AM

Orenda, in den → Deutungsmustern der Irokesen eine unpersönliche, aber personengebundene Kraft, die Menschen von nichtmenschlichen Personen als Gabe erhalten können und die vergleichbar ist mit einem Attribut der Beseeltheit. Die Beziehungen zwischen den Wesen der belebten Welt waren weitgehend durch das unterschiedliche Ausmaß an O. bestimmt, über das sie verfügten. Der irokes. Ethnologe Hewitt deutete O. unter dem Einfluss der Theorie des → Dynamismus als »dynamische Potenz«. Als Sammelbezeichnung für Formen des Kraftglaubens setzte sich »Orendismus« nicht durch. CFF

Lit.: J. N. B. Hewitt, O., and a Definition of Religion, in: American Anthropologist N. S. 4 (1902), 33–36. – F. Pfister, Art. »Orendismus«, in: H. Bächtold-Stäubli (Hg.), Handwörterbuch des dt. Aberglaubens, Bd. 6, 1934/35, 1294–1306. – H. L. Isaacs, »O.« and the Concept of Power among the Tonawanda Seneca, in: R. D. Fogelson/R. N. Adams (Hg.), The Anthropology of Power, 1977, 167–84.

Organisation, ursprünglich aus dem Franz. stammender soziolog. Begriff, mit dem zunächst die Struktur organ. Körper bezeichnet wurde. Später weitete sich der Begriff auf soziale Gebilde aus, z. B. Verwaltungen, Schulen, Vereine, auch religiöse Körperschaften wie → Kirchen oder → Sekten. Als O. wird ein neuerer Typus sozialer Gebilde angesehen, der sich v. a. mit der bürgerlichen Gesellschaft in der → Moderne (→ Individualisierung) ausgebreitet hat. Er zeichnet sich durch eine ausdrückliche Zielsetzung aus, die von sich dazu verpflichtenden oder dazu verpflichteten Mitgliedern in einer mehr oder weniger arbeitsteiligen Weise verfolgt wird. → Institution. HK

Organisationsformen lassen sich unterscheiden in die → Gruppe (als den Grenzfall von O.), die Bewegung, Netzwerke und die formale Organisation. In der älteren Soziologie wurden religiöse O. in der Kontrasttypologie von → Sekte und → Kirche bestimmt. Zu den wichtigsten Kriterien zur typolog. Differenzierung religiöser O. zählen: Ausmaß der tatsächlichen und der angestrebten Integration, Verhältnis zur gesellschaftlichen Umwelt, Ausmaß der organisator. Komplexität, Zugehörigkeitsmodus (qua Geburt oder Sozialisation, formale Mitgliedschaft oder emphat.

Entscheidung), Integrationsmodus (Vergemeinschaftung oder Vergesellschaftung, Versachlichung oder Verpersönlichung), der jeweilige Religiositätstypus (religiöser Indifferentismus oder bes. religiöse Qualifikation) sowie Ausmaß und Art der Lebensreglementierung. VK

Lit.: V. Krech, Religionssoziologie, 1999.

Orgiastik (von griech. órgia = hl. Handlung, Geheimdienst; orgiasmós = Orgienfeier). Erst im 19. Jh. gewann der Begriff aus den antiken Mysterien die Bedeutung der Tanz-Ekstase und religiösen Raserei, insbes. im Dionysos-Kult. Der fiktive Kult in den → »Bakchen« des Euripides (ca. 406 v. Chr.) wurde als reale Schilderung eines Dionysoskults orientalischen Ursprungs angesehen. Aus dieser Fehlinterpretation abgeleitet ist der »gebotene Exzess«, den S. Freud dem → Fest überhaupt zuschreibt. Um 1900 werden solche orgiastischen Feste inszeniert. → Paganismus. CA

Lit.: L. Ziehen, Art. »Orgia«, in: RE 18,1, 1939, 1026–29. – H. Mohr, Religion in Bewegung, in: Münchner Theol. Zs. 55 (2004), 310–24.

Orichas (Kuba), Orishas (Trinidad, hier auch »Powers«) oder Orixás (Brasilien), Gottheiten in → afroamerikan. Religionen, die aus der Yoruba-Religion übernommen wurden. Sie werden als anthropomorphe Naturgewalten vorgestellt, jeweils mit einer kath. Heiligengestalt assoziiert und von Initiierten im Zustand der → Trance verkörpert. Jedem O. werden bestimmte Tanzschritte, Trommelrhythmen (→ Musik, → Tanz), Charaktereigenschaften, Farben, Kräfte und die dem → Heiligen entsprechenden Patronatsgebiete und Feiertage zugeordnet. NJ, CM

Orientierung, die Bestimmung der eigenen Position durch die Beziehung auf fixe Größen (manchmal als »Anker« bezeichnet). (1) In erster Linie ist damit die Positionierung im → Raum gemeint; das Wort leitet sich ab von lat. oriens (= Osten, Sonnenaufgang). Es kann aber auch im weiteren Sinne als Positionierung in der → Zeit, im Lebenslauf oder im sozialen Bezugssystem verstanden werden. Der Sonnenverlauf (und die damit verbundene Ost-West-O. bzw. die Himmelsrichtungen allgemein) sind in den meisten Kulturen zentrale Bezugsgrößen. Oft spielen auch andere astronom. Beobachtungen eine Rolle, etwa für die Ausrichtung von Bauten und Siedlungen. Als Bezugsgröße können auch landschaftliche Phänomene fungieren: bergwärts/talwärts, flussaufwärts/flussabwärts; dies wird als absolute oder geozentr. O. bezeichnet. Die O. im Raum kann aber auch körperzentriert sein, wie im Falle der Unterscheidungen rechts/links, oben/unten, vorne/hinten (relative oder egozentr. O.). (2) Solche Bezugsgrößen, die sich als Gegensatzpaare gliedern lassen, sind meist mit kulturellen bzw. religiösen Werten besetzt (z. B. wenn »Osten« mit »Leben« und »Westen« mit »Tod assoziiert wird); diese Verbindungen kommen u. a. im → Ritual, in der → Architektur oder in der Sakralgeographie zum Ausdruck. Weitere wichtige O.-Prinzipien sind die Unterscheidung zwischen innen und außen sowie der Bezug auf ein (hl.) Zentrum, wobei entsprechend der Entfernung vom Zentrum verschiedene Zonen der Peripherie unterschieden werden können. Die Ausrichtung auf einen hl. Mittelpunkt (→ axis mundi, → Nabel) hin spielt in vielen Religionen eine wichtige Rolle (z. B. Mekka, Jerusalem, Rom, Berg Meru). → Deutungsmuster, → Kontingenz. MG

Lit.: R. Gehlen, Welt und Ordnung, 1995.

Orphik/Orphiker. Unter dem Namen des Orpheus entstand seit dem 6. Jh. v. Chr. eine ganze Literaturgattung von → Totenbüchern und Jenseitsführern. Da Orpheus in die Unterwelt eingedrungen sein soll, um mithilfe der Musik die Götter dort zu erweichen und seine verstorbene Gattin wieder zu den Lebenden zu führen, galt er als einer der wenigen, die die Unterwelt aus eigener Anschauung beschreiben konnten. So konnte die O. ihren Anhängern den Weg weisen, wie sie an den Schatten vorbei direkt zu den Seligen gelangen. Damit war zum ersten Mal in der Antike ein jenseitiges Leben denkbar und nicht nur ein freud- und sinnloses Dahinvegetieren als Schattenwesen. Erst so sind → Platon und das platonisierte Christentum denkbar. Durch neue Funde sind die »Totenpässe« der Orphiker bekannt, Knochen- oder Goldplättchen, die ihnen den Eintritt in das positive Jenseits sichern sollten oder ihnen eine Seligpreisung zusprechen. Sie wurden wohl im Rahmen eines Rituals übergeben, als eine Einweihung in die Mysterien des Dionysos. Unklar ist, ob es eine zusammenhängende orph. Gemeinde oder eine Art »Zeltmission« gab und ob das Jenseitsmodell der individuellen Seele aus dem Orient importiert wurde oder auf eine soziale Veränderung im archaischen Griechenland reagierte. CA

Lit.: J. N. Bremmer, The Rise and Fall of the Afterlife, 2002.

Ort (griech. tópos). Im Gegensatz zum → Raum sind O. als konkrete, einzelne Objekte sinnlich erfahrbar. Dabei unterliegen sie unterschiedlichen kulturellen Wertungen: es gibt → hl. O. oder profane, reine oder unreine, allgemein zugängliche oder verbotene usw. Die immanenten Qualitäten eines O. (z.B. Anwesenheit von Geistern, Beseelung, Macht), die oft durch mythische oder histor. Ereignisse begründet werden, implizieren eine enge rituelle und emotionale Verbindung mit den Bewohnern (→ lokale Religionen). MG

Orthodoxes Christentum, Bezeichnung für den Teil des Christentums, der sich während der byzantin. Zeit hauptsächlich in Ost- und Südosteuropa etablierte und bes. nach dem → Schisma von 1054 unabhängig vom Lat. Christentum entwickelte. Mit dem Zusammenbruch des Ostblocks (1989–91) stieg in jüngster Zeit auch das Interesse an diesen Regionen. Heute gibt es insgesamt 14 autokephale orthodoxe Kirchen, denen teilweise autonome Landeskirchen unterstehen. Der kanonische Status weiterer orthodoxer Kirchen – einschließlich jener in der → Diaspora – ist noch nicht panorthodox geregelt. Folgende Merkmale sind kennzeichnend für das o.Ch.: (a) die andauernde Spannung zwischen Einheit und Vielfalt, die stufenweise Ausdifferenzierung, die zunehmende Nationalisierung und die innerorthodoxen Konflikte; (b) die Synodalität und der administrative Pluralismus in den Kirchenstrukturen; (c) das bes. Verständnis der wörtlich ausgelegten Bezeichnung orthodox (= rechtgläubig, → Orthodoxie) und die daraus abgeleiteten soziokulturellen Konsequenzen wie das starke Festhalten an der kirchlichen Überlieferung (Bibel, Kirchenväter, Konzilienbeschlüsse), die Entwicklung von rigorist. Strömungen, die Abneigung gegen Neuerungen und ein Exklusivitäts- und Überlegenheitsgefühl gegenüber Andersgläubigen; (d) die engen Beziehungen und die Ablehnung einer Trennung zwischen Staat und Kirche (→ Staatsreligion); (e) die dauerhafte Opposition zum Lat. Christentum bzw. zum Westen (Antiokzidentalismus), die insbes. seit dem Beginn der Neuzeit verallgemeinert wurde und bis heute widersprüchliche Orientierungen zur Folge hat – der Westen als Vorbild und zugleich als ernste Gefahr; (f) die überwiegenden gefühls- und erlebnisbedingten sowie mystisch gefärbten Frömmigkeitsformen (im liturg. Leben, in der außerweltlichen → Askese und Ikonenverehrung) sowie die ausgeprägte Jenseitsorientierung. VM

Lit.: J. Binns, An Introduction to the Christian Orthodox Churches, 2002. – V. Roudometof u.a. (Hg.), Eastern Orthodoxy in a Global Age, 2005.

Orthodoxie (von griech. orthós = richtig und dóxa = Meinung). (1) O. als Gegenbegriff zu Orthopraxie besagt, dass der »richtige Glaube« die Zugehörigkeit zu einer religiösen Gemeinschaft ausmacht, die richtige Lebensweise (Rituale, Speisegebote, Kleidung) dagegen sekundär sei. Andererseits bezeichnet man eine Strömung des Judentums als O., die durch strikte Orthopraxie den Eintritt der Gottesherrschaft ermöglichen will (→ Messias). (2) Im hierarch. Christentum bes. der lat. Kirche werden über den O.-Begriff diejenigen ausgegrenzt, die sich der → Hierarchie nicht unterwerfen. In den Konzilien der Reichskirche seit dem 4. Jh. ist das Ritual der Einordnung das Credo (→ Glaube); wer nicht einstimmt in den definierten Glauben, bekennt sich als Häretiker. Dieses Mittel der erzwungenen Einheit findet sich in der Religionsgeschichte selten. (3) Als altprotestant. O. wird eine protestant. Lehre der Aufklärungszeit bezeichnet, die innerkirchlich die Dogmatik über rationales Erklären und Einsicht stellt (→ Lessing). (4) Als → Orthodoxes Christentum werden die Ostkirchen nach der großen Spaltung von 1054 zusammengefasst, in Abgrenzung zu dem Selbstverständnis der kath. Kirche des Westens (→ Katholizismus), die »weltumfassende« zu sein, und zu dem Anspruch auf den Vorrang des Papstes vor den anderen Patriarchen. → filioque. CA

Orthodoxie/Heterodoxie/Häresie, Begriffstrias, die bereits aus den antiken Selbstinterpretationen der christl. Religion stammt, zunehmend aber auch auf andere Religionen wie das Judentum und den Islam übertragen wurde. (a) O. (von griech. orthós = recht, wahr und dóxa = Meinung) bezeichnet diejenige (christl.) Gruppierung, welche im griech. Wortsinn die zutreffende (= rechte) Meinung (→ Lehre, → Dogma) vertritt bzw. auch diese Meinung selbst. (b) Heterodoxie (von griech. héteros = ein anderer und dóxa) meint relativ zur O. eine andere, abweichende Meinung. (c) Der Begriff → Häresie (von griech. haíresis = Partei, Spaltung) verweist schließlich auf Spaltungen der christl. Gemeinde, die nicht mehr konsensuell lösbar oder erträglich scheinen. Da es hier um eher »theoret.« Fragen zu gehen scheint, ist in jüngerer Zeit v. a. im Bereich der ökumen. Bewegung dem Begriff der O. derjenige der Orthopraxie (von griech. orthós und prãxis = Tat) entgegengesetzt worden. Dabei herrscht die Überzeugung vor, Unterschiede zwischen → Konfessionen und »Religionen« ließen sich hintanstellen, wenn man zu einer gemeinsamen Praxis fände (z. B. in Fragen der Friedensethik, Ökologie, Geschlechterethik und Antirassismusprogrammen). Werden Begriffe wie O. auf andere als christl. Religionen übertragen, sollte v. a. der eher theorie- und wissensbezogene Kontext ihrer Herkunft nicht außer Acht gelassen werden. Eine lehrreiche, humanisierende christl. Konzeption hat → Schleiermacher entwickelt: Häresien bezeichnen jeweils extreme Grenzpunkte christl. Kommunikation, zwischen denen es eine unendliche Menge von Übergängen ortho- und heterodoxer Ansichten gibt, wobei letztere notwendig sind, um »Lehre« dynam. und erfahrungsoffen zu gestalten. Red

Lit.: C. Auffarth, Die Ketzer, 2005.

O. S. B. (Abkürzung für lat. Ordo Sancti Benedicti = Benediktiner), nach der Regel des Benedikt von Nursia (ca. 480–547) lebende Mönche. → Mönch/Mönchtum. CA

Osho-Rajneesh-Bewegung → Bhagvan Shri Rajneesh.

Osiris, zählt mit → Re zu den wichtigsten Gottheiten der → altägypt. Religion. Seine Körperfarbe ist oft schwarz (Farbe des fruchtbaren Nilschlamms) oder grün (Farbe der neuen Saat/Auferstehung im Vegetationszyklus). Als Gott steht O. mit dem Tod, der jenseitigen Fortexistenz und der Fruchtbarkeit in Verbindung. Seit den → Pyramidentexten (um 2300 v. Chr.) wurde der verstorbene Pharao mit O., der lebende Herrscher mit dessen Sohn Horus gleichgesetzt. Durch die Demokratisierung des Jenseitsglaubens seit der Ersten Zwischenzeit (2170–2020 v. Chr.) konnte jeder Tote zu einem O. werden. Hauptkultort von O. war Abydos, wo die ersten Pharaonen begraben lagen und der Tempel des Chontamenti, des »Ersten der Westlichen« (der Toten), stand. Die Verschmelzung beider Gottheiten betont den Aspekt des Totengottes. Im → Osirismythos wird der Tod des Gottes und seine Fortexistenz im → Jenseits als Vorbild für alle Toten geschildert. EH

Osirismythos, liegt in den Grundmotiven in Ägypten seit den → Pyramidentexten (um 2300 v. Chr.) vor. → Osiris kommt entweder durch Ertrinken zu Tode oder wird von seinem Bruder Seth getötet und zerstückelt. Die verstreuten Teile seiner Leiche werden von → Isis gesucht, gefunden, beklagt und wieder zusammengesetzt. Durch die wiederbelebende Kraft der Bestattungsriten kann Osiris mit Isis Horus zeugen. Osiris erlangt eine Weiterexistenz im Jenseits, dessen Herrscher und Richter er wird. Horus kämpft um sein Erbe im Diesseits, rächt den Tod des Vaters und tritt schließlich siegreich sein Erbe an (→ Horus und Seth). Als Sukzessionsmythos thematisiert der O. die Überwindung des Todes und die Metamorphose in einen neuen Seinszustand. Der Tod des Osiris, seine Auflösung und Verwandlung, wozu die Mumifizierung, das → Mundöffnungsritual und die anderen Bestattungsriten gehören, bietet ein Rollenmodell für den Tod jedes Einzelnen. Der O. wurde im Rahmen von öffentlichen Kultspielen in Abydos und während der Tempelfeste im Monat Choiak, dem vierten Monat der Nilüberschwemmung, inszeniert. Außerhalb der Totentexte enthält die Stele des Amun-Mose aus der 18. Dynastie die längste Version des O. aus dem alten Ägypten. Als neues Motiv erscheint die anfängliche wohltätige Herrschaft von Osiris als König über Ägypten. Die bekannteste narrative Fassung des O. stammt erst von Plutarch (um 46–125), der Ägypten mehrfach bereiste und seit 95 Oberpriester in Delphi war. In seiner Schrift »Über Isis und Osiris« behandelt er ausführlich die Zeit vor dem Tod, in der Osiris als bedeutender Kulturstifter wirkt. Seth, der mit Typhon identifiziert wird, bildet dabei die zerstörer. Gegenmacht. Außer durch zahlreiche eingewobene griech. Motive wird der O. von Plutarch um eine allegor. Deutung erweitert. EH

Lit.: P. Schilm, Der Osiris-Mythos als Medium von Lebensführung und Lebensbedeutung, 1999.

Ostasien → Chin. Religionen, → Japan. Religionen, → Korean. Religionen.

Ostkirche → Orthodoxes Christentum.

Otto, Rudolf (1869–1937). Der systemat. Theologe und Religionsphilosoph orientierte sich einerseits an → Schleiermachers Eintreten für eine Religion als → Gefühl schlechthinniger Abhängigkeit, andererseits am Neukantianismus (*Kant-Fries'sche Religionsphilosophie und ihre Anwendung auf die Theologie*, 1909). Gegen Ende des Ersten Weltkriegs wurde seine Religionstheorie, in der er das eigentümlich Religiöse in dem → Heiligen fand, ein enormer Erfolg (*Das Heilige*, 1917): Religion minus ihrer rationalen Elemente (→ Ethik) sei nämlich nicht begrifflich zu fassen und zu lehren, sondern nur erfahrbar als mysterium tremendum und fascinosum (→ Religionsphänomenologie, → Religionspsychologie). Seine Reisen nach Nordafrika und Indien führten zu Religionsvergleichen zwischen Christentum und Hinduismus (*West-östliche Mystik*, 1926); mitgebrachte Kultgegenstände bilden den Grundstock des Museums Religionskundliche Sammlung in O.s Wirkungsstätte, der Universität Marburg. CA

Lit.: G. Pfleiderer, Theologie als Wirklichkeitswissenschaft, 1992. – G. D. Alles, R. O. in: A. Michaels (Hg.), Klassiker der Religionswissenschaft, 1997, 198–210.

Otto, Walter F. (1872–1958). Der Altphilologe trat mit seinen paganen Theologien über *Die Götter Griechenlands* (1929) und *Dionysos* (1933) hervor, die aber nicht zur Begründung einer kultischen Gemeinschaft gedacht waren, sondern als »Lesemysterien«. Anfangs Latinist fand er – von den Cambridge Ritualists (J. → Harrison, J. G. → Frazer) beeinflusst – sein Thema im Ritual als Bedeutungsträger: *Die Manen oder von den Urformen des Totenglaubens* (1923). Der Erste Weltkrieg hatte aber auch den Kulturprotestantismus decouvriert, so dass O. mit → Nietzsche der Sklavenmoral des Christentums die heroische Tatreligion der Antike entgegenstellte: *Der Geist der Antike und die christl. Welt* (1923). »Die griech. Götter sind« und können sich auch heute noch offenbaren. → Kerényi, → Religion. CA

Lit.: H. Cancik, Die Götter Griechenlands 1929, in: Der Altsprachliche Unterricht 26/4 (1984), 71–89. – H. Cancik, Dionysos 1933, in: R. Faber/R. Schlesier (Hg.), Die Restauration der Götter, 1986, 105–23. – H. Cancik/H. Cancik-Lindemaier, Geist der Antike 1923, in: Hyperboreus 9 (2003), 373–91.

Oxford-Bewegung (engl. Oxford Movement), eine 1833 in Oxford von J. H. Newman (1801–90) initiierte restaurative Reformbewegung innerhalb der anglikan. Kirche mit dem Ziel der Abwehr von liberalen Tendenzen. Als in diesem Sinne »anglo-kath.« Bewegung strebten Newman (der später zum Katholizismus konvertierte), E. B. Pusey (1800–82) und J. Keble (1792–1866) die Rückkehr zu hochkirchlicher Lehre und Zeremonie an. Sie gründeten Ordensgemeinschaften und revidierten die Liturgie; ihre Kritik an der Glaubensferne des staatskirchlichen höheren → Klerus hinterließ eine deutliche Wirkung auf die Selbstdarstellung der anglikan. Kirche. WR

Lit.: O. Chadwick, The Spirit of the Oxford Movement, 1990.

P

Pachacamac (Quechua = Schöpfer der Welt, des Universums), Gottheit und vorkoloniale Pilgerstätte an der Küste Perus, die bei Ankunft der Spanier 1532 bereits über tausend Jahre bestand. Pilger legten weite Strecken zurück, um das Orakel des Gottes zu befragen, der auch als Herr der Erdbeben galt und mit einer einzigen Drehung seines Körpers die Welt vernichten konnte. Eine große, hierarch. gegliederte Priesterschaft verwaltete die Kultstätte. → Indian. Religionen. IG

Lit.: M. Rostworowski, P. y el señor de los milagros, 1992.

Pachamama (von Quechua/Aymara pacha = → Zeit, → Raum, → Erde, mama = Mutter: Mutter Erde), eine im Andenraum seit vorkolonialer Zeit verehrte Gottheit, heute als wichtigste Gottheit neben den Berggöttern für Fruchtbarkeit und Wohlergehen von Mensch und → Tier zuständig. P. gilt als Herrin der Haustiere und wird oft mit der Jungfrau → Maria identifiziert. → Indian. Religionen. IG

Lit.: A. M. Mariscotti de Görlitz, P. Santa Tierra, 1978.

Padmapani (von sanskr. Padmapāṇi = der den Lotos in der Hand hält), Bezeichnung für den → Bodhisattva → Avalokiteshvara, dessen Attribut u. a. der Lotos ist. AM

Padmasambhava (von sanskr. Padmasaṃbhava, tibet. Padma-'byung-gnas = der Lotos-Entstandene), gilt als Begründer der → Nyingma-Tradition und ist in Tibet allgemein als Guru Rinpoche (= Kostbarer Lehrer) bekannt. Der Legende nach wurde er als Vertreter der indischen Mahāsiddha-Tradition von dem tibet. König Khri-srong-lde'u-btsan nach Tibet eingeladen, um die autochthonen religiösen Mächte zu bezwingen, wozu der Mönchsgelehrte Shāntarakshita nicht in der Lage gewesen war. Die Überlieferung zu P.s Lebensgeschichte ist so von Legenden überwuchert, dass sogar seine Historizität unsicher erscheint. Der Tradition nach stammt P. aus Uddiyāna, dem heutigen Swat-Tal in Pakistan. KKP

Lit.: K. Douglas/G. Bays (Übers.), The Life and Liberation of P., 1978.

Paganismus (von lat. paganus = Landmann, »Heide«), Bezeichnung für die religiöse Rezeption nichtchristl., insbes. antiker und rezenter ethnischer Religionen gegen die jüd.-christl. Tradition (und alternativ zu ihr). (1) Im engeren Sinn handelt es sich um Reaktionsbildungen innerhalb der Europ. (und erweitert: westlichen) Religionsgeschichte, die durch den Hegemonial- und Ausschließlichkeitsanspruch der monotheist. Religionen (→ Monotheismus) hervorgerufen wurden. Anlass dazu bot deren asymmetr.-komplementärer Sammelbegriff »Heiden« (hebr. gōjim, griech. éthnē, lat. pagani), der die »Andersgläubigen« im Sinn eines exklusiven Heils- und Erlösungsanspruchs als nichtzugehörige, unerlöste »Ungläubige« ausgrenzte. Die pagane Option kehrt nun diese Abwertung um, indem sie, wie in den Formen von »Antikereligion« oder bei den »neuen Hexen« der Wicca-Religion, das Ausgegrenzte bewusst als Gegenmodell zur christl. Mehrheitsreligion entwirft und aufwertet. »Heide zu sein« entwickelte sich im Verlauf europ. Geschichte zum »Dritten Weg« zwischen → Christentum einerseits und → Atheismus andererseits. Allerdings sind des Öfteren Mischformen belegt: etwa in der christl.-platon. Synthese der Florentiner Akademie unter M. Ficino im 15. Jh., aber auch in poet. Entwürfen wie F. Hölderlins »Mytho-Konzept« Dionysos-Christus (Hymne *Brot und Wein*, 1800/01) oder in R. Wagners »Weihefestspiel« *Parsifal* (1882). (2) Inhaltlich sind P. einerseits Zerfallsprodukte der antiken Religionen und transportieren daher deren Präferenzen und Strukturelemente: eine polytheist. Mythologie, Naturverehrung (in einer animist. [Naturgeister] wie pantheist. Variante), Toten-, Ahnen- und Seelenkult (»Seelenwanderung«), aber auch elaborierte Systeme wie Hermetik, philosophia occulta, theurg. Magie und Astrologie; andererseits können sie als reaktive Modelle mit idealtyp. Struktur die Gestalt einer Gegenreligion annehmen (Satanismus; → Neopaganismus). (3) In der Europ. Religionsgeschichte verteilen sich pagane Glaubenssysteme und Kultbildungen auf drei Rezeptionsstränge: (a) Bis in die Neuzeit herrscht die Rezeption der klassischen und vorderoriental. Antike (Griechenland, Rom; Altes Israel, Ägypten, Mesopotamien) vor. (b) Ihr tritt – seit dem Humanismus, vornehmlich aber seit den Nationalbewegungen des 18. Jh.s – die Rezeption alteurop. Religionen (Kelten, Germanen, Slawen) zur Seite. – In immer neuen Schüben wird dabei antikes »Material« – Mythen, Symboliken, Bild- und »Pathosformeln« (A. Warburg, 1866–1929), aber auch archäolog. Fundstücke und Reste (Kultplätze) – über Bewegungen kultureller Revitalisierung (»Renaissancen«) und polit. Nativismen (Nationalismen; »Völkische Religionen«) aktiviert und aktualisiert: in den pagan-oppositionellen, stark synkretist. Systembildungen der Spätantike (Jamblichos; Kaiser Julianos Apostata, *Corpus Hermeticum*), in der frühneuzeitlichen italien. und franz. Renaissance (»revitalisierende Phase«) zwischen Petrarca und G. Bruno (1548–1600), in der Phase der bürgerlichen Revolutionen und des Nationalismus des späten 18. und 19. Jh.s (»polit.-nativist. Phase«: »Philhellenismus«; neoantike und naturallegor. Kulte der Franz. Revolution; romant.-nationalist. Germanenkult). (c) Erweitert wird das pagane Spektrum schließlich im 20. Jh. durch die Rezeption außereurop. indigener Religionen (»ethno-romant. Phase«: Hexenbewegung, Wicca, Indianer- und Keltenrezeption, Neoschamanismus [C. Castaneda, gest. 1998]). (4) Obwohl P. diskontinuierlich rezipiert wurden, lassen sich bestimmte Rezeptionsmuster finden: (a) als Privat-, bes. Intellektuellenreligion (systembildend: Neuplatoniker; G. Plethon; F. → Nietzsche), Außenseiterreligion (homoerot. Subkultur; George-Kreis), seit dem 18. Jh. auch als philosoph. Mythos-Diskurs (»Neue Mythologie«); (b) als Ästhetisierungsmuster in bildender Kunst (Kunstreligion:

Winckelmann, 1717–68; Kunstmythologie), Literatur (St. George, 1868–1933: Künstlerkult und Lesegemeinde) und Gartenkunst (Renaissance; Englische Gärten der Aufklärung), wobei die Schullektüre in Kloster, Gymnasium und Universität die Stoff- und Quellentradierung garantierte; (c) als »symbol. Kapital« in Herrschaftszeremoniell (Herrscheradvent; Festkultur) und polit. Religionen (Völkische Religionen, insbes. Nationalsozialismus und → Faschismus), mit militärreligiösen und massen ästhet. Zügen (stilbildend: Franz. Revolution); (d) als ethno-religiöse (Rück-)Projektion nativist. Folklore, Volkstums- und Brauchtumsbewegungen (lokale Festkultur, z. B. alemann. Fastnacht); (e) als Neugründungen paganer Gemeinschaften, erst seit Mitte des 20. Jh.s (Rekonstruktionist. Gruppen; → Neopaganismus). Ein »residualer P.« im Sinn einer Kult- und Glaubenskontinuität bis in die Frühe Neuzeit findet sich nur in Einzelfällen (Schamanismus der Benandanti in Friaul); rezent sind fast ausschließlich Überlagerungen und Mischformen, etwa im mediterranen Katholizismus, belegt. Elemente einer »magisch-paganen« Parallelreligiosität (Heilerwesen; Hexereidiskurs) sind großteils mit der traditionalen Agrargesellschaft im 19. und 20. Jh. untergegangen. HM

Lit.: M. Frank, Vorlesungen über die Neue Mythologie, 2 Bde., 1982–88. – E. Stärk, Hermann Nitschs ›Orgien Mysterien Theater‹ und die »Hysterie der Griechen«, 1987. – H.-C. Harten/E. Harten, Die Versöhnung mit der Natur, 1989. – L. J. R. Milis (Hg.), The Pagan Middle Ages, 1998 (niederländ. 1991). – E. Hornung, Das esoter. Ägypten, 1999. – M. Giebel, Kaiser Julian Apostata. Die Wiederkehr der alten Götter, 2002. – J. Godwin, The Pagan Dream of the Renaissance, 2002.

Pagode (portugies., Etymologie unklar). Europ. Reisende bezeichneten seit der Mitte des 16. Jh.s hinduist. Kultbauten Südindiens als P. Seit dem 19. Jh. werden auch in kunsthistor. Abhandlungen die zwei- bis fünfgeschossigen hinduist. Tempel der Newars im Tal von Kathmandu in Nepal so bezeichnet, ebenso verschiedene Ausformungen des buddh. Turmstūpa in Nordchina: Gesims-, Stufen-, Viertor- und Stockwerkpagode. Auch für die seit dem 7. Jh. in Japan errichteten zwei- bis 13-geschossigen begehbaren → stūpas (japan. to) hat sich die Bezeichnung P. eingebürgert. → Kultort/Kultbauten. NG

Pahlavi-Literatur, rund 55 Texte zoroastr. Theologen in mittelpers. Sprache. Neben Übersetzungen des → Avesta umfasst die P.-L. religiös-didakt., dogmat.-religionsrechtliche, aber auch einige weltlich-unterhaltende Schriften. Die frühesten erhaltenen Handschriften stammen erst aus dem 14. Jh. n. Chr., die ältesten → Texte dürften aber bis in die spätsasanid. Zeit (6.–7. Jh. n. Chr.) zurückreichen; der größere Teil der P.-L. wurde in frühislam. Zeit verfasst. Einige wichtige Texte sind: Bundahišn (zwei Textversionen, kosmolog. Themen); Dēnkard (enzyklopäd. Sammlung theolog. Wissens in islam. Zeit); Ardā Wīrāz Nāmag, Bahman-Yašt, Jāmāsp Nāmag (apokalypt. Texte); Handarz-Werke (didakt.-belehrende Weisheitsliteratur); Dādestān ī Mēnōg ī xrad, Šayast nē šayast, Hazār Dādestān (Texte zu Rechts- und Ritualwesen); Werke einzelner Theologen wie des Manušcihr und seines Bruders Zādspram (beide 9. Jh.). MH

Lit.: J. C. Tavadia, Die mittelpers. Sprache u. Literatur der Zarathustrier, 1956. – J. de Menasce, Études iraniennes, 1985, 57–82. – C. Colpe, Iran. Traditionen, in: W. Heinrichs u. a. (Hg.), Oriental. Mittelalter (= Neues Hb. der Lit.-Wissenschaft, Bd. 5), 1990, 68–85.

Paläolithische Religionen (modernes Kunstwort von griech. palaiós = alt und líthos = Stein, Paläolithikum = Altsteinzeit), Sammelbezeichnung für religiöse Systeme spätpleistozäner → Jäger- und Sammlerkulturen, deren Erscheinungsformen aus unvollständigen Puzzleteilen und archäolog. Befunden konstruiert wurden. (1) Früheste nichtprofane Kulturphänomene sind Bestattungen des mittelpaläolith. homo sapiens neanderthalensis in offensichtlich rituellem Kontext (z. B. in Shanidar, Irak; La Ferrassie, Frankreich) mit einem Alter von 50–60 000 Jahren. Für das vom homo sapiens sapiens dominierte Jungpaläolithikum gibt es dann ein differenzierteres Bild: Neben Bestattungen gelten Kulthöhlen mit Wandmalereien (Parietalkunst), Gravuren und Reliefs sowie die mobile Kunst mit Figurinen, Plaketten usw. als Repräsentation religiöser Ideen. (2) (a) Seit der wissenschaftlichen Wiederentdeckung paläolith. Kultur im späten 19. Jh. konkurrierten unterschiedliche Theorien über die Bedeutung der nichtprofanen Phänomene. Während l'art pour l'art, Jagdmagie und Totemismus (→ Totem) nicht mehr diskutiert werden, bieten → Strukturalismus (Geschlechterpolarität), Feminismus, Archäoastronomie, Schamanismusforschung (→ Schamanismus) und Hermeneutik Konzepte und Methoden zur Interpretation. (b) Mittels ethnolog. Vergleiche können paläolith. Hinterlassenschaften kontextuell analysiert werden. So werden die p. R. vor dem Hintergrund sozioökonom. und ökolog. Voraussetzungen einerseits als Systeme verstanden, um die → Wahrnehmung der Zeitrhythmen und ihrer Erscheinungen (→ Zeit) zu verarbeiten und symbol. umzusetzen. Dabei wird die Höhle als Schoß (Uterus) der Erde konnotiert, die die abgebildeten Zugtiere usw. jeweils im Frühjahr neu gebiert. Analog dazu bilden die zahlreichen weiblichen Figurinen Symbole der Regeneration (Kreislauf) auch des menschlichen → Lebens. Die am Konkreten ausgerichteten p. R. zeigen keinerlei Hinweise auf ein Gottesbild. Andererseits stehen einzelne Felsbilder im Zusammenhang mit schamanist. Tranceerfahrungen. Im ausgehenden Pleistozän werden die meisten naturalist. Darstellungen von einem abstrakteren Darstellungstyp abgelöst. Vor dem Hintergrund ökolog. Veränderungen (→ Religionsökologie) weisen z. B. mesolith. Felsbilder in der Île de France eine größere Nähe zu in → Trance wahrgenommenen entoptischen Phänomenen (physisch hervorgerufene Lichtwahrnehmung) auf, deren Bedeutung initiatorischer Natur (→ Initiation) zu sein scheint. → Neolith. Religion.

JL

Lit.: J. Maringer, Vorgeschichtliche Religion. Religionen im steinzeitlichen Europa, 1956. – M. Eliade, Geschichte der religiösen Ideen 1. Von der Steinzeit bis zu den Mysterien von Eleusis, 1978. – A. Marshack, The Roots of Civilization, 1991. – J. Clottes/D. Lewis-Williams, Schamanen. Trance und Magie in der Höhlenkunst der Steinzeit, 1997. – M. Lorblanchet, Höhlenmalerei. Ein Hb., 1997. – J. Leopold, Trance-induzierte Felsbilder in der Île de France?, in: Anthropos 95 (2000), 501–17. – D. Lewis-Williams, The Mind in the Cave, 2002.

Pāli/Pāli-Kanon. P. ist die Sprache des buddh. → Kanons (→ Tripitaka), der aus Lehrreden (sutta, → Sutta-Pitaka), Regeln (vinaya, → Vinaya-Pitaka) und philosoph. Abhandlungen (abhidhamma, → Abhidhamma-Pitaka) der Theravādins besteht. Das Wort p. bedeutet → »Text«, genauer heißt die Sprache pālibhāsa/tantibhāsa. Dabei handelt es sich um ein altes Prākrit, eine mittelind. Sprache mit enger Verbindung zum Vedischen und Sanskr., wohl aus Ujjayinī in Avanti stammend. P. war vom 5.–3. Jh. v.Chr eine bedeutende Volkssprache mit mehreren Dialekten. Die Sprache des Buddha war jedoch nicht P., eher Māgadhī, weshalb gelegentlich ein ältester, mündlich tradierter Māgadhī-Kanon postuliert wird. Vollständig in einer indischen Sprache erhalten ist nur der P.-Kanon. Seine Zusammenstellung begann kurz nach dem Tod Buddhas (erstes Konzil in Rājagriha), dann wurde er Jh.e lang mündlich tradiert und in Sri Lanka im 1. Jh. v. Chr. schriftlich fixiert. Er zeigt jedoch kein einheitliches Erscheinungsbild, da Texte von Mönchen aus vielen Teilen Indiens aufgenommen wurden. Das P. des Kanons ist daher keine homogene Sprache, sondern ein Gemisch verschiedener Dialekte, das in verschiedenen Sprachperioden ein unterschiedliches Erscheinungsbild zeigt und insgesamt eher als Kunstsprache zu beschreiben ist. Mit der Verbreitung des → Theravāda-Buddhismus wurde p. zu einer lingua franca in Mönchskreisen. → Buddh. Literatur.

AM

Lit.: W. Geiger, P.: Literatur und Sprache, 1916. – H. Lüders, Beobachtungen über die Sprache des buddh. Urkanons, 1954. – H. Bechert (Hg.), Die Sprache der ältesten buddh. Überlieferung, 1980. – K. R. Norman, P. Literature, 1983. – O. von Hinüber, Das ältere Mittelind. im Überblick, 1986. – O. von Hinüber, A Handbook of P. Literature, 1996.

Pali Text Society, 1881 von Thomas William Rhys Davids (1843–1922) in London gegründeter Verein zur wissenschaftlichen Edition und Übersetzung von Texten des buddh. → Pāli-Kanons. → Tripitaka.

JBE

Pan, griech. Hirtengott, römisch auch Faunus, der mit seiner Wildheit die Ziegenherden in der Müdigkeit der Mittagshitze zur Panik aufschreckt. Seine Gestaltung mit Merkmalen eines Ziegenbocks, Hörnern, Hufen, spitzen Ohren, beeinflusste die christl. Ikonographie des → Teufels. Umgekehrt überliefert Plutarch, *Moralia* 419 (aufgenommen bei Eusebius, *Praeparatio evangelica* 5,17) den Ruf eines Heiden: »Der große P. ist tot!« und interpretiert ihn als unwissende Klage über den Kreuzestod Christi genau zu dieser Zeit.

CA

Panbabylonismus, in den ersten drei Jahrzehnten des 20. Jh.s verbreitete Forschungsmeinung (H. Winckler, P. Jensen, A. Jeremias), dass die altoriental. Kultur (speziell der Sumerer) Nährboden für alle weiteren kulturellen Entwicklungen weltweit gewesen sei. Geistesgeschichtlich damit verbunden ist der von F. Delitzsch 1902 entfachte sog. → »Babel-Bibel-Streit«.

MH

Lit.: J. Ebach, Art. »P.«, in: HrwG 4, 1998, 302–04.

Panchāmrita (von sanskr. pancāmṛta = Fünf-Nektar), hl. Flüssigkeit im hinduist. Gottesdienst (→ pūjā), zusammengesetzt aus Milch, Joghurt, Butterfett, Kuhurin und Kuhdung. P. dient als Speise für die Götter und zur Salbung von Heiligtümern. → Gabe. AM

Panchen Lama (entstanden aus dem tibet. Ehrentitel paṇḍita-chen-po = großer Gelehrter). Dieser Titel wurde den Äbten des westtibet. Klosters Tashilhunpo (bKra-shis-lhun-po) seit der Zeit des 3. → Dalai Lama (16. Jh.) verliehen. Der 5. Dalai Lama (1617–82) verkündete die Reinkarnation des damaligen P. L. Chos-kyi-rgyal-mtshan (1570–1662), seines Tutors, nach seinem Tod. Damit installierte er das → tulku-System auch für die P. L. Die erste Wiedergeburt des Chos-kyi-rgyal-mtshan, der 2. P. L. Blob-zang-ye-shes, wurde 1662 entdeckt und installiert. Der P. L. wird als Emanation des Buddha → Amitābha angesehen, er ist daher im Kontext der → trikāya-Lehre dem Dalai Lama, der die Emanation des Amitābha zugeordneten → Bodhisattvas → Avalokiteshvara ist, spirituell übergeordnet. 1728 erhob der Qing-Kaiser den P. L. zum Herrscher von Tsang und Westtibet und schuf damit die Grundlagen für den bis heute schwelenden polit. Konflikt zwischen Dalai Lama und P. L. Der 1995 vom 14. Dalai Lama anerkannte, im chin. besetzten Tibet geborene 8. P. L. wurde von den Chinesen nicht anerkannt und kurz nach seiner Ernennung nach Peking verschleppt. Über sein Schicksal ist nichts bekannt. Ein von der chin. Regierung eingesetzter P. L., durch das Ziehen von Losen aus einer goldenen Urne nach einem seit der Qing-Zeit etablierten Brauch bestimmt, wird von tibet. Seite nicht anerkannt. KKP

Lit.: F. Jagou, P. L. und Dalai Lama: Eine umstrittene Lehrer-Schüler-Beziehung, in: M. Brauen (Hg.), Die Dalai Lamas, 2005, 202–11.

Pāndavas (sanskr. pāṇḍavas = von Pāndu stammend), fünf Helden des → Mahābhārata: Yudhishthira, Bhīma, Arjuna, Sahadeva und Nakula, Söhne von Pāndu und Kunti bzw. Mādri. → Hinduist. Pantheon. MAL

Panentheismus (von griech. pãs = alles, en = in und theós = Gott), Betrachtungsweise, nach der das Universum ein Teil Gottes sei, Gott aber nicht in der Natur aufgehe (→ Pantheismus), sondern mehr sei als diese. Red

Panjiao (chin. = Klassifikation der [buddh.] Lehre), Methode verschiedener chin. buddh. Schulen (→ Huayan, → Tiantai), entsprechend einer zeitlich-hierarch. Reihenfolge, in der der Buddha mit dem ihm eigenen pädagog. Geschick (»geschickte Mittel«, sanskr. upāya-kaushalya, chin. fangbian) die verschiedenen Sutra-Kategorien (→ Avatamsakasūtra, → Āgama, → Lotos-Sūtra usw.) gemäß den Fähigkeiten seines Publikums gelehrt haben soll, eine ihrer eigenen Sicht entsprechende inklusivist. Hierarchie der buddh. Schriften – und somit des Heilsweges nach Kategorien wie »Hörer« (sanskr. → shrāvaka), »einsamer Buddha« (sanskr. → pratyekabuddha), → Bodhisattva usw. – zu entwerfen. MD

Lit.: P. N. Gregory, Tsung-mi and the Sinification of Buddhism, 1991, 93–135.

Pantheismus (von griech. pãs = alles und theós = Gott), Bezeichnung für religiöse Konzeptionen und Positionen vorwiegend spekulativer → Theologie, die tendenziell eine göttliche Einheit bejahen und diese auf die Einheit und Gesamtheit der Welt beziehen. Die göttliche Einheit kann nicht durch eine personale Größe symbolisiert werden (→ Theismus), gleichwohl aber Göttinnen und Götter (→ Gottesvorstellungen) in die Einheit und Gesamtheit der Welt mit einbeziehen. Umgekehrt können monotheist. Positionen zum P. tendieren, wenn der religiös verehrte »Eine« (nach der Regel hèn kaì pãn, griech. = eins und alles) seiner möglicherweise theist. Gestalt entkleidet und zum Prinzip der göttlich-weltlichen Einheit wird (z. B. bei → Spinoza). Damit ist auch das denker. Problem entfaltet, mit dem der P. ringt: Liegt die Betonung stark auf der weltlichen Einheit, die als »göttlich« angesehen wird, oder richtet sich der Fokus auf die Gott-Welt-Beziehung, so dass Gott die Welt gleichsam als sein eigenes Prädikat annimmt? Oder erweisen sich diese Unterscheidungen als allzu »westlich« geprägt? Religionswissenschaft will P. im alten Ägypten, in hinduist. (→ brahman; → ātman) und buddh. Konzeptionen und in solchen abendländ. → Mystik finden. P. könnte auch in neuplaton. Versuchen, über »das Eine« zu philosophieren, vorliegen. Im dt. → Idealismus und der Frühromantik gibt es

Parallelen dazu, bes. ist an → Hegels »Weltgeist« zu denken. → Monotheismus, → Polytheismus. Red

Lit.: J. I. Israel, Radical Enlightenment, 2001.

Pantheon (von griech. pántheion, aus pántes theoí = alle Götter), (1) ursprünglich Bezeichnung für ein der Gesamtheit der Gottheiten eines polytheist. Kontexts geweihtes Heiligtum. Das bekannteste P. ist das in Rom auf dem Marsfeld unter Augustus (63 v. – 14 n. Chr.) erstmals errichtete, mehrfach zerstörte und unter Hadrian (76–138) zwischen 118 und 128 n. Chr. vollendete Bauwerk, das Anfang des 7. Jh.s zur christl. Kirche Santa Maria ad Martyres (heute Santa Maria Rotonda) umgewidmet wurde. (2) In der europ. Geistes- und Wissenschaftsgeschichte hat sich der Terminus P. als Umschreibung für spezif., lokale Gegebenheiten und/oder soziale Verhältnisse widerspiegelnde Gruppen von Gottheiten in polytheist. Religionen durchgesetzt. Das Paradigma wurde dabei entscheidend von der Vorstellung der zwölf Olymp. Götter geprägt, deren mytholog. tradierte funktionale Ausdifferenzierung und genealog. Verflechtung zum Maßstab für – in sich vermeintlich abgeschlossene – polytheist. »Systeme« erhoben wurde. Tatsächlich erweist sich diese Verallgemeinerung eines schon für die griech.-hellenist. Geschichte zu differenzierenden Befunds auf andere Polytheismen als höchst problemat.: Göttergruppen in altoriental. Großreichen (z. B. die ägypt. »Neunheiten« von Theben und Heliopolis) behalten stets ihren lokalen Bezug, im Zoroastrismus finden sich je nach kultur- und zeitspezif. Verortung divergierende Götterreihungen, deren Spektrum von paratakt. Anordnungen bis zu monotheist.-dualist. Hierarchisierungen reicht, und für das aztek. »P.« hat sogar die strikte Unterscheidung zwischen Göttern und Menschen keine konstitutive Bedeutung mehr. Der Begriff P. verliert damit einerseits seine Bedeutung als statische typolog. Kategorie, setzt aber andererseits zugleich ein hohes Potential für die differenzierende Betrachtung von Polytheismen in Konstellationen lokaler Religionsgeschichte frei. → Hinduist. Pantheon. GA

Lit.: E. Thomas, The Architectural History of the P. in Rome from Agrippa to Septimius Severus via Hadrian, in: Hephaistos 15 (1997), 163–86. – B. Gladigow, Art. »Polytheismus«, in: HrwG 4, 1998, 321–30.

Papst. (1) Während die Kirche regional in autonome Bistümer aufgeteilt ist, die auf → Synoden gleichberechtigt Beschlüsse fassen, beanspruchte der → Bischof von Rom zunächst einen Vorrang, dann die Herrschaft über alle anderen Bischöfe der christl. Kirchen. Während die orthodoxen Kirchen diesen Anspruch immer ablehnten (worüber es 1054 zum → Schisma kam), blieb der Primat des Papsttums auch im Mittelalter in der lat.-westeurop. Kirche weitgehend Anspruch, nicht reale Herrschaft (außer im 13. Jh.). Konkurrierend war die Autonomie der Bistümer mit ihrer Synodalstruktur, die letztlich nicht nur in den Gebieten der → Reformation zu Landes- und Nationalkirchen führte. Erst mit der Konfessionsbildung wurde im → Katholizismus die hierarchische Struktur mit dem P. an der Spitze verbindlich, zugleich kontrolliert durch ein Kollegium der wichtigsten Bischöfe (Kardinäle), aus deren Mitte der P. als Exekutive gewählt wird. (2) Der Leitungsanspruch des Bischofs von Rom beruht auf der Konstruktion einer kontinuierlichen Abfolge von Gemeindeleitern, die mit Petrus aus dem Jüngerkreis in Palästina nach Rom gebracht worden sei. Petrus wird von Jesus hervorgehoben als der »Fels, auf den ich meine Kirche bauen will«, und ihm wird die bes. Fähigkeit zum Binden und Lösen zuerkannt (Mt 16,18f.; → Absolution; Schlüssel des Himmels). Schon im NT kann man aber Alternativen erkennen, wenn die Schlüsselgewalt allen Jüngern übertragen wird (Mt 18,18). Und die Leitung der Mutterkirche in Jerusalem übernimmt Jakobus, der Bruder Jesu. Demgegenüber hat die Theologie des P.-Amtes Kriterien der Einzigartigkeit und Einheit entwickelt, die die monarchische Struktur der Kirche als gottgewollt aufzeigen sollen: der P. als vicarius Christi (→ Vicar) verfügt danach über die höchste, volle, unmittelbare und universale Gewalt in der Weltkirche. (3) In der → Moderne, nach der Franz. Revolution, wird der P. zur Personifikation der antimodernen Reaktion. Diese Entwicklung hin zur absoluten Monarchie gipfelt in der Unfehlbarkeitserklärung auf dem Ersten Vatikan. Konzil (1870). Erst das Zweite Vatikan. Konzil 1962–65 tritt in einen konstruktiven Dialog mit dem Prozess der Modernisierung. Keine andere Weltreligion hat eine ähnlich durchorganisierte Struktur. Der P. ist zugleich Staatsoberhaupt eines autonomen Staates mit allen Elementen eines Nationalstaates. CA

Paradies. Nach der biblischen Erzählung pflanzt Gott bei der Schöpfung den Garten → Eden (hebr. gan ʿedæn), was wohl »Lust« bedeutet (lat. hortus voluptatis). Die griech. Übersetzung der Hebr. Bibel verwendet das persische Lehnwort P., das ursprünglich den königlichen Jagdgarten bezeichnet. Die Menschen brauchen sich dort um nichts zu kümmern; sie leben, ohne für ihre Nahrung arbeiten zu müssen. Aber Gott ahndet ihr Vergehen, das Essen der Frucht vom Baum der Erkenntnis, mit dem Ausschluss und dem Fluch, dass → Adam nun unter Mühen den Acker bebauen, → Eva unter Schmerzen gebären wird (Gen 2–3) und beide sich ihrer → Nacktheit bewusst werden. Während die P.-Erzählung zunächst ein typischer Umkehrmythos ist, der die Anstrengungen menschlichen Lebens erklärt, sie aber keineswegs aufheben will, wird im jüd. Exil die »Umkehr« auch in der Natur von Gott in einem neugeschaffenen P. wunderbar realisiert (Ez 40–48). In der christl. Typologie wird der Tod Jesu als die Erlösung vom Fluch der Ursünde verstanden, Christus als zweiter Adam, Maria als neue Eva. Im Mittelalter bezeichnen die Mönche den → Kreuzgang als P. und übernehmen dabei den islam. Garten als Abbild der Welt im Kleinen. Die Entdeckungen in der Südsee ließen die europ. Entdecker zunächst glauben, sie hätten das P. und seine nackten Bewohner aufgefunden. In der amerikan. civil religion (→ Zivilreligion) enthält der Begriff »wilderness« die Ambivalenz von Gottesnähe und fehlender Zivilisation. → Gegenwelt. CA

Lit.: G. Luttikhuizen (Hg.), Paradise Interpreted, 1999. – U. Brunotte, Puritanismus und Pioniergeist. Die Faszination der Wildnis im frühen Neu-England, 2000. – C. Auffarth, Irdische Wege und himmlischer Lohn, 2002, 210–52.

Paradox (von griech. pará = entgegen und dóxa = Meinung; parádoxon = Ausnahme), rhetor.-logische Figur des (provokativen) Widerspruchs. Viele zentrale → Symbole und Bilder von Religionen weisen eine derartige Gestalt auf. Red

Lit.: B. Gladigow, »Das P. macht Sinn«. Sinnkonstitution durch Paradoxien in der griech. Antike, in: P. Geyer/ R. Hagenbüchle (Hg.), Das P. Eine Herausforderung des abendländ. Denkens, 1992, 195–208.

Paraklet(os) (griech. = Tröster, Fürsprecher, [Rechts-]beistand), im Johannes-Evangelium ein von Gott gesandter »Geist der Wahrheit« oder Christus selbst. Christus verspricht seinen Jüngern in seinen Abschiedsreden, er werde an seiner Statt einen »Anwalt« (Luther übersetzt »Tröster«) schicken, der Zeugnis geben wird (Joh 14,16f.). Diese Ankündigung ist auf den → Hl. Geist gedeutet worden (→ Pfingsten), im → Manichäismus und im Islam aber als Ankündigung einer weiteren → Offenbarung (durch den Mund des Mani bzw. des Muḥammad). Red

Pāramitā (sanskr. = Vollkommenheit), im → Mahāyāna-Buddhismus auf dem → Bodhisattva-Weg zu entwickelnde Tugenden, die in zehn Stufen perfektioniert werden sollen: (1) Freigebigkeit, (2) Sittlichkeit, (3) Nachsicht, (4) Willenskraft, (5) Konzentration, (6) Weisheit (→ Prajnāpāramitāsūtra), (7) Geschicklichkeit in der Anwendung der Erlösungsmittel, (8) Gelübde, für die Erlösung aller Wesen zu wirken, (9) Kraft und (10) Erkenntnis. AM

Lit.: H. Dayal, The Bodhisattva Doctrine in Buddhist Sanskrit Literature, 1932.

Paraphernalia (Zubehör, nur Plur.; von griech. paráphernа, vermittelt über mittellat. paraphernalia (bona) = [Vermögensstücke] über die Mitgift hinaus), Bezeichnung für Attribute und Embleme einer bildlichen oder plastischen Darstellung; so gehört der Blitz zu den P. des griech. Gottes Zeus. Manchmal werden auch kultische Requisiten als P. eines Tempels oder Kultspezialisten bezeichnet: die Trommel gehört zu den P. des Schamanen. BL

Parapsychologie → PSI.

Parasche (hebr. parašā = Anordnung), einer der (üblicherweise 669) Leseabschnitte der jüd. Bibel, bes. für die synagogale Lesung. → Haftara. KVS

Paria (von Tamil pariyar = Trommler), veraltete Bezeichnung für Unberührbare. Max → Weber übertrug den Begriff auf die Juden – sie würden als die P. unter den Völkern der Welt angesehen. → Dalit, → Hinduist. Gesellschaft. AM

Parinirvāna (von sanskr. parinirvāṇa = vollständiges Verlöschen), das vollständige → nirvāna, in das ein Buddha oder → arhat bei seinem → Tod eingeht. → Mahāparinirvānasūtra. AM

Parsen und Iranis. Die unterschiedliche Terminologie – P. für Gläubige des → Zoroastrismus in Indien gegenüber I. für persische Zoroastrier – drückt theolog., gesellschaftliche und kulturelle

Besonderheiten der beiden geograph. getrennten Gemeinschaften aus. P. haben die Spezifika des hinduist. Kastensystems übernommen, was ihre im Vergleich zu den I. rigorosere Haltung in Fragen von Mischehen, Konversion oder Ritualistik bestimmt. Diese Unterschiede bleiben auch in den Diaspora-Gemeinden Großbritanniens und Nordamerikas greifbar. MH

Lit.: E. Kulke, The Parsees in India, 1974. – M. Boyce, A Persian Stronghold of Zoroastrianism, 1989. – J. K. Amighi, The Zoroastrians of Iran, 1990. – R. Writer, Contemporary Zoroastrians, 1994. – J. R. Hinnells, Zoroastrians in Britain, 1996. – S. S. Maneck, The Death of Ahriman, 1997. – P. G. Kreyenbroek, Living Zoroastrianism, 2001. – J. S. Palsetia, The Parsis of India, 2001.

Parsons, Talcott (1902–79), amerikan. Soziologe; studierte Medizin, Biologie, dann Ethnologie, Nationalökonomie und Soziologie; Professor für Soziologie in Harvard. P. gilt als Begründer des → Strukturfunktionalismus, später auch der soziolog. → Systemtheorie. Seine Theorien, die maßgeblich von M. → Weber beeinflusst sind, hatten großen Einfluss auf die religionssoziolog. Forschung (→ Religionssoziologie). HK

W.: Sociological Theory and Modern Society, 1967.

Parusie (von griech. parousía = Ankunft), in der christl. Semantik Bezeichnung für die Ankunft des erhöhten → Christus bzw. »Menschensohns«. Dies soll nach Mk 13,24–27 (im Anschluss an Dan 7,13f.) als Lichterscheinung auf den Wolken des Himmels geschehen. Alle anderen Lichter der Schöpfung sind erloschen. Für Mk sind dann alle konstitutiven Gegensätze verschwunden. Anders Mt 25,31–46: Hier ist die P. des »Menschensohns« der Beginn der endgültigen Scheidung von »Gerechten« und »Ungerechten«. Zugrunde liegt die Semantik der Performanz des Auftretens von Herrschern und Göttern in der antiken Stadt. Red

Pārvatī (sanskr. = Bergtochter), Frau → Shivas. → Hinduist. Pantheon. AM

Pashupati (von sanskr. paśupati = Herr der Tiere), auch Pashupatinātha, Bezeichnung für den vedischen Gott → Rudra, Beiname → Shivas. → Hinduist. Pantheon. AM

Lit.: A. Michaels, Die Reisen der Götter: der nepal. P.-Tempel, 1994.

Passagereligiosität, Begriff für die Neigung zur Durchführung kirchlicher (u. a. religiöser) Rituale zum Zwecke der zeremoniellen Markierung des Übergangs in eine neue biograph. Phase (→ rites de passage). HK

Passageriten → rites de passage.

Passah (hebr. pæsaḥ, abgeleitet von pāsaḥ = vorübergehen), achttägiges jüd. → Fest, zu Vollmond des Frühjahrsmonats Nisan begangen. Die Ursprünge des P. liegen in vormosaischer Zeit und deuten auf eine Verbindung mit → Fruchtbarkeit und Nomadentum; später wurde das Fest mit dem Auszug der Israeliten aus Ägypten verbunden. Zur Zeit des Zweiten Tempels ist P. ein wichtiges Wallfahrtsfest (→ Wallfahrt) in Jerusalem, wobei auch die private Feier (neben der Opferung im Tempel) schon bei Josephus und in den christl. Evangelien bezeugt ist. Die theolog. Deutung des Festes bezieht sich auf das »Vorübergehen« Gottes an den Häusern der Israeliten bei der Tötung der Erstgeburten der Ägypter (Ex 12,27). Die sog. Pessach-Haggadah, also der liturg. Ablauf des familiären P.- oder Seder-Abends, umfasst seit rabbin. Zeit die folgenden Inhalte: (1) ein Mahl mit symbol. bedeutsamen Speisen, begleitet von Dankgebeten; (2) rhetor. Fragen hinsichtlich der Einzigartigkeit des Abends; (3) eine ritualisierte Antwort mit Zitaten aus den Exodusberichten; (4) verschiedene Preisungen Gottes und Segnungen Israels. Heute, nach der Schoa und im Bewusstsein des eigenen Staates, betont die Sederfeier häufig die Bedrohung der Juden einerseits und die ewige Hilfe und Erneuerung Israels durch Gott andererseits. → Mazzenfest. KVS

Lit.: E. D. Goldschmidt, The Passover Haggadah. Its Sources and History, 1960. – A. Böning, Pessach – Das Fest der Befreiung, 1996.

Passio → Heil/Leid.

Passionsmystik (Leidensmystik), im Christentum Hingabe an den leidenden → Christus, compassio, aktive Imagination der Passion, auch körperlich vollzogene imitatio (Geißelung u. a.), oft verbunden mit Visionen. P. ist v. a. bei → Seuse und in der → Frauenmystik belegt, Stigmata erstmals bei → Franz von Assisi. Ähnlich wie Passionsspiele mystische Elemente enthalten, entstand eine »P.« in der schiit. Volksfrömmigkeit (→ šīʿa) im Kontext des Jahresgedenkens an → Ḥusayns Martyrium bei Kerbela (Geißlerzüge u. a.; → ʿĀšūrāʾ). → Mystik. AW

Pastoralismus (von lat. pastor = Hirte) → Hirtenkulturen, → Nomaden.

Patanjali (vor 400 n. Chr.), Verfasser des → Yogasūtra. → Yoga. JG

Patriarchat (von griech. patḗr = Vater und archḗ = Herrschaft). (1) Sekundär zur Theorie → Bachofens vom → Matriarchat/Mutterrecht gebildetes Kunstwort zur Beschreibung einer Gesellschaftsstruktur: Der Hausvater vertrete in der (nur männlichen) Öffentlichkeit die Familie; im Haus sorge er für die Integrität der Familienmitglieder. Der Begriff ist zu starr für die Vielfältigkeit der Geschlechterrollen (→ Gender) und Räume und die Partialität männlicher Macht in Haus und Gesellschaft. (2) Die christl. Kirchen der Antike zentrierten sich seit dem 4. Jh. um vier herausgehobene Bischofssitze, die P. in Antiochia, Alexandria, Konstantinopel und Rom; Jerusalem war meist nur dem Namen nach ein P. Der Anspruch Roms auf eine Vorrangstellung führte 1054 zur Trennung (→ Schisma) von Ostkirchen und lat. Westkirche. 1589 wurde Moskau zum P. erhoben. Der Name ist in Anknüpfung an die jüd. Erzväter gewählt, rechtlich beruht er auf der röm. Reichsverwaltung. CA

Paulikianer, im 7. Jh. in → Armenien entstandene Bewegung mit dualist. Welt- und Gottesbild (→ Dualismus), aber nicht direkt vom → Manichäismus herzuleiten. Nach 872 werden die polit. gegen Byzanz aktiven P. auf den Balkan umgesiedelt, wo sie z. T. die → Bogomilen beeinflussen. MH

Lit.: S. Runciman, Häresie u. Christentum. Der mittelalterliche Manichäismus, 1988. – W. Klein, Art. »P.«, in: TRE 26, 1996, 127–29.

Peirce, Charles Santiago Sanders (1839–1914), Begründer einer eigenständigen nordamerikan. Philosophie mit den Schwerpunkten Erfahrungstheorie, Semiotik, Kosmologie, Relationenlogik und → Religionsphilosophie. Er vertritt die These, dass Individuen und Gruppen auch religiöse Fragen/Konzeptionen durch die Erfahrung entscheiden. Solche Entscheidungen müssen fortwährend in den Konflikten der geschichtlichen Erfahrung überprüft werden. P. argumentiert antidogmat., organisations- und in einem libertären Sinn kapitalismuskrit. Eine genauere und breitere Rezeption/Diskussion steht noch aus. Red

W.: Religionsphilosoph. Schriften, 1995.

Pentateuch (von griech. pentáteuchos [bíblos] = Fünfrollenbuch), Bezeichnung für die biblischen »fünf Bücher Mose«, nämlich Genesis, Exodus, Leviticus, Numeri und Deuteronomium. In Verbindung mit dem Buch Josua wird auch vom »Hexateuch« (= Sechsrollenbuch) gesprochen. Dem P. kam schon in vorchristlicher Zeit eine hohe Autorität zu, ohne dass sich ein → Kanon herausgebildet hatte oder der P. mit der → Torah ident. sein musste (auch die Bezeichnung »P.« ist jünger). Die Zusammenstellung der einzelnen Bücher vollzog sich in mehreren Redaktionsschritten, wobei unterschiedliche Traditionslinien greifbar sind (→ Jahwist → Elohist). Aufgrund verschiedener Funde in → Qumran – namentlich der → Tempelrolle – wurde vermutet, dass zur verbindlichen »Torah« damals mehr als fünf Bücher zählten. → Altes Testament, → Apokryphen, → Tradition. KVS

Pentecostals → Pfingstler.

Performanz. (1) Der Begriff der P. hat in der Annäherung zwischen den Sozial- und den Theaterwissenschaften zunehmend an Relevanz gewonnen, und zwar als Erklärungsmodell sowohl für die anscheinend über längere Zeiträume stabil erscheinenden kulturellen Reproduktionen von Verhaltensmustern (→ Verhalten) als auch für die soziale Verhandelbarkeit derselben unter verschiedenen kontextuellen und sich verändernden wie unvorhersehbaren (kontingenten) Bedingungen. Typisch für einen performativen Ansatz ist die Sichtweise Tambiahs auf → Rituale, die für ihn deshalb performativ sind, weil sie eine Transformation bewirken – in Analogie zu Austins Sprechakttheorie, dass etwas zu sagen auch bedeutet, etwas zu bewirken. Ein weiteres Charakteristikum des Performativen ist die → Kommunikation durch körperliches Ausagieren von Idealzuständen und die dadurch replizierte Welt der gemeinschaftlichen Werte, die jedoch durch die Darstellung wiederum zur Disposition gestellt werden. (2) Das Interpretationsmodell, nach dem die Produktion von Kultur selbst als performative Aktivität verstanden wird, ist sicherlich, von der sozialen Realität her betrachtet, ein adäquaterer Ansatz als der einer Analogie von Kultur zu → Text, der entziffert und gelesen werden kann (Geertz 1983 revidiert Geertz 1979). Hier scheint das Problem auf, wie normales soziales → Handeln von einem Darstellen, einem theatralen »So-Tun-Als-Ob«, zu unterscheiden ist, also wie der Begriff der sozialen Handlung als sozialer Praxis – verstanden als eine habituelle Einschreibung und unbewusste Reaktion und Wiederholung (→ Habitus) – von einem Begriff des Performativen als distanzierter ästhet. inszenierter und damit kalkulierter »Reproduktion«, deren Wirksamkeit auf der Kompetenz von Darstellern und der Resonanz von Zuschauern beruht, unterschieden werden kann. (3) Schieffelin verweist auf die Verknüpfung von habituellem Handeln in sozialen Praktiken mit der expressiven Dimension der strateg. Artikulation dieser Praktiken. Diese Sicht führt auch über die relativ fruchtlosen Debatten über die Authentizität von kulturellen Produktionen hinaus, da sie die Wirksamkeit re-kreativer, also inszenierter Handlungsformen betont oder, allgemeiner gesprochen, die Effektivität für die Wahrnehmung von Wirklichkeit durch reflexives Darstellen derselben, ohne dass eine Gewähr der Gleichförmigkeit der Rezeption des Dargestellten gegeben ist oder die Beziehung von Darstellern und Zuschauern immer gleich geartet sein muss.

KPK

Lit.: G. Bateson, The Message »This is Play«, in: B. Schaffer (Hg.), Group Processes, 1956, 145–242. – E. Goffman, Encounters, 1961. – J. Austin, How to Do Things with Words, 1962. – V. Turner, The Ritual Process, 1969. – C. Geertz, The Interpretation of Cultures, 1973. – P. Bourdieu, Outline of a Theory of Practice, 1977. – B. Myerhoff, We don't Wrap Herring in a Printed Page. Fusion, Fictons and Continuity in Secular Ritual, in: S. F. Moore/B. Myerhoff (Hg.), Secular Rituals, 1977, 199–224. – B. Kapferer, Introduction. Ritual Process and the Transformation of Context, in: Social Analysis 1 (1979), 3–19. – S. Tambiah, A Performative Approach to Ritual, in: Proceedings of the British Academy 65 (1979), 113–69 (dt. in: A. Bellinger/D. J. Krieger (Hg.), Ritualtheorien, 1998, 227–50). – C. Geertz, Local Knowledge, 1983. – S. Jennings, Theatre, Ritual and Transformation: The Senoi Temiars, 1995. – E. L. Schieffelin, Problematizing Performance, in: F. Hughes-Freeland (Hg.), Ritual, Performance, Media, (ASA Monographs 35) 1997, 194–207. – K. Wirth (Hg.), P.: Zwischen Sprachphilosophie und Kulturwissenschaften, 2002. – E. Fischer-Lichte, Ästhetik des Performativen, 2004.

Person/Persönlichkeit (von lat. persona = Theatermaske, Theaterrolle). (1) Im soziolog. Sinn bezeichnet P. einen Träger einer sozialen → Rolle. Der Begriff Persönlichkeit ist nicht scharf definiert. Er meint die relativ stabile und dauerhafte, zugleich aber in Entwicklung und Wandlung begriffene Einheit von Eigenschaften, Gewohnheiten, Einstellungen, Motivationen, Gefühlen, Interessen u. ä. eines Individuums, die aus dem Zusammenspiel von biolog.-psychischen Trieben und ihrer Anpassung an die soziale und physische Umwelt entsteht. Die Unterschiede, die aus der Veranlagung und Lebensgeschichte der Individuen resultieren, untersucht die differentielle Psychologie. Für Soziologie und Sozialanthropologie sind diejenigen Bestandteile der Persönlichkeit relevant, die durch die soziokulturelle Umwelt erklärt werden können, in der ein Individuum sozialisiert wird. Dieser Teil, der »soziokulturelle P.« genannt wird, bezieht sich auf das relativ stabile Gefüge der Motive, Denk-, Fühl- und Verhaltensweisen eines Individuums. Es resultiert aus der Überformung der zunächst körpergebundenen spontanen Impulse, Affekte und Reaktionen durch die Internalisierung soziokultureller Muster (Sprache, Weltbilder, Normen etc.) im Verlauf der Sozialisation. (2) Religiöse Persönlichkeits-Konzepte sind in semant. und struktureller Hinsicht abhängig vom soziokulturellen Umfeld. Religiöse Vorstellungen, die Persönlichkeits-Konzepte beeinflussen, sind z. B. Verhältnisbestimmungen von → Körper und → Geist, Inkarnations- und Schicksalsvorstellungen, die P. als Medium religiöser, göttlicher oder dämon. Kräfte sowie als Gefäß oder Werkzeug des Göttlichen. → Bewusstsein, → Selbst. VK

Lit.: H. G. Kippenberg/Y. B. Kuiper u. a. (Hg.), Concepts of Person in Religion and Thought, 1990. – A. I. Baumgarten/J. Assmann u. a. (Hg.), Self, Soul and Body in Religious Experience, 1998.

Perun (von urslaw. *per- = schlagen, [später] waschen und dem Suffix *-un: *-yn), der Donnergott der → slawischen Religion. Neuerer Forschung zufolge verehrten die Urslawen nur einen Gott, von den Ostslawen P., von den Westslawen → Svarog genannt. Onomast. Zeugnisse weisen darauf hin, dass P. auch bei den West- und Südslawen bekannt war. Namentlich erwähnt wird er zuerst in der Nestor-Chronik (um 1111 n. Chr.), wo er als Eidesgott bei Friedensschlüssen genannt wird. Dieselbe Quelle sowie die Erste Nowgoroder Chronik bezeugen Kultstatuen des P. in Kiew und Nowgorod. Als Attribut wird ein Hammer genannt. Dem P. sollen Menschenopfer dargebracht worden sein. → Slawische Religion. US

Lit.: J. Ivanov, Kul't Peruna u juznych slavjan, in: Izv. 8, 4 (1903), 140–74. – S. Urbańczyk, Art. »P.«, in: G. Labuda/Z. Stieber (Hg.), SSS 4, 1970, 129. – G.Ju. Ivakin, Svjaščennyj dub Peruna, in: Drevnosti Srednego Podneprov'ja, 1981, 124–36. – M. Gimbutas, Art. »P.«, in: ER 10, ²2005, 7062f. – M. Yoffe/J. Krafczik, P., 2003.

Pesikta (von aramäisch pᵉsīqtā' = Abschnitt, Kapitel), jüd. → Midrasch zu den Lesungen der Feste und bes. der Sabbate. Die bekanntesten unter den verschiedenen Varianten sind die *P. de Rab Kahana* und *P. Rabbati.* KVS

Pessach → Passah.

Pettazzoni, Raffaele (1883–1959), Begründer der italien. → Religionswissenschaft an Universitäten, die laizist. keine theolog. Fakultäten erlauben. P. lehrte in Rom von 1924 bis zu seinem Tod. *La confessione dei peccati* (3 Bde. 1929–36, dt. »Das Bekenntnis der Sünden«) und *L'onniscienza di Dio* (1929–36, dt. »Der allwissende Gott«, 1957) verarbeiten christl. Fragestellungen in einem großen religionsgesch. Vergleich. → Religion. CA

Lit.: M. Stausberg, Art. »R. P.«, in: TRE 26, 1996, 319–23. – G. Dörr/H. Mohr, Die Schule von Rom, in: C. Auffarth/J. Rüpke (Hg.), Epitomè tês Helládos. FS Cancik, 2003, 263–84.

Peyotereligion, eine um 1870 bei den Comanche und Kiowa in Oklahoma entstandene synkretist. Religion, in deren Zentrum der sakramentale Verzehr des halluzinogenen Peyotekaktus (Lophophora williamsii; → Drogen) steht. In Mexiko bereits in vorkolonialer Zeit gebraucht, wurde der nur bis ins Grenzgebiet von Texas und New Mexico vorkommende Kaktus im Südwesten der USA und auf den südlichen Plains erst ab dem 18. Jh. verwendet. Die P. fand durch die umherziehenden Kultleiter (engl. road men) rasch weite Verbreitung auf den Plains und in ihren Randzonen, wo die Ausrottung der Bisonherden zu einer Sinnkrise der traditionellen Religionen geführt hatte. In unterschiedlichem Ausmaß christl. beeinflusst, stellt die P. heute als Native American Church (gegründet 1918) die größte panindian. Religionsgemeinschaft dar. → Indian. Religionen. CFF

Lit.: W. LaBarre, The Peyote Cult, 1938, ⁵1989. – O. C. Steward, The Peyote Religion. A History, 1987. – A. Hultkrantz, The Attraction of Peyote, 1997.

Pfarrei. Während nach dem Gemeindeprinzip die Kirche ihren Kern in der jeweiligen Gemeinde hat (vgl. → Kongrationalisten), hat die episkopale Hierarchie die bewohnte Welt (→ Ökumene) als Kirche verstanden und entsprechend der Gliederung des Röm. Reiches aufgeteilt in Verwaltungseinheiten (Diözesen, von griech. dioíkēsis = Verwaltung) mit einem Bischof, der seinerseits die einzelnen Parochien (griech. paroikía = Nachbarschaft, davon das Lehnwort P.) ihrem pastor proprius (zuständigen Pfarrer) anvertraut. Im Eigenkirchenwesen dagegen setzt der Patron den Pfarrer ein. Mitglied wird man, wenn man in den Grenzen der P. lebt (Territorialprinzip). Der Pastor, der auch aus dem Zehnten der P. finanziert wurde, muss die Erlaubnis (dimissoriale) erteilen, christl. Rituale in einer anderen P. zu empfangen. Quer zu dem reinen Regionalprinzip stehen die Stifte und → Klöster, die ebenfalls Gemeindepfarrer stellen können.

Lit.: H.-J. Schmidt, Kirche – Staat – Nation. Raumgliederung der Kirche im mittelalterl. Europa, 1999. – C. Auffarth, Frühe Christentümer als lokale Religion, in: Zs. für Antikes Christentum 7 (2003), 14–26.

CA

Pfingsten (von griech. pentēkostḗ [hēméra] = der fünfzigste [Tag]), christl. Hochfest, an dem die Ausgießung des → Hl. Geistes 50 Tage nach Ostern gefeiert wird. P. bezeichnet (a) ursprünglich die an Ostern beginnende, 50 Tage dauernde Festzeit des Ostersiegs Christi (→ Auferstehung) mit den Einzelmomenten von Ostererscheinungen, → Himmelfahrt und Geistausgießung; (b) später das diese Zeitspanne beschließende → Fest. Gefeiert wird die Sendung des Hl. Geistes zu den verängstigten Anhängern Jesu (Apg 2). Im Hintergrund steht das jüd. Wochenfest → Schawuot. Weil der Hl. Geist das innere Wirkprinzip der → Kirche, des → Glaubens, der → Mission und der → Sakramente ist, stellt P. gleichsam den Geburtstag der Kirche dar. KHS, Red

Lit.: K.-H. Bieritz, Das Kirchenjahr: Feste, Gedenk- u. Feiertage in Geschichte u. Gegenwart, 1986, 136–41.

Pfingstler (engl. Pentecostals), eine zu Beginn des 19. Jh.s in den USA entstandene christl. Erweckungsbewegung, die die Herabkunft des Hl. Geistes zu → Pfingsten (Apg 2) zum Mittelpunkt ihres Glaubens gemacht hat. P. sind der Überzeugung, dass die Kraft des → Hl. Geistes in ihren Heilungen, Prophezeiungen und ihrer Verkündigung in unbekannten Sprachen (→ Glossolalie) wirkt. Seit Mitte des letzten Jh.s sind Praktiken der P. unter der Bezeichnung »charismat. Erneuerung« auch in den etablierten christl. Kirchen (v. a. in englischsprachigen Ländern, → Evangelikale) zu finden. WR

Lit.: W. G. Hollenweger, Charismat.-pfingstler. Christentum, 1997.

Pflanzen/Pflanzerkulturen → Ackerbau/Ackerbaukulturen, → Natur, → Vegetationskult.

Pflicht, neben Gütern und → Tugend(en) eines der drei Hauptelemente ausgearbeiteter Ethiktheorien. Bes. bei → Kant wurde die P. zum Zentrum der → Ethik erhoben, offenbar um den Gebotscharakter sittlicher Regeln hervorzuheben (→ Gebote). Kant zufolge sind aus autonomer Perspektive (→ Autonomie) bestimmte situationsbezogene Handlungsregeln verpflichtend. Kritiker bringen diese Sichtweise mit dem preußischen Staatswesen zusammen; für Kant handelt es sich freilich um selbst auferlegte verpflichtende Verhaltensweisen (bis zur Gewissenspflicht, → Gewissen). Red

Phallos (griech.), der Körperteil, mit dem Männer ihre Lust befriedigen und Kinder zeugen können, wenn sie denn mit einer Frau die »Scheide« (lat. vagina) für ihr Schwert finden. Der Ph. ist bes. im Kult des Dionysos und des Priapos sichtbar dargestellt, manchmal auch bei Hermes. Das Gegenbild ist die vagina dentata (= zähnebewaffnet), wenn das Sexualorgan der Frau den Ph. der Männer möglicherweise abzubeißen droht. Im Kult der → Magna Mater schnitten die Priester sich den Ph. ab; christl. Asketen mussten den Ph. leugnen. S. → Freud sah den Ph. als kaum zu bezähmendes Element, das aber für die Entwicklung der Menschlichkeit unbedingt zu zivilisieren sei. Frauen schrieb er einen Penisneid zu, sie schauten neidisch auf das, was sie nicht haben. Im Gefolge von Freud hat die Kulturwissenschaft alle Pfeile und Pfeiler als das sexuelle Symbol des Ph. interpretiert. Vielfach zu unrecht oder übertrieben: Symbole sind aus ihrer Kultur zu erklären und nicht aus einer besserwissenden überzeitlichen Wissenschaft. → linga → Sexualität. CA

Lit.: R. Schlesier, Konstruktion der Weiblichkeit bei Sigmund Freud, 1981. – M. Keuls, The Reign of the Phallus, 1985.

Pharao, göttliche Abkunft des. Der Mythos von der Geburt des Gottkönigs, als Text- und Bilderzyklus in 15 Szenen erstmals in der 18. Dynastie unter Hatschepsut (1479–1458/57 v. Chr.) aufgezeichnet, bezeugt die göttlich-menschliche Doppelnatur des Ph. und legitimiert dadurch die Institution des sakralen Königtums in Ägypten. Bereits im Papyrus Westcar, der auf eine Vorlage aus der 12. Dynastie (um 1900 v. Chr.) zurückgeht, wird erzählt, wie der Sonnengott → Re mit einer Frau den zukünftigen Pharao zeugt. Jeder Ph. stammt von einem göttlichen Vater und einer menschlichen Mutter. Als göttlicher Vater tritt in der 18. Dynastie Amun von Karnak auf (Szene 1–3), der sich nachts in Gestalt des regierenden Königs der Königin naht und mit ihr den Thronerben zeugt (4–6). Schwangerschaft und Geburt (7–9) sowie das Stillen des königlichen Kindes (10–12) werden wie alle Szenen von Göttinnen und Göttern begleitet, Beschneidung und Präsentation des Kindes stellen den Abschluss dar (13–15). Der Bilderzyklus ist Teil der Tempeldekoration und bildet mit dem Zyklus von der Krönung und Thronbesteigung des Königs einen größeren Zusammenhang. Die vier erhaltenen Aufzeichnungen finden sich im Totentempel der Hatschepsut in Deir el-Bahari, im Luxortempel Amenophis' III., im Totentempel Ramses' II. (Ramesseum) und im Tempel des Chonspachered, des Kindes der theban. Göttertriade, vor dem Mut-Tempel in Karnak (21./22. Dynastie). In der Spätzeit wird der Bilderzyklus in den sog. Geburtshäusern (Mammisis) von aus Vater, Mutter und Kind bestehenden Göttertriaden aufgezeichnet und dramat. inszeniert. In der Weihnachtsgeschichte des Lukasevangeliums lassen sich Parallelen zum Mythos der göttlichen Geburt des Ph. erkennen. → Altägypt. Religion. EH

Lit.: H. Brunner, Die Geburt des Gottkönigs, 1964. – H. Sternberg-el-Hotabi, »Der Mythos von der Geburt des Gottkönigs«, in: TUAT 3, 1995, 991–1005.

Pharisäer (griech. Pharisaîoi, hebr. p^e^rūšīm), einflussreiche jüd. Gruppierung, deren Ursprünge ins 2. Jh. v. Chr. zurückreichen. Den Ph. wird eine strenge Befolgung der Gesetze und hohe Gelehrsamkeit, auch im Kontakt mit Laien, zugesprochen, ferner eine eschatolog.-apokalypt. Grundhaltung und eine eigene Auffassung von → Torah-Auslegung, die sie in Konflikt mit priesterlichen Traditionen brachte. Allerdings sind die Quellen (zentral: Flavius → Josephus im 1. Jh. n. Chr.) widersprüchlich. Die negative Zeichnung im NT muss als christl. Polemik gegen andere jüd. Gruppen eingeordnet werden. Histor. gesichert scheint, dass die Ph. als Reformbewegung entstanden und in die Kämpfe der Hasmonäerzeit einbezogen waren. Ihren größten Einfluss gewannen sie unter Königin Salome Alexandra (76–67 v. Chr.), während Herodes (37–04 v. Chr.) sie später energ. bekämpfte. Nach der Zerstörung Jerusalems (70 n. Chr.) löste sich die Gruppierung auf und ging z. T. in der rabbin. Bewegung auf. Die rabbin. Selbsteinschätzung, die die Ph. mit »früheren → Rabbinen« gleichsetzt, ist histor. ohne Rückhalt. → Essener, → Sadduzäer. KVS

Lit.: L. Finkelstein, The Pharisees. The Sociological Background of Their Faith, 2 Bde., 1938, [3]1962. – J. Neusner, The Rabbinic Traditions about the Pharisees before 70, 3 Bde., 1971. – M. Pelletier, Les Pharisiens, 1990. – G. Stemberger, Ph., Sadduzäer, Essener, 1991.

Philosophie (von griech. philosophía = Liebe zur Weisheit), als reflektierte und besonnene Form des Umgangs mit Natur und Geschichte sowohl in ihrem europ. Ursprungsland Griechenland als auch in China, Japan und Indien im Kontext daoist., konfuzian., buddh. und hinduist. Lebensformen entstanden. Offen bleiben muss, inwieweit die unterschiedlichen Phänomene sich tatsächlich unter dem Begriff Ph. zusammenfassen lassen. Die griech.-abendländ. und nordamerikan. Ph. tendiert jedenfalls dazu, sich zwar von elementaren Lebensentwürfen (etwa [religiöser] Lebensweisheit) inspirieren zu lassen, aber diese eigenständig und distanziert zu durchdenken und gegebenenfalls zu kritisieren. Mithin erfordert Ph. – kulturspezif. durchaus differenzierte – Argumentationskunst, Systematisierungsfähigkeit und Definitionsversuche. Dies hat in der abendländ. Tradition allmählich zur Ablösung von Fragen der Art: »Wie sind Natur und Geschichte bzw. gerechte/gute Gesellschaft beschaffen?« geführt, hin zu Fragen des Typs: »Wie sind für uns Menschen Natur und Geschichte bzw. gerechte/gute Gesellschaft möglich?«. Meilensteine dieser Entwicklung stellen die Ph. → Kants und → Peirces dar. Für beide heißt die Antwort auf die gestellte Frage: durch Erfahrung. → Religionsphilosophie. Red

Lit.: M. Kranz u. a., Art. »Ph.«, in: HWPh 7, 1989, 572–927.

Philo von Alexandria (ca. 25 v. Chr. – ca. 45 n. Chr.), alexandrin. Jude, Verfasser philosoph. und theolog. Werke, repräsentiert die vornehme und selbstbewusste jüd. Oberschicht Alexandrias mit eklekt. Ausrichtung am hellenist. Bildungsideal. Ph., dessen Philosophie sich am Mittelplatonismus orientiert, ist der einzige systemat.-theolog. Denker der jüd. Antike. Seine Werke sind indes nur zu einem kleinen Teil systemat. Traktate, überwiegend wird das theolog. Material in Form von allegor. Auslegungen biblischer Texte dargeboten. Dabei greift Ph. fast ausschließlich auf den → Pentateuch zurück, v. a. auf die ersten Kapitel der → Genesis. Ph. löst das Grundproblem platon. Philosophie (→ Platonismus), die Plausibilisierung einer Vermittlung im Rahmen von → Kosmogonie und → Kosmologie bei völliger Transzendenz der Gottheit, durch die Einführung einer »Zwischenebene«, die er als → Logos bezeichnet und mit der umgedeuteten biblischen »Weisheit« (griech. sophía) verbindet. Daraus entwickelt er eine differenzierte theolog. Deutung der Torahfunktion, wobei er die biblischen Vorschriften vernünftig und ethisch zu begründen versucht, ohne dabei ihre praktische Verbindlichkeit aufzuheben. Ph. hatte innerjüd. kaum Wirkung, war aber für die Herausbildung christl. Theologie von so großer Bedeutung, dass er lange Zeit als christl. Autor betrachtet wurde. KVS

W.: L. Cohn/I. Heinemann (Hg.), Die Werke Ph. v. A. (dt. Ü), 7 Bde., 1909–38.

Bibliographie: R. Radice/D. T. Runia, Ph. of A. An Annotated Bibliography, 1988, [2]1992. – J. R. Royse, The Spurious Texts of Ph. of A., 1991.

Lit.: S. Sandmel, Ph. of Alexandria. An Introduction, 1979. – Y. Amir, Die hellenist. Gestalt des Judentums bei Ph., 1983. – ANRW II.21.2, 1984. – A. Mendelson, Ph.'s Jewish Identity, 1988. – N. G. Cohen, Ph. Judaeus: His Universe of Discourse, 1995.

Philo von Byblos, griech. Schriftsteller und Grammatiker (ca. 60–140 n. Chr.). Seine »Phönik. Geschichte«, fragmentar. erhalten bei Eusebius von Caesarea (vor 265 – 339/40), behandelte Theogonie und Kosmogonie. Ph. erhebt den Anspruch, Traditionen ins Griech. übersetzt zu haben, die auf den phönik. Gelehrten Sanchunjaton von Beirut aus der Zeit vor dem Trojan. Krieg zurückgehen. Der Text ist aber hellenist., zumindest überarbeitet. MH

Lit.: J. Ebach, Weltentstehung u. Kulturentwicklung bei Ph. v. B., 1979. – I. Baumgarten, The Phoenician History of Ph. of B., 1981. – I. Schiffmann, Phöniz.-punische Mythologie u. geschichtliche Überlieferung in der Widerspiegelung der antiken Geschichtsschreibung, 1986.

Phönikier. Seit dem Ende des 2. Jt.s v. Chr. an der syrisch-libanes. Küste v. a. in städtischen Zentren (Byblos, Tyros, Sidon) sesshaft, verbreiten die Ph. seit dem 8. Jh. als Seefahrer ihre Kultur in Kolonien im gesamten Mittelmeerraum (z. B. Karthago); im Westen werden sie Punier genannt. Inschriften und fragmentar. mytholog. Traditionen (→ Philo von Byblos) geben nur z. T. Einblick in religiöse Vorstellungen. Die einzelnen Zentren der Ph. besitzen eigenständige lokale Kulte, verschiedene Baalsgestalten (→ Baal) sind jedoch weit verbreitet; auch ein Heilgott (Ešmun, Šadrapa) wird überregional verehrt. Von Byblos nimmt der → Adoniskult seinen Ausgang, spezif. für Tyros ist der Kult um Melqart, dessen Wiederbelebung in einem Verbrennungsritus im Frühjahr gefeiert wird; religiöse Vorstellungen aus Tyros wurden auch nach Karthago transferiert, wie Inschriften aus dem → Tophet zeigen. Anders als bei den → Aramäern, aber in einer gewissen Kontinuität zu → Ugarit hat der König priesterliche Funktionen. MH

Lit.: C. Bonnet, Religio Phoenicia, 1986. – G. Garbini, Le religione dei fenici in occidente, 1994. – V. Krings (Hg.), La civilisation phénicienne et punique, 1995. – M. Hutter, Grundzüge der phöniz. Religion, in: P. W. Haider u. a. (Hg.), Religionsgeschichte Syriens, 1996, 128–36. – H. Niehr, Religionen in Israels Umwelt, 1998, 113–47. – H. Niehr, Baʿalšamem, 2003. – M. Sommer, Die Phönizier, 2005.

Phylakterion → Talisman.

Pietismus. (1) Spottname, später Selbstbezeichnung für eine Frömmigkeits- und Reformbewegung im dt. luther. → Protestantismus des späten 17./18. Jh.s. Sie strebte die Erneuerung von Kirche und Gesellschaft durch die Realisierung des evang. Glaubens in der Lebenspraxis an. Vorbereitet durch die Frömmigkeitstheologie J. Arndts (1555–1621), durch an dieser orientierte Reforminitiativen sowie vergleichbare Strömungen im westeurop. Protestantismus, wurde sie formiert durch Ph. J. Speners (1635–1705) Programmschrift *Pia Desideria* (1675): Diese setzt auf die Förderung eines existentiell-aneignenden Umgangs mit der Hl. Schrift und eine praktisch orientierte Theologie. (2) Die → Bewegung differenzierte sich anhand ihrer Stellung zur Amtskirche: Durch mystisch-spiritualist. Strömungen oder die philadelph. Bewegung beeinflusste Radikale identifizierten diese mit der »Hure Babylon« (Apk 18) und bildeten Freiwilligkeitsgemeinschaften, die soziale und konfessionelle Differenzen nivellierten. Eine dauerhafte Gestalt fanden diese Strömungen in der Herrnhuter Brüdergemeine (N. L. Graf von Zinzendorf, 1700–60). Die Gemäßigten wirkten in den gegebenen Strukturen: Spener verfolgte die Idee seines Frankfurter Konventikels (»Collegium Pietatis«) nicht weiter und verlegte sich auf die traditionellen Bahnen kirchlicher Wirksamkeit sowie briefliche Seelsorge- und Beratungstätigkeit; sein Schüler A. H. Francke (1663–1727) errichtete, unterstützt durch den preußischen Staat, weit ausstrahlende Bildungs- und Missionsanstalten in Halle. Eigenständige Gestalt gewann der luther. P. in Württemberg. Am Niederrhein und in Bremen entstand, beeinflusst durch niederländ. Präzisismus und engl. → Puritanismus, ein eigenständiger reformierter P. (G. Tersteegen, 1697–1769). Ob die Nachwirkungen des P. im 19./20. Jh. (Erweckungsbewegung, Neu-P., Gemeinschaftsbewegung) unter diesem selbst zu subsumieren sind, ist umstritten. Die Breitenwirkungen des P. in der evang. Theologie (→ Schleiermacher) und Frömmigkeit reichen erheblich weiter. MO

Lit.: J. Wallmann, Der P., 1990. – M. Brecht u. a. (Hg.), Geschichte des P., 4 Bde., 1993–2004.

Pijût (hebr. piyyūṭ = Poesie, Dichtung), synagogale Poesie, deren Ursprünge in rabbin. Zeit zurückreichen (5.–6. Jh. n. Chr.). Bes. die kunstvolle Gestaltung der Gebetstexte wuchs sich im frühen Mittelalter zu einer so breiten Bewegung aus, dass die eigentl. Liturgie davon stark beeinflusst wurde, denn Vorbeter wetteiferten von → Sabbat zu Sabbat mit immer neuen Kompositionen. Im 10.–12. Jh. entstand v. a. dort, wo die strengen Konventionen der Liturgie verlassen wurden, ein eigener Typ von P. mit stark neuplaton.-mystischer Prägung, der an esoter. → Hechalôt-Traditionen anknüpfte und in mystischer Überhöhung auch die → Kabbala beeinflusste. → Chassîdê Aschkenas, → Jehuda ben Samuel Halevi, → Kult. KVS

Pilger, Reisende, die – meist nach einem förmlichen Beschluss (→ Gelübde) – die Alltagswelt verlassen haben und unterwegs sind zu einem oder mehreren → hl. Orten der → Wallfahrt. Sie sind oft auch äußerlich an bes. Merkmalen zu erkennen, etwa dem Pilgerstab, Fahnen, Kleidung, Haartracht usw. V. → Turner hat sie als »liminale« Wesen charakterisiert: sie befinden sich in einem Schwellenzustand (→ Grenze), z. B. zeichnen sie sich häufig durch Attribute wie »Gleichheit« oder »Besitzlosigkeit« aus. MG

Lit.: B. N. Aziz, Personal Dimensions of the Sacred Journey: What Pilgrims Say, in: Religious Studies 23,2 (1987), 247–61.

Pinda (von sanskr. piṇḍa = Kloß, Kugel), im Hinduismus Reis- oder Mehlbälle, die Verstorbenen im Rahmen der → Ahnenverehrung gereicht werden. AM

Lit.: J. Buss, Gieriger Geist oder verehrter Vorfahr, in: J. Assmann u. a. (Hg.), Trauerrituale im Kulturvergleich, 2005, 181–98.

Pischon, einer der Flüsse im biblischen → Eden. KVS

Pishācha (von sanskr. piśāca = Dämon, bes. Leichendämon). → Hinduist. Pantheon, → Zwischenwesen. AM

Pitaras (sanskr. = Väter), Ahnen, Vorväter, Manen, denen im Rahmen der hinduist. → Ahnenverehrung die → pindas gereicht werden. AM

Pītha (sanskr. pīṭha = Sitz), Schrein bzw. Tempel einer Gottheit, bes. hl. Stätte der Göttin → Devī, im ganzen indischen Subkontinent vorzufinden. MAL

Lit.: D. C. Sirkar, The Śākta P., 1948.

Platon (ca. 428/27–348/47 v. Chr.), griech. Philosoph, dessen Leistung (→ Platonismus/Neuplatonismus) bis in die Gegenwart extrem positiv (z. B. A. N. Whitehead, 1861–1947) oder negativ (z. B. → Nietzsche; → Popper) bewertet wird. (1) P. war der bedeutendste Schüler des Sokrates (ca. 469–399 v. Chr.) und ist Hauptfigur vieler »Platon. Dialoge«, der bevorzugten literar. Form des philosoph. Diskurses. Die fiktive Mündlichkeit eines Dialogs wendet sich an die Öffentlichkeit; kontrovers bleibt, ob P. für seine Schüler die geheime mündliche »ungeschriebene« Lehre bevorzugte, in der das Wesentliche unverhüllt zur Sprache kam, oder ob er doch auch systematische Abhandlungen aufschrieb (→ Esoterik). Letzteres deutet neben seinem 7. Brief auch → Aristoteles an, sein wichtigster und gleichzeitig sehr kritischer Schüler. P. gründete in Athen die »Akademie«, die bis zu ihrem Verbot durch den röm. Kaiser Justinian im Jahre 529 n. Chr. fortbestand. (2) Kontakt zu Politik und Machtdiskurs war P. in die Wiege gelegt. Onkel gehörten zur Gruppe der dreißig Tyrannen, seine Mutter entstammte einer Adelsfamilie, die sich bis auf Solon (ca. 640–550 v. Chr.) zurückführte. Das Todesurteil der Athener Ratsversammlung über Sokrates war für P. ein Beweis für das Versagen der Demokratie. Sein Versuch, gemeinsam mit dem sizil. Tyrannen Dionysios seine Staatsutopie (*Politeía*) in reale Politik umzusetzen, scheiterte. Trotzdem entfaltete seine philosoph.-spekulativ entworfene gesellschaftlich-polit. Ständelehre eine umfangreiche Wirkungsgeschichte: Ihr zufolge sollen »Handwerker«, »Wächter« (Militär) und – als Könige dominierende – »Philosophen« eine gerechte Gesellschaft bilden. Religionsgesch. wirkmächtig war die Lehre, dass es außer der diesseitigen Welt eine metaphys. Welt gebe, auf die alle Anstrengungen des irdischen Lebens gerichtet sein müssten. Der Erkenntnisprozess wird als Weg zur → Unsterblichkeit verstanden; Vorbild und Begriffe dafür stammen aus den → Mysterien von Eleusis. Red

W.: Opera (hg. E. A. Duke u. a.), 1995ff. – Dt. Ü von D. F. Schleiermacher, 1804–28. – Dt. Ü von E. Heitsch, 1998ff.

Lit.: K. Gaiser, Platons ungeschriebene Lehre, 1963, ²1968. – C. Riedweg, Mysterienterminologie bei P., Philon und Klemens von Alexandrien, 1987.

Platonismus/Neuplatonismus, Bezeichnung für eine Denkströmung, die insbes. großen Einfluss auf die christl. Metaphysik hatte, so dass → Nietzsches kritisches Diktum, Christentum sei »Platonismus fürs Volk«, eine gewisse empir. Basis hat. (1) Die Pointe des P. im Unterschied zum Aristotelismus lässt sich daran verdeutlichen, dass schon → Aristoteles seinen Lehrer → Platon an einem zentralen ontolog.-erkenntnistheoret. Punkt kritisierte. Sokrates (ca. 469–399 v. Chr.) habe die Frage nach dem Allgemeinen aufgeworfen; er stellte fortwährend »Was ist X«-Fragen (»X«: Gerechtigkeit, Erkenntnis etc.). Während diese für Sokrates unbeantwortet blieben (bzw. bleiben mussten; vgl. den platon. Dialog *Theaitetos*), habe Platon eine »direktere« Lösung gewählt: Das Allgemeine sei als Idee getrennt vom einzelnen Seienden, das gleichwohl in einer Ähnlichkeits-/Unähnlichkeitsbeziehung an der Idee partizipiere. Für Aristoteles gilt demgegenüber, dass das Allgemeine im einzelnen Seienden ungetrennt existiert, Ideen mithin überflüssig erscheinen (→ Idealismus). (2) Möglicherweise hat das spekulativ-erot. Spiel Platons mit den »Ideen«, die Nichtidentität von sinnlich wahrnehmbarem Seienden und »wahrhaft Seiendem« (allenfalls in der Schau zugänglich), die Etablierung des Neuplatonismus in der Spätantike begünstigt. Diese Position lässt sich gut mit der Formel: »Das Viele und das Eine« zusammenfassen. Ihr bedeutendster Vertreter ist Plotin (ca. 205–270 n. Chr.). Hauptproblem der erfahrbaren Endlichkeit ist für ihn die Vereinzelung des Seienden. Selbst Platons »wahres Seiendes« (die »Ideen«) sei vereinzelt. Demgegenüber plädiert Plotin für einen vielleicht »mystisch« zu nennenden Kontakt zu dem »schlechthin Einen«, nach dem die Vereinzelung sehnsüchtig schreie. Daher konzipiert Plotin jenes »Eine« zum einen als schlechthin transzendent, zum anderen aber als strukturell »anwesend«. → Religionsphilosophie. Red

Lit.: C. Zintzen, Die Philosophie des Neuplatonismus, 1977. – W. Beierwaltes, Denken des Einen: Studien zur neuplaton. Philosophie u. ihrer Wirkungsgeschichte, 1985. – K. Ruh, Mystik, Bd. 1, 1990. – W. Beierwaltes, P. im Christentum, 1998, [2]2002. – A. Schmitt, Die Moderne u. Platon, 2003.

Pleroma (griech. = Fülle), göttliche Größe v. a. in frühchristl. und/oder gnostischen Konzeptionen (→ Gnosis). Dieses Verständnis des Göttlichen ist sinnvoll, wenn die eigene Lebens- und Welterfahrung als eher elend, eng und karg empfunden wird, sei es in sozialer oder psychischer Hinsicht. Die Erlösung aus dieser Situation benötigt Anstöße und geschieht durch → Offenbarung: Entdeckung der eigenen ursprünglichen Wesensverwandtschaft mit dem göttlichen Wirklichkeitsaspekt oder sinnliche Erscheinung des P. in Jesus von Nazareth (Kol 1,19). In gnostischen Konzeptionen wird P. oft als → Emanation vorgestellt. Der gleiche Vorgang, dass Menschen von der Fülle Gottes erfüllt werden, kann auch aus umgekehrter Perspektive als → Kenosis (»Entleerung [sc. Gottes]«) dargestellt werden (Phil 2,6–11). Red

Plessner, Helmuth (1892–1985), ab 1926 Professor für Soziologie in Köln, Groningen und Göttingen. P. gilt als Mitbegründer der Philosoph. → Anthropologie. Sein zentrales Theorem konstatiert die »exzentr. Positionalität« des → Menschen als seine Grundbestimmung. Im Unterschied zum Tier, das instinkthaft auf seine Umwelt bezogen ist, sucht der Mensch vermittels seiner Kulturleistungen einen geistigen Standort in der Absicht, seine Haltlosigkeit zu überwinden. Aufgrund seiner Fähigkeit zur Reflexion erkennt er jedoch diesen Versuch als seine eigene Setzung.

VK

Pluralisierung. (1) Allgemein eine Vervielfachung der kulturellen Formen innerhalb einer → Gesellschaft, also die Koexistenz verschiedener → Kulturen, Kommunikationsstile und Verhaltensnormen (→ Verhalten) entlang ethnischer Grenzen, Klassen- und Milieuunterschiede. Sofern Menschen innerhalb einer Kultur in sehr unterschiedlichen sozialen und kulturellen Umwelten leben, wird von einer P. der Lebenswelten gesprochen bzw., in den Worten M. → Webers, von einem »Polytheismus der Werte«. Die gleichzeitige Existenz verschiedener Lebenswelten nebeneinander wird als Pluralität, ihre Akzeptanz als gleichwertig als Pluralismus bezeichnet. Pluralismus spielt insbes. in der polit. Theorie eine große Rolle, die den Umgang verschiedener gesellschaftlicher Gruppen miteinander behandelt. (2) Auch hinsichtlich der religiösen Situation kann von einer P. gesprochen werden. Dabei bezieht sich der Begriff (a) diachron auf allmähliche histor. Änderungen ihrer Vorstellungen und Rituale und den Austausch mit bzw. die Abgrenzung gegen andere Religionen. (b) Religionen können auch zu einem bestimmten Zeitpunkt (»synchron«) pluralist. sein, wobei sich der Pluralismus (»interreligiös«) auf die Existenz mehrerer Religionen (z. B. Christentum, Islam, Judentum) beziehen kann. (c) Aber auch eine einzelne Religion kann (»binnenreligiös«) pluralist. sein, wenn sie eine Vielfalt institutionell nicht miteinander zu vereinbarender unterschiedlicher Vorstellungen vereint. → Moderne.

HK

Lit.: P. L. Berger, The Heretical Imperative, 1979 (dt. Der Zwang zur Häresie, 1980). – V. Drehsen/W. Sparn (Hg.), Im Schmelztiegel der Religionen, 1996. – H. G. Kippenberg (Hg.), Religiöser Pluralismus: Wieviel Religionen verträgt eine Gesellschaft, 2000. – C. Auffarth (Hg.), Religiöser Pluralismus im Mittelalter?, 2005.

Pneuma (griech. = Luft, Hauch, Wind, Geist), Bezeichnung der antiken christl. Sprache – z. B. im Kontext stoischer Konzeptionen – für den → Geist Gottes, auch für die dritte Person der Trinität (→ Dreifaltigkeit). Grundlegend für die christl. Pneumatologie ist die urchristl. Geisterfahrung, die sich u. a. in Zungenrede (→ Glossolalie), Wundertaten (Exorzismen, Krankenheilungen, Totenerweckungen), Visionen, Himmelfahrten und Prophetie äußert. Für Paulus ist das P. zugleich die göttliche Kraft, die Tote und Totes lebendig macht und die Sozialstruktur der frühen Gemeinden durch entsprechende charismat. Funktionen (Geistesgaben; → Charisma) bestimmen soll. Red

Poimandres (griech. wohl = Menschenhirt), erster Traktat des *Corpus Hermeticum* (→ Hermetik), der zeitweise als Titel des gesamten Corpus fungierte. Der P. gilt insbes. seit R. Reitzenstein (1861–1931) als »gnostischer« Traktat – ein Urteil, das zumindest vorsichtig in Zweifel gezogen werden muss (→ Gnosis). Die zentrale Figur des Hermes Trismegistos stellt eine Rezeption des ägypt. Gottes → Thot aus einer spätantiken, religiös gefärbten philosoph. Perspektive dar. Dessen Entdeckung in der Renaissance bildete die Geburtsstunde der modernen → Esoterik (1463). Red

Lit.: R. Reitzenstein, P.: Studien zur griech.-ägypt. u. frühchristl. Literatur, 1904. – C. Colpe/J. Holzhausen, Das Corpus Hermeticum, 2 Bde., 1997.

Polemik (von griech. pólemos = Krieg, Streit; Gegensatz: → Apologetik), in der christl. Theologie Bezeichnung für eine Möglichkeit des Umgangs mit anderen Konfessionen und Religionen. Die Entwicklung von P. und Apologetik als theolog. Disziplinen wurde maßgeblich von → Schleiermacher vorangetrieben. Während letztere die Verteidigung der eigenen Religiosität nach innen und außen zum Gegenstand hat, bezeichnet P. den Angriff auf andere religiöse Optionen. Beides zusammen gehört Schleiermachers Einteilung zufolge zur philosoph. Theologie, die das Wesen des Christentums konfessionsverschieden bestimmen muss. Dabei gehen P. und Apologetik »religionsphilosoph.« bzw. »religionswiss.« vor. Nach einer philosoph. grundlegenden Bestimmung der Religion (»Bezeichnen bzw. Symbolisieren mit überwiegend individuellem Charakter«) im Unterschied zu Wissenschaft, Staat/Wirtschaft und freier Geselligkeit (v. a. romant. Salon) werden die unterschiedlichen Religionstypen entsprechend der Entwicklung des Selbstbewusstseins eingeteilt: Stärker sinnlich orientierte können von »höheren« Stufen unterschieden werden; zu den letzteren gehört das Christentum. Es ist aber nicht begrifflich ableitbar, sondern muss als sittlich orientierte Frömmigkeit, in der alle Erlösung auf Jesus von Nazareth bezogen ist, geschichtlich aufgefasst werden. Katholizismus und Protestantismus sind (bislang) nicht aufeinander reduzierbar, weil der Protestantismus eher ein direktes Verhältnis des Einzelnen zur Erlösung durch Jesus aufbaut und dann eine Kirche entwirft, während im Katholizismus die Erlösung stärker durch die sakramentale Kirche vermittelt ist. Red

Lit.: G. Wenz, Der Kulturprotestant Adolf von Harnack, 2001. – K. Nowak, Schleiermacher, 2002.

Polis, griech. Gemeinde mit einer »städtischen« Öffentlichkeit und ihrer → lokalen Religion mit einem begrenzten und vernetzten → Pantheon. → Antike. CA

Politik und Religion. (1) Wechselbeziehung, die Ergebnis einer funktionalen → Differenzierung ist. Diese setzte bereits mit den frühen Hochkulturen ein (noch nicht die »Priesterkönige« in Mesopotamien, wohl aber Könige, Richter und Propheten im AT) und bestimmte P. als innerweltliches → Handeln im Medium von → Macht und R. als Sinnsystem auf Glaubensbasis mit einer in der Regel transzendent bestimmten Letztbegründung. Zugleich gab es immer wieder Ansätze zur wechselseitigen Durchdringung bzw. Aufhebung der Differenz (»Sakrales Königtum« im Mittelalter, → Rousseaus Vorschlag einer → Zivilreligion), sowohl als Politisierung der R. (z. B. P. der → Päpste in Mittelalter und Neuzeit) als auch durch religiöse Komponenten im polit. Handeln, etwa in Zeiten radikalen Umbruchs (Franz. Revolution) oder zur Mobilisierung von Massen (→ Faschismus, andere Diktaturen). (2) Seit der → Aufklärung gilt für die europ.-westlichen Gesellschaften die Leitlinie einer Trennung von R. (als Privatsache) und P. (öffentliche Sphäre), die freilich in dem Maße unscharf ist, in dem das Private zur Sphäre polit. Auseinandersetzung und Orientierung wird und die P. ihrerseits private, d. h. auch religiöse Vorstellungen zur Schau stellt. So stellen die USA nicht nur die fortgeschrittenste moderne Industriegesellschaft, sondern auch das Land dar, in dem die R. in der Sphäre der Öffentlichkeit und P. die nachhaltigste Rolle spielt. Tatsächlich wird die Gegenwart sowohl auf der Ebene der Individuen als auch auf der des gesellschaftlichen und polit. Handelns von Staaten und Organisationen von einem Konflikt zwischen individualist. und säkularen Orientierungen einerseits und kulturell bzw. polit. bestimmten religiösen Werten (etwa im Rückgriff auf vermeintlich alte Grundlagen wie in den → Fundamentalismen unterschiedlichster Provenienz) andererseits geprägt. WN

Lit.: B. Gladigow (Hg.), Staat u. Religion, 1981. – K.-M. Kodalle (Hg.), Gott u. P. in den USA, 1988. – J. Albertz (Hg.), Gesellschaft u. Religion, 1991. – M. Walther (Hg.), Religion u. P., 2004. – S. Braun, Das Staat-Religionen-Verhältnis in seiner histor. Entwicklung, 2 Bde., 2005. – B. Henningsen (Hg.), P., Religion u. Gemeinschaft, 2005. – A. Holl, Religion u. P., 2005.

Polydämonismus (von griech. polý- = viel, daímōn = Geist, Gott), Vorstellung einer Pluralität nichtgöttlicher, übernatürlicher Wesen. In der Evolutionismusdebatte Ende des 19. Jh.s (→ Evolution) wurde der P. als Vorstufe zur Entwicklung des → Polytheismus diskutiert. GA

Polytheismus, Bezeichnung für eine Religionsform, in der mehrere als persönlich vorgestellte Götter nebeneinander agieren. Ebenso wie die Begriffe »Vielgötterei« oder »Götzendienst« enthält P. eine negative Konnotation, da der Begriff im theolog. Kontext die als missionsbedürftig angesehenen nichtmonotheist. Religionen bezeichnet. Obwohl P. mit der Aussage über die Zahl der in einer Religion verehrten Götter ein scheinbar objektives Kriterium ausdrückt, enthält er implizite Wertungen. Der vom Begriffspaar P./→ Monotheismus vorgegebene Interpretationsrahmen unterstellt als P. charakterisierten Religionen, dass Götter im Mittelpunkt ihrer Vorstellungen und Praxis stehen und verfälscht auf diese Weise ihr Verständnis. Zu hinterfragen bleibt die häufig vorgenommene Gleichstellung von P. mit religiösem Pluralismus. → Gottesvorstellungen, → Pantheon. IP

Lit.: B. Gladigow, P., in: Zs. für Religionswissenschaft 5 (1997), 59–79. – B. Gladigow, Art. »P.« in: HrwG 4, 1998, 321–30. – B. Gladigow, P., in: H. G. Kippenberg/ M. Riesebrodt (Hg.), Max Webers ›Religionssystematik‹, 2001, 131–50. – B. Gladigow, Religionswissenschaft als Kulturwissenschaft, 2005, 125–170.

Popper, Karl Raimund (1902–94), österreich.-engl. Philosoph, Begründer des »Kritischen Rationalismus«. Schwerpunkte seiner Lehre waren insbes. Erfahrungstheorie, Wissenschaftstheorie, polit. Philosophie und Gehirnforschung. Auf dem Gebiet der Religion war seine scharfe Kritik an der Metaphysik bedeutsam: Aussagen über Metaphysisches beruhten auf nicht falsifizierbaren Setzungen/Prämissen. Diese werden seitdem von der Religionswissenschaft gemieden. → Wissenssoziologie. Red

W.: Lesebuch: ausgewählte Texte zu Erkenntnistheorie, Philosophie der Naturwissenschaften, Metaphysik, Sozialphilosophie (hg. von D. Miller), 1995.

Populare Religiosität, Begriff aus dem roman. (franz. religion populaire, italien. religiosità popolare) und angelsächs. Raum (engl. popular religion), dem im Dt. die Begriffe → Volksreligion und → Aberglaube, Volksfrömmigkeit, Volksreligiosität bzw. religiöser Volksglaube entsprechen. Im Unterschied zu »Pop-Religion« oder »populärer Religion« werden damit v. a. Phänomene der kirchl. marginalen oder außerkirchl. Religiosität erfasst, die subjektive Glaubensanschauungen, individuelle und auch kollektive → Rituale und → Symbole beinhalten: traditionelle und marginale Kult- und Glaubensformen, religiöse und magische Praktiken (→ Magie), religiöse Massenphänomene, Festreligion. → Alltagsreligion. HK

Lit.: H. Knoblauch, Populäre Religion. Markt, Medien u. die Popularisierung der Religion, in: Zs. für Religionswissenschaft 8 (2000), 143–61.

Positive Religion. Im 18. Jh. wird der Begriff für die traditionellen, auf Schrift, Tradition und Offenbarung beruhenden histor. Religionen verwendet, im Gegensatz zu den ewigen Gesetzen, die die Natur vorgegeben habe (natürliche Religion, → Weltanschauung). Schleiermacher greift in seinen Reden *Über die Religion* die dogmat. verknöcherten p. R. an: sie verhinderten die lebendige Religion als Anschauung des Universums im Individuellen. M. → Weber in *Wissenschaft als Beruf* (1917) sieht Verstand und religiösen Glauben gespalten: »In jeder ›positiven‹ Theologie gelangt der Gläubige an den Punkt: credo non quod, sed quia absurdum est. [Ich glaube nicht dass, sondern weil es verstandeswidrig ist].« Die Virtuosenleistung des »Opfers des Intellekts« [sacrificium intellectus] sei das entscheidende Merkmal des positiv religiösen Menschen. CA

Lit.: F. Schleiermacher, Über die Religion, Reden an die Gebildeten unter ihren Verächtern [1799], in: G. Meckenstock (Hg.), KGA I, 2, 1984, 296 u. ö. – M. Weber, Wissenschaft als Beruf [1917], in: MWS I/17, 1994, 22.

post hoc, ergo propter hoc (lat. = [Wenn etwas] nach diesem [geschehen ist, dann ist es] also wegen diesem [geschehen]), mittelalterliche Logikregel. Red

Postmortale Existenz → Tod.

Potala, Palast des → Dalai Lama in Lhasa, erbaut im 17. Jh. unter der Herrschaft des großen 5. Dalai Lama, benannt nach dem mythischen Palast des → Bodhisattvas → Avalokiteshvara. → tibet. Buddhismus. KKP

Potlach (Chinook pot'lach), Zeremonien nordamerikan. Indianer, bei denen in ritualisierter und öffentlicher Form → Gaben ausgetauscht und zerstört werden. Der Gabentausch hat bes. unter den südlichen Kwakiutl-Stämmen mitunter Wettkampfcharakter, bei dem soziale Positionen und Hierarchien bekräftigt bzw. infrage gestellt werden. Entgegen einer verbreiteten Annahme ist selbst ein voluminöser P. nur selten selbstzerstörerisch. → Gabe, → Religionsökonomie. AM

Präanimismus, angenommene Vorstufe zum → Animismus, auch → Animatismus genannt. IP

Prädestination (von lat. praedestinatio = Vorherbestimmung), Terminus der christl. Dogmatik für eine Lehre von der Vorherbestimmung zum → Heil oder auch zum Unheil (doppelte P.). Vertreter einer P.-Lehre sind je nach Auslegung etwa Augustin (354–430), Luther (1483–1546), v. a. aber Calvin (1509–64). Die P.-Lehre reflektiert das Zustandekommen von Heil/Unheil sowie die Frage, ob der Mensch daran aktiv beteiligt ist oder nicht, und versucht die Verneinung dieser Frage im vorherbestimmenden Handeln Gottes zu verankern. → Freiheit, → Wille. Red

Präexistenz (von lat. prae = vor und exsistentia = Dasein), Bezeichnung für die himmlische Existenzweise von göttlichen Dingen und Menschen, bevor Gott sie offenbar macht, so das Himmelsbuch vor dem Koran, die Erlöserfigur in gnostischen und christlichen Konzeptionen (→ Anthropos, → Christus) – präfiguriert u. a. im Judentum in Gestalt der Frau → Weisheit. Red

Prähistorie → Neolithische Religion, → Paläolithische Religionen.

Prämillenaristisch. Seit Augustins (354–430) Auslegung der → Apokalypse des Johannes ist der Streit offen: Ist die Gegenwart das in Apk 20, 1–6 beschriebene Millennium, die Zeit, in der Christus mit seinen Getreuen tausend Jahre im Frieden herrscht und die sich in einem steten Fortschritt auf das Reich im → Himmel hin entwickelt (postmillenarist., von lat. post = nach)? Oder stehen die Schlachten der Endzeit noch bevor (lat. prae = vor)? Im 19. Jh. geht der Streit zwischen der Fortschrittsidee (G. F. W. → Hegel) und der Vorbereitung auf die Endschlacht hin und her. Viele Missionen und die Erweckungsbewegungen, bes. im amerikan. Christentum (Great Awakening), sind prämillenarist. geprägt und bestimmen die apokalypt. Sicht auf die Weltgeschichte und die aktuelle Politik in den USA. → Millenarismus. CA

Lit.: L. Hölscher, Weltgericht oder Revolution, 1989. – C. Auffarth, Irdische Wege und himmlischer Lohn, 2002.

Prahlāda (sanskr.), Sohn des Dämonenkönigs Hiranyakashipu. Dieser wollte P. wegen seiner Vishnu-Verehrung töten, aber Vishnu beschützte seinen Anhänger. → Hinduist. Pantheon. AM

Lit.: P. Hacker, P., 1960.

Prajāpati (sanskr. = Herr der Lebewesen), Name eines Schöpfergottes, Vorläufer von → Brahmā. → Hinduist. Pantheon. MAL

Prajnā (von sanskr. prajñā = Weisheit, Bewusstsein). (a) Im Hinduismus u. a. das Bewusstsein des → ātman von sich selbst; (b) im → Mahāyāna-Buddhismus eine intuitive Weisheit bzw. erlösende Erkenntnis über die wahre Natur der Welt und ihre Leere (→ shūnyatā) sowie eine der vom → Bodhisattva zu verwirklichenden Tugenden (→ pāramitā); (c) im tantr. Buddhismus auch ein weibliches Prinzip, dargestellt u. a. als Frau. → Heil, → Seele. AM

Prajnāpāramitāsūtra (von sanskr. Prajñāpāramitāsūtra = Lehrtext von der Vollkommenheit der Weisheit), ab dem 1. Jh. v. Chr. entstandene Sammlung von frühen Lehrtexten des → Mahāyāna-Buddhismus zur Verwirklichung der →

prajnā, darunter das → Diamantsūtra und das → Herzsūtra. → Buddh. Literatur. AM

Lit.: E. Conze, The P. Literature, 1960.

Prakriti (sanskr. prakṛti = Natur), in der Evolutionslehre des → Sāmkhya und → Yoga ewige, feine und allgegenwärtige Urmaterie, aus der die Erscheinungswelt hervorgeht. Der aktiven, nicht wahrnehmbaren p. stehen zahlreiche, rein geistige und passive Seelen (→ purusha) gegenüber. → Indische Philosophie. JG

Prāna (von sanskr. prāṇa = Atem), Lebensenergie, mitunter mit → ātman identifiziert. AM

Prasād(a) (sanskr. = Gunst), Speisen, die im hinduist. Gottesdienst (→ pūjā) der Gottheit gereicht und anschließend vom Priester an die Gläubigen zurückgegeben werden. → Gabe. AM

Prātimoksha (von sanskr. prātimokṣa, pāli pātimokkha), Teil des → Vinaya-Pitaka, der die Regeln für die Mönche und Nonnen (→ bhikkhu) enthält und bei jeder Beichtfeier (→ uposatha) vorgetragen wird. Die Theravāda-Mönche und -Nonnen bekennen dann ihre Verstöße gegen die 227 (für Mönche) bzw. 348 (für Nonnen) Regeln. Verfehlungen können im schwersten Fall bis zum Ausschluss aus dem Orden führen. → sangha. AM

Lit.: C. S. Prebish, Buddhist Monastic Discipline, 1974. – U. Hüsken, Die Vorschriften für die buddh. Nonnengemeinde im Vinaya-Piṭaka der Theravādin, 1997.

Pratītyasamutpāda (sanskr.; pāli paticca-samuppāda = bedingte Entstehung, Entstehen in Abhängigkeit, Kausal- oder Konditionalnexus), grundlegender buddh. Lehrsatz, mit dem die Verstrickung der Wesen in den Kreislauf der Wiedergeburten (→ samsāra) ausgedrückt wird. Der p. umfasst meist zwölf einander bedingende körperliche und geistige Phänomene, deren wiederkehrender Kreislauf aufgrund von Unwissenheit und Gier (→ trishna) entsteht bzw. fortdauert. → bhavachakra, → Reinkarnation. AM

Lit.: D. J. Kalupahana, Causality: The Central Philosophy of Buddhism, 1975. – V. Zotz, Geschichte der buddh. Philosophie, 1996.

Pratyekabuddha (sanskr.; pāli paccekabuddha = Für-sich-Erwachter), im Frühbuddhismus ein Heiliger, der durch eigene Anstrengung die buddh. Lehre erkennt und verwirklicht, sie aber nicht weitergibt. → Askese, → Buddha. AM

Lit.: R. Kloppenborg, The P., a Buddhist Ascetic, 1974.

Predigt (von lat. praedicare = öffentlich bekannt machen, ausrufen; ähnlich griech. kērýssein), wesentliches Element im christl. Gottesdienst (z. T. mit synagogalen Vorbildern); v. a. im reformierten Protestantismus gilt die P. als Zentrum. Das entstehende Christentum bildete innerhalb der antiken Gesellschaft, bes. im urbanen Milieu, eine eigenständige Öffentlichkeit aus, die sich nicht zuletzt im Gottesdienst konstituierte. Dabei entstand eine eigene Gattung der religiösen Rede, die sich durchaus der üblichen rhetor. Genera, v. a. der Beratungsrede und der Lob- bzw. Tadelrede, bediente. Allmählich wurde diese Orientierung an den rhetor. Genera durch eine Neubestimmung der P. als Lehrrede verfeinert. In dieser wurden die Gehalte der christl. → Lehre entfaltet und auf aktuelle Situationen angewendet. Im Mittelalter war die P. Aufgabe des Bischofs, nicht der Priester, und konnte von diesem an Mönche oder Laien delegiert werden. Während in der christlichen P. der Bezug auf einen Bibeltext – mehr (Homilie) oder weniger (Skopos des Textes) – als bindend angesehen wird, ist im Islam die P. im Rahmen des Freitagsgebets frei und behandelt aktuelle Themen aus religiöser Sicht. Unter den christl. Konfessionen schwankt die Bedeutung der P.: Die röm.-kath. und die orthodoxe Kirche messen im Gottesdienst der → Liturgie einen erheblich größeren Wert als der P. bei, die Lutheraner vertreten eine Mittelposition; am anderen Ende der Skala stehen reformierte Kirchen und pietist. Gruppierungen. Letztere haben bis in die jüngere Zeit oft mehrere Sprecher im Gottesdienst zugelassen. Allmählich zeigt sich aber auch hier ein deutlicher Zug zur Professionalisierung, die rhetor., didakt., administrative und seelsorgerliche Ausbildung erfordert. → Funktionär, → Gebet. Red

Lit.: R. Zerfaß, Der Streit um die Laienpredigt, 1974. – C. T. Maier, Preaching the Crusades, 1994. – B. Moeller, Städtische P. in der Frühzeit der Reformation, 1996. – M. N. Ebertz, Die Zivilisierung Gottes. Der Wandel der Jenseitsvorstellungen in Theologie und Verkündigung, 2004.

Presbyterianismus (von griech. presbýteros = älter, Ältester). Im weiteren Sinne bezieht sich der Begriff auf die auf Calvin und Zwingli zurückgehenden Kirchen im angelsächs. Raum, die bei uns als reformiert bezeichnet werden (→ Reformation). Im engeren Sinne bezieht sich der Begriff auf das presbyteriale → Amt, das sowohl Wortverkündigung als auch Ordnung der Gemeinde und Hilfe umfasst. Im Unterschied zum Kongregationalismus (→ Kongregationalisten), der die Gemeinden keiner höheren Autorität unterstellt, bezeichnet P. eine Kirchenverfassung, deren erste Leitungsebene vom Presbyterium, einem Gemeindekirchenrat, gebildet wird, dem Bezirkssynoden und oberste → Synoden übergeordnet sind. Die im Reformierten Weltbund organisierten Kirchen umfassen weltweit etwa 70 Mio. Mitglieder. HK

Prestige, soziales Ansehen bzw. Wertschätzung, die Menschen einander zuordnen. P. ist eine relationale und subjektive Dimension sozialer Ungleichheit, da es nicht unabhängig vom Denken und Handeln Einzelner bestehen kann. Gleichwohl bestimmt sich P. über die (angenommenen) Macht- und Einflusschancen, Kenntnisse und Fähigkeiten einer Person oder Gruppe und ist an bestimmte soziale Rollen gebunden. Die rollenübergreifende Wirkung von P. wird als P.-Generalisierung bezeichnet. P.-Güter sind Güter, die rituell ausgetauscht oder vernichtet werden, um im Tausch zum materiellen Verlust P. zu erhalten (→ Potlach). Dabei wird ökonom. in soziales Kapital umgewandelt. Berufsprestigeskalen stellen die relative Wertschätzung ausgewählter Berufsgruppen dar. Dabei lagen in Westdeutschland 1995 Geistliche auf Platz zwei nach den Ärzten und vor Anwälten, Professoren und Diplomaten. AKN

Lit.: S. Hradil, Soziale Ungleichheit in Deutschland, 1999.

Preta (sanskr. = Dahingegangener), Bezeichnung für (Toten-)Geister und unbefriedete Seelen. → Ahnenverehrung. AM

Preuß, Konrad Theodor (1869–1938), dt. Ethnologe, führte Feldforschungen in Mittel- und Südamerika durch. P. definierte den Unterschied zwischen → Magie und Religion als Gegensatz zwischen ritueller Manipulation und Hingabe an einen personalen Gott im Gebet. Nach P. vollzog sich ein evolutionärer Wandel von der Magie hin zur Religion u. a. deshalb, weil Gebete leichter durchzuführen seien als → Rituale. SE

W.: Tod u. Unsterblichkeit im Glauben der Naturvölker, 1930. – Der religiöse Gehalt der Mythen, 1933.

Priester. Angesichts der – nach der → Reformation – teils polem. Verwendung von P. sind neutral-analyt. Begriffe wie → Funktionär oder religiöser Spezialist vorzuziehen. → Amt. CA

Primitiv. Das nachklass. lat. Adjektiv (= schlicht, einfach) trägt neben der Bedeutung des – bes. durch den → Evolutionismus negativ qualifizierten – Unterentwickelten auch den Adel des Vorbildlichen, so seit der Reformation in Bezug auf das → Urchristentum. Der um 1900 eingeführte Begriff des → Archaischen unterliegt zunächst bei → Lévy-Bruhl und → Durkheim (1910/1912) einer ambivalenten Wertung und wird dann als kritisches Gegenkonzept gegen die Moderne mit ihren Phänomenen der Urbanisierung und des Umweltraubbaus (→ Natur) aufgebaut. CA

Primitives Denken (prälog. Denken), heute kritisierter und problematisierter Begriff, geprägt von L. → Lévy-Bruhl (*La mentalité primitive*, 1922) und F. Boas (1858–1942). Der Terminus steht für »die nicht-platon. bzw. nicht-aristotel. Denkweise« – d. h. das Fehlen abstrakter Begriffe in Stammesgesellschaften – bzw. für die Mentalität in schriftlosen Kulturen mit ihrer rituellen Form der Dramatisierung von Konflikten. In primitiven Gesellschaften seien Religion, Drama und Alltag ungeschieden. Konfliktlösungen gingen auf Rituale mit kreativer oder kathart. Funktion zurück. In spieler. und unpersönlichen Ausdrucksformen artikulierten sie die ambivalenten, destruktiven und dämon. Kräfte der menschlichen Natur, ohne eine Trennung zwischen → Selbst und → Gemeinschaft aufzustellen. Rituale bilden einen direkten Ausdruck von → Alltag und Arbeit, so dass keine Unterschiede zwischen Handwerk und Kunst vorkommen, Qualität und Schönheit synonym sind. V. a. der Ethnologe → Evans-Pritchard kritisierte den Begriff des p. D. als ethno- und logozentr. Die neuere Forschung erkennt die Absicht an, den »primitiven Kulturen« eine Andersartigkeit zuzugestehen, lehnt aber die ideolog. Trennung von »primitiver« und der damit implizit als »entwickelt« bewerteten eigenen Kultur ab. Sie akzentuiert mit Nachdruck, dass alle rituellen Formen der Dramatisierung des Lebens über eine große zivilisator. Bedeutung bei der Konfliktlösung verfügen und dass das sog. »prälog. Denken« lediglich eine andere Logik als die wissenschaftsorientierte abendländ. Kultur vertritt. → Ethnische Religionen, → Religionsethnologie, → Weltbild. MB

Lit.: F. Boas, The Mind of Primitive Man, 1938. – S. Diamond, In Search of the Primitive, 1974.

Prithivī (von sanskr. pṛthvī = Erde), → Göttin Erde und Mutter aller Wesen. → Vedisches Pantheon. AM

Privatisierung. Die Rede von der P. der Religion bezieht sich (a) auf die sich v. a. in der → Moderne ausbreitende Tendenz, dass Religion weniger in kirchlichen Institutionen denn in der Privatsphäre angesiedelt ist. Kurzfristige, gruppenartige → Organisationsformen prägen die »privatisierte« Religion, etwa Selbsthilfegruppen, Cliquen u. a. kleine sinnstiftende → Gemeinschaften. Weil sich die Individuen dabei an einem → Markt der Religionen und Weltanschauungen orientieren können, kommt es immer häufiger zur »Bricolage«, zu einer individuellen Zusammenstellung von Weltanschauungen, die sich Einzelne nach ihren Bedürfnissen »basteln«. (b) Religiös relevante Themen verlagern sich aus dem öffentlichen immer stärker auf den privaten, subjektiven Bereich: Die körperliche Erfahrung nimmt einen zentralen Ort ein, das sexuelle Verhalten, die Familie, Bewusstseinserweiterung; Selbstverwirklichung, das persönliche Glück und Wohlergehen rücken ins Zentrum religiöser Bemühungen. HK

Lit.: J. Casanova, Public Religions in the Modern World, 1994.

Profan (von lat. pro = vor und fanum = Tempel). Der Begriff setzt voraus, dass eine Schwelle und Mauer den hl. Ort von dem Alltäglichen trennen (→ Alltag). Diese Differenzierung des Sakralen und des P. ist als universal gültige Kategorie vermutet worden (→ heilig, → Religionsphänomenologie), das gilt so aber nicht. → Religion. CA

Projektion (von lat. proiectio = Ausstrecken), Merkmalsübertragung aus der → Wahrnehmung eines Subjekts oder einer Gruppe auf fremde Personen und Dinge; in der → Religionskritik (Xenophanes, ca. 570–478 v. Chr., → Feuerbach) als falsches Prädizieren (Aussagen über Menschen werden auf Gott übertragen) aufgedeckt (→ Anthropomorphismus). Psychoanalyt. handelt es sich bei einer P. um eine psychische Abwehr, die einem Äußeren unbewusste eigene Emotionen unterstellen kann (→ Freud, → Psychoanalyse). Mythostheoret. bezeichnet P. kollektive Erfahrungen, die in äußere Vorstellungsbilder verlagert sind (→ Mythos). → Aufklärung. AK

Prometheus (griech. = der Vorherdenker), eine → Trickster-Figur in der griech. Mythologie. Dem Rebellen P. gelingt es, die Tyrannis der Götter zu brechen, indem er das Feuer aus dem Himmel stiehlt und durch einen Betrug das Tier-Opfer so aufteilt, dass die Menschen das Fleisch, die Götter Haut und Knochen zugeteilt bekommen. Dafür wird er von Zeus bestraft, der ihn an einen Felsen schmiedet, wo ein Adler ihm immer wieder Stücke aus der Leber hackt. Das stellvertretende Leiden des Menschenfreundes wird schließlich durch Herakles beendet, der den Adler erschießt. Manche sehen in ihm sogar den Schöpfer der Menschen, indem die Götter eine schöne, aber böse Frau zu den Menschen schicken, die mit ihrer »Büchse« alles – bis dahin unbekannte – Leid auf die Erde bringt: Pandora. Sie ist die Frau schlechthin – jede Frau verbreite als Trägerin das → Böse. So ist die Menschheit auf Dauer gestraft. Die P.-Figur weist eine Nähe zum babylon. Epos vom Atramḫasīs auf. P. wird zum Urbild der menschlichen Zivilisation in ihrer Ambivalenz. V. a. seit der → Aufklärung ist er der Repräsentant menschlichen Selbstbewusstseins. Goethe zeichnet ihn in einem frühen Gedicht (1773/74) als Rebellen gegen den Monotheismus; → Marx stilisiert ihn zum vorbildlichen Materialisten: er sei »der vornehmste Heilige und Märtyrer im philosoph. Kalender«. CA

Quellen: Hesiod, Theogonie 507–616. – Aischylos, P. Desmṓtēs (Der gefesselte P.). – Platon, Protagoras 320e. – K. Marx, Marx-Engels-Werke, Erg.-Bd. 1, 1968, 263. *Lit.:* J. Duchemin, Prométhée. Histoire du mythe de ses origines orientales à ses incarnations modernes, 1974. – M. L. West, The Eastern Face of Helicon, 1997.

Prometheus-Motiv → Ackerbau/Ackerbaukulturen, → Dema-Gottheiten, → Hainuwele.

Prophet (von griech. prophēteúein = heraussprechen [was eine Gottheit – für den Rest unhörbar – sagte]; hebr. nābīʾ), religiöser Spezialist für die → Kommunikation zwischen göttlicher und menschlicher Ebene, dessen bzw. deren soziale und religiöse Funktion sehr unterschiedlich sein kann. (1) Bisweilen sind P. professionelle, bezahlte Mitglieder einer Gilde und in polit. Systeme integriert, in anderen Kulturen sind sie individuelle Randfiguren, die freiwillig oder unfreiwillig die Fähigkeit der Prophetie entwickeln. Es gibt ekstat. (→ Ekstase) wie nicht-ekstatische P.; einige sind Träger größerer Religionen, andere schaffen ihre eigenen Kulte. Trotz dieser großen Verbreitung wurde das Prophetentum und seine Funktion innerhalb der monotheist. Religionen (→ Monotheismus) zum Vorbild für Prophetentum überhaupt. (2) Im biblischen Kontext handelt es sich bei einem P. um eine Person, die in außergewöhnlichen Bewusstseinszuständen (→ Bewusstsein), oft getrieben von dem Zwang, »Sprachrohr« der Gottheit zu sein, → Offenbarungen empfängt und übermittelt. Indem sie »das Neue« mitteilt oder die → Zukunft betreffende Warnungen ausspricht, gerät sie nicht selten in Konflikt mit dem polit.-religiösen Establishment. Theolog. bedeutsam wurde das Konzept der Reihung von P.-Figuren: Während für das Judentum, z. T. auch für das Christentum, die »wahre« Prophetie mit der Fixierung der P.-Schriften endete, wurde die Linie im Islam über Jesus weiter geführt bis zum »Siegel der Propheten«, dem »vollkommenen« P. → Muḥammad. Neben der orthodoxen Lesart gab es immer auch die Spekulation über einen durch die Jh.e laufenden P., d. h. die regelmäßige Wiederkehr einer prophet. Autorität, die an Wendepunkten der → Heilsgeschichte auftritt. Diese Konzeption ist zu finden als Annahme, Jesus sei der »wiedergekommene → Elia«, in der Funktion des »verborgenen Imam« in der → Schia (siehe auch → Ḥānīf) und bis in die esoter. Tradition der Weltenlehrer oder »Meister«, die eine Reihung von → Zarathustra, → Buddha, → Jesus bis zu C. Rosenkreutz (→ Rosenkreuzer), dem Grafen von St. Germain, E. Cayce oder Sai Baba herstellt. → Altes Testament, → Apokryphen, → Assyr. Prophetien, → Mari-P., → Nabī, → Priester, → Schamanismus. KVS

Lit.: R. Steiner, Wendepunkte des Geisteslebens, 1984. – H. W. Church, Die 17 Leben des Edgar Cayce, 1988. – J. Bremmer, Prophets, Seers, and Politics in Greece, Israel, and Early Modern Europe, in: Numen 40 (1993), 150–83. – M. Sturm-Berger, Merkmale u. Wesen von Prophetentum. Eine religionsvergleichende Studie, 1997. – J. Blenkinsopp, Geschichte der Prophetie in Israel, 1998. – G. Wied, Prophetie im Spektrum von Theologie, Psychiatrie u. Parapsychologie, 1998. – B. M. Kienzle/P. J. Walker (Hg.), Women Preachers and Prophets through Two Millennia of Christianity, 1998. – A. Herman, Propheten des Niedergangs. Der Endzeitmythos im westlichen Denken, 1998. – K. Seybold, Die Sprache des P. Studien zur Literaturgeschichte der Prophetie, 1999.

Proselyten (griech. = die Angelockten; Hinzugekommenen), neu geworbene, nicht durch Geburt dazugehörende Mitglieder, speziell in jüd. Gemeinden. Es blieb umstritten, ob man jüd. Religion annehmen kann, ohne durch Verwandtschaft zum Volk zu gehören. Um die Zeitenwende entwickelte sich ein Ritual der Aufnahme durch Untertauchen im Wasser (→ Taufe; → Essener/→ Qumran). Entscheidend für eine enge Abgrenzung scheint die Erhebung der Judensteuer (fiscus Iudaicus im Jahre 96) gewesen zu sein, deren Zahlung zugleich die offene Ausübung der jüd. Religion erlaubte. Die »Gottesfürchtigen« (griech. theosebeĩs, hebr. j^erē šamajim,) wurden demnach im Unterschied zu den P. (hebr. gērim = »Ausländer«) nicht dem Judentum zugerechnet. Im modernen Diskurs um → Nation und → Rasse der Juden galten P. als verwerfliche Durchbrecher natürlicher Schranken. → Kontakt. CA

Lit.: M. Goodman, Mission and Conversion. Proselytizing in the Religious History of the Roman Empire, 1994. – B. Wander, Gottesfürchtige und Sympathisanten. Studien zum heidnischen Umfeld von Diasporasynagogen, 1998.

Prostitution (von lat. prostare = öffentlich hinstellen, sich anbieten), Veräußerung v. a. sexueller Handlungen, vorwiegend von Frauen an Männer; in Deutschland seit 2002 als Gewerbe anerkannt, sonst vielfach verboten. (1) Die Konnotation des Verwerflichen, Unmoralischen erhält P. erst im Vergleich mit legitimierten Formen von → Sexualität (→ Ehe) bzw. im Rahmen von Konzepten der Bewertung von → Körper und Sinnlichkeit und Vorstellungen einer der »bloßen« Triebhaftigkeit entgegengestellten → Liebe oder → Erotik. Neben Modellen moral. Sanktion von P. und deren Überwindung (z. B. Jesu Umgang mit Maria Magdalena) problematisieren Religionen, inwieweit Geschlechtlichkeit zur → Identität eines Menschen gehört und ob mit dem Warencharakter der sexuellen Handlung die Würde von Anbieterin (und Kunde) angegriffen ist. (2) Histor. war und ist P. häufig mit ungleichen Machtverhältnissen verbunden (Sklaven-P., Kinder-P., Zuhälterei), ein Zustand, der erst mit der Anerkennung sexueller Realitäten in einer Gesellschaft bzw. der Selbstbestimmung über den eigenen Körper veränderbar wird (s. o., Gewerbe mit Sozialversicherung etc.). (3) Im Zusammenhang mit religiösen Institutionen muss zwischen sexuellen Dienstleistungen im Umkreis von Tempeln und Tempel-P. (→ devadāsī) zur Finanzierung des Kultes unterschieden werden. Vorstellung und Praxis der → Hl. Hochzeit liegen außerhalb des Deutungsrahmens von P. AG

Lit.: M. Hirschfeld (Hg.), Sittengeschichte des Ersten Weltkrieges, 1929. – U. Holter (Hg.), Bezahlt, geliebt, verstoßen. P. u. a. Sonderformen institutionalisierter Sexualität in verschiedenen Kulturen, 1994. – B. Stumpp, P. in der röm. Antike, 1998. – R. Weitzer (Hg.), Sex for Sale. P., Pornography, and the Sex Industry, 2000.

Protest/Protestbewegung. (1) Soziologisch. Eine Protestbewegung ist entweder ein Netzwerk von informellen Beziehungen zwischen Individuen, Gruppen und/oder Organisationen oder ein mobilisierender kollektiver Akteur. Sie konstituiert sich durch eine kollektive Identität nach innen (inklusive des Selbstverständnisses als Protestbewegung) und eine Abgrenzung nach außen (inklusive der Definition eines gemeinsamen »Gegners«). Sie verfolgt mit einer gewissen Kontinuität auf der Grundlage hoher symbol. Integration und geringer Rollenspezifikation mittels variablen Organisations- und Aktionsformen das Ziel, auf dem Fundament einer (neu gewonnenen oder reaktivierten traditionellen) polit. Überzeugung einschneidenden sozialen und kulturellen Wandel herbeizuführen, zu verhindern oder rückgängig zu machen. Eine Protestbewegung konstituiert ein eigenes sozialmoral. → Milieu, das seinen Trägern einen mehr oder weniger verbindlichen Lebensstil vorgibt. (2) Religionssoziologisch. In Anlehnung an Konzepte der soziolog. Bewegungsforschung wurde der Begriff → »Neue religiöse Bewegung« in der jüngeren Religionssoziologie eingeführt, um die älteren Begriffe → »Sekte« und »Kult« (»cult«) zu ersetzen. Dies zunächst deshalb, weil diese Begriffe im religionspolit. Sprachgebrauch zumeist pejorativ verwendet werden. Darüber hinaus verbinden sich mit dem Begriff der (neuen) religiösen Bewegung aber auch theoret. Überlegungen zu Parallelen zwischen sozialen und religiösen Bewegungen. VK

Lit.: Forschungsjournal Neue Soziale Bewegungen 3–4, 1993.

Protestantismus. (1) Auf dem Reichstag zu Speyer 1529 legten die Reichsstände, die sich der kursächs. Reformationsbewegung angeschlossen hatten, das Rechtsmittel der Protestation ein, als sie mit ihren religionspolit. Anliegen überstimmt worden waren. Hieran anknüpfend bürgerte sich auf kath. Seite ihre Bezeichnung als Protestanten ein. Seit dem frühen 18. Jh. avancierte P. zur Selbstbezeichnung, die seit Mitte des 18. Jh.s im Kontrast zu anderen (evang., luther., reformiert) inhaltlich spezif. konnotiert ist und eine variationsreiche Spielart evang. Selbstverständnisses markiert: (a) Der Begriff betont kritisch gegenüber dem → Katholizismus die Einheit evang. Christentums unbeschadet der Vielfalt seiner histor.-konfessionellen Sondergestaltungen. (b) Er hebt gegenüber der Bindung an die Grundlagen der → Reformation die wesentliche Fortbildungsfähigkeit und Zukunftsoffenheit evang. Glaubens und Denkens hervor und bejaht dessen Synthesen mit moderner Kultur und Wissenschaft. (c) Gegenüber der Bindung des Einzelnen an kirchlich-institutionelle Vorgaben betont er individuell verantworteten christl. Glauben und christl. Leben. (2) Im innerevang. Richtungspluralismus des 19. Jh.s fungieren P. und seine Derivate in diesem Sinne als publizist. und institutionelle Signalbegriffe; gleichzeitig markiert der P.-Begriff histor., geschichtsphilosoph. und theolog. das seither immer neu aufgeworfene Problem, ob und inwiefern trotz der unterschiedlichen konfessionell-organisator. Gestaltungsformen und des epochalen Einschnitts durch → Pietismus und → Aufklärung (Alt- und Neu-P.) doch von einer Einheit des P. die Rede sein kann. Wo sich evang. Kirche und Theologie seit dem Ersten Weltkrieg betont in Neuanknüpfung an Bibel und reformator. Theologie definieren, wird der P.-Begriff nur mehr im konfessionskundlich-heurist. Sinne verwandt. MO

Lit.: M. Schröder/A. von Schelia (Hg.), Das protestant. Prinzip. Histor. u. systemat. Studien zum P.-Begriff, 1998.

Prōton kinoūn (griech. = erstes Bewegendes), zentraler Begriff des → Aristoteles im Anschluss an → Platon im 12. Buch der Metaphysik: Der dort entwickelte → Gottesbeweis unterstellt, alles Existierende werde durch etwas anderes bewegt. Da Aristoteles aber keinen unendlichen Regress zulässt, muss es ein erstes Bewegendes geben, das von keinem anderen bewegt wird. Dieses wird mit → »Gott« äquivalent gesetzt (→ Theologie). In der christl. Metaphysik dürfte die Schwäche des Arguments durchschaut worden sein: Im → Platonismus/Neuplatonismus unterstützte man es mit der Konzeption des »Einen«, exemplar. in der Fünf-Wege-Lehre des Thomas von Aquin (1224/25–74). → Religionsphilosophie. Red

Lit.: O. Höffe (Hg.), Aristoteles-Lexikon, 2005, 312–18, 504f.

Proverbia → Sprüche Salomos.

Psalmen (von griech. psalmós = Saitenspiel, Loblied; hebr. mizmōr = Saitenspiel, t^{e}hilīm = Lobgesänge), religiöse Lieder, wie sie in vielen, bes. den antiken Religionen (→ Antike) anzutreffen sind, speziell aber die Dichtungen der Hebr. → Bibel, die in Hymnen, Klage-, Bitt- und Dankpsalmen unterteilt werden. Viele Ps. werden dem → David zugeschrieben (in der Bibel 73; in → Qumran ist von 4000 liturg. Kompositionen Davids die Rede), tatsächlich stammen sie jedoch aus nachexil. Zeit. Ps. sind, wie Texte aus Qumran zeigen, wichtiger Bestandteil der frühen Tempelliturgie; später gehen sie in den Synagogengottesdienst ein und werden auch im Christentum als Gebetbuch verwendet. → Altes Testament, → Apokryphen. KVS

Pseudepigraphie (von griech. pseũdos = falsch und epigrapheía = Überschrift). In den Hl. Schriften der Schriftreligionen werden häufig neue Schriften unter dem Namen einer längst verstorbenen Autorität veröffentlicht. So beansprucht das Programm eines Einzelnen oder einer Gruppe eine Gültigkeit außerhalb aktueller Auseinandersetzungen. Bes. die → Apokalyptik arbeitet mit diesem Muster. → Tradition. CA

Lit.: W. Speyer, Literar. Fälschungen im Altertum, 1971. – N. Brox (Hg.), Falsche Verfasserangaben, 1975. – N. Brox, P. in der heidnischen und jüd.-christl. Antike, 1977.

Pseudoreligion, ebenso wie → Ersatzreligion ein polem. Begriff aus der Perspektive der institutionellen Religionen. In der Auseinandersetzung mit dem Nationalsozialismus und seinen religiösen Formen wie seiner Akzeptanz aufgrund der Benutzung religiöser Vorstellungen und religiöser Sprache waren solche Begriffe Mittel der Abgrenzung (polit. Religion, verkappte Religion; → Politik), oft aus der Perspektive des Rationalismus und Bildungsbürgertums. Inwieweit andere sinnstiftende Bewegungen und Institutionen als Religionen oder als illegitimer Missbrauch verstanden werden, ist eine Frage der Definition von → Religion. CA

PSI, Abkürzung für parapsycholog. Phänomene, die in der Regel als Zusammenwirken geistiger und materieller Kräfte gedeutet werden. Zu P.-Phänomenen rechnet man insbes. Synchronizitäten, außersinnliche Wahrnehmung, Telepathie, Hellsehen, Präkognition, Psycho- und Telekinese, automat. Schreiben und Spuk. → Esoterik, → Okkultismus. KVS

Lit.: H. Bender, Parapsychologie. Die Wissenschaft von den okkulten Erscheinungen, 1966, NA 1998. – H. J. Irwin, An Introduction to Parapsychology, 1989, ^{3}1999. – G. Stein (Hg.), The Encyclopedia of the Paranormal, 1998.

Psyche (griech. = Hauch, Atem, Lebensodem). Das Wort ps. tritt erstmalig in den Anfangszeilen von Homers *Ilias* (8. Jh. v. Chr.) auf und bezeichnet bei Homer die → Seele eines Verstorbenen (Totengeist), nicht aber die eines lebenden Wesens. In der Antike wird Ps. auch als geflügeltes weibliches Wesen abgebildet, in den »Metamorphosen« von Apuleius (um 170 n. Chr.) figuriert sie als Geliebte des Amor. EH

Psychoanalyse. (1) Die P. wurde von S. → Freud zunächst als therapeut. Behandlung von Neurosen u. a. Psychopathologien ausgebildet und von ihm auf tendenziell alle kulturellen Schöpfungen der Menschen angewendet. Er ging davon aus, dass auch patholog. Erscheinungen des Seelenlebens einen »Sinn« haben und suchte diesen durch »freie Assoziationen« seiner Patienten zu ermitteln. Er nahm die Existenz eines unbewussten Seelenanteils an, der durch die Verdrängung der mit den kulturellen Normen und den eigenen Ichvorstellungen u. a. nicht zu vereinbarenden Triebstrebungen entstanden sei. Diese Strebungen würden aber nicht aufgehoben, sondern von ihnen würde nur das Bewusstsein abgezogen. Als Unbewusste seien sie weiter wirksam und verursachten durch ihre Wiederkehr jene Erscheinungen, unter denen die Patienten litten. Heilung sei dadurch möglich, dass ein Patient in der Therapie durch seine »freien Assoziationen« den durch die Verdrängung unterbrochenen Zusammenhang mit den krank machenden Komplexen wieder herstelle. Die Verallgemeinerungen seiner Überlegungen führten Freud zu einer pessimist. Kulturtheorie (→ Moderne). (2) Da die Anhänger vieler Religionen die Gründe für ihre bisweilen unverständlich erscheinenden Äußerungen (Mythen, Rituale etc.) nicht angeben können, nahm Freud an, dass auch bei diesen kulturellen Schöpfungen verdrängte Triebe eine Rolle spielen und interpretierte diese als Abkömmlinge eines kollektiven Unbewussten. Da die Methode der freien Assoziation nicht auf kulturelle Erscheinungen angewendet werden kann (es ist kein Subjekt da, das frei assoziieren würde), wurde sie durch das Variationsdeutungsverfahren ersetzt. Die Variationen eines → Mythos, eines Kultus oder anderer religiöser Erscheinungen werden dabei als »Assoziationen« eingesetzt. C. G. → Jung hat dieses Verfahren unter dem Namen Amplifikation in die Therapie aufgenommen. (3) Eine Anwendung psychoanalyt. Begriffe und Theorien auf Gegenstände der → Religionswissenschaft wie anderer Kulturwissenschaften impliziert die Annahme eines kollektiven Verdrängt-Unbewussten, dem zahlreiche Qualitäten (z. B., dass es über Generationen hinweg wiederkehren könne) zugeschrieben werden. Während in der individuellen Therapie das Freud'sche Verfahren durch die Heilung der Patienten eine gewisse Bestätigung finden kann, gibt es bei einer Anwendung auf Gesellschaftliches weder eine Bestätigung durch die Methode der freien Assoziation noch durch Heilung. (Nur wenn man Religion als krankhaft ansieht, wie in manchen Formen der → Religionskritik des 19. Jh.s, könnte man eine Aufhebung der Riten, Kulte, Lehren etc. als Heilung betrachten; eine Aufhebung von Kulten etc. ist freilich bisher auch nach einer psychoanalyt. Deutung ausgeblieben.) Eine Anwendung der P. auf Fragen und Gegenstände der → Religionswissenschaft arbeitet mit unausgewiesenen Voraussetzungen (s. o.), sie kann deshalb in der Religionswissenschaft nicht anerkannt werden. → Religionspsychologie, → Sublimation, → Tiefenpsychologie. HZ

Lit.: S. Freud, GW, 1948 (Nachtragsbd., 1987). – A. Grinstein, The Index of Psychoanalytic Writings, 13 Bde., 1956. – C. G. Jung, GW, 19 Bde., 1985ff. – H. Zinser, Kollektives Unbewußtes und Freie Assoziation. Zur P. in der Kultur- u. Religionswissenschaft, 2000.

Psychopompos (griech. = Geleiter der Toten/Seelen). Die Toten brauchen einen Helfer, der ihnen den Weg zur Unterwelt zeigt und sie begleitet. In der antiken griech. Kultur war dies die Aufgabe des kleinen Gottes → Hermes. K. Meuli u. a. haben auf die Nähe hingewiesen, die diese Fähigkeit zu der der Schamanen aufweist (→ Schamanismus), und eine histor. Vermittlung über die Skythen konstruiert. → Seele. CA

Lit.: E. R. Dodds, Die Griechen und das Irrationale, 1970. – W. Burkert, Homo necans: Interpretationen altgriech. Opferriten u. Mythen, 1972. – K. Meuli, Scythica, in: GS, Bd. 2, 1975, 817–80.

Psychosomatik (von griech. psyché = → Seele, sõma = → Körper), Bezeichnung für ein Verhältnis, in dem seelischer und körperlicher Zustand wechselseitig Ausdruck füreinander sein können. Verknüpft sind hier Modelle der → Sympathie, des Entsprechungsdenkens (→ Mikro-/Makrokosmos) und der → Psychoanalyse (Konversionssyndrom). Seit der neuen Approbationsordnung der dt. Ärzte von 2002, die einen Facharzt für psychosomat. Medizin kennt, wird neben der Kausalgenese von Krankheiten auch ausdrücklich deren Ausdruckswert Forschungsgegenstand der psychosomat. → Medizin. Mit der naturwissenschaftlichen Professionalisierung der europ. Medizin im 19. Jh. (C. Bernard, 1813–78; R. Virchow, 1821–1902) ging ein zunehmend beklagtes mechanist. Körperbild einher, das seelisch-geistige Eigenschaften vernachlässigte. Ganzheitliche Medizin (→ Ganzheit) wurde in »sanfter« Alternativmedizin gesucht und mit dem Stereotyp einer Schulmedizin kontrastiert. Eine bestimmte Topik zieht Ps. als naturwissenschaftliche Erklärung für religiös interpretierte Spontanheilungen heran. Ebenso entwickelten sich spirituelle Praktiken oder wurden als Wiederentdeckung verschütteter Traditionen – meist geadelt durch hohes Alter – inszeniert, die über seelisches Wohlbefinden körperliche Gesundheit und Entfaltung nach sich ziehen sollen (positives Denken, Entspannungstechniken wie Yoga, chin. Schattenboxen, → Meditation, Geistheilungen, z. B. White Eagle Lodge etc.). → Heil. AK

Lit.: S. Murken u. a. (Hg.), Spiritualität in der Ps. Konzepte u. Konflikte zwischen Psychotherapie u. Seelsorge, 2003.
Zs.: Psychotherapie, Ps., Medizin, Psychologie (bes. 53/2 [2003], 41–148).

Pubertät (von lat. pubertas = Geschlechtsreife). Das Eintreten der Geschlechtsreife, welche die

Geschlechterdifferenzierung und den Übergang vom Kind zum erwachsenen Mitglied einer Gesellschaft markiert, ist mit Erwartungen und Krisen verbunden, die v. a. in traditionellen Gesellschaften in rituellen Darstellungen bewältigt werden. Reife-, Initiations- und Menstruationsriten folgen oft dem von A. van → Gennep (1873–1957) aufgestellten dreiphasigen Schema von Übergangsriten (→ rites de passage). Häufig ist insbes. eine Phase der Absonderung – bei Jungen eher in Gruppen, bei Mädchen eher individuell –, während der die üblichen gesellschaftlichen Konventionen aufgehoben sind und die Novizen mit den kulturellen Überlieferungen und dem zukünftig von ihnen erwarteten Sozialverhalten vertraut gemacht werden. Sie müssen dabei zahlreiche Tabus beachten und sich körperlicher Abhärtung, häufig auch der Beschneidung oder Verstümmelung unterwerfen. Den Höhepunkt der Isolierungsphase bildet oft ein ritueller Tod (des Kindes), etwa ein Verschlungenwerden durch ein furchterregendes Wesen in Maskengestalt, worauf die Wiedereingliederung in die strukturierte Ordnung und den neuen Status erfolgt. Eine Art P.-Riten sind auch Firmung, Konfirmation, Körpermarkierungen (Piercing etc.) und Ritualisierungen in der Jugendkultur. → Lebenszyklus, → Sexualität. AW

Lit.: A. van Gennep, Les rites des passage, 1909 (dt. 1986). – B. Bettelheim, Symbolic Wounds: Puberty Rites and the Envious Male, 1954 (dt. 1975). – E. Grohs, Kisazi: Reiferiten der Mädchen bei den Zigua u. Ngulu Ost-Tanzanias, 1980. – G. Klosinski (Hg.), P.-Riten. Äquivalente u. Defizite in unserer Gesellschaft, 1991

Pudgala (sanskr.; pāli puggala = Person, Individuum, Subjekt), nach buddh. Lehre Bezeichnung für die individuelle Persönlichkeit, die fälschlicherweise für das Selbst des Menschen gehalten wird. → anātman, → Seele. AM

Pūjā (sanskr.), tägliche oder regelmäßige Verehrung einer oder mehrerer Gottheiten, bestehend aus einer Folge aus Anrufung, Waschung bzw. Salbung, Dekoration, Lobpreisung, Beschenkung und Bewirtung. Traditionell besteht die p. aus 16 Darreichungen (upachāra): (1) Anrufung der Gottheit (āvāhana), (2) Installation des Götterbildes (→ āsana, wörtlich = Sitz, Thron), (3) Waschung der Füße (pādya), (4) Willkommenheißung (arghya), (5) Mundspülung (āchamanīya) , (6) Bad (snāna, → abhisheka), (7) Ankleidung (vastra), (8) Umgürtung (yajnopavīta), (9) Salbung (gandha, anulepana), (10) Blumen (pushpa), (11) Weihrauch (dhūpa), (12) Licht (dīpa), (13) Speisung (naivedya), (14) Grußerbietung (namaskāra), (15) Zirkumambulation (pradakshinā), (16) Auflösung (visarjana); eine verkürzte p. besteht aus den Teilen (9)–(13). AM

Lit.: G. Bühnemann, P., 1988. – A. Michaels, Der Hinduismus, 1998, 265–70. – G. C. Tripathi, Communication with God: The Daily P. Ceremony in the Jagannātha Temple, 2004.

Pūjārī (hindī, nepālī), hinduist. Tempelpriester. → Funktionär. AM

Punya (von sanskr. puṇya), im Hinduismus religiöses Verdienst. → Heil. AM

Purāna(s) (von sanskr. purāṇa = alte Erzählungen), metrische Sanskrittexte, die Mythen, Kosmologien, Heiligenlegenden, Genealogien, rechtliche, wissenschaftliche Abhandlungen (zu Ikonographie, Astrologie, Medizin, Tanz und Musik) und histor. Abschnitte enthalten. Die P., entstanden ab ca. 300 n. Chr. und bis in die Neuzeit verfasst, bilden die wichtigste Quelle zur hinduist. Mythologie. P. sind meist von Sekten geprägt und stellen jeweils einen Hochgott in den Vordergrund. Nach indischer Tradition gibt es 18 große (Mahāpurāna) und zahlreiche kleine Purānas (Upapurāna). AM

Lit.: W. D. O'Flaherty, Hindu Myths, 1975. – C. Dimmitt/J. A. B. van Buitenen, Classical Hindu Mythology: A Reader in the Sanskrit P., 1978. – L. Rocher, The P., 1986. – G. Bailey, The P., in: A. Sharma (Hg.), The Study of Hinduism, 2003, 139–68.

Purī, hl. Ort in Indien (Orissa) mit dem → Jagannātha-Tempel. AM

Purim (hebr. pūrīm = [Werfen von] Losen), feucht-fröhliches jüd. Frühjahrsfest am 14. Adar in Erinnerung an den Sieg der persischen Juden über ihre Feinde, wie er im Buch → Ester beschrieben wird. Feste Bestandteile des P.-Festes sind die synagogale Lesung des Buches Ester, karnevaleske Verkleidung, Austausch von Geschenken und barmherziges Teilen mit den Armen. → Fest, → Kult. KVS

Puritanismus (von lat. purus = rein, sauber), Sammelbezeichnung für die engl. Reformbewegungen gegen Ende des 16. Jh.s, denen die Ablösung der anglikan. Kirche (Church of England) unter Elisabeth I. von der Organisation und den liturg. Ritualen der röm.-kath. Kirche nicht ausreichend erschien. Zu den ersten »Puritans« zählten die (anti-episkopalen und recht intoleranten) Presbyterianer, die → Kongregationalisten und die → Baptisten; aus diesen Gruppen rekrutierten sich die separatist. Gemeinden, die nach Holland und (1620) Amerika emigrierten (»Pilgerväter«). Die »Unabhängigen« und die radikalen Puritaner kämpften in den engl. Bürgerkriegen (1642–49) unter O. Cromwell (1599–1658) gegen die Krone, die Non-Konformisten waren »protestant.« Gruppen außerhalb des anglikan. Rahmens und wurden v. a. während der Restauration (1660–89) verfolgt. Aufgrund der asket. Haltung und strengen religiösen Disziplin der Puritaner hat sich die Attribuierung »puritan.« für eine streng religiöse, genuss- und freudenfeindliche Lebensführung allgemein durchgesetzt. → Reinheit. WR

Lit.: K. Kluxen, Geschichte Englands, 1968, [4]1991. – C. Hill, Von der Reformation zur industriellen Revolution, 1977. – H.-C. Schröder, Die Revolutionen Englands im 17. Jh., 1986. – U. Brunotte, P. und Pioniergeist. Die Faszination der Wildnis im frühen Neu-England, 2000.

Purohita (sanskr.), hinduist. Familienpriester; der königliche Priester heißt rājpurohita. AM

Purusha (von sanskr. puruṣa = Mensch, Mann). (a) Im → Veda kosmischer Mann, aus dessen → Opfer die Welt entsteht; (b) im → Sāmkhya das höchste, rein geistige Wesen, das der Materie (→ prakriti) gegenübersteht; (c) im → Vedānta wird der P. oft mit → ātman und → brahman identifiziert. AM

Purushārtha (von sanskr. puruṣārtha = Ziele des Menschen), vier klassische Lebensziele des Hinduismus: (1) (Sexuelle) Lust (kāma), (2) Reichtum (artha), (3) Sittliche Ordnung (→ dharma), (4) Befreiung (→ moksha). → Ethik. AM

Pyramidentexte, 1880/81 bei der Öffnung von Pyramiden in Saqqara entdeckt und in ihrer Bedeutung als älteste religiöse Spruchsammlung Ägyptens sofort richtig eingeschätzt. Die P., die schlagartig und ohne Vorläufer auftreten, stehen am Anfang der religiösen Literatur Altägyptens überhaupt und der Totentexte im Besonderen, die dem Verstorbenen mit ins Grab gegeben werden und komplexe Aussagen über das Jenseits enthalten. Zunächst waren die Totentexte allein dem Pharao vorbehalten, und so finden sich die P. seit dem Pharao Unas (2367–47 v. Chr.), dem letzten König der 5. Dynastie, in den Königspyramiden des Alten Reiches. Aufgezeichnet wurden sie in der Sargkammer und den umliegenden Gängen und Räumen; in modernen Editionen erfolgt die Anordnung der insgesamt 800 Sprüche nach ihrer Position in der Pyramide. In sechs Pyramiden von Königen der 5. bis 8. Dynastie sowie in drei Pyramiden der Königinnen Pepis II. sind P. gefunden worden. Hauptthema der P. sind die jenseitige Existenz des verstorbenen Pharaos sowie die Mittel und Wege, um ins Jenseits zu gelangen. Die Jenseitsexistenz ist einerseits mit dem Sonnengott → Re verbunden, der den Pharao wie einen heimgekehrten Sohn in seiner Residenz empfängt, und andererseits mit dem Totenherrscher → Osiris, der als Garant der Weiterexistenz nach dem Tod den König zu einem Osiris N. N. werden lässt. In den P. ist das Jenseits noch himmlisch gedacht, die Toten erscheinen als Sterne am Nachthimmel. Bes. als einer der »unvergänglichen« Zirkumpolarsterne will der Tote weiterexistieren. Der Leitsatz altägypt. Jenseitsvorstellungen »Du stirbst, damit du lebst« entstammt den P. → Altägypt. Religion. EH

Lit.: R. O. Faulkner, The Ancient Egyptian Pyramid Texts, 1969.

Q

Qadarīya, Sammelbezeichnung für verschiedene Vertreter einer v. a. in Syrien vorherrschenden frühislam. antideterminist. dogmat. Tradition (um 690–820), die auch in der Diskussion um die Legitimität der umayyad. Kalifen eine wichtige Rolle spielte. Der Name bezeichnete all jene, die nicht von der (zeitlich fixierten) → Prädestination (qadar) sprachen (→ qaḍā᾽ wa-l-qadar). Anhänger der Q. formulierten die bis dahin noch moderate Lehrmeinung (v. a. vertreten von Ḥasan al-Baṣrī, gest. 728) um 720 als »Lehre vom Freien Willen« aus und betrachteten den Menschen als autonom und für all sein Handeln selbst verantwortlich; schließlich wurde behauptet, dass Gott keinerlei vorherbestimmenden Einfluss auf den Menschen habe, der seine Handlungsfreiheit allein durch seine Vernunft herstelle. Im frühen 9. Jh. ging die Q. fast vollkommen in der nun etablierten Lehrtradition der → Muʿtazila auf. RS

Lit.: W. Montgomery Watt, Free Will and Predestination in Early Islam, 1948. – J. van Ess, Zwischen Ḥadīṯ und Theologie, 1973.

Qaḍāʾ wa-l-qadar, al-, islam.-theolog. Terminus für → Prädestination, eigentl. für die ewige (oder Prä-)Determiniertheit (qaḍāʾ) bzw. die zeitlich fixierte Determiniertheit (qadar) durch Gott. RS

Qāḍī (arab.), jurist. Exekutive der Herrschaftsgewalt in der islam. Tradition, Richter (im Unterschied zur freien Funktion eines Schiedsrichters, ḥakam). Der Q. urteilte im Bereich des Zivil- und Strafrechts (→ fiqh), wobei ihm auf dem Gebiet des Strafrechts eine gewisse Verfügungsgewalt über den Erlass von Strafen oder das Strafmaß (taʿzīr) zugebilligt wurde, soweit kein Fall von → ḥadd betroffen war. RS

Qibla (arab.-islam. = »Gebetsrichtung«). Die ursprünglich auf die → Kaʿba bzw. den → Ḥaram in Mekka weisende q. wurde im Rahmen der abrahamit. Ausrichtung der islam. Offenbarung kurz nach der → hiǧra zunächst auf Jerusalem als »äußerste Kultstätte« (Koran 17/1) ausgerichtet, dann aber wieder um 624 auf Mekka rückbezogen (Koran 2/142–144). RS

Qodaschim (hebr. qodašīm = Heiliges), eine der sechs Ordnungen der → Mischna. → Gemeinde. KVS

Quäker (engl. Quaker = Zitterer, ursprünglich Spottname; auch »Gesellschaft der Freunde«), im 17. Jh. in England von George Fox (1624–91) begründete mystisch-enthusiast. Gemeinschaft. Kennzeichnend sind die Betonung der göttlichen Gegenwart im Menschen, die Idee einer »inneren Offenbarung«, Glaubensfreiheit, Gleichberechtigung von Mann und Frau, Gewaltlosigkeit und Einsatz für soziale Gerechtigkeit. Die Q. zählten 1980 etwa 43 Mio. Mitglieder. HK

Lit.: H. Barbour/J. W. Frost, The Qakers, 1988.

Quasireligion, polem. Bezeichnung für religionsähnliche Erscheinungen. → Ersatzreligion. IP

Quelle, Sinnbild für die lebensspendende, fruchtbare Kraft des Wassers, für Reinheit und Ursprung. Im kosmolog. → Raum ist die Q. assoziiert mit »oben«, oft wird sie aber auch als mit der Unterwelt verbunden gedacht. Als → hl. Orte verehrte Q. sind vielfach Ziel von → Wallfahrten (z. B. die Quelle des Ganges in Gangotri), sie sind Reisen zum Ursprung bzw. zum Ort der Genesis. Hl. Q. müssen als Teil einer sakralen Geographie gesehen werden, insbes. in ihrem Bezug zu hl. Bergen und Flüssen. → Ort. MG

Quietismus/Aktivismus (von lat. quietus = ruhig, untätig bzw. activus = tätig), Handlungsalternativen in einer Zeit der Repression. Wenn Gläubige in einer Zeit von Unterdrückung und Ungerechtigkeit das baldige Auftreten eines Heilbringers, beispielsweise eines → Messias oder → Mahdī, erhoffen, können sie daraus zwei konträre praktische Konsequenzen ziehen: entweder aus Furcht vor den gegenwärtig herrschenden Mächten äußerliche Anpassung praktizieren (einschließlich der Verstellung) oder aber zur gewalttätigen Aktion gegen die ungerechten Mächte schreiten. V. a. in der Geschichte des frühen Islam wurden diese Alternativen untersucht: W. Montgomery Watt (geb. 1909) hat gezeigt, dass es nicht nur aktivist. Anhänger gab, sondern auch Quietisten. Diese waren der Meinung, es sei zur Zeit der Abwesenheit des rechtgeleiteten Anführers, des Imām Mahdī, unzulässig, zur Durchsetzung der Gerechtigkeit → Gewalt anzuwenden; erst bei seinem Erscheinen sollte es zur Pflicht werden, zum Schwert zu greifen. In M. Watts Darstellung bezeichnen dabei die Begriffe Q. und A. die Handlungsalternativen von »Stehenbleiben« bei einem verborgenen Imām Mahdī oder »Weitergehen« mit einem neuen lebenden → Imam. Die Entscheidung zum »Stehenbleiben« beim verborgenen Imam ging mit einer zeitweiligen Suspendierung polit. Ansprüche einher, die Entscheidung zum »Weitergehen« mit einem A. Daher hat M. Watt die Handlungsprinzipien auch als Ent- und Repolitisierung bezeichnet. HGK

Lit.: W. M. Watt, Der Islam, Bd. 2, 1985, 31–55. – H. Lehmann u. a., Jansenismus, Q., Pietismus, 2002.

Qumran, eigentl. Ḫirbet Q. I. Allgemein. Ruinenstätte nordwestlich des Toten Meeres in Israel, wo seit 1947 Reste von in Höhlen eingelagerten Schriftrollen gefunden wurden, die zu den bedeutendsten Dokumenten der antiken Religionsgeschichte zählen (→ Antike). Q. weist mehrere Bebauungsphasen auf, die Blütezeit der dort ansässigen Gemeinde datiert vom 2. Jh. v. Chr. – 68 n. Chr., als das Dorf von den Römern zerstört wurde. Im Mittelpunkt der keineswegs isoliert, aber doch in selbstgewähltem → Exil lebenden Gemeinde standen die Anfertigung und Kopie von Schriftrollen für die Bibliothek. Die Q.-Schriften umfassen ein breites Themenspektrum, angefangen von biblischen Texten über → Torah-Schriften, die nicht zum späteren → Kanon zählten, bis hin zu Kultliedern, Briefen und Dokumenten astrolog. und magischen Inhalts. Damit bieten sie einen einzigartigen Zugang zum Judentum der Zeit des Zweiten Tempels.

II. Gründer. Wer die Bibliothek anlegte, ist umstritten, höchstwahrscheinlich aber war es eine Gruppe priesterlich-zadokid. Herkunft. Sie scharte sich im Zusammenhang des Aufstandes der → Makkabäer gegen die Religionsverfolgungen Antiochos' IV. Epiphanes um einen charismat. Führer (»Lehrer der Gerechtigkeit«; vermutlich ein zadokid. Hohepriesterprätendent) und spaltete sich von der Jerusalemer Priesterschaft ab. Sie zog sich nach Q. (Wüste!) zurück, um mit einem »Ersatzkult« den als verunreinigt bezeichneten Jerusalemer Tempelkult auszugleichen und auf diese Weise die Endzeit vorzubereiten.

III. Gedankengut. Neben einer starken Ausrichtung an Priestertraditionen und den dazugehörigen (oft esoter.) Kulttexten fällt die stark dualist. Gesinnung auf (→ Dualismus), die den Angehörigen der Erwählungsgemeinschaft die »Söhne der Finsternis« gegenüberstellt. Diese sind sowohl innerjüd. zu suchen als auch mit Rom identifizierbar. Die Konzentration auf endzeitlich-apokalypt. Erwartungen brachte auch einen gewissen → Messianismus mit sich, allerdings nicht bezogen auf nur einen → »Messias«, sondern auf mehrere Erlösergestalten. Das Gemeindeleben war streng organisiert, und erst nach einem Jahr der Prüfung wurde die Aufnahme gewährt. Nach dem Tod des »Lehrers« und »Propheten wie Mose« (Dtn 18,15–18), der qua Amtes immer neue → Torah offenbarte, geriet die Gemeinschaft in eine Krise. In christl. Zeit wurden keine neuen Texte mehr verfasst, nur ältere weiter kopiert. Deshalb ist es ausgeschlossen, auf Hinweise auf Jesus von Nazareth oder auch Johannes den Täufer zu stoßen. Allerdings liefern die Q.-Schriften wertvolle Informationen über die Diskurse apokalypt. gesinnter Juden in vorchristl. Zeit. → Zadokiden.

KVS

Textausgaben: Versch. Hg., Discoveries in the Judaean Desert, 1955–2002 (bislang 39 Bde.). – E. Tov/S.J. Pfann, The Dead Sea Scrolls on Microfiche. A Comprehensive Facsimile Edition of the Texts from the Judaean Desert, [2]1995.

Ü.: J. Maier, Die Q.-Essener. Die Texte vom Toten Meer, 3 Bde., 1995f. – G. Vermes, The Complete Dead Sea Scrolls in English, 1997.

Einf.: H. Stegemann, Die Essener, Q., Johannes der Täufer u. Jesus, 1993 – L. Schiffman/J. C. VanderKam (Hg.), Encyclopedia of the Dead Sea Scrolls, 2 Bde., 2000. – J. Collins/R. Kugler (Hg.), Religion in the Dead Sea Scrolls, 2000. – J. VanderKam/P. Flint, The Meaning of the Dead Sea Scrolls. Their Significance for Understanding the Bible, Judaism, Jesus, and Christianity, 2002.

Qur'ān → Koran.

Quṭb, Sayyid → Sayyid Quṭb

R

Rabbiner/Rabbi (von hebr. rab = groß, mächtig), ursprünglich neutrale hebr. Anrede im Sinne von »mein Meister«, »mein Lehrer«, nach 70 n. Chr. dann offizieller Ehrentitel der rabbin. Lehrautoritäten, spirituellen Meister und jüd. Geistlichen. Bis in die Moderne ist der R. als zentrale Instanz des gemeindlichen und religiösen Lebens anzusprechen. Zu seinen Aufgaben gehören neben der Lehre auch Seelsorge und Rechtsprechung. Die in den ersten Jh. n. Chr. in den rabbin. »Lehrhäusern« (→ Jeschiwa; durchaus getrennt vom Kult- und Synagogenbetrieb) geschaffene Chronologie der R. umfasst die → Tannaiten (1.–2. Jh.), die → Amoräer (3.–5. Jh.), die → Saboräer (6. Jh.) und die → Geonim (7.–11. Jh.). Die einzelnen R. werden bestimmten »Generationen« innerhalb dieser Gruppen zugeordnet. Da außerhalb der rabbin. Schriften kaum Belege für individuelle R. existieren, lassen sich diese Zuordnungen histor. nicht verifizieren. Tatsache ist aber, dass nur durch die Arbeit der R. das moderne Judentum entstehen konnte – trotz wiederholter Infragestellung der rabbin. Autorität, etwa durch → Karäer, → Samaritaner oder auch die frühneuzeitliche → Mystik (→

Kabbala). → Gemeinde, → Mischna, → Mündliche Torah, → Pharisäer, → Talmud. KVS

Lit.: E. E. Urbach, The Sages. Their Concepts and Beliefs, 1975, ²1987. – P. Schäfer, Studien zur Geschichte u. Theologie des rabbin. Judentums, 1978. – J. Neusner, Formative Judaism, 6 Bde., 1982–89. – G. Stemberger, Studien zum rabbin. Judentum, 1990.

Rabbi Schlomo Jizchaki → Raschi.

Radhakrishnan, Sarvepalli (1888–1975), einer der bedeutendsten hinduist. Philosophen und Politiker des 20. Jh.s. R. stammte aus der Nähe von Chennai. Nach dem Studium der Philosophie lehrte er an indischen Universitäten, bevor er 1936 einen Ruf nach Oxford erhielt. Eine zweite Karriere verfolgte er in der Politik, u. a. als Vorsitzender der UNESCO und von 1962–67 als Präsident der indischen Union. In seinen zahlreichen Publikationen (u. a. *The Hindu View of Life*, 1927) ist die für den → Neohinduismus typische apologet. Tendenz zu erkennen. Als Reaktion auf westliche Kritik versuchte R., einen rationalen, ethischen → Vedānta als Essenz des Hinduismus zu konstruieren. HFT

W.: Weltanschauung der Hindu, 1961 (engl. 1927).
Lit.: R. N. Minor, S. R. and Hinduism Defined and Defended, in: R. D. Baird (Hg.), Religion in Modern India, 1981, ²1989, 455–76. – S. Gopal, R.: A Biography, 1989.

Rādhāsvāmī, Radha Soami Satsang (Zweige: Agra und Beas), → bhakti-Richtung, gegründet 1861 von Svāmī Shivdayāl Singh in Agra unter Berufung auf die älteren → Sant-bhakti, aber vermittelt durch die Lehre Tulsī Sahibs (–1842/43?) vom ewigen Ton im Menschen, durch den die Seele, vom → Guru angeleitet, in esoter. Praxis zu Gott geführt wird. Die Anhängerschaft ist auch international organisiert. MHO

Lit.: M. Juergensmeyer, R. Reality. The Logic of a Modern Faith, 1991.

Ragnarök (altnord., Plur. = Endschicksal der Götter), in den Götterliedern der älteren → Edda Bezeichnung für die german. Vorstellung vom Weltuntergang. Die R. werden durch vier eschatolog., als Naturerscheinungen aufgefasste Ereignisse charakterisiert: den Fimbulwinter, den Weltenbrand, das Versinken der Welt in dem von der Midgardschlange aufgepeitschten Ozean sowie die Verdunkelung der Sonne, die vom Fenriswolf verschluckt wird. Im Verlauf der R. finden auch die meisten Götter den Tod. Die Vorstellung von der Wiedererstehung einer gereinigten Welt und der Rückkehr einiger Götter hat die Frage nach christl. Elementen in der R.-Schilderung aufgeworfen. → Eschatologie, → German. Religion. US

Lit.: A. Olrik, R., 1923. – R. Reitzenstein, Weltuntergangsvorstellungen, in: Kyrkohistorisk Årsskrift 24 (1924), 129–212. – A. Holtsmark, Art. »R.«, in: KLNM 13, 1968, 649–52. – J. S. Martin, R., 1972.

Raḥma (arab.), islam. Begriff für die »Barmherzigkeit« oder »Güte« Gottes als wirkungsmächtige Kraft gegenüber den Gläubigen. Im Unterschied zu → »Gnade« ist mit r. nicht notwendig die Vergebung von Sünden o. ä. verbunden. Die Qualifizierung Gottes als »Erbarmer« (raḥmān), die in frühkoran. Zeit wohl noch ein Name Gottes war, später aber (Koran 17/110) als Attribuierung Gottes verstanden wurde, wurde von der Mehrzahl der islam. Theologen auf die gesamte Menschheit, die Qualifizierung als »barmherzig« (raḥīm) auf die Muslime im bes. bezogen. Im zwischenmenschlichen Bereich (z. B. Koran 30/21) bezeichnet r. eher »Zärtlichkeit«. RS

Lit.: D. Gimaret, Les noms divins en Islam, 1988.

Rahner, Karl (1904–84), dt. Jesuit und röm.-kath. Theologe, einflussreich als einer der führenden Reformer des Zweiten → Vatikan. Konzils. Schwerpunkte seiner Lehre waren → Religionsphilosophie sowie eine röm.-kath. Wort- bzw. Offenbarungstheologie. Die Kombination von jesuit. Auffassung der Transzendenz Gottes als Geheimnis mit einer transzendentalen Theologie verarbeitet z. B. kritisch Einflüsse → Kants und Heideggers (1889–1976). Zuletzt wandte sich R. Fragen der Ökumene zu. Red

W.: Sämtliche Werke (hg. von K. Lehmann u. a.), 27 Bde., 1995ff.

Rāhula, Sohn des Gautama → Buddha, der der Legende nach an dem Tag geboren wurde, als der Buddha → Shākyamuni auszog, um nach der Erleuchtung zu suchen. Er wurde später vom Buddha als Mönch ordiniert. AM

Rajneesh (auch Osho, 1931–90), indischer Religionsführer, der sich selbst Bhagvān (hindī/sanskr. = Gott) nannte. → Bhagvan Shri Rajneesh. HFT

Rāma (sanskr.), auch Rāmachandra, siebte Erscheinungsform → Vishnus, Held des → Rāmāyana, populärer Gott des modernen Hinduismus. → Hinduist. Pantheon. AM

Lit.: → Rāmāyana.

Ramaḍān, der neunte Monat im islam. Mondjahr (→ Kalender) und zugleich der islam. Fastenmonat. Das → Fasten bezieht sich auf die Zeit von Sonnenaufgang bis Sonnenuntergang. Es wird am ersten Tag des neuen Monats (Šawwāl) mit dem Fest des Fastenbrechens (arab. ʿīd al-fiṭr = Kleines Fest, Zuckerfest) beendet. In der Nacht vom 26. auf den 27. R. (oder in einer der letzten ungeraden Nächte des Monats, arab. → laylat al-qadr, persisch šab-e qadr, türkisch kadar gecesi) wird der Nacht gedacht, in der der Koran herabgesandt wurde. Zu den Fastenvorschriften → ṣawm. RS

Ramakrishna Paramahamsa, eigentl. Gadadhar Chattopadhya (1836–86), bengal. Ekstatiker, der aufgrund seiner leidenschaftlichen → Kālī-Verehrung und visionären unio-Erfahrungen als einer der großen Heiligen der Neuzeit gilt. Sein Ausspruch: »Alle Religionen habe ich praktisch erprobt: Hinduismus, Islam, Christentum, und auch die Pfade der verschiedenen Hindusekten bin ich gewandelt. Ich habe gefunden, es ist derselbe Gott, dem alle auf verschiedenen Wegen zustreben.« diente seinem Jünger Swami → Vivekānanda als Grundlage für die Verkündigung des → Vedānta als universaler Religion und führte zur Gründung der Ramakrishna Mission. → Neohinduismus. AW

W.: The Gospel of R. (übersetzt von Swami Nikhilananda), 1942.
Lit.: R. Roland, La vie de R., 1929 (dt. 1964). – M. Kämpchen (Hg.), Shri R., 1988. – N. P. Sil, R. P.: A Psychological Profile, 1992. – H. Torwesten, R. Ein Leben in Ekstase, 1997.

Rām(a)līlā (sanskr. = Spiel Rāmas), theatral. Inszenierung des → Rāmāyana, v. a. in Nordindien aufgeführt. → Fest. AM

Ramana Maharshi (1879–1950), populärer Tempelheiliger aus Madurai, Südindien. Seine → Vedānta-Interpretation sprach auch westliche Gläubige an. HFT

Lit.: A. Osborne, R. M. and the Path of Self-Knowledge, 1976.

Rāmānanda, vishnuit. Heiliger aus Nordindien, wird als Gründer des größten und wichtigsten vishnuit. Mönchsordens der Rāmānandīs verstanden, der im 14./15. Jh. n. Chr. entstanden sein soll. Zu R.s zwölf Schülern soll auch der berühmte Dichter und Heilige → Kabīr gehört haben. → Askese, → Hinduismus. MAL

Lit.: R. Burghart, Renunciation in the Religious Traditions of South Asia, 1983.

Rāmānuja (ca. 1055–1137), südind. Vertreter des theist. → Vedānta. R. vereinigt vishnuit. → bhakti-Frömmigkeit und die Lehren der hl. Schriften v. a. des Pāncharātra. In R.s qualifiziertem → Monismus (Vishishtādvaita) gelten Selbst (→ jīva) und Gott (→ īshvara) zwar als wesenshaft ununterschiedene, aber dennoch verschiedene Substanzen. JG

Lit.: R. Otto, Siddhānta des R. Ein Text zur indischen Gottesmystik, 1917, [2]1923. – J. B. Carman, The Theology of R., 1974.

Rāmāyana (von sanskr. Rāmāyaṇa = Lebenslauf → Rāmas), indisches Epos mit 24.000 Doppelversen in sieben Büchern, dem legendären Seher Vālmīki zugeschrieben. Das R. handelt vom Schicksal Rāmas und seiner Frau Sītā, von Tapferkeit und Gattinnentreue. Sītā wird von dem Dämonenkönig Rāvana nach Lankā (Ceylon) entführt und mithilfe des Affenhäuptlings → Hanumān befreit. Rāma verdächtigt Sītā aber des Ehebruchs und verbannt sie, woraufhin Sītā sich auf einen Scheiterhaufen wirft. Aber der Gott des Feuers (→ Agni) verweigert ihr Selbstopfer, da er um Sītās Unschuld weiß. Versöhnt kehren beide nach → Ayodhyā zurück, wo Rāma zum König gekrönt wird. Der noch immer misstrauische Rāma lässt Sītā von seinem Halbbruder Lakshmana in den Wald verschleppen, wo sie Zwillinge gebiert. Als diese herangewachsen sind, erkennt sich Rāma in ihnen und lässt Sītā herbeirufen. Diese bittet jedoch die Göttin Erde, sie als Zeichen ihrer Unschuld aufzunehmen, und verschwindet in einer Furche (so die Bedeutung ihres Namens). Rāma dankt nach einer Weile zugunsten seiner Söhne ab und nimmt als → Vishnu (wieder) seine göttliche Gestalt an. Bekannter als die Sanskritfassung sind heute die zahlreichen Nachdichtungen in indischen Volkssprachen, bes. das Rāmcharitmanas von → Tulsīdās (1574). AM

Ü.: R. P. Goldmann u. a., The R. of Valmika, 1984. *Lit.:* H. Jacobi, Das R., 1893. – J. Brockington, Righteous Rāma, 1984. – J. Brockington, The Sanskrit Epics, 1998.

Rambam → Maimonides.

Ram Mohan Roy (1772–1833), Gründer des → Brāhmo Samāj und erster bedeutender Hindu-Reformer des 19. Jh.s; aktiv in Sozialreform und der deist. Neuinterpretation von Hindu-Texten. → Neohinduismus. HFT

Lit.: B. C. Robertson, Raja Rammohan Ray, 1995.

Randgruppen, Minderheiten, die auf Dauer am Rande der → Gesellschaft leben, d. h. mit minderen Rechten ausgestattet sind. Von diesem Status ist die temporäre → Marginalität zu unterscheiden. V. → Turner zeigt, wie beides im »social drama« miteinander verknüpft sein kann. CA

Lit.: Hergemöller, R. der spätmittelalterl. Gesellschaft, 1990, ^{2}1994.

Rang, Position einer Person oder Gruppe in der → Hierarchie eines sozialen Systems. Ein R. kann formell abgesichert sein und Weisungsbefugnisse sowie die Pflicht zu angemessener Lebensführung mit sich bringen. Je nach Schichtungskriterium kann ein R. an Geburt (Stand), Eigentum (→ Klasse), Beruf (Schicht) oder mehrere dieser Merkmale gebunden sein (Lage). Der religiösen Begründung eines R. (Kastenwesen) stehen originär religiöse Hierarchien gegenüber (z. B. Weihegrade im Mithraskult). AKN

Raphael (hebr. r^{e}pā'el = Gott heilt), jüd. Erzengel, seit der Antike für die Belohnung der Frommen sowie für die Heilkunde und Magie von herausragender Bedeutung. → Engel. KVS

Raptus (lat. = Entführung, griech. harpagḗ), Vorgang in der → Mystik, wenn der Meditierende nach dem Leer-Werden plötzlich in einen anderen Raum »entführt« wird (vgl. 2 Kor 12,2). CA

Raschi, Abkürzung für Rabbi Schlomo Jizchaki (gest. 1105 n. Chr.) aus Troyes, der als höchste Talmud-Autorität seiner Zeit galt. Seine Talmud-Kommentare, die später – von seinen Schülern ergänzt – dem überlieferten Text zur Seite gestellt wurden, sind der eigentl. Schlüssel zum Verständnis des → Talmud in der Neuzeit geworden. Ähnlichen Einfluss hatten auch die Bibelkommentare des R. KVS

Lit.: A. Berliner, Beiträge zur Geschichte der R.-Commentare, 1903. – E. Shereshevsky, Rashi, the Man and His World, 1982. – Y. D. Shulman, Rashi. The Story of Rabbi Shlomo Yitzchaki, 1993.

Rašīd Riḍā, Muḥammad (1865–1935), islam. Prediger aus dem Libanon. Er identifizierte sich früh mit dem Anliegen der islam. Reformbewegung (→ iṣlāḥ) und gab 1898 in Kairo zusammen mit Muḥammad → ʿAbduh die Zeitschrift *al-Manār* als Organ der → Salafīya-Bewegung heraus. 1908–24 betätigte sich R. auch als Propagandist eines arab., bes. auf Syrien bezogenen Nationalismus. Nach 1924 warb er für die Anerkennung der arab. → Wahhābīya und betonte die Notwendigkeit einer Einbindung der Reformbewegung in die islam. Texttradition, die er v. a. im Werk von → Ibn Taymīya (1263–1328) vertreten sah. Im Unterschied zu Muḥammad ʿAbduh forderte R. die vollkommene Abkehr von Versuchen der Neubegründung einer rationalist. Theologie und plädierte für eine starke islam. Apologetik (auch gegenüber zeitgenöss. christl. Missionsbewegungen). In seinen zahlreichen Werken postulierte R. die polit. Identität der islam. Gemeinschaftsbildung (→ Muslimbrüder) u. a. durch die Neueinsetzung eines arab. → Kalifen und verschärfte die Polemik gegen Schiiten, Sufis und Christen. RS

Lit.: M. Kerr, Rashid Rida and Islamic Legal Reform: An Ideological Analysis, in: Muslim World 50 (1960), 99–108, 170–181. – R. Wielandt, Offenbarung und Geschichte im Denken moderner Muslime, 1971.

Rasse (Ursprung unklar; italien. razza = Geschlecht, Stamm, »Rasse«; lat. radix = Wurzel), frühere v. a. differentiell gebrauchte Bezeichnung für eine Gruppe mit gemeinsamen genet. Merkmalen/Erbanlagen. Die neuere biogenet. Forschung hat die Rechtfertigung der »rassischen« Unterscheidung durch den Nachweis des fast vollständig ident. Genoms der gesamten Menschheit widerlegt. Im Rassismus des 18./19. (→ Kolonialismus) und 20. Jh.s (Nationalsozialismus, → Faschismus) wurden unter Berufung auf die »R.« Menschen mit anderer sozialer und kultureller Identität, die meistens an physischen Merkmalen (»R.-Merkmalen«) festgemacht wurde, unterdrückt, ausgegrenzt und vernichtet. Die »christl. Mission« der Kolonisatoren wie die Verfolgung der Juden sind Beispiele für die Instrumentalisierung der Religion im Rassismus. WR

Lit.: W. Conze/A. Sommer, Art. »R.«, in: GGB, Bd. 5, 1984, 135–78. – E. Balibar/I. Wallerstein, R., Klasse, Nation, 1990, ²1998. – R. Miles, R. Einf. in die Geschichte u. Theorie eines Begriffs, 1991.

Rastafari (von amhar. Ras = Fürst, Tafari Makonnen = Geburtsnamen des späteren Kaisers von Äthiopien, Haile Selassie I., 1892–1974, der dem R. als Heilsbringer, wieder geborener → Christus und lebendiger Gott = Jah gilt), polit.-religiöse Bewegung, entstanden auf Jamaika in den 1930er Jahren aus bereits existierenden Bewegungen (v. a. Universal Negro Improvement Association von M. Garvey, 1887–1940) und Religionen (v. a. dem Myalismus), die sich im gesamten afrokarib. Raum sowie in den USA und nach Afrika ausbreitete (→ afrikan. Religionen, → afroamerikan. Religionen). (1) Ziel ist die reale oder symbol. Rückkehr der Anhänger nach Afrika. Doktrinäre Grundlage bildet die → Bibel, v. a. AT und Offenbarung, die im R.-Sinne gedeutet wird: Jamaika und die westliche Welt gelten als »Hure Babylon«, d. h. die Welt des Bösen, die von unmoral. (materiellen) Werten regiert wird. Als → Zion (gelobtes Land) wird Äthiopien (häufig im Sinne von ganz Afrika) angesehen, das nur kurz von europ. Mächten kolonisiert wurde und in der Bibel als künftiges Land Gottes bezeichnet wird (Ps 68,32). Die Krönung Ras Tafaris zum Kaiser gab den R.-Anhängern die (allerdings uneingelöste) Hoffnung auf ein Ende der ungerechten Verhältnisse in einem neuen Zeitalter, u. a. durch ihre »Rückholung« nach Äthiopien durch Haile Selassie. (2) Mit dem R. kultivieren die Angehörigen der afroamerikan. Diaspora einen demonstrativen Afrozentrismus. Hierzu zählt die Rückkehr zur → Natur als Gegenbewegung zur babylon. Entfremdung, die sich meist in Gewaltfreiheit, vegetar. Ernährungsweise, dem Verbot von Alkohol, Salz und Medikamenten und dem Wachsenlassen von Haupthaar (dreadlocks) und Bart äußert. Die rituelle Praxis besteht v. a. im sakramentalen Rauchen von ganja (Marihuana), im Trommeln und Hymnensingen sowie im Lesen der Bibel und gemeinsamen → Gebet. Die R.-Rhythmen beeinflussten u. a. die Entstehung der Ska- und später der Reggae-Musik (→ Musik) und unterstützten wesentlich deren Verbreitung. Als Nyabingi wird eine radikale, in Geheimgesellschaften organisierte Strömung des R. bezeichnet. → Obeah, → Shango. CM

Lit.: F. Van Dijk, Jahmaica. R. and Jamaican Society 1930–1990, 1993. – B. Chevannes (Hg.), R. and Other African-Caribbean Worldviews, 1995. – N. Murrell u. a. (Hg.), Chanting Down Babylon. The R. Reader, 1998. – D. Mack, From Babylon to R.: Origin and History of the Rastafarian Movement, 1999. – B. Chevannes, R.: Roots and Ideology, 2003. – E. Edmonds, R.: from Outcasts to Culture Bearers, 2004.

Rasūl (arab. = Gesandter), islam. Begriff für diejenigen, die Gott »aus seiner Weisheit« einem Volk (→ umma) geschickt hat (vgl. Koran 10/47). Im Unterschied zum Propheten (→ Nabī) gibt es für jedes Volk jeweils nur einen R.; im Koran werden neben → Muḥammad noch neun weitere, unter ihnen Noah (Nūḥ), Mose (Mūsā), Ismāʿīl und Jesus (ʿĪsā), genannt. Nach späteren Traditionen, denen zufolge es insgesamt 313 oder 315 R. gegeben haben soll, werden die R. an der Spitze ihres »Volkes« die eschatolog. Brücke (→ Ǧahannam) überschreiten. Im Unterschied zu den Propheten sind die R. nicht auf die Völker mit abrahamit. Genealogie beschränkt. In der islam. Offenbarung wird Muḥammad zunächst als R., dann nach der Auswanderung nach Medina (→ hiǧra) auch als Nabī bezeichnet. RS

Lit.: R. Caratini, Mahomet: vie du Prophète, 1993, ²2002, 153–206.

Rational Choice, Bezeichnung für das Paradigma der rationalen Wahl. R.Ch.-Theorien sind Handlungstheorien und gehen davon aus, dass Individuen grundsätzlich rational entscheiden. Rational in diesem Sinne ist es, einen gegebenen Zweck mit dem geringstmöglichen Mitteleinsatz zu erreichen bzw. die vorhandenen Mittel optimal einzusetzen. Insoweit handelt es sich um einen instrumentellen Vernunftbegriff im Gegensatz zu einer praktischen, d. h. zwecksetzenden Vernunft. Das R.Ch.-Paradigma bietet Anschlüsse zu mikroökonom. (Austausch- und Nutzentheorie), etholog. und psycholog. Verhaltenstheorien (Behaviorismus) und zur sog. Spieltheorie. Mit der Spieltheorie wird auch der Problembereich kollektiver Güter eröffnet, also die Frage, unter welchen Bedingungen individuelle Akteure für ein Gut zu zahlen bereit sind, in dessen Genuss sie auch kostenlos, als sog. Trittbrettfahrer, kommen könnten (Gewerkschaft/Sozialversicherung). In religionswiss. R.Ch.-Theorien wird dieser Ansatz auf religiöse Organisationsformen übertragen. Während Kirchen durch geringere Restriktionen auf hohe

Mitgliederzahlen setzen, erhöhen Sekten ihre religiöse Produktivität, indem sie von ihren Mitgliedern hohen Einsatz fordern und damit Trittbrettfahrer abschrecken. Obgleich kaum eine Handlungstheorie in jüngerer Zeit so stark weiterentwickelt wurde wie die R.Ch.-Theorie, zeugen doch Begriffe wie Produktivität, Güter und Markt von ihren wirtschaftswissenschaftlichen Wurzeln. Daran entzündet sich auch die Kritik an ihrer sozial- und kulturwissenschaftlichen Anwendung. → Handeln, → Religionsökonomie, → Verhalten. AKN

Lit.: H. Esser, Soziologie: Spezielle Grundlagen, Bd. 1, 1999. – R. Stark/R. Finke, Acts of Faith: Explaining the Human Side of Religion, 2000.

Rationalisierung, von M. → Weber als zentraler sozialwissenschaftlicher Begriff eingeführt. Webers hauptsächliches Interesse gilt dem universalhistor. Prozess der »R.« des Handelns in seinen Folgen für die Lebensführung des Einzelnen. Dabei spielen Religion und Religiosität eine zentrale Rolle. Die beiden Maßstäbe für die jeweilige Stufe der R. innerhalb einer Religion sind: (a) »der Grad, in welchem sie die Magie abgestreift hat«, (b) »der Grad systematischer Einheitlichkeit, in welche das Verhältnis von Gott und Welt und demgemäß die eigene ethische Beziehung zur Welt von ihr gebracht worden ist« (*Gesammelte Aufsätze zur Religionssoziologie I*, 512). Vor diesem Hintergrund stellt sich der R.-Prozess in der Religionsgeschichte folgendermaßen dar: (1) Zunächst war das Erlösungsbedürfnis als Konsequenz des Versuchs einer systemat. praktischen R. der Realitäten des Lebens entstanden, nämlich aus dem Anspruch, dass der Weltverlauf ein auf irgendeine Weise sinnvoller Vorgang sei. Dieser Anspruch tauchte in der Religionsgeschichte zunächst als Postulat eines gerechten Ausgleichs für die ungleiche Verteilung des individuellen Glücks innerhalb der Welt auf. Nach Überwindung der rein magischen Religiosität entstanden Erlösungsreligionen, die das Problem der universalen Existenz des Leidens durch die Vorstellung der Sünde erklärten. Nur durch die Unvollkommenheit der Welt, die sich in der Sünde zeigt, konnte ihre Vergänglichkeit religiös sinnvoll gerechtfertigt werden. (2) Erst in diesem Stadium konnte sich die »innere Eigengesetzlichkeit« des Religiösen voll entfalten, d. h. sich in immer rationaleren Formen fortbilden und systematisierte Weltbilder entwickeln. Dabei spielte die Intellektuellenschicht eine zentrale Rolle (→ Elite). Das rationale Ziel der Erlösungsreligionen, einen das Heil garantierenden, habituellen Zustand der Erlösten herbeizuführen, brachte die Notwendigkeit einer immer weiter methodisierten Lebensführung auf eben dieses Ziel hin mit sich. Die systematisierten Weltbilder der großen Religionen waren weltablehnend ausgerichtet. Diese Orientierung dynamisierte sich durch die R. der weltlichen Sphären. Sie war durch materielle oder ideelle Interessen bestimmter sozialer Schichten bedingt und als solche zunächst von histor. Zufälligkeiten bestimmt, uneinheitlich und ohne langfristige Entwicklungslinien. Wo sie jedoch zusammen mit den ethisch rationalen Erlösungsreligionen auftrat, zeigte sich das Spannungsverhältnis zwischen weltlicher und religiöser R. als Konflikt zwischen innerweltlicher und religiöser Erlösung. (3) Weber führt drei religiös konsequente Lösungen an, diesem Spannungsverhältnis prinzipiell zu entgehen: die zarathustr. Religion, die indische karma-Lehre und die protestant. Ethik des calvinist.-puritan. Prädestinationsglaubens. Kulturgeschichtlich langfristig wirksam wurde – in Fortsetzung von Vorstellungen der altjüd. Prophetie – nur letztere. Während in der indischen Religionsgeschichte der Mensch als Gefäß des Göttlichen begriffen wurde und sich die Weltablehnung in Form der mystischen Versenkung gestaltete, bildete das Judentum die Vorstellung vom Menschen als Werkzeug Gottes aus. Mit → Monotheismus und Sendungsprophetie war die Konzeption einer religiösen Ethik des innerweltlichen Handelns verbunden, die von allen Formen irrationaler Heilssuche frei war. Aber erst im protestant.-asket. Rationalismus kam der religiöse R.-Prozess an sein Ende, indem die protestant. Ethik mit der Konzeption des calvinist. Prädestinationsglaubens eine Antwort auf die Theodizeefrage prinzipiell verweigerte. In der Folge blieb als Feld religiöser Bewährung nur die Welt, so dass das Konkurrenzverhältnis zwischen religiöser und innerweltlicher R. überwunden war. Zugleich wurde damit der innerweltliche R.-Prozess in Gestalt des modernen → Kapitalismus und der Bürokratie forciert. Weber bringt diese Sicht der kulturgeschichtlichen Entwicklung des Okzidents auf die Formulierung vom »große[n] religionsgeschichtliche[n] Prozess der ›*Entzauberung* der Welt‹« (*GARS I*, 94).

»Je mehr der Intellektualismus den Glauben an die Magie zurückdrängt, und so die Vorgänge der Welt ›entzaubert‹ werden, ihren magischen Sinngehalt verlieren, nur noch ›sind‹ und ›geschehen‹, aber nichts mehr ›bedeuten‹, desto dringlicher erwächst die Forderung an die Welt und ›Lebensführung‹ je als Ganzes, dass sie bedeutungshaft und ›sinnvoll‹ geordnet seien« (*Wirtschaft und Gesellschaft*, 308). Als Folge der calvinist. Prädestinationslehre ist es zu dem »Gefühl einer unerhörten inneren *Vereinsamung des einzelnen Individuums*« (*GARS I*, 93) und zur Versachlichung und Verunpersönlichung in den Vergesellschaftungsprozessen gekommen. V. a. anhand der Wahlverwandtschaft der »protestant. Ethik« mit dem »Geist« des Kapitalismus, aber auch am Verhältnis von Religion zu Wissenschaft, Musik und Kunst zeichnet Weber die paradoxe und tragische Entwicklung nach: Religion hat einen Prozess in Gang gesetzt, an dessen Ende ihr eigenes Verschwinden steht. Infolge des religiösen R.- und Intellektualisierungsprozesses haben sich autonome Wertsphären ausgebildet, die der Religion im polytheist. Kampf der Werte entgegenstehen und sie ins kulturelle Abseits zu bringen drohen. Allerdings rekonstruiert Weber den R.-Prozess, ohne am wissenschaftlich-technischen Fortschrittsgedanken festzuhalten. VK

Lit.: H. G. Kippenberg/M. Riesebrodt (Hg.), Max Webers »Religionssystematik«, 2001.

Ratnasambhava (sanskr. = der seinen Ursprung im Juwel hat), einer der fünf Meditations-Buddhas (→ Dhyānibuddha, → Tathāgata) des → Mahāyāna- und → Vajrayāna-Buddhismus. → Buddha. AM

Raum. Der Begriff hat sowohl die abstrakte Bedeutung einer unendlichen Extension als auch die konkrete einer für den Menschen bedeutsamen Örtlichkeit. In der religiösen Erfahrung spielen kosmolog. Vorstellungen des R. ebenso eine Rolle wie einzelne als hl. betrachtete und mit bes. Macht assoziierte Orte (→ hl. Orte).

I. Theoret. Ansätze. Frühe Theorien des R. entstanden im Zusammenhang mit der Geometrie. Die in der Antike durch Euklid (um 365–300) zusammengefassten Kenntnisse prägten über 2000 Jahre das abendländ. Denken (»euklid. R.«). Bei Newton (1643–1727) etwa wird der R. als unendlicher dreidimensionaler, leerer und homogener Behälter betrachtet (aber auch als »Sensorium Gottes«). → Kant verlagerte Räumlichkeit in das Subjekt als »reine Anschauung a priori«. Eine andere Denkrichtung von Aristoteles (384–22) bis zu den Phänomenologen (u. a. Merleau-Ponty, 1908–61; Husserl, 1859–1938; Heidegger, 1889–1976) geht hingegen von einer Priorität des → Ortes – tópos – aus. Einen wichtigen Beitrag zum humanwissenschaftlichen Verständnis des R. leistete die soziolog. Schule nach → Durkheim mit der These, dass Vorstellungen vom R. gesellschaftlich bedingt sind und sozusagen ein soziales Apriori darstellen: so bilden etwa die Himmelsrichtungen und die vertikale Achse oder die Unterscheidung zwischen rechts und links in vielen Gesellschaften ein klassifikator. Raster, das gleichzeitig mit sozialen, kosmolog., ethischen usw. Kategorien und Werten verknüpft ist (→ Deutungsmuster). Von zentraler Bedeutung dabei ist die Unterscheidung von »sakralen« und »profanen« Räumen.

II. Raumerfahrung. Die Erfahrung des R. konstituiert sich auf verschiedenen Ebenen und ist generell mit kulturellen und religiösen Vorstellungen verbunden. Zentral ist der körperlich erfahrene, »gelebte« R.: Unterscheidungen zwischen oben und unten, vorne und hinten, rechts und links leiten sich von den physischen Gegebenheiten des menschlichen Körpers ab (relative, egozentr. Konzeption), gleichzeitig sind sie meist metaphor. mit kulturellen Wertigkeiten verknüpft (z. B. »oben« = »Kopf« = »gut«, »mächtig«). Auch der unmittelbare Lebens-R. ist mit symbol. Bedeutungen durchsetzt: z. B. der Herd als rituelles Zentrum, das Haus als Bild der sozialen Ordnung (Bourdieu), der Tempel als Symbol des Kosmos (Kramrisch), das Territorium als kultivierter R. im Gegensatz zur Wildnis. Ganze Landschaften sind durch Mythen geprägt und werden als sinnhaft erfahren (»Gedächtnislandschaften«, »Mnemotope«; Assmann) und als Teile einer sakralen Geographie betrachtet (mythische Pfade der Ahnen, Ursprungs- und Herkunftsorte, hl. Stätten, Wallfahrtszentren). Oft sind die landschaftlichen Verhältnisse (z. B. flussaufwärts/flussabwärts) maßgeblich für die → Orientierung (absolute, geozentr. Konzeption). Schließlich wird der Kosmos als vertikale Ordnung in Form von homologen Ebenen vorgestellt (z. B. Oberwelt/Mittelwelt/Unterwelt, Diesseits/Jenseits, Bergregion/Ebene).

III. Raumordnungen. Bei der symbol. Aufteilung des R. gibt es verschiedene wiederkehrende Grundkategorien. Elementare Bedeutung besitzt die Idee eines Zentrums (siehe M. → Eliades Arbeiten zum »Mittelpunkt der Welt«), die den R. graduell konzentr. hierarchisiert, entsprechend der Distanz zum Mittelpunkt. Dies ist z. B. beim → mandala in Hinduismus und Buddhismus der Fall, das sowohl als körperbezogenes Meditationsschema als auch als Ordnungsprinzip des Haus- und Städtebaus oder sakraler Landschaften dienen kann. Der Kreis definiert als Grenze gleichzeitig immer ein Innen und ein Außen, wobei das Innen relativ höher bewertet wird. Weitere Ordnungsschemata sind die Untergliederung in Hälften (z. B. Dorf- oder Stadthälften, moieties) oder die Viertelung, meist bezogen auf die Himmelsrichtungen. Lateralität bildet meist einen asymmetr. Gegensatz, rechts wird höher bewertet als links (R. Hertz 1909). Vertikalität wird nicht nur als kategoriale Opposition (oben/unten), sondern auch als physische Achse symbolisiert (→ axis mundi, Weltenbaum, Schamanenbaum usw.).

IV. Religiöse Bedeutung. Die religiöse Bedeutung des R. kommt v. a. in rituellen Praktiken zum Ausdruck, in denen die R.-Vorstellungen konkretisiert wie auch transzendiert werden. Zirkumambulator. oder zentripetale Prozessionen (Umgehungen, Begehungen) bzw. → Wallfahrten markieren den sakralen R. und machen ihn erfahrbar. Übergangsriten (→ rites de passage) vollziehen einen Übergang von einem R. (Zustand) zu einem anderen, indem ein Schwellenbereich durchlaufen und dadurch eine konzeptuelle Grenze überschritten wird. → Grenze, → Orientierung, → Territorium, → Weg. MG

Lit.: R. Hertz, La préeminence de la main droite: étude sur la polarité religieuse, in: Revue philosophique de la France et de l'étranger 68 (1909), 553–80. – S. Kramrisch, The Hindu Temple, 2 Bde., 1946. – M. Eliade, The Sacred and the Profane: the Nature of Religion, 1959. – G. Bachelard, The Poetics of Space, 1964. – P. Bourdieu, Das Haus oder die verkehrte Welt, in: Ders., Entwurf einer Theorie der Praxis, 1972. – Y. Tuan, Space and Place. The Perspective of Experience, 1977. – J. Assmann, Das kulturelle Gedächtnis: Schrift, Kultur u. polit. Identität in frühen Hochkulturen, 1992.

Rāvana (von sanskr. Rāvaṇa), Dämonenkönig von Lankā (Ceylon), Feind → Rāmas. → Rāmāyana. AM

Re, altägypt. Sonnengott, dessen Kult im Namen des 2. Pharaos der 2. Dynastie, Nebre (2825–10 v. Chr.), erstmals belegt ist. Seitdem steht der Sonnengott als Schöpfer und Erhalter der Welt im Mittelpunkt der → altägypt. Religion und verliert seinen Einfluss erst mit der Christianisierung Ägyptens 3000 Jahre später. In der 4. Dynastie setzt die Tradition ein, die Bezeichnung »Sohn des R.« in die Königstitulatur aufzunehmen. Seit dem Alten Reich bildete die heute unter den nördlichen Vororten Kairos verschwundene Stadt Iunu, von den Griechen Heliopolis (= Sonnenstadt) genannt, das Zentrum des Sonnenkultes. Der Sonnengott wird zumeist menschengestaltig mit Falkenkopf und der Sonnenscheibe als Kopfschmuck dargestellt. In einer Barke durchfährt er tagsüber den Himmel und in der Nacht die Unterwelt. Durch seinen überragenden Einfluss verband er sich mit allen wichtigen Göttern des ägypt. Pantheons, bes. häufig aber mit dem Falkengott Horus, wie in der Gestalt des R.-Harachte, der Tagesgestalt des Sonnengottes. In Heliopolis stand das älteste bekannte Sonnenheiligtum, das dem R.-Harachte geweiht war. Die Sonnenheiligtümer zeichneten sich im Gegensatz zu anderen ägypt. Tempeln durch einen gewaltigen offenen Hof aus, in dessen Mitte sich Kultsymbole in Form von großen gemauerten Obelisken befanden. Auf diese Art konnte das Licht der Sonne direkt einfallen und verehrt werden. Diese Form des Sonnenkults wurde von → Echnaton aufgegriffen und zugespitzt. Von bes. Bedeutung war der Sonnenzyklus für die Jenseitsvorstellungen. Im immerwährenden Auf- und Untergang des Sonnengottes, in der unerschöpflichen Vorstellungswelt des Sonnenlaufs, haben die ägypt. Jenseitshoffnungen von Wandlung, Erneuerung, Wiedergeburt und unsterblichem Leben ihre Gewissheit und ihren mythischen Präzedenzfall. → Sonne. EH

Lit.: J. Assmann, Re und Amun, 1983. – E. Hornung, Die Nachtfahrt der Sonne, 1991.

Rechabiten, nach Jer 35 eine Sippe der späten Königszeit, die gegenüber der reformierten israelit. Religion die Tradition der → Nomaden hochhielt und dem Weingenuss entsagte. → Altes Testament, → Apokryphen, → Nasiräer. KVS

Recht → Religionsrecht.

Rechtfertigung (lat. iustificatio). Die R.-Lehre bildet den zentralen Streitpunkt zwischen der Lehre der → Reformation und dem → Katholizismus. Ausgehend von Röm 3,28 betonte Luther in *Von der Freiheit eines Christenmenschen*, 1520, dass Menschen nicht aus eigener Kraft gerecht leben oder durch die → Sakramente der Kirche ihre Fehler gutmachen können; stattdessen ist die Rechtfertigung allein aus dem → Glauben und durch einen Gnadenakt Gottes möglich. Red

Lit.: E. Jüngel, Das Evangelium von der R., 1998, [4]2004. – J. Machura, Die paulin. Rechtfertigungslehre, 2003.

Rechtgeleitete Kalifen → Ḫulafāʾ ar-rāšidūn, al-.

Reform (von lat. reformatio = Umgestaltung). Eine typische Form der Dynamik von Religionen stellen Bewegungen dar, die die Religion auf die Herausforderungen ihrer Zeit hin verändern wollen. Eine Figur der Begründung ist dabei die Rückkehr zu einer ursprünglichen Form oder die Berufung auf die Intention ihrer Gründer. Das Musterbeispiel stellt die christl. → Reformation zur »evang.« Urkirche dar. Aber auch im Islam berufen sich die Fundamentalisten auf die Frühzeit. CA

Lit.: C. Markschies, Die eine Reformation und die vielen Reformen, in: Zeitschrift für Kirchengeschichte 106 (1995), 70–97.

Reformation (von lat. reformatio = Umgestaltung), Bezeichnung für die institutionelle und doktrinale Ausdifferenzierung der abendländ. Kirche im 16. Jh.

I. Geschichte. »Reformatio«, verstanden als Verbesserung des Bestehenden durch Rückorientierung an einem normativen Alten, ist bereits im Mittelalter ein zentrales Thema. Die unterschiedlichen Facetten der R. des 16. Jh.s sind formal der mittelalterlichen Vorgabe des reformatio-Begriffs verbunden. Keiner ihrer Protagonisten will eine Neuerung einführen, sondern alle beziehen sich auf alte, legitimierende Grundlagen zurück, die gegen neue Entstellungen durchgesetzt werden sollen. Die unterschiedlichen Spielarten der R. versehen das Anliegen → »Reform« jedoch mit einem neuen religiösen Motivationskern und bringen so einen neuen Typus christl. Glaubens und Kirchentums hervor: Verworfen wird das mittelalterliche System kirchlicher Heilsvermittlung samt der Autorität der Papstkirche (→ Papst); als Norm des Christlichen wird allein die frei von kirchlichen Vorgaben ausgelegte Bibel anerkannt. Diese normative Vorgabe der R. wird von den Protagonisten unterschiedlich ausgelegt. So ist die Gesamtbewegung reich an Varianten, deren Verhältnis zueinander sich vielfach problemat. gestaltet. Ferner verschränken sich die kirchlich-religiösen Anliegen mit anderweitigen Reformimpulsen, so dass innerhalb weniger Jahre eine in sich höchst heterogene Vielzahl von R.-Bewegungen entsteht, deren innere Einheit den Zeitgenossen wie den Nachgeborenen gleich problemat. ist.

II. Protagonisten. (1) M. Luther (1483–1546) gerät in Fundamentalopposition zur herrschenden → Kirche, als sein Angriff auf die gängige Theorie und Praxis der → Buße schnell zu einem Konflikt um die Normen des Christlichen eskaliert (1517/18). Seine eigene Stellung und Sendung deutet er endzeitlich-apokalypt. als Ereignis, durch das Gott gegen diabol. Verfälschungen das ursprüngliche Evangelium vom Heil im rechtfertigenden Christusglauben am Ende der Zeiten wieder zugänglich macht (→ Eschatologie). Hierin, nicht in der Wiederaufrichtung eines Normalzustands, sieht er das Zentrum seines Werks. Luthers Landesherr schützt ihn gegen geltendendes Recht und leitet einen behutsamen Reformprozess im Kirchenwesen seines Territoriums Kursachsen ein, anknüpfend an spätmittelalterliche Tendenzen zur Ausbildung eines landesherrlichen Kirchenregiments. Diese Vorgänge fungieren als Prototyp für eine Reihe weiterer obrigkeitlicher R. im Reich. (2) Ebenfalls prototyp. knüpft hier Luthers wichtigster Mitarbeiter Ph. Melanchthon (1497–1560) mit einem humanist. Programm der Gesellschaftsreform durch eine an den antiken Quellen erneuerte Bildung an (→ Humanismus). (3) Luthers Kollege und zeitweiliger Anhänger Andreas Bodenstein von Karlstadt (1480–1541) treibt 1521/22 in Wittenberg weitreichende praktische Reformen voran und versucht später, die Gemeindeglieder seiner Pfarrei Orlamünde zu einer sichtbaren Gemeinschaft konsequenter Christen zu formen. (4) Der bibelhumanist. gebildete U. Zwingli (1484–1531) inauguriert 1522/23 in Zürich mit kalkulierten Normverstößen (Bruch der Perikopenordnung und des Fastengebots) eine R.-Bewegung, die in Kontinuität zu spätmittelalterlichen Reformtendenzen die Stadtgesellschaft mittels freien, gemeinsamen Gehorsams zur sichtbaren Gestalt der wahren Kirche formen will; seine Impulse werden von M. Bucer (1491–1551, Straßburg) und J. Calvin (1509–64, Genf) weitergeführt. Aus dem Freundeskreis Zwinglis nimmt die Bewegung der Täufer ihren Ausgang (1524): Diese lokalisiert die christl. Gemeinde, abgegrenzt von der übrigen Gesellschaft und ihrer Ordnung, allein bei denjenigen, die mit Ernst Christen sein wollen (verpflichtendes Kennzeichen: Erwachsenentaufe). Die wechselseitige Durchdringung bäuerlicher Reformanliegen mit Anliegen der R. wird in den Aufständen 1525 akut. (5) Einzelne Intellektuelle (z. B. S. Franck, 1499–1542) appellieren im Widereinander der kirchlichen Wahrheitsansprüche an das unhintergehbare Recht des Subjekts auf eine personale Gottesbeziehung.

III. Histor. Verortung. Der Beginn der R. lässt sich mit Luthers Thesen des Jahres 1517 eindeutig fixieren, nicht so ihr Ende: Institutionelle und doktrinäre Fixierungen (Bekenntnisschriften) markieren wichtige Zäsuren, aber keine dauerhaft statischen Resultate. In kirchengeschichtlicher Perspektive findet die R. ihre Fortsetzung in der Geschichte des → Protestantismus, in der die reformator. Impulse in immer neuen Konstellationen mit anderen Faktoren fortwirken. Galt die R. herkömmlich in der Allgemeingeschichte als Epochenschwelle zwischen Mittelalter und Neuzeit, so werden jetzt andere Einordnungen erprobt. Man deutet die R. entweder als Bestandteil eines umfassenden Reformprozesses, der das späte Mittelalter und die Frühe Neuzeit umfasst, oder man wertet sie als Präludium des Zeitalters der Konfessionalisierung, in dem die → Moderne sich in den unterschiedlichen Konfessionen durch funktionsäquivalente Innovationsimpulse (Staatsbildung, Sozialdisziplinierung) vorbereitete. MO

Lit.: K. v. Greyerz, Religion und Kultur, Europa 1500–1800, 2000. – S. Ehrenpreis/U. Lotz-Heumann, R. u. konfessionelles Zeitalter, 2002.

Regentanz, Sammelbezeichnung für Rituale, die bes. in amerikan. Stammesreligionen (→ Indian. Religionen) zur Sicherung des Regens verbreitet sind. Diese können auch als schamanist. Handlungen (→ Schamanismus) in der Nähe von speziellen Felsbildern unter Ausschluss der Öffentlichkeit stattfinden. Regen wird überwiegend als schöpfer. Substanz betrachtet, die durch den scheinbaren himmlischen Ursprung als vermittelndes Element zwischen Himmel und Erde gilt. Daher haben R. und sie durchführende Spezialisten eine exponierte Stellung in den jeweiligen Religionen. Die bei den nordamerikan. Zuni verantwortlichen Regenpriester unterliegen strikten Fastenvorschriften, wenn sie in der regenreichen Zeit zwischen Sommersolstitium und Herbstäquinoktium R. durchführen. Dabei kommen Regensymbole auf Altären zum Einsatz, die die Bitte um Regen verstärken. Die eingesetzten → Paraphernalia können sich von Kultur zu Kultur unterscheiden. → Tanz, → Sonnentanz. JL

Regla de Ocha → Santería.

Reinheit ist zunächst eine lebensprakt. Notwendigkeit; Körperhygiene und Wohnstättenreinigung sind universale Sachverhalte. R.-Vorstellungen und Reinigungsverfahren variieren kulturell jedoch erheblich. In einem formalen Sinn kann von R. gesprochen werden, wenn etwas abgetrennt von ihm nicht zugehörigen Beimischungen ist (z. B. »reine Erfahrung«). S. → Freud zufolge kann ein Wasch- und Reinigungszwang eine Reaktion auf verdrängte anal-erot. und sadist. Regungen sein. Das Spektrum religiöser Reinigungsvorstellungen, -verfahren, -rituale und -anlässe ist groß. Als Ursachen der Verunreinigung gelten etwa Geburt, Pubertät, Sexualität, Menstruation, Heirat, Krankheit, Tod sowie der Kontakt mit fremden Menschen oder Göttern, unreinen Dämonen oder überhaupt mit allem Profanen. Der Wiederherstellung oder Erhaltung der R. dient bevorzugt → Wasser, aber auch beispielsweise → Feuer, Luft, → apotropäische Praktiken, Kasteiung, sexuelle Enthaltsamkeit, bestimmtes Ernährungsverhalten (z. B. Verzicht auf den Genuss bestimmter Tiere oder Speisen, Fasten und Vegetarismus), Haar- und Nägelschneiden, Anlegen neuer Gewänder etc. In vielen Theologien und religiösen Ethiken wird die Unterscheidung von R. und → Unreinheit in die Schuld- und Erlösungsthematik überführt. VK

Lit.: M. Douglas, R. u. Gefährdung, 1985.

Reinkarnation. I. Allgemein. Wiederverkörperung der → Seele eines verstorbenen Menschen, eines Seelenanteils oder Lebensimpulses in Gestalt eines Menschen oder eines anderen Lebewesens. Unter dem Begriff R. werden verschiedene Vorstellungen gefasst, die sich je nach Religion und Kultur unterscheiden, sowie danach, ob sie die Existenz einer Seele voraussetzen oder nicht. Die meisten davon nehmen eine den → Tod überdauernde Essenz oder ein Substrat des Menschen als Träger der R. an und werden auch als Seelenwanderung bezeichnet. Im Gegensatz dazu wird etwa im Buddhismus keine dauerhafte Seele (→ anātman) angenommen, als Ursache der Wiedergeburt gilt eine von verschiedenen Bedingungen abhängige Kausalität (→ pratītyasamutpāda). Weitere Unterscheidungskriterien sind die Form und der Ort der Wiedergeburt: ob sie neben der R. als Mensch auch das Tier- und Pflanzenreich miteinschließt oder wie im Hinduismus und Buddhismus neben den diesseitigen Verkörperungen auch die Möglichkeit der R. in anderen kosmolog. Sphären wie → Himmel und → Hölle anerkennt. Vorstellungen der Wiedergeburt als Mitglied der eigenen Familie, oft in der Enkelgeneration, aber auch eines direkten Übergangs in andere Lebewesen, etwa in Bäume oder Tiere (→ Totem), wie sie z. B. in traditionellen Kulturen Afrikas vorkommen, bewegen sich am Rand des R.-Begriffs, der im Allgemeinen eine Vielzahl aufeinanderfolgender Geburten impliziert und nicht bloßen Gestaltwandel.

II. Indische Traditionen. Am stärksten ausgeprägt finden sich Wiedergeburtslehren in den indischen Religionen. In den Brāhmanas bildete sich die Anschauung heraus, dass die Dauer des Aufenthalts im Himmel nach dem Tod abhängig ist von dem verdienstvollen rituellen Werk zu Lebzeiten (→ karma). Dieses erschöpft sich nach einiger Zeit und führt durch den Wiedertod (punarmrityu) zurück in die diesseitige Welt. In Verbindung mit der naturphilosoph. Wasserkreislauflehre wurde die Lehre der Brāhmanas in den Upanishaden zur Fünf-Feuer-Lehre (panchāgnividyā) ausgestaltet. Der verstorbene Mensch beschreitet demnach entweder den Götterweg (devayāna) oder den Väterweg (pitriyāna). Ersterer steht denjenigen offen, die im Besitz des erlösenden Wissens über diese Zusammenhänge sind; sie gehen über mehrere Stationen in die Welt des → brahman ein, von wo sie nicht wiederkehren. Diejenigen aber, die nicht darum wissen, gehen über den Rauch des Leichenfeuers über verschiedene Stationen zum Mond und kehren von dort, nachdem sich ihre guten (rituellen) Werke erschöpft haben, als Regen zurück zur Erde, wo sie von den Pflanzen aufgenommen werden und günstigenfalls als Nahrung eines Mannes in seinen Samen und so wieder zur Menschwerdung gelangen können. Der Name Fünf-Feuer-Lehre rührt her von der opfermyst. Identifikation dieser verschiedenen Stationen als Opferfeuer. Mit einer erweiterten Auffassung des karma-Begriffs, der nun nicht mehr allein die rituelle, sondern jegliche moral. gute oder schlechte Handlung umfasst, kommt in den Upanishaden der Gedanke der Vergeltungskausalität hinzu, d. h., die Umstände der R. werden als direkt abhängig von den guten und schlechten Taten des vorangegangenen Lebens betrachtet. Diese Wirksamkeit des karmas wird oft als übergeordnetes kosmisches Gesetz aufgefasst, dem selbst die Götter unterworfen sind. Daneben gibt es aber auch devotionale Strömungen im Hinduismus (→ bhakti), in denen gelehrt wird, dass Erlösung nur durch Hingabe an einen Gott erreichbar ist (→ Gnade). Im Zentrum der indischen Erlösungslehren und Philosophien steht also die Frage, wie der ewige Kreislauf (→ samsāra) von Geburt und Tod zu durchbrechen und damit die → Erlösung (→ moksha, → nirvāna) zu verwirklichen ist.

III. Andere Traditionen. Außerhalb Indiens begegnen ebenfalls R.-Vorstellungen, die aber in den jeweiligen Religionen keine durchgängige Akzeptanz fanden und vielfach verfolgt wurden. Ob bei Germanen und Kelten der Gedanke der R. verbreitet war, lässt sich anhand der erst sehr spät verschriftlichten und christl. beeinflussten Aussagen (zum großen Teil erst aus dem 2. nachchristl. Jt.) nicht nachweisen (Zander; → German. Religion, → Keltische Religion). In Griechenland lehrten bereits die Orphiker (→ Orphik) die R. (griech. metempsýchōsis), aber erst bei Pythagoras findet sie sich in ausgestalteter Form. Weiterhin lehrten auch Empedokles, Pindar und → Platon die R. Die pythagoreischen und platon. Lehren haben verschiedentlich christl., jüd. und islam. Strömungen beeinflusst (→ Katharer). In der christl. Kirche wurde mit der Abweisung der Präexistenzlehre des Origenes (184–253/4 n. Chr.) auf dem zweiten Konzil von Konstantinopel 553 n. Chr. auch die R.-Lehre aus dem offiziellen Dogma verbannt. Dennoch hat sie über außerkirchliche Strömungen fortgewirkt und unter europ. Denkern immer wieder Anhänger gefunden oder zumindest zu Debatten geführt (G. → Bruno, → Leibniz, →

Lessing, → Herder, Goethe, 1749–1832). Im 19. und 20. Jh. kam der Einfluss hinduist. und buddh. Lehren hinzu, die in westlichen Ländern heute zunehmend Zuspruch finden. Allerdings werden in diesen neuzeitlich-westlichen Vorstellungen grundsätzlich andere Akzente gesetzt als in den indischen Lehren: Die R. wird nicht als leidvoller Kreislauf verstanden, dem der gesamte Kosmos unterworfen ist und aus dem es zu entfliehen gilt, sondern – beeinflusst von der Evolutionstheorie – positiv als wiederholte Möglichkeit zur Vervollkommnung und Läuterung des Individuums interpretiert. JBU

Lit.: W. Doniger O'Flaherty (Hg.), Karma and Rebirth in Classical Indian Traditions, 1980. – M. Bergunder, Wiedergeburt der Ahnen, 1993. – H. Zander, Geschichte der Seelenwanderung in Europa, 1999. – W. Halbfaß, Karma u. Wiedergeburt im indischen Denken, 2000.

Reitzenstein, Richard (1861–1931), kam als klassischer Philologe in Göttingen in Kontakt zur → Religionsgesch. Schule. Gegenstand seiner Forschungstätigkeit war statt der Rekonstruktion der dunklen Ursprünge die Untersuchung der »späten« Vermischungsformen der Mysterienreligionen und des iran. Einflusses auf die antiken Kulturen. CA

W.: Poimandres, 1904. – Die Hellenist. Mysterienreligionen, 1904. – Hellenist. Wundererzählungen, 1906. – Das iran. Erlösungsmysterium, 1921. – Weltuntergangsvorstellungen, in: Kyrkohistorisk Årskrift 24 (1924), 129–212. – Studien zum antiken Synkretismus, 1926.
Lit.: C. Colpe, Die religionsgesch. Schule, 1961.

Reiyūkai (japan. = Gesellschaft der Freunde der Geister [der Verstorbenen]). Der Name bezieht sich auf den Ursprung dieser japan. buddh. Laiengemeinschaft, da der Gründer Kakutarō Kubo (1892–1944) bestrebt war, muenbotoke, die Geister von Verstorbenen ohne bekannte Erben, zu betreuen. Am Anfang spielte außerdem ein weibliches Medium namens Chise Wakatsuki eine bedeutsame Rolle. Nach Kubos Tod übernahm seine Frau Kimi Kotani die Leitung, die seitdem in den Händen der Kubo-Familie geblieben ist. Aus der immer noch sehr aktiven und mitgliedsstarken Bewegung sind verschiedene andere Neugründungen wie z. B. die → Risshō Kōsei-kai hervorgegangen. MP

Religiöser Dialog → Interreligiöser Dialog, → Kontakt.

Religiöse Spezialisten → Funktionär.

Religion (von lat. religio = Scheu, Regelgenauigkeit).
I. Wozu eine Definition? (1) Die Beobachtung von Leuba bereits 1921, es gebe über 50 Definitionen für R., kann man resignierend verstehen: Dann lässt sich auch kein Konsens gewinnen. Man kann aber auch staunend feststellen, wie viele Perspektiven es auf R. gibt. Die meisten dieser Definitionen arbeiten mit einer »Unbekannten« – → Gott oder dem → Jenseits – als dem Gegenstand der R. Zwar lässt sich »Gott« innerhalb einer Wissensgemeinschaft definieren und diese Definition für verbindlich erklären (→ Wissenssoziologie, → Theologie), aber überprüfen lässt sie sich nicht. Und jede Kultur hat andere → Gottesvorstellungen. (2) Die Abgrenzung der R. als eigenes Element von Kultur gilt als Erfindung der Europäer. Anstelle einer Vielfalt, in der Leben und R. verbunden sind, prägt seit → Platon (4. Jh. v. Chr.) eine Reduktion der vielen Götter und ihrer unbändigen Charaktere auf »das Göttliche« die europ. Definition von R.: Das Göttliche ist das Gute; wer es erkannt hat, tut es auch. Wer nicht, den trifft die → Strafe der ausgleichenden Gerechtigkeit im Jenseits. R. wird damit zu einer Norm, irdischer Wohlstand ist nicht Glück, sondern stellt eher eine Warnung dar, das jenseitige Glück nicht zu verfehlen (→ Erlösungsreligion). Das Göttliche ist die Letztinstanz für die Sollensordnung, die dem Leben gegenübergestellt wird. (3) Die europ. Definition von R. (→ Religion, Definitionen der), wie sie sich in der Reformation in Abgrenzung von der → Magie entwickelt hat und seit dem 17. Jh. die »Innerlichkeit« betont, ist protestant. geprägt (Feil). Diese Definition hat bes. durch den → Kolonialismus und seine Folgen die Entwicklung von R. auch außerhalb Europas bestimmt (Chidester). Da eine für alle Kulturen gültige Definition, was R. sei, nur unter Verlust jeder Genauigkeit zu haben ist, ist eine Bestimmung von R. nur in ihrer jeweils konkreten histor. Gestaltung sinnvoll, die dann verglichen werden kann mit der R. einer anderen Epoche oder Kultur. Die Konstruktion von Idealtypen (wie sie u. a. M. → Weber vorgenommen hat, mit der Stifterreligion des weltfremden Charismatikers, der Erlösungsreligion, der ständischen veralltäglichten R.) oder die Annahme einer Evolution von primitiven zu modernen R. führt leicht zur Behauptung von Defiziten der anderen R. (4) R. im Singular ist der Suchbegriff für

den Ort in Gesellschaft und Kultur, in dem diese histor. Gesellschaft ihre R. lebt und denkt; an diesem können durchaus mehrere R./religiöse Traditionen (R. im Plural) neben- und gegeneinander stehen. Histor., geograph. und sozialer Kontext machen daraus die je → Lokale R.

II. Funktionen von R. (1) Viele Kulturen wählen anstelle des europ. Begriffs R. ein Wort wie »der Weg« oder »die Weisung« (→ dīn, → Torah). Damit ist die Funktion der R. für die Lebensführung benannt: Sie legitimiert innerhalb eines vorbildlichen Modells, des Weges, individuelles Handeln als religiös. Hier werden → Werte und → Sinn vermittelt, »rechte« Verhaltensweisen aufgezeigt, die man in der Sozialisation nachahmend lernt. Dafür dass Leben gelingt, ist nicht der rechte → Glaube entscheidend, sondern eher das rechte → Verhalten (Orthopraxie). (2) In Europa hat sich eine stark verkürzte Wahrnehmung der Funktionen von R. als einer defensiven Restkategorie herausgebildet. Nachdem die Naturwissenschaften mit ihrem Kausalitätsprinzip für alle Vorgänge im Leben – jedenfalls prinzipiell – eine Erklärung geben können, bleibt der Sinn des → Todes (des Unglücks, des Leidens) ein unerklärlicher »Rest«, dem R. einen Sinn zu verleihen hat: so erhält die R. die Funktion der Kontingenzbewältigung (→ Kontingenz). Diese Erklärung verkürzt die Funktionen von R.

III. Wahrnehmung und Repräsentation. (1) In Abgrenzung von der zu starken Identifizierung von Staat, Staats-R. und Bürgerpflicht oder Moral wollte R. → Otto am Ende des Ersten Weltkriegs das spezif. Religiöse identifizieren, indem er R. »minus ihrer rationalen Elemente« als »das → Heilige« beschrieb und eigentümliche religiöse Empfindungen zur Voraussetzung des Wissens und der Erfahrung von R. machte. Damit reduzierte er R. auf ganz seltene Momente der Ergriffenheit; das alltägliche → Gebet, → Feste wie Ostern oder Lebenszyklusriten wie Hochzeiten zählen dann nicht zu R. (2) Demgegenüber lässt sich R. als Teil von Kultur nicht scharf abgrenzen gegenüber anderen sinnstiftenden Segmenten: Kunst, Musik, Wirtschaft, Literatur, Sport usw. Erst im 19. Jh. haben sich diese teils in scharfer Abgrenzung ausdifferenziert. Die Wahrnehmung der Vorgänge, Gegenstände und Zeichen ist in verschiedenen Segmenten vergleichbar, erst sekundär lassen sie sich – kulturspezif. – als religiös oder nichtreligiös einordnen (→ R.-Ästhetik). Auch veränderte Bewusstseinszustände sind keine Eigentümlichkeit von R.

IV. Institutionalisierung. (1) Durch den Anspruch des modernen Staates, alle innerhalb der Grenzen des Staatsgebietes gelegenen Bereiche unter seine Herrschaft zu stellen (→ Säkularisierung), verschwanden Gebiete mit eigener Herrschaft und Sonderrechten (Immunitäten). Im Ausdifferenzierungsprozess des 19. Jh.s beanspruchten einzelne Sektoren der Gesellschaft die Organisation nach eigenen Regeln (autonome Sinnprovinz): Freiheit des Unternehmers und Tarifautonomie, Freiheit der Wissenschaft, der Kunst, der R. Dies gilt sowohl für die privatisierte R. eines Individuums als auch für die Institution der Kirchen und religiösen Gemeinschaften. Damit repräsentiert die institutionalisierte R. aber nicht mehr die Gesamtgesellschaft, sondern bildet eine Lobby mit eigenen Interessen. (2) Institutionalisierung ist in den christl. Kirchen darüber hinaus schon lange aufgebaut durch die für eine → Schrift-R. typische Professionalisierung des religiösen → Wissens. Die Trennung von empfangenden Laien und gebenden, fest finanzierten Amtsinhabern ist vielfach festgeschrieben. Diese soziale Zweiteilung stellt einen extremen Fall unter den R. dar. (3) Demgegenüber macht R. einen Teil der → Identität vorstaatlicher Gesellschaften aus. Dabei kann die Verehrung bestimmter Götter oder Heiliger durchaus eine soziale Differenzierung repräsentieren. Insofern ist R. »eingebettet« (embedded), wenn sie auch nicht so in der Gesellschaft aufgeht, wie von → Durkheim konzipiert. (4) Die Bewertung als etwas Außeralltägliches und als symbol. Handlung ist nicht allein typisch für religiöse Ereignisse. Für die Bestimmung, was als »R.« zu bewerten sei, lassen sich folgende Kriterien festlegen, von denen mindestens fünf zutreffen müssen: (a) der hl. Ort; (b) die soziale Ordnung der Gemeinde mit Aktiven, → Funktionären und Publikum; (c) die kalendar. Ordnung des Spiels; (d) die → Rituale und → Liturgie wie Gesänge, Aufstehen/Hinsetzen, Kleidung; (e) → Gebote und ihre Durchsetzung durch einen Richter ohne Ansehen der Person; (f) festgelegte Regeln des Spiels; (g) magisch-religiöse Praktiken (z. B. das Sammeln von Reliquien).

V. Gegenstand der → R.-Wissenschaft. Einer solchen R., die in der Gesamtkultur kontextualisiert ist und nicht normativ verstanden wird, steht als Bezugswissenschaft beschreibend und analysierend die R.-Wissenschaft gegenüber. Sie definiert nicht aus der Außenperspektive, was religiös sei, sondern in einer → Kulturwissenschaft sind alle Perspektiven und alle Teilnehmer für die Erklärung bedeutsam. CA

Lit.: W. James, The Varieties of Religious Experience, 1902 (dt. 1979). – R. Otto, Das Hl., 1917. – J. H. Leuba, The Psychological Origin and Nature of R., 1921. – T. Luckmann, Die unsichtbare R., [3]1996 (engl. 1967), bes. Vorw. von H. Knoblauch. – C. Elsas (Hg.), R., 1975. – C. Colpe, Theologie, Ideologie und R.-Wissenschaft, 1979. – J. Z. Smith, Imagining R., 1982. – E. Feil, Religio, 4 Bde., 1986–2004. – D. Chidester, Savage Systems, 1996. – C. Bromberger, Fußball als Weltsicht und als Ritual, in: A. Belliger/D. J. Krieger (Hg.), Ritualtheorien, 1998, 285–301. – T. Idinopulos/B. C. Wilson (Hg.), What is R.?, 1998. – J. Z. Smith, R., Religions, Religious, in: M. C. Taylor, Critical Terms, 1998, 269–84. – H.-M. Haußig, Der R.-Begriff in den R., 1999. – J. G. Platvoet/A. L. Molendijk (Hg.), The Pragmatics of Defining R., 1999. – S. M. Wasserstrom, R. after R., 1999. – C. Auffarth/H. Mohr, Art. »R.«, in: MLR 3, 2000, 160–72. – G. Benavides, There Is Data for R., in: Journal of the American Academy of R. 69 (2001), 449–57. – H.-M. Haußig/B. Scherer (Hg.), R. – eine europ.-christl. Erfindung?, 2003. – C. Auffarth, Welt-R., in: U. van der Heyden (Hg.), »... Macht und Anteil an der Weltherrschaft«, 2005, 17–36.

Religion, Definitionen der. D. d. R. schaffen method. Zugänge zum Gegenstand der → Religionswissenschaft. Bereits 1912 führte J. H. Leuba (*A Psychological Study of Religion*) über fünfzig unterschiedliche D. d. R. auf. Dieser vielleicht irritierende Sachverhalt sollte jedoch nicht zu dem Schluss führen, man könne Religion gar nicht definieren. Leubas Liste belegt viel eher: »dass [Religion] mit größerem oder geringerem Erfolg auf mehr als fünfzig Arten definiert werden kann« (Smith). Schulbildend wirkten v. a. zwei dieser Definitionen: (a) Substantiale D. d. R. suchen die Eigenheit des Religiösen »an sich« zu bestimmen, etwa durch Begriffe wie »Glaube an Gott«, »übernatürliche Wesen«, »jenseitige Welten« oder »überempir. Mächte«. (b) Funktionale D. d. R. identifizieren das Religiöse anhand bestimmter Wirkungen (etwa Angstbewältigung) oder durch Bezogensein auf bestimmte psycholog., soziale u. a. Probleme, bei deren Lösung im Diesseits Religion hilfreich ist (Bewältigung psychischer Krisen, Kompensation ökonom. Benachteiligung, soziale Integration usw.). → Religion, Dimensionen der, → Religionswissenschaft. HK

Lit.: B. Gladigow, Gegenstände u. wissenschaftlicher Kontext von Religionswissenschaft, in: HrwG, Bd. 1, 1988, 26–41. – J. Z. Smith, Religion, Religions, in: M. T. Taylor (Hg.), Critical Terms for the Study of Religions, 1998, 269–84. – H. Knoblauch, Religionssoziologie, 1999.

Religion, Dimensionen der. Der amerikan. Soziologe C. Y. Glock (1919) unterscheidet fünf verschiedene D. d. R.: (a) die ideolog. D. des → Glaubens, die gemeinsame Glaubensüberzeugungen der Mitglieder einer Religion umfasst; (b) die rituelle D. der Praxis, wie etwa Gottesdienst, Trauung oder Tischgebet; (c) die D. der religiösen → Erfahrung, also der gefühlsmäßigen, emotionalen Beziehung zu jenseitigen Kräften oder Wesen; (d) die intellektuelle D. des religiösen → Wissens, also das Wissen um und den argumentativen Umgang mit Lehrsätzen und Quellen der Religion; (e) die ethische D. der religiösen Wirkung (→ Ethik), also die Normen und → Werte, die sich aus der Religion ergeben und im → Handeln ausdrücken. HK

Lit.: C. Glock/R. Stark, Religion and Society in Tension, 1965.

Religion populaire → populare Religiosität.

Religionsästhetik. I. Untersuchungsfeld und Fragestellung. Die R. ist ein neues religionswiss. Untersuchungsfeld, das sich mit den menschlichen Sinnesempfindungen, Signalen und Zeichensetzungen befasst, die in und durch Religionen angesprochen, verarbeitet, genutzt und erzeugt werden. Ihr Untersuchungsgebiet reicht daher vom menschlichen Körper als Ort von Sinneswahrnehmung und Umweltorientierung über kulturelle Zeichensysteme (Farbcodes, → Kleidung) bis zu elaborierten Ausdrucksmitteln wie Kultbauten und Kunstwerken. Der Begriff Ästhetik wird dabei – wie das zugrundeliegende griech. aísthēsis (= Wahrnehmung; von aisthánesthai = fühlen, empfinden; verstehen) – weit gefasst, im Sinn einer Lehre von der körperlichen Wahrnehmung und den menschlichen Sinnen als Prozessen der Aufnahme von Reizen und Zeichen, aber auch von deren Verarbeitung, Formung, Präsentation, Erzeugung und Weitergabe (Perzeption, Kognition und Semiose). Dieser Aisthesis-Begriff ist demnach zu unterscheiden (a) vom (kunst-)philosoph. Diskurs der Ästhetik als der Lehre vom Kunstschönen bzw. idealen Schönen, wie er sich in der (religions-)philosoph. (→ Platon; Scholastik; → Hegel) und kunsttheoret. Tradition (Klassizist. Ästhetik: Palladio; Winckelmann [1717–68]: Begriff des »Sublimen«; Romantik) herausgebildet hat; (b) von bes. Ästhetiken als den je eigenen Wahrnehmungs-, Ausdrucks-, Handlungs- und Kunststilen, die Kulturen und Religionen bzw. religiöse Gemeinschaften entwickeln (»Ästhetik des Islam, des Buddhismus« etc.). Beide sind aber Teilfelder einer R. im umfassenden Sinn, die sich der Biopsychologie, Histor. Anthropologie, Semiotik, Kulturanthropologie (symbolic anthropology) sowie der Liturgie-, Theater- und Kunstwissenschaften als Hilfswissenschaften bedient.

II. Aufgaben. Die Aufgaben der R. orientieren sich an den Grundfaktoren des Forschungsfelds: (a) dem Sinnessystem und Gehirn, (b) dem Körper (als Aufnahme- und Ausdrucksmittel: Haut; Gestik, Mimik; Motorik), (c) der natürlichen wie künstlichen Umwelt, (d) den Dingen (Kultobjekten, Kultgeräten), seien sie menschengefertigt oder nicht (Artefakte und objets trouvés), schließlich (e) den Zeichen und Symbolsystemen und (f) ihren Medien als den kognitiven und sinn(en)fälligen Verständigungsmitteln.

Im Einzelnen werden in der religionsästhet. Forschung folgende Formen und Prozesse untersucht: (a) die Perzeptions- und Rezeptionsweisen der Sinnesorgane: die äußere Sehwelt, Hörwelt etc. von Gläubigen und die damit in Verbindung stehende interne Kognitionsverarbeitung und Phantasieproduktion (Visionen) sowie deren Kanonisierung (Ikonen; Götterbilder); (b) Ausdrucksformen (Zeichenproduktion/Semiose; Expressivität; Performanz; Darstellung): Zeichensysteme, Symboliken, symbol. Handlungen und Rituale (Feste, Liturgien; civic ritual), Bildwerke (Bildende Kunst), Sprachäußerungen und Musik; (c) Nutzungsformen: Formen der Wahrnehmungslenkung, der Ansprache und Einschränkung bestimmter Sinne in Religionen, der Orts- und Umweltgestaltung durch religiöse Bauten und Ensembles bis hin zu künstlichen Umwelten (»sakrale Topographie«: Hl. Berge; Prozessionsstraßen; Landmarken); (d) Kommunikationsformen und Medialisierung: Einsatz von Medien durch und in religiösen Gemeinschaften, insbes. Medienproduktion und -rezeption, visual piety und Mission (Propagandaschriften; kirchliche Druckerzeugnisse; Devotionalienhandel, populäre Druckgraphik; Film- und TV-Produktionen; Internet-Auftritte).

III. Forschungsfelder: (1) Am Beispiel des Sehsinns lässt sich zeigen, dass jeder Teilprozess der Aisthesis – sei er physiolog., sozialpsycholog. oder expressiv-medialer Art – religiös thematisiert, mythisch aufbereitet oder sakralisiert werden kann: Das physikal. Licht ist Erscheinungsmedium und Symbol der Götter und Medium von Visionen, das Sehorgan Auge wird zum Emblem Gottes; der Akt des Sehens und Erblickens ist (etwa im hinduist. darshana) eine Begegnungsweise mit dem Göttlichen, die zudem in der Form inneren Sehens, in Träumen, → Visionen und Phantasien, visualisiert wird. Fixiert, publiziert und normiert wird das Vorstellungsbild im Darstellungsbild: in Fels- und Sandzeichnungen, in Fresken, Gemälden und Filmen, dreidimensional in Reliefs und Statuen. Für den Gläubigen bedeutet all dies: Seine Sicht der religiösen Dinge wird gelenkt, seine Sehweise wird durch Schemata (»icons«) gemäß der kollektiven Vorstellungswelt seiner Gemeinschaft geprägt. (2) Mit seiner Fähigkeit zum sinnenhaften Wahrnehmen wie zum zeichenhaften Ausdruck, zur darstellenden Performanz, steht der Körper (der Gläubigen, der Funktionäre, des Gottes) im Mittelpunkt religionsästhet. Aufmerksamkeit. Religionen nutzen insbes. die menschliche Möglichkeit zur Ritualisierung, also Normierung und Standardisierung von Handlungen, Interaktivität und Verhaltensweisen, indem sie Körpergesten, Gesichtsausdruck (Mimik), Haltung oder Bewegung (Motorik) zeichenhaft in Tänzen, Gebetshaltungen, Liturgien oder kompletten Kultdramen systematisieren. Die gezielte Überwindung von Scham- und Ekelgrenzen (kultische Nacktheit; Körpersekrete als Kultmaterie) ist ebenso belegbar wie die unnahbar-hierat. Isolierung des – einen, »heiligen« – Körpers (Gottkönigtum; Kumārīs in Nepal) oder, umgekehrt, die Auflösung koordinierter Bewegungen in Tranceriten. (3) Dass viele Wahrnehmungsreize auch Zeichen sein können und dann nicht nur Erreger von Aufmerksamkeit, sondern auch mit Sinn und Bedeutung besetzt sind, wird nicht nur am Medium »Körper« deutlich – diese Tatsache ist grundlegender Bestandteil von Religionen als »kulturellen Systemen« (C. Geertz, geb. 1926). Das christl. oder buddh. Glockenläuten ist ebenso Lautsignal wie Versammlungszeichen, eingebettet in die auditiven Codes und die »Klanglandschaft« (soundscape) der jeweiligen Religion. Religiöse Systeme haben insbes. liturg. (Gewänder; Rituale; Farben; Gesang/Lied/Musik), emblemat. (Gemeinschaftszeichen wie Kreuz oder Fisch im Christentum) und ikonograph. Codes (Darstellungsregeln für Götter, Heilige, Geister etc.) hervorgebracht sowie theolog.-spekulative Symboliken (Allegorien; Mystik). (4) Die bildende Kunst ist, zumal in der europ.-christl. Tradition, das »augenfälligste«, spektakulärste und populärste, aber auch elaborierteste Teilgebiet der R. und wird daher von einem Teil der Forschung (S. Lanwerd) als ihr zentraler Gegenstand verstanden. Dies liegt auch deshalb nahe, weil die hinterlassenen Artefakte vieler Kulturen (etwa der altägypt. oder der des europ. Mittelalters), die die kunstwissenschaftliche Forschung in reichem Maß erschlossen hat, vorwiegend religiös determiniert sind. Die Verselbständigung des handwerklichen Könnens, des Artifiziellen und eines Regelwerks vom »Schönen« (Proportionen; Perspektive) hin zum klassisch-antiken und später v. a. dem neuzeitlichen »Kunst«-Begriff führte bekanntlich zur heutigen Entgegensetzung von Kunst und Religion, zur diskursiven Umwertung von Kultobjekten (und -geräten etc.) in »Kunstwerke«. Die religionsästhet. Forschung wird jene Metadiskurse des Schönen, die zu kunstreligiöser Betrachtung (»Intuition«) Anlass gaben, in ihren Spielarten zwischen religiöser → Antike-Rezeption (→ Paganismus) und modernisiertem Christentum (F. → Schleiermacher) als Teil der Europ. Religionsgeschichte untersuchen. Die Zielsetzung, die religiöse Praxis wie auch Gebrauch, Nutzen und Nutzung der Objekte (die »material culture« von Religionen) zu berücksichtigen, bezieht jedoch außerdem die sog. »religiöse Volkskunst«, den Devotionalienhandel und die heutige Massenproduktion an »gadgets« und »Souvenirs« im Pilgertourismus gleichberechtigt mit ein. Die Rede vom religiösen »Kitsch« wird so unter dem erweiterten religionsästhet. Blickwinkel als Ausgrenzungsbegriff sichtbar, der bestimmte Formen der Frömmigkeitspraxis abwertet. HM

Lit.: R. Schechner, Essays on Performance Theory, 1977, [2]1988. – H. G. Kippenberg (Hg.), Visible Religion. Annual of Religious Iconography, 1982ff. – W. Hofmann, Luther und die Folgen für die Kunst, 1983. – P. Zanker, Augustus und die Macht der Bilder, 1987, [2]1990. – H. Cancik/H. Mohr, Art. »R.«, in: HrwG, Bd. 1, 1988, 121–56. – D. Morgan, Visual Piety. A History and Theory of Popular Religious Images, 1998. – R. Schnell, Medienästhetik. Zu Geschichte u. Theorie audiovisueller Wahrnehmungsformen, 2000. – H. Belting, Bild-Anthropologie. Entwürfe für eine Bildwissenschaft, 2001. – D. Münster, R. und Anthropologie der Sinne. Vorarbeiten zu einer Religionsethnologie der Produktion u. Rezeption ritueller Medien, 2001. – S. Lanwerd, R. Studien zum Verhältnis von Symbol u. Sinnlichkeit, 2002. – K.-H. Kohl, Die Macht der Dinge. Geschichte u. Theorie sakraler Objekte, 2003.

Religionsanthropologie (von griech. ánthrōpos und -lógia = Lehre vom → Menschen; → Anthropologie), Betrachtung religiöser Ideen und Praktiken im Hinblick auf den Menschen und menschliche Gemeinschaften. Je nach wissenschaftlicher Orientierung bestehen unterschiedliche Auffassungen über die Ziele der R. Durch den Versuch, sowohl vom Menschen als auch vom Heilig-Göttlichen zu sprechen, trägt die R. den Konflikt zwischen anthropozentr. und theozentr. Weltbildern immer schon in sich. (1) Frühe Beispiele von R. (ca. 5.–4. Jh. v. Chr.) sind die histor.-ethnograph. Vergleiche des Geschichtsschreibers Herodot zwischen griech., ägypt. und persischen Kulten, → Platons Kritik am → Mythos sowie Kritias' These, dass die → Angst vor den Göttern von Politikern erfunden worden sei, um den Gehorsam ihrer Untertanen zu sichern. (2) Als wissenschaftlicher Begriff fand R. in Europa im 16.–18. Jh. Verbreitung. In seiner *Anthropologie in pragmatischer Hinsicht* (1798) definierte I. → Kant die Anthropologie zweifach: (a) als Erforschung dessen, »was die Natur aus dem Menschen macht«, (b) als das, »was er, als frei handelndes Wesen, aus sich selber macht, oder machen kann und soll«. Kants Unterscheidung zwischen materialist.-naturwissenschaftlichen und idealist.-kulturellen Betrachtungsweisen ist noch heute prägend für die R. Gegenwärtig wird im Deutschen unter »Anthropologie« v. a. die naturwissenschaftliche Erforschung von Primaten verstanden; demgegenüber werden mit »R.« Ansätze der → Kulturwissenschaft assoziiert. Ähnliche Ambivalenzen finden sich in anderen europ. Sprachen. Im Engl. steht »anthropology of religion« für → Religionsethnologie. SE

Religionsethnologie. I. Evolutionist. R. In seinen Anfängen im 19. Jh. richtete sich das ethnolog. Interesse an Religion v. a. auf Fragen nach ihrem Ursprung. H. Spencer (1820–1903), Sir E. B. → Tylor und Sir J. G. → Frazer waren typische Vertreter einer evolutionist. Ethnologie. Sie definierten eine Abfolge von Entwicklungsstadien, denen sie die verschiedenen religiösen Traditionen zuordneten. (1) Spencer sah → Ahnenverehrung am Anfang aller Religion: Die im Traum erfahrene Begegnung mit den Seelen der Vorfahren führte zur Annahme der Unsterblichkeit der Seele; später wurden aus den Ahnengeistern Götter, die im Tempel verehrt werden konnten. (2) Tylor sah den Ursprung der Religion im → Animismus. Der Glaube an die beseelte Umwelt entwickelt sich weiter zum Polytheismus und mündet schließlich in den Monotheismus. (3) Auch Frazer entwarf ein Dreiphasenmodell: Im ersten, durch → Magie gekennzeichneten Stadium versuchen Gesellschaften, durch magische Praktiken – eine Art primitiver Wissenschaft – die Umwelt zu beeinflussen. Im zweiten ersetzt der religiöse Glaube diese Praktiken; jetzt wird die religiöse Sphäre parallel zur menschlichen entworfen. Mit zunehmender Verbreitung wissenschaftlicher Erkenntnis setzt ein Prozess der Säkularisierung ein und Religion weicht der Wissenschaft.

II. Soziolog. R. Mit der Überwindung evolutionist. Denkens etablierte sich zu Beginn des 20. Jh.s eine soziolog. Sicht von Religion (→ Religionssoziologie). Bes. einflussreich war die These von É. → Durkheim, die eigentliche Bedeutung der Religion sei in ihrer zentralen Rolle für die Organisation sozialer Systeme zu suchen. Durkheim verstand Rituale als wesentliche Momente für die Aneignung und Vergegenwärtigung eines kollektiven Bewussteins. Er wurde zum Stichwortgeber für eine Bandbreite von Theorien des → Funktionalismus, die v. a. von Ethnologen der »British School of Anthropology« entwickelt wurden. Ihr Schwerpunkt lag auf der Erforschung von »Stammesreligionen«. Anders als bei Durkheim wurden hier Religion und Gesellschaft nicht zur Deckung gebracht, vielmehr galt Religion als ein separates Funktionssystem, dessen Bedeutung in Beziehung zu anderen sozialen Funktionssystemen herausgearbeitet wurde. Insgesamt festigte sich die bis heute anzutreffende These, dass religiöse Praktiken soziale → Integration fördern.

III. Strukturalismus. Eine ganz andere Richtung nahm die Ethnologie von C. → Levi-Strauss, zu dessen einflussreichen Arbeiten auch die kulturvergleichende Studie von → Mythen gehörte. Er fragte nicht nach der inneren Dynamik einzelner kultureller Systeme, sondern war auf der Suche nach elementaren Strukturen menschlichen Denkens. Entgegen strukturfunktionalist. Annahmen betonte Levi-Strauss, dass Mythen keine praktische Funktion erfüllen, sondern Manifestationen grundlegender Denkfiguren sind, die sich zueinander in Beziehung von Opposition, Inversion und Symmetrie verhalten. → Strukturalismus.

IV. Neuere religionsethnolog. Theorien. (1) Neue Impulse erhielt die R. durch die Betonung des performativen Prozesses in der ethnolog. Theoriebildung seit den 1980er Jahren. Wichtige Anregungen lieferten die Arbeiten von C. Geertz (geb. 1926) und V. → Turner. Beide entwarfen Religion nicht als Manifestation determinierender Strukturen oder als integriertes Funktionssystem, sondern betonten die Wandelbarkeit kultureller Systeme und die kreative Rolle sozialer → Performanzen. Turner zeigte, dass in Ritualen nicht nur ein Kanon vorgegebener Ideen ausgedrückt und internalisiert wird, sondern dass Rituale effektive Handlungen sind, Momente verdichteter → Kommunikation, in denen Emotionen produziert werden, die wesentlich für die Herstellung sozialer Ordnung sind. Geertz spricht vom Ritual als einem »Modell von« und »Modell für« Handeln. Er hebt hervor, dass kulturelle Wirklichkeiten im rituellen Nach-Spiel nicht nur angeeignet, sondern auch produziert und variiert werden. (2) Die Analyse religiöser Performanzen und der von ihnen angestoßenen Prozesse hat dazu geführt, dass Religionen heute nicht mehr vornehmlich als integrierte und integrierende Systeme erscheinen. Vielmehr wurden sie als widersprüchliche und offene Handlungsfelder entdeckt. Neuere Arbeiten zeigen, dass die Ergebnisse religiöser Handlungen zwar antizipiert werden, jedoch nie vollständig kontrollierbar sind. Rituale gelten als mehrdeutig, widersprüchlich oder auch unverständlich. Religiöse Handlungen bedürfen der Interpretation, die sich im gesellschaftlichen Prozess oft kontrovers vollzieht. So tritt neben die integrierende Funktion auch das subversive Potential von Religionen. Rituale erscheinen nicht mehr ausschließlich als Medien, die herrschende Verhältnisse stützen, sondern als konfliktreiche Verhandlungsräume, die einerseits etablierte Autoritäten und geltende Sinnkonstruktionen festigen, aber andererseits auch zur Veränderung sozialer Wirklichkeiten beitragen können. → Ethnische Religionen.

UR

Lit.: C. Levi-Strauss, Mythologica, 4 Bde., 1971ff. (franz. 1964–71). – G. Schlatter, R., in: HrwG 1, 1988, 157–94. – A. Michaels, Klassiker der Religionswissenschaft, 1997. – F. Bowie, The Anthropology of Religion. An Introduction, 2003.

Religionsfreiheit. I. Allgemein. (1) R. ist ein kulturhistor., gesellschafts- und bewusstseinsgeschichtliches Problem der europ. Politik-, Rechts-, Religions-, Aufklärungs- und Menschenrechtsgeschichte (→ Aufklärung; → Religionsrecht; → Menschenrechte). Sie setzt die verfassungsrechtlich garantierte und gesellschaftspolit. durchgesetzte Trennung von Staat und Religion voraus. Die Bevölkerung muss religiösen Pluralismus akzeptieren (→ Pluralisierung, → Toleranz), was nur bei fortgeschrittener funktionaler Differenzierung und → Individualisierung der Gesellschaft möglich ist. (2) In traditionalen Kulturen werden gesellschaftspolit. Identitätsbildungen maßgeblich durch kultur- und zivilreligiöse Bindungen geprägt. Kulturdominante Mehrheitsreligionen bestimmen die gesellschaftlich und lokal relevanten korporativen Gruppen und Institutionen maßgeblich mit. Im vormodernen kulturellen Bewusstsein fehlen die notwendigen Voraussetzungen für R. Daher musste individuelle und kollektive R. in der europ. Geschichte in zahlreichen Kriegen und Revolutionen erkämpft werden.

II. Geschichte. (1) Nach der Konstantin. Wende (4. Jh. n. Chr.) institutionalisierte Theodosius I. mit dem Edikt *Cunctos populos* (380 n. Chr.) die staatsreligionsrechtliche Verfolgung abweichenden religiösen Verhaltens. Das Edikt machte das religiöse Bekenntnis zum Staatsgesetz und erklärte Abweichler zu »tollen und wahnsinnigen« Ketzern, die göttliche Vergeltung und religiös legitimierte staatliche Strafgerechtigkeit zu gewärtigen hätten. Die alteurop. Papstkirche übte neben geistlicher (spiritueller) auch soziale, gerichtliche, administrative und polit. Macht aus. (2) Unvollständige Trennungen von gesellschaftspolit. und religiösen Macht-, Verhaltens- und Bewusstseinskontrollen wurden allmählich durchgesetzt in Kämpfen zwischen Papst und Kaiser (Investiturstreit, 1073–85), zur Zeit der → Reformation und in den Epochen der sog. Religionskriege (im Wesentlichen 1555–1648) und Revolutionen (1789–1848) Europas.

III. Voraussetzungen und Wirkung. (1) Individuelle und kollektive religiöse Selbstbestimmung setzt nicht nur eine strikte Trennung von Staat und Religion voraus. Im kulturellen Bewusstsein der Bevölkerung muss zusätzlich ein implizites Wissen um den sozialmoral. Vorrang interkulturell verallgemeinerungsfähiger Handlungsnormen vor existentiell maßgeblichen religiösen Verhaltenscodes verankert sein. Dass Religionsgemeinschaften die Menschen- und Bürgerrechte nicht verletzen dürfen, muss als selbstverständlich gelten. Der gesellschaftliche und kulturelle common sense muss gewährleisten, dass Einflüsse der jeweiligen Mehrheitsreligion den religiösen und kulturellen Pluralismus nicht durch die Ideologie bedrohen, sozialmoral. kollektive Integration und Identitätsbildung sei maßgeblich mehrheitsreligiös bzw. überhaupt religiös zu definieren. (2) Ohne diese verfassungs- und staatsreligionsrechtlichen sowie kultur- und bewusstseinsgeschichtlichen Prämissen der → Säkularisierung lässt sich R. nicht durchsetzen. (3) Eine weltweite polit. Radikalisierung traditionaler schriftreligiöser Einstellungen (→ Fundamentalismus, → Rigorismus) belegt am Ende des 20. Jh.s die akute Bedrohung der R. Zu erklären ist dieser Widerstand gegen die fortschreitende Säkularisierung bei gleichzeitiger globaler Aufwertung religiöser Einstellungen, Bewegungen und Institutionen mit den technisch-wissenschaftlichen, ökonom.-sozialen, polit.-militär. und normativ-ideolog. Wandlungsprozessen auf einzelgesellschaftlichen und globalen Ebenen. Der majoritär-zivilreligiöse Widerstand gegen R. und die Trennung von Staat und Religion wird weltweit auch verfassungsrechtlich ausgefochten, z. B. 1965–77 im japan. Prozess gegen das Verbot einer Shintō-Baubeginnzeremonie (Jichinsai). Die japan. Verfassung verbietet dem Staat, eine Religionsgemeinschaft mit Sonderrechten auszustatten oder sich in religiöse Betätigung einzumischen. Im sog. Kruzifixurteil musste sich das dt. Bundesverfassungsgericht mit ähnlichen Problemen befassen. HS

Lit.: E. Lokowandt, Zum Verhältnis von Staat und Shintō im heutigen Japan, 1981. – W. F. Sullivan, Paying the Word Extra. Religious Discourse in the Supreme Court of the United States, 1994. – W. Gephart/W. Waldenfels (Hg.), Religion und Identität im Horizont des Pluralismus, 1999. – W. Reinhard, Geschichte der Staatsgewalt, 1999. – M. Vachek, Das Religionsrecht der Europ. Union im Spannungsfeld zwischen mitgliedstaatlichen Kompetenzreservaten und Art. 9 EMRK, 2000. – M. Riesebrodt, Die Rückkehr der Religionen. Fundamentalismus u. der »Kampf der Kulturen«, 2000. – C. Cookson, Regulating Religion: The Courts and the Free Exercise Clause, 2001.

Religionsgeographie, Teildisziplin der Kulturgeographie. (1) Die R. – auch als »Geographie der Geisteshaltung« bezeichnet – beschreibt und interpretiert räumliche Ausprägungen religiöser Praxis und sakral-ritueller Gestaltung. Die Raum und Umwelt prägenden Wirkungen von Religionen (Rinschede) umfassen die sichtbaren Erscheinungen wie die Ausbildung und Transformation von → Kultorten und -bauten, Sakralarchitektur und Pilgerpfaden. Religionsgruppen und ihre räumliche Repräsentanz, die Bildung von Wohnvierteln der Angehörigen einer Glaubensgemeinschaft im Kontext der → Stadt (vgl. → Ghetto) und räumliches Verhalten von religiös geprägten Sozialgruppen werden ebenso von der R. behandelt wie demograph. Aspekte in → Zeit und → Raum (generatives und Heiratsverhalten), Missionierung und Wallfahrtswesen. (2) Als Begründer der modernen R. gilt I. → Kant durch seine Forschungen zur Religion-Umwelt-Beziehung (Büttner), weitere Impulse erhielt sie durch die religionssoziolog. Arbeiten von M. → Weber. Die Differenzierung religiös geprägter Wertvorstellungen und ihre Wirkung auf das Wirtschaftsverhalten im Raum (»Wirtschaftsgeist«, → Wirtschaft) animierte die Vertreter der kritisch-rationalist. Schule in der Kulturgeographie zu vielen Untersuchungen in Europa und Übersee. Mit der Krise der Modernisierungstheorie verlor dieser Ansatz an Bedeutung, Untersuchungen konzentrierten sich auf den lokalen Kontext und die Vermeidung eurozentr. Sichtweisen (→ Eurozentrismus). In der Folge standen Fragen der sozialen Segregation, der Gruppenidentität von Glaubensgemeinschaften, von Minderheitenkolonien und Minoritätenkonflikten sowie die Ausbildung fundamentalist. Tendenzen in ihrer Wirkung auf sozioökonom. Rahmenbedingungen im Vordergrund (→ Religionsökonomie). (3) Der gegenwärtige Trend zur Ablösung des Ökonom. durch das Kulturelle in den Gesellschafts- und Geisteswissenschaften führte zu einer Wiederbelebung älterer Kulturraumkonzepte, die auf der Differenzierung menschlicher Gemeinschaften und staatlicher Verbünde nach Religionsgruppen und Weltanschauungen basieren. Ausgehend von der Diskussion über westliche → Werte im Unterschied zu z.B. asiat., über den »Kampf der Kulturen« (S. Huntington) und über religiös-weltanschaulich definierte »Tiefenkulturen« (J. Galtung) entbrannte eine neue Debatte über den Stellenwert religiöser raumprägender Phänomene für aktuelle und zukünftige Konfliktkonstellationen (Kritik: H. Kreutzmann 1998). Fruchtbare Diskussionsstränge folgen der Akzeptanz von → Reziprozität in religionsgeograph. Untersuchungen sowie der Einbeziehung von Spiritualität (Park). (4) Ansätze der → Religionssoziologie werden jetzt in geograph. Forschungen aufgegriffen, in denen sowohl der Einfluss von Religion auf die Gesellschaft als auch die Rückkoppelungen thematisiert werden. Ein mehrdimensionaler Ansatz problematisiert die Wechselwirkung zwischen Lokalität, Umwelt und religiöser Erfahrung. Raum und religiöse → Wahrnehmung der Alltagswelt werden eingebettet in den situationsbezogenen Handlungskontext. Realität wird geschaffen, verändert und interpretiert (Cooper 1992). Die raumwissenschaftliche, auf quantitative Ergebnisse ausgerichtete Kulturgeographie blendete übernatürliche Phänomene, das offenbar bzw. unterstellte Irrationale an Religionen und normative Aspekte von Glaubensfragen aus (Park). Gegenwärtig sind Tendenzen zu beobachten, die der alltagsweltlichen Ausprägung von Spiritualität eine wichtigere Rolle im Handlungskontext zuweisen. R. nimmt so moderne geisteswissenschaftliche Debatten auf und fokussiert ihre Fragestellungen auf menschliches Agieren im → Raum unter bes. Berücksichtigung einer weit gefächerten religiösen Praxis und der Wechselseitigkeit von Wahrnehmen, → Handeln und Interpretieren (→ Deutungsmuster).

HKR

Lit.: D.E. Sopher, Geography of Religions, 1967. – M. Schwind (Hg.), R., 1975. – M. Büttner (Hg.), Grundfragen der R., 1985. – L. Kong, Geography and Religion, in: Progress of Human Geography 14 (1990), 355–71. – A. Cooper, New Directions in the Geography of Religion, in: Area 24 (1992), 123–29. – C.C. Park, Sacred Worlds. An Introduction to Geography and Religion, 1994. – J. Galtung, Die Rolle der Tiefenkulturen zwischen Konflikt u. Frieden, in: J. Calliess (Hg.), Der Konflikt der Kulturen u. der Friede in der Welt oder: Wie können wir in einer pluralist. Welt zusammenleben? (= Loccumer Protokolle, 65/94), 1995, 163–78. – S.P. Huntington, Der Kampf der Kulturen. Die Neugestaltung der Weltpolitik im 21. Jh., 1996, engl. 1996. – G. Rinschede, R., 1999. – H. Kreutzmann, Von der Modernisierungstheorie zum »clash of civilizations«: Gemeinsamkeiten u. Widersprüche strateg. Entwicklungsvorstellungen, in: I. Diekmann u.a. (Hg.), Geopolitik. Grenzgänge im Zeitgeist, Bd. 1.1/1.2, 2000, 453–77.

Religionsgeschichte → Geschichtsschreibung, → Heilsgeschichte, → Religionswissenschaft, Geschichte der.

Religionsgeschichtliche Schule, eine Gruppe von evang. Theologen in Göttingen, die sich um 1900 gegen den → Kulturprotestantismus und die Leben-Jesu-Forschung erhob, welche die Weltsicht der Bibel mit dem Weltbild des bürgerlichen Zeitalters identifizierte. Provokativ arbeiteten die Wissenschaftler der R.Sch. die mythische Struktur der Biblischen Texte heraus, bes. von Schöpfungsberichten und Apokalyptik, Wundererzählungen und Christologie. Ihre Methode traf sich mit der zeitgenöss. philolog. Arbeitsweise der Religionswissenschaftler um H. → Usener. Komplementär zur Entdeckung der Zeitgebundenheit der Hl. Schriften und der damit einhergehenden Dekonstruktion ihrer Autorität steht die Forderung nach einer Weiterentwicklung der christl. Religion. Einflussreich für die Popularisierung der R.Sch. war das Lexikon RGG, v.a. die zweite Auflage. Zur R.Sch. zählten sich H. → Gunkel, W. Bousset (1865–1920), E. → Troeltsch, J. Weiß (1863–1914), R. → Otto, im Weiteren A. Deissmann, A. Schweitzer (1875–1965) und R. → Reitzenstein. CA

Lit.: A. Deissmann [u. a.] (Hg.), Beiträge zur Weiterentwicklung der christl. Religion, 1905. – C. Colpe, Die R.Sch. 1, 1961. – G. Lüdemann/M. Schröder, Die R.Sch., 1987. – G. Lüdemann, Die R.Sch., 1996. – N. Janssen, Theologie fürs Volk, 1999.

Religionskritik. I. Systematik. (1) Kritik und Krise: Die Haltung der R. gegenüber der Religion ist ambivalent. Einerseits ist Kritik (von griech. krísis = Gerichtsurteil) eine Beurteilung mit dem Ziel, Fehlwege zu beseitigen. Neben dem destruktiven Element hat R. z. T. aber auch die Absicht, konstruktiv eine bessere Rel. aufzurichten. Auch wenn dabei oft gerade irrationale Elemente entfernt werden sollen (→ Aufklärung), so will sie doch die Funktion von Religion bewahren: einen Sinn verbindlich zu machen, der über den Parteien und über dem gerade Aktuellen steht. (2) R. entsteht oft, wenn die gewohnte und selbstverständliche Religion für eine bislang nicht beteiligte oder gar von der Teilnahme ausgeschlossene neue Elite neuen Sinn machen soll. R. setzt nicht ein, wenn Religionen in eine Krise geraten. Und umgekehrt stürzt R. Religionen nicht in eine Krise (→ Säkularisierung). Theologie lässt sich als eine Institution der R. verstehen, insofern sie die Rel. säubern und nach einer plausiblen Norm bewahren will.

II. Histor. Entwicklung. Im Prozess der Säkularisierung des 19. Jh.s berief man sich auf Vorläufer: Der modernen Aufklärung sei die antike R. vorausgegangen; das Mittelalter aber habe die irrationale Religion wieder an die Macht gebracht. (1) Erste Ansätze der R. in der Antike finden sich in der eleat. Lehre des Xenophanes (580/77–485 v. Chr.), der die vielen Götter wegen ihrer großen Menschenähnlichkeit kritisiert und ihnen den »einen«, unsichtbaren Gott gegenüberstellt, der alles sehen, hören und denken kann. In ihrer Götter-Kritik geht die Philosophie Epikurs (341–270 v. Chr.) weiter, indem sie Götterfurcht als falsche Grundlage des sozialen Lebens angreift. Für sie bedeutet eine Aufhebung der Götterfurcht auch eine Aufhebung der Frömmigkeit. (2) In epikureischer Tradition führt auch der erste moderne Religionskritiker → Spinoza das Leben in der Religion auf Furcht und Traum zurück. Sein *Tractatus Theologico-Politicus* (1670) operiert mit der Annahme, dass die hl. Schrift ein Werk der menschlichen Einbildungskraft sei, und kann so die Lehre von der → Schöpfung und vom → Wunder infrage stellen. Bei aller Kritik an der Offenbarungsreligion hält Spinoza aber an religiösen Moralgesetzen fest und versucht, sie mit Postulaten der Vernunft zur Deckung zu bringen. (3) Für die franz. → Aufklärung von D'Holbach bis → Voltaire wird der religionskrit. Topos von der narkotisierenden Wirkung der Religion relevant. Um die Wirkung eines freien, unabhängigen Denkens in extenso zu demonstrieren, nimmt die kritische Philosophie der dt. Aufklärer von → Kant bis → Hegel im »Zeitalter der Vernunft« als Ausgangspunkt eine Kritik der → Offenbarung und des Daseins Gottes. Hegel resümiert diese Haltung: »Die Vorstellung, welche der Mensch von Gott hat, entspricht der, welche er von sich selbst, von seiner Freiheit hat« (*Philosophie der Religion,* 1832/1840). L. → Feuerbach entwickelt in seiner Schrift *Das Wesen des Christentums* (1841) eine moderne R. Wie Spinoza sieht er in der Religion die illusionären Verkörperungen von elementaren menschlichen Bedürfnissen am Werk. In einer Art anthropolog. Wende will er durch seine Kritik dem Wesen Mensch seine → Identität zurückgeben. (4) Einen entscheidenden Schritt weiter geht die R. von K. → Marx, die in der Religion das → »Opium des Volkes« und einen »mystischen Nebelschleier« sieht. Für Marx bildet »die Aufhebung der Religion« die praktische Folge einer Revolutionierung der Gesellschaft. (5) Weitere religionskrit. Aspekte formulierten F. → Nietzsche und F. Overbeck (1837–1905) Ende des 19. Jh.s, indem sie die Kritik am Christentum noch einmal zuspitzten. Während Nietzsche im Einfluss der christl. Gottesvorstellung auf die Menschen eine psycholog. Katastrophe zu erkennen glaubte, sah Overbeck das Verhängnis in der Einflussnahme des Christentums auf Politik und Geschichte. (6) Die bedeutendste R. des 20. Jh.s stammt von S. → Freud, dessen Schriften *Die Zukunft einer Illusion* (1927) und *Das Unbehagen in der Kultur* (1930) versuchen, die Religionsgeschichte vor einem aktuellen Hintergrund als eine Geschichte von Desillusionierungen zu beschreiben und zu deuten. Dabei machen sie die Motive der Suche nach Geborgenheit und Schutz in Familie und Gesellschaft und die daraus resultierenden Konflikte und Fehlentwicklungen zu einem Modell für die Religionsentwicklung. So gewinnen »zwangsneurot.« Dispositionen wie die Erhöhung des Vaters, der Vatermord, Brüche von → Tabus etc. eine bes. religionskrit. Schärfe. Freud betont in seinen Religionsanalysen, dass in modernen Konflikten wiederkehrt, was an verdrängten Potentialen seit der Frühzeit der Menschheit im Prozess der Zivilisation steckt. Menschliche Glaubens- und Gottesvorstellungen sind so untrennbar mit Ängsten und Projektionen verknüpft, dass sie verdrängte Potentiale von Gewalt und Krieg freisetzen und wiederholen können. Freuds Stichworte der R. können wesentlich zur Bestimmung einer Ausrichtung der → Religionspsychologie beitragen, indem sie method. eine Verbindung zwischen Religionen und → Gefühlen, zwischen Heilserwartungen und Projektionen herstellen. MB

Lit.: H.-J. Kraus, Theologische R., 1982. – G. S. Kirk u. a., Die vorsokratischen Philosophen, 1994, 178–97. – S. Grätzel, Religionsphilosophie, 1999.

Religionsökologie (von griech. oíkos = Haus, Haushalt und lógos = Lehre). (1) Teildisziplin der → Religionswissenschaft, die Wechselwirkungen zwischen religiösen → Deutungsmustern und ökolog. Veränderungen beobachtet (→ Natur, → Wasser). (2) Der Versuch, zentrale Themen der Ökologie einerseits unter dem Blickwinkel des Verhältnisses des Menschen (als religiösem Wesen) zu seiner Umwelt zu untersuchen, andererseits aber auch die Haltungen und Beiträge der Weltreligionen zu diesen Themen zu vergleichen. Dabei ist unter dem ersten Aspekt das Eingebundensein des Menschen in die → Natur/→ Schöpfung und seine kulturelle/religiöse Verpflichtung zum verantwortungsvollen Umgang damit (Nachhaltigkeit, Umweltethik) gemeint. Der zweite Aspekt zielt auf den → »interreligiösen« Dialog zu diesem Bereich und damit auf das Verbindende aller Religionen. (3) In den USA wird unter »religious ecology« auch die konfessionelle Verteilung innerhalb einer Stadt/Gemeinde/Region verstanden. WR

Lit.: M. Pye u. a., Ökologie und Religionen. Eine religionswiss. Darstellung, in: Marburg Journal of Religion 2/1 (1997), http://www.uni-marburg.de/religionswissenschaft/journal/mjr/oekologie.html. – P. Gerlitz, Mensch und Natur in den Weltreligionen, 1998.

Religionsökonomie. I. R. als Disziplin. (1) Seit den 1990er Jahren entwickelt sich R. als Unterdisziplin der → Religionswissenschaft mit eigenständigen Fragestellungen. Neben Finanzierungsfragen – »Was kostet ›Religion‹, wie und von wem wird sie finanziert?« – wurden Folgeprobleme thematisiert: »Wie viel ›Religion‹ können und wollen sich Gesellschaften leisten?«, »Welcher Anteil am Bruttosozialprodukt stellt sich längerfristig ein?« und »Ändert sich dieser Anteil, wenn die Finanzierungsverfahren umgestellt werden?« (Gladigow 1995). (2) Spendensammlungen, die Gewinnorientierung einiger neuer Religionsgemeinschaften, das Staatsinkasso von Kirchensteuern, ferner die Tempel- und Opferkulte, religiöse Stiftungen, die Ökonomie religiöser Feste und Riten, Cargo-Kulte, sozialkaritative Tätigkeiten, künstler. und Bauvorhaben u. a. legen die Untersuchung »religionsinterner« ökonom. Vorgänge nahe. Amerikan. Forschungen hatten im Blick auf den → Markt der Religionen (v. a. in den USA) nach dem Einfluss von Spenden auf religiöse Bindungen gefragt. Zur »Ökonomik der Religion« werden sodann Fragen nach ökonom. »Determinanten religiösen Glaubens« und »religiöser Praxis« sowie nach den »ökonom. Triebkräften zur Bildung religiöser Institutionen und Organisationen« (Schmidtchen, 2000) gezählt. (3) Religiöses Handeln und Verhalten von Einzelnen und Gemeinschaften ist in der Regel wirtschaftlich relevant. Religiöse Motivation kann eigennützig (Adam Smith, 1776) oder »diesseitig ausgerichtet« (M. → Weber, 1913/15) sein – auch wenn jenseitiges → Heil erhofft wird. (4) Religionsgemeinschaften können ferner nicht nur die → Wirtschaft einer Gesellschaft, sondern auch die kulturelle Wirtschaftsordnung maßgeblich mitprägen. (5) Diese Beobachtungen führen zum eigentlichen Gegenstand der R., nämlich der Frage »Lässt sich der Kernbereich des Religiösen zumindest partiell mit wirtschaftswissenschaftlichen Theorien erfassen?«. R. fügt sich daher in die herkömmlichen religionswiss. Grundbegriffe ein (→ Religionssoziologie, → Religionspsychologie usw.).

II. Theoriegeschichte. (1) Tempelkulte konnten die relevanten ökonom. Strukturen einer Gesellschaft maßgeblich mitprägen (sog. Tempelökonomien). (a) Im hellenist. Uruk der Seleukidenzeit (3./2. Jh. v. Chr.) z. B. wurde der Tempel wieder wie in altoriental. Zeit zum sozialen und ökonom. Zentrum. Öffentliche Arbeit, Administration und Funktionen der Palastwirtschaft wurden über ein differenziertes System der Tempelpfründen abgewickelt. Eine »doppelte« Buchführung (Keilschrifttafeln und Pergamenturkunden) und eine von der Pfründenverwaltung getrennte Tempelbehörde dokumentierten die Geschäftstätigkeit (B. Funk). (b) In traditionalen Schriftkulturen haben Tempel im Allgemeinen ökonom. Funktionen. Unter modernen Migrationsbedingungen übernehmen die Kult- und Versammlungsstätten der Religionsgemeinschaften im Ausland umfassendere ökonom., soziale und kulturelle Integrationsaufgaben. (2) Ökonom. Analysen lassen sich von gesellschaftspolit. und kulturellen nicht strikt trennen. Als klassisch gilt die sog. Max-Weber-These: 1904/05 (erste Fassung) suchte Weber zu zeigen, dass die protestant. Ethik v. a. in ihrer calvinist. Form unternehmer. Einstellungen förderte, die – neben anderen Faktoren – für die Entstehung des → Kapitalismus relevant waren. Wie sich Weber die kausale Beziehung zwischen Ideen und Interessen genauer vorstellte, ist ungeklärt. Ein konstitutiver Bestandteil des modernen kapitalist. Geistes und der modernen Kultur, nämlich die »rationale Lebensführung auf der Grundlage der Berufsidee«, sei »aus dem Geist der christlichen Askese« geboren. Andererseits wollte Weber die Entwicklung des kapitalist. Geistes zur »Teilerscheinung in der Gesamtentwicklung des Rationalismus« machen. Bis heute gilt die Weber'sche These als soziolog. Handbuchwissen. Sie bleibt umstritten, weil viele Religionen nicht nur karitatives, sondern auch wirtschaftliches, soziales, künstler. oder polit. (→ Fundamentalismus) Engagement nachdrücklich fördern. Für die R. bes. relevante kritische Gegenbelege und Argumente bietet K. Samuelsson (1957). Gesellschafts- und kulturgeschichtliche Untersuchungen kehren die These um: Der wirtschaftsgesellschaftliche Wandel ist es, der den Religionswandel nach sich zieht. HS

Lit.: M. Weber, Die protestant. Ethik und der »Geist« des Kapitalismus [1904/5, 1920], MWS I 19 (hg. von H. Lehmann). – K. Samuelsson, Religion and Economic Action: The Protestant Ethic, the Rise of Capitalism, and the Abuses of Scholarship, 1957, ND 1993. – B. Funk, Uruk zur Seleukidenzeit, 1984. – J. Le Goff, Wucherzins und Höllenqualen. Ökonomie u. Religion im Mittelalter, 1988 (franz. 1986). – G. W. Trompf (Hg.), Cargo Cults and Millenarian Movements, 1990. – T. Linders/B. Alroth (Hg.), Economics of Cult in the Ancient Greek World, 1992. – C. Humphrey/S. Hugh-Jones (Hg.), Barter, Exchange and Value. An Anthropological Approach, 1992. – B. Gladigow, R. – Zur Einführung in eine Subdisziplin der Religionssensenschaft, in: H. G. Kippenberg/B. Luchesi (Hg.), Lokale Religionsgeschichte, 1995, 253–58. – F. Amereller, Hintergründe des »Islamic Banking«, 1995. – A. Mayer, Fegefeuer und Bettelorden. Päpstliches Marketing im 13. Jh., 1996. – L. R. Iannaccone, Introduction to the Economics of Religion, in: Journal of Economic Literature 36 (1998), 1465–96. – D. Schmidtchen, Ökonomik der Religion, in: Zs. für Religionswissenschaft 8 (2000), 11–43. – R. H. Nelson, Economics as Religion, 2001. – D. Baecker (Hg.), Kapitalismus als Religion, 2003, [2]2004.

Religionspädagogik (von griech. paideía = Lehre der Kinderbildung).

I. Historische Entwicklung. R. ist ein Teilgebiet westlicher Pädagogik und einerseits Erbe christl. Katechese und eines christl. geprägten Bildungskonzepts (J. A. Comenius, 1592–1670, → Schleiermacher), andererseits der → Religionskritik und der → Aufklärung (→ Kant, → Rousseau). In ihrer Entstehungsgeschichte ist bereits ein Spannungsverhältnis angelegt zwischen dem »Lernen der eigenen Religion« und dem »Lernen *über* die eigene Religion«, das sich im Kontext einer religiös pluralist. Gesellschaft zuspitzen kann zum religionspädagog. Zielkonflikt zwischen »religiöser Beheimatung« (von einer Religionsgemeinschaft getragene religiöse Erziehung) und allgemein bildender »Religionskunde« (religiös neutrale, staatlich getragene R.). Obwohl religiöse Erziehung in Mitteleuropa jahrhundertelang grundlegend für schulische Didaktik war – das erste Schulfach der Neuzeit war Religionsunterricht –, entstand die R. als Wissenschaftsdisziplin erst Ende des 19. Jh.s, als das beginnende »Jh. des Kindes« (E. Key, 1849–1926) die kindlichen Lernprozesse ins Zentrum wissenschaftlich-pädagog. Analyse rückte. Im letzten Drittel des 20. Jh.s kamen mit dem Konzept des lebenslangen Lernens auch Erwachsenenbildung und Kleinkindpädagogik hinzu, entwicklungspsycholog. Erkenntnisse fanden Eingang in die R.

II. R. im säkularen Staat. Rechtlich steht die R. in Deutschland in großer Nähe zu den christl. Kirchen: Der schulische Religionsunterricht basiert auf Artikel 7 III GG (Ausnahmen: Berlin, Brandenburg, Bremen, vgl. Art. 141 GG), die universitäre Verankerung v. a. in christl.-theolog. Fakultäten macht die dt. R. überwiegend zu einer christl.-konfessionellen R. Im Unterschied zur »Religionstradierung« (= Weitergabe von eigenen → Traditionen an die Mitglieder religiöser Gemeinschaften) definiert sich R. als Bestandteil allgemeiner öffentlicher Bildung in säkularisierten Gesellschaften und grenzt sich seit den 1960er Jahren explizit ab vom Ziel der katechet. Glaubensunterweisung (z. B. Halbfas, Vierzig, Otto). Im Zusammenhang mit den gesellschaftlichen Aufbrüchen der 60er und 70er Jahre kam es in der R. zu einem breiten Spektrum von didakt. Reformkonzepten. Angesichts zunehmender religiöser und weltanschaulicher Vielfalt in den »nachchristl.« (Barz) westeurop. Gesellschaften entstehen seit den 70er Jahren Schulfächer säkularer Werteerziehung wie Ethik, Werte und Normen (Niedersachsen), Praktische Philosophie (Nordrhein-Westfalen), LER (Lebensgestaltung – Ethik – Religionskunde, Brandenburg) oder ein konfessions- bzw. religionenübergreifender Religionsunterricht (z. B. in Bremen, Hamburg).

III. R. und Pluralität. Parallel entwickeln nichtchristl. Religionsgemeinschaften, insbes. der Islam als die drittgrößte in Deutschland, eine eigene R. für Religionsunterricht an öffentlichen Schulen und beleben so die Frage nach dem Verhältnis von Staat und Religionsgemeinschaften (Laizismus, Staatskirche, Kooperationsmodell mit Religionsgemeinschaften als Körperschaften öffentlichen Rechts) sowie nach dessen religionspädagog. Konsequenzen neu. Aus der Bewegung des → interreligiösen Dialogs heraus entstand eine Vielfalt theolog. inspirierter *und* religionskundlich orientierter pädagog. Ansätze: das interreligiös-dialog. und ökumen. Lernen, Weltethos-Pädagogik, die sich z. T. auf die pluralist. → Religionstheologie stützt, oder der lebensweltorientiert-phänomenolog. Ansatz.

IV. R. und Religionswissenschaft. Neben der säkularen Pädagogik und der Theologie gewinnt Ende des 20. Jh.s die vergleichende Religionswissenschaft als Bezugswissenschaft der R. an Bedeutung (v. a. Großbritannien, Niederlande, Norwegen, Schweiz, Deutschland). Religionswiss. Fachdidaktik thematisiert Religion in verschiedenen Glaubensrichtungen und Weltanschauungen, ohne die normative Wahrheitsfrage zu stellen. Ihr Beitrag zur R. ist das Erforschen der Dimension Religion als Bestandteil interkulturellen Lernens, die »Übersetzung« verschiedener religiöser Sprach- und Denkwelten, aber auch das Aufspüren religiöser Strukturen in der Moderne und im wissenschaftlichen Weltbild. Je nach Definition von »Religion« und »Bildung« (→ Religion, Definitionen der) bewegt sich religionswiss. orientierte Didaktik zwischen (a) einer deskriptiven, wertneutralen, religionskundlich-sozialwissenschaftlichen Perspektive, die sich durch ihr empir. Selbstverständnis von der Theologie abgrenzt, und (b) der Wertorientierung an pädagog. Maßstäben, die im Zweifelsfall auch gegenüber religiösen Werten gelten, z. B. Selbstreflexion, Ideologiekritik, Autonomieentwicklung, soziales Lernen. Das Spektrum religionswiss. orientierter Didaktik ist inzwischen stark ausdifferenziert und in jedem Falle inter- bzw. transdisziplinär. Exemplar. genannt seien der phänomenolog.-vergleichende Ansatz (Smart, Tworuschka), der ethnograph.-interpretative Ansatz (Jackson, Nesbitt, Bauer), der empir.-analyt. Ansatz (Körber), der religionspsycholog. Ansatz mit den Zielen »Personalisation« (Fauth, Heumann), »Identitätslernen« (Elsas) und »biograph. Lernen« (Biehl, Lott), der entwicklungspsycholog. Ansatz (Grimmitt, Hull), ideologiekrit. Wertebildung und Konfliktlernen (Lott), der philosoph.-ethisch-religionskundliche Ansatz (Brunotte, Eggers, Lott, Otto, Preißler) und der religionsgesch. Ansatz (Grözinger, Gladigow, Zinser). → Wissen. CD

Lit.: Schulische R.: N. Smart, Secular Education and the Logic of Religion. 1968. – M. Grimmitt, What Can I

Do in RE?, 1973. – K. E. Nipkow, Grundfragen der R., Bde. 1–3, 1975–82. – J. M. Hull, Utopian Whispers, 1997. – R. Jackson, Religious Education. An Interpretive Approach, 1997. – J. Lott, Wie hast du's mit der Religion?, 1998. – P. Antes, Religionswiss. Didaktik, in: Zs. für Pädagogik und Theologie 4 (1998), 416–23. – K. E. Nipkow, Bildung in einer pluralen Welt, Bd. 2, 1998. – W. Weiße (Hg.), Vom Monolog zum Dialog, 1999. – A.-Ö. Özdil, Aktuelle Debatten zum Islamunterricht in Deutschland, 1999. – W. Edelstein/K. E. Grözinger u. a. (Hg.), Lebensgestaltung – Ethik – Religionskunde. Zur Grundlegung eines neuen Schulfachs, 2001. – N. Mette/F. Rickers (Hg.), Lexikon der R., Bde. 1–2, 2001.

Erwachsenenbildung: J. Lott, Hb. Religion, Bd. 2. Erwachsenenbildung, 1984. – R. Englert, Religiöse Erwachsenenbildung, 1992. – W. Lück/F. Schweitzer, Religiöse Bildung Erwachsener, 1999.

Kleinkindpädagogik: F. Schweitzer, Das Recht des Kindes auf Religion, 2000. – F. Harz, Ist Allah auch der liebe Gott? Interreligiöse Erziehung in der Kindertagesstätte, 2001.

Religionsphänomenologie. (1) Eine Methode und eine Theorie der → Religionswissenschaft im 20. Jh., die Religion als einen autonomen Gegenstand »sui generis« erklärt: Er sei im Wesen (das → Heilige) unabhängig von Kultur und Epoche »da« und »zeige sich« (→ Epiphanie). In seinen Phänomenen ist er qualitativ von seinen profanen Gegenstücken grundlegend verschieden und also nicht mit den Methoden der Kulturwissenschaften zu beschreiben, sondern nur religionspsycholog. zu erleben: der hl. Ort (mit Quellen, Bäumen, Steinen, Blitzmalen), die hl. Zeit (mit der zyklischen Wiederkehr des Endes als Anfang), die hl. Handlung (bes. das → Opfer), die → Initiation, die hl. Hochzeit, die agrar. Fruchtbarkeit, der sakrale König. (2) Die Theorie kehrt die positive Bewertung von → Evolution und → Fortschritt um zu einer Kritik an der modernen Kultur, in der Religion als konstitutives Kennzeichen der archaischen Epoche verloren gegangen sei (→ Säkularisierung). Am Ende des Ersten Weltkriegs (1917) propagierten R. → Otto und G. van der → Leeuw gegen den → Historismus und sein Fortschrittskonzept die radikale Differenz der Religion zur Kultur; ähnlich die Dialekt. Theologie. Erst mit der Neuentdeckung M. → Webers und der Sozialwissenschaften in den 1960er Jahren kommt es (a) zum Abschied von globalen Aussagen über »den« religiösen Menschen, verbunden mit einer Flucht in die Einsicht der kulturell-regionalen Unvergleichbarkeit; (b) zum Anschluss an die Human- und Kulturwissenschaften (M. → Douglas, V. → Turner, H. G. Kippenberg, B. Gladigow, H. Cancik) und zu zaghafter Rehistorisierung (J. Z. Smith; K. Rudolph) oder dem Programm einer »neuen« R. (C. Colpe, J. Waardenburg; grundsätzlich schon bei J. Wach). (3) Wiewohl die R. auf histor. Daten aufbaut, ist sie doch nie eine histor. Disziplin gewesen; ja die histor. Religionen fehlen weitgehend im Material. Der Vergleich ist zwar die grundlegende Methode, aber nicht, um Differenzen zu erkennen, die eine Systematik ermöglichen. Stattdessen wählt der religionsphänomenolog. Vergleich nur das Passende, aus dem Verständnis heraus, dass in der Archaik eine einheitliche religiöse Kultur die gleichen Phänomene hervorgebracht habe. Die Zurückhaltung im Urteil (griech. epochḗ), was wahr sei, die die R. sich zugute hält, um Religionen nicht zu werten, wird durch die Auswahl doch zur Wertung, weil die »Schau« der Archaik Bewunderung erzeugt. → Typologie. CA

Hb.: O. Pfleiderer, Religionsphilosophie auf geschichtlicher Grundlage, 1878, ^{3}1896. – P. Chantepie de la Saussaye, Lehrbuch der Religionsgeschichte, Bd. 1, 1887. – G. van der Leeuw, Phänomenologie der Religion, 1925, ^{2}1956. – R. Caillois, L'homme et le sacré, 1939 (dt. 1988). – M. Eliade, Traité d'histoire des religions, 1949 (dt. Die Religionen und das Hl., 1953). – K. Goldammer, Die Formenwelt des Religiösen, 1960. – F. Heiler, Erscheinungsformen und Wesen der Religion, 1961. – G. Widengren, R., 1969. – G. Lanczkowski, Einf. in die R., 1979.

Lexika: RGG^3; ER; TRE.

Lit.: J. Z. Smith, Map is not Territory, 1978. – C. Colpe, Zur Neubegründung einer Phänomenologie der Religionen und der Religion, in: H. Zinser (Hg.), Religionswissenschaft, 1988, 131–54. – H. G. Kippenberg/B. Luchesi (Hg.), Religionswissenschaft und Kulturkritik, 1991. – K. Rudolph, Geschichte und Probleme der Religionswissenschaft, 1992. – S. Hjelde, Die Religionswissenschaft und das Christentum, 1994. – A. Michaels u. a. (Hg.), Noch eine Chance für die R.?, 2001.

Religionsphilosophie. I. Allgemein. (1) Kulturübergreifend bezeichnet der Begriff ein Nachdenken über Religion oder Göttliches, das medial meist mit der Entwicklung von Schrift bzw. zumindest mit einer gesicherten Weitergabe konvergiert. Erst so können terminolog. Komplexität und diachrone Diskurse (→ Tradition) verwirklicht werden. (2) Seit der Antike bewegt die Bestimmung des Göttlichen Dichter, Philosophen und religiöse Experten. In Griechenland wurde das Fehlen einer Priesterklasse für die Bearbeitung dieser Themen durch Philosophen verantwortlich gemacht (Tenbruck). Im alten Israel führte das Fragen »Wer ist wie Gott?« im

6. Jh. v. Chr. zu ersten als monotheist. zu bezeichnenden Ansichten. Für China sei auf das Konzept des → dao hingewiesen, das im I Ging (→ Yijing) als kosmisches Prinzip angesetzt und von → Konfuzius als Weltordnung aufgegriffen wird. Die ältesten literar. Zeugnisse vedischer Religion (→ Vedische Literatur) verbinden z. B. Himmelsgottheiten (Āditya) mit abstrakten Konzepten wie → Wahrheit, gültiger Ordnung und gerechtem Anteil. Die buddh. Lehre hebt neben dem ethischen Schwerpunkt sowie ihrer Praxis- und Erfahrungsorientiertheit das Erlösungsziel »Erkenntnis« hervor. Begriffspräzisierungen und Systematiken dienen auch zur Abgrenzung der Schulen (z. B. → Buddhaghosas Visuddhimagga). (3) Bei allen Beispielen ist zu bedenken, dass die Bezeichnung R. eine in der griech. Lebens- und Geisteswelt geprägte Fremdzuschreibung ist und dass schon dort sehr divergente Konzepte kursierten. So bleibt der Begriff unzureichend für Kulturen, die Philosophie und Religion anders korrelieren als die westliche bzw. die keine begrifflichen Entsprechungen kennen. Die Reflexion über Religion hat immer schon auf die gelebte Religion und das Selbstverständnis ihrer Anhänger zurückgewirkt. Diese Prägung verstärkte sich massiv durch das religionswiss. Nachdenken seit dem 19. Jh.

II. R. im Verhältnis zu Theologie und Wissenschaft. (1) Häufig traten Religionskritik und affirmative (mit dem Wahrheits- oder Offenbarungsanspruch einer positiven Religion verknüpfte) R. in Streit. Bis heute scheint oft unklar, ob es sich bei R. um eine Philosophie der Religion(en), um religiöse Philosophie oder die philosoph. Begleitung religiöser Systeme handelt. So stand christl. R. von Anbeginn an in Auseinandersetzung mit einer eigenständigen jüd. R., die teils zusätzlich arab. und antike Quellen rezipierte (→ Maimonides, → Spinoza, → Mendelssohn, → Buber usw.). (2) Seit der Religionsbegriff als westliches, meist christl. geprägtes Konzept deuniversalisiert wurde, unterscheidet sich manche R. wenig von der Fundamentaltheologie, es sei denn, sie versteht sich als eine Disziplin, die z. B. den Begriffs- und Begründungsapparat religiöser Gruppen rekonstruiert. Aus religionswiss. Perspektive kann es eine sinnvolle Aufgabe heutiger R. sein, Glaubenseinstellungen und Rituale in Wissenschaft, polit. System etc. aufzuklären. Immer wichtiger wird die interkulturelle und interreligiöse Perspektive: Länder- und religionsspezif. R. bilden sich innerhalb ihrer je eigenen religiösen Tradition heraus. Mit dem Beginn histor. → Kulturwissenschaft im 19. Jh. hat sich sowohl aus den Gemeinsamkeiten mit anderen Religionen der Begriff einer objektiven Religion herausgebildet wie auch ein Begriff von Religion, der sie in ihren gesellschaftlichen Kontext auflöst (von Herders Bestimmung der Kultur über Differenz her). Ohne kulturwissenschaftliche Transformation ist die R. ein Überbleibsel aus vormoderner Zeit.

III. Geschichte der R. (1) Systematisch betrachtet entwickelt sich die R. grob in zwei Linien: (a) anhand der Diskussion zentraler Begriffe. Lange war dies der → Gottesbegriff (Attribute Gottes, → Gottesbeweise) und seine verschiedenen neuzeitlichen Äquivalente (z. B. der Diskurs um das → Heilige, den → Sinn). Mit Pascal (1623–62) und deutlich seit der Romantik wird in der neueren R. die Kategorie der religiösen → Erfahrung anstelle der metaphys. Begründung wichtig: von dem Pionier → Schleiermacher, der religiöses Bewusstsein rekonstruiert, über → James mit seinem dem Pragmatismus entnommenen Erfahrungsbegriff bis zu → Diltheys hermeneut.-phänomenaler Fassung gelebter Religion. (b) Die R. nähert sich der Religion über ihre gesellschaftlichen Ausprägungen im Volk, in Institutionen oder säkularen Kulten (→ Rousseau, → Durkheim, → Luhmann). (2) Die Disziplinenbezeichnung R. ist jung und durch ihren mitteleurop. Ursprung christl. geformt. (a) In der späten Aufklärung taucht für die theologia naturalis die Benennung Philosophie der Religion auf. Vom moral. Religionsbegriff → Kants herkommend und ohne konfessionelle → Apologetik schließt sie aus Vernunftprinzipien auf religiöse Sachverhalte im Einvernehmen mit biblischer → Theologie. (b) Die Romantik weitet die Bezeichnung R. in kritischer Haltung gegen einen durch Vernunft und Ethik bestimmten Religionsbegriff auch auf nichtchristl. Systeme wie → Gnosis, → Kabbala und → Antike aus (J. G. → Herder, F. Schlegel [1772–1829], F. Schleiermacher). Die R. teilt sich zunehmend in einen spekulativen und einen geschichtlichen Strang auf (z. B. → Hegels *Vorlesungen über Philosophie der Religion*). (c) Das Vorhaben einer R. wird teilweise distanziert bewertet (→ Schopenhauer, → Schelling, → Feuerbach) oder auch auf

→ Religionskritik (→ Marx) und die erkenntnistheoret. Prüfung von Werturteilen reduziert (Neukantianismus, → Troeltsch). In literar. Form prägen religionsphilosoph. Überlegungen den modernen Wandel der Religion mit (→ Nietzsche). (d) In Rezeption der Sprachtheorien des Wiener Kreises, für den religiöse Rede nicht als sinnvoll gilt, verlegt sich die zumeist angelsächs. analyt. R. auf den Aufweis der Regeln religiösen Sprachgebrauchs. (e) Mit der Existenzphilosophie (→ Kierkegaard, M. Heidegger, 1889–1976) und durch jüd. R. (→ Buber, E. Lévinas, 1906–94) rücken ethische Themen ins Zentrum. Das Paradigma der Beziehung Gott – Mensch wird Vorbild für das Verhältnis Mensch – Mensch (→ Ethik, → Alterität). Durch das Schwinden eines konsistenten, metaphys. Religionsbegriffs und in Konkurrenz mit der aufstrebenden Religionswiss. tritt die R. zu Beginn des 20. Jh.s ihren Gegenstandsbereich zum Teil an eigenständige Disziplinen ab (→ Religionspsychologie, → Religionssoziologie). → Typologie. AK

Lit.: International Journal for Philosophy of Religion. – J. E. Bauer, Religionsphilosoph. Autoren von der Aufklärung bis zur Gegenwart/Prosopographie, in: HrwG, Bd. 1, 1988, 319–32. – H. Nakamura, The Meaning of the Terms »Philosophy« and »Religion« in Various Traditions, in: H. G. Larson/E. Deutsch (Hg.), Interpreting across Boundaries, 1988, 137–51. – P. Badham (Hg.), A John Hick Reader, 1990. – F. H. Tenbruck, Die Religion im Maelstrom der Reflexion, in: Kölner Zs. für Soziologie, Sonderheft 33 (1993), 31–67. – H. R. Schlette (Hg.), Religionskritik in interkultureller und interreligiöser Sicht, 1998. – M. Jung u. a. (Hg.), R., 2000. – E. T. Long, Twentieth-Century Western Philosophy of Religion 1900–2000, 2000.

Religionspsychologie. I. Allgemein. Eine gemeinhin anerkannte Systematik und umfassende Theorie der R. gibt es nicht. Selbst die Basisdefinitionen als (sozial-)psycholog. Analyse von Religion(en) bzw. subjektiver Religiosität oder als psychische Motivation religiösen Verhaltens und Erlebens sind umstritten. Dieses Dilemma hat seine Ursachen in der Konstruktion, aber auch in der Entwicklungsgeschichte des Fachs. Die jeweils vorausgesetzten Definitionen von Psychologie und Religion generieren grundsätzlich unterschiedliche Perspektiven in der R. Dieser Sachverhalt wird dadurch erschwert, dass die R. im Schnittpunkt von Religionswissenschaft, Psychologie und Theologie steht. Die R. in der Theologie, meist als Pastoralpsychologie bezeichnet, bezieht sich vorrangig auf seelsorgliche Individual- und Gesellschaftsdiakonie im Rahmen der christl. Konfessionen. In der Religionswissenschaft richtet sich das Interesse der R. auf alle gegenwärtigen und histor. Religionen, wodurch eine religions- und kulturwissenschaftliche R. zu einer psychohistor. Disziplin wird. In der Psychologie wird sie als Teilgebiet der Angewandten Psychologie angesehen. Allerdings erweisen sich nicht nur vormoderne religiöse Persönlichkeitskonzepte, sondern auch außereurop. Kulturen als zumeist nicht kompatibel mit den Modellen von Individualität der modernen westlichen Psychologie (→ Seele). Verständigungsprobleme und fehlender interdisziplinärer Austausch der drei Fächer untereinander haben die Entwicklung der R. behindert, die an dt. Universitäten durch keinen Lehrstuhl vertreten ist.

II. Geschichte. (1) Durch die gemeinsame Geschichte mit der Psychologie hat die R. generell Anteil an der konfliktreichen Spaltung in (a) die experimentelle Psychologie und (b) die → Tiefenpsychologie. (a) Mit seinem 1879 in Leipzig errichteten »Institut für experimentelle Psychologie« legte W. → Wundt den Grundstein zu einer naturwissenschaftlichen Psychologie, die das Ziel verfolgt, menschliches Erleben (Wahrnehmen, Denken, Fühlen) und Verhalten messbar zu machen. Deshalb stellt sich in der empir. R. die Frage nach der Operationalisierung von Religiosität. Die method. Vorgehensweise richtet sich nach der jeweils präferierten psycholog. Schule und dem jeweiligen Teilgebiet der Psychologie wie der Persönlichkeits- oder Entwicklungspsychologie. Zum klassischen Beispiel der empir. R. wurde die von dem Persönlichkeitspsychologen G. W. Allport (1897–1967) entwickelte Skala zur Messung extrinsischer und intrinsischer Religiosität. (b) Als S. → Freud Ende des 19. Jh.s die Psychoanalyse begründete, fokussierte er sein psycholog. System auf die Theorie des Unbewussten in Abgrenzung zur »Bewusstseinspsychologie«. Die psychoanalyt. R. war zunächst in der Hauptsache → Religionskritik (»Religion als Illusion«, → Psychoanalyse), aber seine Schüler entwickelten Lehrrichtungen, die die Religiosität weitaus differenzierter integrierten als Freud. So wertete z. B. E. H. Erikson (1902–94) in seinem Stufenmodell des Lebenszyklus, das in allen religionspsycholog. Lehrbüchern zu finden ist, Religion weitaus positiver. (2) In Nordamerika wurde die R. als akadem. Disziplin von den protestant. Wissenschaftlern G. S. Hall (1844–1924), J. H. Leuba (1868–1946), E. D. Starbuck (1866–1947) und W. → James begründet. Das gemeinsame Interesse konzentrierte sich anfangs auf die → Konversion und die Thematik der religiösen → Identität. Den Klassiker der R. schuf W. James mit seiner Vorlesungsreihe *The Varieties of Religious Experience*, 1901/02, die die Mehrdimensionalität und Hochwertigkeit individueller Religiosität im Gegensatz zum institutionalisierten Christentum thematisiert. Nach einer blühenden Anfangsphase zwischen 1880 und 1930, die auch Europa erfasste, nahm das Interesse an der R. rapide ab; erst in den 60er und 70er Jahren des 20. Jh.s erfuhr sie eine Renaissance. (3) Aus der empir. Psychologie übernommene neue Themen und einflussreiche Modelle der R. sind: der strukturgenet. Ansatz von J. Piaget (1896–1980), die Theorie der Entwicklung des moral. Urteils von L. Kohlberg (1927–87) sowie das Verhältnis von psychischer Gesundheit und Religiosität (Salutogenese) z. B. im Kontext der »Coping«-Ansätze. Die neuen psychoanalyt. Beiträge wie die Bindungstheorie nach J. Bowlby (1907–90), die britische Objektbeziehungs-Theorie (bes. A.-M. Rizzuto) und die Selbstpsychologie (Narzissmustheorien) entstammen neuen Beziehungstheorien und eröffnen innovative Perspektiven auf die Genese der → Gottes- und Göttervorstellungen. Wesentliche Impulse gehen in der R. – wie in den Anfängen – hauptsächlich von Nordamerika aus. Möglicherweise können neue konstruktivist., kulturwissenschaftlich orientierte und psychohistor. Theoriemodelle Auswege aus den bisherigen religionspsycholog. Dilemmata weisen. EH

Lit.: R. W. Hood/B. Spilka u. a. (Hg.), The Psychology of Religion. An Empirical Approach, 1985, ²1996. – D. M. Wulff, Psychology of Religion. Classic and Contemporary, 1991, ²1997. – B. Grom, R., 1992. – E. Schmitz (Hg.), R. Eine Bestandsaufnahme des gegenwärtigen Forschungsstandes, 1992. – L. Kohlberg, Die Psychologie der Moralentwicklung, 1995. – B. Beit-Hallahmi, Psychoanalytic Studies of Religion: A Critical Assessment and Annotated Bibliography, 1996. – A. Antonovsky, Salutogenese. Zur Entmystifizierung von Gesundheit, 1997. – S. Murken, Gottesbeziehung und seelische Gesundheit. Die Entwicklung eines Modells u. seine empir. Überprüfung, 1998. – C. Thierfelder, Gottes-Repräsentanz. Kritische Interpretation des religionspsycholog. Ansatzes von Ana-Maria Rizzato, 1998. – M. Utsch, R. Voraussetzungen, Grundlagen, Forschungsüberblick, 1998. – D. Jonte-Pace/W. B. Parsons (Hg.), Religion and Psychology: Mapping the Terrain. Contemporary Dialogues, Future Prospects, 2001. – C. Henning u. a. (Hg.), Einf. in die R., 2003.

Religionsrecht. I. Histor. Anwendung. Der Begriff R. bezieht sich (1) auf die Gesamtheit staatlicher und supranationaler Gesetzgebung, soweit sie Religionsgemeinschaften und religiöse Angelegenheiten betrifft; er umfasst (2) rechtsförmige Organisationen und Aktivitäten der Religionsgemeinschaften, soweit diese ihre Angelegenheiten autonom rechtlich regeln; (3) bezieht er sich auf maßgebliche Bereiche traditionaler Rechtskulturen, insoweit sie kollektives und individuelles Verhalten und Handeln normativ – religiös – rituell regulieren. (1) (a) Im Bereich der Mitgliedstaaten der Europ. Union (bis Dez. 2002) existieren verschiedene staatskirchliche Systeme, die strikte Trennung von Staat und Kirche (Frankreich, Irland, Niederlande) sowie Kooperationsmodelle (EU-Mehrheit). Eine rechtspolit. Tendenz zur Entflechtung ist feststellbar. (b) Nach dem Zweiten Weltkrieg haben die meisten Mitgliedstaaten der Arab. Liga Verfassungen oder verfassungsähnliche Dokumente erlassen, die zumeist den Islam zur Staatsreligion (dīn ad-dawla; → dīn) erklären. Im Libanon (»Überwindung des polit. Konfessionalismus ist ein grundlegendes nationales Ziel«; »in Ehrfurcht vor dem Allerhöchsten achtet der Staat alle Glaubensbekenntnisse«) gilt der Islam offiziell nicht als Staatsreligion. Mehrere arab. Staaten machen das »islam. Recht« zu einer Hauptquelle (Syrische Verfassung von 1973, Art. 3) bzw. die Prinzipien der Scharia (→ šarīʿa) zu der Hauptquelle der Gesetzgebung (Ägypt. Verfassung, 1980, Art. 2). Der Sudan erklärte 1993 den Islam zur Grundlage der Gesetze und Regelungen sowie der Politik des Staates. In Indonesien (offiziell zu 87 % muslim.; relevant ist der Adat-Islam) sind nach der Staatsdoktrin die »fünf Prinzipien« (Pancasila) verfassungsrechtlich verbindlich; erstes Prinzip ist der Glaube an eine »All-Eine Gottheit«. Der Staat versteht sich als »religiöser Staat« und zwingt zum Bekenntnis zu einer der fünf anerkannten Religionen (Islam, Protestantismus, Katholizismus, Hinduismus, Buddhismus). (2) Der rechtskulturhistor. Modellfall einer rechtlich organisierten Religion ist der röm. Katholizismus. Das hierarch., episkopale und papale System der lat. Kirche wurde auf der Grundlage der röm.-alteurop. Rechtskultur erst 1917 in einem festen Korpus kodifiziert, dem *Codex Iuris Canonici*, erneuert 1983.

(3) (a) Beispiele für religiös-ritualist. Normierungen traditionaler (schriftkultureller) Rechtskulturen sind u. a. die altind. → dharma-Literaturen, die jüd. → Mischna-Traktate und → Talmude und die klassischen islam. → fiqh-Werke. (b) Seit Beginn histor. Dokumentation wurde in China »Recht« (fa) von religiösen Glaubensvorstellungen und sozialmoral. ritualisierten Konventionen (→ li) abgegrenzt.

II. Systematik. (1) (a) R.-Systeme der Schriftkulturen setzen im Allgemeinen entwickelte Rechtskulturen voraus. Auch aus der traditionalen R.-Literatur lässt sich die nichtreligiöse Eigenlogik der normativen und rechtlichen Diskurse rekonstruieren. Der Begriffsgeschichte ist diese Eigenlogik nur bedingt zu entnehmen. Die mit dem Wort »Recht« (von german. reh-ta; lat. rectus = gerade, recht, richtig, korrekt, sittlich gut; lat. regere = lenken, leiten, regieren) verknüpften Lexeme verbinden das Konzept einer normativ wirksamen Ordnung mit dem ihrer wahrheitsförmigen Legitimierbarkeit. (b) Allgemeine Rechtstheorie und R.-Theorie fußen auf dem Normbegriff. Problemgeschichtlich hängen Fragen der Normativität u. a. mit Geltungs- u. Durchsetzungs- (Sanktionierungs-), Urteilsbildungs- und Begründungsproblemen zusammen. Im R. wird autoritatives soziales, gerichtliches und legislatives Handeln an letztgültigen, allgemeinen Prinzipien orientiert. (2) Die traditionalen Rechtskulturen bieten im Wesentlichen vier Orientierungsressourcen an: Natur, Vernunft, Gerechtigkeit und Religion. Für das Verständnis der Problemgeschichte des R. ist entscheidend, dass die religiöse Legitimation der tendenziell eigenlog. Rechtskonzepte und -diskurse auch aus Natur-, Vernunft- und Gerechtigkeitsvorstellungen schöpft. Wie die allgemeine Rechtskulturgeschichte im Gesamtkontext der sozialen Beziehungen und Institutionen Ordnung herstellt und Konflikte regelt, begründet die R.-Geschichte die Verhaltens- und Handlungsnormen auch im Kontext von – religiös-ritualist. vermittelten – Gleichheits-, Gerechtigkeits-, Wohlfahrts- und Wahrheitsvorstellungen. HS

Lit.: J. Rawls, A Theory of Justice, 1971 (dt. 1975). – O. Kaiser (Hg.), TUAT, Bd. 1, 1982. – Codex Iuris Canonici, 1989. – R. Dreier, Recht, Staat, Vernunft, 1991. – N. Luhmann, Das Recht der Gesellschaft, 1993. – H.-J. Gehrke (Hg.), Rechtskodifizierung und soziale Normen im interkulturellen Vergleich, 1994. – O. Behrends/W. Selbert (Hg.), Nomos und Gesetz, 1995. – H. Baumann/M. Ebert (Hg.), Die Verfassungen der Mitgliedsländer der Liga der Arab. Staaten, 1995. – P. Olivelle, Dharmasutras, 1999. – J. Assmann, Herrschaft und Heil: polit. Theorie in Altägypten, Israel u. Europa, 2000. – M. Vachek, Das R. der Europ. Union im Spannungsfeld zwischen mitgliedstaatlichen Kompetenzreservaten und Art. 9 EMRK vom 4.11.1950, 2000. – G. M. Klinkhammer (Hg.), Religionen und Recht, 2002. – U. Manthe (Hg.), Die Rechtskulturen der Antike, 2003.

Religionssoziologie. (1) Subdisziplin der Soziologie wie auch der → Religionswissenschaft, die sich mit den gesellschaftlichen Ausprägungen, Bedingungen und Folgen von → Religion beschäftigt. Ausgehend von einem in der Regel religiös neutralen, weltlichen Standpunkt analysiert die R. sowohl die inneren Strukturen der religiösen → Institutionen (→ Kirche, → Sekte, religiöse → Bewegungen), etwa → Organisation, Mitgliedschaft und soziale → Rollen (→ Funktionäre), als auch ihre äußeren Strukturen (→ Differenzierung gegenüber anderen Institutionen wie → Wirtschaft, → Politik, Wissenschaft). (2) R. behandelt dabei, etwa in der → Kirchensoziologie, herkömmliche Formen der Religion. Sie versteht sich aber auch als Beobachterin jeweils neuer, im Entstehen begriffener Ausprägungen zeitgenöss. Religiosität. R. untersucht außerdem die sozialen Voraussetzungen der Religion in der → Kommunikation, im gesellschaftlichen Wissensvorrat (→ Wissen) und der jeweiligen institutionellen Ordnung und behandelt schließlich auch die Folgen religiöser Vorstellungen, Handlungen und Institutionen für andere gesellschaftliche Bereiche. Dabei setzt sie die verschiedenen Methoden der empir. Sozialforschung ein, die von der teilnehmenden Beobachtung bis zu Surveys reichen. HK

Lit.: G. Kehrer, Einf. in die R., 1988. – H. Knoblauch, R., 1999. – V. Krech, R., 1999.

Religionstheologie, der Versuch, aus den religiösen Traditionen verschiedener Religionen eine Summe in Form einer systemat. → Theologie zu konstruieren. (1) Frühe Ansätze kann man in dem – allerdings in eine eschatolog. Zukunft projizierten – Bild von der Wallfahrt aller Völker zum Zion bei den hebr. Propheten sehen (z. B. Micha 4,1–8). Im antiken Christentum formten die Kirchenväter (z. B. nach der Vorgabe des Juden Philo Clemens oder Origenes, alle in Alexandria) in den geistigen Zentren die Erzählungen der Bibel in philosoph. nicht mehr anstößige Sätze um; umgekehrt konnten sie die antiken

Philosophen wie → Platon als Christen »der Natur nach« (naturaliter Christiani) bezeichnen. Im Spätmittelalter entwarfen Raimund Lull (ca. 1233–1316) und Nikolaus von Kues (1401–64) R., der Cusaner etwa als veneratio Dei in varietate rituum (»Verehrung Gottes in der Verschiedenheit der Riten«); Voraussetzung ist für ihn allerdings eine unerbittliche »Durchsiebung des Korans« (*cribatio alcorani,* 1460). Die meisten dieser R. suchen nach einem latenten Christentum in den Religionen, um dann das noch Fehlende einzufordern. Entscheidend ist die Frage der → Christologie. (2) Der frühe Islam kennt die Phase der Inklusion anderer Religionen und die histor. Konstruktion einer stufenweisen Offenbarung des Himmelsbuches in unterschiedlicher Deutlichkeit (→ Buchreligion, → Ahl al kitāb). (3) Das Projekt »Weltethos« des kath. Theologen H. Küng unterscheidet sich insofern von den traditionellen R., als es in fiktivem Dialog mit den Weltreligionen eine der Aufklärung verpflichtete Ethik entwickelt, die anstelle der Theologie als Grundlage des Konfliktverhaltens in der globalisierten Welt dienen soll. Der Religionsfriede wird als Voraussetzung des Weltfriedens betrachtet. → Interreligiöser Dialog, → Typologie. CA

Lit.: C. Colpe, Drängt die Religionsgeschichte nach einer Summe?, in: Ders., Theologie, Ideologie, Religionswissenschaft, 1980, 251–77. – J. Hick, God Has Many Names, 1982 (dt. Gott und seine vielen Namen, 2001). – H. Küng, Weltethos, 1990. – H. Küng/H.-J. Kuschel, Weltfrieden durch Religionsfrieden, 1993. – P. Schmidt-Leukel, Theologie der Religionen. Probleme, Optionen, Argumente, 1997. – C. Auffarth, Der Dialog vor dem Dialog, in: K. E. Grözinger u. a. (Hg.), Religion in der schulischen Bildung und Erziehung, 1999, 89–106. – D. Lüddeckens, Das Weltparlament der Religionen in Chicago 1893, 2002.

Religionstypologie, die Einteilung von Religionen in verschiedene Typen. → Typologie. CA

Religionswissenschaft, Geschichte der. (1) Die R. entstand in mehreren europ. Ländern in den Jahrzehnten nach 1860, als die Kenntnis über außereurop. Religionen durch die Entzifferung von Schriften weit vorangeschritten war und europ. Gesellschaften die Erfahrung von Modernisierung machten (→ Moderne). Diese Zeitgleichheit war kein Zufall. Während die Befürworter der aufsteigenden wissenschaftlich-industriellen Gesellschaft eine Abkehr von allem Überlieferten erwarteten und verlangten, überprüften Religionshistoriker die Quellen der Religionsgeschichte mit Blick auf die in ihnen enthaltenen Konzeptionen von → Mensch, → Natur, → Gesellschaft und Geschichte. Indem sie Naturmystik, → Seele, → Rituale, → Magie, → Mysterien, → Erlösungsreligion, → Macht, Sozialmoral, Weltablehnung und → Ekstase zu ihren Themen machten, erkannten sie auch in der modernen → Kultur Anschauungen und Praktiken, die nicht im Dienst von Zivilisation und Fortschritt standen. Daher wiesen die Wissenschaftler ihren Funden ganz explizit einen Platz in der modernen fortgeschrittenen Kultur zu, zuerst noch zurückhaltend als Überbleibsel (»survival«) früherer Stufen in einem Entwicklungsprozess. Es war ein folgenreicher Schritt, als R. R. Marett (1866–1943) einen Religionsbegriff formulierte, der den Anteil von Religion an der modernen Kultur schlagartig vergrößerte: Primäres Kennzeichen von Religionen sei nicht das Konzept einer Beseelung (→ »Animismus«), sondern die Erfahrung unkontrollierbarer Mächte. Dieses neue Paradigma von Religion (→ »Präanimismus« bzw. → »Dynamismus«) sollte sich in kürzester Zeit bei É. → Durkheim, M. → Weber u. a. durchsetzen, bei Wissenschaftlern also, die die Erklärungsrichtung umdrehten: Grundbestandteile der modernen Kultur hätten eine Genealogie, die nur aus der Religionsgeschichte erklärt werden könne. (2) Der Präanimismus wurde Grundbestandteil eines anderen religionswiss. Paradigmas des 20. Jh.s, das sich explizit gegen die Idee von geschichtlicher Entwicklung richtete. Die Erfahrung der Abhängigkeit von irrationalen Mächten wurde von R. → Otto und M. → Eliade aus ihren histor. Bedingtheiten herausgenommen. Eliade sah im »Grunddatum aller Religion«, dem → Heiligen, eine Durchbrechung der Homogenität von Territorium und Geschichte. Wenn er den »Schrecken der Geschichte« beschwört, der vom Hl. beendet wird, bezieht er sich damit auch auf Gewalterfahrungen in der Geschichte des 20. Jh.s. (3) Die Erwartung, Religionen hätten auf Dauer ihre Bastion in einem zeitlosen individuellen Erleben, wich seit den 60er Jahren einer anderen Sichtweise. Maßgeblich hierfür war der Aufsatz von C. Geertz *Religion als kulturelles System* (1966). Wie ein Leitmotiv kehrt darin die These wieder, dass Religion nicht auf eine persönliche Erfahrung zu reduzieren sei, sondern als → Weltbild und Ethos die soziale Ordnung forme. → Handeln, Praxis, Mentalität, Ethos und →

Habitus wurden zu zentralen Begriffe in der Religionsanalyse. Es bildeten sich Unterdisziplinen wie → Religionssoziologie oder – für die Geschichte der R. schon lange zentral – → Religionsethnologie aus; die Integration anderer Wissenschaften fördert auch gegenwärtig neue Perspektiven auf Religion (z.B. → Religionsgeographie, → Religionsökonomie). (4) Diese Neuorientierung weckte erneut das Interesse an Tatbeständen der westlichen Kultur, die ihren Vorlauf in der Religionsgeschichte haben. So wurde der westliche »Individualismus« aus einer komplexen Vorgeschichte, an der griech. Philosophie, röm. Recht und christl. Weltablehnung beteiligt waren, hergeleitet. Ähnlich sind moderne Zukunftserwartungen nach wie vor religiös geprägt. Ein weiterer Bereich, in dem die Religionsgeschichte zur Analyse moderner Kultur ergiebig ist, ist die Auffassung von Natur. Das alte, schon lange untergegangene hellenist. Weltbild, in dem die Götter sich im Schleier der Natur offenbaren, erlebte gerade während der sog. »wissenschaftlichen Revolutionen« einen Aufschwung. Auch die Besonderheit der Kultur der Moderne, tradierte Institutionen ins Subjektive zu verschieben, kann mithilfe der Religionsgeschichte beleuchtet werden. → Geschichtsschreibung, → Heilsgeschichte, → Kulturwissenschaft, → Typologie. HGK

Lit.: C. Geertz, Religion als kulturelles System [1966], in: Ders., Dichte Beschreibung. Beiträge zum Verstehen kultureller Systeme, 1983, 44–95. – I. Strenski, Four Theories of Myth in the Twentieth-Century History. Cassirer, Eliade, Lévi-Strauss and Malinowski, 1987. – H.G. Kippenberg, Die Entdeckung der Religionsgeschichte. Religionswissenschaft u. Moderne, 1997. – A. Michaels, Klassiker der R.: von Friedrich Schleiermacher bis Mircea Eliade, 1997.

Reliquien (von lat. reliquiae = Überreste). Durch die R. hofften Christen der Antike und des Mittelalters, des → Heils teilhaftig zu werden, das die → Heiligen im Überschuss geschaffen haben. Neben dem Körper eines Heiligen (und erst spät seinen Einzelteilen) können auch Berührungs-R. die heilsame Kraft übertragen – Dinge, die Heilige berührt haben, wie Teile des Kreuzes Christi oder das Schweißtuch der Veronika. Vergleichbare Vorstellungen verbinden sich mit den Heroengräbern der Antike. → Ahnenverehrung. CA

Lit.: R. Pfister, Der R.-Kult im Altertum, 2 Bde., 1909–12. – A. Angenendt, Heilige und R., 1994.

Renaissance (franz. = Wiedergeburt), Kern einer Ideologie, die in der »Wiedergeburt« der Antike nach dem finsteren Zeitalter des Mittelalters den für die → Neuzeit zentralen Prozess der → Aufklärung, → Individualisierung und → Säkularisierung erkennen wollte, so bes. J. Burckhardt in seinem Werk *Die Kultur der R. in Italien*, 1860. Die Entdeckung der dem Hermes Trismegistos zugeschriebenen Werke (Ü 1463; → Hermetik) und damit der »Ägypt. Mysterien« begründete eine pagane Alternative zum Christentum (→ Paganismus, → Warburg). Evang. Kirchenhistoriker nahmen den Begriff R. für die → Reformation in Anspruch – ohne den mit dem R.-Konzept verbundenen Bedeutungsverlust von Religion. Die angelsächs. Geschichtswissenschaft hat diese dt. Konstruktion immer kritisch gesehen und die Renaissancen vor der R. aufgewiesen: die R. des 12. Jh.s und die karoling. R. Die neueren Untersuchungen zeigen, dass im 15. Jh. kein intensiver Schub der Entchristlichung stattfand. → Moderne. CA

Lit.: C.H. Haskins, The R. of the Twelfth Century, 1927. – L. Febvre, Wie Michelet die R. erfand, in: L. Febvre, Das Gewissen des Historikers, 1988 (franz. 1953), 211–22. – E. Panofsky, Die R. in der Europ. Kunst, 1960. – P. Burke, Die R. in Italien, 1984 (engl. 1972).

Rennyo → Shin-Buddhismus.

Repha'īm (hebr. r^{e}pā'īm), in der Hebr. Bibel Bezeichnung für die Toten im Schattenreich der → Scheol (Hiob 26,5; Ps 88,11; Jes 14,9; 26,14.19), aber auch für die Nachkommen eines ostjordan. Stammes (Dtn 2,11.20; 3,11–13; Gen 14,5). Wie andere legendäre Namen palästin. Herkunft (z.B. Anakiter) konnte R. auch die Riesen (hebr. n^{e}filīm) der Urzeit bezeichnen (Num 13, 33; Gen 6,4). → Altes Testament, → Apokryphen. KVS

Repräsentation (von lat. repraesentatio = bildliche Darstellung). Der lat. Begriff diente, etwa in der → Scholastik, zur Bestimmung des Verhältnisses zwischen der Wahrnehmung eines Gegenstandes und dessen »tatsächlichem« Gegebensein; in der Neuzeit wurden für diese Differenzierung die Begriffe Vorstellung und Idee verwendet. Von den vielschichtigen Bedeutungen des Begriffs R. sind für die Religionswissenschaft bes. relevant: (1) Darstellung, (2) Vertretung und (3) standesgemäßes und würdiges Auftreten. (1) Basierend auf der Erkenntnis des

Beziehungscharakters der R. wurde für die Beschäftigung mit Religion die Frage nach dem Verhältnis zwischen religiöser Idee bzw. Lehre und ihrer Darstellung bedeutsam. Vorstellungen über Gott, Göttin oder Götter, Welt und Gegenwelten sowie Verhaltensvorschriften usw., die mündlich oder schriftlich tradiert sein können, werden auf unterschiedliche Weise repräsentiert, etwa durch Bilder, Statuen, Architektur, Ritualgegenstände, kurz gesagt durch visuelle Kultur, aber auch durch Handlungen oder Personen. In der → Wissenssoziologie ist darüber hinaus von verinnerlichten religiösen R. die Rede, die zwischen religiöser Lehre und Individuum vermittelnd wirken. (2) R. beschreibt häufig das Verhältnis zwischen einer angenommenen außerhalb der Menschen stehenden Macht und ihren weltlichen Vertretern, ein Verhältnis, das sowohl relevant ist für die Beziehung zwischen Religion und Staat als auch zwischen religiösen Spezialisten und Anhängern einer Religion. (3) R. umschreibt das Verhältnis zwischen einer Religion und ihren → Funktionären bzw. Repräsentanten. Häufig gelten für diese strenge Regeln, da sie die Botschaft ihrer Religion nach außen verkörpern. → Religionsästhetik. IP

Lit.: E. Cassirer, Philosophie der symbolischen Formen, 3 Bde., 1923–29. – E. Scheerer, Art. »R.«, in: HWPh 8, 1992, 790–853.

Res novissimae → Eschatologie.

Responsen (von lat. responsum = Antwort; hebr. t^eš̌ûbōt), seit der Zeit der → Geonim gesammelte Sendschreiben jüd. Gelehrter, zunächst v. a. rechtliche Fragen betreffend. Die unter berühmten Namen laufenden R. übten einen großen Einfluss auf die spätere → Halacha aus. Im Laufe der Zeit kamen zahlreiche Sammlungen einzelner Autoren hinzu, wodurch die R.-Literatur eine eigene, sehr wertvolle Gattung von Texten darstellt (→ Form- u. Gattungsgeschichte), die zur Erhellung des Alltagslebens, des Verhältnisses zur Umwelt und z. T. auch der religiösen Überzeugungen des Judentums in Mittelalter und Neuzeit beiträgt. KVS

Lit.: S. B. Freehof, The Responsa Literature, 1955. – L. Jacobs, Theology in the Responsa, 1975.

Restauration (von lat. restauratio = Wiederherstellung), religiöses und/oder polit. Programm, bestehende Verhältnisse oder Entwicklungen durch Rückgriff auf einen früheren Zustand zu beeinflussen: (a) religiös: Wiederherstellung eines »illud tempus«, eines idealen mythischen oder histor. Zustandes, als sich »Himmel und Erde noch nahe waren«. (b) polit.: Wiederaufrichtung einer als ideal angesehenen polit. Struktur. R. und → Revolution treten oft zeitgleich auf und verstärken sich gegenseitig. Während R. einen pejorativen Klang hat, sind die verwandten Begriffe → Reformation und → Renaissance positiv konnotiert. Im Besonderen bezeichnet R. die polit., religiösen und kulturellen Kräfte in Europa, die sich nach der Franz. Revolution (→ Aufklärung) weiterhin am Ancien Régime orientierten oder die im Umfeld des Wiener Kongresses 1814/15 das untergegangene Reich wieder aufrichten wollten. In aktuellen Diskursen wird das Phänomen meist unter dem Thema → Fundamentalismus verhandelt. → Religionspolitik. KHS

Lit.: P. Kondylis, Art. »R.«, in: GGB 5, 1984, 179–230. – S. Wiedenhofer, Art. »Tradition«, in: GGB 6, 1990, 607–49.

Revāyats, Briefe aus den Jahren 1478–1773 mit Antworten iran. → Mowbed zu Ritual- und Rechtsfragen der → Parsen. MH

Lit.: M. Vitalone, The Persian R.: A Bibliographic Reconnaissance, 1987.

Revenant (franz. = Wiedergänger, Gespenst), unruhiger, die Lebenden verfolgender Geist eines rituell unbefriedeten oder unnatürlich Verstorbenen. → Ahnenverehrung, → Besessenheit, → Seele, → Tod. JBU

Lit.: C. Lecouteux, Geschichte der Gespenster u. Wiedergänger im Mittelalter, 1987. – D. Sawicki, Leben mit den Toten, 2002.

Revolution (von lat. revolutio = Umdrehung [der Himmelskörper]). Die eigentl. astronom. Bedeutung des Begriffs wurde auf eine bestimmte Form des Wandels übertragen: zuerst auf einen polit. Umsturz, schließlich auch auf andere Entwicklungen (Technik etc.). Die Franz. R. von 1789 formulierte die zentralen Forderungen eines säkularen Menschenbildes. Gleichzeitig richtete sie dem »höchsten Wesen« religiöse Verehrung ein. Religionspolit. hat E. Rosenstock-Huessy (1888–1973) die Geschichte der R. von der renovatio (Papstrevolution) des Abendlandes bis hin zum modernen Erdballstaat untersucht. MB

Lit.: E. Rosenstock-Huessy, Die Europ. Revolutionen und der Charakter der Nationen, 1931, [3]1960.

Reziprozität, zuerst von M. → Mauss für Polynesien beschriebenes Prinzip der Verpflichtung, eine → Gabe anzunehmen und sie mit einer Gegengabe oder Gegenleistung zu beantworten. Diese Verpflichtung besteht nicht nur zwischen Menschen, sondern auch zwischen Menschen und Göttern oder Geistern, deren »Gegenleistung« für eine Opfergabe etwa in der Gewährung von religiösem Verdienst, Segen oder Schutz für den Opfernden besteht. JBU

Rhythmus (von griech. rhythmós = regelmäßig wiederkehrende Bewegung, → Zeit). Rhythmen vom → Tag-und-Nacht-Rh. über die Woche bis zu jährlichen Rh. (→ Kalender) strukturieren und koordinieren individuelles und soziales Erleben und → Handeln. Es handelt sich um soziale Rh., auch wenn sie durch die Anlehnung an mathemat. (Jh.) oder astronom. Rh. (bis hin zum »großen Jahr«, → Apokatastasis) plausibilisiert werden. → Musik, → Tanz. JR

Lit.: E. Zerubavel, Hidden Rhythms. Schedules and Calendars in Social Life, 1981.

Richter (hebr. šōpṭīm), im gleichnamigen Buch der Hebr. → Bibel die Anführer und Erretter Israels in der Zeit zwischen Josua und Samuel. Ihr Wirken dürfte sich auf ihre eigenen Sippen beschränkt haben, doch spätere Legendenbildung machte sie zu heldenhaften Wegbereitern der einheitlichen jüd. Religion. → Altes Testament, → Apokryphen. KVS

Rickert, Heinrich (1863–1936), Philosoph, begründete mit W. → Windelband die südwestdt. Schule des Neukantianismus. R. vertrat im Anschluss an → Kant die Erkenntnis begründende Funktion transzendentaler Subjektivität und bearbeitete so erkenntnistheoret., ontolog. und wissenschaftstheoret. Fragen sowie das Verhältnis von Wertsetzung (→ Wert) und Wirklichkeitserfahrung. Folgenreich und aktuell ist sein Versuch der Begründung eines eigenständigen kulturwissenschaftlichen Arbeitsfeldes aus einer methodolog. Unterscheidung von Natur und Kultur, → Kulturwissenschaft und Naturwissenschaften, die u. a. von M. → Weber zu einer eigenständigen Begründung des verstehenden Zugangs der Soziologie zum sozialen → Handeln genutzt wurde. WN

W.: Kulturwissenschaft und Naturwissenschaft, 1910.

Rigorismus (von lat. rigor = Härte, Strenge), Bezeichnung für Formen des religiösen Handelns und Verhaltens, die die Erlangung des → Heils an die strikte Einhaltung religiöser Regeln zur Lebensführung gebunden sehen. Diese können von extremer Enthaltsamkeit (→ Askese) in Bezug auf Essen, Sexualität oder Geselligkeit (etwa durch Redeverbot im → Mönchtum) bis zu einfacheren Formen wie Speise- oder Kleidergeboten oder ostentativer Gebetsübung und zeitlich gebundenem → Fasten reichen, die als Zeichen der Abgrenzung der eigenen Gruppe von anderen dienen können. Der Begriff versucht eine deskriptivere Ebene zu treffen als die wertende Bezeichnung → Fundamentalismus. → Gemeinde. CA

Rigveda → Vedische Literatur.

Rindsurin, Mittel zur rituellen Reinigung im → Zoroastrismus, in »natürlicher« (gōmēz) bzw. »konsekrierter« (nīrang) Form. MH

Rinzai-Schule → Zen/Zen-Buddhismus.

Risāla (arab. = Sendung, Botschaft), in der islam. Tradition Bezeichnung für die Gesamtheit der → Offenbarung des Einen Gottes, die durch einen Gesandten (→ Rasūl) den Menschen mitgeteilt wird. RS

Rishi (von sanskr. ṛṣi = Seher). (a) Indische Dichterseher, denen der → Veda offenbart wurde; (b) legendäre Urahnen, nach denen Verwandtschaftsgruppen der hinduist. Gesellschaft (→ gotra) organisiert sind; (c) Weiser, → Heiliger. → Askese. AM

Risshō Kōsei-kai, eine 1938 in Japan gegründete millionenstarke buddh. Laienbewegung, die sich v. a. auf das → Lotos-Sūtra bezieht. Ein bes. Merkmal sind die regelmäßigen Beratungskreise (japan. hōza), die persönliche Probleme der Mitglieder mithilfe buddh. Auslegungen zu lösen suchen. Nachdem die Gründerin M. Naganuma 1957 gestorben war, wurde die Bewegung durch ihren Mitgründer Nikkyō Niwano energisch weitergeführt. In der zentralen Einrichtung in Tokyo stehen den Mitgliedern mehrere imposante Gebäude für Ritual- und Studienzwecke zur Verfügung. → Neue Religionen. MP

Rita (von sanskr. ṛta = Ordnung, Wahrheit), im → Veda die göttliche Rechtsordnung, die von → Mitra und → Varuna bewahrt wird. → Heil. AM

Rites de passage (franz. = »Übergangsriten«), ist ein 1909 von A. van → Gennep in seinem gleichnamigen Buch eingeführter Begriff, mit dem die Passagen zwischen Lebensstufen oder Seinszuständen bezeichnet werden, die »einen Orts-, Zustands-, Positions- oder Altersgruppenwechsel begleiten« (*Rites de passage*, S. 15). In erster Linie sind damit lebenszyklische Übergänge wie Geburt, Initiation, Hochzeit oder Tod gemeint, aber auch andere räumliche und zeitliche → Schwellen (z. B. Prüfungen, Neujahr, Neu- bzw. Vollmond, Ernte, Hausweihe etc.). Für van Gennep haben die R. d. p. eine gleichbleibende Form: Er unterscheidet sie in (1) Trennungsriten (rites de séparation), die die Ablösungsphase betreffen, (2) Schwellen- bzw. Umwandlungsriten (rites de marge), die eine Zwischenphase markieren, und (3) Angliederungsriten (rites d'agrégration), die sich auf die Integrationsphase beziehen. Für van Gennep verlässt in R. d. p. der Einzelne seine Gruppe und erlangt eine neue Identität: vom Neugeborenen zu einem sozial angenommenen, mit einem Namen versehenen Kleinkind, vom Knaben zum mannbaren Jüngling, vom Junggesellen zum Bräutigam oder vom Mädchen zur Braut, vom Lebenden zum Ahnen o. ä. Das Entscheidende spielt sich in der Zwischen- bzw. Schwellenphase ab, einer Art sozialem Niemandsland.
Die Theorie van Genneps ist von M. → Mauss heftig kritisiert, dann aber durch den Ethnologen V. → Turner (1969) wieder bekannt gemacht worden. Turner hat v. a. die Bedeutung und Eigenständigkeit der Schwellenphase betont, wofür er den Begriff »Liminalität« (von lat. limen = »Grenze«) prägte. Dieser Zwischenzustand des Weder-noch, in dem soziale Normen oft außer Kraft gesetzt oder auf den Kopf gestellt sind, ist von Turner als hoch ambivalent und paradox, aber auch als spielerisch frei, bisweilen anzüglich, kreativ und dramatisch beschrieben worden. → Trickster, Clowns, Narren, Heilige oder Künstler befinden sich für Turner fast immer in diesem liminalen Zwischenzustand, den zusätzlich noch die Entstehung eines starken Gemeinschafts- und Gleichheitsgefühls (→ Communitas) charakterisiert. In neueren Ritualstudien und -theorien wird van Genneps Theorie meist als zu einfach und schematisch angesehen. Stattdessen werden → Aspekte der Performanz und Dynamik von Ritualen betont. → Ritual, → Samskāra, → Schwelle. AM

Lit.: A. van Gennep, R. d. p., 1909 (dt. 1986). – V. Turner, Betwixt-and-between: The Liminal Period in R. d. p., in: Ders., The Forest of Symbols. Aspects of Ndembu Ritual, 1967, 93–111. – A. van Gennep, The Ritual Process, 1969 (dt. Das Ritual, 1989). – E. Leach, Culture and Communication. The Logic by which Symbols are Connected, 1976 (dt. 1978). – J. Snoek, Initiations. A Methodological Approach to the Application of Classification and Definition Theory in the Study of Rituals, 1987. – J. Holm/J. W. Bowker (Hg.), R. d. P., 1994. – S. M. Schomburg-Scherff, Art. »Arnold van Gennep (1873–1957)«, in: A. Michaels (Hg.), Klassiker der Religionswissenschaft, 1997, 222–33.

Ritsu-Schule → Nara-Buddhismus.

Ritual (von lat. ritus = religiöser Brauch, Zeremonie bzw. ritualis = zum Ritus gehörig).
I. Definitionen. (1) R. sind regelmäßig wiederholte, oft formalisierte Handlungssequenzen, die einem weitgehend vorgeschriebenen Ablauf folgen und verschiedene kulturell bestimmte, symbol. Bedeutungen oder Funktionen haben. Der erst im 18. Jh. entstandene Begriff R. wird oft synonym mit den Begriffen Ritus und Zeremonie (oder Spiel, Routine, → Opfer, Sitte, Brauch, → Fest, Theater, Performanz) verwendet. R. im engeren Sinne sind im Unterschied zu alltagsbegleitenden Ritualisierungen oder neurot. Zwangshandlungen alltagstranszendierend, deswegen aber nicht nur religiös. (Der Begriff des säkularen R. ist erst um 1975 entstanden.) Umfassendere bzw. offene R.-Definitionen ermöglichen es eher, die Kontextualisierungen von R. zu erfassen und außereurop. Begriffssysteme einzuschätzen. Dann wird deutlich, dass R. Konstrukte der (westlichen) Forschung sind, deren Bestimmung von der Wahrnehmung der R.-Teilnehmer (und -experten) sowie den Beobachtern abhängt. (2) Riten als Untereinheiten von R. zu verstehen ist wegen des heterogenen Sprachgebrauchs nicht sinnvoll. Wohl aber ist der Tatsache Rechnung zu tragen, dass sich R. aus Sequenzen (E. Leach, 1910–89), Bausteinen, fundamentalen Elementen oder Episoden (V. → Turner) zusammensetzen. Dem widerspricht nicht, dass R. meist einen narrativ-mytholog. oder ikon. gebündelten Handlungskern haben. Dieser macht z. B. aus einem R. ein Opfer, eine Weihe, eine Hochzeit etc. Dieser Kern bleibt meist unverändert und trägt zur Rekursivität der R. (R.-Transfer, abgestorbene und wiederbelebte R. etc.) bei.

II. Beschreibungskriterien. R. im engeren Sinne lassen sich von nichtritualisierten Handlungen oder Ritualisierungen durch folgende Kriterien unterscheiden: (1) Wechsel: R. stehen mit zeitlichen oder räumlichen Veränderungen, lebenszykl. R. mit biolog., körperlichen Wechseln oder Wechseln von einer Altersklasse in die nächste in Beziehung: Hauseinweihungen, Prüfungen, Arbeitsbeginn oder -ende, Tages-, Jahres- und Monatswechsel, Namensgebungen, Geburt, → Initiation, Heirat und → Tod. Fast immer kommt es demnach zu deutlich wahrnehmbaren Zustands-, Status- oder Ortswechseln. Mit dem R. tritt ein spürbarer Wandel ein; man erwirbt z. B. eine vorher nicht gegebene Kompetenz oder einen neuen sozialen Status mit gesellschaftlichen Konsequenzen. Ein Schiff wird durch die Schiffstaufe zu einem getauften Schiff, ein Doktorand erhält seinen Titel etc. Der Wechsel wird auch durch den Dekor (z. B. Schmückung der Ritualarena) oder körperzentrierte Verwandlungen (→ Kleidung, Rasur, Körperbemalungen etc.) sichtbar. (2) Die Rahmung: Meist bedarf es eines förmlichen, vorsätzlichen, bewussten und in der Regel sprachlich formulierten Beschlusses zur Durchführung des R.: Mit einem Schwur, Versprechen, → Gelübde, → Eid, einer intentio solemnis (»feierlichen Absicht«, einem formalen Beschluss; in indischen Ritualen: samkalpa) wird das R. eingeleitet. Die spontane, zufällige, willkürliche Feier eines Wechsels ist kein R., ebensowenig wie nicht vorsätzlich oder unbewusst (z. B. zwanghaft) wiederholte Handlungen. Ein hinduist. R. ohne samkalpa wäre wirkungslos. Nur die intentio solemnis sondert Handlungssegmente aus dem Gewohnten aus, indem sie die bevorstehende Veränderung ins Bewusstsein ruft. Diese zeigt sich u. a. durch einen Wechsel der Sprachebene: Im R. werden aus Blumen R.-Blumen, aus Wasser R.-Wasser, aus Reis R.-Reis. Durch den Beschluss sowie durch szenische Zeichensetzungen bzw. Signale (z. B. Glockenschlag) sind Beginn und Ende von R.-Handlungen markiert und gerahmt. Die Rahmung ist erstmalig im Dreiphasenmodell A. van → Genneps für Übergangsrituale (→ rites de passage) systematisiert und von V. Turner vertieft worden. Demnach teilen sich Übergangs-R. in Trennungsriten (»rites de séparation«), Schwellen- bzw. Umwandlungsriten (»rites de marge«) und Angliederungsriten (»rites d'agrégation«). Die mittlere Phase ist von Turner als eine kreative, transformierende und dynam. Form von Aktivität charakterisiert worden, die in einen Zustand von → »Liminalität« führt. Damit sind die nichtalltäglichen, reversiven, paradoxen, teilweise absurden und spieler. Anteile von R. gemeint, die bes. in den Grenzsituationen des → Lebenszyklus inszeniert werden. (3) Handlungsmodus: Rituelle Handlungen erfüllen drei formale Kriterien, die in ihrer unterschiedlichen Gewichtung den Ritualtyp ausmachen: Förmlichkeit, Öffentlichkeit und Unwiderruflichkeit. Rituelle Handlungen sind also nicht spontan, privat, widerrufbar, singulär und beliebig. (a) In beinahe allen R.-Definitionen werden die Handlungen als förmlich, stereotyp, rigide und repetitiv (d. h. prinzipiell nachahmbar) bezeichnet. Die Förmlichkeit zeigt sich in Kodifizierung, Repetitivität (→ Wiederholung), Normativität und Präskriptivität; R. folgen einem Skript oder Kodifizierungen bzw. Codes des kommunikativen und interaktiven Handelns (z. B. eingeübtes Sprechen und Benehmen, Choreographie der Bewegungen und Gesten). Mit den Skripten kontrastiert der Vollzug, die → Performanz der R., die sie vor Starrheit und Stereotypie bewahrt. Rituelle Handlungen sind nicht zweckrational; sie lassen sich nicht einfach abändern, um ein Ziel besser, schneller oder billiger zu erreichen, etwa das Anzünden der Taufkerze mit dem Feuerzeug statt mit dem Streichholz. Förmlichkeit bildet daher ein zentrales Kriterium aller R.-Definitionen. (b) Prinzipielle Öffentlichkeit im Sinne von Intersubjektivität – und sei es ein kleiner Geheimzirkel – ist ein weiteres unabdingbares formales Kriterium. Man kann R. nicht für sich allein durchführen, da sie dem Prinzip nach auch jeder andere nachahmen kann. Kunst ist z. B. meist kein R. (c) Schließlich sind R. unwiderruflich und wirken unabhängig davon, ob die Person, die sie ausführt oder für die sie ausgeführt werden, daran glaubt: ex opere operato. Um sie rückgängig zu machen, bedarf es oft eines neuen R. (d) Manche R. haben neben diesen drei formalen Kriterien auch einen hohen Anteil an ludativen Merkmalen. (4) Handlungsmotiv: Fast jede rituelle Handlung kommt auch in einem alltäglichen Kontext vor. Ob aber die Handlung »Wasser ausgießen« ausgeführt wird, um eine Statue zu putzen oder sie zu weihen, ist nicht allein anhand der drei genannten »äußerlichen«, formalen Kri-

terien zu entscheiden, sondern hängt auch von »inneren«, auf die Motivation bezogenen Gesichtspunkten ab. Mindestens drei sich mischende Handlungskriterien können unterschieden werden: (a) → »Communitas« (ein von Turner geprägter, von ihm freilich etwas anders verwendeter Begriff) fasst alle auf die Gemeinschaft bezogenen Gefühle, Stimmungen und Funktionen eines R. zusammen: Solidarität, Hierarchie, Kontrolle oder Normierung. (b) Hinzu kommen individuelle, subjektive Handlungsaspekte wie Angstlinderung, das Streben nach persönlichen Erfahrungen, Spielfreude, Lust und Unlust. (c) »Religio« umfasst die (alltags-) transzendierenden, meist auf eine jenseitige, höhere, geheiligte Welt bezogenen Intentionen, die etwa bei C. Geertz (geb. 1926) der »Aura von Faktizität« oder bei R. → Otto dem »Numinosen« entsprechen. Durch Religio erhalten alltägliche Handlungen Erhabenheit, wird das Unveränderliche, Nichtindividuelle, Nichtalltägliche zum Ereignis. Dieses Kriterium ist strittig, weil es R. mit Religion verbindet. R. sind aber nur mit Religio (nicht gleichzusetzen mit Religion) von bloßer Routine trennbar. Hier gilt É. → Durkheims Diktum »On ne peut donc définir le rite qu'après avoir défini la croyance«, das B. → Malinowski übernahm: »Es gibt (...) kein Ritual ohne Glauben.« »Religio« ist das Bewusstsein, dass die Handlungen durchgeführt werden, weil ihnen ein transzendenter Wert zugemessen wird. Den meisten R. liegt ein theist., dämonist. oder auch dynamist. Glaube an überirdische Wesen bzw. Mächte zugrunde, aber es reicht auch eine beliebige Art von Überhöhung, etwa der Gesellschaft oder des Geldes. Nicht jeder R.-Teilnehmer muss diesen Glauben haben, es reicht, dass Religio im Handlungskomplex nachweisbar ist – meist ist dies durch die solemnis intentio der Fall. (5) Die Typologie von R. kennt fast keine Grenzen, da beinahe jede Handlung rituell geformt sein kann. Als die wichtigsten R.-Typen gelten die lebenszykl. Übergangsrituale (rites de passage), bes. zu Geburt, Initiation, Heirat und Tod, sowie Tempel-R., Opfer-R., Fruchtbarkeits-R., Heil-R., Reinigungs-R. und polit. R. (bes. Krönungs-R.) etc.
III. R.-Theorien. R. entstehen und vergehen, doch ist die Frage, wer sie erzeugt, kreiert, erfindet, weitgehend ungeklärt und offensichtlich für die R.-Teilnehmer nicht wichtig. Dabei ist die Urheberschaft (Agency) von R. ebenso wenig unerforscht wie ihre Strukturdynamik. Die geläufigsten R.-Theorien lassen sich folgendermaßen unterteilen: (1) Biogenet. Theorien gehen davon aus, dass alle R. tierischen bzw. artgeschichtlich entstandenen Verhaltensmustern folgen, die biogenet. Strukturen entsprechen. (2) Funktionalist. Theorien sind meist psycholog. oder soziolog. ausgerichtet. Psycholog. Theorien (Malinowski, S. → Freud, teilweise auch Turner) betonen oft den therapeut., z. B. angstreduzierenden Anteil; R. gelten dann als eine Form von Krisenintervention. In soziolog. R.-Theorien (Durkheim oder Radcliffe-Brown, 1881–1955) werden R. u. a. als solidarisierend, kontrollierend, hierarchisierend, stabilisierend oder rebellierend dargestellt; R. gelten dann als ein Mittel zum Bündnisschluss oder als Phänomene sozialer Mimesis (C. Wulf). (3) Bekennende (theolog.) Theorien (z. B. R. → Otto oder M. → Eliade) sind im Grunde religiös und soteriolog.; sie behaupten, dass R. transzendieren, mythisieren, überhöhen; R. sind dann eine Form von → Hierophanie. (4) Formalist. R.-Theorien heben die Technik der R. hervor, untersuchen vornehmlich die Sprache (F. Staal oder S. Tambiah, geb. 1929), → Symbole (L. Frobenius, 1873–1938 oder Ad. E. Jensen, 1899–1965), Kommunikation (M. → Douglas oder E. Leach) und Performanz oder Dramatisierung (Turner), weichen aber der Frage nach dem Sinn eher aus. Hier setzen die Theoretiker der Bedeutungslosigkeit der R. (Staal, Humprey/Laidlaw) an, indem sie behaupten: Wenn R. beibehalten werden, obwohl sich z. B. die Religion ändert, wenn R. fast unverändert von einer Religion, Kultur, Region in eine andere transferiert werden können, dann kann die Religion (der → Glaube) nicht das Motiv für die R. sein. Doch kann die Behauptung, rituelles Verhalten sei völlig sinn- und funktionslos, nicht widerspruchsfrei aufgestellt werden. Denn die Antwort auf die nächste Frage: Warum ist es sinn- und funktionslos? wäre die Ausgangsbeobachtung. Vermutlich haben R. die Bedeutung, bedeutungslos zu sein, weil so Zeitlosigkeit, Unsterblichkeit, das Unveränderbare und Archetypische (Humphrey/Laidlaw) – eben »Religio« – für den sterblichen Menschen in Szene gesetzt werden kann. Demnach wären R. in der Tat bedeutungslos, aber das wäre nicht ohne Bedeutung. → Deutungsmuster.

AM

Lit.: A. van Gennep, Les rites de passage, 1909 (engl. 1960, dt. 1986). – V. Turner, The Forest of Symbols, 1967. – E. Leach, Ritual, in: D. L. Shils (Hg.), International Encyclopedia of the Social Sciences, 1968, 520–26. – V. Turner, The Ritual Process: Structure and Anti-Structure, 1969 (dt. 1989). – F. Staal, The Meaninglessness of R., in: Numen 26 (1979), 2–22. – R. Grimes, Beginnings in R. Studies, 1982. – C. Bell, R. Theory, R. Practice, 1992. – C. Humphrey/J. Laidlaw, The Archetypal Actions of R. A Theory of R. Illustrated by the Jain Rite of Worship, 1994. – C. Wulf, R., in: Ders. (Hg.), Vom Menschen – Hb. Histor. Anthropologie, 1997, 1029–37. – A. Michaels, Le rituel pour le rituel? oder Wie sinnlos sind R.?, in: C. Caduff/J. Pfaff-Czarnecka (Hg.), Rituale heute, 1999, 23–48. – R. Rappaport, R. and Religion in the Making of Humanity, 1999. – R. N. McCauley/E. T. Lawson, Bringing R. to Mind, 2002. – D. Harth/G. J. Schenk (Hg.), Ritualdynamik, 2004.

Römische Religion. Zunächst die Religion der Stadt Rom, spiegelt die r. R. die Ausdehnung der Herrschaft dieser Stadt bis hin zum Imperium Romanum der Kaiserzeit. Ihre Kulte expandieren ebenso wie sie Kulte aufnimmt. Es lassen sich vier deutlich getrennte Ebenen unterscheiden: (1) Die offizielle r. R. als Staats-Religion. Sie wird von den Amtsinhabern kontrolliert und von den etrusk. Ritualspezialisten durchgeführt. Sie dient der Absicherung der polit. Aktionen und Kriege. Die Rituale werden capite velato (lat. = mit verhülltem Haupt) durchgeführt. (2) Der ritus graecus (lat. = griech. Ritus) bildet die Religion für die Bedürfnisse der Menschen nach Schutz und Glück. Wie auch die Kulte der (3) oriental. R. wurden griech. Kulte auf polit. Beschluss hin in Zeiten der Krise von neu eroberten oder zu erobernden Orten in Form der Kultbilder o. ä. entführt und in Rom neu eingerichtet. Dieser Vorgang ist nicht als Erlahmen der r. R. zu deuten und nicht erst »spät«, sondern von der Gründung der Stadt an ein immer wieder eingesetztes Mittel der Ergänzung und Aneignung/Enteignung. Beispiele sind die Kulte von Asklepios/Aesculap, Magna Mater, Venus Erycina, Bacchanalia, Sol invictus. Dazu kommt (4) die Ebene der Bewältigung persönlicher Krisen durch → Magie. Während im Osten des Reiches Magie üblich und alltäglich war, wird sie im Westen seit der späten Republik (1. Jh. v. Chr.) unter scharfe Strafe gestellt, mit wenig Erfolg. Der Kaiserkult ragt nicht bes. hervor. Die sog. Christianisierung des röm. Reiches seit Konstantin (ca. 248–337) lässt sich eher als Romanisierung des Christentums beschreiben. Strukturelemente der r. R., wie die Verrechtlichung, Vereinsstatus, Übernahme der röm Verwaltungsstruktur, sichern das Christentum vor dem Untergang. → Antike. CA

Lit.: G. Wissowa, Religion und Kultus der Römer, 1902, ²1912. – K. Latte, Röm. Religionsgeschichte, 1961. – J. Rüpke, Domi militiae, 1990. – M. T. Fögen, Die Enteignung der Wahrsager, 1993. – F. Graf, Gottesnähe und Schadenzauber. Die Magie in der griech.-röm. Antike, 1996. – M. Beard u. a., Religions of Rome, 2 Bde., 1998. – J. Rüpke, Religion der Römer, 2001. – J. Rüpke, Fasti sacerdotum, 3 Bde., 2005.

Rohde, Erwin (1845–98). Der dt. Gräzist R. brachte die ethnolog. und religionswiss. Forschungen mit der damaligen Leitwissenschaft Altertumswissenschaft zusammen. Sein großes Werk *Psyche. Seelencult und Unsterblichkeitsglaube* (1890–94, ²1897) widerspricht der Theorie des → Animismus: Das griech. Material beweise, dass die ältere Vorstellung im Kult am Grabe heldenhafter Männer bestehe; diese → Heroen sind keine abgesunkenen Götter. Dagegen sei der Gedanke von einem Leben nach dem Tod jünger; dieser Glaube an die → Unsterblichkeit sei ein dem Griechentum rassisch »fremder Blutstropfen«, aus dem Orient importiert mit dem Kult des → Dionysos. R. war befreundet mit → Nietzsche. CA

Lit.: H. Cancik, E. R. Ein Philologe der Bismarckzeit, in: Semper apertus. FS Universität Heidelberg, Bd. 2, 1985, 436–502.

Rolle, Bezeichnung für die Summe aller Erwartungen, die dem R.-Träger in Bezug auf sein Verhalten in bestimmten Situationen entgegengebracht werden und zur Ausprägung eines Verhaltensmusters des R.-Trägers in denjenigen Situationen führen, auf die sich die Erwartungen beziehen. Eine religiöse R. ist eine solche, bei der die Erwartungen von religiösen Vorstellungen geleitet sind und das ausgebildete Verhaltensmuster sich auf bes. Handlungen in einem primär religiösen Kontext bezieht. Die Religionsgeschichte kennt folgende religiöse R.: Zauberer, Medizinmann, Schamane, Priester und Laie, Seher (Mantiker), Prophet, Meister (Religionsstifter) und Jünger, Derwisch, Lehrer und Schüler, Mönch/Nonne, Heiliger, Konfessor, Märtyrer, Mystiker, Prediger, Missionar, Theologe. In Anlehnung an G. Mensching (1901–78) lassen sich religiöse R. mit Führer- und Vorbildcharakter unterscheiden. Religiöse Führer schaffen sich eine Gefolgschaft aufgrund persönlicher Charaktereigenschaften (z. B. Prophet), aufgrund bes. technischer Fähigkeiten oder eines bes. Wissens (Schamane, Medizinmann, Mantiker) oder aufgrund einer institutionalisierten Autorität (z.B. Priester). Der Führer, dessen Autorität auf persönlichen charismat. Eigenschaften beruht, ist auf die interaktionelle Anerkennung und Versicherung seiner herausgehobenen Stellung durch seine Gefolgschaft angewiesen. Vorbilder können auch literar. entstehen und qua mündlicher oder schriftlicher Tradierung wirken (z.B. Heiligenlegenden und -viten). → Funktionär, → Sozialisation. VK

Lit.: G. Mensching, Soziologie der Religion, 1947, [2]1968.

Romagyris, orthodoxes Katholikat in Persien, abhängig vom Patriarchen von Antiochien. Die Anfänge gehen auf röm. Gefangene in der frühen Sasanidenzeit zurück. Vom 8.–14. Jh. erstreckte es sich bis an den Aralsee und bis Taschkent; die Gemeinden setzten sich aus griech., syrischen, sogdischen und türkischen Gläubigen zusammen. MH

Lit.: W. Klein, Das orthodoxe Katholikat von R. in Zentralasien, in: Parole de l'Orient 21 (1996), 1–31.

Rosch ha-Schanah (hebr. rōš hašānā = Beginn des Jahres), jüd. Neujahrsfest, das über zwei Tage begangen wird (1.–2. Tischri). R.h.-Sch. steht am Beginn einer zehntägigen Periode der Kontemplation und Buße, die mit → Jom Kippur endet. Das diesen Zeitraum kennzeichnende Gemeinschaftshandeln (Synagogenbesuche, das Blasen des Schofar und Gebete) wird ergänzt durch häusliche Riten wie das Tauchen von Äpfeln in Honig zur Förderung eines guten Jahres. → Fest. KVS

Rosenkranz (lat. rosarium, corona Mariae = Marienkrone, sertum = Blütenkranz; griech. kambológion = Wortreihung), christl. Form der auch in anderen Religionen vorkommenden Gebetsschnur: beweglich aufgefädelte Perlen, mittels derer Gebetsformeln während der Rezitation gezählt und strukturiert werden können (→ Gebet). Die heute in der kath. Kirche verbreitete Form hat 5 × 10 Perlen für das »Ave Maria« mit dazwischengeschobenen 5 × 1 Perlen für das »Pater noster« (Vaterunser), wobei jede Zehnergruppe beim Beten mit unterschiedlichen »Geheimnissen« aus dem Marienleben verbunden wird. Zum populären Medium spezif. kath. Frömmigkeit wurde der R. durch Bruderschaften (zuerst Köln 1475); er gehört zu den Formen »gezählter Frömmigkeit«, die bezeichnend sind für die Krisensituation jener Zeit. → Katholizismus. KHS

Lit.: W. Kirfel, 500 Jahre R., 1975. – H. Schürmann, R. u. Jesusgebet, 1986. – A. Angenendt u.a., Gezählte Frömmigkeit, in: FMSt 29 (1995), 1–71.

Rosenkreuzer, esoter. Geheimgesellschaft, gegründet Anfang des 17. Jh.s von J. V. Andreae (1586–1654) und seinem Kreis. Mit zwei Manifesten traten die R. im öffentlichen Raum in Erscheinung: *Fama Fraternitatis* (1614) und *Confessio* (1615/16). Darin verklärten sie den legendären Begründer C. Rosenkreutz (der im Jahre 1486 gestorben sein soll) als einen Adepten, der den *liber mundi* (das »Buch der Welt«, das die Geheimnisse des Kosmos enthalten soll) gelesen habe und in die Tradition des Hermes und der *Tabula Smaragdina* (einer hermet.-esoter. Grundschrift) eingeweiht gewesen sei. Dass die R. an die → Hermetik anknüpfen, zeigt sich auch daran, dass die Legende um die Öffnung des Rosenkreutz'schen Grabes 1604 der Auffindung der antiken Schriften im Grabmal des Hermes Trismegistos nachempfunden ist. Im Zeitalter der Konfessionalisierungen spielten die R. eine bedeutende Rolle, es kam zu Ausdifferenzierungen in verschiedenste Ordens- und Initiationssysteme, oft mit Bezug auf → Freimaurer-Traditionen. Wie diese waren auch die R. stark in die europ. → Aufklärung involviert, indem sie den Vernunftgedanken mit alchemist. Symbolik und dem Streben nach persönlicher Reifung verbanden. R.-Gruppierungen fanden in vielfältiger Weise Eingang in moderne Gemeinschaften: Die Societas Rosicruciana in Anglia (gegründet 1865), der Hermetic Order of the Golden Dawn (gegründet 1888), der Anfang des 20. Jh.s gegründete O. T. O. (Ordo Templi Orientis), der ägypt. Hochgradmaurerei fortsetzte, das 1924 von J. Leene alias J. van Rijckenborgh (1896–1968) in Haarlem (Niederlande) gegründete Lectorium Rosicrucianum und schließlich der zu den wichtigsten Wegbereitern der modernen → Esoterik zu rechnende AMORC (Antiquus Mysticus Ordo Rosae Crucis), der 1915 von H. Spencer Lewis (1883–1939) gegründet worden war und bei dessen Tod bereits mehrere Millionen Mitglieder zählte. KVS

Lit.: K. R. H. Frick, Die Erleuchteten, 1973. – W.-E. Peuckert, Das Rosenkreutz, 1973. – F. A. Yates, Aufklärung im Zeichen des Rosenkreuzes, 1975. –

H. Reinalter (Hg.), Freimaurer u. Geheimbünde im 18. Jh. in Mitteleuropa, 1986. – C. McIntosh, The Rosicrucians. The History and Mythology of an Occult Order, 1987. – C. McIntosh, The Rose Cross and the Age of Reason. 18th Century Rosicrucianism in Central Europe and Its Relationship on the Enlightenment, 1992. – C. Gilly (Hg.), Cimelia Rhodostaurotica. Die R. im Spiegel der zwischen 1610 u. 1660 entstandenen Handschriften u. Drucke, 1995. – M. Neugebauer-Wölk, Esoter. Bünde u. Bürgerliche Gesellschaft. Entwicklungslinien zur modernen Welt im Geheimbundwesen des 18. Jh.s, 1995. – R. Edighoffer, Die R., 1995. – Bibliotheca Philosophica Hermetica (Hg.), Rosenkreuz als europ. Phänomen im 17. Jh., 2002. – R. Edighoffer/M. Introvigne, Art. »Rosicrucianism«, in: W. J. Hanegraaff u. a. (Hg.), Dictionary of Gnosis and Western Esotericism, 2005, 1009–20.

Rousseau, Jean-Jacques (1712–78), formulierte philosoph. und literar. die Grundlagen der Franz. Revolution (→ Aufklärung): Der Mensch sei durch geschichtliche und kulturelle Einrichtungen von seiner ursprünglich guten und freien Natur entfremdet. R. kritisierte die Kirche und viele ihrer Lehren (→ Erbsünde), ohne areligiös oder atheist. zu sein (→ Religionskritik). In Kritik an T. → Hobbes hielt er Religion für eine verbindliche Gewissensinstanz, die polit. → Handeln leiten könne. Im *Émile* (1762) sprach er sich sowohl gegen die »natürliche Religion« der Philosophen als auch gegen die »Offenbarungsreligion« der Theologen aus (»Glaubensbekenntnis des savoyischen Vikars«). Nicht die Urteile des Verstandes, sondern die Empfindungen des Herzens seien die besten Lehrmeister. Er hielt eine »staatsbürgerliche Religion« (religion civile, → Zivilreligion) für das Funktionieren des »Gesellschaftsvertrags« (Kap. 8 des *Contrat Social*, 1762) für erforderlich. HZ

Lit.: I. Fetscher, R.s polit. Philosophie, 1960.

Rudra (sanskr. = der Heuler), vedischer Gott, der von den anderen Göttern vom Opferkult ferngehalten wird, später mit → Shiva identifiziert. → Vedisches Pantheon. AM

Lit.: E. Arbman, R., 1922.

Ruḥāniyat, arab.-persische Bezeichnung für die islam. Geistlichkeit in der schiit.-iran. Gemeinschaft (→ šīʿa). Die R. wurde allmählich nach der Etablierung der schiit. Dynastie der Ṣafawiden (1501/24) als staatlich legitimierte Gelehrteninstitution geschaffen, in der später mehr und mehr Funktionen hierarch. geordnet wurden. Als oberste Instanz gilt der → Marǧaʿ-e taqlid, dem dann verschiedene Gelehrtenränge (z. B. Ayātullāh/Ayātollāh) untergeordnet wurden. Fest ausgebildet war die R. im 19. Jh., im Rahmen der islam. Revolution in Iran 1979 wurde sie stark politisiert. RS

Runen, Schriftzeichen der Germanen, in der Zeit um Christi Geburt in Anlehnung an Schriftsysteme des Mittelmeerraums entwickelt. Die gesamte Buchstabenreihe nennt man – analog zur Bezeichnung Alphabet – Futhark. Dabei unterscheidet man ein älteres mit 24 Zeichen und ein jüngeres mit 16 Zeichen. Alle Zeichen haben einen Laut- und einen Begriffswert und wurden für profane wie auch religiöse Inschriften verwendet. BM

Lit.: K. Düwel (Hg.), Runeninschriften als Quellen interdisziplinärer Forschung, 1998.

Rūpa (sanskr. = Gestalt). (1) Im Buddhismus Körperlichkeit im Gegensatz zu Geistigkeit (nāma). (2) Im Hinduismus das Erscheinen der – insbes. göttlichen – Gestalt als Gegenstand der Wahrnehmung. JG

Rusalki → Slawische Religion.

Rut, Ahnin → Davids und Heldin des nach ihr benannten Buches der Hebr. → Bibel. → Altes Testament, → Apokryphen, → Megilloth. KVS

Ruysbroek (Ruusbroec), Jan van (1293–1381), Priester in Brüssel, 1343 Eremit in Groenendaal, Klostergründer. Als prominentester Vertreter der niederländ.-rheinischen Mystik nahm R. mit seinen Schriften in der Brabanter Volkssprache Einfluss auf das spirituelle Leben seiner Zeit, 1908 wurde er selig gesprochen. R. akzentuiert in seiner trinitar. → Mystik die Balance von innerer Beschauung und tätigem Leben in der Nachfolge Christi. Über G. Groote, der R. 1378 aufsuchte und die erste Übersetzung seiner Schriften herstellte, wirkte mystisches Gedankengut in abgeschwächter Form auch auf die »Devotio moderna« ein. AW

W.: SW (neue krit. Ausgabe mit Ü von L. Moereels), 9 Bde., 1978ff. – Die Zierde der geistlichen Hochzeit (übers. von A. M. Haas/M. Schaad-Visser), 1987.
Lit.: L. Dupré, The Common Life. The Origins of Trinitarian Mysticism and its Development by J. R., 1984.

Ryōbu Shintō (japan. ryōbu = doppelteilig), Bezeichnung für eine Auslegung des → Shintō, wonach dieser »doppelteilig« sei. Unter einem

Aspekt sind die Gottheiten (kami) als solche bekannt, unter einem anderen Aspekt sind sie jedoch als Erscheinungsformen von → Buddhas und → Bodhisattvas zu verstehen. Die Sonnengöttin → Amaterasu, die im Ise-Schrein als Shintō-Gottheit verehrt wird, wäre demnach eigentl. eine Erscheinung des Buddha Dainichi (sanskr. Mahāvairochana). Diese Theorie wurde von der buddh. → Shingon-Schule vertreten. Allerdings wurde sie später von dem Shintō-Apologeten Yoshida Kanetomo (1435–1511) umgedreht, der Buddhas und Bodhisattvas als Verkörperungen von Shintō-Gottheiten darstellte. MP

S

Saadja ben Joseph Gaon (gest. 942 n. Chr.), aus Oberägypten stammendes jüd. Schuloberhaupt im babylon. Sura, Wegbereiter der jüd. Philosophie des Mittelalters. Nach einer ersten systemat. Sichtung der jüd. Tradition nahm S. die aktive Adaption philosoph.-theolog. Debatten aus der Umgebung vor. Auf S. gehen die ersten Ansätze einer sprachwissenschaftlich begründeten Bibelexegese zurück, außerdem wirkte seine Theologie prägend auf die synagogale Liturgie und Poesie. → Geonim. KVS

Lit.: J. Guttmann, Die Religionsphilosophie des Saadia, 1882, ND 1981. – H. Malter, Saadia Gaon. His Life and Works, 1921. – E. J. I. Rosenthal (Hg.), Saadia Studies, 1971.

Sabbat (hebr. šabbāt), der jüd. Ruhetag, dessen Ursprünge im babylon. Festkalender liegen und eventuell mit dem Vollmondzyklus in Verbindung stehen. Der S. symbolisiert den Ruhetag im göttlichen Schöpfungswerk (→ Schöpfung), der mit dem Sonnenuntergang am Freitagabend beginnt und am Samstagabend endet. Die biblischen Gebote (Ex 20,8–11; Dtn 5,12–15) sprechen vom »S. für Gott«, der unbedingt zu halten ist, doch abgesehen von Opfervorschriften und der Aufforderung, nicht zu arbeiten, finden sich wenig konkrete Vorgaben, wie der S. von den Gläubigen geheiligt werden soll. Diese wurden zur Zeit der → Mischna (2. Jh. n. Chr.) erarbeitet, als man die wesentlichen Elemente der S.-Feier einführte, etwa die »Heiligung« (hebr. → kiddusch) zu Beginn und die »Trennung« (hebr. habdalā) am Ende. Rabbin. Vorschriften umfassen 39 am S. verbotene Tätigkeiten, wobei der → Talmud breit angelegte Diskussionen über damit verbundene Regeln und über den »Zaun um die → Torah« enthält, mit dem eine versehentliche Übertretung der Vorschriften verhindert werden soll. In der → Kabbala wurde die Vorstellung einer Hochzeit zwischen der Braut S. (bzw. der → Schechina), die für Israel steht, und Gott mystisch ausgestaltet. Der S. entwickelte sich schon früh zum zentralen Ereignis des jüd. Festkalenders und ist bis heute die wichtigste spirituelle und soziale Kraft im Leben der Juden. Er umfasst die Familienfeier (mit Entzünden der Kerzen, Gebet, Segen und Festmahl), den Synagogenbesuch und die Begegnung in der Gemeinde. → Fest, → Zeit. KVS

Sabbatai Zwi (1626–80), jüd. Mystiker aus Smyrna/Türkei, der sich unter Einfluss der → Kabbala zuerst 1648, offiziell dann 1664 als → Messias präsentierte und eine derart breite Anhängerschaft gewann, dass das europ. Judentum zeitweilig vor einer Spaltung stand. S. wurde von den Osmanen festgenommen und konvertierte angesichts einer drohenden Todesstrafe 1666 zum Islam. Vermutlich praktizierte er aber das Judentum insgeheim weiter, und auch seine Anhänger sahen ihn z. T. nach wie vor als Messias. Die Sabbatianer hatten Einfluss auf die jüd. → Mystik der Folgezeit, bes. auf J. Frank (1726–91). Eine treue Anhängerschaft des S., die den scheinbaren Übertritt zum Islam nachvollzog, hielt sich in Saloniki unter dem Namen Doenme bis ins 20. Jh. hinein. KVS

Lit.: S. Sharot, Messianism, Mysticism, and Magic, 1982. – G. Scholem, S. Der mystische Messias, 1992. – M. Idel, Messianic Mystics, 1998, 183–211. – M. Goldish, The Sabbatean Prophets, 2004.

Sabbatianismus → Sabbatai Zwi.

Sabbatjahr, nach jüd. Gesetz (Lev 25; Dtn 15) jedes 7. Jahr, für das eine allgemeine Brache der Felder verordnet ist. Mit dem S. verbunden ist ferner die Unterstützung von Armen und das Erlassen von Schulden. → Altes Testament, → Apokryphen. KVS

Sābiqa (arab. = »zuvorgekommen sein«), in der islam. Tradition Begriff für den Status, »zuvorgekommen zu sein«, und zwar speziell in Bezug auf den Glauben oder die Religion (fī d-dīn, vgl. Koran 9/100). In der arab. Historiographie bezeichnete s. die Rangerhöhung von Muslimen durch ihre Prophetennähe, die mit dem genealog. Rang im Stammesverband (nasab) konkurrierte. Nasab und s. wurden zu wichtigen Kriterien bei der Bestimmung der Legitimität der Nachfolge des Propheten → Muḥammad (→ Kalif). RS

Saboräer (von hebr. sābar = untersuchen, meinen), Generation von → Rabbinen des 6. Jh.s n. Chr. KVS

Sacharja, einer der »kleinen → Propheten« der Hebr. Bibel, aus priesterlichem Geschlecht, wirkte gemeinsam mit → Haggai 520–518 v. Chr. in Jerusalem. → Altes Testament, → Apokryphen. KVS

Sacrificium intellectus (lat. = Opfer des Verstandes). Der Vorwurf, man müsse »seinen Verstand opfern«, wenn man religiös glauben wolle, entsteht unter den Gegnern des päpstlichen Unfehlbarkeitsanspruchs des Ersten → Vatikan. Konzils 1870; von → Nietzsche wurde er ausgeweitet auf das Christentum überhaupt (KSA 9, 244 Frg. 6, 179). → Positive Religion. CA

Sadduzäer (griech. Saddoukaîoi, hebr. ṣᵉdūqīm), bedeutende Gruppierung jüd. → Priester zur Zeit des Zweiten Tempels, den → Zadokiden zuzurechnen. Gegenüber den → Pharisäern verfochten sie eine strenge Ausrichtung an → Torah-Überlieferungen und hierokrat. Erbe, was eine Übernahme prophet. oder apokalypt. Tendenzen erschwerte. Darin ist auch ein wesentlicher Unterschied zu den Zadokiden aus → Qumran zu sehen. Der Krieg gegen Rom, in den sich dennoch einige S. hatten ziehen lassen, und die Zerstörung des Tempels 70 n. Chr. trafen die Priesterschicht im Kern. Manche ihrer Traditionen gingen später in die → Mischna ein. KVS

Lit.: J. le Moyne, Les Sadducéens, 1972. – G. Stemberger, Pharisäer, S., Essener, 1991.

Sādhana (sanskr. = Zielerlangung), im Hinduismus Übungen, die zur spirituellen Vervollkommnung führen, z. B. → dhyāna. → Askese, → Yoga. AM

Sādhu (sanskr. = der Gute), indischer Asket. → Askese. AM

Säkularisation (von lat. saeculum = Zeitalter, Menschenalter, Jh.). In der Kirchensprache nahm saeculum die Bedeutung »Zeitlichkeit«, aber auch »irdisch-weltliches Leben« an. Mit S. ist – anders als mit → Säkularisierung – die Auflösung des Kirchengutes durch staatlich-öffentliche Gewalten gemeint, wie sie in Deutschland nach franz. Vorbild mit aller Deutlichkeit durch den Reichsdeputationshauptschluss von 1803 vollzogen wurde. → Aufklärung, → Religionsökonomie, → Religionsrecht. HK

Säkularisierung (von lat. saeculum = Zeitalter, Menschenalter, Jh.), Verweltlichung. Zusammenfassender Begriff für eine Reihe von Hinweisen auf den Bedeutungsverlust von Religion: abnehmende Beteiligung an religiösen Aktivitäten und Zeremonien, sinkende Mitgliedszahlen in religiösen → Organisationen, zurückgehender Einfluss der religiösen Organisationen auf das gesellschaftliche Leben, schwindende → Autorität der religiösen Lehren, weniger private religiöse Praxis (→ Gebet) und Glaube, schwächere Akzeptanz der moral. Vorstellungen religiöser Lehren, sozialer Bedeutungsverlust religiöser Experten (bis zu Antiklerikalismus), → Privatisierung und innere S. der religiösen → Rituale und Glaubenssysteme. Schließlich wird mit dem Begriff der »inneren S.« die zunehmende Ablösung einer weltlichen Lebensführung von religiösen Ordnungssystemen und Vorlagen bezeichnet, d. h., dass das alltägliche → Handeln und die Erfahrungen breiter Bevölkerungsschichten in modernen Gesellschaften keine oder nur sehr schwache Verbindungen mit der Religion etablierter Kirchen haben. → Aufklärung, → Moderne. HK

Lit.: H. Lehmann, S. Der europäische Sonderweg in Sachen Religion, 2004.

Säulen des Islam → arkān ad-dīn.

Šāfiʿīya, islam. Rechtstradition (→ maḏhab), auf Muḥammad b. Idrīs aš-Šāfiʿī (767–820) bezogen. Er systematisierte die Grundlagen und Methoden der islam. Rechtswissenschaft (→ fiqh, → uṣūl al-fiqh), indem er eine Hierarchie der Rechtsquellen etablierte (→ Koran, → Sunna, Konsens der Gelehrtengemeinde [iǧmāʿ] und Analogieschluss [qiyās]) und hierdurch einen gewissen Ausgleich zwischen textbezogener und meinungsbezogener Rechtsfindung erzielte sowie andere Ableitungsmethoden durch Einbzw. Ausschluss bewertete. Sein Methodenwerk *ar-risāla* (»Das Sendschreiben«) gilt als Begründung der islam. Rechtstheorie. Sein umfangreiches Lehrwerk *kitāb al-umm* (»Mutterbuch«) wurde in verschiedenen Rezensionen tradiert. Die Š., die seit dem 16. Jh. durch den von den Osmanen geförderten ḥanafitischen madhab (→ Ḥanafīya) in den arab. Ländern an Einfluss verloren hatte, konnte sich als Rechtstradition v. a. in Unterägypten, Ostafrika, in Süd- und Ostarabien und in Südostasien durchsetzen. RS

Lit.: J. Schacht, The Origins of Muhammadan Jurisprudence, 1950.

Šahāda (arab. = Bekenntnis), Bezeichnung für das islam. Glaubensbekenntnis, das aus den zwei verbundenen Wortritualen besteht: »Ich bezeuge, dass es keinen Gott gibt außer Gott und dass Muḥammad der Gesandte Gottes ist« (ašhadu anna lā ilāha illā llāhu wa-muḥammadan rasūlu llāhi). RS

Šahīd (arab. = Zeuge), islam. Bezeichnung für → Märtyrer im weitesten Sinne des Wortes. Koran. noch nicht eindeutig terminolog. gedacht, qualifiziert der Begriff in der islam. jurist. Tradition Muslime, die in Kämpfen oder Kriegen sterben (als »Märtyrer des Schlachtfeldes«). Für diese galten spezielle Bestattungsriten (u. a. keine rituelle Waschung des Körpers). Bald schon wurde der Begriff auch auf andere außergewöhnliche Arten von Todesfällen bezogen (z. B. jemand, der während einer gottesdienstlichen Handlung ermordet wird; jemand, der für seinen Glauben stirbt, z. B. → Ḥusayn; → Tod durch Krankheit oder Unfall), später auch auf natürlichen Tod nach erfülltem religiösen Leben. Hier galten die speziellen Bestattungsriten meist nicht. Die Traditionsliteratur hat den Š. auf der Basis einer Koranexegese bestimmte Vorzüge in Bezug auf den Zugang zum → Paradies und den Aufenthalt dort zugeschrieben (Schutz vor Qualen im Grab, Glorienschein, Versprechen von Wonnen im Paradies). RS

Sai Bābā → (Satya) Sai Bābā.

Saichō → Tendai-Schule.

Sakralisierung, Bezeichnung für einen Vorgang, in dem eine nichtreligiöse → Kommunikation von sich aus auf religiöse Sinngehalte zurückgreift oder sie erzeugt und dadurch »profane« Sachverhalte mit einer religiösen Aura ausstattet. S. »auratisiert« etwas, was zugleich Gegenstand anderer Kommunikation bleibt. Sie stattet konkrete, weil kommunikativ bereits bestimmte Sachverhalte mit einem Geheimnis und der Weihe unhinterfragter Geltung aus. Insofern ist sie eine »religioide« Art der Kontingenzbewältigung von Sachverhalten, die zugleich in anderen Schemata der Kontingenzverarbeitung verbleiben (→ Kontingenz). In der frühen Religionsgeschichte stellen Divinationspraktiken eine Form von S. dar, mittels derer bestimmte Orte, Zeiten, Ereignisse, Handlungen, Themen und Gegenstände als »heilig« qualifiziert, d. h. vor anderen Orten, Zeiten, Ereignissen, Handlungen, Themen und Gegenständen ausgezeichnet werden. Während Religion tendenziell versucht, alles Immanente im Transzendenten aufzulösen, führt S. die religiöse Leitunterscheidung zwischen Immanenz und → Transzendenz wieder ins Immanente ein. Wenn religiöse Kommunikation nicht (mehr) den gesellschaftsstrukturellen Anforderungen genügt, besteht die Tendenz, sich (wieder) auf Formen von Sakralität zu verlagern und – vor dem Hintergrund bereits erfolgter funktionaler Differenzierung – mit anderen Kommunikationsbereichen zu fusionieren. Dispositionen für S. bestehen dann, wenn das zugemutete Maß an Kontingenz nicht mehr mit eigenen Mitteln verarbeitet werden kann (z. B. in Politik und Kunst sowie im Bereich des semant. und strukturellen Komplexes der → Person). → Legitimation, → Säkularisierung. VK

Sakrament (von lat. sacramentum; griech. mystḗrion = Geheimnis), eine Zeichenhandlung im Kult, die in christl. Theologie als zentrale Kommunikation mit Gott verstanden wird. Der lat. Begriff stammt aus der röm. Heeresreligion und bezeichnet dort den Fahneneid der Rekrutenverpflichtung. Der griech. Begriff verweist auf die geschlossene Gruppe, die gemeinsames Wissen teilt und deren Mitgliedern ein Leben nach dem Tod garantiert ist (→ Mysterien). Eine Übertragung auf andere Religionen ist analytisch wenig sinnvoll, da der Begriff theologisch zu spezifisch auf das Christentum hin entwickelt wurde. (1) Seit ntl. Zeit praktiziert, hob die Patristik die Verortung der S. im christl. → Kult hervor (bis heute Grundzug ostkirchlicher S.-

Theologie); die → Scholastik gestaltete den Begriff zu einem Terminus technicus aus: ein S. ist ein Realsymbol; in Brot, Wein, Wasser und Öl kann man das Heil schmecken, sehen, riechen, berühren (→ Religionsästhetik). (2) Im S. gibt Gott selbst → Heil, nicht der Priester, der unwürdig sein und damit das S. ungültig machen könnte. Zwar dürfen Priester die S. nicht gegen Geld erteilen; in der Praxis wurden aber Gebühren erhoben (Stolgebühren, nach der Stola der Priester). (3) Auch das kath. Konzept der »Sieben S.« (→ Taufe, → Eucharistie, Firmung, → Buße, letzte Ölung/Sterbesakramente [euphemist. Krankensalbung], → Ehe, → Ordination) ist in seiner expliziten Form mittelalterlich. (4) Vertreter der → Reformation kritisierten die »magische« Auffassung der S. im Katholizismus, wonach diese auch dann wirksam seien, wenn Menschen sich gar nicht christlich verhielten. Statt dass die »durchgeführte Handlung« ex opere operato den Menschen verändere, müsse der Glaube an Gottes → Gnade die Menschen verändern. Für die Reformatoren sind nur Taufe und Abendmahl als S. biblisch begründbar. → rites de passage. KHS, Red

Lit.: W. Jetter, Symbol u. Ritual: anthropolog. Elemente im Gottesdienst, 1978. – D. Zadra/A. Schilson (Hg.), Symbole u. S., 1982. – T. Schneider, Zeichen der Nähe Gottes, 1982, [7]1998. – M. Eder, Die Deggendorfer Gnad. Entstehung u. Entwicklung einer Hostienwallfahrt, 1992. – G. Müller, Kath. Dogmatik, 1995, 628–740.

Sakyapa, von 'Brog mi (992–1072) begründete Lehrtradition des → tibet. Buddhismus. Der Name leitet sich aus tibet. sa-skya (= fahle Erde) ab, der Bezeichnung für das 1073 von dKonmchog-rgyal-po gegründete Hauptkloster der Schule. Die S. stützen sich auf die Lam-'bras (= Weg und Frucht)-Lehren sowie auf den Tantra-Zyklus des Hevajra. Durch die Einberufung des Sakya Pandita Kun-dga'-rgyal-mtshan (1182–1251) an den Hof des Mongolenfürsten Göden im Jahre 1244 gelang es den S. fast ein Jh. lang, die polit. Vormachtstellung in Tibet einzunehmen. Dem Neffen des Sakya Pandita, 'Phags-pa-Blo-gros-rgyal-mtshan (1235–80), wurde 1260 von Khubilai Khan, dem Herrscher des mongol. Yüan-Teilreichs, die weltliche Herrschaft über einen Großteil Tibets übertragen. Das gegenwärtige Oberhaupt der S. ist der Sakya Trizin (geb. 1945), der vorwiegend in Indien residiert. KKP

Salafīya, arab. Bezeichnung für diejenigen islam. Richtungen, die sich das Ideal der »Altvorderen« (as-salaf aṣ-ṣāliḥ) zum Vorbild genommen haben, als Eigenbezeichnung v. a. bezogen auf jene muslim. Gelehrten, die sich an dem 1884 etablierten reformist., v. a. in Ägypten und Syrien aktiven Zirkel um Ǧamāl ad-Dīn al-Afġānī (gest. 1897) und Muḥammad → ʿAbduh orientierten (→ iṣlāḥ). Die S. war eine Kultur von islam. Gelehrten (→ ʿUlamāʾ), die versuchten, mit den Mitteln der Gelehrteninstitutionen einen neuen reformist., positivist. Diskurs über den Islam zu begründen. In diesem Diskurs wurde der Islam durch definitor. Aussagen als »positive soziale Tatsache« gefasst und parallel hierzu die traditionelle Verfahrensweise islam. Gelehrter (→ taqlīd) sowie die Praxis mystischer Orden (→ ṭarīqa) heftig kritisiert. Mit dem Aufkommen unabhängiger islam. Organisationen (→ Muslimbrüder) und dem Machtverlust des alten Gelehrtentums büßte die S. nach 1930 ihre spezif. Aussagekraft ein. In den 80er Jahren des 20. Jh. wurde der Begriff S. v. a. als Eigenname für radikale islamist. Gemeinschaften (Algerien, Ägypten, Afghanistan) benutzt. RS

Lit.: R. Schulze, Islam. Internationalismus im 20. Jh., 1990.

Salām (arab. = → Heil, → Frieden). Im Koran bezeichnet s. zum einen das Heil, das den Gläubigen im Diesseits wie im → Jenseits erwartet und das als eine von Gott ausgehende Kraft verstanden wurde (vgl. u. a. Sure 47/5; 50/34), zum anderen den Gruß, den Gläubige einander entrichten ([as-]salām ʿalaykum), sei es im Diesseits oder beim Eintreten ins → Paradies, und mit dem sie sich gegenseitig »Heil« wünschen. In der Prophetentradition (→ ḥadīṯ) wurde dieser Gruß, der sich schon in vorislam. Zeit auf ein monotheist. Milieu bezog (vgl. den hebr. Gruß šālōm l^{e}ḵā), zum »Gruß des Islam« verallgemeinert. RS

Ṣalāt (arab. = rituelles Gebet, wohl von aramäisch »Beugung«), in der islam. Pflichtenlehre (→ arkān ad-dīn) Bezeichnung für das nach sunnit. Tradition fünfmalige tägliche Pflichtritual, über dessen aus der → Sunna abgeleitete Verfahren für gewöhnlich die islam. Rechtstraditionen (→ maḏhab) Auskunft geben. Das → Ritual stellte eine Neuerung gegenüber den in Mekka zur Zeit Muḥammads praktizierten Kultritualen dar (Koran 17/110) und beschreibt die in Glaubensabsicht bezeugte Demut vor dem Einen Gott. Bestandteil des Rituals sind nach der rituellen Reinigung (→ ṭahāra) die Absichtserklärung (nīya), die zeitliche Observanz (Morgengrauen, Mittag, Nachmittag, Sonnenuntergang, Abend), der Weihezustand (iḥrām), die Abfolge entsprechender zur → qibla ausgerichteter Körperhaltungen (in unterschiedlicher Anzahl und je nach Rechtstradition genauer gefasst: Stehen, Beugen, Handerheben, Niederwerfung, Sitzen) und die Anrufung (oder das → Gebet) sowie die Rezitation von Koranversen und der → šahāda. Die am Freitag Mittag von einem → Imam geleitete ṣ. gilt mehrheitlich als öffentliches Ritual (nur die → Wahhābīya fordert die Öffentlichkeit jeder ṣ.). RS

Lit.: I. Goldziher, Zauberelemente im islam. Gebet, in: Oriental Studies 1 (1906), 303–29. – C. E. Padwick, Muslim Devotions: A Study of Prayer-Manuals in Common Use, 1961.

Salmān al-Fārisī (gest. ca. 656), aus Persien stammender enger Weggefährte des Propheten → Muḥammad, der über gute Kenntnisse anderer Religionen (v. a. → Zoroastrismus und → Christentum) verfügte und in Medina zum → Islam übergetreten sein soll. Aus diesem Grund wurde ihm esoter. Wissen zugeschrieben, was ihn zum Mittelpunkt spiritueller ṣūfischer Genealogien (→ taṣawwuf) und bei der syrischen → ʿAlawīya zu einer Inkarnation des Engels Gabriel werden ließ. RS

Salomo (hebr. šᵉlōmō = der Friedensreiche; Mitte des 10. Jh.s v. Chr.), Sohn → Davids und König → Israels, der das Reich seines Vaters nach außen und innen absicherte und ein funktionierendes, wohlhabendes Staatsgebilde schuf. Er entfaltete eine intensive Bautätigkeit, errichtete den ersten → Tempel in Jerusalem und ging als gerechter und weiser König in die Geschichte ein. Schon bald rankten sich unzählige Legenden um S., dem viele dichterische Werke zugeschrieben wurden (→ Sprüche S.s, Weisheit S.s, Prediger [→ Kohelet], → Hohes Lied, → Salomon. Psalmen und Oden). Eine enorme Reputation erlangte S. ferner auf dem Gebiet der → Magie, und zwar von der Antike (→ Testamentum Salomonis) über alchemist. und magische Traktate aus Mittelalter und Früher Neuzeit bis ins 20. Jh. hinein. → Altes Testament, → Apokryphen. KVS

Lit.: K. R. H. Frick, Licht u. Finsternis, Bd. 1, 1975, 290–342. – P. Särkiö, Die Weisheit u. Macht S.s in der israelit. Historiographie, 1995. – S. Walchli, Der weise König S., 1997.

Salomonische Oden, eine 1909 in syrischer Übersetzung erstmalig herausgegebene, auf einem griech. Original basierende Sammlung von 42 Dichtungen vermutlich des 2. Jh.s n. Chr. mit stark gnostischer Prägung (→ Gnosis). KVS

Textausgabe: M. Lattke, Oden Salomos, 1995.

Salomonische Psalmen, eine Sammlung von 18 fälschlich dem → Salomo zugeschriebenen, in Palästina unter dem Eindruck der angebrochenen Römerherrschaft zwischen 63 und 30 v. Chr. entstandenen Psalmen. Die Autoren sind Gegner der → Hasmonäer, die Rom als Wegbereiter der eigentlichen messian. Endzeit betrachten. KVS

Ü.: JSHRZ 4/2, 1977.

Lit.: J. Schüpphaus, Die Psalmen Salomos. Ein Zeugnis Jerusalemer Theologie u. Frömmigkeit in der Mitte des vorchristl. Jh.s, 1977.

Samādhi (sanskr. = Zusammenlegen, Konzentration). (1) im Hinduismus (a) im → Yoga höchste, die Unterscheidung zwischen Subjekt und Objekt aufhebende Stufe, bei der der Ausübende sein wahres Selbst realisiert, (b) Bezeichnung für Gräber von Asketen. (2) Im Buddhismus (a) Zustand höchster Konzentration auf ein einziges Objekt, der durch spezielle Meditationsübungen erreicht werden kann, (b) der zur Entwicklung dieser Konzentration führende Übungsweg. → Achtgliedriger Weg, → Heil, → dhyāna, → Yoga. AM

Lit.: G. Oberhammer, Strukturen yogischer Meditation, 1977. – S. R. Sarbacker, S.: The Numinous and Cessative in Indo-Tibetan Yoga, 2005.

Samaria (hebr. Šōmᵉrōn), Hauptstadt des nordisraelit. Reiches, um 875 v. Chr. von Omri gegründet, von Ahab zu Ehren seiner Gemahlin Isebel mit einem Tempel für den tyrischen → Baal ausgestattet, den Jehu zerstörte. 722 v. Chr. vom Assyrerkönig Sargon erobert, blieb S. unter wechselnden Reichen Provinzhauptstadt mit dem wiederholten Schicksal von Zerstörung und Wiederaufbau. Kaiser Augustus schenkte S. dem → Herodes, der die Stadt in Sebaste umbenannte und prunkvoll ausbaute. Eine letzte Blüte erlebte S. unter Septimius Severus um 200 n. Chr., anschließend verlor die Stadt ihren Einfluss an Flavia Neapolis (→ Sichem). → Altes Testament, → Apokryphen. KVS

Samaritaner, Religionsgemeinschaft mit dem Berg Garizim, südlich des palästin. Nablus, als ihrem Zentrum. Nachdem die Stadt → Samaria 722 v. Chr. von den Assyrern erobert worden war, wurde ihr Name auf die ganze Provinz übertragen. Nach 2 Kön 17 wurde die Bevölkerung exiliert und stattdessen Assyrer angesiedelt. Dies muss aufgrund von assyr. Annalen korrigiert werden, nach denen nur etwa 5–15 % der Bevölkerung deportiert wurden. Die Annahme, die S. hätten JHWH gelästert, dürfte spätere Polemik sein (vgl. Jos 8,33; Sach 11,14), umgekehrt idealisiert das christl. NT die Rolle der »Samariter« (vgl. Lk 10,25–37). Die S. sehen sich selbst als »Hüter« (hebr. šōmᵉrīm) der Torah, die sich streng auf den → Pentateuch beschränken und weiterführende Traditionen, bes. später die rabbin. → Mündliche Torah, deshalb ablehnen. Zwischen 400 und 200 v. Chr. errichteten sie ihren Tempel auf dem Berg Garizim, den sie als den letzten Standort des Wüstenheiligtums betrachteten. Auch nachdem Johannes Hyrkan um 130 v. Chr. den Tempel zerstört hatte, führten die S. ihren Kult dort weiter. Bis heute wird auf dem Garizim das Passah-Lamm geschlachtet. Die S. verfügen über eine eigene Bibel- und Texttradition, in ihrer Theologie spielt die beinahe vergöttlichte Person des → Mose eine außerordentliche Rolle. Mittelalterliche samaritan. Liturgie schrieb Mose eine Präexistenz seit Urzeiten zu, und der erwartete Retter ist nach samaritan. Verständnis der »Prophet wie Mose« (Dtn 18,15–18), welcher auch Taheb (= der Wiederkehrende/Wiederherstellende) genannt wird. KVS

Lit.: M. Heidenheim (Hg.), Bibliotheca Samaritana, 1884–96, ND 1971. – H. G. Kippenberg, Garizim u. Synagoge. Traditionsgeschichtliche Untersuchungen zur samaritan. Religion der aramäischen Periode, 1971. – R. Egger, Josephus Flavius u. die S., 1986. – F. Dexinger (Hg.), Die S., 1992. – J. Zangenberg, Samareia. Antike Quellen zur Geschichte u. Kultur der S. in dt. Übersetzung, 1994. – J.-D. Macchi, Les Samaritains. Histoire d'une légende. Israël et la province de Samarie, 1994.

Sāmaveda (sanskr. = Wissen von den Sāman [Opfergesängen]), altind. Textsammlung. → Vedische Literatur. AM

Samgha → sangha.

Samhitā (von sanskr. saṃhitā = Sammlung), im Hinduismus Bezeichnung für hl. Texte. → Vedische Literatur. AM

Sāmkhya (sanskr. sāṃkhya = Zahl), dualist. System der → indischen Philosophie, das zwischen aktiv-produktiver → Materie (→ prakriti) und passiv-geistigen → Seelen (→ purusha) unterscheidet. → Indische Philosophie. JG

Lit.: E. Frauwallner, Geschichte der indischen Philosophie, Bd. 1, 1953, 275–450. – G. J. Larson/R. S. Bhattacharya, Sāṃkhya: A Dualistic Tradition in Indian Philosophy (Encyclopedia of Indian Philosophies, Bd. 4), 1987.

Samnyāsa (von sanskr. saṃnyāsa = Askese), hinduist. Bezeichnung für die Entsagung, die vierte und letzte der hinduist. Lebensstufen (→ āshram). Die Person, die s. betreibt, heißt samnyāsin; der Ausdruck wird speziell für → Dashanāmīs gebraucht. → Askese. AM

Lit.: J. F. Sprockhoff, S., 1976. – P. Olivelle, S.-Upaniṣads, 1992.

Samnyāsin → Sannyāsin.

Sampantar → Dēvāram.

Samsāra (von sanskr. saṃsāra = Wanderung), im Hinduismus die dem Kreislauf von Geburt, Tod und Wiedergeburt bzw. Entstehen und Vergehen unterworfene Welt. → Reinkarnation, → Zeit. AM

Samskāra (von sanskr. saṃskāra = Übergangsritus), hinduist. → rites de passage, von denen heute v. a. Geburt (jātakarma), Namensgebung (nāmakarana), erste feste Speise (annaprāshana), Tonsur (chūdākarana) und → Initiation (upanayana), Hochzeit (vivāha) sowie Totenritual (antyeshthi, → shrāddha) zelebriert werden. AM

Lit.: R. B. Pandey, Hindu S., 1949, ^{2}1969.

Samuel, atl. → Prophet und → Richter, durch dessen Einfluss nach den Niederlagen des früh-israelit. Stämmebundes gegen die »Philister« um 1000 v. Chr. ein organisator. und militär. Neuanfang versucht und → Saul zum König gesalbt wurde (1 Sam 4ff.), mit dem er sich später überwarf. → Altes Testament, → Apokryphen. KVS

Samuelbücher, zwei ursprünglich eine Einheit bildende Geschichtsbücher der Hebr. → Bibel, die vom Werdegang des → Samuel und der Formierung des Königtums unter → Saul und → David berichten. → Deuteronomium. KVS

Samyaksambuddha (sanskr.; pāli sammāsambuddha = Vollkommen-Erwachter), im Frühbuddhismus ein Heiliger, der die buddh. Lehre durch eigene Anstrengung erkennt, verwirklicht und weitergibt (→ pratyekabuddha). → Askese, → Buddha. AM

Samyutta-Nikāya (pāli = Gruppen-Sammlung), dritte Sammlung von buddh. Lehrtexten im → Sutta-Pitaka des → Pāli-Kanons, die nach den in ihnen behandelten Hauptthemen in 56 Gruppen geordnet sind. → Buddh. Literatur. AM

Ü.: C. A. F. Rhys Davids/F. L. Woodward, Book of Kindred Sayings, 1917–30. – W. Geiger, S., 1925–30. – Nyānaponika/W. Geiger, S., 1990.

Sānchi (Sāñcī), seit der Zeit → Ashokas, von 200–600 n. Chr., blühendes buddh. Zentrum in Zentralindien (Distrikt Bhopal), dessen → stūpas und Kunstwerke zu den ältesten Werken buddh. Kunst gehören. AM

Lit.: J. Marshall u. a., The Monuments of S., 1940.

Sandhyā (von sanskr. saṃdhyā = Dämmerung), hinduist. Morgen- und Abendandacht und -ritual. → pūjā, → Ritual. AM

Sangha (sanskr.; pāli saṅgha = Schar, Orden).
I. Allgemein. (1) S. ist die buddh. Ordensgemeinschaft, bestehend aus Mönchen (→ bhikkhu), Nonnen (bhikkhunī) und Laien (upāsaka, upāsikā), wobei letztere nicht immer dazugezählt werden. Nach dem Auszug in die Hauslosigkeit (pabbajā) folgt eine Zeit als Novize (sāmanera) und dann die Vollordination (→ upasampadā). Der s. bildet eines der Drei Juwelen (→ triratna) des Buddhismus (neben dem → Buddha und der Lehre). Das Zusammenleben im Orden wird durch die Gebote des → Vinaya-Pitaka (= »Korb der Disziplin«) geregelt. Der Einheit des s. wird ein hoher Stellenwert eingeräumt, weshalb Ordensspaltung ein Vergehen ist, für das Ausschluss aus dem Orden droht. Trotzdem kam es bereits etwa hundert Jahre nach Buddha Shākyamunis Tod zu Abspaltungen, oft aufgrund unterschiedlicher Auslegung des vinaya. (2) Verschiedene buddh. Schulen bildeten sich im → Theravāda zunächst durch ein Abweichen im → prātimoksha, es kam also zu einem Disput über Formfragen der Mönchszucht. Die Gemeinschaft war zunächst lose, es gab keine festen Sprengel, keine Residenzpflicht, keine lebenslange Ordensbindung, keine klerikal-hierarch. Strukturen, keine Abt-Autorität (außer durch Anciennität) und kaum spirituelle Sukzession. Zur Isolation des s. kam es nicht. Der Kontakt zur Bevölkerung wurde nicht nur durch das buddh. Predigt- und Bettelgebot bewahrt, sondern beruhte auch auf der Abhängigkeit der Mönche von der Spendenbereitschaft der Laien. Der völlig weltflüchtige Asket ist daher im Buddhismus die Ausnahme (→ arhat, → pratyekabuddha).
II. Histor. Entwicklung. Histor. entwickelten sich sechs größere und viele kleinere Richtungen des s. (→ yāna): (1) Der Urbuddhismus (5. Jh. v. Chr.): Der histor. → Buddha und seine zu rekonstruierenden Lehren. (2) → Hīnayāna bzw. → Theravāda: Auf dem 2. buddh. Konzil (383 v. Chr.) kam es zu einer ersten Spaltung des Ordens in einerseits Hīnayāna (= Kleines Fahrzeug) bzw. Shrāvakayāna (andere Namen: Südlicher Buddhismus, Sthaviravāda/pāli Theravāda = Lehre der Älteren) und andererseits → Mahāsānghika (= Große Versammlung). Hauptstreitpunkte waren die Auslegung der Ordensregeln und die Stellung des arhat als Vollkommenem. Das Hīnayāna bildete etwa ab dem Anfang des 3. Jh.s v. Chr. folgende Schulen aus: (a) → Vātsīputrīya (sanskr. = Anhänger des Vātsiputra), dessen Anhänger, auch Puggalavādins genannt, daran festhalten, dass sich eine Person (sanskr. pudgala) jeweils neu inkarniert; sie stehen damit im Widerspruch zur Nicht-Ich-Lehre (→ anātman). (b) Lokottaravādins (sanskr. = die von Überweltlichen (lokottara) [Buddhas] reden), nach denen der irdische Leib der Buddhas, deren wahre Natur die Lehre (→ dharma) bildet, ein Verwandlungskörper ist; dies führte zu einer doket. Buddhologie und der Lehre von der Scheinleiblichkeit des Buddha (→ trikāya). (c) Sarvāstivādins (= Alles-besteht-Redende, → Sarvāstivāda) und Mūlasarvāstivādins (= Radikale Sarāstivādins), für die die → dharmas (Daseinsfaktoren) nicht ephemer, sondern langlebig sind; sie verneinen völlig die Existenz einer Seele; die Drei-Körper-Lehre (→ trikāya) geht ebenso auf die Sarvāstivādins zurück wie der aufkommende Maitreya-Glaube. (d) → Sautrāntika (sanskr. Saṃkrāntivāda): die Schule vertritt eine Art monist. Idealismus, verwirft den abhidhamma und lässt nur den Sūtra-Teil (sūtrānta) des Pāli-Kanons zu; für sie bildet ein subtiles Bewusstsein die Grundlage ihrer Lehre vom überindividuellen Bewusstsein: das Dasein ist nur Bewusstsein. (3) → Mahāyāna (= Großes

Fahrzeug, andere Namen: Nördlicher Buddhismus, Bodhisattvayāna). Diese ab ca. dem 1. Jh. n. Chr. aufkommende Richtung umfasst folgende Schulen: (a) → Prajnāpāramitā (= Weisheitslehre), für die die Leerheit (→ shūnyatā) zugleich das Absolute und die Erlösung ist. (b) → Madhyamaka (= Mittlerer Weg, ab ca. 2. Jh. n. Chr.), von → Nāgārjuna gegründet; die Richtung hatte bes. Einfluss auf die tibet. dGe lugs pa (= Gelbmützen, → Gelugpa). (c) Yogāchāra (= Wandel im Yoga) bzw. Vijnānavāda (= Bewusstseinslehre), 3.–4. Jh.: Nach dieser Lehre ist alles Seiende nur Geist bzw. Bewusstsein; auf sie geht die Einführung weiblicher → Bodhisattvas zurück, ihre Hauptvertreter sind Maitreya, → Asanga und → Vasubandhu. Der Yogāchāra bildet in Tibet die Grundlage für rNying ma pa (→ Nyingmapa) und bKa'brgyud pa (→ Kagyüpa). (4) Amidismus in China (→ Chin. Religionen), ab ca. 4. Jh.: Vertreten wird die Möglichkeit der Wiedergeburt in einem Buddhaparadies und die devotionale Verehrung des transzendenten Buddhas → Amitābha. Der Amidismus wurde durch Ennin (793–864) nach Japan gebracht und gewann bes. in der Shonin-Schule (1173–1262) Bedeutung. Wichtigste Neuerung ist die Lehre, dass Erlösung auch durch andere möglich ist. (5) → Vajrayāna (= Diamant-Fahrzeug) bzw. Tantrayāna (= Tantra-Fahrzeug), andere Namen: → Mantrayāna, Sahajayāna, Kālachakrayāna), ab dem 4. Jh. in Texten belegbar, aber erst ab dem 7. Jh. in Tibet und dem 9. Jh. in Nepal nachweisbar. Im Vordergrund des bes. für den → tibet. und nepal. Newar-Buddhismus (→ Nepal) wichtigen Tantrayāna stehen Ordination und Weihe sowie die Erlösung durch Ritus und mystische Versenkungstechniken (→ mantra, → mandala, → yantra, → mudrā etc.). Im nepal. Newar-Buddhismus existiert auch ein in Priesterkasten erbliches Mönchtum und ein buddh. Kasten- sowie Priesterwesen. (6) → Zen-Buddhismus (chin. ch'an, → dhyāna), als beständige Tradition durch den Mönch → Eisei (1141–1215) in Japan eingeführt; nach der Lehre des Zen ist Erkenntnis durch Meditation und Kōan möglich, wird u. a. durch Paradoxe ausgelöst. AM

Lit.: M. Walleser, Die Sekten des alten Buddhismus, 1927. – I. B. Horner, Women under Primitive Buddhism. Laywomen and Almswomen, 1930. – A. Bareau, Les sectes bouddhiques du petit véhicule, 1955. – C. S. Prebish, Buddhist Monastic Discipline, 1974. – D. Gellner, Monk, Householder, and Tantric Priest: Newar Buddhism and its Hierarchy of Ritual, 1992. – G. Schopen, Bones, Stones, and Buddhist Monks. Collected Papers on the Archaeology, Epigraphy, and Texts of Monastic Buddhism in India, 1997. – P. Kieffer-Pülz, Die buddh. Gemeinde, in: H. Bechert u. a., Der Buddhismus 1, 2000, 281–402. – A. Michaels, Die Kunst des einfachen Lebens: Eine Kulturgeschichte der Askese, 2004.

Sanhedrin (hebr.; von griech. synhédrion = Ratsversammlung), der jüd. »Hohe Rat«, bestehend aus 70 (+1) Mitgliedern (vgl. Num 11, 16). In hellenist. Zeit stand eine Notablenversammlung, die Gerusie, unter Vorsitz des → Hohepriesters an der Spitze des jüd. Gemeinwesens. Zur Zeit der → Makkabäer dürften darin v. a. die vornehmen Priesterhäuser vertreten gewesen sein. Erst unter Salome Alexandra (76–67 v. Chr.) gewannen die → Pharisäer an Einfluss und wurden Mitglieder des jetzt S. genannten Rates, der nun als höchste Gerichtsinstanz und Legislative fungierte, bis er 70 n. Chr. zerschlagen wurde. Das Bild des S. ist stark durch die späteren rabbin. Quellen überformt worden, die den zu ihrer Zeit bestehenden S. (eine Art theolog.-jurist. Akademie) in die Zeit des Zweiten Tempels (und z. T. noch weiter) zurückprojizierten und eine lückenlose Kette von der »Großen Versammlung« unter Esra und Nehemia bis 70 n. Chr. konstruierten. S. ist auch der Name eines Traktats der → Mischna. KVS

Lit.: S. B. Hoenig, The Great S. A Study of the Origin, Development, Composition and Functions of the Bet Din ha-Gadol During the Second Jewish Commonwealth, 1953. – H. Mantel, Studies in the History of the S., 1961.

Sanjan, erster Siedlungsort der aus Iran stammenden Zoroastrier an der indischen Westküste. → Zoroastrismus. MH

Lit.: C. G. Cereti, An 18th Century Account of Parsi History, 1991. – H. E. Eduljee, Kisseh-i S., 1996.

Sanjie-zong (chin. = Schule der drei Stufen), chin. buddh. Schule, die auf Xinxing (540–94) zurückgeht. Der Name verweist auf das dreistufige Dekadenzmodell der buddh. Lehre (→ mofa), nach dem auf die Periode des wahren → dharma die des ähnlichen dharma und die (histor.) gegenwärtige des Verfalls des dharma folgen. Daraus leitete die S. im Gegensatz zu den Ansätzen Nichirens (→ Nichiren-Buddhismus), → Hōnens und anderer japan. Reformer die Forderung nach einem strengen Lebensstil, jedoch außerhalb der monast. Institutionen, ab. Die Annahme einer allem innewohnenden

Buddhanatur führte zur extremen Anhäufung von Spenden, um in großem Maße sozialeth. Aktivitäten durchführen zu können. → Chin. Religionen. MD

Lit.: M. E. Lewis, The Suppression of the Three Stages Sect: Apocrypha as a Political Issue, in: R. E. Buswell, Jr. (Hg.), Chinese Buddhist Apocrypha, 1990, 207–38. – J. Hubbard, Absolute Delusion, Perfect Buddhahood: The Rise and Fall of a Chinese Heresy, 2001.

Sanktion/Kontrolle. Soziale K. ist der Oberbegriff für jene Mechanismen, mit denen eine soziale Einheit (etwa eine → Gruppe, ein → Milieu oder eine → Gesellschaft) versucht, ihre Mitglieder zu positiv bewerteten Verhaltensweisen zu bringen und somit Konformität zu erzielen. Dabei ist zwischen äußerer und innerer K. zu unterscheiden: Äußere K. erzeugt die Befolgung bestimmter Normen durch den Druck, der von außen auf ein Individuum ausgeübt wird und in der Form von negativen und positiven S. wirkt. Innere K. fördert die Befolgung bestimmter Normen auf dem Wege ihrer Verinnerlichung durch Sozialisation. Die Begriffe K. und S. können für religionswiss. Analysen auf zweifache Weise angewendet werden: (a) In Bezug auf die Rolle von Religion bei der Ausübung sozialer K. lassen sich gesellschaftliche Zustände typolog. danach unterscheiden, welche Stellung religiösen S. zukommt, in welchem Grad sie von anderen, z. B. rechtlichen S. differenziert sind und wie groß der religiöse Einfluss bei der Primärsozialisation ist. (b) Die wichtigste Instanz, um innerhalb einer Religionsgemeinschaft interne Konformität herzustellen, ist die innere K. durch religiöse Sozialisation. Eine Art äußerer K. ist die Reglementierung durch religiöse Verhaltenskodizes (z. B. Kirchenzucht). Die Art und Strenge der Reglementierung hängt davon ab, ob eine religiöse Sozialform auf dem Prinzip der Vergesellschaftung oder der Vergemeinschaftung basiert und welche Anforderungen an die Lebensführung des Einzelnen gestellt werden. → Tradition. VK

Lit.: M. Janowitz, Wissenschaftsgeschichtlicher Überblick zur Entwicklung des Grundbegriffs »soziale Kontrolle«, in: Kölner Zs. für Soziologie und Sozialpsychologie 25 (1973), 499–514.

Sanlun-zong (chin. = Schule der drei Abhandlungen), chin. Bezeichnung für die → Madhyamaka-Schule des Buddhismus; hergeleitet von den drei autoritativen Schriften, der Madhyamaka-kārikā und dem Dvādashadvārashāstra des → Nāgārjuna und dem Shatashāstra des Āryadeva. Diese Werke wurden schon im 5. Jh. von Kumārajīva ins Chin. übersetzt. S. wurde durch die S.-Meister → Falang und Jizang (549–623) verbreitet, verlor aber durch die Konkurrenz der → Faxiang-Schule an Einfluss. MD

Lit.: R. Robinson, Early Madhya-mika in India and China, 1967.

Sannyāsin (von sanskr. saṃnyāsin = der alles niederwirft). (a) Einer, der das → samnyāsa praktiziert; (b) keuscher und besitzloser Asket, vornehmlich der → Dashanāmī-Gruppe zugehörig. → Askese. AM

Sanron-Schule → Nara-Buddhismus.

Sanskrit (von sanskr. saṃskṛta = die richtig gemachte [Sprache]), hl. Sprache Indiens, der indogerman. Sprachgruppe zugehörig, in der die meisten religiösen Texte Indiens verfasst sind. AM

Lit.: J. Bloch, Indo-Aryan: From the Vedas to Modern Times, 1965. – M. Mayrhofer, S. – Grammatik mit sprachvergleichenden Erläuterungen, 1978. – A. Stenzler, Elementarbuch der S.-Sprache, ^{19}2002.

Sant (neu-indoar. = [ontolog.] seiend, fromm, heilig), seit dem 13. Jh. → bhakti-Richtung v. a. in West- und Nordindien. Gott wird als im letzten Sinne gestaltlos und eins mit der Seele aufgefasst. Monist. Gedankengut von → Upanishaden fortsetzend, nahmen die Sants Konzepte der → Nāths auf. Sie stehen in religiösem Widerspruch zum orthodoxen kasten- und geschlechterhierarch. Hinduismus. → Askese. MHO

Lit.: K. Schomer/W. H. McLeod (Hg.), The S. Studies in a Devotional Tradition of India, 1987.

Santería (auch Regla de Ocha), afrokarib. Religion auf Kuba, Puerto Rico und in den USA, im 19. Jh. durch die Verschmelzung religiöser Traditionen der westafrikan. Yoruba mit Praktiken der Ahnenverehrung aus unterschiedlichen → afrikan. Religionen (west-, zentral-) entstanden. Nach der kuban. Revolution 1959 kam die S. mit den Emigranten in die USA. S. wurde ursprünglich nicht nur von Sklaven auf den Plantagen und in den Städten, sondern insbes. von geflohenen Sklaven in Wehrdörfern praktiziert. Die Gläubigen organisieren sich in Bruderschaften (span. cabildos; bes. konspirativ z. B. Abakuá), deren Ausrichtung je nach den Herkunftsgebieten (span. naciones) benannt wird: z. B. Lucumí (Yoruba), Mayombe (Kongo). Die S. verfügt über keine kodifizierte Lehre, ihre Inhalte werden mündlich überliefert und variieren je nach Tradition des Kulthauses. In der S. werden ein ferner Schöpfergott (Olorún) und ein Pantheon von → Orichas verehrt und von den initiierten Gläubigen (olochas) in → Trance verkörpert. Die Orichas werden mit Trommelrhythmen und Gesang gerufen, führen bei ihrem Erscheinen → Tänze auf und segnen die Anwesenden. Die Gläubigen werden von ihrem Priester (babalocha, iyalocha) in einer von längerer Seklusion und Blutopfern begleiteten → Initiation jeweils einem Oricha geweiht. In der hierarch. Ämterstruktur gelten Priester als Väter und Mütter, Initianden als ihre Kinder. Neben den Orichas werden Ahnen und Tote (egun) verehrt, zu denen auch bantu-kuban. Totengeister (nfumbis), Schutz- und Fremdgeister zählten. → African American Churches, → afroamerikan. Religionen. CM

Lit.: F. Ortiz, Los Negros Brujos, 1906. – S. Palmié, Das Exil der Götter. Geschichte u. Vorstellungswelt einer afrokuban. Religion, 1991. – G. Brandon, S. from Africa to the New World. The Dead Sell Memories, 1993. – K. Hagedorn, Divine Utterances: the Performance of Afro-Cuban S., 2001. – D. Brown, S. Enthroned: Art, Ritual, and Innovation in an Afro-Cuban Religion, 2003. – M. de la Torre, S.: the Beliefs and Rituals of a Growing Religion in America, 2004.

Sanus → Heil/Leid.

Saošyant, endzeitlich erwartete Gestalt im → Zoroastrismus, deren Auftreten in der Systematisierung der → Drei-Zeiten-Lehre von Uxšyat-Arta und Uxšyat-Nāmah vorbereitet wird. MH

Lit.: M. Boyce, On the Antiquity of Zoroastrian Apocalyptic, in: Bulletin of the School of Oriental and African Studies 47 (1984), 57–75. – A. Hintze, The Rise of the Saviour in the Avesta, in: C. Reck/P. Zieme (Hg.), Iran u. Turfan, 1995, 77–97.

Sapientia Salomonis → Weisheit Salomos.

Sarasvatī (sanskr.). (a) Hinduist. Göttin der Rede, Wissenschaften und Künste, oft dargestellt mit Buch und Stablaute (vīṇā); (b) Frau → Brahmās; (c) legendärer Fluss, der in Prayāga (bei Allahabad) unterirdisch mit Ganges (→ Gangā) und Yamunā zusammenfließen soll. → Hinduist. Pantheon. AM

Sarasvatī, Dayānand → Dayānand Sarasvatī.

Šarīʿa (arab. = Weg [zur Wasserstelle]), islam. Terminus für → Religionsrecht, bes. das islam. Recht.

I. Dimensionen des Begriffs. Erst relativ spät (8. Jh.?) gelangt der Begriff in das arab. religiöse Vokabular: im → Koran nur einmal genannt (Sure 45/18), bezeichnet er hier den »richtigen, von Gott befohlenen Weg, Ritus« (synonym mit širʿa und minhāǧ). Auch in der kanon. Prophetentradition (→ ḥadīṯ) wird der Begriff nicht im rechtlichen Sinne benutzt, sondern allgemein metaphor. zur Bezeichnung einer »Führung zum richtigen Ort« (ursprünglich wohl der »Umgebung einer permanenten Wasserstelle«). Š. erscheint hier fast gleichbedeutend mit dem → dīn (= Kult oder Religion) eines Propheten. Durch die koran. Aussage, dass Gott den Menschen (den Mekkanern) »das als Religion/Kult verordnet hat (šaraʿa), was er seinerseits dem Noah anbefohlen hat« (Sure 42/13), wird deutlich, dass zunächst Gott als Subjekt der Obligation angesehen wurde. In späterer Literatur wurde bisweilen angesichts der Rechtsetzung in der muslim. Gemeinschaft in Medina auch der Prophet → Muḥammad als Subjekt genannt. Selten bezeichneten sich islam. Juristen selbst als »Stifter der Rechts«.

II. Der religiöse Bezug. Š. drückt in einem passivischen Sinne das dem arab. Wort für »Religion« (dīn) innewohnende Konzept der »Obligation« Gottes (oder später Muḥammads) aus, die durch die Gesamtheit der Offenbarung festgeschrieben ist. Eine scharfe Trennung zwischen der Obligation Gottes selbst (šarʿ) und dem, was als Obligation offenbart und erkannt bzw. gedeutet wurde (šarīʿa), wurde nicht immer gemacht. Im islam. Recht ist š. das Objekt der Jurisprudenz (→ fiqh), und zwar als Ergebnis der Exegese und des Räsonnierens über die göttliche Obligation durch die Juristen. Auch wenn im fiqh sicherlich schon sehr früh die exeget. Zwecksetzung in der Ableitung von rechtlichen Vorschriften bestand, ist von der Entstehung einer unabhängigen, durch ein Textkorpus repräsentierten š. wohl erst für das 8. Jh. auszugehen. Als š. kann die einzelne Beurteilung eines Falles, die Gesamtheit aller Fallbeurteilungen (→ ḥukm) oder noch weitergehend die Obligation einer Religion überhaupt bezeichnet werden.

III. Funktionsbereiche. Die Funktion der š. wurde von verschiedenen Juristen als »die Sicherstellung des Wohls der Gläubigen und die

Abwendung von Schaden« definiert. Grundlage für die Etablierung der š. als Recht waren die Methoden der Rechtsfindung (→ uṣūl al-fiqh), wodurch ein positives Rechtskorpus entstand, das wiederum die »Zweige der Rechtsfindung« (furūʿ al-fiqh), d. h. die umfangreiche kasuist. Rechtsliteratur, abbildete. Dieses war stets dem Wandel durch Neuinterpretation unterworfen, weshalb eine Fixierung und Kodifizierung der š. unmöglich war. Da die š. stets nur als Interpretation der göttlichen Obligation gefasst werden kann, ist sie in der Praxis mit einem Juristenrecht identisch. Eine gewisse Kanonisierung (→ Kanon) ergab sich durch die mögliche (meist durch Herkunft vorgegebene) Loyalität der Juristen zu einer Rechtstradition (→ maḏhab, → taqlīd). Aufgeweicht wurde die Kanonbildung aber immer wieder durch die Möglichkeit, Rechtsaussagen selbst durch die Prüfung der Beziehung von Koran und → Sunna mittels eigenem, unabhängigem Räsonnieren (→ iǧtihād) abzuleiten. Im 20. Jh. versuchten einige Vertreter islamist. Richtungen (→ Salafīya, → Muslimbrüder), den Begriff š. aus dem jurist. Kontext zu befreien und generell als islam. »Lebensweise« komplementär zur islam. Dogmatik (→ ʿaqīda) zu setzen. → Religionsrecht. RS

Lit.: J. Schacht, The Origins of Mohammadan Jurisprudence, 1950. – J. Schacht, An Introduction to Islamic Law, 1964. – W. C. Smith, On Understanding Islam, 1981, 87–109. – N. Calder, Art. »Sharīʿa«, in: EI[2] 9, 1996, 321–28. – W. Hallaq, A History of Islamic Legal Theories: An Introduction to Sunni usul al-fiqh, 1997.

Sārnāth, buddh. Pilgerort bei → Benares, an dem der → Buddha Shākyamuni seine erste Predigt nach der Erleuchtung gehalten haben soll. AM

Šar-pūḫi-Riten (von akkad. šar pūḫi = Ersatzkönig), im alten Orient Riten zur Ableitung von Unheil, das durch Orakel für den König angekündigt wurde, auf einen Ersatzmann. Gelegentlich in altbabylon. Zeit bezeugt und in der Mitte des 2. Jt.s v. Chr. auch als babylon. Einfluss in Kleinasien nachweisbar, erleben die Š.-p.-R. unter dem assyr. Herrscher Asarhaddon (681–69) als Folge religiöser (und religionspolit.) Verunsicherung einen Höhepunkt. → Mesopotam. Religionen. MH

Lit.: J. Bottéro, Le substitut royal et son sort en Mésopotamie ancienne, in: Akkadica 9 (1978), 2–24. – S. Parpola, Letters from Assyrian Scholars to the Kings Esarhaddon and Assurbanipal, Bd. 2, 1983.

Sarvāstivāda (sanskr. = Lehre, dass alles besteht [sarvam asti]), im 3. Jh. v. Chr. aufgekommene philosoph. Schule des Buddhismus, nach der alle Faktoren des Daseins stets – d. h. in Zukunft, Gegenwart und Vergangenheit – existent sind. Die erlebbare Gegenwart ist der flüchtige Moment, in dem eine Anzahl von Daseinsfaktoren aufgrund kausaler Bedingungen aus ihrer zukünftigen Seinsweise in ihre gegenwärtige Seinsweise übergeht, um gleich darauf in ihre vergangene Seinsweise überzuwechseln. Einen Überblick über den S. verfasste → Vasubandhu in seinem Abhidharmakosha. → Buddh. Literatur, → sangha. AM

Lit.: A. Bareau, Les sectes bouddhiques du petit véhicule, 1955. – E. Frauwallner, Abhidharma-Studien V.: Der S., in: Wiener Zs. für die Kunde Süd- und Ostasiens 17 (1973), 97–121.

Sāsana (pāli; sanskr. śāsana = Lehre, Botschaft, Weisung), bes. in den Theravāda-Ländern für den → Buddhismus verwendete Bezeichnung. AM

Satan (hebr. sāṭān = Widersacher, Gegner), ein der hebr. Rechtssprache entnommener Terminus, der in nachexil. Texten (Hiob 1–2, Sach 3,1f.) den Ankläger des Menschen vor Jahwes Richterstuhl bezeichnet. Zum bösen Widersacher Jahwes wird S. erst in monotheist. bearbeiteten Schichten der Chronik, in der S. die ursprünglich Jahwe selbst zugeschriebene Rolle des Verführers zur Sünde übernimmt. Zum Möchtegern-Gott dieser Welt wird er seit der → Apokalyptik des 3. Jh. v. Chr. (→ Henoch, → Teufel) → Šayṭān. GA

Satanismus, kultische Verehrung des dunklen Prinzips der (jüd.)-christl. Tradition, des → Satans oder → Teufels, der als Gegenkraft zu → Gott konzipiert wird. Dadurch ist S. stets eng auf die christl. Theologie bezogen, deren Weltsicht grundsätzlich geteilt wird. Trotz möglicher Wurzeln in spätantiken, dualist.-gnostischen Christentümern (→ Dualismus, → Gnosis) ist der eigentl. S. erst möglich geworden durch die übersteigerten Projektionen mittelalterlichen und neuzeitlichen Hexenwahns (→ Hexenglaube). Am Ende des 19. Jh.s erlangte der S. als Gegenkonzept zum Christentum v. a. in Frankreich und England eine gewisse Beliebtheit. Im 20. Jh. nannte sich der zu Unrecht als Satanist bezeichnete Magier A. Crowley (1875–1947) »Das Tier

666«, verkündete in einer Offenbarungsschrift (*Liber AL vel legis*) ein neues, nachchristl. Zeitalter und beeinflusste damit spätere Satanisten. Im Zuge der Gegenkultur der 1960er Jahre entstanden mehrere satanist. Vereinigungen, von denen die Church of Satan, 1966 von A. LaVey (1930–97) in San Francisco gegründet, die bedeutendste ist. Diese in den USA als Kirche eingetragene Gemeinschaft versucht, psycholog. Blockaden aufgrund christl. Schuldgefühle durch die Inszenierung hedonist. Rituale zu durchbrechen und den Menschen zur »wahren Freiheit« zu führen. Die Kirche erfuhr verschiedene Abspaltungen, etwa den Temple of Seth (gegründet 1975 von M. Aquino), den Ordo Templi Satanis u. a. Daneben lässt sich auch in anderen kulturellen Bereichen, wie bei den Hell's Angels oder der Heavy-Metal-Bewegung, eine Übernahme satanist. Deutungsmuster feststellen. Dennoch ist zu konstatieren, dass die Konstruktion des »S.« im Wesentlichen ein Medienereignis ohne wirkliche, d. h. auch zahlenmäßig relevante Entsprechung ist. → Magie. KVS

Lit.: K. F. H. Frick, Satan u. die Satanisten, 3 Bde., 1982–86. – J. Dvorak, S., 1989. – M. Introvigne, Il cappello del mago, 1990. – J. Schmidt, S. Mythos u. Wirklichkeit, 1992. – C. Colpe/W. Schmidt-Biggemann (Hg.), Das Böse. Eine histor. Phänomenologie des Unerklärlichen, 1993. – B. Ellis, Raising the Devil. Satanism, New Religions, and the Media, 2000.

Satī (sanskr. = die Gute, Reine, Treue [Gattin]). (a) Bezeichnung für eine indische Witwe, die sich verbrennen lässt oder dazu gezwungen wird; (b) die Sitte der → Witwenverbrennung (in Indien 1829 durch die Engländer verboten); (c) Name der Gefährtin → Shivas, die sich auf das Feuer warf, als ihr Vater Shiva vom Opfer ausschloss. AM

Lit.: J. Fisch, Tödliche Rituale, 1998.

Satipatthānasutta (von pāli satipaṭṭhānasutta = Lehrtext über die Entfaltung der Achtsamkeit), buddh. Lehrtext über eine Meditationsmethode, bei der durch konzentrierte Beobachtung physischer und geistiger Vorgänge der Hellblick (→ vipassanā) entwickelt werden soll, der im erlösenden Wissen gipfelt. → Buddh. Literatur, → Meditation. AM

Ü.: T. W. u. C. A. F. Rhys Davids, Mahā-Satipaṭṭhāna-Sutta, 1910.

Satori → Chanzong.

Satsanga (sanskr. = Zusammenkunft der Frommen, der Gemeinde), als Ort des religiösen Vollzugs und zur Unterstützung der persönlichen Frömmigkeit konstitutiv für die → bhakti. → Performanz. MHO

Saturnalien. Das röm. → Fest am 17. Dezember hat karnevaleske Züge (→ Karneval, → Verkehrte Welt): Die Zivilisation und ihre Regeln werden im Spiel abgestreift, bes. die Sklaven erhalten die Freiheit für diesen Tag und sind ihren Herren gleichgestellt. Saturnus (= griech. Kronos) als Gott der Urzeit wird von seinen – sonst das ganze Jahr über angelegten – Fesseln befreit, man spielt die goldene, wilde Urzeit. Das Fest war über die ganze Antike hin beliebt. Dass hier ein Festtyp aus dem Orient übernommen wurde, lässt sich wahrscheinlich machen. → Akītu. CA

Lit.: C. Auffarth, Der drohende Untergang, 1991, 202–76. – S. Döpp (Hg.), Karnevaleske Phänomene in antiken und nachantiken Kulturen, 1993. – H. S. Versnel, Inconsistencies in Greek and Roman Religion, Bd. 2, 1993, 89–227.

(Satya) Sai Bābā (auch Satyanārāyana, geb. 1926), populärer → Guru aus dem südind. Puttaparthi, der über ein gut organisiertes Netzwerk von einträglichen → āshrams und eine große Anhängerschaft in Indien, aber auch in der indischen Diaspora und im Westen verfügt. S. S. B. nahm im Alter von 14 Jahren seinen spirituellen Namen an und beanspruchte somit die Nachfolge Shrī Sai Bābās aus Shirdi (1836–1918), eines bekannten Dorfheiligen aus Maharashtra. Später behauptete er, eine Inkarnation Gottes selbst zu sein. In seinen Lehren finden sich Versatzstücke des → Vedānta, des → Vishnuismus und verschiedener nichthinduist. Religionen. HFT

Lit.: R. Seemann/S. Lechner-Knecht, S. B.: Gottmensch – Wundermann, 1987. – S. Singh, The Philosophy of Shri S. S. B. of Puttaparti, 1991.

Satyroi. Im Kult des → Dionysos stehen wilde Männer antagonist. neben wilden Frauen (→ Mänaden). Die lüsternen S. sind als geile Ziegenböcke mit Bart, Hörnern, Schwanz und Phallos verkleidet, die Frauen fliehen vor ihren Nachstellungen. An Dionysos-Festen sind Satyrn fester Typ in Theateraufführungen im Satyrspiel, das sich an die Tragödien anschließt. CA

Saul (um 1000 v. Chr.), aus Gibeat-Benjamin stammender erster König Israels, der siegreich gegen die »Philister« kämpfte, bis die Niederlage am Berg Gilboa seine kurze Herrschaft beendete. Die letzte Phase seiner Regentschaft war von Auseinandersetzungen mit dem ehrgeizigen Kronprätendenten → David geprägt (1 Sam 9–31). → Altes Testament, → Apokryphen. KVS

Sautrāntika (sanskr. = Anhänger des Sūtra-Endes), im 2. Jh. n. Chr. entstandene Schule des Frühbuddhismus, die den Abhidharma-Teil des Kanons ablehnt und nur den Vinaya- und Sūtra-Teil als autoritativ akzeptiert. Sie entwickelte die Idee eines immer vorhandenen feinen Bewusstseinsstroms als Kontinuum zwischen den Wiedergeburten. → Buddh. Literatur, → sangha. AM

Lit.: A. Bareau, Les sectes bouddhiques du petit véhicule, 1955.

Sāvitrī (sanskr.) → Gāyatrī.

Ṣawm (auch ṣiyām, arab. = Fasten), islam. Reinigungs-, Läuterungs- und Fastenritual, das zu den religiösen Pflichten (→ arkān ad-dīn) zählt und seit 624 auf den Monat → Ramaḍān bezogen ist. Es ersetzte die ursprüngliche Fastenzeit zu Beginn des Monats Muḥarram (→ ʿĀšūrāʾ). Das Ritual besteht aus der vollkommenen Enthaltsamkeit während der Tageszeit vom Morgengrauen bis zum Einbrechen der Nacht und wird durch eine Absichtserklärung (nīya) eingeleitet. Enthaltungsvorschriften für die Nachtzeit werden nicht gemacht, wohl aber Empfehlungen über die letzte Mahlzeit vor und die erste Malzeit nach dem täglichen → Fasten. RS

Lit.: K. Wagtendonk, Fasting in the Koran, 1968.

Šayḫ, arab. Ehrentitel für den Führer oder einen geachteten Angehörigen einer sozialen, gelehrten oder islam. Gemeinschaft, z. B. eines Stammes, einer Gilde, einer akadem. Institution oder eines mystischen Ordens (→ ṭarīqa, in persisch sprechender Umgebung auch pīr genannt). RS

Šayṭān (arab., wohl aus hebr. sāṭān [= Widersacher], über äthiop. śayṭān = Schutzgeist, aber auch Bezeichnung für »Schlange«), in der islam. Tradition Bezeichnung für vom Glauben abgefallene → Ǧinne, die jeden Menschen auf seinem Lebensweg begleiten, wobei sie nur indirekt (durch Einflüsterung) Macht über ihn ausüben können. Da der Teufel → Iblīs auch als Š. bezeichnet wurde, ist anzunehmen, dass im Koran neben diese arab. Bedeutung von Š. eine abrahamit. Identifizierung als → Teufel trat (dann meist determiniert), wobei Iblīs mit der Eigenschaft des Herrn aller Š. ausgestattet wurde. RS

Sayyid Quṭb (1906–66), islam. Intellektueller, Journalist und Literaturkritiker aus Ägypten; maßgebliche Autorität zahlreicher islamist. Gruppen. S. trat nach 1949 in engeren Kontakt zu den → Muslimbrüdern und erarbeitete eine umfassende islam. Theorie der Gesellschaft, in der der Religion die Funktion einer gemeinschaftsbildenden Institution zugewiesen wurde. Ausgehend vom Konzept der »sozialen Gerechtigkeit und Gleichheit« entwickelte S. einen islam. Diskurs, der den Islam als Sozialutopie und die Gegenwart in Analogie zur tradierten Benennung der vorislam. Zeit als »neue Epoche der Unwissenheit« (→ ǧāhilīya) beschrieb. Religion (→ dīn) ist für S. in erster Linie die diesseitige Verfahrensweise des Menschen und damit ein von anderen Systemen vollkommen differentes und unabhängiges universales »System« (niẓām). Dieses System ergebe sich aus »dem Glauben des Herzens, der Ethik des Handelns des Einzelnen und der → šarīʿa (hier die durch den Islam gestiftete Praxis) in der Gesellschaft« (S.), wobei sich in allen drei Symbolbereichen die absolute Göttlichkeit (ulūhīya) des Einen Gottes und dessen vollkommene Souveränität (ḥākimīya) abbilde. Dem Menschen obliege es, durch den Akt der Verinnerlichung dieses Systems (taṣwīr) eine psycholog., existentielle und emotionale Selbstbefreiung als Tat (taḥarrur wiǧdānī) durchzuführen und damit die in ihm anthropolog. angelegte Religionsbefähigung (→ fiṭra) zu verwirklichen. S. wurde 1954–64 mehrfach wegen »Anstiftung zum Aufruhr« inhaftiert und 1966 hingerichtet. Seine Schriften, v. a. seine beiden Hauptschriften *al-ʿadāla al-iǧtimāʿīya fī l-Islām* (»Die soziale Gerechtigkeit im Islam«, 1949) und *maʿālim fī ṭ-ṭarīq* (»Wegzeichen«, 1964) und sein Korankommentar *fī ẓilāl al-Qurʾān* (»Im Schatten des Korans«, 1953ff.), haben großen Einfluss auf die islamist. Bewegungen der 1970er Jahre ausgeübt. RS

Lit.: W. Shepard, S. Q. and Islamic Activism, 1996.

Schaddaj (hebr. šaddaj), atl. Gottesbezeichnung, oft in Verbindung mit → El als El Sch. (vgl. Gen

28,3 u. ö.), meist als »Gott der Allmächtige« verstanden. → Altes Testament, → Apokryphen, → Gott. KVS

Scham/Ehre. In einer Typologie von Kulturen (*Patterns of culture*) entwickelte R. Benedict 1932 das Konzept der Sch.-Kultur im Unterschied zur Schuldkultur, wie sie etwa im röm. Recht festgeschrieben ist. Sch. und E. sind ein Besitz; mit ihm verfügt man über ein Sozialkapital, das den sozialen Status einer Person und damit den Wert ihrer → Gaben in einer Gabenökonomie bestimmt: positive und negative → Reziprozität hängen davon ab. Beide Arten von Kapital sind gemeinsamer Familienbesitz, sind aber geschlechtsspezif. verteilt (→ Gender): Frauen besitzen oder verlieren Sch., Männer ihre E. Das Konzept gilt als »mediterran«, ist aber in allen Gesellschaften zu finden – in staatlich strukturierten allerdings überformt von Regeln, die nicht die soziale Stellung zum Kriterium des Wertes einer Person machen, sondern stattdessen Gleichheit vor dem Gesetz und individuelle Verantwortung setzen (griech. aidṓs/timḗ; lat. pudor/dignitas) und Tauschprozesse durch → Geld unabhängig vom Sozialstatus begleichen. → Mensch. CA

Lit.: R. Benedict, Patterns of Culture, 1932 (dt. Urformen der Kultur, 1955). – J. G. Peristiany, Honour and Shame. The Values of Mediterranean Society, 1966. – E. R. Dodds, Die Griechen und das Irrationale, 1970. – B. J. Malina, Die Welt des NT, 1981, ^{2}1993. – R. Parker, Miasma. Pollution and Purification in Early Greek Religion, 1983. – H. P. Duerr, Nacktheit und Sch., 1988. – C. Auffarth, Der drohende Untergang, 1991, 185–95, 461–501. – E. Saurer, Auf der Suche nach E. und Sch., in: Histor. Anthropologie 10 (2002), 206–24.

Schamanismus. I. Begriffsgeschichte. Seit Ende des 16. Jh.s gingen in Europa Berichte über religiöse Spezialisten aus Sibirien und Nordamerika ein, die bald mit dem Namen »Schamanen« belegt wurden, nach der Eigenbezeichnung in tungusischen (sibirischen) Gemeinschaften. Über die Extension des Begriffs herrscht bis heute keine Einigung in der Wissenschaft: Manche Forscher begrenzen das Phänomen auf die zirkumpolaren Völker, von denen der Begriff generiert wurde, andere wählen einen systemat. Zugang, der den Sch. als eine religiöse Grunderfahrung auffasst, die histor. bis in die Jungsteinzeit und lokal auf allen Kontinenten zu verfolgen ist.

II. Charakterisierung. Traditionell gehört zum Sch. die Interaktion des Schamanen (häufiger Männer als Frauen) mit spirituellen Entitäten – Ahnengeistern, Tier- und Pflanzenwesen etc. –, die häufig in einem Zustand erweiterter Wahrnehmung vonstatten geht und der Heilung von Klienten sowie dem Wohlergehen der Gemeinschaft (Gesundheit, Jagd, Ernte etc.) dient (→ Heil, → Medizin). Als bedeutende Religion findet sich der Sch. heute v. a. in (mehr oder weniger) traditionellen Gesellschaften Nordeurasiens, Afrikas und den Amerikas sowie in China und Korea, wo er als »Urreligion« und Grundlage späterer Traditionen betrachtet wird und damit auch der Schaffung nationaler Identitäten dient.

III. Wirkungsgeschichte in Europa. Eine rein phänomenolog. Ausrichtung der Forschung, durch M. → Eliade (1907–86) angestoßen, übersieht zuweilen den erheblichen Einfluss westlicher Projektionen auf das Phänomen, etwa die Überbetonung der Trance (→ Ekstase) oder der Unterweltreise. In Europa entfaltete die Konstruktion des Sch. seit dem 18. Jh. eine große Wirkung, sowohl auf die Kunst (Goethe) als auch auf Religion und Philosophie (→ Herder, → Schelling und die Romantik). Dieses Interesse wurde im Zuge der → New-Age-Bewegung erneut aktiviert, und der »Neo-Sch.« verbindet naturphilosoph. und ökolog. Konzepte (→ Pantheismus, »Tiefenökologie«) mit akadem. Wissen zu einem persönlichen und gesellschaftlichen Heilungsweg. → Animismus, → Divination, → Himmelsreise/Jenseitsreise, → Magie, → Pantheismus. KVS

Lit.: M. Eliade, Sch. u. archaische Ekstasetechnik, 1957. – M. Taussig, Shamanism, Colonialism, and the Wild Man. A Study in Terror and Healing, 1991. – G. Flaherty, Shamanism and the 18th Century, 1992. – M. Hoppál, Schamanen u. Sch., 1994. – G. Lindquist, Shamanic Performances on the Urban Scene. Neo-Shamanism in Contemporary Sweden, 1997. – A.-L. Siikala/M. Hoppál (Hg.), Studies on Shamanism, 1998. – H.-P. Francfort/R. N. Hamayon (Hg.), The Concept of Shamanism: Uses and Abuses, 2001. – P. Vitebsky, Sch. – Reisen der Seele, magische Kräfte, Ekstase und Heilung, 2001. – R. Hutton, Shamans. Siberian Spirituality and the Western Imagination, 2001. – K. von Stuckrad, Sch. u. Esoterik. Kultur- und wissenschaftsgeschichtliche Betrachtungen, 2003. – A. A. Znamenski (Hg.), Shamanism, 3 Bde., 2004 (Anthologie).

Schammaj, jüd. Gesetzeslehrer vor 70 n. Chr. Im Gegensatz zu → Hillel pflegte das »Haus Sch.« die strengere Rechtstradition zu vertreten. → Rabbinen. KVS

Scharia → šarīʿa.

Schawuot (hebr. ḥag šābuʿōt), das jüd. → Wochenfest, eines der Wallfahrtsfeste der Antike, an dem die Erstlinge der Weizenernte nach Jerusalem gebracht wurden (Ex 23,16; 34,22). Rabbin. Tradition bezog das → Fest auf die Offenbarung der → Torah am Sinai (bT Schabbat 86b; Pessachim 68b). An Sch. werden Häuser, Wohnungen und Synagogen mit Grün geschmückt, wodurch der Charakter der Erntedankfeier zum Ausdruck kommt. → Pfingsten. KVS

Schechina (hebr.-aramäisch šᵉkinā = das Wohnen [Gottes]), in jüd. Theologie die kultische Gegenwart Gottes. Nach rabbin. Auffassung entfernte sich die heilvolle Nähe Gottes durch diverse Verfehlungen in der Geschichte Israels, doch durch das Auftreten von Gerechten und die Torahfrömmigkeit der Juden senkt sich die Sch. erneut herab, bis sie zur Heilszeit wieder auf Erden wohnt. Neben dieser heilsgeschichtlich-spirituellen wurde vielfach auch eine personale Konzeption vertreten, nach der die Sch. gleichsam als Partnerin Gottes betrachtet wurde. Diese konnte in der Frühzeit als → Göttin gedacht werden, oder, wie in der → Kabbala, als mystische Größe der Vollendung des Göttlichen durch seine weibliche Hälfte. Mittelalterliche Philosophie, etwa bei → Saadja oder → Maimonides, versuchte, anthropomorphe Züge zu vermeiden, und sah in der Sch. die Verbindung zwischen Gott und Menschen, die visionäre und prophet. Schau ermöglicht. KVS

Lit.: A. M. Goldberg, Untersuchung über die Vorstellung von der Schekhinah in der frühen rabbin. Literatur, 1969. – M. E. Lodahl, Shekhina Spirit. Divine Presence in Jewish and Christian Religion, 1992. – H. Ernst, Die Sch. in rabbin. Gleichnissen, 1994. – P. Schäfer, Mirror of His Beauty. Feminine Images of God from the Bible to the Early Kabbalah, 2002.

Scheich → Šayḫ.

Scheler, Max (1874–1928), einer der Begründer der → Wissenssoziologie und der philosoph. → Anthropologie. Die sozialen Strukturen stellen für ihn die »Realfaktoren« einer Gesellschaft dar, während religiöse Vorstellungen (»Heilswissen«) »Idealfaktoren« sind. Beide bilden für sich genommen eigene Regelkreise. Ideen und religiöse Vorstellungen werden demnach erst dann »realisiert«, wenn sie mit den Realfaktoren verbunden werden. Weil diese Verbindung nur als punktuelle Überbrückung beider Regelsysteme vorkommt, gleichen die Verbindungsstellen den »Schleusen«. HK

W.: GW, 12 Bde., 1954–87.

Schelling, Friedrich Wilhelm (1775–1854), dt. Philosoph, folgte 1841 auf → Hegels Berliner Lehrstuhl. Sein Werk, das zwischen Natur- und → Religionsphilosophie, → Mythologie und → Offenbarung angesiedelt ist, sucht nach einer Gottesvorstellung, in deren Rahmen der menschlichen Freiheit ein zentraler Platz zukommt. Besonders das Spätwerk nimmt aber die Einflüsse der Religion der Romantik auf. MB

Scheol (hebr. šᵉʾōl), jüd. → Jenseits und Totenreich, das man sich als trostloses Schattenreich, oftmals im Innern der Erde, dachte. Im Unterschied zur christl. → Hölle ist die Sch. im biblischen Kontext kein Strafort, sondern eher ein meist nicht näher definiertes »Zwischenreich« (z. B. Gen 37,35; Dtn 32,22; 1 Sam 2,6; Koh 9,10; Jes 14,9; Ez 32,17–32). In rabbin. Zeit wurde die Sch. bald in der Unterwelt, bald im Himmel lokalisiert, und auch die Vorstellung der sich dort vollziehenden Strafe fiel talmud. unterschiedlich aus. Nach → Maimonides bestand die Strafe im Ausschluss vom ewigen → Leben. → Altes Testament, → Apokryphen, → Gehenna, → Hinnomtal. KVS

Lit.: P. S. Johnston, Shades of Sheol: Death and Afterlife in the Old Testament, 2002.

Scherz. (1) Im Sinne von Witz eine – zumeist mündlich tradierte – Textgattung, sehr kurze Erzählung oder sehr kurzer Dialog bzw. Gespräch mit einer überraschenden, komisch verblüffenden Schlussaussage, der sog. Pointe. Weiter kann eine komische Handlung als Sch. bezeichnet werden. Die Pointe des Sch. beruht entweder auf unerwarteten Wort- und Sprachspielen oder auf der ebenso überraschenden Brechung von Konventionen. Dabei verwendet der Sch. das Paradoxon, die Ironie, die Übertreibung oder die Umkehrung. Er hat zwar eine kognitive Intention im Sinne der Vermittlung einer Einsicht; diese ist jedoch nicht notwendig eine gültige, oder ihre Gültigkeit hängt nicht davon ab, dass man die Intention des Erzählers oder Akteurs versteht (v. a. bei der Ironie). Die soziale Kommunikationssituation ist neben der objektiven Komik die wichtigste Determinante des Sch.; sie entscheidet darüber, ob ein Sch. absichtlich oder unabsichtlich erfolgt, ob er verstanden und gegebenenfalls als witzig oder anstößig empfunden wird. (2) Das mögliche Verhältnis von Sch. und Religion ist ein doppeltes. Zum einen kann sich der Sch. auf religiöse Inhalte beziehen; er kann sie ad absurdum führen oder satir. verfremden. Ob ein religiöser Sch. als lustig oder anstößig empfunden wird, hängt von der Distanz bzw. Distanzierungsfähigkeit zum thematisierten Inhalt sowie von der Erzählsituation ab. Zum anderen kann der Sch. selbst eine religiöse Qualität annehmen: Zunächst transzendiert das Komische als uneigentliche Rede die Wirklichkeit der normalen alltäglichen Existenz. Darüber hinaus kann das Komische auf eine andere Realität verweisen, die gegebene Welt – wie flüchtig auch immer – relativieren und in diesem Sinne eine religiöse Funktion annehmen. VK

Lit.: D. Kamper/C. Wulf (Hg.), Lachen, Gelächter, Lächeln, 1986. – P. L. Berger, Erlösendes Lachen. Das Komische in der menschlichen Erfahrung, 1998. – K. Heinrich, »Theorie« des Lachens, in: C. Wulf/D. Kamper (Hg.), Logik und Leidenschaft: Erträge Historischer Anthropologie, 2002, 533–49.

Schia, Schiiten → šīʿa.

Schicksal (lat. fatum, arab. kadar, türk. → kismet), Glaube, dass alles Weltgeschehen von Mächten bzw. Kräften gelenkt wird, die damit auch (vorher-)bestimmen, was dem Einzelnen an → Glück und Unglück widerfährt. Sowohl in archaischen wie auch in den sog. Universalreligionen sind Vorstellungen schicksalhafter Bestimmung lebensweltlicher Ereignisse anzutreffen. Aus religionswiss. Sicht subsumiert der Begriff jedoch unterschiedliche Vorstellungen. Im Gegensatz zum heutigen Begriffsgebrauch, der Sch. als Eintreffen unvorhersehbarer, einschneidender Ereignisse definiert, setzt das Verständnis früherer Epochen zumeist einen Sinnzusammenhang allen Geschehens voraus, der auch den eigenen Lebensweg zum sinnhaften Sch. werden lässt. Die in vielen Kulturen verbreitete archaische Lebenseinstellung, Menschen und z. T. auch Götter seien dem Walten einer unberechenbaren, jedem sein »anteiliges Los« (griech. moíra) zuteilenden kosmischen Ordnung unterworfen, kann die Einstellung zum Sch. im äußersten Fall die Form des → Fatalismus annehmen lassen. In den monotheist. Traditionen entfalteten sich im Rahmen der Leitthematik der göttlichen Vorsehung und ihres Verhältnisses zur menschlichen Freiheit am Sch.-Begriff zahlreiche Dispute. In hinduist. und buddh. Zusammenhängen bekommt hingegen die Frage des Einflusses des → karma auf das gegenwärtige Lebens-Sch. bes. Bedeutung. Als Folge neuzeitlicher Rationalität tritt der Sch.-Glaube in den Hintergrund, obwohl dieser u. a. in der → Astrologie, verstanden als Glaube, dass Gestirnskonstellationen das individuelle Sch. beeinflussen, fortlebt. JS

Lit.: W. C. Greene, Moïra: Fate, Good and Evil in Greek Thought, 1944, ND 1968. – L. Doob, Inevitability: Determinism, Fatalism, and Destiny, 1988. – M. Theunissen, Sch. in Antike und Moderne, 2004. – M. Pye/K. Triplett (Hg.), Schicksalsdeutung und Lebensgestaltung in japan. Religionen, 2005.

Schisma (griech. = Riss). (1) Von einem Sch. kann man sprechen, wenn es zwischen (meist zwei) nennenswerten Gruppen einer Religionsgemeinschaft unüberbrückbare Divergenzen gibt, die zu einer erkennbaren »Bruchlinie« in der Struktur führen, die von der jeweiligen Religionsgemeinschaft selbst als wesentlich und einheitsstiftend erachtet wird. Ein Sch. geht mit gegenseitiger Abgrenzung der beteiligten Gruppen einher: Ausschluss (→ Exkommunikation), Verurteilung, Verfluchung, Auszug (Exodus). Während der Vorwurf der → Häresie lediglich auf eine Diskrepanz im Lehrgehalt hinweist, bezeichnet das Sch. einen Riss bis in die Sozialstruktur. Es tritt fast immer an den Verwerfungen sozialer Schichten oder polit. Interessen auf, an den Grenzen zwischen → Nationen, Mentalitäten und Kulturräumen. (2) Der Begriff stammt aus dem christl. Kontext. Histor. bedeutsam ist das »Morgenländ. Sch.«, der sich anbahnende Bruch zwischen der griech. und der lat. → Kirche durch die wechselseitigen Exkommunikationen von 1054, der bei der Plünderung von Konstantinopel 1204 endgültige Gestalt annimmt. Als »Abendländ. Sch.« bezeichnet man die Zeit zwischen 1378 und 1417, als sich in der lat. Kirche bis zu drei → Päpste gegenüberstanden. Auch die Entstehung der reformator. Kirchen im 16. Jh. oder der Altkath. Kirche im 19. Jh. lässt sich als Sch. beschreiben. KHS

Lit.: M. Meinertz, Sch. u. Hairesis im NT, in: Biblische Zs. 1 (1957), 114–18. – E. Baker (Hg.), Schism, Heresy and Protest, 1972.

Schleier (arab. hiǧāb). (1) Der Sch. war bereits im 12. Jh. v. Chr. im assyr. Gesetz Bestandteil detaillierter Rechtsvorschriften. Auch in der Frühzeit des Islam war der Sch. je nach Familienstand vorgeschrieben und lässt sich wie die Segregation der Frauen als lokal gebundene Tradition nicht allein aus dem → Koran herleiten; Sure 24/31 und 33/59 bieten (auch bezüglich der zu bedeckenden Körperteile) keine klaren Vorschriften, sondern definieren familiäre Verhältnisse und Standesunterschiede. Der Sch. war eher Erkennungsmerkmal denn Glaubenszeugnis jüd., christl. und muslim. Frauen städtischer Oberschichten. (2) Ende des 19. Jh.s n. Chr. wurde der Sch. durch die europ. Kolonialherrschaft zum Identitätskonstrukt. Seit den 1870er Jahren hatte es arab. Bestrebungen gegeben, im Zuge von allgemeinen Rechtsreformen auch die Lage der Frauen (Bildung, Ehe-, Scheidungsrecht) zu verbessern. 1899 war in Ägypten die Forderung nach Entschleierung Ausgangspunkt eines Disputs über die koloniale Hegemonie Großbritanniens, der die Ablehnung des Sch. zugerechnet wurde, sowie über kulturelle Eigenständigkeit mit traditionellen Kleidungsregeln als wesentlichem Ausdruck (→ Kleidung). Reformansätze zugunsten von Frauen gerieten in den Kampf gegen die britische Besatzung, die das soziale und ökonom. Gefüge der ägypt. Gesellschaft und die Grundlagen des Rechts zu sprengen drohte. Der Sch. wurde so zum → Symbol antikolonialen Widerstands. (3) Im Westen ist das »Kopftuch« Ende des 20. Jh.s im Kontext der Migration zur Chiffre in der Auseinandersetzung um soziale Definitionsmacht geworden. Es steht als zeitgenöss. Interpretation islam. Quellen für eine Aussage, die ihre Adressaten in der muslim. Gemeinschaft wie der Aufnahmegesellschaft sucht, und zielt auf Emanzipation von Herkunftsfamilien, eigenethn. Gruppe und den Erwartungen der ganzen Gesellschaft. Es ist Teil der Konstruktion eines islam. Selbst in einem nichtislam. Kontext. Das führt zu einer erneuten symbol. Aufladung – wieder deutlich über die eigentl. »Frauenfrage« hinaus. HLF

Lit.: L. Ahmed, Woman and Gender in Islam, 1992. – S. Nökel, Die Töchter der Gastarbeiter und der Islam, 2002.

Schleiermacher, Friedrich Daniel Ernst (1768–1834), protestant. Theologe und Philosoph. Er entwickelte eine eigene Theologiekonzeption (→ Theologie), eine eigene → Hermeneutik und eine eigene → Ethik, die eine moderne Gesellschaftstheorie einschloss. Obwohl Sch. überwiegend – kritisch oder affirmativ – als Subjektivitätstheoretiker betrachtet wird, dürfte er im Kontext der (Früh-)Romantik doch eher als Religions-, Naturphilosoph und »Semiotiker« aufzufassen sein. In diesen Kontext ist seine Formulierung, → Religion sei → »Gefühl« bzw. »Sinn und Geschmack für das Unendliche«, einzuordnen. Diese Auffassung von Religion wurde wiederentdeckt in der sich in theolog. Fakultäten etablierenden → Religionswissenschaft in Deutschland (R. → Otto). Red

W.: Reden über die Religion an die Gebildeten unter ihren Verächtern, 1799 [zunächst anonym], hg. von R. Otto, 1899; hg. von G. Meckenstock, 1999. – KGA, 1984ff.

Lit.: K. Nowak, Sch. und die Frühromantik, 1986. – B. Gladigow, F. D. E. S., in: A. Michaels (Hrsg.), Klassiker der Religionswissenschaft, 1997, 17–28, 359–62. – K. Nowak, Sch., Leben, Werk, Wirkung, 2002.

Schma (hebr. šᵉmaʿ = höre), Kurzname des als Schma Jisrael bezeichneten zentralen jüd. Bekenntnisgebets (→ Gebet): »Höre, Israel, JHWH ist unser Gott, JHWH ist einer« usw. (Dtn 6,4–9). Verbunden mit Dtn 11,13–21 und Num 15,37–41, war es wohl schon in der Zeit des Zweiten Tempels, sicher aber zur Zeit der → Mischna, pflichtgemäßes Morgen- und Abendgebet. → Altes Testament, → Apokryphen. KVS

Schmidt, (Pater) Wilhelm (1868–1954). Der kath. Missionar im Orden der Steyler Missionare (SVD Societas Verbi Divini) prägte die Wiener Schule der Ethnologie mit ihrer Zeitschrift *Anthropos* (seit 1906). Sein umfangreiches Werk *Der Ursprung der Gottesidee* versuchte – im Unterschied zum gängigen → Evolutionismus – nachzuweisen, dass am Anfang der → Religion ein ursprünglicher → Monotheismus stehe. CA

W.: Der Ursprung der Gottesidee, 12 Bde., 1912, ²1926–55. – Das Eigentum auf den ältesten Stufen der Menschheit, 3 Bde., 1937–42.

Lit.: H. Waldenfels, W. S., in: A. Michaels (Hg.), Klassiker der Religionswissenschaft, 1997, 185–97, 384f.

Schöpfung, theolog. Begriff, der die Entstehung der Welt durch den Sch.-Akt eines → Gottes bezeichnet. Idealtyp. ist hierfür die biblische → Genesis. Erweitert werden Sch.-Vorstellungen durch den Begriff der → Kosmogonie, der auch nichtkreationist. bzw. nichttheozentr. Entstehungsvorstellungen umfasst. Bei der Darstellung der Entstehung oder des Ursprungs einer geordneten Welt (Kosmos) werden u. a. die Motive der Entstehung aus einem Ur-Ei oder einem Ur-Ozean oder durch einen Kampf verschiedener antagonist. Götter (→ Dualismus) verwendet. Voraus geht den ordnenden Prozessen immer ein Zustand des Ungeordneten, des Amorphen, des Nichts, der Ununterschiedenheit oder allgemein des → Chaos. → Deutungsmuster. JM

Lit.: C. Auffarth, Der drohende Untergang. »Sch.« in Mythos und Ritual, 1991. – M. Eliade (Hg.), Die Schöpfungsmythen, 2002.

Scholastik (von griech. scholḗ, lat. schola = Schule), kritische Bezeichnung aus humanist. bzw. reformator. Perspektive, die den mittelalterlichen theolog.-philosoph. Schulbetrieb, der sich in der röm.-kath. Theologie teilweise bis in die jüngere Zeit fortsetzt, als »spitzfindige«, erfahrungsferne Reflexion kennzeichnet: Nach dem Durchlaufen der »freien Künste« (Rhetorik, Grammatik, Logik, Dialektik) wandte man sich theolog.-philosoph. Studien zu. Diese waren aber nicht offen in ihrem Ergebnis, sondern hatten zum Ziel, die normativen Schriften und kirchlichen Entscheidungen zu bestätigen. Dagegen arbeiteten die protestant. Universitäten mit dem Konzept des Nominalismus, der den Weg zur Freiheit der Wissenschaft öffnete, weil seine Gegenstände die menschlichen Benennungen (lat. nomina), nicht göttliche Vorgaben waren. Das Autoritätsproblem normativer Schriften und kirchlicher Entscheidungen wurde in der Sch. mit dialekt. Subtilität bearbeitet. Die dialekt. Methode ist noch in den großen Summen wie der des Thomas von Aquin (1224/25–74, → Summa Theologiae) nachzuvollziehen. Red

Lit.: A. M. Landgraf, Dogmengeschichte der Frühscholastik, 4 (in 8) Bde., 1952–56. – G. Mensching, Das Allgemeine und das Besondere. Der Ursprung des modernen Denkens im Mittelalter, 1992. – J. Goldstein, Nominalismus und Moderne. Blumenberg u. Ockham, 1998. – O. G. Oexle, Art. »Wissenschaft«, in: MLR 3, 2000, 673–80.

Scholem, Gershom (1897–1982), dt.-jüd. Religionswissenschaftler (später in Israel), der mit seinen Forschungen zur → Kabbala, aber auch zum Sabbatianismus (→ Sabbatai Zwi) eine Art »kopernikan. Wende« in der Beurteilung der jüd. → Mystik einleitete und auch über die Fachgrenzen hinaus ein breites Publikum erreichte. Ausgehend von zentralen philolog. Arbeiten und in enger Verbundenheit mit der sog. → »Religionsgesch. Schule« entwickelte Sch. ein Bild der Kabbala, das diesen Zweig des Judentums als wesentlichen Motor neuzeitlicher Religionsgeschichte zeigt. Diese Ausrichtung führte dazu, dass Sch. manche Bereiche der Mystik, etwa die → Magie, seinerseits marginalisierte. KVS

W.: Hauptwerke siehe → Kabbala, → Sabbatai Zwi.
Lit.: D. Biale, G.Sch. Kabbalah and Counter-History, 1979. – J. Dan, G.Sch. and the Mystical Dimension of Jewish History, 1987. – P. Schäfer/J. Dan, G.Sch.'s Major Trends in Jewish Mysticism. 50 Years after, 1993. – P. Mendes-Flohr (Hg.), G.Sch. The Man and His Work, 1994. – P. Schäfer/G. Smith (Hg.), G.Sch. Zwischen den Disziplinen, 1995. – E. Hamacher, G.Sch. u. die Allgemeine Religionsgeschichte, 1999. – S. M. Wasserstrom, Religion after Religion. G.Sch., Mircea Eliade and Henry Corbin at Eranos, 1999. – M.-R. Hayoun, G.Sch. Un juif allemand à Jerusalem, 2002.

Schopenhauer, Arthur (1788–1860), dt. Philosoph, dessen Lehre vom → Willen eine Kritik jeder Illusion bedeutet. Der Wille zum Leben bestimmt das praktische Verhältnis zur Welt; Erlösung von der Welt ist durch Verneinung des Willens möglich. Zeugnisse solcher → Askese finden sich nicht nur in indischer Religiosität, sondern auch im frühen Christentum und in der dt. → Mystik. Sch. war der bedeutendste Vermittler des → Buddhismus nach Europa. MB

W.: A. Sch.s Werke, hg. von L. Lütkehaus, 5 Bde., 1988.

Schriftgelehrte, veralteter Ausdruck für Experten des jüd. Rechts und der Bibelexegese. → Pharisäer, → Rabbiner/Rabbi, → Tradition. KVS

Schriftreligion. In Sch. bilden → Hl. Schriften, später zusammengefasst zum Hl. Buch, das normative Zentrum, nicht mehr ein hl. Ort mit seiner Priesterschaft. Die Religion wird damit losgelöst von den lokalen und histor. Bedingungen ihres Ursprungs (→ Universalisierung). Die Auslegung der Hl. Schriften auf andere Bedingungen hin (→ Hermeneutik) kann durch professionelle Exegeten eingeengt werden. → Ahl al-kitāb, → Bibel, → Kanon, → Koran, → Text, → Typologie. CA

Schriftrollen vom Toten Meer, Sammelausdruck für diverse religionsgesch. bedeutsame Dokumente, die in → Qumran sowie in benachbarten Regionen gefunden wurden, namentlich wertvolle Texte aus der Zeit des → Bar Kochba. KVS

Lit.: K. Beyer, Die aramäischen Texte vom Toten Meer, 1984.

Schulchan aruch (hebr. šulḥān ʿārūk = gedeckter Tisch), Titel eines 1565 publizierten religionsgesetzlichen Sammelwerkes des spanischen Talmudisten und Kabbalisten J. Karo (1488–1575). Nach dem Muster des von R. J. ben Ascher (gest. 1340) mit Rekurs auf → Maimonides verfassten Religionskodex *ʾArbaʿā Ṭūrīm* (= »4 Reihen«) teilte Karo seinen Sch. in 4 Teile: (1) ʾOraḥ ḥajjīm (= Lebensweise): Gesetze des häuslichen und gottesdienstlichen Lebens; (2) Jorē dēʿā (= Er lehrt Erkenntnis): Ritualvorschriften; (3) ʾæbæn ha-ʿæzær (= Stein der Hilfe): Ehegesetze; (4) Ḥōšæn mišpāṭ (= Schild des Rechts): Zivil- und Strafrecht. Moses Isserle aus Krakau (um 1525–1572) ergänzte die von Karo vornehmlich angeführten spanischen Autoritäten um solche aus Aschkenasien und Frankreich. In dieser Form hat der Sch. große Berühmtheit erlangt. KVS

Ü.: H. G. F. Löwe, Der Sch.a. oder die vier jüdischen Gesetzbücher, EA 1837–40, [2]1896.
Lit.: C. Tschernowitz, Die Entstehung des Sch.a., 1915.

Schuld, metaphor.-realist. Bezeichnung für sittliche Verfehlungen, seien diese als Verstoß gegen göttliche Gebote verstanden oder nicht. Wie beim Begriff → Lohn handelt es sich um eine Übertragung aus dem wirtschaftlichen Bereich (vgl. »Schulden«, → Religionsökonomie). Blieb der metaphor. Charakter von Sch. unterbetont, konnte die Idee in den Vordergrund treten, auch sittliche Verfehlungen ließen sich mit den üblichen Währungen begleichen. Dies hat bes. der röm.-kath. Kirche ökonom. Schwung verliehen, zugleich aber auch die → Reformation provoziert. → Gnade, → Sünde. Red

Lit.: R. Riess, Abschied von der Sch.?, 1996. – A. Bendlin, Art. »Sünde«, in: HrwG 5, 2001, 125–34.

Schweigen, wie die Pause in der Musik ein wichtiger Bestandteil religiöser → Kommunikation. In magischen Praktiken ist Sch. häufig geboten, um die Wirkung nicht zu gefährden. In hochkultureller religiöser Reflexion (etwa in der → Gnosis und → Mystik) resultiert es aus der Einsicht, dass religiöse Rede religiöse Erfahrungen immer nur unzureichend wiedergeben kann, und ist somit ein genuin religiöser Ausdruck. Schweigepraktiken wurden z. B. im mönchischen Schweigegebot, im stillen Gebet, in Meditationsformen und als Element innerhalb religiöser Rituale ausgebildet. → Askese. VK

Lit.: O. Casel, De philosophorum Graecorum silentio mystico, 1919. – G. Mensching, Das hl. Sch., 1926. – R. Sesterhenn (Hg.), Das Sch. und die Rel., 1983. – N. Luhmann/P. Fuchs, Reden und Sch., 1989.

Schwelle. Als Teil des Türrahmens markiert die Sch. die → Grenze zwischen dem Innen und dem Außen eines Gebäudes oder Raumes. Da die Sch. einen ambivalenten Zwischenraum bildet, der keinem der beiden angrenzenden Räume eindeutig zugehört, hat sie häufig sakralen Charakter: Eine Überquerung macht rituelle Vorkehrungen (→ Opfer, Purifikation, Vermeidung des Berührens usw.) erforderlich. Ausgehend von diesen Beobachtungen prägte A. van → Gennep den Begriff der Sch.-Riten (rites de marge), welche zusammen mit den vorausgehenden Trennungsriten (rites de séparation) und den nachfolgenden Angliederungsriten (rites d'agrégation) die Übergangsriten (→ rites de passage) bilden. Wie van Gennep aufzeigte, werden in vielen Riten Übergänge in einem räumlichen Sinne vollzogen, auch wenn es eigentl. um temporale (Jahreswechsel, Feiertage, Jubiläen) oder soziale (Statuswechsel, → Initiation, → Pubertät, Heirat, Bestattung) Übergänge geht. Die Sch.-Phase ist eine Zeit zwischen den Zeiten, in der eine bes. markierte Welt zwischen zwei Welten durchlaufen wird. Der Anthropologe V. → Turner prägte für die bes. Eigenschaften der Sch.-Riten den Begriff der → Liminalität: es werden alltägliche Regeln aufgehoben (→ »verkehrte Welt«), die Teilnehmer werden attributslos oder nehmen vorübergehend andere Identitäten an (Masken). Durch diese Auflösung der »Struktur« wird einer Neubestimmung in der folgenden Phase der Weg bereitet. Es gibt auch bestimmte »liminale« Wesen, die sich dauerhaft in einem Sch.-Zustand befinden; dazu gehören Asketen, Seher, Priester, Künstler, → Trickster und → Zwischenwesen. → Grenze. MG

Lit.: A. van Gennep, Les rites de passage, 1909. – V. Turner, Betwixt and Between: The Liminal Period in Rites de Passage, in: Ders., The Forest of Symbols, 1967, 93–111.

Seder → Passah.

Sedfest, auch als Dreißigjahrfest oder Jubiläum bezeichnet, wichtigstes Königsfest der → altägypt. Religion, begegnet während der gesamten altägypt. Kultur, von der prädynast. Zeit (Siegelabrollungen) bis in die Ptolemäerzeit. Dem S. liegt die Vorstellung zugrunde, dass sich Macht und Herrschaft in jeder Generation grundlegend zu erneuern haben. Deshalb müssen nach 30 Regierungsjahren im großen königlichen Erneuerungsfest die erlahmenden Kräfte eines Pharaos wiederbelebt und rituell regeneriert werden. Nach dem ersten S. wurde es im Mittleren und Neuen Reich in kurzen Abständen von drei oder vier Jahren wiederholt. Ob das S. einen ursprünglichen rituellen Königsmord abgelöst hat, bleibt strittig. Im Mittelpunkt stehen nach den überlieferten Szenenfolgen sowohl das Begräbnis einer Königsstatue als Verkörperung des altgewordenen Königs als auch eine Wiederholung der Thronbesteigung durch den »verjüngten« König, der in einem Kultlauf vor den Göttern seine wiederhergestellten physischen und magischen Kräfte demonstriert. Die Abbildungen vom S. gehören zum festen Bildprogramm der Totentempel und Sonnenheiligtümer, später auch der Göttertempel. Die Darstellung des S. lässt allerdings nicht in jedem Fall auf eine reale Feier schließen, histor. erfassen lassen sich nur wenige S. wie das vielfach belegte von Amĕnophis III. In der mit 66 Jahren extrem langen Regierungszeit von Ramses II. wurden sogar nachweislich 14 S. gefeiert. Die S. sollten als Erneuerungsfest des Königs auch im Jenseits fortgeführt werden, aber auch Götter sollten sie begehen. Bes. → Osiris wird als Herrscher des Jenseits in die Symbolik der erhofften Regeneration einbezogen. → Fest. EH

Lit.: E. Hornung/E. Staehelin, Studien zum S., 1974. – C. Auffarth, Der drohende Untergang, 1991, 502–23.

Sedna (inuit., wörtl. = »die da unten«; Mutter der Seetiere), v. a. in der Ostarktis verehrte mythische Gestalt, so bei den Namen gebenden Baffinland-Inuit an der Davis-Strait. Sie hat in den verschiedenen Inuit-Kulturen (→ Eskimo) unterschiedliche Namen und Konnotationen, am ähnlichsten bei grönländ. und ostkanad. Gruppen. (1) Der zugrunde liegende → Mythos berichtet von einer heiratsunwilligen Frau, die schließlich unwissentlich einen verwandelten Sturmvogel ehelicht. Weil sie bei ihm unterdrückt wird, nutzt sie den ersten Besuch ihres Vaters zur Flucht über das Meer. Die Vögel entfachen daraufhin einen Sturm, so dass der verängstigte Vater seine Tochter über Bord wirft. Aus ihren Fingergliedern, die er ihr abschneidet, als sie sich am Kajakrand festzuhalten versucht, entstehen die Seetiere. Die junge Frau lebt seitdem am Meeresgrund und wacht über diese. Wenn Menschen Tabus brechen, hält S. die Tiere in ihrem Haus am Meeresgrund zurück, so dass das Jagdglück ausbleibt. Es bedarf eines erfahrenen Schamanen (→ Schamanismus), um in einer → Trance zu S. zu gelangen und sie von dem Schmutz zu befreien, den die Tabubrüche verursacht haben. Da sie keine Finger mehr hat, kämmt der Schamane den Schmutz aus ihren langen Haaren und räumt den verdreckten Hauseingang frei. Häufig kommt es zu einer kollektiven Beichte der an der Seance Teilnehmenden, um S. gütig zu stimmen. Nach dieser Besänftigung verzeiht S. nach dem Glauben der Inuit den Menschen und entlässt die Seetiere erneut. (2) Bei den Oqomiut, einer Untergruppe der Baffinland-Inuit, hat sich aus dem schamanist. Ritual eine Kalenderzeremonie entwickelt, die alljährlich im November abgehalten wird. Sie beinhaltet neben den jagdrituellen Handlungen auch Elemente eines → Neujahrsfestes mit einem Wettkampf zwischen den im Sommer und den im Winter Geborenen zur Vorhersage des Jagdwetters im kommenden Jahr. JL

Lit.: F. Boas, The Central Eskimo, 1964. – I. Kleivan/B. Sonne, Eskimos. Greenland and Canada, 1985. – E. Haase, Der Schamanismus der Eskimos, 1987.

Seele (griech. psychḗ = Hauch, Atem, Lebensodem; lat. anima).

I. Begriffsgeschichte. Der griech. Begriff → psychḗ wird im dt. Sprachraum mit »S.« wiedergegeben; die Herkunft des dt. Wortes S. (althochdt. sê(u)la, mittelhochdt. sêle, schwedisch själ, niederländ. ziel, engl. soul) bleibt ungeklärt. Die häufig angeführte Ableitung von gotisch saiwala aus dem german. saiw(a)lô als »die vom See Herstammende, die zum See Gehörende«, die die german. Vorstellung von Seen als Aufenthaltsorten der S. der Ungeborenen und Toten impliziert, ist nicht gesichert. Der eher unbedeutende Begriff saiwala wurde von den christl. Missionaren aus den verschiedenen im ost- und südgerman. Raum bekannten S.-Komponenten ausgewählt, weil dieser sich am besten als Träger eines christl.-moral. Persönlichkeitskontinuums eignete. Die christl. Lehre von jenseitiger Vergeltung diesseitigen Verhaltens war den Germanen unbekannt. Bereits in der gotischen Bibelübersetzung von Wulfila im 4. Jh. wird psychḗ/anima durchgängig mit saiwala übersetzt.

II. Systematik. Religionshistor. stellt die Annahme der gleichzeitigen Existenz verschiedener S. wie bei den Germanen den Normalfall dar. In Religionswissenschaft und Ethnologie ist die Vielzahl der S. systemat. nach (a) Funktion, (b) Verhältnis zu ihrem Träger und (c) Gestalt unterschieden worden. (a) Auf die vitale Aktivität des → Körpers bezieht sich die Vital-S. (Körper-S.), die Ich-S. (Ego-S.) oder die Atem- oder Hauch-S. Die Exkursions-S. (Frei-S.) kann den Körper in Trance, → Ekstase oder Schlaf zeitweilig, im → Tod endgültig verlassen (Ahnen-S.). Die Außen-S. als Doppelgänger des Menschen (→ Nagual, → Alter Ego) wird außerhalb des Körpers in Gegenständen, Pflanzen oder Tieren lokalisiert. Wird die Verkörperung der Außen-S. zerstört, stirbt der Mensch. (b) Die Vital- oder Ich-S. kann mit dem Körper insgesamt, aber auch mit einzelnen Organen, v.a. dem Herz, als Organ-S. in untrennbarer Verbindung stehen. In ablösbarer Beziehung zum Körper agiert die Exkursions-S., völlig getrennt die Außen-S. Die Reinkarnations-S. verfügt über eine Mehrzahl körperlicher Träger. (c) Die S. kann sich in Menschen-, Tier- oder Pflanzengestalt manifestieren, daneben auch als Gegenstand, im Luft- oder Atemhauch (auch Wasser und Feuer) sowie in feinstofflicher Gestalt als Schatten, → Geist (Rauch) oder Gespenst. Grob- und Feinstofflichkeit, Körper- und Unkörperlichkeit korrelieren nicht immer mit Körper und S. Im Alten Ägypten muss z.B. der intakte mumifizierte Körper als S. angesehen werden, das gleiche trifft auf das Skelett in jüd.-christl. Perspektive zu.

III. Europ. Geschichte. (1) Entscheidend für die Entwicklung der S.-Vorstellung in Europa ist die »Erfindung des inneren Menschen«, die programmat. in der griech. → Antike Gestalt annimmt: Bei Homer (8. Jh. v. Chr.) sind menschliche Eigenschaften noch den Organen zugeordnet, die S. (psychḗ) existiert nur als körperloses Abbild (eídōlon) des Verstorbenen; seit dem 6. Jh. v. Chr. wird die Psyche aber auch als inneres Korrelat zum Körper (sō̃ma) aufgefasst. Trotz grundlegender Ungleichheit sind Körper und S. miteinander verbunden. Nach Heraklit (ca. 550–480 v. Chr.) besitzt die Psyche als Bestandteil des Lebens eine »räumliche« Tiefendimension, deren Grenzen unauffindbar seien. Als Basiskonzeption des europ. S.-Begriffs kristallisiert sich mit Heraklit die Anschauung von einer erkenntnisfähigen inneren S. als der Ganzheit einer → Person heraus, die als sein eigentliches Selbst auch nach dem Tod weiterexistiert. Das Konzept des Weiterlebens nach dem Tod eröffnet der S. in unterschiedlichen Postmortalitätskonzepten ein unsterbliches Leben in Jenseitswelten; in der S.-Wanderung (→ Reinkarnation) ergibt sich die Möglichkeit immer neuer Inkorporationen, in der christl. Eschatologie die der → Auferstehung von Körper und S. (2) → Platon (ca. 428–347 v. Chr.) sah die Psyche als Medium zwischen vergänglicher Welt und ewiger Ideenwelt an, wobei die letztere von der Seele nur aufgrund ihrer Teilhabe an beiden Welten zu erkennen sei. Nach Platon fehlt dem Kosmos zur Vollkommenheit die S., die als Welt-S. in, aber zugleich auch außerhalb der Welt zu finden sei. Auch entspricht bei ihm der Makrokosmos Welt dem Mikrokosmos Mensch (→ Mikro-/Makrokosmos). Wie andere griech. Denker sieht Platon die S. aufgrund ihrer Verbindung zum Göttlichen im Körper nicht nur verunreinigt und befleckt, sondern auch als Gefangene des Körpers. Allerdings kann die unsterbliche S. schon im irdischen Leben mit spezif. Techniken der Reinigung (kátharsis und áskēsis) vom Körper befreit werden. Damit wird die Forderung nach einer »reinen Lebensführung« etabliert. Aristoteles (384–322 v. Chr.) widersprach der »Kerkertheorie«: für ihn sind die vegetative und die animale S. zusammen mit dem Göttlichen der Vernunft im Mikrokosmos Mensch vereinigt und können sich nur im körperlichen Organismus entfalten (Entelechie). Das Erbe der griech. S.-Konzeption wirkt bis in die Gegenwart in den markanten westlichen Kulturmerkmalen von Selbsterkundung, Selbstdisziplinierung und Selbstverwirklichung nach. (3) In → Gnosis und Christentum wird im Gegensatz zum griech. Denken der Körper im Vergleich zur S. abgewertet. Augustinus (354–430) verschärft in einseitiger Perspektive die Leib-S.-Dichotomie: Gott und S. sind immateriell. Allein die S. kann zu Gott aufsteigen, um sich mit ihm zu vereinigen; nicht nach dem eigenen

Leib, sondern nach Gott hin ist sie ausgerichtet. Die Gottesebenbildlichkeit (imago Dei, → Ebenbild Gottes) charakterisiert den menschlichen Geist als die höchste der seelischen Schichten. Mit seinen *Confessiones* führt Augustinus die Innerlichkeit der radikalen Reflexivität als Selbstkonzept folgenreich in Europa ein. Gott kann man nur näher kommen, indem man sich nach innen wendet; er sei nur in der Privatheit der Selbst-Gegenwart zu finden. (4) Zu den einschneidendsten Veränderungen in der Frühen Neuzeit gehört die → Individualisierung der S., die sich entscheidend unter dem Einfluss der Renaissance und der in der → Inquisition mit Zwangsmitteln betriebenen Erforschung der Einwirkung äußerer dämon. Kräfte auf das Innere des Menschen vollzieht. Diese Entwicklung war durch die »Entdeckung des Individuums« im 12. Jh. vorbereitet worden. Befördert wurde der mittelalterliche Individualisierungsprozess auch durch die Einführung der persönlichen → Beichte (1215) sowie durch die Anschauung Thomas von Aquins (1225/26–74), nach welcher die Geist-S. von Gott als Formprinzip für den jeweiligen Leib erschaffen wird. Sowohl die nach der Reformation von allen Konfessionen intensivierte christl. »Seelsorge« als auch eine forcierte Gewissensbildung haben die bis heute gültigen Formen der Selbstkontrolle und Selbstdisziplinierung des Individuums bewirkt. So wird im Verlauf der Neuzeit die Sorge um das eigene S.-Heil immer mehr zur Aufgabe des einzelnen Menschen. R. Descartes (1596–1650) vollzog den entscheidenden Schritt von der Individualisierung zur Subjektivierung der S. Er stellte dem Körper ein Zentrum des Psychischen gegenüber. Da Descartes in seiner dualist. Metaphysik streng zwischen der Substanz der materiellen Welt (res extensa) als Außenwelt bzw. Körper und der als Denkkraft (res cogitans) bestimmten Substanz als Innenwelt bzw. Geist unterschied, verankerte er diese Vorstellung der Leib-S.-Dichotomie im westlichen Denken bis in die Gegenwart. (5) Die von Descartes vorbereitete »Entmythologisierung« der S. erreicht in der Mitte des 19. Jh.s ihren vorläufigen Höhepunkt. Die S.-Frage wird völlig von der weltanschaulichen Auseinandersetzung um den → Materialismus dominiert. Die Auseinandersetzung hat zwei wichtige Konsequenzen: (a) Die S. verliert ihre Transzendenz und wird der Immanenz des Körpers zugeordnet. Zum Maßstab und Ausdruck psychisch-sozialen Leidens wird der Körper. (b) Der Begriff »S.« verschwindet aus der Psychologie: seit 1866 wird die Psychologie aufgrund der Entscheidung für eine empir.-experimentelle und damit quantifizierbare Praxis zur »Psychologie ohne S.« (F. A. Lange). Tatsächlich löst die Psychologie nicht nur die S. in → Bewusstsein, Unbewusstes, Ich, → Selbst, Person, Subjekt, → Identität etc. auf, sondern die Psyche als zentrales Prinzip der Selbstorganisation sowie ihre Historizität und Kulturalität gerieten überhaupt aus dem Blickfeld. Eine (Religions-)Geschichte der S. unter Berücksichtigung der kulturellen Vielfalt der Menschheit ist noch ungeschrieben. (6) In den meisten wissenschaftlichen Disziplinen wird mit Ausnahme des Terminus »Leib-S.-Dualismus« der Begriff S. nicht mehr verwendet. Auch in der Religionswissenschaft erheben sich Bedenken gegenüber der weiteren Verwendung des Terminus. Als Produkt eines eurozentrist. Denkens konvergiert die S. als immaterielle, unsterbliche Wesenheit eines Individuums nicht mit anderen religiösen »S.-Begriffen« wie dem altägypt. → Ba, → Ka und → Ach, der hinduist. → ātman-brahman-Konzeption mit ihrer Verbindung zu → karma und Wiedergeburt sowie bes. augenfällig mit der buddh. anattā-Lehre. Zwar gibt es Entsprechungen, gleichzeitig aber auch wesentliche Unterschiede zum westlichen S.-Begriff. Eine zukünftige Aufgabe liegt in der Erarbeitung der Kontextualisierungen der Personalitätskonstrukte in den Religionen, die sowohl histor. in ihren Transformationen als auch kulturell in ihren Divergenzen und Besonderheiten zu rekonstruieren sind. EH

Lit.: J. Bremmer, The Early Greek Concept of the Soul, 1983. – H.-P. Hasenfratz, Die S. Einf. in ein religiöses Grundphänomen, 1986. – G. Jüttemann u. a. (Hg.), Die S. Ihre Geschichte im Abendland, 1991. – J. Assmann (Hg.), Die Erfindung des inneren Menschen, 1993. – A. I. Baumgarten u. a. (Hg.), Self, Soul and Body in Religious Experience, 1998. – J. Bremmer, The Rise and the Fall of the Afterlife, 2002.

Seelenwanderung → Reinkarnation, → Seele, → Tod, → Unsterblichkeit.

Sefär Chasîdîm → Chassîdê Aschkenas.

Sefarad → Sephardim.

Sefirah (hebr. s^epīrā = Zählung, Zahlenfolge), grundlegende Konzeption der kabbalist. Lehre, nach der sich die Gottheit in zehn Stufen (Sefirot) emaniert (→ Emanation). Erstmals im Sefär → Jezirah genannt, entwickelte sich die Lehre von den Wirkungskräften der Gottheit und ihrer dynam. Struktur zum Mittelpunkt kabbalist. Frömmigkeit. Trotz der Verschiedenheit der Emanationsstufen repräsentiert der »Baum der Sefirot« insgesamt die lebendige Gestalt des transzendenten Göttlichen, die Einheit des Wesens Gottes. Als Namen der Sefirot haben sich nach dem Buch → Sohar durchgesetzt: Kätär (hebr. kætær = Krone) (I), Chokhma (hebr. ḥokmā = Weisheit) (II), Bînah (hebr. bīnā = Einsicht) (III), Chäsäd (hebr. ḥæsæd = Gnade) (IV), Gebûrah (hebr. gᵉbūrā = Macht) (V), Tifʾärät (hebr. tifʾæræt = Pracht) (VI), Näzach (hebr. næṣaḥ= Sieg) (VII), Hôd (hebr. hōd = Majestät) (VIII), Jesôd (hebr. jᵉsōd = Fundament) (IX), Malkhût (hebr. malkūt = Herrschaft) (X). → Kabbala. KVS

Segen (von lat. signare = mit dem (Kreuzes-) Zeichen versehen), eine formelhafte, oft mit Gesten verbundene Sprachhandlung, der aufgrund ihrer Macht bzw. der Autorität Gottes eine Schutz gewährende oder heilende (z. B. Kinderlosigkeit behebende) Wirkung zukommen soll. Im AT ist → Jahwe die eigentliche Autorität hinter allen Segnungen, die der Mensch als Vermittler aussprechen kann (→ aaronit. S., Num 6,22–27). In seiner Macht liegt es auch, den gegenteilig wirkenden, schädigenden → Fluch in S. zu verwandeln. Segnungshandlungen bekunden den → Glauben an einen Sinnzusammenhang zwischen dem empfangenen Zuspruch, wenn nicht gar dem Geschenk des Lebens, und der göttlichen Kraft, auf die der Lobpreis des (oder der) Gesegneten erfolgt. Segnungen konstituieren damit Zugehörigkeit, während Flüche einen symbol. oder realen Ausschluss aus der Gemeinschaft bewirken. Als symbol. Handlung von kultureller Bedeutung findet sich die Spendung des S. auch in der Segnung von Lebensmitteln, Gebäuden, Fahnen, Waffen (→ Sakralisierung). JS

Lit.: I. Hampp, Beschwörung, S., Gebet. Untersuchungen zum Zauberspruch aus dem Bereich der Volksheilkunde, 1961. – C. Westermann, Der S. in der Bibel und im Handeln der Kirche, 1968, ²1992.

Seichō no Ie (japan. = Haus des Wachstums), 1930 durch den ehemaligen → Ōmotokyō-Anhänger Masaharu Taniguchi gegründete japan. Religion. Sie blühte insbes. nach dem Ende des Zweiten Weltkriegs auf. Die Schriften Taniguchis, die Heilungen, Einheit der Religionen und Weltfrieden versprechen, bilden einen bes. Orientierungspunkt für die mehr als 800.000 Anhänger. → Neue Religionen. MP

Sekte (lat. secta = Richtung, Partei; von sequi = nachfolgen), ursprünglich die lat. Entsprechung zum griech. haírēsis (→ Häresie), also Bezeichnung für eine religiöse Partei, die sich gegen die Mehrheitsrichtung stellt. Im Unterschied zu seiner alltagssprachlichen Bedeutung im Dt. bezieht sich dieser Begriff auf religiöse Gemeinschaften, die sich v. a. seit dem 18. Jh. von den großen Kirchen abgespalten haben. Wie → Kirchen können S. durchaus eine stattliche Zahl an Mitgliedern umfassen, doch beruht die Mitgliedschaft auf freiwilligem Beitritt, etwa durch Erwachsenentaufe, und zuweilen auch auf bes. religiösen »Qualifikationen«, etwa einem Konversionserlebnis. M. → Weber bezeichnet sie deswegen auch als »Verein religiös voll Qualifizierter«. Während sich die Kirche üblicherweise mit den weltlichen Bereichen des Lebens arrangieren kann, kann es bei Sekten zu einer Weltablehnung kommen, die mit einer zuweilen geradezu paramilitär. Zucht verbunden ist. → Neue Religiöse Bewegungen. HK

Lit.: M. Weber, Wirtschaft u. Gesellschaft. Grundriß d. verstehenden Soziologie [1922], in: MWS I 22, 2000ff. – E. Troeltsch, Die Soziallehren der christlichen Kirchen, 1912. – A. Molendijk, Zwischen Theologie und Soziologie. Ernst Troeltschs Typen der rel. Gemeinschaftsbildung, 1996. – Dt. Bundestag (Hg.), Sog. Sekten und Psychogruppen. Endbericht, 1998.

Selbst, auf das Erleben der eigenen → Identität bezogenes Konzept, dem des Ich verwandt. Zunächst von W. → James (1842–1910) eingeführt und in der psychoanalyt. Narzissmustheorie weiterentwickelt, sind abgeleitete Konzepte wie Selbstwertgefühl, S.-Konzept oder Selbstsicherheit heute sowohl alltagssprachlich als auch in allen Bereichen der Psychologie geläufig (→ Individuation). In der Komplexen Psychologie C. G. → Jungs gilt das S. auch als → Archetyp. → ātman. SM

Selbsterlösung, aus theolog. Sicht der Versuch des Menschen, sich aus eigener Kraft, ohne einen Erlöser (→ Erlösung) aus einem Unheilszustand (→ Heil/Leid, → Sünde, Vergänglichkeit) zu befreien, etwa durch gute Taten. In der christlichen Tradition ist in der Spätantike (Pelagianismus) und wieder in der Reformation S. verpönt, Erlösung sei allein durch Gottes Gnade möglich. Aus dieser Perspektive ist z. B. der Buddhismus eine Religion der S., da er anstatt den Menschen zum Ertragen des Leides und zum Vertrauen auf Erlösung von allen Übeln durch Gott zu führen vielmehr die Überwindung des Leidens aus eigener Kraft als erlernbare Befreiungspraxis lehrt. JS

Selbstmord, wertende Bezeichnung für die Selbsttötung. (1) É. → Durkheim untersuchte den S. als Maß für den Grad der Einbettung des Individuums in die arbeitsteilige Gesellschaft und unterschied idealtyp. egoist., altruist. und anomist. S. (a) Ein egoist. S. ist die Folge einer mangelhaften Integration des Individuums in die Gesellschaft, während umgekehrt ein (b) altruist. S. die Folge einer zu starken Integration in dem Sinne darstellt, dass er von der Gesellschaft eingefordert werden kann (Kriegertod, Witwenverbrennung). (c) Ein anomist. S. dagegen ist die Folge eines regellosen Zustands, etwa bei Kriegen oder Wirtschaftskrisen. (2) Die Geschichte einiger Weltreligionen ist durch eine Kriminalisierung des S. gekennzeichnet, die religiös (Heilsverweigerung, Schändung des Toten) und rechtlich (Erbrecht) ihren Ausdruck fand. Auch in der Antike galt S. grundsätzlich als kriminell, konnte jedoch nach Darlegung der Gründe durch die Stadtgemeinde genehmigt werden und war durch diesen Vorgang der Rechtfertigung mit einem therapeut. Verfahren verbunden. Im Hintergrund der religiösen Wertungen des S. stehen unterschiedliche Vorstellungen von der → Autonomie bzw. → Heteronomie des Menschen. So steht der Ächtung des S. die romant. Idealisierung des Freitodes gegenüber. S. ist hier der höchste Ausdruck von Individualität und menschlicher → Freiheit. Aktuelle religionswiss. Debatten zum S. befassen sich mit der Haltung von Religionsgemeinschaften zur Sterbehilfe (früher: Beihilfe zum S.) sowie der religiösen Motivation von S.-Attentätern. AKN

Lit.: E. Durkheim, Le suicide, 1897. – G. Minois, Geschichte des S., 1996.

Semantik, religiöse. Die Besonderheiten r. S. liegen darin, dass sie auf einer metaphor., gleichnishaften und allegor. Sprache basiert. Der tropische Charakter gründet darin, dass das »Transzendente« (das Abwesende, Unbekannte), auf das sich r. S. bezieht, selbst nicht kommunikabel ist und daher mit »immanenten« (bekannten) Mitteln bezeichnet werden muss. Durch den tropischen Charakter der r. S. werden als neu- oder andersartig geltende Sachverhalte, die mit etablierter S. nicht erfasst sind, mit Rekurs auf Vertrautes kommunikabel gemacht. R. S. ist durch ein eigentümliches Wechselspiel von Erweiterung und Einschränkung gekennzeichnet. Einerseits erzeugt sie durch ihren tropischen Charakter Sinnüberschüsse, die den Sinn der Alltagssprache transzendieren und darin der Deckung und Kontrolle durch die sinnliche Wahrnehmung weitgehend entzogen sind. Um aber mitteilbar und verständlich zu sein, müssen ihre Sinnüberschüsse andererseits eingeschränkt werden. Dies erfolgt in sozial geregelten Divinationspraktiken, durch die Ausbildung von festen Sprachmustern (z. B. Formeln und Sprachgattungen), Mythen, Texten und deren Kanonisierung, rituellen Handlungen und religiösen Ethiken. Durch derartige Einschränkungen der Sinnüberschüsse r. S. werden zugleich ein → Gedächtnis und → Traditionen ausgebildet. → Deutungsmuster. VK

Lit.: K. Bayer, Religiöse Sprache. Thesen zur Einführung, 2004.

Semiten. In den histor. Weltgeschichten (wie in der Schedel'schen Weltchronik, 1492, 12/13) sah man lange Zeit die drei Kontinente von den drei Söhnen → Noahs bewohnt, von Sem (Asien), Ham (Afrika) und Japhet (Europa), vgl. Gen 9,18. Im 19. Jh. bildete die Bezeichnung den zunächst sprachwissenschaftlichen, dann rassist. Gegenbegriff zur den → Ariern (→ Indogermanen). → Geschichtsschreibung, → Typologie. CA

Sensus numinis (lat. = Gespür für das → Heilige), in R. → Ottos Konzept eine unabdingbare psychische Voraussetzung für → Religion, die nur wenige Menschen entwickeln. CA

Sephardim, auf Obadja 20, wo »S^e^fārad« die Bezeichnung eines unbekannten Exilsgebietes ist, zurückgehende Bezeichnung für die span. und portugies., genauer die aus Spanien (1492 n. Chr.), Portugal (1497) und der Provence (1508) vertriebenen Juden und ihre Nachkommen, meist in Abgrenzung von den → Aschkenasim. Der Strom der Exulanten richtete sich v. a. ins östliche Mittelmeergebiet, ins Osman.

Reich und nach Palästina. Aufnahmeländer waren ferner Italien und die Niederlande. In all diesen Gebieten entwickelten sich durch die S. neue Zentren jüd. Lebens, wobei die bes. sefard. Kultur und Geistigkeit auch auf die Umwelt einwirkte. KVS

Lit.: M. J. Benardete, Hispanic Culture and Character of the Sephardic Jews, 1953, ²1982. – D. M. Bunis, Sephardic Studies. A Research Bibliography, 1981. – N. Rehrmann/A. Köchert (Hg.), Spanien u. die Sepharden. Geschichte, Kultur, Literatur, 1999. – Y. K./N. A. Stillman (Hg.), From Iberia to Diaspora. Studies in Sephardic History and Culture, 1999.

Septuaginta (lat. = siebzig), Bezeichnung für die griech. Übersetzung der hebr.-aramäischen → Bibel, nach der Legende, es seien 70 [eigentl. 72] Personen an der Übersetzung beteiligt gewesen. Antike Berichte (Aristeasbrief; Philo, *De Vita Moysis* 2,26f.) und moderne Forschung belegen, dass aufgrund der griech. Umgangssprache in der jüd. Diaspora Ägyptens schon früh das Interesse an einer griech. Version der verbindlichen Traditionen jener privilegierten Minderheit bestand. So dürfte in Alexandria schon um die Mitte des 3. Jh.s v. Chr. in königlichem Auftrag und in Abstimmung mit Jerusalem eine Pentateuchübersetzung erarbeitet worden sein. Die Übersetzung der übrigen biblischen Bücher bis ins 1. Jh. v. Chr. dürfte dagegen eher auf private bzw. innerjüd. Initiative zurückgehen. Auch ist mit verschiedenen Varianten der S. zu rechnen. Religionsgesch. relevant ist die S. zum einen, weil sie bereits eine Interpretation der überlieferten Texte darstellt (etwa im Versuch, hebr. Anthropomorphismen im griech. Text zu eliminieren), zum anderen aber, weil sie die Bibel der frühen Christentümer war, die für die Entwicklung des Christentums große Bedeutung hatte. → Altes Testament, → Apokryphen, → Kanon, → Torah. KVS

Textausgabe: S. Id est: Vetus Testamentum graece iuxta LXX interpretes. Hg. von A. Rahlfs, 2 Bde., 1935, 1982.
Lit.: J. Ziegler, Sylloge. Gesammelte Aufsätze zur S., 1971. – M. Hengel/A. M. Schwemer (Hg.), Die S. zwischen Judentum u. Christentum, 1994. – H. Reventlow (Hg.), Theol. Probleme der S. u. der hellenist. Hermeneutik, 1997. – R. Hanhart, Studien zur S. u. zum hellenist. Judentum, 1999.

Serafim (von hebr. sāraf = brennen, siehe Num 21,6ff.), in der Hebr. Bibel mytholog. Mischwesen in Gestalt geflügelter Schlangen. Ihr Name soll auf ihren brennenden Biss zurückgehen. Die Schlange hatte im gesamten Vorderen Orient eine enorme kultische Bedeutung, insbes. als Attributtier (→ Tier) weiblicher Gottheiten. Deshalb ist es nachvollziehbar, dass S. als Hüter des göttlichen Heiligtums (Jes 6,2f.) eingesetzt waren und zur Zeit Hiskias sogar kultisch verehrt wurden (2 Kön 18,4). Später wurden die S. – ähnlich wie die → Kerubim – als halbmenschliche Gestalten vorgestellt und als eigene Engelklasse betrachtet mit der Aufgabe, Gottes Lobpreis anzustimmen. → Altes Testament, → Apokryphen, → Engel. KVS

Seraphim → Serafin.

Set, nach Gen 4,25 dritter Sohn → Adams und Evas, Ahnherr der Sethiten, in denen sich das adamit. Menschengeschlecht fortsetzt. Davon zu unterscheiden ist der ägypt. Seth, als Bruder des → Osiris und Rivale des → Horus Teil der Neunheit von On, der unter den Ramessiden zu einem kämpfer. und mächtigen Gott aufstieg (→ altägypt. Religion). → Altes Testament, → Apokryphen. KVS

Seuse (Suso), Heinrich (1295–1366), Dominikaner im Umkreis → Eckharts, dessen spekulatives Denken er zugunsten einer mitempfindenden Nachfolge Christi stark abschwächt. Devotion und (körperlich mitvollzogene) → Passionsmystik bestimmen sein autobiograph. geprägtes Werk. Sein *Horologium sapientiae* gehört zu den beliebtesten Erbauungsbüchern des späten Mittelalters. → Mystik. AW

W.: Dt. Schriften (hg. von K. Bihlmeyer), 1907. – Dt. mystische Schriften (hg. von G. Hofmann), erw. ND 1986. – Horologium Sapientiae (Erste krit. Ausgabe von P. Künzle), 1977.
Lit.: A. M. Haas, Kunst rechter Gelassenheit. Themen u. Schwerpunkte von H. S.s Mystik, 1995, ²1996.

Sexualität (von lat. sexus = natürliches Geschlecht), Geschlechtlichkeit, Geschlechtsverkehr im Gegensatz zu → Gender = soziales Geschlecht. (1) S. stand als elementarster Ausdruck biolog. Lebens, menschlicher Kommunikation und vitaler Sinnlichkeit, als Triebbefriedigung, körperlich vermittelte Glückseligkeit und Garant der Fortdauer von Leben immer in einem kulturell sehr variablen Spannungsverhältnis zu den Religionen – zwischen Einbezug und Ausgrenzung, Sakralisierung und Dämonisierung. Die im Orgasmus körperlich vermittelte → Ekstase und Verschmelzung bringen S. in eine unmittelbare Nähe zur → Mystik. In heutigen säkularisierten und individualisierten Gesellschaften hat S. oft die Funktion eines Religionsersatzes. Insbes. in frühen Kulturen und Stammesgesellschaften wird die S. selbst als sakrale und kosmische Macht aufgefasst. Sexuelle Potenz, Zeugungskraft und Fortpflanzung inspirierten Kulte (Riten der Fruchtbarkeit und Welterneuerung, → »Hl. Hochzeit«, Kultprostitution) und Mythen (Kosmologien) und waren auch in einem übertragenen Sinne geeignet, Repräsentationen eines weltschaffenden Prinzips und geschlechtsspezif. → Gottesvorstellungen zu prägen (Vater aller Wesen, Weltenmutter). Eine Reihe von Gottheiten sind Personifikationen sinnlicher Liebe (→ Erotik) oder Androgynität (→ androgyn). In den großen Weltreligionen kommt es zu einer Vergeistigung der Gottesvorstellungen bis hin zur Geschlechtslosigkeit. Geschlechtsorgane als Kultgegenstände können in der Ikonographie überleben, auch wenn von ihrer sexuellen Bedeutung völlig abstrahiert wird wie im Falle von → linga (Phallus) und → yoni (Vulva, Schoß) im shivait. Hinduismus. (2) Ritueller Geschlechtsverkehr findet sich in Stammeskulturen, im Alten Orient, in der Antike sowie im buddh. und hinduist. → Tantrismus: von orgiast. Riten wie im Dionysoskult bis zu streng reglementierten und ritualisierten Formen in tantrischen Traditionen. Spiritualisiert wird die geschlechtliche Vereinigung zum Bild der Vereinigung aller Gegensätze oder der Liebesbeziehung zu einer Gottheit. Verbreiteter als die Integration von S. in religiöse Ausdrucksformen ist ihr Ausschluss, ihre Tabuisierung bis hin zur Dämonisierung (S. als → Sünde schlechthin). Zeitlich begrenzte oder auf Dauer geforderte Abstinenz soll der Reinigung, Konzentration und Heiligung dienen. Sexuelle Enthaltsamkeit gehört zu den häufigsten Voraussetzungen ritueller Reinheit und kultischer Eignung; das → Zölibat ist Ausdruck von Mönchtum (→ Mönch) und → Askese schlechthin und hat eine Transformation der sexuellen Energie zum Ziel. (3) S. wird oft als Hindernis für die Heilsverwirklichung betrachtet; Körperlichkeit und Geistigkeit, sexuelle Leidenschaft und Moral gelten als unversöhnliche Gegensätze und/oder werden gespalten (Maria Magdalena und → Maria; helle und dunkle Göttin). Da S. nicht nur gesellschaftserhaltend, sondern als unkontrollierbare, potentiell antinom. Kraft auch gesellschaftsgefährdend sein kann, wird sie der Regulierung durch Ritualisierung (→ Pubertäts-, Zeugungs-, Hochzeitsriten) und der Reglementierung durch Moralvorschriften (Gebote, Verbote) und Kontrollinstanzen (→ Beichte usw.) unterworfen. Wie Ehe und Gattentreue dienen auch obszöne Umkehrriten (Ostergelächter, Holi usw.) der Rationalisierung und Eindämmung von S. (4) Während Mythen, Gottheiten und Heilskonzeptionen oft moral. indifferent sind, wird der menschliche Bereich durch strenge, religiös fundierte Sittenlehren normiert. Eine rigide Sexualethik und die Assoziation der Frau mit S., Triebhaftigkeit und Natur führten oft dazu, Frauen einen minderen Status in Gesellschaft und institutionalisierter Religion zuzuweisen, der sich im Ausschluss aus offiziellen Ämtern, in geschlechtsspezif. Sozialnormen und Ordensregeln konkretisiert. Die Männerorientiertheit von Religion und Gesetzgebung wirkt bis ins Jenseits hinein (muslim. Paradiesvorstellung; Erlösung durch die Wiedergeburt als Mann im frühen Hinduismus). → Erotik. AW

Lit.: H. Cutner, A Short History of Sex Worship, 1950. – M. Foucault, S. u. Wahrheit, 3 Bde., 1977. – G. Parrinder, Sex in the World's Religions, 1980 (dt. 1991). – P. Ariès/A. Béjin (Hg.), Die Masken des Begehrens u. die Metamorphosen der Sinnlichkeit. Zur Geschichte der S. im Abendland, 1984. – M. Klöcker/U. Tworuschka (Hg.), S. (Ethik der Religion – Lehre u. Leben, Bd. 1), 1984. – E. Fuchs, Illustrierte Sittengeschichte, 6 Bde., 1985. – J. Becher (Hg.), Women, Religion and Sexuality, 1991. – G. Bellinger, Im Himmel wie auf Erden. S. in den Religionen der Welt, 1993. – G. Parrinder, Sexual Morality in the World's Religions, 1995. – G. Sorgo, Martyrium u. Pornographie, 1997.

Shakti/Shāktismus (sanskr. śakti = Kraft, Macht), Form hinduist. Religiosität, bei der die Verehrung weiblicher Gottheiten im Zentrum steht. Theologie und Kult sind eng verbunden mit dem tantrischen Shivaismus, das weibliche Prinzip als schöpfer. Potenz dominiert jedoch die männliche Gottheit. → Hinduismus, → Tantrismus. JG

Lit.: J. Woodroffe, Śakti und Śākta: Lehre u. Ritual der Tantra-Shastras, 1962.

Shākyamuni (von sanskr. Śākyamuni; pāli Sāk(i)yamuni = Weiser von den Shākyas), Bezeichnung des Buddha Siddhārtha Gautama aus dem Shākya-Stamm. Der Name weist auf den histor. → Buddha hin, während »Buddha« die Bezeichnung für jeden »Erwachten« ist, der aus eigener Anstrengung die Erlösung erreicht hat. AM

Shālagrāma (von sanskr. śālagrāma), runder Ammonit, meist aus dem Gandaki-Tal Nepals, der im hinduist. Gottesdienst (→ pūjā) zur Verehrung → Vishnus verwendet wird. AM

Shambhala (tibet. auch bde-'byung = Quelle des Glücks), ein mythisches Königreich irgendwo im Norden Tibets gelegen, in dem der Legende nach die → Kālachakra-Lehren aufbewahrt wurden. Sh. wird regiert von insgesamt 32 sog. »Religionskönigen« und Kalki, den Herrschern von Sh. Zu Zeiten der Degeneration des Buddhismus wird der letzte Herrscher von Sh., Raudrachakrin, in einer endzeitlichen Schlacht gegen den Herrscher der Ungläubigen, die gemeinhin als die Muslime identifiziert werden, antreten. Nach seinem Sieg werden sich die paradies. Zustände von Sh. auf die ganze Welt ausdehnen. Das Motiv der Endzeitschlacht kommt in der tibet. Religionsgeschichte sonst nicht vor; möglicherweise ist hier ein ismailit. Einfluss anzunehmen. KKP

Lit.: E. Bernbaum, Der Weg nach Sh., 1982. – K. Kollmar-Paulenz, Sh., eine tibet.-buddh. Utopie, in: H. Krasser u. a. (Hg.), Tibetan Studies, Bd. 1, 1997, 535–42.

Shandao (613–81), wichtige Persönlichkeit des frühen chin. »Reine-Land«-Buddhismus (→ Jingtu-zong). MD

Shango (auch Xangô, Şango, Chango). (1) In den Yoruba- und Shango-Religionen, dem → Candomblé, der → Umbanda und der → Santería (→ afroamerikan. Religionen) ein zum Gott des Donners und der Gerechtigkeit erhobener König (15. Jh.) des westnigerian. Königreiches Oyo. In Brasilien wird Sh. u. a. mit dem hl. Petrus, dem hl. Hieronymus und dem hl. Georg, auf Kuba mit der hl. Barbara und auf Trinidad mit Johannes dem Täufer verbunden. Seine Symbole sind die Doppelaxt und paläolith. Steine (thunderstones). (2) Afroamerikan. Religion in Trinidad, Grenada und den brasilian. Bundesstaaten Pernambuco, Piauí und Alagoas, v. a. unter dem Einfluss der nigerian. Yoruba-Religion entstanden. Sh. ist zugleich eine der in der Sh.-Religion verehrten → Orichas. In Brasilien werden überdies Kinder- und Indianergeister verehrt, in Trinidad auch der Erzengel Gabriel und die Erdgöttin Mama Latay, ferner existiert hier der Glaube an Schutzgeister (ori) sowie an Blut saugende tote Frauen (sukuyan) und Männer (legawa), vor denen der Zauberer und Traumdeuter (amombah) schützen kann. Auch der brasilian. Xangô kennt Schutzgeistvorstellungen sowie einen Kult der Toten (egun). Die Ämterhierarchie der Kultgemeinden ist am System der → Verwandtschaft orientiert: »Vater« oder »Mutter« des Sh. leitet das Kulthaus (shrine, terreiro). Die einzelnen Orishas werden in bis zu vier Tage dauernden Ritualen verkörpert und mit Trank-, Speise- und Blutopfern verehrt. Die → Initiation ist ebenfalls von Blutopfern begleitet, findet in Seklusion statt und muss regelmäßig erneuert werden. Große Bedeutung kommt der → Musik (→ Trommeln, Gesang) zu. Im brasilian. Xangô unterscheidet man verschiedene Traditionen, die sich an Herkunftsregionen orientieren (z. B. Nagô, Gégé, Congo, Xambá) und durch verschieden starke Synkretisierung mit dem → Katholizismus oder anderen afrobrasilian. Traditionen (→ Umbanda) auszeichnen. In Trinidad gibt es Verbindungen mit dem → Hinduismus, dem → Rastafari und v. a. den → Spiritual Baptists, die sich u. a. in langen nächtlichen Gebeten und vereinfachten Initiationen äußern. CM

Lit.: G. Simpson, The Sh. Cult in Trinidad, 1965. – W. Bascom, Sh. in the New World, 1972. – H. Fichte, Xango. Die afroamerikan. Religionen. Bahia, Haiti, Trinidad, 1976. – R. Segato/J. Carvalho, Sh. Cult in Recife, Brazil, 1992. – D. Welch, Voice of Thunder, Eyes of Fire: in Search of Sh. in the African Diaspora, 2001. – P. Kment, Afíríkà yèyé mi! – Meine Mutter Afrika: Reafrikanisierung, kulturelle Expansion und Transformation der Òrìshà-Religion, 2005.

Shangri-la → Shambala.

Shankara (Śaṅkara, zwischen 650–800), indischer Wanderasket, Kommentator der → Upanishaden, → Bhagavadgītā und → Brahmasūtras, Begründer einer strengen Lehre der Nicht-Dualität (Kevala-Advaita-Vedānta), die zur wirkmächtigsten philosoph. Tradition Indiens wurde. Nach Sh. sind das Ich in seiner wahren Dimension (sanskr. → ātman = Selbst) und der Urgrund aller Wirklichkeit (sanskr. → brahman) ident.; die Unwissenheit um diesen Tatbestand ist das Grundübel, das zu einer irrtümlichen wechselseitigen Übertragung von Selbst/Unvergänglichem und Nicht-Selbst/Vergänglichem führt; das immer freie Selbst wird als »Täter« und »Genießer« betrachtet, was Unfreiheit, Kontingenz, Leiden und Sterblichkeit zur Folge hat. Allein die Erkenntnis des Selbst als reiner, selbstleuchtender Bewusstheit führt zur erlösenden Befreiung (→ moksha), nicht Werke (wozu auch Meditation gehört). Die Sh.-Schule hat Sh.s System und Lehrmethode u. a. zu einer Ontologie des Illusionismus (→ māyā) und einer differenzierten Erkenntnistheorie und Glückseligkeitslehre weiter ausgebaut. Die Zurückweisung buddh. Positionen und die Aufwertung vedischer Überlieferung als Erkenntnismittel führten zum Wiedererstarken der brahman. Orthodoxie. → Advaita-Vedānta, → Indische Philosophie. AW

W.: Works of Sh. in Original Sanskrit (hg. von H. Raghunath Bhagavat), 3 Bde., 1915–29. – A. J. Alston, A Sh. Source-Book, 6 Bde., 1983–89.
Lit.: T. Vetter, Sh. »System«, in: Zs. der Dt. Morgenländ. Gesellschaft, Suppl. 3,2 (1977), 1015–21. – P. Hacker, Kleine Schriften, 1978. – K. Lorenz, Indische Denker, 1998.

Shānti (von sanskr. śānti = Friede), im Hinduismus innerer und äußerer Friede, der u. a. durch → Meditation angestrebt wird. → Heil. AM

Shāntideva (von sanskr. Śāntideva), Gelehrter des → Madhyamaka aus dem frühen 8. Jh., Verfasser des Bodhichāryāvatāra. → Buddh. Literatur. AM

Lit.: E. Steinkellner (Übers.), Eintritt in das Leben zur Erleuchtung, 1981.

Shāriputra (von sanskr. Śāriputra; pāli Sāriputta = Sohn der Sāri), mit Moggallāna (sanskr. Maudgalyāyana) Haupt-Schüler des Buddha Shākyamuni. AM

Lit.: A. Migot, Un grand disciple du Buddha: Sh., in: Bulletin de l'École Française de l'Extrême-Orient 46 (1954), 405–554.

Shāstra (von sanskr. śāstra = Lehrbuch). (a) Bezeichnung für gelehrte, meist in → Sanskrit abgefasste Schriften Indiens; (b) das in solchen Schriften gesammelte → Wissen, z. B. → Dharmashāstra. → Text. AM

Shatapatha-Brāhmana (von sanskr. Śatapathabrāhmaṇa = das Brāhmana der hundert Pfade), bekanntestes der → Brāhmanas, deren letzter Teil die Brihadāranyaka-Upanishad bildet. → Vedische Literatur. AM

Shi'a, Shi'iten → šīʿa.

Shijing (chin.= Klassiker der Lieder), Gedicht- bzw. Liederanthologie aus der Zeit des chin. Altertums (ca. 1000–600 v. Chr.). Aus den 305 Gedichten – v. a. aus den letzten beiden Sektionen Daya und Song – lassen sich Erkenntnisse über frühchin. Religiosität und Mythologie gewinnen. → Chin. Religionen. MD

Shīla (von sanskr. śīla, pāli sīla = Gebot, Sittlichkeit). (a) Moral. Verhalten, das die unverzichtbare Grundlage für jegliches Fortschreiten auf dem buddh. Erlösungsweg bildet; (b) fünf Verhaltensregeln, zu deren Einhaltung sich buddh. Laien verpflichten: keine Tötung von Lebewesen, kein Diebstahl, kein sexuelles Fehlverhalten, keine Lüge sowie Enthaltsamkeit gegenüber Rauschmitteln. Für Mönche und Nonnen gelten zusätzliche Regeln. AM

Lit.: H. Bechert, Die Ethik des Buddhismus, in: P. Antes u. a., Ethik in nichtchristl. Kulturen, 1984, 114–35. – D. J. Kalupahana, Ethics in Early Buddhism, 1992. – P. Harvey, An Introduction into Buddhist Ethics, 2000.

Shin-Buddhismus, Sammelbegriff für verschiedene japan. Schulen, die auf die Lehre des → Shinran zurückgehen. Auf Japan. heißt diese Lehrrichtung Jōdo Shinshū, d. h. die »wahre« oder »authent.« Tradition des »Reinen Landes« (→ Jōdo-Schule). Gefestigt wurde die Lehre weiter durch Rennyo (1415–99). Aufgrund eines Erbstreits kam es zu der Teilung zwischen dem Honganji-Zweig, benannt nach dem Haupttempel Honganji, und dem Ōtani-Zweig, benannt nach dem Nachnamen von Shinrans Erben, die die führenden Positionen einnehmen. Verwirrend ist allerdings, dass der Name Ōtani in der Honganji-ha weiterlief, während die Ōtani-ha ihrerseits einen zweiten Honganji (Higashi-Honganji, Ost-Honganji, im Unterschied zu Nishi-Honganji/West-Honganji) bauten. Beide Haupttempel befinden sich in Kyōto. In der Doktrin gibt es so gut wie keine Unterschiede. Ein wesentliches Element des Sh.-B. ist es, sich im vollen Vertrauen auf das »Urgelübde« (hongan) des → Amida Buddha zu verlassen. Für einen religiösen Fortschritt auf der Basis eigener Verdienste oder für den Erwerb von diesseitigen Vorteilen durch Gebete und Spenden ist in dieser Form des Buddhismus kein Platz. → tariki. MP

Shingon-Schule, seit 806 die Hauptschule des »esoter.« Buddhismus in Japan, deren Lehre durch → Kūkai aus China eingeführt wurde. Hauptsitz ist der entlegene Berg Kōya-san. Wörtlich bedeutet shingon »wahres Wort«, womit mysteriöse, mit den buddh. Gottheiten identifizierte, magisch-wirksame Formeln gemeint sind. Im Übrigen fasziniert der Shingon-Buddhismus mit seinen bemalten → mandalas für Meditationszwecke und mit der komplexen Symbolik der Handgesten. Das »esoter.« Moment liegt überwiegend darin, dass die äußere Symbolik nicht ohne Spezialwissen zu deuten ist, also praktisch eine »Geheimlehre« darstellt, die auf japan. Mikkyō (chin. mìjiào) genannt wird (→ Esoterik). Die etwas ältere und polit. einflussreichere → Tendai-Schule entwickelte unter dem Druck dieser Konkurrenz und insbes. durch den Einfluss ihres dritten Patriarchen → Ennin, eine eigene esoter. Lehrrichtung mit dem Namen Tendai Mikkyō. MP

Shinran (1173–1262), Respekttitel Sh. Shōnin, Schüler von → Hōnen und Gründer des japan. → Shin-Buddhismus. Sh. studierte als Mönch auf dem Berg → Hieizan. Er präzisierte und radikalisierte das Verständnis des Sich-Verlassens auf die »andere Kraft« (→ tariki) des → Amida Buddha. → Japan. Religionen. MP

Shintai (japan. = »der Körper der Gottheit«), allgemeine Bezeichnung für unterschiedliche Gegenstände wie Steine, Metallobjekte, Bäume oder sogar ganze Berge, die nach Shintō-Vorstellungen die Anwesenheit einer Gottheit (→ kami) symbolisieren, ohne mit dieser Gottheit schlechthin identisch zu sein. In einem typischen Shintō-Schrein ist der sh. in der kleinen Haupthalle (honden) seit Jahren verborgen, so dass häufig nicht mehr bekannt ist, um was für einen Gegenstand es sich handelt. → Shintō. MP

Shintō (japan. aus zwei chin. Schriftzeichen shin-tō = Weg der Götter).

I. Allgemein. Die Sh.-Religion Japans stellt die wichtigste einheim. Religion des Landes dar. Ihre Vorgeschichte liegt weitgehend im Dunkeln, über ihre komplizierte Geschichte gibt es zuverlässige Auskünfte erst seit der Einführung der chin. Schriftkultur (ab 6. Jh.), die gleichzeitig die Übernahme des → Konfuzianismus und des → Buddhismus mit sich brachte (→ Chin. Religionen). Als erkennbares System entstand Sh. daher teilweise in Reaktion auf die damals überlegene Kultur vom Festland. Trotzdem gibt es Grund zur Annahme, dass wesentliche Elemente des Sh. aus vorgeschichtlichen indigenen Traditionen und Praktiken hervorgegangen sind. Damit ist »Sh.« weder eine importierte noch eine von einer charismat. Gestalt gestiftete Religion, sondern eine Primärreligion, die sich im Lauf der Geschichte immer wieder neuen Umständen angepasst hat.

II. Charakteristik. (1) Grundlegendes Merkmal ist die Bestimmung, Abgrenzung und Tabuisierung von → »hl.« Orten, die häufig in Verbindung mit Naturkräften oder Phänomenen wie Bergen, mächtigen Bäumen, Quellen, Flüssen und dem Meer stehen. Hier wohnen mysteriöse unsichtbare Mächte, die als → kami bezeichnet werden. Andere kami tragen Namen aus der alten japan. Mythologie, die in Schriften wie dem *Kojiki* (712) oder dem *Nihon Shoki* (720) tradiert worden sind. Die Besonderheit des sakralen Ortes wird durch Reinheitsgebote und -riten hervorgehoben (→ Reinheit); diese regulieren den Zugang, der z. T. auf autorisierte Sh.-»Priester« beschränkt ist. (2) Viele Riten dienen zur Absicherung der Existenzgrundlage der Gemeinschaft, ob im Rahmen der älteren Jäger- und Sammlerkultur, des Fischfangs, der später eingeführten Reisbaukultur oder der modernen Industrie und Wirtschaft. Ebenso wichtig sind die Lebensriten zur Integration des Individuums, dessen Lebensweg die üblichen Stadien von Geburt und Kindheit, Adoleszenz und Heirat, Tod und Ahnenwerdung durchläuft, in die naturgegebene Gemeinschaft (→ Initiation). Die soziale Kontinuität mit den Ahnen wird insbes. durch die Beziehung zwischen den »Sippenkindern« (ujiko) und der »Sippengottheit« (ujigami) veranschaulicht, wobei das Wort ujigami eine Zusammensetzung aus uji (= Sippe) und kami (= Gottheit) darstellt. Daran wird sichtbar, dass die kami z. T. auch mythologisierte Ahnen sind, von denen die jeweils lebenden Menschen abstammen sollen (→ Ahnenverehrung). (3) Für den Einzelnen bietet Sh. die Möglichkeit, mithilfe bes. Rituale seine Ängste zu beschwichtigen, Lösungen für Probleme wie Krankheit oder Versagen zu suchen sowie Beruhigung und Bestätigung zu finden. Dieser Aspekt kann als → »Soteriologie« bezeichnet werden, jedoch handelt es sich dabei um ein diesseitiges → Heil, d. h. um Lösungen innerhalb der normalen menschlichen Existenz. Das irdische Leben wird grundsätzlich bejaht.

III. Schreine. Ohne seine Schreine ist Sh. schwer verständlich. Die größeren Schreine wie Ise Jingū, Izumo Taisha, Atsuta Jingū, Fushimi Inari

Taisha, Suwa Taisha, Meiji Jingū usw. sind im ganzen Land bekannt. Am Schrein kommen die Menschen und die kami zusammen, um miteinander zu kommunizieren und zu verhandeln. Dabei werden zwei Welten oder zwei Aspekte des Kosmos miteinander in Verbindung gebracht. Dieses »Binden« wird bezeichnet mit dem alten Wort musubi, Verbalnomen des Verbums musubu (= einen Knoten machen, verknüpfen). Der Schreinbesuch heißt o-mairi, was ein ehrfurchtvolles und demütiges Hinaufgehen zu einem höheren Ort oder einer höheren Autorität bezeichnet. Bei wichtigen Anlässen übernehmen Sh.-Priester die Führungsrolle und vertreten die normalen Schreinbesucher. Dennoch ist wesentlich, dass immer an einem bestimmten Ort eine »Transaktion« zwischen Menschen und kami zustande kommt.

IV. Sh. in der Gegenwart. Die Geschichte des Sh. ist nicht ohne polit. Brisanz, denn er wurde im Zuge der Modernisierung Japans als Stütze für eine nationale Ideologie gewählt, die das Land letztendlich in den Abgrund stürzte. Nach dem Ende des Zweiten Weltkriegs kann man ihn aufgrund der Trennung von Religion und Staat nicht mehr als die »nationale« Religion Japans bezeichnen, jedoch stellt er weiterhin für einen guten Teil der Bevölkerung eine sinnstiftende Orientierung dar. Überall in Wohnungen, Büros, Läden, Restaurants und Fabriken gibt es kleine Hausaltäre (kamidana). Bes. zu Neujahr strömen die Massen zu den Zentren des Sh., um den ersten Besuch des Jahres abzustatten und neue Amulette für die Hausaltäre zu kaufen. Obwohl es heute keine polit. oder rechtliche Verpflichtung mehr gibt, ist der soziale Druck, an Sh.-Bräuchen, bes. an den lebensfrohen Gemeinschaftsfesten, teilzunehmen, sehr groß. Diese Feste, → matsuri, werden heute z. T. als Touristenattraktionen vermarktet, dennoch wirken sie nach wie vor gesellschaftlich verbindend. MP

Lit.: S. Ono, Sh., The Kami Way, 1962. – E. Lokowandt, Zum Verhältnis von Staat und Sh. im heutigen Japan, 1981. – M. Pye, Sh., Primal Religion and International Identity, in: Marburg Journal of Religion 1/1 (1996), http://web.uni-marburg.de/religionswissenschaft/journal/mjr/helsinki.html

Shiva (von sanskr. Śiva = der Gütige), neben → Vishnu der Hauptgott des → Hinduismus. Er wird meist dargestellt als dreiäugiger, aschebeschmierter → Yogī mit Flechtenkrone, Halbmond, → Gangā, Dreizack, Schlange, Schädelkranz, Gazelle und Sanduhrtrommel oder abstrakt als → linga. → Hinduist. Pantheon. AM

Lit.: W. D. O'Flaherty, Asceticism and Eroticism in the Mythology of Śiva, 1973. – S. Kramrisch, The Presence of Śiva, 1981.

Shivaismus → Hinduismus, → Kashmir. Shivaismus.

Shivalinga → linga.

Shivarātri (von sanskr. Śivarātri = Nacht Shivas), hinduist. → Fest im Monat Chaitra (März/April), an dem die Gläubigen Nachtwachen halten, fasten und Feuer entzünden. AM

Shōgatsu (auch o-shōgatsu, mit Honorativpräfix), das japan. → Neujahr. Früher wurde Neujahr in Japan wie in China nach dem Mondkalender berechnet, in der Moderne jedoch gelten der 1., 2. und 3. Januar als Festtage. Als Symbole dienen die immergrüne Kiefer, der feste Bambus und die frühe Pflaumenblüte (zusammen shōchiku-bai genannt), aus denen vor vielen Häusern eine Dekoration aufgebaut wird. Sh. ist v. a. ein Familienfest mit weitgehend obligator. Charakter. In ihren besten Kleidern besuchen Millionen von Menschen den Shintō-Schrein in ihrer Nachbarschaft, einen weiter entfernten berühmten Shintō-Schrein oder einen großen buddh. Tempel in ihrer Region. Bei diesem »ersten Schreinbesuch« (hatsu-mōde) werden Amulette gekauft, die für das kommende Jahr Schutz und Glück gewährleisten sollen. Die kaiserliche Familie tritt öffentlich auf, um Besucher auf dem Gelände des Palastes zu begrüßen. MP

Shouter → Spiritual Baptists.

Shrāddha (von sanskr. śrāddha), hinduist. → Ahnenverehrung, bei der die Vorfahren u. a. mit Reisbällen (→ pinda) versorgt werden. AM

Shramana (von sanskr. śramaṇa; pāli samaṇa, chin. sha-men = sich Abmühender), buddh. oder hinduist. Asket/Mönch. Von dem Begriff leitet sich shrāmanera ab (sanskr.; pāli sāmanera), die Bezeichnung für Novizen im Orden. → Askese. AM

Lit.: G. C. Pande, Śramaṇa Tradition, 1978.

Shrautasūtra (von sanskr. śrautasūtra), Texte, die Ausführungsanweisungen und Erläuterungen zu den vedischen Opfern enthalten. → Vedische Literatur. AM

Shrāvaka (sanskr. śrāvaka = Hörer, Schüler). (1) Im Buddhismus Schüler des Buddha, später Bezeichnung für einen Anhänger des → Hīnayāna, das deshalb auch als Shrāvakayāna bezeichnet wird (→ sangha); (2) Laienanhänger des → Jainismus. JBU

Shrāvakayāna (von sanskr. śrāvakayāna = Weg der Hörer), andere Bezeichnung für → Hīnayāna (= Kleines Fahrzeug). AM

Shrī (von sanskr. śrī = Glück, Wohlstand). (a) Glückverheißende Anrede für Götter und Menschen; (b) Name für die Göttin → Lakshmī. → Hinduist. Pantheon. AM

Shrirangam, hl. Ort in Südindien mit vishnuit. Ranganātha-Tempel, Sitz → Rāmānujas und des Shrīvaishnava-Ordens. AM

Shrīvidyā (von sanskr. śrīvidyā, etwa = Wissen von → Shrī), im → Tantrismus ein → mantra aus 15 Silben, die jeweils eine Göttin darstellen. Die Sh. ist oft auf dem → Shrīyantra dargestellt. AM

Shrīyantra (sanskr. = Zeichen von → Shrī), im → Tantrismus verbreitetes Diagramm, das die weiblich-männliche Verbindung darstellt. Das Sh. besteht aus neun sich überlagernden Dreiecken, von denen meist fünf nach unten zeigen und die weibliche → shakti darstellen, während vier → Shiva repräsentieren und nach oben gerichtet sind. AM

Shruti (von sanskr. śruti = das Gehörte), Bezeichnung für vedisch-hinduist. Schriften, die auf Offenbarung beruhen. → Vedische Literatur. AM

Shuddhodana (von sanskr. śuddhodana), Vater von Gautama → Buddha, gewählter König der Shākya-Republik. AM

Shūdra (von sanskr. śūdra), vierter und niedrigster Stand in der brahman.-hinduist. Sozialordnung. → Hinduist. Gesellschaft. AM

Shujing (chin. = Klassiker der Dokumente), auch Shangshu genannt. Eine Textsammlung heterogenen Alters, die alte, bis in die Zhou-Zeit zurückreichende Passagen enthält, in denen u. a. von einer Gottheit Himmel (→ tian) die Rede ist. → Chin. Religionen. MD

Shūnyatā (von sanskr. śūnyatā = Leere, Leerheit), zentraler Lehrbegriff des → Mahāyāna-Buddhismus. Das in der → anātman-Lehre angenommene Fehlen einer beständigen Persönlichkeit wird im Mahāyāna-Buddhismus auf alles Existierende bezogen, das als etwas Bedingtes unbeständig und ohne Selbst ist und dessen Wesen somit »Leerheit« ist. Die »Leerheit« aller Phänomene – auch des → nirvānas – ist als höchste Wirklichkeit anzusehen und gilt so als das Absolute. Alles Existierende ist durch die »Leerheit« nicht nur miteinander verbunden, sondern letztlich ident. → Heil. AM

Lit.: J. May, La philosophie bouddhique de la vacuité, in: Studia Philosophica 18 (1958), 123–37. – F. J. Streng, Emptiness: A Study in Religious Meaning, 1967.

Shvetāmbara (von sanskr. śvetāmbara = weiß gekleidet), die wichtigste Gruppierung des → Jainismus, die sich im 1. Jh. n. Chr. von den → Digambaras abgespalten hat. TO

Šīʿa (Schia). Sammelbegriff für verschiedene auf → ʿAlī b. Abī Ṭālib bezogene islam. Traditionen, v. a. für die Siebenerschia (→ Ismāʿīlīya), die → Zaydīya und Zwölferschia. Der Begriff š. meint ursprünglich eine »Partei« oder »Interessensgruppe« innerhalb einer arab. Stammeskonföderation. Die Gruppe der seit spätestens 644 greifbaren Befürworter eines Kalifats ʿAlīs wurde daher »šīʿat ʿAlī« genannt, woraus sich dann die Kurzbezeichnung š. ergab. Die religiöse Interpretation der Vorzugsstellung ʿAlīs begann im Südirak (Kūfa) nach seiner Ermordung durch Parteigänger der → Ḫāriǧīya 661. Sie bezog sich einerseits auf die Frage der spirituellen Legitimität der Übertragung des Imamats (→ Imam) auf die Nachkommen ʿAlīs und damit einer islam. Genealogie und andererseits auf das Verhalten der Parteigänger diesem gegenüber (Buße und Reue). Hierdurch ergab sich eine die š. allgemein kennzeichnende Trennung zwischen rationalem Weltwissen der Gläubigen und Gelehrten und spirituellem (oft esoterisch gefassten) Wissen der Imame. Die schiit. Bewegungen differenzierten sich u. a. danach, welches Mitglied der islam. Genealogie als Imam anerkannt wurde (→ Ismāʿīlīya, → Zaydīya), welcher spirituelle Rang diesem zugewiesen und in welchem Umfang dem Imamat eine rechtlich definierte Herrschaftsidentität zugeordnet wurde. Eine wirkliche schiit. Kollektividentität ergab sich erst im Rahmen der sunnit. Restaurationsbestrebungen im 11. und 12. Jh., als die š. zu einer Minderheit innerhalb der islam. → umma wurde. Die größte schiit. Tradition ist die Zwölferschia (al-iṯnāʿašarīya). Sie erkennt den 12. Imam in der Nachfolge → Muḥammads (ʿAlī gilt meist als der erste Imam), Muḥammad b. al-Ḥasan (entrückt 874/939), als letzten Imam an, dessen Wiederkehr als → Mahdī erwartet wird. Die Imame selbst gelten in ihrer Verfahrensweise (→ Sunna) als »unfehlbar« (maʿṣūm). In kultischer und religiöser Hinsicht unterscheidet sich die š. von den sunnit. Traditionen u. a. durch eine andere Gebetsregelung, durch den Aufruf zum »besten Werk« im Gebetsruf, durch eine eigene, meist auf den 6. Imam Ǧaʿfar aṣ-Ṣādiq (ermordet 765) zurückgeführte Rechtstradition (daher Ǧaʿfarīya), durch die Betonung der Auffassung, dass das Weltwissen (und damit die rechtlich-moral. Ordnung der Welt) bis zur Rückkehr des »verborgenen Imams« als Mahdī provisorisch ist, und durch die kultische Verehrung der Imame. Als »Grundlagen« (uṣūl) der š. gelten die fünf Begriffe → tawḥīd, Gerechtigkeit (ʿadāla), Prophetie (nubūwa, → Nabī), Imamat (Imām) und Auferstehung (qiyāma); diesen Grundlagen werden als »Zweige der Religion« neben den fünf »Säulen der Religion« (→ arkān ad-dīn) folgende Tätigkeiten zugeordnet: eine 20-prozentige Abgabe für die Imame (ḫums), »das Gute dringlich zu ermahnen und das Schlechte zu verbieten« (al-amr bi-l-maʿrūf wa-n-nahy ʿan al-munkar), das Bemühen auf dem Wege Gottes (→ ǧihād), die »Freundschaft zur Familie des Propheten« (tawallī), das sich Fernhalten von den Feinden der Familie des Propheten (tabarraʾ). Ein wichtiger Unterschied zu den Sunniten (→ Sunna) besteht darin, dass die š. nur solche Traditionen (→ hadīṯ) anerkennt, die über ein Mitglied der Familie des Propheten übermittelt oder auf diesen bezogen wurden. Daher umfassen die schiit. Traditionssammlungen auch und gerade Überlieferungen, die auf die schiit. Imame zurückgeführt werden können. Die pessimist. Auffassung von der Welt als Hort von Ungerechtigkeit und Unterdrückung, die aus der kultisch erinnerten Leidenserfahrung der Imame abgeleitet ist, führte oft zu einer Trennung von religiöser und weltlicher Perspektive, die es dem einzelnen Gläubigen unter Umständen sogar erlaubte, seine schiit. Religiosität zu verbergen (taqīya). Die rechtlich-moral. Leitung oblag den Gelehrten, die unter der konfessionellen Herrschaft der ṣafawid. Dynastie in Persien (1501–1737/74) in eine soziale Hierarchie eingestuft wurden, deren Institutionalisierung im 19. und 20. Jh. einen Höhepunkt erreichte. An ihrer Spitze steht der Inhaber der Würde eines → marǧaʿ-e taqlid. Mit der islam. Revolution in Iran 1979 wurde dort durch Āyatollāh Ruḥollāh Ḫomeynī (gest. 1989) das Prinzip der »Beauftragung des Rechtsgelehrten« (welāyat-e faqih) als neue oberste polit. Institution geschaffen, die auch als die (von ʿAlī über die Imame) dem Rechtsgelehrten (aus spiritueller Freundschaft) übertragene Treuhandschaft der Souveränität Gottes (oder des erwarteten Mahdīs) verstanden werden kann und welche einen Bruch mit dem bislang herrschenden schiit. → Quietismus darstellte. Diese neue Institution wurde aber nicht von allen zwölferschiit. Gemeinden anerkannt. RS

Lit.: M. Tabatabai, Shia, 1979. – M. Jafri, The Origins and Development of Early Shiʿa Islam, 1979. – W. Ende, Sunniten und Schiiten im 20. Jahrhundert, in: Saeculum 36 (1985), 187–200. – M. M. Momen, An Introduction to Shiʿism, 1985. – H. Halm, Die Schia, 1988. – H. Halm, Der schiit. Islam. Von der Religion zur Revolution, 1994.

Sibyllen, gottinspirierte jungfräuliche Seherinnen der griech.-röm. Kultur. (1) In Rom waren die sibyllin. Bücher geheim im Senat aufbewahrt. In ihnen konnte man Anweisungen für das rituelle Verhalten finden, um Katastrophen zu verhindern. Augustus lässt dagegen die S. offenbaren, dass das Röm. Reich »ohne Ende« sein werde. Im spätantiken Judentum prophezeiten die 10 S., Prophetinnen aus aller Welt, den Untergang, es handelt sich bei diesen Sibyllin. Schriften also um eine Gattung der Apokalyptik. (2) Nach späterer christl. Deutung hatten die S. dem christl. Reich ewige Dauer vorausgesagt (Lactantius, *Institutiones* 1.6,10f.). Die heute bekannte Sammlung der Orakel der S. in 14 Büchern besteht aus jüd./christl. Prophezeiungen aus dem 1. Jh. v. Chr. – 7. Jh. n. Chr. CA

Lit.: A. Rzach, Chrēsmoi Sibylliakoi, 1891 (griech.). – J. D. Gauger 1998 (griech.-dt.). – H. Cancik: Libri fatales, in: D. Hellholm: Apocalypticism, 1983, 549–76.

Sichem (von hebr. šᵉkæm = Nacken; arab. Nablus), kanaanäische, später israelit. Stadt, nach ihrer Lage zwischen den Bergen Ebal und Garizim benannt. S. spielte als polit. und z. T. religiöser Mittelpunkt der eingewanderten Stämme eine große Rolle (Jos 24; Ri 9; 1 Kön 12), bis das Zentrum zeitweise nach → Samaria wechselte. Heute leben in S. noch → Samaritaner. → Altes Testament, → Apokryphen. KVS

Siddhānta (sanskr. = Lehrbuch), Bezeichnung für den aus zwölf Gliedern (anga) bestehenden Kanon der Jainas. Hauptinhalt sind die Lehre der Jainas, Legenden, Reden Mahāvīras und Texte über das Mönchtum (→ Jainismus). Wie der buddh. Kanon der Theravādins wurde auch der Kanon der Jainas über mehrere Jh.e, bis zum Konzil in Valabhī 980 Jahre nach dem Tode Mahāvīras, zusammengestellt. Im → tibet. Buddhismus stellen S. Kompendien der verschiedenen buddh. Schulen dar. Bedeutende Autoren sind Jamyang Shäpa (1648–1721) und Könchok Jigme Wangpo (1728–81). Red

Lit.: P. Dundas, The Jains, 1992.

Siddhārtha (sanskr.; pāli Siddhattha), persönlicher Name des histor. → Buddha. AM

Siddhi (sanskr. = Vollkommenheit), im Hinduismus und Buddhismus asket. oder spirituell mit → sādhanas erworbene übernatürliche Kräfte; der Träger von siddhi heißt siddha. → Charisma, → Magie. AM

Sieben Regeln Hillels, rabbin. Auslegungsregeln (hebr. middōt), die traditionell → Hillel zugeschrieben werden. Die S. R. bilden die Grundlage einer anspruchsvollen rabbin. → Hermeneutik und lehren u. a. den Schluss vom Leichten auf das Schwerere (Bedeutendere), den Analogieschluss und den Schluss aus dem Kontext. → Dreizehn Middôt des Rabbi Jischmael. KVS

Sifra (aramäisch = Buch), rabbin. → Midrasch über → Leviticus, zu unterscheiden vom Midrasch *Sifre* über → Numeri und → Deuteronomium. KVS

Sikarier (lat. sicarius = Mörder, von sica = Dolch), Bezeichnung für eine radikale jüd. Gruppierung in der Zeit des Zweiten Tempels, die im röm. Krieg durch terrorist. Anschläge und Morde hervortrat. → Massada, → Zeloten. KVS

Sikhismus, Religion der »Schüler« (= Sikhs) des Guru → Nānak mit Stammland Panjab (Indien/Pakistan). In Nordindien hat der S. ca. 13 Mio. Anhänger (→ Amritsar), in der westlichen Diaspora, v. a. Nordamerika und England, 2–3 Mio. In der Tradition der → Sant-bhakti stehend, ist der S. von den → Nāths und Sufis (→ taṣawwuf) des Panjab beeinflusst. Bis zum Tode Gobind Singhs 1708 von insgesamt zehn Gurus geleitet, ging danach das Amt auf den → Ādigranth über. In der 1. Hälfte des 17. Jh.s entstand die Zwei-Schwerter-Lehre von geistlicher und weltlicher Autorität des S. (mīrī-pīrī). 1699 formierte sich der Khālsā, die militant-religiöse Gruppe des S., die ausgeprägte Identitätsmerkmale zeigt (Taufe; Name »Singh« für Männer, »Kaur« für Frauen; ungeschnittenes Haar, Dolch, stählerner Armreif, Kamm, shortähnliche Unterhosen; Verhaltenskodex) und zunehmend dominierte. Der Khālsā, der in der Gegenwart unter maßgeblicher Mitwirkung der Diaspora Forderungen nach polit. Sikh-Autonomie erhob, steht dem Akālī-Dal (Ewigkeitspartei) nahe. Im grundsätzlich laizist. S. leben asket. Elemente in bestimmten Gruppen verkapselt weiter (Nirmalas, Nihangs, Udāsīs). Dem Identitäts- und Geltungsanspruch des Khālsā stehen zahlreiche Strömungen entgegen, so die vom Khālsā so bezeichneten Sahajdhārīs, ferner die Nirankārīs oder die als Protestgruppe des 19. Jh.s entstandenen Nāmdhārīs, im Allgemeinen inspiriert von einer in Nānak fundierten verinnerlichten → bhakti. MHO

Lit.: W. H. McLeod, Gurū Nānak and the Sikh Religion, 1968.

Simmel, Georg (1858–1918), dt. Soziologe und Philosoph. Diskriminierungen aufgrund seiner jüd. Herkunft führten dazu, dass er erst 1915, drei Jahre vor seinem Tod, eine Professur in Straßburg erhielt. S., der sich auch mit den Entwicklungen in Frankreich intensiv beschäftigte, konzentrierte seine Betrachtungen zur Religion nicht nur auf abendländ. Gottesvorstellungen. Der Begriff Gott dient für ihn als Formel für die »transzendenten Orte der Gruppenkräfte«. HK

W.: Die Religion, 1906, ^{2}1912. – Schriften zur Religionssoziologie, hg. von H. J. Helle, 1989.
Lit.: V. Krech, G. S.s Religionstheorie, 1998.

Simonie, der Kauf eines kirchlichen → Amtes (bzw. der das Amt anzeigenden Kleidung, des Palliums). Bes. im Reformpapsttum des 11. Jh.s war die S. ein häufiger Vorwurf gegen Bischöfe, um den Einfluss der Laien in der Kirche zu verhindern und Päpsten wie Gregor VII. das Recht zu sichern, Personen ihres Vertrauens zu berufen. Der Begriff ist abgeleitet von dem ersten aller Ketzer, Simon Magus (der Magier), der dem Apostel Philippus sein → Charisma abkaufen wollte (Apg 8,9–24) und sich später mit Petrus in Rom einen langen Kampf lieferte. → Religionsökonomie. CA

Quellen: Die Legende (Acta Petri, Ende 2. Jh.) in: W. Schneemelcher (Hg.), Ntl. Apokryphen, 1989, 368–80 (dt. Ü). – Irenäus von Lyon, adversus Haereses 1, 23 (2. Jh.).

Lit.: J. Laudage, Das Priesterbild und Reformpapsttum im 11. Jh., 1984. – C. Auffarth, Die Ketzer, 2005.

Simson (hebr. Šimšōn, von šæmæš = → Sonne), legendärer israelit. → Richter und Vorkämpfer gegen die »Philister« (vgl. Ri 13–16). Sein Name und die magische Kraft seiner Haare deuten auf frühe Elemente israelit. Religion sowie auf ihre solaren Ausprägungen. → Altes Testament, → Apokryphen. KVS

Sinai (oder Horeb), der »Gottesberg«, auf dem → Mose die → Torah offenbart worden sein soll. Eine archäolog. Lokalisierung des Berges, etwa auf der S.-Halbinsel, ist ebenso unmöglich wie die Rekonstruktion des »Zuges« der Israeliten von Ägypten nach Palästina. → Altes Testament, → Apokryphen. KVS

Sinn. Philosophiegeschichtlich zunächst von E. → Husserl zur zentralen Kategorie der Erkenntnistheorie erhoben, erfährt der Begriff in der → Wissenssoziologie und der verstehenden Soziologie M. → Webers eine Ausweitung auf die Handlungen des Menschen (→ Handeln), die damit als sinnhaft-intentionale dem rekonstruierenden Wissenschaftler zugänglich gedacht werden. In der → Systemtheorie (N. → Luhmann) ist S. die zentrale Form der → Kommunikation. AJ

Sintflut, jüd.-christl. Version einer allgemeinen Flutsagentradition des Vorderen Orients, mit bes. Betonung des Strafcharakters der Flut (»Sündflut«). Die älteste Version ist die babylon.-sumer. Legende (→ Gilgameš), die Eingang in die Hebr. → Bibel fand (Gen 6–8). Ob griech. und indische Flutberichte ebenfalls aus dieser Tradition abzuleiten sind, ist schwer zu ergründen, aber möglich. Dagegen entbehrt die bisweilen geäußerte These, es gebe auch auf anderen Kontinenten Flutberichte, die S. schildere deshalb ein globales Ereignis, jeder religionswiss. Grundlage. KVS

Lit.: G. Gerland, Der Mythus von der S., 1912. – G. A. Caduff, Antike S.-Sagen, 1986. – N. Cohn, Noah's Flood. The Genesis Story in Western Thought, 1996.

Širk. (1) In der koran. Offenbarung (→ Koran) Bezeichnung für die »Beigesellung« anderer Gottheiten (ilāhāt) oder Idole (aṣnām) zu dem Einen Gott. Der Begriff wurde v. a. in der späteren mekkan. Offenbarung aufgegriffen und in Opposition zum Konzept → Islam gesetzt, welches das genaue Gegenteil von š. meint (→ Monotheismus). Die häufiger genannte Opposition »Beigeseller« (mušrikūn) versus »Muslime« (muslimūn) spezifizierte die frühere Gegenüberstellung von »gläubig« und »ungläubig« (→ īmān). (2) Der passivisch gedachte Begriff kann (a) negativ die Kulthandlungen, die im Widerspruch zum Islam stehen, bezeichnen, (b) sich aber auch positiv auf eine Konföderationsbildung unter den Göttern (šurakāʾ) beziehen. Diese Bedeutung findet sich z. B. in nabatäischen Inschriften in Ausdrücken wie šrkt Ṯmwd (= Konföderation [der Stämme von] Ṯamūd). Da es zu š. praktisch nur Belege aus islam. Perspektive gibt, überwiegt im Verständnis des Begriffs die negative Bezeichnung für in Mekka praktizierte Kulte. (3) Es ist aber auch denkbar, dass sich hinter š. der Name einer vorislam. Kultgemeinschaft der Mekkaner verbirgt. Diese umfasste (a) den Kult von Göttern und ihren Repräsentationen (oft als Stein oder Felsen). Die Bekanntesten waren die später als Geschwister und bisweilen als »Töchter Allāhs« gedachten Göttinnen al-Lāt, Manāt und al-ʿUzza sowie die Pastoralgötter Wadd (Wettergott) und Hubal (Weidegott, Apollon?). Hier mischten sich hellenisierte nordarab. und lokale Traditionen. Die Kultgemeinschaft umfasste weiterhin (b) den Kult von Idolen oder Götzen (aṣnām, oft in Form von Götterstatuen oder Götterbildern) und (c) den Kult von Naturerscheinungen (Bäumen, Quellen, Felsen usw.). (4) In der späteren islam. Theologie wurde š. zum polem. Begriff für nicht orthoprakt. kultische Handlungen oder für Annahmen und Vorstellungen im islam. Umfeld, die die Einsheit Gottes (→ tawḥīd) verletzten. In der frühen → Wahhābīya wurde der Begriff auf mystische Kulte, Fürbitte, Heiligenverehrung, esoter. Wissen und nicht → Sunnakonformes Verhalten bezogen. RS

Lit.: M. I. Surty, The Qur'anic Concept of Al-Shirk (Polytheism), 1982, ²1990. – G. R. Hawting, Š. and »Idolatry« in Monotheist Polemic, in: Israel Oriental Studies 17 (1997), 107–26. – G. R. Hawting, The Idea of Idolatry and the Emergence of Islam, 1999.

Sītā (sanskr. = Furche), Frau Rāmas. → Rāmāyana. AM

Sittlichkeit, Bezeichnung für das Handeln gemäß einer vorgegebenen oder kritisch reflektierten Sitte (→ Ethik, → Moral). Red

Skanda (sanskr.), (a) hinduist. Kriegsgott; (b) Sohn → Shivas, in Südindien Subrahmanya genannt. AM

Skeptizismus (von griech. sképtesthai = spähend umherblicken), philosoph. Haltung der Antike (Pyrrhon, Sextus Empiricus), die im prüfenden Überlegen und der Enthaltung von einem Urteil (epochē) besteht. S. erweist sich seit der frühen Neuzeit als Grundmuster aller Haltungen des Zweifels und der kritischen Infragestellung, die die moderne Philosophie von M. de Montaigne (1533–92) bis F. → Nietzsche und A. Camus (1913–60) kennzeichnen. → Religionsphilosophie. MB

Sklaverei. Die Sklavenhalter begründen die Institution der S. – Gefangenhaltung von Menschen ohne Rechte, Ausbeutung ihrer Arbeitskraft ohne Bezahlung – damit, dass es sich nicht um Menschen handle, sondern um »Werkzeuge mit menschlichen Füßen« (andrápodon, Aristoteles, »Politik« 1252 u. ö.). In der Antike waren Sklaven in der Regel Ausländer, die meist im Krieg gefangen und verkauft worden waren (vgl. griech. doũlos von »Dorer«, dt. Sklave von »Slawe«). In griech. Heiligtümern gab es die Institution des Freikaufs, indem Sklavenvereine das Geld sparten, um jeweils ein Mitglied freizukaufen, als dessen neuer Herr der Gott genannt wurde. Obwohl das Christentum die Metapher des Freikaufs als Bild für die → »Erlösung« nutzt (griech. lýtron = Lösegeld), hat es die Sklaverei nie prinzipiell infrage gestellt (Phlm). Nur innerhalb des Kultes sind alle gleichwertig. Im Judentum wird die Selbstaussage, aus der S. in Ägypten befreit worden zu sein (Exodus, kleines geschichtliches Credo Dtn 26,5–9; Dtn 6,4–13, vgl. → Schma) verbunden mit dem Verbot, einen Juden/Israeliten zu versklaven: z. B. Ex 21,2. In der Neuzeit basierte die Weltökonomie des Atlantik-Dreiecks auf der S. Rassist. gerechtfertigt wurde die Versklavung von Afrikanern (Hamiten) u. a. mit der Sünde des Ham gegenüber seinem Vater Noah (Gen 9,22–25). Engl. Aufklärer, die 1834 im Parlament das Verbot der S. durchsetzten, begründeten dies mit den → Menschenrechten, gleichzeitig vertraten sie aber auch die Interessen der Wirtschaft, die gegenüber der US-Wirtschaft mit ihrer Ausbeutung der S. benachteiligt war. Dem Namen nach ist S. heute weltweit geächtet; bes. im Bereich der → Prostitution bestehen aber vergleichbare Herrschaftsverhältnisse weiter. → Gesellschaft. CA

Lit.: H. Gülzow, Christentum und S. in den ersten drei Jh.en, 1969, ND 1999. – E. Flaig, Art. »S. «, in: HWPh 9, 1995, 976–85.

Slawische Religion. I. Allgemein. Unter s. R. versteht man die religiöse Überlieferung der slawischsprachigen Bevölkerung Europas vor ihrer Christianisierung. Die Definition gibt die zeitliche und räumliche Begrenzung des Gegenstandes vor. Die Landnahme der Slawen in Europa begann im 6. Jh. n. Chr. Die slawischen Glaubensvorstellungen vor dieser Zeit bleiben in Ermangelung von Quellen völlig im Dunkeln. Die Missionierung der slawischen Völker war bis auf Nordrussland, wo das Christentum erst im 13. Jh. Fuß fasste, Mitte des 12. Jh.s abgeschlossen. Das Siedlungsgebiet der Slawen erstreckte sich vom Norden Russlands bis zum Süden Griechenlands, von der Elbe und der Adriaküste bis zur Wolga. Entsprechend ihrer weitläufigen Ausbreitung und den damit verbundenen unterschiedlichen histor. Bedingungen teilt man die Slawen in Südslawen (Slowenen, Kroaten, Serben, Bulgaren), Westslawen (Polen, Pomoranen, Nordwestslawen [zwischen Oder und Elbe], Sorben, Tschechen, Slowaken) und Ostslawen (Russen) ein. Die ethnische und kulturelle Vielfalt sowie die Quellenlage erfordern auch aus religionsgesch. Sicht eine differenzierte Betrachtung dieser drei Gruppen.

II. Quellen. Da keine originären slawischen Schriftzeugnisse vorliegen, sind wir, abgesehen von archäolog. Funden (Grabbefunde, anthropo- und theriomorphe Figuren und Statuen aus Holz, Bronze, Stein und Horn sowie Tempelbauten), auf indirekte Quellen angewiesen. Die schriftliche Überlieferung beginnt um 550 n. Chr. mit dem byzantin. Geschichtsschreiber Prokop, dessen Nachrichten sich auf die Südslawen, eventuell auch auf die Ostslawen beziehen. Für die südslaw. Religion steht ansonsten nur volkskundliches Material zur Verfügung, das jedoch meist über Jh.e hinweg tradiert und durch verschiedene Kulturströmungen auf dem Balkan beeinflusst wurde. Ergiebiger ist das Quellenmaterial für die Ostslawen. Es besteht vornehmlich aus altruss. Chroniken (z.B. Nestor-Chronik, um 1111 n. Chr.), amtlicher kirchlicher Literatur wie Predigten gegen das Heidentum, Beichtfragen und kirchlicher Gesetzgebung sowie Volksüberlieferungen. Am besten unterrichtet sind wir über die religiösen Vorstellungen der Nord-, insbes. der Nordwestslawen (Polaben). Chroniken und Heiligenviten wie die des Thietmar von Merseburg (ca. 1014), des Adam von Bremen (ca. 1076), des Helmold (ca. 1172) oder des dänischen Chronisten Saxo Grammaticus (ca. 1188) liefern vielfältige Nachrichten, die jedoch oft deutlich die christl. Sicht ihrer Verfasser widerspiegeln. Quellenkritische Fragen sind folglich ein zentrales Thema in der Forschung, ergänzt durch sprachwissenschaftliche Untersuchungen, bes. zur Etymologie.

III. Charakteristik. (1) Die vorliegenden Informationen führten in der Forschung mehrheitlich zu der Annahme zweier Entwicklungsstufen der s.R.: (a) einer ersten durch Natur- und Ahnenbzw. Totenkult (→ Ahnenverehrung), → Magie und Dämonologie geprägten und (b) einer zweiten, in der sich ein Kult um anthropomorphe Gottheiten mit einem Hauptgott herausbildete (→ Gottesvorstellungen). Während die Phänomene der ersten Phase als Volksglauben der agrar. Bevölkerung weiterlebten, sei der spätere Götterkult die Religion der herrschenden Fürsten und ihres Gefolges gewesen. Neuerdings lösen sich einige Forscher von dieser Zwei-Stufen-Theorie und setzen schon für die frühen Slawen den Glauben an einen höchsten Himmelsgott voraus, vorgestellt als »strahlender Spender« (svęt Bog). Weitgehend einig ist man sich darin, dass anthropomorphe Gottesvorstellungen relativ spät entwickelt worden sind. Diese Annahme wird durch das Fehlen einer urslaw. Mythologie im klassischen Sinne gestützt. (2) Das volkskundliche Material belegt den Glauben an zahlreiche numinose Wesen verschiedenartiger Genese, die dem Menschen schaden können. Sie werden häufig als Verkörperungen von Totenseelen gedacht, wobei Differenzierungen je nach der Person und der Todesart erkennbar sind. Allgemeine Benennungen für gute Geister sind nicht bekannt. Ur- und allgemeinslaw. ist nur Bës, ein böser Geist, der verschiedenartige Not heraufbeschwören kann. Ebenfalls urslaw. sind die Gestalten von → Werwolf und → Vampir. Jüngeren Datums sind die nordslaw. Rusalki, die ost- und südslaw. → Vily und Navi, außerdem verschiedene Haus- und Waldgeister, Geburtsfeen u.a. Die Rusalki gelten als Verkörperungen der Seelen von Frauen oder Mädchen, die auf unnatürliche Weise zu Tode gekommen sind. Sie sind den Menschen grundsätzlich feindlich gesinnt, während die Navi, entstanden aus den Seelen ungetaufter Kinder, bes. den Gebärenden schaden können. Die Bedeutung der Totenseelen korrespondiert mit dem ausgeprägten Totenkult, der durch zahlreiche individuelle und kalendar. Gedenkfeste und reiches Brauchtum gekennzeichnet ist. Grabbeigaben belegen die Vorstellung von einem Weiterleben der Totenseelen nach irdischem Vorbild. (3) Der Vielzahl weiblicher Geistwesen steht das völlige Fehlen weiblicher Gottheiten entgegen. Da es im urslaw. Wortschatz keine feminine Form zu bog (= Gott) gab, muss auch die für die Ostslawen bezeugte Göttin → Mokoš der Geisterwelt zugerechnet werden. Sie wird im sog. Götterverzeichnis Wladimirs des Großen in der Nestor-Chronik (um 1111) aufgeführt, das nach H. Łowmiański als künstlich geschaffene Kompilation anzusehen ist. Die ebenfalls genannten Götter Chors, Stribog und Sëmargl seien nichtslaw. Ursprungs. Bei dem bislang als Spender- und Sonnengott identifizierten Dažbog handelte es sich nach L. Moszyński nur um eine religiöse Begrüßungsformel (daž Bog! = gebe Gott [dir Glück!]). Übrig bleibt der Himmels- und Donnergott → Perun, als dessen westliche Entsprechung → Svarog gilt. Der ebenfalls in der Nestor-Chronik erwähnte Viehgott Volos gilt als ostslaw. Rezeption des hl. Blasius (Viehpatron). Bei dem in der älteren Literatur häufig mit Volos identifizierten Veles handelt es sich entweder um ein litauisches Lehnwort mit der Bedeutung »ein alter, berühmter, nicht näher bekannter Vorfahre« oder (wahrscheinlicher) um einen Keltismus aus dem Bereich der allgemeinen Kultur: »Seher, Dichter«. (4) Der durch schriftliche und archäolog. Zeugnisse belegte → Polytheismus der Westslawen entstand seit dem 10.Jh. vermutlich als Folge der german. Christianisierung der Slawen. Auch keltischer Einfluss ist nachzuweisen. Neueste sprachwissenschaftliche Untersuchungen zeigen jedoch, dass viele der vermeintlichen Götternamen in Wirklichkeit Epitheta sind (Triglov, Tjarnaglofi, Podaga, Pizamar, Pripegala). Die tatsächlichen Namen dieser Lokalgottheiten bleiben unbekannt. Neben dem in Arkona auf Rügen verehrten → Svetovit nennen die Quellen noch Jarovit, Porovit, Rujevit und → Svarožic. Über das Wesen dieser Götter lassen sich keine Aussagen machen. Radogost ist kein Götter- sondern ein Stammesname. (5) Die schriftlichen Quellen sowie archäolog. Funde bezeugen (polykephale) Kultbilder sowie Tempelanlagen für die Westslawen, die als einzige auch eine Priesterschaft herausbildeten. Ursprüngliche Kultstätten waren hl. → Haine. Für kultische Handlungen waren Dorfälteste, Hausväter, Klageweiber und Zauberer verantwortlich. Eine zentrale Rolle im Kult spielte das Opfer, das nicht nur die Götter, sondern auch die Geistwesen und die Toten günstig stimmen sollte. Als Opfergaben belegt sind Speisen und Getränke, Tiere, Sachgegenstände und auch Menschen. An den Kult der meisten westslaw. Gottheiten waren Weissagungsriten, insbes. Pferdeorakel, geknüpft, die etwa über Ernte- oder Kriegsglück Auskunft geben sollten (→ Divination). US

Lit.: Gesamtdarstellungen: A. Brückner, Slaven und Litauer, in: P. D. Chantepie de la Saussaye (Hg.), Lehrbuch der Religionsgeschichte 2, ²1897, ⁴1925, 506–39. – V. Jagić, Zur slavischen Mythologie, in: AsPh 37 (1920), 292–511. – K. H. Meyer, Die s. R., in: C. Clemen (Hg.), Die Religionen der Erde 1927, ²1949, 237–50. – S. Urbańczyk, Religia pogańskich Słowian, 1947. – A. Schmaus, Zur altslaw. Religion, in: Saeculum 4 (1953), 206–30. – S. Urbańczyk, Art. »Mitologia słowiańska«, in: G. Labuda/Z. Stieber (Hg.), SSS 3, 1967, 265–66. – L. Honko, Religion der slawischen Völker, in: HDR 1, 1971, 225–43. – N. Reiter, Mythologie der Alten Slaven, in: H. W. Haußig (Hg.), Wb. der Mythologie 2, 1973, 163–75. – H. Łowmiański, Religia Słowian i jej upadek 1979, ²1986. – M. T. Znayenko, The Gods of the Ancient Slavs, 1980. – B. A. Rybakov, Jazyčestvo drevnich slavjan, 1981. – A. Gieysztor, Mitologia Słowian, 1982. – B. A. Rybakov, Jazyčestvo drevneij Rusi, 1987. – L. Moszyński, Die vorchristl. Religion der Slaven, 1992. – F. S. Kapica, Slavjanskie tradicionnye verovanija, prazdniki i ritualy (Wörterbuch), 2000. – A. A. Kulikov, Kosmiceskaja mifologija drevnich slavjan (Leksikon), 2001. – A. Asov, Mir slavjanskich bogov, 2002.
Westslawen: E. Wienecke, Untersuchungen zur Religion der Westslawen, 1940. – L. P. Słupecki, Slavonic Pagan Sanctuaries, 1994.
Ostslawen: V. J. Mansikka, Die Religion der Ostslaven 1, 1922. – D. K. Zelenin, Russische (Ostslav.) Volkskunde, 1927. – B. A. Rybakov, Jazyčestvo drevnej Rusi, 1987. – R. A. E. Mason, The Ancient Religion of Kyivan Rus', 1994.
Südslawen: F. Krauss, Volksglaube und religiöser Brauch der Südslaven, 1890. – Z. Váňa, Svët slovenskych bohůa démonů, 1990.

Smārtas (von sanskr. smārta = der Tradition zugehörig), hinduist. Priester und Gläubige, die in der vedischen Tradition (→ smriti) der → Brahmanen stehen. AM

Smith, William Robertson (1846–94). Der schottische Dozent für semit. Sprachen erregte u. a. mit seinen *Lectures on the Religion of the Semites* (1887) großes Aufsehen, sah er doch – dank der Beharrlichkeit des Rituals – im christl. Abendmahl nichts anderes als das gemeinsame Verspeisen des Totemtieres (Gottessen). Die aufgrund dieser These erfolgende Amtsenthebung brachte ihn in Verbindung mit J. G. → Frazer in Cambridge. Die zentrale Bedeutung des Rituals bei den Cambridge Ritualists (J. Harrison, 1850–1928) markierte einen Paradigmenwechsel in der Religionswissenschaft. S. → Freud las in seinem *Totem und Tabu* (1912) die Werke von Smith und Frazer als histor. Bestätigung seiner Theorie vom Vatermord (Ödipuskomplex). → Opfer. CA

W.: Lectures on the Religion of the Semites, 1889, entschärft ²1894 (davon dt. 1899).
Lit.: H. G. Kippenberg, W. R. S., in: A. Michaels (Hg.), Klassiker der Religionswissenschaft, 1997, 61–76, 366–69.

Smriti (von sanskr. smṛti = das Erinnerte), Bezeichnung für vedisch-hinduist. Schriften, die im Unterschied zu der Offenbarung (→ shruti) auf menschlicher Überlieferung beruhen. → Vedische Literatur. AM

Söderblom, Nathan (1815–87), schwedischer evang. Theologe und Religionswissenschaftler; Professor für Religionsgeschichte in Uppsala und Leipzig, ab 1914 Erzbischof von Uppsala. S. sah das Erleben des → Heiligen als zentrale Kategorie der Religionsgeschichte. Er unterschied dabei zwischen einer auf einen persönlichen Schöpfergott ausgerichteten und einer auf eine unbestimmte Transzendenz bezogenen → Mystik. Kirchenpolit. war S. stark in der ökumen. Bewegung engagiert. → Religionswissenschaft. FE

Lit.: E. J. Sharpe, N. S. and the Study of Religion, 1990. – E. J. Sharpe, N. S., in: A. Michaels (Hg.), Klassiker der Religionswissenschaft, 1997, 157–70. – M. Stausberg, Art. »N. S.«, in: TRE 31, 2000, 423–27.

Sohar (hebr. Sefær ha-zōhar = Buch des Glanzes), kanon. Werk der klassischen → Kabbala, formal als Pentateuchkommentar des Simon bar Jochai (2. Jh. n. Chr.) konzipiert, tatsächlich aber in weiten Teilen von Mose ben Schemtov de Léon (gest. 1305) in Spanien verfasst. Die Entstehungsgeschichte des S., dessen erste Versionen gegen Ende des 13. Jh.s in künstlich-archaisierendem Aramäisch in Umlauf kamen, ist kompliziert, die Anfänge liegen teilweise im Dunkeln. Inhaltlich besteht der S. neben dem ersten Hauptteil zum → Pentateuch aus einem zweiten (*Tiqqūnē ha-zōhar*, »Ergänzungen zum S.«) und einem dritten Teil (*Zōhar ha-ḥadaš*, »Neuer S.«), der nach ersten Drucken aus Zitaten zusammengestellt wurde. Textkrit. Ausgaben des riesigen Werkes, das durch unzählige Kommentare weiter ausgebaut wurde, fehlen bis heute (s. aber Matt). Die Wirkung des S. war enorm, auch im Christentum, wo das Buch v. a. durch die lat. Teilübersetzung in Knorr von Rosenroths *Kabbala denudata* (1677/84) bekannt wurde. → Tradition. KVS

Textausgaben: Wilna 1882.
Ü.: Teil-Ü.: E. Müller, 1932. – R. A. Rosenberg, 1973. – C. Mopsik, 1981/84. – *Erste vollständige Ü. mit wiss. Kommentar:* D. C. Matt, The Zohar. Pritzker Edition, 2003ff.
Lit.: G. Scholem, Die jüd. Mystik in ihren Hauptströmungen, 1957. – Y. Tishby, The Wisdom of the Zohar, 3 Bde., 1989. – P. Giller, Reading the Zohar. The Sacred Text of the Kabbalah, 2001. – A. Greene, A Guide to the Zohar, 2004.

Sohn (Gottes) → Gottessohn.

Sōka Gakkai (japan. = Studiengesellschaft zur Schaffung von Wert), eine der einflussreichsten → neuen Religionen Japans überhaupt mit vermutlich mehr als 17 Mio. Mitgliedern. Die Lehre versteht sich als die wahre Version des → Buddhismus, wie sie in dem (relativ späten) → Lotos-Sūtra verkündet und durch den japan. Mönch Nichiren ausgelegt worden sei (→ Nichiren-Buddhismus). Ein von ihm geschriebenes → mandala stellt das Hauptverehrungsobjekt dar, durch dessen Einfluss Heilungen und diesseitige Vorteile (genze riyaku) erhofft werden. Alle Mitglieder der S. G., auch die zahlreichen hauptberuflichen Amtsträger, werden als »Laien« eingestuft. Bis in die 1990er Jahre galt die viel länger existierende Sekte Nichiren Shōshū mit ihren ordinierten Mönchen als Partner, doch ging diese Allianz schließlich in die Brüche. Die bedeutsame polit. Partei Kōmeitō, formell unabhängig seit 1970, verdankt der S. G. ihre Existenz und ihre bes. stabile Wählerbasis. Man achte auf unterschiedliche Bezeichnungen für diese Religion in ihren verschiedenen Entwicklungsphasen: Sōka Kyōiku Gakkai (unter diesem Namen von Tsunesaburō Makiguchi 1930 gegründet), Nichiren Shōshū Sōka Gakkai, Sōka Gakkai und Sōka Gakkai International. MP

Soma (sanskr.). (a) Berauschendes Getränk im vedischen Opferkult; (b) Gott → »Mond«. → Hinduist. Pantheon. AM

Sonne, als hellster Himmelskörper wahrgenommenes Gestirn mit im Jahresverlauf scheinbar auf- und absteigenden Tagbögen, deren Extreme zu den Solstitien zu beobachten sind. Sowohl der S.-Lauf als auch die Licht und Leben spendenden Aspekte wurden Gegenstand religiöser Ideen (→ Deutungsmuster), häufig in Polarität zum → Mond. Die Geschichte der Verehrung solarer Phänomene reicht bis in prähistor. Zeiten zurück und ist gesichert frühestens im Neolithikum (→ Neolith. Religion) im Zusammenhang mit → Totenkult und Fruchtbarkeit nachweisbar (→ Megalithbauten). Der zur Wintersonnenwende beobachtete Tiefststand der S. gibt in vielen Religionen Anlass zu Kulthandlungen, die der Unterstützung des Wiederanstiegs ihrer Tagbögen dienen sollen (z. B. Entfachen von Feuern). Auch der Höchststand der S. (Sommersonnenwende) wird vereinzelt kultisch begangen, z. B. im → Sonnentanz nordamerikan. Jäger in den Plains. Daneben gilt die tägliche Wiederkehr der S. als Symbol neuen Lebens, wie die Orientierung vieler Gräber an der solaren Ost-West-Achse und die Bedeutung des Gestirns in der christl. Auferstehungssymbolik verdeutlichen. Die Hochschätzung des Lichtes und seiner Leben spendenden Kräfte nimmt in vielen Religionen breiten Raum ein und mündet in Deifikationen solarer Attribute oder Solarisierung von Göttern, wie in der ägypt. Religion am Beispiel von Harachte, → Re und Atum deutlich wird. Nicht selten steigen S.-Götter wegen ihrer exponierten Stellung am Himmel zu Hochgöttern auf und dominieren den Kult (z. B. Aton, → Ägypt. Religionen; → Azteken). In manchen Kulturen werden Herrschergeschlechter durch solare Abstammung legitimiert (z. B. bei den nordamerikan. Natchez). → Astrologie, → Natur. JL

Lit.: M. Eliade, Die Religionen u. das Heilige. Elemente der Religionsgeschichte, 1954, 149–180. – R. Williamson, Living the Sky, 1984. – A. Aveni, Rhythmen des Lebens, 1991, engl. 1989.

Sonnentanz (Lakota wi wanyang wacipi = Sie-starren-in-die-→ Sonne-Tanz), wichtigste gemeinsame religiöse Feier bei den Völkern der nordamerikan. Plains, die zur Zeit der sommerlichen Bisonjagden abgehalten wird und dem Wohlergehen der Teilnehmer, aber auch der ganzen Gemeinschaft dient. Sie geht auf eine Welterneuerungszeremonie zurück. Bei der meist viertägigen Feier in einer eigens errichteten S.-Hütte erfüllen die Tänzer Gelübde, in denen sie übernatürlichen Wesen persönliche → Opfer als Dank für Hilfeleistungen versprochen haben. Wegen der teilweise damit verbundenen Selbstmarterungen wurde der S. von der amerikan. Regierung 1883 als Ausdruck der Barbarei verboten, er wird aber seit den 1960er Jahren wieder in großem Umfang praktiziert. → Indian. Religionen, → Tanz. CFF

Lit.: C. Wissler (Hg.), Sun Dance of the Plains Indians, 1915–21. – F. W. Voget, The Shoshoni-Crow Sun Dance, 1984. – P. Bolz, Der S. der Lakota, in: W. Lindig, Indian. Realität, 1994, 195–227.

Sororat → Levirat.

Sotāpanna (pāli = ein in den Strom Eingetretener), Anhänger des → Buddha, der auf dem Erlösungsweg so weit fortgeschritten ist, dass er bestimmten an das Dasein fesselnden Faktoren (→ dharma) nicht mehr unterliegt und ihm nach Ablauf von höchstens sieben Wiedergeburten die Erlösung gewiss ist. Die Stufe des S. ist die erste von vier Stufen der »Heiligkeit«, deren höchste die Arhatschaft ist. → arhat, → Askese. AM

Soteriologie (= Erlösungslehre, von griech. sōtḗr = Erretter, Befreier, Heiland), im engeren Sinne Bezeichnung für die christl. Heilsverkündung in und durch Jesus Christus (→ Christologie). Im weiter gefassten Sinne wird unter S. die Lehre verstanden, wie Mensch und Welt aus ihrem erlösungsbedürftigen Zustand (→ Heil/Leid, Unglück, Unheil) errettet, erlöst oder befreit werden können. Daraus abgeleitet ist die geläufige Unterscheidung zwischen den sog. → Erlösungsreligionen, die von der Erlösungsbedürftigkeit bzw. Unheilserfahrung des Menschen ausgehen (v. a. Judentum, Christentum, Islam, Hinduismus, Buddhismus und antike Mysterienreligionen), und solchen Religionen, die keine Erlösungsbedürftigkeit kennen bzw. keine S. ausformuliert haben. Exakt lässt sich der Begriff S. dann verwenden, wenn sich die Hoffnung auf einen Erlöser richtet, der die Errettung aus dem → Bösen, der → Sünde und dem Unheil betreibt, indem er die verletzte Heilsordnung (gegebenenfalls am Ende der Zeiten) wiederherstellt: z. B. der → Messias, bei Christen Jesus Christus oder in Ostasien der Buddha → Amida. Der S.-Begriff ist mit Religionen verbunden, die die ethischen Prinzipien von Gut und Böse religiös zuordnen und damit die Befreiung vom Bösen als Gottes Aufgabe sehen, oft noch eschatologisch zugespitzt. Kulturen, die Glück und Unglück potentiell von jedem Gott herkommen sehen (wie polytheistische) oder die Übungen zur sog. → Selbsterlösung anbieten, bilden keine S. aus, weil sie einen innerweltlichen Heilszustand voraussetzen. → Eschatologie. JS

Lit.: W. Staerk, S. Die biblische Erlösererwartung als religionsgesch. Problem, 2 Bde., 1933/38. – U. Bianchi (Hg.), La soteriologia dei Culti Orientali Nell' Impero Romano, 1982.

Sōtō-Schule → Zen/Zen-Buddhismus.

Soziale Tatsache, von É. → Durkheim geprägter soziolog. Begriff, der die Objektivität des Sozialen und die von ihm ausgeübten Zwänge betont. S. T. sind Handlungsformen, Normen und Institutionen, die auf kollektiv geregelten und damit autorisierten Regeln, Maximen und Praktiken beruhen (wie etwa Sprache). Diese Regelungen können sowohl weltlich als auch religiös sein. Weil sie kollektiv gestützt werden, sind sie Teil der Moral und beschränken das individuelle Handeln. HK

Sozialisation, Prozess der Einordnung des Individuums in die Gesellschaft. Im Zuge der S. werden dem Einzelnen die → Werte und Überzeugungen, → Normen und Positionsgefüge einer Gruppe vermittelt. Er erlernt die damit verbundenen Rollenerwartungen sowie die Fertigkeiten, diese zu erfüllen. Dabei ist S. nicht nur ein passives Aufnehmen, sondern eine aktive und teilweise konfliktreiche Auseinandersetzung des Individuums mit den S.-Instanzen. Dies können einzelne Personen (sog. signifikante Andere) ebenso wie Institutionen (Schule, religiöse Gemeinde) sein. Insoweit S. nicht lediglich rezeptiv ist, kann sie auf die Sozialisatoren zurückwirken; dieser Prozess wird als retroaktive S. bezeichnet.

Während sich die primäre S. in den ersten Lebensjahren vollzieht und vornehmlich von der → Familie geleistet wird, erstreckt sich sekundäre S. grundsätzlich über den gesamten Lebensverlauf. Sie findet statt, wo immer neue → Rollen oder Fähigkeiten gelernt werden: in der Schule, im Konfirmandenunterricht, vor und nach Erlangung einer religiösen Weihe oder → Konversion. Als religionswiss. Begriff hilft S. zu erklären, warum religiöse → Traditionen über Generationen hinweg Bestand haben oder sich verändern, wie der Einzelne religiöse Kompetenz erlangt und wie die → Legitimität religiöser Macht verankert wird. Dabei hat religiöse S. eine Doppelstellung: sie wird implizit im Rahmen einer Werte-S. und explizit als Bestand religiösen → Wissens (Religionsunterricht, → Religionspädagogik) vermittelt. AKN

Lit.: K. Hurrelmann/D. Ulich (Hg.), Hb. der S.-Forschung, 1991, [6]2002.

Sozialismus, im allgemeinen Sinn Bezeichnung für die Gesamtheit der sozialen Ideen und Bewegungen, die eine Überwindung des Kapitalismus durch eine sozialist. Gesellschaftsordnung anstreben. E. Voegelin (1901–85) reiht das sozialist. Ideengut in die Reihe gnostischer Vorstellungen ein. Der Begriff religiöser S. bezeichnet im weiteren Sinn die Verknüpfung und Legitimation von revolutionären oder Reformbestrebungen auf polit., sozialem und wirtschaftlichem Gebiet mit christl. Glaubensinhalten, aus denen die Forderung nach irdischem Frieden und Gerechtigkeit abgeleitet wird (z. B. der radikale Flügel der Reformation oder die heutige Befreiungstheologie). Im engeren Sinn meint der Begriff den Flügel der christl.-sozialen Bewegung ab der zweiten Hälfte des 19. Jh.s., der in den Frühsozialisten seine Vorläufer, in C. F. Blumhardt (1842–1919) seinen Begründer hatte und sich im »Kreis der Religiösen Sozialisten« um H. Kutter (1863–1931) und L. Ragaz (1868–1945), in der Weimarer Republik dann im »Bund der religiösen Sozialisten« um P. → Tillich formierte. Heute wird der religiöse S. durch die internationale Bewegung Christen für den Sozialismus vertreten. Sozialist. Ideengut findet sich auch in bestimmten Strömungen islam. Intellektueller, die mit entsprechenden westlichen Vorstellungen in Berührung kamen. Der islam. S. beruft sich auf die im Koran formulierten Gebote des rechten Tuns (z. B. Sure 5/8) und die »Armensteuer« (→ zakāt) als eine der fünf »Säulen des Islam« (→ arkān ad-dīn). VK

Lit.: G. Lichtheim, Kurze Geschichte des S., 1975. – G. Ewald, Religiöser S., 1977.

Sparsha (von sanskr. sparśa = Berührung), 6. Glied des buddh. Kausalnexus (→ pratītyasamutpāda), Kontakt eines Sinnesorgans mit seinem Sinnesobjekt, woraus Empfindungen (vedanā) hervorgerufen werden. AM

Spiel, eine Form menschlichen Verhaltens, in der die räumlichen, zeitlichen und sozialen Bedingungen des normalen Lebens suspendiert sind (→ Alltag). Innerhalb des S.-Raums und der S.-Zeit handeln die Mitglieder der S.-Gruppe – angefeuert von nichteingreifenden Zuschauern – in → Rollen. Die Rollen und S.-Regeln können sehr eng, aber auch sehr weit definiert sein. Das S. reflektiert die alltägliche Realität durch Umkehr, durch Exzess und durch kreatives Experiment. Es schafft dadurch eine Gegenrealität und in dieser eine Erweiterung der Handlungsmöglichkeiten – vergleichbar dem Traum, dem jedoch das Gemeinschaftsbildende abgeht. Das → Ritual und seine → Performanz/Aufführung lassen sich als S.-Regel und Zufälligkeit des aktuellen S.-Verlaufs verstehen. Nach V. → Turners Ritualtheorie ist auf die Bedeutung der Anti-Normalität zu achten. J. Huizinga (1872–1945) hat – angesichts der Rechtsdiktaturen seiner Zeit – das Wesen des Menschen als Spielender gefasst und in seine Darstellung alle kulturellen Handlungen einbezogen, bis hin zum Krieg. Seine analyt. Kraft verliert das S., wenn auch das Alltagshandeln als S. verstanden wird. In der Sozialwissenschaft und Evolutionstheorie wird manchmal das chaot.-ungesteuerte »autopoiet.« Sich-Entwickeln als S. bezeichnet. Für die Religionswissenschaft bietet die Kategorie des S. ein Modell zur Erklärung nichtfunktionalen, symbol. → Handelns, wie es auf religiösem Gebiet regelmäßig zu finden ist. → Sozialisation. CA

Lit.: J. Huizinga, Homo ludens. Vom Ursprung der Kultur im S., 1939. – C. Auffarth, Der drohende Untergang, 1991, 1–39.

Spinoza, Baruch de (1632–77), sephard.-niederländ. Rationalist (→ Sephardim), der 1656 aus der Synagoge ausgeschlossen und mit dem Bann belegt wurde. In seinem Denken umgeht er die jüd. Unterscheidung von Geschöpf und

Schöpfer: Eine ewige Substanz (deus sive natura = Gott oder [gleichviel] Natur, → Panentheismus) entfaltet sich nach logischen Gesetzen (→ Determinismus) in unterschiedliche Modi (Auflösung des → Dualismus Descartes', 1596–1650). Die erkennende Annahme dieser Notwendigkeit befreit von den Leidenschaften, ist Gottesliebe wie auch → Liebe Gottes zu sich selbst. S. praktiziert hist.-krit. Bibelexegese (→ Hermeneutik) nach jüd. Vorbild lange vor der Anerkennung dieser Methode. Er übte große Wirkung auf → Schleiermacher, → Schelling und J. W. von Goethe (1749–1832) aus. AK

W.: Opera posthuma (hg. von J. Rieuwertsz), 1677. – Opera (hg. von C. Gebhardt), 4 Bde., 1925.
Lit.: L. Strauss, Die Religionskritik S.s als Grundlage seiner Bibelwissenschaft, 1930, ND 1981. – H. Ravven/ L. E. Goodman (Hg.), Jewish Themes in S.'s Philosophy, 2002. – S. Nadler, S.'s Heresy, 2002.

Spiritismus, Glaube an und Kommunikation mit den Seelen Verstorbener, seltener auch mit jenseitigen Geistmächten. Der Begriff kam im 19. Jh. auf, als sich im Anschluss an E. → Swedenborg und F. A. Mesmer (1734–1815) in den USA und Europa ein breites Interesse an paranormalen Vorgängen und Séancen entwickelte. Er wurde möglicherweise geprägt von A. Kardec (1804–69), der mit seinem »Buch der Geister« (franz. 1858) die spiritist. Szene bis heute beeinflusst. Der Kardecismus entwickelte sich v. a. in Brasilien zu einer führenden Religion mit mehreren S.-Konferenzen seit den 1940er Jahren. Dort wird er verbunden mit kontrollierter Geistbesessenheit von Medien in neuen Religionen afrikan. und christl. Prägung. Die Entwicklungen in Amerika beeinflussten auch H. P. → Blavatsky und damit die moderne → Theosophie. Im Kontext heutiger → Esoterik zeigt sich dagegen eine Wende vom S. zum (neutraleren) → »Channeling«. → Esoterik, → Okkultismus, → Schamanismus. KVS

Quellen: A. Kardec, Das Buch der Geister. Das Buch der Medien, 1977 (franz. EA 1857/1859).
Lit.: R. Brandon, The Spiritualists. The Passion for the Occult in the Nineteenth and Twentieth Centuries, 1983. – L. Barrow, Independent Spirits. Spiritualism and English Plebeians, 1850–1910, 1986. – G. Wolters (Hg.), Franz Anton Mesmer und der Mesmerismus, 1988. – D. J. Hess, Spirits and Scientists. Ideology, Spiritism, and Brazilian Culture, 1991. – U. Linse, Geisterseher und Wunderwirker, 1996. – J. P. Deveney, Art. »Spiritualism«, in: W. J. Hanegraaff u. a. (Hg.), Dictionary of Gnosis and Western Esotericism, 2005, 1074–82.

Spiritual Baptists (auch Shouter), afrokarib. religiöse Gruppierung auf Trinidad und Tobago (auch Grenada, Venezuela, Kanada, USA) mit Fundament aus protestant. und kath. Elementen und ausgeprägten afrikan., neuerdings vereinzelt hinduist. Einflüssen. Sie entstand im Verlauf der Baptistenmission auf der Insel St. Vincent, von wo sie sich um 1900 ausbreitete. Parallelen gibt es zu den Shakers auf St. Vincent, den Tieheads auf Barbados und den Spirit Baptists in Jamaika, die von den Mitgliedern der S. B. jedoch nicht als Teil ihrer Kirche begriffen werden. Fundamentalist. Bibelauslegung, protestant. Liturgieformen und die Ausrichtung der Rituale auf die christl. Trinität verbinden sich in der religiösen Praxis mit kath. Heiligenverehrung, → Trance, Naturheilkunde und Inhalten der trinidad. → Shango-Religion. Gesichert ist der Einfluss westafrikan. Traditionen (v. a. Yoruba, vermutlich auch Ewe und Kongo; → afrikan. Religionen). Die Gottesdienste sind durch rhythmischen, von Klatschen begleiteten Gesang und enthusiast. Predigten mit Zwischenrufen, Wechselgebeten, Preisungen und Rezitationen gekennzeichnet. Dabei empfängt der spirituelle Leiter der Gemeinde in der Trance den Hl. Geist und übermittelt Botschaften mithilfe der → Glossolalie. Afrikan. Gottheiten (→ Orichas), selten auch hinduist. Götter werden in Schreinen verehrt, aber nicht in Trance verkörpert. Paraphernalien und Kreidezeichnungen weisen die Gottheiten aus. Viele Gemeinden sehen in den Orishas negative Kräfte und vollziehen apotropäische Reinigungsriten. Ganzkörpertaufen bilden ebenso einen rituellen Höhepunkt wie die in Seklusion stattfindenden Klageriten (mourning rites), die den Gläubigen zur spirituellen Versenkung dienen und mit → Fasten und visionären Träumen verbunden sind. Die S. B. haben eine hierarch. Ämterstruktur, den Amtsträgern obliegt die Leitung der Gemeinde, die Deutung der → Visionen und das Übersetzen der göttlichen Botschaften. → African American Churches, → afroamerikan. Religionen, → Rastafari. NJ

Lit.: C. Garrett, Spirit Possession and Popular Religion. From the Camisards to the Shakers, 1987. – S. Glazier, Marchin the Pilgrims Home, 1991. – W. Pitts, Old Ship of Zion. The Afro-Baptist Ritual in African Diaspora, 1993. – S. Glazier, »Limin' wid Jah«: S. B. Who Become Rastafarians and then become S. B. again, in: A. Buckser (Hg.), The Anthropology of Religious Conversion, 2003, 149–70. – F. Barbados, Reclaiming African Religions in Trinidad: the Socio-political Legitimation of the Orisha and S. B. Faith, 2003.

Spiritualisierung. Im Prozess der → Universalisierung von Religion müssen konkrete, an bestimmte Orte oder soziale Bedingungen gebundene Dinge von dieser Konkretion gelöst werden. So kann in einer Großstadt der Sündenbock nicht mehr als ein Ziegenbock in die Wüste geschickt werden, die Metapher wird aber weiter verwendet. Oder das → Opfer behält auch nach dem Ende des blutigen Opfers am Altar eine zentrale Bedeutung für die Religion. CA

Spiritualismus, Lehre, nach der der → Geist die einzige Grundlage allen Seins ist (→ Materialismus). → Channeling, → Spiritismus, → Spiritualität. HK

Spiritualität. Mit dem Begriff, der bes. seit den 1970/80er Jahren von kath. Autoren verwendet wird, stellt sich, was zuvor – oft abwertend – als → Frömmigkeit bezeichnet wurde, in den Kontext und in Konkurrenz zu der neuen Religiosität der Zeit. Der Begriff S. nimmt das franz. spiritualité (aus der Mönchstheologie) und das engl. spirituality (mit dem Bereich der »spirits« zwischen Mensch und Gott) auf und betont religiöse Individualität und → Erfahrung. CA

Lit.: C. Bochinger, New Age und moderne Religion, 1994, ^{2}1996.

Sprache → Kommunikation.

Sprüche Salomos (lat. Proverbia), dem → Salomo zugeschriebenes Buch der Hebr. → Bibel, das dem Bereich der altoriental. Weisheitsliteratur entstammt. Die Tatsache, dass ein Teil des Buches (22,17–23,12) der ägypt. Spruchweisheit des Amenemope (um 1000 v. Chr.) fast wörtlich entspricht, zeigt die enge Verflechtung religiöser Diskurse in der Antike. → Altes Testament, → Apokryphen, → Text. KVS

Srī Aurobindo (auch Arvind Ghose, 1872–1950), bedeutender bengal. Nationalist und neohinduist. Denker. Nach seinem Rückzug aus der Politik 1908 gründete A. im südind. Pondicherry einen → āshram und entwickelte seine Lehre des »integralen Yoga«. → Neohinduismus. HFT

Lit.: P. Heehs, S. A.: A Brief Biography, 1989. – P. Heehs (Hg.): The Essential Writings of S. A., 1998.

Staatsreligion/Staatskirche. Als S. werden jene Religionen bezeichnet, die in einem besonders engen Verhältnis zu einem Staat stehen und die Legitimierung von → Herrschaft, sozialer Ordnung, der Lebensführung usw. leisten sollen (→ Gesellschaft). Dabei können in extremen Fällen die staatliche und die religiöse Organisation und Verwaltung (auch personell) identisch sein (→ Theokratie). Histor. wird sich regelmäßig – schon aus pragmat. Gründen – eine gewisse Differenzierung nachweisen lassen, insbes. da eine Religionsform kaum in der Lage ist, alle verschiedenen Bedürfnisse (z. B. nach mystischen Erlebnissen) zu befriedigen. In der Regel sind S. mit besonderen Privilegien ausgestattet, und andere Religionen werden in unterschiedlichem Maße toleriert. Staatskirchen sind die christl. Variante der S.; die christl. → Kirchen haben freilich eine eigenständige Organisation ausgebildet, die mit dem Staat in ständigem Streit über den Primat lag. In der → Moderne hat der säkularisierte Staat Religion zur Privatsache erklärt, → Religionsfreiheit verkündet und eine Legitimierung von Herrschaft z. B. durch Verfassungen und Wahl zur Grundlage. Diese Grundsätze sind jedoch nur in unterschiedlichem Maße verwirklicht. Fundamentalisten verwahren sich gegen eine Trennung und beanspruchen, alle Entscheidungen auch für andere auf der Basis ihrer religiösen Offenbarungen zu treffen. → Politik, → Religionsrecht. HZ

Lit.: T. Nagel, Staat und Glaubensgemeinschaft im Islam, 2 Bde., 1981. – E. W. Böckenförde, Recht, Staat, Freiheit, 1992.

Stadt. Für die Untersuchung der Beziehungen von »S. und Religion« lassen sich zwei Ansätze unterscheiden: Der eine konzentriert sich auf die Rolle städtischer Zentren in den Religionen, der andere fragt nach den Besonderheiten einer städtischen Religionsgeschichte. Während sich der erste Ansatz in method. breit gefächerten Arbeiten niederschlägt (histor. Überblicke, Fallstudien, Netzwerkanalysen usw.), bemüht sich der letztere um eine Typologisierung möglicher Zusammenhänge zwischen städtischer und religiöser Entwicklung. (1) Städtische Zentren einer Religion lassen sich in Wallfahrtsorte sowie Orte der Vermittlung von → Tradition klassifizieren. Eine bes. Untergruppe bilden »Hl. Städte«, deren Ausstrahlung sich in überregionale Netzwerke erstreckt. Städte können bewusst als religiöse Zentren konzipiert werden und z. B. um Wallfahrtsorte herum entstehen, oder beim

Aufbau einer »säkularen« S. wird das architekton. Vorbild einer »Hl. S.« nachgebildet (→ Architektur). (2) Gibt es eine originär städtische Religion, entstanden in der griech. pólis? Seit → Fustel de Coulanges (1864) diese Frage aufwarf, wurde sie lange Zeit unter Verwendung von Konzepten der Urbanität und der Ländlichkeit diskutiert (→ Paganismus), die sich zwar als empir. fragwürdige Konstrukte erwiesen, deren Bilder aber auch mit religiösen Ideen und Handlungen in einer Wechselbeziehung stehen. → Raum, → Religionsgeographie. TH

Lit.: N. D. Fustel de Coulanges, Der antike Staat: Kult, Recht u. Institutionen Griechenlands u. Roms, 1988 (franz. 1864). – F. E. Peters, Jerusalem and Mecca: The Typology of the Holy City in the Near East, 1986. – C. Auffarth, Irdische Wege und himmlischer Lohn, 2002, 73–122.

Stammesreligion, Bezeichnung für regional begrenzte Religionen von Gesellschaften, die vornehmlich nach → Verwandtschaft organisiert sind. IP

Starzen (von russ. starez = der Alte, Übersetzung von griech. gérōn), Bezeichnung für russ. Mönche, die v. a. im 19. Jh. geradezu als Heilige geehrt wurden. Ihre Aufgabe war die Erziehung der Novizen und die Tätigkeit als Beichtvater für die Laien außerhalb des Klosters. → Orthodoxes Christentum. CA

Sternenkult → Astralkult, → Esoterik, → Okkultismus.

Sthaviravāda → Theravāda.

Stigma (griech. = Punkt, Merkmal), griech. Ausdruck, der im Christentum die Wundmale Christi (»Stigmata«) bzw. das Auftreten von Wundmalen bei Gläubigen bezeichnet (Stigmatisation). Als soziolog. Begriff wurde S. von E. Goffman eingeführt, wobei er weniger ein Merkmal als einen Prozess der sozialen Abwertung bzw. deren Sichtbarmachung bezeichnet. Goffman unterscheidet dabei körperliche, moral. und soziale S. HK

Lit.: E. Goffman, S., 1967.

Stoizismus (von griech. stoá poikílē = bemalte Säulenhalle [Unterrichtsort des Schulgründers Zenon]). Die Stoa ist eine der großen Philosophenschulen der Antike neben den Platonikern (Akademie), Aristotelikern (Peripatetiker) und Epikureern, bes. bedeutend in der röm. Kaiserzeit. Die Stoiker (neben Zenon etwa Panaitios, Epiktet, Seneca, Kaiser Marc Aurel) setzen auf das Einstimmen des Individuums in den Weltwillen (lógos). In der stoischen Ethik gelten viele Dinge als »egal« (adiáphora), entscheidend ist die Konzentration auf das angemessene Handeln (kathēkonta, lat. officium). Der S. bildete in der frühen Neuzeit, etwa bei Calvin (1509–64), die Grundlage der Staatsethik. → Apokatastasis. CA

Quellen: Stoicorum Veterum fragmenta, hg. von J. v. Arnim, 1901–1924. – Cicero, De officiis. – Seneca, Epistolae ad Lucilium. – A. A. Long/D. N. Sedley, Die hellenist. Philosophen, 2000.

Lit.: M. Pohlenz, Die Stoa, 2 Bde., 1948. – F. H. Sandbach, The Stoics, 1975. – G. Abel, S. und Frühe Neuzeit, 1978.

Stotra (sanskr. = Hymnus), Lobgedichte und -lieder für hinduist. Götter. AM

Strafe (von mittelhochdt. strafen = mit Worten tadeln, im 13. Jh. gerichtliche S.; lat. poena = ursprünglich Lösegeld für Blutschuld; später Entschädigung, Ersatzleistung, Vergeltung, Bestrafung; vgl. → Talion, Rache, Vergehen, → Schuld, → Sühne). Die S. setzt interpersonelle Gewalt und Reziprozität bei Verletzungen und Schädigungen ebenso voraus wie das Gewaltmonopol der Gemeinschaft, die als kollektives bzw. virtuelles Subjekt durch Repräsentanten und normative Forderungen materielle Sanktionsgewalt ausübt und mit magisch-übernatürlichen Sanktionen droht. (1) Die Ursprünge des Strafens liegen nicht in religiösen Vorstellungen oder rituell-magischen Handlungen. Vielmehr geht es um die wirksame Kontrolle von Verletzungen rechtsgültiger legitimer Normen durch wiederum rechtsgültig legitimierte Sanktionsgewalten. Kernbereiche des Strafrechts zählen zu den kulturellen Universalien, die je nach Gesellschaftstyp und kulturellem Bewusstsein unterschiedlich ausgeformt sind. Umstritten sind kulturhistor. Erklärungen des brutalen strafrechtlichen Zugriffs auf den → Körper des Täters in traditionalen Kulturen (Tötung, Verstümmelung, Körperverletzung, Folter, Ausstoßung aus der Gemeinschaft) im Kontext allgemeiner zivilisator. Körperbezogenheit der vormodernen Kulturen. (2) Die traditionalen Schriftreligionen haben für abweichendes Verhalten (→ Häresie, → Konversion) und Verletzungen religionsgesetzlicher Codes ausufernde Rache- und Straf-Imaginationen (Fluchmagien, Götter- und Jenseitsstrafen) entwickelt. Hier wird die kulturreligiöse Prämisse wirksam, dass religiös-rituelle Codes und Symboliken die individuelle und kollektive Identität stiftende Sozialmoral begründen und legitimieren (→ Deutungsmuster). In modernen Gesellschaften prüft man Möglichkeiten menschenrechtskonformer und interkulturell verallgemeinerungsfähiger Strafrechte. HS

Lit.: M. Foucault, Überwachen und Strafen, 1976 (franz. 1975). – D. Archer/R. Gartner, Violence and Crime in Cross-National Perspective, 1984. – R. Verdier/J.-P. Poly (Hg.), La vengeance, 1984. – M. Daly/M. Wilson, Homicide, 1988. – R. Girard, Der Sündenbock, 1988 (franz. 1982). – D. Garland, Punishment and Modern Society, 1990. – W. Knöbl, Polizei und Herrschaft im Modernisierungsprozess, 1998. – O. Höffe, Gibt es ein interkulturelles Strafrecht?, 1999. – E. Fairchild/H. R. Dammer, Comparative Criminal Justice Systems, 2001.

Strauß, David Friedrich (1808–74), dt. protestant. Theologe und Philosoph, gehört im 19. Jh. zu den offensiven Vertretern einer Mythos-Logos-Konzeption von → Theologie. Die kirchlich als histor. Berichte oder Biographien aufgefassten synopt. Evangelien versteht er im Lichte der histor. Kritik als bloße »Mythen«, was sie aber nicht wahrheitsirrelevant macht. Philosoph. Analyse erkenne im »mythisch« drapierten Jesus von Nazareth die Idee der Gottmenschlichkeit – eine idealist. Variante der antiken Mythenallegorese (*Das Leben Jesu*, 1835). Anders als das kirchliche Christentum seiner Zeit, aber auch in der Folge die → Religionsgesch. Schule sah S. die Wahrheit des Christentums nicht an die Historizität gebunden. Aufgrund dieser Auffassungen war es für S. nicht mehr möglich, eine theolog. und/oder philosoph.-akadem. Laufbahn zu ergreifen. Seine *Christliche Glaubenslehre* (1840/41) ergibt, dass die zu dogmat. »Vorstellungen« geronnenen christl. »Mythen« nicht in philosoph. Begriffe übersetzt werden können. Die Konsequenz daraus zieht S. 1872 in *Der alte und der neue Glaube*: Aus der philosoph. Spekulation, die er für Wissen hielt, soll nun ein diesem »Wissen« angemessener → Glaube entworfen werden. → Mythos. Red

Lit.: A. Schweitzer, Die Geschichte der Leben-Jesu-Forschung, 1906, [2]1913. – J. Schmidt, Die Geschichte des Genie-Gedankens, 1985.

Strukturalismus. Der S. hat sich – außer in der Mathematik – zunächst innerhalb der Linguistik entwickelt. Die Kernaussage des linguist. S., der von seinen Vertretern wie etwa R. Jakobson (1886–1982) auf F. de Saussure (1857–1913) zurückgeführt wird, ist es, dass die Sprache nicht als Konglomerat nichtsprachlicher Phänomene zu verstehen sei, sondern ein autonomes System sui generis bilde (franz. langue, im Unterschied zur parole als dem konkreten Sprechen). Die einzelnen Elemente erhalten einen Sinn nur durch einen systemat. Zusammenhang, der die sprachliche Struktur bestimmt. C. → Lévi-Strauss hat den Strukturalismus auf die Interpretation von Mythen und sozialen Zusammenhängen (z. B. Verwandtschaftsbeziehungen, Heiratsregeln und Totemismus) übertragen. Daneben hat der S. auch die Geschichtswissenschaft (M. Foucault, 1926–84), die Literaturwissenschaft (R. Barthes, 1915–80) und die Philosophie (L. Althusser, 1918–90) beeinflusst. VK

Lit.: J. Albrecht, Europ. S. Ein forschungsgeschichtlicher Überblick, 1988, [2]2000.

Strukturfunktionalismus, von T. → Parsons begründete soziolog. Theorietradition. Sie lenkt die Aufmerksamkeit auf Strukturen verschiedenster Größenordnung, die füreinander und für das aus ihnen gebildete Ganze jeweils bes. Funktionen erfüllen. Die Funktionen, die jedes soziale System zu erfüllen hat, fasst Parsons unter dem »Vierfunktionen-Paradigma« zusammen: Anpassung, Zielverwirklichung, Integration und Strukturerhaltung bzw. Legitimation, wobei letztere vom kulturellen System erfüllt wird, zu dem auch die Religion zählt. → Funktionalismus. HK

Stūpa (sanskr.; pāli thūpa, tibet. → Chörten, wörtlich = [Haar-]schopf), buddh. Denkmal und Verehrungsobjekt, das durch Reliquien des Buddha oder anderer hochrangiger Mönche, die darunter begraben sein sollen, religiöse Bedeutung erlangt. Aber auch hl. Gegenstände oder buddh. Texte können sich in einem s. befinden. S. bauen zu lassen gilt bes. im → Mahāyāna als verdienstvoll. Sie werden durch rechtshändige Umwandlung verehrt und dienen als Hilfsmittel für die Meditation und als Symbol der Erleuchtung. → Architektur, → Bodnāth, → Borobodur, → Chaitya, → Sānchī. AM

Lit.: A. L. Dallapiccola (Hg.), The S., 1980. – H. Kottkamp, Der S., 1992. – N. Gutschow, The Nepalese Caitya, 1997.

Subkultur, soziolog. Begriff für Lebensformen, deren Handlungsmuster und -orientierungen (→

Handeln) von der Gesamtkultur abweichen. Dabei kann es sich um in die Gesellschaft integrierte Teilkulturen oder um Gegenkulturen (→ Gegenwelt) handeln. Die Differenz zur Gesamtkultur kann sich auf ethnische Unterschiede, auf berufliche Besonderheiten oder auch auf Religionszugehörigkeit gründen. Die Zugehörigkeit zu einer S. wird häufig mit Devianz und → Stigma verbunden. → Kultur. HK

Sublimation. S. → Freud versteht unter »Sublimierung« die Fähigkeit, ein ursprünglich sexuelles Ziel gegen ein anderes, nicht mehr sexuelles, aber psychisch verwandtes auszutauschen. In der → Psychoanalyse gelten bes. die künstler. Betätigung und die intellektuelle Arbeit als Sublimierungen. Die beiden Triebfedern des Menschen, Nutzen und Lustgewinn, bleiben auch in den religiösen Systemen und »höheren« sozialen Tätigkeiten wie »selbstloser« Nächstenliebe, Caritas und Agape sowie Freundschaft und Treue erhalten. In *Das Unbehagen in der Kultur* (1930) interpretiert Freud das Gebot der (christl.) Nächstenliebe als notwendige Sublimierung der menschlichen → Aggression, um der primären Feindseligkeit der Menschen in der Kulturgesellschaft entgegenzuwirken. EH

Lit.: S. Freud, Das Unbehagen in der Kultur, 1930.

Subud, aus dem Islam hervorgegangene Bewegung, 1930 in Indonesien von Muhammed Subuh Sumohadiwidjojo (1901–87), auch Bapak genannt, gegründet, der sie seit den 50er Jahren in den Westen brachte. Im Zentrum von S. steht eine Erfahrung bzw. geistige Hingabeübung, die »latihan« genannt wird: Während man in einer Gruppe steht, fühlt man Vibrationen, folgt einem Drang zu gehen oder zu sprechen. Das latihan dauert über eine halbe Stunde und wird mehrmals pro Woche betrieben; Frauen und Männer sind dabei getrennt. Potentielle Mitglieder müssen drei Monate warten, bis sie von »Helfern« zum ersten Mal »geöffnet« werden. Im dt.-sprachigen Raum hat S. etwa 500 Mitglieder. HK

Südostasien. Der geograph. vielgliedrige Siedlungsraum zeichnet sich durch eine bes. kulturelle Dichte und Komplexität und das Neben- und Miteinander zahlreicher unterschiedlicher Religionen aus.

I. Begriffsgeschichte. Die wissenschaftliche Betrachtung von S. als zusammenhängendem Kulturraum ist relativ neu. Ältere Bezeichnungen wie Indochina, Ostindien, Hinterindien, indomalaiischer Archipel, Insulinde oder »the Far East« verweisen darauf, dass die Region lange als Durchgangsraum zwischen Indien und China betrachtet wurde. Der Archäologe und Völkerkundler R. Heine-Geldern (1885–1968) arbeitete die Eigenständigkeit und Originalität S. in ethnolog., linguist., religions- und kulturhistor. Hinsicht heraus und begründete damit die moderne S.-Wissenschaft im dt.-sprachigen Raum. Erst die weiträumige Besetzung der Region durch japan. Invasionstruppen während des Zweiten Weltkrieges etablierte den Begriff und den Gedanken von S. als eigenständiger Region auch in der engl.-sprachigen Welt.

II. Daten. (1) Die Landmasse S., zwischen Indien, Südwestchina, → Australien und Ozeanien gelegen, umfasst ca. 4,5 Mio. km^2 und wird von ca. 520 Mio. Menschen bewohnt. (2) Linguist. Kriterien erlauben die Trennung von insularem und Festland-S. (3) Das insulare S. umfasst heute die Staaten Indonesien, Philippinen, Singapur, Brunei, Malaysia sowie Ost-Timor. Zum Festland-S. werden Myanmar (Burma/Birma), Thailand, Laos, Kambodscha und Vietnam gezählt. (4) Kulturgeograph. und -histor. liegt eine Dreiteilung der Bevölkerung in Berg-, Tal- und Küstenbewohner nahe. (a) Staatstragende Mehrheiten besiedelten die Ebenen, in denen die Nassreisökonomie dominiert. Verdrängungsprozesse marginalisierten die Brandrodungsfeldbau treibenden Bergvölker, die sich lange sowohl dem Zugriff der Tieflandherrscher wie auch der späteren Kolonialherrscher entziehen konnten. Für die Küstenbevölkerung, die z. T. zentral organisierte Staaten bildeten, ist weiträumiger maritimer Handel kennzeichnend. (b) Staatsgrenzen überschreitend sind sog. »transnationale Minderheiten« verbreitet, etwa das Volk der Miao (Südchina, Norden Thailands und Vietnams, Laos) oder die Kachin (Nord-Myanmar, Südchina, Nordostindien). Charakterist. ist jeweils das Gefühl ethnischer Zusammengehörigkeit jenseits der polit. Grenzziehung. Ein Sonderfall »transnationaler Minderheiten« sind Gruppen wie die Auslandschinesen (aber auch Inder, Pakistani, Vietnamesen), die mitunter über Generationen bedeutenden wirtschaftlichen Einfluss in dem Aufnahmeland ausüben. Sie bilden weniger eine nationalstaatliche als vielmehr eine Diaspora-Identität aus (→ Diaspora).

III. Geschichte. (1) S. ist bereits frühgeschichtlich eine äußerst vielfältige Region, die bis heute durch neue Funde überrascht. (a) Vertreter des »Homo sapiens« wanderten vor ca. 40.000 Jahren nach S., Australien und bis Tasmanien, als ihre Nachkommen gelten die Negrito (Festland Malaysia, Philippinen) sowie die Ureinwohner der Andamanen-Inseln und Papua-Neuguineas. (b) Geschliffenes Werkzeug und gebrannte Töpferware tritt vor ca. 10.000 Jahren in Erscheinung. (c) Nord-Thailand und Süd-China sind Regionen früher Pflanzendomestikation (Hirse, Reis). → Ackerbau und neolith. Technologie verbreiteten sich in den Tiefland- und Küstenstreifen S. zwischen 4000 und 1000 v. Chr. (d) Bronze wurde im nördlichen Festland-S. ab ca. 2000 v. Chr. genutzt und Eisen ab 500 v. Chr. Metalltechnologie, Nassreisanbau und die Kontrolle über Seehandelsrouten trugen dazu bei, dass sich ab ca. 500 v. Chr. aus lokalen Häuptlingtümern größere Herrschaftsgebilde entwickelten. Diese gerieten ab dem 2./3. Jh. n. Chr. unter indischen Einfluss. Die hinduist. Vorstellung des Gottkönigs wurde in S. eigenständig weiterentwickelt. Die sich entwickelnden »Staaten« auf dem Festland wie im insularen S. wurden mit dem Begriff → mandala bezeichnet. (2) (a) Die europ. Expansion ab dem 16. Jh. veränderte die kulturelle und polit. Landschaft in S. Portugiesen (Molukken) und Spanier (Philippinen), darauffolgend Holländer (Indonesien), Briten (Malaya, Borneo, Singapur) und Franzosen (Vietnam, Laos, Kambodscha) beendeten weitgehend die ökonom. und polit. Autarkie der lokalen Herrscher (Ausnahme Königreich Thailand). (b) Der konfliktreiche Dekolonisierungsprozess wurde durch die Niederschlagung der japan. Besatzung nach dem Zweiten Weltkrieg eingeleitet. Zwei Indochina-Kriege (1946–54, 1964–73), Putsch und Militärdiktatur in Indonesien (1965), Bürgerkrieg und die Herrschaft Pol Pots in Kambodscha (1975–79) sowie die Bekämpfung kommunist. Guerilla-Organisationen (Malaya, Thailand, Philippinen) machten weite Teile S. zum Schauplatz äußerst blutiger Auseinandersetzungen.

IV. Religionsgeschichte. (1) → Hinduismus und → Buddhismus, und damit auch die Rezeption kanon. Texte in Pāli und Sanskrit, fanden über Brahmanen, Pilger und Händler aus Südasien (Sri Lanka) und China ihren Weg nach S. und wurden bereitwillig von der einheimischen Aristokratie übernommen und gefördert. → Shiva, → Vishnu und → Buddha dienten lokalen Herrschern als Identifikationsgestalten und legitimierten die Ordnung des Staates als »göttlich«. In den frühen Königreichen koexistierten Shivaismus, Vishnuismus, Mahāyāna- und Hīnayāna-Buddhismus; letzterer setzte sich ab dem 13. Jh. auf dem Festland durch. Bis ins 16. Jh. wurden auf Java Shiva und Vishnu verehrt. Daneben erfuhr hier, wie auch auf Sumatra, speziell der → Tantrismus große Wertschätzung durch einflussreiche Herrscher, z. T. bis ins 14. Jh. (2) Die Islamisierung des insularen S. erfolgte angesichts der entwickelten hindu-buddh. Königreiche nur schrittweise und zeigte ab dem 13. Jh. erste Erfolge, als sich in Sumatra, auf der malayischen Halbinsel und im Umfeld der Handelsstützpunkte Borneos und Indochinas Sultanate bildeten. Muslim. Händler aus Indien, Persien und Südarabien machten den Islam sunnit. Prägung bekannt (→ Sunna). Bedeutsam ist der Einfluss der islam. Mystik, da Händler und Lehrer häufig sufischen Gemeinschaften angehörten (→ taṣawwuf). Malayisch, die lingua franca des insularen S., begünstigte die Ausbreitung des Islam ebendort. (3) (a) Durch die Expansion europ. Kolonialmächte ab dem frühen 16. Jh. gelangte das Christentum nach S. Der iber. Katholizismus wurde auf den Philippinen und in Indonesien v. a. durch Jesuiten, Franziskaner und Dominikaner propagiert. Während sich der philippin. Katholizismus unter der span. Kolonialherrschaft in enger Symbiose von Staat und Kirche etablierte, verschwand (mit Ausnahme von Osttimor) der portugies. Katholizismus mit der Vorherrschaft der Holländer ab dem 17. Jh. Von diesen gingen kaum Evangelisationsimpulse aus. Erst in der zweiten Hälfte des 19. Jh.s wurde die protestant. Missionsarbeit verstärkt betrieben und zeitigte bei den kulturellen Minderheiten, z. B. den Batak Zentralsumatras, Erfolge. Zur gleichen Zeit begannen britische Missionare in Birma, Malaya, Borneo und Singapur mit der Verbreitung des protestant. Christentums (→ Protestantismus). Die erfolgreiche Christianisierung des Bergvolks der Karen (Birma, Thailand) erklärt sich u. a. aus deren Autonomiebestrebungen gegenüber Birma. Von den Philippinen aus wurde von Jesuiten ab dem 16. Jh. die christl. → Mission in Vietnam betrieben. Die spätere Kolonialmacht Frankreich stärkte die kath. Christen als ihre »natürlichen Verbündeten«, so dass der christ. Anteil, v.a. nach der Besetzung Saigons 1859, stetig wuchs. (b) Die Geschichte des Christentums in S. lässt sich nicht auf eine Missionsgeschichte reduzieren. Es handelt sich vielmehr um Lokalisierungs- und Übersetzungsvorgänge unter den Bedingungen des → Kolonialismus, die von der indigenen Bevölkerung aktiv mitgestaltet wurde (Rafael). (4) (a) Die Pluralität von Religionen im gegenwärtigen S. entstand durch Austausch- und Begegnungsprozesse, die seit jeher durch maritime Mobilität wie durch Jh.e andauernde Wanderbewegungen auf dem Festland begünstigt wurden. (b) Auf dem südostasiat. Festland überwiegt der → Theravāda-Buddhismus (Myanmar, Thailand, Laos, Kambodscha). Daneben finden sich christl. Religionen (z.B. Vietnam, Myanmar) neben hinduist., daoist.-konfuzian. (→ chin. Religionen) und muslim. geprägten Enklaven. Im insularen Bereich hat sich der sunnit. Islam weitflächig ausgebreitet (Malaysia, Indonesien, Brunei, Süd-Philippinen); eine Ausnahme bilden die mehrheitlich kath. Philippinen. Bemerkenswert sind balines. Hindus und christl. Minderheiten in Indonesien, Buddhisten, Hindus und Daoisten in Singapur, Hindus und Buddhisten in Malaysia. (c) Sowohl auf dem Festland wie auch im insularen S. sind zudem vielfältige → ethnische Religionen Bestandteil der religiösen Landschaft. Sie interagieren mit den dominierenden Hochreligionen und regen bisweilen die Gründung eigener Minderheitenreligionen an. Hinzuweisen ist auch auf Neue Religionen in S., z.B. den → Caodaismus in Vietnam. (d) Wichtige Anstöße, die Komplexität von Religionen in S. empir. und theoret. zu erfassen, lieferten Forschungen zu den drei religiösen Subsystemen (Hinduismus-Buddhismus, Islam, Folk-Religion) auf Java und zum Verhältnis von »kleinen« und »großen« Traditionen (»spirit-cults« und Buddhismus) in Nordost-Thailand. PJB

Lit.: R. Heine-Geldern, S., in: G. Buschan, Illustrierte Völkerkunde, Bd. 2, 1923. – C. Geertz, The Religion of Java, 1960. – W. Stöhr/P. Zoetmulder, Die Religionen Indonesiens, 1965. – S. Tambiah, Buddhism and the Spirit-Cults in North-East Thailand, 1970. – O.W. Wolters, History, Culture, and Region in Southeast Asian Perspectives, 1982. – D.G. Marr/A.C. Milner (Hg.), Southeast Asia in the 9th to the 14th Centuries, 1986. – A. Reid, Southeast Asia in the Age of Commerce: 1400–1680, 2 Bde., 1988–93. – V. Rafael, Contracting Colonialism. Translation and Christian Conversion in Tagalog Society under Early Spanish Rule, 1993. – N. Tarling (Hg.), The Cambridge History of Southeast Asia, Bd. 1, 1994. – T. Gibson, Asia: Southeast, in: A. Barnard/J. Spencer (Hg.), Encyclopedia of Social and Cultural Anthropology, 1996, 59–62. – H. Lukas, Einl., in: E. Binderhofer u. a. (Hg.), Das pazif. Jh. Wirtschaftliche, ökolog. u. polit. Entwicklung in Ost- u. S., 1996, 11–20. – B. Dahm/R. Ptak (Hg.), S.-Hb. Geschichte, Gesellschaft, Politik, Wirtschaft, Kultur, 1999, 9–22. – C. Higham, Early Cultures of Mainland Southeast Asia, 2002. – V. T. King/W. D. Wilder, The Modern Anthropology of South-East Asia, 2003. – I. Glover (Hg.), Southeast Asia: from Prehistory to History, 2004. – S. Headley, Durga's Mosque: Cosmology, Conversion and Community in Central Javanese Islam, 2004. – C. Higham (Hg.), Encyclopedia of Ancient Asian Civilizations, 2004.

Sühne. Religiöse S.-Vorstellungen setzen Konzepte, Diskurse und ritualisierte Kommunikationen über Verfehlung, Vergehen, → Sünde und → Schuld voraus. Ritualisierte Leistungen (v.a. Opfer- und Reinigungsriten) sollen Verstöße gegen normative Ordnungen der Gemeinschaft symbol. bestrafen bzw. bewältigen und die verletzte Ordnung symbol. wiederherstellen. Traditionale Schriftreligionen generalisieren und radikalisieren eine primordiale (in primären verwandtschaftlich und nachbarschaftlich organisierten Kleingruppen evolutionierte) Orientierung an sozialmoral. Normativität, rechtsgültiger Legitimität und autoritativer Sanktionsgewalt (→ Strafe, → Religionsrecht). Hier ist S. ein Korrelat von → Gnade. Die relevanten Begriffe (engl. expiation, atonement, propitation, redemption; purification = Reinigung; franz. expiation, redemption, propitation; bouc émissaire = Sündenbock; lat. expiatio, redemptio, propitatio; hebr. kippær = freundlich stimmen, gut machen, entsühnen; griech. hiláskomai = sich versöhnen lassen; hilastḗrion = Sühnegabe; akkad. kapāru = kultisch reinigen; koran.-arab. kaffara = bedecken, büßen, sühnen) implizieren Generalprävention und Generalrepression von Verstößen gegen den religiös-rituell legitimierten und sanktionierten traditionalen Kommunitarismus. Auch geringfügige Ordnungsverstöße könnten den normativen Konsens prinzipiell bedrohen. Daher entwickeln die Theologien der Weltreligionen unerschöpfliche Diskurse über → karma und → dharma, anattā (Nichtselbst, → anātman), Gut und Böse (→ Zoroastrismus), → Theodizee, → Erbsünde, Versöhnung, → Erlösung und Urschuld (→ Christentum), unendliches Mitleid und Leiden (→ Heil/Leid), Befreiung der himmlischen Lichtsubstanz der Seele aus der verworfenen Materie (→ Gnosis) usw. Auf Religionskulturen der Stammesvölker lassen sich schriftreligiöse S.-Konzepte und S.-Theologien nicht ohne weiteres übertragen. Die europ. Neuzeit und der moderne europ. Staat haben den kultur- und zivilreligiös legitimierten Kommunitarismus (eine Grundlage der religiösen S.-Vorstellungen) durch Ausdifferenzierung funktionaler sozialer Teilsysteme sowie durch menschen- und verfassungsrechtliche Sozialintegration weitgehend verdrängt (→ Säkularisierung), jedoch gibt es auch gegenläufige Tendenzen (→ Fundamentalismus). HS

Lit.: K. van der Toorn, Sin and Sanction in Israel and Mesopotamia, 1985. – H. G. Kippenberg, Die vorderasiat. Erlösungsreligionen in ihrem Zusammenhang mit der antiken Stadtherrschaft, 1991. – C. Colpe/W. Schmidt-Biggemann (Hg.), Das Böse, 1993. – J. Assmann/B. Janowski u. a. (Hg.), Gerechtigkeit, 1998. – J. Assmann/G. G. Stroumsa (Hg.), Transformations of the Inner Self in Ancient Religions, 1999. – I. McEwan, Atonement, 2002.

Sünde. Der christl. Begriff ist eine Übersetzung von lat. peccatum/griech. hamartía. Im alten Israel (hebr. ʿāwōn; ḥaṭṭāʾā) u. a. antiken Religionen wurde S. als eine Materie begriffen, die durch Reinigung entfernt und beseitigt werden kann; im Extremfall wird sie dem → S.-Bock aufgeladen und außer Landes geschickt (Lev 16, 5–22). Das (negative) S.-Bekenntnis etwa im → Akītu-Fest oder den lydischen Beichtinschriften stellt einen nicht mit dem christl. Ritual vergleichbaren Sonderfall dar (→ Pettazzoni). Seit der → Aufklärung und bes. im 20. Jh. ist der Begriff S. zu einem zentralen Kritikpunkt am kirchlichen Christentum geworden. Die dazugehörigen Selbsterniedrigungsrituale vor einem Priester wie → Beichte oder → Buße und die Drohung mit ewigen Höllenqualen haben an Verbindlichkeit verloren. Insbes. die Verantwortlichkeit aufgrund einer freien Entscheidung zur S. ist fraglich geworden, etwa durch die Einführung der Kategorie des Unbewussten. Zur S. gehört die Verinnerlichung des S.-Bewusstseins, das neben die irdische → Strafe oder – wenn Menschen das Vergehen nicht bemerken – an deren Stelle eine innere und eine jenseitige Strafe setzt. Instanzen sind Gott und im Innern des Menschen das Gewissen. Der »innere Mensch« ist nicht erst im Christentum oder durch die Reformation entstanden, sondern entwickelte sich unabhängig voneinander in mehreren Religionen. Die Formel »von der Schamkultur (→ Scham/Ehre) zur Schuldkultur« (Dodds) ordnet die beiden Formen der Innen- und Außenleitung zwei einander ablösenden Epochen zu, die doch miteinander verbunden bleiben. CA

Lit.: E. R. Dodds, Die Griechen und das Irrationale, 1970 (engl. 1951), 17–37. – B. Pongratz-Leisten, Das negative S.-Bekenntnis des Königs, in: J. Assmann (Hg.), Schuld, Gewissen und Person. Studien zur Geschichte des inneren Menschen, 1997, 83–101. – S. Brandt u. a. (Hg.), S., ein unverständlich gewordenes Thema, 1997. – G. Petzl, Die Beichtinschriften im röm. Kleinasien und der Fromme und Gerechte Gott, 1997. – J. Assmann, Transformations of the Inner Self in Ancient Religions, 1999. – J. Klawans, Impurity and Sin in Ancient Judaism, 2000. – A. Bendlin, Art. »S.«, in: HrwG 5, 2001, 125–34. – A. Schubert, Das Ende der S. Anthropologie u. Erb-S. zwischen Reformation u. Aufklärung, 2002.

Sündenbock, nach der bekanntesten Variante des Phänomens (Lev 16) benannter Träger negativer Kräfte, der – sei es als → Tier, Mensch oder Gegenstand – diese Kräfte in einem magischen Ritual (→ Magie) auf sich nimmt und aus dem Einflussbereich der Menschen trägt. → Altes Testament, → Apokryphen, → Asasel, → Strafe. KVS

Sufismus → taṣawwuf.

Suggestion (von lat. suggero = zuführen, anraten, suggestus = Tribüne im [Heer-]Lager), Bezeichnung für den Versuch, Menschen mit kommunikativen Mitteln zu etwas zu bewegen, was sie nicht unbedingt tun würden, woran sie zweifeln oder wovor sie sich fürchten. Aus der Perspektive der antiken Rhetorik ist S. ein Grenzbegriff, denn diese hat spätestens mit der philosoph. reflektierten »Rhetorik« des → Aristoteles als wesentlichen Grundsatz erarbeitet, dass kommunikativer Erfolg schwerlich erzwungen werden könne. »Rhetorik« galt Aristoteles anders als → Platon daher als Kunstlehre (griech. téchnē), für die auch bei Beherrschung ihrer Regeln gilt, dass sie im Einzelfall nicht zwingend-deduktiv angewendet werden kann. In dem Wissen, dass S. etwa in der Ratsversammlung der antiken Polis oder auch im dt. Bundestag mit (rhetor. routiniertem) Widerspruch zu rechnen hat, muss sie bemüht sein darzustellen, dass eine Situation ausschließlich in einer bestimmten Weise bewältigt werden könne. Logisch tendiert S. mithin zum Widerspruch, rhetor.-sittlich zur Täuschung des Publikums. Im Verein mit starken Affekten, Bedürfnissen usw. kann S. in Notlagen ganze Gesellschaften betäuben, wie sich an den suggestiven »Rhetorikern« J. Goebbels (1897–1945) und A. Hitler (1889–1945) leicht nachvollziehen lässt. Auch in demokrat. Gesellschaften tritt das Phänomen in den Massenmedien auf. Auf dem Gebiet der religiösen Kommunikation bedienen sich v. a. stark apokalypt. und entscheidungsdualist. geprägte missionar. Gruppen (z. B. »Zeugen Jehovas«) dieses Mittels, und die S. prägt auch exemplar. die Konflikte im schiit. dominierten Iran. Red

Sui generis (lat. = durch sich selbst eine Klasse bildend, eigentümlich). Dass Religion etwas ganz unvergleichbares sei, das sich nicht mit Methoden anderer Wissenschaften erschließen lasse, war etwa R. → Ottos Behauptung in *Das → Heilige* (1917). → Typologie. CA

Suizid → Selbstmord.

Sukhāvatī (sanskr.; japan. Jōdo = das Glückvolle), das vom Buddha → Amitābha/Amitāyus (japan. → Amida) geschaffene Reine Land des Westlichen Paradieses, in das alle Wesen hereingeboren werden können, die bes. während des Sterbens auf Amida vertrauen und seinen Namen aussprechen. Nicht den Fährnissen dieser Welt ausgesetzt, können die Wesen im Reinen Land das vollständige Verlöschen erreichen. S. wird auch als Bewusstseinszustand interpretiert, unabhängig von einem geograph. festgelegten Ort. → Himmel, → Paradies, → Tushīta. AM

Lit.: V. Zotz, Der Buddha im Reinen Land, 1991.

Sukkot (hebr. = [Laub-]Hütten), das achttägige Laubhüttenfest der Juden (vgl. Lev 23,39–43), in der Antike neben → Passah und Wochenfest (→ Schawuot) das dritte jüd. Wallfahrtsfest. Ursprünglich ein Erntedankfest, erinnert es außerdem an den Zug der Israeliten aus Ägypten, weshalb man zu S. symbol. in unbefestigten Hütten wohnt. Das → Fest wird abgeschlossen mit dem Fest der Torah-Freude (hebr. simḥat tōrā), an dem die Torah-Rollen durch die Synagoge getragen werden und ein neuer Zyklus der Torah-Lesung beginnt. KVS

Summa Theologiae, lat. Bezeichnung für eine nach logischen Prinzipien des Aristotelismus aufgebaute Dogmatik zum Zweck der Bekämpfung von Ketzern und anderen Religionen. Sie bildet ein fiktives Streitgespräch, das Argumente aus und für reale Disputationen zur Verfügung stellt. Vorbild sind islamische Kompendien des → Wissens in den artes liberales. Die berühmteste S. Th. ist die des Dominikaners Thomas von Aquin (1225–74). In ihrer Gliederung spiegelt sich das Bemühen wider, systemat. und heilsgeschichtliche Momente in einer einheitlichen → Theologie zum fruchtbaren Ausgleich zu bringen: (a) prima pars: beginnt bei Gott und schreitet die Schöpfungsordnung hinab; (b) secunda pars: zeichnet den Aufstieg der vernunftbegabten Kreatur zu Gott; (c) tertia pars (unvollendet): erneute Durcharbeitung des Entwickelten unter der systemat. Perspektive von Christus als dem Prinzip und Mittler der Gottesbegegnung. Red

Lit.: J. Torrell, Magister Thomas. Leben u. Werk des Thomas von Aquin, 1995, 160–76.

Sundar Singh (1889–1929), ursprünglich dem → Sikhismus angehörender christl. Missionar aus Nordindien; nach einem Erweckungserlebnis predigte S. S. – in Kleidung und Lebensart die hinduist. Asketen imitierend – das Evangelium in mehreren Ländern Südasiens. → Neohinduismus. HFT

Lit.: M. Biehl, Der Fall Sadhu S. S., 1990. – J. Cox, Imperial Fault Lines. Christianity and Colonial Power in India, 2002.

Sunna (arab. = Brauch), islam. Terminus für die Gesamtheit der aus dem → ḥadīṯ abgeleiteten Praxis. (1) S. meint ursprünglich auf einen Einzelnen bezogen die Lebensweise in einer sozialen (meist stammlich organisierten) Gemeinschaft. Im → Koran ist S. stets auf Gott bezogen, und zwar im Sinne seines (strafenden) Verfahrens gegenüber früheren Generationen, das sich niemals verändert hat und verändern wird (z. B. Sure 17/17). S. hatte also zunächst die mit dem Prädikat »stetig« konnotierte Bedeutung »Verfahrensweise«. (2) Als religiöser Terminus bezieht sich S. v. a. auf die gesamte narrativ überlieferte, normativ verstandene Verfahrensweise des Propheten → Muḥammad und z. T. seiner Begleiter (ḥadīṯ). Der ḥadīṯ ist damit die Gesamtheit der Narrationen über die S.; die S. gilt als das Attribut des Gesandten, das diesen mit seiner Gemeinschaft verbindet. Dabei gingen islam. Gelehrte (z. B. al-Ašʿarī, → Ašʿarīya) davon aus, dass die S. von Muḥammad intentional gesetzt wurde, wobei dieser außerdem seinen Weg erläuterte und seine Verfahrensweise erklärte. S. bezeichnet also die Verfahrensweise und ihre

Auslegung in einem. (3) Aus der S. wurden ethische Gebote und jurist. Fallbehandlungen abgeleitet. Dabei galt bei einigen Gelehrten (→ ʿUlamāʾ) die Maxime, dass jede religiöse Pflicht S., aber nicht jede S. Pflicht sei. Andere Juristen hingegen wollten die S. als Institution der Freiwilligkeit von der der Pflicht abgrenzen, wieder andere setzten die Normativität der S. über die des Korans. Die koran. Aufforderung, Muḥammad als »schönes Beispiel« (uswa ḥasana, Koran 33/21) zu wählen, begründete den Konsens über die S., wobei die Ansichten über das, was als ihr Bestandteil anzusehen sei, z. T. erheblich variieren konnten. (4) Erst in späterer Zeit (spätestens im 11./12. Jh.) wurde S. zusammen mit dem Begriff ǧamāʿa (= Gemeinschaft) zum Namen für diejenigen Muslime, die nicht der Schia (→ šīʿa) zuneigten oder angehörten (ahl as-sunna wa-l-ǧamāʿa, Sunniten). In der frühen Neuzeit verfestigte sich die Differenz zwischen S. und Schia in konfessioneller Hinsicht. Demzufolge vertraten jetzt v. a. die vier »sunnit.« Rechtstraditionen (→ maḏhab) das Ideal der S., obwohl auch die Schia für sich einen positiven S.-Begriff reklamiert. In der islam. Rechtstheorie (→ uṣūl al-fiqh) gilt die S. als zweite Quelle nach dem Koran, wobei sie in gewissen Fällen, wenn sie als Kommentar zu einer koran. Bestimmung gelesen wird, diese abrogieren kann (nasḫ). Der Gegenbegriff zu S. ist »Neuerung« (→ bidʿa), die auch als »schlechte S.« verstanden wird. RS

Lit.: W. Graham, Divine Word and Prophetic Word in Early Islam, 1977. – A. Mackeen, Some Thoughts on the Meaning of »Following the Sunnah« (ittiba' al-Sunna), in: Islamic Studies 20 (1981), 357–73. – J. Burton, Notes towards a Fresh Perspective on the Islamic S., in: British Society for Middle Eastern Studies Bulletin 11 (1984), 3–17. – H. Algar, The S. Its Obligatory and Exemplary Aspects, 2000.

Suntarar (Suntaramūrtti), ca. 780–830, einer der 63 tamil. shivait. → bhakti-Heiligen (→ Nāyanār) sowie einer der drei Verfasser des → Dēvāram. Darin besingt S. u. a. seine berühmte Vision der 63 Shiva-Heiligen. Seine Dichtung spiegelt die intensive emotionale Reaktion eines Anhängers auf den Gott → Shiva wider. TL

Lit.: D. D. Shulman, Songs of the Harsh Devotee. The Tēvāram of Cuntaramūrttināyanār, 1980.

Sūra (Sure), Bezeichnung für die 114 unabhängigen Abschnitte des → Korans. Ursprünglich bezeichnete s. im Koran eine göttliche Offenbarung, dann einen Teil von ihr. Im Rahmen der Redaktion des Korans wurde s. als textlicher, Verse (āyāt) umfassender Abschnitt der Offenbarung gefasst. RS

Sūrdās (1478/9–?), nordind. Dichter der Krishna-→ bhakti; Redaktion des Werkes in Form des Sūrsāgar (= Meer des Sūr; inhaltlich nach dem Modell des Bhāgavatapurāna geordnet) erst ab dem 18. Jh.; sein Werk wird bis heute schöpfer. tradiert. S.' angebliche Blindheit wird zum produktiven Schlüsselmotiv der Haltung des Frommen zur Welt. Von der Vallabha-Tradition (→ Vallabhāchārya) wird S. wohl zu Unrecht beansprucht. MHO

Lit.: J. S. Hawley, S. Poet, Singer, Saint, 1984.

Sure → Sūra.

Sūrya (sanskr. = Sonne), Gott Sonne. → Vedisches Pantheon. AM

Lit.: A. Gail, Sonnenkult in Indien, 2001.

Sūtra (sanskr. = Leitfaden). (a) Im Hinduismus Bezeichnung für Werke in aphorist. oder metrischem Stil, für deren Verständnis die Unterweisung durch einen Lehrer (→ Guru) notwendig ist; (b) im Buddhismus (pāli sutta) die Lehrreden Buddhas u. a. ehrwürdiger Mönche. → Buddh. Literatur, → Text, → Vedische Literatur. AM

Lit.: J. Gonda, The Ritual S., 1977.

Suttanipāta (pāli), Sammlung von kurzen Texten und Sprüchen im → Khuddaka-Nikāya des → Pāli-Kanons, die dessen älteste Textteile enthält. → Buddh. Literatur. AM

Sutta-Pitaka (von pāli s.-piṭaka, sanskr. sūtra-piṭaka = Korb der Lehrreden), aus Lehrreden des Buddha und hochrangiger Mönche bestehender Teil des → Pāli-Kanons (→ Tripitaka). Der S.-P. ist in fünf Sammlungen unterteilt: → Dīgha-Nikāya (lange suttas), → Majjhima-Nikāya (mittellange suttas), → Samyutta-Nikāya (suttas in Gruppen, die sich mit verschiedenen Themen beschäftigen), → Anguttara-Nikāya (nach Zahlen geordnete suttas, deren Inhalt in Zusammenhang mit der jeweiligen Zahl steht) und → Khuddaka-Nikāya (Sammlung der Stücke). → Buddh. Literatur. AM

Dt. Ü.: R. O. Franke, 1923. – K. E. Neumann, 3 Bde., 1956/57. – Nyanatiloka, 1906, [5]1993.

Svāmī, auch Svāmin (sanskr. = Herr), meist hinduist. Anrede für Heilige und Meister. AM

Svarog (von urslaw. *svar = Sonnenglut und Suffix -og: = derjenige, welcher der Sonnenglut ähnlich ist), in der neueren Forschung teilweise als Sonnengott der Westslawen gedeutet, in Entsprechung zum ostslaw. → Perun. N. Reiter sieht in S. keinen Gott, sondern die »durch Eid bekräftigte Rede« (von gotisch *suer = Wechselrede). S. wird namentlich bei Thietmar von Merseburg (um 1000) sowie in der sog. Hypatius-Chronik (13. Jh.) genannt. → Slawische Religion, → Svarožič. US

Lit.: L. Moszyński, Art. »Swaróg«, in: G. Labuda/Z. Stieber (Hg.), SSS 5, 1975, 494–95. – N. Reiter, Aleksander Brückner und die Götter der Slaven, in: W. Kośny (Hg.), A. Brückner. Ein polnischer Slavist in Berlin, 1991, 53ff.

Svarožič, Gottesname in der → slawischen Religion, der bei Thietmar von Merseburg und Bruno von Querfurt (um 1000) genannt wird. Die Forschung sieht in ihm entweder eine patronym. oder eine hypokorist. Konstruktion zu → Svarog. Nach N. Reiter handelt es sich bei S. um einen Gegenstand, der in Verbindung mit der Eidesleistung stand. US

Lit.: S. Urbańczyk, Religia pogańskich Słowian, 1947, 19–23, 58. – H. Łowmiański, Podstawy gospodarcze formowania się państw słowiańskich, 1953, 24–26. – N. Reiter, Aleksander Brückner und die Götter der Slaven, in: W. Kośny (Hg.), A. Brückner. Ein polnischer Slavist in Berlin, 1991, 53ff.

Svastika (von sanskr. svasti = Heil), glückbringendes Zeichen, oft als Hakenkreuz dargestellt. → Symbol. AM

Svayambhū, auch Svayambhūnātha (sanskr. = von selbst entstanden[er Herr]), im tantrischen Buddhismus Beiname des Ur-Buddha (→ Ādibuddha), der unter diesem Namen bes. in Nepal verehrt wird. → stūpa. AM

Lit.: N. Gutschow, The Nepalese Caitya, 1997.

Svętovit, ein Gott der → slawischen Religion, der in Arkona auf Rügen verehrt wurde. Zu seinem Namen gibt es zwei Etymologien: (a) Wortzusammensetzung aus dem urslaw. Adjektiv *svęt (ursprünglich = hell, später = hl.) und dem theonym. Suffixoid -vit; (b) Abbild des Prager hl. Veit, slawisch Vit. Über S. berichten Saxo Grammaticus und Helmold von Bosau (2. Hälfte 12. Jh.). Im Tempel des S. stand ein überlebensgroßes Kultbild des Gottes. S. wurde als Fruchtbarkeits- und Kriegsgott verehrt, zu seinem Kult gehörten Opfer und Orakel, um Ernteerträge und Kriegsglück zu beeinflussen bzw. vorauszusagen. Seine Attribute waren Flagge und Schwert sowie ein weißes Reitpferd samt Sattel und Zaumzeug. → Slawische Religion. US

Lit.: T. Palm, Wendische Kultstätten, 1937. – L. Moszyński, Art. »Świętowit«, in: G. Labuda/Z. Stieber (Hg.), SSS 5, 1975, 589–91.

Swedenborg, Emanuel (1688–1772), einer der einflussreichsten, vom Christentum ausgehenden Visionäre, dessen »Offenbarungen« u. a. in der Erkenntnis bestanden, das Jüngste Gericht sei grundsätzlich schon vollzogen und drücke sich nun in der Scheidung von Gut und Böse aus. S. hatte etwa 50.000 Anhänger weltweit, aber seine Schriften waren beträchtlich weiter verbreitet. → Spiritismus, → Theosophie. HK

Syllabus (lat. = Liste, Aufstellung), 1864 von Papst Pius IX. veröffentlichtes Verzeichnis weltanschaulicher und theolog. Positionen, die mit der kath. Lehre unvereinbar seien (→ Katholizismus). Der S. bildet eher einen defensiven Ausgangspunkt für eine Auseinandersetzung der kath. Kirche mit Entwicklungen der Moderne (Kommunismus, Rationalismus, Pantheismus usw.; → Pluralisierung) als eine konstruktive Antwort, die erst mit dem Zweiten → Vatikan. Konzil unternommen wird. KHS, Red

Lit.: S. von 1864, in: DH 2901–80. – H. Wolf, Der S., in: M. Weitlauff (Hg.), Kirche im 19. Jh., 1998, 115–39.

Symbol. Der klassische S.-Begriff setzt sich aus den beiden Elementen »signum« (Bezeichnendes) und »res« (Bezeichnetes) zusammen. In der Philosophie der symbol. Formen von E. → Cassirer meint S. die Verdichtung beider Ebenen. In der Semiotik von und im Anschluss an C. S. → Peirce bezeichnet S. die Synthese der ikon. (eindrücklichen) und der indexikal. (auf ein äußeres Objekt gerichteten) Dimension des Zeichens. Der S.-Begriff spielt in der Religionswissenschaft eine wichtige Rolle, weil religiöse → Kommunikation auf Transzendentes mit immanenten Mitteln verweist. Allerdings wird mittlerweile berücksichtigt, dass das Bezeichnete nicht etwas metaphys. Gegebenes ist, sondern wie das Bezeichnende Konstruktionscharakter hat. VK

Lit.: M. Lurker, Wörterbuch der Symbolik, 1979, [5]1991. – M. Lurker (Hg.), Beiträge zu S., Symbolbegriff und Symbolforschung, 1982.

Sympathie (von griech. sympátheia = Mitempfinden), Begriff aus der → Magie, nach dem aufgrund der Entsprechungen oder »Einflüsse« zwischen → Mikro- und Makrokosmos Wirkungen vom Großen auf das Kleine und umgekehrt ausgelöst werden können. → Natur. CA

Synagoge (griech. synagōgḗ = Versammlung[sort]), die jüd. Versammlungsstätte für Gottesdienst und Begegnung. Für die Zeit des Zweiten Tempels sind zwar S. archäolog. belegt, doch ihre konkrete Funktion ist schwer zu ermitteln. Tatsache ist, dass Juden in der → Diaspora, wo die Tempelbezogenheit nachließ, eigene Versammlungshäuser errichteten, doch ist keineswegs sicher, ob dort Schriftlesung und -auslegung stattfand. Erst in rabbin. Zeit kam es zu einer regen Synagogen-Bautätigkeit, wobei zu beachten ist, dass die → Rabbinen in der S. nur eine marginale Rolle spielten. Wichtige Bestandteile der in der Regel nach Jerusalem hin orientierten S. (→ Architektur) sind der die Bundeslade im Tempel symbolisierende, vom pārokæt (= Vorhang) bedeckte Torahschrein, in dem sich die → hl. Schriften befinden, das nēr tamīd (= Ewiges Licht) darüber sowie die bīmā (→ Bema), die Plattform für den Vorbeter und für die liturg. Schriftlesung. Die Gestaltung der S. folgte zumeist einheimischen architekton. Traditionen, bildliche Darstellungen waren weithin üblich. Nach rabbin. Vorschrift sitzen Männer und Frauen getrennt (letztere oft auf einer Empore), doch im konservativen und Reformjudentum ist diese Trennung aufgehoben. Besonders in großen Orten beherbergt die S. neben dem Versammlungsraum in der Regel auch angrenzende Lehrgebäude und Bibliotheken. → Kult. KVS

Lit.: A. Eisenberg, The Synagogue, 1974. – L. I. Levine (Hg.), The Synagogue in Late Antiquity, 1987. – H.-P. Stähli, Antike S.-Kunst, 1988. – B. Kern-Ulmer, Rabbin. Responsen zum S.-Bau, 1990. – H. Künzl, Jüd. Kunst, 1992. – C. H. Krinsky, Europas S. Architektur, Geschichte u. Bedeutung, 1997. – S. Fine (Hg.), Jews, Christians, and Polytheists in the Ancient Synagogue, 1999.

Synhedrion → Sanhedrin.

Synkretismus, Vermischung verschiedener Religionen. (1) Die antike Verwendung und Etymologie des griech. Begriffs synkrētismós führt nicht weit: Das Zweckbündnis kretischer Städte, die sich sonst nie über den Weg trauen (Plutarch, *moralia* 490 B), hat keinerlei religiöse Bedeutung. Erst in der Reformationszeit wird daraus (mit falscher Etymologie »Vermischung«) ein polem. Schlagwort, das nicht zuletzt gegen den Katholizismus gerichtet ist (auch später bei J. G. → Herder). A. Harnack (1851–1930) sah den Erfolg des Christentums in der Antike in seiner Fähigkeit zum S. begründet. Als Forschungsprogramm eignet sich der Begriff nicht, weil er zu stark (a) auf Glaubensinhalte und (b) die Einzelreligionen bezogen ist. Neuerdings nimmt man für die Frühphase der israelit. Religion einen S. an, der dann durch die monotheist. Revolution »entmischt« wurde. (2) Die Vermischung von Elementen oder ganzen Systemen unterschiedlicher Religionen zu einer neuen Mischreligion (früher: Religionsmengerei) gilt als illegitime Form; der Vorwurf wird insbes. gegen Religionen in der Moderne und überhaupt Religionen in ihrer »Spätphase« gerichtet (van der → Leeuw). Die Voraussetzungen der Kritik sind falsch: (a) Es gibt keine ursprünglichen und reinen Religionen, die nicht schon fremde Elemente aufgenommen hätten. (b) Systemat. Widerspruchslosigkeit kann selbst die theolog. Dogmatik nicht erreichen, weil Religion auch ihre gesellschaftlichen Funktionen (Pragmatik) erfüllen muss. (3) S. ist ein Teilprozess von kulturellem Austausch, eingebunden in wirtschaftliche Tauschwege und -formen, in der Regel durch Migration oder polit. Beherrschung ausgelöst, mit drei möglichen Ergebnissen: Assimilation, Synthese, Auflösung. Assimilation bedeutet, dass sich Elemente anderer Religionen in das System der dominanten Religion einfügen; Synthese wäre die Neubildung eines neuen Systems aus Elementen und Systemteilen der zusammenlebenden Religionen; Auflösung die vollständige Integration der fremden Elemente in die neue Religion, so dass ihre Fremdheit nicht mehr wahrgenommen wird. → Kontakt, → Typologie. CA

Lit.: J. G. Herder, Ideen zur Geschichte der Menschheit [1791], 4. 17,3, in: M. Bollacher (Hg.), J. G. Herder, Werke, Bd. 6, 1989, bes. 734. – U. Berner, Der Begriff S. – ein Instrument histor. Erkenntnis?, in: Saeculum 30 (1979), 68–85. – P. L. Berger, Der Zwang zur Häresie, 1980. – U. Berner, Untersuchungen zur Verwendung des S.-Begriffes, 1982. – K. Rudolph, S., vom theolog. Scheltwort zum religionswiss. Begriff, in: Ders., Geschichte und Probleme der Religionswissenschaft, 1992, 193–215. – F. Stolz, Austauschprozesse zwischen religiösen Gemeinschaften u. Symbolsystemen, in: V. Drehsen/W. Sparn (Hg.), Im Schmelztiegel der Religionen, 1996, 15–36. – C. Colpe, Weltdeutungen im Widerstreit, 1999. – P. Burke, Kultureller Austausch, 2000.

Synode (von griech. sýnhodos = Versammlung; lat. concilium), christl. Kirchenversammlung, in der die in der Kirche selbst angelegte Communio-Struktur der Gemeinschaft mit Gott und untereinander in der Gemeinde verwirklicht wird. Die S. ist Ort gesetzgebender, richterlicher und liturg. Kompetenz: Ein → Bischof hat die oberste Leitungsfunktion in seiner Teilkirche nur in der kollegialen Einheit aller Bischöfe; wichtige Entscheidungen der Kirche sind zwar auf den gemeinsamen Sinn aller Glaubenden (sensus fidelium) verwiesen, dennoch können Mehrheiten durch autoritative Entscheidungen aufgehoben werden. Zu ökumen. S. werden Bischöfe und Vertreter der gesamten Kirche zusammengerufen, zu Partikular-S. nur jene des jeweiligen Teilkirchenverbandes (z. B. Ritusverband, Patriarchat, Landeskirche, Kirchenprovinz, Diözese). Die konkrete Ausgestaltung des synodalen Elements differiert in den verschiedenen christl. Denominationen beträchtlich. → Tridentinum, → Vatikanum. KHS, Red

Lit.: W. Aymans, Das synodale Element in der Kirchenverfassung, 1970. – H. Frost, Strukturprobleme der evang. Kirchenverfassung, 1972. – K. Ganzer, Unanimitas, maioritas, pars sanior. Zur repräsentativen Willensbildung von Gemeinschaften in der kirchlichen Rechtsgeschichte, 2000.

Syrische Religionen in vorhellenistischer Zeit. Die auch geograph. bedingte polit. Zersplitterung Syriens in einzelne Stadtstaaten seit dem 3. Jt. v. Chr. verhinderte eine überregional verbindliche Religionsausübung; so sind die S. R. jeweils → lokale Religionen der einzelnen Zentren. Große Zentren mit gut fassbaren offiziellen Kulten sind → Ebla, → Emar oder → Ugarit; die an der Grenze zum babylon. Bereich liegende Stadt Mari ist religiös zwar weitgehend von dort beeinflusst, zeigt aber mit der → Mari-Prophetie ein syrisches Spezifikum. Die religiösen Vorstellungen der außerhalb der Zentren lebenden nomad. Bevölkerung, die in der mesopotam. Überlieferung als → Martu bzw. Amurru bezeichnet wird (→ Nomaden), lassen sich nur aus Fremdberichten rekonstruieren. Zu Beginn der Eisenzeit (Wende zum 1. Jt.) werden mit der Religion der → Phönikier in Nordwestsyrien bzw. der → Aramäer in Nord- und Mittelsyrien Ansätze überregionaler Religionen greifbar. Bei den S. R. v. a. im 3. und 2. Jt. v. Chr. ist auch zu berücksichtigen, dass die → Hurriter ihre eigenständigen Kulte in den Zentren praktizierten, aber auch synkretist. die Religion der semit. Bevölkerungsmehrheit beeinflussten. MH

Lit.: H. Klengel, Syria: 3000 to 300 B. C., 1992. – P. W. Haider/M. Hutter u. a. (Hg.), Religionsgeschichte Syriens, 1996, 13–144. – M. Hutter, Religionen in der Umwelt des AT I, 1996, 115–82. – H. Niehr, Religionen in Israels Umwelt, 1998.

Systemtheorie, von T. → Parsons, später N. → Luhmann entwickelte Theorie, die v. a. in der → Religionssoziologie auch zur Erklärung von Religion verwendet wird. Für Luhmann bestehen Systeme aus einem Geflecht von miteinander interagierenden Elementen, deren Interaktionen sie selbst »autopoiet.« konstituieren. → Kommunikation gilt als der grundlegende Prozess, durch den soziale Systeme gebildet werden. Das religiöse Subsystem bildet einen Teil des sozialen Systems und erfüllt die Funktion der Bewältigung von → Kontingenz mit Bezug auf die Gesamtgesellschaft (→ Deutungsmuster). Es erbringt auch bestimmte Leistungen für die Systeme in der »systeminternen Umwelt« und zeichnet sich durch eine Reflexion über sich selbst aus. HK

Lit.: N. Luhmann, Die Religion der Gesellschaft, 2000.

T

Tabu (von tongan., polynes. tapu, ta = abgrenzen, bu = grammat. Intensivierung), ein Komplex von Meidungsgeboten. Zu unterscheiden ist zwischen dem polynes. Ursprung des Begriffs, der ethnolog. Debatte über dessen universale Anwendbarkeit und schließlich der Rezeption in Diskursen innerhalb der Psychologie und des Feuilletons. T. wurde aus Reiseberichten des 18. Jh.s bekannt (Captain Cook) und umfasst Sachverhalte von hl., enteignet, standesadäquat, unrein bis ge- und verboten. Die performative Kraft des polynes. T. (→ Performanz) rührt von dem Überzeugungshintergrund einer übersinnlichen Wirkmacht her (→ mana). Bei Verstoß drohen Sanktionen, »automat. Bestrafung« (M. Mead: aus Übertretung eines verinnerlichten T. folgen Krankheit, Tod, Unglück) und sozialer Ausschluss: Ein tabuisierter Gegenstand/Name/Speise/Person/Ort kann ebenso das Merkmal »geschützt« wie »unrein« (durch Wasser oder Hitze in den Normalzustand (noa) rücksetzbar) tragen, teils auch beide in Ambivalenz (S. → Freud, *Totem und T.*: ein unbewusster Wunsch wird im Inzest-T. zu bewusstem Ekel). T. werden in der heutigen Forschung nicht mehr als primitive Undifferenziertheit oder als Beginn von Moral (W. R. → Smith, F. G. → Frazer) angesehen, sondern eher in ihrer Funktionalität betrachtet: Das T. leistet gesellschaftliche Stabilisierung, indem es das symbolisiert und aussondert, was im Regelkanon einer Gruppe nicht zu integrieren ist (É. → Durkheim, M. → Douglas, C. → Lévi-Strauss, E. Leach). Im Kontext von Sexual-T. wurde diskutiert, inwiefern sie nicht Ordnung errichten, sondern lediglich demograph. Bedingungen widerspiegeln (M. K. Slater, M. Ember). Rationalist. Modelle erklären T. mit evolutionären, physiolog. oder ökonom. Mustern (z. B. für die indische hl. Kuh: M. Harris); die Rolle des symbol. Handelns wird dabei leicht unterschätzt. Von ethnopsychoanalyt. Seite ist auf die Tabuisierung als Macht- und Legitimationsstrategie hingewiesen worden (v. a. für die Funktion des kollektiven Schweigens nach 1945: P. Parin). In diesen Diskursen des 19./20. Jh.s wurde T. zu einem vieldeutigen Element kulturkrit. Selbstreflexion. → Religion. AK

Lit.: J. G. Frazer, Taboo and the Perils of the Soul, in: Ders., The Golden Bough, Bd. 2., 1911, Kap. XIX-XXII. – M. Douglas, Reinheit und Gefährdung. Eine Studie zu Vorstellungen von Verunreinigung u. T., 1985 (engl. 1966). – M. Mead, Art. »Incest«, in: D. Sills (Hg.), International Encyclopedia of the Social Sciences 7, 1968, 115–22. – K. H. Kohl, Fetisch, T., Totem. Zur Archäologik religionswiss. Begriffsbildung, in: B. Gladigow/H. G. Kippenberg (Hg.), Neue Ansätze in der Religionswissenschaft, 1983, 59–74. – P. Parin, Wer richtet ein T. ein und zu welchem Zweck?, in: A. Apsel/J. Sippel-Süsse (Hg.), Ethnopsychoanalyse 6, 2001, 9–18.

Tafsīr (arab. = Exegese, Auslegung). In islam. Terminologie hauptsächlich auf den → Koran bezogen, meint der Begriff genauer die Auslegung eines Koranverses (Bedeutung) sowie den Verweis auf seinen Sinn (Wert; → Hermeneutik) und seinen Offenbarungsanlass. Vom ursprünglich gleichbedeutenden Begriff → ta'wīl wurde t. im 9. Jh. dadurch differenziert, dass jener speziell die (oft allegor.) Interpretation eines Verses bezeichnet, während sich t. auf einzelne Wörter, Fachbegriffe oder den »äußeren Wort- oder Satzsinn« bezieht. Die Koranexegese gilt zusammen mit der Jurisprudenz (→ fiqh) und der Traditionswissenschaft (→ ḥadīṯ) als die höchste islam. Wissenschaft. Als textliche Verstehensgrundlage für die Exegese eines Koranverses gelten (a) der Koran selbst, (b) die → Sunna des Propheten → Muḥammad, (c) die Tradition der Prophetengenossen und (d) bei einigen Ḥanbaliten (→ Ḥanbalīya) auch die der ersten Nachfolgegeneration. Von der Mehrzahl der Exegeten wurde ein philolog.-textgeschichtlicher Kommentar bevorzugt, doch gibt es auch zahlreiche Kommentare mit anderen spezif. Deutungskontexten (Recht, Rhetorik, Allegorese und erzählende Literatur). RS

Lit.: I. Goldziher, Richtungen der islam. Koranauslegung, 1920. – J. M. S. Baljon, Modern Muslim Koran Interpretation (1880–1960), 1961. – H. Gätje, Koran und Koranexegese, 1971. – J. Wansbrough, Quranic Studies. Sources and Methods of the Scriptural Interpretation, 1977, 119–246. – A. Rippin (Hg.), Approaches to the History of the Interpretation of the Qur'ān, 1988. – N. Calder, Tafsir from Tabari to Ibn Kathir, in: G. R. Hawting/A. A. Shareef (Hg.), Approaches to the Qur'an, 1993, 101–40. – H. Berg, The Development of Exegesis in Early Islam, 2000.

Tagore, Debendranāth (1817–1905), Hindu-Reformer, trat 1842 dem neohinduist. → Brāhmo Samāj bei, den er restrukturierte und bis 1866 leitete. Nach einer Spaltung Führer des unbedeutenderen Ādī Brāhmo Samāj. → Neohinduismus. HFT

Lit.: D. Kopf, The Brahmo Samaj and the Shaping of the Modern Indian Mind, 1979.

Tagore, Rabindranāth (alias R. Thākur, 1861–1941), bengal. Denker und Schriftsteller (Nobelpreis 1913); bemühte sich um Ausgleich zwischen westlichem Gedankengut und der Hindu-Tradition u. a. in seinem Schulexperiment Shāntiniketan (gegründet 1901). → Neohinduismus. HFT

Lit.: M. Kämpchen, R. T., 1992. – K. Dutta/A. Robinson, R. T. The Myriad-Minded Man, 1995.

Tag und Nacht bilden die primären Erfahrungs- und Organisationseinheiten des Umgangs mit → Zeit. Bevor massenhaft verfügbare künstliche Beleuchtung das Monopol des T. als Zentrum zumal außerhäuslicher Aktivität aufhob, war N. nur in bes. sozialen Kontexten und Räumen wach zu gestalten: ein Bereich zum Überschreiten (→ Tod, → Jenseits), aber auch Intensivieren (Intimität) sozialer Ordnung. → Feste beginnen häufig mit dem Vorabend, die N. ist Teil von Festen. In der scharfen Trennung eignen sich T. u. N. für dualist. Klassifikationen (→ Dualismus) von Orten, Menschen und übermenschlichen Wesen. → Deutungsmuster, → Licht/Finsternis. JR

Lit.: G. Bilfinger, Der bürgerliche T., 1888. – Journal of Biological Rhythms, 1ff. (1986ff.). – H. Nowotny, Eigenzeit, 1989. – H.-P. Hasenfratz, Leben mit den Toten, 1998.

Ṭahāra (arab. = die rituelle → Reinheit im islam. Kult). Theolog. kann sich die ṭ. sowohl auf die körperliche wie auch auf die spirituelle Ebene beziehen, während islam. Juristen zwischen »wirklicher« und »religiös gesetzter« Reinheit unterscheiden. Die Reinheit wird durch Abwaschung der → Unreinheit hergestellt, weshalb sich islam. Juristen ausführlich mit der Frage beschäftigten, was als rein bzw. als unrein anzusehen und wie der Akt der Abwaschung zu vollziehen sei. Unreinheiten sind physischer Natur und beruhen u. a. auf dem Kontakt mit bestimmten Tieren und deren Produkten (Schwein, Hund), mit bestimmten toten Körpern sowie auf körperlichen Ausscheidungen (ausgenommen sind Tränen, Schweiß, Schleim und Speichel). Im Zustand von Unreinheit ist kein religiöser Akt oder Kult (bes. das Berühren des Korans, das Gebet und die Pilgerfahrt) gültig. Der »größeren« Unreinheit (ǧanaba, u. a. nach dem Geschlechtsverkehr) wird durch die vollständige Körperreinigung mit klarem Wasser (ġusl), der »kleineren Unreinheit« (ḥadaṯ) durch die Reinigung von Mund, Nase, Armen bis zu den Ellenbogen, Kopf und Füßen bis zu den Knöcheln (wuḍūʾ) begegnet, wobei stets die innere religiöse »Absicht« (nīya) zu bekunden ist. Die Verbindung der ṭ. zu Übergangsriten (→ rites de passage) wird daraus ersichtlich, dass auch die → Beschneidung (ḫitān) ṭ. genannt wird. RS

Lit.: A. T. Khoury, Der Koran, 2005, 231f.

Taiwan. Die Insel wurde ab dem 17. Jh. vom chin. Festland aus kolonisiert. Nach der Gründung der VR China war Taiwan zusammen mit Hongkong der Ort, an dem traditionelle chin. religiöse Traditionen erkennbar weiterexistierten. Die periphere Lage der Insel hat andererseits auch religiöse Sonderformen wie einen vegetar. und stark synkretist. Buddhismus, aber auch synkretist.-schaman. religiöse Gruppen hervorgebracht. → Chin. Religionen. MD

Lit.: H. Seiwert, Volksreligion u. nationale Tradition in T., 1985. – D. K. Jordan/D. L. Overmyer, The Flying Phoenix, 1986. – M. Günzel, Die T.-Erfahrung des chin. Sangha, 1998.

Taixu (1890–1947), chin. buddh. Mönch und Reformdenker. T. versuchte, den v. a. von chin. Intellektuellen als dekadent empfundenen chin. Buddhismus der Republikzeit nach den Erfordernissen einer nationalen Konsolidierungsbewegung und trotzdem im Sinne einer buddh. Ökumene umzuformen. Alle modernen chin. buddh. Meister und Gruppen knüpfen in der einen oder anderen Form an T.s Ansätze an. → Chin. Religionen. MD

Lit.: D. A. Pittman, Toward a Modern Chinese Buddhism. T.'s Reform, 2001.

Taki Onqoy, Heilsbewegung im zentralen Hochland von Peru, die um 1560 von Wanderpredigern verbreitet wurde. Dabei verkörperten sich die bei der Eroberung durch die Spanier (1532) besiegten und nun wieder auferstandenen Gottheiten (→ wak'a) in einzelnen Menschen und rüsteten zum Endkampf gegen die Europäer. T. O. war also ein Besessenheitskult, der v. a. die Rückbesinnung auf die indigene Kultur propagierte. → Indian. Religionen. IG

Lit.: L. Millones (Hg.), El retorno de las huacas. Estudios y documentos sobre el Taki Onqoy, siglo XVI, 1990.

Tal der Könige (arab. Biban el-Muluk), königliche Nekropole des ägypt. Neuen Reiches (1540 – um 1000 v. Chr.) am Westufer des Nils in der Felsenwüste, etwa 5 km gegenüber dem heutigen Luxor gelegen. Nachdem die Pyramiden längst als Königsgräber aufgegeben worden waren, bestand die Ruhestätte der Pharaonen nun aus versteckt angelegten Felsgräbern, deren Gänge mit verschiedenen Kammern bis zu 200 m tief in das Gestein führen. Die eigentlichen Grabkammern sind zunächst oval, dann rechteckig gestaltet. Die zu den Gräbern gehörigen Totentempel liegen weit entfernt in einer Reihe am Rand des Fruchtlandes. Das berühmte Grab des Tutanchamun, von der Anlage her eher untyp., lässt die ehemalige Üppigkeit an Grabbeigaben erahnen. Aber schon seit dem Ende der 18. Dynastie wurden die Grabanlagen systemat. geplündert. Um die Königsmumien vor

Grabräubern zu schützen, wurden sie umgebettet oder neu bestattet. Der eigentliche Reichtum der vielfach durch den Massentourismus bedrohten Gräber liegt aber in der grandiosen Bilderwelt der Grabwände (Himmels- und Unterweltsbücher), die eine der wichtigsten Quellen zur → altägypt. Religion bilden. Die in den nur Pharaonen vorbehaltenen Unterweltsbüchern geschilderte Fahrt des Sonnengottes durch die zwölf Nachtstunden findet am Morgen durch ein siegreiches Wiedererscheinen bzw. eine morgendliche Verjüngung ihren Abschluss. Dadurch, dass der Weg der Sonne durch das Grab von Westen nach Osten verläuft, wird im Königsgrab der mythische Ort der Unterwelt realisiert. Bis zur Amarnazeit bleibt das *Amduat* (»Schrift des verborgenen Raumes«) vorherrschend und wird dann vom »Pfortenbuch«, dem »Höhlenbuch« und dem »Buch von der Erde« abgelöst bzw. durch diese ergänzt. Mit dem Beginn der Ramessidenzeit treten zu den Unterweltsbüchern die Himmelsbücher, die nicht die Sonnenfahrt in der irdischen Unterwelt, sondern am jenseitigen Himmel schildern. EH

Lit.: E. Hornung, Ägypt. Unterweltsbücher, 1972. – E. Hornung, T. d. K., 1982. – A. de Luca/K. R. Weeks, Im T. d. K., 2001.

Talion (von lat. talio = Wiedervergeltung). Das altröm. Zwölftafelgesetz (451 v. Chr.) bestimmt: »Wenn jemand (einem anderen) ein Glied verstümmelt, soll (der Täter) das Gleiche erleiden (»talio esto«), wenn er sich nicht (mit dem Verletzten) gütlich einigt« (Tafel 8,2). Ähnliche Aussagen finden sich im *Codex Hammurapi*, in der Hebr. Bibel (Ex 21,23ff. u. a.), im Koran (Sure 2/178 u. a.), im Gesetzbuch des Manu (8,15) und in anderen Kulturen als Maßstab, Regel, Gesetz, Prinzip. Die moderne Evolutions- und Spieltheorie weist die Wirksamkeit des Prinzips in der → Evolution des kooperativen und kommunikativen Verhaltens der Lebewesen nach. HS

Lit.: W. Wickler/U. Seibt, Das Prinzip Eigennutz, 1991. – G. W. Trompf, Payback. The Logic of Retribution in Melanesian Religions, 1994. – W. Burkert, Vergeltung zwischen Ethologie und Ethik, 1994.

Talisman (von arab. ṭalsam = Zauberbild; vgl. griech. phylaktḗrion = Schutzmittel), kleiner am Körper getragener Schutz- und Segensbringer, oft mit Schriftzeichen versehen (vgl. die jüd. Phylakteria, → Magie; → Amulett). Der arab. Begriff ist seit der Renaissance in Europa bekannt, vermittelt über die *Picatrix* und die *Occulta Philosophia* des Agrippa. CA

Lit.: J. Gaffarel, Curiositez inouyes sur la sculpture talismanique des Persans, 1629 (lat. 1676/78). – L. Hansmann/L. Kriss-Rettenbeck, Amulett und T., 1966.

Talmud (hebr. = Studium, Lehre), die autoritative rabbin. Auslegung und Erweiterung der → Mischna, für deren einzelne Passagen jeweils ausführliche Interpretationen geboten werden (→ Gemara), in die z. T. auch andere Stoffe mit eingeflochten sind. Es gibt zwei Talmudim: (a) Der Jerusalemer oder palästin. T. (jT) wurde ca. 400–500 n. Chr. in Palästina (vermutlich Tiberias) abgeschlossen und behandelt 39 der 63 Mischna-Traktate. Sein Einfluss ist nicht so groß wie jener des (b) babylon. T. (bT, mit Gemara zu 37 Mischna-Traktaten, doch weitaus umfangreicher als jT), dessen Redaktion unabhängig und nach einem eigenen Programm ca. 600–700 n. Chr. in den großen babylon. Lehrhäusern vollzogen wurde. Kennzeichnend für den bT ist: (1) Er organisiert den Stoff der Mischna neu und verwendet dabei auch biblische Belege in einem kreativen Prozess, um ein kohärentes Lehrsystem zu schaffen. (2) Dieses enthält nicht nur theolog. Reflexion, sondern vermag auch die Belange des Alltags verbindlich zu regeln. Damit ist bT auch eine Art Enzyklopädie jüd. Lebens. Wie für die gesamte frühe rabbin. Literatur gilt auch für die T., dass die Autoren »unsichtbar« sind, d. h., die mit einzelnen → Traditionen verbundenen Namen können keinen histor. Personen zugeordnet werden. Anstelle der Individuen stehen die Autorität der → Tradition an sich und die rabbin. Diskussion unterschiedlicher Positionen zur einer Frage im Vordergrund. Zum bT entwickelte sich wiederum eine intensive Kommentarliteratur, die vom Mittelalter bis ins 20. Jh. reicht. Namhafte Kommentare wie die des → Raschi und der → Tosafisten werden in T.-Drucken an den Rand des Gemaratextes gesetzt. Dem T. kommt hohe Offenbarungsqualität zu (→ Mündliche Torah), so dass er bis heute die zweite zentrale Säule des Judentums neben der Bibel bildet. → Rabbinen. KVS

Ü.: jT: M. Hengel u. a., 1975ff.; bT: L. Goldschmidt, 12 Bde., 1897ff., ^{4}1996.

Lit.: G. Stemberger, Der T.: Einf., Texte, Erläuterungen, 1982, ^{3}1994. – J. Neusner, Die Gestaltwerdung des Judentums, 1994. – M. Krupp, Der T. Eine Einf., 1995.

Tamar (hebr. tāmār = Dattelpalme), nach Gen 38 Name der früh verwitweten Frau des Ger, die durch ihr (verbotenes) Kind mit Juda zur eigentl. Stamm-Mutter → Davids wurde (s. auch 2 Sam 13,1; 14,27; Mt. 1,1–6). Duktus der Geschichte und Ähnlichkeiten mit anderen altoriental. Mythen deuten darauf hin, dass sich im biblischen Text eine alte Kultlegende um die kanaanäische Göttin T., eine Erscheinungsform der → Ištar, verbirgt (vgl. Hld 7,8). So taucht Ištar auf einem akkadischen Rollsiegel als Palmengöttin auf. → Altes Testament, → Apokryphen. KVS

Tanach → Bibel I., jüd.

Tanchuma (aram. tanḥuma', auch Jelammedenu), ein in mehreren Sammlungen vorliegender Homilien-→ Midrasch zum ganzen → Pentateuch, zwischen 400 und 900 n. Chr. entstanden. KVS

Tanjur (von tibet. bstan-'gyur = Übersetzung der Lehrschriften), die Kommentare zum → Kanjur, u. a. von menschlichen Lehrern, zumeist indischen Autoren, verfasste Texte. Der tibet. Gelehrte Bu-ston-rin-chen-grub (1290–1364) verfasste den ersten Katalog dieses »sekundären Kanons« (ab 1335). Der T. umfasst zumeist 220 Bände, ca. 3450 Einzeltexte. Er enthält die großen Abteilungen bstod-tshogs (= Lobhymnen; ohne Entsprechung zum Kanjur), rgyud-'grel (= Tantrakommentare), mdo-'grel (= Sūtrakommentare), Kommentare zu 'Dul-ba (= Ordensregeln) sowie weitere Sektionen zu den säkularen Wissenschaften wie Logik, Grammatik, Medizin etc. Überlieferungsgeschichte sowie Entstehung des T. sind z. T. noch ungeklärt. Der T. wurde erst 1724 unter dem Yongzheng-Kaiser der Qing-Dynastie gedruckt. Der Kanonisierungsprozess des T. ist zwar abgeschlossen, außerhalb des T. existiert jedoch ebenfalls eine umfangreiche Kommentarliteratur zur Lehre (bstan-pa), die ständige Erweiterung erfährt. → Buddh. Literatur, → Kanon. KKP

Textausgabe: The Tibetan Tripitaka. Peking Edition. Reprinted under the Supervision of the Otani University, Kyoto, hg. von D. T. Suzuki, Bd. 46–150. Bstanḥgyur, 1955–61.

Tannaiten (von aramäisch tᵉnā = wiederholen, lehren), Generation von → Rabbinen des 1.–2. Jh.s. KVS

Tantra/Tantrismus (sanskr. = Webkette, Gewebe; Lehrbuch), einflussreiche heterodoxe Tradition ind. religiösen Denkens und ritueller Praxis, gekennzeichnet durch esoter. Lehren über die Identität von Makro- und Mikrokosmos, die Lautentfaltung und psycho-physiolog. Praktiken. Elemente des Tantrismus finden sich in unterschiedlichen religiösen Symbolsystemen, im hinduist. → Shivaismus, → Vishnuismus und Shaktismus ebenso wie im esoter. → Buddhismus. Neben der bedeutsamen Stellung der Göttin oder der weiblichen Kraft und Energie (→ shakti) zählen zu den Merkmalen des T. die rituelle Einweihung (dīkshā) durch einen tantrischen Lehrmeister (Guru) sowie die Verwendung von rituellen Diagrammen (→ mandala, → yantra), Fingergesten (→ mudrā) und tantrischen → mantras. Unterschiedlich gewichtet wird in den einzelnen Traditionen der Erwerb außergewöhnlicher Fähigkeiten (→ siddhi) und das Ideal der Befreiung (→ moksha) zu Lebzeiten. Die Lehren der hinduist. T. haben sich etwa zwischen dem 6. und 11. Jh. n. Chr. herausgebildet. Die ersten buddh. T. entstanden um 400 n. Chr., der Blütezeit in Nordindien folgte die Ausbreitung in Tibet und der Mongolei (8. und 11. Jh. → tibet. Buddhismus). Die Wechselwirkungen zwischen buddh. und hinduist. T. sind noch nicht hinreichend erforscht. Bestimmend für den aktuellen Bedeutungshorizont des Begriffs wurde die westliche Rezeption des T. im 19. und 20. Jh. In Teilen der Esoterik-Bewegung wird Tantrismus als ganzheitliche Sexualtherapie rezipiert, der rituell-religiöse Hintergrund tantrischer Praxis geht hierbei verloren. JG

Lit.: S. B. Dasgupta, An Introduction to Tantric Buddhism, 1958, ²1974. – A. Bharati, Die Tantra-Tradition, 1977 (engl. 1965). – S. Gupta/D. J. Hoens u. a., Hindu Tantrism, 1979. – A. Padoux, Art. »Tantrism«, »Hindu Tantrism«, in: ER 14, 1987, 272–80. – K. Taylor, Sir John Woodroffe, T. and Bengal: »an Indian Soul in a European Body?«, 2001.

Tantrayāna → sangha, → Vajrayāna.

Tanz. Bezeichnung für meist rhythmische und mit → Musik verbundene Bewegung, v. a. wenn die Abläufe wiederholbar und formalisiert sind. Die Ethnologie des 19. Jh.s bezeichnete komplexe kultische Bewegungsabläufe, die heute eher als → Rituale erfasst werden, als T. (→ Sonnen-T., → Indian. Religionen). (1) T. sind wichtiger Bestandteil von Kulten. Als Gegenstand der Religionsforschung werden sie erst im Zuge einer wissenschaftlichen »Wiederentdeckung« des → Körpers wahrgenommen (→ Religionsästhetik). Der frühen Forschung galt T. als »unzivilisierte« religiöse Äußerung – und die Rezeption, Transkription, Konservierung und Deutung war äußerst schwierig: T. ist zunächst nicht »lesbar«. (2) T. sind nicht nur in ethnischen Religionen wichtiger Bestandteil religiöser Ausdrucksformen. Für verschiedene Ausprägungen von Religiosität unter den Bedingungen der → Moderne ist T. zu einem Medium avanciert, in dem religiöse Praxis ausgeübt, aber auch als Kunstform religiöse Themen verhandelt und ausdrückt werden oder das sich selbst in einem erweiterten Religionsverständnis als religiös begreift: (a) Im sog. → New Age sind Gemeinschaftstänze bevorzugte Ritualform, die für eine Körper und → Geist verbindende → »Spiritualität« steht und deren sinnliche Erfahrbarkeit betont wird. (b) Die Schrecken von Hiroshima und Nagasaki wurden in Japan zur Grundlage einer radikalen Neuinterpretation des butō-T. Diese fordert von den Tänzern auch außerhalb der tänzer. Arbeit eine mönchisch-asket. Lebensweise und die Fähigkeit, sich in → Trance zu versetzen. (c) Für die europ. und US-amerikan. Geschichte des T. war die Abwendung vom Ballett zentral. Den Idealen von Leichtigkeit und der Transzendierung körperlicher Grenzen (Spitzen-T., Sprünge, Hebungen) wurde im »modern dance« und im Ausdrucks-T. der 1920er Jahre eine dem Menschen entsprechende »Natürlichkeit« entgegengesetzt. Rhythmik und T. wurden selbst zur Religion erhoben, z. B. bei M. Graham (1894–1991). (3) T. ist ein zentrales literar. Motiv in den Auseinandersetzungen um Religion in der Moderne, z. B. in Werken der Surrealisten oder bei F. → Nietzsche. → Performanz.

AG

Lit.: P. Spencer (Hg.), Society and the Dance, 1985. – M. Haerdter/S. Kawai, Butoh. Die Rebellion des Körpers, 1986, [3]1998. – F. Baldissera/A. Michaels, Der indische T. Körpersprache in Vollendung, 1988. – C. Heth (Hg.), Native American Dance: Ceremonies and Social Traditions, 1992. – G. Brandstetter, T.-Lektüren. Körperbilder u. Raumfiguren der Avantgarde, 1995. – S. L. Foster (Hg.), Corporealities. Dancing Knowledge, Culture and Power, 1996. – A. Carter, The Routledge Dance Studies Reader, 1998. – J. L. Roseman, Dance was Her Religion: The Sacred Choreography of Isadora Duncan, Ruth St. Denis, and Martha Graham, 2004.

Tao → dao.

Tao-te-king → Daode-jing.

Tapas (sanskr. = Hitze, Wärme), Bezeichnung für die Hitze der asket. Anstrengungen, die schöpfer. und spirituelle Kraft der → Askese.

MAL

Taqlīd (arab. = Nachahmung, Tradition), Begriff aus der islam. Rechtswissenschaft, der im Unterschied zum → iǧtihād die »Bindung« einer Rechtsfindung an Schulaussagen der Rechtstraditionen (→ maḏhab) meint. Der Begriff t. wurde im Kontext islam. Reformbewegungen (→ iṣlāḥ) wie auch anderer früherer Lehren (→ Wahhābīya) als »schlechte Tradition« überhaupt generalisiert und meint dann »Nachahmung« falschen Verhaltens, »schlechte Sitten« oder »Tradition« im Unterschied zum ursprünglich Eigentlichen, das v. a. von der → Sunna repräsentiert wird.

RS

Tārā (sanskr. = Stern, Retterin), durch Mitleid charakterisierter weiblicher → Bodhisattva, bes. im → tibet. Buddhismus verehrt.

AM

Lit.: S. Beyer, The Cult of T., 1973.

Taranis, bei dem röm. Dichter Lucan (*Pharsalia* 1,444–446) Bezeichnung für einen keltischen Gott, dessen Name von dem keltischen Wort für »Donner« (irisch torann, walis. taran) abgeleitet ist. Die Deutung von T. als Himmels- oder Donnergott wird durch Weihinschriften gestützt, in denen Gottheiten verwandten Namens (Taranucus, *Taranus) im Rahmen einer Interpretatio Romana mit → Jupiter identifiziert werden. Dem Zeugnis Lucans zufolge wurden T. Menschenopfer dargebracht. → Keltische Religion.

US

Targum (hebr. targūm = Übersetzung), Übertragungen der Hebr. Bibel ins Aramäische, meist in freier und interpretierender Form, redigiert zwischen dem 2.–7. Jh. n. Chr. in Palästina und Babylonien.

KVS

Lit.: P. V. M. Flesher (Hg.), T. and Peshitta, 1998. – K. Koch, Die aramäische Rezeption der Hebr. Bibel. Studien zur Targumik und Apokalyptik, 2003.

Tariki (japan. = andere Kraft), Bezeichnung für die transzendente Kraft des → Amida Buddha, mit deren Hilfe seine Anhänger in das »Reine Land« geboren werden können. Der Gegensatz ist jiriki, die »eigene Kraft«, d. h. die Vorstellung, durch eigene Anstrengung und Schulung, z. B. durch Zen-Meditation, dem Ziel des Buddhismus näher kommen zu können. In der → Jōdo-Schule und im → Shin-Buddhismus wird jiriki zugunsten von t. als ablenkend und hoffnungslos abgelehnt. MP

Ṭarīqa (arab.-islam., metaphor. = mystischer »Pfad« eines Gottsuchers). Im 10. Jh. wurde zunächst in Ostiran, dann in fast allen Regionen das in der islam. Mystik (→ taṣawwuf) tradierte Lehrer-Schüler-Verhältnis sozial institutionalisiert. Der ṣūfische Adept durchschritt nach einer → Initiation den mystischen Pfad nun in einer Institution (Orden), deren Führer (→ Šayḫ oder Pīr) ihm unterschiedliche Grade der Lehrautorisation (iǧāza) zuteil werden ließ. Aus diesem Verhältnis entwickelten sich bisweilen komplexe spirituelle Genealogien (silsila = Kette), die später auf früheste muslim. Generationen, ja bis zu → ʿAlī b. Abī Ṭālib oder auf den Propheten → Muḥammad zurückgeführt wurden. Die meisten islam. Orden verfügten über Regularien, in denen (a) die jeweilige spirituelle Genealogie, (b) die Beschreibung der Initiationsriten und der den Orden kennzeichnenden Wortrituale (→ ḏikr) und (c) die Ausführungen zur oft praktizierten Seklusion (ḫalwa) und zum Umgang der Ordensmitglieder untereinander verzeichnet waren. Von den sechs großen Orden (Qādirīya, Ḫalwatīya, Kubrawīya, Šāḏilīya und Naqšbandīya, Rifāʿīya) hat sich seit dem 15./16. Jh. eine Vielzahl weiterer Orden abgeleitet, die bisweilen auch soziale Gruppen (etwa im Bereich der Handwerksgilden) vertreten konnten. RS

Lit.: R. Gramlich, Die schiit. Derwischorden Persiens, Bde. 1–3, 1965–80. – J. Spencer Trimingham, The Sufi Orders in Islam, 1971. – A. Popovic/G. Veinstein (Hg.), Les voies d'Allah: les ordres mystiques dans l'islam des origines à aujourd'hui, 1996.

Tarot, aus dem Altfranz. stammende Bezeichnung für ein aus 22 Hauptkarten (Trümpfen) und 56 Nebenkarten bestehendes Kartenspiel, das erstmals im 14. Jh. erwähnt wird. Die Karten sind in vier Reihen – Stäbe, Pentakel (Münzen), Kelche und Schwerter – geordnet, entsprechend den Elementen Feuer, Erde, Wasser und Luft. Die Symbolik des T. war mit der europ. → Magie und → Esoterik verbunden, heute sind über 200 verschiedene sog. »T.-Decks« erhältlich, die vornehmlich der → Divination dienen. KVS

Lit.: S. Kaplan, The Encyclopedia of T., 3 Bde., 1978–1990. – R. Decker/M. Dummett, A History of the Occult T., 1870–1970, 2002.

Tartaros. Die griech. → Unterwelt, der Hades, umfasst auch Orte des Lohns (Elysium) und der Strafe: Der unter dem Hades gelegene T. ist ein Gefängnis mit Mauern aus Eisen und umflossen von einem Feuerstrom. Darin sind die Titanen eingeschlossen, die versucht hatten, die gute Ordnung des Zeus umzustürzen, und jetzt besiegt, aber nicht vernichtet sind (Hesiod, *Theogonía* 711–819). → Tod. CA

Taṣawwuf (Ṣūfismus), arab.-islam. Terminus für eine bes. Form von oft orthoprakt. gestalteter Glaubenshaltung, deren Grundlage die mystische Erkenntnissuche in Bezug auf Gott und das innere Selbst bildet.

I. Begriff. Das Wort ist vom Begriff ṣūfī abgeleitet, der einen einzelnen islam. Mystiker (auch mutaṣawwif; Kollektiv meist ṣūfīya oder mutaṣawwifa) bezeichnet. Dieses Wort wiederum ist vom arab. Wort für »Wolle« (ṣūf) abgeleitet, da frühe Gottsucher ihre Armut und Demut gerne durch das Tragen eines Wollgewandes (im Kontrast zum den Weihezustand kennzeichnenden Leinengewand der Pilger?, → ḥarām) symbolisierten.

II. Charakteristik und Geschichte. (1) Ṣūfīs begründeten ihre bes. Glaubenshaltung mit einer Exegese des → Korans und der Prophetentradition (→ Sunna), weshalb beide als ethischer Hintergrund in der islam. → Mystik eine herausragende Rolle spielen. Frühe Mystiker wirkten als viri religiosi (arab. Plur. nussāk) und als → Asketen (Plur. zuhhād). Ziel des mystischen Pfades (→ ṭarīqa) war die mystische Erkenntnis (maʿrifa) durch Auslöschung der Existenz vor Gott (fanāʾ) im Rahmen einer graduell gestalteten Exploration und Ausschaltung des als negativ erachteten Selbst (nafs) und einer Reinigung des Ichs von den Einflüssen dieses Selbst. (2) Der Mystiker, der metaphor. als »Wanderer« (sālik) bezeichnet wird, folgt dem »Pfad« entlang von »Stationen« (manāzil) und »Haltepunkten« (maqāmāt), denen jeweils spezif. »Zustände« (aḥwāl) des Selbst entsprechen. Dieser oft als »durch den Makrokosmos führende Reise zu Gott« bezeichnete keineswegs einheitliche Prozess wurde seit dem 9./10. Jh. in verschiedenen Handbüchern beschrieben, wobei die Betonung der Legitimität des mystischen Pfades durch den Verweis auf Koran und Sunna frühere heterodoxe Ansichten und Handlungen mehr und mehr zurückdrängte. Gleichzeitig wurde der t. als eigenständige islam. Wissenskultur ausgebaut und systematisiert. Im 10./11. Jh. wurde durch die Zusammenführung von systemat. Erörterung und Darlegung des Pfades eine Gesamtinterpretation des t. erarbeitet und im religiösen → Kanon eingebettet (al-→ Ġazzālī). (3) Die Reaktion islam. Theologen auf den t. reichte von uneingeschränkter Befürwortung bis hin zu strikter Ablehnung. Die Ablehnung bezog sich v. a. (a) auf die mit dem t. oft verbundene religiöse Alltagskultur, die sich in der Verehrung von lebenden und toten Heiligen (walī, → baraka) äußerte, und (b) auf Praktiken, die der mystische »Wanderer« auf seinem Weg ausübte (laute Rezitationen, Tranceunterstützung durch → Drogen oder Wein, → Tanz, → Musik). Umstritten war v. a. die Bewertung der Durchführung der »Erinnerung« (→ ḏikr) Gottes. (4) Im 12./13. Jh. wurde das Spektrum des t. durch die Erarbeitung einer → Theosophie (schon bei al-Ḥākim at-Tirmiḏī, gest. 910) und eines mystisch-gnostischen Lehrsystems erweitert, in das in vielfältiger Gestalt neuplaton. Elemente (→ Platonismus) oder altiran. Traditionen eingebettet wurden (im Osten: Yaḥyā as-Suhrawardī, gest. 1191; im Westen und später in Syrien: Muḥyī ad-Dīn Ibn ʿArabī, gest. 1240). (5) Diese Traditionen profilierten einen islam., philosoph. inspirierten Seinsmonismus (»Einheit der Existenz«, waḥdat al-wuǧūd; → Monismus), der sich unterschied vom klassischen t., welcher nun als »Einheit der (Gott-) Bezeugung« (waḥdat aš-šuhūd) bezeichnet wurde. Der Seinsmonismus wurde v. a. in der Neuzeit stark rezipiert. Neben den intellektuellen und vielfach spekulativen Lehrsystemen wirkte der t. v. a. in den islam. Ordenskulturen (→ ṭarīqa), in denen eher die klassischen mystischen Lehrsysteme tradiert wurden. RS

Lit.: A. J. Arberry, Sufism, 1972. – F. Meier, The Mystic Path, in: B. Lewis (Hg.), The World of Islam, 1976, 117–28. – A. Schimmel, Mystische Dimensionen des Islam, 1986. – J. van Ess, Theologie und Gesellschaft im 2. und 3. Jh. Hidschra, Bde. 1–6, 1991–97. – L. Massignon [B. Radtke]/W. C. Chittick, Art. »Taṣawwuf«, in: EI², Bd. 10, 1998, 313–24. – F. Meier, Essays on Islamic Piety and Mysticism, 1999.

Tathāgata (sanskr., pāli, Bedeutung unsicher, wörtlich = der So-Gegangene/Gekommene), Titel eines → Buddha, mit dem sich Gautama Buddha auch selbst bezeichnete. AM

Tattoo/Tätowierung. Das Wort T., zuerst durch Captain Cook 1769 in Europa eingeführt, bezieht sich auf die in Tahiti zuerst wahrgenommene Sitte, den → Körper mit durch Rußpartikel unter der Haut verursachten Narben zu dekorieren. Diese Form der Körper-Manipulation hat ähnlich wie Bemalung oder das Einritzen von Narben (Scarification, Cicratrization) ästhet. wie soziale und religiöse Bezüge: Fast weltweit verbreitet und in der Antike beschrieben für Kelten, Thraker und Skythen (deren im Permafrost des Altai-Gebirges gefrorene Leichen solche Ganzkörpertätowierungen aufwiesen), haben diese in den Körper eingeschriebenen Zeichen teilweise den Zweck der Selbst- und Fremd-Identifikation (für Freie wie für Sklaven), dienen aber auch ästhet. Zwecken (wie im modernen Japan) bzw. verweisen auf religiöse Bedeutungen. So werden mit den Tätowierungen z. B. Krankheiten abgewendet (→ apotropäische Tätowierungen) oder sogar geheilt (therapeut.), d. h., das Einzeichnen wurde als effektiv verstanden. Eine ähnliche Effektivität wird der Tätowierung von Mädchen im Rahmen von Pubertätsritualen bei den zentralafrikan. Ndembu (als Äquivalent zur Beschneidung der Jungen; → Initiation) zugeschrieben, indem durch die Einritzungen die volle Fruchtbarkeit der Frauen garantiert wird. Bei den südamerikan. Ge-Völkern sind die Körper der Tätowierten regelrecht wandelnde Kosmologien. Insofern könnte man solche Körpermarkierungen als eine zweite soziale »Haut« auffassen, die den nackten Körper wie ein Kleid umhüllt und sowohl soziale Statuspositionen markiert als auch kosmische Korrelationen zwischen Körpern und der Welt indiziert (→ Kleidung). KPK

Lit.: T. Turner, The Language of Bodily Adornment, in: J. Spradley/D. McCurdy, Conformity and Conflict, 1971, ³1977, 91–108. – V. Turner, The Drums of Affliction, 1986.

Tat tvam asi (sanskr. = das bist du), Kernaussage einer Belehrung in der Chāndogya-Upanishad, nach der die Individualseele (→ ātman) mit dem Absoluten (→ brahman) ident. ist. AM

Taufe (griech. báptisma, loutrón, chrísma, sphragís, phōtismós; lat. baptismus, lavacrum, unctio, sigillum). (1) Ein mit → Wasser vollzogener, nicht wiederholbarer Ritus, durch den ein Mensch in die Kirche Jesu Christi eingegliedert wird (→ Initiation, → rites de passage). Spender ist ein kirchlicher Amtsträger (für gewöhnlich der Priester); in bes. Fällen kann jeder Mensch, auch ein Nichtchrist, das → Sakrament der T. spenden. Die T. ist zum Typus der rituellen Waschungen zu zählen. Sie weist eine entfernte Strukturanalogie zu zeitgenöss. jüd. rituellen Waschungen auf (z. B. → Qumran), sollte sich aber eigentlich von der Bußtaufe Johannes des Täufers unterscheiden: Mt 3,11 »mit Feuer und Geist« statt mit Wasser. Trotzdem setzte sich das Ritual der Wassertaufe durch. (2) Aus den verschiedenen T.-Theologien der ntl. Zeit entwickelte sich erst allmählich ein einheitliches Profil der T.: (a) Die rituelle Handlung besteht aus der Wasseranwendung in Form von Untertauchen, Besprengen oder Übergießen und dem gleichzeitigen vernehmlichen Sprechen der Formel »Ich taufe Dich im Namen des Vaters, des Sohnes und des Hl. Geistes« bzw. »Getauft wird im Namen …«. (b) Der eigentl. Kernritus wird im Regelfall innerhalb eines T.-Gottesdienstes mit Nebenriten vollzogen, oft in von der Kirche getrennten T.-Räumen, da die Täuflinge noch nicht Mitglied der Kirche sind. Das Wissen muss im Katechumenen-Unterricht vor der T. bzw. vor der Erneuerung der T. in der Firmung erworben werden. (c) Die T. bewirkt nach kath. Lehre die Tilgung der → Erbsünde und die Kirchenmitgliedschaft, indem sie den Empfänger mit dem von Christus in Tod und → Auferstehung erwirkten → Heil verbindet. (3) Die T. ist nach christl. Verständnis bedingt heilsnotwendig, d. h., sie muss nicht unbedingt als Wasser-T. empfangen werden, sollte dann aber zumindest durch ein Verlangen nach Gott (In-voto-T.) kompensiert werden. Die unterschiedlichen Kirchen erkennen untereinander die in einer anderen Kirchengemeinschaft nach Materie und Form richtig gespendete T. als gültig an. KHS, Red

Lit.: B. Neunheuser, T. u. Firmung (Hb. der Dogmengeschichte 4/2), 1983. – B. Kleinheyer, Sakramentliche Feiern 1. Die Feiern der Eingliederung in die Kirche, 1989.

Tauler, Johannes (um 1300–61), Dominikaner, bedeutender Prediger u. a. in Straßburg, zentrale Gestalt im Kreis der »Gottesfreunde«. Er führt → Eckharts Lehre gemäßigt weiter und fordert ein »übendes« Leben (Besitzlosigkeit, Demut, Aufgabe des Eigenwillens). → Askese. AW

W.: Opera omnia, 1548, ND 1985. – Die Predigten T.s (hg. von T. Vetter), 1910. – Die Predigten T.s (übers. von G. Hofmann), 1961.

Lit.: L. Gnädinger, J. T. Lebenswelt u. mystische Lehre, 1993.

Taurobolium (griech. taurobólion). Das T. als Ritus der Initiation in die Mysterien der → Magna Mater, bei dem der Initiand mit dem Blut eines Stiers überschüttet wird (»Bluttaufe«), ist nur um 300 n. Chr. inschriftlich bezeugt. Seine Schilderung aus christl. Abscheu bei Prudentius, *Peristephanon* 10,1006–1050 kann nicht als Beschreibung des Rituals verstanden werden. CA

Lit.: R. Duthoy, The T., 1969. – A.-K. Rieger, Heiligtümer in Ostia, 2004, 110–12, 165–68.

Tawḥīd (arab. = als Einen betrachten), v. a. islam.-theolog. Abstraktion für den Glaubensakt und die Glaubensbestätigung, dass Gott Einer und einzig ist, und damit der arab.-islam. Begriff für → Monotheismus. Muslim. Theologen stellten den Begriff in den Mittelpunkt eines Diskurses über den logisch zu erbringenden Beweis der Einsheit Gottes (→ kalām, → Allāh). In der islam. → Mystik (→ taṣawwuf) wird t. vielfach als spirituell erfahrbare Kategorie verstanden, die den (einer Elite vorbehaltenen) Zustand der absoluten Seinsauslöschung vor Gott (al-fanāʾ fī t-tawḥīd) beschreibt. RS

Taʾwīl (arab. ursprünglich = Auslegung). Schon früh wurde der Begriff in der islam. Exegese auf die Bedeutung und (meist allegor.) Interpretation des Korans beschränkt (→ tafsīr). Heute wird t. oft allgemein im Sinne von → Hermeneutik verwendet. RS

Tefillin (hebr. t^efillīn, vgl. t^efillā = Gebet), jüd. Gebetsriemen, mit denen zwei Kapseln am linken Oberarm und auf der Stirn befestigt werden, die Pergamentröllchen mit den Bibelstellen Ex 13,1–16; Dtn 6,4–9 und 11,13–21 enthalten. Nach Dtn 6,4–9 ist jeder männliche Jude gehalten, die T. anzulegen. Dies geschieht zum Morgengebet, außer an → Sabbat und Feiertagen. → Gesetz. KVS

Teleologie (von griech. télos = Ziel/Ende). Dass die → Geschichte auf ein Ziel/Ende zugehe, ist eine zentrale Aussage der → Erlösungsreligionen, im Unterschied zum Gedanken eines dauernden Absterbens und Neuwerdens (→ Eschatologie). Das Ziel kann aber auch als mit dem Beginn der Welt erreicht gedacht werden, dann ist »die beste aller Welten« ein Beweis für Gottes Existenz (→ Gottesbeweis). CA

Telepathie (von griech. tēle- = entfernt und páschein = erfahren), auch wissenschaftlich vertretene Ansicht, dass über große Entfernungen z. B. Gedanken und Gefühle übertragen werden können. Red

Temenos (griech.), der abgegrenzte Bereich eines Heiligtums, der die Festwiese, den Tempel, Schatzhäuser u. a. umschließt. Das griech. Wort bezeichnet zunächst das Stück Land, das der Inhaber eines öffentlichen Amtes als Aufwandsentschädigung erhält; es ist – anders als das lat. Templum – nicht etymolog. verwandt mit »ausschneiden«, was als Beleg für die universale Differenz zwischen sakral und → profan gilt. Das T. ist Eigentum der Götter und darf nicht für profane Nutzung verwendet werden (griech. ou phorá/ouk ekphorá – nichts mit herausnehmen). → Tempel. CA

Tempel (von lat. templum = Heiligtum, ursprünglich wohl »abgegrenzter Raum«), erstes Gebäude für eine Gottheit, deren Präsenz in der Regel durch ein großes dauerhaftes → Bild angezeigt wird. Das Gebäude umfasst neben dem manchmal nur von Priestern zu betretenden (griech. ádyton = Unbetretbares), mit den Geschenken der Gläubigen ausgestatteten Götter-Wohnraum (lat. cella; griech. u. a. parthenṓn = Mädchenzimmer) weitere Räume wie das »Hinterzimmer« (griech. opisthódomos), in dem z. B. Geld gespeichert wurde, sowie Abstellräume für Kultgegenstände, aber nicht immer einen → Altar. Dieser stand etwa im antiken Griechenland im Freien vor dem T. Vom T. typolog. zu trennen sind Versammlungsgebäude der Gemeinde wie → Synagoge, Kirche oder → Moschee, die keinen oder einen sekundär sakralisierten Kultmittelpunkt haben. → Kultort. CA

Lit.: N. Marinatos/R. Hägg (Hg.), Ancient Greek Sanctuaries, 1993. – U. Egelhaaf-Gaiser, Kulträume im röm. Alltag, 2000.

Tempelkult, allgemein der rituelle und liturg. Dienst im → Tempel, bes. in den antiken Religionen (→ Antike). Im Judentum war der T. als direkte Parallele zur himmlischen Sphäre konzipiert, wie v. a. die Texte aus → Qumran deutlich machen (»Sabbatopfergesänge«). Durch den torahgemäßen Kult wird deshalb nicht nur Gott gepriesen, sondern im Einklang mit dem Schöpfer der Bestand der Welt gesichert. Differenzen über den »richtigen« T. führten im 2. Jh. v. Chr. zu heftigen Auseinandersetzungen und zum Bruch der Priester von → Qumran mit Jerusalem. KVS

Tempelrolle, eines der wichtigsten Dokumente aus → Qumran. Die T. ist aus mehreren älteren Quellenkomplexen zusammengesetzt, die jeweils einen eigenen Redaktionsprozess durchlaufen haben. Höchstwahrscheinlich repräsentieren die als direkte Sinaioffenbarung und göttliche Anweisung für die bevorstehende Inbesitznahme des verheißenen Landes formulierten Inhalte priesterliches Wissen der nachexil. Zeit. Ausgehend vom Allerheiligsten des Tempels werden die angrenzenden Zonen bis hin zum Land Israel (→ Hl. Orte) in absteigender Heiligkeit und Reinheit beschrieben. Der Bau des (idealen) Tempels wird dezidiert geschildert, wobei mehrere Maße mit dem Herodian. Tempel in Jerusalem auffällig übereinstimmen. KVS

Lit.: J. Maier, Die T. vom Toten Meer u. das »Neue Jerusalem«, 1997.

Templer, Mitglieder des 1119 von Hugo von Payens gegründeten Ritterordens zur Unterstützung der Jerusalempilger, bestehend aus drei Klassen: adeligen Rittern (weißer Mantel mit rotem Kreuz), Ordenskaplänen und Brüdern für den Hospital- und Waffendienst. Der Name leitet sich vom salomon. Tempel in Jerusalem her, an dessen mutmaßlicher Stelle der Orden zunächst seinen Hauptsitz hatte. Die T. fungierten als Bindeglied zwischen Orient und Okzident, bauten eine leistungsfähige Infrastruktur auf und boten sogar die Dienstleistung des internationalen bargeldlosen Finanztransfers an (→ Religionsökonomie). Als die letzten Staaten der Kreuzfahrer in Palästina gefallen waren (1291 Akkon), siedelten sich die T. in Westeuropa an, keiner weltlichen oder kirchlichen Gewalt unterstellt. Die Unabhängigkeit und enorme Finanzmacht des Ordens veranlassten den franz. König Philipp den Schönen, den Orden ab 1307 systemat. zu zerstören und seine endgültige Auflösung auf dem Konzil von Vienne 1312 zu erwirken, indem er – gegen das Kirchenrecht – einen Prozess wegen Ketzerei durchführen ließ. Spirituelle Besonderheiten des Ordens, die aus seiner Brückenfunktion resultieren, sind wahrscheinlich, obwohl eindeutige Dokumente fehlen. Die Berufung verschiedener esoter. Gruppen (z. B. → Rosenkreuzer, → Freimaurer) auf eine angebliche Geheimlehre (→ Esoterik) der

T. ist hingegen ein interessantes religionssoziolog. Phänomen, für das es keine mittelalterlichen Indizien gibt. → Kreuzzüge. KHS, Red

Lit.: J. Fleckenstein, Die geistlichen Ritterorden Europas, 1980. – A. Demurger, Die T., 1991 (ND 2004, franz. 1985). – A. Beck, Der Untergang der T., 1993. – M. Barber, The New Knighthood. A History of the Order of the Temple, 1994 (dt. 2003).

Tendai-Schule, japan. Entsprechung zur in China durch Chih-I gegründeten → Tiantai-Schule. Dieses umfassende System der Lehren und Praktiken des → Mahāyāna-Buddhismus wurde 788 in Japan durch die Gründung des Tempels Enryakuji auf dem Berg Hieizan nordöstlich von Kyōto durch Saichō (postum Dengyō Daishi) eingerichtet. Die Schule wurde bald zum wichtigsten Zentrum des Landes für die Ausbildung der Mönche und ist auch heute noch sehr einflussreich. MP

Tennō (= Himmelsherrscher), eine Bezeichnung für die Kaiser Japans. MP

Tenrikyō, eine der zahlreichen → »neuen« Religionen Japans, verkündet 1838 durch die Bäuerin Miki Nakayama (1798–1887). Sie fühlte sich durch eine Gottheit ergriffen, die als Oyagami Tenri-ō-no-mikoto (= »Elterngott, ehrwürdiger König der himmlischen Vernunft«) identifiziert wurde, weshalb die Religion entsprechend »Lehre (kyō) der himmlischen Vernunft« heißt. Regelmäßig wird am zentralen Heiligtum ein kagura-Tanz durchgeführt, der die Schöpfung darstellt. An diesem gut geschützten Heiligtum wird die Erfüllung des menschlichen Heils und damit das Ende der Weltgeschichte zu einem noch unbestimmten Zeitpunkt erwartet. Ein Ritual für alle Gläubigen stellt der »Handtanz« dar, der u. a. die spirituelle Reinigung von schlechtem »Staub« versinnbildlicht. Die Mitgliederzahl beträgt etwa 2,5 Mio. Menschen. MP

Tenshō Kōtai Jingū Kyō (japan. wörtlich = »Lehre des Palastes der himmelstrahlenden kaiserlichen großen Gottheit«), auch als die »Tanzreligion« (japan. Odoru-Shūkyō) bekannt. Die 1945 durch Sayo Kitamura, die »Prophetin von Tabuse«, gegründete Gemeinschaft zählt fast eine halbe Mio. Anhänger. Kitamura (1900–67) empfing Offenbarungen einer universellen Gottheit mit einem weiblichen und einem männlichen Aspekt, hielt charismat. Predigten und führte einen meditativen ekstat. Tanz ein, der einen Zustand der Selbstlosigkeit (muga, wie im Buddhismus) einleiten sollte. MP

Teresa von Avila (1515–82), span. Mystikerin und Begründerin einer reformierten Richtung des Karmeliterordens (»unbeschuhte Karmeliter«), Patronin Spaniens. Zentrum ihrer Schriften sind Gebet und Weg durch die Psyche zu Gott (vier Gebetsstufen: Gebet der Sammlung, der Ruhe, der Vereinigung und der Entzückung). Auf T. (und ihren geistlichen Freund → Johannes vom Kreuz) geht die neuere roman. »quietist.« → Mystik (Franz von Sales, Frau von Guyon) zurück. → Frauenmystik. AW

W.: SW (hg. von O. Steggink), ND 1986. – SW (übers. von A. Alkover), 6 Bde., 1956–63.
Lit.: F. Vogelsang (Hg.), Die innere Burg, 1966. – J. Burggraf, T. v. A. Humanität u. Glaubensleben, 1996.

Terma (von tibet. gter-ma = Schatz), von → Padmasambhava oder Personen seiner engeren Umgebung zur Zeit der 1. Verbreitung des Buddhismus in Tibet (7. Jh. – 842) verborgene Texte oder Kultobjekte, auch Bezeichnung für bestimmte Regionen im südlichen Himalaya. Die t. werden später, wenn die Menschen für die darin enthaltenen Lehren empfänglich sind, von den gter-ston (= Schatzfindern) »wiederentdeckt« werden. Die sa-gter (= Erd-t.) sind in der Erde verborgene t., während die gnam-gter (= Himmels-t.) im Geist der gter-ston, die als → tulku von Personen aus dem engeren Schülerkreis des Padmasambhava gelten, verborgen sind. Die Tradition der t. ist heute noch im tibet.-buddh. Kulturkreis lebendig. KKP

Lit.: T. Thondup Rinpoche, Hidden Teachings of Tibet, 1986. – P. Schwieger, Tibet. Handschriften u. Blockdrucke, Teil 10, 1990, XXVII–XXXI.

Territorium, abgegrenztes Gebiet einer Gruppe, welches als Lebensraum (→ Raum) genutzt und verteidigt wird. In → Jäger- und Sammlerkulturen sind die Grenzen des T. meist weniger stark fixiert als bei Ackerbauern (→ Ackerbau). Die Nutzung bzw. Inbesitznahme des T. wird durch vergangene, etwa im Mythos überlieferte Ereignisse legitimiert. Es wird z. B. als Ahnenland betrachtet, und häufig wird der »Geist des Bodens« als Geber der Nahrung rituell verehrt. Des Weiteren gibt es Gottheiten, die das T. beschützen bzw. die Grenzen markieren und bewachen. → Grenze. MG

Testamentenliteratur, heterogene Gattung jüd., später oft christl. überformter antiker Texte, in denen herausragende Persönlichkeiten der jüd. Geschichte (v. a. die Patriarchen als die 12 Söhne Jakobs) bei ihrem Tode Offenbarungen enthüllen oder mahnende Worte sprechen. Die T. stellte ein Medium dar, in dem geschichtliche Stoffe umgestaltet und auf die Gegenwart bzw. zukünftige Erwartungen hin gedeutet werden konnten. → Altes Testament, → Apokryphen, → Tradition. KVS

Ü.: JSHRZ 3/1, 1980.
Lit.: H. D. Slingerland, The Testaments of the Twelve Patriarchs. A Critical History of Research, 1977. – E. von Nordheim, Die Lehre der Alten, Bd. 1, 1980. – H. W. Hollander/M. de Jonge, The Testaments of the Twelve Patriarchs. A Commentary, 1985.

Testamentum Salomonis, wohl im frühen 3. Jh. n. Chr. christl. überformtes Dokument jüd. Ursprungs, das ältere ägypt. → Traditionen verarbeitet. Geschildert wird, wie → Salomo mithilfe seines Siegelrings Dämonen unterwirft und sie zum Bau seines Tempels verpflichtet. Das T. S. ist ein zentrales Dokument antiker jüd. Magie, dessen Wirkungsgeschichte bis in die Moderne reicht. → Altes Testament, → Apokryphen. KVS

Ü.: D. C. Duling, Testament of Solomon. A New Translation and Introduction, in: J. H. Charlesworth (Hg.), The Old Testament Pseudepigrapha, 2 Bde., 1983/85, Bd. 1, 935–87.

Tetragramm → JHWH.

Teufel (von griech. diábolos = Verwirrer, Verleumder; davon auch lat. diabolus, engl. devil, franz. diable, arab. Lehnwort → Iblīs; daneben hebr. → Satan = Widersacher). (1) Der Aufstieg des T. zu einem Wider-Gott vollzieht sich erst in der apokalypt. Strömung (seit dem 3. Jh. v. Chr.), weitgehend nach Abschluss des atl. Kanons. Aufgrund des platon. Gottesbildes der christl. Dogmatik, das Gott auf das Gute reduziert, und beeinflusst durch den → Dualismus der Gnosis wird eine Personifikation des → Bösen nötig. Die Vorstellung, dass das Leben auf der Erde Teil eines unsichtbaren Kampfes (fast) gleich starker Mächte des Guten und Bösen sei, prägt die → Europ. Religionsgeschichte bis ins 19. Jh., kaum aber Judentum und Islam. Während ein rationaler Diskurs (auch innerhalb der Theologie) das Mythologem T. verwarf, konstatiert man in der Postmoderne eine »Wiederkehr des Bösen« und erzählt davon (etwa in Filmen) oder analysiert diesbezügliche Erzählungen. (2) Im AT ist der Satan Ankläger vor Gottes Gericht (Ps 109,6; Hiob 1,6–12; 2,1–10). Diese Vorstellung setzt eine Engellehre (Angelologie, → Engel) innerhalb eines monotheist. (aber noch nicht auf das Gute reduzierten) Gottesbildes voraus. In der → Apokalyptik wird der T. zum kosmischen Widersacher, der »in einem letzten Kampf« (Apk 12–14; 20,1–3) besiegt werden muss. Das ist eine Ausweitung der Erzählung vom Engelsturz (→ Henoch-Tradition): Ein Teil der Engel unter Satan (Satanael) erhebt sich in einem Aufstand gegen Gott und wird deshalb von → Michael und seinen guten Engeln auf die Welt gestürzt. Zentrales Motiv dabei ist die → Sexualität, weil die schlechten Engel menschliche Frauen begehren und mit ihnen Kinder zeugen, also das Böse fortsetzen. Damit nimmt die T.-Lehre Bezug auf ein Thema aus dem biblischen Kanon (die »Gottessöhne«, Gen 6,1–4); ansonsten wird die Trennung von Licht und Finsternis am ersten Schöpfungstag (Gen 1,3–5) als Anknüpfungspunkt für die Einführung des T. in den Kanon benutzt. Für das NT und das zeitgenöss. Judentum sind der T. und Dämonen eine Realität; Jesus wirkt als Exorzist. Nach islam. Vorstellung verweigert der T. die Anbetung des Ur-Adams und wird deshalb gestürzt. (3) Ikonograph. ist der T. im Islam »der Schwarze«. In der Europ. Religionsgeschichte wird er nach dem Vorbild des antiken Gottes → Pan dargestellt, der – schon im antiken → Pantheon ein Außenseiter – alle in Panik versetzt. Von ihm stammen Bocksfuß, Schwanz und spitze Ohren; oberhalb der Gürtellinie ist er attraktiv. → Zwischenwesen. CA

Quellen: Henoch, in: JSHRZ 5,6 (Ü des äthiop. H. von S. Uhlig 1984) und 5,7 (Ü des slawischen H. von C. Böttrich 1995). – Augustinus, De Civitate Dei 12, 1–9 (hg. von Dombart/Kalb CC 47/48, 1955).
Lit.: O. Böcher, Dämonenfurcht und Dämonenabwehr, 1970. – O. Böcher, Christus Exorcista, 1972. – J. B. Russel, The Devil. Perceptions of Evil from Antiquity to Primitive Christianity, 1977. – J. B. Russel, Satan. The Early Christian Tradition, 1981. – J. B. Russel, Lucifer. The Devil in the Middle Ages, 1984. – J. B. Russel, Mephistopheles. The Devil in the Modern World, 1988. – J. B. Russel, Der T., 2000. – A. di Nola, Der T., 1990. – B.-U. Hergemöller, Krötenkuss und Schwarzer Kater, 1996. – L. Link, Der T., 1997. – C. Auffarth/L. Stuckenbruck (Hg.), The Fall of the Angels, 2004.

Teutates, ein keltischer Gott, dessen Name bei röm. Autoren erwähnt und in mehreren Weihinschriften überliefert ist. Eventuell ist sein Name auf eine ältere Form *teuto-tatis mit der Bedeutung »Stammvater« zurückzuführen. Drei Weihinschriften identifizieren T. im Rahmen einer Interpretatio Romana mit Mars. In Verbindung mit den Nachrichten über Menschenopfer im Kult des T. (Lucan, *Pharsalia* 1,444–446) könnte dies als Hinweis auf den krieger. Charakter des Gottes gedeutet werden. → Keltische Religion. US

Text (von lat. textus = Gewebe, Geflecht). (1) Form sprachlicher → Kommunikation, umgangssprachliche Bezeichnung für eine zusammenhängende schriftliche Mitteilung. Der T. drückt ein übergeordnetes Thema aus, das untergeordnete Themen enthalten kann und das aufgrund semant. Ganzheitlichkeit und der damit einhergehenden Konstitution von Kohärenz und Kohäsion einen durchgängigen Sinn entwickelt. Markiert wird der T. durch sprachliche Formeln der Einleitung und des Endes und durch zeitliche oder räumliche Distanzierung von angrenzenden T. sowie von nichttextuellen Kommunikationsformen. Zur konstitutiven Markierung eines religiösen T. gehören der Hinweis auf einen Redner (Gottheit, charismat. Persönlichkeit, Lehrer), die Formulierung und zeitliche wie räumlich Lokalisierung der wiedergegebenen Rede (christl. »Es begab sich«, buddh. »So habe ich gehört«), Betitelungen und Zählungen (→ sūra, sutta, → sūtra, Kapitel, Paragraph) sowie besondere vortrags- (Rezitation, Predigt) oder schrifttechn. (Handschrift, Druck, Buchform) Präsentationsformen. (2) Die Kategorie T. überschreitet insofern die Grenze zwischen Oralität und Verschriftlichung, wobei verschriftlichte T. sich umformenden Eingriffen gegenüber als resistenter erweisen. Veränderungen hinsichtlich des T. spielen sich ohnehin stärker auf der kontextuellen Ebene (→ Kontextualität) ab, sei es in textueller, oraler oder performativer Form. Abhängig vom kulturellen Kontext wird jeweils der oralen (z.B. → Veda, → Tripitaka, Jaina Angas) oder der schriftlichen T.-Form (z.B. protestant. Bibeltext) Priorität zugesprochen. Entsprechend ist in unterschiedlichen → Traditionen von der oralen (→ Vedānta) oder schriftlichen (Judentum) T.-Gestalt der Welt oder der göttlichen Offenbarung die Rede. (3) Der T. ist gleichzeitig Prozess und Ergebnis einer kooperativen Tätigkeit eines Produzenten und eines Empfängers. Der T.-Produzent (Autorengemeinschaft, Autor) wählt eine religiöse Intention als Handlungsziel, plant und verwirklicht die T.-Erzeugung. Durch diesen Vorgang differenzieren sich Form und Inhalt religiöser T.: Gesetzes-T., Ritualvorschriften, → Gebete, Lehrreden oder Chroniken, bzw. lyrisch, erzählend oder dialog. angelegte T. Entsprechend aktiviert der T.-Empfänger (Vortragender, Rezensent, Kommentator, Hörer) situativ das sprachlich bestimmte, kulturell und sozial geprägte, kontextuell relevante Rezeptionsverhalten, z.B. in Wiedergabe und Auslegung, implementiert die sanktionierte Verwendung des T. in der rituellen Praxis oder unternimmt im Kontext der Kanonisierung (→ Kanon) eine Bewertung des T. in seinem Verhältnis zu anderen T. Die Rollen von Produzent und Empfänger gehen im Tradierungszusammenhang religiöser T. bes. in vormodernen Gesellschaften in der Regel insofern ineinander über, als Produktion meist in Reproduktion (mnemotechn. Tradierung, Kopierung, Vervielfältigung) besteht und einen Teil von Rezeptionsvorgängen darstellt, ebenso wie Rezeption oft mit T.-Umgestaltung (Überlieferungsvarianten) ohne eigens gekennzeichnete Autorschaft einhergeht. Der T. ist eine der wichtigsten Formen zur Konstitution und Bewahrung des kulturellen → Gedächtnisses und hat insofern für Religionen eine fundierende, Kontinuität stiftende und Brüche heilende, aber auch Transformationen (Reformen, Spaltungen) rechtfertigende Funktion. → Medien, → Wissen. CE

Lit.: S. Fish, Is There a T. in This Class? The Authority of Interpretive Communities, 1980. – A. Assmann u. a. (Hg.), Schrift u. Gedächtnis, 1983. – W. Graham, Beyond the Written Word: Oral Aspects of Written Scriptures, 1987. – W. Iser, The Act of Reading: A Theory of Aesthetic Response, 1987. – H. Coward, Sacred Word and Sacred T., 1988. – M. Levering, Rethinking Scripture: Essays from a Comparative Perspective, 1989. – G. Martens, Was ist ein T.? Ansätze zur Bedeutung eines Leitbegriffs der T.-Philologie, in: Poetica 21 (1989), 1–25. – J. R. Timm (Hg.), T. in Context. Traditional Hermeneutics in South Asia, 1992. – J. Assmann/ B. Gladigow (Hg.), T. u. Kommentar, 1995.

Thākur, R. → Tagore, Rabindranāth.

Thangkha (tibet. thang-kha), nach strengen ikonometr. Vorgaben angefertigte Rollbilder. Grundsätzlich kann ein th. vier unterschiedliche Funktionen besitzen: Lehr- und Erziehungsfunktion; Verdienstvermehrung; eine Schutzfunktion zur Abwehr oder Neutralisierung schädlicher übernatürlicher Einflüsse; Meditationsgrundlage. → Bild. KKP

Lit.: A. Lavizzari-Raeuber, Th. Rollbilder aus dem Himalaya, 1984.

Theismus (von griech. theós = Gott), positiv oder negativ bewertete personale Ein-Gott-Vorstellung. Positiv beurteilt wird sie dann, wenn menschliche Personalität sich in dieser ihr überlegenen Gottesvorstellung gewürdigt sieht (z.B. → Troeltsch), negativ insbes., wenn anthropomorphe Gottesvorstellungen als unangemessen abgelehnt werden (z.B. → Spinoza; Fichte, 1762–1814). Neuere Kritik wird in der → feminist. Theologie geäußert: Die Vorstellung von der göttlichen Personalität gehe am ehesten auf Männerphantasien von Allmacht, Allwissenheit usw. zurück. Ähnlich wurde in polit. inspirierten normenkritischen und spekulativen → Theologien die Personalität des theist. Gottes mit Herrschergestalten v.a. in geschichteten (stratifizierten) Gesellschaften ideologiekrit. korreliert. Im Gefolge → Barths versucht man, die trinitar. Gottesauffassung, die Leiden und Schwäche Gottes einschließen kann, gegen die abgelehnte theist. Sicht auszuspielen. Eine eigene Position wurde von → Tillich vorgelegt. Er lehnt die theist. Redeweise von Gott zwar ab, will sie aber als symbol. Darstellungsweise verstehen. Da Menschen dasjenige, was sie unbedingt angeht, notwendigerweise in ihrem Erfahrungskontext symbolisieren müssen, hat die theist. Redeweise ihre relative Berechtigung. Sie darf aber nicht vergegenständlicht und wörtlich genommen werden, sondern muss als symbol. Rede reflektiert werden. So spricht Tillich von einem »Gott über [sc. dem theist.] Gott«. → Gottesvorstellungen. Red

Lit.: P. Tillich, Systemat. Theologie, Bd. 1, 1951, ^{3}1964, 193–332. – E. Jüngel, Gott als Geheimnis der Welt, 1977, ^{7}2001. – G. Wenz, Gott, 2006.

Theodizee (wohl von griech. dikaiosýnē theoũ = Gerechtigkeit Gottes, latinisiert). Der von Leibniz 1697 geprägte Begriff bezeichnet die Frage nach der → Gerechtigkeit Gottes angesichts von Übel und Leid im Weltgeschehen und persönlichen Leben. Biblischer Präzedenzfall ist (nach babylon. Vorgängern) → Hiob, der schweren Prüfungen unterzogen wird (Verlust von Reichtum und Nachkommen, Krankheit), die angesichts seines gerechten Lebenswandels nicht zu erwarten gewesen wären. In Literatur, Theologie und Philosophie wurde versucht, unterschiedliche »Lösungen« für dieses Problem zu finden. In der »Theologie nach Auschwitz« kann Gott nicht allmächtig sein oder er ist kein Gott. → Heil/Leid, → Theismus. Red

Lit.: J. Moltmann, Der gekreuzigte Gott: das Kreuz Christi als Grund u. Kritik christl. Theologie, 1972. – W. Sparn (Hg.), Leiden. Materialien, 1980. – G. Rottenwöhrer, Unde malum?, 1986. – C. Münz, Der Welt ein Gedächtnis geben: geschichtstheol. Denken im Judentum nach Auschwitz, 1995. – S. Lorenz, De mundo optimo, 1997. – U. Löffler, Lissabons Fall – Europas Schrecken: die Deutung des Erdbebens von Lissabon im dt.-sprachigen Protestantismus des 18. Jh.s, 1999.

Theogonie (von griech. theogonía = Entstehung der Götter), Bezeichnung für die Erzählung vom Entstehungsprozess einer Welt, dessen Protagonisten Götter sind. Im übertragenen Sinne wird innerhalb philosoph. oder theosoph. Spekulationen auch das Werden der Gottheit als ein theogon. Prozess bezeichnet. → Mythos. JM

Lit.: H. Fränkel, Dichtung und Philosophie des frühen Griechentums, 1951, ^{3}1976. – M. L. West, Hesiod, Theogony, 1966.

Theokratie (von griech. theokratía = Gottesherrschaft). Der Begriff wurde erstmals von Flavius → Josephus (37/38–100) auf die Verfassung der nachexil. jüd. Gemeinde angewandt. Th. bezeichnet polit. Herrschaftsformen (→ Herrschaft), die aus der engen Verbindung zwischen religiöser und polit. Ideologie und → Macht hervorgegangen sind und in denen die religiöse und polit. Ordnung deckungsgleich sind. Eine Variante der Th. kennt einen irdischen Herrscher, der – als göttliche Inkarnation betrachtet oder von göttlicher Herkunft – als Stellvertreter Gottes bzw. einer transzendenten Instanz gilt oder institutionell legitimiert ist (→ Pharao, göttliche Abkunft des). Ein Beispiel dafür ist der tibet. Lamaismus vor der chin. Besetzung, in dessen Rahmen der Dalai Lama die polit. Herrschaft als Reinkarnation Buddhas ausübte. In einer anderen Variante wird von religiösen Amtsträgern ein geistliches Regiment in Vertretung Gottes ausgeübt. Theokrat. Elemente dieser Art sind in der polit. Praxis des Islam zu finden, z.B. im Iran nach der Revolution von 1979. In der Geschichte des Christentums sind – v.a. bei den großen Päpsten des Mittelalters und bei Calvin (1509–64) – Versuche zu verzeichnen, im Gefolge der augustin. Theologie das theokrat. Ideal zu verwirklichen. VK

Lit.: J. Taubes (Hg.), Th., 1987.

Theologie (von griech. theología = Lehre von Gott/göttlichen Dingen).
I. Allgemein. In den grundlegenden Schriften von Judentum, Christentum und Islam fehlt – obgleich in allen drei Religionen Th. zu existieren scheint – ein entsprechender Begriff. Umgekehrt dagegen redet die allegorisierende Bibelauslegung des → Philo von Alexandria von → Mose als Theologen. Paulus gilt oft als (erster) christl. Theologe, und auch Muḥammad wird als Theologe bezeichnet. Th. scheint sich daher in Religionen als sekundäres reflexives Zeichensystem zu entwickeln. Schon beim ersten sicher belegten Auftreten des Zeichens theología in → Platons *Politeía* (379 a) wird jedenfalls diese Grammatik festgelegt: »Th.« gibt es erst dann, wenn sie (a) kritisch-hermeneut. auf die von Homer, Hesiod und den »Dichtern« präsentierten mỹthoi (→ Mythos) bezogen ist und (b) mythopoet. praktisch umgesetzt wird als an »dem Gott« orientierte Kritik der Heroen-, Giganten- und Göttergeschichten und als pädagog. Entwurf von Kunstmythen, die philosoph.-theolog. Rede von »dem Gott« nicht mehr dementieren.
II. Typologie. (1) → Aristoteles hingegen konzipiert philosoph. Th. als theoret. Wissenschaft, die Mathematik und Physik metaphys. fundiert (v. a. im 12. Buch der »Metaphysik«). Auch Aristoteles nimmt eine mythenkrit. Haltung ein. Für ihn sind mỹthoi in Rhetorik (v. a. bei induktiven Argumentationen) und Poetik (Tragödie, Komödie) als Syntax der Handlungen einsetzbar. Gegenüber dem normativ-kritischen und praktisch-poet., theolog. Umgang mit Mythen emanzipiert sich philosoph. Th. bei Aristoteles von »Religion«. Sie wird »Denken des Denkens« und hat so Teil am Göttlichen, das als Erstes Bewegendes (→ prõton kinoũn) alles andere bewegt und als Bewiesenes sich selbst denkt – mithin auch Prinzip des Denkens und Wissens ist. Dieser spekulative Typus von Th. wird religiös relevant, wenn – wie im Mittelalter in Islam, Judentum und Christentum geschehen – Religionen sich auf das Wissenschaftssystem und philosoph.-theoret. Reflexion einlassen, um ihr Verständnis von Gott, Welt und Menschen in diesem Medium zu explizieren und argumentativ zu rechtfertigen. Insofern geht auch dem spekulativ-theoret. Th.-Typus in der religiösen Rezeption eine praktische Pointe nicht ab. (2) (a) Der sich bei Platon abzeichnende normativ-kritische und praktische Typus von Th. kommt vermutlich den Bedürfnissen von Religionen insgesamt eher entgegen. Diese müssen ihre in der Regel heterogenen bis widersprüchlichen Traditionen mit unterschiedlichen Verfahren hermeneut. bearbeiten und zu handlungs- bzw. lebensorientierten Gegenwartslösungen kommen. Je komplexer und geschichtlich weiter ausgebreitet eine Religion ist, umso eher tendiert sie zur Ausbildung von Th., wie → Schleiermacher betonte. Ohne Differenzen in Lehre, religiöser Symbolbildung, Ritualen, Recht und Moral gäbe es kaum Bedarf an Th. (b) Schließlich lässt sich Platons Erwägungen entnehmen, dass dieses Problem gemeinsamer religiöser Theoriebildung offenbar begünstigt wird, wenn Vereinheitlichungstendenzen nach der Art einer Rede von »dem Gott« vorliegen. Vereinheitlichung heißt freilich nicht zwingend Vereindeutigung, wie Platons Kunstmythen zeigen, die näherungsweise darstellen, was dialekt. und dianoet. nicht ausgesagt werden kann. Ob spekulative oder normativ-kritische Th. auch in anderen Kulturen existiert (z. B. Ägypten, Mesopotamien), wird erwogen, muss aber offen bleiben.
III. Th. als Lehrsystem. (1) In Religionen führt die Ausbildung von Th. zur mehr oder weniger stark ausgeprägten Differenzierung zwischen Theologen und → Laien. Die einzelnen Modelle schwanken: Männliche oder weibliche Pfarrer, Priester, Rabbiner und islam. Rechtsgelehrte übernehmen sozial-funktional zwar vergleichbare Rollen, doch die jeweilige Codierung unterscheidet sich (auch in derselben Religion) stark. (2) Die Befähigung zur Ausübung einer solchen Funktion wird meist durch Lernen erworben, setzt mithin schul- bzw. seminarartige religiöse Organisationen voraus. Daraus ergibt sich eine weitere Differenzierung zwischen professionellen Th.-Lehrenden und Th.-Studierenden. (3) Wird der Bezug zum Wissenschaftssystem als fördernd erlebt, kann die Th.-Ausbildung auch an offiziellen Wissenschaftsorganisationen wie Universitäten erfolgen (→ Wissen). Je nach Verfassung der Staaten oder der Einstellung von Förderkreisen solcher Wissenschaftsorganisationen kann dies geduldet, begrüßt oder auch verboten werden (z. B. in der

Türkei unter Atatürk; → Religionsrecht). Im Wissenschaftssystem wird diese Spannung nicht selten als wissenschaftspolit. Streit zwischen → »Religionswissenschaft« und »Th.« ausgetragen. Möglicherweise wiederholt sich dieser aus dem europ. und nordamerikan. Christentum und Judentum bekannte Sachverhalt mit der Einrichtung »islam. (theolog.) Lehrstühle« im Unterschied zur »Islamwissenschaft« an dt. Universitäten im Kontext der Lehrerausbildung für Religionsunterricht an öffentlichen Schulen.

IV. Die Fächer der Th. und die Religionswissenschaft. (1) Die Religionswissenschaft als Kunde von fremden Religionen ist als Subdisziplin mit apologet. Absicht in evang.-theolog. Fakultäten entstanden. Der Anspruch der Religionswissenschaft als eigenständiges Fach, Religion als Teil von Gesellschaft zu beschreiben und nicht der Volksreligion eine kritisch-rationale Th. normativ entgegenzustellen, geht eigentlich durch die Fächer der Th. hindurch. (2) Die histor. Fächer AT, NT und Kirchengeschichte stehen im Zwiespalt. Einerseits enthält das histor. Vergangene auch Zeitbedingtes. Andererseits setzten Offenbarung und Utopien der Anfänge (→ Urchristentum; → Reformation) verbindliche Maßstäbe für die Gegenwart. Das Programm der »histor. Th.« sucht nach dem normativ Gültigen in früheren Epochen des Christentums. (3) Systemat. Th./Dogmatik deduziert aus Prämissen ein systemat. Regelgebäude, das aber in der evang. Th. stark der Bibel verpflichtet bleibt. Mit ihr korrespondiert das Programm einer »Biblischen Th.«. Doch auch sie hat eine Geschichte und ihre Paradigmenwechsel. (4) Th. als solche ist ein Forschungsgegenstand der Religionswissenschaft, nicht eine Methode. Die vergleichende Methode der Religionswissenschaft führt zur Relativierung des Eigenen und zu Alternativen, steht also quer zu normativen Setzungen. (5) Th. ist der Institution → Kirche und der Durchsetzung von deren Normen in der Gesellschaft verpflichtet, indem sie deren → Funktionäre ausbildet. Sie ist der Kontrolle der Kirche unterworfen.

V. Th. und Historizität. (1) Th. spezialisiert sich histor. jeweils auf die Wahrnehmung unterschiedlicher Erfahrungsbereiche und deren kommunikativer Leitdifferenzen. (a) So hat die Beachtung der Differenz Mann/Frau im letzten Drittel des 20. Jh.s → feminist. Th. als neuartige Erfahrungs-Th. hervorgebracht. (b) Die Bearbeitung der Differenz »wahr«/»falsch« bzw. »wahrscheinlich«/»unwahrscheinlich« erfordert Konzentration auf natur- und kulturwissenschaftliche einschließlich philosoph. Reflexion. Dies hat eine lange Tradition seit Antike und Mittelalter. In neuerer Zeit wird der Dialog zwischen (christl.) Th. und Naturwissenschaften wieder aufgenommen. (c) Dass dies auch ökolog. aufschlussreiche Folgen zeitigt, wird z. B. in der von A. N. Whitehead (1861–1947) inspirierten (nordamerikan.) Prozess-Th. deutlich. (d) Wird die Differenz »Herrschende«/»Beherrschte« in den Vordergrund gerückt und mit der Differenz »Gerechtigkeit«/»Ungerechtigkeit« verbunden, können sich (christl., jüd., islam.) Befreiungs-Th. entwickeln. Diese können sich gegen Kolonialisierung, ungerechte Formen der polit. Herrschaft und wirtschaftliche Ausbeutung richten. Auch manche Formen der feminist. Th. verstehen sich als → Befreiungs-Th. (e) Ebenso gibt es demgegenüber konservative Ordnungs-Th., die Herrschaft, Unterdrückung, Ausbeutung und Patriarchat rechtfertigen. (2) (a) Das Grundproblem hinter den skizzierten Differenzen und Konflikten liegt in der Tatsache, dass die Religionen Islam, Judentum und Christentum sich durch → Kommunikation reproduzieren. Auch ihre Organisationsstrukturen und die Ausbildung eines sekundären, reflexiven Zeichensystems Th. sowie die religiöse Akzeptanz spekulativer Th.-Konzeptionen hängen damit zusammen. Denn Kommunikation hält eine religiöse Gemeinschaft nicht bloß zusammen und präsentiert sie positiv gegenüber ihrer religiösen bzw. nichtreligiösen Umwelt. Sie tendiert auch zur Entropie: Durch kommunikativen Aufbau von Ordnung wird zugleich Unordnung erzeugt. (b) Th. versucht, die internen und externen Entropieerscheinungen zu mildern, nicht zuletzt in ihrer Ausbildungsfunktion. Hierbei kann sie Illusionen unterliegen, wenn das Problem der Abweichung von Tradition und des mangelnden Einverständnisses mit bestimmten Symbolen, Ritualen, ethischen Forderungen und Rechtssatzungen geleugnet und bloße Akzeptanz gefordert wird. V. a. in den nordamerikan. und europ. Gesellschaften dürfte dieser Versuch deutlich gescheitert sein. Die zunehmende gesellschaftliche Akzeptanz von Homosexualität und die feminist. Th.-Kritik sind hierfür deutliche Indizien. Die »Lösung« könnte in pluralen, demokrat., multikulturellen Gesellschaften in der Konzeption von Th. als erfahrungsoffener, differenzsensibler Moderation von zur Entropie tendierenden Kommunikationsprozessen liegen. Red

Lit.: F. Schleiermacher, Kurze Darstellung des theol. Studiums, 1811, [2]1830. – W. Pannenberg, Wissenschaftstheorie und Th., 1973. – H. v. Stietencron, Theologen und Theologien in verschiedenen Kulturkreisen, 1986. – D. Brockmann, Feministische Th., in: D. E. Ford (Hg.), Theologen der Gegenwart, 1993, 346–59. – R. Fornet-Betancourt, Befreiungstheologie, 3 Bde., 1997. – K. Rudolph, Art. »Th.«, in: HrwG 5, 2001, 190–98. – C. Schwöbel, Christl. Glaube im Pluralismus, 2003.

Theonomie (von griech. theós = Gott und nómos = Sitte, Gesetz), nach P. → Tillich Bezeichnung für Konzeptionen, die Gott als Gesetz von Struktur und Grund der Vernunft begreifen, um den Vorwurf der → Heteronomie zu entkräften. Red

Theophanie (von griech. theopháneia = Gotteserscheinung), Begriff für die bes. Erzählform der »Erscheinung Gottes« in der Hebr. Bibel als Wind, Erdbeben oder Feuer, etwa Ps 77,17–20. Kontrastierende Vorlage ist dabei die literar. Schilderung des Auftretens des Wettergottes in den benachbarten Religionen, z. B. in Ugarit. Der allgemeinere religionswiss. Begriff ist → Epiphanie. CA

Lit.: J. Jeremias, Th., 1965, [2]1977.

Theosophie (griech. theosophía = Gottesweisheit), seit der Antike gebräuchliche Bezeichnung für bestimmte Formen mystischer Erkenntnis, die darauf abzielen, zu einem tieferen Verständnis göttlichen Seins und kosmischer Einheit vorzudringen. Theosoph. Konzepte begegnen z. B. in der → Gnosis, im Neuplatonismus (→ Platonismus), bei Meister Eckhart (um 1260–1328), N. v. Kues (1401–64), J. Böhme (1575–1624), E. → Swedenborg und in der → Kabbala. Heute wird Th. häufig mit der »Theosoph. Gesellschaft« (ThG) gleichgesetzt, die 1875 von H. P. → Blavatsky, H. Steel Olcott (1832–1907) u. a. gegründet wurde mit den Zielen, (a) den Kern einer universalen Bruderschaft der Menschheit zu bilden, ohne Ansehen von Herkunft, Glaube, Geschlecht oder Hautfarbe; (b) zum Studium der Religionswissenschaft, Philosophie und Naturwissenschaften anzuregen; (c) ungeklärte Naturgesetze und die im Menschen verborgenen Kräfte zu erforschen. Dabei greift die ThG in bes. Weise auf östliche Philosophien und Religionen zurück, und 1882 wurde der Sitz der Gesellschaft ins indische Adyar (Madras) verlegt. Nach dem Tod der charismat. Blavatsky wird die ThG von A. → Besant geführt. Die Mitgliederzahl der ThG liegt heute bei etwa 35.000 weltweit. Daneben kam es auch zu Abspaltungen, deren wichtigste die → Anthroposophie R. Steiners (1861–1925; 1902–13 Generalsekretär der dt. Sektion der ThG) ist. Weitere Gruppen bildeten sich um K. Tingley (1847–1929), A. Bailey (1880–1949, »Arkan-Schule«) und R. Crosby (1849–1919, »United Lodge of Theosophists«). Die ThG kann als zentrale Quelle der Popularisierung östlicher Weisheitslehren und der → Esoterik im 20. Jh. betrachtet werden. → Krishnamurti, → Mystik, → New Age. KVS

Quellen: R. Steiner, Th. Einf. in übersinnliche Welterkenntnis u. Menschenbestimmung, 1904. – H. P. Blavatsky, Der Schlüssel zur Th., 1907.
Lit.: B. F. Campbell, Ancient Wisdom Revived. A History of the Theosophical Movement, 1980. – G. Wehr, Die dt. Mystik, 1988. – J. Godwin, The Theosophical Enlightenment, 1994. – A. Faivre, Art. »Christian Theosophy«, in: W. J. Hanegraaf u. a. (Hg.), Dictionary of Gnosis and Western Esotericism, 2005, 258–67. – J. A. Santucci, Theosophical Society, in: W. J. Hanegraaff u. a. (Hg.), Dictionary of Gnosis and Western Esotericism, 2005, 1114–23.

Theosophische Gesellschaft → Theosophie.

Theragāthā (pāli = Verse der älteren Mönche), Teil des → Khuddaka-Nikāya im → Pāli-Kanon; von Mönchen geschriebene, z. T. sehr alte Texte in metrischer Form. Neben den 1279 Th. gibt es 522 Therīgāthā, »Verse von älteren Nonnen«. AM

Ü.: C. A. F. Rhys Davids, Psalms of the Early Buddhists, 2 Bde., 1909, 1913. – K. R. Norman, The Elders' Verses, 2 Bde., 1969–71.

Theravāda (pāli; sanskr. sthaviravāda = Lehre der Älteren [Mönche]), Schule des südlichen Buddhismus (→ Hīnayāna), die der Tradition nach im 4. Jh. v. Chr., zur Zeit des 2. Konzils in Vaishālī entstand, als sich die → Mahāsānghikas, die »Große Gemeinschaft«, die einige Ordensvorschriften weniger streng auslegten, die Bedeutung der Heiligkeit (→ arhat) als Heilsziel herabsetzten und die Transzendenz Buddhas betonten, abgrenzten. Die Anhänger des Th. teilen sich in die Pudgalavādins (Personalisten) und die Vibhajyavādins (Analytiker), von denen sich wiederum die Sarvāstivādins (sanskr. = Anhänger der Lehre, dass alles besteht, → Sarvāstivāda) abspalteten. Die Theravādins sind die Anhänger der einzigen bis heute überdauernden Schule des → Hīnayāna. Ihr in Pāli verfasster Kanon (→ Pāli-Kanon) ist vollständig erhalten. Den Th. findet man heute in erster Linie in Kampuchea, Laos, Birma, Sri Lanka und Thailand. Als »reiner Urbuddhismus« stand der Th. im Zentrum der frühen europ. Buddhismusforschung. → Buddh. Literatur, → sangha, → yāna. AM

Lit.: A. Bareau, Les sectes Bouddhiques du petit véhicule, 1955. – H. Bechert, Buddhismus, Staat und Gesellschaft in den Ländern des Th.-Buddhismus, 3 Bde., 1966–73. – R. Gombrich, Precept and Practice: Traditional Buddhism in the Rural Highlands of Ceylon, 1971. – R. Gombrich, Th. Buddhism, 1988 (dt. 1997). – S. LeVine/D. N. Gellner, Rebuilding Buddhism: The Th. Movement in Twentieth-Century Nepal, 2005.

Theurgie (griech. theourgía = göttliches Werk; von theĩos = göttlich und érgon = Werk, Arbeit), allgemeine Bezeichnung für philosoph.-magische Traditionen (→ Magie), die durch rituelle Handlungen direkten Kontakt mit dem Göttlichen ermöglichen, bis hin zur Vergöttlichung des Adepten. Im Mittel- und Neuplatonismus (→ Platonismus) der ersten Jh.e n. Chr. entwickelte sich eine theurg. Gruppierung religiöser Spezialisten, die sich auf Offenbarungsschriften wie die sog. Chaldäischen Orakel beriefen. Auch in der weiteren → Esoterik-Geschichte wurden theurg. Lehren tradiert, von Proklos (5. Jh.) über Marsilio Ficino (15. Jh.) bis in die Neuzeit. → Himmelsreise/Jenseitsreise. KVS

Lit.: H. Lewy, Chaldaean Oracles and Theurgy. Mysticism, Magic and Platonism in the Later Roman Empire, 1956, ²1978. – G. Shaw, Theurgy and the Soul. The Neoplatonism of Iamblichus, 1995. – R. M. Berchman (Hg.), Mediators of the Divine. Horizons of Prophecy, Divination, Dreams, and Theurgy in Mediterranean Antiquity, 1998. – E. R. Wolfson, Abraham Abulafia – Kabbalist and Prophet. Hermeneutics, Theosophy and Theurgy, 2000.

Thor (althochdt. Donar; altnord. Þórr; von german. *þunraR = Donner), german. Gott, dessen Name ihn als Donnergott kennzeichnet. Er erscheint in der nordischen Literatur als Sohn → Odins und der Riesin Jörð (= Erde). Als hervorstechendste Eigenschaften werden seine körperliche Stärke und sein Zorn genannt, die ihn für die Rolle als Verteidiger der Götter und Menschen sowie als Bekämpfer der Riesen prädestinieren. Seine Attribute sind ein Kraftgürtel, ein Eisenhandschuh, der Stab Griðarvölr sowie der Hammer Mjöllnir. T. hat die Stärke und seine Funktion als Kriegsgott mit Odin gemein; im Zuge der Ausweitung seiner Kompetenzen als Donnergott auf das Wetter im Allgemeinen verschiebt sich seine Rolle in Richtung eines Fruchtbarkeitsgottes (vgl. Adam von Bremen, Gesta Hammaburgensis, IV, 26). Die weite Verbreitung der T.-Verehrung ist durch zahlreiche Erwähnungen in isländ. Literatur, durch skandinav. Orts- und Personennamen auf T.- und Inschriften auf dänischen Runensteinen bezeugt. Die Verehrung T.s im südgerman. Raum ist durch die Inschrift auf der Nordendorfer Fibel (wigiþonar) verbürgt. Der Wochentagsname Donnerstag – eine Übersetzung des lat. dies Jovi – ist eines der ältesten Zeugnisse, da die Übertragung der Wochentagsnamen bereits im 4. Jh. abgeschlossen war. Die Interpretatio Germanica des röm. Staatsgottes → Jupiter als T. lässt die hohe Stellung T.s erkennen, in der Interpretatio Romana wird T. jedoch v. a. mit Hercules gleichgesetzt. Skandinav. Felszeichnungen machen die Annahme eines T.-Kultes schon für die Bronzezeit wahrscheinlich. Tempel, in denen Statuen T.s verehrt wurden, überliefert Adam von Bremen (1076) für Schweden. → German. Religion. US

Lit.: H. Ljungberg, Tor, 1947. – O. G. Turville-Petre, Thurstable, in: Ders., Nine Norse Studies, 1972, 20–29. – E. Marold, »T. weihe diese Runen«, in: FMSt 8 (1975), 195–222. – E. F. Halvorsen, Art. »Þórr«, in: KLNM 20, 1975, 391–95. – H. Klingenberg, Die Drei-Götter-Fibel von Nordendorf, in: ZfdA 105 (1976), 167–88. – J. Harris, Th., in: ER 13, ²2005, 9165ff.

Thora → Torah.

Thot, altägypt. Gott der Schreibkunst, der Weisheit, der Magie, der Medizin, der Mathematik und der Zeit sowie Mondgott. Th. wurde in zwei Tiergestalten verehrt: als Pavian (in Ägypten nicht vorkommend) und als Ibis, in reiner Tiergestalt v. a. als Pavian, in Mischgestalt mit Ibiskopf. Als Erfinder von Schrift und Schreibkunst war er für alle Angestellten der königlichen Verwaltung zuständig. Seine Verantwortlichkeit für den Ablauf der → Zeit lassen Darstellungen erkennen, in denen Th. die Königsnamen und damit die Lebenszeit auf Blätter des Perseabaumes schreibt. Im Totengericht notiert Th. das Ergebnis der Waage, seine Heilkraft beweist er durch die Wiederherstellung des → Horusauges. Als Mondgott überquert er zusammen mit → Re den Himmel. Der Mondzyklus wird wie der Sonnenkreislauf zum Paradigma der Regeneration und Wiedergeburt im Jenseits, dadurch wird Th. auch zu einem wichtigen Totengott. In der Bild-Text-Komposition des Zweiwegebuches, einer Jenseitskarte auf Sargböden aus der Nekropole von Hermopolis, wird Th. eine entscheidende Rolle für die Fortexistenz des Toten zugeschrieben. Die Griechen identifizierten Th. mit Hermes, deshalb wurde der Ort seines Haupttempels, Chemenu, in Hermopolis umbenannt. In griech.-röm. Zeit wurde Th. zur Schlüsselfigur für die → Hermetik. In den hermet. Schriften (*Corpus Hermeticum*) wird er als Hermes Trismegistos als Herr der höheren Wissenschaften, auch als Meister von → Alchemie, → Astrologie, → Magie und → Medizin bezeichnet. → Altägypt. Religion. EH

Lit.: E. Hermsen, Die zwei Wege des Jenseits. Das altägypt. Zweiwegebuch u. seine Topographie, 1991.

Thronwagenspekulation → Märkabah.

Tiamat, Urzeitwesen; aus ihrem Körper wird nach dem babylon. Epos → Enūma eliš die Welt gestaltet. MH

Tian (chin. = → Himmel), Bezeichnung für die oberste Gottheit bzw. ein pankosm. Prinzip in der frühen → chin. Religion, das dann v. a. als panmoral. Instanz im chin. Staatskult eine große Rolle spielt. Denn über dieses Prinzip wurde die Legitimation (tianming = Mandat des Himmels) einer rechtmäßig regierenden Dynastie und ihrer Kaiser (tianzi = Sohn des Himmels) begründet, bei entsprechender Verletzung der von T. gewährten kosmischen Ordnung auch ihre Absetzung. T. wird in den religiösen Traditionen Chinas als Maßstab für das Korrekte, Natürliche, Sinn- und Heilvolle genommen. MD

Lit.: R.J. Eno, The Confucian Creation of Heaven, 1990.

Tiantai, chin. buddh. Schule, deren Name auf ihren Sitz auf dem Berg Tiantai(-shan) zurückgeht. Als Begründer gilt Zhiyi (538–97). Das T. stellt einen umfassenden Versuch dar, auf der Grundlage von → Nāgārjunas Lehre von der Leerheit (→ shūnyatā) aller Phänomene die verschiedenen Lehren und Lehrformen des → Buddhismus chronolog. und qualitativ zu systematisieren und zu synthetisieren. Dies spiegelt sich wider in dem Konzept von »Fünf Perioden und acht Lehrformen«, nach dem die Lehrtätigkeit des Buddha entsprechend den Kategorien der Sūtraliteratur (vgl. → Panjiao) in fünf aufeinanderfolgende Phasen aufgeteilt werden kann, deren letzte Stufe die Einheit alles Gegensätzlichen lehrt. Die Essenz der letzten Stufe wird im → Lotos-Sūtra gelehrt. Die acht Lehrformen beziehen sich auf die Unterweisungsform (abrupte, graduelle, individuelle, esoter.) und den Inhalt der Lehre (Hīnayāna und Mahāyāna, Bodhisattva-Weg, Mittlerer Weg). MD

Lit.: L. Hurwitz, Chih-I (538–97). An Introduction to the Life and Ideas of a Chinese Buddhist Monk, 1962. – P. L. Swanson, Foundations of T'ien-T'ai Philosophy, 1989. – Ng Yu-Kwan, T'ien-t'ai Buddhism and Early Madhyamika, 1993.

Tibetischer Buddhismus, populäre, in Europa und den USA gebräuchliche Bezeichnung für tibet. rdo-rje-theg-pa, sanskr. → Vajrayāna (= Diamantfahrzeug), die in Tibet verbreitete Form des Buddhismus. In Tibet bezeichnen sich die Buddhisten selbst als nang-pa (= die, die sich innen befinden), im Gegensatz zu den phyi-pa (= die, die sich draußen befinden, die Nichtbuddhisten) oder aber als chos-pa (= die dharma [Befolger]). Ein Begriff »Buddhismus« existiert im Tibet. nicht. (1) Nach tibet.-buddh. Lehrmeinung vereinigt das Diamantfahrzeug alle drei buddh. Fahrzeuge, → Hīnayāna, → Mahāyāna und → Vajrayāna, in sich, d. h., ein nang-pa wird das Fahrzeug wählen, welches seiner geistigen Entwicklung entspricht. Diese späteste Form des Buddhismus bildete sich in Nordostindien unter vielfältigen hinduist. und autochthonen religiösen Einflüssen heraus. Im 7. Jh. wurde der Buddhismus unter dem Herrscher Srong-btsan-sgam-po nach Tibet eingeführt und bis zum Jahre 842 v. a. am Hof der tibet. Könige in Lhasa praktiziert. In dieser in der tibet. Historiographie als »frühe Verbreitung« (snga-dar) bezeichneten Periode begann eine rege Übersetzertätigkeit indischer buddh. Texte, bes. der → Tantras, ins Tibetische. Von 842 bis ins späte 10. Jh. setzte in Tibet eine Verfolgung des Buddhismus durch verschiedene Adlige im Verbund mit einheim. religiösen Spezialisten (u. a. → Bon) ein, die gegen Ende des Jt.s in eine Renaissance und einen schließlichen Sieg des Buddhismus (die sog. »spätere Verbreitung«, phyi-dar) mündete. (2) Kennzeichnend für den Buddhismus in Tibet ist zum einen die weitgehende Integration der autochthonen tibet. Religion (tibet. mi-chos =

Religion der Menschen). Zum anderen steht im Gegensatz zum Mahāyāna-Buddhismus, dessen philosoph. Konzeptionen, insbes. die der → Madhyamaka-Philosophie, übernommen wurden, die mündliche Weitergabe der Lehre (tibet. bstan-pa) durch einen → Lama an seine(n) Schüler(in) im Mittelpunkt. Da im T. B. durch die → Tantras ein bes. effektiver Weg zur Befreiung aus dem Kreislauf der Existenzen angeboten wird, der die hierzu Befähigten noch in diesem Leben das Ziel erreichen lässt, jedoch zugleich aufgrund seiner Potenz äußerst gefährlich für den Adepten ist, ist die Begleitung des Schülers durch den Lama unerlässlich. Die verschiedenen Lehrtraditionen (→ gyü) des T. B. bildeten sich um einzelne Lamas und ihre Traditionslinien. Im 19. Jh. setzte in Osttibet die auch für den modernen T. B. bedeutende Ris-med-Bewegung (»unparteiisch«) ein, die die philosoph. Differenzen der einzelnen Lehrtraditionen unter Rückbesinnung auf die allen gemeinsame grundlegende Lehre zu überwinden versuchte. → Buddhismus. KKP

Lit.: G. Tucci/W. Heissig, Die Religionen Tibets u. der Mongolei, 1970. – D. L. Snellgrove, Indo-Tibetan Buddhism, 1987. – G. Samuel, Civilized Shamans, 1993. – H. Diemberger, Political and Religious Aspects of Mountain Cults in the Hidden Valley of Khenbalung: Tradition, Decline and Revitalisation, in: A.-M. Blondeau/E. Steinkellner (Hg.), Reflections of the Mountain, 1996, 219–31.

Tibetisches Totenbuch, populäre Bezeichnung für das → Bardo thödol, von seinem ersten Herausgeber W. Y. Evans-Wentz (1878–1965) geprägt. KKP

Tiefenpsychologie, 1910 von dem Psychiater E. Bleuler (1857–1939) für die → Psychoanalyse geprägter Begriff; S. → Freud gebrauchte die Ausdrücke ab 1913 ebenfalls synonym. Die Metapher der Tiefe meint zweierlei: (a) zeitlich die biograph. Vergangenheit des Analysanden, aus der die Gegenwartsproblematik herrührt; (b) räumlich das Schichtenmodell der Persönlichkeit, nach dem sich in der Tiefe (»im Keller«) das Unbewusste findet. Die unbewussten Prozesse sind zugleich die primären und die wirksamsten der Psyche. C. G. → Jung erweiterte in seinem Konzept des Unbewussten die Tiefendimension um die → Archetypen des kollektiven Unbewussten als gemeinsames menschliches Erbe. Die T. versammelt im Anschluss an Freuds Psychoanalyse die psycholog. Systeme, für die der Begriff des Unbewussten von zentraler Bedeutung ist. Mit ihrer »Entdeckung des Unbewussten« desillusionierte die T. das rationale Bewusstsein, was für Freud nach den Theorien von Kopernikus (1473–1543) und Darwin (1809–82) die dritte narzißt. Kränkung der Menschheit darstellte. Die Erforschung des Unbewussten versprach dafür auf der anderen Seite ein neues Verständnis von Bewusstsein, das auch ein erweitertes Verstehen von Kunst, Religion und Kultur mit sich bringen würde. Formuliert wurde das Grundprinzip der T. schon in der Romantik durch den Arzt C. G. Carus (1789–1869) in seinem Buch *Psyche* (1846): »Der Schlüssel zur Erkenntniß vom Wesen des bewußten Seelenlebens liegt in der Region des Unbewußtseins.« Aus der Perspektive der → Europ. Religionsgeschichte führt die T. ein Konzept weiter, das seit der griech. Antike in diversen Weiterentwicklungen als »Tiefe der Seele« die abendländ. Tradition entscheidend geprägt hat (→ Seele). EH

Lit.: C. G. Carus, Psyche. Zur Entwicklungsgeschichte der Seele, 1846, ND 1964. – L. J. Pongratz, Hauptströmumgen der T., 1983. – H. F. Ellenberger, Die Entdeckung des Unbewussten, 1985. – B. Gladigow, »Tiefe der Seele« u. »inner space«. Zur Geschichte eines Topos von Heraklit bis zur Science Fiction, in: J. Assmann (Hg.), Die Erfindung des inneren Menschen. Studien zur religiösen Anthropologie, 1993, 114–32.

Tiele, Cornelis Petrus (1830–1902), niederländ. Religionshistoriker und Theologe. Er gilt als einer der Wegbereiter der → Religionswissenschaft. FE

Lit.: J. Waardenburg, Classical Approaches to the Study of Religion. Aims, Methods and Theories of Research, Bde. 1–2, 1973/74, 96–104.

T'ient'ai → Tiantai.

Tier. (1) Im Laufe der Menschheitsgeschichte ist es üblich geworden, über T. zu verfügen – auch für religiöse Aktivitäten. Religiöse Aussagen über T. bestehen parallel zu nichtreligiösen (→ Evolution). Wie die Grenze zwischen T. und → Mensch gesehen wird, hängt von Weltentstehungsmythen, Heilsbegriffen und Vorstellungen über postmortale Existenz ab: z. B. Konzepte eines Jenseits ohne T., da diese seelenlos seien; die Annahme, Ahnen könnten in T.-Gestalt zurückkommen; oder die buddh. Überlegung, dass im Verlauf unzähliger Wiedergeburten jedes Lebewesen jedem Lebewesen einmal nahe gestanden haben könnte, und es im → saṃsāra nur relative Unterschiede gibt. (2) Tierethik: Gewalttätige Handlungen an T. sind heute Routine, regulierende religiöse Aussagen beziehen sich v. a. auf domestizierte Nutztiere als Ressource. Zum T.-Schutz (Verringern/Vermeiden des von Menschen zugefügten Leides) ist der Artenschutz getreten (Sicherung des existentiellen Überlebens; im Konflikt mit menschlichen Landnutzungsinteressen). Wird T.- und Artenschutz aus dem Konzept eines Schöpfers heraus begründet, tritt die Frage nach Bedürfnissen und Interessen der T. hinter der Frage nach göttlichen Geboten zurück. Darin unterscheidet sich ein theist. fundierter T.-Schutz- vom T.-Rechtsgedanken. Die Unterscheidung zwischen reinen und unreinen T. (→ Reinheit) ist v. a. für Speisevorschriften relevant. Wird das Töten von T. negativ bewertet, kann der Akt unterlassen (Vegetarismus), zur Entlastung in einen religiösen Kontext eingebunden werden (Jagdrituale, rituelle Schlachtung, Opfer), oder ausgegrenzte Bevölkerungsgruppen übernehmen die Tätigkeiten der Schlachter und Gerber. (3) T. mit religiöser Bedeutung: Das Vorkommen von T. in Mythen und Bildersprache beruht auf Eigenschaften, die den T.-Arten aber kulturell unterschiedlich zugeschrieben werden: Der Jaguar lauert als mächtige, unsichtbare Gefahr (Jaguar-Kultfiguren in Mesoamerika). Maus und Erdspinne gehen als Boten in der Erde aus und ein (Mäuse- und Spinnenorakel in Westafrika). Die Verknüpfung zwischen der theriomorphen Vorstellungswelt (→ Deutungsmuster) und dem realen T. kann eng oder lose sein. Üblich sind auch Übergänge zu Phantasie- (Drache) oder Mischwesen (aus mehreren T.: die altägypt. Totenfresserin, → tiergestaltige Götter; aus T. und Mensch: die Göttin Mami Wata mit Fischschwanz, Engel mit Flügeln, Muḥammads Reittier Burak). Innerreligiöse Aussagen zu derselben Figur können sich auf dem breiten Spektrum zwischen permanenter bzw. vorübergehender T.-Gestalt in Mythen oder Visionen und bloßer Symbolfunktion bewegen.

Die Bezeichnung hl. T. kann einer Spezies (Rinder), einer Population (Affen in einem Park) oder einem Individuum (Tempelelefant) gelten. Selbst in Gesellschaften, in denen die T.-Welt verdrängt oder versteckt (intensive Nutztierhaltung) ist, können bestimmte Arten zum hl. T. aufsteigen, etwa wenn sie als hochintelligent und kommunikationsfreudig gelten und zudem vom Aussterben bedroht sind. Ihr Sonderstatus wird in folgendem Anzeigentext mit dem Reinkarnationsgedanken verknüpft: »When you come back as a whale you'll be bloody glad you put Greenpeace in your will.« KH

Lit.: P. Høeg, Die Frau und der Affe. Roman, 1996. – P. Münch/R. Walz (Hg.), T. u. Menschen. Geschichte u. Aktualität eines prekären Verhältnisses, 1998. – P. Dinzelbacher (Hg.), Mensch u. T. in der Geschichte Europas, 2000. – Stiftung Dt. Hygiene-Museum (Hg.), Mensch u. T. Eine paradoxe Beziehung, 2002. – M. Giebel, T. in der Antike. Von Fabelwesen, Opfer-T. u. treuen Begleitern, 2003.

Tiergestaltige Götter gelten als bes. charakterist. für die Götterwelt Altägyptens. Diese moderne Einschätzung wurde maßgeblich durch die antiken Autoren geprägt, die bei ihren Ägyptenreisen den gerade in der Spätzeit (715–332 v. Chr.) bes. lebendigen Tierkult mit Verwunderung wahrgenommen hatten. Seit der Spätzeit wurden nicht nur einzelne → Tiere, sondern ganze Tiergattungen als Abbilder der Götter verehrt und mumifiziert. Da die Griechen und Römer von der Identität ihrer Götter mit den ägypt. überzeugt waren, wirkte die Tiergestalt der ägypt. Götter und die Verehrung hl. Tiere umso befremdlicher auf sie. Die Befremdung über »hundsköpfige Götter« (Goethe) wirkte in Europa lange nach. Tatsächlich sind Tierbestattungen schon für die prädynast. Zeit nachgewiesen. Von Anfang an schätzte man in Ägypten die menschliche Möglichkeiten übersteigenden Fähigkeiten der Tiere hoch ein, eine Verbindung zu den Göttern herzustellen, die sonst erst nach dem Tod direkt erfahren werden konnten. Im Prinzip dienten Tiere in der → altägypt. Religion dazu, das Wesen der Götter zu veranschaulichen. Bei der typischen Mischgestalt von Menschenleib und Tierkopf ist der Kopf als Attribut des Gottes zu lesen, dabei verdeckt eine Perücke den Übergang von der Menschen- zur Tiergestalt. In extremen Fällen kann ein ganzes Tier wie der Chepri-Käfer anstelle des Kopfes gesetzt werden. Auch in vollständiger Tiergestalt werden die Götter dargestellt. Die Ägypter glaubten allerdings nicht, dass ihre Götter wirklich Tiergestalt besäßen, sondern ihre wahre Gestalt galt als »geheimnisvoll« und »verborgen«. Nur vorübergehend halte das Göttliche Einzug in Kultbilder und hl. Tiere. EH

Lit.: K. A. D. Smelik/E. A. Hemelrijk, »Who Knows not Monsters demented Egypt Worships?« Opinions on Egyptian Animal Worship in Antiquity as Part of the

Ancient Conception of Egypt, in: ANRW II.17,4, 1984, 1852–2000.

Tierkult. Die Einbeziehung von Tieren in → Kulte kann auf unterschiedlichen Ebenen stattfinden: (a) Das Tier fungiert als Objekt der Verehrung, repräsentiert eine Gottheit oder religiös bedeutsame Eigenschaften (→ tiergestaltige Götter Ägyptens). Dies erfordert nicht unbedingt physische Präsenz; bildliche Darstellung, ein Schauspiel (eventuell mit → Maske) oder bloße Anrufung (→ Agnus Dei) kann genügen. (b) Das Tier als (unfreiwilliger) Akteur im Kultgeschehen, dessen Verhalten oder bloße Anwesenheit religiös gedeutet wird. (c) Das Tier als Kultmaterie. Es wird im Verlauf der Kulthandlung getötet und/oder verzehrt bzw. als Gabe beim → Opfer deponiert. Alle Varianten können eine Orakelfunktion einschließen (→ Divination). KH

Tīkā (von sanskr. ṭīkā, tilaka = Zeichen, auch puṇḍra genannt), im Hinduismus Körper-, meist Stirnmale, mit denen die Sekten- oder Kastenzugehörigkeit bzw. bei Frauen der Ehestatus angezeigt wird. Shivait. Zeichen sind meist waagerecht, vishnuit. senkrecht. T. werden in der Regel mit weißem, rotem oder gelbem Farbpulver aufgetragen, nicht selten auch mit Asche. AM

Tikkun (hebr. tiqqūn = Restitution), zentraler, zugleich komplexer Begriff der lurian. → Kabbala, der die Heilung der kosmischen Verhältnisse nach dem »Bruch der Gefäße« bezeichnet. Der seit Anbeginn festgelegte Prozess des T. verläuft sowohl in der Gottheit selbst als auch in Israel, das durch Beendigung der innerseel. und äußeren Exilssituation die kommende Heilszeit vorbereitet. Der Begriff des T. spielte – als »restitutio« – auch in der christl. Kabbala eine große Rolle (Knorr von Rosenroth, G. Postel u. a.) und beeinflusste die Philosophie des 19. Jh.s (Schelling, Hegel). → Heil/Leid. KVS

Tillich, Paul (1886–1965), in die USA emigrierter dt. protestant. Theologe und Philosoph mit den Schwerpunkten Kulturphilosophie, -theologie und Religionsphilosophie. Beeinflusst durch Formen des »objektiven Idealismus« bes. → Schellings nahm T. zwar die Intentionen der »Dialekt. Theologie« → Barths u. a. auf, versuchte aber, die Wahrheitsmomente der »liberalen Theologie« zu retten. So verband er eigenständig Anregungen z. B. der Existenzphilosophie, Psychoanalyse und des (»religiösen«) → Sozialismus. Red

W.: GW (hg. von R. Albrecht u. a.), Bd. 1–14, 1959–90, Erg. u. Nachlass Bd. 1–14, 1971–2005.
Lit.: F. W. Graf, Old Harmony? Paul Tillichs Theologie der Allversöhnung, in: H. Lehmann/O. G. Oexle (Hg.), Nationalsozialismus in den Kulturwissenschaften 2, 2004, 375–415.

Timotheos I. (728–823), Katholikos der → Assyr. Kirche des Ostens. Durch Kontakte zu den ʿAbbāsiden (Dialog mit dem Kalifen Mahdī) verschaffte T. seiner Kirche Privilegien und förderte die Missionstätigkeit bis Zentralasien, Indien und China. Seine rund 200 Briefe behandeln v. a. philosoph., biblische und kirchenrechtliche Themen. MH

Lit.: A. Mingana, The Apology of Timothy the Patriarch before Caliph Mahdi, in: Bulletin of the John Rylands Library 2 (1928), 137–226 [= ND in: N. A. Newman (Hg.), The Early Christian-Muslim Dialogue, 1993, 163–268]. – R. J. Bidawid, Les lettres du patriarche T., 1953.

Tīrtha (sanskr. = Furt, hl. Ort). (a) Oft in Lobpreisungstexten (→ Māhātmya) erwähnte hinduist. → Hl. Orte, zu denen → Wallfahrten veranstaltet werden (tīrthayātrā); (b) Namenstitel für Heilige. → Raum. AM

Lit.: A. Morinis, Pilgrimage in the Hindu Tradition, 1984. – A. Michaels, T. – Orte der Transzendenz, in: G. Oberhammer/M. Schmücker (Hg.), Mythisierung der Transzendenz als Entwurf ihrer Erfahrung, 2003, 349–80.

Tīrthamkara (sanskr. Tīrthaṅkara = Furtbereiter), nach der Lehre des → Jainismus allwissende Heilskünder, die auftreten, wenn das ohne jegliche Unterbrechung sich drehende Zeitrad die Welt in einen Zustand geführt hat, der die Menschen fähig und bereit macht, ihr Streben auf die Erlösung der Seele von ewiger Wiedergeburt zu richten. Die T. offenbaren jeweils aufs Neue die Lehre des Jainismus, die den Menschen, so er dem aufgezeigten Weg konsequent folgt, zur Erlösung führen wird. Es sind 24 an der Zahl, deren (vorerst) letzter (→ Vardhamāna) → Mahāvīra ist. TO

Tirumāl (tamil. = der hl. Dunkle), ursprünglich alttamil. Hirtengott, dann verschmolzen mit dem hinduist. → Vishnu und insbes. → Krishna. TL

Titanen (griech. titánes), vorolymp. Göttergeschlecht. Nachdem der T. Kronos von seinem

Sohn Zeus gestürzt worden ist, versucht er, diesen mithilfe der anderen T., feuerspeienden Riesen, wieder zu stürzen. Erst nach langem Kampf gelingt es Zeus, sie zu besiegen und in Sizilien unter Bergen einzusperren, nicht aber sie zu vernichten, denn sie speien weiter Feuer als Vulkane. CA

Lit.: J. Bremmer, Remember the Titans!, in: C. Auffarth/L. Stuckenbruck (Hg.), The Fall of the Angels, 2004, 35–61.

Tobitbuch, etwa im 2. Jh. v. Chr. in der Diaspora entstandener außerkanon. jüd. Text, den antiken Hoferzählungen verwandt, mit liturg. (Tobit 8,5ff.) und magischen Inhaltsstücken versetzt. KVS

Lit.: P. Deselaers, Das Buch Tobit, 1982. – M. Rabenau, Studien zum Buch Tobit, 1994.

Tod. I. Allgemein. (1) Ende der physischen Existenz eines Lebewesens (→ Körper), das in den unterschiedlichen Religionen jedoch nicht als Ende des (individuellen) → Lebens verstanden werden muss. Möglich ist auch eine Deutung als Übergang oder Umwandlung des ganzen Menschen, eines unwandelbaren Wesenskerns (→ ātman, → Seele), der vom Individuum gelösten Lebenskräfte oder eines geistigen Zeugungsimpulses (→ Buddhismus) zu einem neuen gesteigerten, gleichbleibenden oder geminderten Seinszustand, der – der jeweiligen Kosmologie entsprechend – sowohl innerhalb als auch außerhalb des menschlichen physischen und sozialen Lebensraums lokalisiert sein kann (→ Ahnenverehrung, → Jenseits, → Raum). Vorstellungen einer kompletten Auslöschung des Individuums nach dem T. kommen nur sehr eingeschränkt vor. Dies gilt oft auch für → Tiere und Pflanzen (→ Hinduismus, → Buddhismus), obwohl diese aus religiöser Sicht gegenüber dem Menschen häufig als mindere Existenzformen verstanden werden, etwa in Bezug auf die Erlösungsfähigkeit. Ausgangspunkt der religiösen Thematisierung von T. ist also meist der – oft paradigmat. männliche – Mensch. (2) Der Umgang mit dem T. berührt unmittelbar den Kern, wenn nicht die Ursprünge der verschiedenen Religionen, und die Antworten variieren je nach Epoche, Kultur und Religion. Sie prägen die Auffassung davon, was die Essenz des (Menschen-)Lebens sei, welchem durch die Jenseitserwartung ein höherer oder überhaupt erst ein Sinn verliehen wird, und können so sinnstiftend und regulierend auf das diesseitige Leben wirken. Vor diesem Hintergrund werden in den → Eschatologien und → Soteriologien der Religionen Modelle entworfen zur Überwindung der Welt und zur Erlangung einer höchsten Seinsform, die als Nähe zu oder Einheit mit Gott oder dem Göttlichen erscheint oder aber als das Eingehen in ein höchstes Prinzip unter Aufgabe der individuellen Existenz (→ brahman, → moksha, → nirvāna).

II. Systemat. Fragestellungen. Mit den Vorstellungen vom T. verbinden sich bestimmte Fragekonstellationen; ausgehend von der Frage, welchen Stellenwert der T. in der jeweiligen Religion einnimmt, müssen die folgenden Fragen unterschiedlich beantwortet werden: (a) In welcher Art wird das Leben durch den T. verwandelt, und wo ist der Aufenthalt nach dem T. lokalisiert (→ Himmel, → Hölle, → Reinkarnation etc.)? (b) Wer oder was lebt weiter? (c) Welchen Stellenwert haben T. und Jenseits im Hinblick auf das Heilsziel der jeweiligen Religion?

III. Histor. Ausformungen. (1) Der T. wird in den Mythen verschiedenster Völker überwiegend negativ gewertet: er gilt als etwas Unnatürliches, eine verhängnisvolle Urkatastrophe, die über die Menschen selbstverschuldet durch Ungehorsam gegenüber Gott (Adam und Eva), durch Nachlässigkeit oder unverschuldet als Betrug eifersüchtiger Götter hereingebrochen ist. Auch in vielen schriftlosen Kulturen gilt der T. als unnatürlich: Er wird von Feinden durch Magie hervorgerufen, der Mensch ist eigentl. unsterblich (→ Unsterblichkeit). Im frühen Judentum wurde der T. als Gottesferne gedeutet: Gott ist Leben, und mit dem T. und dem Eintritt in die Unterwelt (→ Scheol) wird Trennung von Gott und den Lebenden erfahren. Diese Vorstellung wandelte sich später zugunsten eines Auferstehungsglaubens. Im Christentum steht die Überwindung des T. durch die mit dem Kreuzigungsgeschehen einhergehende Auferstehungshoffnung im Mittelpunkt. Im Hinduismus und Buddhismus ist es weniger der einzelne T. als das sich stetig wiederholende Zurückkehren in eine neue Wiedergeburt, das es zu überwinden gilt. (2) Für viele Naturreligionen verbindet sich mit dem → Jenseits keine Hoffnung auf eine gesteigerte Daseinsform, sondern die Existenz wird äquivalent in einer Parallelwelt fortgesetzt, allerdings leicht und frei von materiellen Nöten. Häufig setzen sich die diesseitigen gesellschaftlichen Verhältnisse in diesen Vorstellungen fort, oder es leben sogar nur die sozial Höhergestellten weiter. Auf solchen Voraussetzungen beruhen auch Bestattungspraktiken, bei denen ein Herrscher einen Teil seines Gefolges mit in das → Grab nimmt. In der griech. Antike, aber auch in frühen jüd. Vorstellungen wird eine im Vergleich zum diesseitigen Leben herabgeminderte Existenz als Schattenwesen in einer Unterwelt (Hades, → Scheol) angenommen. Die Fortexistenz der Toten kann sich auch in der diesseitigen natürlichen Umgebung vollziehen: Der Verstorbene lebt nach naturreligiösen Auffassungen in Bäumen oder Tieren weiter oder aber steigt wie in alten indischen Vorstellungen als Rauch zum Mond hinauf und kommt von dort als Regen wieder herunter (→ Reinkarnation). Das Leben findet seinen Fortgang als natürliche Metamorphose, wie sie auch in der nichtmenschlichen Natur im beständigen Wechsel von Leben und Sterben zu finden ist. In solchen Vorstellungen sind die ersten Stufen der u. a. in Griechenland und Indien entwickelten Seelenwanderungslehre zu finden, die sich in Indien mit dem karma-Gesetz, der ethischen Vergeltung der irdischen guten und schlechten Taten im nächsten Leben, verbanden. (3) Darüber, wer oder was vom Menschen wandert oder gewandelt wird, herrschen in den Religionen sehr unterschiedliche Vorstellungen. (a) Im Judentum, Christentum und Islam wird angenommen, dass vor einem Endgericht der ganze Mensch mit Leib und Seele aufersteht, bevor er in die → Hölle oder in den → Himmel, in das → Paradies gelangt. Daneben gibt es aber in Judentum und Christentum auch die auf der platon. Unterscheidung von Leib und Seele beruhende Vorstellung einer unsterblichen Seele. (b) Auch nach hinduist. Vorstellungen lebt ein unwandelbarer Wesenskern durch verschiedene Reinkarnationen fort; er ist aber nicht gänzlich körperlos, sondern bis zu seiner endgültigen Erlösung von einem feinmateriellen Körper umhüllt. (c) Die Seele gilt nicht überall als Einheit, so kennt z. B. die → altägypt. Religion verschiedene seelische Konstituenten wie → Ka und → Ba. Auch ohne Seelenvorstellung können Muster von Fortdauer angenommen werden, etwa im Rigveda (→ Ved. Literatur): Dort wird dargelegt, wie die Tätigkeiten der Sinnesorgane in die ihnen zugehörigen Sphären oder Elemente eingehen. Die möglicherweise auf solche Vorstellungen zurückgehenden Lehren des frühen Buddhismus nehmen einen aus den guten und schlechten Taten, Worten und Gedanken des vorangegangenen Lebens generierten geistigen Zeugungsimpuls an, der ein neues Leben hervorruft. (4) Die Vergeltung der diesseitigen Taten nach dem T. hat in allen Weltreligionen einen zentralen Stellenwert: die Verstorbenen müssen sich vor einem → Gericht für ihre Taten im hiesigen Leben verantworten und geraten dann an einen entsprechenden Aufenthaltsort, der ewig sein kann: Himmel oder Hölle. Im Alten Ägypten drohte den schlechten Menschen die völlige Vernichtung, wenn ihre Seele bei der Abwägung der guten Taten vor dem Totengericht für zu leicht befunden wurde. Der jenseitige Aufenthaltsort steht schließlich in Beziehung mit dem Heilsziel der Religionen, das entweder als geschichtlich oder als erst im Jenseits erreichbar gedacht wird oder in einer abschließenden Neugestaltung der Welt besteht. Im Islam erwartet den Toten nach dem Totengericht entweder das Paradies oder ein ewiges Verbrennen in der Hölle. Im Judentum verbindet sich die Erwartung der messian. Erlösung mit der Auferstehung der Toten vor dem Endgericht. Im Christentum ist mit den Vorstellungen vom Endgericht die → Parusie verbunden. Der T. nimmt selbst einen zentralen Stellenwert ein: Die Erlösung der Menschen ist erst durch die Menschwerdung und den stellvertretenden Sühne-T. Christi möglich. Die positive Bewertung des T. führte im Christentum des Mittelalters zu einem gesteigerten T.-Bewusstsein, das Ausdruck in der Ars Moriendi, der Kunst des Sterbens, fand. (5) Im Buddhismus und Hinduismus stellt sich das Problem von einer anderen Warte: Durch die Annahme der → Reinkarnation und des immer wiederkehrenden Kreislaufs von Geburt und T., der auch die Bereiche von Himmeln und Höllen einschließt (→ samsāra), verbindet sich die Hoffnung auf die endliche Erlösung nicht mit einer nachtodlichen Existenz, sondern mit einem Bereich außerhalb von Leben und T., → moksha bzw. → nirvāna. In der im frühen Buddhismus immer wieder bestrittenen Identität zwischen der »Existenzformation« des einen und der des dadurch angestoßenen folgenden Lebens tritt in verschärfter Weise ein bes. Problem der Wiedergeburtslehre hervor: Wie kann jemand, der nicht ident. ist mit seiner vorherigen Existenz, für deren Taten verantwortlich gemacht werden? Das Problem der Entstehung und Existenz des Bösen in der Welt und der Verantwortung Gottes und des Menschen für das Böse (→ Theodizee) ist so auch in anderen als den monotheistischen Religionen eng mit dem T. verbunden.

IV. Sterben, T. und Gesellschaft. (1) Neben den heilsbezogenen T.-Vorstellungen steht die auf der kollektiven, sozialen Ebene angesiedelte rituelle T.-Bewältigung. In allen Kulturen begegnet die Vorstellung, dass das Schicksal eines Toten von seinen Nachkommen abhängt; ohne das Ritual können die Verstorbenen den Weg ins Jenseits nicht finden und bleiben so als Gespenster oder Plagegeister in der Umgebung der Lebenden (→ Vodou). Bes. mit vorzeitig oder eines gewaltsamen T. gestorbenen Menschen verbinden sich Ängste vor einer Rückkehr: diese Toten, die an der Vollendung ihres Lebens gehindert wurden, haben eine große ordnungsstörende Macht und müssen rituell auch bes. bedacht werden, damit sie die Hinterbliebenen nicht verfolgen. Im Ritual kann auch der T. eines Menschen, z. B. eines → Asketen, vorgezogen werden, ohne dass er physisch eintritt: Der rituell Gestorbene, der damit auch sozial tot ist, lebt außerhalb oder am Rande der menschlichen Gesellschaft, sein physischer T. wird später nicht mehr ausführlich rituell begleitet. Die T.-Riten deuten vielfach durch Geburtssymbolik auf die Transformation des Gestorbenen zu neuem Leben hin; umgekehrt findet die T.-Symbolik ihre Verwendung auch in vielen Übergangsritualen (→ rites de passage): der Initiand muss rituell sterben, bevor er neu geboren in seinen neuen Status eintreten kann. Die Verbindung zwischen T. und Leben wirkt oft auch in der symbol. Verbindung von T. und → Sexualität zusammen: wo der T. ist, ist das Leben, und wo gestorben wird, entsteht auch neues Leben. (2) Die Vorstellung einer totalen Auslöschung ist in den verschiedenen Religionen selten. Mitunter wird das buddh. → nirvāna als ein Nihilismus fehlinterpretiert, der in eine solche vollständige Vernichtung mündet. Das aber beruht auf einem Missverständnis der buddh. → anātman-Lehre, in der keine individuelle Seele anerkannt wird, diese also mangels Existenz auch nicht aufhören kann zu existieren. Die Vorstellung der Annihilation gibt es jedoch auch, etwa im Alten Ägypten (s. o.) oder mittelbar ausgedrückt in den Bestattungsvorschriften der kath. Kirche, die bis 1963 eine Verbrennung verboten, da damit der Leib vernichtet würde, der doch zur Auferstehung gelangen soll. Im Zusammenhang mit der Organspendendebatte wurde allerdings 1990 in einer gemeinsam von der EKD (Evang. Kirche Deutschlands) und der DBK (Dt. Bischofskonferenz) verfassten Erklärung festgehalten, dass der menschliche Leib nicht unversehrt sein muss, um zur Auferstehung zu gelangen, sondern dass die Auferstehungshoffnung allein auf Gott gründet, der aus dem T. zu neuem Leben erwecken kann. So sind die Religionen im Zusammenhang der immer weiter fortschreitenden medizin. Möglichkeiten dazu herausgefordert, die Grenzen zwischen Leben und T. in Auseinandersetzung mit dem naturwissenschaftlichen Weltbild neu zu überdenken. Die in modernen Gesellschaften vielfach dominierende naturwissenschaftliche Weltsicht, die eine Fortexistenz des individuellen Lebens nach dem T. negiert, steht häufig in einem starken Spannungsverhältnis zu religiösen → Deutungsmustern. Vielfach werden in modernen Gesellschaften T., Sterben und Alter verdrängt, und Lebensentwürfe orientieren sich an jungen Menschen. In krassem Gegensatz zu den fehlenden Leitbildern für das → Alter steht die demograph. Entwicklung in den Industrienationen: immer mehr Menschen werden immer älter. JBU

Lit.: R. Hertz, Death and the Right Hand, 1960. – P. Ariès, L'homme devant la mort, 1977 (dt.: Geschichte des T., 1982). – H.-J. Klimkeit (Hg.), T. u. Jenseits im Glauben der Völker, 1978. – G. Stephenson (Hg.), Leben u. T. in den Religionen. Symbol u. Wirklichkeit, 1980. – G. Oberhammer (Hg.), Im T. gewinnt der Mensch sein Selbst. Das Phänomen des T. in asiat. u. abendländ. Religionstraditionen, 1995. – C. von Barloewen (Hg.), Der T. in den Weltkulturen u. Weltreligionen, 2000. – J. Assmann, T. u. Jenseits im Alten Ägypten, 2001. – J. Assmann/R. Trauzettel (Hg.), T., Jenseits u. Identität, 2002. – N. Gutschow/A. Michaels, Handling Death, 2005.

Todesstrafe. Durch Verurteilung zum Tode und Vollstreckung der T. nimmt eine strafrechtlich legitimierte Staatsgewalt oder kollektive Gewalt einem Menschen das Recht auf Leben, das die Allgemeine Erklärung der → Menschenrechte, Art. 3 (1948) jedem Menschen zuspricht. Im 20. Jh. haben sich die meisten Staaten der Welt durch internationale Verträge zur Abschaffung der T. verpflichtet. In einigen Ländern bleibt sie für Völkermord, Verbrechen gegen die

Menschlichkeit u. a. Schwerstverbrechen in Kraft. In den Religionen drohen übernatürliche Instanzen und religionsrechtliche Normen vielfach mit der T., wenn sakral legitimierte Grundlagen der Wir-Gruppe verletzt werden. Die T. wird auch als übernatürliche Sanktion vorgestellt. Menschen- und völkerrechtliche Delegitimationen der T. konfrontieren religiöse Morallehren und Staatsreligionsrechtstheorien mit dem internationalen Menschenrechtsdiskursniveau. → Religionsrecht. HS

Lit.: T. v. Trotha (Hg.), Soziologie der Gewalt, 1997. – E. Fairchild/H. R. Dammer, Comparative Criminal Justice Systems, 2001. – R. J. Evans, Rituale der Vergeltung, 2001.

Tötung, die gewaltsame Beendigung des Lebens eines Lebewesens. Die T. von Menschen, z. T. auch von Tieren, ist in den meisten Religionen prinzipiell verboten; sie kann aber im speziellen Rahmen einer Opferhandlung, für spezielle Berufsgruppen (Jäger, Soldaten/Krieger) oder als jurist. Strafmaßnahme (→ Todesstrafe) auch geboten, zumindest aber religiös legitimiert sein. → ahimsā, → Opfer, → Ritual, → Tod. JBU

Toharot (hebr. Ṭoharōt = Reinheiten), eine der sechs Ordnungen der → Mischna. KVS

Tohuwabohu (hebr. tohū wā-bohū, Gen 1,2), meist als »Wüste und Leere« übersetzt, doch Tohu und Bohu sind Fremdwörter, die eventuell auch mythische Wesen oder Dämonen bezeichneten. → Altes Testament, → Apokryphen, → Chaos. KVS

Toleranz (von lat. tolerantia = Duldung). Graf Mirabeau bezeichnete in der franz. Nationalversammlung 1789 das Wort T. als in gewissem Sinne tyrannisch. Es impliziere eine gewährende, einschränkende, Gedankenfreiheit beeinträchtigende Macht. Die UNESCO versteht unter T. die minimale Qualität sozialer Beziehungen (→ Gesellschaft), die auf Gewalt und Zwang verzichten. Ein Problem ist u. a. die Duldung dessen, worauf kein Rechtsanspruch besteht. → Religionsfreiheit ist heute ein verfassungsrechtliches und soziales Problem, das konsequente Trennung von Staat und Religion und die Akzeptanz auch des religiösen Pluralismus erfordert. Wert-, Macht-, Interessen- und Motivations-Differenzen führen je nach Mehrheits- oder Minderheitsposition der Religion zu unterschiedlicher T.-Praxis und religiöser T.-Ideologie. Alle Religionen haben prinzipielle Schwierigkeiten mit T.-Vorstellungen und T.-Praxis, weil sie die jeweils eigenen unterschiedlich definierten Wir-Gruppen tendenziell auf Kosten anderer ritualsymbol. privilegieren. Die heterogene religiöse Vielfalt des Weltchristentums lässt sich mit dem menschenrechtlich fundierten T.-Konzept nicht in nähere Verbindung bringen. Religiöse Strömungen und Bewegungen innerhalb der Weltreligionen konnten und können nur innerhalb bestimmter Grenzen von den T.-Diskursen der europ. → Aufklärung profitieren. HS

Lit.: E. Barker/J. A. Beckford u. a. (Hg.), Secularization, Rationalism and Sectarianism, 1993. – S. Hoeber Rudolph/J. Piscatori (Hg.), Transnational Religion and Fading States, 1997. – K. Schreiner, Art. »T.«, in: GGB 6, 1997, 445–605. – R. Forst, T. im Konflikt, 2003.

Tophet, Stelen- und Urnenbezirk mit Kinderbestattungen im phönik. (9.–6. Jh. v. Chr.) und punischen (4. Jh. v. Chr. – 2. Jh. n. Chr.) Bereich. Umstritten sind Umfang und Zweck der Kinderopfer: Ausnahme in Notzeiten, Maßnahme zur Bevölkerungsregulierung, lediglich Bestattung von totgeborenen oder verstorbenen Kleinkindern. Vollkommen leugnen lassen sich Kinderopfer neben Tieropfern (mulk-Opfer) bei → Phönikiern und Puniern zwar nicht, doch lässt sich kein Gott Molech nachweisen, dem Kinderopfer dargebracht werden mussten, wie das in der Polemik in Israel hervorgehoben wird (→ Moloch). MH

Lit.: H. P. Roschinski, Punische Inschriften zum MLK-Opfer u. seinem Ersatz, in: TUAT 2/4, 1988, 606–20. – S. Brown, Late Carthaginian Child Sacrifice, 1991. – E. Díes Cusí, Architecture funéraire, in: V. Krings (Hg.), La civilisation phénicienne et punique, 1995, 411–25.

Topos → Ort.

Torah (hebr. tōrā = Weisung), im Judentum die am Sinai ergangene göttliche Offenbarung an Israel. Die schlichte Gleichsetzung von T. und → Pentateuch ist irreführend, da der Begriff T. schon vor der Kanonisierung (→ Kanon) der → Bibel üblich war und die T., wie die Texte aus → Qumran (bes. die → Tempelrolle) zeigen, auch aus anderen Offenbarungsquellen stammen konnte. Ähnlich ist auch das rabbin. Konzept der → mündlichen T. zu verstehen, nämlich als kontinuierlicher Fortgang der Offenbarung von T. KVS

Lit.: W. G. Plaut (Hg.), The T. A Modern Commentary, 1981 (dt. 1999). – J. Neusner, T. From Scroll to Symbol in Formative Judaism, 1985. – E. Munk, The Call of the T. An Anthology of Interpretation and Commentary on the Five Books of Moses, 5 Bde., 1992–1995. – A. Fitzpatrick-McKinley, The Transformation of T. from Scribal Advice to Law, 1999. – J. Neusner, The Perfect T., 2003.

Torma (tibet. gtor-ma), Opfergaben an Gottheiten in zumeist konischer Form, u. a. aus Reis, Butter und Tsampa (geröstetes Gerstenmehl mit Buttertee vermischt) hergestellt. KKP

Tosafisten (von hebr. jāsap = hinzufügen), Ergänzer (nämlich der Talmud-Kommentare des → Raschi), wirkten im 12. und 13. Jh. n. Chr. in Deutschland und Frankreich. Ihre Bemerkungen dienten der Aktualisierung der Lehre und der Behebung von Widersprüchen im überlieferten Text. In den meisten Ausgaben des Babylon. → Talmuds werden sie am Außenrand abgedruckt. KVS

Tosefta (aramäisch tōsæptā᾿ = Ergänzung), allgemein die »Hinzufügung« zusätzlicher Lehren der → Halacha zur → Mischna. Im Aufbau entspricht die T. der Mischna, der Umfang ist etwa viermal so groß wie der der Mischna, wobei auch außermischnaische Stoffe aufgenommen wurden. Die (vorläufige) Endredaktion der T. dürfte um 400 n. Chr. in Palästina erfolgt sein. KVS

Ü.: G. Kittel/K. H. Rengstorf, 1953ff. (dt.). – J. Neusner, 1977–81 (engl.).
Lit.: G. Stemberger, Einl. in Talmud u. Midrasch, 1992.

Totem/Totemismus (aus der Sprache der nordamerikan. Ojibwa-Indianer ototeman = mütterlicherseits verwandt). Angeregt durch McLennan (1869/70) glaubte die frühe Religionsforschung im Totemismus eine geschlossene Weltanschauung zu erkennen, in der sich angeblich Speiseverbote, Exogamie-Regeln (→ Verwandtschaft), → Ahnenkult und → Matriarchat (ersatzweise → Patriarchat) zusammenfügten (→ Frazer). Bereits 1910 von Goldenweiser kritisiert, entlarvte → Lévi-Strauss 1962 die behauptete totemist. Weltsicht endgültig als ein phantasievolles Konstrukt des 19. Jh.s. PJB

Lit.: J. McLennan, The Worship of Animals and Plants, in: The Fortnightly Review 6 (1869/70), 407–27, 562–82; 7 (1869/70), 194–216. – A. A. Goldenweiser, Totemism, an Analytical Study, in: Journal of American Folklore 23 (1910), 179–293. – C. Lévi-Strauss, Le totémisme aujourd'hui, 1962.

Totenbuch. Das Interesse an und Bedürfnis nach einem Reiseführer für die jenseitige Welt wird in manchen Religionen, die das Jenseits hervorheben, durch eine Beschreibung befriedigt. Das altägypt. → T. zeigt die Wege und Fehlwege ins Leben nach dem Tod. Im alten Griechenland nahm die Gruppe der → Orphiker die Kenntnis des Jenseits für sich in Anspruch. Das T. der → Maya beschreibt den Mythos um den Gott Quetzalcoatl. Das tibet. T. → Bardo thödol wird während des Sterbens und der Versorgung der Leiche rituell vorgelesen. Das sog. islam. T. ist wohl spätmittelalterlich, bekannt aber erst als moderne Zusammenstellung von Hadithen (→ ḥadīṯ), die um 1900 aus dem bes. Interesse an einer Religion des Todes veröffentlicht wurde. Ganz anderer Art ist das T. (Necrologium; liber vitae) der Mönche des europ. Mittelalters, das die Namen der Verstorbenen aufzeichnet und sie so als Mitgliederliste des Reiches Gottes bewahrt. → Memoria. CA

Texte: F. Freemantle (Hg.), Das T. der Tibeter, 1975. – E. Hornung, Das T. der Ägypter, 1979. – P. Arnold, Das T. der Maya, 1980. – Abd ar-Rahim al Qadi, Das T. des Islam, 1981.
Lit.: W. Y. Evans-Wentz, Das tibetanische T. oder Die Nach-Tod-Erfahrungen auf der Bardo-Stufe, 1953, ND 1960. – E. Rossiter, Die ägypt. Totenbücher (Abbildungen), 1979. – G. Lanczkowski, Die Religionen der Azteken, Maya und Inka, 1989. – K. Koch, Geschichte der ägypt. Religion, 1993, 396–416. – S. Grof, Totenbücher, 1994.

Totenbuch, altägyptisches (Originaltitel: »Buch [oder: Sprüche] vom Herausgehen am Tage«), Sammlung von etwa 200 Sprüchen, die sich im Lauf des Neuen Reiches (1570 bis um 1000 v. Chr.) in zahlreichen Exemplaren als Papyri, aber auch auf Grabwänden in Gräbern von Privatpersonen verbreiteten; sie diente v. a. der Versorgung bzw. der Sicherung des Toten. Mehr als die Hälfte der T.-Sprüche geht auf die früheren → Pyramiden- oder Sargtexte zurück. Im Gegensatz zu den zeitgleichen königlichen Unterweltsbüchern geht es nicht um eine Beschreibung der Nachtfahrt des Sonnengottes in der Unterwelt, sondern um praktische und magische Hilfe im → Jenseits. Jeder der metrisch geformten T.-Sprüche besitzt einen Zwecktitel, der sich in roter Farbe (Rubrum) vom schwarz geschriebenen Text abhebt. Ergänzt wird die Textaussage durch eine Vignette. Die Idee eines allgemeinen Totengerichts spielt eine zentrale Rolle (Spruch 125): In der Vignette wird vor →

Osiris als Totenrichter das Herz des Toten gegen die Maatfeder aufgewogen, → Thot notiert das Ergebnis. Die Mischgestalt der Fresserin wartet neben der Waage auf die »Verdammten«. Spruch 17 identifiziert den Toten mit dem »Allherrn« Atum und enthält in nuce den gesamten Inhalt des T. Vergangenheit und Tod werden mit Osiris, Zukunft und Leben mit → Re gleichgesetzt. In der immer wieder aufgehenden → Sonne lag eine der großen Jenseitshoffnungen der Toten: Sie soll die Finsternis des Totenreiches erhellen; die Millionen Toten begleiten die Fahrt des Re in der Sonnenbarke. Aber das altägypt. Jenseits hat auch paradies. Züge; im »Binsengefilde« (Spruch 110) oder von der Baumgöttin (Spruch 59) erhalten die Toten alles, was sie an Versorgung und Belebung benötigen. → Altägypt. Religion. EH

Lit.: E. Hornung, Das T. der Ägypter, 1979. – E. Hermsen, »Die Reise der Seele nach dem Tod« – Zur Rezeption des altägypt. T. in Europa, in: Discussions in Egyptology 55 (2003), 37–50.

Totenkult, bezeichnet in Abgrenzung zur → Ahnenverehrung die für einen und an einem aktuell Verstorbenen vollzogenen Rituale und Bräuche inklusive der Bestattung. Diese bestehen in vielen Kulturen, je nach Stellenwert des → Todes, in einer Mischung aus Versorgung und Abwehr: Der Tote muss aus der Welt der Lebenden rituell ausgegliedert und sicher – auch gegen die eventuelle Rückkehr – in das → Jenseits geleitet werden. In modernen Gesellschaften gelten diese Rituale meist nur noch als Ausdruck der Pietät gegenüber dem Toten. Eine bes. Ausprägung hat der T. in der → altägypt. Religion erfahren. → Grab, → Leiche, → Tod, → Trauer. JBU

Lit.: → Ahnenverehrung, → Tod.

Tradition (von lat. traditio = Übergabe, Überlieferung).

I. Allgemein. (1) T. wird verstanden (a) als Überlieferung, Weitergabe von Kulturtechniken, Einstellungen, Handlungs- und Urteilsmustern und → Wissen über menschliche Generationen hinweg (Tradieren); (b) als »Überliefertes« (tradita: einzelne Handlungs-, Denk- oder Glaubensformen); (c) als Bezeichnung für komplexe, variable Systeme innerhalb von → Kulturen (z. B. »die religiösen T. Indiens«) und (d) häufig positiv oder negativ wertend: als autoritative Kategorie des »Überkommenen« oder »wie es immer schon war«, an der sich Handlungsweisen oder Einstellungen orientieren sollen. In der negativen Wertung steht der Traditionalismus als Vorstufe einem → Rigorismus nahe. (2) T. sind nicht als Gegebenheit zu beschreiben, sondern als Ergebnisse von Kommunikationsprozessen, die über den zeitlichen Horizont eines Menschenalters hinaus → Kontinuität herstellen. Hierzu gehört Auswahl: Nicht alle kulturellen Erscheinungen werden weitergegeben, es gibt Dynamiken zwischen Haupt- und Nebensträngen, manche werden vergessen oder verdrängt. Die Weitergabe von → Werten, Normen, Erfahrungen, Werkzeugen und bewährtem Wissen wird als Fähigkeit des Menschen gedeutet, seine Natur als »Mängelwesen« (A. → Gehlen) zu kompensieren. Tradierung ist dabei auch eine Strategie, Erinnerung über das menschliche → Gedächtnis eines Individuums oder einer Generation hinaus aufzubewahren. (3) T. sind nicht als abgeschlossene Größe zu beschreiben. Auch wenn der Begriff im Gegensatz zu »Geschichte« nicht die Konnotation von → Entwicklung enthält, entsteht eine bestimmte »konnektive Struktur« (J. Assmann) erst in Begegnung und Abgrenzung zu anderen T.-Komplexen (→ Kontakt). Mit der »Rückbindung« an die Vorfahren berührt die kulturelle Konstruktion »T.« die Ebene der biolog. »Vererbung«. Beide Ebenen tragen zur Ausbildung von → Identität einer Gruppe, eines Stammes oder einer Nation bei; »Heimat«, »Vertrautheit« und »Verbindlichkeit« sind Qualitäten eines gemeinsamen Handlungs- und Erfahrungsraumes, ob in Affirmation oder Ablehnung. Sowohl in der zeitlichen als auch in der sozialen Dimension bietet T. scheinbar überzeitliche → Deutungsmuster und → Orientierung. Sie realisiert sich allerdings erst durch tägliche Praxis, Lernprozesse und Aneignung oder Veränderung durch Individuen. (4) T. entsteht nur z. T. auf »natürliche« Weise. Da sie mit Prozessen der Sinnbildung und Dynamiken von → Macht und → Herrschaft verbunden ist, sind Auswahl und »Sinnpflege« mit Interessen und → Institutionen verknüpft, der Rezeptionsvorgang wird in unterschiedlicher Weise kontrolliert. Auch die Medien der Weitergabe stellen Bedingungen für die T. auf. Die wichtigste Unterscheidung ist die zwischen mündlicher oder schriftlicher Tradierung. Erst durch die Schrift wird es möglich, unabhängig von der »face-to-face«-Kommunikation der sich aneinander anschließenden Generationen eine Schichtung von Wissen über lange Zeiträume zu gewährleisten. Dennoch gilt die mündliche Tradierung in der direkten Beziehung von Älteren zu Jüngeren als Medium, das »eigentliche« und »echte« T. garantiert, ebenso wie die Überschaubarkeit der Gruppe, z.B. im Gegensatz Stadt – Land (»dörfliche T.«). (5) Der Wandel von T. kommt unter dem Druck von Krisensituationen (Besatzung, → Diaspora, Migration) zustande. Die konservative Tendenz von T. kann hier zur Erhöhung von Komplexität führen: Das Festhalten an T. kann zwar die Identität der Gruppen aufrechterhalten, aber auch → Konflikte bedingen. Über erzwungenen Wandel hinaus gibt es T. von Nonkonformität, subversivem Wissen und Strategien des → Protests (z. B. die Rezeption von → Gāndhīs satyāgraha [Hindī-Neologismus = Festhalten an der Wahrheit] als Basis für zivilen Ungehorsam, etwa in der Anti-Atom-Bewegung der 1960er–80er Jahre in Europa und den USA). Sie realisieren sich nicht nur als → Revolutionen, sondern bilden auch eigene Formen wie z. B. → Utopien aus. Häufig werden Veränderungen im Rückgriff auf »alte T.« und die argumentative Autorität dieses Alters begründet. Sie revitalisieren vorhandene Muster und deuten sie neu (→ Renaissance). Innovationen können selbst zum Element von T. werden, meist nicht in der ersten Generation, sondern in der Rezeption zwei oder drei Generationen später.

II. Religion als Element von T. (1) T. und → Religion konvergieren in vielen ihrer Funktionen bzw. Effekte. Beide können Entlastung von → Kontingenz und sich wandelnden Anforderungen bieten. Religiöse Erzählungen begründen mit der Figur des Ursprünglichen nicht nur die Entstehung von Kosmos, Welt, Menschen, Natur, sondern auch den Beginn von T. (→ Mythos). Religion als Symbolsystem entwirft ein umfassendes → Weltbild, Religion als Institution entwickelt Strategien, dieses Weltbild aufrechtzuerhalten. Handlungsmodelle von Göttern und Menschen geben Kategorien von gut und böse vor und zugleich mögliche Konsequenzen oder Strafen bei Abweichung von der T. (2) Tradierung geschieht u. a. durch Formalisierung und Wiederholung. In Form von → Ritualen werden Bedeutungen nicht nur behauptet, sondern in Handlungen »aufgeführt« und bestätigt. Auf der Ebene der → Sozialisation des Einzelnen strukturieren Religionen die Weitergabe von T. durch Riten der → Initiation. Eine bes. Form ist dabei die geheime Einweihung wie etwa in den griech. → Mysterien. (3) Formen der Tradierung sind zum großen Teil mit religiösen Systemen verknüpft, z. B. die Anwendung der Kulturtechnik des Schreibens. Über lange Zeit und in vielen Kulturen lag das Bildungsmonopol in der Hand religiöser Institutionen (z. B. der Klöster). Nicht nur die Produktion von → Texten, sondern auch ihre Auslegung (→ Hermeneutik) war hier konzentriert. Die Formen und Gattungen der so genannten → Hl. Schriften prägten die literar. und poet. T. ihrer Kulturen (→ Gebet, → Liturgie). Aber auch mündliche Weitergabe bzw. andere religiöse Formen der Tradierung wie → Tänze oder das Ablaufen bestimmter Wege in Verbindung mit Erzählungen (z. B. die »Traumzeit«, → Australien) sind zentrale Bestandteile identitätsbildender T. (4) Religionen bieten bes. Möglichkeiten der Legitimation von T. Das »Wort Gottes« ist, ob als Gabe der → Torah oder als Offenbarung einer verborgenen Wahrheit, nicht weiter begründungsbedürftig. Die Autorität der Stifter von Religionen gilt auch für Essensgewohnheiten, Vorschriften für die → Kleidung und andere T. des → Alltags. Texte, die »gehört« (→ Vedische Literatur) oder durch → Inspiration eingegeben sind, müssen nicht selbst auf T. zurückgeführt werden, sondern begründen eine neue. In diesem Muster liegt zugleich das konservative wie auch das innovative Potential von Religion. Die → Vision, das unvorhergesehene → Wunder und die göttliche Weissagung dienen als Argumente zur radikalen Wandlung von T. Dies gilt bes. für die Phänomene, die unter Modernisierung, → Pluralisierung und → Globalisierung verhandelt werden: Neue Strukturen können etwa durch ein »neues Zeitalter« (»Wassermannzeitalter«) erklärt und gefordert werden. Nicht nur Kritik an Religion, sondern auch religiöse Kritik an T. haben hier bedeutenden Anteil (→ Religionskritik), wie sich etwa die Ökologiebewegung gegen die T. der Moderne richtet, wenn mythische Weltbilder als heilsam und mit der Natur »im Einklang stehend« den »großen Erzählungen« der Aufklärung entgegengesetzt werden.

III. T. als Bedingung und Problem von Religion. (1) Religionen als Systeme mit einem bestimmten Vorrat an Lehren, Vorstellungen und

Praktiken sind bes. unter den Bedingungen von religiöser oder nichtreligiöser Sinnkonkurrenz darauf angewiesen, dass das System identifizierbar bleibt, also »richtig« weitergegeben wird. Sowohl für die Deutungsmuster als auch auf der Ebene der alltäglichen Praxis muss daher für → Orthodoxie bzw. Orthopraxie gesorgt werden. Die → Schriftreligionen haben v. a. über die Kanonisierung ihrer Texte für ein als abgeschlossen geltendes Korpus gesorgt, das zugleich andere Optionen ausschließt (→ Kanon). Die Möglichkeit der Abweichung verlagert sich damit auf die Auslegung der Texte; Neu- und Umdeutung als → Häresie ist so nicht gebannt. Zugleich müssen sich Religionen an Veränderungen anpassen, die z. B. durch Herrschaftswechsel oder Wandel in den Wirtschafts- und Arbeitsformen stattfinden (→ Kapitalismus). Dabei besteht die Herausforderung an die → Theologie darin zu verhindern, dass mit dem Wandel von T. das ganze System gefährdet wird. Eine weitere Strategie der Aufrechterhaltung von T. ist die Monopolisierung der Auslegung, v. a. durch religiöse Spezialisten (→ Funktionär). (2) Systemat. spitzt sich das Problem auf die Frage zu, wie (eine) Religion weitergegeben wird. Fortführung von religiösen T. erscheint dann als unproblemat., wenn sie Bestandteil von Erziehung und alltäglicher Sozialisation, z. B. im Rahmen von Unterricht ist (→ Religionspädagogik). Wenn aber in einer Gesellschaft keine Modelle wie das eines individuellen Lehrer-Schüler-Verhältnisses vorhanden sind, ist der Zugriff auf T.-Wissen nicht mehr kontrollierbar. Dem Verlust von bestimmten T. stehen – nicht erst durch die Modernisierung – Neuerfindungen und Neuinterpretationen von T. gegenüber, die beispielsweise auf das nicht mehr nur geheim tradierte Wissen der esoter. T. zugreifen (→ Esoterik). Die Frage nach dem Erhalt von T. unter pluralist. Voraussetzungen stellt sich als Option, eine religiöse Kompetenz oder Kompetenz über Religion(en) zu erwerben. AG

Lit.: W. Ong, Orality and Literacy: The Technologizing of the Word, 1982. – J. Assmann, Das kulturelle Gedächtnis. Schrift, Erinnerung u. polit. Identität in frühen Hochkulturen, 1992. – J. Assmann (Hg.), Text u. Kommentar. Archäologie der literar. Kommunikation 4, 1995, 35–49. – B. Gladigow, Histor. Orientierungsmuster in komplexen Kulturen. Europ. Religionsgeschichte u. histor. Sinn, in: K. E. Müller/J. Rüsen (Hg.), Histor. Sinnbildung, 1997, 353–72. – H. Cancik, Art. »T.«, in: HrwG 5, 2001, 244–51. – M. Stausberg (Hg.), Kontinuitäten u. Brüche in der Religionsgeschichte, 2001.

Trance, veränderte Bewusstseinslage mit eingeschränkter Willensbestimmung. → Bewusstsein, → Ekstase, → Wahrnehmung. SM

Trankopfer → Libation.

Transsubstantiation, mittelalterliche Theorie, wie die Teilnehmer am Abendmahl durch Einnahme von Brot und Wein Heil erlangen: Im Ritualelement der durch Klingeln angekündigten »Wandlung« verwandle sich die Substanz von Brot und Wein in Christi Leib und Blut. Die metaphorischen Deuteworte Jesu beim ersten Abendmahl (→ Eucharistie) »Dies ist mein Leib, dies ist mein Blut« 1 Kor 11,23–25; Mt 26,26–29 werden so als physische Vorgänge ontologisiert. Die T. wurde auf dem vierten Laterankonzil 1215 zur Kirchenlehre gegen die Sakramentskritik der Katharer erhoben (DH 802). Da diese Theorie schon für die Zeitgenossen allenfalls als → Wunder zu akzeptieren war, schwächte die Konsubstantiationslehre das Problem mithilfe der aristotelischen Unterscheidung von Form und Materie ab: Die Substanz ist sowohl irdisch wie göttlich, in den Akzidentia bleibe das Brot formal ein solches. Entschieden gingen die Schweizer Reformierten im Sinne einer nur symbolischen Handlung und Erinnerung gegen diese Lehre an, während Luther betonte: »Dies ist mein Leib« (Marburger Reformationsgespräch 1529; → Reformation). → Sakrament. Red

Lit.: P. Browe, Die Verehrung der Eucharistie im Mittelalter, 1932. – H. de Lubac, Corpus Mysticum, 1964 (dt. 1969, ²1995). – R. Messner, Die Messreform Martin Luthers und die Eucharistie der Alten Kirche, 1989. – P. Browe, Die Eucharistie im Mittelalter, 2003, 265–90.

Transzendentale Meditation (TM), → neohinduist. → neue religiöse Bewegung, 1959 von Maharishi Mahesh Yogi als »Geistige Erneuerungsbewegung« (»Spiritual Regeneration Movement«) begründet. Sie vertritt die Lehre, dass das wahre Leben nur durch → Meditation gefunden werden könne, deren höchste Form sich im »Yogischen Fliegen« äußert und deren Technik durch bes. ausgebildete TM-Lehrer vermittelt wird. Mitte der 60er Jahre, als sich u. a. die Beatles TM zuwandten, erlebte die Gruppierung eine Blüte. Derzeit gibt es im dt.-sprachigen Raum mehrere hundert TM-Lehrer. HK

Transzendenz (von lat. transcendere = überschreiten). Auf dem Gebiet der Metaphysik bezeichnet der Begriff ein Gebiet jenseits der sinnlich-irdischen Welt (→ Immanenz, → Jenseits, → Gott, → Religion); philosoph.-phänomenolog. einen Raum außerhalb des Bewusstseins. Für die → Wissenssoziologie (M. → Scheler) bestimmen Ideal- und Realfaktoren (Ideen sowie polit. und soziale Interessen) die Geschichte und transzendieren sie. AK

Trauer, emotionale, körperliche und kognitive Reaktion auf den Tod eines geliebten Menschen sowie die Bewältigung dieses Verlustes, in weiterem Sinne auch Reaktion auf Verluste überhaupt. Teil des T.-Prozesses ist neben der emotionalen auch die kognitive Verarbeitung, bei der die Ursachen und Umstände des Todes immer wieder durchdacht und zu erfassen gesucht werden. T. wird meist von Ritualen begleitet, deren Art und Dauer von dem Verwandtschaftsgrad zu dem Toten abhängt. Während der Zeit der T.-Riten, die nach van → Gennep als Umwandlungsriten (rites de marges) aufzufassen sind, ist die Teilnahme des Trauernden am sozialen Leben meist eingeschränkt oder sogar ausgeschlossen, was in einigen Kulturen mit ritueller Unreinheit einhergeht. T. wird oft durch äußere Merkmale ausgedrückt, z.B. das Scheren des Kopfes, das Tragen eines Schleiers oder von T.-Kleidung oder durch Selbstverletzung. → Gefühle, → Ritual, → Tod. JBU

Lit.: A. van Gennep, Les rites de passage, 1909 (dt.: Übergangsriten, 1999, ^{3}2005). – H. Stubbe, Formen der T. Eine kulturanthropolog. Untersuchung, 1985.

Traum, an den Schlaf gebundene Form der Erfahrung (→ Wahrnehmung), physiolog. assoziiert mit erhöhter Gehirnaktivität (REM-Phasen), deren Bedeutung bisher kaum aufgeklärt ist. Religionsgesch. ist der T. von entscheidender Bedeutung. Die Entschlüsselung der T.-Botschaften – z.B. verstanden als Übermittlung des Willens überird. Wesen – erforderte schon immer spezialisierte T.-Deuter (→ Divination). In der Gedankenwelt der Bibel, bes. des AT, sind T. wichtige Offenbarungsquellen. Die moderne T.-Deutung der → Tiefenpsychologie setzt mit → Freuds *Traumdeutung* (1900) ein. Dabei wird der manifeste T.-Inhalt als verkleideter Ausdruck der latenten T.-Bedeutung verstanden. Experimente belegen die Bedeutung des T. für die Regeneration des Organismus. SM

Lit.: O. Vedfelt, Dimensionen der Träume, 1997.

Traumzeit → Australien.

Tremendum (von lat. tremere = zittern), in R. → Ottos Konzept des → Heiligen zeigt sich dieses darin, dass es »zittern macht«. → Religion. CA

Triade (von griech. triás = Dreiheit), religionshistor. häufig anzutreffende Symbolkonstellation (z.B. Jupiter – Mars – Quirinus; christl. Trinität). GA

Trickster gehören zu der Gruppe mytholog Wesen, die ambivalent charakterisiert sind und im Bereich der Werte ein klares »Sowohl-als-auch« verkörpern: gut und böse, schöpfer. wie zerstörer., weise wie närrisch. Ein T. ist »zweiter Schöpfer« und damit Helfer des Menschen – und gleichzeitig göttlicher Betrüger. Oft ist er verantwortlich für eine Verschlechterung der Welt. T.-Mythen sind weltweit bekannt (→ Mythos); typische T.-Gestalten sind z.B. der Coyote (Nordamerika), der Rabe (Sibirien, Nordamerika), Maui (Polynesien), Hase oder Fuchs (Afrika) oder auch der → Teufel in der europ. Überlieferung. → Kulturheroen, → Zwischenwesen. PJB

Lit.: K.-P. Koepping, Trickster, Schelm, Pikaro: Sozialanthropolog. Ansätze zur Problematik der Zweideutigkeit von Symbolsystemen, in: Kölner Zs. für Soziologie und Sozialpsychologie, Sonderheft 26, 1984, 195–215.

Tridentinum. Im Konzil von Trient 1545–63 stellte sich die kath. Kirche den Herausforderungen durch die protestant. → Reformation und antwortete auf deren Kritik teils mit verschärfter Abgrenzung, teils mit eigenen Reformen (der Begriff der »Gegenreformation« wird heute ersetzt durch »Konfessionalisierung«). Das T. bildet die Grundlage für den → Katholizismus in der Neuzeit, zunächst der »barocken« Frömmigkeit. Erst das Zweite Vatikan. Konzil (1964) hat grundlegende Änderungen hin zu einer Modernisierung vorgenommen. CA

Quellen: DH 1500–1870.
Lit.: H. Jedin, Geschichte des Konzils von Trient, 10 Bde., 1957–76. – R. Bäumer, T., 1979.

Trika (sanskr. = Triade), nichtdualist. Schule des sog. → kashmir. Shivaismus. Grundlegend ist die Verehrung der Göttinnen Parā, Parāparā und Aparā. → Abhinavagupta (um 1000 n. Chr.) entwickelte T. zu einer einflussreichen Synthese verschiedener Strömungen des tantrischen Shivaismus Kashmirs. → Tantra. JG

Lit.: A. Sanderson, Śaivism and the Tantric Traditions, in: S. Sutherland u. a. (Hg.), The World's Religions, 1988, 660–704.

Trikāya (sanskr. = Dreikörper), Lehre von den drei → Körpern des → Buddha, schon von den → Mahāsānghikas entwickelt, aber erst im → Mahāyāna vollständig entfaltet. Die drei Körper sind: (a) nirmānakāya, »Verwandlungskörper«, die irdischen Buddhas, (b) sambhogakāya, »Genusskörper«, eine himmlische Manifestation der Buddhanatur, die in der Meditation betrachtet werden kann, (c) dharmakāya, »Körper der Lehre«, die formlose höchste Wirklichkeit, das wahre Buddhawesen. AM

Trimūrti (sanskr. = Dreigestalt), die Trinität der Hochgötter → Brahmā, → Vishnu und → Shiva, denen die Funktionen von Schöpfung, Erhaltung und Zerstörung zukommen. → Hinduist. Pantheon. AM

Lit.: W. Kirfel, Die dreiköpfige Gottheit, 1948.

Trinität (von. lat. trinitas = Dreizahl) → Dreifaltigkeit. Red

Tripitaka (von sanskr. tripīṭaka, pāli tipiṭaka = Dreikorb), der buddh. Kanon. Vollständig in einer indischen Sprache erhalten ist nur der → Pāli-Kanon des → Theravāda, bestehend aus → Vinaya-Pitaka (»Korb der Ordensregeln«), → Sutta-Pitaka (»Korb der Lehrreden«) und → Abhidhamma-Pitaka (»Korb der Scholastik«). → Buddh. Literatur. AM

Triratna (sanskr.; pāli tiratana = drei Juwelen). (a) Die drei »Säulen« des Buddhismus, zu denen sich Buddhisten bekennen: → Buddha, → dharma (Lehre) und → sangha (Gemeinde); (b) im → Jainismus Rechter Glaube, Rechtes Erkennen und Rechter Lebenswandel. AM

Trishna (von sanskr. tṛṣṇā; pāli taṇhā = Durst, Begehren). (a) Im Hinduismus die in den Weltenkreislauf (→ samsāra) verstrickende Lebenslust; (b) in der zweiten Edlen Wahrheit (→ Vier Edle Wahrheiten) des Buddhismus eine Hauptursache für das Leiden. AM

Tritheismus (von lat. tri- = drei- und griech. theós = Gott), Dreigötterlehre; polem. Verständnis der christl. Trinitätslehre. → Dreifaltigkeit. Red

Troeltsch, Ernst (1865–1923), dt. protestant. Theologe und Philosoph mit den Schwerpunkten kulturgeschichtliche, religionsgesch. und religionsphilosoph. Studien. Im Kontext der → »Religionsgesch. Schule« erarbeitete er sich sein Hauptproblem: Wie kann im Horizont geschichtlicher Vielfalt und Relativität dennoch Normativität entstehen? Neben seiner liberal orientierten theolog. und philosoph. Arbeit war er sozialliberal polit. tätig und setzte sich für die entstehende Weimarer Demokratie ein. Red

W.: Krit. GA (hg. von F. W. Graf u. a.), 22 Bde., 1998ff. *Lit.:* H. Renz u. a. (Hg.), T.-Studien, Bd. 1–12, 1982–2002, N. F. 1, 2005. – H.-G. Drescher, E. T., 1991.

Tsong-kha-pa (tibet. = der aus dem Zwiebeltal, so benannt nach seinem Geburtsort in Amdo, Südosttibet; heute befindet sich dort das Kloster Kumbum). Der große Reformator des → tibet. Buddhismus (1357–1419), mit Mönchsnamen Blo-bzang-grags-pa, war schon in seiner Jugend nachhaltigem → Kadampa-Einfluss ausgesetzt und trat mit 40 Jahren in das Kadam-Kloster Reting (Rva-sgreng) ein, wo er sein Hauptwerk *Lam-rim-chen-mo* (= »Großer Stufenweg«) verfasste. Im Jahre 1408 führte er im Jokhang, dem heiligsten Tempel Lhasas, die jährliche Neujahrszeremonie ein, das sMon-lam-chen-mo (= Großes Wunschgebet), welches – mit zeitweisen Unterbrechungen durch die chin. Besetzung Tibets – bis heute zum tibet. Neujahrsfest abgehalten wird. 1409 gründete er das berühmte Kloster Ganden (dGa'-ldan, das Freudenvolle), nach dem seine Anhänger bald benannt wurden. Seine Anhängerschaft wuchs schnell an: 1416 wurde das Kloster Drepung ('Bras-spungs), 1419 das Kloster Sera durch seine Schüler gegründet. Ganden, Drepung und Sera bildeten bis zum Jahre 1959 die größten Klöster Tibets. KKP

Lit.: R. Kaschewsky, Das Leben des lamaist. Heiligen T. (1357–1419), 2 Bde., 1971.

Tugend, neben »Gütern« und → »Pflicht« eine der drei aufeinander bezogenen Unterscheidungen schon der antiken → Ethik (griech. aretḗ, lat. virtus), aber auch noch derjenigen → Schleiermachers. Um die handlungsmäßig erstrebten (sittlichen) Güter zu erreichen, werden bestimmte Verhaltensweisen und Handlungsdispositionen als verpflichtend angesehen. Als solche T. gelten u. a. Gerechtigkeit, Tapferkeit und Besonnenheit. Die Gegenüberstellung im Tugend- und Lasterkanon (lat. vitium, engl. vices) umfasst die Siebener-Gruppe (zuerst bei Gregor d. Gr., *Moralia in Ijob*, um 600): Hochmut/Demut, Glaube und Hoffnung/Verzweiflung, Askese/Lust und Begierde, Liebe/Geiz, Gerechtigkeit/Neid, Jähzorn/Besonnenheit, Tapferkeit/Hedonismus (luxuria). Red

Tukārām (1608–49), berühmtester → bhakti- und Dichterheiliger aus dem indischen Bundesstaat Maharashtra, neben Nāmdev. T. war ursprünglich ein kleiner Geschäftsmann, der sich dem kontemplativen Leben zuwandte. Er schrieb seine mystischen Erlebnisse in einer großen Sammlung von Gedichten und Liedern in einem unter dem Namen Abhanga bekannten Genre nieder. Diese Sammlung ist heute insbes. bei der Hirtenbevölkerung Maharashtras sehr populär. TL

Lit.: N. J. Fraser/J. F. Edwards, The Life and Teaching of T., 1922.

Tulasī (sanskr., auch hindī tulsī), Basilienkraut, das → Vishnu repräsentiert und zu dessen Verehrung verwendet wird; die Samen werden von Vishnu-Anhängern oft als Halsketten getragen. AM

Tulku (von tibet. sprul-sku = Erscheinungskörper). Dem t.-Konzept liegen zwei unterschiedliche Vorstellungskomplexe zugrunde: zum einen impliziert es, dass ein Individuum eine Emanation eines bestimmten → Buddhas, → Bodhisattvas oder einer tantrischen Meditationsgottheit ist, zum anderen bezeichnet es die Wiedergeburt (tibet. yang-srid) eines verstorbenen → Lama, dessen Amt und Status vererbt wird. Häufig erscheinen in einem t. beide Bedeutungskomplexe vereint, z. B. im → Dalai Lama, der sowohl die Emanation des Bodhisattvas → Avalokiteshvara als auch die Wiedergeburt des Abtes von Drepung ist. Der erste Aspekt basiert auf der schon im → Mahāyāna-Buddhismus ausgebildeten → trikāya-Lehre, während der zweite um die Wende zum 13. Jh. in Tibet entstand, ausgehend von der buddh. Lehre der Wiedergeburt und dem Bodhisattva-Ideal. Die Persönlichkeiten, die ihre künftige Existenzform frei bestimmen können, werden schon im Kindesalter durch bestimmte Prüfungen und Vorzeichen aufgefunden und als Wiederverkörperung ihres Vorgängers identifiziert. Als erster solcher t. gilt der 2. → Karmapa Karma-pakshi (1206–83). Schon bald nach der Einführung des t.-Systems übernahmen die anderen tibet.-buddh. Lehrtraditionen diese Vorstellung, so dass es heute eine Vielzahl von Wiederverkörperungslinien gibt. Das auch in der Mongolei etablierte t.-System hatte eminente polit. Auswirkungen bis in die Moderne. → Reinkarnation. KKP

Lit.: T. V. Wylie, Reincarnation: A Political Innovation in Tibetan Buddhism, in: L. Ligeti (Hg.), Proceedings of the Csoma de Körös Memorial Symposium, 1978, 579–86. – K.-H. Everding, Die Präexistenzen der lCaṅ-skya Qutuqtus, 1988.

Tulsīdās (1532?–17. Jh.). Sein Versepos zur Rāma-bhakti (→ bhakti), *Rāmcharitmānas* (»Hl. See der Taten Rāms«, 1574), ist theolog. verbindlich für die Rāmānandīs und einer der populärsten religiösen Texte Nordindiens. Die Lehre von der Rāma-Herrschaft wurde im polit. Hinduismus fruchtbar gemacht. T. ist auch Verfasser zahlreicher weiterer religiöser Werke und setzt den Rāmaismus der Agastyasamhitā (12. Jh.) fort. MHO

W.: F. C. Growse (Übers.), The Rāmāyana of T., 1891 (Neuaufl. 1978).

Tupí-Guaraní, große Sprachfamilie in Südamerika, um 1500 mit Mitgliedern im zentralen Amazonasgebiet, an der Atlantikküste und im Innern von Paraguay und Argentinien; die Chiriguano waren bis zur Ostgrenze des Reiches der → Inka in Bolivien vorgedrungen. Noch im 19. Jh. wurden Wanderungen der T.-G. vom Glauben an einen unmittelbar bevorstehenden Weltuntergang bestimmt. Die Apapocuva-Guaraní waren der Meinung, die schon alte Erde werde bald von ihrem Schöpfer Ñanderuvuçu (= unser großer Vater) durch → Sintflut bzw. Weltbrand vernichtet und die Menschen von einem riesigen himmelblauen Puma verschlungen. Gegenpart zu Ñanderuvuçu ist Ñandecy (= unsere Mutter) im »Land ohne Übel« (→ Gegenwelt). Dorthin zu gelangen und der Vernichtung zu entgehen war das Ziel der unter Führung ihrer Propheten seit vorkolonialer Zeit erfolgenden Wanderungen quer durch Südamerika. Die Untergruppe der Tupinamba bewohnte im 16. Jh. die Küste Brasiliens und gilt als Paradebeispiel für die Anthropophagie: Die bei Kriegszügen gegen benachbarte Gruppen Gefangenen wurden im Rahmen eines komplexen Rituals getötet und verzehrt (→ Kannibalismus). IG

Lit.: A. Métraux, La religion des Tupinamba, 1928. – H. Clastres, La terre sans mal. Le prophétisme tupi-guarani, 1975.

Turner, Victor W. (1920–83), britisch-amerikan. Ethnologe. T. lehrte u. a. in Manchester, Cornell und Chicago. Seine Schriften kombinieren die detaillierte Ethnographie religiöser → Performanz bei den Ndembu Zentralafrikas mit religionsvergleichenden Thesen zu Symbolisierung, → Wallfahrt und rituellem Heilen. Im Anschluss an A. van → Genneps Analyse von Übergangsriten (→ rites de passage) entfaltet er in *The Ritual Process* (1969) den Begriff der → »Communitas« als rituelle Aufhebung sozialer Strukturen. SE

Lit.: P.J. Bräunlein, V.W.T., in: A. Michaels (Hg.), Klassiker der Religionswissenschaft, 1997, 324–42.

Tushīta (von sanskr. tuṣīta), buddh. → Himmel, in dem die Zufriedenen (z.B. Götter) und alle → Buddhas, die nur noch einmal wiedergeboren werden, wohnen. → Paradies, → Sukhāvatī. AM

Tyche (griech. = Schicksal, Glück, lat. → fortuna). Die weibliche Personifikation des → »Glücks« einer Stadt, seltener eines Individuums, wird in hellenist. Zeit im östlichen Mittelmeerraum vielfach verehrt. Daneben entwickelt sich zur gleichen Zeit ein Fatalismus, dass die auf einer Kugel dargestellte blinde Göttin mal den einen unverdient belohnt, mal den anderen straft; die Launische erhält keinen Kult – der Versuch, sie umzustimmen, wäre ohnehin sinnlos. CA

Tylor, Edward Burnett (1832–1917), engl. Religionsanthropologe. Nach Reisen in Mittelamerika (1855–56) verfasste T. v.a. religionsvergleichende Arbeiten. Als Inhaber der ersten Professur für Anthropologie in Oxford (1896–1909) gilt er als Gründer der britischen Ethnologie. In *Primitive Culture* (1871) definiert T. Religion als »Glaube an geistige Wesen« und entwickelt die These, dass → Animimus ontolog. Grundlage und histor. Ursprung aller Religion sei. → Religionsethnologie. SE

Lit.: G.W. Stocking, Victorian Anthropology, 1991. – Ders., After T. British Social Anthropology, 1888–1951, 1996. – K.-H. Kohl, E.B.T., in: A. Michaels (Hg.), Klassiker der Religionswissenschaft, 1997, 41–60.

Typologie. In der Auseinandersetzung mit anderen Religionen ist deren Einordnung in Typen üblich, die zugleich eine Bewertung beinhalten. Eines der klassischen Modelle aus der Zeit des Imperialismus ist die Einteilung in Hausreligion, Stadtreligion, → Volksreligion und → Weltreligion, in Analogie zu den Wirtschafts- und Sozialformen. Daraus wurden dann enger auf Religion bezogene Typen entwickelt wie prophet. Religionen, Universalreligionen, → Schriftreligionen und – mit negativer Wertung – → Neue Religionen, → Jugendreligionen, → Ersatzreligionen usw. Idealtypen im Sinne von M. → Weber sind ein wertvolles Mittel, um Extreme abzustecken, innerhalb derer die je konkrete Religion bestimmt werden kann. Weber entwickelte – angelehnt an seine Herrschafts-T. – die Typen der charismat. (→ Charisma), ständisch-veralltäglichten und bürokrat. Religionen. Die Religion als Teil eines kulturellen Kontextes muss aber je als die → Lokale Religion bestimmt werden. CA

Lit.: H. G. Kippenberg/M. Riesebrodt (Hg.), Max Webers Religionssystematik, 2001. – C. Auffarth, Weltreligion, in: H. Stoecker/U. van der Heyden, Mission und Macht, 2004, 17–36.

Týr (altnord.), altskandinav. Name für den german. Himmels-, Kriegs- und Versammlungsgott *Tīwaz (althochdt. Ziu). Seine etymolog. und phänomenolog. nachweisbare Verwandtschaft mit altind. Dyaus, griech. Zeus, lat. → Jupiter und altind. deva, altir. día, lat. dei, altnord. tívar (Plur. zu T.) = Götter belegt die große Bedeutung T.s in unterschiedlichen Epochen im gesamten indoeurop. Raum. Die in der Skaldendichtung überlieferte Verwendung des Namens T. für andere Götter, bes. → Odin, beweist, dass T. auch noch in der Wikingerzeit »Gott« schlechthin bedeuten konnte. Dagegen zeigen die spärlichen Nachrichten in der altnord. Mythologie der → Eddas einen Bedeutungsverlust T.s an. Der Mythos von der Fesselung des Wolfes Fenrir, bei der T. seinen rechten Arm (Schwurhand?) verlor, scheint auf seine Rolle als Rechtsgott hinzuweisen. Anzeichen für einen T.-Kult liefern Ortsnamen auf T.- in Dänemark und Norwegen. Im westgerman. Raum existierte neben *Tīwaz offensichtlich noch eine Nebenform dieses Götternamens, die im lat. Mars Thingsus belegt ist und auf die der dt. Wochentagsname Dienstag (älter: dingesdach) zurückgeht. → German. Religion. US

Lit.: R. Much, Der german. Himmelsgott, in: F. Detter u.a., Festgabe für R. Heinzel 1, 1898, 189–278. – K. Krohn, Tyrs högra hand, in: S. Landsmål, FS H.F. Feilberg, 1911, 541–47. – W. Krause, Ziu, in: NGG, Philolog.-hist. Klasse, NF 3/6 (1940), 155–72. – A. Holtsmark, Art. »T.«, in: KLNM 19, 1975, 122–23.

U

Udāna (pāli = feierlicher Ausspruch), Sammlung des → Khuddaka-Nikāya aus dem → Sutta-Pitaka (»Korb der Lehrreden«) des → Pāli-Kanons, die alte Aussprüche von Buddha (meist in Versform) und jüngere Prosaerzählungen enthält. → Buddh. Literatur. AM

Lit.: D. M. Strong (Übers.), The U. or the Solemn Utterances of the Buddha, 1902. – F. L. Woodward, Minor Anthologies, 1935.

Übergangsriten → rites de passage, → Schwelle, → Sozialisation.

Übertragung, zentrales Konzept der → Psychoanalyse, zunächst von S. → Freud beschrieben als die reine Wiederholung vergangener Beziehungserfahrungen in der Beziehung zum Analytiker. Heute wird Ü. nicht als Verzerrung der Realität (→ Wahrnehmung), sondern als erfahrungsbedingte selektive Aufmerksamkeit und Empfänglichkeit für Facetten eines interpersonellen Geschehens verstanden. Insofern werden Prozesse der Ü. auch als Grundlage der individuellen religiösen Beziehungen, insbesondere der Gottesbeziehung, angesehen. SM

Lit.: S. Murken, Gottesbeziehung und psychische Gesundheit, 1998.

Ugarit, nordsyr. Hafenstadt, deren Archive aus dem 14. und 13. Jh. v. Chr. die Blüte und Internationalität der Stadt belegen. Neben der semit. Bevölkerungsmehrheit leben in U. auch → Hurriter mit eigener Religion; dieser Pluralismus zeigt sich u. a. in → Götterlisten. An der Spitze des semit. Pantheons in U. steht → El, der → Baalszyklus spiegelt den Positionsgewinn → Baals um die Mitte des 2. Jt.s wider. Die gegenseitige Beeinflussung der Göttinnen Aširat, Anat und Aštart in der Spätzeit von U. leitet jenen Prozess ein, der in der Figur der → Dea Syria gipfelt. → Ahnenverehrung und Totenpflege, die bereits in → Ebla vorhanden waren, spielen auch in U. eine große Rolle. Die Rapiuma, die (vergöttlichten) Ahnen, stehen in enger Beziehung zum Königshaus, man erhofft von ihnen Schutz der Dynastie, Nachkommenschaft, Heilung von Krankheit und Bestand des Königtums. Vorstellungen über die Art der postmortalen Weiterexistenz sind jedoch nicht bezeugt. Die Priesterschaft von U. hat – vergleichbar mit jener in → Emar – neben den rituellen Tätigkeiten (Opferhandlungen, Beschwörungen) auch Aufgaben in der Tempeladministration zu erfüllen. → Syrische Religionen. MH

Lit.: O. Loretz, U. u. die Bibel, 1990. – G. del Olmo Lete, Canaanite Religion according to the Liturgical Texts of Ugarit, 1999. – W. G. E. Watson/N. Wyatt (Hg.), Handbook of Ugaritic Studies, 1999.

ʿUlamāʾ (Plural von arab. ʿālim = Wissender), ursprünglich islam. Begriff für jene frühen Muslime, die das Wissen um die islam. Praxis der Gemeinde von Medina tradierten, und zwar als Bewahrer und »Erben der Propheten«; später Bezeichnung für die Angehörigen einer durch den Bezug auf das → Wissen (→ ʿilm) definierten sozialen Institution. Im Unterschied etwa zu den Juristen (→ fiqh) verstanden sich die ʿU. als Hüter des islam. religiösen Wissens, wobei auch und gerade in der Tradition der Ḥanbaliten (→ Ḥanbalīya) das Recht ebenfalls als Teil des religiösen Wissens angesehen wurde, sofern es aus dem Koran oder der Prophetentradition (→ ḥadīṯ) abgeleitete Rechtsnormen darstellte. Die Trennung zwischen ʿU. und den islam. Juristen (→ Fuqahāʾ) ist daher unscharf. RS

Umā (sanskr.), hinduist. Göttin, Gefährtin → Shivas. → Hinduist. Pantheon. AM

Umbanda, brasilian. Religion, Anfang des 20. Jh.s auf der Basis älterer synkretist. Religionen aus Bantu-Vorstellungen und dem portugies. Volkskatholizismus durch Integration von Elementen des → Spiritismus sowie später der Yoruba-Traditionen des → Candomblé entstanden und in den 1940er bis 70er Jahren rasant angewachsen. Kodifizierungsbestrebungen nationaler U.-Verbände blieben erfolglos. Nur in lokalen Varianten der U. in Nordost- und Nordbrasilien (Catimbó, Cura, Pajelança, Jurema, Torê), in denen schamanist. Praktiken (→ Schamanismus) zur Heilung verwendet und Schlangengottheiten verkörpert werden, wurden indigene Vorstellungen aufgenommen. Die Indianergeister der U. wurzeln in der romant. brasilian. Nationalliteratur des 19. Jh.s. Zentrales Prinzip der U. ist die Nächstenliebe, die es den Verstorbenen ermöglichen soll, ins → Paradies (aruanda) aufzusteigen. Das in ihrem Leben erwiesene Maß an Nächstenliebe bestimmt den

Erleuchtungsgrad einer Person nach dem Tod. Um Nächstenliebe erweisen zu können, werden die Geister der Toten von Medien in der durch Gesänge und eventuell Trommelrhythmen induzierten → Trance verkörpert. Nach ihrem Erleuchtungsgrad bilden die Geister unter dem kath. Gott (auch mit dem Bantuwort Zambi bezeichnet) eine Hierarchie von den Orixás (→ Orichas) über die Caboclos (Indianer- und Mestizengeister), Crianças (Kindergeister) und Preto-Velhos (Geister alter Sklaven) zu dem Povo da Rua (Straßenvolk: Gauner-, Prostituierten-, Hexen- und Zigeunerinnengeister). Allen Geistwesen sind jeweils ein Feiertag, bestimmte Farben, Substanzen, Kräfte u. a. zugeordnet, den Orichas zusätzlich ein kath. Heiliger. Weitere Geistwesen sind persönliche Schutzengel (brasilian.-portugies. guias) sowie Totengeister. Dem Kulthaus (terreiro) steht in geistlichen Belangen ein Priester (pai de santo) oder eine Priesterin (mãe de santo), in weltlichen meist ein Präsident vor. In von Seklusion und selten von Blutopfern begleiteten kurzen Initiationsritualen werden Gläubige zum → Medium bzw. für das Priesteramt geweiht. Die Kehrseite der U., in der Schadensmagie praktiziert wird, wird Kimbanda genannt. → Afroamerikan. Religionen, → Spiritismus. CM

Lit.: H. Figge, Geisterkult, Besessenheit und Magie in der U.-Religion Brasiliens, 1971. – C. Gabriel, Comunicações dos espíritos. U., Cultos regionais em Manaus e a dinâmica do transe mediúnico, 1985. – D. Brown, U. Religion and Politics in Urban Brazil, 1986. – I. Scharf da Silva, U.: eine Religion zwischen Candomblé und Kardezismus, 2004.

Umma (arab. = Gemeinschaft), ursprünglich wohl Bezeichnung für eine erzählte oder erinnerte Gemeinschaft, daher oft auch Ausdruck für Generation; im → Koran häufig verwendet. Je nach Art der Narration konnte U. auf eine Stammes-, eine Religions- oder eine andere Kollektividentität verweisen. Im Koran wird dieser Abstammungsbegriff auf die Menschheit als solche (Koran 2/213) oder auf einzelne Personen (z. B. → Abraham/Ibrāhīm, Koran 16/120) und auch auf Tiergattungen (Koran 6/38) bezogen. Das Konzept der histor. Gemeinschaft (im Sinne von lat. natio) wurde schon früh auf den Islam (al-umma al-islāmīya) selbst angewendet, ohne daraus eine polit. oder soziale → Identität abzuleiten. In der frühen Neuzeit wurde der Begriff U. auch auf moral. Gemeinschaften (→ ummat-i Muḥammad) bezogen. Zum koran. Begriff ummī → Nabī. RS

Ummat-i Muḥammad (= Muḥammad-Gemeinde), v. a. im 16./17. Jh. benutzte osman. Bezeichnung für das Ideal einer islam. moral. Gemeinschaft, die sich durch die Wahrung ursprünglicher islam. Tugenden nach dem Vorbild → Muḥammads auszeichnete. RS

ʿUmra, die zeitlich nicht festgelegte, jederzeit durchführbare islam. »kleine → Wallfahrt« nach Mekka, die jedoch nicht den gebotenen → ḥaǧǧ ersetzt. Das Ritual der ʿu. umfasst das siebenmalige Umwandern der → Kaʿba, bestimmte Gebete und den siebenmaligen »Lauf« (saʿy) zwischen aṣ-Ṣafā und al-Marwa. RS

Unfehlbarkeit, röm.-kath. und schiit. Auffassung von der prinzipiellen Irrtumslosigkeit religiöser Lehre und Entscheidungen bestimmter Autoritäten. → Schia, → Vatikan. Konzil. Red

Unio mystica → Einigung, → Mystik.

Universalisierung. Religionen, die ihren Ursprungsort, die Gesellschaft und die histor. Einbettung verlassen, machen einen Prozess der U. durch, um auch anderswo gelebt werden zu können. Sie werden in eine fremde Umwelt ausgebreitet durch Menschen (»Träger«) in reduzierten sozialen Bezügen, auf bestimmten legal geöffneten Wegen oder Fluchtlinien, transportiert immer im Bündel mit anderen Austauschgütern und Trägern anderer Güter.

I. Formen der Ausbreitung von Religion. U. kann in folgenden Formen geschehen: (1) Als Herrschaftsreligion ist Religion ein Teil von Eroberung und Beherrschung und ein Medium der Verbindlichkeit und Autorität der neuen Normen, die durch religiöse Funktionäre verkündet werden. Das Zentrum der Religion bleibt in der Metropole, an den neu beherrschten Orten entstehen Filialen; die lokalen Religionen der Unterworfenen müssen sich dem Typ der Herrschaftsreligion anpassen oder bleiben gerade widerständig verschieden. (2) Als Migrationsreligion von meist sozial Unterlegenen bzw. Minderheiten bildet Religion für Handelsleute, Kolonisten, Migranten und Flüchtlinge eine Verbindung zur Heimat, selbst wenn diese unerreichbar geworden ist. Die differente Identität kann »im Gepäck« mitgeführt und verdeutlicht werden in der Sprache, der Lebensführung (Speisen, → Kleidung, Körperzeichen wie → Beschneidung, → Gebete), als Exklusion der Migrantengruppe durch Heiratsregeln, als mentale Verbindung, als ethische Normen, die »im Herzen« die Religion bewahren und sich selbstbewusst unterscheiden von der Umgebung. (3) Über die Mitgliedschaft in der Herrschaftsreligion können soziale Aufstiegschancen verbessert werden. Umgekehrt kann auch die Andersartigkeit einer Migrationsreligion zum Anreiz werden, sich der importierten Religion anzugliedern. (4) Während Herrschaftsreligionen sofort den öffentlichen Raum besetzen und die polit. Bedeutung der lokal ansässigen Religion auf »rein religiöse« Funktionen zu begrenzen suchen, tendieren Migrantenreligionen zur Bildung von geschlossenen Gemeinschaften und zu religiösem Handeln in häuslicher Abschließung. Hier gelten andere Regeln als in der residenten Gesellschaft (→ Communitas; Turner), sie sind aber auch gegenüber den in der Heimat geltenden stark verändert.

II. Entlokalisierung. (1) Der Vorgang, Religion an neuem Ort zu leben, kann durch folgende Aktivitäten und Medien realisiert werden. (a) Transport einer Götterstatue von der Heimat in den neuen Wohnort; (b) Abbildung/Nachbildung der religiösen Stätte in der Heimat in → Bildern, Reliquien, Modellen, Nachbauten; (c) Die Verbindung zum Ursprung kann in Versammlungsorten der religiösen Gemeinde (Synagoge; Moschee) durch die Gebetsrichtung auf das weit entfernte zentrale Heiligtum mental dargestellt werden (→ qibla). Im Christentum gibt statt des Ortes (im Judentum der Jerusalemer Tempel) die aufgehende Sonne als Symbol von Christi Auferstehung die Gebetsrichtung vor; es handelt sich also um eine kosmische Orientierung; (d) Wallfahrt zum hl. Ort in der Ferne (→ ḥaǧǧ; Alijah); (e) → Feste gestalten die religiöse Zeiteinteilung (→ Kalender) als Inszenierung der Gemeinschaft in der Fremde; (f) Durch hermeneut. Techniken, Kommentare und Fortschreibungen hl. Schriften können Verhaltensweisen von ihrer lokalen, histor. und sozialen Herkunft abgelöst und auf die neue Situation hin interpretiert werden. Die dafür notwendige Übersetzung wird sozial angesehenen und speziell ausgebildeten Menschen übertragen, womit die Tendenz zur Entstehung einer Auslegungstradition und zur Professionalisierung einhergeht (→ Schriftreligion). (2) Mit der Intensivierung von Austauschprozessen in der → Globalisierung nimmt die Zahl der importierten Güter und damit der Wahlmöglichkeiten zu. Das Internet erleichtert Anbietern und möglichen Nutzern den Zugang über die Hürden nationaler Grenzen hinweg.

III. Entdinglichung/Spiritualisierung. So sehr die U. von Religion zunächst an die Ausbreitung von und die Bündelung mit anderen Transportgütern gekoppelt ist und für eine soziale Minderheit gilt – sie kann diese Begrenzung auch überschreiten: So kann eine Religion auch durch Schriften – als dem vor den Zeiten des Internets am leichtesten zu transportierenden Gut – verbreitet werden. U. von Religion äußert sich auch darin, dass sie als ein Gut allen Menschen ohne Ansehen ihrer Geburt (sozialer, ethnischer Herkunft, des Geschlechts) und ihres Einkommens angeboten wird. Dieser Grundsatz wird bei Jes 25,6f. und bei Paulus (Röm 2,13–15; Gal 3,26–28) ausgesprochen, aber auch als Prinzip des Naturrechts von den Römern behauptet – in der Realität war seine Gültigkeit allerdings auf Menschen mit Bürgerrecht begrenzt. Zum Prozess der U. komplementär ist die Einpassung der importierten Religion in den neuen sozialen und histor. Kontext, so dass sie wieder zu einer lokalen Religion wird (Relokalisierung, auch das Hybridwort Glokalisierung). CA

Lit.: H. Wenschkewitz, Die Spiritualisierung der Kultusbegriffe Tempel, Priester und Opfer im NT, 1932. – F. Stolz, Ausbreitungsstrategien und U.-Tendenzen in der europ. Religionsgeschichte, in: I. Dalferth u. a. (Hg.), Europa verstehen. Zum europ. Gestus der Universalität, 1997, 39–63. – M. Baumann, Alte Götter in neuer Heimat, 2003. – C. Auffarth, Weltreligion, in: H. Stoecker/U. von der Heyden (Hg.), Mission und Macht, 2004, 17–36.

Unreinheit. (1) Das Konzept von U./→ Reinheit stellt in vielen Religionen eine Kategorie dar, die nicht von Natur gegeben ist (wie Blutsverwandte, Fremde, Männer etc.), sondern durch Handlung erzeugt und durch Rituale der Reinigung wieder entfernt werden kann. M. → Douglas hat in *Purity and Danger* (1966) gezeigt, dass U. ein kognitives und erst sekundär ein körperliches Konzept darstellt: eine in der jeweiligen Kultur vereinbarte Ordnungsvorstellung werde verletzt und müsse wiederhergestellt werden (→ Tabu). CA

(2) Eine besondere Rolle spielt U. in dualist. Religionen (→ Dualismus). Im → Zoroastrismus

stellt U. als widergöttliche Erscheinung ein zentrales theolog. Thema dar. Ausführliche Reinigungsriten und die Beseitigung von Ungeziefer (→ xrafstra) sind Mittel des Gläubigen im dualist. Kampf gegen → Angra Mainyu. → Vidēvdāt und Texte der → Pahlavi-Literatur behandeln diese Thematik ausführlich. MH

Lit.: M. Douglas, Purity and Danger. An Analysis of Concepts of Pollution and Taboo, 1966 (dt.: Reinheit und Gefährdung, 1985). – R.C.T. Parker, Miasma. Pollution and Purification in Early Greek Religion, 1983, [2]1996. – J. K. Choksy, Purity and Pollution in Zoroastrianism, 1989. – S. Greenblatt, Schmutzige Riten. Betrachtungen zwischen den Weltbildern, 1990 (dt. 1995). – A. Bendlin, Art. »Reinheit/U.«, in: HrwG 3, 1998, 412–16. – A. Harwazinski, Art. »Reinigung/Hygiene/Körperpflege«, in: MLR 3, 2000, 153–57.

Unsichtbare Religion, von T. → Luckmann geprägter Begriff, der jene privatisierten Formen der Religion (→ Privatisierung) bezeichnet, die nicht in der herkömmlichen institutionellen Form religiöser Organisationen auftreten, aber dieselben Funktionen erfüllen. Luckmann tritt damit der These der → Säkularisierung und zugleich einer Beschränkung der → Religionssoziologie auf → Kirchensoziologie entgegen. HK

Lit.: T. Luckmann: Die U. R., 1991 (engl. 1967).

Unsterblichkeit, das Freisein vom oder das Überwinden des → Todes, in vielen Religionen wesentliches Unterscheidungsmerkmal von Göttern und Menschen (»Sterbliche«). Zu unterscheiden sind personale und impersonale U.: Die personale U. bezieht sich auf die fortdauernde Weiterexistenz des ganzen oder eines Teiles des Individuums nach dem körperlichen Tod in veränderter Form und ist meist mit der Annahme einer ewigen → Seele verbunden. Bei impersonaler U. wird von einem überindividuellen Heilsziel oder höchsten Prinzip (→ brahman, → nirvāna) ausgegangen, in das die Seele unter Preisgabe ihrer Individualität eingeht. → Leben, ewiges. JBU

Lit.: F. Heiler, U.-Glaube u. Jenseitshoffnung in der Geschichte der Religionen, 1950.

Unterwelt. (1) Die Toten existieren in irgendeiner Weise, wenn auch in einer von der der Lebenden deutlich unterschiedenen. Ihre postmortale Existenz (der Begriff ist dem des »Lebens nach dem → Tod« vorzuziehen) ist nicht an den Ort des Leichnams gebunden (Grab, Friedhof, Ahnenhaus). Sie brauchen einen Raum, der sich entsprechend unterscheidet von der Welt der Lebenden; er muss sich »jenseits« dieser Welt befinden. Kosmolog. Spekulation kann ihn im → Himmel, etwa diesseits oder jenseits des Mondes, lokalisieren, häufig aber ist der Raum der Toten unter der Welt der Lebenden vorgestellt, in einer riesigen Höhle unter der Welt; eine Welt ohne Licht, ohne die Freuden des Lebens (→ Gegenwelt). Wer eintritt, trinkt vom Quell des Vergessens (griech. lḗthē); frisches Blut kann das Vergessen aufheben. Die Toten vegetieren ohne Kraft, ohne Willen, ohne Erinnerung als »Schatten« in der U. und wiederholen immer die gleichen Handlungen (Iteration). Das kann zum Überdruss führen, ja zur Strafe werden, wie der Typus des Sisyphos zeigt. In der U. sind gesonderte Straforte (→ Tartaros) und Lohnorte (Insel der Seligen) denkbar, die Totenexistenz ist aber in keinem Fall erstrebenswert. In die U. führt ein Totengeleiter (griech. psychopompós: Hermes, Charon) über einen Fluss und durch ein streng bewachtes Tor. Die Welt der Toten ist abgeschnitten von Gott/den Göttern; ein eigener U.-Gott mit seinem Personal regiert mitleidlos (→ Gericht). Im Unterschied zum → Jenseits ist die U. keine Gegenwelt, die die Verkehrtheit der diesseitigen vergänglichen Welt korrigiert und eine Norm dagegenstellt, sondern ein kraftloser Abklatsch der Welt der Lebenden. Klassische Darstellungen finden sich im 11. Buch der »Odyssee« und bei Vergil, *Aeneis* 6. (2) Eine von einem Lebenden gewünschte Kommunikation kann nur von Spezialisten aufgebaut werden (→ Divination), die nicht nur die Namen der Toten anzurufen, sondern auch ihr ausgelöschtes Gedächtnis wieder zu aktivieren wissen. In der jüd. Tradition ist mit der Totenbefragung durch den ersten König Saul ein negatives Vorbild erzählt (1 Sam 28), in der christl. schließt etwa das Gleichnis »Vom reichen Mann und dem armen Lazarus« die Kommunikation mit den Toten aus (Lk 16,19–31). Die Erzählungen von Helden, die in die U. eindringen, beweisen nur, dass es in der Regel kein Entrinnen aus der U. gibt. Die Fahrt Christi in die U. dagegen befreit die vorchristl. Toten aus unverschuldeter Schattenexistenz. CA

Quellen: Vergilius, Aeneis Buch VI (hg. von E. Norden), 1903, [2]1915.
Lit.: A. Rüegg, Die Jenseitsvorstellungen vor Dante, 2 Bde., 1945. → Scheol.

Upanishaden (von sanskr. upaniṣad, vom Verb upa-ni-sad = sich bei jemandem niedersetzen, eventuell im Sinne von »geheime Sitzung«), oft dialog. aufgebaute Sanskrittexte, deren älteste (Brihadāranyaka-, Chāndogya-U.) das Ende der → shruti bilden und deren jüngste bis in die Neuzeit verfasst wurden. Die alten U. enthalten Ausdeutungen des vedischen Opfers und (natur-)philosoph. Lehren. Grundlehren der → indischen Philosophie finden in ihnen ihren ersten Niederschlag, so die Lehre von der Identität von → brahman und → ātman und von der Wiedergeburt. Jüngere U. befassen sich z. T. mit Askese (Samnyāsa-U.). → Vedische Literatur. AM

Ü.: P. Deußen, Sechzig Upanishad's des Veda, 1897, ^{3}1921. – A. Hillebrandt, Aus Brahmanas und Upanisaden, 1921, ^{2}1958. – P. Olivelle, Upaniṣads (engl.), 1996. *Lit.:* E. Frauwallner, Geschichte der indischen Philosophie, Bd. 1, 1953.

Upāsaka (sanskr., pāli = Dabeisitzender; fem. upāsikā), buddh. Laie, der der Lehre (→ dharma) folgt, aber nicht in die Hauslosigkeit (→ bhikkhu/bhikkhunī) zieht. AM

Upasampadā (sanskr., pāli), volle Ordination buddh. Mönche oder Nonnen, die durch eine bestimmte Anzahl vollordinierter Ordensmitglieder durchgeführt wird. → Askese, → sangha, → Weihe. AM

Uposatha (pāli = Fasten), an Voll- und Neumond stattfindender Feiertag, an dem buddh. Ordensmitglieder das Beichtformular (→ prātimoksha) rezitieren. Viele buddh. Laien nehmen an diesen Tagen zusätzliche Observanzen auf sich. AM

Urartu, Königreich in Ostanatolien bis Armenien und Nordwestiran (9.–7. Jh. v. Chr.), dessen Bewohner sprachlich und ethnisch mit den → Hurritern verwandt sind. Von deren religiösen Vorstellungen lebt in U. allerdings wenig weiter: Lediglich der Wettergott Teišeba entspricht dem hurrit. Teššub, eventuell ist Šiuni in U. das Pendant zum hurrit. Sonnengott Šimigi. Hauptgott in U. ist Haldi mit seinem Kultzentrum Musasir außerhalb von U. Als Kriegsgott besiegt er die Feinde und unterwirft sie dem König, vergleichbar den Funktionen → Aššurs in Assyrien; seine Gattin ist Bagbartu. Einige Opfertexte lassen Opfervorschriften für »Feste« in einem Jahreszyklus erkennen; Schlacht- und Libationsopfer sind bezeugt, meist vollzogen in Freiluftheiligtümern (z. B. Meher Kapısı bei Van) oder in Stelenanlagen (z. B. Altıntepe). Ikonograph. erwähnenswert ist der – in der Interpretation strittige – Gott in der Flügelsonne; dieses Bildmotiv wurde von den Achämeniden aufgegriffen und in die Ikonographie des → Zoroastrismus integriert. MH

Lit.: R. B. Wartke, U.: Das Reich am Ararat, 1993. – M. Salvini, Geschichte u. Kultur der Urartäer, 1995.

Urchristentum. Die histor. Erforschung des Christentums spielt in der protestant. Wissenschaft eine bes. Rolle, erhob doch die → Reformation den Anspruch, zur ursprünglichen Form des Christentums zurückzukehren oder zumindest ihrem Geiste nach zu handeln. Während histor. in folgende Epochen eingeteilt wird: Urgemeinde, Apostol. Zeitalter, Frühe Kirche, Alte Kirche, Konstantin. Wende, Reichskirche, fasst man unter dem Terminus U. den theolog. Kern und das Wesen des Christentums, bevor im »Frühkatholizismus« (im Kanon des NT bereits erkennbar in den kath. Briefen und bes. im Judasbrief) Mittler zwischen Gott und Mensch für notwendig erklärt wurden: Priester, → Sakramente und gute Taten. CA

Lit.: S. Alkier, U., 1999.

Urheber, von N. → Söderblom geprägter Begriff für mythische Schöpfergestalten und Kulturbringer. → Kulturheroen. GA

Uriel (hebr. ʾūrīʾēl = Licht Gottes/Mein Licht ist Gott), einer der jüd. Erzengel, der über die Himmelsleuchten gesetzt ist und als Offenbarer astrolog. Wissens auftritt (→ Astrologie), etwa bei → Henoch. → Engel. KVS

Urmonotheismus. Anschließend an die Entwicklungsstufen in → Schellings Sprachphilosophie – Menschen lernen erst einsilbig, dann zweisilbig, dann vielsilbig-plappernd zu sprechen – entwickelte sein Schüler M. → Müller für die Religion die Theorie des ursprünglichen → Henotheismus. Umfassend versuchten kath. Missionswissenschaftler wie W. → Schmidt nachzuweisen, dass die früheste Stufe der Menschheit einen einzigen Gott verehrt habe. → Monotheismus, → Typologie. CA

Lit.: W. Schmidt, Der Ursprung der Gottesidee, 12 Bde., 1912–55. – R. Pettazzoni, Dio. Formazione e sviluppo dello monoteismo nella storia delle religioni, 1922.

Uroffenbarung, seit dem 16. Jh. verbreitete kath.-theolog. Lehre einer ursprünglich an Adam gerichteten und über die Generationenfolge weitervermittelten göttlichen → Offenbarung. GA

Urreligion. Zu den Lieblingsbeschäftigungen der Romantik gehörten Fragen wie: Wie kam der Mensch zur Sprache, zur Religion, wie bildete sich das erste Volk? In der U. suchte man die einfachste und unverfälschte Form von Religion. Eine der fiktiven Urformen war die Religion der → Indogermanen, für die F. Bopp 1817 sprachliche Gemeinsamkeiten nachwies. Die Reinheit des Ursprungs sollte Programm für die Gegenwart werden, das Bestreben, die Urform wiederzugewinnen (→ Archaisch), äußerte sich als Antisemitismus, Rassenlehre, Eugenik. Ein vergleichbares Phänomen ist die Suche nach dem → Urchristentum. → Entwicklung, → Typologie. CA

Ursprünge von Religion → Archaisch, → Entwicklung, → Neolithische Religion, → Paläolithische Religionen.

Urvan, Komponente der zoroastr. Anthropologie. Gemeinsam mit der → Daēnā bleibt U. als »Seele« nach dem Tod erhalten, wenn Geist, Willenskraft und Vitalität des Menschen erlöschen. → Zoroastrismus. MH

Urvertrauen, nach E. H. Erikson (1902–94) eine Grundeinstellung zur Umwelt als Folge einer stabilen Personenumgebung und guter Milieubedingungen in der frühen Kindheit. Traumat. Störungen in dieser Entwicklungsphase führen zu »Urmisstrauen«: Die mitmenschliche Umwelt wird als feindselig erlebt, soziale Beziehungen misslingen und psychische Erkrankungen werden wahrscheinlicher. Die Beziehung zur Religion kann verschieden sein: Auf der einen Seite geht für religiöse Menschen U. mit Gottvertrauen einher. Auf der anderen Seite können Bekehrungserfahrungen bei Menschen mit geringem U. dieses stärken. Es gibt aber auch Religionen, die mit der → Trickster-Figur eher zu Misstrauen gegenüber den Göttern raten. SM

Lit.: E. H. Erikson, Identität und Lebenszyklus, 1966. – P. Parin, Fürchte deinen Nächsten wie dich selbst, 1971, ^{2}1991.

Usener, Hermann (1834–1905), dt. Religionswissenschaftler. Mit seiner Betonung des Rituals (*Hl. Handlung*, 1904) und der Volksbräuche, die von der Antike in das Christentum hineinführten (*Das Weihnachtsfest*, 1889, ^{2}1911), prägte U. eine ganze Schule, die die Religionsgeschichte der Antike erforschte. Die philolog. Erforschung der *Götternamen* (1896, ^{3}1948) führte dagegen nicht zu bleibenden Ergebnissen. Zu seinen Schülern zählen u. a. A. Dieterich, O. Weinreich, L. Deubner, A. → Warburg. CA

W.: Vorträge und Aufsätze, 1907. – Kleine Schriften, Bd. 4, 1913.

Lit.: H. J. Mette, Nekrolog einer Epoche. H. U. und seine Schule, in: Lustrum 22 (1979/80), 5–106. – J. Bremmer, H. U., in: W. W. Briggs/W. M. Calder (Hg.), Classical Scholarship, 1990, 462–78. – R. Schlesier, Kulte, Mythen und Gelehrte. Anthropologie der Antike seit 1800, 1994. – A. Wessels, Ursprungszauber. Zur Rezeption von H. U.s Lehre, 2003.

Ushas (von sanskr. Uṣas = Dämmerung), hinduist. Göttin der Morgenröte. → Hinduist. Pantheon. AM

Uṣūl ad-dīn (arab. = Grundlagen der Religion), v. a. von islam. Traditionswissenschaftlern (→ Ahl al-ḥadīṯ) gebrauchter Terminus zur Bezeichnung ihrer Darlegung der islam. Dogmatik (→ ʿaqīda). RS

Uṣūl al-fiqh (arab. = Grundlagen der Jurisprudenz), von dem muslim. Juristen aš-Šāfiʿī (→ Šāfiʿīya) systematisiertes Konzept der Rechtstheorie, welche die Legitimität methodolog. Anschauungen bei der Rechtsfindung beschreibt (→ fiqh). RS

Lit.: W. B. Hallaq, Considerations on the Function and Character of Sunnī Legal Theory, in: Journal of the American Oriental Society 104 (1984), 679–89. – W. B. Hallaq, U.: Beyond Tradition, in: Journal of Islamic Studies 3 (1992), 172–202.

Utopie (von griech. ou = nicht, tópos = Ort, also ein Nicht-Ort, Nirgendwo). Thomas More (1478–1535) schuf den Begriff für seine 1516 veröffentlichte Reiseerzählung *Utopia*, in der ein vorbildlich geregeltes Staatswesen auf einer fernen Insel beschrieben wird. Im Anschluss hieran bezeichnet der Begriff ein Denken und die zugehörige Textsorte, die bestehende gesellschaftliche und polit. Verhältnisse mit einem konkret geschilderten Gegenentwurf kontrastieren. Dabei variiert die Bandbreite der Entwürfe zwischen positiven U., die mit verschiedenen Akzenten einen Idealstaat entwerfen – etwa → Platons *Politeía* (387/367 v. Chr.), T. Campanellas (1568–1639) »Sonnenstaat« (1623) oder F. Bacons (1561–1626) *Nova Atlantis* (1627) –, und negativen Entwürfen, etwa G. Orwells (1903–50) *1984* (1949) oder A. Huxleys (1894–1963) *Brave New World* (1932). Dazwischen finden sich die unterschiedlichsten Möglichkeiten, Phantasien, Träume und Wunschvorstellungen mehr oder weniger poet. zu gestalten, so dass neben der geistes- und ideengeschichtlichen Dimension eine eigene literar. und ästhet. Tradition des Utop. besteht. Funktional lassen sich unterscheiden: (a) intentionale U., die eine Differenz zwischen dem Bestehenden und dem Wünschbaren oder zu Befürchtenden mit dem Ziel einer bestimmten Veränderung aufzeigen; (b) totalitäre U., von K. → Popper als Modelle identifiziert, die darauf zielen, den Menschen ganz einer vorgestellten Ordnung zu unterwerfen; (c) klassische U., die unterschiedliche Gegenentwürfe (→ Gegenwelt) zu bestehenden Lebenszusammenhängen ausmalen und damit ebenso sehr Wünsche gestalten wie Kritik betreiben können. In dem Maße, wie Religionen darauf zielen, ersehnte bzw. versprochene Zustände (Paradies, Gottesreich, das gelobte Land, Land, wo Milch und Honig fließen) auszumalen oder vorzustellen, nutzen sie die gleichen Möglichkeiten der Phantasie, bestehende Verhältnisse zu überbieten und Grenzen zu überschreiten, die auch für U. konstitutiv sind. Dies führt dazu, dass auch religiöse Botschaften utop. Textgattungen und Bilder enthalten bzw. schaffen. WN

Lit.: E. Bloch, Freiheit und Ordnung. Abriss der Sozial-U., 1947. – W. Vosskamp (Hg.), U.-Forschung, 3 Bde., 1985. – B. Gladigow, »Tiefe der Seele« und »inner space«. Zur Gesch. eines Topos von Heraklit bis zur Science Fiction, in: J. Assmann (Hg), Die Erfindung des inneren Menschen, 1993, 114–32. – R. Saage, Vermessungen des Nirgendwo. Begriffe, Wirkungsgeschichte u. Lernprozesse neuzeitlicher U., 1995. – H. Gnüg, U. und utop. Roman, 1999.

V

Vāc (sanskr. = Sprache, Rede), hinduist. Göttin der Rede. Ihre zentrale Stellung in der → vedischen Religion verdankt sie der Wichtigkeit der mündlichen Überlieferung und ihrer Bedeutung für die Wirksamkeit des Opfers. Im Tantrismus (→ Tantra) ist sie als »Mutter« aller Laute Ursprung der Lautemanation, einschließlich der → mantras und hl. Schriften. JG

Lit.: M. Biardeau, Théorie de la connaissance et philosophie de la parole dans le Brahmanisme classique, 1964. – A. Padoux, V.: The Concept of the Word in selected Hindu Tantras, 1990.

Vaikuntha (von sanskr. Vaikuṇṭha), → Vishnus Paradies. → Himmel, → Paradies. AM

Vairochana (von sanskr. vairocana = der Leuchtende), einer der fünf Meditations-Buddhas (→ Dhyānibuddha, → Tathāgata) des Mahāyāna- und Vajrayāna-Buddhismus. → Buddha. AM

Vaisheshika (sanskr. vaiśeṣika = Besonderheit), indisches philosoph. System, das einen pluralist. Realismus lehrt und zwischen den sechs Kategorien Substanz, Eigenschaft und Bewegung sowie Allgemeinheit, Besonderheit und Inhärenz unterscheidet. Vor dem Hintergrund dieser Kategorienlehre wird die Existenz der Seele und Gottes erwiesen. → Indische Philosophie. JG

Lit.: K. H. Potter (Hg.), Indian Metaphysics and Epistemology: The Tradition of Nyāya-V. up to Gaṅgeśa (Encyclopedia of Indian Philosophies 2), 1977.

Vaishnava (von sanskr. vaiṣṇava = auf → Vishnu bezogen), engl. Bezeichnung für vishnuitisch. AM

Vaishya (von sanskr. vaiśya), im Hinduismus Händler-, Bauern- und Handwerkerstand (→ varna). → Hinduist. Gesellschaft. AM

Vajrayāna (sanskr. = Diamantfahrzeug), nach → Hīnayāna und → Mahāyāna die dritte große Schulrichtung (→ sangha) des Buddhismus, deren älteste Schriften im 7. Jh. n. Chr. entstanden sind. Andere Bezeichnung sind Tantrayāna oder Mantrayāna. Zum V. werden im Allgemeinen der → tibet. Buddhismus und der nepal. Newar-Buddhismus (→ Nepal) gezählt. Vajra (tibet. dorje) steht für die klare, unzerstörbare Buddhanatur, den leeren Raum, die absolute Leerheit und Erleuchtung. Die Schule hat in Indien nicht überlebt, gewann aber bes. in Tibet und Nepal an Bedeutung. Rituale, Visualisierung, Yoga-Techniken, die z. T. auch von den → Yogāchāras angewandt werden, → mantras (magisch wirksame Silben und Sprüche), → mudrās (bestimmte Handhaltungen) und → mandalas (symbolhafte bildliche Darstellungen von Göttern und dem Kosmos) dienen als Hilfsmittel, um den Bewusstseinszustand zu ändern und zum »Vollendeten« (siddha) zu werden. Dem Schüler (sādhaka) ist es so möglich, sich bei der Meditation selbst als die visualisierte Gottheit zu empfinden (→ sādhana) und diese und damit auch sich selbst als leer zu erfahren, womit die Gleichheit von Relativem und Absolutem, deren Essenz die Leere (→ shūnyatā) ist, realisiert wird. → Buddh. Literatur, → sangha, → Yāna. AM

Lit.: A. Wayman, The Buddhist Tantras, 1973. – D. L. Snellgrove, Indo-Tibetan Buddhism, 1987. – D. Gellner, Monk, Householder, and Tantric Priest. Newar Buddhism and its Hierarchy of Ritual, 1992.

Vajrayoginī (sanskr.), hinduist.-buddh. Göttin, tantrische Form der → Durgā. AM

Valentinianer, weithin als »gnostische« Schulrichtung anerkannt. Für den u. a. in Rom wirkenden Namenspatron Valentinos (2. Jh. n. Chr.) wird die Zugehörigkeit zur → Gnosis infrage gestellt (Markschies). Möglicherweise handelte es sich beim Valentinianismus auch um eine bes. Entwicklung im Christentum, die dann später unter Irenäus (ca. 135–202) als »häret.«-»gnostisch« eingeschätzt wurde. Nach einer Einteilung des Hippolyt (geb. ca. 170) waren die V. in eine »italien.« und eine »anatol.« Schulrichtung unterschieden. Erstere unterstellt seit der Geburt einen psychischen Leib Christi, letztere demgegenüber einen pneumat. (→ Pneuma). Red

Lit.: C. Markschies, Valentinus Gnosticus, 1992.

Vallabhāchārya (1479–1531), Begründer der gleichnamigen → bhakti-Gemeinschaft, vertrat den Shuddhādvaita, »Reinen Monismus« (→ Vishnusvāmī): → Krishna ist die Welt, die Seelen manifestieren Krishna in Teilaspekten. Ihre Erlösungsfähigkeit ist unterschiedlich; Erlösungsfähige folgen der Gnade, genannt Pushtimārga (sanskr. = Pfad des Wohlergehens). MHO

Lit.: H. v. Glasenapp, Die Lehre V., in: Zs. für Indologie und Iranistik 1933/34, 268–330. – R. K. Barz, The Bhakti Sect of V., 1976.

Vampir (etymolog. zu urslaw. *pyŕ = gefiederte gefangene Totenseele), im slawischen Volksglauben Bezeichnung für die Seele eines Verstorbenen oder einen zum Leben erweckten Leichnam. Der V. wandelt nachts umher, erschreckt die Lebenden oder tötet sie durch Blutsaugen. Grabbefunde bezeugen verschiedene Abwehrmaßnahmen gegen Vampire. Die Umstände, unter denen sich ein Toter zum V. wandelt, sind unbekannt. → Slawische Religion. US

Lit.: R. Grenz, Archäolog. V.-Befunde aus dem westslaw. Siedlungsgebiet, in: ZfO 16 (1967), 255–65. – P. M. Kreuter, Der Vampirglaube in Südosteuropa, 2001.

Vārānasī → Benares.

Vardhamāna, Geburtsname des 24. → Tīrthamkara → Mahāvīra. Seine – in hohem Maße durch hagiograph. Muster überformte – Lebensgeschichte ist Gegenstand vieler Texte des jainist. Kanons: Geboren im Nordosten Indiens verlässt er in jungen Jahren seine Familie und betreibt lange Jahre strengste → Askese, bis er schließlich durch Tilgung allen → karmas Allwissenheit erlangt. Seine Heilsbotschaft verkündend zieht er durch das Land und stirbt – offenbar wenige Jahre vor Buddha – um 500 v. Chr. im Alter von 72 Jahren in Pāvā (in der Nähe des heutigen Patna). TO

Lit.: K. C. Jain, Lord Mahāvīra and his Times, 1974. – A. N. Upadhye, Mahāvīra, 1974.

Vārkarī-Panth (Marathi = Gemeinschaft der Pilger [nach Pandharpur], in der → Sant-Tradition Maharashtras), seit dem 17. Jh. belegte Pilgerfahrt zum Gott Vitthala (→ Krishna), dessen Kult seit dem 12. Jh. den shivait. Kult Pandharpurs überformte. → Jnāndeva, → Nāmdev. MHO

Lit.: G. A. Deleury, The Cult of Vithobā, 1960. – C. Vaudeville, Pandharpur. The City of Saints, in: H. M. Buck/G. E. Yocum (Hg.), Structural Approaches to South Indian Studies, 1974, 137–61.

Varna (von sanskr. varṇa = Farbe), Bezeichnung für die Stände der hinduist. Sozialordnung. → Hinduist. Gesellschaft. AM

Varuna (von sanskr. Varuṇa), vedischer Gott, Hüter der Wahrheit und des Rechts (→ rita). → Vedisches Pantheon. AM

Lit.: → Mitra.

Vasubandhu, buddh. Philosoph aus dem 4. bzw. 5. Jh. n. Chr. Unklar ist, ob es sich bei V. nur um eine Person oder um zwei Personen gleichen Namens handelt: einen älteren, den Yogāchārin aus dem 4. Jh., Bruder und Schüler des → Asanga, und einen jüngeren, den Sarvāstivādin aus dem 5. Jh., Autor des Abhidharmakosha. AM

Lit.: E. Frauwallner, On the Date of the Buddhist Master of the Law V., 1951. – P. S. Jaini, On the Theory of Two Vasubandhus, in: Bulletin of the School of Oriental and African Studies 21 (1958), 48–53. – V. Zotz, Geschichte der buddh. Philosophie, 1996.

Vāsudeva (sanskr. = Sohn des Vasudeva), Beiname → Krishnas. → Hinduist. Pantheon. AM

Vatergott, Bezeichnung für die physisch-genealog. vorgestellte Vaterschaft von Göttern innerhalb eines → Pantheons (z. B. Zeus) oder metaphor. Beschreibung einer → Gott-Mensch-Relation als Vater-Kind-Beziehung (z. B. christl. Theologie). → Gottesvorstellungen. GA

Vaterrecht, Bezeichnung für eine einseitig patriarchal. Dominanz in gesellschaftspolit., sozialen und jurist. Belangen. V. betrifft u. a. die patrilineare Regelung von Abstammungs-, Erb-, Familien- und Wohnrechten und hat religionshistor. vielfach die Ausprägung analoger Gottesvorstellungen nach sich gezogen. GA

Vatikanisches Konzil. Unter den großen Weltversammlungen der Bischöfe der Kirche bilden die beiden Konzile im Vatikan, die einzigen in der Moderne, die eigentl. Konzile des → Katholizismus. Das Erste V. K. 1869/70 war durch extremen Antimodernismus gekennzeichnet (gegen Demokratie, Industrie und Kapitalismus, Aufklärung und Naturwissenschaften, Menschenrechte, Kommunismus), gipfelnd in der Aussage, dass als Lehre (ex cathedra) verkündete Aussagen des → Papstes unfehlbar seien. Trotz der Proteste innerhalb des Katholizismus gegen den Ultramontanismus (»von jenseits der Alpen«) und Abspaltungen (etwa der Altkatholiken) setzte sich diese antimoderne Haltung im Katholizismus durch und begünstigte autoritäre Regimes. Theolog. äußerte sich der Antimodernismus als Neuthomismus und Neuscholastik, in der Frömmigkeit in Heiligenkult und Marienverehrung, im kirchlichen Recht in dem jedem Priester auferlegten Antimodernisteneid von 1910 und dem *codex iuris Canonici* 1917. Mit dem Ziel, die kath. Kirche zur → Moderne hin zu öffnen (italien. aggiornamento), berief Papst Johannes XXIII. das Zweite V. K. ein, das nach seinem Tod Paul VI. weiterführte. Es tagte in vier großen Sitzungsperioden jeweils im Herbst 1962–65 und modernisierte entschieden, wenn auch konservativ, die Lehre und Haltung der Kirche zu den anderen Religionen, zur Einbeziehung der → Laien in den Gottesdienst sowie zu Menschen- und Grundrechten. → Theologie. CA

Quellen: Syllabus von 1864: DH 2901–2980. – *V. K. I:* DH 3000–3075; »unfehlbar«: 3074. – Antimodernisteneid 1910–1967 abgeschafft: DH 3537–3550. – *V. K. II:* DH 4001–4359.

Lit.: K. Rahner (Hg.), Lexikon für Theologie und Kirche, [2]1957–1965, in den Erg.-Bd. 1–3 die lat.-dt. Texte des 2. V. K. – Y. Congar, Pour une église servante et pauvre, 1963. – Y. Congar, Der Laie und der Priester, 1965. – A. B. Hasler, Wie der Papst unfehlbar wurde, 1979. – H. O. Pesch, Das Zweite V. K., 1993, [2]1994. – Y. Congar, Mon journal de concile, 2 Bde., 2002.

Vātsiputrīya (sanskr. = Anhänger des Vātsiputra), buddh. Schule, die sich im 3. Jh. v. Chr. von den Sthaviravādins (→ Theravāda) abspaltete. Ihre Anhänger nahmen die Existenz einer Person (→ pudgala) als Träger des → karmas und Subjekt der Wiedergeburt an. → Buddh. Literatur, → sangha. AM

Veda (sanskr. = Wissen), dt. Veden, Bezeichnung für vier altind. geoffenbarte (→ shruti) Textsammlungen und zugehörige exeget. Texte (→ vedische Literatur). Das Adjektiv »vedisch« bezieht sich auf Rituale, Normen und Werte, die im weitesten Sinne den V.-Texten entnommen sind. Obgleich die Kenntnis des V. selbst unter brahman. Priestern meist mangelhaft ist, besitzt er eine hohe religiöse Autorität und wirkt identitätsstiftend für den → Hinduismus: nach wie vor lernt jeder hochkastige Hindu bei seiner Initiation den → Gāyatrī-Vers aus Rigveda 3.62.10 als eine komprimierte Form des V. Der V. ist damit ein Merkmal für die Zugehörigkeit zum Hinduismus und wird von anderen indischen Glaubensgemeinschaften kritisiert; → Buddhismus, → Jainismus und manche indischen Sekten lehnen den V. als Autorität ab. → Text. AM

Lit.: → Vedische Literatur.

Vedānga (von sanskr. vedāṅga = Glieder des → Veda), sechs im → Sūtra-Stil abgefasste Abhandlungen zu Hilfswissenschaften zur Ausdeutung des Veda: shikshā (Phonetik), chandas (Metrik), vyākarana (Grammatik), nirukta (Etymologie), jyotisha (Astronomie) und kalpa (Ritual). AM

Vedānta (sanskr. = Ende des Veda), System orthodoxer → indischer Philosophie. Textgrundlage sind die → Upanishaden, das → Brahmasūtra und die → Bhagavadgītā. Auf den monist. V. → Shankaras folgen unter Einbeziehung der → bhakti-Religiosität theist. Schulen des → Rāmānuja, → Madhva und → Vallabhāchārya. JG

Lit.: K. H. Potter (Hg.), Advaita V. up to Śaṃkara and his Pupils (Encyclopedia of Indian Philosophies 3), 1981.

Vedāntasūtra → Brahmasūtra.

Vedische Literatur. I. Allgemein. Im engeren Sinne Bezeichnung für vier altind. Sammlungen (samhitā) – Rig-, Sāma-, Yajur und Atharvaveda (s. u.) – von hl., ursprünglich nur mündlich überlieferten → Texten, deren älteste Teile in das 2. Jt. v. Chr. zurückreichen; daran schließen sich Opfer-, Ritual- und mystische Texte wie die → Brāhmanas, → Āranyakas und → Upanishaden sowie die → Vedāngas an. Diese Textgruppen zusammen werden in der einheim. Tradition als → shruti (= das Gehörte) bezeichnet und gelten als von Sehern (→ rishi) geoffenbart. Im Unterschied dazu heißen von Menschen verfasste Texte → smriti (wörtlich = das Erinnerte).
II. Die Sammlungen. Die älteste Sammlung ist der Rigveda, das »aus Versen bestehende Wissen«, die wichtigste Quelle für die Kultur der → Arier. Er enthält in zehn Büchern 1028 metrische Anrufungs- und Götterhymnen, Sprüche und Verse. Das zehnte Buch ist sprachlich das jüngste, den Kern bilden die Bücher 2–7. Der Rigveda wird vom »Ruferpriester« (hotri) rezitiert, der die Götter zum Opfer einlädt. – Der Sāmaveda, das »Wissen von den Melodien (sāman)«, wird vom Sängerpriester bzw. »Aufsänger« (udgātri) gesungen. Er ordnet die Hymnen des Rigveda, mit dem er textlich nahezu ident. ist, nach Gesangsstilen, die für die liturg. Unterstützung der Opferhandlungen wichtig sind. Es handelt sich also eigentl. um eine Art Liederbuch, den biblischen Psalmen vergleichbar. – Der Yajurveda, das »Wissen von den Opfersprüchen« (yajus), wird vom rituell dominierenden »Opferpriester« (adhvaryu) gesprochen und enthält Ritualanweisungen für die Opferverrichtungen und Ausdeutungen des Opferrituals. Er ist in mehreren Rezensionen überliefert, z. B. als Schwarzer Yajurveda (mit der alten Taittirīya-Samhitā, eigentlich ein Brāhmana-Text) oder als Weißer Yajurveda mit vielen Opfersprüchen. – Der Atharvaveda, das »Wissen von den [Zaubersprüchen der] Atharvans (und Angiras)«, der lange Zeit nicht als autoritativ anerkannt wurde, enthält meist metrische Hymnen, in denen es hauptsächlich um Abwehr von Dämonen und Unheil geht. Deshalb wird er auch als Zauberbuch bezeichnet.
III. Die Opfertexte. Die Brāhmana-Texte, die an die vedischen Sammlungen anschließen, sind Prosatexte mit Vorschriften zur Durchführung und mit Erklärungen des Opferrituals (→ Opfer). Am bekanntesten ist das wohlgeordnete, umfangreiche → Shatapatha-Brāhmana (»Brāhmana der Hundert Pfade«), das zum Weißen Yajurveda zählt (s. o.); es ist aber nicht das älteste Brāhmana, denn es erwähnt bereits die östlichen Regionen Indiens, die erst relativ spät mit der Einwanderung der Arier erschlossen wurden. – Den Schlussteil der Brāhmanas bilden die Āranyakas (»Wildnistexte«), die jene Ausdeutungen des Opferrituals enthalten, die vermutlich wegen ihrer spirituellen Gefährlichkeit außerhalb der Siedlungen gelehrt werden mussten.
IV. Mystisch-philosoph. Texte. Teil der Āranyakas sind wiederum die mystisch-philosoph. → Upanishaden, die den Veda im engeren Sinne bzw. die shruti abschließen. Die alten Upanishaden sind oft Lehrgespräche zu naturphilosoph. Ideen. Erstmalig werden die Seelenwanderungslehre, die Lehre von der Identität von Einzelseele (→ ātman) und dem Absoluten (→ brahman) und das asket. Ideal vom Leben als Waldeinsiedler ausgedrückt. Kritisiert wird das bloß äußere Opfer, stattdessen wird Wissen, Erkenntnis und Befreiung vom Leid gesucht. Zu den älteren Upanishaden gehören die Brihadāranyaka- und die Chāndogya-Upanishaden. Als jünger und nachbuddh. gelten die metrischen Upanishaden, z. B. die Katha-, Īsha- oder die theist. Shvetāshvatara-Upanishaden. Noch jünger sind die zahlreichen, etwa ab dem 11. Jh. und bis in die Neuzeit hinein verfassten Upanishaden (Samnyāsa-, Yoga-, Vedānta-, Shiva-, Vishnu- oder Shakti-Upanishaden). Die meisten älteren Upanishaden sind immer wieder von Gelehrten und Heiligen, darunter → Shankara, kommentiert worden.
V. Ritualtexte. Zum Veda im weiteren Sinne gehören auch in einem knappen, formelhaften Stil abgefasste → sūtras (»Leitfäden«), in denen das vedische Opfer ausgelegt und ausgedeutet, systematisiert und erweitert wird. Diese Texte, kalpa (»Ritual«) genannt, die ohne Kommentare oft nicht verständlich sind, bilden eines von sechs Gliedern des Veda (→ Vedānga), sind aber in der Regel deutlich jünger als die anderen. Im Vordergrund steht das vedische Opferritual, verbunden mit Vorschriften für ein religiös-sittliches Leben. Die Shrautasūtras behandeln die

Ausführung des Opferrituals und werden durch spezielle sūtras wie etwa die Shulvasūtras mit geometr. Vorschriften für die Anlage von Opferplätzen ergänzt. Die Grihyasūtras erfassen die häuslichen Rituale und Pflichten, die Dharmasūtras beziehen sich auf die allgemeinen sittlichen und rechtlichen Normen. An die Dharmasūtras knüpfen später umfangreiche Rechtstexte und -kompendien (→ Dharmashāstra) an. → Hinduist. Literatur, → Kanon. AM

Ü.: K. Geldner, Der Rig-Veda, 3 Bde., 1951–57. – P. Thieme, Gedichte aus dem Rig-Veda, 1964.
Lit.: J. Gonda, Die Religionen Indiens, Bd. 1, 1960, ²1978. – J. Gonda (Hg.), A History of Indian Literature, 1973. – M. Witzel, Vedas and Upanișads, in: G. Flood, The Blackwell Companion to Hinduism, 2003, 68–101.

Vedische Religion, Bezeichnung für die vorhinduist. Religion Indiens, die sich auf den → Veda bezieht. (1) In der Frühphase (bis 1750 v. Chr.) bildet sich die v. R. auf dem Hintergrund und in der Begegnung mit vorved. Naturreligion und der Industalkultur (ca. 2500–1500) heraus. Letztere ist gekennzeichnet durch hoch entwickelte Stadtanlagen mit Bewässerungssystemen, Häusern aus Ziegeln und einer vermutlich ständischen Gesellschaftsordnung mit theokrat. Führungseliten; piktograph. Siegelinschriften und Terrakotten, die Gottheiten abbilden, sind belegt. Obwohl die Entzifferung der Indusschrift noch aussteht, kann auf ein starkes Priestertum, auf Animismus, Dämonenkult, Fruchtbarkeitskulte und die Verehrung von Naturgewalten und Muttergottheiten geschlossen werden. (2) Mit der Einwanderung indoiran. Viehnomaden von Nordwesten entsteht die eigentl. v. R. (1750–500 v. Chr.). Die sie tragende Gesellschaft ist gekennzeichnet durch den allmählichen Übergang vom Halbnomadentum zur Sesshaftigkeit und zur Herausbildung erster Königtümer. In der frühved. Zeit (ca. 1750–1200 v. Chr.) entstanden die Bücher 1–9 des Rigveda (→ Vedische Literatur); sie berichten von Kämpfen mit den Ureinwohnern und von einem polytheist. Pantheon, in dem vielfach gestalthafte Naturerscheinungen, deifizierte moral. Prinzipien sowie vergöttlichte Mächte und Dämonen erscheinen, aber nur vergleichsweise wenige personale Götter auftreten. Der Kult, meist unter freiem Himmel mit wechselnden Opferstätten, wird beherrscht durch das → Opfer in Gestalt von Tieropfern (auch Rinderopfern) und dem halluzinogenen → Soma-Getränk. (3) In der mittelved. Zeit (ca. 1200–900 v. Chr.) setzt sich die Besiedlung im oberen Gangestal (Panchāla, Kuru, das heutige westliche Uttar Pradesh) fort. Es kommt zu ersten Staatenbildungen, berufsständ. Gliederungen, der Vorrangstellung der Brahmanen, einer zunehmenden Ritualisierung des Opferwesens und einer magischen Weltanschauung, aber auch zu erster asket. Kritik an der ritualisierten Opferpraxis. (4) In der spätved. Zeit (900–500 v. Chr.) erfolgt die Besiedlung der unteren Gangesebene (etwa das heutige nördliche Bihar); es entstehen zentralist. Königtümer (janapāda), die Gesellschaftsordnung des → Varna-Systems, Geld und Handel, ein naturphilosoph., erkenntnisbezogener Monismus, der Gedanke der → Erlösung und eine mythisch-allegor. Ausdeutung des Opfers. → Hinduismus, → Veda. AM

Ü.: K. Geldner, Der Rig-Veda, 3 Bde., 1951–57. – P. Thieme, Gedichte aus dem Rig-Veda, 1964.
Lit.: A. Hillebrandt, Vedische Mythologie, 3 Bde., 1891–1902. – H. Oldenberg, Religion des Veda, 1894, ²1917. – A. B. Keith, Religion and Philosophy of the Veda and Upanishads, 1925. – J. Gonda, Die Religionen Indiens, Bd. 1, 1960, ²1978. – J. Gonda, Vedic Ritual. The Non-Solemn Rites, 1980. – T. Oberlies, Religion des Ṛgveda, 3 Bde., 1998ff. [bisher 2 Bde. erschienen]. – M. Witzel, Das Alte Indien, 2003.

Vedisches Pantheon, Gesamtheit der Gottheiten der → vedischen Religion. Kennzeichnend ist, dass die Gottheiten meist deifizierte Naturgewalten, vergöttlichte moral.-ethische Prinzipien und verschiedene Potenzen und Mächte verkörpern. Hierzu zählen: (a) Naturgötter, deifizierte Naturgewalten und -erscheinungen: Indra (Krieger, Herrscher, Sturm, Gewitter), Agni (Gott »Feuer«, Priester, Götterbote, Personifikation des Opfers; stammverwandt lat. ignis), Sūrya (Gott »Sonne«), Dyaus (Gott »Himmel«; vgl. griech. Zeus), Prithivī (Göttin »Breite Erde«), Maruts (Sturm, Donner, Gewitter; Söhne Rudras, Begleiter Indras), Vāyu bzw. Vāta (Gott »Wind«, Sturm, Donner), Savitri (Gott »Sonne«, Antreiber), Sītā (Göttin »Furche«), Sarasvatī (Flussgöttin); (b) Ordnungsgötter, deifizierte moral.-ethische Prinzipien: Varuna (Gott »Wahrheitswort«, Wasser, kosmische Ordnung), Āditya(s) (Prinzipien des Universums in unterschiedlicher Anzahl, Abkömmlinge von Aditi), Rita (»Recht, Ordnung«), Mitra (Gott »Freund«, Vertrag), Brahman (Gott »Formung, Gestaltung«, hl. Formel, später Absolutum → brahman); (c) Schöpfungs-, Raum- und Menschen-Götter: Brahmā, Brihaspati (Oberherr), Vishvakarman (Architekt), Tvashtri (»Former«, Künstler; Sohn des Dyaus), Daksha-Prajāpati (Demiurg); Rudra (»Heuler«, Heiler und Krankmacher, späterer Beiname: Shiva; Sitz im Norden, Bestrafer der Götter), Vishnu (Durchschreiter der drei Welten), Purusha (»Mensch«, Urwesen), Yama (Herrscher über die Toten; erster Sterblicher), Manu (erster »Mensch«, Urvater), Rishis (Sieben »Seher«, Stammväter, Priester); (d) Potenzen und Mächte: Soma (»Lebenssaft«, Trunk der Unsterblichkeit), Manyu (»Kampfeswut«), Ojas (kreative Macht), Tapas (»Hitze«, Glut, Macht, Askese), Tejas (»Licht«, Hitze, Schärfe, Energie), Māyā (Wunderkraft), Takman (»Fieber«); (e) Gegengötter, Geister, Dämonen: asura (Gegengötter), dāsyu, dāsa (Götterfeinde, Kräfte des Dunklen), apsaras (Wassernymphen), gandharvas (Dämonen, vorwiegend im Luft- oder Lichtreich), rākshasas (Böse Geister), pishāchas (Leichendämonen), Vritra (Schlangendämon). → Gottesvorstellungen, → Hinduist. Pantheon, → Pantheon, → Vedische Literatur, → Vedische Religion. AM

Lit.: A. Hillebrandt, Vedische Mythologie, 2 Bde., 1891–1902, ^{2}1927–29. – A. A. MacDonell, The Vedic Mythology, 1897, ^{2}1963. – A. M. Macdonell/A. B. Keith, Vedic Index of Names and Subjects, 2 Bde., 1912. – H. W. Haussig, Götter und Mythen des indischen Subkontinents, 1984. – S. auch → Vedische Literatur.

Vegetationskult. (1) Der Begriff wurde durch W. → Mannhardt (1831–80) geprägt, der – wie F. M. → Müller und J. → Grimm – in der dt. bzw. german. Mythologie der »Kindheit« der Menschheitsgeschichte nachspürte (→ Mythos). In Sitten und Erzählgut der Landbevölkerung seiner Zeit wollte er Überbleibsel früherer Kulturstufen finden. 1865 versandte er Tausende von Fragebögen in Deutschland, Frankreich, Holland, Dänemark und Russland. Abgefragt wurden Informationen zum Erntebrauchtum. Die Auswertung der 2100 Antwortschreiben ergab für Mannhardt ein klares Bild alter Glaubensvorstellungen, das er in *Die Korndämonen* (1868) präsentierte. Demnach sei ein tiergestaltiger → Dämon für das Wachstum der Vegetation verantwortlich. Dieser wohnt im Getreidefeld und flieht bei der Ernte vor den Erntearbeitern bis in die letzte Garbe. Das Töten des Dämons ist, obgleich höchst gefährlich, dennoch notwendig, denn nur durch erneute Zeugungen ist der Fortbestand der Vegetation gewährleistet. Unter Heranziehung antiker Überlieferungen und ergänzt durch Materialien zum german. Baumkult rekonstruierte Mannhardt in *Wald- und Feldkulte* (1875/77) einen archaischen V. (2) Hundert Jahre später befasste sich I. Weber-Kellermann erneut mit dem Mannhardt'schen Fragebogen und zeigte, dass Mannhardt weder auf die regionale Verbreitung der Erntebräuche geachtet noch die veränderte sozioökonom. Struktur des Bauerntums auf der Rechnung hatte. Der Brauch, den Gutsherrn zu fesseln, war demnach keine symbol. Fesselung und Tötung des entfliehenden Korngeistes, sondern entpuppte sich als Heischebrauch einer neuen sozialen Schicht der Landarbeiter. Aus einem uralten barbar. V. ist eine junge Forderung nach sozialem Ausgleich geworden (Kippenberg). → Ackerbau, → Dema-Gottheiten, → Natur. PJB

Lit.: J. W. E. Mannhardt, Die Korndämonen: zur german. Sittenkunde, 1868. – J. W. E. Mannhardt, Wald- u. Feldkulte, 2 Bde., 1875/76. – I. Weber-Kellermann, Erntebrauch in der ländlichen Arbeitswelt des 19. Jh.s, 1965. – H. G. Kippenberg, Die Entdeckung der Religionsgeschichte, 1997, 120–28.

Ventilsitte, soziolog. Modell, nach dem das »Dampfablassen« an bestimmten festgelegten Tagen die Konfliktpotentiale innerhalb einer → Gesellschaft entschärfen kann. Umkehrrituale wie → Karneval bestärken durch das Spiel der Verkehrung die Alltagsordnung. → Alltag, → Gesellschaft. CA

Lit.: C. Auffarth, Der drohende Untergang, 1991, 1–39.

Venus. Die röm. → Göttin V. gewinnt mit dem Aufstieg der julisch-claudischen Familie zur Kaiserdynastie (Mitte des 1. Jh.s v. Chr. – 68 n. Chr.) eine herausragende Bedeutung, galt sie doch als göttliche Mutter (lat. genetrix) des Stammvaters Aeneas. Julius Caesar ließ ihr einen Tempel bauen, in dem die genealog. Linie von V. in Troja bis zu Caesar aufgezeigt wurde. Diese V. genetrix verändert die Bedeutung der V. in der röm. Religion, die bis dahin geprägt war durch die V. vom Eryx (phönik.-punische Tanit): Deren Heiligtum auf Sizilien war 249 in die röm. Herrschaft gezwungen worden, ihr Kultbild wurde 215 als Votiv nach Rom entführt und erhielt auf dem Capitolium, also neben Jupiter O. M., einen Tempel. CA

Lit.: R. Schilling, La religion romaine de V., 1954, [2]1982. – K. Galinsky, Aeneas, Sicily, and Rome, 1969. – E. Schmidt, Art. »V. «, in: LIMC 8,1, 1997, 192–230. – H. Kunz, Die Religion der röm. Provinz Sizilien, 2004.

Verdrängung. Der von S. → Freud entwickelte Begriff ist ein Schlüsselkonzept der → Psychoanalyse. V. ist ein zentraler Abwehrmechanismus des Ich: Triebbedürfnisse und damit verbundene Handlungen, Einstellungen, Erlebnisinhalte und Vorstellungen werden aus dem → Bewusstsein ins Unbewusste verdrängt, können von dort aus jedoch verhaltensbestimmend weiterwirken. In Phantasien, Träumen und Handlungen können verdrängte Inhalte symbol. Gestalt gewinnen. Auch Religion kann im Dienste der V. und Abwehr stehen, wenn sie dazu beiträgt, unliebsame Inhalte (Aggression, Sexualität) oder Konflikte und Ambivalenzen vom Ich fern zu halten. SM

Lit.: A. Freud, Das Ich und die Abwehrmechanismen, 1936, [16]2000. – K. König, Abwehrmechanismen, 1996.

Vereinigung → Einigung, → Erotik, → Mystik, → Sexualität.

Verfall → Dekadenz.

Verhalten, allgemeine Bezeichnung für die Aktivität oder Reaktivität eines Organismus. Im Unterschied zum → Handeln wird V. nicht notwendig durch einen subjektiv gemeinten → Sinn getragen, sondern kann instinktiv-reflexhaft motiviert sein. Untersucht wird V. im Rahmen biolog. V.-Forschung (Ethologie), psycholog. Lerntheorien (Behaviorismus) und soziolog. Austauschtheorien. In der Religionswissenschaft hat sich v. a. die Humanethologie etabliert. So legte W. Burkert bereits 1981 die etholog. Plausibilität von Opferritualen dar und widmete der Religion 1996 eine umfangreiche soziobiolog. Betrachtung. Danach ist Religion im Überlebenskampf insofern förderlich, als sie Krisensituationen meistern hilft und eine Grundlage für Zusammenschlüsse schafft. Abträglich sind hingegen religiös motivierte → Askese (v. a. sexuelle Enthaltsamkeit) und Selbstschädigung (v. a. Selbstentleibung). Unter der Voraussetzung, dass Rituale eine Vorform der Religion darstellen, erschließt sich für die religiöse → Evolution ein weiter Zeitraum. Wie bei Sprache und Sprechapparat kulturelle und biolog. Evolution miteinander verwoben sind, so hat auch religiöses V. einen hybriden Charakter. Entgegen der landläufigen Kritik ist religiöses V. im soziobiolog. Zugriff also nicht nur Erfolg sondern auch Determinante von Evolution. AKN

Lit.: W. Burkert, Creation of the Sacred. Tracks of Biology in Early Religions, 1996. – A. Michaels, Religionen u. das neurobiolog. Primat der Angst, in: F. Stolz (Hg.), Homo naturaliter religiosus, 1997, 91–136.

Verkehrte Welt. Die v. W. stellt die Ordnung des → Alltags auf den Kopf, zeitlich im Spielraum eines → Festes begrenzt (Umkehrritual, wie etwa → Karneval) oder räumlich nach außen verlegt in die → Unterwelt, zu den Antipoden auf der anderen Seite der Erde oder in ein Schlaraffenland (franz. cocagne). Die Verkehrung ist begrenzt, ihre Regeln können aber auch eine Gegenordnung attraktiv machen, die auf Dauer – oder in einer Sub-Gesellschaft – zur normalen Ordnung wird (V. → Turners Communitas). → Gegenwelt. CA

Lit.: B. Babcock, The Reversible World, 1978. – C. Auffarth, Der drohende Untergang, 1991.

Versicherung. Religionssoziolog. und psycholog. können religiöse Praktiken und Rituale als Abwehr von Unsicherheit gedeutet werden, v. a. in einem Zusammenhang von → »do ut des« (z. B. Befriedung zornvoller Gottheiten, die als Naturkatastrophen erscheinen, durch → Opfer). Sie sollen damit ein sorgenfreies Leben in Sicherheit (lat. securitas) garantieren. Mit den parallel zur Kulturentwicklung steigenden Sicherheitsbedürfnissen wächst das Verlangen nach möglichst umfassenden V., die die Abhängigkeit von Faktoren der → Kontingenz beenden sollen. → Religionsökonomie. JS

Lit.: B. Gladigow, Art. »Sicherheit«, in: MLR 3, 2000, 305–08.

Versöhnungsfest → Jom Kippur.

Verwandtschaft. I. Allgemein. Bei der V. handelt es sich um ein Ordnungsprinzip, durch welches Beziehungen von Individuen und Gruppen innerhalb einer Gesellschaft benannt und geregelt werden; um ein soziales Konstrukt, das auf der Tatsache der sexuellen Reproduktion basiert, die kulturell interpretiert wird. Es existiert keine menschliche Gesellschaft ohne V.-Ordnung. V. ist von zentraler Bedeutung für die Kategorien → Identität und → Person und beeinflusst direkt oder indirekt soziale Strukturen, Ökonomie, polit. Organisationen, Statuspositionen, Rechtssysteme und Religionen.

II. Struktur. (1) Verwandtschaftliche Zuordnungen erfolgen aufgrund von → Alter, → Geschlecht, Abstammung (Deszendenz) und Heirat (Affinalität). (a) Unterschieden wird lineare und kollaterale Deszendenz. So sind z. B. Vater, Sohn und Enkel linear (einlinig, auf- und absteigend) verwandt, Schwester, Cousine und Nichte gelten als kollateral (in Nebenlinie, horizontal) verwandt. (b) Wird V. sowohl über die mütterliche wie über die väterliche Linie abgeleitet, spricht man von kognat. (auch bilateraler oder multilinearer) Deszendenz. Patrilineare Deszendenz (Abstammung über die männliche Linie) und matrilineale Deszendenz (Abstammung über die weibliche Linie) sind Formen unilinearer Deszendenz. (c) Patrilineare bzw. matrilineare Deszendenz sind jedoch nicht mit → Patriarchat bzw. → Matriarchat gleichzusetzen, da die V.-Ordnung zunächst nichts über → Macht und → Herrschaft aussagt. (2) Um das Verständnis fremder V.-Systeme zu erleichtern, empfiehlt es sich, drei Aspekte zu unterscheiden: (a) Terminologie. Unterschiedliche (deskriptive und klassifikator.) V.-Begriffe bilden die Grundlage geschichtlicher Rekonstruktionen, formaler Analysen, von Typologien und abstrakten mathemat. Modellen. (b) Recht. Straf-, Erbschaftsrecht, Konfliktschlichtung, moral. Normen und der allgemeine Verhaltenskodex stehen in Abhängigkeit von V.-Regeln. (c) → Handeln. Individuelles und kollektives → Verhalten verweisen auf das komplexe Verhältnis zwischen kultureller Praxis und Vorschriften der V.-Ordnung.

III. Forschung. (1) Methoden, Terminologie und Theorien der V.-Forschung entwickelten sich aus der ethnolog. Beschäftigung mit überschaubaren nichtwestlichen Gesellschaften, in denen V. alle Lebensbereiche berührt. Der Gegenstand, die V., wird bis heute kontrovers diskutiert. Bereits in den evolutionist. Rekonstruktionen früher Formen menschlicher Gesellschaft durch die Rechtsgelehrten H. Maine (1822–88), J. McLennan (1827–81) und L. H. Morgan (1818–81) nahmen Heiratssysteme, und damit V., eine prominente Stellung ein. Maine sah in der patriarchalen Kernfamilie das Urmodell, wohingegen McLennan von einer generellen Promiskuität ausging, die später durch matrilineare und schließlich durch patrilineare Deszendenz abgelöst wurde. McLennan verband Matrilinearität mit der Heiratsregel der → Exogamie und dem Konzept des Totemismus (→ Totem) und stellte damit als erster einen engen Zusammenhang von Religion und Sozialordnung her. (2) Der Aufstieg des → Funktionalismus und die Verbreiterung der Datenbasis durch die Praxis der Feldforschung führte zur Entwicklung der Deszendenz-Theorie (v. a. A. R. Radcliffe-Brown, 1881–1955). Schlüsselkonzept hierbei ist die unilineare Abstammungsgruppe (→ lineage). Dieses Modell war stark durch afrikan. V.-Systeme geprägt und fand seine Alternative in der strukturalist. Allianztheorie eines C. → Lévi-Strauss: Nicht die Ideologie der gemeinsamen Abstammung wird hier in den Vordergrund gestellt, sondern die Heirat als (Frauen-) Tauschvorgang, mit dem Ziel, oppositionelle Systeme zu verbinden. (3) In der neueren V.-Forschung werden die kulturellen, speziell symbol. Grundlagen von Vorstellungen (gemeinsames »Blut«, »Samen«, »Zeugung« u. a.) und von kodifiziertem Verhalten thematisiert. P. Bourdieu (1930–2002) versteht V. als Reservoir von Praktiken, die den materiellen und symbol. Interessen des Individuums dienen. Grundlegende Kritik wird von feminist. Theoretikerinnen geäußert, die eine Neukonzeption des V.-Begriffs aus einer konsequent an → Gender orientierten Sichtweise einfordern. Zudem stellen die Möglichkeiten der neuen Reproduktionstechnologien eine Herausforderung für das Konzept der V. dar. → Familie, → Gesellschaft. PJB

Lit.: C. Lévi-Strauss, Les structures élémentaires de la parenté, 1949. – A. R. Radcliffe-Brown/D. Forde (Hg.), African Systems of Kinship and Marriage, 1950. – P. Bourdieu, Esquisse d'une Théorie de la Pratique, 1972. – E. W. Müller, Sozialethnologie, in: H. Fischer (Hg.), Ethnologie. Eine Einf., 1983, 145–79. – D. M. Schneider, A Critique of the Study of Kinship, 1984. – J. Fishburne Collier/S. Yanagisako (Hg.), Gender and Kinship: Essays Toward a Unified Analysis, 1987. – A. Kuper, The Invention of Primitive Society, 1988. – M. Strathern, Reproducing the Future: Essays on Anthropology, Kinship and the New Reproductive Technologies, 1992. – A. Good, Art. »Kinship«, in: A. Barnard/J. Spencer (Hg.), Encyclopedia of Social and Cultural Anthropology, 1996, 311–18.

Vesta/Vestalinnen. Die röm. Göttin V. wurde in einem zentralen Tempel auf dem Forum Romanum als Beschützerin der Kontinuität der Gemeinschaft im Zeichen des Feuers im Herd verehrt. Dafür dass das Feuer immer brannte, sorgten die unmittelbar im Haus neben dem Tempel wohnenden sechs Vestalinnen. Der pontifex maximus »ergriff« (lat. capere) dafür die

Mädchen, die dann 30 Jahre lang die Ehre einer Vestalin mit dem Verzicht auf den Status als Ehefrau und Mutter bezahlten. Übertraten sie das Gebot der Jungfräulichkeit, wurden sie vom pontifex maximus mit der Todesstrafe bestraft. CA

Quellen: Plinius, Epistolae 4,11. – Plutarch, Vita Numae 9–10. – Livius 1,20.
Lit.: H. Cancik-Lindemaier, Kultische Privilegierung und gesellschaftliche Realität, in: Saeculum 41 (1990), 1–16. – C. R. Phillips, Art. »V.«, in: DNP 12/2, 2002, 130–32. – H. Cancik-Lindemaier, Art. »Vestalin«, in: DNP 12/2, 2002, 132–33.

Via dolorosa (lat. = der schmerzensreiche Weg), führt in → Jerusalem vom Damaskustor zum Golgotha und zur Grabeskirche. Franziskan. Frömmigkeit ahmt auf der v. d. den Leidensweg Jesu nach, wie dieser Bettelorden auch die menschliche Seite Jesu in der Krippenfrömmigkeit populär machte. Das Schweißtuch der Veronica oder »der wandernde Jude« werden dadurch populär. Die Passionsfrömmigkeit hat im Spätmittelalter die v. d. in den Stationenwegen zu Bergkapellen und schließlich im Kircheninnern abgebildet und eine regelmäßige Jahresprozession kanonisiert. CA

Vicar/Vikar (von lat. vicarius = Stellvertreter), Inhaber eines → Amtes der Stellvertretung. Nach röm. Rechtsbrauch kann für den Fall, dass die Aufgabenfülle die Fähigkeiten eines Amtsinhabers prinzipiell oder temporär überschreitet, ein von diesem Amt völlig abhängiger Dienst eingerichtet werden, der keine Eigenwirksamkeit (lat. potestas propria) besitzt, sondern ganz im Namen und in Stellvertretung des Wurzelamtes ausgeübt wird (lat. potestas vicaria). So ist der General-V. der ständige Stellvertreter des röm.-kath. → Bischofs hinsichtlich seiner Exekutivgewalt, der Pfarr-V. ein in Stellvertretung agierender Gemeindeleiter usw. KHS

Vico, Giambattista (1668–1744), italien. Philosoph, der Mensch und Geschichte in dynam. Einheit sieht. Seine Art, die Menschheit als in ihrer Geschichte und → Kultur handelnde zu beschreiben – ohne Gottes Eingreifen –, stellt den neuzeitlichen Anfang einer → Kulturwissenschaft dar. MB

W.: Prinzipien einer neuen Wissenschaft (dt. Ü. und Einl. von V. Hösle u. C. Jermann), 2 Bde., 1990.
Lit.: K. Löwith, Weltgeschichte und Heilsgeschehen, 1983 (engl. 1949), 125–49. – P. Burke, V., Philosoph, Historiker, Denker einer neuen Wissenschaft, 2001.

Vidēvdāt, auf Rechtsfragen bezogener Teil des → Avesta, dessen Rezitation in Ritualen der Beseitigung von → Unreinheit dient. MH

Vier Edle Wahrheiten (pāli cattāri ariyasāccani; sanskr. catvāri āryasatyāni), schemat. Formulierung der buddh. Erlösungslehre, die als die ursprüngliche Verkündigung des Buddha gilt: (1) die Wahrheit vom Leiden (→ duhkha), (2) die Wahrheit von der Entstehung des Leidens (→ trishna), (3) die Wahrheit von der Aufhebung des Leidens (→ nirvāna), (4) die Wahrheit von dem zur Aufhebung des Leidens führenden Weg (→ Achtgliedriger Weg). → bodhi, → Buddhismus, → Erlösung. AM

Lit.: H. Eimer, Skizzen des Erlösungsweges in buddh. Begriffsreihen, 1976.

Vihāra (sanskr., pāli = Wohnort). (a) Buddh. Kloster: In der Frühzeit des Buddhismus lebten nach einem Gebot Buddhas Mönche und Nonnen nur in der Regenzeit an festen Orten. Erst später kam es zur Gründung fester Klöster; (b) »geistige Verweilzustände« in der buddh. Meditation (→ dhyāna). AM

Lit.: S. Dutt, Buddhist Monks and Monasteries of India, 1962.

Vijnāna (von sanskr. vijñāna, pāli viññāṇa = Bewusstsein, Erkennen). (a) Im Buddhismus eine der fünf körperlich-geistigen Daseinserscheinungen (→ dharma, skandha), aus denen ein Mensch besteht (→ anātman); v. ist differenziert in sechs Bewusstseinsarten, die jeweils durch den Kontakt eines der Sinnesorgane (Auge, Ohr, Nase, Zunge, Körper, Geist) mit seinem jeweiligen Sinnesobjekt (Sehobjekt etc.) entstehen, also Sehbewusstsein, Hörbewusstsein etc. (→ Yogāchāra, → Sautrāntika); (b) im Hinduismus u. a. der höchste Bewusstseinszustand und die Erkenntnis des → brahman. AM

Vikar → Vicar.

Vily (urslaw., Sing. Vila; zur indoeurop. Wurzel *ēi- = jagen, verfolgen; daraus sloven. víla = Zauberin), bes. im ost- und südslaw. Volksglauben bezeugte Nymphen, die als die Seelen verstorbener Mädchen gedacht sind, die in Bergen, Gewässern und in der Luft hausen. Mit übernatürlichen Kräften begabt, können sie den Menschen schaden, gelten aber auch als heilkundig. Später wurde aus der »Frau, die zaubern kann« ein »Geistwesen, das zaubern kann«. In den

Reden verschiedener christl. Geistlicher (sog. »Slovo« aus dem 11./12. Jh., erhalten in Abschriften aus dem 14.–16. Jh.) werden die V. mit den slawischen Göttern in eine Reihe gestellt. → Slawische Religion. US

Lit.: N. Reiter, Mythologie der Alten Slaven, in: H. W. Haussig (Hg.), Wb. der Mythologie, Bd. 2, 1973, 5, 170f., 203f. – A. V. Tkaev, Bogi i demony, 2003.

Vinaya-Pitaka (von sanskr., pāli v.-piṭaka = Korb der Disziplin), ältester erster Teil des buddh. Dreikorbs (→ Tripitaka). Im → Pāli-Kanon besteht er aus dem Suttavibhanga, dessen Grundlage das → prātimoksha bildet, dem Khandhaka/Vinayavastu, den Bestimmungen, die das Leben der Mönche und Nonnen regeln, und dem jüngeren Parivāra, einer Art Anhang und Inhaltsangabe. V. anderer Schulen sind z. T. nur noch in Übersetzungen erhalten. → Buddh. Literatur. AM

Ü.: I. B. Horner, The Book of the Discipline, 3 Bde., 1938–42.
Lit.: C. Holt, Discipline, The Canonical Buddhism of the V., 1981.

Vipassanā (pāli; sanskr. vipaśyanā = Hellblick), durch beharrlich praktizierte Meditation zu entwickelnde buddh. Erkenntnisfähigkeit, die die Erleuchtung ermöglicht. → dhyāna. AM

Viracocha (Quechua = Schaum/Fett des Meeres bzw. Wassers), Schöpfergott der → Inka. Der Name spielt auf das für die Fruchtbarkeit unentbehrliche Wasser und auf Schaum bzw. Fett als Sitz der Lebenskraft und als Opfergabe an. V. trat in mehreren Aspekten auf, trennte → Tag und Nacht, erschuf die → Sonne, alle Gestirne und die Menschen. In Gebeten rief man ihn als Schöpfer an. IG

Lit.: A. A. Demarest, V. The Nature and Antiquity of the Andean High God, 1981.

Virtus → Tugend.

Vishishtādvaita Vedānta (sanskr. viśiṣṭādvaita), qualifizierter Monismus, vertreten im theist. → Vedānta des → Rāmānuja. → Indische Philosophie. JG

Vishnu (von sanskr. viṣṇu = Durchdringer, andere Namen: [Shesha-]Nārāyana), hinduist. Hochgott, meist dargestellt mit vier Attributen: Rad, Keule, Lotos und Muschelhorn. V. hat oft die Funktion des Schöpfers und Erhalters (→ trimūrti). → Hinduist. Pantheon, → Vedisches Pantheon, → Vishnuismus. AM

Lit.: J. Gonda, Aspects of Early Viṣṇuism, 1954. – S. M. Gupta, V. and his Incarnations, 1974.

Vishnuismus (engl. Vaishnavism), Sammelbezeichnung für verschiedene religiöse Gruppierungen, die → Vishnu oder eine seiner Erscheinungsformen verehren. Der V. wird oft in Traditionen (sampradāya, → Hinduismus) aufgeteilt, die der → bhakti nahe stehen. → Ālvār, → Chaitanya, → Rāmānuja. AM

Lit.: R. G. Bhandarkar, Vaiṣṇavism, Śaivism and Minor Religious Systems, 1913. – J. Gonda, Aspects of Early Viṣṇuism, 1954.

Vishnusvāmī (12./13. Jh.), angeblicher Vorgänger Vallabhas (→ Vallabhāchārya); zu seiner Lehre eines »Reinen Monismus« (Vishuddhādvaita) weist jedoch Vallabha selbst Differenzpunkte auf und nennt V. auch nicht als Gründer des von ihm selbst gestalteten Systems. MHO

Lit.: S. N. Dasgupta, A History of Indian Philosophy, Bd. 4, 1922, ND 1975, 382–83. – G. H. Bhatt, V. and Vallabhācārya, in: Proceedings of the All-India Oriental Conference 7 (1933), 449–65.

Vishva Hindū Parishad (sanskr., hindī = Welt-Hindu-Rat), gegründet 1964. Die V. H. P. versteht sich als Vertretung des »Hindutums« (→ hindutva) und als dessen nichtpolit. Arm, der diesem im Kampf um Selbstbehauptung, internationale Konsolidierung und Befreiung von Fremdbestimmung Beistand leistet. Er ist verbunden mit der hindu-nationalist. Kaderorganisation Rāshtrīya Svayamsevak Sangh (RSS) und parteipolit. mit der Bhāratīya Janatā Party (BJP). MHO

Vishvarūpa (sanskr. viśvarūpa = All- oder Vielgestaltiger). (1) Epitheton hinduist. Götter, bes. → Vishnus; (2) Sohn des Tvashtri, des mythischen Werkmeisters der Götter. → Hinduist. Pantheon. JBU

Vision (von lat. visio = Sehen, Erscheinung), Erscheinung vor dem »geistigen Auge«, optische Halluzination, paranormale Schau. Ob spontan erlebt (etwa ausgelöst durch eine Krise), herbeigeführt durch bestimmte Techniken (Fasten, Wachen, aktive Imagination, Drogen, intensive Bildbetrachtung) oder als literar. Topos spielen

V.-Berichte und Traumgesichte – oft in Verbindung mit → Auditionen – in Berufungs- und Konversionserzählungen, Kultaitiologien, Offenbarungen, Prophetie, → Apokalypse, → Hagiogaphie, ekstat. → Mystik und → Schamanismus eine wichtige Rolle. Ihr sinnlicher »Realitätsgehalt« dient sozio-religiöser Legitimierung und der Erbauung. Der Inhalt einer V. unterliegt kultureller Vorprägung und Plausibilität: einem Christen wird Jesus oder Maria »erscheinen« und nicht → Kālī oder → Krishna, aber der indische Ekstatiker → Ramakrishna hatte aufgrund entsprechender Antizipationen und Meditationen V. von Kālī und Krishna wie auch von → Jesus und → Maria. Aufsteigende Bilder aus dem Unterbewusstsein, Träume, amorphe Lichterscheinungen und Hellsichtigkeit können indes auch zu neuen Einsichten führen. AW

Lit.: E. Benz, Die V., 1969. – P. Dinzelbacher, V. u. V.-Lit. im Mittelalter, 1981. – B. Hollenback, Mysticism. Experience, Response, and Empowerment, 1996.

Visionssuche (Traumfasten, Schutzgeistsuche), zielgerichteter Versuch, durch → Fasten u. a. Kasteiungen eine visionäre Offenbarung (→ Vision) eines übernatürlichen Wesens zu erlangen, das einem bes. Fähigkeiten verleiht und zukünftigen Beistand verspricht (→ Medizinbündel). Die V. fand sich in vielen Teilen Nordamerikas, sporadisch auch in Südamerika und Südostasien, entweder als allgemeine Praxis heranwachsender Knaben (manchmal auch Mädchen), als kollektives Ritual, das auch den Gebrauch von → Drogen einschloss (→ Peyotereligion), oder als Beginn einer Karriere als Spezialist für bestimmte Aufgaben wie Krankenheilung oder Krieg. Verbindungen bestehen zu den Praktiken religiöser Spezialisten (→ Schamanismus), zum Gewinn übernatürlicher Erfahrung durch spontane → Träume und zu Formen der Selbstmarterung. CFF

Lit.: R. Benedict, The Concept of the Guardian Spirit in North America, 1923. – R. B. Applegate, Atishwin: The Dream-Helper in South-Central California, 1978. – K. M. Dugan, The Vision Quest of the Plains Indians, 1985.

Visuddhimagga (pāli = der Weg zur Reinheit), von Buddhaghosa im 5. Jh. n. Chr. verfasstes Kompendium der → Theravāda-Lehre. → Buddh. Literatur. AM

Lit.: Buddhaghosa, V. oder der Weg zur Reinheit (übers. von Nyanatiloka), 1985.

Vivekānanda (ursprünglich N. Datta, 1863–1902), einflussreicher neohinduist. Erneuerer und Sozialreformer. Als Spross einer Familie aus der bengal. Bildungsschicht kam er früh mit westlicher Philosophie in Berührung. 1881 wurde er Schüler des Tempelheiligen → Ramakrishna und versuchte als sein Nachfolger, dessen Lehren mit seinen eigenen, auf seiner Erziehung beruhenden Vorstellungen zu verbinden. Ergebnis war ein aktivist. uminterpretierter Monismus mit deutlich nationalist. Untertönen, der Practical Vedanta. Dessen universalen Geltungsanspruch vertrat V. mit großem Erfolg auf mehrjährigen Vortragsreisen im Westen. Seine Lehren institutionalisierte er in einem Mönchsorden und der Ramakrishna-Mission, die v. a. in Bildung und Sozialreform aktiv ist. → Neohinduismus. HFT

Lit.: P. Hacker, Der religiöse Nationalimus V.s, in: L. Schmithausen (Hg.), Paul Hacker. Kleine Schriften, 1978, 565–79. – H. P. Müller, Die Rāmakrishna-Bewegung, 1986. – A. P. Sen, Hindu Revivalism in Bengal 1872–1905, 1993, 285–363. – S. Basu, Religious Revivalism as Nationalist Discourse. Swami V. and New Hinduism in Nineteenth-Century Bengal, 2002.

Vodou (auch Voodoo, Vodu, Vodùn, Voudou, Vaudou u. a.; kreol. aus westafrikan. Ewe bzw. Fon vodú = Geist, Gottheit), afrokarib. Religion in Haiti, der Dominikan. Republik, Kuba und Panama, neuerdings auch in den USA und Kanada, die auf der Verbindung → afrikan. Religionen (v. a. west- und zentralafrikan.: Kongo, Ewe, Fon, Yoruba, Bambara, Igbo) mit Elementen des Volkskatholizismus beruht (z. B. Verschmelzung afrikan. Geister und Götter mit kath. Heiligen; Beteiligung kath. Prediger an bestimmten V.-Ritualen). (1) Die Etikettierung des V. als schauriger Kult mit Ritualmorden und → Kannibalismus ist irreführend, doch findet sich der Glaube an Kinder tötende Schadenzauberer (bokor), die angeblich wieder erweckte und willenlos gemachte Tote (Zombies) für ihre Zwecke benutzen, auch im Volksglauben Haitis. (2) Im V. wird ein Pantheon aus Natur- und Lokalgottheiten afrikan. Ursprungs (v. a. die Schlangengottheit Damballah) und Geistern von Verstorbenen (lwa) verehrt. Ihre Botschaften werden bei öffentlichen Festen von den Initiierten (ounsi) in der → Trance empfangen. Ihnen sind Trommelrhythmen, Roben, Paraphernalien, Blut- und Speiseopfer sowie ideograph. Zeichen (vévé) zugeordnet. Den lwa übergeordnet ist der ferne Schöpfergott Bondye, der angerufen, aber nicht verkörpert wird. (3) Im ländlichen V. bestimmen lokale und verwandtschaftliche Zugehörigkeit die Bindung an die lwa-Gruppen, die als »Nationen« (nanchon) ihren afrikan. Herkunftsregionen zugeordnet sind (z. B. Wangol, Nago, Ginen). Im städtischen V. bilden die Nationen Rada (= maßvoll, ausgleichend) und Petro (= feurig, aggressiv) dominante Varianten. (4) Ein oungan (= Priester) bzw. eine mambo (= Priesterin) leitet den V.-Tempel (ounfó) und nimmt die aufwendigen → Initiationen vor. Die Praktiken der → Divination gehen auf das Ifá-Orakel der Yoruba zurück. Außerdem existieren sowohl ein ausgeprägter Zwillings- (marasa) als auch Totenkult. Die Gestaltung des religiösen Bildschmucks des V. hat einen bedeutenden Einfluss auf die Volkskunst Haitis genommen. → African American Churches, → afroamerikan. Religionen. NJ

Lit.: A. Métraux, Le Vaudou Haitïen, 1959. – R. F. Thompson, Flash of the Spirit. African and Afro-American Art and Philosophy, 1981. – K. Brown, Mama Lola. A V. Priestess in Brooklyn, 1991. – D. Cosentino (Hg.), Sacred Arts of Haitian V., 1995.

Völkische Religion, etwas irreführender Begriff für bestimmte Religionsgemeinschaften, die auf der Konstruktion einer »Urreligion« meist german.-nordeurop. »Völker« beruhen und dadurch eng mit rassist. Theorien verbunden sind. Die Wurzeln der V. R. liegen in den national-dt. Erweckungsbewegungen des 19. Jh.s. Für die Ideologie des Nationalsozialismus wurden völkische Konstruktionen zum Leitbild der Religion, heute existieren noch immer zahlreiche »völkische« Gruppierungen, meist im rechtsradikalen und neonazist. Spektrum. Zu ihnen gehören die »Deutschgläubige Gemeinschaft e. V.« (gegründet 1911), die »Artgemeinschaft e. V./ Glaubensbund wesensmäßiger Daseinsgestaltung« (gegründet 1951), der »Godenorden« (gegründet 1957), die »Gylfiliten« (gegründet 1976) und der »Bund für Gotteserkenntnis« (neu gegründet 1961). Aus verschiedenen Gruppierungen konstituierte sich ferner die »Arbeitsgemeinschaft der Dt. Glaubensbewegung« und der »Treuekreis Volksreligiöser Bewegung«. Die V. R. wird bisweilen zu Unrecht in die Nähe von → Neopaganismus oder → Esoterik gebracht, was religionsgesch. unhaltbar ist, auch wenn Berührungspunkte bestehen. → Faschismus, → Nation, → Rasse. KVS

Lit.: A. Mohler, Die Konservative Revolution in Deutschland 1918–1932. Ein Handbuch, [4]1994 (EA 1950). – J. Hermand, Der alte Traum vom neuen Reich. Völkische Utopien und Nationalsozialismus, 1989, [2]1995. – U. Nanko, Die Dt. Glaubensbewegung, 1993. – U. Puschner u. a. (Hg.), Handbuch zur »völkischen Bewegung« 1871–1918, 1996.

Volkskunde, religiöse. Die V. entstand in der Zeit der Industrialisierung, als viele Bauern dem Wettbewerb mit den Landwirten, die mit Traktoren und Kunstdünger wirtschafteten, nicht standhalten konnten. Bürgerliche Gelehrte schufen ein Bild der guten alten Zeit des nach Stämmen und Dialekten gegliederten Volkes mit seinem Nationalcharakter. Diese wurde entweder als gesunkene (d. h. aus höfischem und bürgerlichem Stand übernommene, dabei entwertete) Kultur oder als die lebendige, noch nicht dekadente Kraft aufgefasst. Die umfassende Materialsammlung von Ritualen der dörflichen Bevölkerung durch W. → Mannhardt (*Wald- und Feldkulte*, 1875 – ähnliches geschah etwa in Frankreich durch van → Gennep) wurde zum Beleg für eine vor- und außerchristl. Volksreligion, die für die völkisch-nationale Religion als Beweis und Vorbild dienen konnte. Der nach dem Nationalsozialismus geächtete Teil des Universitätsfachs fand eine Nische im Museum, etwa in der Person Kriss-Rettenbecks, oder wandte sich neuen Fragestellungen zu (W. Brückner). In Frankreich beschäftigt sich die → Annales-Schule unter dem Begriff der histoire de la mentalité mit histor. Fallbeispielen, z. B. E. LeRoy Ladurie, *Montaillou*, 1981. → Katharer. CA

Lit.: J. u. W. Grimm, Dt. Mythologie, 3 Bde., 1835, [2]1844. – H. Bächtold-Stäubli (Hg.), HWDA, 10 Bde., 1927–42 (ND 1987 mit Vorwort von C. Daxelmüller). – A. Jobst, Evang. Kirche und Volkstum, 1938. – H. F. K. Günther, Bauernglaube, 1942. – D. Harmening, Superstitio, 1979. – H. Cancik, Antike V. 1936, in: Der Altsprachliche Unterricht 25.3 (1982), 80–99. – I. Weber-Kellermann, Landleben im 19. Jh., 1987. – D. Harmening, Wörterbuch des Aberglaubens, 2005.

Volksreligion, Bezeichnung für religiöse Vorstellungen und Bräuche des gemeinen Volkes, von denen angenommen wird, sie unterschieden sich von der Religion einer gebildeten Oberschicht. Die romant. Vorstellung einer V. impliziert die Existenz ländlich-bäuerlicher Religionsformen, in denen eine »ursprüngliche Religiosität« bewahrt sein soll. Sie gründet zudem auf der Annahme, dass eine Elite genau einer schriftlich fixierten Lehre folge und diese zur geistigen und moral. Erbauung nutze, während die Masse der Gläubigen nur einer vereinfachten, stärker von Emotionen durchdrungenen Religiosität anhänge. Diese Unterscheidung basiert jedoch auf einer Fiktion. Zudem verstärkt im Christentum die Professionalisierung der Theologen, die zugleich Gemeindeleiter sind, den zensierenden Blick auf die Religion der Laien. Zuweilen wird V. durch den Begriff »popular religion« (→ Populare Religion) ersetzt, der jedoch den Blick für den Umstand verstellt, dass Religion, will sie Anhänger gewinnen, stets »populär« sein muss. IP

Lit.: N. Z. Davis, Society and Culture in Early Modern France, 1975 (dt.: Humanismus, Narrenherrschaft und die Riten der Gewalt, 1987). – P. Burke, Popular Culture in Early Modern Europe, 1978 (dt.: Helden, Schurken und Narren, 1981). – K. Rahner (u. a. Hg.), Volksreligion – Religion des Volkes, 1979. – M. N. Ebertz/F. Schultheis (Hg.), V. in Europa, 1986. – M. N. Ebertz, Von der »Religion des Pöbels« zur »popularen Religiosität«, in: Jahrbuch für Volkskunde 19 (1996), 169–83.

Voltaire (eigentl. François-Marie Arouet, 1694–1778), franz. Schriftsteller, Philosoph und Religionskritiker. Er schrieb Spottverse, Tragödien, philosoph. Erzählungen (*Candide*, 1759), mathemat.-naturwissenschaftliche und histor.-polit. Studien (*Lettres philosophiques*, 1734 über geistige Freiheit in England), ein philosoph. Wörterbuch sowie bedeutende kulturgeschichtliche Werke (*Essai sur les mœurs et l'esprit des nations,* 7 Bde., 1756) und Briefe. Namentlich in den letzteren trat er für die Vorstellung einer auf Gott gegründeten vernünftigen Weltordnung (→ Deismus) ein, bekämpfte die polit. Einflussnahme der kath. Kirche (»Écrasez l'infâme«) und forderte → Toleranz. WN

Voluntarismus (von lat. voluntas = → Wille). Der 1883 von F. Tönnies geprägte Begriff bezeichnet allgemein den Vorrang des Willens als Denk- und Erkenntnisprinzip vor dem Intellekt. Die theolog. Diskussion um den Begriff des V. betont zum einen den Primat des göttlichen Willens vor der göttlichen Vernunft (W. von Ockham, 1285–1347; B. Pascal, 1623–62), zum anderen den des Glaubens als gewollte Handlung (A. von Canterbury, 1033–1109; S. → Kierkegaard) vor der Einsicht (credo ut intelligam = ich glaube, damit ich verstehe). Der mittelalterliche Streit darum betraf letztlich den Standort der Theologie selbst: War sie spekulative Wissenschaft/Philosophie (Intellekt, Wahrheit) oder praktisch-ethische Moralphilosophie (Wille zum Guten)? Die philosoph. Diskussion des V. gipfelt in der Ansicht A. → Schopenhauers, die Wirklichkeit und ihre Erscheinungen seien Ausdruck des Lebenswillens und der Wille sei eine zwar irrationale, »blinde«, aber allgewaltige Macht. Während I. → Kant in der sittlichen Handlung die praktische Synthese aus → Freiheit, → Moral und Vernunft sah, war für Schopenhauer die menschliche Handlung lediglich Ausdruck des Willens zu Mitleid, Eigenliebe, Bosheit oder sonstigen irrationalen Gefühlen und insofern arbiträr. → Religionsphilosophie. WR

Lit.: N. Söderblom, Das Werden des Gottesglaubens, 1926 (ND 1979).

Voodoo → Vodou.

Vorgeschichte → Archaisch, → Neolith. Religion, → Paläolith. Religionen.

Vorsehung, (bewahrendes) Vorauswissen Gottes in der christl. Schöpfungslehre. → Prädestination. Red

Vorzeichenwissenschaft, mesopotamische. V. innerhalb der → Mesopotam. Religionen benutzt zufällige Omina sowie bewusst herbeigeführte Vorzeichen, um Auskunft über den göttlichen Willen zu erlangen. Natur- und Himmelserscheinungen, Traumorakel und Eingeweideschau wurden bereits im sumer. 3. Jt. beachtet, eine deutliche Zunahme der V. ist in der ersten Hälfte des 2. Jt.s zu beobachten, wobei mesopotam. Praktiken z. T. über die → Hurriter auch Eingang in syrische und kleinasiat. Religionen fanden. Lebermodelle, die Musterergebnisse einer Eingeweideschau durch den barûm (= Wahrsager) festhalten, Orakelprotokolle und Omina, deren Sammlung seit dem 8. Jh. zu umfangreichen Kompendien (→ Enūma Anu Enlil) führte, zeigen die Bedeutung der V., die in der neuassyr. Zeit beinahe staatstragende Funktion erlangte. → Divination. MH

Lit.: R. Starr, The Rituals of the Diviner, 1983. – R. Starr, Queries to the Sungod, 1990. – S. A. L. Butler, Mesopotamian Conceptions of Dreams and Dream Rituals, 1998.

Vrata (sanskr. = Gelübde), im Hinduismus vielfach praktizierte, selbstauferlegte religiöse Tätigkeiten wie → Fasten, → Wallfahrten (→ tīrtha)

oder Aufsagen von Götternamen (→ Name). → Gelübde. AM

Vrātyas (von sanskr. vrata = Gelübde), altind., vom Veda abweichende Gruppe von Asketen, deren Identität und Herkunft umstritten ist. AM

Lit.: J. Bronkhorst, The Two Sources of Indian Asceticism, 1993.

Vrindāvan (von sanskr. Vṛndāvana), auch Brindavan oder Braj, hl. Ort in der Nähe von → Mathurā, wo → Krishna seine Jugend verbracht haben soll. AM

Lit.: A. W. Entwistle, Braj: The Centre of Krishna Pilgrimage, 1987.

Vulgata (von lat. vulgatus = allgemein bekannt, verbreitet). Die lat. Standardversion der Bibel beruht auf der Redaktionsarbeit des Hieronymus um 400, der den hebr. und griech. Stil der Ursprachen der → Bibel in einem eher vulgären, unklass. Latein nachzuahmen versuchte. Erst in dieser Zeit wurde das Griech. als Sprache der Kirche vom Lat. verdrängt. Ältere lat. Bibelübersetzungen (Vetus Latina), die eher der lat. Literatursprache entsprachen, gerieten in Vergessenheit. Die V. wurde nach der Reformation im Konzil von Trient (→ Tridentinum) als die von Gott gewollte Version der Bibel für den Katholizismus kanonisiert. → Tradition. CA

Ausgabe: R. Weber, 1969. – B. Fischer, [4]1994.
Konkordanz: Concordantia iuxta versionem Vulgatae, 1642.

Vyāsa (sanskr.), legendärer Autor und Kompilator zahlreicher hinduist. Texte, darunter des → Mahābhārata und vieler → Purānas. AM

Vyūha (sanskr. = Entfaltung, → Hypostase), stufenweise → Emanation göttlicher Personen aus dem höchsten Gott im → Vishnuismus. JG

W

Wach, Joachim (1898–1955), nach dem Studium der Philosophie, Religionsgeschichte und Orientalistik seit 1929 Professor für Religionswissenschaft in Leipzig, 1930 Dr.theol. in Heidelberg; 1935 Amtsenthebung durch die Nationalsozialisten und Emigration in die USA, seit 1945 Professor in Chicago. Seine Forschungsschwerpunkte lagen in der Methodologie der Religionswissenschaft, in der Religionssoziologie sowie in der religiösen Anthropologie und Erfahrung. VK

Lit.: R. Flasche, Die Religionswissenschaft J. W.s, 1978. – R. Flasche, J. W., in: A. Michaels (Hg.), Klassiker der Religionswissenschaft, 1997, 290–302.

Wahhābīya, nach dem arab. Prediger Muḥammad b. ʿAbdalwahhāb (1703–92) benannte, sich selbst oft einfach als »Einheitsbekenner« (muwaḥḥidūn, → tawḥīd) bezeichnende islam. puritan. Richtung, die sich durch eine radikale Kritik an Neuerungen (→ bidʿa), am Traditionalismus (→ taqlīd), an spekulativen Wissenskulturen (v. a. Philosophie und → kalām) und durch die normative Setzung der (»gereinigten«) → Sunna auszeichnet. Hauptanliegen waren die Vernichtung mystischer lokaler Kulte (v. a. Gräberkult), die Zurückweisung der → šīʿa und die Entprivatisierung des religiösen Lebens. Ibn ʿAbdalwahhāb schloss sich eng der frühen → Ḥanbalīya an, die Tradierung der Lehre der W. oblag lange Zeit seinen Nachkommen. Im 20. Jh. gaben viele Vertreter der W. den alten exklusionist. Anspruch auf, demzufolge nur die Wahhābiten Muslime seien, und beschränkten die wahhābit. Kultur auf das Territorium des saudischen Königreiches (ab 1932). Unabhängig von der W. in Saudi-Arabien bezeichneten sich im 20. Jh. einige radikale Islamisten (v. a. in Mittelasien) selbst als W., wobei der Name weiterhin auch polem. im Sinne von islam. → »Zeloten« oder »Tugendwächtern« benutzt wird. RS

Lit.: M. Cook, On the Origins of Wahhabism, in: Journal of the Royal Asiatic Society (1992), 191–202. – E. Peskes, Muḥammad Ibn ʿAbdalwahhāb (1703–92) im Widerstreit: Untersuchungen zur Rekonstruktion der Frühgeschichte der Wahhabiya, 1993.

Wahrheit, religiöse. Wenn Religionen in → Kontakt kommen, wird die von der Gemeinschaft gepflegte Verbindlichkeit relativiert: Gibt es hinter dem vordergründigen Glauben eine tiefere W.? Nach Paulus (1 Kor 13,12) können sich Menschen der W., die Gott allein weiß, nur annähern; Wahrscheinlichkeit (lat. veri simile) aber bedeutet nur Plausibilität, keine Sicherheit. → Typologie, → Universalisierung, → Wissenssoziologie. CA

Lit.: B. Gladigow, Kollektive Verbindlichkeiten und religiöse Identität in polytheist. u. monotheist. Religionen, in: W. Kerber (Hg.), Die W. der Religionen, 1994, 183–214(–242).

Wahrnehmung. I. Physiologie und Konstruktivismus. (1) Der Begriff bezeichnet sowohl den Prozess als auch das Ergebnis der Interaktion der Sinne mit der Außenwelt. W. ist somit die Verarbeitung und Interpretation physikal. Reize, die durch spezif. Rezeptoren aufgenommen werden (→ Kognition). Neben den fünf klassischen Sinnen (Sehen, Hören, Riechen, Schmecken, Tasten) sorgen die W. von Schmerzen, Wärme/Kälte, Gleichgewicht, Lage im Raum sowie die W. der Zeit, Sprache und Körperbewegungen für eine → Orientierung in der Welt. Wahrnehmungsähnliche Erlebnisse ohne durch die Sinne aufgenommenen physikal. Reiz bezeichnet man als → Traum oder → Halluzination. Durch die Konstanz der W. trotz variablen Reizinputs (z. B. Farbsehen bei verschiedener Helligkeit) wird deutlich, dass W. mit komplexen Verarbeitungsprozessen verbunden ist und auf der globalen Verrechnung einer gesamten Szene beruht. (2) Erkenntnistheoret. ist mit der Frage der W. die Frage nach der Erkenntnis der Welt und damit nach der Natur des → Geistes verbunden. Nehmen wir die Welt so wahr, wie sie ist, oder konstruiert sich die W. die Wirklichkeit gemäß ihren eigenen Erfordernissen? Im gegenwärtigen wissenschaftlichen Paradigma perzeptuell-kognitiver Informationsverarbeitung wird die W. als ein Prozess gesehen, der durch eine Abfolge von Verarbeitungsstufen gekennzeichnet ist, von der physikal. Reizverarbeitung bis zur Interpretation der inneren → Repräsentation. In diesem Sinne ist die W.-Psychologie als ein Teil der Kognitionswissenschaft zu verstehen. W. wird von Aufmerksamkeitsprozessen ebenso gesteuert wie von zur Verfügung stehender kognitiver Information (z. B. beim Bestimmen von Vögeln). Auch emotionale und motivationale Aspekte sind wahrnehmungssteuernd (→ Einstellung, → Gefühle). Der Prozess der W. selbst gelangt nicht ins → Bewusstsein, lediglich sein Endergebnis. (3) Für die Religionspsychologie ist bes. relevant, welche W.-Prozesse dem Phänomen der religiösen → Erfahrung zugrunde liegen. Während theolog. die Möglichkeit einer Gottes-W. im Sinne eines sich offenbarenden Gegenübers denkbar ist, versucht die Psychologie, rel. Erfahrungen primär als innerpsych. Prozesse zu verstehen. Die Rollentheorie von H. Sundén sieht religiöse Erfahrung begründet in der durch die religiöse Tradition geprägten Bereitschaft, gewisse Reize der Umwelt gemäß den erlernten religiösen Rollen zu verarbeiten. Religiöse Erfahrung ist demnach kultur- und kontextabhängig. Dem entgegen verstehen C. G. → Jung und andere, v. a. religionsphilosophische Autoren religiöse Erfahrung kulturübergreifend, durch die im Numinosen begründeten → Archetypen vermittelt. SM

II. Bedeutung in den Religionen. (1) Religionen erzeugen eigene ästhet. Umwelten und Situationen, in deren Mittelpunkt der wahrnehmende – und wahrgenommene – Gläubige steht: (a) Die Körper-W. wird beispielsweise durch Ritualvorschriften reguliert, die Körperhaltung (Knien im Katholizismus; Prostration im Buddhismus, Hinduismus) oder bestimmte Nahrungsmittel vorschreiben. (b) Die Umwelt-W. verändert sich durch bes. religionsspezif. »Einbauten« und Ensembles, wobei sowohl »offene« W.-Szenarien zu finden sind (→ Wallfahrten; sakrale Landschaften) als auch die geschlossenen W.-Räume eines Kirchen- bzw. Tempelinneren oder eines festgelegten Prozessionswegs. (c) Die Medien-W. hängt zwar eng mit den technischen Medienstandards der jeweiligen Gesellschaft zusammen (→ Medien), Religionen können jedoch eigene Medienprofile mit entsprechenden W.-Mustern und kognitiven Fähigkeiten ausbilden, wie dies in Buchreligionen durch ausgeprägte Schrift-, Rezitations- und Lesekulturen und neuerdings in Internet-Gemeinden geschieht. (d) Schließlich ist es die innere W. der Gläubigen selbst – ihre → Träume, Phantasien, Erinnerungen (→ Gedächtnis) und Imaginationen –, die über den Mythen- und Bildervorrat der religiösen Gemeinschaften vergesellschaftet und in möglichst theologiekonforme Bahnen gelenkt wird (vgl. neuzeitliche Marienerscheinungen und ähnliche Visionen). Letztlich kann jede Verarbeitungsstufe des W.-Prozesses kultisch, mythisch oder theolog. thematisiert werden. (2) (a) Jede religiöse → Gemeinschaft entwickelt ihre eigenen W.-Stile, die die Gläubigen in ihrem Glauben unterstützen und diesen legitimieren (z. B. durch Musik, Bilder), sowie Mittel, die W. durch Baueffekte (Farben; Perspektive; Wegführung) und Signale (Kerzen, Feuer; Glocken, Gebetsrufe) symbol. und emotional zu lenken. So entwickelten Hinduismus und Katholizismus ausgeprägte Sehwelten, während Protestantismus und Islam über geistliche Rede (Predigt) und Lied v. a. das Gehör ansprechen. (b) Dadurch werden

Sinnesorgane auch zu Mitteln einer religionsspezif. Gefühlsansprache (»Gefühlsinduktion«; → Gefühle), die das → »Heilige«, »Erhabene« als »Faszinosum« oder »Tremendum« (R. → Otto) sinnlich erfahrbar macht, ja es unter Umständen erst hervorruft (»Kunstreligion«). (c) Dies zeigt sich insbes. bei Phänomenen der W.-Steigerung, wenn Schmerz durch Selbstgeißelungen oder → Trance durch Rhythmusinstrumente (Rahmentrommel als »Reittier« des euras. Schamanen) hervorgerufen wird. Vergleichbare Intensitätseffekte zeitigen monumentale Bauten als Überwältigungsarchitekturen (gotische Kathedralen, südind. Tempeltürme, aber auch Versammlungsbauten polit. Religionen wie das NS-Parteitagsgelände in Nürnberg) oder auch Materialien wie Gold oder Silber, deren demonstrative Kostbarkeit den W.-Wert von Kultobjekten wie Reliquienschreinen erhöht. (d) Der umgekehrte Fall gezielter W.-Restriktionen findet sich ebenfalls in vielen Religionen, sei es aus theolog. Gründen (reformierte, frühbyzantin. und islam. Bildfeindlichkeit; Nahrungsverbote), sei es zu Zwecken kontemplativer Konzentration (wie in den Schweigegelübden christl. Orden, z.B. Kartäuser, Trappisten, oder bei der Zen-→ Meditation) oder sei es als Trance- und Ekstasetechnik zur Erzeugung von Halluzinationen und Geistererlebnissen (schamanist. Visionssuche u.a. Initiationsriten). Als »Orte der Stille« erhalten Kultanlagen im beginnenden 21. Jh. einen neuen, wahrnehmungsbezogenen sozialen Stellenwert in einer Umwelt, deren Geräuschpegel kontinuierlich erhöht wird. → Deutungsmuster, → Religionsästhetik. HM

Lit.: I.: H. Sundén, Die Religion und die Rollen: Eine psycholog. Untersuchung der Frömmigkeit, 1966. – R. Mausfeld, Art. »W.«, in: G. Strube u.a. (Hg.), Wörterbuch der Kognitionswissenschaft, 1996, 776–95. II.: H. Bredekamp, Kunst als Medium sozialer Konflikte. Bilderkämpfe von der Spätantike bis zur Hussitenrevolution, 1975. – A. Corbin, Die Sprache der Glocken. Ländliche Gefühlskultur u. symbol. Ordnung im Frankreich des 19. Jh.s, 1995 (franz. 1994). – N. Kermani, Gott ist schön. Das ästhet. Erleben des Koran, 1999.

Wak'a (auch Waqa, Huaca; Quechua/Aymara), seit vorkolonialer Zeit im Andenraum gebräuchliche Bezeichnung für (1) einen hl. Ort, eine Kultstätte, häufig Ursprungsort einer ethnischen Gruppe (→ Kultort); (2) eine Gottheit und ihre materielle Repräsentation, oft den Schutzgott eines Ortes oder Volks, den vergöttlichten Ahnen; (3) Menschen mit angeborenen Besonderheiten des → Körpers, z.B. überzähligen Fingern, als Zeichen der göttlichen Erwählung. IG

Wakan (Lakota = geheimnisvoll, unbegreiflich, → heilig; Omaha wakonda). (1) Bezeichnung für die Eigenschaft des Übernatürlichen und Unerklärlichen in der Welt, einschließlich der Fähigkeiten, die man durch Kontakt mit übernatürlichen Wesen erwerben konnte; (2) Bezeichnung von sechzehn übernatürlichen Wesen (Tobtob kin = die viermal vier) aus einer viel größeren Zahl. Diese bilden in ihrer Gesamtheit Wakantanka (= das große Geheimnis; Omaha: Wakonda; später oft mit dem christl. Gott gleichgesetzt). Diese systemat. Sicht der Dinge reflektiert vermutlich die Anschauung der religiösen Spezialisten oder »wakan-Leute«. CFF

Lit.: R.J. DeMallie/R.H. Lavenda, Wakan. Plains Siouan Concepts of Power, in: R.D. Fogelson/R.N. Adams (Hg.), The Anthropology of Power, 1977, 153–65. – J.R. Walker, Lakota Belief and Ritual, hg. von R.J. DeMallie/E.A. Jahner, 1980.

Walhall (von altnord. Valhöll = Halle der Gefallenen), in der altnord. Literatur der Ort, an dem der german. Gott → Odin die im Kampf gefallenen Krieger um sich schart. Die Schilderungen von W. scheinen die Vorstellungen wikingerzeitlicher Krieger vom → Paradies wiederzugeben. Die von → Walküren nach W. geführten Gefallenen kämpfen den ganzen Tag miteinander, um am Abend feiernd bei Speise und Trank zusammenzusitzen. Berge mit dem Namen Valhall in Südschweden lassen vermuten, dass im W.-Glauben die Vorstellung vom Weiterleben der Toten in Bergen und Hügeln (Grabhügel) nachwirkt. → German. Religion. US

Lit.: G. Neckel, W., 1931. – E. Marold, Das W.-Bild in den Eiríksmál und den Hákonarmál, in: Mediaeval Scandinavia 5 (1972), 19–33. – E.F. Halvorsen, Art. »Valhall«, in: KLNM 19, 1975, 464–65.

Walküren (von altnord. Plur. valkyrjar, zu altnord. valr = die auf dem Schlachtfeld liegenden Leichen und kjósa = wählen), ursprünglich wohl german. Totendämonen, denen die in der Schlacht gefallenen Krieger gehörten. Die altnord. Literatur überliefert sie als »Odins Mädchen«, die als überird. Kriegerinnen in die Schlacht eingreifen, → Odins Wünsche erfüllen und die im Kampf Gefallenen zu ihm nach → Walhall führen. → German. Religion. US

Lit.: F. Ström, Diser, nornor, valkyrjor, 1954. – A. Holtsmark, Art. »Valkyrje«, in: KLNM 19, 1975, 468–69. – G. Müller, Zur Heilkraft der W., in: FMSt 10 (1976), 350–61. – L. Motz, Sister in the Cave, in: ANF 95 (1980), 168–82. – M. I. Steblin-Kamenskij, Valkyries and Heroes, in: ANF 97 (1982), 81–93.

Wallfahrt. (1) Eine Reise zu einem oder mehreren → hl. Orten mit dem Ziel, derer → »Macht« teilhaftig zu werden. Die Motive dabei sind vielfältig, sie reichen von diesseitigen Wünschen, etwa nach Heilung, Fruchtbarkeit, Wohlstand, bis hin zum höheren Streben nach Heil und Unsterblichkeit. Der Verlauf der Pilgerreise ist weitgehend ritualisiert: Die → Pilger folgen bestimmten → Wegen, oft markiert durch festgelegte Stationen mit Schreinen und Herbergen; vorgeschrieben ist häufig auch die Zusammensetzung von Pilgergruppen, die Art des Reisens, die Kleidung und Ausstattung (z. B. Pilgerstab, Fahnen). (2) Der einflussreichen Theorie von V. → Turner zufolge ist W. ein → »rite de passage«, der es auch in komplexen, nichttribalen Gesellschaften möglich macht, der alltäglichen Normenstruktur zeitweise zu entgehen und in einer institutionalisierten »Anti-Struktur« eine bes. Art der Gemeinschaft (»Communitas«) zu erfahren. Turner verwies dabei auch auf die integrative und translokale Bedeutung von Pilgerzentren, die häufig Personen eines weiten Einzugsgebietes zusammenführen. So war etwa die W. zur Jungfrau von Guadeloupe bei Mexico City maßgeblich für die Herausbildung des mexikan. Nationalismus. Kritiker von Turner haben jedoch hervorgehoben, dass es bei Pilgerreisen oft auch zu Konflikten (siehe M. J. Sallnow) und widerstreitenden Sichtweisen (z. B. zwischen Orthodoxie und Volkskultur) kommen kann. → tīrtha. MG

Lit.: V. Turner, Pilgrimages as Social Processes, in: Ders., Dramas, Fields and Metaphors, 1974, 166–230. – E. A. Morinis, Pilgrimage in the Hindu Tradition, 1984. – M. J. Sallnow, Pilgrims of the Andes. Regional Cults in Cusco, 1987.

Wanen (von altnord. Vanir; Etymologie trotz zahlreicher Deutungsversuche unklar), eine der beiden in der altnord. Literatur überlieferten german. Götterfamilien. Im Gegensatz zu den → Asen, die als Götter des Krieges und der Herrschaft von der Schicht des krieger. Fürstengefolges verehrt wurden, sind die W. v. a. Fruchtbarkeitsgötter, die von der agrar. Bevölkerung sowie von Seeleuten und Fischern um gute Witterungsbedingungen gebeten wurden. Zu den W. zählen Njörðr, → Freyr, → Freyja sowie die etymolog. mit Njörðr ident. und bereits bei Tacitus erwähnte Göttin → Nerthus. → German. Religion, → Indogermanen. US

Lit.: W. Schulz, Archäolog. zur Wodan- und W.-Verehrung, in: Wiener Prähistor. Zs. 19 (1932), 160–72. – A. Holtsmark, Art. »Vanir«, in: KLNM 19, 1975, 493–94.

Warburg, Aby (1866–1929), dt. Kunst- und Kulturhistoriker. Um seine private Forschungsbibliothek sammelte W. einen Kreis von Kulturwissenschaftlern, die sich v. a. der ikonograph. Erforschung der italien. Renaissance widmeten, insbes. deren heidnisch-astrolog. Tradition (→ Ikonographie). Mit der »Pathosformel« glaubte er aber, eine kulturpsycholog. Konstante entdeckt zu haben, die über eine bestimmte histor. Epoche hinausgeht. Religionswiss. wichtig ist darüber hinaus der Abschied von der Beschäftigung mit dem Meisterwerk und die Entwicklung hin zur Erforschung von Rezeption und Massenwirkung. → Bild. CA

W.: GS, Studienausgabe (hg. von Horst Bredekamp u. a.), 1998ff.; darunter der Atlas Mnemosyne (GS II). – Das Schlangenritual [Vortrag 1923], 1988.
W.-Schule: Vorträge des Warburg-Instituts 1921–31, 9 Bde. (Liste bei R. Kany, Die religionsgesch. Forschung an der Kulturwissenschaftlichen Bibliothek W., 1989, 62–68). – E. Cassirer. – E. Wind, Heidnische Mysterien in der Renaissance, 1981 (engl. 1958). – E. Panofsky, Sinn und Deutung in der bildenden Kunst, 1975. – R. Wittkower, Allegorie und der Wandel der Symbole in Antike und Renaissance, 1984 (engl. 1977). – R. Krautheimer, Ausgewählte Aufsätze zur Europ. Kunstgeschichte, 1988, 142–97.
Lit.: C. Ginzburg, Kunst und soziales Gedächtnis. Die W.-Tradition, in: Ders., Spurensicherungen, 1983, 149–233. – R. Kany, Mnemosyne als Programm. Geschichte, Erinnerung u. die Andacht zum Unbedeutenden im Werk von Usener, W. u. Benjamin, 1987. – R. Kany, Die religionsgesch. Forschung an der kulturwissenschaftlichen Bibliothek W., 1989. – H. Böhme, A. W., in: A. Michaels (Hg.), Klassiker der Religionswissenschaft, 1997, 133–56, 379–81. – C. Schoell-Glass, A. W. und der Antisemitismus, 1998.

Wasser, neben → Erde, Luft und → Feuer eines der vier Elemente. (1) W. ist das prägende Element der Erde: Es bedeckt 73 % ihrer Oberfläche (der »blaue Planet«) und ist von grundlegender Bedeutung für alles → Leben. Als mythische »Quelle« oder »Urgrund allen Lebens« hat es einen hohen Stellenwert in vielen Kosmogonien (z. B. gilt der griech. Gott Okeanos als »Vater der Götter«; → Mythos). Dabei ist es, wie z. B. in

Gen 1,2 beschrieben, die »Formlosigkeit« des W., die durch die Schöpfungskraft (»der Geist Gottes schwebte über den Wassern«) bezwungen bzw. aufgehoben wird. W. erscheint als → Symbol für Fruchtbarkeit und Leben schlechthin (vgl. die metaphor. Valenz von Quelle, Fluss, Meer etc., den »Jungbrunnen« als die Verheißung ewiger Jugend), aber auch für die Urgewalt und Zerstörungskraft der → Natur (→ Sintflut, Rotes Meer). Eine weitere Ambivalenz ist geschlechtsspezif. konnotiert: Während W. als Symbol der Fruchtbarkeit/Weiblichkeit im Reproduktionszyklus positiv besetzt ist (→ Mond/luna und W./aqua sind lat. Feminina, ihr Zusammenwirken bei den Gezeiten ist von elementarer Kraft), wird es (aus männlicher Sicht) im Diskurs um Liebe und → Sexualität zur tödlichen Bedrohung (z. B. im Loreley-Mythos). (2) Die religiöse Symbolik des W. trägt seiner essentiellen Lebens- und Reinigungskraft Rechnung: »Hl.« Flüsse wie Euphrat, Tigris, Ganges und Jordan haben mythische und religiöse Symbolkraft, die mit der wirtschaftlichen und ökolog. Bedeutung für die von ihnen abhängige Bevölkerung konvergiert (→ Religionsökologie). Die »Wunderkraft« z. B. der Quelle von Lourdes kann in der Tradition des ntl. Taufrituals (Johannes) gesehen werden. In der christl. Liturgie findet sich die Symbolik der Reinigung und Erneuerung in zahlreichen Ritualen wie → Taufe, Waschungen, Kirchweih und zahlreichen Verwendungen geweihten W. → Reinheit. WR

Lit.: B. Schröder (Hg.), W., 1970. – B. Blum-Heisenberg, Die Symbolik des W., 1988. – G. u. H. Böhme, Feuer, W., Erde, Luft – eine Kulturgeschichte der Elemente, 1996.

Wassermannzeitalter, neue weltgeschichtliche Ära, die sich in astrolog. Spekulation (→ Astrologie) aus der Präzession (lat. = Vorrücken) des jährlichen Frühjahrspunkts auf der Ekliptik ergibt. Schon in der Antike war bekannt, dass der Frühjahrspunkt etwa alle 2400 Jahre das astronom. Tierkreiszeichen wechselt, doch erst im 20. Jh. entwickelte sich eine breit angelegte Diskussion über die Qualität des »Neuen Zeitalters«. In der Berechnung ergeben sich jedoch erhebliche Unterschiede, je nachdem, wo die Grenze des (siderischen) Sternzeichens Wassermann angesiedelt und welcher Wert für die Präzession angesetzt wird. Deshalb schwanken die astrolog. Angaben für den Beginn des W. zwischen ca. 1750 und 3000 n. Chr. Ähnlich vage sind die inhaltlichen Ausdeutungen. → New Age. KVS

Lit.: C. Bochinger, »New Age« und moderne Religion, 1994, ²1995.

Weber, Max (1864–1920), Jurist, Nationalökonom und Philosoph; einer der Begründer der Soziologie wie auch der → Religionssoziologie. Er schrieb der Religion eine große »Kulturbedeutsamkeit« für die Sinnorientierungen der Menschen zu. Bes. seine Studie zur Rolle der protestant. Ethik in der Ausbildung des modernen → Kapitalismus, der modernen Wissenschaft und der → Rationalisierung erlangte Berühmtheit. Diese bildet einen Teil des groß angelegten histor. Vergleichs verschiedener Weltreligionen in Bezug auf ihre Rolle für die »Wirtschaftsethik«. Mit seinem Begriff der »Entzauberung« behauptete Weber die schwindende Bedeutung religiöser Orientierungen für menschliches Handeln. HK

W.: GARS, 1920. – MWS (Werke 22 Bde.; Briefe), 1984ff.

Lit.: G. Kehrer, M. W., in: A. Michaels (Hg.), Klassiker der Religionswissenschaft, 1997, 121–32. – H. G. Kippenberg/M. Riesebrodt (Hg.), M. W.s Religionssystematik, 2001. – J. Radkau, M. W., 2005.

Weg, bestimmt die lineare Bewegung durch den → Raum. In der religiösen Praxis sind verschiedene Arten von Prozessionsrouten von Bedeutung, insbes. W. zu → hl. Orten und Umkreisungen (Zirkumambulationen) von hl. Zentren (etwa lokalen Gottheiten, Schreinen, Gebäuden, Bergen usw.). Bei → Wallfahrten ist die Pilgerroute oft selbst durch Heiligtümer markiert. Die Reise auf dem vorgeschriebenen W. ist im Allgemeinen ebenso wichtig wie das Ankommen (»Der W. ist das Ziel.«). Dabei wird häufig die unter körperlichen Entbehrungen vollzogene Fortbewegung (z. B. barfuß, per Prostration, fastend) höher bewertet als die Reise mit Verkehrsmitteln. Der Sinn liegt in der Begehung und dem Durchmessen des Raumes, sei dieser eine architekton. Anlage oder eine Landschaft. Die rituellen W. vermitteln damit in der Praxis eine religiöse Erfahrung, die oft als Übergang in eine andere Dimension beschrieben wird. In einigen Sprachen wird das Wort für W. zur Bezeichnung der religiösen Glaubensrichtung verwendet (z. B. sanskr. mārga). Des Weiteren sind W.-Strecken wichtig für die Erinnerung früherer Ereignisse: z. B. werden die mythischen Pfade der austral. Aborigines auf die schöpfer. Taten der Ahnen zurückgeführt und regelmäßig im Ritual ins Gedächtnis gerufen (→ Australien). Die mythischen Routen müssen nicht unbedingt physisch begangen werden. In den verbalen Reisen vieler Schamanen wird die Bewegung imaginär durch die serielle Nennung von Ortsnamen in den rituellen Gesängen vollzogen (→ Schamanismus). Zugleich ist der W. Metapher z. B. für das Leben (»Lebens-W.«), aber auch für das Streben nach Heil und Erlösung (der »richtige W.«). → Raum. MG

Lit.: R. M. Berndt, Australian Aboriginal Religion, 1974. – N. Gutschow, Stadtraum und Ritual der newar. Städte, 1982.

Weihe (von gotisch weihs = zu gottesdienstlichen Zwecken absondern; lat. consecratio), rituelle Ausstattung von Objekten mit einer oft religiös verstandenen → Kraft oder Macht – z. B. mittels Weihrauch oder Weihwasser und einer Lobpreisung (benedictio). Die W. kann an Menschen (etwa in der Mönchs- oder Bischofsweihe, → Ordination) ebenso wie an Gegenständen (z. B. Kirch- oder Altarweihe) vollzogen werden. In der → Eucharistie werden etwa Brot und Wein zu Christi Fleisch und Blut gemacht. → Initiation, → Ritual. AM

Weisheit Salomos (lat. Sapientia Salomonis), außerkanon. jüd. Sammlung von Aussprüchen über die rechte Weisheit, die im 1. Jh. v. Chr. in Alexandria entstand und sich der weisheitlichen Autorität → Salomos bedient. → Altes Testament, → Apokryphen, → Jesus Sirach, → Sprüche Salomos. KVS

Ü.: JSHRZ 3/4 (31), 1980.
Lit.: M. Küchler, Frühjüd. Weisheitstraditionen, 1979.

Weiterleben → Ahnenverehrung, → Jenseits, → Leben, ewiges, → Reinkarnation, → Seele, → Tod, → Unsterblichkeit.

Weltanschauung, Gegenbegriff des 19. Jh.s zu der gesetzten (offenbarten, vorgeschriebenen) → »positiven« Religion: Durch Anschauung der Welt lässt sich ein rationales und zugleich emotionales Verhältnis zwischen dem Schauenden und der Welt als Ganzer herstellen. Die Religion der Romantik (→ Schleiermacher) wird durch die Rezeption Goethes (1749–1832) auch für Vertreter des → Materialismus von kirchlicher Religion abgelöst, behält aber die Idee eines sinnhaften Weltganzen in und hinter den Dingen bei. → Panentheismus. CA

Weltbild. Ein W. ist der Horizont des Verstehens einer Kultur und Epoche, indem es die Natur des Universums und den Platz des Menschen darin bestimmt. Die implizite Totalität des Begriffs bezieht sich in frühen Kulturen lediglich auf den Lebensraum. Die bereitgestellten → Deutungsmuster sind oft plural (ohne oder mit erlebter Inkohärenz). Typologien gliedern nach Leitdifferenzen (→ Natur/→ Kultur, kontrolliert/unkontrolliert, Diesseits/→ Jenseits, F. Stolz) oder Leitmetapher und Funktion (techno-, sozio-, biomorph, ekstat.-kathart., E. Topitsch). Aus der Auffassung von der Beschaffenheit der Welt (→ Kosmos, → Schöpfung, materiell, böse) folgen Vorstellungen zur Befreiung vom Leid (→ Heil) und zur Weltüberwindung; Vorstellungen von der → Seele und ihrem Fall und Wiederaufstieg generieren Modelle der Geschichtsdeutung. Die Entstehung von W. ist geprägt von wechselseitigen Abbildverhältnissen und teils asymmetr. Plausibilitätsstützungen. → Orientierung und Verhaltenssteuerung durch ein W. dienen oft der Legitimierung bestehender sozialer Verhältnisse. Einschneidend ist → Humes Unterscheidung von Tatsachen- und Werturteilen. Dadurch gewinnt das Wissen um Handlungsfolgen (z. B. auch technische Anwendung) an Wert vor der bloßen Weitergabe eines W. (→ Tradition, → Wissen). Diese → Rationalisierung, die Abspaltung des soteriolog. Aspekts (→ Soteriologie) und eine verdeckte Normativität sind typisch für den W.-Wandel durch die moderne Wissenschaft. Religionswiss. hat Stolz mit den Methoden von Luhmanns struktureller Analyse von Systemen W. rekonstruiert. Dabei treten als Codes u. a. die Gegensatzpaare Jenseits – Diesseits, Chaos – Ordnung hervor. → Mythos. AK

Lit.: E. Topitsch, Vom Ursprung und Ende der Metaphysik, 1958. – F. Stolz, W. der Religionen, 2001.

Welt(en), räumliche Sphären der Existenz. In vielen Religionen werden statt eines Dualismus W./ → Himmel bzw. Diesseits/ → Jenseits mehrere W. und Zwischen-W. angenommen, die noch dazu auf mehrere W.-Zeitalter verteilt oder hierarch. angeordnet sein können. So kennt z. B. die hinduist. Kosmographie eine Drei- (Himmel, Zwischenraum und Unter-W.) und eine Siebenteilung der W. (loka). → Gegenwelt, → Kosmos. AM

Weltreligionen, Bezeichnung für die Religionen, die sich über kulturelle und nationale Grenzen hinweg in der Welt verbreitet haben, wie das → Christentum, der → Islam und der → Buddhismus; zuweilen werden wegen ihrer geschichtlichen Bedeutung auch das → Judentum und der → Hinduismus dazugezählt. In einer neueren Verständnisvariante werden allgemein die Religionen der Welt unter dem Begriff W. subsumiert. Damit sich die W. über regionale Grenzen hinweg verbreiten konnten, mussten sie partikular gültige Normen zu einer allgemein gültigen Ethik und Heilsbotschaft abstrahieren. Voraussetzung dafür waren die schriftliche Festlegung dieser Lehre sowie die Existenz von Schriftspezialisten, durch die Religion gegenüber der sie hervorbringenden Kultur autonom werden konnte (→ Kanon, → Text). Mit der Übertragung einer Religion in andere Kulturen entstand die Notwendigkeit, sich an die neuen Gegebenheiten anzupassen und lokale religiöse Praktiken und Vorstellungen zu integrieren. Die Schriften professioneller Vertreter der W., die in einer philolog. arbeitenden Religionswissenschaft lange Zeit als alleinige Informationsquelle über Religion herangezogen wurden, betonen ihre universal gültigen Vorstellungen und Werte. Das kann als ein Grund dafür angesehen werden, warum der Begriff W. ebenso wie der Begriff »Universalreligion« die Annahme impliziert, diese Religionen zeichneten sich durch eine ausgeprägte Geistigkeit und feststehende Ethik aus. Als ein Resultat dieser Annahme werden W. zuweilen lediglich als Quelle eines vermeintlichen Weltethos erforscht, anstatt sie als komplexe und je nach Zeit und Kultur stark variierende religiöse Erscheinungen zu verstehen.

IP

Lit.: N. Smart, Atlas der W., 2000. – C. Auffarth, »Weltreligion« als ein Leitbegriff der Religionswissenschaft im Imperialismus, in: U. v. d. Heyden (Hg.), Mission und Macht im Wandel polit. Orientierungen, 2005, 17–36.

Werte. Der Begriff des W. wurde in Deutschland gängig, als um die Wende zum 20. Jh. Zweifel an einem gesetzmäßigen Fortschritt der Geschichte aufkamen. Wenn es keine Gewissheit mehr gibt, ob die Geschichte auf dem Weg zu einer Versöhnung des Guten mit dem Wirklichen ist, lässt sich der Realität keine ethische Anweisung für das → Handeln mehr entnehmen. Wer jetzt noch aus dem Seienden ein Sollen ableitet, begeht einen kardinalen Fehlschluss; das Gute ist »ontologisch entwurzelt« (Schnädelbach). Um aber trotzdem den Raum für → Ethik offen zu halten, bot sich der aus der Ökonomie stammende Begriff des W. an. Wie im Falle einer Währung gewinnen auch W. nur in der Handlungspraxis Realität. Die Realität von W. hängt allein davon ab, ob Handelnde sich von dem Glauben an ihre Geltung leiten lassen. Die dramatische Beschleunigung der Veränderungsprozesse in der → Moderne hat Konflikte mit lange anerkannten → Normen heraufbeschworen. »Alles Beständige verdampft, alles Hl. wird entweiht« heißt es im Kommunistischen Manifest. Es ist in dieser Erfahrung begründet, dass das »Veralten« von gemeinschaftlichen Normen unterschiedlich beurteilt werden kann und von den einen als Befreiung von Bevormundung, von den anderen als Verlust von Gemeinschaftlichkeit gewertet wird. → Gesellschaft.

HGK

Lit.: H. Schnädelbach, Philosophie in Deutschland 1831–1933, 1991 (Zitat S. 199).

Wertewandel. Bezeichnet → Wert das – oft aus religiösen Lehren abgeleitete – für ein Individuum oder Kollektiv Wünschenswerte, das die Auswahl seiner oder ihrer Handlungsziele leitet (→ Handeln), so bezieht sich der Begriff W. auf die Veränderungen des Wertekanons, der in einer Gesellschaft oder ihren Teilen als verpflichtend angesehen wird. So tritt bei einer wachsenden Anzahl von Menschen in jüngerer Zeit das gute Leben und friedliche Miteinander an die Stelle der wirtschaftlichen Prosperität, die Selbstbestimmung an die Stelle von Leistung und Pflicht und der Wunsch zur Mitbestimmung des kollektiven Schicksals an die Stelle kirchlich gebundener Religiosität. Üblicherweise ist eine enge Kirchenbindung mit bestimmten moral. Werten verknüpft, etwa der Zustimmung zu weltlichen Verboten und Geboten, der Mitmenschlichkeit und sozialem Engagement. Aber gerade diese Werte stehen häufig im Widerspruch zu den sich in den letzten Jahrzehnten ausbreitenden »postmaterialist.« Werthaltungen, deren Zentrum die individuelle Sinn- und Glückssuche bildet.

HK

Werwolf, die in einen Wolf verwandelte (Toten-)Seele eines Menschen. Der W.-Glaube ist bei vielen indoeurop. Völkern in den verschiedensten Varianten bezeugt. → Totenkult. US

Lit.: K. A. Edwards (Hg.), Werewolves, Witches, and Wandering Spirits, 2002.

Wicca → Hexenglaube.

Wiedergeburt → Jenseits, → Reinkarnation, → Seele, → Tod, → Unsterblichkeit.

Wiederholung, wichtiges Kennzeichen von Handlungssequenzen in → Ritualen. Dabei ist nach Hübner zwischen mimet. Wiederholen und archetyp. Wieder-Holen (→ Archetypen), d. h. Anknüpfen an die Ursprünge, zu unterscheiden. AM

Lit.: K. Hübner, Die Wahrheit des Mythos, 1985. – G. Gebauer/C. Wulf, Mimesis, 1992.

Wildbeuterkulturen → Jäger- und Sammlerkulturen.

Wildes Denken (von franz. pensée sauvage). Der Begriff geht auf den gleichlautenden Buchtitel von C. → Lévi-Strauss (1962) zurück: In dieser Schrift zeigt der franz. Anthropologe die Verwandtschaft der strukturalist. Methode der Klassifizierung und Opposition (→ Strukturalismus) mit der surrealist. Technik der »bricolage« (= Bastelei), der Zusammenfügung vorhandener Elemente, auf, um beide Methoden bei der Mythenanalyse (→ Mythos) anwenden zu können. Er widerspricht damit → Lévy-Bruhl (→ Primitives Denken). MB

Wildes Heer oder Wilde Jagd, im ganzen german. Raum bestehende Vorstellung von einem Geisterheer, das in den Zwölften (zwölf Tage um Neujahr) im Sturm dahinzieht. Als Anführer des W. H., bereits von Tacitus als Totenheer interpretiert, gilt in der volkskundlichen Überlieferung → Odin als Gott der Toten und der Ekstase. Vermutlich spiegelt das W. H. die ekstat. Kulte krieger., ebenfalls mit Odin verbundener Kultverbände wie der → Berserker wider. → German. Religion. US

Lit.: O. Höfler, Kult. Geheimbünde der Germanen, 1934. – O. Huth, Der Durchzug des W. H., in: ARW 32 (1935), 193–210. – O. Höfler, Der german. Totenkult und die Sagen vom W. H., in: Oberdt. Zs. für Volkskunde 10 (1936), 33–49. – O. Höfler, Verwandlungskulte, Volkssagen und Mythen, 1973.

Wille, philosoph. Begriff, der – unterschiedlich bestimmt – in der → Anthropologie, der → Ethik und der → Theologie, aber auch in den Erziehungswissenschaften und der Psychologie (→ Religionspsychologie) das Vermögen einer Person benennt, etwas wollen zu können.

I. Allgemein. W. bezeichnet ein Streben, eine Personen in konkreten Situationen bestimmende seelische Kraft, die dabei unter der Fragestellung subjektiver Entscheidbarkeit und im Hinblick auf ein mögliches → Handeln betrachtet wird. Ob und inwieweit sich im menschlichen W. Selbstbestimmung und → Freiheit oder Fremdbestimmung und Zwang, z. B. durch biolog. oder metaphys. Determination, feststellen lassen, ist umstritten.

II. Deutungsmuster. Gegenwärtig werden Eigenart und Funktion des W. v. a. unter zwei Aspekten betrachtet: (1) In religiöser Hinsicht werden – nachdrücklich mit der christl. Philosophie und Theologie des Mittelalters einsetzend – sowohl die → Gottesebenbildlichkeit als auch die Differenz zwischen Gott und Mensch anhand der W.-Freiheit erkundet, womit zugleich – und gerade in der Hervorhebung dieses Unterschieds – der neuzeitlichen Zentralstellung der Subjektivität als Ausdruck von W.-Freiheit und Selbstbestimmung vorgearbeitet wird. Diese sowohl die Personalität Gottes als auch das Menschenbild im okzidentalen Zusammenhang bestimmende Hervorhebung des W., der auch die W.-Konzeption des AT (und damit der jüd. Tradition) entspricht und deren ethisch indifferente bzw. ambivalente Struktur die Grundlage für ein ambivalentes, ethisch zweideutiges Menschenbild der mit der → Renaissance einsetzenden europ. Neuzeit legt, findet sich so in anderen religiösen Traditionen (Hinduismus, Buddhismus) nicht. Deshalb wird hieran anknüpfend etwa bei → Schopenhauer die Fragwürdigkeit der Lebensorientierung am W. thematisiert bzw. seine Eindämmung und Negation gefordert. Auch die vorchristl. Kulturen der mediterranen → Antike kannten den W. zwar als eines der menschlichen Vermögen, er blieb aber neben anderen Affekten und Begehren eingeordnet in ein vergleichsweise breites Spektrum menschlicher Bewegungskräfte und z. B. für Aristoteles (384–322 v. Chr.) abhängig von Erkenntnis und Tugendorientierung (→ Religionskritik, → Religionsphilosophie). (2) Philosoph. ist die Bestimmung des W. im Unterschied zu Vernunftentscheidungen einerseits und Instinkten bzw. triebgesteuerten Bedürfnissen andererseits bedeutsam, und die damit verbundenen Möglichkeiten, Selbstbestimmung, aber auch misslingende Entscheidungs- und Handlungsimpulse aus dem Vorliegen bzw. den Stärken und Schwächen des W. herzuleiten, spielen in philosoph., rechtlichen, ethischen und anthropolog. Fragestellungen eine wichtige Rolle. Während das Mittelalter den W. in einer Mittelstellung zwischen den Orientierungsleistungen (→ Orientierung) des Verstandes und den das faktische Handeln begrenzenden Gegebenheiten der Welt und der Natur des Menschen sah (Th. von Aquin, 1224/25–74), tritt die Debatte um Freiheit oder → Determinismus mit der frühen Neuzeit (Rationalismus/Empirismus) in aller Schärfe hervor und bestimmt – mit wechselnden Bezugssystemen (→ Materialismus, Physik, Soziologie, → Psychoanalyse, Biologie, Behaviorismus, sprachanalyt. Philosophie, Genetik) und Konjunkturen – die weitere Diskussion. In ethischer Hinsicht stellt der an Duns Scotus (1265/66–1308) anknüpfende Gedanke eines sich selbst unter die Bestimmungen der Vernunft unterordnenden und darin seine Selbstbestimmung (→ Autonomie) findenden W. bei I. → Kant die Grundlage dar für eine in der Zivilisierung eben dieses Strebens zum Ausdruck kommende Vorstellung menschlicher Würde und Selbstbewusstseins (→ Aufklärung). Auch die im 19. Jh. aufkommenden Menschenwissenschaften, einschließlich der Pädagogik (→ Religionspädagogik), teilen die Überzeugung, dass sich in der Vorstellung des freien W. eine zentrale Eigenschaft des menschlichen Selbstbewusstseins zeigt, die aber zugleich der Einbettung, Formung und Sozialisation – auch der Abarbeitung an eigener Naturbindung, z. B. Triebstrukturen – bedarf, um das angestrebte Ziel einer personalen und sozialen Autonomie (Mündigkeit) verfolgen und erreichen zu können. In der zeitgenöss. Philosophie dient W. nicht so sehr als Bezeichnung einer im Menschen vorhandenen unmittelbaren Kraft, sondern v. a. als Beschreibung der Prozesse einer die Handlungen begleitenden Selbstreflexion, in der Entscheidungen und Alternativen im Hinblick auf ihr mögliches, nicht notwendiges Zustandekommen betrachtet werden. Gerade um diese letzte Vorstellung einer im W. angesprochenen Entscheidungsfreiheit wird freilich derzeit zwischen Neurowissenschaften, Theologie und Philosophie heftig gestritten. WN

Lit.: P. Ricœur, Le volontaire et l'involontaire, 1949. – H. Arendt, Vom Leben des Geistes. Das Wollen, 1978. – H. Heckhausen u. a. (Hg.), Jenseits des Rubikon. Der W. in den Humanwissenschaften, 1987. – J. Fried, Die abendländ. Freiheit vom 10. zum 14. Jh. Der Wirkungszusammenhang von Idee u. Wirklichkeit im europ. Vergleich, 1991.

Windelband, Wilhelm (1848–1915), Philosoph, Mitbegründer der südwestdt. Schule des Neukantianismus. W. sprach sich wissenschaftstheoret. gegen die Unterscheidung von Natur- und Geisteswissenschaften aus und nahm stattdessen eine formale Aufteilung in Gesetzeswissenschaften, die nach dem allgemein Gültigen suchen, und Ereigniswissenschaften, die das Einzelne betonen, vor. Die → Religionsphilosophie verortete er in den Ereigniswissenschaften und forderte dabei einen breiten Zugang, der das Widersprüchliche im menschlichen Bewusstsein und Gewissen berücksichtige. FE

W.: Das Heilige. Skizze zur Religionsphilosophie (1902), gekürzt in: C. Colpe (Hg.), Die Diskussion um das »Heilige«, 1977, 29–56.

Winterzeremonial, Sammelbezeichnung für die während der winterlichen Zeremonialzeit abgehaltenen Tanzdramen nordamerikan. Indianer (→ indian Religionen, → Tanz). Bes. bekannt sind die Hamats'a, die Kannibalentänzer des Ts'eka-Tanzzyklus der Kwakiutl, die bei ihrer → Initiation von einem mythischen Kannibalenmonster entführt, verschlungen und selbst zu Kannibalen werden (→ Kannibalismus). Nach ihrer Rückkehr ins Dorf lassen sie ihren Appetit auf Menschenfleisch erkennen, geraten in einen Zustand der → Besessenheit und werden endlich von der Dorfgemeinschaft gezähmt. Bei den Nootka steht die Verkörperung des Wolfs im Mittelpunkt des W. und erinnert an den mythischen Transformer der Welt, der durch Tötung des Wolfshäuptlings seine Heilkräfte erwarb. CFF

Lit.: F. Boas, The Social Organization and Secret Societies of the Kwakiutl Indians, in: Report of the U. S. National Museum for 1895 (1897), 311–738. – A. H. Ernst, The Wolf Ritual of the Northwest Coast, 1952. – B. Holm, Kwakiutl: Winter Ceremonies, in: W. Suttles (Hg.), Handbook of North American Indians, Bd. 7, 1990, 378–86.

Wirtschaft. I. Religionswiss. Perspektive. (1) Religionswissenschaft beansprucht keine wirtschaftswissenschaftliche Kompetenz, versteht sich jedoch als → Kulturwissenschaft, die sowohl die ökonom. Relevanz als auch die spezif. ökonom. Dimension religiösen Handelns und Verhaltens untersucht. Seit der sog. kulturalist. Wende erschließen kulturwissenschaftliche Ansätze zunehmend die ökonom. Aspekte auch der symbol. Praktiken gesellschaftlicher Lebensformen (»symbol. Kapital«). Nach ökonom. Determinanten der Religion fragt v. a. die → Religionsökonomie. (2) (a) Für die W.-Geschichte ist die Relevanz religionskulturhistor. Beiträge zum Verständnis sozialökonom. Vernetzungsaspekte der Gesellschaftsgeschichte erwiesen. Mit W. im Allgemeinen müssen sich religionswiss. Analysen in vielen Kontexten prinzipiell auseinandersetzen. (b) Ökonom. Probleme lassen sich von sozialen, polit. und kulturellen nicht strikt trennen. Klassiker der Sozial- und W.-Wissenschaften verstanden wirtschaftliches Handeln und Verhalten in der Regel als sozialpolit. und kulturell vernetzt (z. B. A. Smith, 1723–90; D. Ricardo, 1772–1823; K. → Marx; A. Marshall, 1842–1924; G. v. Schmoller, 1838–1917; J. M. Keynes, 1883–1946; M. → Weber; W. Eucken, 1891–1950). In modernen Gesellschaften sind die Wechselbeziehungen zwischen ausdifferenzierten Lebensbereichen alltäglich national und global zu erfahren, z. B. auf den miteinander verflochtenen Konsumgüter-, Produktionsmittel- und Finanzmärkten.

II. Forschungsansätze. Neuere Fragestellungen wie die Theorie rationaler Entscheidung, die Institutionen- und Wohlfahrtsökonomik, Umwelt-, Migrations-, Entwicklungs- und Evolutionstheorien haben die W.-Wissenschaften kulturtheoret. erweitert. Religionswiss. relevant sind neuere Analysen von sozialem, kulturellem und symbol. Kapital. (1) Nach P. Bourdieu (1930–2002) lässt sich der soziale Raum in drei sich überlagernde Ebenen unterteilen. Eine objektiv-materielle Ebene besteht aus Besitz und Eigentum von ökonom., kulturellen und sozialen Kapitalien; eine Ebene symbol. Praktiken und Repräsentationen manifestiert sich in Lebensstilen und kulturellem Konsum; vermittelt werden beide durch den sog. → Habitus, ein System verinnerlichter Muster, die alle typischen Gedanken, Wahrnehmungen und Handlungen einer Kultur erzeugen. Der Habitus organisiert allgemeine verhaltensprägende Dispositionen und Grundhaltungen. Er stellt die Weichen für die Wechselbeziehungen zwischen ökonom. und religiösen Einstellungen. (2) Inzwischen haben die W.-Wissenschaften auch das Vertrauen als Schlüsselkategorie wirtschaftlichen Handelns entdeckt. F. Fukuyama (geb. 1952) stellte die These auf, dass »sowohl die Wohlfahrt einer Nation als auch ihre Wettbewerbsfähigkeit von einem die gesamte Gesellschaft prägenden kulturellen Merkmal bestimmt werden: dem einer Gesellschaft innewohnenden Grad an Vertrauen«. (3) Im Rahmen einer allgemeinen Theorie selbstreferentiell geschlossener Systeme versteht N. → Luhmann alles wirtschaftliche Handeln als soziales Handeln und W. als »Vollzug von Gesellschaft«. Gesellschaft und W. seien soziale Systeme, deren Verbindung eine Theorie der Systemdifferenzierung erschließe. Differenzierung wird hier als Wiederholung der Systembildung in Systemen verstanden. Mit knappen Gütern operiert das W.-System nach Luhmann durch Zahlungen mit dem Kommunikationsmedium → Geld, das die W. neu codiert, indem es zwischen Haben und Nichthaben bestimmter Geldsummen unterscheidet. Zwischen Zahlungen und Eigentumstransfers besteht ein Doppelkreislauf. Zahlungsmotivationen lassen sich in dieser → Systemtheorie nicht direkt aus Bedürfnissen ableiten, die zur Systemumwelt gerechnet werden. (4) Die neue Institutionenökonomik vergleicht u. a. institutionelle Transaktionskosten, die Vorteile unterschiedlicher sozialer Systeme der Produktion bezeichnen. Eine umfassendere Definition interpretiert → Institution als einen Komplex von Arbeitsregeln, die Entscheidungsberechtigungen und Regeln zur Organisation und Kontrolle von Verfahren und Informationsprozessierung festlegen. Da Religionsgemeinschaften institutionalisiert, organisiert und wirtschaftsgesellschaftlich vernetzt sind, haben sozialökonom. Institutionentheorien religionswiss. Bedeutung.

HS

Lit.: A. Sen/B. Williams (Hg.), Utilitarism and Beyond, 1982 (ND 1994). – C. Humphrey/S. Hugh-Jones (Hg.), Barter, Exchange and Value, 1992. – R.-T. Ramb/M. Tietzel (Hg.), Ökonom. Verhaltenstheorie, 1993. – F. Fukuyama, Trust. The Social Virtues and the Creation of Prosperity, 1995 (dt. Konfuzius u. Markt-W., 1995). – W. Hardtwig/H.-U. Wehler (Hg.), Kulturgeschichte heute, 1996. – S. Bruce, Choice and Religion, 1999. – G. Ambrosius, Institutioneller Wettbewerb im europ. Integrationsprozess seit dem 19. Jh., in: Geschichte u. Gesellschaft 27 (2001), 545–75.

Wissen. I. Allgemein. (1) Im Sinne eines allgemein gültigen Korpus meint W. alle in einer Gesellschaft akzeptierten → Deutungsmuster. Die Idee eines »Allgemein-W.« hängt mit der Vorstellung zusammen, dieses Korpus nach einem Curriculum durch Erziehung, Bildung und Unterricht weitergeben zu können (→ Tradition). Histor. hat sich diese Vorstellung im Rahmen der Rhetorik (Quintilian, *Institutio oratoria*, »Ausbildung des Redners«, um 90 n. Chr.), in den artes liberales des Mittelalters, in der Idee des → Humanismus und als universal angelegtes Projekt der franz. Enzyklopädisten ausgeprägt. In der → Moderne wurde die Möglichkeit eines umfassenden W. und seiner Darstellung grundlegend infrage gestellt. → Religionskritik und → Religionsphilosophie waren an diesem Prozess der → Pluralisierung von Weltdeutung maßgeblich beteiligt. (2) W. beansprucht im Gegensatz zu → »Glauben« oder Meinen (griech. dóxa) eine beweisbare, aber auch falsifizierbare Sicherheit, eine andere Qualität von → Wahrheit, wobei sich diese Definition in religiöser Deutung umkehren kann (= Glauben ist »tieferes« W.). Ist es als solches anerkannt, hat W. in Legitimationsprozessen autoritative Kraft: Es erscheint evident, dass die Welt eine Kugel ist, ebenso wie es zuvor evident erschien, dass sie eine Scheibe ist. Zugleich muss W. selbst legitimiert werden, v. a. in Phasen von »Paradigmenwechseln«; dabei spielen religiöse Vorstellungen eine große Rolle. Nicht erst seit der → Aufklärung und dem Einsetzen eines Säkularisierungsprozesses stehen religiöse Modelle in Konkurrenz zu anderen, z. B. in Bezug auf ein W. über den → Körper zwischen Heil und Heilung (→ Āyurveda, → Medizin).

II. W. als systemat. Begriff. Im Anschluss an die → W.-Soziologie ist der W.-Begriff zu einer analyt. Kategorie der Religionswissenschaft avanciert. Er bietet eine spezif. Perspektive auf Religion mit folgenden grundlegenden Fragestellungen. (1) Welche spezif. W.-Formen bilden Religionen aus? Religionen begründen W. meist auf einer nicht weiter hinterfragbaren Ebene: dem Wort Gottes, göttlicher Inspiration, »alter«, überzeitlich geltender Weisheit (philosophia perennis, so der Renaissance-Philosoph A. Steuchius 1540), Visionen oder religiöser → Erfahrung. Theologien berufen sich auf einen → Kanon von Texten mit z. T. menschlichen, z. T. göttlichen Autoren. Religiöses W. stellt häufig umfassende Deutungsmodelle für alle Lebensbereiche zur Verfügung, die sowohl die Bewältigung von Kontingenz als auch die Ausdifferenzierung in unterschiedliche W.-Bereiche erlauben. »Nicht-W.« kann als Ursache von Negativität und → Bösem gewertet werden, Erkenntnis als Weg zum → Heil. Durch bestimmte Techniken (→ Divination, → Ekstase) sei ein W. zu erlangen, das über Alltagswahrnehmung oder gar über die Lebenszeit hinausreicht (→ Jenseits); Religionen vermitteln W., wie → Leiden transzendiert und Heil erlangt werden kann. Religiöse Deutung verbindet sich mit speziellen W.-Bereichen, z. B. einem W. über den → Körper, den Kosmos (→ Astrologie) oder den Raum (→ Fengshui), oder mit bes. Erfahrungsbedingungen, v. a. im Zusammenhang mit Emanzipationsbestrebungen (Frauen-W., Sklaven-W.). Formen eines bes., weil geheim tradierten W. stehen im Gegensatz zu einer »offiziellen«, d. h. dominanten W.-Tradition (→ Esoterik). Religiöses W. und seine Pflege dient zur Erinnerung (→ Gedächtnis) und zur Aufrechterhaltung von Traditionen und → Identität der religiösen → Gemeinschaft. (2) Was muss man wissen, um »religiös kompetent« zu sein? Um Teilnehmer einer oder mehrerer Religionen sein zu können, ist es nötig, sowohl theoret. (Lehre, Weltbild) als auch praktisches (Rituale, Ethik) W. zu erwerben, die »richtige« Lehre und Ausführung (→ Orthodoxie) der Religion zu erlernen. Unterschiedliche Formen der Weitergabe sind möglich: Einweihung (→ Initiation), Unterricht (→ Religionspädagogik), ein individuelles Lehrer-Schüler-Verhältnis (→ Guru) oder »religiöse Selbstversorgung«. (3) Wer sind die Träger religiösen W.? Häufig liegt die Weitergabe von W. in den Händen religiöser Spezialisten (→ Funktionär). Hieraus entsteht ein Deutungsmonopol, eine Kompetenz, die u. a. durch → Amt und Professionalisierung gestützt wird. Mit zunehmender Pluralisierung einer Gesellschaft spielt auch »religiöse Selbstversorgung« eine Rolle. (4) Über welche → Medien wird religiöses W. vermittelt? Die Wahl eines bestimmten Mediums hat jeweils die Ausbildung ganz bestimmter Strukturen von W.-Weitergabe zur Folge. Insbes. unter den Bedingungen von Mündlichkeit oder Schriftlichkeit bilden sich unterschiedliche Typen von Religion und Strategien von W.-Transfer aus (→ Schriftreligion). Die elektron. Medien geben neue Bedingungen für Religionen vor: Fernsehen und Internet bieten Informationen über Religionen an und sind auch selbst Medium von Religion. So finden sich z. B. im Internet Anleitungen zur »Selbsteinweihung« als »Wicca«, inklusive Lehrzeit und Ersatz des Lehrers durch ausgewählte Bücher. Unter dem Aspekt von Vermittlung religiösen W. oder von W. über Religion wurde die Rolle der Religionswissenschaft in der religiösen Landschaft reflektiert: Zum einen führt sie selbst zu neuen Formen religiöser Praxis (z. B. bei → Eliade) oder kann mit ihren Informationen religiöser Praxis dienen, zum anderen kann sie ein religiöses Interesse in ein Interesse an Religion überführen. AG

Lit.: T. S. Kuhn, Die Struktur wissenschaftlicher Revolutionen, 1969. – F. Tenbruck, Die Religion im Maelstrom der Reflexion, in: J. Bergmann u. a. (Hg.), Religion u. Kultur (Sonderheft der Kölner Zs. für Soziologie u. Sozialpsychologie 33), 1993, 31–67. – B. Gladigow, Erwerb religiöser Kompetenz. Kult u. Öffentlichkeit in den klassischen Religionen, in: H. Binder (Hg.), Religiöse Kommunikation, 1997, 103–18. – B. Gladigow, Von der Lesbarkeit der Religion zum iconic turn, in: G. Thomas (Hg.), Religiöse Funktionen des Fernsehens?, 2000, 107–24.

Wissenssoziologie. (1) Eine Perspektive der Soziologie, die sich seit den 1920er Jahren (A. → Gehlen, M. → Scheler) in Philosophie und Anthropologie an der Gesellschafts- und Religionstheorie (→ Marx, → Durkheim) orientierte. Konzentrierten sich diese Vertreter der W. v. a. auf die Analyse von → Ideologien und Theoriesystemen, erweiterte A. Schütz (1899–1959) den Begriff des → Wissens auf ein für die Bewältigung des → Alltags notwendiges Lebenswissen hin. (2) Religionswiss. relevant wurde die Reformulierung der W. in den 1960er Jahren durch T. → Luckmann und P. L. → Berger. Die umstrittenen Religionsbegriffe der Autoren trugen zwar weniger zur Theoriebildung bei, aber ihr innovativer Blick auf Religion hatte Konsequenzen für die weitere Forschung: (a) Es fand eine Abwendung von → Kirchensoziologie und von der an institutionalisierter Religion orientierten Betrachtung statt; die These einer allgemeinen → Säkularisierung wurde infrage gestellt. (b) Religion wurde als zentrales Element eines dynam. Entstehungsprozesses von individuellem und gesellschaftlichem Wissen aufgefasst, dargestellt als dialekt. Beziehung zwischen Externalisierung (»Erfindung« bzw. Veränderung von Wissen), Objektivierung (Entindividualisierung, Verallgemeinerung) und Internalisierung (Aneignung des vorhandenen Wissens). (c) Vor diesem Hintergrund entstanden Thesen zur → Pluralisierung von Religion und zu einem → »Markt der Religionen«. Weiterführende Fragestellungen betreffen etwa den Anteil und die Funktionen, die religiöses Wissen in Plausibilisierungsprozessen hat, oder das Thema, wie Wissen in Religionen konstruiert ist bzw. welche spezif. Wissensformen Religionen und religiöse Gemeinschaften ausbilden. → Wahrheit, religiöse. AG

Lit.: P. L. Berger, Zur Dialektik von Religion u. Gesellschaft, 1973 (engl. 1967). – T. Luckmann, Die unsichtbare Religion, 1991 (engl. 1967). – P. L. Berger/T. Luckmann, Die gesellschaftliche Konstruktion der Wirklichkeit: eine Theorie der W., 1969, [19]2003. – A. Schütz, Strukturen der Lebenswelt. (hg. von T. Luckmann), 1975. – H. Knoblauch u. a. (Hg.), Neue Perspektiven der W., 2004. – H. Knoblauch, W., 2005.

Wittgenstein, Ludwig (1889–1951), Philosoph. Sein Religionsverständnis lässt sich in zwei Phasen aufteilen: (a) die frühe Zeichentheorie: Gott lässt sich nicht aussagen, sondern zeigt sich in der Struktur des Gesagten; (b) das spätere Sprachspiel-Verständnis: Religiöse Praxis folgt Regeln, die nicht selbst zu rechtfertigen sind. Religion ist eine Lebensform. Gegen → Frazers Magieverständnis hält W. eine Generalerklärung der Welt über Kausalität für → Aberglaube. Religion ist für ihn mit → Ethik zu identifizieren, weil in beidem das Übernatürliche erlebt werden kann. Religiöse Sätze für wahr zu halten heißt ihnen zu vertrauen. Aufgrund dieser nonkognitivist. Haltung (→ Kognition) wurde gegen W. der Vorwurf des Fideismus erhoben, d. h. die Immunisierung des Glaubens gegen Argumente. AK

W.: Schriften, 1964ff. – Vorlesungen u. Gespräche über Ästhetik, Psychologie u. Religion (hg. von C. Barrett, übers. u. eingel. von E. Bubser), 1968.
Lit.: N. Malcolm, W.: A Religious Point of View?, ed. with a response by P. Winch, 1993. – F. Ricken, Religionsphilosophie, 2003, 29–56.

Witwenverbrennung, ritualisierte Form einer freiwilligen oder erzwungenen Totenfolge, die u. a. in Ägypten, bei Griechen und Slawen, v. a. aber in Indien (→ satī) praktiziert wurde. → Tod. AM

Lit.: J. Fisch, Tödliche Rituale, 1998.

Wochenfest, regelmäßige, durch solaren oder lunaren → Kalender festgelegte Zeitabschnitte von fünf oder sieben Tagen, an denen u. a. mimet.-nachahmend an Taten und Ereignisse erinnert wird, die in histor. oder mythischer Zeit stattgefunden haben. Mit der spezif. Bedeutung »Wochen« ist das jüd. → Schawuot belegt, das als Pfingstfest (→ Pfingsten) genau 49 Tage oder sieben Wochen nach → Passah stattfindet, zwar ohne spezif. religiöse Rituale, aber mit vielen Volksbräuchen verbunden, z. B. dem Essen von Milchprodukten, nach dem metaphor. Verständnis, dass Milch die Menschen genauso nährt wie die Torah. KPK

Lit.: C. Perl, A Guide to Shavuoth, 1959.

Wodan, Wotan → Odin.

Wunder, → Deutungsmuster für ein Ereignis, das nicht in den Weltkontext eingeordnet werden kann. Erst in der Auseinandersetzung des 19. Jh.s wurde aus dem, was zuvor als Staunen und Bewunderung hervorrufendes unerwartetes Ereignis und als Beweis für die Allmacht Gottes galt, das rational nicht zu begreifende, gegen die Naturgesetze verstoßende Paradox. In fast allen Religionen gelten W. als Ausdruck der numinosen Freiheit eines Gottes, als Aufscheinen des Transzendenten oder des → Heiligen. Das Wirken und Deuten von W. erfordert bes. Begabung (→ Charisma) und geht oft mit einem bes. Status einher (Schamane, Heiliger, Religionsstifter). Es gibt unterschiedliche Strategien der Interpretation: In den verschiedenen religiösen Traditionen wird ein gewisses Maß an Kritikfähigkeit beim Auslegen der Bedeutung eines W. als hoher Wert angesehen. Manche religionskrit. Theorien fassen das Phänomen an sich als ein uneigentl. Verständnis der Wirklichkeit auf, das sich als psycholog. Projektion, Mythologisierung o. ä. aufklären lasse (→ Religionskritik). Der eigentl. Ort des W. ist freilich nicht so sehr die Theorie als vielmehr das konkrete religiöse Erleben. Von daher erklärt sich der hohe Stellenwert des W. für die »gelebte Religion«, die »biograph. Erfahrung« oder die »Volksfrömmigkeit«. → Geheimnis, → karāmāt, → Magie. KHS

Lit.: G. Mensching, Das W. im Glauben u. Aberglauben der Völker, 1957. – H. Staudinger, An W. glauben? Gottes Allmacht u. moderne Welterfahrung, 1986. – L. Daston/K. Park, W. u. die Ordnung der Natur 1150–1750, 2002 (engl. 1998).

Wundt, Wilhelm (1832–1920), nach dem Studium der Medizin seit 1864 Professor für Physiologie in Heidelberg, seit 1874 für induktive Philosophie in Zürich, ab 1875 Professor in Leipzig, wo er das Institut für experimentelle Psychologie gründete. W. ist u. a. Autor der zehnbändigen *Völkerpsychologie* (1900–20), in der er mytholog. und ethnolog. Material verarbeitet hat. VK

Lit.: B. Oelze, Wilhelm W. Die Konzeption der Völkerpsychologie, 1991.

Wunschraum/Wunschzeit. Während die *Utopia* des T. Morus (1516) als typisch für die neuzeitliche Zuversicht angesehen wurde (→ Neuzeit), eine Sozialordnung frei von → Tradition konstruieren zu können, gelten in Dorens Perspektive die Motive der »Zukunftshoffnungen und Fernphantasien« als bes. aus der jüd. und christl. Eschatologie geschöpft – rational als → Utopie, dämon.-irrational als → Chiliasmus. Dieser Unterscheidung stellte K. → Löwith das christl. Motiv des innerweltlichen Dritten Reiches entgegen, das er auch bei Hegel oder Marx prägend sah. → Gegenwelt, → Neuzeit. CA

Lit.: A. Doren, Wunschräume und Wunschzeiten, in: Vorträge der Bibliothek Warburg 1924/25 (1927), 158–205.

Wuwei (chin. = Nichthandeln bzw. Handeln des Nichts), daoist. Prinzip, nach dem man durch Nichteingreifen die Dinge sich selbst (ziran = »natürlich«) entwickeln lässt, idealisiert auch als polit. Maxime. Esoter. wurde dieses Verhalten oder eher dieser Zustand im → Daoismus mit dem Erreichen des oder dem Einswerden mit dem → dao identifiziert. Im frühen chin. Buddhismus wurde W. mit → nirvāna gleichgesetzt bzw. als Übersetzung für diesen indischen Ausdruck gebraucht. MD

WZO (World Zoroastrian Organization), 1980 in London gegründete Organisation, um zoroastr. Belange weltweit zu koordinieren, was bislang wenig gelingt. Teilweise bestehen Interessenkonflikte mit dem → Bombay Parsi Panchayat, der → FEZANA oder dem bereits seit 1861 bestehenden Zoroastrian Trust Fund of Europe. → Zoroastrismus. MH

X

Xrafstra (avest. = Ungeziefer), Teil der widergöttlichen Schöpfung im → Zoroastrismus. Systematisierungen nennen u. a. Frösche, Schlangen, Würmer, Spinnen, Ameisen, ebenso manche gefährlichen → Tiere. Die → Nasu wird mit X. verglichen. MH

Xuanzang (603–64), chin. Mönch, der wegen seiner Pilgerreise nach Indien berühmt wurde. Dort studierte er an der Klosteruniversität → Nālandā die philosoph. Schule des → Yogāchāra oder Vijnānavāda (→ Faxiang), zu deren Hauptrepräsentant in China er wurde. MD

Lit.: A. L. Mayer, X.s Leben u. Werk, Tl. 1: X. – Übersetzer u. Heiliger, 1992. – S. H. Wriggins, X., A Buddhist Pilgrim on the Silk Road, 1996.

Y

Yab-yum (tibet. = Vater-Mutter), in der → Meditation Bezeichnung der sexuellen Vereinigung (tibet. zung-'jug) des Meditierenden mit seiner Partnerin (sanskr. → mudrā). In der ikonograph. Darstellung zeigt das vereinigte Paar (y.) die Polarität des Männlichen und Weiblichen im Zustand der allen Lebewesen zukommenden Buddhanatur auf. Das weibliche Element steht auf dieser höchsten Ebene der Erkenntnis für shes-rab, die höchste Weisheit, während das männliche Element für thabs steht, die »Methode« des buddh. Weges zur Befreiung, das vollkommene Mitgefühl (snying-rje), die höchste Tugend eines → Bodhisattva. KKP

Lit.: K. Kollmar-Paulenz, Die y.-Darstellungen in der tibet. Kunst, in: G. Völger (Hg.), Sie u. Er. Frauenmacht u. Männerherrschaft im Kulturvergleich, 1997, 209–14.

Yajurveda → Vedische Literatur.

Yaksha (von sanskr. yakṣa, weibl. yakṣī), im Hinduismus halbgöttliche Wesen, Begleiter von → Kubera. → Zwischenwesen. AM

Yama, vedisch-hinduist. Totengott, Herrscher über die Totenreiche. AM

Lit.: J. Ehni, Der vedische Mythus des Y., 1890. – C. Malamoud, Le jumeau solaire, 2002.

Yamunā (sanskr.), auch Jamunā oder Jumnā, vergöttlichter Nebenfluss des Ganges (→ Ganga). AM

Lit.: H. von Stietencron, Ganges und Y., 1972.

Yāna (sanskr., pāli = Fahrzeug), Bezeichnung für die buddh. Lehre (→ dharma), mit deren Hilfe die Erlösung (→ nirvāna) aus dem Ozean der Wiedergeburten (→ samsāra) erlangt werden soll. Wie man ein Fahrzeug nicht weiter benutzt, soll man auch der buddh. Lehre nicht weiter anhängen, wenn das Ziel erreicht ist. Sie ist also ein praktisches Hilfsmittel, aber kein Selbstzweck. Als y. werden auch die Schulrichtungen des Buddhismus bezeichnet: → Hīnayāna, → Mahāyāna, → Vajrayāna, Mantrayāna, Tantrayāna. Gemäß dem → Lotos-Sūtra handelt es sich bei allen Schulrichtungen in Wirklichkeit nur um ein Fahrzeug (eka-y.), das in verschiedenen Ausprägungen auftritt, um für alle Wesen geeignete Methoden zur Erlangung der Befreiung zu bieten. → Buddhismus, → Buddh. Literatur, → sangha. AM

Yantra (sanskr. = Diagramm), geometr. Diagramme, die in Ritual, → Meditation, → Architektur von Tempeln etc. Verwendung finden (auch → mandala). JG

Lit.: CNRS (Hg.), Mantras et diagrammes rituels dans l'Hindouisme, 1986.

Yaoshi-fo (chin. Übersetzung von sanskr. Bhaishajyaguru = Medizin-Meister), der »heilende« → Buddha, der v. a. in Ostasien verehrt wird. MD

Lit.: R. Birnbaum, Der heilende Buddha, 1990.

Yasukuni Jinja, ein Shintō-Schrein in Tokyo, wo Japans Kriegsgefallene verehrt werden. Vor dem Hintergrund der neuen japan. Verfassung, die die Trennung von Religion und Staat vorsieht, sind umstrittene Versuche, diesen Schrein wieder der staatlichen Trägerschaft zuzuordnen, bislang erfolglos geblieben. → Shintō. MP

Yātrā (sanskr. = (Wall-)Fahrt; hindī jātrā), Prozession, oft mit Tempelwagen (rathamela). → Fest, → tīrtha. AM

Yazatas (avest. = die Verehrungswürdigen), Bezeichnung für Gottheiten im → Zoroastrismus. Gemeinsam mit den → Ameša Spentas sind sie einzelnen Monatstagen zugeordnet; sie sind Adressaten von Opfern und Gebeten. Mit zunehmender Vergeistigung werden sie in frühislam. Zeit als → »Engel« dem monotheist. verstandenen → Ahura Mazda untergeordnet. MH

Lit.: M. Hutter, Religionen in der Umwelt des AT I, 1996, 200–06.

Yazılıkaya, außerhalb von → Hattuša gelegenes hethit. Felsheiligtum. Die Ausgestaltung mit Reliefs hurrit. Götter unter Tudhaliya IV. (13. Jh. v. Chr.) geht auf dessen Reform der → Hethit. Religion zurück. Die Anlage diente auch dem königlichen Totenkult. MH

Lit.: K. Bittel u. a., Das hethit. Felsheiligtum Y., 1975.

Yi-dam (oder yid-dam-lha, tibet. = im Geist gebundene Gottheit), die persönliche Schutz- bzw. Meditationsgottheit eines/r tantrischen Adepten/in. Die y. sind sichtbare Symbole bestimmter tantrischer Lehren, deren Inhalte durch die Symbolik der Gottheit in verschlüsselter Form immer gegenwärtig sind. Der Name des y. darf nicht weitergegeben werden. Durch mündliche Unterweisung wird das spezielle mantra des y. tradiert. Mit den einzelnen Formen dieser y. ist zumeist eine umfangreiche Überlieferung tantrischer Literatur verbunden, die der mündlichen Erläuterung vom Lehrer zum Schüler bedarf. KKP

Yijing I. Buch der Wandlungen. Chin. Klassiker, dessen älteste Teile bis in die Zhou-Zeit (1122–256 v. Chr.) zurückverfolgt werden können. Ursprünglich für Orakelzwecke bestimmt, diente das Y., offiziell in den konfuzian. Kanon aufgenommen, ab der Han-Zeit (206 v. Chr. – 220 n. Chr.) als Grundlage für Spekulationen moral., metaphys., apokalypt., soteriolog. und anderer Art (→ Divination). Das Prinzip der Aussagen im Y. und in seinen Kommentaren (= »zehn Flügel« des Y.) basiert auf einer bipolarkomplementären Symbolik, den Kombinationen aus (drei oder sechs) durchgehenden und durchbrochenen Linien. Die Symbolik dieser Tri- und Hexagramme wird in der Tradition mit dem Yin-Yang-Prinzip identifiziert, jedoch nicht absolut und gegensätzlich gedacht, sondern als Ausdruck des latenten Übergangs eines Zustandes in einen anderen.

II. Mönch. Chin. Mönch (634–713), der Indien und Indonesien (Sri Vijaya) bereiste und an den dortigen Klosteruniversitäten (→ Nālandā) studierte. Sein Werk umfasst u. a. umfangreiche Übersetzungen einer Sammlung monast. Regeln (vinaya der Mūlasarvāstivādin-Schule) sowie die Abfassung einer wertvollen Beschreibung der Verhältnisse des Buddhismus in Indien und Südostasien und einer Sammlung von Biographien chin. Indienpilger. MD

Lit.: I.: R. Wilhelm, I Ging. Das Buch der Wandlungen, 1956. – F. Fiedeler, Y. Das Buch der Wandlungen, 1996. – II.: J. Takakusu, A Record of the Buddhist Religion as Practiced in India and the Malay Archipelago, 1896 (Ü). – L. Lahiri, Chinese Monks in India, 1986 (Ü).

Yimki-Fasten, fünf (bzw. sieben) Doppelfasttage im manichäischen Kultkalender, im Gedenken an den Urmenschen, an → Manis Nachfolger Sisinnos, die Passion Jesu, drei manichäische Presbyter und Manis Tod. Letzteres y.-F. fällt in die letzten Tage des Fastenmonats und führt zum → Bema-Fest. → Fasten als Mitwirken an der → Lichtbefreiung wird auch zu anderen Anlässen geübt. MH

Lit.: W. B. Henning, The Manichaean Fasts, in: Ders., Selected Papers, Bd. 2, 1977, 139–50. – G. Wurst, Das Bēmafest der ägypt. Manichäer, 1995, 19–33.

Yin-Yang, die bipolaren Prinzipien, nach denen – zusammen mit den fünf Elementen (chin. wuxing) der naturalist. Schule um Zou Yan (3. Jh. v. Chr.) – der chin. Philosophie und Religion zufolge das klassische → Weltbild aufgebaut ist und funktioniert. Dabei repräsentiert Yin – ursprünglich die Schattenseite eines Berges bezeichnend – das Dunkle, Verborgene, Schwache, Weiche, Weibliche usw., das Yang – ursprünglich die Sonnenseite – hingegen das Lichte, Evidente, Starke, Harte, Männliche usw. MD

Lit.: M. Granet, Das chin. Denken. Inhalt – Form – Charakter, 1985, 86–109. – G. Linck, Yin und Yang. Die Suche nach Ganzheit im chin. Denken, 2000.

Yoga, der theist. klassische Y. des → Patanjali lehrt acht Stufen, durch die die geistigen Aktivitäten (vritti) zum Stillstand gebracht werden. Endstufe ist die Offenbarung der wahren Natur des Objekts in meditativer Versenkung (→ samādhi). In späteren Y.-Traditionen kommt den psycho-physiolog. Techniken des Tantrismus (→ Tantra) stärkeres Gewicht zu. Formen des Y. finden in zahlreichen religiösen Systemen Anwendung und sind von zentraler Bedeutung in der westlichen Rezeption indischer Spiritualität. → Indische Philosophie, → Meditation. JG

Lit.: J. H. Woods, The Y.-System of Patañjali, 1914. – M. Eliade, Y.: Unsterblichkeit und Freiheit, 1960 (franz. 1954). – C. Fuchs, Y. in Deutschland. Rezeption, Organisation, Typologie, 1990.

Yogāchāra (sanskr. = Wandel im Yoga), neben dem → Madhyamaka wichtigste Schule des → Mahāyāna-Buddhismus, auch als Vijnānavāda (= »Schule der Erkenntnis«) bezeichnet. Begründet wurde sie im 4. Jh. n. Chr. von Maitreyanātha, der möglicherweise mit dem zweiten bedeutenden Lehrer → Asanga ident. ist, und dessen Bruder → Vasubandhu. Der Y. beschäftigt sich bes. mit erkenntnistheoret. Problemen und vertritt eine idealist. Position. Ein reines Speicherbewusstsein (ālaya-vijnāna), aus dem aufgrund der Wirkung früherer Handlungen (→ karma) alle geistigen Phänomene hervorgehen, liegt hinter allem menschlichen Bewusstsein. Das Bewusstsein (→ vijnāna) allein ist real, nicht jedoch die Bewusstseinsobjekte und das erkennende Subjekt. Yogapraktiken helfen bei der Erlangung dieser Erkenntnis, da sich dabei der Geist auf sich selbst richtet und feststellt, dass er die einzige Quelle der wahrnehmbaren Wirklichkeit ist. Wichtige Schriften sind u. a. das Yogāchārabhūmishāstra, das → Lankāvatārasūtra und das → Avatamsakasūtra. In China tritt die Schule unter dem Namen → Faxiang und in Japan als → Hossō-Schule auf. AM

Lit.: J. P. Keenan, A Study of the Buddhabhūmyupadesha: The Doctrinal Development of the Notion of Wisdom in Y. Thought, 1980. – L. Schmithausen, Ālayavijñāna, 1987. – E. Conze, Buddh. Denken: Drei Phasen buddh. Philosophie in Indien, 1988.

Yogasūtra (vor 400 n. Chr.), in konzisen Merksätzen (sūtra) abgefasstes Hauptwerk des → Yoga, Autor → Patanjali. → Indische Philosophie. JG

Lit.: B. Bäumer, Die Wurzeln des Y. Die klassischen Lehrsprüche des Patañjali mit einem Kommentar von P. Y. Deshpande, 1999.

Yogī (von sanskr. yogin). (a) Einer, der → Yoga praktiziert; (b) hinduist. Asket. → Askese. AM

Yoni (sanskr. = Schoß, Vulva), im Hinduismus Quelle des Werdens, dargestellt als nach unten gerichtetes Dreieck, das die weibliche Kraft (→ shakti) repräsentiert. Der Ringkranz des → linga wird oft als y. aufgefasst. AM

Yungang, im 5./6. Jh. geschaffene buddh. Felsentempelanlage in der Nähe von Datong (Provinz Shanxi, China). Die dortigen Statuen von Buddhas und anderen Wesen und die Wandmalereien gehören neben den Anlagen in Dunhuang zu den frühesten und beeindruckendsten Werken chin.-buddh. Kunst und weisen ihrem Stil nach noch deutlich indisch-zentralasiat. Einfluss auf. → Chin. Religionen. MD

Lit.: J. O. Caswell, Written and Unwritten: A New History of the Buddhist Caves at Yungang, 1988.

Z

Zadok (von hebr. ṣædæq = gerecht), Stammvater der Jerusalemer Priesterschaft, der zunächst unter → David Dienst verrichtet hatte (2 Sam 8,17) und dann von → Salomo offiziell eingesetzt wurde (1 Kön 2,35). → Altes Testament, → Apokryphen, → Zadokiden. KVS

Zadokiden, vornehmes jüd. Priestergeschlecht in der Linie des → Zadok, dessen Stammbaum bis Aaron zurückgeführt wurde (1 Chron 5,29ff.). In den Flügelkämpfen der Hasmonäerzeit verfochten die Z. eine konservative Tempeltradition, deren Spuren sowohl in → Qumran als auch bei den ihnen verwandten → Sadduzäern greifbar werden. → Altes Testament, → Apokryphen. KVS

Zahl. Z.-Verhältnisse ergeben in Bilder oder Töne umgesetzt sinnvolle Beziehungen, was auf ein verborgenes Sinnsystem schließen lassen könnte. So werden Z. auch als Träger von religiösen Bedeutungen chiffriert oder dechiffriert und multipliziert. Mit der Gleichsetzung von Z. mit Buchstaben lassen sich Botschaften transportieren, wie etwa die Zahl 666 in der Offenbarung des Johannes zeigt (Apk 13,18). Die Z.-Symbolik ist jeweils mit der Kultur verbunden, in der sie dargestellt, gelernt und verstanden wird, und bildet nicht unabhängig davon ein eigenes Sinnsystem. → Deutungsmuster. CA

Lit.: P. Bongo, Numerorum mysteria, 1599. – M.-H. Gobert, Les nombres sacrés et l'origine des religions, 1982. – F. C. Endres/A. Schimmel, Das Mysterium der Z. Z.-Symbolik im Kulturvergleich, 1984. – H. Meyer/R. Suntrup, Lexikon der mittelalterlichen Z.-Bedeutungen, 1987. – U. Hartmann-Schmitz, Die Z. Sieben im sunnit. Islam, 1989. – A. Borst, Computus. Zeit u. Z. in der Geschichte Europas, 1990. – H. Hutmacher, Symbolik der biblischen Z. und Zeiten, 1993. – J. Krige, Numerologia biblica, 1995. – O. Betz, Die geheimnisvolle Welt der Z., 1999. – F. Sunn, 666, 1999. – F. W. Bunce, Numbers. Their Iconographic Consideration in Buddhist and Hindu Practices, 2002.

Zakāt (arab. = Reinheit), von Teilen des Vermögens zu erbringende, an insgesamt acht Personenkreise zu verteilende, auch ṣadaqa genannte islam. »Almosensteuer« (→ Almosen) und eine der islam. kultischen Grundpflichten (→ arkān ad-dīn). Als Empfänger werden im → Koran erwähnt: Arme, Bedürftige, Verwalter der Z. selbst, Sklaven (für deren Freikauf), Verschuldete, Teilnehmer an einem → ǧihād und Reisende (Sure 9/60). Als 8. Gruppe werden »Konvertiten« genannt (nicht von allen Juristen anerkannt). In der Praxis bezog sich die Z. v.a. auf Eltern, Verwandte, Waisen, Arme, Reisende, Bettler und Sklaven. Die einzelnen islam. Rechtstraditionen kanonisierten die Bestimmungen über die Vermögensteile und deren Mindestwert, von denen die Z. zu entrichten sei. RS

Zarathustra, Stifter des → Zoroastrismus, lebte und wirkte um 1200–1000 v. Chr. in Ostiran (heutige Gebiete von Turkmenistan, Usbekistan). Teile des → Avesta dürften auf ihn zurückgehen, systemat. Beschreibungen seines Lebens sind in der → Pahlavi-Literatur erhalten. Das neupers. Zarduštnāme (10. Jh.) beschreibt Z. als → »Propheten« mit einem »Buch« in Anpassung an islam. Vorstellungen. Die europ. Rezeptionsgeschichte sieht Z. u.a. als Erfinder der → Magie bzw. als großen außerbiblischen Weisen (v.a. durch F. → Nietzsches *Also sprach Zarathustra: ein Buch für alle und keinen*, 1886). MH

Lit.: W. R. Darrow, Zoroaster Amalgamated, in: History of Religions 27 (1987–88), 109–32. – M. Molé, La légende de Zoroastre, 1993. – M. Stausberg, Faszination Zarathushtra, 1998. – M. Hutter, Zoroaster u. Europa, in: Oriental. Lit.-Zs. 94 (1999), 422–33. – M. Strausberg, Die Religion Z.s, 3 Bde., 2002–04.

Zauber → Alltagsreligion, → Magie.

Zauberer, Bezeichnung einer apologet. christl. Religionswissenschaft seit der Reformation für Spezialisten anderer Religionen und Kulte (→ Funktionär), die die Menschen angeblich durch Tricks zu »falscher Religion« verführten. Im Unterschied zum christl. Priester verwendet der Z. beeindruckende Kleidung, geheimnisvolle → Performanz und Rhetorik und nimmt Geld für seine Handlungen. Der Begriff Zauberei wurde in der Religionswissenschaft zugunsten des → Magie-Begriffs aufgegeben, der gleichwohl oft die polemische Implikation der Z. bewahrt. CA

Zaydīya, nach 713 entstandene schiit. Tradition, derzufolge als fünfter → Imam nicht Muḥammad al-Bāqir (gest. 733), sondern sein Bruder Zayd anzuerkennen sei (daher auch »Fünferschia«). Die Z., die sich zunächst in Mazandarān (Persien), dann vor allem im Jemen durchsetzen konnte, betrachtet jeden Nachkommen von → ʿAlī bzw. → Fāṭima als geeignet, das Imamat zu führen, sofern er als Gelehrter ausgebildet ist, ein beispielhaftes Verhalten zeigt und notfalls mit Gewalt die religiöse Wahrheit verteidigen kann. Die Z. tritt sehr viel stärker als die übrigen schiit. Gruppen als Rechtstradition in Erscheinung, pointiert einen rationalist. Diskurs über die Religion und sieht »gerechte Herrschaft« eines Imams als Voraussetzung für die Bewahrung der islam. Identität. RS

Lit.: W. Madelung, Der Imam al-Qāsim und die Glaubenslehre der Zaiditen, 1965. – H. Kruse, Tafkīr und ǧihād bei den Zaiditen des Jemen, in: Die Welt des Islams 23–24 (1984), 424–57.

Zazen → Zen/Zen-Buddhismus.

Zebaoth (hebr. ṣᵉbāʾōt = Heere), in der Verbindung »JHWH der Heerscharen« Bestandteil eines biblischen Gottesnamens. Auch verschiedene himmlische Mächte (Engel, Sterne) oder menschliche Heere können als ṣābā (= Heer) bezeichnet werden. → Altes Testament, → Apokryphen. KVS

Zeit. I. Allgemein. Z. bezeichnet neben → Raum eine grundlegende Kategorie der → Wahrnehmung der Umwelt wie der zwischenmenschlichen Interaktion. Auch wenn sie als etwas Objektives, das an physikal. oder astronom. Periodizitäten »gemessen« wird, erscheint, handelt es sich doch um ein soziales Konstrukt, das als solches und in seiner Leistungsfähigkeit für die Koordinierung und symbol. Ordnung menschlichen Handelns und Erlebens (→ Deutungsmuster) auch von der Religionswissenschaft zu untersuchen ist. Diesen Konstruktcharakter, der gleichwohl auf Plausibilitäten externalisierter oder externer Zeitgeber nicht zu verzichten braucht, bestreiten auch biolog. Forschungen nicht, die eine absolute »innere Uhr« bislang nicht lokalisieren konnten, aber »freilaufende« Rhythmen wie etwa den durchschnittlich 25 Stunden umfassenden menschlichen Schlaf-Wach-Rhythmus aufgewiesen haben, der durch Signale wie Sonne oder Uhren mit der sozialen Zeit koordiniert wird.

II. Unterschiedliche Konstruktionen von Z. (1) Unter den vielfältigen Zeitkonstruktionen, die je unterschiedliche Bedürfnisse sozialer Gruppen bedienen, ragen neben dem → Kalender, der den Jahresrhythmus und seine großen Unterteilungen (Jahreszeiten, Monate) thematisiert, zum ersten die Strukturierungen des sozialen Nahbereichs heraus: (Licht-)→ Tag und Woche; mit den fortgeschrittenen Koordinationsbedürfnissen komplexer werdender Gesellschaften sind hier auch Uhren zu nennen. Religiös sind diese Rhythmen oft erstaunlich schwach oder nur für religiöse Spezialisten (→ Funktionär) thematisiert (→ Kloster). (2) (a) Zeitkonstruktionen, die das Ganze der Geschichte (→ Heilsgeschichte) zum Gegenstand nehmen, sind viel stärker in den Bereich religiöser Sinnstiftung und – zunehmend – der Spekulation religiöser Spezialisten eingegliedert. Zentrale Themen sind hier Anfänge (→ Kosmogonie), Möglichkeiten und Formen des Endes (→ Eschatologie, → Chiliasmus) sowie mögliche Periodisierungen in der Zwischenzeit (→ Ewige Wiederkehr, → Kreislauf, → Neujahr, Weltalter). (b) Diese Muster, ja die Herrschaft über Zeit überhaupt, sind zumeist mit den höchsten Göttern des jeweiligen → Pantheons besetzt, auch wenn Spezialprobleme delegiert werden können. Seit der Antike spielt hier die Frage, wie das Verhältnis menschlicher Z. und göttlicher → Ewigkeit zu denken sei, eine wichtige Rolle; hier können Vorstellungen göttlichen Vorauswissens, das → Divination ermöglicht, Möglichkeiten kontemplativer Gotteserfahrung (→ Mystik) wie Modelle → postmortaler Existenz angeknüpft werden. (c) Für die Europ. Religionsgeschichte spielt die vergleichsweise kurze weltgeschichtliche Chronologie (vgl. → Apokatastasis) der jüd.-christl. → Geschichtsschreibung (im Wettkampf um die chronolog. Priorität vor der griech.-röm. Kultur und ihren oft nur von dem Legitimationsbedürfnis einzelner Städte geprägten kurzen Chronologien) eine wichtige Rolle. In der Konfrontation mit der persischen, dann röm. Hegemonialmacht etablierte sich in der literar. Gattung der → Apokalyptik wie in Bewegungen millenarist. Charakters (→ Chiliasmus) eine Tradition, mit unmittelbar bevorstehenden radikalen Wandlungen zu rechnen – wie mit ihrem Ausbleiben umzugehen. Semantisch, als Form der Aktualisierung kanon. Texte sowie als Anknüpfungspunkt radikaler Gruppen bleibt diese Erwartung bis in die Gegenwart im Feld christl. beeinflusster Gruppenbildungen von Bedeutung. (d) In solchen Umwertungen von Z. und der Neubestimmung von Z.-Kontingenten kann sich auch eine religiöse »Z.-Ethik« entwickeln, die einerseits eine radikale → Rationalisierung von Lebensführung motivieren kann, aber andererseits auch defizitäre Lebenszeit kompensator. mit unbeschränkten postmortalen Z.-Kontingenten konfrontiert – eine Lösung, die mit steigenden Ansprüchen an die Planbarkeit von Z. (→ Zukunft) implausibel wird. Lehren von → Reinkarnation eröffnen hier, über den temporären → Tod hinweg, weitere Horizonte. JR

Lit.: R. Wendorff, Z. und Kultur. Geschichte des Z.-Bewußtseins in Europa, 1980. – J. Le Goff, Für ein anderes Mittelalter. Z., Arbeit und Kultur im Europa des 5.–15. Jh.s, 1984. – N. Elias, Über die Z., 1988. – H. Nowotny, Eigenzeit, 1989. – H. Schwartz, Zeitenwende – Weltenende? Visionen beim Wechsel der Jh.e von 990–1990, 1992 (engl. 1990). – G. Dohrn-van Rossum, Die Geschichte der Stunde. Uhren und moderne Zeitordnungen, 1992. – A. Gell, The Anthropology of Time. Cultural Constructions of Temporal Maps and Images, 1992. – A. N. Balslev/J. N. Mohanty (Hg.), Religion and Time, 1993. – A. Nassehi, Die Z. der Gesellschaft, 1993. – L. Hölscher, Die Entdeckung der Zukunft, 1999.

Zeloten (griech. zēlōtḗs = Eiferer), radikale jüd. Gruppierung, nach → Josephus (*Antiquitates Judaicae* 18,3ff.; 23ff.; vgl. Apg 5,37) etwa 6 n. Chr. von Judas dem Galiläer gegründet, der auch von einzelnen → Pharisäern unterstützt wurde. Die Z., die sich in der Tradition des makkabäischen Widerstandes (→ Makkabäer) sahen, gingen aus einem messian.-apokalypt. Umfeld hervor, wollten aber – im Unterschied zu anderen Gruppen – die nahende Wende und die angestrebte Gottesherrschaft durch militär. Konfrontation mit Rom herbeiführen. Im Krieg gegen Rom 66–70 n. Chr. waren sie ein treibender Faktor. → Sikarier. KVS

Lit.: M. Hengel, Die Z., 1961, ^{2}1976.

Zelt, heiliges, als Entsprechung zum kosmischen »Himmelszelt« gedachter geheiligter Ort (→ Hl. Orte) mit entsprechender mytholog. und religiöser Aufladung, v. a. aus Traditionen der → Nomaden bekannt. Im Judentum wurde das bewegliche Heiligtum des Wüstenexodus (»Stiftshütte«) zum Vorläufer des späteren → Tempels (s. z. B. 1 Chron 22,1–19; 2 Chron 1–9). → Altes Testament, → Apokryphen. KVS

Lit.: V. Fritz, Tempel u. Z. Studien zum Tempelbau u. zu dem Z.-Heiligtum in der Priesterschrift, 1977. – I. Munro, Das Z.-Heiligtum des Min, 1983.

Zemi, Bezeichnung der im 16. Jh. ausgerotteten arawaksprachigen Taino (Große Antillen) für übernatürliche Wesen (Gottheiten, Ahnen- und Naturgeister) und ihre Darstellungen in konischen Objekten aus Stein, Holz oder aus anderen Materialien (→ Ahnenverehrung). Z.-Figuren wurden sowohl bei den Arawak als auch bei den Kariben der Kleinen Antillen in großer Zahl in Privathäusern und Tempeln verwahrt, galten als Quelle spiritueller Kraft und standen im Zentrum öffentlicher Opferrituale, während derer man durch die Einnahme halluzinogener Drogen mit den Z. kommunizierte, um ihren Rat und ihre Hilfe zu erbitten. → Ethnische Religionen, → Indian. Religionen. IG

Lit.: S. D. Glazier, Art. »Caribbean Religions: Pre-Columbian Religions«, in: ER Bd. 3, 1987, 81–90. – J. J. Arrom, Mitología y artes prehispánicas de las Antillas, 1989. – I. Rouse, The Tainos, 1992.

Zen/Zen-Buddhismus (japan. urspr. = → Meditation; von sanskr. → dhyāna und chin. chan; → chanzong). Über die Wortbedeutung hinaus verbindet man mit Z. zum einen die Geschichte und Kultur der Z.-Schulen Japans, die z. T. auf chin. Muster zurückgehen, zum anderen einen Weg der inneren Erkenntnis, der gegenüber den Institutionen und Texten des → Buddhismus eine gewisse Freiheit beansprucht. (1) V. a. zwei wichtige Lehrer führten den Z.-B. in Japan ein. (a) Als Gründer des japan. Z. gilt → Eisai (1141–1215). Als junger Mönch der allumfassenden → Tendai-Lehrrichtung lernte er die Linji-Schule (auch Lin-chi-Schule) der Chan-Tradition Südchinas kennen und brachte sie als Rinzai-Z. nach Japan mit. Wichtige Tempelanlagen des Rinzai-Z. sind Myōshinji und Daitokuji in Kyōto sowie Engakuji in Kamakura. (b) Etwas später wurde in Japan die Sōtō-Schule (chin. Caodong, auch Ts'ao-tung) durch Dōgen (1200–53) eingeführt. Hauptsitz ist der entlegene Tempel Eiheiji in Fukui. Unter den verschiedenen kleineren Schulen des Z.-B. ist v. a. die noch später eingeführte Ōbaku-Schule hervorzuheben, deren Haupttempel Manpukuji in der Nähe von Kyōto liegt. (2) Die Praxis der Meditation spielt in allen Z.-Schulen Japans eine zentrale Rolle. Jeder Einzelne soll den gleichen Weg zur → Erleuchtung und zum → nirvāna gehen wie seinerzeit der Buddha selbst. In der Rinzai-Richtung wird die Meditation durch pädagog. Auseinandersetzungen zwischen Lehrer und Schüler ergänzt, bei denen die Kōan-Sammlungen eine Rolle spielen. Kōan sind rätselhafte Fragen wie »Warum kam der sechste Patriarch aus dem Westen?« (der »sechste Patriarch« ist Bodhidharma, der seine Meditationspraxis aus Indien nach China brachte) oder »Hat auch ein Hund die Buddha-Natur?«, die zu einem Durchbruch der Erkenntnis verhelfen sollen, indem v. a. das Denken in logisch differenzierten Gegensätzen relativiert wird. In der Sōtō-Richtung dagegen wird dem stillen sitzenden Meditieren (zazen) Vorrang gegeben, und es wird eher davon abgeraten, sich zu fragen, ob man etwa der Erleuchtung näher kommen könne oder gar schon gekommen sei. Das Ziel sei nicht anders zu erfahren als im zazen, so wie der Buddha unter dem Bodhi-Baum gesessen habe. Folglich wird großer Wert auf das Kapitel *Zazengi* (»Grundzüge der sitzenden Meditation«) in Dōgens Meisterwerk *Shōbōgenzō* (»Schatzkammer des wahren dharma-Auges«) gelegt, das bis heute als Grundlage der Lehre und der Anweisung zur Praxis betrachtet wird. (3) Der Einfluss des Z.-B. auf die Dichtung, Malerei und Kalligraphie Japans kann kaum überschätzt werden. Alle drei Bereiche kombiniert der große Z.-Meister Hakuin (1685–1768), dem eine Wiederbelebung und Popularisierung der Rinzai-Richtung zu verdanken ist. Andere Z.-Künste wie z. B. die Gartengestaltung durch naturnahe und zugleich strenge Arrangements von Steinen, Sand, Wasser, Bäumen und Moos bieten auch Laien die Möglichkeit zur inneren Meditation und Ruhe. Trotz der Relativierung der Bedeutung von Sprache werden die grundlegenden Schriften (→ sūtras) des Mahāyāna-Buddhismus als religiöse Quellen anerkannt. Institutionell ist der Z.-B. in Japans Gesellschaft stark verwurzelt. Für die breite Bevölkerung sind v. a. seine Leistungen im Bereich des Bestattungswesens und der Verstorbenenverehrung von Interesse. In Deutschland ist der Z.-B. in seiner geistig-intellektuellen Dimension insbes. durch die Schriften von Daisetsu Suzuki (1870–1966) und von Kitarō Nishida, dem Philosophen der sog. → Kyōto-Schule (1870–1945), bekannt geworden. MP

Lit.: D. Suzuki, Der Weg zur Erleuchtung, 1957. – T. Izutsu, Philosophie des Z.-B., 1979. – H. Dumoulin, Geschichte des Z.-B., Bd. 2, Japan, 1986 (engl. 1988). – H. Dumoulin, Z. im 20. Jh., 1990.

Zensur (von lat. censura = Zensoramt, Aufsicht). Wenn im Prozess der Zusammenstellung des → Kanons die hl. Schriften ausgewählt werden, werden komplementär die Schriften ausgeschieden, die zur jeweiligen Zeit als unwesentlich oder als gegen die Normen der offiziell herrschenden Religion verstoßend angesehen werden. Solche Schriften werden aber neben und außerhalb des Kanons inoffiziell tradiert (griech. apókryphos = verborgen; → Apokryphen), z. B. die apokalypt. → Tradition der Hebr. Bibel (wie das → Henochbuch) oder die christl. Apostelgeschichten. Da sie nicht theolog. gepflegt werden, wachsen sie unkontrolliert weiter, bes. in der ikonograph. Tradition. Der Vorgang der Z. wird gern anonymisiert, stellt aber eine zentrierende Maßnahme dar, die eine zentrale Institution der Sinnpflege voraussetzt. Im Islam ist der Vorgang von Kanonbildung und Z. nicht so scharf ausgebildet, weil neben dem Koran auch die → ḥadīṯe je regional Autorität besitzen. → Wissen. CA

Zentralasien. Religionsgesch. war das vorislam. Z. als Sammelbecken und polit.-wirtschaftliche Drehscheibe (»Seidenstraße«) verschiedenster Völker und Kulturen (Uighuren, Tibeter, Sogder, Chinesen u. a.) geprägt durch einen Pluralismus autochthoner und fremder (indisch, iran.) Religionen – schamanist. Stammesreligionen, Buddhismus, Hinduismus, Mazdaismus, Mandäismus, Manichäismus, (nestorian.) Christentum, Judentum –, der sich je nach polit. Lage auch bis nach und auf China auswirkte. Diese multireligiöse histor. Situation wich einer immer stärkeren Islamisierung, so dass die Mehrzahl der zentralasiat. Regionen, die chin. Provinz Xinjiang und die ehemaligen asiat. Sowjetrepubliken heute islam. geprägt sind. Lediglich in der Mongolei und in Tibet konnten sich der Buddhismus (Lamaismus, → Tibet. Buddhismus) und schamanist. volksreligiöse Religionsformen (→ Schamanismus) behaupten. MD

Lit.: G. Tucci/W. Heissig, Die Religionen Tibets u. der Mongolei, 1970. – H.-J. Klimkeit, Die Seidenstraße. Handelsweg u. Kulturbrücke zwischen Morgen- u. Abendland, 1988.

Zentralisierung. (1) Die Zerstörung anderer Heiligtümer und die Z. des Kultes in → Jerusalem war eine Maßnahme des israelit. Königs Josia zur Einführung und Kontrolle des → Monotheismus. (2) »Zentrum« und »Peripherie« stellen analytische Beschreibungskategorien für Religion(en) dar. → Herrschaft. CA

Zeraʿim (hebr. Zeraʿīm = Samen), eine der sechs Ordnungen der → Mischna. → Gemeinde. KVS

Zeugen Jehovas, adventist. Religionsgemeinschaft, die 1881 durch C. T. Russell (1852–1916) in Pittsburgh gegründet wurde. Die »Wachturmgesellschaft« (»Zion's Watch Tower Tract Society«) kündigte die baldige Wiederkehr Jesu an. Die Z. J. sind straff organisiert, praktizieren die Erwachsenentaufe und lehnen u. a. Militär- wie Ersatzdienst ab. Im dt.-sprachigen Raum haben sie etwa 200.000 Mitglieder. HK

Zeus. (1) Z. ist der Gott, der den Vorsitz in der Versammlung der griech. Götter auf dem Olymp einnimmt, ohne doch über sie bestimmen zu können. Nach dem Mythos ist er verheiratet mit Hera, jedoch sind seine Kinder entweder asexuell (wie → Athene) oder mit menschlichen Frauen gezeugt (als Gründerheroen von Städten). Als Grundlage einer Ethik ist die Eigenwilligkeit der vielen Götter im Polytheismus wenig geeignet. Für die Rechtsordnung innerhalb der griech. Stadtstaaten und jenseits der Polis wird Z. zum Garanten; bes. Aischylos (Mitte des 5. Jh.s) preist seine überparteiliche Allgewalt. Gerade weil Z. zwar in vielen Städten verehrt wird, aber fast nirgends der Hauptgott ist, den eine Stadt als ihren Gott kultisch heraushebt, eignet er sich für diese Rolle. Übertreter der Rechte des Eides oder des Gastrechts straft Z. mit seinem Blitzebündel. (2) Belege für Z. gibt es bereits in der Bronzezeit in den Linear-B-Täfelchen (vor 1200). Die Etymologie verweist aber darauf, dass Z. hier gleich wie der indoeurop. → Jupiter der männliche oberste Gott ist, der mit dem Namen des »hellen Tages« und meist mit dem Titel des »Vaters« angesprochen wird. Seine Funktion als Wettergott dagegen ist wohl erst im mediterranen Kontext auf ihn übertragen worden. Seinen Status als Schützer der Rechtsordnung schließlich erhielt Z. erst mit der Entstehung der → Polis. Eine ganz eigentümliche Bedeutung hat der Z. von Kreta, dessen Geburt und Tod rituell gefeiert wurde. CA

Lit.: A. B. Cook, Z., 3 Bde., 1914–40. – H. Schwabl [u. a.], Art. »Z.«, in: RE 10, 1972, 253–376; RE Suppl.

15, 1978, 994–1481. – A. Henrichs, Art. »Z.«, in: DNP 12/2, 2003, 782–89.

Zhiguan (chin. = Zur-Ruhe-Kommen und Einsicht), buddh. Meditationsmethode, die bes. in der → Tiantai-Schule propagiert wurde; sie wird im Mohe-zhiguan (dem »Großen Zh.«) des Zhiyi behandelt. MD

Zhuangzi, auch Zhuang Zhou (4./3. Jh. v. Chr.), zugleich Bezeichnung für den vermutlichen Autor und für den ihm zugeschriebenen Grundtext des → Daoismus. Zh. verweist mit seinen Gleichnissen und Legenden und seiner iron. Sprach- und Gesellschaftskritik auf eine letzte Wirklichkeit, die der daoist. »unsterbliche« (chin. xian) Mystiker verwirklicht. Im Zh. sind über die rein philosoph. Themen hinaus die Grundthemen des religiösen Daoismus wie der mystische Flug und die Erlangung von magischen Kräften und Langlebigkeit formuliert. MD

Lit.: R. Wilhelm (Übers.), Dschuang Dsi. Das wahre Buch vom südlichen Blütenland, 1969.

Zhu Xi (1130–1200), neokonfuzian. Reformer und Systematiker der Song-Zeit. Er versuchte, nach dem inklusivist. Grundsatz liyi-fenshu (chin. = das Prinzip ist eins, die Erscheinungen verschieden) buddh. und daoist. Ideen in einen religiösen → Konfuzianismus zu integrieren. Der Weg des Menschen zu dieser Erkenntnis ist Beharrlichkeit und Streben nach Erkenntnis (chin. jujing-qiongli), die zueinander gehören wie »zwei Räder eines Wagens« oder »zwei Flügel eines Vogels«. MD

Lit.: W.-T. Chan, Chu Hsi. Life and Thought, 1987.

Zion, ursprünglich die von → David eingenommene Jebusiterfestung (2 Sam 5,7), im Anschluss dann Bezeichnung für seine eigene Burg auf dem Osthügel → Jerusalems (auf dessen südlichem Teil). Nach Salomos Bautätigkeit auf dessen nördlicher Hälfte wurde Z. zur Bezeichnung für den Tempelberg, bald auch im weiteren Sinne für Jerusalem überhaupt, symbol. als Ort der Gegenwart Gottes (→ Schechina) gedacht. → Altes Testament, → Apokryphen. KVS

Zionismus, polit. Programm zur Wiederherstellung und Unterstützung eines jüd. Staates in Israel. Waren früher zionist. Tendenzen in erster Linie heilsgeschichtlich und theolog. orientiert, so erwuchs aus der Nationalstaatenidee des 19. Jh.s in Europa die Definition der Juden als → Nation, die über ein eigenes Territorium verfügen müsse. 1897 fand der 1. Zionistenkongress unter der Leitung T. → Herzls statt, auf dem – nicht zuletzt unter dem Eindruck der Dreyfus-Affäre – formuliert wurde: »Der Z. erstrebt für das jüd. Volk die Schaffung einer öffentlich-rechtlich gesicherten Heimstätte in Palästina.« Darin hob sich der Z. von anderen polit. Bewegungen innerhalb des Judentums ab, etwa den Liberalen, die auf ein Ende der Judendiskriminierung durch Demokratisierung hofften, oder den Revolutionären, die eine totale Transformation europ. Gesellschaften anstrebten. Mit der Unabhängigkeitserklärung Israels 1948 war der entscheidende Schritt getan, und Z. bedeutet seitdem die Unterstützung des neuen Staates und seine Öffnung für alle Juden der → Diaspora. Daneben kam es im 20. Jh. zu einer Verbindung von polit. und religiösem Z., wodurch der Staat Israel als entscheidender Schritt in der → Heilsgeschichte betrachtet wird. In diesem Zusammenhang ist auch ein christl. Z. zu erwähnen, der die Heimkehr der Juden nach Israel unterstützt (v. a. in den USA), da in dieser die Voraussetzung für die Wiederkehr Jesu gesehen wird (der die Juden jedoch anschließend richten werde, → Millenarismus). KVS

Lit.: J. Reinharz (Hg.), Dokumente zur Geschichte des dt. Z., 1981. – J. Kaplan, The Zionist Movement, 2 Bde., 1983. – B. Linner, Die Entwicklung der frühen nationalen Theorien im osteurop. Judentum des 19. Jh.s, 1984. – Y. Ariel, On Behalf of Israel. American Fundamentalist Attitudes towards Jews, Judaism, and Zionism, 1865–1945, 1991. – A. Ravitzky, Messianism, Zionism and Jewish Religious Radicalism, 1996. – R. Heuer/R. R. Wuthenow (Hg.), Antisemitismus – Z. – Antizionismus 1850–1940, 1997. – H. Haumann (Hg.), Der Traum von Israel. Die Ursprünge des modernen. Z., 1998. – S. Avineri, Profile des Z. Die geistigen Ursprünge des Staates Israel, 1998. – L. J. Silberstein, The Postzionism Debates. Knowledge and Power in Israeli Culture, 1999.

Ziqqurat, mesopotam. Tempel in Form von Stufentürmen mit kosmolog.-symbol. Bezug zum Weltberg. Die Hebr. Bibel spiegelt die eindrucksvollen Bauten polemisch im »Turmbau zu Babel« (Gen 11,1–9) wider; die Entstehung der Sprachen und Kulturen wird in Europa lange unter diesem Bild diskutiert. MH

Lit.: A. Borst, Der Turmbau zu Babel, 4 Bde., 1957–1963.

Zivilreligion (engl. civil religion). Die Idee einer Z. geht zurück auf J.J. → Rousseaus Unterscheidung zwischen der »volonté de tous«, der Summe einzelner Interessen, und der »volonté générale«, einem Minimalkonsens an Überzeugungen, dem eine große Mehrheit zustimmen kann. R. → Bellah übersetzte diese »religion civile« als »Civil Religion« und bezeichnete damit denjenigen Teil der polit. Kultur, in dem es um Sinn- und Letztbegründungsfragen geht. Die gegenwärtigen Inhalte der amerikan. »Civil Religion« bestehen nach Bellah aus folgenden Elementen: Es gibt einen Gott; sein Wille ist durch die demokrat. Verfahrensweise erkennbar; somit ist das demokrat. Amerika wichtigstes Werkzeug in der Geschichte, und die Nation ist die wichtigste Identitätsquelle des Amerikaners. → Bürgerliche Religion. HK

Zölibat (von lat. caelebs = unverheiratet), individuelle oder institutionalisierte Form der → Ehelosigkeit, die meist mit völliger sexueller Enthaltsamkeit verbunden ist (→ Sexualität). (1) Mehrere Grundmotive für den Z. sind zu erkennen: (a) Er ist Ausdruck der exklusiven Zugehörigkeit einer Person zu einer Gottheit oder einem Kult, ist oft mit dem Motiv der kultischen → Reinheit verbunden und disponiert zu in- oder exklusivem Kontakt mit dem → Heiligen. (b) Er ist eine Leistung der → Askese und verleiht eine bes. Stellung innerhalb des religiösen Verbands. Der Zölibatär ist meist Mitglied einer religiösen Elite, Träger esoter. Wissens und übt spezif. kultische Funktionen aus. (c) Soziale Aspekte: Der Z. gliedert eine Person aus dem Verband der Sippschaft oder → Familie aus und konstituiert eine eigene soziale → Rolle. Er erschwert die Anhäufung von Gütern und Ämtern durch Erbschaft. (2) Der christl. Z. wird z. B. mit Mt 19,12 und 1 Kor 7,7; 32 begründet oder gilt als Nachahmung der Ehelosigkeit Jesu Christi. Der Z. ist für das Mönchtum (→ Mönch) konstitutiv und wurde von der frühen Kirche für den gesamten → Klerus gefordert, aber nur beim Bischof streng verwirklicht. Ein vor der Weihe verheirateter Mann durfte als Priester oder Diakon seine Ehe weiterführen, was bis heute in der Ostkirche gängige Praxis ist. Papst Innozenz III. setzte 1215 in der röm.-kath. Kirche die Ehe als Hindernis der Priesterweihe rechtlich durch. In anderen christl. Kirchen gilt die Ehe nicht als Hindernis für das Amt des Pastors, Priesters oder Bischofs, wodurch sich bis heute eine unterschiedliche Z.-Praxis ergibt. → Askese, → Ehelosigkeit, → Jungfräulichkeit. KHS

Lit.: E. Fehrle, Die kultische Keuschheit im Altertum, 1910, unveränd. ND 1966. – R. Kottje u. a. (Hg.), Ehelosigkeit des Priesters in Geschichte u. Gegenwart, 1970. – P. Brown, Die Keuschheit der Engel: sexuelle Entsagung, Askese u. Körperlichkeit am Anfang des Christentums, 1991 (engl. 1988). – Y. Prakāśa, Rules and Regulations of Brahmanical Asceticism: Yatidharmasamuccaya (hg. und übers. von P. Olivelle), 1995.

Zönobit → Koinobit.

Zoroastrismus, auf → Zarathustra zurückgehende iran. Religion. Sie wird auch, weniger präzise, als Parsismus oder Mazdaismus bezeichnet. I. Geschichte. Ausgehend von Ostiran findet der Z. im 8. Jh. v. Chr. bei den Medern Eingang und bleibt über die Achämeniden- und Sasanidenzeit die dominierende iran. Religion, teilweise in Konkurrenz zu → Manichäismus und Christentum. Mit fortschreitender Islamisierung (→ Islam) wird der Z. im 9. Jh. in Iran zur Minderheitenreligion, was zur Niederschrift der → Pahlavi-Literatur, zur fortschreitenden Kodifizierung des → Avesta und zur Auswanderung von Gläubigen (später als → Parsen bezeichnet) nach Indien führt. Deren Ankunft in → Sanjan wird meist auf das Jahr 936 datiert, von Parsen häufig bereits auf 716. Dadurch wird Indien neben Iran zum zweiten Zentrum der Religion. Parsen wie → Neryosang Dhaval zeichnen sich durch Gelehrsamkeit aus, Briefwechsel (→ revāyats) zwischen iran. und indischen Zoroastriern halten die theolog. Gemeinsamkeit weitgehend aufrecht. Der sich ab dem 17. Jh. verschlechternden wirtschaftlichen Lage der Iranis trägt die Entsendung von Manekji Limji Hataria aus Bombay in den Iran Rechnung (1854), wodurch ein Aufschwung der iran. Gemeinden eingeleitet wird. Während der britischen Kolonialzeit Indiens adaptieren die Parsen moderne westliche Errungenschaften im Bereich von Wirtschaft und Industrialisierung zu ihrem Vorteil und nehmen so einen wichtigen Platz in der indischen Gesellschaft ein. Nach der indischen Unabhängigkeit setzt eine Emigration von Parsen nach England, Nordamerika und Australien ein, auch Iranis folgen, vermehrt seit 1979. Zu Beginn des 21. Jh.s leben 69.000 Parsen in Indien (davon 75 % in Bombay), 3000 in Pakistan (Karachi). Eine realist. Zahl für Iranis beläuft sich auf maximal 45.000, je rund 7000 bis 8000 Zoroastrier gibt es in Nordamerika und Europa, rund 2000 in Australien.

II. Lehre. (1) Zarathustra hat den iran. Polytheismus seiner Umwelt aufgegriffen, ihn jedoch umstrukturiert: → Ahura Mazda rückt an die Spitze des Pantheons; das Götter- und Weltbild wird durch die → Zwei-Prinzipien-Lehre und die → Drei-Zeiten-Lehre bestimmt, wobei → Angra Mainyu und die Lüge (→ Druj) die gute Schöpfung bekämpfen. Neben diesem Dualismus als bleibendem Beitrag Zarathustras zur Religionsgeschichte ist die bei ihm erstmals feststellbare Betonung von Ethik als entscheidendem Kriterium für das religiöse Leben und das Schicksal im Jenseits kennzeichnend für den Z.; der Mensch mit seinen wichtigen anthropolog. Komponenten → Daēnā, → Fravaši und → Urvan muss sich individuell für das Gute entscheiden. (2) Der Religionsvollzug ist durch ausgeprägte Ritualistik gekennzeichnet, die → Gāthās sind die ältesten Ritualtexte. Spätestens seit dem 4. Jh. v. Chr. wird das Feuer als einzig mögliche Darstellungsform von Ahura Mazda verstanden; daraus entsteht ein ausgeprägter → Feuerkult mit entsprechenden → Feuertempeln als zentralen Kultbauten. Die Liturgie wird von Priestern (→ Magi; → Mowbed) durchgeführt, Laien (→ Behdin) sind daran kaum aktiv beteiligt; lediglich die sog. Jašan-Rituale, v. a. anlässlich der → Gahāmbārs, haben stärkeren Gemeindebezug. Die Beachtung der religiösen Pflicht wird von jenen Gläubigen, die → Naojote vollzogen haben, verlangt. Entscheidend geprägt wird das religiöse Leben auch durch die Vorstellung von → Unreinheit, die sich am deutlichsten im Bereich des Todes manifestiert. Der Tote wird abseits der Siedlungen in einem → dakhma bestattet, um das schädigende Wirken der Leichenhexe → Nasu einzuschränken. (3) Theolog. war der Z. bis in die frühe islam. Zeit pluralist. ausgerichtet, wie unterschiedliche theolog. Positionen innerhalb der Pahlavi-Literatur oder auch der sog. → Zurvanismus zeigen. Die unter islam. Druck einsetzende Sammlung aller Traditionen führte zur Verfestigung und Präzisierung in theolog. Hinsicht: Die seit der Achämenidenzeit beobachtbare Vergeistigung Ahura Mazdas, der → Ameša Spentas und mancher → Yazatas mündet endgültig in ein monotheist. Gottesbild, wogegen → Ahreman zum → Teufel wird. In der Abwehrhaltung gegenüber dem Islam kommt es zu einer noch stärkeren Betonung der Reinheitsvorstellungen und der Notwendigkeit der exakten Durchführung der Rituale; auf letzterem beharren auch eigenwillige theolog. Denkrichtungen wie der → Ilm-e Kšnum. Die Betonung von Ritualistik und Reinheitsvorstellungen ist ein Faktor, der Frauen von einer Zulassung zum Priestertum ausschließt, aber auch die Aufnahme von Angehörigen anderer Religionen in den Z. fast unmöglich macht. MH

Lit.: M. Boyce, A History of Zoroastrianism, 3 Bde., 1975–91. – M. Boyce, Zoroastrianism, 1992. – S. Shaked, Dualism in Transformation, 1994. – M. Hutter, Religionen in der Umwelt des AT I, 1996, 183–246. – A. de Jong, Traditions of the Magi, 1997. – J. K. Choksy, Conflict and Cooperation, 1997. – J. Kellens, Essays on Zarathustra and Zoroastrianism, 2000. – J. R. Hinnells, Zoroastrian and Parsi Studies, 2000. – J. K. Choksy, Evil, Good and Gender, 2002. – M. Stausberg, Die Religion Zarathushtras, 3 Bde., 2002–04.

Zukunft (lat. futurum). Um 1800 veränderte sich der Begriff: Während bis dahin die christl. Bedeutung überwog, dass Christus als Weltenrichter beim jüngsten Gericht auf die Menschen »zukommt« (lat. adventus), öffnete sich nun die Z. – ohne die Begrenzung des Weltendes als letztem, festgeschriebenem Akt der Weltgeschichte – undeterminiert, beispielsweise in Richtung auf die Freiheit als nie vollendetem Ziel der Geschichte (G. F. W. Hegel). Um die »Religion der Z.« ringen die Dichter und Philosophen des 19. Jh.s. → Heilsgeschichte. CA

Lit.: G. Sauter, Z. und Verheißung, 1965. – L. Hölscher, Die Entdeckung der Z., 1999.

Zunz, Leopold (1794–1886), Mitbegründer der »Wissenschaft des Judentums«, bedeutender Vertreter des emanzipierten Judentums in Deutschland. KVS

Lit.: M. A. Meyer, Von Moses Mendelssohn zu L. Z. Jüd. Identität in Deutschland 1749–1824, 1994.

Zurvanismus. Zurvan, die ungeschaffene → Zeit, wird als Ursprung von allem den als Zwillingen gedachten → Ahura Mazda und → Angra Mainyu vorangestellt. Diese Version des kosmolog. Mythos scheint in sasanid. Zeit durch gnostische Einflüsse (→ Gnosis) um eine negative Einstellung zur Materie bereichert worden zu sein; allerdings hat sich daraus kein neben dem oder außerhalb des → Zoroastrismus bestehendes geschlossenes System eines Z. entwickelt. MH

Lit.: R. C. Zaehner, Zurvan, 1955. – S. Shaked, Dualism in Transformation, 1994. – M. Boyce, On the Orthodoxy of Sasanian Zoroastrianism, in: Bulletin of the School of Oriental and African Studies 59 (1996), 11–28.

Zwang. Es gibt äußeren Z., mit dem durch unmittelbare Gewalt, ihre Androhung oder durch soziale Maßnahmen ein bestimmtes Handeln oder Unterlassen in allen Bereichen des individuellen und gesellschaftlichen Lebens herbeigeführt werden soll, und es gibt inneren (psychischen) Z., dem sich ein Individuum trotz Einsicht in die Unsinnigkeit einer Handlung und gegebenenfalls sogar trotz Selbstschädigung (Sucht) nicht entziehen kann (Z.-Handlungen, Grübel-Z.). Obwohl im Christentum, Islam, Buddhismus und anderen Religionen ein Z. zum religiösen Bekenntnis abgelehnt wird, da man einen Gott nicht verehren könne, den man nicht verehren will, haben auch diese Religionen in ihrer Geschichte Bekehrungen mit unmittelbarem oder mittelbarem Z. nicht verhindern können. In vielen anderen Religionen, z.B. denen der antiken Polis, wurde zumindest ein äußeres Respektieren der Kulte etc. verlangt und demonstratives Verweigern geahndet (→ Antike). → Gewalt, → Herrschaft, → Macht. HZ

Zwei-Prinzipien-Lehre. Die zoroastr. und manichäische Weltsicht ist durchgehend dualist. geprägt (→ Dualismus); nach der Z.-P.-L. befinden sich Gutes und Böses, → Ahura Mazda und → Angra Mainyu, ständig in einem Kampf gegeneinander, in den alle Menschen bis zum Weltende eingebunden sind (→ Drei-Zeiten-Lehre). Die beiden Prinzipien sind ewig, auf dem Gebiet der Ethik ist der Mensch im → Zoroastrismus vor die Entscheidung für eines der Prinzipien gestellt. Da der → Manichäismus die Materie grundsätzlich dem bösen Prinzip zuordnet, ist die Ethik stark als Vermeidungsethik ausgeformt. MH

Lit.: U. Bianchi, Il dualismo religioso, 1958, [2]1983. – M. Hutter, Gedanken. Worte. Werke, in: P. Anreiter/ H. M. Ölberg (Hg.), Wort, Text, Sprache u. Kultur, 1998, 23–32.

Zwischenwesen, Bezeichnung für übernatürliche, meist personal oder mischgestaltig gedachte Wesen, die eine Mittelstellung oder Vermittlerrolle zwischen der göttlichen Sphäre und der der Menschen einnehmen. Signifikanterweise erlaubt das Paradigma jedoch keine trennscharfen Definitionen, sondern lediglich heurist. Annäherungen an den Gegenstandsbereich (Ist z.B. Eros ein Z. oder ein Gott? Sind der himmelreisende → Henoch oder die nach christl. (kath./ orthodoxer) Lehre in den Himmel aufgenommene → Maria Menschen oder Z.?). Religionshistor. finden sich höchst unterschiedlich ausgeprägte Beispiele für Z. in nahezu allen Kulturen: Christl. und islam. → Engel, altoriental. Krankheitsdämonen und Totengeister, christl. Heilige, hinduist. → Apsaras, »Fleisch fressende« oder Erleuchtung gewährende tibet. Dakinis, aber auch in Gegenwelten reisende Schamanen, von einer Gottheit abstammende altgriech. Heroen oder abstrakte Hypostasen wie die jüd. → Schechina-Vorstellung und die kabbalist. Sefirot (→ Sefirah) u.a. bilden jeweils kultur- und zeitspezif. Ausdrucksformen von Z. GA

Lit.: B. Lang, Art. »Zwischenwesen«, in: HrwG 5, 2001, 414–40.

Zwölferschia → šīʿa.

Zwölfprophetenbuch → Dodekapropheton.

Zyklisch. Der Kreis (→ Kreislauf) bildet ein in vielen Kulturen geläufiges räumliches → Symbol für wiederkehrende zeitliche → Rhythmen. Dieses schließt aber Zukunftsorientierung und das Anstreben von Veränderungen keineswegs aus: Jahrestage können »Mess«- und Zielpunkte für Veränderung sein (Geburtstag, Fristen). Z. Interpretationen und ihre implizite Betonung von Stabilität stehen immer in einem breiten Deutungsspektrum, das europ. Wissenschaften gerne auf das exot. Ende hin verengen (→ lineares/zyklisches Denken). JR

Lit.: J. Rüpke, Zeit und Fest, 2006.

Register der Schreibvarianten

Für das Sanskrit wird eine vereinfachte Transkription verwendet, so z.B. ch für c, ri für ṛ und sh für ś bzw. ṣ. Untergesetzte Punkte (z.B. für Retroflexe) entfallen.

ʿ^{a}bōdā → Gottesdienst
ʾAbōt de Rabbi Natan → Abot de Rabbi Nathan
Abraham ben David → Abraham ibn Daud
ādivāsin → Adivasi
ʿæbæd Jahwǣ → Knecht Gottes
ʿædæn → Eden
ʿæljōn → Eljôn
ʾ^{æ}lōhīm → Elohîm
al-iḫwān al-muslimūn → Muslimbrüder
al-Quds → Jerusalem
Aluohan → Luohan
ambitus → Kreuzgang
ʿam ha-ʾāræṣ → Am ha-arets
ʿamīdā → Achtzehn-Gebet
anáthema → Bann
anattā → Anātman
ángelos, angelus → Engel
apadāna → Avadāna
apolýtrōsis → Erlösung
arahat → Arhat
archiereús → Hoherpriester
Ārtī → Āratī
ārya → Arier
Ašerā → Aschera
asidaĩoi → Asidäer
Asoka Moriya → Ashoka Maurya
āśrama → Āshram(a)
aṣṭāṅgamārga → Achtgliedriger Weg
āśvin → Ashvins
aṭṭhaṅgikamagga → Achtgliedriger Weg
aum → Om
autonomía → Eigengesetzlichkeit
avijjā → Avidyā
ʿāwōn → Sünde

baʿal šem ṭōb → Baal schem tôb
baʿal z^{e}būb → Beelzebub
bákchai → Bakchen
Bālakṛṣṇa → Krishna
Baldr → Balder
báptisma, baptismus → Taufe
bar/bat miṣwā → Bar/Bat Mizwah
bārajtāʾ → Baraita
bar-do-thos-grol → Bardo thödol
bar kōkbāʾ → Bar Kochba
Basavaṇṇa → Basava
basileĩa theoũ → Gottesreich
bde-'byung → Shambhala
Beelzebuc, Beelzebuth → Beelzebub
Beliar → Belial
beneficium → Amt
b^{e}rīt → Bund
Besebuci → Beelzebub
bēt-ʾēl → Baitylos, Bethel
Betîn → Bethel
bhagavat → Bhagavan
Bhaishajyaguru → Yaoshi-fo
bhikṣu → Bhikkhu
Biban el-Muluk → Tal der Könige
Binjāmīn → Benjamin
bKa'-brgyud-pa → Kagyüpa
bka'-gdams-pa → Kadampa
bKa'-'gyur → Kanjur
bla-ma → Lama
Blo-bzang-grags-pa → Tsong-kha-pa
Braj → Vrindāvan
brgyud → Gyü
Brindavan → Vrindāvan
bstan-'gyur → Tanjur

censura → Zensur
ch'an → Dhyāna
Chango → Shango
chen re si → Avalokiteshvara
chrísma → Taufe
christós → Messias
claustrum → Kloster, Kreuzgang
cognitio → Kognition
concilium → Synode
confessio → Bekenntnis
confirmatio → Konfirmation
conscientia → Gewissen
consecratio → Weihe
contemplatio → Kontemplation

Kāshī → Benares
katsina → Kachina
Kegon-ky → Avatamsakasūtra
klḗsis → Berufung
kōhēn harōš → Hoherpriester
Kong(-fu)-zi, Kong Qui → Konfuzius
Kṛṣṇa-Gopāla → Krishna
Kshitigarbha → Dizang
Kwannon → Kannon

lamentationes → Klagelieder
latreía → Gottesdienst
lavacrum → Taufe
leitourgía → Liturgie
leuitikón → Leviticus
libertas → Freiheit
liwjātān → Leviathan
logos → Geist
loibḗ → Libation
loutrón → Taufe

maere → Märchen
mærkabā → Märkabah
mchod rten → Chörten
mageía, magia → Magie
mágos, magus → Magier
mahākassapa → Mahākāshyapa
mahāparinibbānasutta → Mahāparinirvānasūtra
mainádes → Mänaden
malʾākī → Maleachi
malkūt JHWH → Gottesreich
Mānava-Dharmashāstra → Manusmriti
Manusamhitā → Manusmriti
martyría → Bekenntnis
mártys → Märtyrer
māšīᵃḥ → Messias
maṣṣebā → Mazzeba
materia → Materie
mathētaí → Jünger
mātṛkā → Mātrikās
Maudgalyāyana → Moggellāna
mawlā → Mollā
mᵉgillōt → Megilloth
mᵉkīltāʾ → Mechilta
memoria → Gedächtnis
memrā → Memrah
Mengke → Mengzi
mᵉnōrā → Menorah
Mercurius → Merkur
metánoia → Bekehrung, Buße
mettā → Maitrī

Midewiwin → Medizingesellschaft
mīkāʾēl → Michael
Milarepa → Mi-la-ras-pa
ministerium → Amt
miqwǣ → Mikwe
mišnā → Mischna
mīṯāq → ʿAhd
mizmōr → Psalmen
mnḗmē → Gedächtnis
mōʿēd → Moed
molæk → Moloch
monachus → Mönch
Monju → Manjushrī
munus → Amt
mystḗrion → Sakrament

nābīʾ → Prophet
nandin → Nandī
nāšīm → Naschim
nātan → Nathan
naualli → Nagual
nekromanteîon → Nekromantie
nembutsu → Nenbutsu
*Nerþuz → Nerthus
nibbāna → Nirvāna
Nihongi → Nihon Shoki
nornar → Nornen
noûs → Geist

Obia → Obeah
officium → Amt
oikouménē → Ökumene
Oomotokyō → Ōmotokyō
Orishas, Orixás → Orichas
o-shōgatsu → Shōgatsu

paccekabuddha → Pratyekabuddha
Padma-'byung-gnas → Padmasambhava
pæsaḥ → Passah
panḍita-chen-po → Panchen Lama
pántheion → Pantheon
parašā → Parasche
pariyar → Paria
parousía → Parusie
paticca-samuppāda → Pratītyasamutpāda
pātimokkha → Prātimoksha
peccatum → Sünde
peccatum originale → Erbsünde
pᵉdūt → Erlösung
pentēkostḗ (hēméra) → Pfingsten
pᵉrūšīm → Pharisäer